रघुवीर चौधरी

रघुवीर चौधरी का जन्म सन् 1938 में बापुपुरा, महेसाणा, गुजरात में हुआ। उन्होंने एम.ए. (हिन्दी, संस्कृत) किया और पी-एच.डी. (भाषाविज्ञान) की उपाधि प्राप्त की। गुजराती में उनकी लगभग पैंतीस कृतियाँ प्रकाशित हैं। कुछ किताबों के सम्पादन और अनुवाद भी किए।

उनकी प्रमुख कृतियाँ हैं—'तमसा', 'वहेता वृक्ष पवनमां' (कविता-संग्रह); 'गोकुल', 'मथुरा', 'द्वारिका', 'पूर्वराग', 'अमृता', 'आवरण', 'वेणु वत्सला', 'उपरवास कथा-त्रयी', 'लागणी', 'सोमतीर्थ' (उपन्यास); 'आकस्मिक स्पर्श', 'गेरसमज' (कहानी-संग्रह); 'अशोकवन', 'झूलता किनारा', 'सिकन्दर सानी' (नाटक); 'डिम लाइट' (एकांकी); 'सहरानी भव्यता' (रेखाचित्र); 'गुजराती नवलकथा', 'अद्यतन कविता', 'वार्ता-विशेष', 'दर्शकना देशमां' (समीक्षा)।

उन्हें गुजरात शासन द्वारा 'कुमार चन्द्र', 'रणजीतराम सुवर्णचन्द्र' तथा 'उपरवास कथा-त्रयी' के लिए 'साहित्य अकादेमी पुरस्कार' से पुरस्कृत किया गया।

गोकुल मथुरा द्वारिका

रघुवीर चौधरी

राधाकृष्ण पेपरबैक्स

पहला पुस्तकालय संस्करण
राधाकृष्ण प्रकाशन प्राइवेट लिमिटेड द्वारा
1997 में प्रकाशित

राधाकृष्ण पेपरबैक्स में
पहला संस्करण : 2010
This book is printed on **Print on Demand** Technology : 2025

राधाकृष्ण पेपरबैक्स : उत्कृष्ट साहित्य के जनसुलभ संस्करण

राधाकृष्ण प्रकाशन प्राइवेट लिमिटेड
जी-17, जगतपुरी, दिल्ली-110 051
नई दिल्ली-110 002
द्वारा प्रकाशित

शाखाएँ : अशोक राजपथ, साइंस कॉलेज के सामने, पटना-800 006
पहली मंजिल, दरबारी बिल्डिंग, महात्मा गांधी मार्ग, प्रयागराज-211 001
1, अनमोल सोराबजी संतुक लेन, धोबी तलाव, मरीन लाइंस, मुम्बई-400 002
वेबसाइट : www.radhakrishnaprakashan.com
ई-मेल : info@radhakrishnaprakashan.com

मूल्य : ₹599

GOKUL MATHURA DWARIKA
Novel by Raghuvir Choudhary

ISBN : 978-81-8361-385-9

श्रीकृष्ण हो गए हैं

श्रीकृष्ण हो गए हैं, वे काल्पनिक चरित्र नहीं—परन्तु आज उनका जो मिथक सुलभ है वह अनेक सर्जकों द्वारा संवर्धन पाता रहा है। महाभारत और भागवत् के कृष्ण अलग नहीं हैं, विदेशियों को भले ही लगते हों। मेरे लिए तो वृन्दावन के वंशीवादक एवं कुरुक्षेत्र के गीता-उपदेशक एक ही हैं।

हमें विरासत में मिले यह कृष्ण पाँच हजार वर्ष पहले के तो होंगे ही। तब से आज तक के पाँच हजार वर्षों में वे मनुष्य की स्मृति एवं श्रद्धा में मिथक के रूप में जीवन्त बने रहे हैं। जिस प्रकार तीर्थ को तीर्थ बनाता है भक्त, उसी तरह अवतार को लीलात्मक बिम्ब का रूप देता है सर्जक। महाभारत, हरिवंश, भागवत्, विष्णुपुराण, ब्रह्मवैवर्तपुराण के सर्जक एवं जयदेव, विद्यापति, नरसिंह मेहता, सूरदास, मुंशी जैसे अनुगामी सारस्वतों ने मुझे साहित्यिक विरासत में एक बहुआयामी कृष्ण दिए हैं। यह एक ऐसी निधि है जिस पर समग्र मानवजाति की ओर से अभिमान किया जा सकता है। मैं इन सबका कृतज्ञ हूँ।

श्री उपेन्द्रराय सांडेसरा रचित 'श्रीकृष्ण : पुरुषोत्तम, अने अन्तर्यामी' जैसा बृहद् ग्रंथ उपलब्ध था, इसे भी मैं अपना सौभाग्य मानता हूँ। इसके कारण बार-बार मूल ग्रंथ देखने का परिश्रम नहीं करना पड़ा। श्री उपेन्द्र भाई द्वारा दिए गए श्लोकों के अनुवादों से भी सीधी सहायता मिली। उनका ऋण स्वीकार करता हूँ। श्री हरीन्द्र दवे-कृत 'कृष्ण अने मानव सम्बन्धों' तथा मकरन्द दवे-कृत 'माटी नो महेकता साद' की विस्तृत समीक्षा करते समय इनके कुछ अंशों की तुलना करने के लिए आधार ग्रंथों का अध्ययन किया था। उस समय अनजाने ही 'गोकुल' के लेखन की पूर्व-भूमिका बन चुकी थी। लिखने का संकल्प बाद में लिया।

बचपन में ही ऐसा संस्कार बन गया था कि गोकुल-वृन्दावन माने कविता की जमनोत्री। उसमें रमकर श्रीकृष्ण की मानवीय लीलाओं को चित्रित करते हुए, वर्तमान युग को प्रेरणा देनेवाले लोकनायक के स्वरूप की खोज की जाए। इस तरह की कविता अवश्य लिखी थी परन्तु इसे 'नैरेटिव फार्म' में प्रस्तुत करने की जल्दी नहीं थी। जल्दी लिखने का आग्रह भाई सौरभ शाह ने किया।

'गोकुल, मथुरा, द्वारिका' लिखते हुए एक अध्येता के रूप में हुए अनुभवों की बात करना आवश्यक है। भागवत् के प्रति आदर तो था परन्तु उसके काव्यत्व का परिचय तो इस लेखन के निमित्त किए गए परिशीलन से हुआ। 'आनन्द वृन्दावन' आश्रम के स्थापक श्री अखंडानन्द सरस्वती रचित महाग्रन्थ 'भागवत्-दर्शन' का अध्ययन भी तृप्तिदायक था।

यादगार प्रवास भी हुए। मैं और श्री भोलाभाई पटेल चौमासे में एक बार वृन्दावन गए थे। उस समय वत्सल स्व. अज्ञेयजी मिलने के लिए दिल्ली से कार लेकर आए थे। उन्होंने ही राधा का बरसाना दिखाया था। इससे पूर्व इलाजी के नेतृत्व में 'वत्सल निधि' के संयोजन में द्वारिका-ओखा एवं प्रभास क्षेत्र की तीसरी बार यात्रा की। अन्य भारतीय साहित्यकार एवं कलाकार साथ थे। उस समय यह कथा एक बार लिखी जा चुकी थी। कलकत्ता के श्री विष्णुकान्त शास्त्री तथा अन्य विद्वानों के साथ उपयोगी विचार-विमर्श होता रहता। उस भागवत्-भूमि-यात्रा का ऋण भी स्वीकार करता हूँ।

आलेखित करना है श्रीकृष्ण का चरित्र, फिर 'गोकुल, मथुरा, द्वारिका' जैसा स्थलवाचक नाम? श्रीकृष्ण का जीवनकार्य तो समग्र भारतवर्ष के साथ सम्बद्ध है। यहाँ कथा-लेखन की सुविधा के लिए उनके जीवन के तीन सोपान निश्चित किए हैं, क्योंकि समय का रूप नहीं होता, परन्तु स्थल का होता है। 'गोकुल, मथुरा, द्वारिका' का एकसाथ उच्चारण करते समय श्रीकृष्ण की विविध छवियाँ उद्घाटित होती हैं। जाघव के आग्रह के कारण गोकुल की आधारभूमि के रूप में वृन्दावन का उपयोग किया है। वैष्णवों के लिए दोनों भाववाची नाम हैं। दूसरी समस्या थी कि कुरुक्षेत्र की घटनाओं का स्वतन्त्र रूप से आलेखन किया जाए या नहीं। श्री भोलाभाई ने भारपूर्वक कहा कि उसे स्वतन्त्र इकाई न बनाएँ। कुरुक्षेत्र की घटनाओं में यादवस्थली के लिए एक से अधिक कारण निहित हैं।

'द्वारिका' में इन सबका समावेश होने से अन्विति भी बनी रही। श्रीकृष्ण का हिमालय के साथ गाढ़ सम्बन्ध होना चाहिए, इसके प्रमाण मिले हैं। तीनों खंडों में श्रीकृष्ण के कार्यों में व्यक्त होनेवाली भारतीयता में समुद्र, नदी और हिमालय का परिवेश समायोजित हो, मैं इस बारे में सजग था।

राधा कृष्ण से बड़ी थी, यह सत्य है। इसकी प्रतीति मुझे कैसे हुई? मेरा मकान ध्रुवमुखी है। सामने का फ्लैट पूर्वाभिमुख है। मेरी बेटी सुरता स्कूल से जिस समय आती, उस समय उस फ्लैट में हर्षिदा बहन-रश्मि भाई का पुत्र पप्पू खड़ा होता। सुरता को देखते ही 'सुता, सुता' कहते हुए पैर पटकने लगता। कभी-कभी तो सरोज बहन-कनुभाई के फ्लैट में घुसकर पुकारने लगता। सुरता उसे ले जाती और एक-दो घंटे खिलाती तब कहीं शान्त होता। राधा किस प्रकार बाल-कृष्ण को खिलाती होगी, इसकी कल्पना करने की आवश्यकता नहीं रही। 'गोकुल' में इस प्रकार के अनेक लौकिक अनुभवों का समावेश हुआ है। हममें निहित नन्द-यशोदा कब प्रकट हो जाएँ, कहा नहीं जा सकता, कुछ भी असम्भव नहीं है।

'गोकुल' में मुख्य आधार भागवत् का लेने पर भी कृष्ण की उम्र के बारे में मैंने मुंशी का अनुसरण किया है। प्रेम-शौर्य का प्रदर्शन करनेवाले कृष्ण सोलह वर्ष के ही होंगे, ग्यारह वर्ष के जरा छोटे लगते हैं।

कंस को विलासी, जुल्मी और भीरु रूप में प्रस्तुत करने के लिए पर्याप्त प्रमाण मिलते हैं। वह जरासंध जैसे साम्राज्यवादी का जामाता है—जो एकाधिकारी सत्ता का प्रतिनिधि है। उस समय भिन्न-भिन्न यादवकुलों के गणराज्य का अस्तित्व था। कंस और जरासंध गणभावना के घातक थे। संक्षेप में गोकुल के साथ मथुरा का जो वृत्तान्त आता है, वह मेरा

मनगढ़न्त नहीं है। उसका ताना-बाना मूल कथा में देखा जा सकता है। मुझे यह भी अभिप्रेत था कि लोकतांत्रिक समाजवाद के आदर्श को सिद्ध करने में असफल राजकीय परिस्थिति के विषय में भी गोकुल का पाठक सजग हो।

यहाँ ऐसी योजना की है कि रुक्मिणी राधा द्वारा श्रीकृष्ण को प्राप्त करे। इसी के साथ ऐसा आलेखन करने का विचार आया था कि श्रीकृष्ण का सम्बन्ध राधा और वृन्दावन के साथ अन्त तक जीवन्त रहे। इसे यथासम्भव व्यक्त करने का प्रयास किया है। इसमें ऐसा आनन्द आया कि अभी तक मुझे अपनी भूल-चूक नहीं लगी। इन दो पात्रों के साथ श्रीकृष्ण का सम्बन्ध अनन्य तथा गाढ़ था! सिर्फ एक पात्र के द्वारा वह पूर्ण रूप से स्पष्ट नहीं हो सकता। द्रौपदी का सन्दर्भ भी अनिवार्य है। अन्य स्त्री पात्रों को अध्याहार में रखा जा सकता है। क. मा. मुंशी ने शैव्या के निरूपण में अपनी सम्पूर्ण सर्जन-शक्ति लगा दी तथा सत्यभामा के आख्यान को स्वतन्त्र खंड में आलेखित किया है। मुझे शैव्या का उल्लेख भी आवश्यक नहीं लगा और सत्यभामा तथा जाम्बवती के चित्रण को हठपूर्वक टाला है।

उद्धव, सुदामा, सात्यकि और अर्जुन को बलराम के समान स्थान-मान नहीं मिल पाया। फिर भी श्रीकृष्ण के चरित्र की पूर्णता को उभारते समय इन पुरुष पात्रों के साथ उनके सम्बन्ध की विशेषता उद्‌घाटित होनी चाहिए। यहाँ सुदामा से सम्बन्धित प्रसिद्ध घटनाओं के अतिरिक्त अन्य पूर्वापर प्रसंगों का चित्रण, श्रीकृष्ण की लोकोत्तर मानवता, संगीत और दर्शनशास्त्र के प्रति उनके झुकाव को सूचित करने के लिए हुआ है।

श्रीकृष्ण का पुरुषोत्तम पद उनके मानवीय पुरुषार्थ का परिणाम है। सबकुछ क्रमशः घटित होता हुआ देखा जा सकता है। गीता-दर्शन उन्हें अचानक प्राप्त हुआ हो ऐसा नहीं है। उनका समग्र जीवन निष्काम कर्म का दृष्टान्त है। उन्होंने जो जीवनानुभव प्राप्त किया था, वही अर्जुन को समझाया था। वे रसेश्वर में से योगेश्वर बने हैं। एक से बढ़कर एक चुनौतियों का सामना करनेवाला यह चरित्र प्रत्येक युग के लिए प्रेरणादायक है। इस चरित्र से मेरे जैसे अनेकों को आन्तर-बाह्य प्रेरणा मिली होगी।

आप विश्वास करेंगे? यह उपन्यास गत वर्ष प्रकाशित हो जाता। परन्तु प्रेस में देने के लिए मेरा मन नहीं होता था। फिर से वृन्दावन में प्रवेश करूँ, शायद कोई नई खिली कली मिल जाए। फिर से सागर किनारे जाऊँ, शायद किसी अनजानी लहर का संगीत सुनाई दे जाए? सम्भव है श्रीकृष्ण की यह पूर्णता अभी भी हमारे अधूरेपन को कम कर दे!

'गोकुल' के कृष्ण लोकनायक हैं।

'मथुरा' के कृष्ण युगपुरुष हैं।

'द्वारिका' के कृष्ण योगेश्वर हैं।

वे समग्र रूप में पुरुषोत्तम हैं। आनन्द रूप में अनुभवगम्य हैं।

शंकराचार्य के अद्वैत वेदान्त के प्रति मेरे मन में आदर है, परन्तु मैं जिसमें श्रीकृष्ण को इन्द्रिय-प्रत्यक्ष रूप में निरूपित कर राकता हूँ, उस जगत को मिथ्या किस तरह मानूँ? यहाँ विशिष्टाद्वैत से सहारा मिलता है। यह सृष्टि मिथ्या नहीं है, विनाशवान हो सकती है। परन्तु श्रीकृष्ण जिस आनन्द के उद्‌गाता हैं, उसका नाश कैसे हो सकता है? देवोत्सर्ग की घटना में निहित करुण रस आनन्दपर्यवसायी हो सकता है। अतः शोक के सांसारिक स्थायी भाव

में रुके रहना सर्जक के लिए आवश्यक नहीं है। देहोत्सर्ग के समय संगीत और प्रकाश के पुनर्मिलन का अनुभव होता है।

समानता-विहीन स्वतन्त्रता भूखों मरती है, तो स्वतन्त्रता-विहीन समानता दम घोंटती है। मनुष्य भूख से मरते हैं, तो अधिक खाकर भी मरते हैं। सभी जीवित रहने चाहिए– प्रत्येक सर्जक को जीवन की पक्षधरता करनी होती है क्योंकि सबकुछ जीवन में ही सम्भव है।

यह सही है कि श्रीकृष्ण के अनन्य चरित्र के कारण भारत में एकेश्वरवाद दृढ़ हुआ था। मैं जीव, ईश्वर, माया, ब्रह्म, परब्रह्म की दार्शनिक चर्चा में जिज्ञासा रखता हूँ। अवतारवाद की उपकारता समझता हूँ। परन्तु मैं मुग्ध हूँ गोविन्द के जीवन के प्रति प्रेम पर। वे ऐसे जीवनवादी हैं कि उन्हें कोई मर्यादा नहीं रोक पाती। उन्हें समग्रता से तनिक भी कम रुचिकर नहीं लगता।

एक बार फिर कहता हूँ, इसमें मेरा अपना कुछ नहीं है। मैं स्वयं ही अपना कहाँ हूँ? जो देखा, जाना और पाया है उसके विषय में कहते-कहते संवेदना और कल्पना ने अपना कार्य किया है। हमें तो सिर्फ निमित्त बनना है, निष्ठापूर्वक।

–रघुवीर चौधरी

ए-6, पूर्णेश्वर फ्लैट्स
गुलबाई टेकरा
अहमदाबाद-380015

मिथक का कलात्मक विनियोग

मिथक प्रत्येक जाति एवं संस्कृति के शक्ति-स्रोत होते हैं। उनमें पूरी परम्परा और समूचे अनुभवों का संचय होता है। इस ओर प्रत्येक युग का साहित्यकार आकर्षित होता है। भारतीय संस्कृति के तीन महान मिथक—शिव, राम और कृष्ण—हैं। इनमें इतनी सम्भावनाएँ निहित हैं कि प्रत्येक युग का साहित्यकार इनमें नई भावभूमियों को खोजता रहा है। आधुनिक गुजराती कथा-साहित्य में क. मा. मुंशी का 'कृष्णावतार' तथा पन्नालाल पटेल का 'पार्थ ने कहो चढ़ावे बाण' उपन्यास भागवत, महाभारत पर आधारित हैं। श्री रघुवीर चौधरी का बृहद् उपन्यास 'गोकुल, मथुरा, द्वारिका' इसी परम्परा में आता है। मुंशी ने लोकप्रसिद्ध विविध प्रसंगों एवं घटनाओं के माध्यम से श्रीकृष्ण के अद्भुत व्यक्तित्व को उद्घाटित किया है। लेखक उनके चरित्र को मानवीय धरातल पर आलेखित करने के लक्ष्य को लेकर चला तो है, परन्तु संस्कारों और आध्यात्मिक आस्था के कारण अधिक देर तक इसका निर्वाह नहीं कर पाया। प्रश्न उठना स्वाभाविक है कि मुंशी के 'कृष्णावतार' के बाद रघुवीर चौधरी ने 'गोकुल, मथुरा, द्वारिका' की रचना क्यों की? इसका उत्तर खोजते समय दो पीढ़ियों का अन्तर एवं दृष्टिकोण स्पष्ट हो जाता है। 'गोकुल, मथुरा, द्वारिका' आधुनिक भावबोध प्रधान उपन्यास हैं, जबकि सातवें दशक में प्रकाशित होने पर भी 'कृष्णावतार' में ऐसी चेतना दृष्टिगोचर नहीं होती।

छठे एवं सातवें दशक में भारतीय साहित्य में पौराणिक आख्यानों को आधार बनाकर आधुनिक भावबोध की रचनाएँ प्रचुर मात्रा में लिखी गईं। तीसरे विश्वयुद्ध की आशंका, नेहरू-युग का आशावाद,—मोहभंग, सामाजिक विघटन आदि के कारण भारतीय चेतना को निराशा ने घेर लिया था। ऐसे परिवेश में पौराणिक आख्यानों के माध्यम से साहित्यकारों ने अपने युग को अभिव्यक्ति दी। यह तथ्य इस बात का निर्देश करता है कि यह परिवर्तन किसी विशेष भाषा या समुदाय तक ही सीमित नहीं था। भारतीय साहित्यकारों के मिथक की ओर आकर्षित होने के कारणों में से एक कारण की ओर अज्ञेयजी ने संकेत किया है : 'जहाँ आस्था टूटी है, वहाँ पूरे के पूरे समाज फिर से मिथक की ओर गए हैं।' तो आज के समाज के मिथक की ओर बढ़ने का एक महत्त्वपूर्ण कारण यह भी है कि जहाँ-जहाँ आस्था के नष्ट होने से समाज अपने को टूटता हुआ पाता है, संस्कृति अपने को अरक्षित पाती है, बाहर से आक्रान्त पाती है, या कि व्यक्ति भी अपने को अरक्षित पाता है, वहाँ वह मिथक की ओर बढ़ता है।

संस्कृति के शक्ति-स्रोत होने के कारण मिथकों में असीमित सम्भावनाएँ हैं। नरेन्द्र कोहली राम के मिथक की ओर इसलिए आकृष्ट हुए क्योंकि राम ने शोषण और अत्याचार

के विरुद्ध पिछड़ी जातियों को संगठित करके राक्षसी साम्राज्य का विध्वंस किया था। रघुवीर चौधरी मूल्य-ह्रास के इस युग में स्वार्थ और अनीति में रचे-पचे समाज के सामने कृष्ण के पूर्ण-पुरुष रूप के निरूपण में पूरी तरह सजग हैं। नन्द-यशोदा, राधा और वृन्दावन से प्राप्त प्रेम का अक्षय स्रोत कृष्ण को सदैव उत्फुल्ल बनाकर कर्म के लिए प्रेरित करता रहा।

'कृष्णावतार' और 'गोकुल, मथुरा, द्वारिका' की तुलना विषयगत साम्य के कारण न तो तर्कसंगत है और न अनिवार्य। फिर भी दृष्टिकोणगत अन्तर को समझने के लिए दोनों को आमने-सामने रखकर देखा जा सकता है। मुंशी ने कृष्ण के चरित्र को मानवीय धरातल पर चित्रित करने का प्रयास किया है। परन्तु मिथक में गुँथे चमत्कारों के प्रति भी वे अहोभाव रखते हैं। वे जानते हैं कि दिव्य शक्तियों के आरोपण से मानवीय रूप दब गया है, फिर भी कृष्ण के अलौकिक रूप और कार्यों के प्रति उनके मन में गहरी श्रद्धा है। दूसरी ओर, रघुवीर चौधरी मानते हैं कि—'श्रीकृष्ण का पुरुषोत्तम पद उनके मानवीय पुरुषार्थ का परिणाम है।'

मुंशी और रघुवीर चौधरी के दृष्टिकोणगत अन्तर के कारण कथागत प्रसंगों के प्रस्तुतीकरण एवं पात्रों की प्रकृति में भी अन्तर देखने को मिलता है। मुंशी के अक्रूर कृष्ण को भगवान का अवतार मानते हैं, तथा सांदीपनि एवं गर्गाचार्य कृष्ण को उनके जन्म का रहस्य बताकर राधा से विवाह करने को मना करते हैं। कृष्ण अर्जुन का साथ सत्य और धर्म के प्रति उसकी पक्षधरता के कारण ही नहीं बल्कि इसलिए भी देते हैं कि वह इन्द्र का पुत्र है और उन्होंने इन्द्र को वचन दिया था। नन्द-यशोदा प्रेम और वात्सल्य के प्रतिरूप माने गए हैं। उनका अनन्य स्नेह और प्रेम सिर्फ कृष्ण के लिए ही नहीं होगा। यदि कृष्ण तक ही सीमित हो तो उनके चरित्र की गरिमा फीकी पड़ जाएगी। लेकिन मुंशी के नन्द कृष्ण को राधा से विवाह न करने की सलाह देते हुए कहते हैं—'नहीं मेरे बेटे, उस नीचे कुल की लड़की से विवाह नहीं हो सकता।' दूसरी ओर रघुवीर चौधरी आधुनिक दृष्टिकोण और निश्चित उद्देश्य के कारण पात्रों और घटनाओं के चित्रण में अत्यधिक सजग दिखते हैं। यह सजगता कृष्ण, राधा, रुक्मिणी, बलराम आदि मुख्य पात्रों में ही नहीं, तरंगदा, गर्गाचार्य, सांदीपनि, त्रिवक्रा, उत्तम, नन्द-यशोदा—आदि गौण पात्रों के चित्रण में भी देखने को मिलती है। औदार्य और वात्सल्य के प्रतिरूप माने जाते नन्द-यशोदा के चरित्रों को रघुवीर चौधरी ने नया आयाम दिया है। भले ही कृष्ण वसुदेव-देवकी के पुत्र हों, उनका लालन-पालन तो नन्दभवन में यशोदाजी का दूध पीकर हुआ है। जब कृष्ण नहीं भूले तो नन्द-यशोदा कैसे भूल जाते? कृष्ण चाहे मथुरा बसते हों या द्वारिका, उनकी स्मृति का कनु तो गोकुल में है, यशोदाजी रोज उससे बातें करती हैं। कृष्ण गोकुल आए हैं। मरणासन्न अवस्था में पड़ी सुरभि को देखकर यशोदाजी से पानी लाने के लिए कहते हैं। रोज स्वप्न में कृष्ण से बातें करनेवाली यशोदाजी इसे भी स्वप्न ही मानती हैं। इसी तरह राधा के मानिनी रूप को प्रेम की देवी के रूप में निरूपित करने में लेखक सफल हुआ है। राधा कृष्ण से मिलने मथुरा नहीं जाती, स्वाभिमान के कारण नहीं बल्कि समग्र वृन्दावन में उसे कृष्ण की उपस्थिति का अहसास होता है।

'गोकुल' में कृष्ण के जन्म से लेकर मथुरा जाने तक की घटनाओं को लिया गया है।

यह खंड अपनी काव्यात्मक भाषा, प्रेम और वात्सल्य के सुन्दर प्रसंगों के कारण अधिक सघन है। 'गोकुल' पढ़ने के बाद कृष्ण की निर्भयता और प्रभावशाली व्यक्तित्व के प्रति विश्वास और दृढ़ होता है। राधा की अहेतुक प्रीति, नन्द-यशोदा का असीम वात्सल्य, लोकजीवन की जीवन्तता यदि कृष्ण को नहीं मिली होती तो शायद उनका ऐसा विकास नहीं हो पाता। बचपन में प्राप्त हुई इस पूँजी ने कृष्ण को अन्त तक जीवन्त बनाए रखा। राधा के बाँस के टुकड़ों में से बाँसुरी का सृजन, सांदीपनि मुनि के शिष्यों द्वारा गोप-युवकों को अनौपचारिक शिक्षा, रुक्मिणी का राधा के द्वारा कृष्ण को पाना, कृष्ण का अन्त तक वृन्दावन के साथ जीवन्त सम्बन्ध आदि मौलिक प्रसंगों से उपन्यास की रोचकता और प्रभावक्षमता बढ़ी है।

कंस के विरुद्ध गोकुल का विद्रोह किसी के द्वारा संगठित किए बिना इतना सशक्त नहीं हो सकता है। केवल और भैरव की अनौपचारिक शिक्षा के अतिरिक्त राज्यसत्ता से जुड़े अक्रूर और गर्गाचार्य का सहयोग कम नहीं रहा होगा। परिस्थितियाँ जैसे-जैसे जटिल होती जाती हैं, कृष्ण के कार्यों का क्षेत्र भी विस्तृत होता जाता है। पहले मथुरा के बाजार में अपने बच्चों के हिस्से का माखन और दही बेचकर धनवान बनने की आकांक्षा रखनेवाली गोपियों की गागरें ही कृष्ण की कंकड़ी का शिकार बनती थीं। अब उसके मन में कंस के राज्य एवं उसके सैनिकों के प्रति घृणा और विद्रोह पनपने लगा है। युवा होते कृष्ण-बलराम के मानस में यह भाव बड़ी कुशलता से जगाया गया है। कृष्ण की राधा से तकरार हो गई। अब वह उसके सामने मुरली नहीं बजाएगा। बहुत इच्छा हुई तो पुराने गोकुल में चला जाएगा या फिर राजमार्ग पर जाते हुए सैनिकों को सुनाएगा। यह सुनकर नन्दराय उससे मना करते हैं। कृष्ण के पूछने पर उन्हें बताना पड़ता है : 'उनके सैनिकों से हमें सावधान रहना है, हमेशा सावधान रहना है। राजमार्ग पर दिखाई देनेवाले सैनिक प्रजा की रक्षा के लिए नहीं, साम्राज्य के विस्तार के लिए घूमते हैं।' इसी तरह राजसभा में नन्द के अपमान की घटना के श्रोता किशोर कृष्ण-बलराम के मन में विद्रोह जागने लगता है। लेखक ने नन्दभवन में देवकी के आगमन पर कृष्ण को उसके जन्म रहस्य से अवगत कराया है। इसमें औचित्य के साथ यशोदाजी का औदार्य भी व्यंजित हुआ है। गोकुल से प्रेम की विरासत पाकर कृष्ण उन बड़े-बड़े दायित्वों को उठाने के लिए मानसिक रूप से तैयार हो जाता है जो निकट भविष्य में उसके सामने आनेवाले हैं।

'मथुरा' और 'द्वारिका' में घटना-बहुलता एवं लाघव के आग्रह के कारण लेखक की कल्पनाशीलता को 'गोकुल' जैसा अवकाश नहीं मिला। युगपुरुष कृष्ण, सत्य, धर्म और मूल्यों की प्रतिष्ठा के लिए सदैव तत्पर रहते हैं। अन्याय और अधर्म का प्रतिकार करने के लिए उन्हें द्वारिका से अनवरत यात्राएँ करनी पड़ीं। अन्यायी और स्वार्थी शक्तियों के प्रतिरूप जरासंध, शिशुपाल, कालयवन, पंचजन्य, शकुनि, दुर्योधन आदि से उन्हें प्रकारान्तर से संघर्ष करना पड़ा। अहेतुक प्रेम और निष्काम कर्म के सिद्धान्त को उन्होंने पूरे भारतवर्ष में फैलाया। उनके कार्यों में चमत्कार और दैवी शक्ति देखनेवालों से कृष्ण कहते हैं : 'मैं कर्त्ता नहीं, निमित्त हूँ। मैं नहीं आया होता तो कोई दूसरा आता। जिस घटना का प्रारम्भ हो गया है उसे पूर्ण होना ही था।'

पौराणिक कथाओं और आख्यानों के चमत्कारिक और रहस्यात्मक प्रसंगों के कलात्मक विनियोग में जिस रचनात्मक विवेक की आवश्यकता होती है, यदि लेखक में उसकी कमी रही तो रचना की सफलता और प्रभावक्षमता संदिग्ध रहेगी। यहाँ मैं नरेन्द्र कोहली का ही उदाहरण देना चाहूँगा। वे राम और रावण के दिव्य शस्त्रों को आधुनिक शस्त्रों की तरह व्याख्यायित करते हैं। दिव्यास्त्रों की इस तरह की व्याख्या से प्रसंग तो शुष्क हुआ ही है, मिथक के मर्म को भी क्षति पहुँची है। मिथक की गरिमा को बनाए रखकर यदि रचनाकार छूटछाट लेता है तो उसका कार्य प्रशंसनीय माना जाएगा। पूतना-वध, कालियदमन, अरिष्ट, केशी, व्योमासुर प्रसंग, इन्द्रयाग का विरोध, गोवर्धन प्रसंग, द्रौपदी का चीर-हरण प्रसंग आदि को विश्लेषित करने में रघुवीर चौधरी ने मर्म को नष्ट नहीं होने दिया। दूसरे, विशाल फलक के कारण घटना-संयोजन में शिथिलता का खतरा रहता है। यह उपन्यास इससे बच गया है।

समसामयिक सन्दर्भ के बिना पौराणिक आख्यानों पर आधारित रचनाओं का कोई महत्त्व नहीं हो सकता। परन्तु, रचना को प्रासंगिक बनाने में कलात्मकता का भोग नहीं लिया जा सकता। यह बृहद् उपन्यास इसलिए भी महत्त्वपूर्ण है कि इसमें मिथक की गरिमा और कलात्मकता की रक्षा करते हुए आधुनिक जीवन और परिवेश की झलक मिल जाती है। उदाहरणार्थ : मथुरा के सैनिकों के अत्याचार एवं पाशवी कृत्यों से भयभीत होकर ब्रजगोपियों ने मथुरा माखन ले जाना बन्द कर दिया। माखन का व्यापार बन्द हो गया। घी बनाया जाने लगा परन्तु इससे लाभ तो मथुरा के बड़े व्यापारियों को ही हुआ। बलराम कहता है : 'इससे लाभ होता है मथुरा के बड़े व्यापारियों को। वे लोग कंस के समर्थक हैं क्योंकि अराजकता की स्थिति में धूर्त, लुटेरे और शोषणखोरों को ही लाभ होता है।'

राज्याश्रित विद्वान की चेतना पर किसी-न-किसी रूप में राज्य का अंकुश रहता ही है। फिर वह गर्गाचार्य जैसा ज्योतिषाचार्य ही क्यों न हो। गर्गाचार्य को अक्रूर का कथन याद आता है : 'जो शास्त्रकार राज्याश्रित होते हैं, वे उसके हित का पहले विचार करते हैं—आपकी तरह।' न सुदामा को गरीबी का दुःख है और न कृष्ण को उसे धन देने की आवश्यकता लगती है। सुदामा सोचता है : 'जो विद्वान साधन-सम्पन्न बनना चाहते हैं, वे साधना-सम्पन्न नहीं रह पाते।' सुदामा के इस सोच में आज के सुविधाभोगी बुद्धिजीवियों पर व्यंग्य है तो ईमानदार स्वतन्त्रचेता के लिए आश्वासन भी।

—आलोक गुप्ता

गोकुल

श्रीकृष्ण और राधा इतने में ही कहीं होंगे, यह वृन्दावन है।

यहाँ नैसर्गिक संगीत है। घने लताकुंज, लहराते वृक्षों से आबद्ध वीथिका और सूर्योन्मुखी तृणाकुरों से ताल मिलाता हुआ मृदु सुगन्धित समीर धन्य है।

यह संगीत और सुगन्ध आगन्तुक का एकसाथ स्वागत करते हैं।

मनुष्य, प्राणी और पक्षियों में से इस स्वागत के लिए सबसे अधिक ऋणी कौन है यह कालिन्दी जानती है। कभी इस किनारे से कहती है, कभी उस किनारे को।

पहले नन्दराय का गोकुल उस किनारे बसा था, अब इस किनारे बस गया है। सब जानते हैं, ऋषि देख रहे हैं। कभी परोक्ष रूप से देखा था, आज प्रत्यक्ष देखने के लिए आ रहे हैं।

हरिद्वार की गोष्ठी में सांदीपनि मुनि का गर्गाचार्य से परिचय हुआ। थोड़े ही समय में आत्मीयता बढ़ गई। जीव और जगत को देखने की अलग-अलग दृष्टि होते हुए भी उन्हें एक-दूसरे में किसी आधारभूत साम्य का अनुभव हुआ। साथ ही साथ वापस लौटे। एक विद्याप्रेमी सार्थ ने उनके लिए रथ का प्रबन्ध कर दिया था। सीधे मथुरा पहुँच गए होते परन्तु ब्रजभूमि में प्रवेश करते ही गर्गाचार्य को नन्दराय के गोकुल में जाने की अदम्य इच्छा हुई। उनके साथ सांदीपनि मुनि का अन्तःकरण जुड़ गया। इस गोकुल की सीमा में प्रवेश करते ही वे रथ से उतर गए। उमंग में चलने लगे, चलने से उमंग और बढ़ी। ब्रजभूमि में गोकुल स्थानान्तर करते रहते हैं, परन्तु नन्दराय के गोकुल को कोई निश्चित स्थान मिल गया है इसलिए वह यहीं स्थिर हो गया है।

कोयल ने स्वागत किया, मोर नाच उठे। संगीत को समर्थन देने के लिए सौन्दर्य खिल उठा।

'इस भूमि पर चलते समय मैंने सदैव स्फूर्ति का अनुभव किया है।' गर्गाचार्य ने कहा। सांदीपनि मुनि पीछे रह गए थे। धीरे-धीरे इस संतोष के साथ चल रहे थे कि पहुँचने का स्थान समीप ही हो।

उनकी एक आँख में आनन्द था, दूसरी में विस्मय।

इस भूमि का नैसर्गिक सौन्दर्य अद्‌भुत है। जिस तरह पत्ते और पुष्प अपने-अपने उचित स्थान पर थे, उसी तरह मनुष्य, प्राणी और पक्षी अपने-अपने सर्वथा योग्य स्थान पर थे। परस्पर की इस अनुरूपता के कारण सारा परिवेश सचेतन लगता था। उसकी धड़कन में ऐसी सुसंगति थी, ऐसी विशालता थी कि आगन्तुक तुरन्त ही उसका भाग बन जाए।

गर्गाचार्य आगे थे। परिचित की तरह सीधी दिशा में चल रहे थे। सांदीपनि चाहक थे, कुछ छूट न जाए इस तरह चारों ओर दृष्टि डालते हुए चल रहे थे। इस समय शायद वे साँस भी आँखों से ले रहे थे।

वहीं एक अद्‌भुत दृश्य दिखाई दिया। आगमन का प्रयोजन सिद्ध हो गया हो इस तरह मुनि रुक गए।

सघन लताकुंज और कदम्ब के एक छोटे वृक्ष के बीच खड़ा बालक सूर्य के सामने प्रकाशमान हो रहा था। यद्यपि उसके परम मनोहर मुख पर परावर्तन का प्रकाश था फिर भी उसमें से ही स्फुटित होता हो, ऐसा लगता था। उसकी आत्मतेजस मुद्रा पर प्रकृति का सम्पूर्ण सन्निवेश मुग्ध था। मुनि पुरुष और काल का तत्त्व भूलकर प्रकृति के अभिन्न अंग बन गए थे। अब वे समग्र अस्तित्व से देखने लगे। बालक का श्याम वर्ण अत्यन्त जाज्वल्यमान बन गया है। अरे! उसने पुष्प लेने के लिए हाथ बढ़ाया या लता स्वयं झुक गई? घटना के सत्य को संवेदना के रूप में अनुभव करने के लिए मुनि स्थिर हो गए, अपने में।

पाँचेक कदम आगे बढ़ने के बाद गर्गाचार्य का उस ओर ध्यान गया।

परम आश्चर्य!

मध्य देश का यह विद्वान, काशी से उज्जयिनी जाकर अंकपाद आश्रम का कुलपति बना, शस्त्र और शास्त्र का विख्यात आचार्य, किसी के सामने कभी हाथ न फैलानेवाला निर्मोही ऋषि, इस तरह एक अनजान बालक को देखकर मोहित हो जाए? जो सर्वज्ञ है, मानो वह अपनी दिशा और गति को पूरी तरह भूल गया है। या फिर यह बालक उन्हें इतना अनजान लगता ही नहीं होगा! मैंने उन्हें जो बताया नहीं वह भी—गर्गाचार्य मुग्ध होकर निहारने लगे, उनके कानों में आवाज आई।

'धन्य!'

सांदीपनि मुनि के मुख पर विस्मय का भाव अंकित था। उनके ध्यानमग्न रहने से निर्मल हुए नेत्रों में निरी मुग्धता थी। धन्यता के भाव को पूर्ण रूप से व्यक्त करने के लिए उन्हें अभी दूसरा सार्थक शब्द नहीं मिला था। आनन्द की लहरों के रूप में उनका हृदयाकाश उस बालक तक विस्तरित हो चुका था। गर्गाचार्य को बाह्य रूप से जो अन्तर दिखाई दे रहा था वह आभासी था। मुनि जहाँ देख रहे थे, वहाँ नहीं थे। गर्गाचार्य ने वापस लौटकर धीमे से पूछा, 'समाधि लग गई है क्या?'

'समाधि से भी कुछ विशेष। केवल अभेद की अनुभूति। शुद्ध आनन्द। इस बालक के प्रति जगी निर्हेतुक प्रीति का अभी मैं वाणी से वर्णन नहीं कर सकता। वर्णन कर पाऊँ तो मेरी वाणी मंत्र बन जाए, परन्तु यह कार्य तो किसी आर्षद्रष्टा ऋषि का है। मैं ठहरा एक शिक्षक। जो मेरे आश्रम में आता है, उसे ही शिक्षा देता हूँ। यहाँ कैसा लोभ मन में जागा

है, बताऊँ? इस बालक को चाहकर मैं स्वयं को शिक्षित करूँ! आपने मुझे यहाँ से गुजारकर मुझ पर बहुत बड़ी कृपा की है आचार्य! जो यात्रा परिश्रम के रूप में पूरी होती, उसने इस भूमि के केन्द्र में लाकर मुझे तीर्थ प्रदान किया। इस बालक के दर्शन के बाद प्रत्येक शिशु मेरे लिए तीर्थोत्तम होगा। शास्त्र-ज्ञान का शुष्क कार्य करनेवाले को आज प्रीतिपात्र मिल गया है। उसने मुझे दाता में से चाहक बना दिया है। चलो!'

मुनि ने आचार्य के पीछे कदम तो बढ़ाया लेकिन उन्हें अब तक दृष्टि वापस नहीं मिली थी। दिग्भ्रमित रूप में चलते-चलते उन्होंने बार-बार उस बालक की ओर देखा। प्रत्येक दर्शन की रमणीयता अपूर्व थी।

जो देखा था उसे जानने की इच्छा से प्रेरित होकर उन्होंने पूछा, 'आप अवश्य इस बालक को पहचानते होंगे।' काफी दूर पहुँच जाने पर भी 'इस बालक' कहकर मुनि ने आन्तरिक नैकट्य बनाए रखा। इसे जानकर आचार्य प्रसन्न हुए।

वे यादवों के पुरोहित थे। उत्तरापथ में उनका सर्वत्र सम्मान है। वे त्रिकालज्ञानी कहलाते हैं। निर्मम और निष्ठुर शासक भी उनके आगे नम्रता से पेश आते हैं। उन्हें किसी का भय नहीं है। फिर भी किन्हीं कारणों से उन्होंने इस बालक का नामकरण संस्कार गुप्त रूप से एकान्त में लिया था।

ब्रजमंडल में वसुदेव और नन्दराय की मैत्री प्रसिद्ध है। दोनों एक गोत्र के होते हुए भी एक क्षत्रिय है, दूसरा गोपालक। कर्म भिन्न परन्तु गुणों में समानता है। दोनों निर्भय। शुभ में श्रद्धा रखनेवाले।

एक दशक से अधिक समय से वसुदेव पर मथुरा का राजा कंस कुपित है। नन्दराय मानते हैं कि इसका कारण वसुदेव का कोई अपराध नहीं है। सत्तालालसा के सन्देह के कारण ऐसे धीरोदात्त यादवश्रेष्ठ के साथ अन्याय नहीं होना चाहिए था, परन्तु किसी ने प्रतिकार नहीं किया। स्वयं ठहरे गाँव के निवासी, एक गोपकुल के नायक। लोग प्रेम के कारण ही राजा कहते हैं। कर एकत्र करके राजकोष में जमा कराने के अतिरिक्त दूसरी विशेष सत्ता नहीं है। फिर भी सेना, मल्लदल और शस्त्रों के पीछे खर्च करने के लिए प्रजा के विभिन्न वर्गों पर कर-भार बढ़ाया था, उस समय अन्य नायकों की तरह नन्दराय चुप नहीं रहे। उन्होंने महामात्य को सम्बोधित करते हुए, परन्तु वास्तव में राजा को सुनाते हुए कहा था–

'अपने राजपुरुष अपना दायित्व निभाने में प्रमाद करते हों, ऐसे में कर-भार बढ़ाने का प्रयोजन समझ में नहीं आता। क्या आप उनके प्रमाद को पोषित करना चाहते हैं? विलास को बढ़ावा देना चाहते हैं?'

नन्दराय की आँखों में आत्मविश्वास था, आवाज में दृढ़ता थी। महामात्य अक्रूर यह देखकर प्रसन्न हुए। उन्होंने कोई उत्तर न दिया, परन्तु कंस असहिष्णु हो गया। एक गोपनायक की श्रेणी का आदमी ऐसा आक्षेप कैसे कर सकता है? उसने उग्र होकर कहा, 'राज्यादेश की अवज्ञा सहन नहीं होगी। ब्रजमंडल का एक वरिष्ठ गोपनायक मानकर हम तुम्हें सम्मान देते हैं और तुम ऐसी अशिष्टता दिखा रहे हो? ध्यान रखना, भविष्य में इस प्रकार का व्यवहार दंडनीय माना जाएगा।'

नन्दराय अपने द्वारा कहे गए शब्दों का अर्थ अच्छी तरह समझते थे। उनमें कहीं दुराशय या विद्रोह नहीं था। यदि कंस के स्थान पर महाराज उग्रसेन गद्दी पर विराजे होते तो उन्होंने महामात्य से कहा होता, 'गोपनायक का सुझाव लिख लिया जाए।' वे इस सुझाव का स्वागत करते। जबकि यह राजा तो अपनी विरासत को ही भूल गया! विरोध का मर्म समझे बिना ही उसने राज्य की दंड-शक्ति का प्रयोग करना चाहा है।

राजसभा में विराजे हुए सदस्यों में से किसी ने भी नन्दराय के समर्थन में कुछ नहीं कहा। सूर्य-प्रकाश के बिना पीले पड़ गए लटकते पत्तों जैसी राजपुरुषों की मुख-मुद्रा थी। एक मात्र अक्रूर होंठ बन्द रखकर अपनी प्रसन्नता दबाकर नन्दराय के चरणों में दृष्टि टिकाए थे।

नन्दराय खड़े थे। अब किस सम्मान के लिए यहाँ बैठे रहना? उन्होंने स्वप्न में भी नहीं सोचा था कि उनके जैसे प्रजावत्सल और राजभक्त नायक का इस तरह अपमान होगा। यह राजा अपने शुभचिन्तकों को ही दंडनीय मानने लगेगा तो?

मथुरा के बाजार में से बालकों के लिए कुछ खरीदकर ले जाने की उनकी आदत थी। इस बार भूल गए। मार्ग में याद आया, तब बहुत आगे निकल गए थे। रंज दुगना हो गया। खैर! बालक उन पर नाराज होंगे तो यशोदाजी उन्हें मना लेंगी। संसार की सभी शक्तियाँ उनके स्नेह में बसी हुई हैं।

पति की मुखमुद्रा देखकर यशोदाजी समझ गईं कि कुछ अशुभ घटित हुआ है। पास बैठकर पूछा। राजसभा में राजा द्वारा हुए अपमान की बात शुरू हुई। उस समय दोनों बच्चे वहीं बैठे थे।

सरपंच मथुरा से लौट आए हैं, यह जानकर गोकुल के अग्रणी मिलने आए। शाम का समय होने के कारण काम पूरा करके गाँववाले भी दालान में एकत्र हो गए।

राजा ने कर-भार बढ़ाया है इसका उन्होंने विरोध किया था, यह सुनकर तो सब प्रसन्न हुए। परन्तु राजा क्रोधित हुआ और चेतावनी दी, यह जानकर नन्दराय के प्रति उनके आदर में कमी आने लगी। राजा रूठे इससे बड़ा दुर्भाग्य कौन-सा होगा?

नन्दराय पर कंस की कोपदृष्टि की बात धीरे-धीरे पूरे ब्रजमंडल में फैल गई। नन्दराय अपने गाँव के मुखिया होने के अलावा चौदह गोकुलों के नायक थे। उन सबका हित इनके हृदय में बसा हुआ था। राजा का विरोध करने के लिए गोप समाज को नन्दराय के प्रति कृतज्ञता प्रकट करनी चाहिए, परन्तु हुआ इससे विपरीत। सात गोकुलों ने ही प्रकट रूप में उनका समर्थन किया। ज्यादातर मौन रहे और कई भीरु और स्वार्थ-लोलुप मनुष्यों ने नन्दराय के साथ अपने सम्बन्ध काट लिए। वे ऐसे लोग थे जो अपने बच्चों के हिस्से का दही, माखन भी मथुरा के बाजार में बेचकर धनवान होकर अन्त में नगरवासी बनना चाहते थे।

इन दिनों में निर्भय एवं सत्यनिष्ठ गोप नन्दराय के अधिक निकट आए। दालान की भीड़ तो कम हो गई, परन्तु सच्चे मनुष्यों की आत्मीयता देखकर नन्द-यशोदा स्वयं को अधिक भाग्यशाली मानने लगे। वे सिर्फ नायक थे फिर भी ब्रजवासी उन्हें राजा के योग्य सम्मान देते थे, इसके केन्द्र में उनकी उदारता थी। सभी को सहायता करने की तत्परता थी। सामने से मिलनेवाले प्रेम को उन्होंने ईश्वर की कृपा माना है। फिर भी स्वार्थी लोगों

की खुशामद को देखकर कभी-कभी उन्हें ऊब होने लगती थी। यह स्थिति और उसका कारण जानकर उन्होंने मन ही मन राजा का आभार माना।

इस दम्पति के यहाँ प्रौढ़ उम्र में पालना बँधा था। सबने कहा : सत्कर्मों का फल है। यशोदाजी ने कहा : इस जन्म में तो मैंने कौन से अच्छे कर्म कर डाले हैं? परन्तु पूर्व जन्म में अवश्य शुभ कार्य किए होंगे। बिना ऐसा किए ऐसा सुन्दर और सदा प्रसन्न रहनेवाला पुत्र कहाँ से प्राप्त होता। मेरे यहाँ रोहिणी अतिथि की तरह रहने लगी और उसने मुझे सेवा करने का अवसर दिया। उस समय धन्यता का अनुभव करनेवाला मेरा जीवन अब कृतार्थ हो गया। एक स्त्री को इससे ज्यादा और क्या चाहिए।

दिन, महीने और साल बीतने के साथ यशोदाजी के इस लाड़ले पर ग्रामवासियों का अधिकार बढ़ता गया। सभी को यही लगता कि नन्द कुँवर मेरे यहाँ ही आता है क्योंकि मुझे उनसे विशेष लगाव है। वास्तविकता यह थी कि बालक की स्वस्थता और सुन्दरता देखकर मन में जाग्रत हुए आनन्द को यह लोग विशेष लगाव मानते थे और अपने यहाँ कभी भी आने और तोड़ने-फोड़ने की अनुमति दे देते थे। इस छूट का उपयोग करने में बालक कभी नहीं चूकता। वह सभी के साथ मिल जाता है और उसे सब जगह अच्छा लगता है। धूल में, घास पर, फलों की शैया पर, तुलसी के कुंडे के पास या रेशमी सुखासने पर, वह बिना किसी भेदभाव के बैठ सकता है। कोई भी आँगन उसके लिए पराया नहीं है। अनजान मनुष्य ने उसे दूर से देखा हो तो पास आकर देखने के लिए लालायित हो जाता। इस कारण नन्दभवन के आँगन की ओर का मार्ग चुननेवालों में किशोर युवक-युवती ही नहीं, प्रौढ़ और वृद्ध भी थे।

सबके अनन्य स्नेह के अतिरिक्त नन्दराय के लिए धन्यता का अनुभव करने की एक दूसरी भी घटना घटी। इसके बारे में यशोदाजी भी पूरी तरह नहीं जानतीं। नामकरण संस्कार के प्रसंग पर एक सामान्य ब्राह्मण के रूप में गर्गाचार्य स्वयं पधारे थे। शास्त्र-सम्मत सम्पूर्ण विधि-विधान से कार्य सम्पन्न किया। फिर एकान्त कक्ष में नन्दराय के सामने कई भविष्यवाणियाँ कीं जिनमें से आज तक ज्यादातर सच हुई हैं। जैसे यह बालक जहाँ हो वहाँ सभी का ध्यान खींचेगा। इसके नेतृत्व में इससे बड़े बालक भी आनन्दित रहेंगे। नन्दराय ने इन भविष्यवाणियों में से यशोदाजी को इतना ही बताया कि मैं कंस जैसा राजा नहीं हूँ, परन्तु राजा से अधिक हूँ। राजा को महाराज बनने की आकांक्षा होती है जबकि मैं तो इस बालक को देखकर भविष्य की चिन्ता ही भूल जाता हूँ।

लगभग तीन वर्ष पहले की बात है। कारावास से मुक्त हुए वसुदेव के निवास स्थान पर गर्गाचार्य पधारे थे। वहाँ अक्रूर के रथ में बैठकर नन्दराय अप्रकट रूप से पहुँचे थे। बालक की क्रीड़ाओं की बात निकली। गर्गाचार्य ने कहा, 'मैं बड़ा ज्योतिषी और ज्ञानी तो हूँ। तुम सब कहते हो तो गलत नहीं होगा। मैंने एक रहस्य किसी से नहीं कहा है, वह आज तुम दोनों के समक्ष प्रकट करता हूँ। तुम्हारी इस संतान के नामकरण के समय उसका रूप देखकर मैं अपना ही नाम भूल गया था। वह अनुभूति ऐसी थी, धैर्य छूट जाता है। शरीर कम्पित होता है, बुद्धि लुप्त हो जाती है। अरे! जब मैं इस शिशु का नाम रखने आया हूँ तब इसने तो मुझसे अपना नाम ही भुलवा दिया।'

इस समय ब्रजभूमि पर अपना पद भूलकर गर्गाचार्य स्मरण-सुख प्राप्त कर रहे थे। सबकुछ कह देने का मन हुआ है। सांदीपनि मुनि से कह देने में कोई आपत्ति नहीं, परन्तु नहीं। ऐसा अधीर बनना मुझे शोभा नहीं देगा। अच्छा तो यही होगा कि इस बालक के प्रति अपने अपार स्नेह को हृदय में छिपाकर ही आगे बढ़ूँ। फिर कभी भी अकेला आ सकता हूँ। नन्दराय के भवन तक जाने की आवश्यकता नहीं। इस भूमि से गुजरो और इस नटखट से मुलाकात न हो तो ही आश्चर्य!

'मुनि, चलो इस माया को छोड़कर।' गर्गाचार्य ने विनोद में कहा।

'यदि यह भी माया हो तो इसे छोड़ने का मन नहीं होता।!' मुनि ने प्रसन्न गम्भीरता से कहा और संकल्पपूर्वक सामने देखकर चलने लगे। आँखें भले ही इस सौन्दर्य से वंचित रहें, ओतप्रोत हृदय इस कमी को पूरा करेगा।

निःस्पृह भाव से चलना प्रारम्भ किया। उसके दूसरे ही क्षण यह बालक गर्गाचार्य और उनके बीच से दौड़ता हुआ निकल गया। कैसी गति थी! मानो तेज की झलक! अरे यह क्या! कुछ धीमे दौड़ रही फिर भी रूप में बिजली की तरह चिदाकाश को चकाचौंध करनेवाली यह कन्या कहाँ से उतर आई? एक क्षण पहले तो वह थी ही नहीं। आकाश और प्रकाश में से निर्मित हुई यह धवलोज्ज्वल कन्या जिस लगन से इस घनश्याम बालक का पीछा कर रही थी, यह देखकर इसका कारण जानने की इच्छा हुई। इसमें विलम्ब नहीं हुआ। कन्या ने ही बताया।

उसके पास हरे बाँस का एक सुन्दर टुकड़ा था। उसे वह टुकड़ा प्रिय था, इसका एक निश्चित कारण था। उसने उसे हाथ में लिया ही था कि उसकी अभिमानी गाय लौट आई थी। गाय निर्दिष्ट स्थान पर ग्वाले के पास पहुँच गई थी। इसके बाद उसे कोई काम नहीं था अतः बालसखा की याद आई। तमाल के पास वह खड़ा था। तमाल से भी श्याम इस सखा को खोजना मात्र उसके लिए ही सरल था। चुपचाप उसके पास पहुँच गई। प्रिय सखा ने उसके आगमन पर ध्यान भी नहीं दिया। उसका ध्यान दूसरी ओर था। वह तमाल की निचली डाल पर बैठे मोर के पंख के गिरने की धैर्यपूर्वक प्रतीक्षा कर रहा था। परन्तु कन्या अधीर हो गई। उसके और सूर्य के बीच जाकर खड़ी हो गई। उसे अपनी छाया में छिपाने का खेल खेला और उसमें सफल हुई। इतना सुनकर गर्गाचार्य ने स्वीकार किया, 'तेरी छाया में उसके विलीन हो जाने का अद्भुत दृश्य मैंने वक्र दृष्टि से देख लिया था। परन्तु तू बता, तेरे मुख से सुनकर पहले देखा हुआ और सुन्दर लगेगा।'

'उसने हरा बाँस माँगा। वह जो माँगता है, वह सबकुछ मैं दे देती हूँ। परन्तु आज थोड़ी देर हुई। इस कारण यह मुझसे झपटकर भाग गया। वह भले झपट ले, परन्तु भाग क्यों जाता है? आप उसे डाँटो। वह अपने माँ-बाप का कहना भी नहीं मानता। शायद आप जैसे ऋषि-मुनियों का कहना मान ले।'

ऋषि-मुनि क्या कहें? वह आया, वैसा ही सुगन्धित समीर की तरह अदृश्य हो गया।

कन्या गर्गाचार्य की अँगुली पकड़े खड़ी रही। उस बालक के विरुद्ध अपनी अधूरी शिकायत को इस तरह आगे बढ़ाया।

एक के स्थान पर दोनों ऋषियों की प्रेमपूर्ण दृष्टि देखकर कन्या प्रोत्साहित हुई और पूरी तरह स्वस्थ हो गई। मधुर कोमल स्वर से कोई बड़ी शिकायत करने लगी, 'एक दिन उसने मुझसे मोरपंख छीन लिया था। आज यह हरा बाँस ले लिया। मुझसे जरा भी डरता नहीं। कहने जाऊँगी तो सुना देगा–तेरे पास होगा वह सब छीन लूँगा। इससे बचने का यही उपाय है कि मैं झपट लूँ उससे पहले ही तू खुश होकर मुझे दे दे।'

सांदीपनि मुनि के मन में सवाल उठा, 'इस कन्या ने शिकायत की है या अपनी प्रशंसा?' इतनी उत्फुल्लता के साथ बोलते हुए उन्होंने किसी कन्या को नहीं देखा था। अपनी ऐसी पुत्री होती तो कैसा रहता! मुनि के मन में मोह जागा।

कन्या की शिकायत के प्रभाव में गर्गाचार्य असावधान बन गए और बालक के साथ अपने सम्बन्ध को प्रकट कर बैठे। वह भी जोर से, 'कृष्ण! ओ कृष्ण!!'

बालक ने सुना लेकिन अनसुना कर दिया।

'नहीं आएगा, आप उसे कृष्ण नहीं श्रीकृष्ण कहोगे तो ही आएगा।'

'परन्तु उसका नाम तो...'

'मैं उसे श्रीकृष्ण कहती हूँ, भूल से कृष्ण कहती हूँ तो सुनता ही नहीं है।'

'देखता हूँ, कैसे नहीं सुनता। कृष्ण! ओ कृष्ण, अरे कन्हैया, यहाँ आ। देख, राधा क्या कह रही है?'

बालक ने हार स्वीकार कर ली है। इस तरह पीठ के पीछे बाँस छिपाकर धीरे-धीरे कदम बढ़ाने लगा।

'कृष्ण-कन्हैया कहने पर आया या नहीं?' गर्गाचार्य ने गौरवपूर्ण ढंग से कहा।

'शायद ऐसा हो कि वह अपना नाम नहीं; राधा का नाम सुनकर आया हो।' मुनि ने मधुर हास्य के साथ कहा।

'वैसे तो मैं रोने लगूँ तो भी दौड़कर आ जाता है, परन्तु वह हो तो मुझे रोना आता ही नहीं।'

'यह बालक सीधा क्यों नहीं चल रहा? यह चल रहा है या नाच रहा है?'

'यह राधा क्या कह रही है?' गर्गाचार्य को प्रयत्नपूर्वक बुजुर्ग बनना पड़ा।

'मुझसे तो यह कुछ कहती नहीं।' कृष्ण से उसकी आवाज अधिक समीप लगी।

'मैं नहीं कहती, यही मेरा अपराध है। तो मेरी सारी वस्तुएँ नहीं छीन लेता? बोल?' राधा अब निर्भय और निश्चिन्त थी। कृष्ण अब पास आ गया था और दोनों ऋषियों की प्रेमपूर्ण दृष्टि ने विश्वास दिला दिया था कि वे उसके पक्ष में रहनेवाले हैं।

'मैं छीन लेता हूँ या तू मेरे लिए ले आती है।' कृष्ण बायाँ हाथ कमर पर रखकर विजेता के रूप में बोला।

'यह सही है परन्तु...' राधा झिझकी। कृष्ण को उलाहना देने का उत्साह जोर मार रहा था परन्तु उसे झूठा सिद्ध करना उसे स्वयं भी अच्छा नहीं लगता। इस समय पास खड़ा है। ऐसे में जो उसे अच्छा नहीं लगे वह बोलने पर वह चला गया तो? जैसी उसकी इच्छा। वह भले छीन ले। इसमें भी नया अनुभव होता है। खेलने में आनन्द आता है। उसने पहली बार मोरपंख छीन लिया था फिर वह कितने मोरपंख बीन लाई थी। हाँ, सुबह जल्दी उठकर

अकेली बीनने निकल पड़ी थी। राधा के पिता वृषभानु कोई ऐसे-वैसे आदमी नहीं हैं। अहीरों के एक गाँव के मुखिया हैं। और उन्हें अपनी इस प्रतिष्ठा और पद से भी राधा अधिक प्रिय है। उसने माँग की होती तो सेवक को भेजकर पूरे वन के मोरपंख मँगवा दिए होते। परन्तु हठीली बेटी स्वयं बीनना चाहती थी। मना करने पर रूठ गई तो? उन पंखों से कृष्ण के लिए मुकुट बनाकर ही उसने साँस ली। मुकुट भी कैसा? बिल्कुल सही नाप का! कृष्ण को बुलाकर पिछवाड़े की बाड़ी में ले गई। मुकुट पहनाकर एक चुम्बन किया और दोनों को पूरी बाड़ी देखे इस तरह कृष्ण की बगल में खड़ी रही।

वह छवि देखकर वृषभानु भूल गए कि यह मेरी बेटी है।

एक क्षण के लिए दोनों मुनिवर्य अपने गंतव्य को भूल गए। राधा की वाणी और कृष्ण का रूप देखने के बाद जीवन में यही विश्राम-स्थल हो, इस तरह वहाँ खड़े थे।

हरे बाँस का टुकड़ा बगल में दबाए हुए कृष्ण इस तरह खड़ा था कि उसका एक कोना उसकी ठोढ़ी को छू रहा था। यह मुद्रा कभी किसी ने नहीं देखी थी। वहीं उन्हें एक अपूर्व ध्वनि सुनाई दी। बार-बार सुनने का मन हो ऐसी थी वह ध्वनि। अपूर्व और अद्‌भुत! बिल्कुल अनजाने ही कृष्ण ने बाँस के टुकड़े में फूँक मारी थी। सांदीपनि ने गर्गाचार्य के सामने देखा। आचार्य बोले नहीं, प्रसन्न चित्त बने रहे। जो सहज रूप से प्राप्त हो, वह पर्याप्त है। यह ध्वनि पुनः सुनने की इच्छा गलत नहीं है, परन्तु उसने मना कर दिया तो?

'इस बाँस में से कोई वाद्य नहीं बन सकता? मैं जानता हूँ वहाँ तक—'

'उल्लेख मिलते हैं परन्तु ऐसा वाद्य बनाने की विद्या न सीख पाने का आज मुझे अफसोस हो रहा है। कृष्ण के लिए मैं कुछ कर सकता!'

'राधा के लिए भी, क्योंकि वस्तु तो उसकी है।' गर्गाचार्य ने विस्मय-विमूढ़ राधा की ओर देखा—'सच है न पुत्री?'

'हाँ, मेरी कौन-सी वस्तु?' राधा बिल्कुल भूल गई थी कि हरा बाँस उसका था।

'धन्य है यह बालिका। स्वयं निसर्गश्री ने ही उसे शिक्षा दी है। चलो, आज सात्विक शिशु-लीला देखकर हृदय कृतार्थ हो गया।'

'परन्तु वाद्य की बात तो...' सांदीपनि कृतार्थ होकर मौन नहीं रहना चाहते थे। अपनी ओर से भी कुछ कहना चाहते थे। उन्होंने भारपूर्वक पूछा। आचार्य इस क्षेत्र से परिचित थे, कहने लगे, यमुना तट से नन्दगाँव की ओर जानेवाले मार्ग में एक श्रमिक कारीगर रहता है। उसका नाम तरंगपाल है। सब उसे तरंग कहते हैं। वह एक विलक्षण व्यक्ति है। विश्राम के समय में वह विविध वाद्य बनाता है, फिर सामने किनारे पर रहते संगीताचार्य शिवानन्द को भेंट चढ़ाता है। उस नए वाद्य पर आचार्य शिवानन्द को संगीत-रचना करते देर नहीं लगती। परन्तु तब तक तरंग नया वाद्य यंत्र बना चुका होता है। गुरु की कसौटी करते रहने में ही उसकी सर्जकता सक्रिय रहती है। उसके पिता रामकथा गाते थे और संगीत विद्या सीखने की इच्छा रखते थे। परिवार छोड़कर किसी योग्य गुरु की खोज में निकल सकें, ऐसा सम्भव नहीं था। पुत्र के बड़े होने पर, अपने स्वप्न को पूरा करने के लिए उन्होंने तरंग को शिवानन्द की संगीतशाला में रखा। अनुशासन का विशेष आग्रह करनेवाले के रूप में

शिवानन्द मथुरा में प्रसिद्धि पा चुके थे। उन्हें तरंग मनमौजी लगा। सीखा हुआ याद हो जाए तो उसे अभ्यास के द्वारा कंठस्थ करना चाहिए। परन्तु ऐसा न करके तरंग अभिनव प्रयोग करता। शिवानन्द ने उसे चेतावनी दी, 'स्वरों को मिलाओ मत, संगीत में शुद्धि परम आवश्यक है।'

'क्या जगत में उतने ही स्वर हैं, जितने आपके नियमों में आते हैं? इन पक्षियों के नादमाधुर्य में कितनी विविधता है! क्या इस विविधता में आप अशुद्धि देखेंगे?'

'नहीं! कहते हैं कि पक्षियों के कलनाद की नियमित आवृत्तियों पर से ही मनुष्य ने संगीत प्राप्त किया है। प्रथम अनुसरण, फिर सर्जन।'

'अनुकरण की प्रक्रिया में ही सर्जन क्यों नहीं?'

आचार्य शिवानन्द इस कथन से प्रसन्न हुए। यह उद्धत शिष्य उन्हें पहले से ही प्रिय था क्योंकि वह अभिनव उन्मेष का प्रदर्शन करता रहता था। परन्तु अब उसका प्रभाव कई अपरिपक्व शिष्यों पर भी पड़ने लगा। शिवानन्द अनुशासन को अपनी संगीतशाला की मुख्य सम्पत्ति मानते थे। एक दिन उन्होंने क्रोधित होने का विशेष अधिकार लेकर छोटी गलती की बड़ी सजा दे डाली, 'तुझे यहाँ के नियम अनुकूल नहीं आएँगे तरंगपाल! तेरे पिता की तरह तेरी योग्यता भी श्रमिक की है, मैंने तुझे संगीतकार बनाने का उत्तरदायित्व उठाकर भूल की। अब मैं अपनी भूल सुधारना चाहता हूँ।'

'अच्छा, मैं इसी समय से इस काम में आपकी सहायता करता हूँ। आप शास्त्रों के बन्धन में सुरक्षित रहें, मुझे प्रकृति सिखाएगी।'

तरंगपाल ने संगीतशाला छोड़ी, इससे उसके पिता को विशेष दुख हुआ, 'तो तू भी मेरी तरह आजीवन श्रमिक ही रहेगा!' संगीतकार को वे बहुत उच्च श्रेणी में गिनते थे। तरंग को श्रमिक और संगीतकार में कोई तात्त्विक भेद नहीं लगता था। आजीविका के लिए श्रम करनेवाला संगीतकार क्यों नहीं हो सकता? जीने के लिए जरूरी शक्ति के अतिरिक्त मनुष्य के पास जो अतिरिक्त ऊर्जा होती है, उसमें से ही कला उत्पन्न हुई होगी।

नवयुवक पुत्र के उद्‌गार सुनकर पिता स्तब्ध रह गए। उन्हें अधिक आश्चर्य हो, वह बात तो तरंगपाल ने इसके बाद कही, 'आचार्य शिवानन्द ने भले ही मुझे अपने शिष्य पद से हटा दिया। परन्तु मैं उन्हीं को अपना गुरु मानूँगा और उनका शिष्य होने के अधिकार से संगीतशास्त्र में उन्हें पराजित करूँगा। इसके लिए पूरी योग्यता सिद्ध करूँगा। मैं कला को अपनी आजीविका नहीं बनाऊँगा। श्रम करके जीवित रहूँगा और एकान्त साधना से कलाकार बनूँगा।'

कालिन्दी के दोनों किनारों पर बसनेवाले तरंग को जानते हैं। प्रतिदिन वह दो प्रहर श्रम करता है और एक प्रहर वाद्य की रचना करता है। इससे श्रम की थकान उतरती है और कर्म का आनन्द मिलता है। आचार्य शिवानन्द के लिए अब अनुशासन का प्रश्न नहीं रहा है। वे तरंगपाल की सर्जकता के प्रशंसक बन गए हैं। मथुरा के अभिजात्य वर्ग में मौज करने, सम्पत्ति और सम्मान प्राप्त करने के स्थान पर उसने श्रमजीवियों के साथ रहना पसन्द किया है। मधुर कोलाहल के लिए प्रसिद्ध कालिन्दी के किनारे बसनेवाले

पक्षी तरंग के द्वारा सर्जित नए वाद्य की प्रारम्भिक ध्वनि सुनकर शान्त हो जाते हैं। संगीताचार्य शिवानन्द कभी-कभी विचार करने लगते हैं, और किसी को नहीं, वह तरंगपाल को कैसे सूझता है? उन्होंने एक बार गर्गाचार्य से कहा था, 'तरंग इस तरह अपनी अधूरी शिक्षा की मुझे सवाई गुरु दक्षिणा देता है, मैं अपनी योग्यता बढ़ाने के लिए उसे प्रोत्साहन देता हूँ।'

'तब तो तरंगपाल इस बाँस में से अवश्य ही एक सुन्दर वाद्य बना देगा।' सांदीपनि मुनि ने कहा।

'तरंगदा,' कहते हुए कृष्ण ने कालिन्दी की ओर कदम उठाया। बलराम और सुबल के साथ वह स्वयं दो बार तरंगदा की कुटिया पर गया था। उन्होंने गोद में बैठाकर माखन-मिसरी खिलाई थी। एक बार उत्तम की गाड़ी में बैठकर तरंगदा पिताजी से मिलने आए थे। मथुरा की बातें कर रहे थे। उनकी कुटिया तक पहुँचने में कितनी देर! यह पहुँचा।

राधा की इच्छा नहीं थी कि कृष्ण उसे यहाँ अकेली छोड़कर चला जाए। यह सही है कि कभी-कभी वह घर कहे बिना ही भाग जाता है परन्तु आज तो वह स्वयं यशोदाजी से विनती करके साथ लाई है। वह क्या उत्तर देगी? दोबारा फिर साथ भी नहीं भेजेंगी। कृष्ण को वापस लौटाने के लिए उसने युक्ति खोज ली।

'तरंगदा की कुटिया तो कितनी दूर है।'

'तो चल, दौड़ने लगें।'

'थक जाएँगे।'

'मैं नहीं थकूँगा और तू थक जाएगी?'

'वहाँ घना जंगल है, मुझे डर लगेगा।'

'डर कैसा? मैं साथ जो हूँ।'

कृष्ण का यह उद्‌गार सुनकर मुनिजन हँस पड़े। स्वयं एक निर्भय बालक के सामने खड़े हैं, इसका उन्हें अभिमान हुआ। देखते हैं कि कृष्ण एक निश्चित दिशा में आगे बढ़ रहा है।

राधा अब पल भर भी अकेली खड़ी नहीं रह सकती। उसे ऐसी आशा थी कि कृष्ण उसकी बात मान लेगा। नहीं मानी इसलिए क्षणार्ध वह गम्भीर हो गई। तुरन्त भाव बदले। चली, फिर दौड़ने लगी। कृष्ण के शब्दों ने विश्वास जगाया था, 'मैं साथ जो हूँ।'

कृष्ण-राधा दौड़ाते हुए चले जाते हैं, मुनियों के मन उस ओर खिंचते हैं। आचार्य गर्ग सांदीपनि मुनि से कहते हैं, 'मथुरा में वसुदेव और अक्रूर के सिवा कोई नहीं जानता है कि इस बालक का नामकरण संस्कार मैंने किया है। गुप्तता आवश्यक थी। इसलिए सांकेतिक ढंग से मैंने नन्दराय से कहा था : तुम्हारा पुत्र घनश्याम रंग वाला है, अतः कृष्ण कहलाएगा। यह नाम रखने का सही कारण दूसरा था, वह मैंने नन्दराय को नहीं बतलाया था, आपसे कहता हूँ, 'कृष्ण संज्ञा की धातु का जो मूल अर्थ होता है, वही इसके बारे में सच है। 'कृष' यानी खींचना, खींचे वह कृष्ण। कुछ क्षण पहले इसने आपको खींचा, फिर बालिका को खींचा। अब हम दोनों को खींच रहा है।'

गर्गाचार्य मानो सांदीपनि मुनि के अन्तःकरण को ही वाणी दे रहे थे। दोनों की आँखों में कृष्ण के लिए आशीष थी।

जगत की ग्लानि दूर करने के लिए ही ऐसे बालक जन्म लेते होंगे! वन-जीवन को बाहर से सूर्य आलोकित करता है, अन्दर से बालक!

मुनि का पुत्र पुनर्दत्त बड़ा हो गया है। वह कहता था, 'पिताजी, आपका अंकपाद आश्रम अब पहले जैसा सुरक्षित नहीं है।'

हरिद्वार में एकत्रित हुए अलग-अलग जनपदों के ऋषि-मुनि कहते थे : 'समाज के कल्याण के लिए नदी किनारे आकर बसनेवाले तपस्वियों को वापस हिमालय चला जाना पड़ेगा।' गुरुजनों का ध्यान रखनेवाले शासक अब गणिकाओं का ध्यान रखते हैं। अब राजा ईश्वर से नहीं डरते, सम्राट से डरते हैं। उन्हें मुद्रा का उपहार देते हैं। और प्रजा की ओर से उदासीन और उद्दण्ड होते जाते हैं। प्रजा के विभिन्न वर्गों के दुखों की ओर हम उनका ध्यान आकृष्ट कराएँ तो वे सहमत नहीं होते और हमारी आज्ञा का पालन करने में उदासीनता दिखलाते हैं। इससे पूर्व इस भूमि पर ऐसी असुर वृत्ति नहीं फैली थी। समष्टि की रक्षा और संवर्धन के लिए अस्तित्व में आया हुआ राज्य, विलास का केन्द्र बनता जा रहा है। इस निरी ऐहिकता के सामने त्यागी-तपस्वी निरुपाय बनते जा रहे हैं। इस कारण उत्पन्न हुई ग्लानि से भरकर दोनों मुनिजन हरिद्वार से निकले थे। अच्छा हुआ कि ब्रजभूमि में प्रवेश किया। हरिद्वार अद्भुत तीर्थ है! शान्तिदायक और आश्वासक है। ब्रजभूमि उससे एक कदम आगे है, इसका पता आज चला। यहाँ कोई प्रेरक तत्त्व व्याप्त है।

बाल कृष्ण की निर्भयता और शक्ति देखकर नवजीवन में विश्वास बैठा है। अंगांग में प्रसन्नता प्रकट हुई है, गति में स्फूर्ति की वृद्धि हुई है। वृक्ष, लता, तृण समेत पूरी वनराशि में सुसंगति लगती है।

यहाँ की वनराशि मनुष्य के प्रति उदासीन नहीं है और ऊपर से उसमें बसन्त का आगमन हुआ है। यहाँ पुष्पराशि में वह दृष्टिगोचर होता है तो वहाँ वनपल्लवों की घटाओं में। यह वृक्ष वर्षा में खिलेंगे, बरसते जल को सुगन्धित कर देंगे, और फिर महक उठेगी भीगी मिट्टी जो राधा-कृष्ण के पैरों के निशान से अंकित होगी। इससे पहले ऐसे दो-दो ऋषियों के चरणों का स्पर्श पाकर धन्य हो गई है।

'इस धरित्री के स्वभाव में ही स्वागत का भाव लगता है।' ऐसा कहते हुए मुनिवर गर्गाचार्य का अनुसरण करने लगे।

'देखो! स्वागत का दूसरा प्रमाण!' आचार्य ने ध्यान खींचा।

'अभी तो काम का समय कहा जाएगा, इस तरह सैकड़ों पुरुष एकत्र होकर प्रमाद को पोषित करें तो...' मुनि चुप हो गए। द्विधा में पड़ गए। यहाँ के लोग अपनी कर्मठता के लिए प्रसिद्ध हैं। बालक और किशोर गायें चराते हैं। युवक और प्रौढ़ गोपालन करते और वृक्ष उगाते हैं, अन्न उत्पन्न करते हैं। पहले घूमनेवाला यह गोप समाज कुछ वर्षों से इस प्रदेश में स्थिर हो गया है। फिर भी गाँव घास-चारे की सुविधा के लिए स्थल बदलते रहते हैं। एक बड़े विस्तार के अन्दर का यह परिवर्तन मातृभूमि की भावना को संकीर्ण नहीं

होने देता। घर हो या कुटिया, कन्याएँ आँगन को स्वच्छ रखती हैं और तीज-त्यौहार पर सजाती हैं। दही-माखन के काम से फुरसत पाकर गृहिणियाँ रसोई बनाती हैं। लोभिनी हो, वह घर के सदस्यों के लिए पर्याप्त भाग न छोड़कर दही-माखन बेचने निकल पड़ती है। कई तो मथुरा की हाट तक पहुँच जाती हैं। बदले में सोना-चाँदी ले आती हैं। अड़ोसी-पड़ोसी ने रंग मँगाए हों तो वह भी कभी-कभी ले आती हैं। गर्गाचार्य ने सुना था कि कुछ वर्षों से गोकुल की गोपियाँ रोज अपने आँगन में रँगोली बनाती हैं। इसका कारण क्या हो सकता है? कृष्ण को ललचाकर खींच लाना? हो सकता है कृष्ण पास आए। उसे रँगोली देखने से संतोष न हो तो उस पर पैर रखे। फिर उसे डाँटने के बहाने भी थोड़ी देर रोक सकें, धमका सकें और उसका उत्तर सुनने का लाभ लिया जा सके। यशोदाजी लड़ने आएँ तो अपनी ओर से शिकायत कहाँ नहीं की जा सकती? कृष्ण के प्रति उनकी स्वयं की शिकायतें कहाँ कम होती हैं? जो सुना था उसमें से कुछ विशिष्ट देखने को मिले उससे पहले ही नटखट कृष्ण भाग गए।

'आपको लगता है कि कृष्ण-राधा फिर से अपने मार्ग में आ जाएँगे?' आचार्य ने पीछे नजर करके कहा। दूर से आ रहे सैकड़ों गोपों को देखकर सांदीपनि मुनि ने कहा, 'वे नहीं आएँ तो कभी हम ही उनके मार्ग में आ जाएँगे।'

'अवश्य। मुझे लगता है कि हम परमतत्त्व के साक्षात्कार सम्बन्धी विवाद से समय निकालकर ऐसे बालक और पुष्पों के बीच में रहें तो कैसा रहे?'

'बालक और पुष्प परमतत्त्व की विभूति हैं।' सांदीपनि ने कहा।

'सब बालक या यह एक ही...?' गर्गाचार्य वाक्य को पूरा नहीं कर सके।

'एक यानी। हमने तो आज दो बालक देखे। कृष्ण और राधा!'

'राधा के विषय में तो मैं नहीं कह सकता। परन्तु कृष्ण के जन्म के समय के ग्रहों का मैंने अध्ययन किया है। परमब्रह्म के अवतार के रूप में वह ख्याति पाएगा। मैं उसे सामान्य मनुष्य की तरह नहीं देख सकता।'

'आचार्य! मनुष्य होना कोई साधारण बात है? मैंने तो राधा-कृष्ण को मानव-शिशु की तरह देखा और धन्य हो गया। इस यात्रा की ही नहीं जीवन-भर के परिभ्रमणों की थकान उतर गई। इनका सौन्दर्य मानवीय है, ऐसा स्वीकार करने से आपको संतोष नहीं होता?'

'मैं तो इनके अलौकिक सौन्दर्य से ही–' आचार्य चुप हो गए। आज वे बहुत बोले थे। कृष्ण के बारे में कुछ तथ्य गोपनीय थे। वे संकल्प से बँधे हुए थे।

सांदीपनि विचारमग्न हो गए। हम दोनों को अद्‌भुत असाधारण आनन्द हुआ, एकसाथ हुआ, परन्तु उसके कारण बिल्कुल भिन्न थे। मुझे जो लौकिक रूप निर्मल आनन्द दे गया, वही उन्हें अलौकिक रूप में मिला। कृष्ण-राधा को फिर से एक बार देख लेने की अभिलाषा से उन्होंने दूर-दूर तक दृष्टि की, परन्तु दाईं ओर से आ रहा गोपसमूह अब उनके दृष्टिपथ को रोकने लगा था। उनके सुगठित शरीर और तालबद्ध गति उनकी आन्तरिक निर्भयता का संकेत दे रही थी। फिर हाथ में छोटी-बड़ी लाठियाँ क्यों? क्या ये किसी प्रतिकार के लिए तैयार हुए होंगे? शासकों की जिस अमर्यादित सत्ता को अंकुशित

रखने में हमारे जैसे मुनि निष्फल गए हैं उनसे यह ग्रामीण लोक-समूह कह सकेगा, तुम जिस सिंहासन पर बैठे हो उसके वास्तविक अधिकारी तो हम हैं; तुम जो सम्पत्ति भोग रहे हो, उसके मूल स्रोत हम हैं।

2

नन्दराय ने आगे बढ़कर गर्गाचार्य की चरणधूल ली और उतने ही आदर से नाम-पता पूछे बिना सांदीपनि मुनि को प्रणाम किया।

दूसरे गोप भी पहले लाठी नीचे रख देते थे, बाद में चरण-स्पर्श करते थे। प्रत्येक व्यक्ति ने भक्ति-भावना से परिपूर्ण होकर तपस्वियों का आशीर्वाद प्राप्त किया।

लाठियों की ओर धार्मिक दृष्टि से देखकर आचार्य ने सांदीपनि मुनि का परिचय कराया। नन्दराय और वृषभानु ने उनकी स्तुति की और दोनों तपस्वियों की जय-जयकार बुलाई।

ऋषियों को प्रणाम करके वहाँ से तुरन्त भागने वाले युवकों में से एक तुरन्त दोनों हाथों में एक-एक चौकी लेकर दौड़ता हुआ आया। 'उत्तम गाड़ी जोतने गया है। माताएँ अर्घ्य लेकर आ रही हैं।' सुबल ने कहा। दौड़ने से उसकी साँस नहीं फूलती।

नन्दराय ने अपने खेस से चौकियाँ साफ करके विनती की, 'विराजें, आपका विधिपूर्वक सम्मान हो उसके पहले हमें अपनी पवित्र वाणी से लाभान्वित करें।'

'पहले यह बताओ कि इतनी बड़ी-बड़ी लाठियाँ क्यों रखते हो? गायों को हाँकने के लिए?' गर्गाचार्य ने पूछा।

'नहीं, साँड़ों के लिए।' वृषभानु ने उत्तर देकर सबको हँसाया। 'अब नन्दराय विस्तार से बताएँगे।'

'हम अपनी योग्यता के अनुसार गोप युवकों को आत्मरक्षा की तालीम देते हैं। गेंद-बल्ला जैसे खेलों के साथ कुश्ती तो सब सीख जाते हैं, परन्तु आक्रमण करने वाले के सामने सीधे कुश्ती में नहीं उतरा जाता। इसलिए हम सप्ताह में एक दिन लाठी के दाँव सिखाते हैं। अभी तो पास के गाँवों से कुछ युवक आते हैं। हमें आशा है कि हमारे सभी गोकुल आत्मरक्षा की शिक्षा प्राप्त कर लेंगे।'

'परन्तु तुम सब यादव और अहीर तो गोपालन करते हो, तुम्हें शस्त्रों की क्या...'

'क्यों नहीं?' सांदीपनि बोल उठे, 'क्षत्रियों का कार्य समस्त प्रजा की रक्षा करना है। इसका अर्थ यह नहीं है कि अन्य वर्ग आत्मरक्षा भी न कर सकें। आप तो जानते ही हैं कि परशुराम ने ब्राह्मण के गुण-धर्म छोड़े बिना ही प्रजा की रक्षा के लिए क्षत्रियों से युद्ध किया था। आज भी उनके आश्रम में क्षत्रियों का प्रवेश वर्जित है। वैसे मुझे उनका यह दृष्टिकोण अतिरेकपूर्ण लगता है, परन्तु उन्होंने क्षत्रियों का एकाधिकार तोड़कर भारतवर्ष पर उपकार किया है। मैं तो चाहता हूँ कि प्रजा के सभी वर्ग स्वधर्म के साथ-साथ आत्मरक्षा की शिक्षा भी प्राप्त करें। वरना आर्यावर्त की विरासत की सुरक्षा नहीं होगी। आचार्य! इन ब्रजवासियों

ने रक्षा-दल की व्यवस्था की है, मैं यह देखकर प्रसन्न हुआ हूँ। इन्हें आशीर्वाद देता हूँ और यदि ये चाहें तो सहायता भी करना चाहता हूँ। अपने शिष्यों में से जिन्हें आदेश दूँगा, वे यहाँ आकर शिक्षा देंगे, शस्त्र और शास्त्र दोनों की।'

सांदीपनि की वाणी में नन्दराय को परमतत्त्व की कृपा दिखाई दी। गर्गाचार्य का मन भी यही चाहता था। परन्तु अभी प्रकट रूप से वे कुछ कहना नहीं चाहते थे। उन्होंने संकेत द्वारा मुनि को मौन रहने के लिए कहा और बोलने का दायित्व स्वयं उठा लिया। पहले तो उन्होंने सांदीपनि मुनि की भूरि-भूरि प्रशंसा की। काशी के निवासी इन द्विजोत्तम ने अवन्ति जाकर किसलिए वहाँ अंकपाद आश्रम की स्थापना की, उसका कारण बताया। कुछ ही वर्षों में दूर-दूर देशों के राजकुमार तथा अन्य वर्ण के विद्यार्थी उनके पास शिक्षा प्राप्त करने आने लगे, परिणामस्वरूप इनकी ख्याति सागर पार भी पहुँची। ये एक बड़े गुरुकुल के कुलपति हैं। हम उन्हें इस तरह का कष्ट नहीं दे सकते। आप सभी राज्यादेश का पालन करेंगे तो निकट भविष्य में मुझे कोई आपत्ति दिखाई नहीं देती। मैं जानता हूँ कि कुछ वर्षों से तुम पर कुछ आपत्तियाँ आई हैं, परन्तु उनसे तुम्हें कोई बड़ी हानि नहीं हुई है। मैं मथुरा जाकर कल ही कंसराज से मिलूँगा। तुम्हारी रक्षा का प्रबन्ध कराऊँगा।

'परन्तु—' वृषभानु बोलने लगे। उन्हें नन्दराय ने संकेत से चुप रहने के लिए कहा।

'मैं यादवों का पुरोहित हूँ। तुम ऐसा मानते हो कि राजा मेरी बात नहीं मानेगा? अजीब हो! लाठियाँ लेकर निकल पड़े हो! तुम सबसे तो मुझे वह बालक कृष्ण अधिक निर्भय लगा।'

'प्रत्येक बालक जन्म से निर्भय होता है। समाज उसे भय की ग्रन्थियों में बाँधता है। इन ग्रन्थियों में से उसे मुक्त करके आन्तरिक मुक्ति की राह दिखाने का काम शिक्षक का है।' सांदीपनि ने कहा।

'आपकी बात सही होगी, परन्तु जब से मैं राजपुरोहित हुआ हूँ, तब से मानने लगा हूँ कि यह काम भी राज्य का है।' ऐसा कहते हुए आचार्य हँस पड़े। इतना बड़ा आदमी इस तरह स्वयं पर हँस सकता है यह देखकर ब्रजवासी भी प्रसन्न हुए।

'रक्षा-दल के बारे में हम पुनर्विचार करेंगे। आचार्य की आज्ञा हमारे लिए शिरोधार्य है। अब हम उनसे प्रार्थना करते हैं कि वे धर्मोपदेश दें।'

गर्गाचार्य ने मुनि की ओर देखा, 'कुछ कहो।'

'धर्मोपदेश देने लायक आज मेरी मनःस्थिति नहीं है, मेरे भाग्य में होगा तो कभी कर्मोपदेश देने आऊँगा। कुछ समय पहले तुम्हारे दो बालकों के दर्शन से जो आनन्द हुआ है उसका ऋण चुकाने आऊँगा। मैं तुम्हें कितना सहायक हो सकता हूँ, यह तो नहीं जानता परन्तु अपने संतोष के लिए आऊँगा।'

'अभी एकाध वचन कहिए।' वृषभानु ने अनुरोध किया।

'तो सुनो! तुम श्रमजीवी गोपालक हो, यह समझते हुए कह रहा हूँ, यह कभी मत मानना कि शास्त्र तुम्हारे लिए नहीं हैं।'

गर्गाचार्य जो बात गुप्त रखना चाहते थे वह प्रकट हो जाने के खतरे को जानकर खड़े हो गए और मथुरा की ओर चलने को हुए।

'आप थोड़ी देर रुकिए। मेरी बैलगाड़ी आपको ले जाएगी। आपके मित्र की पत्नी इस समय मेरे यहाँ अतिथि हैं। उन्हें दर्शन दिए बिना जाना ठीक नहीं है। आपका रात को रुकना हमारे भाग्य में नहीं है। परन्तु हमें क्षण-दो क्षण का अवश्य दान करें।' नन्दराय निवेदन कर रहे थे, इतने में उत्तम रथ की गति से बैलगाड़ी ले आया। गाड़ी खड़ी हो उससे पहले गाड़ी पर बैठे उत्तम के ऊपर से कूदकर एक गोरा हृष्ट-पुष्ट किशोर गर्गाचार्य को साष्टांग प्रणाम करने के लिए दौड़ा। उत्साह और गति के कारण उसने अपने होंठ भी धूलवाले कर लिए। आशीर्वाद प्राप्त कर वह खड़ा हुआ। होंठों पर धूल लग जाने से सभी के हँसने का साधन बना। परन्तु इससे शरमाने के स्थान पर सबके साथ वह भी हँसने लगा।

मिट्टी का मूल्य उसके लिए घी-दूध से लेशमात्र भी कम नहीं है, ऐसा भाव उसकी आँखों से प्रकट हो रहा था। इसके कारण आज उसने द्विगुणित आशीर्वाद प्राप्त किया।

'यह बलराम है।' आचार्य ने मुनि से कहा, 'इसके बारे में बाद में विस्तार से बताऊँगा।'

बैलगाड़ी में से उतरकर यशोदाजी और रोहिणीजी आ रही थीं। उन्हें देखकर पुरुष समुदाय में आदर का भाव जागा। सभी ने सिर झुकाकर वंदन किया। बलराम और सुबल उनके पास गए। पूजा की सामग्री और फलाहार का थाल लाने में सहायता करने लगे।

तपस्वियों की चरणधूल लेकर पुष्पों से पूजा करके गुरु की महिमा व्यक्त करने वाले श्लोकों का उच्चारण किया। सभी गोकुलों की माताओं का ऋषियों के प्रति आदर व्यक्त किया और सन्तति के कल्याण के लिए शुभ आशीर्वाद माँगा।

फलाहार और मेवे का थाल मानसिक रूप से ईश्वर को अर्पण करके ऋषियों ने प्रसाद की तरह थोड़ा लिया और बलराम को बुलाकर कहा, 'सबको बाँट दो।'

'इस काम के लिए आपने गलत आदमी को चुना।' गाड़ी में बैलों को छोड़कर आनेवाले उत्तम ने कहा। 'बलराम बाँटने के लिए नहीं, खुद खाने के लिए प्रसिद्ध है।' मधुमंगल ने स्पष्टता की।

'तू चिन्ता मत कर, मैं अपने लिए काफी प्रसाद रखूँगा।' कहता हुआ बलराम प्रसाद देने लगा। उसकी गौर देह कान्ति पर नील वस्त्र तो सुशोभित हो ही रहा था, हाथ में सोने का थाल एक और रमणीय विरोधाभास की सर्जना कर रहा था।

सबको प्रसाद बाँट, अपना भाग लेकर उसने एक भाग कढ़े हुए कपड़े से ढँककर रोहिणी के हाथ में देते हुए कहा, 'कृष्ण के लिए।'

कपड़े की मोती की झालर ठीक करते हुए रोहिणी ने पूछा, 'कृष्ण कहाँ गया है?'

'राधा को पता है।' कहता हुआ बालक पुरुषों के समूह में मिल गया। नन्दराय ने उसे काम बताया, 'तू माताओं को लेकर घर जा। गाड़ी लेकर उत्तम तपस्वियों को छोड़ने जाएगा।'

'मैं छोड़कर वापस आता हूँ।' कहता हुआ वह यशोदाजी के पास गया, 'माँ, जल्दी चलो। मुझे वापस आना है। तुम उस भद्रा को जानती हो, इतनी बड़ी हो गई फिर भी हमारे साथ खेलना चाहती है। मैं अब उसे अपनी गाड़ी में नहीं बैठाऊँगा।'

‘क्यों? क्या तेरे बैल थक जाएँगे।’

‘नहीं, चाहे सारे गाँव की गोपियाँ बैठ जाएँ, अपने बैलों को तो उल्टा जोश चढ़ता है, परन्तु भद्रा ठीक नहीं है। उस दिन उसने क्या किया, मालूम है? कृष्ण के कान उमेठे थे क्योंकि कृष्ण ने उसकी गोद में बैठने से मना कर दिया था।’

‘तो तुझे बैठ जाना था उसकी गोद में। बेचारी की गोद ऐसी दबती कि सारा शौक एकसाथ पूरा हो जाता।’ यशोदाजी को पहली बार ऐसी हँसी करते हुए रोहिणी ने सुना। बलराम शरमा गया।

गाड़ी में जुतने के लिए अधीर बैलों की घुँघरियों की आवाज सुनाई दी।

‘माँ, अपनी बैलगाड़ी में जब ग्वालिनें बैठी होती हैं, तब बैलों के घुँघरू ऐसे बजते हैं कि पूछो मत।’

‘उन्हें भी बारात में जाने की उमंग है न! अपने गोकुल की ग्वालिनों में तो लाज-शर्म का नाम नहीं है। बेचारे बैलों को क्या पता कि वे जो विवाह-गीत गा रही हैं, वे झूठ-मूठ के होते हैं।’

‘वे तो कृष्ण को चिढ़ाने के लिए गाती हैं।’ बलराम ने कहा।

‘अकेले कृष्ण को? राधा को नहीं?’ रोहिणी ने पूछा।

‘मेरी तो समझ में नहीं आता कि इस लड़की को क्यों कुछ भी बुरा नहीं लगता। कृष्ण को लेकर तुम उससे चाहे कुछ कहते रहो, वह कृष्ण के साथ हो फिर उसे किसी बात की चिन्ता नहीं। पहले मैं कृष्ण को नहीं जाने देती थी। मुझे बनाकर भाग गया हो तो पूरे गाँव में खोजूँ, परन्तु जब से राधा इसे बरसाने की ओर खेलने ले जाती है तब से मैं निश्चिन्त हो घर का काम कर सकती हूँ। गलत कह रही हूँ रोहिणी?’

‘माँ! तुम्हें मेरी चिन्ता क्यों नहीं होती?’

‘तू तो पहले से ही महाबली है। चिन्ता तेरी नहीं, तेरे साथ जो जाए उसकी हो। हाँ, तू कृष्ण की तो अपनी जान की तरह हिफाजत करता है। उस पर कभी गुस्सा नहीं होता। कल कृष्ण तेरे खेत की बहुत प्रशंसा कर रहा था। मुझे देखने आना था।’

गाँव की सीमा आते ही रोहिणी नन्दभवन की ओर मुड़ गई और यशोदा-बलराम वापस लौट गए।

बैलगाड़ी में आचार्य और मुनि बैठ चुके थे। बैलों की रास खींचे उत्तम बलराम की प्रतीक्षा कर रहा था। उसे देखकर बैल सिर हिलाकर घुँघरू बजाने लगे। बलराम कूदकर गाड़ी पर चढ़ गया। तपस्वियों के चरणों के पास खड़ा रहा। हिलती गाड़ी में वह सन्तुलन बनाए खड़ा रह सकता है।

यशोदाजी नन्दराय के साथ बलराम की बाड़ी में गईं। पति-पत्नी साथ-साथ चलने लगे, ऐसा लगता था कि उनकी उम्र घट गई है। मानो यशोदाजी की जवानी अपनी परिणति पर पहुँचकर वापस आ गई हो। गोपालक सन्नारी का सौन्दर्य उनके अंग-अंग से प्रकट हो रहा था। माता बनने के बाद उनका शरीर थोड़ा पुष्ट हो गया था, परन्तु उनकी कमर उतनी ही पतली थी। इस कारण गौरवपूर्ण चाल और सुडौल अंगों में एक लयबद्धता मालूम पड़ती थी।

पहले नन्दराय और यशोदा रास खेलते थे तब गोपजनों को दुगुना आनन्द आता था, उनके साथ रास खेलने में और उन्हें खेलते देखने में।

यशोदाजी एक दिन छोड़कर दूसरे दिन बाड़ी में जातीं। वहाँ उन्हें श्रम करता हुआ देखकर सम्पन्न गोपवधुओं को आश्चर्य होता। गोकुल में ऐसी मान्यता थी कि ज्यादातर लोग आजीविका के लिए कार्य करते हैं, जबकि नन्दराय और यशोदाजी आनन्द के लिए कार्य करते हैं। उसमें भी कृष्ण ने जब से चलना आरम्भ किया था, उसे खोजने के लिए बाड़ी में आना पड़ता। कभी-कभी वह बलराम के पीछे-पीछे बाड़ी में जाता और उसे काम में लगा छोड़कर आगे निकल जाता। जब पहली बार वह खोया था तो राधा उसे खोज लाई थी। उसकी सहेलियों ने कहा था, 'अभी से यह लड़का इतना ऊधम मचाता है तो बड़ा होकर किसी के वश में रहेगा सही?'

बुजुर्गों का अनुभव है कि ऐसे बच्चे सशक्त और निर्भय बनते हैं। रोक-टोक के स्थान पर उनमें संस्कार और प्रेम का रोपण होता रहे तो वे कुल और जनपद के लिए बड़े-बड़े पराक्रम कर सकते हैं।

ऐसे वचन सुनकर यशोदाजी का मातृत्व प्रसन्न हो जाता है। उन्होंने कृष्ण पर गुस्सा किया होगा, उसे कभी डराया नहीं है। उसे खोजने निकलती हैं तो वह खोज भी आनन्दमयी होती है। वह एकदम ऐसी जगह पर पहुँच गया होता है कि उसकी कल्पना नहीं की जा सकती। सोचा हो कि सुबल के यहाँ होगा तो सुदामा के यहाँ मिले। सुना हो कि वृंदा ने बातों में उलझा लिया है, बुलाने जाएँ तो ललिता की मोतियों की माला के मनके गिनता हुआ खड़ा हो। वह जहाँ हो वहाँ सब उसे प्रेमपूर्वक खाना खिलाते। यशोदाजी जानती हैं फिर भी उसे भूखा मानकर घर ले आतीं, नन्दराय से कहतीं। कृष्ण-बलराम को खिलाए बिना इस दम्पति ने कभी नहीं खाया।

पता था कि राधा कृष्ण को ले गई है। फिर भी यशोदाजी ने सब जगह कृष्ण को देखा, 'कृष्ण क्यों दिखाई नहीं दे रहा?'

'अभी तो तुम कह रही थीं कि राधा उसे ले गई है।'

'वह तो मन ही मन कहा था, तुमने किस तरह जान लिया?'

'तुम्हारे मन को पता होगा। देख आऊँ वृषभानु की बाड़ी में?'

'नहीं। इतनी दूर जाने की आवश्यकता नहीं। आवाज देकर पूछ लो। पास ही हो तो राधा उसे उठा लाए।'

'तुम्हारा दिमाग ठीक है या नहीं? राधा उठा लाए। लगता है कि तुम वर्षों पुरानी यादों में खो गई हो, जब राधा उसे गोद में उठाकर ले जाती थी। अब उससे उठ सके ऐसा कहाँ है? दौड़ता है तो किसी की पकड़ में ही नहीं आता!'

पति के मुख से पुत्र की प्रशंसा सुनकर यशोदाजी प्रसन्न हुईं। इससे प्रोत्साहन पाकर नन्दराय कहने लगे, 'सात वर्ष के कृष्ण में ग्यारह वर्ष के किशोर से भी अधिक शक्ति है।'

'दूध किसका पिया है!' कहकर यशोदाजी को लगा कि वे थोड़ा अभिमानसूचक बोल गई हैं। परम कृपालु परमात्मा की कृपा। हम तो उसके आभारी हैं। यह सोचकर वे बोलीं, 'मुझसे अधिक तो कृष्ण का धरती माता ने पालन-पोषण किया है।'

नन्दराय दूसरे ही विचार में पड़े हुए थे। बलराम के लिए रोहिणी कभी ऐसा उत्पात नहीं करतीं। कृष्ण से मात्र वह दो वर्ष बड़ा है। हाँ, शरीर हृष्ट-पुष्ट है। कभी-कभी मन में सवाल उठता है कि वह भोला है या समझदार। बड़ा होने पर भी खेल में वह कृष्ण का अनुसरण करता है। दोनों भाई साथ हों या राधा कृष्ण को ले गई हो तो यशोदा अपेक्षाकृत निश्चिन्त रहती हैं। फिर भी एकाध बार बोलने लगती हैं : 'कनु की भली चलाई, घड़ी में यहाँ, घड़ी में कौन जाने कहाँ!'

तीन दिन पहले वे स्वयं कृष्ण को साथ लेकर आई थीं। उसके लिए फूलों के अलंकार बनाने बैठी थीं। थोड़ी देर में सिर उठाकर देखा तो बालक अदृश्य। बाड़ी में बहुत खोजा। शायद बाग या वृक्षों के पीछे छिप गया होगा। एक-एक वृक्ष और लता से बातचीत कर रही हों, इस तरह से यशोदाजी बोल रही थीं। और अधिक व्याकुल होती जा रही थीं। उनकी दृष्टि में कृष्ण एकदम छोटा हो गया था। उसकी पूरी देखभाल न करके उन्होंने माता के दायित्व में प्रमाद किया है, यह सोचकर स्वयं पर खीज पड़ी थीं। कृष्ण की प्रिय रंगीन और सुगन्धित वनराजि भी सांत्वना देने में सफल नहीं हुई।

पास जाकर नन्दराय ने देखा तो उनके मुख से अश्रुधारा बह रही थी। उन्होंने कहा, 'तुम कृष्ण की कुछ ज्यादा ही चिन्ता करती हो। वह निर्भय है। ब्रजमंडल के कण-कण से वह परिचित है। शाम तक घर आ जाएगा।'

उस दिन चिन्तित होने के पीछे कारण था।

पिछली शाम को गोपवधुओं की गोष्ठी जमी थी। दही-माखन बेचकर किसने कितनी आय और बचत की है, इसकी चर्चा चल रही थी। कृष्ण कुछ समझे बिना सबकुछ सुनता रहा। दूसरे दिन कृष्ण ने टोली एकत्र करके, बचत की बातें करने वाली एक-एक गोपी के घर बहुत ऊधम मचाया। छींके तोड़ दिए, मक्खन फैलाया, बासन फोड़े थे, एक-दूसरे के अंग दही से साने थे। कृष्ण द्वारा बिना कारण किए उत्पात के बारे में सोचती हुई यशोदाजी नदी किनारे गईं। रोहिणी की प्रतीक्षा कर रही थीं। वे उससे कहने लगीं, 'इस छोटे को तो अब तुम्हीं सँभालो। मेरी तो सुनता नहीं और ऊपर से परेशान करता है। जा, जरा अन्दर जाकर देख आ।'

तब तक तो मुहल्ले की स्त्रियाँ एकत्र होकर आ गईं। किसी को अपने बालक की गलती नहीं दीख रही थी। इस उत्पात के केन्द्र में सभी को कन्हैया ही दिखाई दे रहा था। उनकी बात यशोदा को सच लगी। दूसरे लड़के तो मार पड़ने के डर से सीधे रहें। परन्तु कृष्ण तो किसी से डरता ही कहाँ है? उसके बाप ने सिर चढ़ा लिया है। बहक गया है। आज उसकी खैर नहीं!

पकड़कर उसे घर ले आईं। उस समय बरसात शुरू हो गई थी। भले बरसे। कृष्ण को बरसात में नाचने की आदत है न! नाचे, नाचना हो जितना! आँगन में खींच लाईं और अर्जुन वृक्ष के तने से बाँध दिया था। दही बिलोने की सुतली सही समय पर काम आई। उस समय यह सब कितने आवेश और उमंग से किया था! अब लगता है कि माता होकर मैंने कैसी क्रूरता का प्रदर्शन किया था! मूसलाधार बरसात पड़ने लगी। बीच-बीच में बिजली तड़कने लगी। कृष्ण कहता कि 'माँ मुझे छोड़ दे, अब दही-माखन नहीं फैलाऊँगा' तो तुरन्त

दौड़कर उसे छोड़ देतीं। परन्तु वह तो सामने देखता ही नहीं है। बिजली तड़कती है तो ऊपर से मुस्कराता है। मानो मेघराजा उसका लंगोटिया दोस्त हो!

इतने छोटे लड़के का मिजाज तो देखो!

रसोई में जाकर रोने बैठ गईं, तब तक भयंकर आवाज हुई। दिल घबराया। दौड़कर बाहर आईं। मेरे बेटे को चोट लगी तो नहीं होगी?

एकाध डाल नहीं पूरा वृक्ष गिर पड़ा था।

'कहाँ गया मेरा लाल। रोहिणी...'

बँधा हुआ कृष्ण तने और धरती के बीच की खाली जगह में सुरक्षित था। वृक्ष के नीचे का हिस्सा आगे की डालियों के कारण ऊँचा रह गया था।

'यह तूने कैसा बंधन बाँधा है। सगे लड़के को कोई इस तरह बाँधता होगा?' रोहिणी को जीवन में पहली बार यशोदा पर क्रोध आया।

यशोदा के मन में न जाने क्या आता है कि वृक्ष के तने के नीचे कंधा लगाकर उस भारी तने को पलक झपकते ही फिरा दिया। इतनी शक्ति कहाँ से आई! ब्रज में तो कोई नहीं मान सकता कि यह काम किसी स्त्री का है। कृष्ण अब तने के नीचे से ऊपर आ गया है। एक गाँठ ढीली हो जाने पर उसने सारे बंधन खोल डाले। उठा और तने पर दौड़ता हुआ कूदकर यशोदाजी के हाथों में पहुँच गया और गले से चिपटकर माँ के आँसू पोंछने लगा।

माता-पुत्र के दुर्लभ स्नेह के इस दृश्य को देखकर रोहिणी नन्दभाई के सामने धन्यता व्यक्त कर रही थीं। विवाह से पहले मैं और यशोदा दौड़ने या तैरने की स्पर्धा करें तो उसमें मैं शायद ही हारती थी। परन्तु कृष्ण के जन्म के बाद यशोदा की शक्ति कई गुना बढ़ गई है।

कहने जैसी एक दूसरी भी बात थी। उसने सामन्तों और सैनिकों से विवाह करना अस्वीकार कर दिया था। वसुदेव के मित्र के रूप में वह नन्दराय को पहचानती थी। तब वह जानती नहीं थी कि यह गोपनायक भी कभी मल्लयुद्ध और लाठी-दाँव में विजेता बन चुका है। वह इतना ही जानती थी कि यह एक सच्चा मनुष्य है, कमर लचकाती हुई चलनेवाली युवतियों के सामने देखने का लालच भी उसे नहीं है। अकाल पड़ा तब उसने अपने गाँव के एक भी मनुष्य को मरने नहीं दिया। तब एक कहावत प्रचलित हुई थी, 'गोकुल तो बहुत से पर नन्द का न्यारा!'

सगाई और विवाह के बीच के समय में सहेलियाँ मजाक करतीं, 'अरी, तूने तो संसारी संत को पसन्द किया है। तुझे ग्वाला ही पसन्द करना था तो किसी छैल-छबीले को करती!' 'तुम फुंदना देखना, मैंने तो उसकी आँखें देखी हैं। उनमें युगों पुरानी पहचान देखी है।'

नन्दभाई दूल्हे राजा बनकर आए थे तब कितने प्रभावशाली लग रहे थे।

प्रेम मनुष्य को अधिक से अधिक सुन्दर बना देता है। इस युगल का दाम्पत्य जीवन दुर्लभ है। बिल्कुल तड़क-भड़क नहीं, निरी शीतलता और पावनता! कितनी भाग्यशाली हूँ कि पति ने यहाँ भेजा। बलराम के जन्म से ही उसके पालन-पोषण की सारी जिम्मेदारी यशोदा ने उठा ली। दोनों लड़के इतने बड़े हो गए परन्तु मुझे तो मौसी ही मानते होंगे।

रोहिणी की समझ में एक बात नहीं आती थी। कृष्ण यशोदा को भले ही शान्ति से बैठने न देता हो परन्तु मेरे सामने तो हमेशा बिल्कुल सीधा रहता है। जो चाहिए वह माँगकर लेता है और मेरी गोद में बैठकर गीत सीखता है। पास में रखे बर्तन पर बलराम ताल मिलाता है।

अपने पीहर गई होती तो शायद ही ऐसा स्नेह प्राप्त हुआ होता। वे तीनों जब दोनों बालकों के बारे में बातें करते हैं तब पृथ्वी और स्वर्ग एक हो जाते हैं। यशोदा तो कभी-कभी पूरे गाँव को आनन्दविभोर कर देती है। एक बार कृष्ण को गोद में लेकर उसे खोजने निकली थी। लोग उस बात को याद करके आज भी हँसते हैं। कृष्ण नहीं हँसता। उल्टा पूछता है, 'मैं खोता कहाँ हूँ? सब जगह खेलता हूँ।'

बाड़ी में काम कर रहे, कृष्ण की लीलाओं के स्मरण में मग्न ये दम्पति ऐसी इच्छा रखते हैं कि उत्तम और बलराम कृष्ण को ले आएँगे। देर क्यों हो गई?

'तुम देखने जाओ न, या फिर किसी को भेजो। काम में मन नहीं लगता।' यशोदाजी बार-बार कहती हैं।

सूर्यास्त तक सब आ जाएँगे। नन्दराय को इसमें शंका नहीं है और फिर दूसरा कोई भय नहीं है। जिस दिन ऐसे महान तपस्वियों के पावन कदम पड़े हों, उस दिन अशुभ हो ही नहीं सकता। तप पाप को पीछे धकेल देता है।

उतने में बैलों के घुँघरू और गाड़ी के पहियों की एकसाथ आवाज सुनाई दी। बैल इस तरह धीमे क्यों चल रहे हैं, थक जाएँ ऐसे तो नहीं हैं!

बैलगाड़ी में खड़े बलराम का सन्तुलन देखकर यशोदाजी प्रसन्न हुईं। गाड़ियों की स्पर्धा के समय भी यह लड़का एक गाड़ी से कूदकर दूसरी में जा पहुँचता है और सीधा जम गया हो इस तरह खड़ा हो जाता है। उस दिन कृष्ण ने हठ की, 'भैया मुझे गोद में लेकर कूदो।'

नन्दराय की सम्मति मिलने पर ही बलराम यह खतरा उठाएगा। परन्तु उस ओर सहज भी प्रोत्साहन नहीं मिला। आज्ञाकारी बलराम किसकी माने? नन्दराय की या कृष्ण की? परन्तु कृष्ण को कहाँ नन्दराय की चिन्ता थी? वह तो दूसरे ही क्षण बलराम के कंधे पर चढ़ गया।

ऋषभ ने कहा, 'नन्द चाचा, तुम कनु के विषय में कुछ नहीं जानते। यह तो चींटी-जैसा है। अपने से दस गुना भार उठा सकता है। यों पिछले महीने की बात है। मेरी गाय ब्याही थी। मैंने कनु को गुड़ खाने बुलाया। वह आया, उस समय बछड़े ने दूध पीना बन्द किया था। कहने लगा, यह ऐसे क्यों चल रहा है? देखूँ। उसने बछड़े को उठा लिया और मुझे उसका पिछला पैर देखने को कहा। उसमें काँटा था। बोलो, उसने फूल की तरह बछड़े को उठा लिया। मुझे आश्चर्य हुआ तो कहने लगा, यह कोई पत्थर है जो नहीं उठेगा? बलराम हम सबको उठाकर नहीं दौड़ता? मैंने कहा कि तेरी बात सच है, परन्तु यह पीताम्बर गन्दा जो हो गया! यशोदा चाची गुस्से नहीं होंगी? तुझ पर भले ही उनके डाँटने का असर नहीं होता हो परन्तु मुझे जो सुनना पड़ेगा। मेरी पूरी बात सुन ली हो इस तरह से वह भागा और वह बड़ा कदम्ब का वृक्ष नहीं है, जिसकी एक शाखा नदी में झुकी हुई है; देखते ही देखते उस पर चढ़ गया और नदी में कूद पड़ा। कूदा वैसे ही अदृश्य। मैं तो

एकदम घबरा गया। मैं नदी के प्रवाह में कूद पड़ा। मुझे पता नहीं था कि उसे तैरना आता है। पल-भर में तो मेरे पैर में मछली-जैसा स्पर्श हुआ। चाचा! निश्चित ही तुम्हारा लड़का पहले जन्म में मछली बनने के बाद ही मनुष्य के रूप में अवतरित हुआ है।'

'हमारे दोनों पुत्रों के बारे में ऐसा ही है। बलराम यमुना में कूदता है तब कितना पानी उछालता है। कृष्ण ने बोलना शुरू किया तभी से नदी में नहाने की जिद करता था। जहाँ तक मुझे याद है कि वह चलने के साथ ही तैरना सीखा था।' नन्दराय ने गम्भीरता के साथ कहा। फिर मुस्कराते हुए बोले, 'बलराम ने चलना सीखा तब वह धीमे चलता तो सन्तुलन नहीं रख सकता था। इसलिए उसे पहले दौड़ना आया, बाद में चलना।'

गाड़ी पास आ गई। इस बलराम ने कंधे पर क्या उठाया है? एक तिरछी लकड़ी के साथ एक सीधी लकड़ी जोड़ी है और एक किनारे धार निकाली है। यह लड़के सीधे तो रहनेवाले ही नहीं हैं।

यशोदाजी ने मान लिया था कि कान्हा कुँवर गाड़ी में छिपकर बैठा होगा। नन्दराय का विचार अलग था। कृष्ण इतने समय तक शान्त बैठ ही नहीं सकता। उसमें—उत्तम और बलराम के साथ तो बिल्कुल नहीं।

'क्यों, कृष्ण कहीं नहीं मिला?'

'मिला कैसे नहीं? ऋषियों को पता था कि वह कहाँ होगा। उनके बताने पर लौटते हुए हम तरंगदा की कुटिया पर गए थे, वहाँ कृष्ण और राधा निश्चिन्त बैठे थे। तरंगदा ने बाँस के टुकड़े में छेद करके एक छोटा-सा वाद्य बना दिया है। अब कहता है कि बजाना सिखाओ। तरंगदा बिचारे क्या करें? समझा रहे थे कि आज तो तुझे फूँक मारना आ गया है यह भी कम नहीं है। किसी जरूरी काम में व्यस्त थे। कह रहे थे कि अँधेरा होने से पहले घर छोड़ जाएँगे।'

'परन्तु तब तक तो उसकी माँ के प्राण चले जाएँगे।' इस तरह कहते हुए नन्दराय ने अपने मन की व्यथा भी व्यक्त कर दी। आज तीन-तीन पहर से कृष्ण को नहीं देखा था।

'वह उतनी दूर पहुँचा है! यह राधा भी बिल्कुल बेवकूफ लड़की है। सुबह कृष्ण कुछ खा रहा था कि आ गई। उसका मुँह पोंछकर, बाल सँवारकर ले गई। मेरे लड़के को पूरे दिन भूखा रखा। अब तो उसके बाप से कहना ही पड़ेगा।'

'क्या कहोगी, जरा मैं भी तो सुनूँ।' नन्दराय थोड़े निश्चिन्त स्वर में बोले।

'कहूँगी कि...'

यशोदाजी को राधा के विरुद्ध कहने-जैसा कुछ याद ही नहीं आया। वह बिचारी अभी तक कृष्ण के पास बैठी हुई है। उसका वश चला होता तो कब की ले आती।

बैलों को चारा डालकर बलराम का हल जोतने आए उत्तम ने कहा, 'रास्ते में वृषभानु मिले थे। उन्हें दुगुनी चिन्ता थी। राधा को खोजने गए सेवकों का ही पता नहीं है। अब उन बाड़ी की रखवाली करनेवालों को ऐसा विचार कहाँ से आए कि राधा इतनी दूर तरंगदा के यहाँ बैठी होगी?'

'यह तो मुश्किल हो गई। वृषभानु के सेवक इतने सीधे हैं कि राधा को खोजे बिना घर नहीं आएँगे।' नन्दराय ने कहा।

'वृषभानु हमसे पूछकर तरंगदा की कुटिया की ओर गए हैं। वे राधा को लिए बिना नहीं आएँगे और राधा कृष्ण के बिना नहीं आएँगी।' बलराम ने गम्भीरता से कहा। उत्तम सहज मुस्कराया। वह यशोदा चाची के मुख से सुनना चाहता था, 'इस हाथ-भर की लड़की को देखो तो कैसे मेरे कृष्ण को अपने वश में कर लिया है।' सत्य बात इसके विपरीत थी। उस दिन राधा शांडिल्य ऋषि के आश्रम में जाना चाहती थी, परन्तु कृष्ण ने कहा, 'वे तो उपदेश देते हैं, चल तरंगदा की कुटिया पर चलें, वहाँ मोर कला करता है।'

सूर्य वृक्षों के पीछे चला गया है। क्षितिज के किनारे पल-भर विश्राम करके विदा हो जाएगा।

यशोदाजी के अंग-अंग में अधीरता व्याप्त है, परन्तु बाँस के वाद्य की कल्पना से अधीरता का शमन हो जाता है। सच में वह वाद्य होगा या खिलौना? तरंगपाल खिलौना नहीं बनाता, संगीत का निष्णात है, कलाकार है। उसने बड़ी सजगता से वाद्य बनाया होगा परन्तु कृष्ण आज ही उसे सीखने की जिद करे यह ठीक नहीं। उसके पिता तो उससे कुछ कहते ही नहीं, इसी का यह परिणाम है। कंस राजा से लड़ने को तैयार हो जाएँगे परन्तु लड़के को नहीं डाँटेंगे। मैं कितना भी समझाऊँ मेरी एक भी बात नहीं सुनेंगे। सुनें भी कैसे? उनसे कहा जाए कि ईश्वर और बालक इन दोनों में से किसी एक के दर्शन करने हों तो वे बालक के दर्शन करना पसन्द करेंगे। कृष्ण के जन्म के बाद उनकी जीवन और जगत को देखने की दृष्टि बदल गई है।

प्रतीक्षा के क्षण उत्तरोत्तर तीव्र होते जा रहे हैं। नन्दराय ऊपर से शान्त लग रहे हैं। बलराम और उत्तम उस नए साधन से जमीन खोदने का प्रयत्न कर रहे हैं। उनसे कहना पड़ेगा, 'सूखी मिट्टी नहीं उखड़ेगी। बेकार मेहनत कर रहे हो। यमुना से कहो कि इस ओर एक बार छलक जाए।'

'चलो, हम उन्हें लेने जाएँ।'

'वृषभानु गए हैं। और वे तरंग के यहाँ हैं, फिर...'

'न जाने क्यों मुझे कुछ डर लग रहा है।'

'कैसा डर, जिसे स्वयं कोई भय नहीं है, उसके बारे में...'

नन्दराय यशोदाजी की बात को हँसी में उड़ानेवाले थे कि वृक्षों के पीछे से एक पक्षिणी बोली। उसकी आवाज में भी मातृत्व की आशंका व्यक्त हुई। यशोदाजी ने उस ओर ध्यान दिलाया। नन्दराय सहमत नहीं हुए।

'मैं नहीं जानता पक्षिणी के स्वरों को? उसने कोई आशंका व्यक्त नहीं की है। अपने बीच में कृष्ण की अनुपस्थिति देखकर कृष्ण से मिलने की आतुरता व्यक्त की है।'

उत्तम और बलराम ने इस बात का समर्थन किया। कृष्ण की सभी पक्षियों के साथ गाढ़ी मैत्री है। अब तो बहुत से ग्वाले पक्षियों की बोली सुनकर ही कह सकते हैं कि कृष्ण वहाँ है या नहीं।

'देखो अँधेरा होनेवाला है। हम गाड़ी लेकर कृष्ण-राधा को ले आएँ, इसमें गलत क्या है? ज्यादा से ज्यादा कोई हम पर हँसेगा। हँसे, परन्तु उस दिन तुम नहीं कह रहे थे कि कंस राजा की ओर से...'

नन्दराय की आज्ञा की प्रतीक्षा करने से पहले ही उत्तम गाड़ी ले आया। बलराम ने सहारा देकर यशोदाजी को गाड़ी में बैठाया। नन्दराय पाटी के सहारे बैठ गए।

बैल कहे बिना ही जानेवाली दिशा में चलने लगे। थोड़ी दूर चलकर रुक गए।

पहले कभी नहीं सुना, ऐसा मधुर स्वर सुनने के लिए पूरी सृष्टि मानो रुक गई हो।

वृषभानु आगे थे, पीछे तरंग। उनके एक कंधे पर कृष्ण था, दूसरे पर राधा। दूर से इतना ही स्पष्ट दिखाई दे रहा था। परन्तु वह रंगीन संध्या यह जानने में सहायक नहीं हुई कि वह मधुर स्वर तरंगपाल के कारण आ रहा है या कृष्ण के।

3

एक वर्ष में तो कृष्ण वंशीवादन में निपुण हो गया। उसकी तन्मयता अद्‌भुत थी। वंशी ही मानो उसके जीवन का माध्यम हो इस तरह दूसरे सभी खेल वह भूल गया था। अब क्रीड़ा और कर्म एक हो गए थे। समग्र ब्रजभूमि के साथ वह वंशी के माध्यम से बँध गया था।

अब यशोदाजी को इतनी चिन्ता नहीं रहती। कृष्ण पास नहीं हो तो भी वह साथ लगता। वंशी का स्वर कानों में पड़ते ही कृष्ण की उपस्थिति प्रतीत होती है। अनजान जंगल में अकेले भाग जानेवाले कृष्ण की आदत में भी परिवर्तन हुआ है। संगी-साथियों से वह हमेशा घिरा रहता है। नन्दगाँव और बरसाने की संयुक्त सीमा में वह राधा, ललिता और विशाखा के साथ, कभी मधुमंगल, सुदामा और उत्तम के साथ होता है। इस अहेतुक विहार में बलराम शायद ही कभी साथ होता है। इसका कारण है। उत्तम और सुबल के कथनानुसार बलराम को गोपियों के साथ खेलना अच्छा नहीं लगता। उसका शरीर कद्दावर हो गया है। किशोरावस्था में ही युवक लगता है। उसको बड़े ग्वालों के साथ ही अच्छा लगता है। स्वभाव से परोपकारी है। गाँव का गरीब से गरीब आदमी भी उसे आदर देकर काम बताए तो वह खुशी-खुशी कर देता है। साथियों के एकत्र होने पर कभी तो वह स्वयं काम खोज लेता है। पहले वह लकड़ी से काँटों की झाड़ियाँ साफ करता था, अब हल चलाकर काँटों का उन्मूलन करता है। तरंग द्वारा बनाए गए हल में अब उसने कई अच्छे सुधार किए हैं। सौ वर्ष पुराने शीशम में से एक ऐसा हल बनाया है जिसे वह हथियार की तरह धारण करता है। अर्जुन-वृक्ष की लकड़ी से उसने गदा बना ली है। सुना है कि बलराम के इन दोनों हथियारों के बारे में मथुरा के गुप्तचरों ने सम्पूर्ण सूचनाएँ एकत्र कर ली हैं। यह सुनकर सेनापति प्रद्योत हँस पड़ा था। ऐसी लकड़ी तो यहाँ जलाने के काम आती है। ब्रजवासी गँवार के गँवार ही रहे। क्या हल और गदा की बात सुनकर मैं उन लोगों को सेना में स्थान दे दूँगा? इन ब्रजवासियों के लिए यहाँ स्थान नहीं है।

बलराम को कंस राजा की सेना में भर्ती होने की लेशमात्र भी इच्छा नहीं है। बहुत लोग मथुरा देख आए हैं, उसे नगर का भी आकर्षण नहीं। उसने नन्दबाबा से सुना था कि भेड़ियों के त्रास से निवासस्थान बदलना पड़ा था। उस किनारे से इस किनारे आना पड़ा

था। बलराम कहता है : 'अब भेड़ियों को आने दो। इस हल से विकराल भेड़िये की छाती चीर डालूँगा।'

नन्दराय के गोकुल में चारों वर्ण के लोग रहते हैं। वे सब थोड़े-बहुत गोपालक ही हैं। सिर्फ अहीर ही नहीं, कितने यादव भी यायावर हैं। एक ही स्थान से चिपका रहना उन्हें रास नहीं आता। परिस्थिति बदलने पर स्थान भी बदल जाता है। फिर भी जिस भूमि पर खेलते-खाते बलराम-कृष्ण बड़े हुए हैं, नन्दराय और यशोदाजी की इच्छा वहीं स्थिर हो जाने की है। रोहिणी की भी सहमति है।

राज्यादेश की मर्यादा में रहते हुए नायक के अपने अधिकार द्वारा नन्दराय ने प्रत्येक कुटुम्ब को यथासमय भूमि बाँट दी है। कंस राजा को देनेवाले कर को एकत्र करने में अब सुविधा रहती है। नन्दराय अपना हिस्सा पहले जमा करते हैं।

थोड़े दिनों से कृष्ण के साथियों में एक सुन्दर युवक की बढ़ोत्तरी हुई है। उसका पालन-पोषण मथुरा में हुआ है। न जाने किस आकर्षण के कारण वह ब्रजभूमि की ओर खिंच आया है। उत्तम के घर रहता है। उसका कुटुम्ब काशी विश्वनाथ की यात्रा पर जा रहा था। बहुत आग्रह करके वह बलराम को साथ ले गया। यात्रा में कृष्ण का बार-बार उल्लेख होता। उसकी बाल-लीलाएँ सुनकर उद्धव बार-बार भाव-विभोर हो जाता। काशी में जितने दिन रुकना हुआ, दोनों को लगा कि उनके साथ कृष्ण भी हैं। लौटते समय माता-पिता की अनुमति लेकर उद्धव ने वृन्दावन में ही रुक जाने का निश्चय कर लिया।

कृष्ण और उद्धव में रूपगत समानता है, अन्तर वर्ण का है। कृष्ण श्यामवर्ण है, उद्धव गौरवर्ण।

बलराम कम बोलनेवाला है, परन्तु काशी से शिवमहिमा स्तोत्र कंठस्थ करके आया है। बाड़ी में अकेला होता है तब धीमे से गाता है। उससे आवाज खुलती है। मित्रों के साथ तो गंगा-जमुना के मैदान में होनेवाली खेती की चर्चा से उसे अवकाश नहीं मिलता। ब्रजभूमि में कोई-कोई गोपालक भूमि जोते बिना ही फसल बोते हैं। बलराम उन्हें प्रेमपूर्वक सलाह देता है : 'जोतकर या गोढ़कर अन्न उगाए तो दस गुना होगा।' पिछले वर्ष उसने अपने कथन को प्रमाणित कर दिया है। अब उसने एक नई घोषणा की है : 'आलसी और पेटू साँडों को हल में जोतकर जमीन बोनी है। गायों को चराने के लिए थोड़ा दूर ही तो जाना पड़ेगा।'

यात्रा द्वारा प्राप्त शिक्षा के अतिरिक्त सांदीपनि मुनि के आशीर्वाद से ब्रजभूमि पर शिक्षण की एक अनौपचारिक व्यवस्था शुरू हुई है।

ब्रजभूमि की प्रजा की रक्षा और कल्याण के लिए कंस राजा का शासन कुछ नहीं करेगा, यह निश्चित हो जाने पर भी गर्गाचार्य और सांदीपनि मुनि के बीच मतभेद रहा।

'तुम्हें मनुष्य के पुरुषार्थ पर कुछ ज्यादा ही विश्वास है।'

'इसीलिए तो राजपुरोहित होने के स्थान पर मैंने शिक्षक बनना पसन्द किया।'

'यानी कि अपनी नियति आप निश्चित की? काल की गति के विरुद्ध आपने महाकालेश्वर मन्दिर के सामने आर्यावर्त के एक उत्तम आक्रमण की स्थापना की, धनुर्विद्या के सर्वश्रेष्ठ आचार्य बने। मुझे स्वीकार करना चाहिए कि ईश्वर की सृष्टि से अलग एक अंकवाद आश्रम की सृष्टि करके आपने मानवीय पुरुषार्थ को विजयी बनाया है।'

'आप कितनी गम्भीरता से और कितना व्यंग्य में बोले हैं, यह उसके विश्लेषण का समय नहीं है। मैं इतना अज्ञानी नहीं हूँ कि अपनी सीमा नहीं समझ सकूँ। आपका आखिरी वाक्य भ्रम में डालनेवाला है। मेरी दृष्टि में विजय की बात गौण है। मेरे हाथ में है कर्मसूत्र! विजय नहीं। मैं अपने शिष्यों से कहता हूँ कि अनुकूल परिणाम को विजय समझकर खुशी से फूलना मत। विजेता की नम्रता का रहस्य समझाए बिना मैंने किसी को दीक्षा नहीं दी। इसी तरह भाग्यवादी होकर कल्पित देवताओं की स्तुति करने के लिए भी नहीं कहा। आपकी तरह सबकुछ परमब्रह्म के अनुग्रह पर छोड़ दें तो परमब्रह्म किसके माध्यम से कार्य करेगा? माफ करना, मुझे आपके तत्त्वज्ञान में पलायन दिखाई देता है। आपने नन्दराय से कहा था : उसके अनुसार उन्होंने रक्षादल को थोड़े समय के लिए रोक दिया था, परन्तु राजा के दृष्टिकोण में कोई परिवर्तन नहीं आया। अब मेरी ब्रजवासियों को व्यवस्थित शिक्षा देने की इच्छा है। बोलिए, आप किस तरह की सहायता कर सकते हैं?'

'आपका यह प्रस्ताव गुप्त रखकर। यदि आप मुझे सक्रिय होने का सुझाव दे रहे हों तो मुझे कहना चाहिए कि मैं एक शास्त्रकार हूँ। राजकीय परिवर्तन के लिए राजद्रोह का कलंक...'

'कलंक या साहस?'

'दुःसाहस! मैं अपना धर्म नहीं तजूँगा।'

'तो गुप्त रूप से नामकरण-संस्कार करने क्यों गए थे?'

'मित्र के लिए कुछ भी कर गुजरने की मानवीय भावना के कारण। ऐसा तो शायद भविष्य में भी करूँगा। परन्तु राजा का विश्वास बनाए रखूँगा। राज्याश्रय छोड़कर भी मैं बड़ा शास्त्रकार बना रह सकता हूँ ऐसी मुझमें योग्यता नहीं है। जो कुछ पहले प्रस्थापित हो चुका है, मैं उसका भाग हूँ, मैं आपके साथ मिलकर विद्रोह करने की क्षमता नहीं रखता, इतना ही नहीं, ऐसी क्षमता प्राप्त करना भी नहीं चाहता। रास आ गए इस सुख के साथ ही मैं अपना ऋषिपद बनाए रखूँगा। अपनी अयोग्यता जानते हुए भी प्रजा के अर्घ्य को स्वीकार करता रहूँगा।'

'आपकी दम्भरहित वाणी में जीवन के नकारात्मक सत्य की झलक दिखाई देती है। तो अब मैं अपनी योजना आपसे कहता हूँ। आपके ज्योतिष-गणित में कोई चूक हो जाए, तो भी मानव के पुरुषार्थ को परिणामदायक बनाने में मेरे दो समर्पित शिष्य मेरा साथ देंगे। केवल और भैरव...'

'जिनकी गोपकन्याओं के साथ सगाई हुई है, उनकी बात कर रहे हैं?'

'आपने किस तरह जाना?'

'मैं डरपोक हो सकता हूँ, आलसी नहीं हूँ।'

'अक्रूर ने कहा होगा या फिर वसुदेव ने कहा होगा।'

'शायद आपने भी मुझसे कहा हो। जो भी हो। राजा के गुप्तचरों को इस बात का आश्चर्य है कि दो विद्वान युवक ब्रज में ग्वाल होकर रहते हैं। अन्य जनपदों में से यहाँ हो रहा यह स्थानांतरण कंस राजा के सुशासन का प्रमाण बनेगा।'

'तब तो यह योजना निर्विघ्न पूरी हो जाएगी।'

'यदि इस योजना का संचालन वृषभानु के हाथ में सौंपा जाए तो। वृषभानु सही मायने में वैश्य हैं। नन्दराय कर्म से ग्वाला होने पर भी मूलतः क्षत्रिय प्रकृति के हैं, समझे?'

'आपका सुझाव ध्यान देने योग्य है।' सांदीपनि ने गर्गाचार्य के सामने आदर से देखा और विदा ली। वसुदेव से मिलने की इच्छा थी, उस पर नियंत्रण रखा। शिष्यों के विवाहोत्सव में आशीर्वाद देने वृंदावन गए।

केवल वेदवेदांत और अन्य शास्त्रों में निष्णात हैं।

भैरव मल्लविद्या, आयुर्वेद और कृषिकार्य में कुशल हैं।

तीन दिन के निवास में सांदीपनि ने देखा कि कृष्ण की टोली केवल के साथ आत्मीयता स्थापित कर चुकी है। बलराम, सुबल आदि भैरव के योग्य शिष्यों की तरह व्यवहार कर रहे हैं। मधुमंगल दोनों पक्ष में हैं।

केवल और भैरव की पत्नियाँ गोपालन करेंगी। उनके विद्वान पति अचानक व्रत पालेंगे। जिस तरह सुदामा के पिता को गुरुपूर्णिमा के दिन प्रणाम करने जाते समय प्रौढ़ गोपालक दक्षिणा ले जाते हैं उसी तरह कोई कुछ लाएगा तो वे स्वीकार करेंगे। यहाँ से शिक्षा प्राप्त करके योग्य शिष्यों को दीक्षा से पहले की शिक्षा के लिए अंकपाद आश्रम भेजा जाएगा। गुरुदेव उनकी पूरी तरह परीक्षा करके उन्हें दीक्षांत उपदेश देंगे।

गोकुल में गुप्त रूप से प्रारम्भ हुए इस गुरुकुल के बारे में कोई नहीं जानता। इसका श्रेय केवल और भैरव को है। किसी सार्वजनिक उत्सव में चर्चा हो तो वे कहते हैं। खेलों, काम करो और विद्या सीखो, परन्तु किसी भी समय स्वयं से छल मत करो। गोकुल में निषेध नहीं है, बंधन नहीं है। गोपकुलों ने घूमते-फिरते रहकर बंधनों को छोड़ा है। मोह हो तो भी स्नेह को बाँटते हुए आगे बढ़ जाया जाए। ब्रज आना-जाना। जहाँ नन्दराय जैसे वृष्णि और वृषभानु जैसे अहीरों के गोकुल विहार करते हैं वह ब्रज। गति उन्हें जन्मघुटी में मिली है। यहाँ की प्रकृति गायों से शोभित है और गायें सुशोभित हैं कृष्ण जैसे छोटे-छोटे ग्वालबालों से।

ऐसी शिक्षा अनायास मिलती जाती है। गुरुओं ने जब स्वयं ही ग्वालों का जीवन अपनाया हो तो फिर पढ़ने का भार कहाँ से रहे? इस तरह क्रम में लिप्त रहो कि वही तुम्हारी शिक्षा बन जाए।

केवल और भैरव को नन्दराय का वास्तविक परिचय अब होने लगा है। एक सीधे-सादे लगते प्रौढ़ गोपनायक के हाथ में तो बहुत स्फूर्ति है। भैरव कहते हैं, 'पहले तो मैं आपका शिष्य बनूँगा फिर आपके पुत्रों को शिष्य बनाऊँगा।'

उनके हाथ में भारी से भारी लाठी दी गई। वह तिनके के समान घूमने लगी। सब नन्दराय की जयजयकार करने लगे। बाबा कहने लगे। पहले ये हाथ गदा और मुष्टिक भी चला सकते थे। परन्तु वर्षों से अभ्यास नहीं रहा, परन्तु लाठी का मैंने कभी त्याग नहीं किया। तलवारवाले छह शत्रुओं से घिरा हुआ मनुष्य एक लाठी से किस तरह अपनी रक्षा कर सकता है, यह मैंने अपने पिता से सीखा था। कहीं से आ गए मदोन्मत्त साँड को लाठी के प्रहार से सीधा बनाकर रास्ता दिखा देता। गोकुल का सरपंच होना यह सत्ता नहीं, दायित्व है। राजा को खुश करके, ग्रामजनों का दमन करके जो स्वयं को सत्ताधारी मानते

हैं वह मेरे लिए जन-शत्रु हैं। प्रजा की आत्मा को समझे और उसकी आवाज को वाणी दे, वही प्रधान हो सकता है।

नन्दराय के विचारों को सुनकर केवल और भैरव को आनन्द आता। वसुदेव और अक्रूर जैसे यादवश्रेष्ठ किसलिए इस गोप का आदर करते हैं, यहाँ रहने के बाद समझ में आया। पता लगा कि दूसरे अनेक घूमनेवाले गोपकुलों के आदर्श हैं ये नन्दबाबा!

और यशोदाजी?

कितने प्रेम से खिलाया था पहले दिन!

ब्रजमंडल के औदार्य का शिखर हैं यशोदाजी! उनका भवन यहाँ की लोक-संस्कृति का मानदंड है। गोपालक स्त्रियाँ सीने-काढ़ने तथा अन्य सज्जा-सामग्री में रुचि रखती हैं, परन्तु स्वच्छता और गृहसज्जा तो यशोदा की ही देखने योग्य है। कृष्ण चलना सीख गया फिर उसे घर में रोकना सरल नहीं रहा। बड़ा आँगन भी उसके लिए छोटा पड़ने लगा। एक बार यशोदाजी को नया विचार आया। उसे बिठाकर घर के सभी खिलौने दे दिए। फिर लक्ष्मण ने सीता के लिए बनाई थी, ऐसी ही रेखा का बड़ा वृत्त बनाया। उसमें सभी रंग भरे और आकाश के मेघधनुष्य से दुगुनी शोभा आँगन में रच दी। यदि वास्तव में कृष्ण अच्छा लड़का होगा तो ऐसे सुन्दर मेघवृत्त पर पैर रखकर और उसे तोड़कर बाहर नहीं जाएगा। काम करते-करते यशोदाजी आँगन में नजर दौड़ा लेतीं। सभी खिलौनों को इधर-उधर फेंकने के बाद कृष्ण खड़ा हुआ। द्वार की ओर नजर की। वह बन्द था। भले ही बन्द हो। कोई आएगा और द्वार खुलेगा। कृष्ण ने सही दिशा में पैर बढ़ाया कि रंग की रेखा बीच में आई। रेखा जहाँ पूरी होती हो वहाँ से जाने का निश्चय किया। परन्तु वृत्त का किनारा कैसे मिलता? फिर वहीं का वहीं। पहले वह स्वयं रंगोली पर पैर रखता फिर उसे देखता था। अब ऐसा करना उसे अच्छा नहीं लगता है, रंगोली अच्छी लगती है। बलराम को मेघधनुष्य अच्छा लगता है। यह भी वैसी ही सुन्दर आकृति है।

कृष्ण रंग की रेखा पर पैर नहीं रखता, कूद जाता है। यशोदाजी आनन्द-विभोर होकर दौड़ती हैं। कृष्ण को गोद में ले लेती हैं। प्रवेश-द्वार खोलकर खड़ी हो जाती हैं। रोहिणी पूजा के लिए फूल लेने गई हैं, आती ही होंगी। उनसे कृष्ण की इस करतूत की बात करते-करते घर में आएँगी।

कृष्ण के गुरुजनों से कहने योग्य दूसरा प्रसंग भी उन्हें याद है।

'देखो! इस खम्भे को देखो। सोचो, मैंने इस खम्भे को शीशे से क्या मढ़ दिया है?'

'उसमें दिखाई देनेवाले प्रतिबिम्ब से वह खेलता रहे, इसलिए!' केवल ने कहा।

'परन्तु हमारे कृष्ण को प्रतिबिम्ब से सन्तोष नहीं हुआ। उसने राधा को खोज लिया।' रोहिणी ने कहा।

'एक बार इसे खोजते-खोजते मैं वृषभानु के घर तक पहुँच गई। कुछ दिनों पहले की बात है। राधा वहाँ नहीं थी। मैं निश्चिन्त हो गई। वह घर नहीं होती तब कृष्ण के साथ ही होती है। राधा की सौतेली माँ कलावती शिक्षित और सुन्दर युवती है। सम्पन्न कुटुम्ब में से आई है। उसके आदर-सत्कार को देखकर उसका आभार प्रकट करने के लिए मैं राधा की प्रशंसा करने लगी। अब तक चुप रहनेवाली कलावती के होंठों पर व्यंग्यपूर्ण स्मित आ

गया। कहने लगी : 'राधा की प्रशंसा करते हुए उसके पिता कभी नहीं थकते। अकेले मुझमें ही अक्ल कम है। माफ करना, आपकी दुर्गा तो अभी चलना ही सीखी है। विवाह लायक लड़की के माता-पिता की चिन्ता से आप अवगत नहीं हैं। मेरी शुभेच्छा है कि आपको ऐसी चिन्ता नहीं करनी पड़े। सच कहना, वंशी का स्वर कान में पड़ते ही जो सुध-बुध भूल जाए, वह लड़की कैसी? मैं तो उसकी प्रशंसा नहीं कर सकती। स्वर सुनाई दिया कि काम छोड़कर दौड़ गई। मैं उसे वापस आने के लिए कितना ही कहूँ, सुनती ही नहीं। यह सब जानते हुए भी उसके पिता और लाड़ करते जाते हैं। ऊपर से मुझे याद दिलाते हैं—विवाह से पहले मैंने क्या कहा था? राधा नामक मेरी एक पुत्री है। उसे व्यावहारिक ज्ञान बिल्कुल नहीं है, वह स्नेह की शक्ति से ही जीती है। उसकी भावनाओं को चोट न पहुँचे यह तुम्हारा दायित्व है। मैं कभी राधा पर गुस्सा हो जाऊँ तो मुझे शान्त करना। तुम उसकी माता और सहेली बन सको तो ही मेरे साथ विवाह करो।...अब आप ही बताओ यशोदाजी। राधा मुझे माता-जैसा सम्मान दे ऐसी है? और उसकी सहेली बनकर मैं क्या करूँ? कृष्ण के पीछे-पीछे फिरूँ? वंशी का स्वर सुनकर दौड़ूँ?'

सुनकर केवल, भैरव, रोहिणी सब हँस पड़े थे।

कलावती ने कहा था : 'यह करमजली तो समझेगी नहीं, परन्तु आप कृष्ण को समझाओ कि इस पगली को पीछे-पीछे न फिराए!'

'कृष्ण तो उससे छोटा है। तुम जो बात समझाने के लिए कह रही हो वह तो अभी कृष्ण को भी पता नहीं है। परन्तु मैं राधा को समझाऊँगी, रोहिणी समझाएगी। कहूँगी कि स्त्री का बालपन बहुत जल्दी पूरा हो जाता है।' कहते हुए यशोदाजी गम्भीर हो गई थीं। बात को अधूरी समझकर केवल ने पूछा : 'राधा आपका कहा मानेगी सही?'

'बिल्कुल मानती है। परन्तु उस दिन उसने मेरी सलाह नहीं मानी। मैंने कहा : 'बेटा, अब तू बड़ी हो गई है। तेरी सगाई करनी है, तेरे माँ-बाप तेरे अच्छे के लिए जो कहते हैं उसे मान। इस तरह जहाँ-तहाँ घूमना-फिरना बन्द कर।'

'मैं कहाँ घूमती-फिरती हूँ? कृष्ण के साथ होती हूँ।' राधा के इस संक्षिप्त उत्तर के बाद मुझे कुछ कहना नहीं चाहिए था, फिर भी मैंने लड़की के भावी सुखों के सामने आती समस्याओं और लोगों की खराब नजर के बारे में उसे सावधान किया था। चुपचाप सब सुनती रही। मेरी बात पूरी होने पर मेरे सामने देखा। आँसू भरी आँखों से उसने कहा : 'माँ मुझे ऐसा विश्वास था कि तुम नहीं डाँटोगी। आप तो उलाहना देकर उत्तर भी चाहती हैं। तो सुनो, मैं कहीं पागल नहीं हूँ, सब समझती हूँ। परन्तु विचार करने पर लगता है कि ऐसे भविष्य का मैं क्या करूँगी जिसमें मेरे साथ कृष्ण नहीं हो?'

'धन्य! अद्‌भुत उत्तर है राधा का। केवल ने कहा था। उस दिन मैंने निश्चित किया था कि राधा को कृष्ण से अलग करने के बारे में सोचूँगी ही नहीं। कृष्ण राधा को सौंप दिया है ऐसा मानकर निश्चिन्त रहूँगी। तुम्हें यह जानकर आश्चर्य होगा कि इतना छोटा कृष्ण बहुत एकान्त प्रेमी है। वह अनेक बार बलराम और उत्तम की नजर बचाकर घने जंगल में पहुँच गया है। मानो जंगली जन्तु और हिंसक पशु खेल में उसके साथी हों। उसे ऐसी जगह से वापस लाने का दायित्व या तो बलराम का है या फिर राधा का। बलराम प्रेम से खेल

का लालच देकर बुला लाता है। राधा की रीति अलग है। वह डाँटती भी है, कृष्ण नहीं माने तो रोएगी भी। अन्त में निरुपाय होकर मुझे बताने दौड़े। उस दिन वह ललिता और विशाखा को भी साथ लाई। दोनों गवाह थीं। कहने लगीं : साँप जैसे जहरी जन्तु के साथ खेलकर, उसका मुख पकड़कर, हमारे सामने लाकर कृष्ण हमें डराता है। उसकी वंशी सुने बिना चले जाने पर, वह किसी भी रंग के साँप को वंशी से दबाकर पकड़ लेता है। बहुत होशियारी से उसका मुख पकड़ता है। साँप उसके हाथ से लिपट जाता है। तब गुलगुली होती हो, इस तरह हँसता है। पहले हमें डराकर फिर स्वयं को संकट में डालकर हमें दुःख देता है। हम बलराम को बुलाने जाएँ या आपसे शिकायत करने दौड़ें तभी सीधा होता है। साँप के मुख को जोर से दबाकर उसकी पकड़ को खोलता है और दलान पर छोड़ देता है।...यह बात जानने के बाद मुझे विश्वास हो गया कि मैं कृष्ण को नहीं सुधार सकती। बलराम भी इस बात से सहमत हैं। बाबा से शिकायत करो तो वे कह देंगे : भाई, मुझे तुमको प्रेम करने से फुरसत मिले तब सुधारने के बारे में सोचूँ।'

'मुझे लगता है कि जंगल में कृष्ण की किसी सर्प-विद्या के निष्णात से मुलाकात हो गई होगी। उसी ने कृष्ण को यह युक्ति सिखा दी होगी। नहीं तो उसे क्या पता कि सर्प मुख के एक बिलस्त भाग में ही उसकी सम्पूर्ण शक्ति होती है।' भैरव ने एक जानकार के विश्वास से कहा।

थोड़े ही दिनों में भैरव और केवल को पता चला कि गोप किशोरों और युवकों में कृष्ण ही सबसे अधिक जिज्ञासु, संवेदनशील और ग्रहणशील है।

प्रातः और शाम को शिव-शक्ति की आरती होती है। उस समय आबाल-वृद्ध, स्त्री-पुरुष जिसकी इच्छा हो वह आए। फिर गोष्ठी होती। यह गोष्ठी ही गोकुल की पाठशाला है। आधे प्रहर की प्रश्नोत्तरी! प्रश्न न हों तो कथा। ज्ञान-विनोद, खेल-कूद, कुश्ती, आत्मरक्षा के उपाय। कुलपति ने कहा था कि 'हमने व्यवस्थित पाठशाला शुरू की है, ऐसा किसी को नहीं लगना चाहिए। तुम जो कुछ कर रहे हो वह तुम्हारी जीवनचर्या का एक भाग है, ऐसा मानकर चलना। कोई पूर्ण समय की शिक्षा की माँग करे तो उसे अंकवाद आश्रम की ओर भेजना।'

भैरवदा के पास से व्यवस्थित और पूर्ण जानकारी मिलने के बाद कृष्ण को यह आदत पड़ गई है कि वह किसी सर्प को पकड़कर अपने वश में किए बिना नहीं जाने देता। शिकायत करनेवालों में बलराम, उत्तम, सुबल, उद्धव, तेजस्वी ऋषभ, वरुरथ, सुदामा आदि बढ़ गए हैं। मधुमंगल को स्वप्न में साँप दिखाई देते हैं। आज राधा, विशाखा, वृन्दा को अकल्पनीय समर्थन मिल गया है। नन्दबाबा को न्यायोचित निर्णय देना ही पड़ेगा। कृष्ण का पक्षपात न हो जाए इसलिए उससे कुछ दूर रहकर जिम्मेदार आदमी की तरह खाँसकर नन्दराय गम्भीर आवाज में बोलते हैं : 'हम सभी जानते हैं कि कनु को गोप-गोपियों और गाय-बछड़ों में कोई अन्तर नहीं लगता। यह उसका स्वभाव है, हम बदल नहीं सकते। परन्तु किसी की भावना को चोट पहुँचाने का उसे कोई अधिकार नहीं है।'

कृष्ण अपना बचाव करना चाहता था। नन्दराय ने खाँसते हुए यह देख लिया : 'आरोपी को बीच में नहीं बोलने दिया जाएगा। उससे पहले फैसला सुन लो। सरिसृपों के

साथ खेलने या जहरी नागों को पकड़ना बन्द न करने की कृष्ण की इच्छा न हो तो यह उसकी मर्जी है। परन्तु ऐसी स्थिति में हमारा आदेश है कि वह इन बालिकाओं को साथ खेलने के लिए न बुलाए।'

'मैं इन्हें कहाँ बुलाता हूँ?' कृष्ण ने कह दिया।

'झूठे! तू वंशी नहीं बजाता?' राधा बोलते-बोलते खड़ी हो गई।

'वंशी बजाऊँ यह भी मेरा गुनाह? यह वंशी तरंगदा के यहाँ से कौन ले आया था? मैं या तू! ले, वापस दे आ यह तेरी दूर-दूर सुनाई देनेवाली बाँसुरी! कहती थी कि योजनों दूर से सुनाई दे ऐसी वंशी बनाने के लिए मैं तरंगदा के यहाँ एक बाँस रख आई हूँ। अब कहती है कि...'

राधा रोने लगी।

यह देखकर स्वयं न्यायमूर्ति की आँखें भीग गईं। न्याय-सभा चलाने में अपनी निष्फलता स्वीकार करके वे अपने कक्ष में चले गए।

रोहिणी ने राधा को सांत्वना दी।

माँ कहाँ गई? कृष्ण सोचने लगा। पहले तो कोई मेरी शिकायत करने आता उससे माँ झगड़ पड़ती और कभी मैं फँस भी जाऊँ तो पिताजी मेरा पक्ष लेते। आज हुआ क्या है, सब मेरे विरुद्ध क्यों हैं? और यह राधिका, मुझे समझती क्या है? मानो अब मैं इस अकेली के लिए वंशी बजाता हूँ, कह दूँ : 'देख राधा, मेरी बात सुन ले! हवा तेरे गाँव की ओर बहती होगी, उस समय नहीं बजाऊँगा वंशी। बहुत मन होगा तो पुराने गोकुल में जाकर भेड़ियों को सुनाऊँगा। या फिर राजमार्ग के पास जाकर मथुरा या हस्तिनापुर के सैनिकों को सुनाऊँगा।'

राधा हत्प्रभ रह गई। ललिता वगैरह सखियाँ शिकायत करके पछता रही थीं।

'नहीं भाई, ऐसा मत करना।' नन्दराय चिन्तित होकर अन्दर से बाहर आए। मिठाई का थाल लेकर आ रही यशोदाजी को उन्हें आने के लिए मार्ग देना पड़ा।

'क्यों?—समझ में न आए ऐसा कृष्ण कभी नहीं करेगा।'

'तुझे बाद में समझाता हूँ, पहले तेरी माँ को मिठाई बाँट लेने दे। आज तूने शिकायत करनेवाले और न्यायाधीश दोनों को हरा दिया है। वे इस खुशी में मिठाई लेकर आई हैं।'

गोप-गोपियाँ मिठाई लेकर जाने लगती हैं।

राधा दरवाजे तक सबके साथ जाती है। वहाँ चौंककर खड़ी रहती है। फिर यशोदाजी का हाथ बँटाने का बहाना मिल जाने पर अन्दर आती है। कृष्ण को मनाए बिना घर जाने का मन नहीं है। परन्तु इस समय कृष्ण को उसके सामने देखने का बिल्कुल समय नहीं है। उसे पिताजी से हकीकत जाननी है।

सैनिकों को वंशी सुनाने में क्या आपत्ति है? क्या वे मनुष्य नहीं? जो हमारी रक्षा करने के लिए सैनिक बने हैं उन्हें आनन्द देना हमारा कर्तव्य नहीं है?

नन्दराय ने शान्त चित्त से सभी प्रश्न सुने।

'मैं मानता था कि तेरी उम्र के बालकों को यह सब समझ में नहीं आएगा। परन्तु तूने ऐसे कठिन प्रश्न पूछे हैं कि उन सबका मुझसे उत्तर नहीं दिया जाएगा। फिर भी संक्षेप में कहता हूँ : मथुरा का राजा कंस अपना विकास नहीं देखना चाहता। उसके सैनिकों से हमें

सचेत और सावधान रहना है। राजमार्ग पर दिखाई देनेवाले सैनिक प्रजा की रक्षा के लिए नहीं, साम्राज्य को विस्तृत करने के लिए घूमते हैं। तुम उन्हें आनन्द दोगे?'

कृष्ण के लिए सैनिकों के बारे में यह नई बात थी। उसने सैनिकों को पहली बार देखा, तब उनकी आकर्षक वेश-भूषा, चलने का ढंग, तनी हुई छाती, सीधी नजर,...यह सब उसे अच्छा लगा था। उनका काम रक्षा करना है, यह जानकर उनके प्रति आदर जागा था। परन्तु पिताजी ने सैनिकों के द्वारा किए जानेवाले दमन के बारे में सचेत करके उसकी पुरानी भावना को आघात पहुँचाया।

वह केवल और भैरव से राजा, अमात्य, सेनापति, न्यायाधीश तथा अन्य राजपुरुषों के अधिकार और दायित्व सम्बन्धी प्रश्न पूछता रहता। जो राजा सत्ता बढ़ाता जाए और दायित्व कम करता आए, वह धूर्त कहलाता है और प्रजा के साथ विश्वासघात करता है।

पिताजी ने प्रजा का पक्ष लेकर बढ़े हुए कर का विरोध किया, उस दिन से कंस राजा ने उनकी अवहेलना करना प्रारम्भ कर दिया और चेतावनी दी...

निर्मल प्रेम के स्रोत समान कृष्ण के मन में कंस राजा के विरोध का पहला अंकुर फूटा परन्तु उसके स्वभाव में ही सावधान रहना नहीं था।

वंशीवट, यमुना तट, सघनकुंजों की छाया बरसाने के टीले।

उस हरे रंग में प्राण फूँकनेवाला गोपियों का हास्य सुहानी सुबह और सुरमई शाम... समय यहाँ से राधा-कृष्ण के कदमों के निशान देखते हुए गुजरता है, मोरपंख में मुख देखता हुआ।

कदमों की भारी आवाज करता हुआ बलराम आ रहा है। आज उसने बहुत काम किया है। भूख लगी है। रसोई कर चुकी रोहिणी उसके कदमों की आवाज सुनकर बाहर आती हैं। लड़का भूखा है तो परोसने में कितनी देर? परन्तु हर रोज तो भोजन के समय वह कृष्ण को लेकर आता है, आज क्या हुआ?

'कहाँ गया वह?'

'और कहाँ जाएगा? खेल रहा है ललिता, विशाखा और राधा के साथ।'

'तो तू उनके साथ खेलने क्यों नहीं गया?' रोहिणी मुस्कराकर पूछती हैं।

बलराम इस मुस्कान के भाव को समझ जाता है, चिढ़कर कहता है : 'इतना बड़ा होकर मैं गोपियों के साथ खेलूँ?'

'खेलने में क्या हो गया?'

'कृष्ण खेलता है वह तुम सबको अच्छा लगता है?'

'हाँ, मुझे तो अच्छा लगता है।'

'परन्तु मुझे नहीं लगता।'

'तो जा, उसे बुला ला। दोनों भाई साथ खाने बैठो।'

बलराम पैर पटकता हुआ आया। कितनी जोर से भूख लगी थी। माँ ने खाने की जगह उपदेश दिया। मेरी ही भूल है। मुझे कृष्ण की निन्दा नहीं करनी चाहिए। नन्दबाबा ने मुझे

उसका ध्यान रखने की जिम्मेदारी सौंपी है। परन्तु मैं क्या करूँ। इन सबको खेलते देखता रहूँ? इनके साथ खेलते शरम आती है। इससे तो अपनी बाड़ी अच्छी। मैं भला और मेरा काम भला। सुबह गायों को छोड़ आना और शाम को ले आना। नजदीक में घास-चारा खत्म हो जाए तो कलेवा लेकर सबके साथ जाना। फिर गोपियाँ गाँव में और कृष्ण हमारे साथ।

गली में पैर रखते ही बलराम दौड़ने लगा। कृष्ण को खोजने में देर नहीं हुई।

'चल, माँ बुला रही है।'

'माँ मुझे बुलाने खुद आती है।'

'आज उन्होंने मुझे भेजा है।'

'आता हूँ, तू जा।'

'ऐसा कहकर मुझे टालना चाहता है! मेरे साथ चल।'

'यह दाँव पूरा कर लूँ।'

'हार जाएगा तो कहेगा एक दाँव जीतकर आता हूँ।'

'मैं कभी कोई दाँव हारता ही नहीं, यह तू जानता है।'

'परन्तु मुझे अकेले भेजने के दाँव में तू जीतनेवाला नहीं है। क्या वास्तव में तुझे भूख नहीं लगी? या फिर यह ललिता खाना ले आई थी?'

'नहीं, मैंने कुछ नहीं खाया, यह दाँव पूरा होते ही मुझे भूख लगेगी।'

'मैं तब तक राह नहीं देखूँगा।' इतना कहते हुए, बलराम ने सोच लिया कि उसे क्या करना है। पास जाकर गोपियों के बीच से उसे उठाकर चलने लगा।

'तू भूखा है राम, मुझे उठाकर क्यों चल रहा है? थक जाएगा। नीचे उतार दे।'

'उतार दूँगा तो तू फिर उन लड़कियों के पास चल देगा। तुझे क्या, तू तो किसी के घर में घुसकर दही-माखन खा लेगा।'

'यह सब तो पुरानी बातें हैं, अब मैं इस तरह किसी के घर नहीं घुसता। अब तो कोई-कोई गोपी मुझे बुलाती है और गोद में बैठाकर खिला देती है।'

'इस तरह किसी स्त्री की गोद में बैठा जाता होगा? तू अब बड़ा हो गया है।'

'मैं बड़ा हो गया यह तुझे पता है तो उन स्त्रियों को पता नहीं चलता? केवलदा कहते थे कि बड़े हुए बिना मनुष्य रह ही नहीं सकता।'

'बड़े होने के लिए मैं कहाँ मना कर रहा हूँ। प्रश्न किसी भी स्त्री की गोद में बैठने का है। तू अब उत्तम और सुदामा से पूछ लेना। वे बैठते हैं किसी स्त्री की गोद में?'

—बलराम ने फिर गम्भीर बनने का प्रयास किया।

'कोई बैठाए तो बैठें न!' कृष्ण ने गम्भीरता से ही कहा।

'तो तुझे क्यों बैठाती हैं?'

'मैं क्या जानूँ? तू पूछना उनसे।'

'मैं इस तरह घर-घर पूछने के लिए निठल्ला नहीं हूँ। मुझे तो इतना ही समझना था कि जिनके घर घुसकर तूने कभी तोड़-ताड़ की थी, वही गोपियाँ तुझे बुलाने के लिए इतनी बेचैन क्यों रहती हैं? तू नुकसान करे इसके बदले में वे तुझे चाहें, यह समझ में नहीं आता!'

'इसका मतलब यह हुआ कि तू मानता है उससे अच्छे लोग हैं गोकुल के, तो क्यों सबसे खिंचा-खिंचा रहता है? उन लोगों के छूने से तेरा गोरा रंग मैला हो जाएगा?'

'बातों में तो तुझे मैं नहीं हरा सकता। चल, कंधे से उतर, घर आ गया।'

कृष्ण ने उतरने में जल्दी नहीं की। आँगन में पहुँचकर ही वह कंधे पर खड़ा हुआ। वहाँ से छलाँग लगाकर सीधा झूला पकड़ लिया।

कृष्ण पहले ऐसा उत्पात करता तो बलराम को छोड़कर सबकी साँस रुकने लगती। अब सबको आदत पड़ती जा रही है।

यशोदाजी को देखकर, उनसे समर्थन मिलेगा इस अपेक्षा से बलराम ने कहा, 'माँ तुम्हीं बताओ, अब अपने कनु को हमारे साथ नहीं खेलना चाहिए? गोपियों के साथ खेलना छोड़ देना चाहिए न?'

'इससे क्या फर्क पड़ता है?' कृष्ण बीच में अपनी बात कह देता है। माँ दोनों को क्या जवाब दे?

यशोदाजी को पुत्रों के प्रश्नों के उत्तर देने से अधिक उन्हें भोजन कराने की जल्दी है। बलराम को लगता है कि इस बारे में उसने भी काफी जानकारी हासिल कर ली है। कृष्ण का अज्ञान दूर करना चाहिए। वह कहता है, 'स्त्री-पुरुष में तुझे कोई भेद नहीं लगता?'

'लगता है। मैं किसी पुरुष को स्त्री कहकर बुलाता हूँ या स्त्री को पुरुष कहकर बुलाता हूँ?'

'परन्तु हर समय तू जिनके साथ खेलता है वे...'

'मुझे पता है कि वे स्त्रियाँ हैं। परन्तु इससे क्या? ये बछड़े और बछियाँ सब साथ-साथ नहीं चरते? बड़े गोप-गोपियाँ साथ-साथ रास नहीं खेलते?'

'चलो, खाते-खाते बातें करो।' रोहिणी ने पानी लाकर कृष्ण के हाथ धुलाए और उसे बलराम के पास बैठाया। नन्दराय भी आ गए।

कृष्ण की कड़ी परीक्षा तो अब थी।

यशोदाजी ने संकेत से सहमति दे दी। पंखा झलते-झलते रोहिणी गम्भीर मुखमुद्रा बनाकर बोली : 'कल श्रीदेवी और सुनन्दा आई थीं। अच्छा हुआ कि उस समय नन्दभाई घर नहीं थे।'

नन्दराय को लगा कि कोई गम्भीर शिकायत आई होगी। वे अपने कर्तव्य से कहीं चूक तो नहीं गए? उन्होंने प्रश्नसूचक दृष्टि से रोहिणी की ओर देखा।

कृष्ण शान्तिपूर्वक खा रहा था। वह इसी तरह खाता रहेगा ऐसा लगने पर रोहिणी ने कहा : 'वे दोनों दही बेचने मथुरा जा रही थीं। कैसे-कैसे अरमान लेकर घर से निकली थीं। परन्तु यमुना किनारे से मथुरा के रास्ते पर मुड़े तब तक अपना यह लाड़ला न जाने कहाँ से आ पहुँचा।'

'मैं वहीं था, कदम्ब की डाल पर।' कृष्ण ने गम्भीरता से कहा और खीर का कटोरा मुँह से लगा दिया।

'फिर?' नन्दराय को अब आनन्द आने लगा था।

'इसने उन दोनों महियारियों की मटकी एक-एक कंकड़ मारकर फोड़ डाली।'

'एक-एक नहीं, दोनों कंकड़ एकसाथ मारे थे।' कृष्ण ने बलराम की गलती को सुधारा।

'हमें ऐसा करना चाहिए?' नन्दराय फिर से गम्भीर हो गए।

'आप उन्हें जानते हैं पिताजी?'

'क्यों गाँव के सरपंच को स्त्रियों का जानना आवश्यक है क्या?' बलराम ने अपना पुराना विरोध फिर से प्रकट किया।

'श्रीदेवी और सुनन्दा जानने योग्य स्त्रियाँ तो हैं ही नहीं। हम हाथ फैलाएँ और वे न दें यह तो ठीक है परन्तु अपने बालकों के हिस्से का दही-माखन भी बेचने चल देना? वह भी मथुरा के बाजार में?'

'इसमें तुम्हें क्या परेशानी है?'

'क्यों, कंजूस को कंकड़ भी न मारें तो हम हैं किस काम के? मैं गलत कह रहा हूँ पिताजी? गलती करनेवाले को आप दंड नहीं देते?'

'अरे भाई, पिताजी तो सरपंच हैं, पन्द्रह गोकुलों के नायक हैं, उन्हें इसका अधिकार है।'

'मैं यह सब नहीं जानता। श्रीदेवी और सुनन्दा कंजूस हैं, इसमें मुझे शंका नहीं है। ऊपर से आते-जाते मुझे राजकुमार कहकर चिढ़ाती थीं। मैंने उन्हें चेतावनी भी दी। कंस के पुत्रों को राजकुमार कहो। मुझे तुम जैसों के पास से दान लेकर बड़े-बड़े महल नहीं बनाने। न सेना बढ़ानी है और न विलास करना है। बलराम, मुझे कंस जैसा राजा नहीं बनना है।'

'देखो तो सही। मानो सब मिलकर तुझे आज ही राजा बना दे रहे हों। अच्छा, तू राजा नहीं तो क्या बनेगा?'

'पिताजी की तरह लोकनायक बनूँगा?'

'गोपियाँ तो नायक के रूप में तुझे खुशी-खुशी स्वीकार कर लेंगी, परन्तु गोप-युवक...' यशोदाजी ने न कहने योग्य कह दिया था।

'युवकों का नायक बनेगा राम और दुष्टों का दमन करेगा।'

यकायक बलराम को कृष्ण की बात में मजा आने लगा : 'भैया, कल तू आरती में नहीं आया था। सुबल आया था, उससे पूछना। केवलदा और भैरवदा क्या कह रहे थे। अपना कंस राजा है न, वह अपने कुल का नाश करने पर तुला है। गुणवान और शूरवीर यादवों को चुन-चुनकर मथुरा से बाहर निकाल रहा है। न्याय की माँग करनेवालों को कैद में डाल देता है।'

कृष्ण की बात के प्रभाव में सभी आ गए, स्वयं नन्दराय बोले : 'क्यों न कैद करे? जिसने अपने पिता उग्रसेन को कैद कर लिया है, वह न्याय की माँग करने वाले को क्यों न कैद में डाले? उग्रसेन प्रजावत्सल हैं, गण-भावना के उपासक हैं, यही उनका अपराध है।'

यह सुनकर बलराम के चेहरे की नसें खिंच जाती हैं। सबको पता चल जाता है कि उसके गुस्से का लक्ष्य कंस है। खाने के बाद वह सुपारी लेना भूलकर खड़ा हो जाता है।

भवन के सुदीर्घ दालान में चक्कर लगाता है। एक दबा हुआ प्रश्न आज उसके मन में उभर रहा है। यशोदाजी और रोहिणी अब खाने बैठी हैं। कृष्ण रसोई में जाकर सूखा मेवा खोज रहा है। बलराम को चक्कर लगाते देखकर उधर सिर घुमाता है।

'माँ, तुम दोनों में से मेरी माता कौन है?'

कृष्ण हँस पड़ता है—'इसमें क्या पूछना? दोनों माँ।'

'तू बीच में होशियारी मत छाँट। मैं इतना भी नहीं समझता कि दोनों ही माँ हैं। मेरा प्रश्न अलग है। इन दोनों माँओं में से मुझे जन्म देनेवाली कौन है? कभी-कभी उत्तम मुझसे कहता है कि रोहिणी मुझे जन्म देनेवाली है—जननी और यशोदा माता।'

नन्दराय सावधान हो जाते हैं। इस चर्चा के आगे बढ़ने में खतरा है। कृष्ण ने ऐसा प्रश्न पूछ लिया तो मुश्किल होगी।

'चलो, मैं तुम्हारी परीक्षा लेता हूँ।' कहकर वे दोनों से उनकी गायों के नाम पूछते हैं। बलराम एकसाथ सारी गायों के नाम बोल जाता है। सब उसे शाबाशी देते हैं। अब कृष्ण की परीक्षा शुरू होगी। वह यशोदाजी की गोद में बैठकर उनके मुख में एक बादाम रखकर कहता है : 'मुझे पूरे गाँव की गायों के नाम याद हैं, पूछो। बलराम ने समझा कि सुदामा जैसे एक-दो मित्रों की गायों के नाम इसने सुन लिए होंगे। उसके बारे में न पूछकर अन्तिम घर से शुरुआत की। तुरन्त उत्तर मिला। बलराम के प्रश्न पूरे हो जाने पर कृष्ण ने कहा : 'वृन्दावन के एक-एक वृक्ष के साथ भी मेरी इसी तरह की पहचान है।'

इतने में भिक्षुक के वेश में आया एक मथुरावासी कुछ सन्देश दे गया। नन्दराय अपने खंड में गए।

4

शूर और पर्जन्य सगे भाई थे। शूर के पुत्र वसुदेव, पर्जन्य के पुत्र नन्दराय। वे उम्र में कुछ बड़े थे फिर भी समान कुलशील के कारण उनकी वसुदेव के साथ मैत्री थी। दोनों के प्रति राजा उग्रसेन की सद्भावना थी। उन्हीं के आग्रह के कारण वसुदेव नगरवासी बने। सरलता और सहजता के उपासक नन्दराय ने उनका गोपकुल सँभाला। मथुरा के उत्तर में वसुदेव की जमीन और गायों की देखभाल अब नन्दराय को ही करनी थी। ये तीनों महानुभाव एक-दूसरे के अभिप्रायों को महत्त्व देते थे। सब कुलों ने उग्रसेन को अपना अग्रणी माना था। लोकहृदय में उनका स्थान राजा जैसा था फिर भी वे स्वयं को ब्रजवासी यादव ही कहते। सब यादवकुलों की एकता पर भार देते। उनकी नम्रता और सहिष्णुता यादवों की एकता और राज्य की स्थिरता के केन्द्र में थी। अंधक-बाहुक के निःस्पृह मार्गदर्शन से और वसुदेव-अक्रूर के विश्वासपूर्ण सहयोग से यादव गणराज्य सुदृढ़ होता जा रहा था।

परन्तु युवराज कंस मनस्वी निकला। वह महत्त्वाकांक्षी और अधीर था। उसकी दृष्टि में साध्य महत्त्वपूर्ण था, साधन नहीं। जबकि बाहुक, वसुदेव और अक्रूर प्रजा के कल्याण का विचार करके ही कोई कदम उठाते। संस्कृति ने जो विवेक विकसित किया है, सबको

उसकी याद दिलाते। इन वरिष्ठ यादवों के स्पष्ट अभिप्रायों के सामने कंस को अनेक बार अपने विचार बदलने पड़ते। उसे उस समय अपनी पराजय महसूस होती। भविष्य के बारे में सोचकर उसने अपने साथ सहमत हों, ऐसे मनुष्यों को खोजना प्रारम्भ कर दिया। उनके सहयोग से कंस ने धीरे-धीरे गणराज्य पद्धति को अकर्मण्य प्रमाणित करके निरर्थक बना दिया। इस सफलता के कारण ही वह जरासंध का जमाई बन सका। उसका सत्तावादी मानस ऐसा पोषित हुआ कि उसमें विकृतियों का जन्म हो गया। वह निर्ममता से हिंसा करने लगा। धर्मभीरु यादव उससे विमुख होते गए। स्वार्थ-लोलुप, उद्धत और विलासी यादव उसके साथ रहे। यह सब उसके सामने कभी संकट खड़ा कर सकता था। परन्तु उसकी वास्तविक शक्ति का स्रोत था मगध का साम्राज्य। जरासंध ने शक्ति और कूटनीति से सम्राट का पद प्राप्त किया था। कंस को जमाई बनाकर उसने शूरसेन जनपद में अपना प्रभाव बढ़ाया। जबकि कंस ने जरासंध के आधार पर अपराजेय की स्थिति प्राप्त की। आर्यावर्त का कोई भी राजा उस पर आक्रमण नहीं कर सकता था। विरोध करनेवाले सत्यनिष्ठों को शहीद होने के लिए तैयार रहना पड़ता।

कइयों के लिए यह आश्चर्यजनक था कि यकायक वसुदेव के प्रति कंस का व्यवहार क्यों बदल गया। एक ऐसा अनुमान है कि वह वसुदेव को अपना प्रतिस्पर्धी मानने लगा था। वसुदेव के मुख की दीप्ति में शौर्य के साथ सौन्दर्य मिला हुआ था। कंस को इस कारण भी गहरी ईर्ष्या होती। प्रजा में वसुदेव की लोकप्रियता कैसे कम हो, हमेशा वह इसके उपाय विचारता रहता। उसे जल्दी नहीं थी। परन्तु जो करना है, उसके बारे में उसे द्विधा नहीं थी।

राज्य के बड़े उत्सवों में वसुदेव प्रजा को दिखाई नहीं दें, इस योजना के साथ कंस अपने कार्य से उनसे मिलता रहता। 'आप सबसे बड़े राजनीतिज्ञ हैं, मेरे गुरु समान हैं, आपके पुण्य से ही मेरा राज्य समृद्ध होता जा रहा है।' ऐसे उद्‌गारों के साथ वह वसुदेव का आदर करता। निरुपाय होकर वसुदेव यह प्रशंसा सहन कर लेते। वे जानते थे कि भले ही कंस मेरे विरुद्ध दिखाई दे रहा है, परन्तु वास्तव में जरासंध नाम का दुर्गम किला मुझे घेर रहा है।

प्रजा अच्छी तरह जानती थी कि मथुरा की सम्पन्नता के केन्द्र में कौन है। वसुदेव के पूर्वज राजा शूर ने यादवों के लिए मथुरा का राज्य जीता था। यदि जरासंध तटस्थ रहे तो आज भी वसुदेव का वृष्णिकुल संगठित होकर मथुरा हस्तगत करके फिर से गणराज्य पद्धति की स्थापना कर सकता है। जब कंस के व्यवहार में विकृतियाँ दीखने लगीं तब उग्रसेन की सुशीलता ने वृष्णिवीरों को शान्त रखा। भविष्य के बारे में निश्चिन्त होने, दो कुलों के बीच सम्बन्धों को सुदृढ़ करने के लिए उग्रसेन ने अपने भाई देवक की अत्यन्त सुन्दरी पुत्री देवकी के साथ वसुदेव का विवाह कराया। कंस को सम्बन्धों की दृढ़ता में लेशमात्र श्रद्धा नहीं थी। परन्तु परिस्थितियों को समझकर उसने चतुरता से इस विवाह में सक्रिय भाग लिया। अपनी विनम्रता जताने के लिए उसने वसुदेव-देवकी के रथ को चलाया। इससे पहले कंस ने अपने पिता से मिलकर यह स्पष्ट कर लिया था कि अपने उत्तराधिकारी के रूप में वे वसुदेव को तो पसन्द नहीं करनेवाले? 'तू कैसा प्रश्न कर रहा है वत्स। युवराज तू है या वसुदेव? तू ही मेरा उत्तराधिकारी है, परन्तु तेरा उत्तराधिकारी कौन होगा यह नहीं कह

सकता। वह वसुदेव-देवकी का पुत्र हो तो तुझे इसकी क्या चिन्ता? तेरा पुत्र राजा नहीं होगा तो भी कुलकर सभा का सदस्य होने की पात्रता तो रखता ही होगा न!'

'पात्रता' शब्द कंस को कभी अच्छा नहीं लगा, परन्तु असमय पिता के वचनों को सुनकर वह आश्वस्त हो गया। उत्साह से रथ हाँकने लगा था। उसने सोचा था कि प्रजा मेरे सामने देखकर कहेगी : 'वाह। धन्य! अपने युवराज कितने विनम्र और उदार हैं। जिन्हें अनेक सारथियों की सेवा सुलभ है, वह युवराज कंस आज स्वयं सारथि बने हैं।'

कंस की यह धारणा गलत सिद्ध हुई। किसी ने उसके भगिनी-प्रेम, नम्रता या रथ चलाने की कुशलता की प्रशंसा नहीं की। यहाँ तक कि किसी ने उसके सामने देखा भी नहीं। सब वसुदेव-देवकी के दर्शन करने और उन पर फूलों की वर्षा करने के लिए उत्साहित थे। प्रजा की दृष्टि में यह एक विरल युगल था। यहाँ शील के साथ शील, सौन्दर्य के साथ सौन्दर्य और शौर्य के साथ समर्पण का सुयोग हुआ था। यादव गणराज्य का यह प्रस्तावित तथ्य था कि युवकों में श्रेष्ठ है वसुदेव और युवतियों में अनन्य हैं देवकी। राजमार्ग पर वसुदेव-देवकी की मुक्तकंठ से प्रशंसा होती रही।

प्रजा की दृष्टि से उपेक्षित कंस को पिता उग्रसेन के शब्द याद आए : 'मेरा उत्तराधिकारी तू, परन्तु तेरा उत्तराधिकारी कौन होगा, यह मैं नहीं कह सकता। वह वसुदेव-देवकी का पुत्र हो तो भी तुझे इसकी क्या चिन्ता?'

'क्यों नहीं, चिन्ता तो होगी ही। वसुदेव प्रजा को इतना प्रिय है तो उसके पुत्र के लिए गणसभा पक्षपात नहीं करेगी, इसका क्या प्रमाण है? मुझे यह कुमति कैसे सूझी। मैंने ही अपने शत्रु का महत्त्व बढ़ा दिया। लोगों ने सोचा कि युवराज कंस जिसका रथ हाँकने ललचाते हैं, अपने ऐसे वृष्णिवीर वसुदेव ने आज राजा अंधक कुल की सर्वश्रेष्ठ सुन्दरी को प्राप्त किया। यह सर्वथा योग्य है। मथुरा की प्रजा वसुदेव के शासन में सुरक्षित रहेगी। उन्हें ही राज्य की बागडोर सौंपनी चाहिए...'

कंस को अपने भीतर उत्पन्न कायरता देखकर आश्चर्य हुआ। वसुदेव शासन सँभाले इसका प्रश्न ही कहाँ खड़ा होता है? उन्होंने मेरे युवराज-पद को मान्यता दी है। वे सत्यनिष्ठ हैं, मरकर भी वचन नहीं तोड़ेंगे। यह हो सकता है कि उनका पुत्र मेरे पुत्र को राजपद से वंचित कर दे। शायद यह भी हो सकता है कि मुझे ही हटा दे। हाँ वसुदेव तो नहीं, परन्तु उसका पुत्र, उसका पुत्र, उसका पुत्र...

कंस ने रथ में बैठे वसुदेव-देवकी की ओर दृष्टि घुमाई। उन्हें प्रसन्न देखकर ईर्ष्या हुई। उनके भावी सुख के बारे में ईर्ष्या हुई। रथ बीच में छोड़कर चले जाने का मन हुआ। नहीं, पहले वह वसुदेव का अभिप्राय जानेगा, पूछेगा...पूछना था परन्तु प्रश्न होंठ तक आ नहीं पाता था। बिल्कुल दरिद्र लग रहे प्रजाजन भी पुष्पों को लेकर राजमार्ग के दोनों ओर खड़े थे। यह क्या है? लोगों की विवेकशक्ति नष्ट हो गई है क्या? मेरे शत्रु को सम्मान देते हुए इन्हें तनिक भी संकोच नहीं होता? हाँ, शत्रु ही तो, इसका पुत्र अवश्य मेरा शत्रु...कंस हतप्रभ हो गया। जाग्रत अवस्था की तरंगें अर्धजाग्रत मनःस्थिति में प्रतिध्वनि करने लगीं।

उसका हाथ खड्ग की मूठ पर गया। अरे! मैं कैसा कृतघ्न हूँ? वसुदेव के सभी उपकारों को भूलकर उसकी हत्या करना चाहता हूँ? हत्या करनी ही पड़े तो मैं स्वयं ही क्यों

करूँ? और इस तरह सबके सामने वसुदेव पर शस्त्र उठाऊँ तो यह दरिद्र लगनेवाले मनुष्य ही मुझे घेर लेंगे। यह तो बाद की बात है। वसुदेव स्वयं मेरा प्रहार खाने के लिए ऐसे थोड़े ही बैठा रहेगा? उस जैसा चपल योद्धा यादवों में दूसरा है ही कौन? द्वन्द्वयुद्ध में वह मुझे क्षणार्ध में हरा देगा। उसे तो नहीं, परन्तु देवकी को...नहीं, नहीं, अभी मैं युवराज हूँ। स्त्री-हत्या का कलंक लग जाने पर मेरा भविष्य ही बदल जाएगा। मेरे पिता और चाचा ही मेरे विरुद्ध हो जाएँगे। मेरे स्वार्थ के विरुद्ध जाए ऐसा अधर्म मैं नहीं करूँगा।

राजमार्ग पूरा होनेवाला था। अब वसुदेव का प्रासाद आएगा। यहाँ से दूसरे मार्ग से राज्य के कारागार तक जाया जा सकता है।

इस नवदम्पति को कारागार में ले जाकर इससे बात की जाए तो कैसा रहे? ये निःसन्तान रहने का वचन दें या अपनी सन्तान मेरे सैनिकों को सौंप दें। जैसे कुलश्रेष्ठ भीष्म ने अपनी प्रतिज्ञा का पालन किया था वैसे ही वसुदेव प्रतिज्ञा करने के बाद उस पर अडिग रहेंगे।

परन्तु एक नवदम्पति को इस तरह कारागार में ले जाया जाए? यह अमानवीय कार्य नहीं? तो क्या करूँ? इनके द्वारा अपना विनाश होने दूँ? शंका का कीड़ा उसे भीतर ही भीतर काट रहा था। मनुष्य सुन्दर भविष्य पर श्रद्धा रखकर ही शुभ कार्य करने को प्रेरित होता है, वह श्रद्धा ही कंस गँवा बैठा। उसकी संशयात्मा नकारात्मक भविष्यवाणी करने लगी। 'देवकी का पुत्र...' अन्तर की आवाज को रोकने के लिए उसने कान बन्द कर लिए। पैरों से घोड़ों की रास खींचकर उसने दूसरे मार्ग पर मोड़ दिया। रथ कारागार की ओर जा रहा था।

देवकी ने पूछा।

कंस निरुत्तर रहा।

वसुदेव के इशारे पर देवकी रथ में से कूद पड़ी।

कंस ने रथ खड़ा किया। राज्य-महालय के पिछले भाग के एकान्त में कंस खड्ग लेकर कूद पड़ा। देवकी के केश खींचकर खड्ग उठाया।

'यह क्या है कंस? तू अपनी बहिन पर खड्ग उठा रहा है? पागल तो नहीं हो गया? भूल मत कि वसुदेव की उपस्थिति में कोई स्त्री-हत्या नहीं कर सकता। मैं भले ही तेरी तरह शस्त्रसज्ज नहीं हूँ, फिर भी अपनी धर्म-पत्नी की रक्षा करने में समर्थ हूँ।'...वसुदेव ने धैर्यपूर्वक पास जाकर कंस की कलाई पकड़ ली। कंस की शक्ति बाँबी में घुसते ही सर्प की तरह वापस चली गई। केश छूट जाने पर देवकी रथ में बैठ गई।

खड्ग को म्यान में रखते हुए कंस ने कहा : 'मुझे तुमसे एकान्त में बात करनी है। कारागार के अतिरिक्त दूसरी कोई एकान्त जगह नहीं है। दूसरी जगह तुम्हारे विवाहोत्सव का कोलाहल है। यदि तुम वीर योद्धा हो तो निर्भय होकर मेरे साथ चलो।'

राजनीति का ज्ञान वसुदेव को रोक रहा था, परन्तु देवकी रथ में बैठ चुकी थी। उसे वापस उतारकर अपने प्रासाद तक चलते जाने में वैसे तो कोई मुश्किल नहीं थी, सिवा कंस के आकस्मिक उत्पात के। कदाचित द्वन्द्व युद्ध की परिस्थिति खड़ी हो जाए। यह निश्चित है कि उसका खड्ग पलक झपकते ही मेरे हाथ में आ जाएगा। परन्तु वह धोखा देने जाए

और मेरे हाथ से उसका वध हो गया तो मैं महाराज उग्रसेन और आर्य देवक को जीवन-भर मुख नहीं दिखा सकूँगा।

वसुदेव ने जानबूझकर खतरा उठाया। ज्यादा से ज्यादा यही होगा कि कंस हमें कारागार में डाल देगा। एकाध प्रहर में तो राजा उग्रसेन और देवक आ जाएँगे, अक्रूर अकेला ही मुझे छुड़ाने में समर्थ है। बाहुक और वृद्ध अंधक भी न्यायप्रिय हैं। देवकी को आश्वासन देकर वसुदेव ने कंस के साथ एकान्त में चर्चा करने के लिए कारागार में जाने का निर्णय किया।

कंस ने उन्हें बन्दी बना लिया और बात करने नहीं रुका। उसने अपने विश्वासपात्र मागधी सैनिक महाराज उग्रसेन के महल के चारों ओर लगा दिए। राजा नजरकैद हो गए। कंस की इच्छा तो पिता का वध कराने की थी परन्तु इसके लिए कोई सैनिक तैयार नहीं हुआ। द्रव्य और पदोन्नति के प्रलोभन, प्रजावत्सल महाराज की हत्या के लिए किसी को विवश नहीं कर सके।

कंस ने वसुदेव के समर्थकों को कुछ दिन भ्रम में रखा और राज्य पद्धति बदल डाली। गणसभा और कुलकर सभा उसके लिए पहले ही निरर्थक थीं। उसने नए सलाहकार बनाए। वे उसे अप्रिय सलाह नहीं देते थे।

उसने ज्योतिषियों को बुलाया। अनुष्ठान करनेवाले मंत्रविदों को बुलाया।

वसुदेव कारागार में बन्द हैं, गर्गाचार्य को इससे बहुत आघात लगा। अनेक बार कंस छद्मवेश में उनके निवासस्थान पर आया। उन्हें अस्वस्थ देखकर कुछ कहे बिना ही वापस चला आया। उसने सेनापति प्रद्योत को भेजकर सांदीपनि मुनि के एक ज्योतिर्विद शिष्य आदित्य से अपना भविष्य पुछवाया। 'राजा का भविष्य उसके सत्कार्यों पर अवलम्बित है।'—इस उत्तर से सन्तुष्ट न होकर कंस स्वयं वेश बदलकर वहाँ गया। गर्गाचार्य द्वारा सूक्ष्म गणित से तैयार की गई कुंडली देखकर आदित्य ने कहा : 'आप गर्गाचार्य जैसे शास्त्रकार को छोड़कर मेरे पास क्यों आए!' वे अस्वस्थ हैं यह जानकर कुंडली देखी और गुरुदेव के दीक्षान्त उपदेश का स्मरण करते हुए कहा : 'मनुष्य सत्कर्मों से अपनी नियति बदल सकता है क्योंकि नियति का भी कोई नियन्ता है। आपको अन्तर्यामी परमात्मा पर श्रद्धा रखकर अपने आज तक के कार्यों के बारे में पुनर्विचार करना चाहिए। आप कुंडली के योग की ज्यादा चिन्ता न करें। जब आपका भविष्य और शूरसेन जनपद का भविष्य अविभाज्य हो, ऐसे समय में केवल आपकी जन्म-कुंडली के आधार पर की गई भविष्यवाणी अधूरी होगी। ज्योतिषशास्त्र का सत्य एक सम्भावना है। सामान्य मनुष्य की तरह आपको उसमें अतिशय श्रद्धा नहीं रखनी चाहिए। मनुष्य पाप-कर्मों से बचे तो उसका वर्तमान और भविष्य दोनों सुधरते हैं। आप जैसे सुज्ञ राजपुरुष से ज्यादा कहने की आवश्यकता नहीं है।'

आदित्य का परामर्श सुनकर कंस अधिक शंकित हुआ। वह तो ज्योतिष की भविष्यवाणी के आधार पर अपना मार्ग निष्कंटक करना चाहता था। ज्योतिष को वह अपना जासूसी विभाग बनाना चाहता था।

गर्गाचार्य स्वस्थ होते ही यात्रा पर चले गए।

अब कंस जरासंध और उसकी पुत्रियों को ही अपना शुभेच्छुक मानता था। वसुदेव से घनिष्ठता रखनेवालों को मथुरा से दूर भेजने के आदेश दे दिए गए थे। मथुरा में रहकर ही जिनका स्वार्थ सिद्ध होता, ऐसे धार्मिक यादवों को कंस का विरोध करना अहितकर लगा। वे मात्र लक्ष्मी के उपासक थे, विष्णु के नहीं।

वसुदेव का रुख जानने के लिए कंस अपने दूतों को समय-समय पर कारागार में भेजता रहता। एक बार सेनापति प्रद्योत गया था, अब अमात्य अक्रूर को भेजा था। अक्रूर के लिए तो यह मनपसन्द कार्य था। बाहरी रूप से औपचारिक रहकर दोनों मित्र आराम से मिले, बहुत-सी बातें कीं। यह निश्चित किया कि राजा के साथ अकारण संघर्ष नहीं करना है। मथुरा नहीं छोड़नी। वसुदेव बन्दी हों ऐसे समय में अक्रूर को अपना अमात्य-पद अखरता था। परन्तु वह छोड़कर कंस के साथ मतभेद करने से भी कोई लाभ नहीं था। 'राजनीतिज्ञ उचित समय की प्रतीक्षा करता है—' वसुदेव का आदेश था।

कंस के वफादार यादव और जरासंध के गुप्तचर ऐसी अफवाह फैलाते थे कि वसुदेव कंस की जगह राजा बनना चाहता था। वे संघ-शक्ति को मानते हैं, ऐसा कहकर उन्होंने गणसभा और राजा उग्रसेन को भ्रम में रखा था। कोई कहता था कि आकाशवाणी ने कंस को चेताया था।

यह सुनकर आर्य देवक और उग्रसेन को गहरा दुःख होता था। वे युवा वसुदेव की भावनाशीलता के साक्षी थे। वास्तव में यादवकुल उन्हीं के कारण उज्ज्वल था। वसुदेव ने सोचा होता तो वे कंस की जगह नहीं, उग्रसेन के स्थान पर राजा हो सकते थे।

वसुदेव के समर्थकों को विद्रोह करने का अवसर चूक जाने से पछतावा हो रहा था। दूसरी ओर कंस को इस बात से पश्चात्ताप हो रहा था कि वह वसुदेव-देवकी की हत्या करने का अवसर चूक गया है। मन के डर को आकाशवाणी के रूप में प्रचारित करने के बाद स्वयं कंस को यह डर भयभीत करने लगा था कि वसुदेव का पुत्र उसे मारेगा।

प्रद्योत ने बताया कि देवकी गर्भवती है। कंस शराब के नशे में था। खड्ग लेकर खड़ा हो गया। प्रद्योत ने उसे रोका : 'आप भूल रहे हैं कि निःशस्त्र वसुदेव आपका प्रहार बचाकर आपके शस्त्रों को हस्तगत करके की सामर्थ्य रखता है। अभी आर्य देवक तटस्थ हैं, देवकी की हत्या करके उन्हें भी आप अपना शत्रु बनाना चाहते हैं? भविष्यवाणी के अनुसार आपको उनके आठवें पुत्र से भय है, उनसे नहीं।'

'किसी से हो, मैं कहाँ तक याद रखूँ? मैं कारागार के बाहर खड़ा रहूँगा। अपने विश्वासपात्र मागधी सैनिकों को अन्दर भेजूँगा।'

'आप मान रहे हैं, यह इतना सरल नहीं है। स्त्री-हत्या के पाप की आपको चिन्ता न भी हो तो भी मैं आपको कहता हूँ कि यह भयंकर दुस्साहस होगा। हत्या के बारे में जानते ही सभी यादव उत्तेजित हो जाएँगे। नगर के बाहर से भी अनेक समूह आ पहुँचेंगे। आपके ससुर सम्राट जरासंध की सैनिक सहायता आए तब तक आपका विश्वासपात्र एक भी मागधी सैनिक नहीं बचेगा—देवकी की सन्तान का जन्म होते ही मैं आपको सूचना दूँगा, इस समय आप इतने बेचैन न हों।'

'प्रद्योत, मैं तुम पर विश्वास कर रहा हूँ। पुत्र का जन्म हो या पुत्री का, उसे मेरे समक्ष उपस्थित करना। मैं उसे मसल डालूँगा। मैं अपना भविष्य किसी दूसरे को नहीं सौंपना चाहता।'

कंस ने जिस समय वसुदेव-देवकी की प्रथम सन्तान की हत्या की, उस समय अक्रूर, देवक और बाहुक मथुरा छोड़कर चले जाने के बारे में सोच रहे थे।

दूसरे दिन वे गर्गाचार्य को लेकर कंस से मिले। अपना निर्णय कहा : 'हमें शूरसेन जनपद छोड़कर चले जाने की अनुमति दो या हमें भी मार डालो। हम आपके पक्ष में हैं, यह जानकर प्रजा हमारा तिरस्कार करती है। एक दिन ऐसा भी आएगा कि लोग हमें पत्थरों से छलनी कर डालेंगे।'

'मैं उन लोगों को जिन्दा जला दूँगा। मेरे राजपुरोहित और मेरे अमात्य को पत्थर मारने की चेष्टा करनेवालों को मैं कभी भी माफ नहीं करूँगा।'

'जब समग्र प्रजा आपके विरुद्ध होगी तब आप किस-किसको दंड दोगे? राज्य करने के लिए प्रजा तो चाहिए ही। आप हमें सुखपूर्वक जीने देना चाहते हैं तो कृपया हमें यहाँ से जाने दो, सामान्य लोगों में मिल जाने दो।'

कंस ने उनसे रुक जाने का आग्रह किया। अक्रूर और बाहुक वर्तमान स्थिति में रुकने के लिए तैयार नहीं थे। वे तभी रुक सकते थे जब उग्रसेन और वसुदेव को मुक्त कर दिया जाए। कंस समझ गया। ये दोनों प्रतिष्ठित यादव अपनी कुशलता से मुझे छलना चाहते हैं। वह उनके राज्य से बाहर जाने का खतरा भी नहीं उठाना चाहता था। उसने उग्रसेन को पहले की तरह नजरकैद रखा परन्तु उनकी सुविधाएँ बढ़ा दीं। वसुदेव को भी कारागार में ही रखा परन्तु उनके सम्बन्धियों को मिलने की छूट दे दी। पूर्वसम्मति लेकर कुछ दिनों साथ करने की भी अनुमति दी गई। अक्रूर को अमात्य के रूप में वहाँ जाने का अधिकार तो था ही, आवश्यकता हो तो वे वैद्य, पुरोहित आदि को भी साथ ले जा सकते हैं। प्रजा को पता चल जाना चाहिए कि कंस राजा अपने शत्रुओं के सिवा किसी के लिए निर्मम नहीं है। उसके आदेशों का पालन करनेवाला सदा सुरक्षित रहेगा।

नई व्यवस्था का स्वागत करते हुए अक्रूर ने राजा की उदारता की प्रशंसा की। राजा ने अक्रूर को वश में कर लेने के सन्तोष के साथ राज्य को विस्तृत करने के उपाय विचारे। वसुदेव के सगे-सम्बन्धी अक्रूर और नन्दराय की सहायता से विभिन्न स्थानों पर पहुँच गए थे, अब वे हिम्मत करके मिलने आने लगे। वसुदेव की प्रथम पत्नी रोहिणी ने कारागार के रक्षकों से कह दिया : 'मैं आर्यपुत्र की सेवा के लिए यहीं रहूँगी।' सेनापति प्रद्योत ने अनुमति दे दी और वसुदेव-देवकी की सेवा में नियुक्त दासी को राजमहल भेज दिया। राजा और रानियों ने उसके द्वारा जाना कि वसुदेव और देवकी अपनी सन्तान की मृत्यु के बाद तपस्वी का जीवन जीते हैं। जो सन्तान जीएगी ही नहीं, उसकी क्या कामना करना? यह मानकर ब्रह्मचर्य का पालन करते हैं।

राजा यह अच्छी तरह याद रखता था कि उसने देवकी की कितनी सन्तानों की हत्या की है। अब उसे हत्या की आदत पड़ गई थी। वह क्रूरतापूर्ण आचरण द्वारा आनन्द प्राप्त करने लगा। ब्रह्मचर्य की बात सुनकर वह हँस पड़ा : 'फिर मैं बालहत्या करके किस प्रकार

रोमांच प्राप्त करूँगा?' रानियों ने पति को अस्वस्थ देखकर मद्य भरा पात्र दे दिया। मनःस्थिति बदलने पर कंस ने कहा : 'वसुदेव और देवकी तपस्वी का जीवन जी रहे हैं! इतने-इतने दुःख सहकर भी उन्हें धर्म और अध्यात्म में श्रद्धा है? संसार श्रद्धा से नहीं सत्ता से चलता है यह उनकी समझ में नहीं आया? उन्होंने ईश्वर के स्थान पर मेरी आराधना की होती तो सुखी नहीं हुए होते?'

बिना विक्षेप निद्रा के लिए कंस अनेक बार मादक द्रव्यों का सेवन करता।

कुछ दिनों के बाद प्रद्योत को मालूम पड़ा : 'वसुदेव की पहली पत्नी रोहिणी पति की सेवा करने कारागार में रही थी, परन्तु कारागार के बन्धनों से त्रासित होकर अपने पीहर चली गई।'

'दंडशक्ति से बड़ी कोई शक्ति नहीं है।' राजा ने कहा था।

वास्तविकता से स्वयं प्रद्योत भी परिचित नहीं था। रोहिणी सगर्भा थी। अक्रूर ने निर्णय ले लिया। देवकी और रोहिणी मिलकर बहुत रोईं। अक्रूर की आँखें भी भीग गईं।

'हम मजबूर हैं प्रिये, सत्य और धर्म की रक्षा के लिए समर्पित हैं। अपना अंश संसार के लिए कल्याणकारी सिद्ध हो, इसी में अपनी सार्थकता है।'

अक्रूर ने गर्गाचार्य की पत्नी के साथ रोहिणी को गोकुल भेज दिया। यशोदा के साथ रहने में पीहर जैसा सुख था और थी नन्दराय की सुरक्षा।

नन्द-यशोदा के कोई सन्तान नहीं थी। रोहिणी ने बलराम को जन्म दिया। उसके साथ ही नन्दभवन की सबसे बड़ी कमी पूरी हो गई। नवजात शिशु को खिलाते-खिलाते यशोदा को भी मातृत्व की अनुभूति हुई, उनके अन्दर भी अभूतपूर्व परिवर्तन प्रारम्भ हो गया। पैंतीस से ऊपर निकल गई यशोदा माता बननेवाली हैं यह जानकर नन्दराय में भी स्फूर्ति और नए उत्साह का संचार हुआ। ऐसी ही सुयोग देवकी-वसुदेव के जीवन में आया। परन्तु वहाँ चिन्ता थी, बहुत सावधानी की आवश्यकता थी।

गर्गाचार्य अपने ज्योतिष गणित में व्यस्त थे।

अक्रूर ने वसुदेव को वचन दिया था कि तुम्हारी इस सन्तान को बचाने के लिए मैं भी खतरा उठाऊँगा।

जन्म के साथ ही बालकों की अदला-बदली का प्रस्ताव भी अक्रूर ने नन्दराय के समक्ष रखा था।

'ईश्वर की कृपा से जो सम्भव होनेवाला है उसमें सहयोग देना मेरा कर्तव्य है। परन्तु यशोदा को पता लग गया कि उसकी सन्तान कंस को सौंप दी गई है तब उसकी क्या हालत होगी? मैं देखता हूँ कि वह बालक बलराम के बिना क्षण भर भी नहीं रह सकती तो अपनी सन्तान को हमेशा के लिए खोकर वह जी सकेगी?'

अक्रूर ने कहा कि यशोदाजी को यह रहस्य बताना ही नहीं है। उनकी भावना बनी रहेगी। उनकी गोद तो खाली रहनेवाली ही नहीं है। मुख्य प्रश्न देवकी के आघात का है। उसकी सहनशीलता की एक और परीक्षा है।

समग्र योजना तैयार हो चुकी थी। सन्तान के जन्म के बाद गर्गाचार्य की अनुमति मिलने के बाद ही कदम उठाना था। जन्म की घड़ी जानते ही उन्होंने कह दिया : 'विलम्ब

मत करो।' देवकी ने आठवें महीने में पुत्र को जन्म दिया था, प्रसूति में काफी दिनों की देर है, ऐसा मानकर पहरेदार सो रहे थे। सावन की घटा बरस रही थी।

वीर वसुदेव ने निर्भयता से बालकों की अदला-बदली की थी। इसमें वात्सल्य तो था ही, साथ ही संसार के प्रति उत्तरदायित्व भी था। अक्रूर और नन्दराय की तत्परता और साहस विरल था, परन्तु रात्रि के अन्धकार में कारागार से दूर यमुना पार करके यशोदाजी के बगल में सो रही नवजात कन्या तक पहुँचने का अत्यन्त दुष्कर कार्य वसुदेव ही कर सकते थे। कैसी मानसिक दृढ़ता के साथ उन्होंने कार्य किया था! भादों की आधी रात के अन्धकार के सुन्दर सहयोग की अनुभूतिवाले क्षण उनके लिए अविस्मरणीय थे। वर्षों बाद वे दीवारों के बाहर पैर रख रहे थे। विश्व के सकल तत्त्व उनका स्वागत कर रहे थे। यमुना को पार करने में जैसी सरलता का अनुभव हुआ, उस कारण वे कहते थे : 'यमुना ने हमारा स्वागत किया था। नदी हमारी माता है।' यमुना के जल में तारों द्वारा भेजा गया उनका प्रतिबिम्ब जुगनुओं के प्रकाश की तरह गतिशील लग रहा था। प्रकाश, जल, वायु, आदि तत्त्वों के अद्भुत सहयोग को अपने अस्तित्व में गहरे ग्रहण करके वसुदेव नन्दराय से आदरपूर्वक मिलकर वापस आ गए थे।

यशोदाजी की कोख से जन्मी बालिका ने कंस राजा के रक्षकों को कच्ची नींद से जगा दिया था। हमेशा सशंकित रहनेवाला राजा अपने क्रूरतापूर्ण कृत्य में पीछे रह गया था।

देवकी की कोख से पुत्री हुई है, यह जानकर भी वह हत्या करने को प्रेरित हुआ, तब वसुदेव ने कहा था : 'कंस, तू अपने भविष्य के विरुद्ध व्यवहार कर रहा है। तू सोच तो सही कि जगत में ऐसी कोई प्रजा होगी जो नवजात शिशुओं की हत्या करनेवाले राजा को आदर सहित स्वीकारे? अपने इस घातक कुकृत्य से तू मात्र हम दोनों को ही दुख दे रहा है यह मानकर निश्चिन्त न रहना! मैं प्रजा का मानस जानता हूँ। तेरे जैसे राजा को वह संकट के समय साथ नहीं देगी। अभी तुझमें सद्बुद्धि आए, तुझमें लेशमात्र भी प्रायश्चित का भाव जगे तो मुझे आश्वासन मिलेगा। जिसके तुझ पर अनेक उपकार हैं वह वसुदेव तुझसे इस बालिका के जीवन की भिक्षा माँगता है, कंस अधीर मत बन!'

यह सुनकर शंकालु और कायर कंस अधिक अधीर हो गया था। सामने की दीवार पर पटकते समय कमल की पँखुड़ी के समान कोमल बालिका हाथ से छूट गई थी। इसे क्षणिक अपशकुन मानकर कंस अपने पुरुषार्थ के प्रति अधिक अभिमान करता हुआ कहने लगा था : 'मनुष्य कर्ता है। वह अपने साहस और बुद्धि से सब कुछ बदल सकता है। मेरे ससुर इसी तरह समग्र आर्यावर्त के सम्राट बने। वही मेरे आदर्श हैं, शोकमग्न संन्यासी नहीं। यह धरती वीरों के लिए है। जो तलवार चला सकता है, वही सुन्दरियों के साथ वास्तविक सुख भी लूट सकता है।' पहले स्वयं को कर्ता माननेवाला कंस अब नियन्ता मानने लगा था। ऋषियों के आश्रमों में जाने या गुरुकुलों के कुशल-समाचार अमात्यों से पूछने का समय उसे नहीं मिलता है। राज-दरबार में अनजाने आ जानेवाले अतिथि विद्वानों को याचक मानकर विवेकपूर्ण ढंग से व्यवहार नहीं करता। वह मानता है कि नम्रता की आवश्यकता ग्रहण करने वाले को है, दाता को नहीं।

जरासंध का प्रोत्साहन और समर्थन मिलने पर कंस साम्राज्य-विस्तार के कार्य में लग गया। जरासंध के लिए कंस भी एक उपकरण ही था। इस तरह पश्चिम भारत में भी उसके आदेश का पालन होगा तथा सुरक्षा रहेगी। कंस यह समझता रहा कि महाबली सम्राट मेरी शक्तियों का आदर करते हैं, मुझे प्रेम करते हैं। उग्रसेन मुझे एक सामान्य सेवक बनाए रखना चाहते थे। जरासंध ने मुझे महाराज का गौरव दिलवाया।

कंस के राज्याधिकारी ही नहीं, उसके समर्थक व्यापारी भी मथुरा राज्य की प्रजा का दमन और शोषण करने लगे। जैसे-जैसे राज्य की आवश्यकता बढ़ती गई वैसे-वैसे किसी के विरोध पर ध्यान दिए बिना वह गोपकुलों पर अधिक-से-अधिक कर बढ़ाता गया। श्रमजीवी गोपालकों के शोषण द्वारा राज्य के सामन्त समृद्ध बनते गए।

बिना पुरुषार्थ की यह समृद्धि विलास में परिणत हुई। सात्विक रसिकता के स्थान पर दैहिक भोग चढ़ा। प्रजाकीय रासोत्सव बन्द हो गए और गणिकाओं के नृत्य देख-देखकर नगरजन धन्यता का अनुभव करने लगे। जीवनशक्ति से अभिन्न रहकर विकसित होनेवाली कलाओं ने मथुरा छोड़कर गोकुलों का आश्रय लिया। यह देशनिकाला कलाओं के हित में ही हुआ। उत्तरापथ की गोप-संस्कृति भारत की लोक-संस्कृति का प्रथम पर्याय बनी। इस गोप प्रजा को कंस गँवार और भीरु मानता है। उसे अब दो ही चीजों में विश्वास है : जरासंध के सैन्यबल में और अपनी कूटनीति में। बचपन में सांख्य और वेदान्त के बारे में सीखा हुआ ज्ञान वह भूल गया है।

उसके दूत अब नियमित रूप से वसुदेव-देवकी के समाचार देते रहते हैं। सब सन्तानों को खोकर जीवन से निराश पति-पत्नी धार्मिक बनते जा रहे हैं।

'बहुत अच्छा। उन्हें और अधिक धार्मिक बनने दो। प्रद्योत, उनकी धर्म-साधना, पूजा, यात्रा में जरूरी सहयोग देने में अनुदार मत होना। अक्रूर से कहना कि इस तरह की मित्रसेवा, राज्यसेवा भी गिनी जाएगी।'

कंस की राजनीति के लिए यह योग्य था। जिन्हें विलासी बनाया न जा सके, ऐसे लोग धार्मिक बन जाएँ तो भी शासन का कार्य सरल हो जाता है। जीवन-संघर्ष में लगे हुए उद्यमी लोग ही कभी-कभी सत्ता के सामने सिर उठाते हैं।

राजा का मिला समाचार सच था परन्तु अधूरा था। वसुदेव धार्मिक थे, उनका अधिक-से-अधिक समय स्वयं स्वस्थ रहकर पत्नी के लिए आध्यात्मिक आधार बनाना था। इसका अर्थ यह नहीं था कि वे हतप्रभ और समाधानकारी बन गए थे।

वे स्वभाव से अनपेक्ष और अनाग्रही बन गए थे, परन्तु उनकी अन्तर्चेतना सतत सक्रिय थी। संस्कृति के लिए अधोगामी प्रवृत्ति करनेवाले शासन के सामने प्रजा को जाग्रत करने के लिए क्या करना चाहिए, इस बारे में अक्रूर के साथ उनकी हमेशा चर्चा होती रहती थी।

सांदीपनि मुनि के समर्पित शिष्य केवल और भैरव ब्रजवासी बनें, इस प्रस्ताव में उनकी हार्दिक सहमति थी। यदि नन्दराय के गोकुल में यह प्रयोग सफल हो तो अन्य क्षेत्रों में भी जनशिक्षा की अनौपचारिक पाठशालाएँ प्रारम्भ की जाएँ। श्रमजीवियों की सन्तानें संतों के प्रसिद्ध गुरुकुलों में परीक्षा प्राप्त करने के लिए शायद ही जा पातीं। पारिवारिक व्यवसाय

में सहायक बनने के साथ गोप-किशोर और युवक शस्त्र और शास्त्र की शिक्षा प्राप्त करें, दिन-प्रतिदिन निरंकुश हो रही राज्यसत्ता को अंकुश में रखने की शक्ति प्राप्त करें और अनुकूल अवसर पर उचित परिवर्तन लाने के लिए तत्पर रहें।

इस वैचारिक भूमिका से नन्दराय पूरी तरह परिचित थे। वे ऊपर से भोलेभाले दिखाई दे रहे थे, परन्तु उनके नजदीक आनेवाले जानते थे कि वे विलक्षण पुरुष हैं। वे धैर्यपूर्वक समस्या के सभी पहलुओं को समझकर ही निर्णय लेते हैं।

कृष्ण-बलराम के प्रति अपार प्रेम रखनेवाले नन्द-यशोदा वास्तव में सभी के साथ व्यवहार में भी प्रेम की भाषा बोलते हैं।

बालक कृष्ण यह देखता है और ग्रहण करता है। नन्दभवन की यह विरासत ब्रजभूमि तक पहुँचाता है। उसके सभी झगड़ों के केन्द्र में प्रेम ही होता है। यह देखकर नन्दराय आश्चर्यचकित रह गए कि कृष्ण को पूरे गाँव की गायों के नाम याद थे। अनायास ही इतना व्यापक सम्पर्क रखनेवाले किशोर, बड़े होकर घर के माया-मोह में ही नहीं बँधे रहेंगे।

और ऊपर से उसे राधा मिल गई है।

यमुना की लहरों जैसी राधा, सतत जीवन्त और संवेद्य, हृदय का ऋजु पर्याय।

मुनिवर सांदीपनि ने केवल और भैरव को भेजा, विधाता ने राधा को भेजा। गर्गाचार्य कहते हैं चाहे मनुष्य कितने ही दावे करे, होनी होकर रहती है। तुम कितने भी प्रयत्न करके राधा जैसी सखी ला सकते थे? कृष्ण को एक ही शिक्षा की जरूरत थी। घर से बाहर निकल जाने की शिक्षा की। राधा इसके लिए अवतरित हुई। मनुष्य पचास वर्ष का होने पर वानप्रस्थ लेता है, और पचहत्तर का होने पर संन्यासी हो जाता है। मुक्ति की यह प्रक्रिया बहुत बाद की है। राधा ने सात वर्ष के कृष्ण को ही सभी बन्धनों से मुक्त कर दिया था। आज वह बसन्ती समीर जैसा है, रोको तो सही!

गोकुल के प्रत्येक किशोर और युवक पर अधिकार चलानेवाला बलराम, कृष्ण के निर्बन्ध बन्धुत्व के सामने विवश हो जाता है। वह सुबल और उत्तम से कहता है : 'शास्त्रों की सूक्ष्म बातों में मुझे ज्यादा रुचि नहीं है। परन्तु इतना तो मैं भी समझता हूँ कि प्रेम की शक्ति सर्वजयी है।'

कृष्ण के मुख पर प्रेमपूर्ण नैसर्गिक स्मित देखकर ही सारे विरोध खत्म हो जाते हैं। किसी दूसरे का उपहास सहन न करनेवाला बलराम कृष्ण के विनोद का मजा लेता है। भोजन, वृक्ष और हल के सन्दर्भ में मजाक होता है। 'भैया, अब तुम्हारे पास इससे ज्यादा वजनदार वस्तु होनी चाहिए।'

'क्यों नहीं? भैरवदा बलराम के लिए गदा बनानेवाले हैं। एक-दो दिन में ही कंधे पर रखकर वह घर आएगा। हर समय वंशी बजाने में व्यस्त रहनेवाले कृष्ण को इसका क्या पता? नई वस्तु को जानने के लिए वह हमेशा बेचैन रहता है। आएगा मेरे पीछे-पीछे।'

परन्तु आज बलराम की धारणा गलत सिद्ध होती है। कृष्ण कहता है : 'अच्छा, तो यह बात है! अब तुम बल्ले से गेंद नहीं खेलोगे, गदा से खेलोगे!'

नन्दराय और यशोदा कृष्ण की चतुरता से प्रसन्न हैं। बलराम के सामने देखते हैं। वह सवाया उत्तर दे तो कृष्ण भी उससे आगे निकलेगा। परन्तु वह कुछ सोचने लगता है। नन्दराय अपने कर्तव्य से प्रेरित होकर वत्सल भाव से कहते हैं : 'राम, तू कह दे कि जिसकी कलाई मजबूत हो वह गदा से भी गेंद खेल सकता है, परन्तु वंशी गदा का विकल्प बन सकती है?'

बाबा ने उसकी बातों पर ध्यान दिया है, यह देखकर कृष्ण नाचने लगा।

अपना बचाव न कर पाए बलराम को ऐसे में कृष्ण का पक्ष लेने का विचार आया : 'कृष्ण के बारे में आपकी धारणा जानकर मुझे आश्चर्य हो रहा है। वह वंशीवादन करते समय जितना सुकोमल लगता है, उससे ज्यादा शक्तिशाली लगता है मित्रों के साथ कुश्ती लड़ते समय।'

यह स्नेहपूर्ण पक्षपात देखकर नन्द-यशोदा ने धन्यता का अनुभव किया। पहले बालकों के खिलौनों से खेल चुके इस दम्पति ने प्रारम्भ में तो कृष्ण की वंशी को भी एक खिलौना ही समझा। परन्तु बाद में वह उसमें निपुण होता गया। नन्दभवन में वंशी का एक विशिष्ट स्थान बन गया। परन्तु आज के विनोदपूर्ण वातावरण में नन्दराय वंशी को अपने होंठों पर रखने के लिए प्रेरित हुए, और अब वह पिताजी के आनन्द में सहभागी बना। कृष्ण नाचने लगा। उसे नया ही ताल मिल गया था। नन्दराय अपने स्वर को गौण बनाकर ताल का अनुकरण करने लगे। बलराम को न जाने क्या सूझा कि दही का खाली पात्र ले आया और गोद में उल्टा रखकर वाद्य की तरह बजाने लगा।

यशोदाजी ने उठकर कृष्ण को गोद में ले लिया। उसकी ताल पर नाचने लगीं, ताल के आधे भाग में दो बार घूम गईं।

वातावरण बदल गया, उम्र घट गई।

उल्लासमय वातावरण में नन्दराय को चिन्ता हुई। बिजली की तरह यह आनन्दमय वातावरण पहले प्रकाशित हुआ फिर दो भागों में विभाजित हो गया।

जिस समय यशोदा जानेगी कि वह कृष्ण की माता नहीं...

किसी भी बालक की माता होना परम सौभाग्य है और कृष्ण की माता होना तो...। ऐसे मातृत्व का पद उससे छिन जाएगा, उसकी वेदना कितनी असह्य होगी? इस समय यशोदा नाच रही है, इसमें मातृत्व के अभिमान के सिवा दूसरा कुछ नहीं। इस समय की उल्लसित दृष्टि और वास्तविकता जानने के बाद की दीन दशा...यशोदा कृष्ण की माता न हो, यह घटना अकल्पनीय है। कितने ही संस्मरण हैं इस सम्बन्ध की सत्यता के!

एक दिन नन्दराय स्वयं खाना खाने बैठे थे। पति खाना खाने बैठे हैं यह यशोदा को याद नहीं रहा होगा। आँगन में से संकेत करके नन्दराय को खड़ा होने को कहा, चुपचाप आकर देखी अपने पुत्र की लीला!

स्तम्भ में पड़ रहे अपने प्रतिबिम्ब को कृष्ण माखन खिलाने की कोशिश कर रहा है। इसमें सफल न होने पर गुस्सा होकर माखन का लोंदा अपने मुख में रख लेता है। देखता है कि दर्पण के कृष्ण का मुख भी भर गया है। देखकर नाच उठता है।

दूसरा प्रसंग है। दो गोप कुटुम्बों के बीच झगड़ा हुआ था। नन्दराय दोनों पक्षों को सुन रहे थे। वहाँ यशोदाजी ने आवाज दी : 'देखो तो सही।'

क्या हुआ होगा? नन्दराय घबराकर दौड़े थे। यशोदा से नजर मिलते ही सारी चिन्ता दूर हो गई थी।

पालने में मानो वटपत्र पर लेटे हुए बालमुकुंद का ही रूप! पैर हाथ से पकड़ा है और उसका अँगूठा मुख में रखा है। आँखें बंद हैं। मुख पर प्रातःकाल के पद्म जैसा तृप्ति का भाव है...

संगीत में स्वर और ताल के बीच सम्बन्ध होता है वैसा ही अन्तःसम्बन्ध इन माता और पुत्र के बीच है।

पालने में लेटे बालक कृष्ण को नींद नहीं आ रही और यशोदाजी लोरी गा-गाकर निद्रादेवी को निमन्त्रण देती हैं। कृष्ण का गुणगान करती हैं और आने के लिए कहती हैं। कृष्ण पलकें खोल-खोलकर विश्वास करता जाता है कि नींद आ रही है या नहीं।...क्यों नहीं आती? बेचैन होकर वह बैठ जाता है। पूछता है : 'कहाँ है?' माँ की मधुर लोरी उसे शान्त करती है। पालना हिल रहा है। यशोदा को लगता है कि पुत्र सो गया है। उठने को होती हैं वहीं कृष्ण अपने छोटे-छोटे हाथ ऊँचे करता है। यशोदा सबकुछ भूलकर उसे गोद में ले लेती हैं। त्रिभुवन का सुख अब गोद में है। माता की छाती अमृत का झरना है। यशोदाजी पुत्र के मुख पर आँचल ढँकती हैं, सावधानी से।

वह दिन तो पूरे गोकुल को याद है। यशोदा जैसी गौरवशाली गृहिणी उन्मत्त हो गई थीं। कारण इतना ही था कि यशोदाजी को उसने माँ कहकर बुलाया था। यशोदाजी ने घर-घर जाकर मिठाई बाँटी थी, पूरी बात बताई थी। प्रत्येक माता को कृष्ण के कारण अपने लिए हुआ प्रथम माँ के सम्बोधन का स्मरण हो आया। कृष्ण के साथ अटूट सम्बन्ध बँध गया था।

मिठाई बाँटने के बाद क्या करें? ब्राह्मणों को स्वर्ण का दान दिया। गायों की देखभाल करते सेवकों को एक-एक गाय भेंट दी। किसी को कुछ भी चाहिए, नन्दभवन के प्रवेश द्वार पर आकर खड़ा हो जाए। याचना करने की भी आवश्यकता नहीं। उदारता की उमंग लहर रही थी। किसी को कुछ देने के लिए गृहस्वामी की पूर्वसम्मति माँगने का ध्यान ही नहीं रहा। घर में जो कुछ था वह किसी दूसरे का नहीं था, मात्र उस अकेले का था जिसने पहली बार माँ का सम्बोधन किया था।

बस, अब तो मेरा लाल सबकुछ बोलेगा।

घुंटुअन चलने लगा है, कल खड़ा होगा। पा-पा पैर रखने लगेगा।

दो दूधिया दाँत आए हैं। कैसे छोटे-छोटे हैं। इस तरह खड़े-खड़े क्या देख रहे हो? आओ, पास आओ। देखो, है न!

यशोदाजी पड़ोसी के यहाँ कुछ पूछने गई थीं, बातों में लग गईं। बलराम द्वारा नदी में नहाने की हठ करने पर रोहिणी उसे लेकर यमुना घाट गई थीं। नन्दराय हिसाब-किताब में व्यस्त दालान में बैठे थे। इतना ही ध्यान रखना था कि कृष्ण दरवाजे के बाहर न निकले। हाथ में माखन लेकर घूमने-फिरने में कोई आपत्ति नहीं थी। फैलाए तो भले फैलाए। उसे डाँटने का एकमात्र अधिकार यशोदाजी को था। हम कुछ कहें और वह रोने लगे तो? अपनी अनुभवहीनता पर बहुत कुछ सुनना पड़ेगा। इसलिए नन्दराय कृष्ण के कार्य में हस्तक्षेप नहीं करते। उस दिन कृष्ण को घर के अन्दर जाता देखकर निश्चिन्त थे। हिसाब-किताब की

दुनिया में खोए थे। वहीं पैरों के पास आवाज हुई। देखा तो छोकरा एकदम नए रूप में था। देखकर हँसी आ गई। यह सब कब घटित हुआ? हाँ, समझा जा सकता है। हाथ को कष्ट देने के स्थान पर मटकी में मुँह डालकर खाना शुरू किया होगा। फिर मुँह नहीं निकाल पाया होगा। मटकी टकराकर फूट गई होगी। शिवजी की जटाओं पर सुशोभित चन्द्र की तरह कृष्ण के गले में मटकी का ऊपरी सिरा शोभित हो रहा था। अद्‌भुत है यह लड़का! मटकी में मुँह फँस जाने पर भी बिल्कुल रोया नहीं। गले में फँसे मटके के सिरे के साथ शान्तिपूर्वक बाहर आ गया। कैसा वेश बनाया है? फिर भी मानो कुछ हुआ ही नहीं है इस प्रकार निश्चिन्त होकर खेल रहा है। यशोदाजी ने कुछ समय पहले ही नहाकर तैयार किया था। एक शोभा वह थी और एक शोभा यह है। शायद यह इस शोभा को अधिक पसन्द करता है। कृष्ण द्वारा किया गया शृंगार नन्दराय को हमेशा अच्छा लगा है। यशोदाजी को ऐसा लगता है कि वे सजाएँ वही अच्छा है।

पिताजी की ओर से उचित प्रतिभाव न मिलने पर कृष्ण दालान पार करके आँगन की ओर चल दिया। उसकी गति इतनी दृढ़ थी कि आँगन पार करके दरवाजे तक पहुँच सकता है। परन्तु तब तक यशोदाजी आ जाती हैं। छोकरे के इस पराक्रम की ओर तो अभी ध्यान ही गया नहीं। अच्छा हुआ वे सही समय पर आ गईं, नहीं तो गली में पहुँचने में उसे कितनी देर लगती? कहाँ गए इसके पिता? ऐसे छोटे बच्चे को इस तरह छोड़ा जाता होगा? यह कैसा कार्य जो हमें बाँध रखे और कृष्ण से विमुख कर दे? आज तो कहना ही पड़ेगा। पन्द्रह गाँवों के नायक हो तो क्या हुआ? यह बड़प्पन तो भारजनक है। वास्तविक पूँजी तो है कृष्ण-प्रेम! झुककर गोद में लेने को होती हैं तब ध्यान जाता है कि स्नान कराने के बाद सपूत ने अपने ऊपर कैसा रंगरोगन किया है। गले में मटके का सिरा देखकर खिलखिलाकर हँस पड़ती हैं।

इस प्रसंग के स्मरण से इस समय नन्दराय के मुख पर मुस्कान आ जाती है। हाथ में सुपारी लेकर बाहर आ रही यशोदाजी पूछती हैं : 'इस तरह अकेले-अकेले क्यों हँस रहे हो? क्या बात है?'

कारण जानना सरल था परन्तु इस स्मरण को याद दिलानेवाला कारण कहा जा सकता था? अभी मौन ही रहा जाए?

'नन्दभाई! उद्धव कह रहा था कि आर्यपुत्र और देवकी यात्रा के लिए निकले हैं। लौटते समय एक दिन के लिए यहाँ रुकेंगे?' रोहिणी ने पूछा।

'सुना है कि राजा ने उनके घूमने-फिरने के प्रतिबन्ध को खत्म कर दिया है। इस एकादशी को आचार्य यहाँ पधारेंगे। तब पूरा वृत्तान्त सुनकर लाभान्वित होंगे। मैं तो कब से चाहता था कि देवकी बहिन एक बार यहाँ आवें और...'

यशोदाजी किसी कार्य में व्यस्त लगती हैं। रोहिणी वाक्य को पूरा करने का आग्रह नहीं रखतीं।

कृष्ण अभी थोड़ा बड़ा हो जाए फिर देखा जाएगा।

आसपास के गोकुलों के निवासी पिताजी को किसलिए द्रव्य दे गए, यह कृष्ण को समझ में नहीं आया। पट्ट गोप के रूप में राज्य के लिए कर उगाहने का काम कब का पूरा हो चुका था। तो फिर यह क्या है? एकसाथ इतना अधिक धन? उसने यशोदाजी से पूछा। माँ ने हँसकर बताया : 'अपनी गायों के दही-माखन-घी की आय का तीसरा भाग।'

'अपनी गायें?'

'तो क्या तू यह समझता है कि बाड़े में बँधी हैं, उतनी ही गायों को रखने से तेरे पिताजी गोस्वामी कहलाने लगे होंगे? हम स्वयं देखभाल कर सकें इतनी गायें ही यहाँ हैं। दूसरी सब अकिंचन गोपालकों को दे दी गई हैं।'

'अकिंचन? गोपालक होकर भी अकिंचन?'

'यह तो तू जाने। मुझे इतना याद है कि तेरे जन्म पर तेरे पिता ने एक सहस्र गायों का दान दिया था। केवल ब्राह्मणों को ही नहीं, उन लोगों को भी जो स्नेहपूर्वक गायों को पालें। जिनके पास पहले एक भी गाय नहीं थी वे भी अपनी गायों की कमाई से अब सैकड़ों गायों के स्वामी ही गए हैं। दूसरे गोस्वामी आधा भाग लेते हैं तेरे पिता तीसरा भाग लेते हैं।'

'तो यह बात है! मेरी समझ में नहीं आता था कि इतना दान आप करती कैसे हैं?' कृष्ण के मन में यह समाधान कुछ समय टिका, तब तक दूसरा प्रश्न मन में आया—'हम तीसरे भाग की जगह चौथा भाग लें तो क्या अनुचित होगा?'

'नहीं, परन्तु दूसरे गोस्वामी तेरे पिताजी की टीका करेंगे। हमारे नायक होकर तुम हमारा भाव बिगाड़ते हो?—कहते हुए आएँगे। इसके बदले दीन-दुखियों को दान कहाँ नहीं दिया जा सकता?'

सही है। चौथा भाग ही क्यों? पूरा ही दान में देने में किसी को आपत्ति नहीं होगी। इसके लिए कोई शिकायत नहीं करेगा। पिताजी होशियारी से काम लेते हैं...

स्वयं बड़ा होकर असंख्य गायों का दान करेगा। प्रत्येक गोकुल में पिताजी द्वारा दी हुई थोड़ी-बहुत तो गायें होंगी ही—उन सब गायों, गोकुलों और गोचर भूमि के प्रति कृष्ण अपने सम्बन्ध का अनुभव करने लगा।

5

पिछले बसन्त में कृष्ण के अशोक में फूल खिले, यह देखकर सखियाँ मुस्कराकर कहने लगीं : 'राधा के पद-प्रहार से अशोक में प्रथम बसन्त फूटा है। हृदय की उमंग पल्लवों से फूटी है। पतली-पतली शाखाएँ नम्रता से झूल रही हैं।'

अशोक का यह लालित्य कृष्ण को अच्छा लगा था। परन्तु उसे ऐसा रोमांच नहीं हुआ था जैसा इस बार हुआ। कदम्ब की सुगन्ध आर्द्र हवा में तैरती हो, उसमें वंशी के स्वर मिल जाएँ। जब स्वयं कृष्ण रोमांचित हो जाए तो फिर राधा की मनःस्थिति का कहना ही क्या?

इस विलक्षण अनुभूति के दिनों में कृष्ण कमली और लाठी लेकर गायों को चराने निकलता है। आदत के अनुसार सभी सखाओं के गोधन के बीच से कदम्ब की सुगन्ध की तरह घूमकर कृष्ण खड़ा रह जाता है। दूर उदासीन सुदामा रो रहा था। दूसरे साथियों से तो इस ब्राह्मण-पुत्र ने इस बात को छुपा लिया परन्तु कृष्ण जान गया। वह सुदामा के पूरे परिवार को जानता है। प्रभास और कुशस्थली के बीच स्थित पुरःवेलाकुल नामक नगर में जन्मा सुदामा महासागर के ज्वारभाटे, लहरों, गहराई और मोतियों के बारे में बात करता है तब कृष्ण एकाग्र होकर सुनता है। सुदामा जानता है कि कृष्ण के अलावा दूसरा कोई उसकी बात इतने ध्यान से नहीं सुनता।

कोई सगा-सम्बन्धी अस्वस्थ होगा। पास जाकर कृष्ण गम्भीर होकर पूछता है। बातचीत में उत्तरदायित्व का आभास है।

अब वह पहलेवाला ऊधमी कृष्ण नहीं रहा। समझने, सोचने लगा है। किसी को कष्ट नहीं पहुँचाता। अपरिचित व्यक्ति की वेदना भी तत्क्षण जान जाता है। अपने दुःख को छुपाने की चेष्टा करते हुए सुदामा तुरन्त कहता है : 'उदास होने का कोई कारण नहीं है, सच कहता हूँ बन्धु। मुझे इस तरह नहीं रोना चाहिए। ऐसी बात पर गोकुल में कोई नहीं रोता।'

कहने से अधर्म हो जाएगा, इस ग्लानि के साथ सुदामा ने कृष्ण के सामने देखा। क्षमा माँगी। सिर झुकाकर मौन रहने की सम्मति माँगी। यह पूरा संवाद संकेत में ही हुआ।

कृष्ण ने अधिक जोर नहीं दिया। वह वहीं उसके साथ बैठ गया। कमली का सिरा ठीक किया। वंशी उसके नीचे ढक गई।

न बोलने से विशेष फर्क नहीं पड़ा। सुदामा को बहुत गहरा सदमा पहुँचा था। इस तरह चुपचाप बैठे रहने से सुदामा का दुःख दूर हो जाने की सम्भावना नहीं थी। यह सोचकर कृष्ण बोला : 'पिताजी से कहने पर...'

'नहीं, नहीं, उनसे कुछ मत कहना!' सुदामा की पलकें काँप उठीं। उसकी आवाज में भय और चिन्ता थी। कातर स्वर में वह कहने लगा : 'मैं रो रहा था यह किसी से मत कहना, मेरे माता-पिता से भी नहीं।'

'नहीं कहूँगा। परन्तु तेरी आँखों की कोर सूखनेवाली ही न हो, तो फिर चल उठ, वहाँ नीम के नीचे बैठें। सुबल और ऋषभ की गायें उधर गई हैं।'

यह आँसू मैं उस ओर से ही लेकर आया हूँ। अपनी मुंजरी गाय से आँख मिलते ही मैं रो पड़ा। मन को बहुत कठोर बनाया। परन्तु प्रयत्न करने पर आँसू नहीं रोक सका। सुदामा खड़ा हो गया। कृष्ण के कंधे पर हाथ रखकर उससे आश्वासन पाकर बोला : 'तू जानता है कि मेरे घर में दो ही गाय हैं। दोनों यशोदा माता ने दान में दी थीं। वे गायें मुझसे भी अधिक तुझे पहचानती हैं। तेरे साहचर्य के लिए आतुर रहती हैं। उनकी बात धर्म के कारण भी मुझे नहीं छिपानी चाहिए, मैं मुंजरी के बछड़े को गोवर्धन पर्वत छोड़ने गया। मुझे यह नहीं बताया गया था कि वहाँ बछड़े का क्या होगा। बछड़े के पीछे-पीछे मुंजरी भी आई थी। वहाँ पहुँचकर पिताजी की आज्ञा से मुझे बछड़े की बलि देने को राजी होना पड़ा। आघात और भय से मैं स्तब्ध खड़ा था। मेरे पास खड़ी मुंजरी कुछ समझे उससे पहले

उसकी आँखों के सामने उसके वत्स का मस्तक धड़ से अलग हो गया। खून के छींटे उड़े। बिल्कुल उसी समय मुंजरी से मेरी आँखें मिली थीं। वह ऐसे रँभायी थी कि उस कृत्य की वीभत्सता प्रकट हो गई थी। मैं भी चीखकर बैठ गया था। अब जब-जब मुंजरी के साथ नजर मिलती है तब-तब बछड़े की हत्या का दृश्य एकसाथ हमारे सामने आ जाता है। कृष्ण! मुझे भुला देना है वह दृश्य, तू सहायता कर सके तो...'

कृष्ण विचारमग्न है। समय बीत रहा है, रुक गया हो इस तरह।

धार्मिक कर्मकांड का महत्त्व जाननेवाला सुदामा थोड़ा स्वस्थ होकर कहता है : 'पता चला कि मैं क्यों सबसे अलग रहता हूँ, अपने आँसू छिपाता हूँ?'

'नहीं, नहीं समझा।' कृष्ण उत्तर देकर फिर मौन हो जाता है। सुदामा के पास इस बात की जानकारी है।

'बछड़े की बलि चढ़ाकर देवता को प्रसन्न किया जाता है। इस दृष्टि से मेरे पिताजी को भी अपनी सबसे प्रिय वस्तु अर्पण करनी थी, ममत्व का त्याग करना था। मुझे धार्मिक बुद्धि से उन्हें सहयोग करना था। यदि मैं मोह करूँ तो वह त्याग निरर्थक जाए। बछड़े के बलिदान से पिताजी को मिला पुण्य...'

'पुण्य? बछड़े का गला काटने से पुण्य मिलेगा?' कृष्ण के स्वर में रोष की झलक थी। आँखों में विरोध का ताप था। वंशी कमली के नीचे से बाहर आ गई है।

'यहाँ सब सही मानते हैं। ऊपर से मेरे पिता तो कर्मकांडी ब्राह्मण हैं। उन्होंने मुझसे कहा कि शोक करने से बलिदान की भावना क्षीण होगी। तू अब छोटा नहीं है...'

अब सुदामा की बात कृष्ण नहीं सुन रहा।

सुबल और ऋषभ से दूर निकल गए बलराम से पूछना है। यहाँ वृन्दावन में बलराम गायों का सबसे बड़ा रक्षक माना जाता है। गाय और बछड़े को वह किसी भी प्रकार मरने नहीं देगा। उससे बात की जाए।

'तू मेरे साथ आ रहा है? हमें बड़े भैया से बात करनी चाहिए। धार्मिक कार्य में वे मुझसे आगे रहते हैं। योग्य और अयोग्य का उन्हें अच्छी तरह पता चलता है। चल, उठ।'

सुदामा चुपचाप खड़ा रहकर अपनी विवशता प्रकट करता है। पिता से डरता होगा। कृष्ण कहता है : 'तू चिन्ता मत कर। तेरा नाम लिए बिना ही हमें इस दुःख के काँटे को दूर करना है। जो हमारे जीवन का आधार है, उस गोवंश की हत्या के लिए धर्म का समर्थन हो ही नहीं सकता। मुझे जानना है कि अपना प्रिय गोवर्धन क्या इसीलिए है?'

सुदामा में सत्य बताने की हिम्मत आई। उसने ही सुबल, ऋषभ और बलराम के सामने पूरी घटना का वर्णन किया।

सुबल ने कहा : 'तेरे जैसे एक दरिद्र ब्राह्मण के बछड़े को...'

'दरिद्र होने के कारण कौन रोता है सुबल। कृष्ण से पूछ, बछड़ा खोने का मुझे दुःख नहीं है। दुःख उसकी हत्या होने का है। तुम लोग गाय को खरीदते-बेचते नहीं हो? बिछुड़ने का दुःख तो क्षणिक होता है। परन्तु तलवार का वह प्रहार और खून का वह फव्वारा...अभी मैंने कृष्ण से विनती की थी कि वह दृश्य भुलाने में मेरी सहायता करे।'

'नहीं, हमें इस दृश्य को नहीं भूलना। सभी गोप-मित्रों को इस बारे में बताकर पूछना है। इस तरह एक बछड़े की हत्या क्यों? किसके लिए?'...कृष्ण का विरोध तीखा बनता जा रहा है।

'कहते हैं कि पुण्य के लिए। परन्तु गोवध के बदले में मिले पुण्य का मैं क्या करूँ कृष्ण? राम, तुम बोलते क्यों नहीं?'

'क्या बोलूँ? कृष्ण के विरोध में अपनी आवाज भी मुझे सुनाई दे रही है। हमें कोई वाद-विवाद या तर्क-वितर्क करने की आवश्यकता नहीं। हत्या में सहयोग नहीं देना है।' कहकर बलराम ने कृष्ण के सामने देखा।

'बड़े भैया ने सही कहा। हम अपने बछड़ों को बलि के लिए नहीं जाने देंगे, समझे? इस बारे में जो हमसे सहमत नहीं हो, उसे अपने साथ नहीं खिलाएँगे। खेलेगा अपने धार्मिक माता-पिता के साथ।'

कृष्ण के इन शब्दों को सुनकर सभी अपनी गायों की खोज-खबर लेने चल दिए।

ब्रजमंडल में बात फैल गई।

कृष्ण-बलराम ने सुदामा को सलाह दी थी : 'तू कुछ मत बोलना। इस विरोध में साथ देने पर तुझे घर छोड़ना पड़ेगा। गोपालन और गोवंश की रक्षा करना हमारा कुल-धर्म है, तेरा नहीं। तेरे लिए तो यह आपद् धर्म है। तेरे पिता सज्जन पुरुष हैं। जो जानते और मानते हैं वही करते हैं। नन्दबाबा ने उन्हें गाँव के पुरोहित की तरह बसाया है। वे आदरणीय हैं। यदि वे हमसे पूछेंगे तो कहेंगे—गायों के लिए लड़ना हमारा कर्तव्य है। इसके लिए देवों से तो क्या देवाधिदेव से भी लड़ेंगे।'

इन दिनों दोनों भाई ग्वालों को एकत्र करके समझाते हैं। आसपास के गोकुलों में भी सम्पर्क किया था। अब जरा दूर जाना पड़ता था। घर कह दिया था कि देर-सबेर होने पर हमारी चिन्ता नहीं करें। हम कहीं अकेले-दुकेले नहीं घूमते...

ब्रजभूमि में जो थोड़े से ब्राह्मण परिवार थे, उनमें शंका-आशंका शुरू हुई। ग्वाले देवताओं के सामने खड़े हुए हैं। पृथ्वी रसातल को जाएगी।

गोप-कुटुम्बों को ऐसा नहीं लगता। लड़के गायों की रक्षा कर रहे हैं। दस्युओं और असुरों को गायों का मांस बहुत अच्छा लगता है। इसलिए वे गायों और मुख्य रूप से छोटे-छोटे बछड़ों को ले जाते हैं। लड़के निडर हैं।

मधुमंगल ब्राह्मण-पुत्र है। ग्वालों की हँसी उड़ाने में पहला नम्बर। परन्तु आजकल अधिक गम्भीर हो गया है। ब्राह्मणों से कठिन-से-कठिन प्रश्न पूछकर उन्हें असमंजस में डाल देता है। सुदामा को सांत्वना देता है।

कृष्ण-बलराम के नेतृत्व में गोप-युवकों ने गोवर्धन पर्वत पर पहरेदारी शुरू की है। वहाँ स्थित बलिवेदी पर कोई बलि चढ़ाने को बछड़ा ले आता है तो उसे समझाते हैं। प्रेम से समझाने पर नहीं मानता तो अवरोध बनकर खड़े हो जाते हैं। आगन्तुक चढ़ौती-मनौती की बात करके भयभीत करना चाहता है या हाथ उठाता है तो उसका सामना किया जाता है और भगा दिया जाता है। दूसरा कोई नहीं होता उस समय कृष्ण के साथ सुबल और ऋषभ तो होते ही हैं। पुकारते ही बलराम कहीं से दौड़ता आ जाता है। काफी दबदबा है उसका।

उसके कंधे पर प्रचंड हल देखकर अच्छे-अच्छों की नसें ढीली हो जाती हैं। उसके शारीरिक बल की ख्याति अब लोक-कथा का विषय बनने लगी है। कई लोग तो रसपूर्वक विस्तार से उसकी बात करते हैं। ब्रज की गायों को परेशान करते और सींग मारते एक मद-मस्त साँड़ को पिछले दो पैरों से पकड़कर बलराम ने घुमाया और पटककर मार दिया था।

यह घटना इस तरह बनी।

गायों को बिना कारण मारने और पीछा करनेवाला वह साँड हिंसक होने लगा था। उसे रोकनेवाले ग्वालों के डंडों की अवहेलना करके वह उनका पीछा करने लगा। गोवर्धन के पास खड़े कृष्ण ने कहा : 'इस साँड को हमें प्रेम से जीत लेना चाहिए।' इस बारे में बलराम का मतभेद नहीं था। उस साँड को प्रेम से जीतने के लिए वह धैर्य रखने के लिए भी तैयार था। परन्तु जब तक वह प्रेम के वश हो पाएगा तब तक वह कितनी ही गायों को अपंग बना देगा। फिर वह साँड बाहर से आया हुआ था। शायद कोई उसे यहाँ छोड़ गया हो और छोड़नेवाले की उस पर नजर हो...

बलराम ने देखा कि साँड ने गर्भवती गाय पर हमला किया है। हाथ में हल लेकर वह दौड़ा। पूँछ पकड़ी। नजदीक से वह साँड विकराल लगा। जंगली से अधिक तो वह सिखाया हुआ लगा। वह भयभीत होकर नहीं भागता था, बलराम को एक निश्चित दिशा में ले जाने के लिए दौड़ रहा था। हवा की सरसराहट जैसी आवाज उसके नथुनों से आ रही थी।

कंस राजा का रथ दौड़े तो उसकी भी इतनी गति नहीं रहती होगी। साँड के खुरों से उछल-उछलकर गिर रही मिट्टी से वृक्षों के पत्ते और फूल-फल टूट पड़ते थे।

घने जंगल में आकर उसने पूँछ छुड़ाने का जी-जान से प्रयत्न किया। पूँछ छूटने पर ही वह पिछले पैरों से आक्रमण कर सकता था। बलराम सावधान था। उसने हल से एक-दो और तीन वार किए। साँड की आक्रमण करने की शक्ति क्षीण हो गई, उसकी पसलियाँ काँपने लगीं। बलराम ने उसकी पूँछ छोड़ दी। हारा हुआ साँड लँगड़ाते हुए झाड़ी के पीछे अदृश्य हो गया। कंधे पर हल रखे बलराम देर तक खड़ा रहा। वह वन से शोभित हो रहा था। वन उससे शोभित था।

बलराम के पराक्रम को आँखों से देखनेवाले गोप-गोपियों ने एक उत्सव का आयोजन किया था। तरंगदा एक बड़ा ढोल लेकर आ गए थे। कृष्ण ने मग्न होकर वंशी बजाई थी। सभी गोप-गोपियाँ ढलती रात तक नाचे थे। शीतल हवा ने सुर मिलाया था, पत्तों ने ताल दिया था।

इस आनन्दपूर्ण घटना के समानान्तर एक दूसरी गम्भीर घटना रूप ले रही थी। आसपास के पाँच गोकुलों के अग्रणी नन्दभवन में उदास चेहरे लिए बैठे थे। समस्या का समाधान नहीं था। समस्या का वर्णन करने के लिए भाषा पूरा साथ नहीं दे रही थी।

कृष्ण-बलराम प्रेरित गोप-युवक गोवर्धन पर्वत पर होनेवाले कर्मकांडों का विरोध करके ब्रजभूमि के लिए संकट खड़ा कर रहे हैं, इन अग्रणियों को इस बारे में बिल्कुल शंका नहीं थी। परम्परित धर्म की रक्षा करना प्रत्येक अग्रणी का कर्तव्य है। बलि के बन्द होने पर इन्द्र देवता कुपित होंगे। वृष्टि नहीं होगी, भयंकर अकाल पड़ेगा। अपनी आँखों से इस हरियाली भूमि को वीरान होते देखना पड़ेगा और जहाँ पहुँचेंगे वहाँ क्या होगा, क्या पता!

नन्दराय ने पहले तो यही माना कि गाँव के किशोर और युवक गोवर्धन के पास कोई नया खेल खेल रहे हैं। यह जानकर भी कि गोवध रोकने के लिए उन्होंने व्यवस्थित सुरक्षा-दल खड़ा किया है, उन्हें यह अयोग्य नहीं लगा था। बालकों के प्रति अतिशय प्रेम के कारण ही ऐसा हुआ होगा। यह लोग जब फरियाद लेकर आए तब पता चला कि लड़के बड़ा साहस कर बैठे हैं। उनके कार्य को किस तरह सही ठहराया जाए? चौदह गाँवों के अग्रणी अब तक बात मानते आए हैं। सबसे आत्मीयजनों की तरह व्यवहार किया है। राज्य-कर देने आए हैं। तब बालकों के लिए प्रेम के प्रतीक समान भेंट-सौगात लाना नहीं भूलते थे। नन्दराय स्वयं भी उनके घर कभी खाली हाथ नहीं गए। पीढ़ियों से दृढ़ होता गया यह सम्बन्ध बड़े धार्मिक उत्सवों पर ताजा होता रहा है।

अपने कल्याण के लिए राजा इन्द्र योग करता है, करवाता है। इस मान्यता से प्रेरित होकर ब्रज के गोपकुल राजकोष भरते रहे हैं। विरोध की भावना तो अब जगी थी, कंस के शासन के अतिरेकपूर्ण व्यवहार के बाद। इससे पहले तो राजपुरोहित के पास खड़ा राजा भी पूज्यनीय था। आय का छठवाँ भाग राज-कर में देकर सबको अपने कर्तव्य निभाने का आनन्द होता। परन्तु जब उन्होंने सुना कि अपने नायक का राज्यसभा में अपमान हुआ, उन्हें चुप कर दिया गया और उनके विचारों की अवहेलना की गई है, विरोध का भाव जगा।

असन्तोष उभर चुका था। नन्दराय ने स्वानुभव प्रकट करते हुए कहा, 'अपनी आमदनी प्रजा के समस्त धार्मिक कार्यों पर नहीं, मथुरा के विलास के पीछे खर्च होती है।'

'यदि राजा हमारे लिए कूटनीति का प्रयोग करे तो भी हम समर्पित होकर उसके आदेशों का पालन करें। यह भोलापन हमें शोभा देगा? क्या हम ऐसे कायर हैं कि अत्याचार के आगे झुक जाएँ?'

राज्य के साथ बिगड़ रहे सम्बन्ध का गोपकुलों को डर नहीं था, उन्हें डर था इन्द्र का। देवराज इन्द्र रूठे तो सर्वनाश हो जाएगा, इसमें किसी को शंका नहीं थी।

नन्दराय जैसे ही समझदार अग्रणियों ने विनती की।

'आपसे मेरा मतभेद नहीं है, मैं कारण का पता लगाऊँगा और योग्य निर्णय लूँगा।' नन्दराय ने विश्वस्त किया।

एक अधीर नेता ने अपनी बुद्धि का प्रदर्शन किया : 'यदि लड़के उत्पात बन्द न करें तो उन्हें कंस राजा को सौंप दो।'

'कौन है कंस को सौंपनेवाला?' बगल के कक्ष से आनेवाली यह आवाज यशोदाजी की तो नहीं थी। अग्रणी उनकी आवाज पहचानते थे और आदर करते थे। फिर कौन होगा? दीपक के प्रकाश में यशोदाजी के साथ रोहिणी बैठी थीं। यह उद्‌गार कान में पड़ते ही यशोदाजी की पलक खिंचीं परन्तु रोहिणी तो बिजली की तरह उठकर द्वार तक पहुँच गईं। प्रत्यंचा की टंकार जैसा प्रश्न किया : 'कौन है कंस को सौंपनेवाला?'

नन्दराय रोहिणी को समझाने उठ आए थे : 'पुरुषों की चर्चा में स्त्रियों के इस तरह भाग लेने पर उनके गौरव की रक्षा नहीं होगी। अतिथियों को दुःख होगा और हमें भी लज्जा होगी।'

'मैं भी यहाँ अतिथि ही हूँ न!' कहती हुई रोहिणी वापस मुड़ीं। यशोदाजी की दहलीज तक आ गई थीं। उनके कंधे पर सिर रखकर वह रो पड़ीं। दबी हुई हिचकी आँसुओं द्वारा प्रकट हुई। गोपनायक के घर का गौरव बना रहा।

नन्दराय को कोई समाधान नहीं सूझा परन्तु कोई गलत कदम न उठ जाए इसका उपाय मिल गया। उन्होंने आगन्तुक से कहा : 'हमारा प्रश्न धार्मिक कर्मकांडों से सम्बन्धित है। गर्गाचार्य और सांदीपनि मुनि का आशीर्वाद इस भूमि के साथ है। हम उनसे विनती करें, वे मार्गदर्शन देंगे। उनके मार्गदर्शन के अनुसार हम निश्चित करेंगे।'

'फिर हम क्यों निश्चित करें? गुरुवर ही निर्णय लें, हम उसका पालन करेंगे।' अधिकतर आगन्तुकों ने इस प्रस्ताव का समर्थन किया।

थोड़ी देर में ही तनाव खत्म हो गया।

यशोदाजी और रोहिणी को गर्गाचार्य और सांदीपनि मुनि में श्रद्धा थी। गोप अग्रणियों ने उन पर निर्णय छोड़कर इन दोनों सन्नारियों का सद्भाव प्राप्त कर लिया जिसका परिणाम तुरन्त सामने आया। पौष्टिक आहार और मधुर पेय पदार्थ अतिथि- कक्ष में आ गए। सब आनन्दित हो उठे।

नन्दराय और वृषभानु के गाँव के बीच में आए आम्रकुंज में हो रही रामलीला देखने के लिए ज्यादा नहीं चलना पड़ा। सबने उसका आनन्द लिया। अमृत की डकार के समान थे वे क्षण।

बलराम और सुबल ढोल-मृदंग बजा रहे थे। उनके आगे खड़े त्रिभुवन मोहक किशोर के मुख के पास बाँसुरी देखकर रसिक अग्रणी ने कहा : 'हमें यहाँ खींच लानेवाला संगीत कहाँ से फूटता है। हाँ, वही है कृष्ण, श्रीकृष्ण! जिसकी माता ने हमारा मुँह मीठा कराया और जिसके विरुद्ध हम फरियाद लेकर आए थे, वही।'

'यह लड़का तो कुछ गलत करे ऐसा है ही नहीं। ऐसा मन करता है कि जाकर गोद में उठा लूँ। धन्य हैं इसके माता-पिता, जिनकी कोख से जन्म लिया। धन्य है वह भूमि जिस पर इसके कदम पड़े।' स्वर एक था, समर्थन सभी का।

अपनी भूल जानकर क्षण-भर के लिए झेंप गए वे अग्रणी; फिर तो अपनी भूल को ही भूल गए। ताल और लय में तन्मय हो गए। आकाश से झर रही चाँदनी में उभर आई स्वरलहरियाँ स्पष्ट दिखाई दे रही थीं। इसमें कोई चमत्कार नहीं था, आबालवृद्ध सबका सहयोगी आनन्द वही चमत्कार।

दूसरे दिन तड़के कृष्ण अपने पलंग में ही था, यशोदाजी नन्दराय से पूछने लगीं : 'मान लो कि पूज्यपाद आचार्य और मुनिवर कहें कि गोवर्धन पर होनेवाला गोवध चालू रहना चाहिए तो?'

'तो चालू रहेगा।'

'सब ग्वाले आपका आदेश मानेंगे ऐसा विश्वास है?'

'इसमें मेरा आदेश मानने का प्रश्न ही कहाँ है? मैं कोई शास्त्री हूँ? मुझे तो ज्ञानियों का संदेश पहुँचाना है। कहूँगा : मैंने पुरोहित और कुलपति का निर्णय तुम्हें बता दिया है।'

'वैसे तो सब योग्य ही करोगे, इसमें मुझे तो क्या, किसी को भी शंका नहीं है। परन्तु गाँव के लड़के कह रहे हैं कि किसी भी तरह हम गोवध नहीं करने देंगे।'

'मैं नहीं मानता कि कोई...'

'किसी दूसरे की बात नहीं कर रही। अपने सुपुत्र की बात कर रही हूँ। आप जानते हैं कि वह जिद्दी है'—यशोदाजी को पता नहीं था कि कृष्ण जाग रहा है और उनकी बात ध्यान से सुन रहा है। कृष्ण की बाल-हठ पूरी हो गई, अब वह समझदार होता जा रहा है। वह हमें धर्मसंकट में नहीं डालेगा। पूरी बात वह जान ले, फिर...

'यही तो तकलीफ है। आदत के अनुसार जो बात हम तुरन्त मान लेते हैं, उसके बारे में वह एक के बाद एक कितने प्रश्न करता है? मेरी तो समझ में नहीं आता कि इतने से लड़के के दिमाग में ऐसे सूक्ष्म प्रश्न उठते कैसे हैं?'

'कभी-कभी तो वह पूछने के लिए तो नहीं पूछता?'

'मुझे नहीं लगता। वह समझने के लिए ही पूछता है। इसलिए आशा है कि वह देवता के सामने हठ नहीं करेगा।'

कुटुम्ब की कामधेनु के समान सुरभि को दुहकर रोहिणी आ पहुँचीं। सन्दर्भ समझकर उन्होंने पूछा : 'कौन-से देवता की बात कर रहे हो नन्द भाई?'

'दूसरा कौन, इन्द्र की।'

'वह विलासी मुझे कभी देवता लगा ही नहीं। उसके पास कितनी अप्सराएँ थीं। फिर भी उसने अहिल्या पर कुदृष्टि की। नीच, दुष्ट! जिसके पास शील न हो वह देवता कैसा? मैं तो भृगुलांछित विष्णु को सिर झुकाती हूँ। मेरे पति भी मात्र दो देवताओं के आगे झुकते हैं। या महादेव शम्भु के या फिर उपेन्द्र विष्णु के।'

रोहिणी के वचन सुनकर नन्दराय विचारमग्न हो गए। तो क्या विकल्प बचा ही नहीं? राम-कृष्ण जो कुछ कर रहे हैं उसे दोनों माताओं का समर्थन मिला हुआ है। इस बारे में मुझे पहले पता होता तो उन अग्रणियों को ऐसा वचन नहीं देता। इसका मतलब यह हुआ कि आचार्य और मुनि का मार्गदर्शन माँगना ही नहीं। परन्तु नहीं, अब तो धनुष से बाण निकल चुका है। गुरुजनों के निर्णय को मनवाना मेरा कर्तव्य है।

'क्या करूँ?' नन्दराय ने अपनी दुविधा यशोदाजी के समक्ष व्यक्त की।

'पिताजी, आप पूज्यपाद गर्गाचार्य और मुनिवर के सामने पूरी समस्या रखने से पहले हमारे गोपमित्रों को यहाँ एकत्र करके पूछ तो लीजिए। यदि उन्होंने जल्दबाजी में निर्णय लिया होगा, बड़े भैया या मेरे कहने से भूल की होगी तो सब समझ जाएँगे। इस ब्रजभूमि में मुझे तो कोई दिखाई नहीं देता जो आपके वचनों पर विश्वास न करता हो। मैं कभी-कभी विरोध करता हूँ, परन्तु कभी अविवेक किया है? शायद आपसे किसी ने नहीं कहा होगा परन्तु गोवंश की रक्षा के लिए बनाए गए सुरक्षादल को केवलदा और भैरवदा का आशीर्वाद मिला है।'

कृष्ण अपनी चिन्ता में सहभागी है, यह देखकर सब प्रसन्न हुए। आज तक उसके प्रति किया गया स्नेहजन्य पक्षपात सही लगा।

सभा के आयोजन में कृष्ण और बलराम ने विशेष उत्साह दिखाया। नन्दभवन का प्रांगण भर गया।

सुबल, ऋषभ, सुदामा, उत्तम, तरंग, तेजस्वी, अंशु, मधुमंगल, बलराम—सबने कहा कि जिन्हें केवलदा और भैरवदा भी पूज्य मानते हैं, ऐसे गुरुजनों का मार्गदर्शन प्राप्त करना ही चाहिए। उद्धव इन सबसे अधिक अन्तर्मुखी था। उसने खड़े होकर कहा : 'यादवों के पुरोहित गर्ग और अंकपाद आश्रम के कुलपति पूज्यपाद सांदीपनि मुनि शास्त्रों के ज्ञाता ही नहीं, वे धर्म के रहस्य को भी समझते हैं। ब्रजवासियों को उनकी वाणी मंत्र के समान लगनी चाहिए। महाराज कंस यदि उनके मार्गदर्शन के अनुसार चले होते तो अब तक उनके द्वारा अनेक सत्कर्म हुए होते। आप सब उनके अभिप्राय को आज्ञा मानने के लिए प्रेरित हुए हैं इसलिए मुझे आपकी विवेकबुद्धि के प्रति सम्मान जगा है।'

बलराम ने कृष्ण के सामने देखा। बड़ी उम्र के गोपजन भी आते जा रहे थे। कृष्ण पूरी घटना की भूमिका स्पष्ट करे यह बलराम को आवश्यक लगा।

कमर में मुरली खोंसकर, पिताजी को वंदना कर कृष्ण ने सुदामा की सहमति से उसके आँसुओं की बात की। किस तरह सबने निर्णय किया, किसने कैसे-कैसे तर्क-वितर्क किए सब विस्तृत रूप से बताया। कुछ समय रुककर बोला। 'गोवध रोककर हमने धार्मिक कार्य किया है। उस स्थान को स्वच्छ किया है। पिछली गर्मियों में हमने वहाँ से सारी हड्डियाँ बीन ली थीं। चौमासे में हम सबने अपने-अपने प्रिय वृक्षों के पौधे लगा दिए थे। इन्द्र यदि देवराज है तो उसे यह स्थल अधिक रमणीय लगेगा। आज तक बलि के लिए प्रसिद्ध गोवर्धन अब वृन्दावन की गायों की वृद्धि के लिए प्रसिद्ध होगा। नरक, स्वर्ग में बदल गया है। अब वहाँ तलवार के क्रूर प्रहार नहीं होते, जन्म देनेवाली माँ की आँख तक पहुँचते उसके बछड़े के खून के छींटे अब भूतकाल का विषय बन गए हैं। फिर भी, पिताजी आप गोपकुलों के नायक के रूप में वचनबद्ध हैं। गुरुजन आपको शास्त्रोचित वर्णन बताएँगे। शास्त्रों का हम विरोध नहीं करते, हमारा विरोध अधर्म के प्रति है। अपनी बात कहूँ तो संगीत के स्वर में केवलदा के मुख से सुनने को मिलता मंत्रपाठ मुझे अधिक आनन्द देता है।'

कृष्ण के शब्द-शब्द से यशोदाजी का हृदय आलोड़ित हो रहा है।

नन्दराय सोच रहे थे : यह जानकर गुरुजन, वसुदेव और अक्रूर कितने प्रसन्न होंगे, कि केवल और भैरव के सत्संग रूप में मिली शिक्षा इतनी परिणामदायी सिद्ध हुई है।

कृष्ण की बात पूरी होनेवाली थी, वहाँ बलराम खड़ा हो गया। वह गुस्से में है : 'मैं कृष्ण की मधुरवाणी सुनने का आदी हूँ, उसका विरोध करने का नहीं। उसकी तरह बोलना नहीं आता। फिर भी मैं अपने हृदय के भाव व्यक्त किए बिना नहीं रह सकता। गुरुजन चाहें जो निर्णय दें। वे या अन्य बुजुर्ग मुझे दंड देंगे तो मैं सहन कर लूँगा। परन्तु याद रखो, मैं एक भी बछड़े को कसाई के हवाले नहीं करने दूँगा। आज तक गोकुलवासियों का जीवन दूध-दही पर गुजरा है। भैरवदा और मैंने खोज लिया है कि इन बछड़ों को सिखाकर इन्हें खेती में अपना साथी बनाया जा सकता है। सब कान खोलकर सुन लो। सब बछड़े मेरे साथी और मित्र हैं। उन्हें बचाने के लिए मैं यमराज से भी लड़ूँगा।'

बलराम की वाणी में पौरुष झलकता था। आबालवृद्ध ने 'वाह-वाह' और 'धन्य-धन्य' कहकर उसकी बात का स्वागत किया। नन्दराय के होंठों पर स्मित आ गया। बलराम भोला तो है ही। कृष्ण ने कहाँ कहा था कि वह गोवध के लिए तैयार होगा? परन्तु उसने विकल्प

रखा था। उसे आत्मप्रतीति और शास्त्र के बीच में विरोध नहीं दिखाई दे रहा था। बलराम ने नकारात्मक सम्भावना का, सम्भावित विरोध का भी उन्मूलन कर दिया और गुरुजनों के ज्ञान को अप्रासंगिक कर दिया!

उन अग्रणियों को वचन दिया है उसका क्या होगा? उनकी दृष्टि झुक गई। उद्धव ने कृष्ण का उस ओर ध्यान खींचा। सुदामा बेचैन था परन्तु वह कुछ बोलने जाए तो बलराम का विरोध करनेवाला लगे। तरंग को लगा कि यह मौन तो तोड़ना पड़ेगा। उन्होंने उत्तम के कान में कुछ कहा। उत्तम खड़ा हुआ : 'भैरवदा को बुला लाऊँ?'

'किसलिए'? उन्होंने सिखाए विवेक के रूप में वे हमारे साथ ही हैं—' कृष्ण ने कहा और बलराम के सामने देखा। स्नेह से जीत लेने के लिए यह दृष्टि पर्याप्त थी। कृष्ण बोला : 'बड़े भैया की भावना हम सब जानते हैं। हम उनका आदर करते हैं कि वे कम परन्तु स्पष्ट बोलते हैं। उनका एक-एक शब्द हमारे लिए मूल्यवान है। इसलिए मुख्य धर्मसंकट अब खड़ा हुआ है। यदि यह सभा यह निश्चित करे कि पिताजी को गुरुजनों का मार्गदर्शन प्राप्त करने की आवश्यकता नहीं, तो उनका गोप-अग्रणियों को दिया वचन भंग होता है और यदि यह निश्चित करे कि गुरुजनों का निर्णय हमें शिरोधार्य है तो बड़े भैया की भावना का विरोध होता है।'

'मुझे अपनी भावना की चिन्ता नहीं, बछड़ों के जीवन की चिन्ता है। रात-दिन जो अपने जीवन-साथी हों, उन्हें वध-स्थान ले जाने दिया जाए?' बलराम ने नम्रता से कहा।

'क्षमा करना बड़े भैया, आपने गुरुजनों के निर्णय के बारे में निश्चित अनुमान कर लिया है। वह क्या हमारी भूल नहीं? अपनी यह वाणी जिनके शिष्यों से हमने बहुत कुछ सीखी है, उन गुरुजनों के बारे में नकारात्मक धारणा हो सकती है? मेरी तो यही समझ में नहीं आता कि श्रद्धा का स्थान संशय ने लिया ही कैसे?'

'मुझे गुरुजनों पर पूर्ण श्रद्धा है।' बलराम ने कहा।

'तो यह सभा पिताजी से अनुरोध करती है कि पूज्यपाद आचार्य और प्रातः स्मरणीय मुनिवर का मार्गदर्शन प्राप्त करके आप ब्रजभूमि के सभी गोपकुलों की दुविधा दूर करें।'

नन्दराय की आँखें सजल हो गईं।

अब तक आचरित धर्म का इससे अधिक संतर्पक फल हो सकता है भला?

कृष्ण के व्यक्तित्व में एक नई रेखा फूटी थी। उसके लिए जो आत्मप्रतीति थी, वही श्रद्धा थी। गुरुजनों का निर्णय दूसरा हो ही नहीं सकता।

गायों के पीछे लड़के वन गए। नन्दराय उपनिषद लेने खड़े हुए। ईश या कठ जो हाथ में आए, पढ़ेंगे। यह छंद भी कृष्ण ने गाया है। उसे जो कंठस्थ है वह अब पिता पढ़ रहे हैं।

रोहिणी सुपारी हाथ में लेकर हँस पड़ीं, 'बहिन, कृष्ण ने बाजी सुधार दी, नहीं तो मेरे मोटूराम ने तो नन्दभाई को संकट में डाल दिया होता!'

'तू राम को मोटू मत कह। मोटा तो वह सुबल है। राम-जैसा गबरू और सुन्दर लड़का गोकुल में दूसरा कोई है?'

'सगे लड़के को ही भूल गई?'

'कनु सबको अच्छा लगता है। पर रूप के कारण या तेज के कारण?'

'यह प्रश्न आज ही क्यों आया, इतने वर्षों बाद? आज पुत्र की बुद्धि, प्रतिभा का अद्भुत चमत्कार देखा, इसलिए?'

रोहिणी फिर हँस पड़ीं। कहने लगीं : 'मुझे लगा था कि आज की सभा में कृष्ण गड़बड़ करेगा। हुआ इसके उल्टा ही। तुम जिसे सीधा और कहा माननेवाला मानती हो उसी ने विरोध प्रकट किया?'

'अब तू यह बात छोड़। अन्त में सब ठीक ही हुआ। आजकल राधा क्यों दिखाई नहीं देती?'

'या तो कलावती ने उसे बन्द कर रखा होगा या फिर उसने मेरी सलाह मान ली होगी।'

'तूने राधा को क्या सलाह दी थी?'

'जो तुमने कनु को दी थी। अब तुम कहीं छोटे नहीं हो। इस तरह क्या पक्षियों की तरह साथ-साथ घूमते-फिरते हो। उसने क्या कहा था, जानती हो? मैं पक्षिणी होती तो कितना अच्छा होता! मुझे तुम-जैसी माता से सीख तो नहीं सुननी पड़ती।'

'दोनों अब जवाब देने में चतुर हो गए हैं। उस दिन मैंने कनु से कहा : तुझे अब अच्छे-बुरे का विचार करना चाहिए। तो मेरे सामने देखे बिना ही कह दिया : मैं राधा का साथ क्यों छोड़ूँ? वह लड़की है तो इसमें उसका क्या गुनाह? वह लड़का होती तो उसका साथ छोड़ने के लिए आप कहतीं? अब उसे कैसे समझाऊँ कि राधा युवती हो गई है।'

'जो धर्म-अधर्म का सूक्ष्म विवेचन कर लेता है वह इतनी सामान्य बात नहीं समझता होगा?' नन्दराय ने गम्भीरता से कहा।

'इस उम्र में वह कन्या और युवती का भेद क्या समझे?'

'तुम्हें तो लगता है कि कृष्ण अभी पालने में झूलता है। गिन देखो, कितने वर्ष हुए?'

वहीं कृष्ण त्वरा से आ पहुँचा।

'पिताजी, आप पहले अंकपाद आश्रम जाना। केवलदा और भैरवदा का प्रणाम कहना और मेरी ओर से यह फूल लेते जाना।'

उत्तर सुने बिना ही कृष्ण वापस चला गया।

रोहिणी ने कहा : 'गाड़ी मथुरा में छोड़कर वहाँ से अक्रूर का रथ ले जाना। उत्तम और सुबल को साथ ले जाना। सुदामा से भी पूछ लेना।'

'उस रोनी सूरतवाले को! किसलिए साथ ले जाऊँ? सँभालने?' नन्दराय ने कहा कि 'पूरी समस्या का केन्द्र सुदामा है। हँसने-खेलनेवाले कृष्ण को उसी ने इस विकट कार्य में धकेला है। और कैसा मक्कार है, सभा में एक शब्द भी नहीं बोला।'

यशोदाजी को सुदामा का पक्ष लेना पड़ा : 'वह किसी वस्तु के लिए तो नहीं रोया न? एक मूक प्राणी की वेदना का स्पर्श करके वह रोया है। यह अवगुण नहीं, गुण है। वह साथ होगा तो आपको ज्यादा चर्चा नहीं करनी पड़ेगी। जब कारण प्रत्यक्ष हो तब विश्लेषण की आवश्यकता नहीं रहती।'

नन्दराय का ध्यान गया कि लड़कों की अनौपचारिक शिक्षा ने भवन की भाषा भी बदली है। कहते हैं कि सन्तान माँ की भाषा बोलती है। यहाँ माँ सन्तानों से सुन-सुनकर...नहीं,

मैं उन पर अन्याय कर रहा हूँ। ये दोनों सन्नारियाँ तो अपने पीहर में कलाविद् गिनी जाती थीं।

नन्दभवन में से गाड़ी निकली उस समय बलराम और कृष्ण उपस्थित थे। विदा के समय यशोदाजी की आँखें छलछला आईं। अगर ऐसा निर्णय आया कि...

'नहीं, ऐसा नहीं हो सकता।'

'तो भी...'

'तो क्या वे लड़के माननेवाले हैं?'

'रोहिणी, बलराम से पूछ, यदि ऐसा निर्णय आया कि...'

'तो हमारी धर्म से श्रद्धा उठ जाएगी। हम उस गोवर्धन की ओर कभी नहीं जाएँगे जहाँ मनुष्य अपने द्वारा पाले गए प्राणियों की हत्या करता हो।' बलराम ने कहा।

पूरे दिन रह-रहकर यही विचार उठ खड़ा होता है। कृष्ण को श्रद्धा है। बलराम कहता है कि राजपुरोहित दबाववश कैसा निर्णय दें, इस बारे में कुछ नहीं कहा जा सकता। सभा में संकेत से कृष्ण ने बात पूरी कर दी, परन्तु अब लगता है कि यह पद्धति ठीक नहीं। जिसमें हमें दुविधा न हो उस बारे में अन्य को पूछने की आवश्यकता ही क्या?

'कृष्ण क्या कहता है?' यशोदा ने कृष्ण को छेड़ने का प्रयास किया।

'क्या कहे वह भी मेरी तरह किसी से डरता नहीं। हमारे बीच मतभेद नहीं है। हमारे सब मित्र जानते हैं कि कृष्ण गायों का हिमायती है और मैं बछड़ों का रक्षक हूँ। बलि के लिए ज्यादातर बछड़ों का बलिदान किया जाता है। कहते हैं कि यह नैवेद्य इन्द्र को रखा जाता है। इस प्रथा को बन्द करने पर हम पर इन्द्र कुपित होगा। वह वज्र उठाएगा। राक्षसों के संहार के लिए बनाया गया वज्र अब निर्दोष मनुष्यों पर चलाया जाएगा! आए और चलाकर देखे! मेरा यह हल!'

'बेटा, देवताओं के साथ स्पर्धा नहीं होती।' यशोदाजी की उदासी बढ़ती जा रही है : 'रोहिणी, यह लड़के मन में आए वह बोलते रहेंगे और सहन करना पड़ेगा हमें—चलो अब यह विवाद खत्म करो और दोनों भाई खाना खाओ।'

बलराम खड़ा होता है, कृष्ण विलम्ब करता है। बलराम ने खा लिया है यह देखकर कृष्ण नन्दभवन के बाहर निकल जाता है।

आज वह ऐसा एकान्त खोज रहा है जहाँ दूसरा प्रवेश न कर सके।

उसे व्यथा है। एक सत्कर्म में इतने विघ्न क्यों? गोवध बन्द किया है यह जानकर पिताजी तो कुछ नहीं बोले थे। तो फिर हमेशा उनके शासन में रहते गोप अग्रणी क्यों आ पहुँचे? वे भी गोपालक हैं। उनके आँगन से इस तरह एक बछड़ा कम हो यह उन्हें सहन हो सका होगा? यह संवेदनशून्यता नहीं?

क्या ब्रज के गोपालक गोवध से स्वार्थ के लिए सम्बन्ध रखते हैं? जिन प्राणियों पर उनका जीवन निर्भर है उनके कल्याण की बात क्यों उनकी समझ में नहीं आई? पिताजी को विकट परिस्थिति में फँसा दिया। पिताजी मथुरा से जब तक वापस नहीं आ जाते तब तक माँ और मौसी अच्छी तरह खाना नहीं खाएँगी...

दो पहर बीत गए हैं। कृष्ण घर नहीं आया। यशोदा उसे खोजने नहीं निकलीं।

ललिता का घर समीप है। बचपन में कृष्ण उसके यहाँ बहुत खेला है। रोहिणी जाती हैं : 'बेटी ललिता, तू मेरा एक काम करेगी? तू राधा अथवा विशाखा को लेकर कृष्ण को खोज लाएगी? आज वह पूरे दिन से भूखा है, उदास भी है।'

ललिता को कृष्ण बहुत प्रिय है। एक ही गली में दोनों बड़े हुए हैं। राधा तो बाद में कृष्ण को खिलाने लगी, नन्दबाबा सबको नदी के इस पार ले आए, उसके बाद। कृष्ण गोद में लिया जा सके इतना-सा था तब ललिता ही उसे उठा ले जाती और उसे खिलाने के बहाने खेलती। यशोदाजी व्याकुल होकर ले जातीं तब ललिता उनके पीछे-पीछे जाती। बाकी रह गया खेल बड़े आँगन में पूरा होता। कृष्ण के रूठ जाने या अचानक उत्पात करने पर ललिता को आश्चर्य नहीं होता। परन्तु उसके भूखे रहने की घटना आश्चर्यजनक थी।

रोहिणी ललिता पर यह जिम्मेदारी सौंपकर उसकी माँ के साथ बातें करने लगीं। ललिता जानती है कि घर में कौन-सी चीज कहाँ रखी रहती है। ओढ़नी के छोर में मेवा बाँधकर वह तैयार हो गई। वहीं उसे उपदेशात्मक शब्द सुनने पड़े : 'तू अकेली मत जाना, कौन जाने वह कहाँ होगा? राधा और विशाखा को साथ ले जाना।'

'क्यों ? अकेली जाऊँ तो क्या आपत्ति है। कृष्ण मेरी बात नहीं मानेगा?'—ललिता को बुरा लगा।

'अच्छा, अकेली जा, रोती-रोती वापस न आए तो कहना!' माँ ने कहा।

'कृष्ण अब रुलाता नहीं, दूसरों के आँसुओं से दुःखी होता है। वह जल्दी मिल जाए इसलिए मैं किसी को साथ ले जाने के लिए कह रही थी। अकेले खोजते देर हो जाए और अँधेरा होने पर डर लगे।'

'उसे खोज लेने पर डर किस बात का? लौटते समय तो वह साथ होगा न?'

'अच्छा, अब तू जा दिमाग खाए बिना।' माँ ने अपनी हार स्वीकार कर ली।

ललिता को विश्वास था कि कृष्ण जहाँ होगा वह दिशा ही उसे खींच ले जाएगी। आज पक्षियों ने सहायता की। जिस वृक्ष के नीचे कृष्ण बैठे वह गाय और पक्षियों से भर जाता है। कृष्ण वंशी न बजाए तब तक पक्षी कोलाहल करते रहते।

तमाल की झुकी डाली पर बैठा मोर स्वयं ही कृष्ण को मोरपंख पहनाने आया हो, इतने पास प्रतीत होता है।

अरे वाह! राधिका तो मुझसे पहले ही आ गई है। मैं उसे बुलाने उसके गाँव गई होती तो कितनी देर हो जाती। अच्छा हुआ कि सीधी यहीं आई। वृक्ष के शिखर पर सूर्य की किरणें चमकती हैं वैसे ही राधा चमक रही है कृष्ण के पास। वह सो रहा है क्या?

ललिता को राधा से ईर्ष्या नहीं होती। उसे देखकर राधा के उदास चेहरे पर स्मित आ जाता है। उसमें स्वागत है।

राधा बोलती नहीं। कृष्ण उसकी गोद में सिर रखकर सो रहा होगा। बिल्कुल पास जाकर पता चला, सो नहीं रो रहा है।

राधा की उँगली का सिरा कृष्ण के आँसुओं से भीग गया है। बेला की कली को मेघबिन्दु का स्पर्श हुआ है।

ललिता को आया जानकर कृष्ण बैठ गया। पीताम्बर से मुँह पोंछा। 'आ बहिन' कहकर पास बैठाया।

अब कृष्ण की आँखें कोरी थीं। फिर भी ललिता ने अपनी ओढ़नी से उसकी भौंहें और पलकें पोंछीं। बचपन में जब कृष्ण ने चलना ही सीखा था, वह गिर पड़ता तो ललिता इसी तरह उसके अंगों को पोंछ देती थी। वर्षों पुरानी आदत है। राधा जानती है।

'तू आ गई इससे मेरा भार हल्का हो गया।' राधा ने कहा।

'रोहिणी मौसी के कहने पर मुझे पता चला। तुझसे किसने कहा?'

'मुझे? मुझसे तो कहाँ कृष्ण भी कुछ कहता है। अपने आप लगे, वह करती हूँ।'

राधा के कथन की सत्यता ललिता समझती थी। ललिता अपनी ओढ़नी के छोर से मेवा खोलकर कृष्ण के सामने रखती हुई कहती है, 'तुझे पता नहीं होगा, आज सुबह से इसने कुछ खाया नहीं है।'

'कहता है कि आज मुझे भूख नहीं, दुःख है। वैसे खाने के लिए मैं कहाँ नहीं लाई?'—राधा ने कहा।

'तुझसे किसने कहा कि यह भूखा है?'

'किसी ने नहीं। मैं भी भूखी थी, सोचा कलेवा ले जाऊँ। कृष्ण के साथ खाऊँगी। फिर तो इसकी बात सुनकर मैं कलेवा खोलना ही भूल गई।'

'कृष्ण मानता होगा कि उसके कारण नन्दबाबा पर आपत्ति आई है।' ललिता ने अनुमान किया।

'नहीं, आपत्ति को तो दूर किया जा सकता है। यह कहता है कि मनुष्य इतना कृतघ्न कैसे हो गया?'

'मतलब? मैं समझी नहीं।' ललिता ने कृष्ण की ओर देखा। कृष्ण खड़ा हुआ।

'ललिता तुझे याद है न! तेरा छोटा भाई तेरी गाय चन्द्रा के थन से लग जाता था, बछड़े के साथ ही। उस समय सब थनों में समान दूध आता। तेरे भाई के गले से धार बहती देखकर हम हँस पड़ते थे। माँ कहती थी कि इसी तरह मैंने भी सुरभि का दूध पिया है।...मेरे दुख का कारण अवश्य ही तेरी समझ में आएगा। तू मेरे लिए लाई है वह मेवा मैं खा जाऊँ और तुझे लात मारकर धकेल दूँ तो तुझे कैसा लगेगा? बछड़े का बलिदान करनेवाले मनुष्यों के बारे में गाय ऐसा नहीं सोचती होगी? जब से मुझे इस बात का पता चला है मैं तभी से बेचैन हूँ।'

कृष्ण ने कदम उठाया। तीनों यमुना किनारे पहुँचकर खड़े हो गए। प्रवाह से कटे स्थिर जल में मछलियाँ तैर रही थीं। ललिता से मेवा लेकर कृष्ण ने धीरे-धीरे जल में डाला। इतनी दूर से मछलियों की सक्रियता मोहक लग रही थी। वहीं एक बड़ी मछली आ पहुँची। कृष्ण जो डाले वह सब उसके मुख में जाने लगा। उसके आने से दूसरी मछलियाँ अलग हट गई थीं। क्षण-भर पहले के दृश्य की सुन्दरता लुप्त हो गई थी।

राधा और ललिता को सामने देखकर कृष्ण ने कहा : 'इसका क्या उपाय है?'

दोनों सखियाँ निरुत्तर खड़ी थीं।

प्रकृति में समाई सांध्यकालीन लालिमा को कोई अलौकिक तत्त्व अन्धकार में खींच ले जाने में सक्रिय था।

अन्धकार घिर रहा था। जल के अन्दर पड़ रहा प्रकाश तो कब का बह गया था।

मधुमंगल और बलराम कृष्ण को आवाज दे रहे थे। कई गोपालक शांडिल्य ऋषि के आश्रम से आ रहे थे।

6

नन्दराय मथुरा में हैं यह पता चलते ही सेनापति प्रद्योत ने उन्हें बुलवा लिया। बैठने के लिए भी नहीं कहा और आदेशात्मक स्वर में बोला : 'यज्ञ में बलि बन्द करवाकर तुमने राजा और प्रजा दोनों के अकल्याण की कामना की है।'

'क्या न्याय का कार्य भी अब राजा ने सैनिकों को सौंप दिया है?'

नन्दराय ने प्रद्योत को सेनापति के स्थान पर सैनिक कहकर उसकी बौद्धिक योग्यता की ओर संकेत किया। यह आदमी पन्द्रह ग्राम के नायक का अनादर करके, सामने खड़े रहकर बात कर रहा है। मैं भी हथियार नीचे रखकर क्यों उत्तर दूँ?—यह सोचकर नन्दराय ने अपनी वज्रतुल्य लाठी सीधी पकड़ ली। इससे और अधिक क्रोधित हो गए प्रद्योत ने सुखासन का सहारा लेकर कहा : 'एक ग्रामीण ग्वाल को सेनापति और सैनिक के बीच का अन्तर समझ में नहीं आता हो तो मुझे उसे कुछ समय यहाँ रोककर यह बताना पड़ेगा।'

'इससे कुछ फर्क नहीं पड़ेगा प्रद्योत! तुम्हारा पद भले सेनापति का हो, कंस राजा के लिए काम तुम सैनिक और अंगरक्षक का करते हो। वास्तव में शिक्षा की आवश्यकता तो तुम्हें थी, परन्तु मेरे पास इतना समय नहीं। याद रखना, प्रद्योत, तुम राज्य के एक वरिष्ठ सेवक हो, परन्तु मैं एक स्वतन्त्र गोपनायक हूँ। राज्य की स्थिरता का एक स्तम्भ हूँ। शूरश्रेष्ठ वसुदेव और महामात्य अक्रूर का मित्र हूँ। मुझे इस तरह खड़ा रखकर तुम जो अविवेक प्रकट कर रहे हो, कभी गणसभा में तुम्हें इसका उत्तर देना पड़ेगा।'

प्रद्योत खड़ा हो गया। उसका हाथ खड्ग की मूठ पर गया। राजा ने उसे अमर्यादित अधिकार दे दिए थे। उनका उपयोग करने की आदत के कारण वह शस्त्र-शक्ति आजमाने गया। परन्तु उसी समय लाठी के सिरे पर नन्दराय का हाथ पहुँच गया। खड्ग म्यान से निकले तब तक तो लाठी के प्रहार से खोपड़ी टूट जाती। प्रद्योत को याद आया : युवावस्था में नन्दराय लाठी-युद्ध और मल्लविद्या की कई स्पर्धाएँ जीते हैं। प्रौढ़ावस्था में भी उनका शरीर सुदृढ़ लगता है। एक क्षण में तो राजमहल के संगमरमर से लगा पड़ा लाठी के नीचे का वजनदार भाग दाएँ पैर की जूती पर आ गया।

नन्दराय के सामने विलीन होती जा रही महत्ता को बचाए रखने के लिए प्रद्योत स्वर बदलकर क्रोधित होता हुआ बोला :'तुम मेरे साथ सीधा संघर्ष करना चाहते हो?'

'नहीं, परन्तु तुम करना चाहते हो तो मुझे कहना चाहिए कि इसके लिए तुम बराबर के प्रतिद्वन्द्वी नहीं हो। शायद तुम भूल गए कि शूरसेन जनपद के इस गणराज्य में सेनापति की नियुक्ति गणसभा करती है।'

‘तुम किस युग की बात कर रहे हो? पिछले दो दशकों में गणसभा एक बार भी नहीं मिली।’

‘बहुत विलम्ब हुआ है। अब मिलनी चाहिए। अपने राजा से कहना कि यदि न्याय-व्यवस्था भी सैनिकों को सौंपी जाएगी तो हमारे जैसे ग्रामीण चुपचाप बैठे नहीं रहेंगे।’

‘यह बात तुम राजा के सामने कह सकते हो?’

‘धमकी दे रहे हो?’

‘नहीं, तुम्हारी गणभावना की तेजस्विता देखना चाहता हूँ। और तुम यज्ञ बलि के बारे में राज्यादेश मेरे मुख से सुनना नहीं चाहते तो फिर भले ही सीधे राजा से ही बात कर लो।’

प्रद्योत यह अवसर चूकना नहीं चाहता था। नन्द इस समय आवेश में है। राजा के साथ बात करते समय यह विवेक खो बैठेगा। राजा के लिए यह समय विलास का है। नन्द को देखते ही उसे विक्षेप लगेगा, अवश्य दंड देगा।

तेजरेखा और कनकलता नामक दो युवा नर्तकियों के लिए राजमहल के प्रांगण में भवन बनवाने का कार्य राजा ने प्रद्योत को सौंपा था, जिससे औचित्य का प्रश्न न खड़ा हो। प्रद्योत जानता था कि राजा के लिए नृत्य-कला भी सिर्फ विलास का साधन है। उसे नृत्य के लय-ताल में इतनी रुचि नहीं थी, जितनी कि विभिन्न शारीरिक मुद्राएँ देखने का लालच था। तेजरेखा और कनकलता राजभवन में नर्तकियों के रूप में आई थीं, और गणिकाओं का जीवन बिता रही थीं।

राजा के विश्रामकक्ष तक नन्द को पहुँचाकर प्रद्योत हट गया। कंस सो रहा था। उसका बायाँ पैर तेजरेखा के पुष्ट स्तनों के बीच में रखा था। विख्यात नर्तकी इस समय सामान्य दासी बनकर पैर सहला रही थी।

अत्यन्त आवश्यक काम के लिए वरिष्ठ राजपुरुष राजा के इस विश्राम-गृह तक आ सकते थे। नन्द को देख राजा ने न तो उनका स्वागत किया और न अपनी स्थिति ही बदली।

धर्मनिष्ठ नन्दराय के लिए यह दृश्य दुःस्वप्न जैसा था। वे स्तब्ध रह गए। राजा को नमन करना भी उन्हें नहीं सूझा।

पुराने गोकुल में गीदड़ों का आतंक बढ़ गया था। बालकों और स्त्रियों के लिए खतरा बढ़ गया था। एक शाम अँधेरे में गाँव की ओर बढ़ते गीदड़ को नन्दराय ने लाठी के सिरे से ऐसा उछाला कि वह सीधा यमुना की धारा में गिरा था।

जिसे आज तक वन्दनीय माना ऐसे राजा और उस गीदड़ में क्या फर्क है? गीदड़ तो छिपकर आगे बढ़ रहा था, जबकि यह राजा तो आँखों के सामने, दिन में इस तरह—

वे समझ गए, प्रद्योत ने उन्हें यहाँ धकेल दिया है, फँसाया है, उन जैसे मनुष्यों के लिए यह निषिद्ध स्थान था।

नन्दराय लौटने लगा, वहाँ कंस ने तेजरेखा को विदा किया, बैठकर कनकलता द्वारा भरे चषक से बची मदिरा को पीते हुए कहा : ‘नन्द, सुना है कि गायों को चराने के बदले तुम अब मथुरा का शासन सँभालना चाहते हो!’

नन्दराय वापस मुड़े, द्वार के पास ही खड़े रहे। कक्ष में इत्र की सुगन्ध मदिरा की गन्ध से मिलकर दूषित हो गई थी। उसमें साँस लेने में उन्हें बहुत परेशानी हो रही थी। दूर से ही बोले : 'मथुरा का शासन सँभालने का दायित्व गणसभा ने आर्य उग्रसेन पर डाल दिया था। उत्तम व्यवस्था पर काल का प्रहार हुआ। गणसभा मृतप्राय बन गई।'

'यह अच्छा हुआ। प्रजा और राज्य के हित में यह अच्छा हुआ नन्द। आज के बाद मेरे सामने गणसभा का उल्लेख मत करना। शूरवीरों के पराक्रम को अंकुशित रखनेवाली परम्परित व्यवस्था मैंने हमेशा के लिए तोड़ दी है। मेरे पिता को तुम सब राजा कहकर सम्मान देते और गणभावना की दुहाई देते थे, परन्तु सब जानते हैं कि इस आदर्श के साये में तुम्हारा मित्र वसुदेव सारी सत्ता रखता था।'

'सत्ता नहीं, उत्तरदायित्व। वीरश्रेष्ठ वसुदेव को बिना उत्तरदायित्व की सत्ता में कभी भी रुचि नहीं रही। इसलिए तो आज भी प्रजा उनका आदरपूर्वक स्मरण करती है।'

'मेरे गुप्तचर तुमसे अधिक बुद्धिशाली हैं नन्द। उनके अनुसार तो वसुदेव जीवित है या नहीं, इस बारे में भी प्रजा को रुचि नहीं है।'

'भले न हो, परन्तु प्रजा स्वयं जीवित रहे इसमें तो उसे रुचि है? न्याय और सत्य जिएँ उसमें तो रुचि होगी न? याद रखना राजा, तुम्हें अपने में अलौकिक शक्तियाँ दिखाई देती होंगी, फिर भी कहता हूँ कि इस पृथ्वी पर अवतरित कोई भी अमर नहीं है। जो सन्तुलन तोड़ता है, वही पहले शिकार बनता है।'

'ओ, हो, तुम तो ग्वाले से ऋषि बन गए। ऋषियों से भी बड़े, क्योंकि वे भी इस तरह विश्रामगृह में आकर उपदेश नहीं देते।'

'मैं ऋषि तो नहीं हूँ, परन्तु इतना समझता हूँ कि तुम्हें उपदेश देने का कोई अर्थ नहीं। तुम्हारा सेनापति मुझे यहाँ छोड़ गया, उसके बाद भी तुम विलासी की मुद्रा में एक गणिका की छाती पर पैर रखकर पड़े रहे और पन्द्रह गोकुलों के नायक का अपमान किया।'

'ग्वाले, तुझे बन्दी बनने की जल्दी लगती है।' कंस ने सैनिक को बुलाने के लिए चाँदी के घंटे की ओर नजर की।

'मैं मानता हूँ कि तुम मेरा अपमान करके ही रह जाओगे। मुझे कैद करके ब्रजभूमि के विद्रोह का खतरा नहीं उठाओगे। मैं आर्य अक्रूर के भवन पर पहुँचने वाला ही था कि सेनापति का सन्देश मिलने पर वापस आया। उसने मुझे यहाँ धकेला। मेरे साथ आपका व्यवहार ठीक नहीं है। जिस पद से आत्मगौरव न रहे उसका भार उठाकर मैं क्या करूँगा? साँप केंचुली उतारता है उतनी भी पीड़ा सहकर मैं इस पद को छोड़ दूँगा।'

'मैं इसी समय तुम्हें उससे मुक्त कर दूँ तो?'

'तो उपकार होगा। परन्तु यह तुम नहीं कर सकते। इसके लिए तो ब्रजभूमि के दूसरे चौदह गाँव के सरपंचों को मिलना पड़ेगा। आपके पास यह अधिकार नहीं है। राजा के पास मात्र दंडशक्ति होती है, सत्ता बसती है प्रजा के विवेक में। अब मैं जाऊँ? मुझे जल्दी है। यदि मेरे साथ किसी प्रजाकीय कार्य के सम्बन्ध में चर्चा-विचारणा करनी हो तो कल शाम राजदरबार में...'

'मेरा कर्तव्य प्रजा निश्चित करेगी?' कंस ने देखा कि नन्द को भय से नहीं दबाया जा सकता। वह सरलता से पद छोड़ सकता है। और उसका कारण जानकर प्रजा में असन्तोष बढ़ेगा। मेरी चेतावनी सुनकर भी यह प्रौढ़ विचलित नहीं हुआ। तो फिर उपहासात्मक ढंग से बात करके इसे बिदा कर दिया जाए—'जाओ, जिस कार्य के लिए निकले हो, उसे पूरा करो। यज्ञ-बलि के बारे में सेनापति प्रद्योत ने मेरा आदेश तुम्हें सुना दिया होगा।'

'आप राजपुरोहित और धर्माध्यक्ष को अपना काम नहीं करने देंगे? अपना मूल्यवान समय ऐसे तुच्छ कार्यों के पीछे बिगाड़ने के स्थान पर...'

वहीं महारानी अस्ति ने प्रवेश किया। उसने नन्द को आदरणीय मानकर प्रणाम किया। नन्द ने भी विनत होकर वन्दन किया। रानी ने कहा : 'मैं बहुत समय बाद महाराज को रंगभवन में राज्य-धर्म का पालन करते हुए देख रही हूँ। मुझसे दासी ने कहा कि महाराज ने नशे में एक अतिथि का अपमान किया और उसे कैद करने की धमकी दी। मुझे लगा कि कह आऊँ : पहले नया कारागार बनवाओ। फिर प्रजाजनों को कैद करने...'

'नन्द, तुम जाओ, मुझे तुमसे जो कुछ कहना होगा, वह अक्रूर द्वारा कहलवा दूँगा।' कंस ने कहा और रानी को आसन ग्रहण करने का संकेत किया।

दोनों को प्रणाम करके नन्दराय वहाँ से निकले। सेवकों की सीमा जहाँ पूरी होती थी, वहाँ एक सैनिक खड़ा था। वह प्रद्योत के अधीन था। उसे इस कार्य में नियुक्त किया था अक्रूर ने। न जानने के कारण नन्दराय ने उसके सामने शंकित दृष्टि से देखा। जबकि सामने से मिला आदर-सूचक स्मित।

'मुझे कहाँ ले जाना है?' नन्दराय ने निश्चिन्त होकर कहा।

'कहीं नहीं, मैं आपके साथ आ रहा हूँ। महामात्य के निवास पर।' सैनिक ने कहा और फिर तुरन्त पहचानता न हो इस तरह आगे बढ़कर चलने लगा।

प्रद्योत महामात्य अक्रूर के यहाँ उपस्थित था।

नन्दराय ने अपनी अरुचि छिपाकर संकल्पपूर्वक सद्भावनापूर्ण दृष्टि से प्रद्योत की ओर देखा। शूरसेन जनपद में सेनापति का पद कितना महत्त्वपूर्ण था। उसका रथ आते जानकर आबालवृद्ध देखने निकल पड़ते, आदर प्रकट करते, शुभेच्छा देते। और यह प्रद्योत...

नन्दराय का मौन रहना समझकर प्रद्योत ने महामात्य की ओर देखा। जाने की अनुमति माँगी। अक्रूर उसे द्वार तक छोड़ने गए।

'आपके मुख पर प्रकट होती ग्लानि की मैं कल्पना कर रहा हूँ।' वापस आकर अक्रूर ने कहा।

'आपत्ति से तो लड़ा जा सकता है परन्तु अपमान के सामने? व्यक्तिगत बात नहीं कर रहा। पन्द्रह गोकुलों के नायक के साथ यदि राजा इस तरह का व्यवहार करे तो?'

आर्य वसुदेव तो यादव गणराज्य के एक महत्त्वपूर्ण मन्त्री थे। उनके साथ राजा ने कैसा व्यवहार किया है, यह पूरा आर्यावर्त जानता है। तुम दूर हो इसलिए भाग्यशाली हो, हमें सबकुछ सामने देखना पड़ता है। अनेक बार विचार आता है : अमात्य के पद से चिपटे रहने का क्या अर्थ है? फिर आश्वासन ढूँढ़ लेता हूँ : सत्यपुरुषों को कष्ट पहुँचाने के बीच

ढाल बन जाना भी बहुत है। राजा को समझाकर आर्य वसुदेव और देवकी को मुक्त कराया है। वे दोनों देशाटन पर गए हैं, मैंने ही पूरा प्रबन्ध किया है। उन्हें देखकर भी अपने शुभचिन्तक सोचने लगेंगे। संगठित होने के लिए प्रेरित होंगे। हमने बहुत प्रतीक्षा की है और अभी अपने धैर्य की परीक्षा होती है। राजा की क्रूरता में अब विकृतियाँ मिलती जा रही हैं। आप वहाँ गए हैं यह जानकर मुझे चिन्ता हुई थी।'

'प्रद्योत ने मुझे वहाँ भेजा था।'

'यह जानते ही मैंने उसे यहाँ बुलाया था। झिड़का : शान्त स्वभाव के मनुष्य के साथ भी तू इस प्रकार का व्यवहार करता है? तेरे प्रति सद्भावना होने पर भी महारानी अस्ति तेरे स्थान पर किसी मागधी योद्धा को सेनापति बनाना चाहती हैं, यह तू जानता है? हम तेरे हितों की रक्षा करें और तू हमारे आदरणीयों का अपमान करता है? यादवों और अहीरों की संगठित शक्ति का तुझे अन्दाज है? मेरे साथ एक बार ब्रजभूमि आना। निहत्थे लड़ सकें ऐसे हजारों गोप-युवक तुझे देखने को मिलेंगे। वे सब अपने नायक के लिए प्राण देने को तत्पर हो जाएँगे। सही अवसर पर यह सब मैं राजा से भी कहूँगा।'

अक्रूर के उद्‌गारों से आश्वस्त नन्दराय ने बताया : 'राजा से मैंने बहुत कहा। राज्य को वह अपनी निजी सम्पत्ति मानता है। उसे सम्मान देकर बात करना आज मेरे लिए मुश्किल हो गया। एक विकट परिस्थिति आनेवाली थी कि महारानी आ पहुँचीं। हमारे विवाद को उन्होंने मोड़ दे दिया।'

वहीं एक सन्देशवाहक आया। राजा ने पत्र भेजा था कि राज्य में बलि बन्द न हो, इसका ध्यान रखना। उद्धत गोपालकों के अधर्म से इन्द्र कुपित होंगे। इस सम्भावना की जानकारी मैंने गर्गाचार्य को भी दी है। मेरे आदेश में उनकी सहमति समझी जाए।

गर्गाचार्य के धार्मिक विवेक का कार्य भी राजा ने ले लिया? तो फिर उनकी सलाह किस तरह सुलभ होगी? मैं भी क्यों चाहता हूँ कि आचार्य राजा का विरोध करें। उन्हें पूछने ही नहीं जाता।

नन्दराय ने अक्रूर को समग्र घटना से अवगत किया। कृष्ण-बलराम ने अपनी आत्मिक प्रेरणा से गोरक्षा के लिए जो कदम उठाया है, उसके सामने ऊहापोह करना व्यर्थ है, यह समझकर अक्रूर ने नन्दराय को कोई नकारात्मक सलाह नहीं दी। ऊपर से कहा कि 'कुमारों के रचनात्मक कार्यों में अड़चन न बनें। वे ही तो अपनी आशा हैं। तुम सांदीपनि को यह समस्या सौंपना चाहते हो तो अवश्य सौंप दो। मैं तो कृष्ण-बलराम का अनुसरण करना पसन्द करूँगा। नन्दराय, सभी प्रश्न बुद्धि से नहीं सुलझ जाते। गोप-अग्रणियों को तुम पर विश्वास है। तुम्हें कह देना था कि जीवरक्षा के लिए कुमारों का साहस स्तुत्य है।'

'उन सबको कृष्ण-बलराम पर बेहद स्नेह है। उन्हें स्नेह है इसलिए शंका हुई, कहीं इन्द्र के कुपित होने से अकल्याण न हो।'

'तुम उनसे कहना कि अकल्याण बहुत हो गया है, अब प्रारम्भ हुआ है कल्याण, केवल कल्याण। जहाँ प्रेम है, वहाँ भय नहीं होता। तुम्हारे गोप-अग्रणी दुविधा में हों तो समझना कि अन्धश्रद्धा के कारण पीड़ित हैं। यह बात तुम मुझसे अच्छी तरह समझा सके होते।'

'उन्हें उसी समय समझाने पर ऐसी आशंका नहीं होती कि मैं कृष्ण-बलराम के साथ

पक्षपात कर रहा हूँ? जो मेरे यहाँ बड़े हुए हैं, उनसे भूल हो ही नहीं सकती, ऐसा मैं कैसे कह सकता हूँ? मुझे लगता है कि गोप-अग्रणियों की धार्मिक चिन्ता को सहानुभूतिपूर्वक सुनकर मैंने अपने नायकत्व का कर्तव्य निभाया है।' नन्दराय अपने मत पर दृढ़ थे।

क्षणिक वैचारिक मुद्रा के बाद कंस राजा द्वारा भेजे हुए पत्र को एक ओर रखकर अक्रूर ने कहा : 'अच्छा, मुझे बताओ, अग्रणी तुम्हारे भवन में आए उसके पहले तुम्हें ऐसा लगा कि कृष्ण-बलराम अधार्मिक कार्य कर रहे हैं?'

'नहीं, लेशमात्र भी नहीं। परन्तु शिकायत सुनकर मैंने आत्मनिरीक्षण किया। प्रौढ़वय में सन्तानसुख पाकर, वात्सल्य के अतिरेक में बालकों के कार्य में दोष नहीं दीखता हो, ऐसा तो नहीं है?' कहते हुए नन्दराय हँस पड़े।

यह हास्य उत्साह-प्रेरक था। अक्रूर को निखालिस होने की हिम्मत देनेवाला था। उन्होंने भी थोड़ी छूट लेते हुए कहा : 'नन्दराय, एक प्रश्न करूँ? शायद तुमको दुःख होगा। परन्तु मैं अपना कौतूहल शान्त नहीं कर सकता। तुम्हें कभी लगता है कि कृष्ण के प्रति तुम्हारा असीम वात्सल्य एक मिथ्या संकल्प का परिणाम है? पराए लड़के को इस तरह...'

नन्दराय गम्भीर हो गए। इस तरह मानो खुद से बात कर रहे हों : 'अक्रूर पराया क्या है इस जगत में। यह श्वास, यह प्रकाश, या बह जानेवाला जल—तुम्हें अपने-पराए के बारे में जानना हो तो तुम्हें यशोदा को देखना चाहिए। हमने उससे जो छिपाया हो, मुझे लगता है वह सब जानती है। शायद कृष्ण भी जानता है। फिर भी दोनों में जो सहज सम्बन्ध बँधा है, वह देखकर तो मैं इस सृष्टि के नियन्ता का कृतज्ञ हो गया हूँ। तुम किस बालक को जन्म देते हो यह भी महत्त्वपूर्ण होगा। आनुवंशिक लक्षण मिटते नहीं हैं। परन्तु जन्म से अधिक महत्त्वपूर्ण है पालन-पोषण। कृष्ण के पालन-पोषण में यशोदा ने अपना सम्पूर्ण मातृत्व समर्पित कर दिया। पहले मुझे भी चिन्ता थी कि यशोदा वास्तविकता जानेगी तो सहन कर पाएगी? अब लगता है कि वह बहुत ऊँचाई पर पहुँच चुकी है। वह कृष्ण की जननी नहीं है, यह कहने वाला भी यह कह सकता है कि वह कृष्ण की माता नहीं?'

'यशोदा तो स्त्री है, तुम पुरुष होकर भी इतने उदार हो?'

'उदार हूँ या नहीं, यह तो नहीं जानता परन्तु मेरे घर में कृष्ण और बलराम का पालन-पोषण होता गया, त्यों-त्यों मैं भी अन्दर से समृद्ध होता गया हूँ। मुझमें गुणात्मक परिवर्तन होने लगा है। मेरा क्रोध चला गया।'

'प्रद्योत इस बारे में सहमत नहीं होगा।'

'क्योंकि उसे मेरे भूतकाल का परिचय नहीं है। पन्द्रह वर्ष पहले यदि मेरा इस तरह अपमान किया होता तो अपनी लाठी से उसका सिर फोड़ दिया होता। तुम जानते हो अक्रूर उस समय दोषित व्यक्ति को खुद ही दंड देता था। पापी पर प्रहार करने में मुझे आनन्द आता। उससे मेरा अहंकार सन्तुष्ट होता। अपनी गणसभा भी मेरे उस विवेक की कद्र करती थी। इन बालकों के साहचर्य ने मुझे अन्दर से बदल दिया। अहं यह कैसी तुच्छ चीज है इसकी प्रतीति अब हुई। धीरे-धीरे मेरी आन्तरिक कमियाँ दूर होती गईं। अनजानी परिपूर्णता आती गई। यमुना की लहरों में दिखाई देती है वैसी परिपूर्णता। एक दूसरा

बदलाव भी आया। गाँव में या आस-पास के विस्तार में किसी शूद्र के घर बालक के जन्म का समाचार मिलने पर, ऐसा भाव जगता कि मैं वहाँ पहुँच जाऊँ। उस बालक को गोद में उठा लूँ। उसका स्वागत करूँ। मुझे कृष्ण ने पितृत्व की शिक्षा दी है, वह मुझ पर परमात्मा का सबसे बड़ा अनुग्रह है।'

'कृष्ण-बलराम का गोवध-बन्द करवाने का निर्णय, इस अनुग्रह का एक भाग समझकर ही स्वीकार कर ले।' अक्रूर ने अपने भीतर से बाहर आते हुए कहा।

'मेरा निजी विकल्प तो यही है। फिर भी गोप-कुलों का नायकत्व निर्देश देता है कि मुझे अपना मन तटस्थ रखना चाहिए। हमसे जो सर्वथा बड़े हैं, उन गुरुजनों का मार्गदर्शन लेना चाहिए।'

नन्दराय की वाणी में व्यक्त हुए सूक्ष्म विवेक से अक्रूर प्रभावित हुए बिना नहीं रह सके। और धन्यता का अनुभव किया।

कुछ समय के लिए विश्रान्ति आई। भोजन के तुरन्त बाद राज्य-कार्य में व्यस्त हो गए। गुप्तचरों का सन्देश सुना।

गवाक्ष में खड़े नन्दराय आकाश की ओर देखते हुए सोच रहे थे। गुरुजनों से मिलने में विलम्ब नहीं करना चाहिए।

परन्तु अक्रूर विचार-मग्न थे। राजा ने गर्गाचार्य को तुरन्त बुलवा लिया था। वे नन्दराय को उपयोगी सलाह दें उसके पहले ही अपना दृष्टिकोण प्रकट कर दिया था। अब अगर गर्गाचार्य से पूछा जाए और वे राजाज्ञा में ईश्वरीय आज्ञा का निर्देश देखें तो? आचार्य हमारे शुभचिन्तक हैं सही परन्तु अन्तःकरण से, प्रत्यक्ष रूप से नहीं। उनका अभिप्राय लेना अभी रहने दिया जाए तो? कैसा रहे? इस तरह सोचते हुए अक्रूर बोले : 'सच कहूँ नन्दराय? मुझे उन वनवासी तपस्वियों पर जितना विश्वास है, उतना इन सुविधाभोगी पुरोहितों पर नहीं।'

'आप इस तरह आचार्य गर्ग की आलोचना करोगे, मुझे इसकी कल्पना नहीं थी।' नन्दराय व्यथित हो गए। 'वे कृष्ण-बलराम के कितने शुभचिन्तक हैं, यह आप कहाँ नहीं जानते?'

'जानता हूँ, और यह भी जानता हूँ कि भ्रष्ट शासन-व्यवस्था के विरुद्ध किसी सभा में एक शब्द भी नहीं बोले।'

'मेरे साथ हुई बातों में उन्होंने अनेक बार असन्तोष व्यक्त किया है।'

'आपके समक्ष असन्तोष व्यक्त करने में कहाँ खतरा था? वे राज्यसभा में असन्तोष व्यक्त करें तो जानें! ऐसा करते ही उन्हें राजपुरोहित का पद छोड़ना पड़ेगा और तुम्हारे साथ गोकुल में रहने जाना पड़ेगा। ग्रन्थों की प्रतियाँ लिखनेवाले उन्हें वहाँ कहाँ मिलेंगे? दूसरी भी अनेक सुविधाएँ छोड़नी पड़ेंगी। इसके बदले मौन रहना क्या बुरा है? नन्दराय, मैं गर्गाचार्य की आलोचना करके अपना बचाव नहीं कर सकता, क्योंकि वे अकेले नहीं हम सभी दुहरा जीवन जी रहे हैं। यहाँ कुछ भी स्पष्टदर्शी नहीं है। इस कारण गर्गाचार्य अकल्पनीय निर्णय दे सकते हैं। कुछ समय के लिए हम उन्हें भूल जाएँ। मान लो कि राजाज्ञा हुई है कि हमें कल से गोबलि प्रारम्भ करवानी है। और प्रथम बलिदान देना है

तुम्हारी सुरभि का।'

अक्रूर के निर्मम वचन सुनकर नन्दराय खड़े हो गए। उनकी पगड़ी की हवा से झूमर का दीपक बुझ गया। सामने की भीत के दीपक में उनके मुख की कान्ति ताम्रवर्णी लगी। अक्रूर ने देखा कि इन शब्दों ने सही काम किया है।

'ओह! यह सत्य समझते हुए मुझे इतना विलम्ब कैसे हुआ?' नन्दराय अभी हवा का प्रतिकार करते वृक्ष की तरह खड़े थे।

'इसलिए क्योंकि सुरभि को अब तुम नहीं चराते, कृष्ण-बलराम चराते हैं। गो-पालन के कार्य से इन बालकों ने तुम्हें मुक्त कर दिया है। तुम्हें गोप-जीवन की धड़कन से, उसके मूल सत्य से दूर धकेला है, तुम्हारे नायकत्व ने।'

नन्दराय को सुरभि के माध्यम से अब सबकुछ स्पष्ट दिखाई देने लगा—

गोपों के लिए लक्ष्मी-पूजा गौण है, गो-पूजा मुख्य है।

सुरभि ऐसी शुभ फल देनेवाली मानी जाती है कि पूजा के दिन प्रभात से ही पूरा गोकुल उसे कुमकुम तिलक करने आता है।

बस अन्दर से उत्तर मिल गया।

अगली एकादशी को सारे अग्रणी भी एकत्र होंगे। उनसे और कुछ न कहकर अक्रूर द्वारा किया गया प्रश्न सुना दूँगा। निष्ठुर होकर सुना दूँगा। वे सोचने को बाध्य होंगे। अपनी सबसे प्रिय गाय की बलि देने को कोई भी अग्रणी तैयार नहीं होगा।

'तुम्हारे प्रश्न का मुझे अपने अन्तर से उत्तर मिल गया अक्रूर! इस बारे में अब मुझे गर्गाचार्य या सांदीपनि के मार्गदर्शन की आवश्यकता नहीं। तुमने मुझे झिंझोरा, मैं उन्हें झिंझोड़ूँगा। प्रश्न सुनकर प्रत्येक मनुष्य विचलित हो उठेगा।'

सुबह नन्दराय वृन्दावन वापस जाएँगे।

एकादशी के उत्सव में अक्रूर छद्‌मवेश धारण करके उपस्थित रहेंगे। आवश्यकता होगी तो वास्तविक रूप प्रकट करेंगे। सावधान रहने का समय आ गया है।

राज्य के आन्तरिक प्रश्नों के बारे में बातें हुईं। रानी कैसी सत्ताकांक्षी है और अपनी अलग आज्ञा मनवाने के लिए कितनी उत्सुक है—इस बारे में जानकर नन्द को आश्चर्य हुआ।

आन्तरिक अधिकार घटने पर राजा अधिक से अधिक क्रूर होता जा रहा है।

छोटे-बड़े सभी राजपुरुष उसके विलास को पोषित कर रहे हैं। जरासंध को पता नहीं कि उसके साम्राज्य को इस सिरे से घुन लगने लगा है...

सुबह विदा करते हुए अक्रूर ने कहा था : 'नन्दराय, परिवर्तन आएगा तो तुम्हारी दिशा से आएगा। हम नगरवासी तो बाहर से सुशोभित और अन्दर से सत्वहीन होते जा रहे हैं। प्राणवान जीवन तुम्हारे गोकुलों में है। कृष्ण-बलराम द्वारा किशोरों और युवकों में आ रही जागरूकता एक बड़ी आशा है, अपूर्व सम्भावना है। तुम्हें उसका विकास करना है। अच्छा, उत्सव में मिलेंगे।'

वापस लौटते मार्ग में उस सभा का स्मरण ताजा हो आया। कृष्ण-बलराम का पक्ष लेकर रोहिणी और यशोदा किस तरह खड़ी हो गई थीं। उनके मन में तो कोई दुविधा नहीं

थी। पुत्र गलत करेंगे ही नहीं।

अक्रूर ने किस तरह का समाधान खोज निकाला। यह बताने के साथ ही नन्दराय ने वर्षों से मन में दबा हुआ प्रश्न भी यशोदा के सामने रख दिया।

'यदि मैं कहूँ कि कृष्ण अपना पुत्र नहीं है तो?'

'ऐसा मजाक तुम्हें कैसे सुझा? मथुरा जाकर आनेवाले के साथ ऐसा कुछ हो ही जाता है। कई गोपियाँ भी कहती हैं।'

'मेरी बात तुम समझीं नहीं, वास्तविकता यह है कि कृष्ण अपना पुत्र नहीं, बलराम का भाई है।'

'यह परस्पर विरोधी बात क्यों कहते हो? कृष्ण अपना पुत्र नहीं है तो बलराम का भाई कैसे हुआ? दोनों यहीं बड़े हुए हैं, दोनों ने हमें पालनकर्ता का सुख दिया है। फर्क इतना है कि बलराम ने रोहिणी का दूध कुछ समय ज्यादा पिया है और कृष्ण मेरा दूध पीकर बड़ा हुआ है।' यशोदाजी सहज रूप से बोलीं। नन्दराय की गम्भीरता की ओर उन्होंने ध्यान ही नहीं दिया।

जन्म के समय बालकों की अदला-बदली की बात करनी थी। ऐसा लगता है कि यशोदा यह सुनना ही नहीं चाहतीं, तो फिर आज नहीं कहना चाहिए। कहेगी देवकी। आकर कहेगी और ले जाएगी अपने पुत्र को—इसकी कल्पना मात्र से ही नन्दराय की साँस घुटने लगी, आँख की कोर भीग गई। अन्दर से कँपकँपी आ गई।

यशोदाजी अपने काम में व्यस्त थीं। नन्दराय के वचन विरोधाभासी ही नहीं, अप्रासंगिक भी थे। क्या समझ रखा है उन्होंने? बालकों को प्रेमपूर्वक प्रोत्साहन देने की जगह बेकार की बातें करने लगे हैं।

इतने में विशाखा दौड़ती हुई आई।

उसके हाथ में सोने की कंदोनी थी। यशोदाजी ने देखते ही पहचान लिया। कुछ समय पहलेवाली दृढ़ता और निश्चिन्तता चली गई। मुख पीला पड़ गया।

नन्दराय के आसन के पास पड़ी चाँदी की पेटी में कंदोनी रखकर, विशाखा कुछ देखने की तत्परता में दौड़ जाना चाहती थी। यशोदाजी ने उसका हाथ पकड़ कर पूछा : 'क्या हुआ विशु?'

'आप नहीं जानतीं? पूरा गाँव एकत्र हो गया है? भैरवदा के अखाड़े में पन्द्रह वर्ष से कम उम्र के किशोरों की कुश्ती थी। कृष्ण उन सबसे जीत गया। फिर वह सोलह वर्ष के स्पर्धकों के साथ लड़ रहा था। एक उजड्ड स्पर्धक ने कंदोनी पकड़कर खींचा। भैरवदा ने कुश्ती रोक दी। बलराम ने यह कंदोनी उतारकर मुझे दी और कहा कि यशोदा माँ को दे आ, तू वापस आ जाएगी तभी स्पर्धा प्रारम्भ करेंगे।' कहकर विशाखा दौड़ती हुई चली गई।

'तो मेरा कृष्ण मल्लविद्या में भी निपुण हो गया? मुझे तो पता भी नहीं चला कि वह बड़ा हो गया है।' यशोदाजी हर्षाधिक्य में खड़ी हो गईं, 'देखूँ तो सही!'

कंदोनी हाथ में लेकर, पति को व्यस्त देख, उन्हें कृष्ण की प्रशंसा से वंचित रखने का दंड देकर यशोदाजी चल दीं। उच्च कुल की स्त्री को इस तरह से जाना चाहिए या नहीं, यह बात भूले उन्हें वर्षों हो गए। हाथ में पकड़ी कंदोनी हाथ में ही रह गई। विशाखा आगे और वे पीछे।

वे पहुँचीं तब तक दूसरी स्पर्धा भी पूरी हो गई थी।

एक विलक्षण प्रस्ताव सामने आया।

कृष्ण सुबल को हरा सकता है? गोकुल में मात्र बलराम ही सुबल को पटक सकता था। वह भी एकदम नहीं। सुबल बलवान था। और कुश्ती के कई दाँव भी जानता था। नगर में विजेता बनकर कोई शहरी कन्या से विवाह करने की अभिलाषा रखता था। कई लोगों को मथुरा में उसकी विजय के बारे में विश्वास था, परन्तु वहाँ की कोई कन्या उसे पसन्द करेगी इसमें सभी को समान रूप से अविश्वास था।

कृष्ण अखाड़े के बीच में जाकर खड़ा था। यशोदाजी लेने आई हैं यह जानकर नाट्यात्मक रूप से प्रणाम किया। ऊँचा उछलकर कलाबाजी खाकर उधर पीठ करके खड़ा हो गया।

बलराम ने माँ को प्रणाम करके निश्चिन्त रहने को कहा। और बताया कि धुरन्धरों को हराकर कृष्ण ने चमत्कार किया है। कई मित्रों ने कहा है कि कृष्ण और सुबल के बीच कुश्ती होनी चाहिए।

पीठ फेरकर कृष्ण को देखकर यशोदाजी समझ गईं कि अधूरा खेल छोड़कर यह घर नहीं आनेवाला। फिर भले खेले।

'चाची, मैंने कहा कि साँड के साथ बछड़े का जोड़ ठीक नहीं, पर कृष्ण कहता है कि मैं अब कहाँ बछड़ा हूँ?' उत्तम यशोदाजी के पास आया।

'केवलदा क्या कहते हैं?'

'वे तो उज्जैन गए हैं, शाम को आएँगे। आपकी सहमति है न?'

'हाँ, सुबल यहाँ आ, तू इसे जोर से मत पछाड़ना और चोट मत लगाना।'

'मैं लगाऊँ? वह भी कृष्ण को? आप कृष्ण से कहो कि मुझे उठाकर नहीं पछाड़े।' कहकर सुबल ने सभी को जोर से हँसाया। झुककर यशोदाजी को प्रणाम कर आशीर्वाद माँगा कि जीवन में मात्र बलराम से हारे, कृष्ण से नहीं, आज तो बिल्कुल नहीं।

यशोदा को लगा कि सुबल कृष्ण को फूल की तरह उठाकर सावधानी से नीचे लिटा देगा। कृष्ण हँसकर खड़ा हो जाएगा।

भैरवदा की पत्नी यशोदाजी के लिए आसन ले आईं।

कुश्ती प्रारम्भ हुई। दोनों प्रतिस्पर्धी एक-दूसरे से मिले। सुबल कृष्ण को गोद में लेकर हृदय से लगाकर कूदा। फिर कृष्ण को उतारकर अखाड़े के एक सिरे पर पहुँच गया। कुशल मल्ल की तरह अभिमान से ताल ठोंकी। कृष्ण ने इसके उत्तर में चुटकी बजाई। सुबल हाथी की गति से आगे बढ़ा। कृष्ण सुबल को एक ओर स्पर्श करके खिसक गया। सुबल पीठ फेरकर वापस मुड़े उसके पहले कृष्ण सिंहशावक की तरह छलाँग लगाकर सुबल को फलाँग गया। भैरवदा के चरणों के पास खिलखिलाता हँसता हुआ खड़ा हो गया। सुबल अभी कृष्ण को खोज रहा था। उसे देखते ही अपनी असावधानी पर हँस पड़ा। अब की बार स्फूर्ति से आगे बढ़ा।

वह फिर से छला गया। वह कूदे उसके पहले कृष्ण उसके पैरों के बीच से निकल गया। इतना ही नहीं, उसे कमर से पकड़कर उठाया। सबने तालियाँ बजाईं। सुबल को उठाना ही सबसे बड़ी विजय थी।

तुरन्त दाँव दिखाकर सुबल ने जमीन पर पैर रखे। कृष्ण को पकड़कर आगे लाने का प्रयत्न किया, परन्तु सफलता नहीं मिली। दोनों प्रतिद्वन्द्वी आमने-सामने थे। सुबल ने निश्चय किया कि अब की बार तो कृष्ण को एक झटके में ही उठा लेना है। उसकी मांसपेशियाँ तन गईं। उसके मुख से हास्य की रेखाएँ गायब हो गईं। यह उसकी प्रतिष्ठा का प्रश्न था।

वह तेजी से आगे बढ़ा, कृष्ण भी बढ़ा। परन्तु उसने इस बार सुबल का दूसरा हिस्सा पसन्द किया था। वह गिलहरी की तरह निकल गया। सुबल अपनी गति के कारण अखाड़े से बाहर आ गिरा। धूल-सने कृष्ण को यशोदा ने गोद में उठा लिया। उठाने में उन्हें लेशमात्र भी तकलीफ नहीं हुई।

इसका ध्यान ही कहाँ था कि वास्तव में कृष्ण बड़ा हो गया है? इतने बड़े लड़के को इस तरह सबके सामने किसी माँ ने पहले कभी गोद में नहीं उठाया था।

भैरवदा ने देखा कि कृष्ण के अंगों पर जिस माँ के दूध का तेज व्याप्त है, वह माँ भी कितनी सशक्त है। उन्हें अभूतपूर्व आनन्द हुआ।

'माँ, मुझे नीचे उतार, मुझे प्रणाम करना है। तूने सुबल को आशीर्वाद दिया था कि वह मेरे हाथों से नहीं हारे। इसलिए मैंने उसे अपने आप ही हारने दिया। उठाकर नहीं पटका।'

इस बात को सुनकर भी, सभी ने तालियाँ बजाईं। अपने आप हार जानेवाली बात से सुबल प्रसन्न हुआ। जिससे सबको आनन्द मिले, परन्तु कृष्ण ने बड़ी कुशलता से दाँव मारा था, इसमें किसी को शंका नहीं थी।

'सच्चा मल्ल वही है जो प्रतिस्पर्धी के बल को उसके विरुद्ध प्रयोग कर सके। कृष्ण ने यह सिद्ध कर दिया। जो कुछ घटा वह आकस्मिक नहीं था। बिना शिक्षा के, सिर्फ निरीक्षण के द्वारा कृष्ण ने इस क्षेत्र में बहुत कुशलता प्राप्त कर ली है। कृष्ण ने अनुमान लगा लिया था कि इस बार सुबल अपने पैरों का नियन्त्रण नहीं रख पाएगा और सन्तुलन गँवा बैठेगा।'

'क्या यह वास्तव में स्पर्धा थी?' यशोदाजी इस घटना को मात्र हँसी-मजाक मान रही थीं।

'हाँ, माँ, कृष्ण ने आज सबको जीत लिया। बड़े भाई को सम्मान देने के कारण मुझसे नहीं लड़ना चाहता।'—बलराम ने कहा।

'मैं तुम्हें जीत भी नहीं सकता, जीतना भी नहीं चाहता।'

'तुझमें इतनी समझदारी कहाँ से आ गई है, यही मेरी समझ में नहीं आता?' कहते हुए यशोदाजी ने उसे अपने पास खींचा। उसके ऊपर प्यार के हाथ फेरकर कंधन पहनाने लगीं।

'माँ, यदि मैं यह सोने की कंधनी नहीं पहनूँ तो क्या हो जाएगा? देख न मेरे किसी मित्र की कमर पर है?'

यशोदाजी ने विचार बदल दिया, तत्क्षण निर्णय ले लिया। उठकर भैरवदा के चरणों में कंधनी भेंट की। नख की धवलता के साथ कंधनी का स्वर्ण शोभायमान होने लगा।

मस्तक झुकाकर यह भेंट स्वीकार करने के लिए भैरवदा से प्रार्थना की। बलराम और कृष्ण को पास बुलाकर आशीर्वाद दिलवाया। पति को आज का शुभ वृत्तान्त बताने की उमंग में यशोदाजी अपने गौरव की चिन्ता न करके बहुत तेजी से चल रही थीं।

उन्होंने अनुमान किया था कि पति अकेले होंगे। अपने काम में मशगूल होंगे। परन्तु वे पहुँचीं उसके पहले गोकुलों के अग्रणियों से अतिथि खंड भर चुका था। उनके आतिथ्य में लगीं रोहिणी ने कारण बताया। अपने आनन्द में नन्दराय को तत्क्षण सहभागी न बना पाने के कारण यशोदाजी अधीर और व्यग्र थीं। बगल के कक्ष में जाकर आगन्तुकों के संवाद पर ध्यान देने लगीं।

तर्क-वितर्क दिए जा रहे थे।

अब गायों को गाँव से काफी दूर चराने के लिए ले जाना पड़ता था। इसलिए सेवकों के साथ कृष्ण-बलराम भी जाते थे, बल्कि पहुँच जाते थे। मल्लविद्या के दाँव-पेंच आज देर तक चले। बलराम भैरवदा के निवास से ही सुबल के साथ चला गया था, कृष्ण कलेवा लेने घर आया था।

अतिथि खंड के पास माँ को चिन्तातुर देखकर कृष्ण उनके पास आया और कारण पूछने लगा। उसकी आवाज सुनकर नन्दराय बाहर आए।

'अतिथि तुझे देखना चाहते हैं, तेरे साथ बात करना चाहते हैं।'

कृष्ण तुरन्त पिता के आगे हो लिया। अतिथियों को सादर प्रणाम किया। उसकी विनम्रता और विवेक को देखकर और सिर्फ पीताम्बर धारित उसकी सुन्दर देहयष्टि देखकर सभी आगन्तुक आनन्दित हुए। वे नन्दराय के साथ वाद-विवाद करने नहीं, अपितु सिर्फ कृष्ण को ही देखने आए थे, इस तरह वात्सल्यपूर्ण दृष्टि से उसे निहारते रहे और धन्यता अनुभव करते रहे।

कृष्ण की आँखों में बाल-सहज विस्मय की शुभ्रता थी। ललाट पर किशोरावस्था और युवावस्था की सन्धि-स्थल की छाया में मोहक आत्म-विश्वास प्रकट हो रहा था। उसके होंठों पर खेल रहे सहज स्मित में अभी कोई पार्थिव भाव प्रकट नहीं हुआ था।

गोप अग्रणी एकादशी आए उससे पहले ही एक नया प्रस्ताव ले आए थे, ''तुम अपनी प्रिय गाय की बलि देने के लिए तैयार हो?'—यह प्रश्न अक्रूर ने जगह-जगह पहुँचा दिया था। नन्दराय का कार्य सरल बना दिया था। फिर भी गोप अग्रणियों को उनकी रूढ़ियाँ परेशान कर रही थीं।—हमें इन्द्र के कुपित होने का भय है न? तो जिसमें गो-वध न करना पड़े ऐसा इन्द्रयोग क्यों न किया जाए? प्रतिवर्ष श्रेष्ठ इन्द्रयोग करने के कारण वृन्दावन और समग्र ब्रजभूमि में नन्दराय की ख्याति फैल गई थी। अग्रणियों की इच्छा थी कि इस प्रस्ताव की चर्चा के समय कृष्ण भी उपस्थित हो।

सारी बातें समझाकर उसके पक्ष या विपक्ष में अपना कोई भी अभिप्राय न हो ऐसे निरासक्त भाव से सबकी ओर देखते हुए कृष्ण ने नन्दराय से कहा : 'पिताजी, इन गोप-अग्रणियों के आग्रह से आप आज जिस इन्द्रयोग का अनुष्ठान करनेवाले हो उसे देखने का मुझे कौतूहल है? परन्तु इस समय मन में एक प्रश्न उठा है। उसमें अशिष्टता लगे तो मुझे क्षमा करके भी मेरी जिज्ञासा शान्त करें, ऐसी प्रार्थना है। आप शास्त्रवश होकर इन्द्रयोग करनेवाले हैं या लोक-परम्परा का अनुसरण कर रहे हैं?'

नन्दराय शास्त्रों के बारे में आवश्यक जानकारी रखते थे। वे स्वयं को शास्त्रज्ञ नहीं समझते थे। लोक-प्रचलन के कारण, अग्रणियों के आग्रह से वे यज्ञ के लिए तैयार हुए

थे। उन्होंने कहा : 'भगवान इन्द्र मेघ स्वरूप हैं। सभी मेघ इन्द्र की ही प्रिय मूर्तियाँ हैं। ये मेघ सर्व जीवों को जीवित रखनेवाला जल सब ओर बरसाते हैं। मेघ के बिना कृषि वगैरह सभी पुरुषार्थ निष्फल जाते हैं।'

कृष्ण ने नन्दराय की प्रत्येक युक्ति को ध्यान से ग्रहण किया। केवलदा के सत्संग से जो कुछ तत्त्वज्ञान हुआ था उससे सामंजस्य बैठाया। उसमें से जितना समझ में आया, वह कहने का साहस किया : 'इस जगत में अपने कर्मों का अनुसरण कर रहे जीवों को इन्द्र की क्या आवश्यकता है? पिताजी, क्या आप यह मानते हैं कि इन्द्र मनुष्य के पूर्वकर्मों को भी बदल सकते हैं?'

विकट प्रश्न था, नन्दराय या किसी अतिथि के पास इसका उत्तर न था।

कृष्ण अपने विचारों में डूबा हुआ था। त्रिगुणात्मक जगत की रचना के बारे में उसने सुना था। रजोगुण से प्रेरित मेघ सब ओर जलवृष्टि करते हैं। इसमें इन्द्र का कोई योगदान नहीं है। अपना जीवन इन्द्र की कृपा कर निर्भर नहीं, गायों के दूध-दही पर निर्भर है। यदि हमें पूजा करनी ही हो तो गायों और गोवर्धन की करनी चाहिए। दरिद्र और दलितों को अन्न का दान देना चाहिए। हम ऐसे उत्सव का आयोजन क्यों न करें जिसके केन्द्र में गोवर्धन हो और चारों तरफ के गोकुल उसमें भाग लें। हम श्रृंगार करेंगे, चन्दन का लेप करेंगे, जिनके पास कुछ भी नहीं होगा, उन्हें भी सुन्दर वस्त्रों में सजाएँगे।

कृष्ण खड़ा हुआ। उसने मन में आए नए उत्सव की कल्पना के बारे में सबको बताया। यशोदाजी ने कलेवा बाँध दिया, रोहिणी उसकी लाठी और वंशी ले आईं।

सबको प्रणाम करके कृष्ण ने वन की ओर प्रस्थान किया। उसने जिस उत्सव के बारे में बताया उसमें अब तक न प्राप्त किए आनन्द की सम्भावना थी। उसके एक-एक शब्द पर मोहित हो गए गोप अग्रणी मौन थे। परन्तु यह मौन प्रसन्नता से भरा हुआ था। मानो अभी भी कृष्ण को सुन रहे हों। ब्रजगुरु शांडिल्य के मना करने पर वे नहीं माने थे, परन्तु इस कृष्ण की मोहिनी...

वहीं घर में से पुरानी पोथियाँ एकत्र करके उसकी पोटली बाँधकर मधुमंगल आ पहुँचा। कृष्ण वन में चला गया यह जानकर उसे बहुत दुःख हुआ। वह एक विशेष कार्य से आया था। जब से सुबल कृष्ण के हाथों से कुश्ती हार गया है तब से गाँव में सब सुबल की ही चर्चा करते हैं। इसलिए यदि मैं भी शास्त्रार्थ में कृष्ण से पराजित हो जाऊँ तो गाँव में सब मेरी चर्चा करेंगे।—मधुमंगल की बात सुनकर सबको हँसी आ गई परन्तु वह गम्भीर बना रहा। वह वास्तव में हारने आया था। इन पोथियों का मर्म कृष्ण के पास पहुँच गया था।

7

वसुदेव-देवकी तीर्थ-यात्रा पूरी करके वृन्दावन आएँगे। रोहिणी और यशोदा यह समाचार सुनकर बहुत प्रसन्न हुई थीं। वृषभानु तो वर्षों से इस दम्पति से नहीं मिल पाए थे। उन्होंने अपना हर्ष अलग ढंग से व्यक्त किया था। घर में बहुमूल्य कशीदे की झालरें पड़ी हुई थीं।

उनमें कई राधा द्वारा पसन्द करवाईं। नन्दराय के यहाँ झालरों की कमी नहीं थी। परन्तु वृषभानु यादवश्रेष्ठ वसुदेव के प्रति आदर व्यक्त करना चाहते थे। यह मदद नहीं थी, सहयोग था। अपने अतिथि का पूरा गोकुल स्वागत करे, यह नन्दराय को अच्छा लगता था।

यशोदाजी और रोहिणी अभी दोपहर के कार्य से निवृत्त नहीं हो पाई थीं, कि विशाखा और ललिता को लेकर राधा रथ पर चढ़कर आ गई। तीनों ने मिलकर नन्दभवन के भंडार-गृह में काफी उथल-पुथल मचा दी। मनपसन्द झालरें इत्यादि निकालीं। गोधूलि के समय तक अतिथि खंड राजमहल के कक्ष से स्पर्धा कर सके ऐसा हो गया। तीनों गोपियों ने कोई महान कलात्मक कार्य किया हो, इस तरह सन्तुष्ट होकर कक्ष को निहार रही थीं। यशोदाजी और रोहिणी द्वारा की गई प्रशंसा में कोई कमी नहीं थी, फिर भी वे किसी की प्रशंसा की भूखी थीं।

गायों के खुरों से उड़ी धूल शान्त हो, उससे पहले कृष्ण-बलराम आ पहुँचे। गायों की घंटियों की आवाज पहचानकर यशोदाजी और रोहिणी भवन के पीछे बाड़े में पहुँच गईं। बलराम गोपियों की ओर देखे बिना सीधा रसोईघर में गया। रोटी और मिसरी का लड्डू लेकर बाहर आया। इस समय खाने के सिवाय और किसी चीज में रुचि नहीं थी।

कृष्ण के कन्धे पर लगी धूल अपनी ओढ़नी से साफ करके राधा उसे अतिथि खंड में खींच ले गई। ललिता और विशाखा वहाँ खड़ी ही थीं। चक्रों में लगाए गए दर्पणों में कृष्ण की शत-सहस्र छवि देखकर तीनों सखियाँ चकित रह गईं। अपनी कलात्मकता की प्रशंसा सुनना भूलकर कृष्ण के बिम्ब-प्रतिबिम्ब में डूब गईं। इस समय छोटी दुर्गा भी बाहर से आ गई। उसे गोद में उठाकर कृष्ण ने कहा : 'वाह! यह सब तुम्हारे साथ सजाने का अवसर मुझे मिला होता तो कितना कुछ सीखने को मिलता। तुम जन्मगत कलाकार लगती हो।' कहकर कृष्ण ने बाहर आकर जलपात्र से हाथ-मुँह धोए और अति उत्साह से खाने में प्रवृत्त बलराम को मानपूर्वक देखा।

'आज दोपहर को तूने मेरा कलेवा खा लिया था, तो मुझे अच्छा नहीं लगा था, विचार आया था कि अब पूरा दिन कैसे बीतेगा। परन्तु उस कारण तेज हुई भूख में यह रोटी भी इतनी स्वादिष्ट लग रही है कि मैं खीर का स्वाद भी भूल गया हूँ।'

बलराम की बात सुनकर, राधा की ओर देखकर कृष्ण ने कहा : 'बड़े भैया ऐसा मान रहे हों कि मिसरी का लड्डू आज मुझे आपसे कम मीठा लगेगा।'

थोड़ी देर बाद कृष्ण ने विशाखा से कहा : 'तुम्हें भूख नहीं लगी? या फिर बड़े भैया से डरती हो? जाओ पूरा रसोईघर लूट लाओ। माँ बाड़े में से वापस आए उससे पहले खा-पी डालें। हम सब इस तरह काफी समय के बाद एकत्र हुए हैं।'

अब बलराम को गोपियों से कम संकोच होता था। उसने खाते हुए ललिता और विशाखा की ओढ़नी के रंग देख लिए।

राधा, कृष्ण की वंशी का फूँदना ठीक कर रही थी, यह भी बलराम ने देखा। उसे विचार आया कि कृष्ण इस समय वंशी बजाए और तीनों सखियाँ गीत गाएँ तो कैसा रहे। अब भूख खत्म हो जाने से स्वयं ढोल या मृदंग बजाने के लिए तैयार है। यशोदा माँ कभी-कभी इन गोपियों के बारे में नन्दबाबा से शिकायत करती हैं, 'बरसाने की चतुर

छोकरियाँ मेरे कृष्ण को बिना कारण हैरान करती हैं। कभी तो चार-पाँच सखियाँ कृष्ण को घेर लेती हैं। अपनी आँखों से देखनेवाले ने कहा है। उनके लिए तो कृष्ण मानो अभी छह मास का भी नहीं हुआ है। गाँव में तुम्हारा कोई आदेश नहीं चलता। नहीं तो कृष्ण की ऐसी दशा होती।'

पिताजी पूछते हैं तो कृष्ण चुप रहता है। दूसरी बार पूछने पर कहता है : 'सब खेलती हैं, मैं भी खेलता हूँ।'

'खेलता हूँ! देखो कैसा भोला बनता है। बड़े-बड़े लोगों के सामने इन्द्र राजा के विरोध में भाषण देता है। बड़े विद्वान की तरह भाषण करने लगता है। और कह रहा है कि खेलता हूँ।'

'माँ, कृष्ण बड़ा हो गया है, यह तुम्हें मानना ही चाहिए।' बलराम ने कहा।

'और चुम्बन करने में क्या आपत्ति है, दंतदंश करे तो और बात है।' कृष्ण के इन शब्दों को सुनकर सब हँस पड़ते हैं।

इस तरह के आनन्दपूर्ण क्षणों में अब बलराम गोपियों के द्वारा कृष्ण की छेड़छाड़ पर गम्भीर नहीं होता। ऐसे समय कृष्ण उसे बाहर आने के लिए पुकारता तो वह नहीं जाता था। किसी जंगली पशु ने आक्रमण किया हो तो दौड़कर बचाना उसका कर्तव्य था परन्तु यह तो फूलों की मार है—अब ऐसे विचारों से बलराम को संकोच नहीं होता।

अब तक सबको लूट लेने के लिए वृन्दावन में प्रसिद्ध कृष्ण आज अपना रसोईघर लुटवा रहा है—यह जानकर यशोदाजी प्रसन्न हुईं। उनकी प्रसन्नता को द्विगुणित करने के लिए, उनके पीछे आनेवाली रोहिणी को भी सुनाई दे इस तरह कृष्ण ने कहा : 'आज बड़े भैया ने अद्‌भुत पराक्रम किया था। अकेले ही जंगली खच्चरों को भगा दिया।'

दोनों माताएँ और तीनों गोपियाँ कृष्ण-बलराम को घेरकर बैठ गईं। गाय दोहने की ऐसी कोई जल्दी नहीं थी। सारी गायें सही-सलामत आ गईं और उनकी पीठ पर हाथ फेर लिया, इतना बहुत है। कृष्ण के मुख से बलराम के पराक्रम की बात सुननी है।

गर्मी में घास की कमी के कारण कई जंगली खच्चर वन में से गोचर भूमि की ओर आ गए थे। घास चरने के बाद चले जाएँगे यह मानकर ग्वालों ने उनकी ओर विशेष ध्यान नहीं दिया। परन्तु पूरा मैदान उन्हीं की जागीर हो यह समझकर एक रेंक रहे खच्चर ने सुरभि और चन्द्रा जिधर चर रही थीं उस ओर प्रयाण किया। यह देखकर कि आगमन का कोई प्रभाव नहीं हुआ, उनसे अपने अपमान का बदला लेने का निश्चय किया। वह खच्चर बिल्कुल पास पहुँचकर पिछले पैरों की चोट मारने लगा। गोकुल के साँड गायों की रक्षा के लिए नहीं पहुँचे। बाद में पता चला कि नदी के प्रवाह में बैठे हैं। उन्होंने सोचा होगा कि बैशाख की गरमी में सारे समय चरने के स्थान पर इस तरह थोड़ी देर नदी को रोककर आत्म-सन्तोष प्राप्त करना चाहिए।

गायों और खच्चरों की उस घटना का प्रथम दर्शन सुदामा बना। वह अपनी पहली लाठी लेकर दौड़ा। कंधे पर से चादर खिसक गई। चादर की चिन्ता किए बिना वह दौड़ता गया। सुदामा को अपनी शक्ति और लाठी पर शायद अधिक विश्वास था। उसने लाठी से प्रहार किया। वहाँ तो खच्चर ने पीठ फेरकर भागने के स्थान पर पिछले पैरों को उछाला।

लाठी के ऊपरी सिरे से खच्चर के पैर का खुर इस तरह टकराया कि सुदामा की मुट्ठी खुल गई। उसने बलराम और सुबल की टंकार सुनी थी। वह आवाज रोमांचक थी और यह भयजनक। सुदामा पीछे हट गया। और जोर से पुकारने लगा।

बलराम ने दूर से सुदामा की आवाज सुनी। पेड़ के सहारे रखी लाठी को लिए बिना ही वह दौड़ा। पास जाकर देखा कि सुदामा की लकड़ी पैरों से दबाकर एक खच्चर पेशाब कर रहा है और दूसरों से डरी हुई गायें गाँव की ओर दौड़ रही हैं। बलराम को बहुत क्रोध आया। खच्चर एक मूर्ख प्राणी है यह जानकर भी क्रोध आया। उसके पैर से दबी लाठी से ही सबकी हड्डियों को तोड़ने का निश्चय किया। खच्चर को धक्का मारकर उसके पैरों के नीचे से लाठी को अपने पैर से खींचने का प्रयास किया। बिल्कुल उसी समय घात देखकर खच्चर ने लात मारी। सावधान बलराम को ऐसी कल्पना नहीं थी। उसका कंधा हिल गया। यह देखकर दूसरे खच्चरों को भगाने का काम छोड़कर कृष्ण बलराम के पास आया। उसके पास अपनी लाठी थी। वह सहायता कर सके तब तक तो एक अद्‌भुत दृश्य खड़ा हो गया। उस खच्चर ने अत्यन्त कर्कश और भयानक आवाज निकालते हुए बलराम पर अन्धाधुंध आक्रमण शुरू कर दिया था। दूसरा कोई ग्वाला होता तो उसके सिर के टुकड़े आधे योजन दूर गिरे होते, परन्तु भैरवदा के पास से आत्मरक्षा की शिक्षा प्राप्त किए हुए बलराम को वह बिल्कुल घायल नहीं कर पाया। लात मारने की सारी शक्ति बेकार गई। दोबारा शक्ति संचित करने के लिए धरती का सहारा ले उससे पहले ही बलराम ने उसके पैर पकड़ लिए। पलभर में यह क्या हो गया? बलराम के लिए वृक्ष की बड़ी शाखा तो तोड़कर हवा में घुमाना आश्चर्य की बात नहीं थी। परन्तु इतने बड़े खच्चर को पिछले पैरों से पकड़कर घुमा दिया। आश्चर्य का क्षण अभी नहीं आया था। बलराम के हाथ से फेंका गया खच्चर अपने भाग रहे साथियों के पास जाकर गिरा। उसके प्राण हवा में ही निकल गए होंगे, यह मानकर कृष्ण की दृष्टि वापस मुड़ रही थी कि तब तक वह खच्चर फिर हिला और दूसरे ही क्षण खड़ा हुआ। और उसे छोड़कर भाग रहे विश्वासघाती साथियों को देखकर रेंगने लगा।

उस जंगली खच्चर की जिजीविषा से बड़े भैया की शक्ति का सही अन्दाज लगाया जा सकता है। पूरे प्रसंग का वर्णन करके सभी को भरपेट हँसाकर कृष्ण ने बलराम की ओर अत्यधिक आदर के साथ देखा। सुदामा और अन्य युवक भी भाव-विभोर होकर बलराम को देख रहे थे।

'यह किस तरह घटित हुआ, इस बारे में तुममें से किसी को पता नहीं है। यदि मैंने हमेशा की तरह आज भी दोपहर को भरपेट खाया होता तो शायद मैं इतनी शक्ति नहीं लगा पाता। आज कृष्ण मेरा कलेवा खा गया है, मुझे इसका आनन्द था, समझ में न आए ऐसी स्फूर्ति का अनुभव हो रहा था। तीसरे प्रहर की गर्मी में भी मेरा शरीर प्रातःकाल जैसी ताजगी अनुभव कर रहा था। इसीलिए तो मैंने उस मूर्ख मल्ल को इस तरह घुमाकर फेंक दिया।'

यशोदाजी ने रोहिणी की ओर देखा। 'देख, तू जिसे भोला कहती है, आज वह कैसी सूक्ष्म बातें कर रहा है। वह भले ही कृष्ण जैसा चतुर और चपल नहीं है, परन्तु सबकुछ समझता है। देखो तो, अपने पराक्रम का यशभागी कृष्ण को बना रहा है! कृष्ण कलेवा

खा गया इसीलिए वह इस तरह फेंक सका। झूठ, सरासर झूठ। भूखे रहने मात्र से ऐसा पराक्रम नहीं किया जा सकता।'

'मैंने दुगुना खाकर तुरन्त भाई को उठा लिया था। इस तरह...' कहते हुए सबके सामने कृष्ण ने बलराम को उठा लिया।

गोपियों के हृदय नाच उठे। दोनों भाइयों का प्रेम देखकर दोनों माताओं की आँखें हर्ष के आँसुओं से भीग गईं। वन में इस घटना को प्रत्यक्ष देखनेवाले ग्वाले देर तक तालियाँ बजाते रहे थे। वृक्षों के शिखरों से कई पत्ते पक्षी बनकर उड़ गए थे। गायों को अपने बछड़े याद आ गए थे।

वे ऐसे रंभाई थीं कि वनदेवी के अंगों की अलसता अलोप हो गई।

आज का चौथा प्रहर भुलाने पर भी नहीं भूलेगा।

'माँ, आज कान्हा ने ऐसी मुरली बजाई कि यमुना की लहरें उल्टी दिशा में उछलने लगीं। मैं सही कह रहा हूँ कि भाई की बाँसुरी में प्रेम और माधुर्य ही नहीं, ओज और तेज भी है।' बलराम ने कहा।

कृष्ण किसी सोच में था। गायों को हाँककर जब दोनों भाई वापस आ रहे थे, तब एक काला नाग फुँफकारता हुआ यमुना में दौड़ गया था। खिले कमल के सुकोमल पत्तों को कम्पित करता उसके नीचे विलीन हो गया था। मानो उससे बाँसुरी के स्वर सहन नहीं हो पाए हों।

इस बारे में बात नहीं हो सकी। माताएँ और गोपियाँ गाय दुहने के लिए चली गई थीं। दूध के बर्तन धोते समय सुनाई देती कंकन की आवाज अब शान्त हो गई थी। दुधारी गायों की नाद में पौष्टिक आहार रखकर सेविकाएँ मक्खियाँ उड़ा रहीं थीं। सुरभि को या तो यशोदाजी दुहें या फिर रोहिणी।

नन्दराय गाँव के कार्यों को पूरा करके घर आ गए हैं। बलराम और कृष्ण भैरवदा और केवलदा के निवास पर पहुँच गए थे। संध्या आरती के बाद ही अब वे घर आएँगे। पश्चिम की सुनहरी आभा पश्चिम दिशा में एकत्र होकर यमुना किनारे खड़े वृक्षों पर कलरव कर रहे पक्षियों के घोंसलों में उतरने लगी है। घोंसले को भरकर वह नीचे उतरेगी, जड़ों तक पहुँचेगी और कल प्रभात में खिलनेवाले फूलों के पराग में प्रकट होगी। वृन्दावन में ऐसा नित्य क्रम है।

बादल घिर आए हैं।

लग रहा था कि आज वसुदेव-देवकी आएँगे। रोहिणी को पूरी आशा थी कि संध्या-वन्दन से पहले आर्यपुत्र और देवकी अवश्य आ जाएँगे। उनका खालीपन सिर्फ तीर्थयात्राओं से नहीं भर सकता। पुत्र की आँखों में प्रकाशित पुण्य देखकर कौन-से माता-पिता धन्य नहीं हो जाते? और यह तो...यह तो वसुदेव-देवकी द्वारा भोगी गई यातनाओं की स्मृति से रोहिणी की आँखें भर आईं। प्रतीक्षारत नन्द और यशोदा के पास से वे हट गईं। दुर्गा को खाने के लिए दिया।

बादल घिर रहे हैं। आकाश में गर्जना हो रही है।

'बरसात आने से पहले अतिथि आ जाते तो अच्छा होता।' नन्दराय ने यशोदाजी से कहा।

कृष्ण-बलराम घर आ गए हैं।

हवा की गति बढ़ गई थी। 'खा लो नहीं तो दीपक बुझ जाएगा।' रोहिणी काम में व्यस्त रहकर आर्यपुत्र की प्रतीक्षा को सह्य बना रही थीं।

आँधी में उड़ती कंकड़ी लगने लगीं। उससे भयभीत गायों को कृष्ण शान्त कर आया।

नन्दराय का अनुभव था : बरसात तूफान के साथ आएगी।

बलराम आँगन में खड़ा है। भीग जाएगा।

कृष्ण गहरी साँस लेता है। हवा में जंगली फूलों की सुगन्ध है। एक बार बड़े-बड़े ओले पड़ने लगेंगे तब गायें भी उमंग में आ जाएँगी।

बरसात शुरू हो गई।

गोकुल के बालकों, किशोरों और युवक-युवतियों ने हर्षित ध्वनि से उसका स्वागत किया।

राधा अपने बड़े भवन में अकेली पड़ गई होगी। किलकारी मारते हुए उसे संकोच हुआ होगा। अपने हृदय की बात वह कहे भी तो किससे? कभी-कभी जब कृष्ण के सामीप्य के लिए वह विह्वल हो जाती है, तब बाँसुरी के स्वरों को छेड़ता हुआ वह दूर चला जाता है। स्वप्न में भी यह अन्तर बढ़ जाता है।

नन्दभवन का आँगन बह रहा है। परन्तु पानी स्थिर लगता है।

कुछ समय के लिए धीमी पड़ी बरसात फिर तेज हो जाती है। माताएँ पुत्रों को बुलाती हैं। बहुत नहा लिया, अब घर चलो, वस्त्र बदल लो। 'आया' कहकर बरसात के आखिरी ओले बीनने के लिए कृष्ण और बलराम नन्दभवन के आँगन और बाड़े में चले जाते हैं। धरती अभी मानो पानी एकत्र कर रही है, बाद में आराम से पिएगी।

बरसात बन्द नहीं होती। वर्षा की पहली बरसात तो थोड़ी बरसकर बन्द हो जाती थी। घड़ी, दो घड़ी या अधिक से अधिक आधा प्रहर उसका प्रवाह तेज रहता था। फिर जीवन में उत्फुल्लता आ जाती। वर्षा ऋतु का प्रथम त्योहार...

'यह तो बन्द ही नहीं हो रही!' रोहिणी ने कहा। उसकी चिन्ता में यशोदा भी सहभागी बनीं।

पवन का वेग घटता ही नहीं। घरों के छप्पर तो नहीं उड़ गए होंगे? नन्दराय को अब चिन्ता होने लगी है।

इतना उजाला भी नहीं रहा कि ग्रामजनों की स्थिति देखने निकला जा सके। अवश्य ही किसी-किसी के छप्पर उड़ गए होंगे। सामान भीग गया होगा। पड़ोसी के यहाँ शरण ली होगी। कोई-कोई तो ऐसे में ही अपने छप्पर ठीक करने लगे होंगे। युवा और प्रौढ़ गोप दो दिन तक ऐसे भीगते रहें तो भी उन्हें क्या होनेवाला है? परन्तु छोटे-छोटे बच्चे जगकर रो रहे होंगे। और फिर बिजली की गर्जना से भयभीत होकर चुप हो जाते होंगे।

बरसात उसी वेग से बरस रही थी। इधर घर से बुरी खबरें आने लगीं।

सुदामा के घर के पास सुपारी का पेड़ था, वह गिर पड़ा। घर का उत्तरी भाग बैठ गया। अबीर-गुलाल भीग गया। सुदामा के चिन्तित माता-पिता अजीब शंका-कुशंका करने लगे। 'अपने बुद्धिमान लड़के ने आँसू बहाकर गोवर्धन की बलि बन्द करवा दी थी, यह

उसका परिणाम है। इन्द्रदेव की कोपदृष्टि से ही ऐसी अतिवृष्टि होती है। प्रलय आता है। इसका उपाय नहीं करेंगे तो अपने पाप से पूरा गोकुल बह जाएगा।'

माता-पिता का उलाहना सुनकर, अनाज और वस्त्रों को सूखे स्थान पर खिसकाकर, कृष्ण-बलराम की सहायता की आशा से सुदामा जाग रहा था। बरसात बन्द हो तो पुकारूँ। खड़ा होने की कोशिश करे तो फिसल जाता। भीगे वस्त्र निचोड़कर फिर पहनता। इस तरह रात बीत गई। सूर्योदय के समय वह नन्दभवन की ओर चल दिया।

मेघराजा की यह कृपा बहुत कम कुटुम्बों के लिए सामान्य थी। अधिकतर लोगों को पूरी रात जागना पड़ा था। एक मात्र मधुमंगल आराम से सोया था। कल शाम को मिले ब्रह्मभोजन के बाद बरसात से हुए ठंडे वातावरण ने लम्बी नींद में सहयोग दिया था।

देर रात से सोए बलराम-कृष्ण अभी उठे ही थे। रोहिणी अपने खंड में जाकर सोने का नाटक करके आँगन की ओर मुख करके जाग रही थीं। ऐसा ही होनेवाला है मानो इस बात का पता हो—इस तरह यशोदाजी कक्ष का दीपक जलाने के लिए बार-बार उठती थीं। आखिरी प्रहर में नन्दराय लेटे थे। उन्हें आश्चर्य था, आनन्द था। कृष्ण-बलराम को गाढ़ निद्रा में देखकर उन्हें जगते रहने का फल मिला था। दोनों माताएँ सुन सकें इस तरह वे कह रहे थे।—'पूरे दिन गायों की रखवाली और तरह-तरह के खेलकूद। गेंद-बल्ला, कुश्ती, बाड़ और छोटे वृक्षों को कूद जाने की स्पर्धाएँ, दौड़...इस कारण नींद आए ही। तो भी कितना कहा तब जाकर सोए। मुझे चिन्ता थी आर्य वसुदेव और देवकी भाभी की। वसुदेव भाई बड़े शास्त्रज्ञ हैं। बदलते परिवेश को तुरन्त पहचान जाते हैं। उन्होंने शोध सुरक्षित स्थान पर विश्राम करने का निर्णय ले लिया होगा—' आश्वासन के इन शब्दों से रोहिणी निश्चिन्त नहीं हो सकीं।

यह क्या? वज्र के सामने प्रचंड खड्ग के प्रहार की तरह बिजली और कानों के पर्दे फाड़ डाले ऐसी भयंकर गर्जना! सुनते ही दोनों भाई उठ बैठे। लड़ने के लिए आह्वान किया जा रहा हो, इस तरह खड़े हो गए। रोहिणी को जागता देखकर बलराम उससे बात करने लगा था। कृष्ण मेघगर्जना और बिजली चमत्कार के बीच बाड़े में जाकर गायों के सिर पर हाथ फेरकर उनके मुख अपनी बगल में दबाकर उन्हें निर्भय बनाकर गीले कपड़े पहने ही सो गया।

यह देखकर नन्दराय सोचने लगते हैं कि इस लड़के को मेघ-गर्जना ने जगाया या गायों की ममता ने?

सुबह हो गई थी। बाड़े में से लौटते समय कृष्ण ने सुदामा को देखा। उसके मुख के भावों को समझ लिया। उसके पास गया।

'क्या तेरे घर को बहुत नुकसान हुआ है?'

'नहीं, थोड़ा हुआ है, परन्तु मेरे माता-पिता मानते हैं कि जब तक हम इन्द्र के कोप का निवारण नहीं करेंगे तब तक...'

'तू कायर है सुदामा! इस समय किसी की सहायता करने का विचार करना चाहिए, इन्द्र के कोप का नहीं।'

'यह सही है, परन्तु देवताओं का कोप...'

'केवलदा कह रहे थे कि इन्द्र कोई देवराज नहीं, परन्तु सप्तसिन्धु का राजा था। इस प्रदेश पर वह बराबर आक्रमण करता था। अपने पूर्वज उसकी शर्त मानकर उसे प्रसन्न करते। उस शर्त के अनुसार ही यह गो-वध का प्रारम्भ हुआ था'—नन्दराय को समीप आता देखकर कृष्ण ने कहा, 'पिताजी से पूछ, गोबलि चालू रहने में किसको रुचि थी, और आज किसकी माँग है। मांसाहारी नगरजनों को प्राणी हिंसा से कहाँ परहेज है? यज्ञ के प्रसाद के रूप में बछड़ों का मांस खानेवाले कर्मकांडियों की कमी नहीं है। कई मनुष्यों ने तो अपना स्वार्थ सिद्ध करने के लिए अमुक-अमुक देवताओं का भय खड़ा कर दिया है। मैं गलत कहता हूँ बड़े भैया?'

बलराम रोहिणी के कहने पर बाहर जाने के लिए तैयार हुआ था। उसने कृष्ण-सुदामा की बात पर विशेष ध्यान नहीं दिया।

शायद दूर तक जाना पड़े—ऐसा सोचकर यशोदाजी थोड़ा मेवा ले आईं। सुदामा को भूख नहीं थी, फिर भी उसे मुट्ठी भरकर छुआरा, गोला और मिसरी दी।

कृष्ण भी अपनी लाठी लेकर बलराम के साथ जाने के लिए तैयार हो गया था। सुदामा को बैठाकर नन्दराय उसके प्रश्नों का उत्तर दे रहे थे। 'सबकुछ शास्त्रों से पढ़-पढ़कर जीवन में नहीं लाया जा सकता। शास्त्र रुक जाते हैं, और जीवन आगे बढ़ जाता है। दोनों के बीच की दूरी बढ़ जाती है। और नए शास्त्र की आवश्यकता पड़ती है। सुदामा, तेरे जैसे बुद्धिशाली ब्राह्मण युवक को नए शास्त्र का प्रणेता बनने की आकांक्षा रखनी चाहिए। कर्मकांडी माता-पिता की भय-ग्रन्थियों को दूर करना चाहिए। चल, मैं तेरे घर चलता हूँ, वैसे भी मुझे गाँव में जाना ही था।' उसे आश्वासन देते हुए नन्दराय उसके घर तक आए।

धीमी हुई बरसात ने फिर से जोर पकड़ लिया था।

बलराम और कृष्ण तरंग की कुटिया से वापस लौट आए थे। अक्रूर का गुप्तचर तरंग को सन्देश देकर लौट गया था। तरंग गोकुल आने के लिए निकला था, इतने में बरसात टूट पड़ी! परिवार के सदस्यों को ऐसे तूफान में अकेला छोड़ना उचित नहीं लगा। बुजुर्गों से क्षमा माँगता हूँ। अतिथियों की प्रतीक्षा और चिन्ता में ही आप लोगों की रात व्यतीत हुई होगी। अक्रूरजी ने कहलवाया है : 'वसुदेव-देवकी यात्रा पूरी करके सकुशल मथुरा पहुँच गए हैं। मैं जिस कारण से पिछली एकादशी को वहाँ नहीं आ पाया था उसी कारण से आर्य वसुदेव भी नहीं आ पाए। यदि संयोग प्रतिकूल नहीं होंगे तो हम सब श्रावण के कृष्ण पक्ष की अष्टमी के दिन वृन्दावन आ जाएँगे। बड़े उत्सव का आयोजन करना। कृष्ण की सोलहवीं जन्मतिथि बहुत धूमधाम से मनानी है।'

सामान्य परिस्थिति में कृष्ण-बलराम तरंगदा की कुटिया से इतनी जल्दी वापस नहीं आते। परन्तु आज अक्रूरजी का सन्देश पहुँचाकर सबको निश्चिन्त करना था। बलराम बड़े-बड़े तेज कदम भरकर आगे चल रहा था। उसकी इस गति के कारण शरीर पर पड़ रही अनेक बूँदें तो टूट जाती थीं। और कुछ फिसल जाती थीं। पीछे चल रहा कृष्ण विचार-मग्न था।

उसे गोवर्धन का स्मरण हो गया।

सिर्फ बरसात हो तो चिन्ता नहीं थी। परन्तु यह पवन के साथ पड़ रही बरसात गाँव के कई घरों को धराशायी बना देगी। घर के मोह में भीतर छिपे कुटुम्ब दब जाएँगे—ऐसा खतरा आए उससे पहले ही—

'भैया, याद है, हम सब मित्र एक बार गोवर्धन की एक लम्बी गुफा में आँखमिचौनी खेले थे?'

'हाँ, याद है, और यह भी याद है कि उसमें तू जीत गया था। तुझे जब जीतना होता है तब सबको भ्रम में डालकर तू जीत जाता है। और आँखमिचौनी में तो तू निपुण है।' बलराम प्रसन्न था, शुभ प्रसंग सुनकर उसका उत्साह बढ़ गया था। उसकी इच्छा थी कि कृष्ण भी जल्दी चले। इसलिए उसने पूछा : 'कृष्ण, तूने सबको छला होगा, परन्तु आज तक तूने मेरे साथ छल नहीं किया, इसका क्या कारण है?'

'मैं लोभी और अभिमानियों को छलता हूँ। केवलदा ने कहा है कि यह करने योग्य कार्य है।' कृष्ण थोड़ा दौड़कर बलराम के साथ हो लिया। 'हम ऐसा करें? तुम सीधे घर जाओ मैं गोवर्धन पर जाकर आता हूँ। उस गुफा को देख आऊँ। वहाँ रक्षा हो सके तो छप्पर उड़ने से निराधार हुए कुटुम्बों को वहाँ पहुँचाया जाए।'

'ऐसे में तू अकेला जाएगा? चल, मैं भी साथ आ रहा हूँ। देर हो जाएगी तो दौड़ लेंगे।'

'दौड़ते समय नजर नीची रखनी पड़ेगी, क्योंकि कहीं गिरेंगे तो...'

'तो जमीन में गड्ढा हो जाएगा, सही बात है न!' कहते हुए बलराम हँस पड़ा। और दोनों दौड़ने लगे। मेघराज के आक्रमण से यह दोनों भाई बिलकुल निर्भय थे।

जाकर देखा तो बलराम को कृष्ण का सुझाव उचित लगा।

'एकाध पहर तक बरसात रुक जाने की प्रतीक्षा करनी चाहिए?

'नहीं, प्रतीक्षा नहीं करनी। बरसात रुक जाएगी तो सबको यहाँ ले आएँगे। गोकुल और गोवर्धन के बीच में कहाँ इतना ज्यादा अन्तर है।'

सुबल, उत्तम, ऋषभ, उद्धव, सुदामा सब कमर कसे खड़े थे। उन्होंने प्रौढ़ पुरुषों को भी प्रोत्साहन दिया। सबके साथ मिलकर वृद्ध और बालकों को गुफा में पहुँचाने लगे। हवा और बरसात का जोर बिलकुल भी कम नहीं हुआ था। नन्दराय को आश्चर्य हुआ! कृष्ण को इसका पता कैसे चला?

इस समय पूछने का समय नहीं था।

गायों को भी पर्वत के पूर्वोत्तर की ओर ला दिया जाए तो? यह दिशा पवन के तीक्ष्ण प्रहारों से मुक्त थी। एकदम छोटे बछड़ों को गुफा के अन्दर ले लें। बच्चे उसके साथ खेलेंगे। एक के गले से घंटी घुँघरू खोलकर दूसरे के गले में बाँधेंगे। कृष्ण और बलराम जब छोटे थे, तब इस तरह की क्रिया किया करते थे।

पहले वध करने के लिए लाए जाते बछड़े आज गोवर्धन की गुफा में सुरक्षित थे। सुदामा से उसके माता-पिता कह रहे थे कि तेरा मित्र कोई सामान्य ग्वाला नहीं है। उसे ऐसा विचार न आया होता तो गोकुल डूब जाता। यमुना के प्रवाह में सौ-सौ वर्ष पुराने वृक्ष डूब रहे हैं, तो हम कहाँ बचनेवाले थे?

सबको गुफा की ओर लाने लगे उस समय गुफा में अँधेरा था। बाहर बिजली चमकती तब अन्दर भी क्षण-भर के लिए प्रकाश हो जाता और फिर घनघोर अन्धकार में गुफा डूब जाती। गोकुल से यहाँ अग्नि ला सकना सम्भव नहीं था। पर्वत की ऊँची कन्दराओं में कुटिया बनाकर रहते साधुओं का क्या हुआ होगा? उनकी अग्नि अवश्य बुझ गई होगी। तूफानी हवा उनकी कुटिया से अग्नि का प्रकाश ले गई होगी। कई तपस्वी तो इतने कृश होंगे कि उनका शरीर मोरपंख के समान उड़ जाए। उनका क्या हुआ होगा?

क्या वे इस गुफा से अपरिचित होंगे?

कृष्ण ने जोर से आवाज लगाई। प्रतिध्वनि से गुफा गूँज उठी। यह आवाज मेघगर्जन से भी अधिक तीव्र थी।

किसी ने सामने से उत्तर दिया। बहुत धीमे-से सम्बोधन किया। अब स्पष्ट शब्द सुनाई दिया।

'वत्स! तुझे प्रकाश चाहिए न? ले, मैं तुझे अपने तप की अग्नि देता हूँ। तू सबको प्रकाश दे।'

गुफा के मुख से सौ कदम दूर लाल प्रकाश प्रज्ज्वलित हुआ। कृष्ण और बलराम ने वहाँ जाकर प्रणाम किया।

'आओ वत्स! दूसरे तपस्वी तो अधिक सुरक्षित स्थलों पर चले गए, पर तुमसे मिले बिना मुझे नहीं जाना था। वर्षों से मैं योग्य शिष्य की खोज में था। आज मेरी तपस्या पूर्ण हुई। मैंने अपना समस्त संचित पुण्य तुम्हारे कल्याण में समर्पित कर दिया है क्योंकि तुमने मेरा स्वप्न साकार किया है। गोवध बन्द करवाकर तुमने इस पर्वत को पवित्र बना दिया है। यज्ञ की सच्ची दक्षिणा जीव हिंसा नहीं है, यज्ञ की सर्वोत्तम दक्षिणा है तप, दान, सरलता, अहिंसा और सत्यवचन।'

यह थे ऋषि घोर अंगिरस।

उनके द्वारा दी गई अग्नि के प्रकाश से गोकुलवासी धन्य हो गए।

फिर तो जिन्हें शीघ्र रक्षा और आश्रय की आवश्यकता नहीं थी, वे ग्रामवासी भी आने लगे। घर का मोह छोड़कर इस गुफा के प्रकाश की ओर खिंच आए थे।

सत्संग के लिए आए हुए भी संकट से बच गए। अब पूरा गोकुल गोवर्धन की शरण में आ गया है। कृष्ण उस विशाल गुफा में एकदम केन्द्र में खड़ा है। उसके हाथ में एक जलती हुई लकड़ी है। तेल से भिगोई गई मशाल से यह जलती हुई लकड़ी अधिक प्रकाश कर रही है। बाहरी वर्षा से बचकर पर्वत के कारण सूखे रहकर अन्दर आनेवाला जैसे ही सँकरा मार्ग पार करता है, वैसे ही उसकी आँखें चमक उठती हैं। कृष्ण द्वारा ऊँचे उठाए हुए हाथ पर अग्नि-ज्वालाओं को निगल जाने के लिए आतुर अन्धकार, पर्वत जितना ही विशाल लगता है।

अंगिरस ऋषि के चरणों के पास की अग्नि और कृष्ण के हाथ में प्रज्ज्वलित अग्नि के बीच में यमुना के जल की तरह अन्धकार तरंगित लगता है। यह दृश्य देखकर उद्धव की संवेदना जाग्रत हो गई है। सुदामा का डर हमेशा के लिए चला गया है। बलराम इस दृश्य का आनन्द ले रहा है। वह उस ओर उत्तम का ध्यान आकर्षित करता है। 'देख अन्धकार

का पर्वत झुककर कृष्ण की कलाई तक आ जाता है और उसकी कनिष्ठिका का स्पर्श कर जाता है।'

'उसकी कनिष्ठिका पर मानो अन्धकार नहीं, पर्वत है।' पास खड़ा हुआ ऋषभ कहता है।

फिर तो गोपियों ने ऋषभ की बात को चारों ओर फैला दिया। 'ललिता, विशाखा, देखो, देखो, वृन्दा, सुनन्दा, देखो, देखो, कृष्ण पूरा पर्वत उठाकर खड़ा है।'

राधा आते ही कृष्ण के पास पहुँच गई।

'अरी, कुछ छेड़छाड़ मत करना; पूरा गोवर्धन डगमगाने लगेगा। बाँसुरी इस समय उसकी कमर में ही ठीक है। इस समय जरूरत है मशाल की।'

हास्य-विनोद बढ़ गया है। नई सखी आई नहीं कि उसे पकड़कर कहा नहीं, देख, कनिष्ठिका पर पूरा पर्वत उठाया है!

आबालवृद्ध सब निश्चिन्त हैं। कुछ समय पहले के सभी कष्ट पर्वत के उस ओर फेंक दिए गए हैं। कृष्ण की आँखों की विरल चमक की ओर अंगिरस ने भी ध्यान दिया था। केवलदा ने प्रवेश किया : 'आप जैसे ऋषियों के तप के प्रताप से पृथ्वी को पर्वतों का भार महसूस नहीं होता।'

भैरव ने भी सांदीपनि के शिष्य के रूप में अपना परिचय देकर प्रणाम किया।

थोड़े क्षण पहले जो उपदेश कृष्ण को सुनने मिला था, अब वह उसके द्वारा सबको सुनने को मिला। अंगिरस बोले : 'अथ यत् तपो दानम् आर्जवम् अहिंसा, सत्य वचनम् इति ता अस्य दक्षिणा।'

(तप, दान, सरलता, अहिंसा, और सत्य वचन यही यज्ञ की सच्ची दक्षिणा है।)

अबोध बालक ने भी उतनी ही तन्मयता से ऋषि की वाणी सुनी और उसकी ऊष्मा का अनुभव किया। नाद मानो स्वयं ही अर्थयुक्त बन गया।

कृष्ण के पास आकर खड़ी राधा और ललिता के भीगे पैरों के निशान प्रकाश में प्रकाशित हो रहे थे। उसकी भीगी ओढ़नी से गिरती बूँदें उन पर विशिष्ट आकृतियाँ बना रही थीं।

ऋषि की सूचना के अनुसार बलराम ने गुफा को तीन भागों में विभाजित कर दिया है। एक ओर स्त्रियाँ और बच्चे हैं, दूसरी ओर अशक्त बूढ़े हैं और बाहर की ओर बछड़े हैं, जिससे जब मन आए तब अपनी माताओं के पास जा सकें।

सुबल के नेतृत्व में सशक्त युवक नन्दराय के बाड़े में से घास उठा ला रहे हैं। एक तो बहते पानी में चलना ऊपर से सूखी घास में बरसते पानी से बढ़ता भार। दूसरा उपाय भी नहीं था। इस प्रकार की बरसात और पवन तीन दिन में भी बन्द हों तो बहुत है।

एक दिन पहले इन्द्र का भय बतानेवाले अब कृष्ण के सान्निध्य में निर्भय हैं। कहते हैं कि मेघराजा की इच्छा हो तो भले ही सप्ताह तक बरसे।

नन्दराय, यशोदाजी और रोहिणी ने निश्चय किया था कि जब तक एक भी व्यक्ति गाँव में होगा, वे उसे सहयोग देंगे। आश्रय लेनेवालों में वे आखिरी होंगे। हुआ भी ऐसा ही। सब सुरक्षित पहुँच गए और कृष्ण के ऋणी हुए।

माता-पिता की उपस्थिति में अंगिरस ऋषि ने कृष्ण को आशीर्वाद दिया : 'यह तेरी आत्मा का संगीत मनुष्य की मूर्च्छा दूर करेगा। श्रोता का चैतन्य स्वयं आनन्द के रूप में व्यक्त होगा। तुझमें निहित नायकत्व के गुणों का इतना विकास हो जिससे समस्त प्रजा उपकृत हो जाए।'

8

गोकुलवासी गोवर्धन के आश्रय के कारण कृष्ण से उपकृत थे, परन्तु इन्द्रयोग का विचार उनके मन से निकलता नहीं था। एक मनमाना उत्सव इस बार नहीं हो रहा था, छिन गया था। नन्दराय ने भी पुत्रों के निर्णय को स्वीकार कर लिया था।

यज्ञ तो एक निमित्त था, मुख्य बात थी उत्सव।

ऋषिपंचमी आते ही ब्रजवासियों की दृष्टि नन्दराय की ओर उठने लगी। उनका निमन्त्रण अचूक आता। आबालवृद्ध सभी को इस आतिथ्य की अभीप्सा रहती।

बालकों, किशोरों और युवक-युवतियों के लिए वह मेला था। प्रौढ़ों और वृद्धों के लिए वह देवताओं को प्रसन्न करने का पवित्र प्रसंग था। इन्द्रयोग के मुख्य अतिथि के रूप में नन्दराय और यशोदाजी विराजमान होते। वे राजा-रानी की तरह आभूषण-वस्त्र धारण करते। प्रथा तो थी ही, रुचि भी थी।

भादों की अष्टमी से प्रारम्भ हुई साज-सज्जा बारह दिनों तक—ऋषिपंचमी की पूर्व संध्या तक चलती। यज्ञ के निमित्त से नन्दभवन सोलह शृंगार सजकर छोटे राजप्रासाद का रूप धारण कर लेता।

नया यज्ञमंडप बनाया जाता। अशोक और आम के पत्तों का तोरण तो बाद में बाँधा जाता, पहले युवक-युवतियाँ अपना-अपना कला-कौशल प्रस्तुत करते। छोटे बच्चे उनको ऐसा करते देख भविष्य में ऐसा आनन्द-दायक कार्य करने का निश्चय करते। कभी-कभी थोड़ी बूँदाबाँदी होती, इन दिनों अतिवृष्टि होने का भय नहीं रहता। सब मानते थे कि जब इन्द्रयोग की तैयारी चल रही है, तब मेघराजा नहीं बरसेंगे। जिनके हृदय में इस मान्यता के प्रति अटूट विश्वास है, यदि वर्षा हो तो वे समझते हैं कि यह इन्द्रराजा की कृपा बरस रही है। कोई तो ऐसा भी कहता कि इस तरह मेघराजा इन्द्र को वन्दन कर रहा है। चलो, इसमें भींगकर हम लोग भी धन्य हो जाएँ।

कृष्ण-बलराम ने कह दिया है : 'यह बातें हमारे गले नहीं उतरतीं। हम ऐसा नहीं मानते जो पहले से चला आ रहा हो, वह श्रेष्ठ है। जंगली पशुओं का सामना करते समय हम निर्भयता का प्रदर्शन करते हैं, तो फिर सड़ी-गली रूढ़ियों को छोड़ने में क्यों निर्भयता नहीं बताते? पूछ आओ, केवलदा समझाएँगे। वहम और श्रद्धा के बीच का अन्तर स्पष्ट कर देंगे।'

दोनों भाइयों की इस दृढ़ता ने गोकुल में इन्द्रपूजा बन्द करवा दी। पहली बार ऋषिपंचमी बिना उत्सव के गई। मेले का आयोजन न होने का अफसोस युवक-युवतियों की आँखों से प्रकट हुए बिना नहीं रहा।

कुछ शंकाशील वृद्धों ने आलोचना भी की : 'नन्दराय के यहाँ अधिक उम्र में सन्तान आने का यह परिणाम है। ऐसा भी कोई प्यार करता होगा? अरे भाई, हमारे घरों में वह घुसकर उत्पात करता था, तब किसी ने कुछ कहा? परन्तु यह तो धर्म पर आक्रमण है। इस तरह तो पृथ्वी रसातल में चली जाएगी। कोई उन्हें समझाओ।'

'हाँ, समझाओ उन्हें कोई। स्वयं तो वे कुछ नहीं कहेंगे। कृष्ण की मोहिनी के सामने कोई तर्क नहीं कर सकता। वह ऐसा वाक्पटु है कि प्रत्येक प्रश्न का संक्षिप्त और प्रेमसिक्त उत्तर दे देता है।'

नन्दराय, यशोदाजी और रोहिणी एक दिन इन्द्रयोग बन्द रहने के प्रभाव के बारे में सोच रहे थे। जब यज्ञ होता था तब रात-दिन कितने व्यस्त रहते! लोगों की कितनी चहल-पहल रहती थी। संचित धन खाली हो जाता था।

'महँगे से महँगा बर्तन एक बार खाली करके चमकाया न जाए तो कैसा लगता है। इसी प्रकार घर में रंग-रोगन करना चाहिए...' यशोदाजी कह रही थीं।

रोहिणी ने बलराम से कहा था : 'तू कृष्ण से कहना, यज्ञ के बन्द रहने से ब्रजवासियों के निर्ब्याज आनन्द का बड़े से बड़ा खजाना लुट गया है, सबको सूना-सूना लगता है। उत्सव के बन्द रहने से सबको लगता है कि अच्छी तरह से बरसात ही नहीं हुई। यमुना में खूब पानी है फिर भी मानो संकुचित-सी बह रही है।'

'हाँ, पहले तो यमुना कदम्ब की फूल भरी छाया को उछालती हुई बह जाती थी। कदम्ब की डाली-डाली से सुगन्ध की बाढ़ आती। वर्षा और शरद का सन्धि-स्थल अर्थात् वृन्दावन में अमर्यादित आनन्द का उत्सव!'

हमें तो यज्ञ में होनेवाली हिंसा रोकनी थी। लोगों से उत्सव का आनन्द नहीं छीन लेना था। कुछ ऐसा ही हो गया है।

बलराम यह बात कृष्ण से कहने ही वाला था। परन्तु उसने देखा कि सुदामा के पारिवारिक प्रश्नों की बातों में कृष्ण यह बात कब की जान चुका है। गोकुल में जो तीन ब्राह्मण परिवार हैं, उनका निर्वाह यज्ञ आदि की दक्षिणा से होता था। गायें सिर्फ सुदामा के यहाँ थीं, वह भी दो या तीन। उनका तर्क यह था कि एक से अधिक गायें रखने से उसकी देखभाल नहीं हो पाएगी।

'बड़े भैया! आप सुदामा के साथ जाकर उनके माता-पिता को समझाएँ। इसकी दरिद्रता मुझसे नहीं देखी जाती। मैंने कई बार कहा कि पाँच-सात गायें रखो। तो कहता है कि इतने पैसे कहाँ से लाऊँ? मैंने पिताजी से कहने की बात कही। तुझे तीन क्या पाँच गायें दे देंगे। तो कहता है कि दुहने का काम फिर मुझे ही करना पड़ेगा। और फिर मेरे माता-पिता ब्राह्मण होकर वैश्यवृत्ति करते होंगे? हम दूध-दही बेचने लगें तो हमारी जाति हमारा बहिष्कार कर देगी।'

'बहिष्कार के भय से आजीविका के लिए कुछ करना ही नहीं चाहिए? हमारे साथ रहते हुए भी तुझे परिश्रम का रंग नहीं लगा। न कभी कुश्ती लड़ी और न कभी कठिन मेहनत की। फिर तो तू घर बैठकर शास्त्रों को ही याद किया कर!' बलराम ने कहा।

'यही करता है, सुदामा की स्मरणशक्ति अच्छी है। इसे बहुत कुछ कंठस्थ है।' कृष्ण ने सुदामा का बचाव किया।

'परन्तु जो कंठस्थ किया है वह इसकी समझ में भी आता है?' बलराम ने विनोद किया। कृष्ण ने गम्भीरतापूर्वक उत्तर दिया : 'अभी कंठस्थ किया हो वह आगे समझ में नहीं आएगा? बड़े भैया, हम केवलदा और भैरवदा से पूछें, सुदामा को अंकपाद नहीं भेजा जा सकता? मुझे लगता है कि यह महान विद्वान बनेगा।'

'विद्वान होकर भी भिक्षा माँगनी हो तो अभी है वसा रहने में क्या बुरा है?' मधुमंगल बोला।

'मैं भिक्षा नहीं मागूँगा, अयाचक व्रत का पालन करूँगा।' सुदामा के मुख पर तेज था। कुछ विद्या का, कुछ संयम का।

वृक्ष के तने के सहारे खड़े सुबल ने अपने खेस के छोर में गाँठ खोली। उसमें तन्दुल के साथ मिसरी भी थी।

कृष्ण ने देखा : सुदामा के कंधे पर खेस भी नहीं है।

'मैं जरा गायों की खोज-खबर ले आऊँ, मेरे लिए दो दाने रखना।'

'ऐसा विश्वास करना ठीक नहीं। अभी मुट्ठी में भरकर ले जा।' बलराम ने कहा, 'मल्लविद्या सीखने से कइयों की शक्ति बढ़ती है, सुबल की खुराक बढ़ी है।'

'तुम मेरे आदर्श हो। तुम्हारे जितनी खुराक पचा सकूँगा तब मुझे सांत्वना मिलेगी कि चलो एक बात में तो मैं बलराम के समकक्ष हूँ।' सुबल के उत्तर से आनन्दित हुआ कृष्ण तन्दुल के दाने मुँह में डालकर हाथ की लाठी फिराता हुआ चल दिया।

कृष्ण से पूछनेवाला एक प्रश्न सुबल ने सुदामा से पूछ डाला : 'इन्द्र क्या सचमुच सप्तसिन्धु का राजा था? तेरे किसी शास्त्र में इसका उल्लेख आता है?'

'मैंने कहाँ सभी शास्त्रों का अध्ययन किया है? परन्तु मेरे पिताजी कहते थे कि सप्तसिन्धु के किसी राजा का नाम इन्द्र हो तो इसीलिए उसे देवराज मान लिया जाएगा?'

'अरे, तेरे पिता तो वास्तव में बुद्धिशाली हैं।' सुबल का यह मजाक सुदामा और बलराम को अच्छा नहीं लगा। वहीं कृष्ण आ पहुँचा। प्रश्न के बारे में जानकर उसने दूसरा प्रश्न किया : 'इन्द्र वहाँ का राजा था या वहाँ के राजा का नाम इन्द्र था, यह प्रश्न एक ओर रखें। परन्तु सुदामा, जिसने गौतम ऋषि के साथ विश्वासघात करके अहिल्या को फुसलाकर कलंकित किया, वह तुम्हारा देवराज इन्द्र है या कोई दूसरा? अपने पिताजी से पूछना!'

सबको विश्वास हो गया कि ऐसा दुराचारी देव अर्घ्य चढ़ाने के योग्य नहीं और जो शास्त्र इन्द्र-अहिल्या को रूपक मानकर व्याख्यायित करते हैं वे कुछ विद्वानों तक ही सीमित रहते हैं, साधारण प्रजा तो उसका सीधा-सादा अर्थ ग्रहण करती है।

केवलदा कहते थे : परमात्मा अन्तर्यामी हैं, सर्वव्यापी हैं।

भैरवदा पंचांग से बहुत चिढ़ते हैं। सबकुछ पंचांग की गिनती से होनेवाला हो तो फिर मनुष्य के पुरुषार्थ का क्या अर्थ?

नियति से उच्चतर जो नियन्ता है वही परमात्मा है। अंगिरस ऋषि कहते थे।

'वे इस समय कहाँ होंगे? उनसे कहाँ मिला जाएगा?'

'हमारी अनुमति बिना दोनों भाइयों को ब्रजभूमि के बाहर कदम नहीं रखना है।'— भैरवदा की आज्ञा थी। 'और अंगिरस तुम्हारे इस तरह खोजने से मिलेंगे भी नहीं। यह कार्य हम पर छोड़ दो। उनसे तुम वैकल्पिक उत्सव के बारे में पूछना चाहते हो न? ठीक है हम पता लगाते हैं।'

अंगिरस ऋषि रैवतक पर्वत पर हैं, इसकी सूचना शांडिल्य ऋषि के आश्रम से मिलने पर भैरवदा, सुबल और सुदामा को लेकर आनर्त प्रदेश के लिए चल दिए।

वे एक सप्ताह में वापस आनेवाले थे। ग्यारह दिन हो गए। यह त्रिपुटी रैवतक से सोमनाथ में पहुँच गई थी। उन्होंने वहाँ देखे 'इस समुद्रपर्यंत अबाध ज्योतिमार्ग' के बारे में बताया। कृष्ण-बलराम का हृदय प्रभासतीर्थ के प्रति आकृष्ट हुआ। समुद्र की उछलती लहरों के बारे में सुनकर रोमांच हो आया। नदी और समुद्र में तैरने के अन्तर को जानने की अभिलाषा हुई। कब सारी नदियों को पार करके पहुँचेंगे सागर के तीर पर।

'अच्छा, ऋषि ने विकल्प क्या बताया?'

'आगामी कार्तिक के शुक्ल पक्ष के प्रथम दिन अन्नकूट नामक उत्सव रखना। प्रत्येक गोकुलवासी अपना प्रिय व्यंजन बना लाए। सजावट करके एक सुन्दर मंडप में सारे व्यंजन इस प्रकार सजाए जाएँ मानो छोटा गोवर्धन हो। सब अन्तर्यामी श्रीहरि से प्रार्थना करके अपना प्रिय और उत्तम अर्पण करें। अब वह वस्तु किसी व्यक्ति की नहीं रही, परमात्मा की हो गई। उसमें से सबको प्रसाद दिया जाए।'

'ऋषिपंचमी के दिन कुछ नहीं करना?'

'मेले का आयोजन किया जाए। सब सज-धजकर आवें, नाचें-गाएँ। तपस्वी ने कहा कि आनन्द का निषेध तो हो ही नहीं सकता।'

यह शुभ वृत्तान्त सुनकर ललिता ने सुबल को इसका श्रेय दिया। ऐसा खुशमिजाज युवक भैरवदा के साथ न गया होता तो सदा शोकाकुल रहनेवाला सुदामा ऐसे उत्सव का शुभ सन्देश ला सकता था?

'तू सुबल की तरफदारी ले उसमें किसी को आपत्ति नहीं है, परन्तु बिचारे सुदामा ने तेरा क्या बिगाड़ा है? उसके लिए अपशब्द क्यों कह रही है?...' विशाखा ने कहा। राधा ने समर्थन किया : 'सुदामा मजाक में भी कभी असत्य नहीं बोलता। इस कारण वह कृष्ण का प्रिय सखा है।'

नए उत्सवों ने पुराने कर्मकांड का स्थान ले लिया।

राजा कंस ने गर्गाचार्य और अक्रूर को ब्रज में इन्द्र की पुनः प्रतिष्ठा करवाने का आदेश दिया था और इसके लिए कुछ द्रव्य भी खर्च करने की व्यवस्था की थी। अक्रूरजी ने उस धन को नन्दराय एवं अन्य गोप अग्रणियों द्वारा गरीब परिवारों में बँटवा दिया था। बाँटने के कार्य में कृष्ण-बलराम तथा उनके मित्रों ने उत्साह दिखाया। उनका सम्पर्क और बढ़ा।

गर्गाचार्य ने राजा से कहा था : 'ब्रजभूमि में बहुत पुण्य-कार्य हुआ है। इससे इन्द्र का प्रभाव बड़ा है या नहीं इसका तो पता नहीं परन्तु आपके द्वारा एक सत्कर्म अवश्य हुआ है।'

पहले की तरह कंस अब गर्गाचार्य पर विश्वास नहीं करता। उसे गुप्तचरों से पता लग चुका है कि कृष्ण-बलराम ब्रजवासियों के हृदय पर शासन कर रहे हैं। इनमें भी कृष्ण विशेष विलक्षण है। वसुदेव-नन्द के गुट का नेतृत्व करता हुआ वह कभी मथुरा पर चढ़ आए तो आश्चर्य की बात नहीं होगी। उसने अभी राजनीति का पाठ नहीं पढ़ा, आनन्दोत्सवों में ही मग्न है, परन्तु इस प्रकार उसने सबका हृदय जीत लिया है। केवल और भैरव के निवासस्थानों पर होनेवाली गोष्ठियाँ ब्रजवासियों के जीवन से सीधा सम्बन्ध नहीं रखतीं। फिर भी सावधान रहने की आवश्यकता है। इस जानकारी के बाद कंस ने निश्चय किया था : नन्द के पूरे परिवार का उन्मूलन करवा दूँगा। इतनी कुशलता से कराऊँगा कि नन्द के अनुयायियों को इसकी हवा भी नहीं लगेगी।

कृष्ण ऐसी किसी भी प्रकार की आकांक्षा से मुक्त है। केवलदा और भैरवदा के द्वारा उसने कंस राजा के अन्याय और अत्याचार के बारे में जाना था। मथुरा के शासन के प्रति आदर नहीं बल्कि असन्तोष बढ़ रहा था, परन्तु इसमें किसी प्रकार का निजी स्वार्थ नहीं था। गोप-गोपियों के साहचर्य एवं वंशीवादन से उसे परम तृप्ति मिलती।

वृषभानु का परिवार उत्तर काशी की परिक्रमा पर जा रहा था। उस समय वह भी विदा करने के लिए बरसाने गया था। माँ ने कलावती के हाथ में शगुन की स्वर्णमुद्रा रखी थी। उसने राधा को सुखद और कल्याणकारी यात्रा के लिए शुभेच्छा दी थी।

'मेरा कल्याण तो तू ही करेगा, मेरे आराध्यदेव! तीर्थों में तो मैं तुझे ही...' पिताजी की निगाह पड़ने के कारण बाकी शब्द राधा ने मौन रहने दिए थे।

राधा को रथ में चढ़ाने के बाद ही कलावती रथ में बैठी। उसे पूरा विश्वास था कि राधा यात्रा में न चलने के लिए कोई न कोई बहाना निकाल लेगी परन्तु हुआ इसके विपरीत। कृष्ण स्वयं यशोदाजी के साथ विदा देने आया : 'मैं इसका ध्यान रखूँगा कि तुम्हारे सेवक गायों का ठीक से ध्यान रखते हैं या नहीं। कोई प्राणी बीमार होगा तो स्वयं उसका उपचार करूँगा।' कलावती को कृष्ण और राधा से अनेक शिकायतें थीं, परन्तु इतना तो वह भी स्वीकार करती थी कि प्राणियों के दुःख-दर्द के बारे में इन्हें शीघ्र पता लग जाता है।

पूरे सवा महीने के बाद यह परिवार वापस आनेवाला था। पन्द्रह दिन तो किसी प्रकार निकल गए। परन्तु अब कृष्ण राधा की स्मृतियों में खो जाता। अक्रूर ने उद्धव को नन्दगाँव भेजा था। वह उत्तम के घर में रहता था।

उद्धव उत्तरापथ की भौगोलिक स्थिति का ज्ञाता था। कृष्ण ने उससे कहा : 'इस समय राधा कहाँ होगी यदि यह पता लग जाए तो मैं दौड़ता हुआ उससे मिल आऊँ।'

'तुझे इस तरह ब्रजभूमि नहीं छोड़नी है।' उद्धव ने जान-बूझकर विषयान्तर किया।,

'क्यों?'

'यह तो अक्रूर चाचा जानें।'

'उद्धव! क्या सारे मथुरावासी तेरी तरह ही संदिग्ध भाषा बोलते हैं। मैं तुझसे अपने हृदय की बात कहने आया था। राधा बिना मुझे...'

'जानता हूँ।'

'क्या जानता है?'

'तुम्हारी आत्मा एक-दूसरे को जानती है।'

'यह तो पता नहीं, परन्तु कुछ दिनों से लगता है कि मैं राधा के बिलकुल समीप बैठा हूँ। उसके अंगों की ऊष्मा मिल रही है। मन होता है कि उसकी साँसों को पी जाऊँ। मेरी समझ में नहीं आता कि ऐसा क्यों हो रहा है। इतनी गोपियों के साथ मेरी बचपन से मैत्री है परन्तु राधा के लिए ही क्यों ऐसा विचार आता है? जिसे कवि प्रेम कहते हैं, क्या यह वही है?'

'इस प्रेम से तो बिचारे कवि भी अनजान होंगे!'

'क्या इस बात को ऋषि-मुनि भी समझ सकते हैं?'

'अब तक तो वे भी नहीं समझ सके हैं।'

'परन्तु मुझे विश्वास है कि तू अवश्य समझ सकता है।'

वहीं चार ग्वालों को उठाए हुए पाँचवें की खोज में सुबल आ पहुँचा। उसने कृष्ण या उद्धव जो तैयार हो उसे उठा लेने का प्रस्ताव रखा। कृष्ण मौन रहा। उद्धव ने कहा : 'तेरी कमर और कंधे तो भर चुके हैं। एक मात्र मस्तक खाली है। वहाँ तो पहले से ही बलराम ने आसन जमा लिया है।'

'इस तरह तो मेरा हृदय भी खाली है उद्धव! परन्तु उसमें आसन जमाने के लिए कोई ललचाया नहीं।'

'क्यों, उस दिन तू ललिता का नाम नहीं ले रहा था?'

'जो कुछ नाम याद हैं वे ले लेता हूँ, परन्तु ललिता स्वयं को राधा के समकक्ष मानती है। जो राधा के समान सुन्दर और बुद्धिमान हो वह कृष्ण के सिवा और किसी को चाह सकती है? जिस तरह दो बराबर के प्रतिस्पर्धियों के बीच ही द्वन्द्वयुद्ध हो सकता है, उसी तरह...' कहते हुए कंधे से उतरने के लिए व्याकुल ग्वालों के पैर पकड़कर सुबल आगे बढ़ गया। बलशाली होने के लिए वह ऐसे अनेक प्रकार के नए-नए प्रयोग करता रहता और मित्रों को आनन्द देता था।

कृष्ण और उद्धव अकेले रह जाते हैं।

सुरभि आकर कृष्ण के पैरों के पास बैठ गई है और कृष्ण की ओर ताक रही है। जुगाली बन्द है। क्या राधा के न होने का कारण पूछ रही है? या फिर बहुत दिनों से वंशी की धुन नहीं सुनी, इसकी शिकायत कर रही है?

कृष्ण के होंठों पर वंशी आ जाती है।

वृन्दावन विरह-निमग्न हो गया है। सुर राधा को बुला रहे हैं...

यात्रा का प्रसाद बाँटने के बहाने राधा हृदय में कृष्ण-मिलन की अभिलाषा से नन्दगाँव आई थी। विशाखा ने उसे रोक लिया। रात देर तक यात्रा की बातें चलती रहीं। सुबह राधा यमुना में स्नान करके सिर पर गागर लेकर आ रही थी। बछड़े को कोमल घास खिलाते हुए कृष्ण ने उसकी छवि को पहचाना। विरल आकृति और अद्‌भुत गति! कल से राधा की उपस्थिति का आभास हो रहा था।

दूर से हुए इस रमणीय दर्शन से रोम-रोम पुलकित हो गया और स्मित के द्वारा स्वागत हुआ। क्या इतने दिनों की यात्रा में यही स्मित निज प्रभा बढ़ाता रहा?

उसने राधा से अनजानी भूमि पर मिलन की कैसी-कैसी कल्पनाएँ की थीं। वह सब कहना था। कहने को कई बातें हैं। परन्तु इस समय तो केवल मौन। राधा के सान्निध्य में अकथनीय ऊष्मा है। इसी क्षण की प्रतीक्षा थी।

कृष्ण ऐसा मोहित हुआ कि जो कहना था वह सब भूल गया। स्मृति नहीं, इस क्षण तो सिर्फ निकट से दर्शन। यह समीपता स्वयं ही बहुत कुछ कहनेवाली है...

अब वह कुछ स्वस्थ हुआ है, सोच सकता है। आवश्यकता होने पर कह भी सकेगा।

राधा आज अद्वितीय सुन्दरी है। उसका शारीरिक सौन्दर्य समग्र शूरसेन जनपद में प्रसिद्धि पा चुका है। स्वार्थी पुजारियों के कर्मकांड से दुःखी होकर मन्दिर छोड़कर चले गए देव राधा की तीर्थयात्रा के दिनों में अपने-अपने स्थान पर पहुँच गए होंगे...

कृष्ण जानता है : समान उम्र की सहेलियाँ राधा के रूप-सौन्दर्य से ईर्ष्या नहीं करतीं बल्कि उसकी रूप-स्तुति करते हुए आनन्दित होती हैं। यह स्वाभाविक ही है। राधा में बिलकुल गुमान नहीं है। वह सरल है लहरों के समान...

राधा को कृष्ण का साथ मिला उस समय वह नौ वर्ष की थी। कृष्ण से बड़ी। उसे खिलाती, उसका ध्यान रखती थी। इसलिए यशोदाजी और रोहिणी के सम्पर्क में आई थी। उसके पिता वृषभानु हमेशा से मितभाषी हैं। उनका अपार स्नेह ही राधा के विनय-विवेक का मूल आधार है तथा सर्वव्यापी सहिष्णुता का बोध-पाठ है। इसमें नन्दभवन के परिवेश ने कई गुना बढ़ोत्तरी की है। सोने में सुहागा कहावत राधा के बारे में सत्य प्रमाणित होती है।

कृष्ण एक प्रश्न पूछता है : 'राधा, तेरे साथ इतने वर्षों से खेलता हूँ, तुझे दुःख दिया है, कभी तूने भी मुझे खिझाया है। अपने छोटे-छोटे झगड़ों ने भी अपने सम्बन्ध को सींचा है। कितने निकट रहे हैं हम! फिर भी, तू इतनी सुन्दर है यह पहले मुझे क्यों पता नहीं चला? आज मैं तुझे देख रहा हूँ उसमें सिर्फ मुग्धता है। ऐसा लगता है कि तेरे बिना मैं हूँ ही नहीं। मन होता है कि तुझे बाँहों में भर लूँ, छाती में समा लूँ। हम दोनों इतने ऊँचे उड़ें कि आकाश बन जाएँ, प्रकाश बन जाएँ। यह सब क्या है राधा? तू तो बड़ी है, मुझे समझा।'

दोनों हाथों से गागर सँभालती हुई राधा इस तरह हँस पड़ी कि उसकी उम्र घटकर नौ वर्ष हो गई।

मानो वही बालसखी।

निर्मल निर्झर की गति के समान थी वह दृष्टि!

हाथ ऊँचे उठे होने के कारण उभर आया हुआ समृद्ध वक्षस्थल नजर के सामने था। स्मरण में जिसके सम्मोहन का अनुभव किया था परन्तु इस समय अस्तित्व अपनी समग्रता में दीप्तिमान था।

क्षण पहले का तूफान शान्त हो गया है।

अब वर्षों की मैत्री का चिरपरिचित अधिकार था। कृष्ण अनजाने निःसंकोच ताक रहा था राधा रूपी आत्मीयता को।

'तू मुझमें कुछ खोज रहा है कृष्ण?'—गागर से हाथ वापस लेते हुए राधा ने कहा। कृष्ण की इस दृष्टि को देखकर उसे कुछ आश्चर्य हुआ।

'देख रहा हूँ, तुझे देखकर अपने में चल रहे अन्तर्द्वन्द्व को समझने का प्रयत्न कर रहा हूँ। तू स्वयं सुदीर्घ खोज का परिणाम है। तुझमें और क्या खोजना?'

आस-पास कौन है इस बारे में उन्हें कुछ ध्यान नहीं है। यमुना तट के पास ब्रजसुन्दरी के अद्वितीय सौन्दर्य को एकटक देखते हुए कृष्ण को संकोच नहीं होता। राधा के मुख पर लज्जा की हल्की लाली उभर आती है। उस स्थिति में कृष्ण की नजर में कैद हो गई है वह, उसका विरोध नहीं चलनेवाला। विरोध करने का उसे अधिकार भी नहीं है। स्वयं उसने भी आज तक कृष्ण को देखते रहने के सिवा क्या किया है। यात्रा पर जाने से पूर्व उसने ललिता से कहा था : 'कृष्ण का दर्शन सूर्य के उदय के समान है और उसका स्मरण उत्फुल्ल चन्द्र जैसा है।'

उससे सहमत होते हुए ललिता ने उसके वाक्य को आगे बढ़ाया था : 'सूर्य और चन्द्र प्रतिदिन देखने पर भी नए लगते हैं। देखने पर नई ताजगी का अनुभव होता है। ऐसे ही होते हैं कृष्ण मिलन के क्षण।'

कृष्ण अभी भी उतनी ही तन्मयता से राधा को देख रहा है। इस तरह देखते रहना ही मानो मिलन है।

राधा असमंजस में है : कुछ नए प्रकार के भाव जाग रहे हैं। वह सामने से क्यों नहीं हट जाती? क्यों उसे गागर का भार नहीं लग रहा? क्या वह चित्रांकित हो गई है? क्या करना चाहिए, क्या नहीं इसकी निर्णयक्षमता गँवा बैठी है? या फिर चुनाव करने की स्वतन्त्रता भ्रामक थी? कृष्ण ने स्वीकार नहीं किया था तब तक ही सारे विकल्प थे?

भीतर यह क्या उमड़ रहा है? रंग है, सुगन्ध है या स्पर्श है? ज्यों चित्र पर बाहरी प्रकाश बढ़ता जाता है, त्यों-त्यों उसका रंग-रूप अधिक से अधिक दीपित हो जाता है। राधा भी खिल रही है।

कृष्ण ने पलकें बन्द कर लीं। अपलक नेत्रों में बन्द प्रसन्नता विरल थी।

अब तक देखते रहने से कुछ समझ गया हो इस तरह कृष्ण बोला : 'राधिके, मैंने ब्रज की कितनी ही कन्याओं और रमणियों को देखा है। उन सबमें तुझसे सुन्दर तो कोई नहीं है। बता, तेरे समान भी कोई सुन्दर हो उससे तेरी तुलना करूँ। वैसे इसकी कोई आवश्यकता नहीं। तू है यही क्या पर्याप्त नहीं? तू नहीं होती तो ही खोज और तुलना करने का प्रश्न खड़ा होता।'

'लगता है कि मैं यात्रा से वापस आई उतने में तू काफी बड़ा हो गया है।'

'तूने परमात्मा से यही माँगा होगा। उनके अनुग्रह से ही मैं इस तरह तेरे समीप...'

'तू यह सब क्या बोल रहा है कृष्ण? मुझे चिन्ता हो रही है। तू तो किसी समझदार मनुष्य की तरह बोलने लगा है।'

'समझदार हुआ हूँ या नहीं इसका तो मुझे पता नहीं, परन्तु आज मुझे अपनी भूल अवश्य पता चल गई है। आज तक तुझे परेशान करके मैंने सौन्दर्य देवता का कितना बड़ा अपमान किया है! मेरा यह अपराध बड़ा गम्भीर है, परन्तु तेरी उदारता ब्रज में प्रसिद्ध है।

मुझे क्षमा कर दे राधे।' कहते हुए कृष्ण ने राधा के चरणों का स्पर्श किया। उसने कल्पना भी नहीं की थी कि इतने गौरचरण और रजत को फीका कर दें ऐसे नख होंगे। दृष्टि-भर देख लेने से सन्तोष नहीं हुआ। देखते रहने के लिए वह झुका हुआ था परन्तु राधा कुछ और ही समझी। मैं इसे पकड़कर खड़ा करूँ इसी हेतु यह नटखट अपनी प्रकृति के अनुरूप विनोद करने को तत्पर है।

सिर पर गागर होने के कारण झुककर उसे आलिंगन में भर लेना सम्भव नहीं था। कृष्ण अब छोटा नहीं है, इसकी प्रतीति होने के बाद यमुना तट पर इस तरह चाहना अविवेक माना जाएगा...

सिर की गागर सँभालते हुए उसने कृष्ण के कंधे पर हाथ रखा। राधा के स्पर्श से, नखद्युति देखने में मग्न कृष्ण ने ऊपर देखा। बिलकुल उसी समय गागर छलक गई। कृष्ण का ललाट, नासिका और आँखें भीग गईं। नेत्र में लालिमा बढ़ने लगी।

कृष्ण बिलकुल समीप आ गया था।

गागर सँभल गई थी। राधा का हाथ स्वतन्त्र था। उसने आँचल से कृष्ण का मुख पोंछा। बचपन में ऐसा कार्य उसने कई बार किया था परन्तु इस समय वैसी स्वाभाविकता नहीं आ सकी। कृष्ण का उच्छ्वास उसके होंठों को स्पर्श कर गया।

राधा का हाथ कृष्ण के गले पर पड़े जलबिन्दुओं को पोंछकर वहीं स्थिर रहा।

इतना ऊँचा तू कब हो गया कृष्ण? पूछना था परन्तु तब तक तो कृष्ण का मुख राधा की ग्रीवा की ओर झुक गया था।

राधा की आँख के सामने सूर्य था, कृष्ण के सामने यमुना का प्रवाह...।

कान पर हाथ का स्पर्श होनेवाला था, वहीं दूसरे किनारे के उथले पानी में एक गाय दौड़ी।

राधा के अंगांग में इसकी प्रतिध्वनि गूँजी।

नहीं, यह सिर्फ भ्रम ही नहीं है, उस किनारे पर अवश्य ही कुछ घटित हुआ है।

हाँ, गाय दौड़ रही है, बहुत तेज दौड़ रही है। नदी के तट पर इस तरह कोई गाय मृत्यु के भय से ही दौड़ती है।

अरे, यह गाय एकदम पछाड़ खाकर गिर पड़ी। क्या हुआ?

'राधा, यह क्या हुआ?' उसका कंधा घुमाकर, कृष्ण ने उसे पछाड़ खाकर गिरी गाय दिखाई। राधा के उठे हुए हाथों से मुक्त होकर उसने दूसरे किनारे पर पहुँचने का मार्ग देखा। चलकर जाने में देर होगी।

क्षण पूर्व की विह्वलता शान्त हो गई : 'मैं देखता हूँ।' कहते हुए वह छलाँग मारकर दौड़ गया। उसके पैरों ने कब धरती का आधार लिया इसे राधा नहीं देख पाई।

अब उसने सिर से गागर उतार दी थी। कृष्ण जिस कगार से कूदा था उससे उतरकर झाड़ियों से होते हुए नदी के किनारे पर पहुँचते-पहुँचते उसे काफी देर लगी। उसने देखा कि कृष्ण एकदम सीधी दिशा में तैर रहा है। मानो उसकी भुजाओं की मार के डर से नदी का पानी अपने आप हटकर मार्ग दे रहा है। तीर के वेग से तैरने का अर्थ उसे पता नहीं था, तैरना तो उसे कहाँ नहीं आता, परन्तु आज उसने पुरुष के यौवन की शक्ति का अनुभव किया।

गाय के पास पहुँच गए कृष्ण ने हाथ से राधा को नदी के प्रवाह में जाने से मना किया। राधा ने इशारे से कारण पूछा।

'भय है।' कहकर कृष्ण गाय के पास बैठ गया।

राधा भय का नाम सुनकर रुकी नहीं। उसने पल्लू कमर में खोंसा और तैरने लगी। कृष्ण, सूर्यकिरण की गति से गया था, राधा चाँदनी की गति से आगे बढ़ी। भीगे वस्त्रों को ठीक करने के लिए रुके बिना कृष्ण के पास पहुँच गई।

कुछ खोजते कृष्ण को राधा वापस गाय के पास ले गई। गाय किसके भय से दौड़ रही थी, इसका पता नहीं लग पाया था। कोई उसका पीछा कर रहा था। परन्तु दिखाई क्यों नहीं दिया?

यह किसकी गाय होगी? गोकुल की तो नहीं है। कृष्ण और राधा दोनों ही गोकुल की प्रत्येक गाय को पहचानते हैं। प्रत्येक गाय उन्हें पहचानती है।

यह पुराने गोकुल से आई होगी या उससे भी दूर से? इस तरह के दायित्वहीन गो-स्वामी भी यहाँ बसते हैं? गाय की पछाड़ की आवाज सुनें और दौड़ें भी नहीं?

गाय और नदी के प्रवाह के बीच बहुत कम अन्तर था। जब गाय दिखाई दी थी उस समय प्रवाह में ही दौड़ रही थी। जल में रहनेवाला कोई प्राणी, मगर कौन-सा?

कृष्ण को याद आया : एक बार बलराम ने उसे सावधान किया था। वहाँ मत जाना, वहाँ नाग रहता है। बहुत भयानक और जहरीला है वह नाग। यह मनुष्य या पशु जिसे भी काटे वह पानी भी नहीं माँगता!

उसने नाग के निवास की ओर देखा। वह स्थान तो काफी रमणीय रहा है। वहाँ असंख्य कमल खिले हैं। यह कमल यदि नाग के रक्षा-कवच बनें तो उन्हें सुन्दर कैसे कहा जा सकता है?

कृष्ण को पहली बार सुन्दरता को देखकर आनन्द नहीं हुआ।

क्या नाग वहाँ से यहाँ तक आ सकता है? आने के पीछे उसका ध्येय क्या होगा? गाय को काटने से उसे क्या लाभ? गाय उसका आहार नहीं है और न उसकी प्रतिस्पर्धी है। नहीं, ऐसा सम्भव नहीं हो सकता।

गाय की मौत का और कोई कारण होगा। यहीं कहीं वह किसी वृक्ष की ओट में छिपा हमारा उपहास कर रहा होगा।

'राधा, हम कितने असहाय हैं। इतने पास होते हुए भी हम इस गाय को नहीं बचा सके और अब उसकी मृत्यु का कारण भी नहीं जान पा रहे।'

'तूने कालीय नाग के बारे में तो सुना ही होगा। यह गाय शायद उसके निवास स्थान पर पहुँच गई होगी। देख, वहाँ कमल खिल रहे हैं न!'

कृष्ण को याद आता है। सप्ताह हुआ होगा। वह राधा के ध्यान में खोया हुआ था कि कंस राजा का दूत एक आदेश-पत्र लेकर आया था। यमुना के मध्य गहरे जल में खिले कमल पहुँचाने थे, महारानी शक्ति-पूजा करनेवाली है। तिथि और दिन भी आदेश में लिखा हुआ था। नीचे हस्ताक्षर थे, प्रद्योत के।

पिताजी और दोनों माताएँ विचार करने लगीं : कमल मँगाने के लिए राज्यादेश की क्या आवश्यकता थी। यह कार्य तो प्रद्योत का कोई सामान्य सैनिक भी कर सकता था। इस पत्र के पीछे कोई षड्यन्त्र तो नहीं?

'मैं इस आदेश का पालन नहीं करूँगा? राजा की कूटनीति मेरी समझ में आ गई है। मैं कृष्ण, बलराम या उत्तम को उस जगह नहीं भेजूँगा और न किसी सेवक को। यमुना के पट में एक ही कमलवन है जहाँ अपनी असंख्य नागिनों के साथ कालीय नाग रहता है।'

राज्यादेश की अवहेलना करते हुए पिताजी को गोकुलों के नायक पद के चले जाने का भी भय नहीं था। कुछ ही दिनों में उसकी अवधि समाप्त होनेवाली है। राजा दंड नहीं देगा, परन्तु बदनाम करेगा : इतना छोटा-सा कार्य भी नन्दराय नहीं कर सके। डर गए।

इस बारे में कृष्ण राधा को बताने जा रहा था कि किनारे से एक चिरपरिचित आवाज सुनाई दी। वे तरंगपाल थे, जिनका स्नेहपूर्ण आतिथ्य राधा और कृष्ण कई बार प्राप्त कर चुके हैं।

धारा के पास पड़ी हुई गाय से पहले उन्हें राधा और कृष्ण दिखाई दिए। उनका थका और निराश मुख खिले उससे पहले उनकी दृष्टि गाय पर पड़ी। उसे इस तरह पड़ा हुआ देखकर बोले : 'कहीं यह मेरी कृपा तो नहीं है? कल शाम को मेरे पुत्र को पीपल के तने से बाँधकर डाकू मेरी दोनों गायों को हाँक ले गए थे। परन्तु वे उसके वश में नहीं रहीं। विद्या तो रात को ही वापस आ गई थी। मुझे विश्वास था कि कृपा भी रात तक वापस आ जाएगी। उसके खुरों के निशान देखते-देखते यहाँ तक आया हूँ। उन दानवों ने ही मेरी कृपा की यह दशा कर दी होगी।' तरंगदा बोलते-बोलते प्रवाह में आ गए।

'किसी मनुष्य के द्वारा इसकी मृत्यु नहीं हुई।' कृष्ण ने जो देखा था वह बता दिया।

तरंगदा गाय के मुख के पास बैठ गए। उनकी आँखें टपकने लगीं।

अब यह गाय क्या जीवित नहीं होगी? यदि यह जीवित नहीं है तो शायद दूसरी गायें भी इसी तरह मरें। कृष्ण बहुत व्यथित है। राधा अन्यमनस्क है।

'तू चली जा राधा, कृपा की मृत्यु का कारण जाने बिना मैं यहाँ से नहीं हटूँगा। यह मेरी प्रतिज्ञा है। कोई पूछे तो कह देना। तू जा, विशाखा तेरी प्रतीक्षा कर रही होगी, अब देर मत कर।'

तरंगदा ने उसे एक काम बताया : 'बेटा, तू मेरे यहाँ यह दुखद समाचार देती जा। मैं जानता हूँ कि यह कहते हुए तेरी जीभ नहीं चलेगी, फिर भी...'

'नदी को कुछ आगे से पार करना।' कृष्ण थोड़ा सावधान हो गया था।

'और हाँ, राधा, मेरे यहाँ कहना कि चर्मकारों को भेजें, देर न करें।'

तरंगदा और कृष्ण का अनुमान सच निकला। चर्मकार अपने औजार किनारे पर रखकर आए थे। एक अधेड़ उम्र के श्रमिक ने गाय की खाल का रंग बदला हुआ देखकर कह दिया : 'लगता है कि साँप ने काट लिया है।'

सब सोच रहे थे कि गाय को उठाकर किनारे पर किस तरह ले जाएँ। एक श्रमिक अपने दूसरे साथियों को बुलाने दौड़ा। उस अधेड़ चर्मकार ने कहा : 'नागजाति के लोग वर्ष में किसी-किसी दिन उस गड्ढ़े में रहते कालीय नाग की पूजा करने आते हैं।'

तरंगदा ने सर्पविद्या के जानकार गारूड़ी के बारे में पूछा। चर्मकार ने कहा कि कालीय नाग का जहर किसी गारूड़ी से कभी भी नहीं उतरा है। इसलिए वे जंगली लोग इसे नागदेवता का अवतार मानकर पूजते हैं।

'प्राण लेनेवाले की भी पूजा होती है?' कृष्ण तरंगदा से पूछता है। 'कालीय के भक्तों में से किसी की गाय इस तरह मरी है कभी?'

'वे लोग गाय रखते कहाँ हैं?' कहते हुए तरंगदा खड़े हो गए।

गाय का शव खिंचते हुए वे नहीं देख सकेंगे। चल दिए। कृष्ण उनके साथ गया। कालीय को दूर करना ही होगा। किसी सर्पविद्या जाननेवाले की सहायता मिले तो अच्छा है, नहीं तो...

किसी को कुछ बताना नहीं है।

9

पहले नन्दराय ने राज्यादेश की अवहेलना की, कोई उत्तर-वुत्तर नहीं भेजा। यह बात उनकी प्रकृति के प्रतिकूल होने के कारण चुभ रही थी। इसलिए स्पष्ट उत्तर तैयार करवाकर अक्रूर को और उनके द्वारा राजा को भेज दिया : 'पट्टगोप के पद पर मुझे तुमने नहीं बैठाया। इसके लिए मैं ब्रजवासियों का ऋणी हूँ। जिस दिन उनका विश्वास खो दूँगा उस दिन अपने आप यह पद त्याग दूँगा। मैं इस पद के कारण कोई राजकीय लाभ प्राप्त नहीं करता बल्कि राज्य की सहायता करता हूँ। इसलिए यह मत समझना कि मैं तुम्हारी किसी भी आज्ञा का पालन करने के लिए वचनबद्ध हूँ। तुम्हें पूजा या किसी अनुष्ठान के लिए यमुना के कमलों की आवश्यकता हो तो अपने विलासी राजपुरुषों को कालीयदाह में भेजकर मँगा लो। मेरे कृष्ण-बलराम ऐसी पूजा अनुष्ठानों में विश्वास नहीं रखते।'

इस उत्तर को अक्रूर एक दिन तो अपने पास रखे रहे। सोचने पर उन्हें लगा कि नन्दराय के प्रति राजा का दृष्टिकोण अब स्पष्ट हो जाने में कोई बुराई नहीं है। ज्यादा से ज्यादा वह क्रोधित होगा। नन्दराय पर दंड करेगा। नन्दराय दंड नहीं भरेंगे। ब्रजवासी उनका समर्थन करेंगे। संघर्ष बढ़ेगा। राजा दूसरे अन्याय करेगा। फिर तो...

प्रद्योत ने कंस को उत्तर सुनाया। विश्राम भवन के नाम से जाने जाते रंगभवन में पकड़कर लाई गई ग्रामवधुओं के साथ क्रूरतापूर्वक विलास कर रहे कंस को नन्दराय का उत्तर सुनकर बहुत क्रोध आया। यह ग्वाला समझता क्या है अपने आपको!

'प्रद्योत, मागधी सैनिकों के द्वारा इस अहंकारी, मूर्ख, प्रौढ़ गोप को पकड़ लाओ और अपराधी कैदियों के साथ कारागार में डाल दो।'

'महाराज, आपकी आज्ञा होगी तो मैं मागधी सैनिकों को वृन्दावन अवश्य भेजूँगा। परन्तु वहाँ से वे वापस आएँगे ही ऐसा निश्चित नहीं कहा जा सकता। यदि नन्दराय स्वेच्छा से यहाँ नहीं आए और संघर्ष करे तो मागधी सैनिक मारे जाएँगे। और यदि दूसरे मागधी सैनिकों की तरह ये भी रसिक निकले तो गोपियों के सौन्दर्य पर मोहित होकर वहीं रह जाएँगे। जब सांदीपनि मुनि के शिष्य भी इस तरह वहाँ के स्थायी निवासी हो गए तो फिर?'

'इस समय मुझे ऐसा मजाक पसन्द नहीं प्रद्योत, गुप्तचरों ने बार-बार सावधान किया था। सम्राट जरासंध के साम्राज्य विस्तरण में व्यस्त रहने के कारण मैं अपने राज्य के कार्यों

में उचित ध्यान नहीं दे सका। अब पश्चिम की ओर मुझे ध्यान रखना है। मुझे लगता है कि सबसे पहले मुझे नन्द का काँटा निकाल देना पड़ेगा। उसकी वास्तविक शक्ति क्या है?'

'कृष्ण-बलराम और उसके युवा साथी।'

'क्या उन्हें साम, दाम, दंड, और भेद से फोड़ा नहीं जा सकता?'

'नहीं, वहाँ सिर्फ प्रेम की आन है। केवल और भैरव के दीर्घ निवास के बाद गोकुलवासी इतने सावधान हो गए हैं कि उन्हें किसी कूटनीति के जाल में नहीं फँसाया जा सकता। यह सम्भव है कि सीधे संघर्ष में हमारी विजय हो परन्तु उससे आन्तरिक विग्रह होने का खतरा है।'

'तुम्हारी बात सही लगती है। मुझे कुछ दिनों विचार करने दो।'

कंस राजा ने जरासंध से पुछवाया। उत्तर मिला : 'इतने छोटे प्रदेश पर आक्रमण करोगे? और वह भी अपने आधीन भू-खंड पर! विरोध के बावजूद गोप राज्य को कर तो देते ही हैं तो फिर किस कारण से आक्रमण करोगे? जीतने पर वसुदेव और अक्रूर के पक्षधर नाराज होंगे और यदि हारोगे तो पूरे आर्यावर्त में नाक कट जाएगी। मैं तुम्हें बुद्धिमान मानता था, समझदारी से काम लो।'

कंस को खुले संघर्ष के स्थान पर छल-कपट द्वारा नन्द की शक्ति को क्षीण करने में राजकीय हित दिखाई दिया।

तो कुछ समय मित्रता का दिखावा किया जाए। नन्द का आदर करके उसके समर्थकों को भ्रम में रखा जाए। प्रारम्भ किया जाए गर्गाचार्य से। शायद उनकी राजभक्ति कम हुई है फिर भी वे अक्रूर से अधिक आज्ञाकारी हैं।

आचार्य भी यह साख बनाए रखना चाहते थे। विनयपूर्वक राजा के समक्ष उपस्थित हुए। राजा ने आदर के साथ उनका स्वागत किया।

'आप गोकुल जाओ और गोपनायक नन्द को उनका कर्तव्य समझाओ। उनसे कहना कि पहले तो राज्य के प्रति उनकी वफादारी प्रशंसनीय थी। अब कुछ दिनों से राजा का विरोध करके क्यों यह लोक और परलोक बिगाड़ रहे हो।'

'वे ऐसा नहीं मानते होंगे फिर भी आपकी बात उन तक पहुँचा दूँगा। नन्द तथा अन्य गोप मेरी बात मानेंगे। मैं आपकी आज्ञा का पालन करने के लिए उत्सुक हूँ। किसी बहाने गोकुल पहुँच जाऊँगा। वैसे भी मुझे वहाँ से गुजरना अच्छा लगता है। आपका सन्देशवाहक बनना विशेष रुचिकर लगेगा। मेरी आवश्यकताओं का प्रबन्ध करने के लिए यदि आप सेनापति प्रद्योत से कह दें तो अनुग्रहीत रहूँगा।'

गर्गाचार्य अक्रूर से मिले। उन्होंने राजपुरोहित का पद नहीं छोड़ा है। इसलिए वे इस तरह ही सहायक हो सकते हैं। 'बताओ, मुझे क्या करना है? तुम्हारे सुझाव के अनुसार ही मैं राजा की आज्ञा का पालन करूँगा। मुझे वृन्दावन तो जाना ही है। राधा और कृष्ण को देखे बहुत समय हो गया है। सुनते हैं कि युवा कृष्ण परम दर्शनीय हो गया है। मुझे जितना शीघ्र हो सके, जाना है। बताओ कब जाऊँ?'

'सांदीपनि मुनि यहाँ पधारें उसके बाद उन्हें साथ लेकर ही जाइए। केवल और

भैरव ने ब्रजवासियों को सुसज्जित करने में कोई कमी रखी हो तो उसे दूर कीजिए। आप तो जानते ही हैं कि कि मथुरा के सत्ता-संचालन के सूत्र मागधी सैनिकों के हाथ में जाने लगे हैं।'

'गणराज्य की पुनः स्थापना करनी हो तो देर-सबेर मगध-साम्राज्य से सीधा संघर्ष करना पड़ेगा।' अक्रूर ने अपनी पत्नी की ओर देखा।

'यह आचार्यश्री का विषय नहीं है। उन्हें तो मात्र राज्यभक्ति ही करनी है।' अमात्य-पत्नी के होंठों पर स्मित आ गया।

'राजपुरोहित का यह पद छोड़कर मैं खुला संघर्ष कर सका होता तो कितना अच्छा होता। परन्तु तुम तो मुझे जानते हो। मैंने प्रजा और उसके सच्चे नायकों का कभी अहित नहीं चाहा। राजपुरोहित का पद अपने आप चला जाए तो मुझे शान्ति होगी। परन्तु अपनी इच्छा से मैं कुछ भी छोड़ने के लिए तैयार नहीं हूँ।'

अक्रूर से मन्त्रणा करने के बाद सेनापति प्रद्योत के निवास पर जाकर उन्होंने कहा : 'तुम ब्रजभूमि के बारे में महाराज से भी अधिक जानते हो। उनकी सेवा और विलास के लिए ग्राम-कन्याएँ एवम् वधुएँ तुम्हारे सैनिक ही उस क्षेत्र से लाते हैं। अभी शायद वे नन्द के गोकुल तक नहीं पहुँचे होंगे। शायद आज नहीं तो कल वहाँ जाएँगे। ब्रजवासी मथुरा में रहनेवाले किसी भी व्यक्ति पर विश्वास नहीं करते, फिर वह सेनापति हो या राजपुरोहित। महाराज मुझे भेज रहे हैं तो मैं अवश्य जाऊँगा। शायद वे लोग मेरी बात सुनेंगे भी। परन्तु मेरा कहा मान लेंगे ऐसा नहीं कह सकता। उज्जैन के पास सांदीपनि मुनि का आश्रम है। यदि मुनि मेरे साथ ब्रज में आएँ और उपदेश दें तो बहुत प्रभाव पड़ेगा। उन्हें कृष्ण से अनहद प्रेम होने के कारण वे उसके हित के अनुरूप ही सलाह देंगे।'

प्रद्योत के लिए कृष्ण का हित-अहित विशेष महत्त्व नहीं रखता था। उसे इतना ही देखना था कि राजाज्ञा का पालन हो, हमारी सत्ता बनी रहे। दूसरे विद्वान अमात्यों और मन्त्रियों के होते महाराज ने सेनापति को अनेक अधिकार देकर उस पर जो विश्वास किया है, वह बनाए रखना है। उसने मद्यपान में डूबे राजा की आज्ञा प्राप्त करके सांदीपनि मुनि को पत्र भेजा। गोकुल जाना है यह जानकर वे तुरन्त आए। गर्गाचार्य ने उन्हें रोका। कल जाएँगे। पहले अक्रूर और सम्भव हो तो वसुदेव से मिल लें। स्वयं भी सोच लें। उन्होंने सेवक को भेजकर प्रद्योत को सूचना भेजी।

प्रद्योत ने मान लिया था कि मुनि और आचार्य आज ही मथुरा से प्रयाण कर देंगे। इसलिए उसने कंस को उनके आगमन की सूचना नहीं दी। परन्तु रात को रानियों ने कंस को सावधान किया : 'अवन्ति का वह ब्राह्मण, आया तो राजरथ में बैठकर और आपसे मिलने के स्थान पर गया सीधा वसुदेव से मिलने। मनुष्य कितने कृतघ्न होते हैं!'

'इसमें उसका कोई दोष नहीं है प्रिये! वह जानता है कि मुझे उस जैसे शुष्क ब्राह्मण की जगह हँसमुख विदूषक से मिलना अधिक पसन्द है।'

'तो फिर उसे मथुरा बुलाया ही क्यों? उसे गोकुल भेजने की क्या आवश्यकता है? क्या आप इस भ्रम में हैं कि वह हमारा भला चाहता है?'

'उसके मन में क्या है इसकी चिन्ता हम क्यों करें? उसकी प्रार्थना से यदि

राज्य-परिवर्तन होता तो उसने कब का वसुदेव का उद्धार कर दिया होता?'

'मेरे पिता ऐसे लोगों को महत्त्व नहीं देते।'

'मैं सिर्फ महत्त्व देता हूँ, दूसरा कुछ नहीं देता।' कहते हुए कंस हँस पड़ा। 'सांदीपनि सलाह देने का बहुत शौकीन है। उसने शिष्यों को भेजकर ब्रज में अपना स्थान बना लिया है यह जानकर मैंने उसे चेतावनी दी थी। कहा था कि तुम्हारे हस्तक्षेप से मेरी प्रजा का अकल्याण न हो। तो वह मुझे ही उपदेश देने लगा : राजन्, मात्र शारीरिक शक्ति से शासन नहीं चलता। तुम्हारे मल्लों को देखकर प्रजा दबी रह सकती है। परन्तु तपोवनों और आश्रमों में रहते ऋषि-मुनि निर्जन जंगलों में हिंसक प्राणियों से नहीं डरते तो तुम्हारे मल्लों से किसलिए डरेंगे? उन्हें क्या खोना है जो वे राज्य से भय खाएँ?—मैं सांदीपनि पर क्रोधित हुआ था परन्तु वृद्ध मन्त्री प्रलम्ब ने मुझे संकेत से मना किया। मुझे भी स्मरण हुआ कि उसके अनेक शिष्यों ने अपने राज्य में धन और कीर्ति पाई है। प्रजा में उनका प्रभाव है। उन सबको अपने विरुद्ध क्यों करें? सांदीपनि मुझे सिंहासन से उतारकर स्वयं तो बैठनेवाला नहीं है।'

'यह सही है परन्तु उसके शिष्य आपसे आज्ञा लिए बिना ब्रजभूमि में शस्त्र और शास्त्र की शिक्षा देने लगें, उसे क्या कहें?'—महारानी अस्ति ने पूछा।

'तुम कहो तो उन्हें एक दिन में कुचल डालूँ। कहाँ अपने मागधी सैनिक और कहाँ वे ग्रामीण यादव और अहीर! अरे! उनके लिए अपनी मल्लशाला ही बहुत है।'

'आपकी बात सत्य है फिर भी उससे कहना चाहिए : तुम और तुम्हारे शिष्य शास्त्रों को रटाते रहो। शस्त्रों की शिक्षा का प्रबन्ध राज्य करेगा।' प्राप्ति ने कहा।

'सम्राट जरासंध ने यह आदर्श सामने रखा है। हम इसी आदर्श का अनुसरण करते हैं। परन्तु यह ब्राह्मण तो आपके पिता से स्वयं को बड़ा ज्ञानी समझता है!'

'फिर ऐसे अभिमानी को किसलिए ब्रज भेज रहे हैं?'—अस्ति की आवाज में दृढ़ता थी।

'उसे नहीं भेजूँ तो मैं जाऊँ?'

'नहीं।' दोनों रानियाँ एकसाथ बोलीं। ज्योतिषियों ने उनके सौभाग्य की रक्षा के लिए अनुष्ठान प्रारम्भ करवाया है। कहा था कि जब तक हम अनिष्टनीय ग्रहों के प्रभाव को दूर न कर दें तब तक उन्हें युद्ध करने से रोकना। उन जैसे महान योद्धा को महल में कैद रहना पड़े यह हमें अच्छा नहीं लगता परन्तु वीर पुरुष के एक हाथ में तलवार सुशोभित होती है तो दूसरे में रमणी के द्वारा भरा गया सुरा का चषक!

राजा अस्ति और प्राप्ति की इच्छा के विरुद्ध कोई निर्णय नहीं करता। वह जानता था कि जरासंध का जामाता होने के बाद ही उसका इतना प्रभुत्व बढ़ा है। सम्राट चाहते हैं कि मेरे राज्य की सीमाएँ और विकसित हों। परन्तु उनकी पुत्रियाँ मुझे अभी यहीं रोके रखना चाहती हैं। इन्हें भय है अपने सौभाग्य के खत्म हो जाने का। मेरे जीवन से अधिक उन्हें अपने सौभाग्य की चिन्ता है। यह समझा जा सकता है। परन्तु दोनों में से एक भी विलासप्रिय नहीं हैं, सत्ता प्रिय हैं। परन्तु मैं विलास से वंचित नहीं रह जाऊँ इसका ध्यान रखना वे अपना परम कर्तव्य समझती हैं। वे व्रत करती हैं, अनुष्ठान

करके मेरा कल्याण चाहती हैं। मेरी समझ में नहीं आता कि इतने महान वीर पुरुष की पुत्रियाँ इतनी धार्मिक कैसे हैं? वैसे सांदीपनि तो कहेगा कि स्वार्थ के लिए किए गए अनुष्ठानों में धर्म नहीं होता। धर्म यानी आत्मा की शिक्षा। निद्रा और नशे के प्रभाव के कारण कंस का हास्य उसके अन्दर ही अन्दर घुटकर रह गया। रानियाँ अपने-अपने शयनखंड में चली गईं।

सांदीपनि मुनि आ पहुँचे थे। वसुदेव भवन जाना था परन्तु आचार्य गर्ग ने राजा के रुख के बारे में बताकर वहाँ जाने से रोका। वसुदेव-देवकी के कुशल-क्षेम के समाचार दिए– 'तीर्थयात्रा कर आने के बाद देवकी के स्वास्थ्य में सुधार हुआ है। कारावास के दिनों में वसुदेव के मुख पर दिखाई देनेवाला फीकापन चला गया है। अब काफी उत्साह और स्फूर्ति वसुदेव में है। यह देखकर कंसराज ने कुछ धारणाएँ बना लीं और आदेश भेजा : तुम्हें राज्य के कार्य में हस्तक्षेप नहीं करना है और गोष्ठियों में भाग नहीं लेना है। वीरश्रेष्ठ वसुदेव ने अपने शुभेच्छकों को सावधान कर दिया है, इसलिए मैं उनसे गुप्त रूप से मिलता हूँ। हम गोकुल जानेवाले हैं, यह जानकर उन्होंने कहलाया है : अपने सभी स्वजनों को मेरा स्नेह और शुभाशीष पहुँचाना। महामना अक्रूर जब सूचित करेंगे तब मैं और देवकी वहाँ मिलने आएँगे। तब तक हृदय पर पत्थर रखकर जिएँगे। यहाँ आपके दर्शन के लिए उत्सुक हूँ। प्रयत्न करूँगा।'

सांदीपनि मुनि सुन रहे थे और व्यथित हो रहे थे। वे यकायक बोल उठे : 'कब अन्त आएगा इस यन्त्रणा का? ऐसे धर्मात्मा माता-पिता और उनके तेजस्वी कर्मठ वीर पुत्र एक दूसरे से मिल नहीं सकते हैं। आचार्य कुछ करना चाहिए।'

'हमें कुछ भी नहीं करना होगा सिवा दर्शन के। नन्द के घर साक्षात् सच्चिदानन्द अवतरित हुए हैं।' आचार्य बोले।

'तुम जो कह रहे हो वह मान भी लिया जाए तो वे अकेले क्या करेंगे? आचार्य, आप प्रजा के पुरुषार्थ पर भार क्यों नहीं देते? मेरे एक प्रश्न का उत्तर दो : यदि कृष्ण-बलराम प्रेम-वत्सल, उद्यमी और परोपकारी नहीं होते तो तुम उन्हें सच्चिदानन्द का अवतार कह सकते थे?'

'मुझे कहाँ कुछ कहना है? शास्त्र कहते हैं। जो अवतार होते हैं उनमें मानवीय गुण होते हैं, अवगुण नहीं।'

'जन्म के बाद जो कुछ प्राप्त करते हैं वह मानवीय प्रवृत्ति हुई। मैं देख रहा हूँ कि कृष्ण-बलराम के लालन-पालन में एक महान विरासत का हाथ है। नन्द-यशोदा के योगदान को आप क्यों भूल रहे हैं?'

'मैं तो आपके शिष्यों के योगदान को भी नहीं भूलना चाहता। परन्तु विरासत और श्रद्धा सभी को सुलभ थी न! कृष्ण-बलराम ही क्यों इतने तेजस्वी निकले? सुबल और उत्तम भी अच्छे युवक हैं। वही वातावरण, वही विरासत, वही शिक्षा, फिर भी क्या सुबल-उत्तम को कृष्ण-बलराम के समकक्ष माना जा सकता है? मुनिवर, आप गर्गाचार्य को सिर्फ पंडित

ही समझते हैं। उसे विचारने में तकलीफ नहीं पड़ती परन्तु उसे ज्ञान पर अभिमान नहीं है। हाँ, थोड़ा द्रव्य का लोभी है। पद और सुविधाओं की कामना भी है। आपकी तरह महाराज से झगड़ने की वृत्ति भी नहीं है।'

'आपको लड़ने की आवश्यकता ही कहाँ है? सब स्वयं सच्चिदानन्द ही करेंगे।'

'करेंगे, अवश्य करेंगे। मैं राज्यसभा के वातावरण से परिचित हूँ इसलिए आपसे कह सकता हूँ कि सब कृष्ण और बलराम ही करेंगे, इस धारणा का प्रचार हो तो अच्छा है। इससे प्रजा का हृदय अभिप्रेत परिवर्तन के लिए उत्सुक बनेगा। जिससे सही समय पर वह अपनी भूमिका अदा करेगी।'

गर्गाचार्य मानव-प्रकृति की इतनी सूक्ष्म जानकारी रखते हैं! शायद राजनीतिक दाँव-पेंच की उपेक्षा करके नहीं टिका जा सकता। इनकी स्थिति और मेरा कार्य दोनों प्रारम्भ से ही भिन्न हैं। सांदीपनि आज आचार्य के प्रति अधिक आत्मीयता का अनुभव कर रहे थे। आभूषण बनाने हों तो अकेले स्वर्ण से नहीं बनते, उसमें ताँबा भी मिलाना पड़ता है।

हाँ, स्वयं शिक्षक हैं इसलिए स्वर्ण को स्वर्ण और ताँबे को ताँबा ही कहते हैं। और समझाते हैं कि सृष्टि में जो कुछ है वह परस्पर संकलित है। दीक्षान्त समारोह में आशीर्वाद देते समय शिष्यों से कहते हैं : 'जिस तरह धर्म और मोक्ष के साथ अर्थ और काम ग्राह्य है उसी तरह दूसरों के कल्याण में सहायक शस्त्र और शास्त्र तुम्हारे पाथेय बनें। इस सृष्टि में सबसे सुन्दर मनुष्य है। जो सुन्दर है वह सर्वोत्तम बने इसलिए उषनिषद काल से भारतवर्ष के ये तपोवन पुरुषार्थ कर रहे हैं।'

सांदीपनि सन्दर्भ-संचय पर कम, आत्मा के विकास पर हमेशा भार देते। उनके दृष्टिकोण के अनुसार आश्रम में रहनेवाले समान थे। इससे विद्यानुरगी असुरों को भी अपने पुत्रों को आश्रम में भेजने की प्रेरणा मिलती। पंचजन्य उनका असुर शिष्य था। उसे आश्रम का वातावरण अच्छा लगता परन्तु अनुशासन कठिन लगता। इसका विरोध करने के लिए उसने एक आमवृक्ष तोड़ दिया। पंचजन्य की ग्रहण-शक्ति असाधारण थी। उसकी शिक्षा में मुनि की रुचि थी परन्तु जिसकी मंजरियों की सुगन्ध प्रार्थना स्थल तक आती थी उस आमवृक्ष को तोड़कर पंचजन्य को रोमांच हुआ, पश्चात्ताप नहीं। उपदेशों और डाँट का कोई प्रभाव नहीं पड़ा। अब पंचजन्य प्रतिकार करने लगा। उसने उत्तर दिया : 'मैं यहाँ रहता हूँ उसके बदले में मेरे पिता तुम्हें मुँहमाँगा धन देते हैं। मैंने जो आमवृक्ष तोड़ा या भविष्य में तोड़ूँ उन सबका मूल्य जोड़कर माँग लेना। मैंने वृक्ष ही तोड़ा है, तुम्हारे किसी कायर शिष्य का हाथ-पैर तो नहीं तोड़ा न!'

मुनि ने बहुत धैर्य रखा, अन्त में दुःखी मन से उन्होंने पंचजन्य को विदा दी। सद्बुद्धि के लिए शुभेच्छा दी। पंचजन्य ने पूरे आश्रम में सुनाई दे इस प्रकार उत्तर दिया : 'मैं ऐसा पराक्रम करूँगा कि तुम्हारा यह सांदीपनि मेरे पास दौड़ता हुआ आएगा।'

'अवश्य दौड़ता हुआ आऊँगा यदि तू समष्टि के कल्याण के लिए कोई बड़ा पराक्रम करेगा।' मुनि मन ही मन बोले थे। वे मानते थे कि यह समाज नियति से उतना नहीं चलता जितना नियमों के अधीन चलता है। विश्व पर विलसित परम चैतन्य नियति पर भी नियन्त्रण करता है और सन्तुलन भी बनाए रखता है। भले ही हम उस चैतन्यस्वरूप सत्ता

को नहीं देख सकते परन्तु व्यक्ति और समिष्ट के कल्याणकारी नियमों का समर्थन तो कर सकते हैं। गोकुल में इन्द्रयोग बन्द हुआ यह उन्हें अच्छा लगा था क्योंकि इससे काफी दुर्व्यय बन्द हो गया था। ऐसे दूसरे व्यर्थ कर्मकांडों को रोकने में पहल करनेवाले कृष्ण-बलराम के प्रति उनका प्रेम निरन्तर बढ़ता गया था।

वह प्रथम दृष्टि में ही चैतन्य का अंश लगा था।

उसे आखिरी बार देखा, उस घटना को कितने वर्ष बीत गए? फिर भी लगता है कि मानो आज सुबह ही देखा हो। इन वर्षों में कृष्ण-बलराम के विकास के बारे में केवल और भैरव बताते रहे हैं। वहाँ के जीवन में आए विशिष्ट परिवर्तन के बारे में भी बताते रहे हैं। आत्म-सन्तोष व्यक्त करते हुए उन्होंने कहा था कि उस समय हमने आपकी आज्ञा को अपना कर्तव्य मानकर पालन किया था परन्तु उस भूमि को अपना घर मानकर रहने के बाद पता चला कि हमने जीवन का सर्वोत्तम वरदान प्राप्त किया है।

मुनि को विचार-प्रवाह में से बाहर निकालकर गर्गाचार्य मुख्य बात पर आए। उन्होंने बताया कि किस प्रकार प्रद्योत से कहकर उन्हें राजदूत की तरह साथ ले जाने का प्रस्ताव स्वीकृत करवाया। सुनकर मुनि स्तब्ध रह गए। अभी जिनके प्रति सम्मान जागा था वे आचार्य मेरा ऐसा उपयोग करना चाहते हैं?

'कंस का दूत? आपने मुझे कंस का दूत बनाने की योजना बनाई है?'

'हाँ'—गर्गाचार्य कुछ संकोच के साथ बोले : 'कृष्ण-बलराम के हित के लिए।'

'यदि वे सच्चिदानन्द के अवतार हैं तो उनका हित करनेवाले तुम कौन हो?' मुनि ने आचार्य के तर्क को ही सामने रखकर उन्हें निरुत्तर कर दिया। कुछ समय बाद बोले : 'देखो, महामना, आप मुझसे किसी भी प्रकार की सेवाएँ लें परन्तु मुझे क्रय-विक्रय की चीज नहीं बनाएँ। मैं अपनी ही बात नहीं करता, इस समस्त आर्यावर्त में कोई तपस्वी कुलपति राजसत्ता का दासत्व ग्रहण नहीं करेगा।'

'मैं आपको इसलिए साथ ले जाना चाहता हूँ कि...'

'आपको अधिकार है कि आप बिना कारण के भी मुझे साथ ले जा सकते हैं। परन्तु मैं आपके राजरथ में बैठकर नन्दगाँव नहीं जाऊँगा। मैं इस समय किसी को भी राज्यभक्ति का उपदेश देने की मनःस्थिति में नहीं हूँ।'

'आप मेरी बात तो सुनें!'

'इसीलिए आया हूँ। परन्तु पहले कंस का दूत बनकर जाने का प्रस्ताव वापस करो। राजरथ लौटा दो। हम दोनों अभी सशक्त हैं, चल लेंगे। गोप-गोपियों की प्रीति का वात्सल्य अपने पैरों से इतना कार्य तो अवश्य ले लेगा।'

'मेरे पैर स्थिर रहने के आदी हो गए हैं!'

'तो फिर आप रथ में आएँ, मैं अपनी तरह पहुँच जाऊँगा। और मुझे जैसे उचित लगेगा उस तरह कृष्ण-बलराम तथा उनके साथियों को सम्बोधित करूँगा।'

'हमारे बीच वहाँ विवाद हो उससे तो यहीं मुझे स्पष्टता कर देनी चाहिए।' आस-पास देखकर सेवक को दूसरे कक्ष में भेजकर गर्गाचार्य ने कहा : 'इस मथुरा में वसुदेव-देवकी और अक्रूर के बाद कृष्ण-बलराम का सबसे बड़ा शुभचिन्तक मैं हूँ। आप यह बात जानते

हैं फिर भी बार-बार भूल जाते हैं। इसलिए आज फिर कह रहा हूँ : नामकरण संस्कार के समय अपने द्वारा की गई भविष्यवाणियों को प्रत्यक्ष देखने के लिए ही मैं जीवित हूँ। मुझमें आप जैसा तप और निर्भयता होती तो मैं राजपुरोहित और ज्योतिषी न होकर किसी आश्रम का कुलपति होता। अब तो मुझे राज्याश्रय की सुविधाओं की आदत पड़ गई है। इन सुविधाओं का मैंने यथेष्ट उपयोग किया है, इनके द्वारा ही अपने ग्रन्थों को पूर्वांचल से दक्षिणापथ तक पहुँचा दिया है। मैं जानता हूँ कि आज मेरी ख्याति आपसे अधिक है। फिर भी हृदय से आपको वन्दन करता हूँ। इसी तरह राजप्रासाद में नहीं परन्तु कारागार में जन्मे और वन में बड़े हुए उस बालक को चाहता हूँ। मेरे जीवन के इस विरोधाभास से वसुदेव और अक्रूर अवगत हैं।'

'वे राजपुरुष हैं, उनके लिए रजोगुण त्याज्य नहीं, परन्तु आप तो विद्यापुरुष, ब्रह्मवेता हैं। जब आप ही विद्या-अविद्या में भेद किए बिना माया के बन्धन में बँधने लगें तब...' सांदीपनि की आवाज में मृदुलता थी। वे आचार्य को आघात नहीं पहुँचाना चाहते थे क्योंकि उन्होंने निःसंकोच वस्तुस्थिति को प्रकट कर दिया था।

मुनि की आँखों में स्नेहादर देखकर आचार्य ने कहा : 'एक दिन कृष्ण यहाँ भी आएगा। मुझ पर दृष्टि डालेगा। उसके अनुग्रह मात्र से मेरे सभी बन्धन टूट जाएँगे।'

'यह मानना भी क्या मायाजन्य अपेक्षा नहीं? मुक्ति का लोभ नहीं? जो जागृति की दिशा में बढ़ने की सामर्थ्य रखते हैं उन्हें किसी बाह्य तत्त्व के अनुग्रह की प्रतीक्षा नहीं होती।'

'कृष्ण कोई बाह्य तत्त्व नहीं, परब्रह्म है।'

'जिस रूप में आप स्वयं ब्रह्म के अंश हैं?'

'हम तो सिर्फ अंश हैं बल्कि अंश के भी अंश हैं। अपनी योग्यता और क्षमता बस इतनी है कि उसे पहचान सकें। जबकि वे तो पूर्ण अवतार हैं। उसकी जन्मकुंडली देखी है? दिखाऊँ?'

'नहीं, मैं खगोलशास्त्र के भौतिकवाद में विश्वास नहीं करता। मेरे लिए महत्त्वपूर्ण है मनुष्य का विवेक और संकल्प। जन्मकुंडली की भविष्यवाणियों को भी बदल सके, मैं ऐसे मनुष्यत्व का पक्षधर हूँ।'

सांदीपनि मुनि की बात अभी अधूरी थी, परन्तु सेवक ने विक्षेप करके भी अतिथियों के आगमन की सूचना दी।

गर्गाचार्य अपने भवन के प्रवेश-द्वार तक गए।

'ओहो! धन्य! कैसा शुभ दिन है! मुनिवर बाहर आओ, देखो कौन आए हैं?'

अक्रूर के साथ वसुदेव भी थे।

चारों महानुभावों ने एक-दूसरे को नमन किया। तीनों की दृष्टियों के केन्द्र वसुदेव थे। वर्षों के कारावास में एकान्त चिन्तन के कारण वसुदेव की आँखों में कुछ भावातीत धवलता दृष्टिगोचर हो रही थी। आज उसमें प्रसन्नता की सुर्खी और मिल गई।

सांदीपनि ने सुना था कि ऐसे प्रभावक पुरुष शूरसेन प्रदेश में अधिक नहीं हैं। विद्वत्ता, शौर्य और सौन्दर्य का उनके व्यक्तित्व में मणि-कांचन योग है।

यह सुविदित है कि गण परिषद् ने वसुदेव को उग्रसेन के मन्त्री के पद पर आसीन

किया था, उसके पूर्व उन्होंने सेनापति का पद कुशलता और सामर्थ्यपूर्वक सँभाला था। उनकी विजययात्रा के समय सम्पन्न परिवारों की सुन्दरियाँ भी उनके दर्शनों को आतुर रहतीं और भीड़ से भयभीत हुए बिना राजमार्ग तक आ पहुँचती थीं। ऊँचे भवनों के गवाक्ष पर खड़ी रमणियाँ तब तक नहीं हटती थीं जब तक वसुदेव के दर्शन नहीं कर लेतीं। देखनेवाले आँखों में ही नहीं स्मृति में भी वसुदेव का पौरुषेय व्यक्तित्व अंकित हो जाता और उन्हें लम्बे समय तक आनन्दित करता रहता।

उस समय वसुदेव के सौन्दर्य के बारे में किंवदन्तियाँ प्रचलित हो गई थीं। अन्धक वृष्णि के दस पुत्रों में वसुदेव सबसे छोटे थे और सबसे बड़े थे सुभद्रविजय। यहाँ मथुरा की राजगद्दी पर जब उग्रसेन विराजे उस समय कुशद्य देश में बसे शौर्यपुर के सिंहासन पर सुभद्रविजय विराजमान थे। कहा जाता है कि वसुदेव के अनन्य असाधारण सौन्दर्य से अभिभूत होकर नगर की गृहिणियाँ अपने घर-परिवार की उपेक्षा करने लगी थीं। एक-दो दिन की बात होती तो ठीक था परन्तु यह नित्यक्रम हो गया। नगरजन राजा के पास पहुँचे। इसका कुछ निदान करें। सुभद्रविजय को अपने छोटे भाई से अत्यधिक स्नेह था, परन्तु राजा के हित के बारे में उसने ऐसा नियन्त्रण रखा जिससे वसुदेव महल के बाहर नहीं जा सके। वसुदेव को यह नियन्त्रण हास्यास्पद लगा। बड़े भाई की आज्ञा का प्रतिकार करने के स्थान पर उन्होंने वेश बदलकर नगर छोड़ दिया। लोगों में ऐसी बात फैल गई कि अपमानित होकर वसुदेव ने अग्निस्नान कर लिया है। वास्तव में उन्होंने अनेक प्रदेशों की यात्रा करके अपनी विद्या और अनुभव को समृद्ध किया था।

अरिष्टपुर में रोहिणी का स्वयंवर था। वर्षों के बाद वसुदेव वहाँ प्रकट हुए। सुभद्रविजय तथा अन्य भाइयों से मिलन हुआ। भाई स्नेहपूर्वक उन्हें अपने साथ ले जाना चाहते थे परन्तु वे उनके साथ शौर्यपुर जाने के स्थान पर अन्धक, अक्रूर और नन्द आदि के आग्रह के कारण मथुरा आए। सेनापति का दायित्व सँभाला। देवकी के साथ उनका विवाह हुआ, उस समय वे शूरसेन प्रदेश के मंत्री थे।

पहले वसुदेव से उपकृत होकर शस्त्रविद्या सीखनेवाला कंस उनके बढ़ते जाते प्रताप के कारण ईर्ष्या करने लगा। शंका और भ्रान्तियों में उलझता हुआ कंस शूरसेन जनपद के लिए एक आपत्ति बनता गया। यादवों की गणसभा को नष्ट करके वह मगध साम्राज्य का समर्थक बन गया तथा उसने व्यक्तिगत स्वार्थ के सामने समष्टि को तुच्छ माना।

अक्रूर और वसुदेव ने इतने वर्ष धैर्य रखकर अब ब्रजभूमि में नव्य जीवन की आशा देखी है।

अचानक खुले संघर्ष की परिस्थिति खड़ी हो जाए तो क्या किया जाए, इस प्रश्न के बारे में पूर्व चिन्तन करना, सांदीपनि मुनि के दृष्टिकोण से असंगत नहीं था। अक्रूर ने कहा, 'इस समय तो कंस मल्लों की बढ़ती संख्या पर निर्भर है। पहले कूटनीति या राजकीय दाँव-पेंच के लिए बाहुक और प्रलम्ब की सलाह ली जाती थी। बीच में प्रद्योत का समय आया था। आज प्रद्योत सन्देशवाहक मात्र रह गया है। अब राजा पर रानियों का सीधा प्रभाव है। रानियाँ भी कहीं इतनी बुद्धिमान नहीं हैं और उनके सलाहकार स्थानीय परिस्थितियों से पूर्ण अवगत नहीं हैं, क्योंकि उनका एक पैर मथुरा में और

दूसरा गिरिव्रज में रहता है। ये आयात किए हुए राजपुरुष क्यों चाहेंगे कि राजा का कल्याण हो? वे राजा को भी उचित परामर्श नहीं दे सकते। वैसे राजा अपना स्वार्थ अच्छी तरह समझता है।'

'मैंने सुना है कि राजप्रासाद में निर्दोष ग्रामवधुओं को बलात् लाया जाता है। क्या यह सच है अमात्य?'—गर्गाचार्य ने पूछा।

'हाँ, बिल्कुल सच है। जो मागधी सेनानायक यह कार्य करते हैं वे प्रद्योत द्वारा रक्षित हैं। राजा ने प्रद्योत को ऐसे कार्यों के लिए बनाए रखा है। प्रद्योत ऐसे कार्यों को उत्साह और रुचि से नहीं करता था परन्तु अब तो बहुत आगे बढ़ चुका है। पहले दो गणिकाओं को राज्याश्रय देकर राजप्रासाद सुशोभित किया। परन्तु उनके द्वारा षड्यन्त्र का भोग बनने की भीति से रानियों ने राजा से उनका साहचर्य कम कराया। उनके विकल्प में अभागी ग्रामवधुओं की बारी आई। रानियाँ यह वासना-कांड सहन कर लेती हैं क्योंकि उन्हें अब कंस से ज्यादा अपेक्षा नहीं है। वे अपने पुत्रों को महापराक्रमी सम्राट बनाने का स्वप्न पाल रही हैं।'

अक्रूर बोल रहे थे उस समय वसुदेव उदासीन थे। सांदीपनि के ललाट पर पुण्य प्रकोण की रेखाएँ खिंच गई थीं। गर्गाचार्य खड़े होकर पंचांग और संहिता आदि ग्रन्थों की मंजूषा के पास गए। सांदीपनि से दृष्टि मिलते ही स्मित द्वारा अपनी इस पराजय का मर्म प्रकट दिया।

अक्रूर आगे बोले : 'राजवैद्य कहता है कि कंसराज की विलासिता के अतिरेक का कारण उनकी मानसिक अस्वस्थता है। उनका शरीर तो पूर्ण स्वस्थ है परन्तु कभी-कभी उन्हें ऐसा डर लगता है कि वसुदेव के पुत्र के हाथों मेरी मृत्यु होगी। जिस तरह हरे-भरे वृक्ष को बिजली नष्ट कर देती है उसी तरह भीति महाराज का हृदय विदीर्ण कर देती है। त्रस्त और व्यग्र मन से वे नया षड्यंत्र सोचते हैं। अब तक उनका एक भी षड्यंत्र सफल नहीं हुआ और अब तो कृष्ण-बलराम अपनी रक्षा करने में समर्थ बन गए हैं।'

'सिर्फ अपनी ही नहीं उनमें विश्वास रखनेवाले हर किसी की।' गर्गाचार्य ने कहा।

'मेरा मानना है कि अब उनके सामने परिस्थिति स्पष्ट हो जानी चाहिए। आर्य वसुदेव, आप भी हमारे साथ चलें।'—मुनि ने कहा।

'नहीं, अभी इष्ट घड़ी दूर है।'—गर्गाचार्य ने संकोच के साथ कहा।

'राजनीति भी कहती है कि परिवर्तन के लिए निर्णायक समय अभी दूर है। राजा एक के बाद दूसरा षड्यन्त्र करके थक जाए और फिर स्वयं ही खुलकर अन्तःसंघर्ष छेड़े तब मैं अपने पक्ष के यादव और अहीरों को उनके कर्तव्य की याद दिलाऊँगा।' अक्रूर ने कहा।

वसुदेव ने पलकें उठाकर विशाल नेत्रों की धवल दीप्ति से सहमति प्रकट की।

आचार्य और मुनि वृन्दावन जाने के लिए अक्रूर के रथ में तैयार हो गए तो अक्रूर ने कृतज्ञता प्रकट की और 'आपके द्वारा शूरसेन जनपद का कल्याण हो' ऐसी शुभ कामना प्रकट की। गुप्तचरों ने इन उद्गारों से ऐसा अर्थ ग्रहण किया कि अक्रूर और वसुदेव राजा का कल्याण चाहते हैं, इसीलिए ब्रजवासियों को उन्होंने भेजा है। राजा तक यही सन्देश पहुँचा।

गोकुल का सिवान दिखाई देते ही गर्गाचार्य ने रथ रुकवाया। 'बोलो मुनिवर, पहले नन्दराय से मिलना है या कृष्ण-बलराम से? भवन की ओर जाना है या वन की ओर?'

'भवन की ओर, परन्तु नन्दराय के नहीं, वृषभानु के। कृष्ण से मिलने से पहले राधा को देखना है। देखें वह कृष्ण के बारे में क्या कहती है। पहली बार भी राधा की शिकायत के द्वारा ही हम कृष्ण के पास पहुँचे थे न! और फिर, मेरी पुत्री नहीं है इसलिए भी राधा को आशीष देने की इच्छा हो रही है।'

मुनि के इस तरह गम्भीरतापूर्वक दिए गए उत्तर से आचार्य को आश्चर्य हुआ। उनके मन को अनुशासित करनेवाली राजकीय संचेतनता कम हुई।

'केवल और भैरव राधा के बड़े प्रशंसक हैं। वे कहते हैं कि वृन्दावन ही राधा है, उसकी निःस्वार्थ प्रीति ही कृष्ण की अन्तःशक्ति है।'

'मैं तो आपको केवल शुष्क तपस्वी मानता था। यह जानकर आनन्द हुआ कि आप संघर्ष के अतिरिक्त दूसरी बातों में भी रुचि रखते हैं। आप शायद नहीं जानते होंगे। मथुरावासी प्रायः राधा के बारे में दो बातें कहते हैं। एक तो वह अनन्य सुन्दरी है और दूसरी वह विवाह योग्य हो गई है। उसके पिता वृषभानु सम्पन्न व्यक्ति हैं फिर भी वह कुँवारी है। यदि आप उसे विवाह के लिए आशीर्वाद देनेवाले हों तो मैं भी उसमें सहभागी बनूँगा।'

'आपने राधा की कुंडली देखी है?'

'बनाई ही नहीं, उसके जन्म का स्थल, तिथि और घड़ी जानने मिले तो?'

'मैं चाहता हूँ कि वे आपको उपलब्ध नहीं हों। मुझे यह अच्छा नहीं लगेगा कि राधा ऐसे विचारों और विश्वासों में बँध जाए। कुछ समय पहले केवल आया था। उसने कृष्ण-राधा की मैत्री के बारे में बताया। वह सुनकर मेरी पत्नी चकित हो गई। क्या एक स्त्री के जीवन में ऐसा सम्भव है? उन्हें तो यह सम्बन्ध ही अलौकिक लगा, नितान्त अपार्थिव। केवल के शब्दों में कहूँ तो एक कन्या या युवती के लिए जितनी स्वाभाविक लज्जा होती है उतना स्वाभाविक और सहज है राधा का कृष्ण के प्रति प्रेम।'

गोपसमाज को गर्गाचार्य निकट से पहचानते हैं। सामान्यतः पन्द्रह-सोलह वर्ष की कन्याओं का विवाह कर दिया जाता है जबकि राधा को तो अठारह हो गए होंगे। उस समय भी वह कृष्ण से एक-दो वर्ष बड़ी लगती थी। ब्रज में ऐसी मान्यता है कि सोलह की उम्र तक कन्या का सौन्दर्य पूर्ण विकसित हो जाता है फिर कुछ समय तक स्थिर रहता है।

ललिता अतीव सौन्दर्यशालिनी है। गर्गाचार्य अन्य कई सामाजिक बातें जानते होंगे परन्तु उन्हें पता नहीं कि इस कोटि में पहुँचने पर भी राधा दिन-प्रतिदिन अधिक सुन्दर होती जा रही है।

क्योंकि, क्योंकि किसी को पता नहीं है कि कृष्ण ने उस दिन प्रातःकाल राधा के चरणों का स्पर्श किया था।

अब तो कृष्ण भी राधा की विरल देहयष्टि के प्रति सचेत है। सबके बीच स्वाभाविक स्पर्श की बात अलग है। एकान्त में वह आकाश की ओर देखता है। ऊष्मा की याचना के लिए बढ़ाया हाथ राधा के अंगों में भटक नहीं जाए इसलिए उसकी हथेली का सहारा ले लेता है।

कृष्ण को अपना यह संकोच बहुत अस्वाभाविक लगता है। वह राधा से पूछता है : 'मुझे समझा राधा, तू मुझे मेरे बारे में समझा।'

राधा वयःसंधि काल से गुजर चुकी है। वह कृष्ण के भावुक उद्‌गारों के मर्म को समझती है। कृष्ण से कुछ भी छिपाने में उसका कोई हित नहीं है। किशोरावस्था से युवावस्था में हो रहा यह परिवर्तन चाहता है एक मदमाती काया। उसका समग्र अस्तित्व कृष्ण का है, परन्तु उसके दैहिक समर्पण का अर्थ है कृष्ण के ब्रह्मचर्य का विसर्जन।

तपोवन में विद्या का उपार्जन करनेवाले शिष्य अपने दैहिक रूपान्तर को शिक्षा द्वारा उन्नयन की ओर ले जाते हैं।

वह कृष्ण की गुरु बन सकती है? अरे, यह ऊष्मा किसकी है, यह धड़कन किसकी है? राधा जग जाती है। स्वप्न में कृष्ण था, कहाँ गया? कृष्ण की वेदना राधा के रक्त में मिल गई है।

'राधा, आजकल मेरे मन में बहुत विचित्र वृत्तियाँ जागती हैं। कभी मन होता है कि तेरी दोनों गागर फोड़ डालूँ। कभी मन होता है कि तुझे उठाकर जंगल में भाग जाऊँ। ऐसे स्थान पर जहाँ घना अन्धकार हो। हम भी एक-दूसरे को नहीं देख पाएँ, सिर्फ हों। एक ही शरीर में जीते हों उस तरह...'

'इस तरह अधीर मत हो कृष्ण, तू तो गोकुल या वृन्दावन का ही नहीं, सकल ब्रज का प्राण है। यह तो तेरे यौवन का उदय है। इसे पूर्ण रूप से खिलने दे। मैं तेरी नित्य संगिनी रहने को तैयार हूँ परन्तु तू सिर्फ मेरी अकेली की निधि नहीं। तू नवजीवन की सम्भावना है...'

'तू न तो मुझे समझा सकी और न शान्त कर सकी। और यह यातना मैं किसी दूसरे से कह नहीं सकता।'

'ढाई-तीन वर्ष पहले मेरी भी ऐसी विषम स्थिति थी परन्तु किसी को पता न लगा? अन्तःकरण कहता : कृष्ण कब बड़ा हो और कब उसकी छाती पर मस्तक रखकर रोती रहूँ। उसे अपना भविष्य सौंप दूँ और अपने अन्दर बुला लूँ...मैं ऐसी तड़पी हूँ तेरे लिए! परन्तु तू छोटा था इससे हम बच गए। फिर तो मुझे आन्तरिक सन्ताप को शमित करनेवाले उपाय मिल गए थे। विह्वलता बढ़ने लगे तो चलने लगती। चलती ही चली जाऊँ तेरी खोज में। तू जहाँ पर नहीं हो वहीं तुझे खोजती रहूँ। तू नहीं मानेगा परन्तु यह सच है कि जहाँ तू नहीं होता था वहीं से तुझे खोजकर दम लेती थी। मेरे विरह ने ही इस वृन्दावन में सर्वत्र तेरा अस्तित्व सिद्ध किया है। कृष्ण, कभी-कभी यमुना की धारा के विरुद्ध तैरकर मैंने जल में तेरा अनुभव किया है, कृष्ण...'—कहते हुए राधा ने कृष्ण के मृदु ललाट पर चुम्बन किया। उसके सिर से मोरमुकुट को ठीक करके उसके दाहिने कान के कुंडल को हिलाकर बोली : 'परन्तु तुझे मेरी तरह दौड़ना या तैरना नहीं पड़ेगा। पिताजी और नन्दबाबा के

वार्तालाप से मैं यह समझी हूँ कि तेरे सामने एक के बाद एक चुनौती आनेवाली है जिससे यौवन-शक्ति के उन्नयन की साधना के लिए तुझे अवकाश नहीं मिलेगा। तुझे किसी ब्रह्मचारी तपस्वी के आश्रम में बैठकर ऊर्ध्वीकरण का योग सीखने का अवकाश नहीं मिलेगा। नित्यनूतन कर्म ही तेरे गुरु बनेंगे। मैं तेरे बारे में तुझे क्या समझाऊँ कृष्ण? एक दिन तू सारे संसार को समझाएगा। मेरी अन्तरात्मा कहती है और सुन, यह वनश्री इसका समर्थन कर रही है।'

किसी अनजान सचेत कदमों की आवाज सुनाई देती है। कृष्ण सावधान है। आक्रमण का कारण समझ जाता है। राधा को उठाकर नदी के प्रवाह में कूद पड़ता है। दोनों निश्चित करके साथ ही डुबकी मारते हैं। वे इस पारदर्शी जल में एक-दूसरे को देख सकते हैं। तैरते जाते हैं।

कृष्ण संकल्प करता है : शैशव के सम्बन्ध की पुनःस्थापना आखिर क्यों नहीं होगी?

केवलदा से पूछेगा। भैरवदा से पूछेगा। यौवन की शारीरिक शक्ति को चैतसिक शक्ति में परिवर्तित करने के लिए जो आवश्यक होगा वह सब करेगा।

कल ललिता कह रही थी : 'राधा, जानती है तुझमें सबसे सुन्दर क्या है? तेरा स्वर? तेरी आँखें? तेरी चाल ? या तेरी समझदारी ? इसमें से कोई नहीं। कृष्ण के प्रति तेरी भावना ही सबसे सुन्दर है। राधा, तेरी यह भावना सिर्फ तेरी ही नहीं पूरे वृन्दावन की निधि है।'

गायों का मूल्य निश्चित करने के लिए ललिता के पिता ने वृषभानु को बुलाया था। गायों की बात एक ओर रह गई। बात शुरू हुई राधा के बारे में।

'कलावती बहुत चिन्ता करती है, अब राधा का विवाह कर दो।'

'चलो ऐसा करते हैं, हम राधा और ललिता का साथ-साथ विवाह करते हैं। परन्तु इन दोनों को जो पसन्द है वह इन दोनों से छोटा है।'

सब हँस पड़े।

'जिस तरह तुम्हें ललिता की चिन्ता नहीं उसी तरह मुझे राधा की चिन्ता नहीं है। ऐसी सुन्दर और सुशील पुत्रियों की चिन्ता करनेवाले माता-पिता समझदार नहीं कहे जा सकते।'

'हम तो समझते हैं, परन्तु समाज...'

'उससे क्या डरना! मथुरा से आए एक घी के व्यापारी ने कलावती से कहा था : इतनी बड़ी राधा सुबह-शाम कृष्ण के साथ घूमती-फिरती है। फिर भी तुम रोकती नहीं? मथुरा में तो यह घटना बहुत विवाद का विषय बन जाती।'

'कलावती ने क्या उत्तर दिया?'

'इस घर में मेरी कोई सुनता ही कहाँ है?'

'तो तू क्या करती? राधा का विवाह कर देती न! तो खोज ला वर को जो कृष्ण से अच्छा हो। और तुझे दूसरी कोई शंका हो तो मुझे स्पष्ट बता दे। मैं उनको जब देखता हूँ

तो भूल जाता हूँ कि इनमें मेरी सन्तान कौन है। दोनों के लिए मेरे मन में समान प्रीति है। मैं धन्य हो गया हूँ। यह उत्तर सुनकर वह व्यापारी कहता है : वृषभानु, तुम तो जैसे सांसारिक मनुष्य की भाषा ही नहीं जानते, तुम किस लोक के प्राणी हो?'

सांदीपनि और गर्गाचार्य वृषभानु के निवास पर पहुँचे। कलावती ने उनका विधिवत स्वागत किया। राधा को आशीष देने के लिए ऐसे महान तपस्वी मेरे घर पधारें! ये तो त्रिकालज्ञानी हैं। राधा के पिता की बात सत्य लगती है। हम राधा-कृष्ण के सम्बन्ध पर अपनी वृत्तियों का आरोपण करके उनके साथ अन्याय करते रहे हैं।

कलावती ने आग्रहपूर्वक रथ खुलवाया। अश्वों को खाने के लिए चने निकलवाए। सेवक को सारी बातें समझाकर सारथी को विश्राम के लिए कह दिया और तपस्वियों की मार्गदर्शिका बनकर नन्दभवन की ओर चली।

आज गाँव में चहलपहल कम थी। इस कारण लोगों के वन्दन को स्वीकार करते हुए दोनों विद्वानों को नन्दभवन पहुँचने में कम-से-कम अवरोध पड़ा।

बलराम घर ही था। गायों को बचाते हुए और आग बुझाते हुए इस तरह दो बार वह जल गया था। यशोदाजी ने उसके साथियों को भी बुलवा लिया था। उनको भी अपने हाथ से शीतल लेप लगाया था। चिन्ता की बात नहीं थी, दो-तीन दिन में ठीक हो जाएगा। केवल और भैरव भी आकर देख गए थे।

कृष्ण अभी घर नहीं आया है। उसका मानना है कि आग अपने आप नहीं लगी थी। गोपालकों ने वृन्दावन में इस तरह व्यवस्था की है कि कहीं दावाग्नि नहीं लग सकती। चुने हुए साथियों को लेकर कृष्ण नाग लोगों के पीछे पड़ा है। उन्हें पकड़कर उनसे प्रायश्चित करवाकर ही वापस आएगा।

गर्गाचार्य समझ गए, राजा कंस की यह द्विमुखी चाल है। मुझ-जैसों को राजभक्ति का उपदेश देने भेजना और स्वयं विषचक्र चलाते रहना। कहने की आवश्यकता नहीं है। मुनि भी अपने आप समझ गए होंगे।

यशोदाजी को अब कृष्ण की चिन्ता नहीं है। रोहिणी और राधा नदी के किनारे खड़ी होंगी। नन्दराय इसलिए गए हैं कि कहीं कृष्ण के द्वारा निरपराधी दंडित न हो जाएँ।

गर्गाचार्य बलराम से बातें कर रहे हैं। सांदीपनि को सुदामा मिल गया है। अंकपाद आश्रम के बारे में पूछ रहा है।

अतिथि-सत्कार के कार्य में सहभागी होने ललिता, विशाखा और वृन्दा भी आ गई हैं। बीच में कुछ समय मिला उसमें यशोदाजी भवन के द्वार पर जाकर खड़ी हो गई हैं।

यमुना के किनारे मोर कूकने लगा। कूका उड़ा और ऊँचे-से-ऊँचे तमाल के वृक्ष पर बैठ गया। नदी का वातावरण बदल गया। गाँव का मुहल्ला सजीव हो उठा। कृष्ण की बाँसुरी में विजय के स्वर बहने लगे। यशोदाजी की छाती में केसर की सुगन्ध महकने लगी है। अब तो दुर्गा भी ओढ़नी ओढ़ने लगी है। उसे स्तनपान छुड़वाए वर्षों बीत गए। परन्तु कभी किसी-किसी क्षण ऐसे हो जाता है। प्रतीक्षा के बाद पुत्र सामने आता है तब।

कृष्ण के पीछे-पीछे बहुत भीड़ है।

यशोदाजी खड़ी नहीं रह सकीं। चलकर उस तक पहुँचीं। कृष्ण प्रणाम करने झुका। आशीषपूर्ण हाथ उसके बाल और कंधों पर फिरा। और फिर तो वे कृष्ण की उम्र ही भूल गईं। पल-भर में उसे गोद में उठा लिया। भीड़ की प्रसन्नतापूर्ण हँसी में नन्दराय भी शामिल हो गए।

सांदीपनि और गर्गाचार्य को लगा : हम इसी दृश्य को देखने यहाँ आए थे।

10

कृष्ण अतिथियों को वन्दन करके किशोरों और युवकों के समूह में बैठ गया। हृदय में उसके प्रति प्रेम की लहर उठने पर सांदीपनि मुनि को पलकों पर कृष्ण-कमल की पत्तियों के स्पर्श की अनुभूति हुई। उसे अपने पास बुलाया। आशीर्वाद का स्पर्श कृष्ण के बलिष्ठ कंधों पर स्नेह का चिह्न छोड़ गया। वह मुनि की चौकी के पास ही बैठ गया।

इस ओर गर्गाचार्य का आसन प्रौढ़ और वृद्ध गोपों से घिर गया था। सबकी इच्छा उनसे भविष्यवाणी सुनने की थी। आचार्य चतुर राजनीतिज्ञ की तरह उत्तर दे रहे थे। इसलिए कई वृद्ध गोपों को सन्तोष नहीं हो रहा था। एक ने कहा : 'इस बारे में मुनि क्या मानते हैं?'

'वे ज्योतिष जानते हैं, परन्तु उस पर पूर्ण विश्वास नहीं करते। उन्हें शिष्य की सोई हुई शक्तियों को जाग्रत करने में अधिक रुचि है। उसे ऐसी शिक्षा दी जाए कि वह निर्भय, पुरुषार्थ और सबकी सहायता करनेवाला बने, राजा को छोड़कर।'

सुनकर सब हँस पड़े। यह बात यहाँ सुविदित थी कि सांदीपनि मुनि और उनके शिष्य कंस राजा के शासन से प्रसन्न नहीं हैं।

अतिथि के रूप में आने के बाद वृन्दावन में ही बस जानेवाले उद्धव ने पूछा : 'पूज्यपाद, मुनिवर्य, आप अपने शिष्य से क्या अपेक्षा रखते हैं?'

'विविध शास्त्रों का ज्ञाता बनकर वह रुक नहीं जाए बल्कि आत्मज्ञान की दिशा में प्रयाण करे। वह सदैव जाग्रत रहे, बस!'

'आप कैसे शिष्यों को पसन्द करते हैं?'—सुबल ने पूछा।

'जो बहुत मोटा न हो।'—मुनि के उत्तर को सुनकर सब सुबल की ओर देखकर हँस पड़े।

'आश्रम की सेवा करते-करते जो मोटा हो वह पतला नहीं हो जाएगा?' ललिता ने पूछा।

'नहीं, पतला हो वह मोटा भी हो सकता है।' मुनि ने सुदामा की ओर देखा। मधुमंगल को थोड़ी देर हो गई थी। मोटा होने के लिए उसे कोई प्रयत्न नहीं करना पड़ा यह कहकर उसने सबको हँसाया। वातावरण विनोदपूर्ण होता जा रहा था। मुनि अपने हृदय की बात कह बैठे : 'तुममें से जो अंकपाद आएगा, उसका स्वागत है। और यदि कृष्ण भी हमारा विद्यार्थी बनेगा तो योग्य शिष्य की हमारी अभीप्सा पूरी हो जाएगी।'

कृष्ण न तो शरमाया और न कुछ बोला, उत्तर में सीधा खड़ा हो गया। चलने के लिए तत्पर बताकर सबको हँसाया। सब शान्त हो गए तो उसने कहा : 'आपकी आज्ञा ही मेरा निर्णय है।'

'माता-पिता से भी नहीं पूछना?'

'उसे सोलह वर्ष पूरे हो चुके हैं।' राधा ने कहा।

'सोलह वर्ष के पहले भी कभी माता-पिता से पूछा था?' सुदामा ने कहा। परन्तु उस ओर मुनि उचित ध्यान नहीं दे सके। क्या कृष्ण विनोद उत्पन्न करने के लिए खड़ा हुआ था? नहीं, यह उसका त्वरित निर्णय था। ऐसा रमणीय वृन्दावन और राधा तथा अन्य गोप-गोपियों का आत्मीय बन्धन छोड़कर तत्क्षण तैयार। क्या यह यहाँ जल-कमलवत रहता है? कमल के बिना जल शोभित नहीं होता और जल के बिना कमल विकसित नहीं होता। परन्तु कृष्ण तो मानसरोवर के हंस के समान सदैव ऊँची उड़ान के लिए तत्पर रहता है।

कृष्ण अभी तक बैठा नहीं तो सुदामा को आशंका हुई। वह बोला, 'तू जाने ही वाला हो तो मुझे भी साथ ले चलना।'

मुनि को विनोद सूझा : 'तुम सबमें से यदि एक को ही साथ लाने की अनुमति मिले तो कृष्ण किसे साथ लाए?'

वहाँ बैठे प्रत्येक युवक ने हाथ ऊँचा करके कहा, 'मुझे, मुझे, मुझे, मुझे।'

युवकों में से बलराम और युवतियों में से राधा ने कृष्ण की ओर देखा। इस दृष्टि में गूढ़ भाव था।

मुनि ने राधा की ओर देखा। मानो क्षण पूर्व का शतदल पद्म संध्या की ओट में आ गया हो। वह नीचे देखने लगी है। क्या यह कृष्ण की कल्पित अनुपस्थिति का प्रभाव है? उसके हाथ में वशी है। सातवें सुर के पास बँधा हुआ फुँदना भूमि को छूने ही वाला है। रजत के टुकड़े के समान वह क्या चमक रहा है? अरे! यह तो राधा के अँगूठे का नख है। सभी विद्याओं के ज्ञाता आज भ्रम में पड़ गए।

राधा के मुख की ग्लानि मुनि से सहन नहीं हो रही है। किसी तरह वे उसे प्रसन्न करना चाहते थे। पहले की तरह विनोदपूर्ण ढंग से उन्होंने पूछा : 'कृष्ण, अब तुझी से पूछता हूँ। तुझे इस वृन्दावन में से सिर्फ एक ही वस्तु ले जानी हो तो?'

कृष्ण कुछ कहे उससे पहले ही राधा ने अपने आँचल में बाँसुरी छिपा ली। ऐसा करते समय वह अधीर हो उठी थी जिससे कंगन बज गए। जो छिपाना चाहती थी वह प्रकट हो गया।

सब जानते हैं कि इस भूमि पर कानून की दृष्टि से राज्य करता है कंस, प्रेम से सबको साथ रखते हैं नन्दराय और मनुष्य, पशु-पक्षी, प्रकृति, पवन और पानी पर यदि किसी का एकछत्र राज्य चलता है तो वह बाँसुरी का। जिसकी रचना तरंगपाल ने की है और जिसे सजाया है राधिका ने। यह बाँसुरी जब बजती है तब वृन्दावन के सकल तत्त्वों को एकसाथ सुनाई देती है। स्वयं आकाश भी इन स्वरों को संग्रहीत करने के लिए आतुर हो जाता है।

मुनि ने राधा के सामने हाथ फैलाया। उदारता की कसौटी पर राधा खरी उतरी। क्षण-भर मुनि वंशी को हाथ में लेकर देखते रहे। फिर बोले, 'मैं यहाँ बिल्कुल दूसरे ही कार्य

से आया हूँ। कहना चाहिए कि आचार्य के आग्रह के कारण यहाँ आया हूँ। वह गम्भीर कार्य है। तुम्हारे बुजुर्गों के साथ उन्होंने संगोष्ठी करना प्रारम्भ कर दिया है। वे भले गोष्ठियाँ करते रहें। मैं तो सिर्फ वंशी सुनूँगा। वर्षों पूर्व हमने एक हरे बाँस के टुकड़े के लिए राधा और कृष्ण को झगड़ते हुए देखा था। राधा ने अब तक अपना अधिकार नहीं छोड़ा है यह देखकर मुझे प्रसन्नता हुई। ले, कृष्ण, बजा दो घड़ी, मन से बजा। भले ही फिर राधा उसे छिपा दे।'

'राधा की चले तो वह कृष्ण को ही छिपा दे।' ललिता ने अपने पास बैठी विशाखा के कान में कहा। सुनाई राधा और वृन्दा को भी दिया। सुन्दर हास्य के साथ कंगन की धीमी आवाज उठी। यह पूर्व संगीत था, अब वंशी की बारी है।

कृष्ण हाथ में बाँसुरी लेता है। मुनि देखते हैं कि सभी बैठे हुओं पर जादुई प्रभाव हुआ। संगीत प्रारम्भ हो उससे पहले ही उसका प्रभाव? परम आश्चर्य!

मुनि उत्सुक थे। कृष्ण ने पास में चल रही संगोष्ठी की ओर देखकर संकेत किया। उसे विश्वास था कि पंचम स्वर सुनते ही गोष्ठी बिखर जाएगी। लोग पूज्यपाद आचार्य की बातों पर ध्यान नहीं दे सकेंगे। सबके हृदय संगीत के स्वर के साथ अनायास जुड़ जाते हैं। कदाचित यह भी सम्भव है कि आचार्य बातें समाप्त करके इधर कान लगा लें। यह विक्षेप नहीं कहलाएगा? वे अपनी बात समाप्त कर लें तब तक धैर्य रखना मेरा कर्तव्य नहीं? ऐसे वन्दनीय गुणीजन श्रोता के रूप में बहुत कम मिलते हैं। होंठ बेचैन हैं, श्वास अधीर है परन्तु...

'गुरुदेव, पहले हमें एक दृष्टान्त सुनाएँ और हमारी शिष्य बनने की योग्यता को स्वीकार करें।'

कृष्ण के इस प्रस्ताव का सबने तालियों से स्वागत किया। बलराम और सुबल ने उतने ही आग्रह और विवेक से माँग की। केवल और भैरव ने अपना विद्यार्थी-जीवन याद करके जिज्ञासापूर्ण दृष्टि से गुरुदेव की ओर देखा : 'आपकी वाणी सुने हुए मानो युग बीत गया है।'

नन्दभवन में तपोवन जैसी ही स्वच्छता और पवित्रता थी। सबकुछ अनुकूल और सम्मुख था। वे स्वयं आए भी इसलिए थे कि कृष्ण से अच्छी तरह बात हो सके। उसके साथ अन्तःसंवाद हो। इस क्षण की प्रतीक्षा ही थी। कुछ शीघ्र आ गई। कोई बात नहीं, पहले मुख्य कार्य फिर संगीत।

सांदीपनि कृष्ण से कहना चाहते थे : देश में इस समय यम-नियम जैसा कुछ नहीं रहा है। राजा अपना कर्तव्य भूलकर अराजकता फैलानेवालों का समर्थन कर रहा है। विद्या उपासक लोभ और भयग्रस्त लगते हैं। हे कृष्ण! ऐसे समय में तेरे जैसे युवक ही प्रजा में नवजीवन की ज्योति जगा सकते हैं।

उन्हें नचिकेता की निर्भयता का स्मरण हो आया। ये युवक भी दृष्टान्त सुनना चाहते हैं न! केवल ने सुनाए होंगे। रुचि बढ़ी है। 'गुरुदेव स्वयं उपनिषद् की रचना कर सकें इतना ब्रह्मतेज रखते हैं।'—केवल का यह मंतव्य यहाँ सर्वख्यात है। गुणवान शिष्य गुरु के जीवन की सार्थकता होते हैं।

कठोपनिषद् में आए नचिकेता और यम के संवाद के रहस्य की चर्चा की जा सकती है। वे पद्मासन लगाकर बैठ गए और बोले, 'आरुणि मुनि ने विश्वजीत यज्ञ किया था। विश्वजीत एक दिन का सोमयज्ञ होता है। इस देश में सम्पन्न गृहस्थ ही नहीं, ऋषि-मुनि भी ऐसे यज्ञ करते थे। अपना सबकुछ अर्पण करके मानवीय विकारों से दूर हो जाते। यज्ञ की प्रणालिका के द्वारा आरुणि मुनि को हजार गायों का दान करना था। यह दान फल प्राप्त करने की लालसा से हो रहा था। अनपेक्ष भाव से, केवल धार्मिक भावना न होने के कारण दुधारू गायों के साथ वृद्ध और अशक्त गायों को भी दान में दिया जा रहा था। नचिकेता यह देख रहा था, वह विचार करने लगा।

'कृष्ण! वह ऋषिपुत्र नचिकेता अभी तेरे जितनी उम्र का भी नहीं हुआ था परन्तु वह तेरे जैसा ही जिज्ञासु और निडर था। विरल स्मृति रखता था। धर्मशास्त्र के शब्द उसके कानों में पड़े थे। उनसे वह इतना ही समझता था कि ऐसा दान करनेवाले को आनन्दहीन लोक प्राप्त होता है। इसलिए उसने अपने पिता आरुणि को सावधान करने और विचारपूर्वक दान करने के लिए एक प्रश्न पूछा : पिताजी, आप मुझे किसको दान देंगे?

' उन्होंने बालक समझकर नचिकेता के प्रश्न की उपेक्षा की। फल के लोभ में उसका मर्म भूलकर धार्मिक कर्मकांड कर रहे आरुणि ने अपना अनुष्ठान यथावत् चालू रखा। पिता के हित के लिए चिन्तित पुत्र ने अपना प्रश्न दूसरी बार, फिर तीसरी बार, पूछा। वह कृतसंकल्प था। वह पिता की उपेक्षा नहीं कर पाया। आत्मरत आरुणि ने क्रोध के आवेश में कह दिया : जा, मैं तुझे यम को देता हूँ।

' नचिकेता ने पिता का निर्णय स्वीकार कर लिया। क्षण-भर में आरुणि का क्रोध शान्त हुआ। उन्हें सत्य-धर्म का अहसास हुआ। परन्तु अब क्या हो? उन्हें आश्वासन देकर नचिकेता यमराज के निवास पर पहुँचा। वे प्रवास में गए थे। तीन दिन और तीन रात निर्जला रहकर नचिकेता ने यमराज की प्रतीक्षा की।'

'यमराज का निवास-स्थान कहाँ है?' सुबल ने विनोद से पूछा।

'कालियदाह में।' कृष्ण के उत्तर में गम्भीरता और दृढ़ता थी। उसने संकल्प कर लिया था कि एक दिन उस मृत्युदूत को वहाँ से निकाल भगाएगा। भयंकर-से-भयंकर नाग को किस प्रकार वश में किया जाता है और युवावस्था में शक्तियों का ऊर्ध्वीकरण करके ब्रह्मचर्य का किस प्रकार पालन किया जाए यह समझने में उसने कई दिन व्यतीत किए थे। इस द्विविध साधना में वह अकेला था। प्रेरणा भले ही राधा की हो।

सांदीपनि मुनि बोले : 'हमें रूपक का तात्पर्य समझना चाहिए। उसके मूल स्रोत तक जाना हर समय सम्भव नहीं होता। तुम कृष्ण की कलगी में लगे मोरपंख के रंग देखते हो या उसके एक-एक तन्तु को देखते हो। मृत्यु का पता खोजने की जरूरत नहीं पड़ती। उसके अस्तित्व को स्वीकार करने की आवश्यकता होती है। एक सिरा है जन्म और दूसरा है मृत्यु का। कई ऋषि-मुनियों ने इन दो सिरों के बाहर की सृष्टि, जन्म और मृत्यु के उस ओर के जगत के बारे में चिन्तन करते हुए अपना पूरा जीवन लगा दिया। आज प्रसंग छिड़ा है तो कह दूँ : 'तुम्हारे योग्य कुछ है तो इस पृथ्वी पर ही है, उसके आस-पास के वायुमंडल में है। स्वर्ग और नरक भले सिर्फ कल्पना न हो, फिर भी, वे कहाँ हैं यह जानना चाहोगे तो

सबसे पहले तुम्हें अपना मन समझना पड़ेगा। ब्रह्मांड और पिंड के बीच एक आन्तरिक सादृश्य है। पिंड को समझकर तुम ब्रह्मांड को समझ सकोगे। परन्तु इन सबकी चर्चा भविष्य में, अंकपाद में करेंगे। इस समय, दृष्टान्त के सन्दर्भ में तुम्हें यही मानना है कि नचिकेता अपनी इच्छा से यम के सदन में गया था'।'

'यमराज हैं यह तो सब कहते हैं परन्तु वे देखने में कैसे हैं, यह कोई नहीं बताता?' उत्तम ने पूछा।

'ऐसा प्रश्न क्यों पूछ रहा है, तूने तो राजा कंस को देखा है।' इस बार सुबल ने सबको हँसाया।

'तुम यमराज के साथ अन्याय मत करो। वे कभी मर्यादा नहीं त्यागते और न कोई नियम तोड़ते हैं। यमराज का दूसरा नाम क्या है, जानते हो? धर्मराज। अतिथिधर्म के पालन में वे उदार थे। उन्हें पता चला कि यह किशोर उनके यहाँ तीन दिन से अन्न-जल का त्याग कर प्रतीक्षा कर रहा है और सेवकों ने उसका उचित स्वागत नहीं किया है। उन्हें लगा कि उनके आतिथ्यधर्म में क्षति हुई है। उसकी पूर्ति करने के लिए उन्होंने नचिकेता को तीन वरदान दिए। नचिकेता यहाँ ऐसे किसी वरदान की अपेक्षा के बिना पिता के वचनों का पालन करने आया था। उसके हृदय में एक ही बात थी : वह थी आत्मसमर्पण करने की। आत्मसमर्पण माने पूर्ण समर्पण। अन्य समर्पण अधूरे होते हैं। धन का समर्पण, शरीर का समर्पण। सब दूसरे समर्पण अधूरे होते हैं। आत्मसमर्पण के बराबर कोई नहीं आता। इसलिए तो नचिकेता ने मृत्यु के बदले तीन वरदान पाए। वे तीनों वरदान कौन से थे? जानते हो?'

'केवलदा ने बताया था : पिता का प्रेम और विश्वास फिर से प्राप्त हो। स्वर्ग जानेवाले को अमरत्व अर्पण करनेवाली अग्नि-विद्या प्राप्त हो और आत्मज्ञान प्राप्त हो।'—कृष्ण ने बताया। मानो नचिकेता उससे अलग नहीं है।

कुछ क्षण के बाद बलराम बोला : 'यमदेव के यह तीन वरदान मनुष्य के लिए आशीर्वाद समान थे। और फिर दूसरे वरदान के कारण अग्नि नचिकेता के नाम से जानी जाती है।'

अपने प्रिय शिष्य बलराम के वचनों को सुनकर भैरवदा प्रसन्न हुए।

सुदामा आत्मविद्या के बारे में पूछना चाहता था तब तक मुनि आगे बोलने लगे : 'नचिकेता अभी किशोर था। उसे आत्मविद्या देना ठीक है? सम्भवतः यह प्रश्न यमराज को हुआ होगा। इसलिए उन्होंने भौतिक सुख-सम्पन्नता देनेवाले दूसरे वरदानों को माँगने के लिए कहा परन्तु नचिकेता की उनमें रुचि नहीं थी। उसे क्या चाहिए इस बारे में वह दृढ़ था, क्योंकि तपस्वियों के सत्संग से वह इस उम्र में ही जान चुका था कि भौतिक सुख केवल भ्रान्ति है, वे क्षणिक होते हैं। इन सुखों में आनन्द ढूँढ़ने का अर्थ माया के बन्धन में बँधना है। इनको छोड़कर शेष आत्मा रहती है। तो वह आत्मा क्या है? वह किस तरह साध्य है? इस बारे में उसकी जिज्ञासा तीव्र हो गई थी।

'युगों के बाद यमराज को योग्य शिष्य मिला था। उन्होंने नचिकेता को ब्रह्मविद्या सिखाई। वह प्रथम वरदान से प्रेमरूप बना, दूसरे वरदान से ज्ञानरूप हुआ और आत्मरूप हुआ तीसरे वरदान से।'

कृष्ण की आँखों में जिज्ञासा का तेज देखकर उसे उत्तर देने से सांदीपनि मुनि को अपने अध्यापन-कार्य में कृतार्थता का बोध हुआ। बगल में देखा। गर्गाचार्य की गोष्ठी पूरी हो चुकी थी। यह बताकर उन्होंने कृष्ण से कहा : 'अब तत्त्वचर्चा बन्द; संगीत प्रारम्भ हो। मनुष्य जीवन की दो उपलब्धियाँ हैं : तत्त्वज्ञान और संगीत। अब केवल संगीत हो।'

दोनों सभाएँ एक हो गईं। उम्र का भेद खत्म हो गया। कृष्ण की बाँसुरी के माधुर्य के साथ एक गम्भीर तत्त्व जुड़ गया। उसका नाद वृन्दावन की सीमा तक मर्यादित नहीं रहा, उज्जयिनी के महाकालेश्वर के मन्दिर के प्रांगण में घूम रही सांदीपनि की दृष्टि की संगति इस क्षण संगीत से थी।

सबकी संवेदना में संगीत का रूप धारण करके कृष्ण नाम का सम्बन्ध व्याप्त हो गया। सभा विसर्जित हो गई।

राधा, ललिता और विशाखा ने कहा : 'आज तो हम यहीं खाएँगे।' यशोदाजी जानती थीं। ये लड़कियाँ मेरे पुण्य में हिस्सा बटाना चाहती हैं। रसोई आदि के कार्यों में उन्होंने गोपियों की सेवा ली।

केवल, भैरव, सुबल, उत्तम, उद्धव और सुदामा नन्दराय की अनुमति लिए बिना रुक गए थे। नन्दभवन उन्हें कभी भी पराया नहीं लगा था। वृषभानु को आग्रहपूर्वक रोका गया था।

नन्दराय ने युवकों से कहा : 'पूज्यपाद आचार्यश्री के कथनानुसार कंस राजा हमसे अप्रसन्न हैं। हमने कोई गलत काम नहीं किया है परन्तु कुछ राजा ऐसे होते हैं जो अकारण अप्रसन्न हो जाते हैं। प्रजा उनका कोपभाजन बनती है। और, कंस राजा कोई साधारण राजा नहीं है। जिसे एक बड़ी गणसभा सँभालती थी उस शूरसेन जनपद को वे अकेले सँभाल रहे हैं क्योंकि उन पर मगध साम्राज्य का वरदूहस्त है। उनके पास योद्धाओं और मल्लों की अतुलित संख्या है। विलास की प्रचुर सामग्री है। जबकि अपने पास तो सिर्फ दो वस्तुएँ हैं : आत्मविश्वास और ऋषि-मुनियों का आशीर्वाद।'

'तुम्हारे पास एक तीसरी वस्तु भी है : भाग्य। बलराम और कृष्ण की है वैसी देवांशी कुंडली पूरे आर्यावर्त में किसी की नहीं है।' गर्गाचार्य ने कहा।

सांदीपनि ने प्रतिवाद नहीं किया। गर्गाचार्य अपनी इस मान्यता को प्रजा मानस में डालकर प्रजा के पक्ष को सुदृढ़ करना चाहते हों तो भले करें। वे अपने ढंग से कार्य कर रहे हैं। शुभ कार्य में दोनों का समान विश्वास है इसलिए विरोध करने के स्थान पर विधेयात्मक रूप से उनके मत की पुष्टि की : 'तुम्हारे पास पुरुषार्थ है, प्रकृति की असीम कृपा है। मनुष्य और प्रकृति के बीच यह अन्तःसंवाद होता है। तुम्हें जो शंका की दृष्टि से देखते हैं, उनके पास इनमें से कुछ भी नहीं है। योद्धा और मल्ल परीक्षा के समय काम नहीं आते। तुम्हारे शत्रु...'

'शत्रु?' गर्गाचार्य ने शब्द पर जोर देकर आश्चर्य प्रकट किया। 'ब्रजवासियों का कोई शत्रु है ही नहीं। भले ही राजा अप्रसन्न हो। ये गोपजन उन्हें अपना शत्रु नहीं मानते। मुझसे इन्होंने अभी-अभी कहा है कि राज्यादेश के अनुसार ये सारा कर चुका देंगे।'

बलराम की भृकुटि खिंच जाती है।

कृष्ण ने उसके कन्धे पर हाथ रखकर उसे शान्त रहने का संकेत किया।

यह समझदारी देखकर नन्दराय हतप्रभ रह गए। यह परिवर्तन कब आया? पहले बलराम कृष्ण को रोकता था, जबकि आज कृष्ण बलराम के आवेश को नियन्त्रित कर रहा है।

किसके कारण यह परिवर्तन आया है? केवल-भैरव द्वारा दी गई सहजतापूर्ण शिक्षा के कारण? कृष्ण की वयसन्धि या राधा की मैत्री के कारण?

समग्र शूरसेन जनपद राधा के सौन्दर्य की प्रशंसा करता है। परन्तु नन्द-यशोदा प्रशंसा करते हैं राधा की समझदारी की। उसकी विरल सहिष्णुता ने कृष्ण की सारी ज्यादतियाँ सह लीं। वह हार गया ज्यादतियाँ करते-करते।

माता-पिता का यह सुखद भ्रम है क्योंकि उन्होंने इस बारे में कभी राधा से स्पष्ट रूप से नहीं पूछा था। कृष्ण की मस्ती और ऊधम बन्द हुए ही नहीं हैं। वास्तव में अब उनका रूप बदल गया है। यह अतिथिकक्ष उनके लिए योग्य स्थान नहीं है इसलिए माता-पिता का भ्रम आचार्य और मुनि के सामने बना रहेगा।

गर्गाचार्य ने बलराम की भृकुटि को देख लिया था। उन्होंने अपनी समाधानकारी भाषा में कहा : 'तुम्हें अपना कर्तव्य निष्ठापूर्वक निभाना है। यदि मथुरा के राजपुरुषों में कपट होगा तो उसके वे स्वयं शिकार बन जाएँगे।'

'यह सही है परन्तु तुम्हें असावधान नहीं रहना है। नन्दराय ने तुम्हें पूर्ण स्वतन्त्रता दी हुई है जिससे तुम अपने विवेक से निर्णय ले सको। परन्तु कभी द्विधा हो तो तनाव में मत रहना। उनसे पूछना। उनके पास अनुभव सिद्ध ज्ञान है। आर्यावर्त के उत्तम राजनीतिज्ञ उन्हें जानते हैं और सम्मान देते हैं। उनके द्वारा तुम्हारा हित और तुम्हारे द्वारा हम सबका हित चाहते हैं। सभी सद् तत्त्व तुम्हारी ओर संगठित होंगे क्योंकि तुम्हारा कोई निजी स्वार्थ नहीं है।' मुनि ने कहा।

'राजा की महत्त्वाकांक्षा के बारे में प्रजा विचार कर सकती है? जब राजा मर्यादा का भंग करे...।' भैरव को प्रश्न पूरा करने की आवश्यकता नहीं लगी।

'मर्यादाहीन महत्त्वाकांक्षा आत्महत्या की ओर क्रमिक प्रयाण है। तुम कंस राजा के बारे में सोच रहे होंगे। मैं जरासंध की बात करता हूँ। मैं जानता हूँ कि उसकी सत्तालालसा और दमननीति ने उसके जीवन को आनन्दरहित बना दिया है। वह अपना अन्तर्विरोध समझे बिना महत्त्वाकांक्षा के प्रेरित होकर कोई-न-कोई कर्मकांड करता रहता है।'

'करता रहे। उसके भाग्य में आनन्द नहीं, सिर्फ कर्मकांड है। वह अपने अन्तर्विरोध अपने आप नहीं समझेगा। किसी को बताने पड़ेंगे।' गर्गाचार्य के मुख से निकल गया। अपना समाधानकारी दृष्टिकोण छोड़कर उनके मुख से मुनि के दृष्टिकोण से सम्बन्धित कथन निकल गया।

अब तक की चर्चा को ध्यान से सुननेवाले वृषभानु बोले : 'मेरे मन में कई बार प्रश्न उठा था : प्रजा पर बढ़ रहे करों के बोझ और उसके स्वाश्रयी वर्गों के दमन के लिए महाराज कंस उत्तरदायी हैं या उनके ससुर सम्राट जरासंध? मथुरा के व्यापारी और उस ओर से आनेवाले सार्थवाहों का कहना अगर सत्य है तो कई निर्णय तो महारानी अस्ति और प्राप्ति

लेती हैं। वे किसी-न-किसी कारण का सहारा लेकर मथुरा में मगधों की सत्ता बढ़ा रही हैं। कहीं ऐसा तो नहीं कि अन्त में मथुरा को मगध में विलीन करने के लिए ही यह चाल चली जा रही हो?'

'रानियों के सभी निर्णयों का पालन सम्भव नहीं हो सकता। उन्होंने अक्रूर को पदभ्रष्ट करने और वसुदेव को पुनः कारागार में डालने का बार-बार परामर्श दिया है। प्रद्योत गवाह है। राजा ने इसकी बिल्कुल अनुमति नहीं दी। कहा कि अक्रूर प्रत्यक्ष रूप से तो मुझे सम्मान देता है! मेरे आदेशों का पालन करता है! फिर उसे क्यों अपना शत्रु मान लूँ? मुझे उसकी राज्य के प्रति वफादारी से सन्तोष है। पदभ्रष्ट अक्रूर और बन्दी बने वसुदेव नगर से भाग छूटें तो उन्हें प्रजा में से सैनिक-संगठन बनाते कितनी देर लगेगी? वे दोनों बड़े योद्धा हैं, सबसे कुशल हैं। उन्हें छेड़कर कंस को आत्मरक्षा की स्थिति नहीं खड़ी करनी है।' गर्गाचार्य ने कहा।

'शिशुपाल और रुक्मि के साथ कंस के कैसे सम्बन्ध हैं?' सांदीपनि ने पूछा।

'बहुत अच्छे, सम्राट जरासंध के कारण।' आचार्य ने कहा।

'मुनिवर, यदि आप यह मानते हों कि ग्रामवासी यादव और अहीर मिलकर कंस को हरा देंगे तो यह अत्यन्त कठिन कार्य है। ऐसा सोचना ही नहीं चाहिए।'

'राजा बिना कारण के क्रूर होने लगे तो...' बलराम ने पूछा।

'उसका प्रतिकार करना चाहिए।'

कृष्ण का स्वर बदला हुआ था। उसमें पौरुष की मेघ-गर्जना थी। भोजन तैयार था। चर्चा खत्म हो उसके लिए काफी धैर्य रखने के बाद रोहिणी ने विक्षेप डालने के संकोच के साथ विनती की। आचार्य ने तुरन्त प्रस्ताव स्वीकार कर लिया। पूरा भोजन दूध से बना था। और फलों की थालियाँ ध्यान आकृष्ट कर रही थीं।

नन्दराय के सामने तन्दुल रखते हुए रोहिणी ने सुना कि भैरवदा और सुबल अक्रूरजी के रथ में गुरुजनों के साथ मथुरा जाना चाहते हैं, तो उनका मन भी ललचाया : 'तो मैं बलराम को लेकर...'

'नहीं, बलराम यहीं रहेगा, दोनों भाई अलग नहीं पड़ेंगे। यदि तुम्हें सम्बन्धियों से मिलना हो तो बैलगाड़ी की व्यवस्था करवाऊँ?' नन्दराय ने कहा।

रोहिणी ने मथुरा जाने का विचार त्याग दिया, यशोदाजी को अच्छा लगा।

गर्गाचार्य और सांदीपनि ने सिर्फ नन्दराय को साथ लेकर वृन्दावन की यात्रा की। प्रकृति के सौन्दर्यपान के साथ विविध प्रश्नों पर चर्चा भी होती रही, सबको सन्तोष था।

महात्माओं की विदाई के समय उनकी चरणरज लेने के लिए आबाल-वृद्ध नन्दभवन के सामने खड़े हो गए। आषाढ़ में यमुना दोनों किनारों से बहती है, परन्तु उस समय उसके जल का एक ही रंग होता है। उसकी लहरों में इन गोप-गोपियों के रंग-बिरंगे वस्त्रों की छवि कहाँ? आसपास के गोकुलों से श्रद्धालु आए हैं। दृश्य जितना विराट है उतना ही मोहक भी है।

आशीष देने की मुद्रा में खड़े ऋषियों के दाईं ओर बलराम चामर हिला रहा है, बीच में कृष्ण है और उसके बाद खड़ी राधा सबको प्रसाद दे रही है। उसकी माता कलावती ने राधा के सामने हाथ फैलाया तो देखनेवाले हँस पड़े थे।

उद्धव एक ऊँचे स्थान पर दूर खड़ा था। उसने सुदामा को बुलाकर कहा : 'देख, वह दृश्य देख। क्रम देख! बलराम, गर्गाचार्य, कृष्ण, सांदीपनि मुनि और राधा। इनमें दो व्यक्तियों को सब वन्दन करते हैं। और तीनों को प्रेमपूर्वक देखते हैं।'

'इनमें दो वन्दनीय हैं और तीन दर्शनीय हैं।' सुदामा इतना कहकर उनके पास जाता है।

रथ तैयार है, कलावती ने अश्वों को तिलक किया।

गर्गाचार्य का मुख आगे की ओर है—मथुरा की दिशा में, और सांदीपनि मुनि का मुख पीछे नन्दगाँव की ओर है।

उनका अन्तःकरण कृष्ण के प्रति बहुत आकर्षित है।

यह वृन्दावन, ये गोप-गोपियाँ, यमुना किनारे के दूर तक सुगन्ध फैलानेवाले वृक्ष और आकाश को संगीत से भर देनेवाली बाँसुरी...इन सबके साथ आत्मीयता बढ़ गई है।

'पिताजी, आपने तो समग्र आर्यावर्त की यात्रा की होगी?' रात्रि को कृष्ण ने पूछा। बलराम की जली हुई खाल पर लेप लगाकर कुछ समय पहले ही यशोदाजी और रोहिणी ग्राम-महिलाओं के साथ भवन के प्रांगण में बैठी थीं। बलराम सो गया था। कृष्ण नन्दराय के पैर दबा रहा था। आचार्य और मुनि के सम्पर्क और सान्निध्य के कारण उसके मन में आचार्य के बारे में जिज्ञासा बलवती हो गई थी।

'आर्यावर्त की यात्रा दो बार की है! एक बार अठारह वर्ष की उम्र में, दूसरी बार पच्चीस वर्ष पर।'

'तब तो मुझे दो वर्ष की देर है, पहली यात्रा के लिए...'

'क्या पता! उससे पहले ही प्रारम्भ हो जाए।' उन्हें गर्गाचार्य की भविष्यवाणी बार-बार याद आ जाती थी। ऐसे कृष्ण से पैर दबवाते हुए उन्हें बहुत संकोच हो रहा था, परन्तु यह हठीला माने तब न! इसे पता कैसे चला कि मेरे पैर दर्द कर रहे हैं?

'पिताजी! आप आज्ञा दें तो मैं और राम एक बार गंगास्नान कर आवें। सब कहते हैं कि बहुत समीप है, सबसे पवित्र है, उसका पानी कभी सड़ता नहीं है।'

'उसके किनारे बसे नगर भी नहीं सड़ते।' नन्दराय ने कहा : 'मथुरा सड़ रही है, पतन होने ही वाला है।' यह कहने की आवश्यकता नहीं थी। अब कृष्ण सब जान चुका है।

गंगास्नान की अनुमति के बारे में मौन रहकर नन्दराय गंगा की महिमा का वर्णन करने लगे। उन्होंने गंगा किनारे के कांपिल्य, कान्य-कुब्ज, प्रयाग, वाराणसी, पाटलिपुत्र आदि नगरों में क्या-क्या देखा था, वह भी बताया। गंगा गौड़देश में होकर सागर में मिलती है। उन्होंने उस गंगा-सागर-स्नान की अनुभूति का वर्णन किया। पश्चिम की सिंधु नदी, मध्यदेश की नर्मदा, प्रागज्योतिष और कामरूप की लोहित्य, दक्षिणापथ की गोदावरी, कृष्णवेणा और कावेरी आदि नदियों की लाक्षणिकताएँ आज भी नन्दराय को याद थीं। उन्होंने प्रभास के सागर किनारे स्थित महादेव शंभु के मंदिर के बारे में भी कृष्ण के हृदय में आकर्षण जगाया। नन्दराय वसुदेव के साथ कुछ समय चेदि राज्य में रह चुके हैं। वे विदर्भ के राजा भीष्मक के आतिथ्य को भूल नहीं पाए थे। कुछ दिनों पहले यमुना-किनारे पड़ाव डालनेवाले व्यापारी-काफिले में कोई कह रहा था : विदर्भ

की राजकुमारी रुक्मिणी साक्षात लक्ष्मी का अवतार है। उसका सौन्दर्य अभूतपूर्व और उनमें अद्‌भुत समझदारी है।

'उसने राधा को नहीं देखा होगा।' बाहर से आती हुई यशोदाजी बोलीं।

'वे राधा से ही कह रहे थे।' नन्दराय ने हँसते हुए उत्तर दिया और कृष्ण को आशीष देकर सो जाने के लिए कहा।

कृष्ण उठा। पिताजी के उद्‌गार उसे अच्छे नहीं लगे। कोई युवती राधा से सुन्दर हो ही कैसे सकती है? उसे अधिकार क्या है राधा से सुन्दर होने का?

11

इस वर्ष घास-चारा बहुत अच्छा हुआ। ब्रज में यह मान्यता प्रचलित हो गई कि कृष्ण के जन्म के बाद वृन्दावन की समृद्धि बढ़ गई है। किसी निमित्त से उसका अपने घर आगमन हो तो अहो भाग्य!

लोगों की यह बात सत्य थी। अभी कुछ वर्षों में अनावृष्टि तो हुई ही नहीं है। उसका कारण वृक्ष हैं, जब भैरव ने यह बताया तभी लोगों को पता लगा। बलराम ने अपने खेत में श्रेणीबद्ध वृक्ष लगाए। पहले भूमि कुदाली से एक बार गोढ़ी जाती थी अब वही हल द्वारा अनेक बार गोढ़ी जाती है। इसके कारण अनाज अनेक गुना उत्पन्न होने लगा। नन्दराय की समृद्धि का एक कारण यह भी है। ब्रजवासी इसमें ईश्वरीय चमत्कार देखते हैं।

किसी राहगीर ने बलराम को सुझाव दिया : ऐसे सुन्दर और समृद्ध खेत में बाड़ नहीं है? काँटे लगाकर बाड़ लगाओ। बाड़ से खेत अधिक सुरक्षित रहेगा। निरंकुश जानवर अन्दर नहीं जा सकेगा। यहाँ तो जंगली प्राणी भी आ जाते होंगे!

बलराम नन्दबाबा से बाड़ करने के बारे में चर्चा कर रहा है। दस सेवक दोपहर तक बाड़ बना देंगे, उन्हें खाना और ईंधन दे देंगे।

कृष्ण स्नान करके ध्यान की तैयारी कर रहा है। उसे यह सब कैसे सूझता है? इस उम्र में ध्यान? ऊर्ध्वरेतस् के बारे में वह पिताजी से बात नहीं करता, बलराम को समझाता है। यदि हमें निज सुख में मग्न रहने के स्थान पर समष्टि के कल्याण के लिए कर्मयज्ञ करना है तो ऊर्ध्वरेतस् होना ही पड़ेगा। शारीरिक रूपान्तर को चैतसिक शक्ति में परिवर्तित किया जा सकता है। प्रातःकाल के कुछ क्षणों के ध्यानयोग से पूरे दिन कैसी स्फूर्ति रहती है, यह देखना हो तो चल तुझे गुरु के पास ले चलूँ।

बलराम को खेत पहुँचने की जल्दी है। बाड़ का कार्य पूरा होने पर ही वह साँस लेगा।

'मुझे बाड़ बनाने का विचार उचित नहीं लगा।'—कृष्ण ने कहा।

'क्यों? सुरक्षा करने में क्या आपत्ति है?'

'सिर्फ अपने खेत की रक्षा या पूरे वृन्दावन की? भूल गए, सांदीपनि मुनि ने क्या कहा था? घोर अंगिरस ने क्या कहा था? माँ ने अपने आँगन को सबके लिए खुला रखा है और तुम जो खाली जगह है उसे बन्द करना चाहते हो? बड़े भैया, मैं तो तुम्हें स्वयं

से भी उदार और परोपकारी मानता था। तुम्हारे द्वारा सर्जित यह हरियाला खेत वृन्दावन की शोभा है। क्योंकि वह इस विशाल क्षेत्र के साथ संलग्न है। अब तुम उसे अलग करके दृश्य की विशालता को खंडित करोगे? फिर उत्तम और सुबल भी तुम्हारा अनुसरण करेंगे। ब्रजभूमि खंडों में विभाजित हो जाएगी। मधुमंगल जैसे तो यह देखकर आँगन में भी काँटे उगाएँगे।'

बलराम ने बाड़ करने का विचार त्याग दिया। दोनों भाई गाय चराने गए। गोचर में पर्याप्त घास है, सेवक ध्यान रखेंगे, फिर दोनों भाई खेत की ओर चल दिए।

यशोदाजी एवं रोहिणी के पीहर से वस्त्रों की भेंट लेकर आया हुआ उपमन्यु नामक शस्त्रधारी सेवक कृष्ण-बलराम से मिलने खेत पर आया। बलराम के खेत देखकर तो मानो वह पागल ही हो गया। कहने लगा : मैं लगभग आधे आर्यावर्त में घूमा-फिरा, ऐसी बाड़ी मैंने कहीं नहीं देखी। मातामही ने मुझे आदेश दिया है कि गोकुल के नित्यक्रम और क्रिया-व्यापार अच्छी तरह जान-बूझकर आना। इसके लिए एक सप्ताह तक रुकने की अनुमति है। परन्तु कृष्ण-बलराम और उनके साथियों के बारे में जो पूछूँ, तुझे उसका उत्तर देना पड़ेगा। समझ में आया या नहीं? और वहाँ जाकर कुछ नुकसान मत कर बैठना।

ऋषि-मुनि, पथिक एवं व्यापारी वृन्दावन की कीर्ति का गान करने लगे हैं। समस्त प्रजा के मन में वृन्दावन की सत्ता स्थापित होती जा रही है।

तुम कुन्ती को पहचानते हो? उनके पुत्रों को देखा है? नहीं? क्या बात है! मैं तो तुम्हें सर्वज्ञ मानता था। कुन्तीदेवी के मुख से आपके पराक्रमों की स्तुति सुनकर मातामही ऐसी प्रसन्न हो गईं कि उन्होंने एक सहस्र ब्राह्मणों को स्वर्ण दान दिया। मैं तो कल्पना किया करता था : कैसे होंगे आप? आपके निकट पहुँच पाऊँगा या नहीं, यही प्रश्न था। परन्तु तुम तो परम आत्मीय हो। दूरी लगती ही नहीं। दोबारा जब आऊँगा तब मातामही को साथ लेता आऊँगा। ऐसे वातावरण में उनका स्वास्थ्य अच्छा रहेगा।

बलराम और कृष्ण के जन्म से पूर्व उपमन्यु एक बार भेंट देने आ चुका था। तब नन्दराय का गोकुल नदी के उस पार था। केवल दर्शनीय था कालिन्दी का प्रवाह। एक दिन विश्राम करके तीसरे दिन उपमन्यु वापस चला गया था। इस बार सात दिन रुकनेवाला है। मनपसन्द कार्य मिल गया है। कार्य करते समय वह मौन नहीं रह सकता। 'मैंने सुना था कि तुम साधारण मनुष्य जैसे नहीं हो। तुममें चमत्कारिक शक्तियाँ हैं, तुम परब्रह्म के अवतार हो। परन्तु, मुझे तो तुम अपने जैसे ही लगते हो। मैं वहाँ बताऊँगा कि कृष्ण-बलराम अपने जैसे ही हैं, तो कोई नहीं मानेगा। इसलिए मुझे कहना पड़ेगा कि मैं भी अवतार हूँ।'

बलराम को आनन्द आ रहा है। उपमन्यु बोलता है उतने ही उत्साह से कार्य भी करता है। बोलते हुए वह अधिक कार्य कर सकता है।

कृष्ण के मन में कभी-कभी प्रश्न उठता है : भैरवदा और सुबल अभी तक वापस क्यों नहीं आए? सुबल की बहिन कल ललिता के कन्धे पर सिर रखकर रो रही थी। उसके पिता वर्षों पहले साधु होकर हिमालय चले गए थे। माता ने ही भाई-बहिन दोनों को बड़ा

किया था। क्या इस तरह दूसरा कोई ग्वाला घूमने जा सकता है? मैं और माँ सब काम अकेले कैसे कर सकते हैं? उसके लिए कितनी सगाई आई परन्तु उसने हाँ ही नहीं की। माँ को चिन्ता है कि पुत्र भी कहीं साधु न हो जाए। 'वह दूसरों को साधु बना दे ऐसा है। तू चिन्ता मत कर और फिर वह अकेला कहाँ गया है? भैरवदा साथ हैं। वे कोई ऐसे-वैसे व्यक्ति नहीं हैं, विख्यात मल्ल और शिव-उपासक हैं। उनकी छत्रछाया हो तो वह मथुरा तो क्या गिरिव्रज जाए तो भी डरने की बात नहीं है।'

भैरवदा द्वारा सिखाया गया व्यायाम नित्य होता है। सुबल के आने पर कुश्ती भी प्रारम्भ हो जाएगी। तब तक उपनिषद् कथाओं का श्रवण। इनमें कृष्ण का मन बहुत लगता है। उसके सारे प्रश्नों का सरलता से उत्तर दिया जा सके इसलिए केवलदा ने इन दिनों अपना अध्ययन बढ़ा दिया है।

दो दिन बलराम की बाड़ी को ठीक-ठाक करने के बाद उपमन्यु अब गायों की रखवाली करता है। उसने निश्चय किया है कि गाँव के समीप की सारी अच्छी घास नन्दराय की गायों को चरा देगा। इस सेवा से प्रसन्न होकर यशोदाजी स्वर्णमाला जैसा कुछ पुरस्कार अवश्य देंगी। उपमन्यु अपने भाग्य पर प्रसन्न था। वहीं अकल्पनीय आपत्ति आ पड़ी। वह कालीयदाह के संकट के बारे में नहीं जानता था। उस ओर किनारे पर उगी हुई अच्छी घास उसकी प्रतीक्षा कर रही है यह मानकर वह गायों को उधर ले गया।

कुछ देर बाद उसने नन्दराय की सारी गायों को तेजी से इधर-उधर दौड़ते देखा। सिर्फ एक गाय किसी अदृश्य वस्तु का सामना कर रही थी। वह सुरभि थी। उपमन्यु उसकी सहायता के लिए दौड़ा। गाय के सामने विकराल नाग को देखकर भय से उसके रोएँ खड़े हो गए। इतना बड़ा नाग उसने पहले कभी नहीं देखा था। इससे भी अधिक आश्चर्य की बात यह थी कि प्राणियों में सबसे डरपोक गिनी जानेवाली गाय उसका सामना कर रही थी। इस प्रकार उसने बछड़ों और अन्य गायों को दूर भगाने का अवकाश दिया। उसके अगले पैर नाग के फन को कुचलने को आतुर थे। यह दृश्य आँखों से नहीं देखा होता तो उपमन्यु इसे चमत्कार ही मानता।

दौड़ते हुए बछड़े और गायें गाँव में पहुँचनेवाले थे। फिर भी गाय नाग को मार्ग नहीं दे रही थी। बड़े खतरे की घड़ी है। कहीं गाय अपने सींगों से प्रतिकार करने गई और नाग उसके मुख पर काटने में सफल हो गया तो वह क्या जवाब देगा? और यह सुरभि तो नन्दभवन की ही नहीं समस्त वृन्दावन की कामधेनु मानी जाती है।

उपमन्यु ने निर्णय कर लिया। आसपास से बीनकर उसने कुछ पत्थर एकत्र कर लिए। वह कुशल योद्धा तो नहीं था परन्तु अच्छा निशानेबाज अवश्य था। दो-तीन प्रहारों में तो नाग का फन छेद देगा। अरे! यह गाय कहाँ बीच में आ गई? हाँ, अब ताकता हूँ।

आश्चर्य! एक भी पत्थर नाग के नहीं लग रहा! यह क्या, उसने दिशा क्यों बदली? अरे! यह तो मेरी ओर आ रहा है!

सहायता के लिए कृष्ण-बलराम के नामों को पुकारता हुआ उपमन्यु सुरक्षित स्थान खोजने लगा। वृक्ष पर चढ़ जाऊँ? नहीं, नाग उस पर चढ़ आएगा। हाँ, उस शिला के शिखर पर चढ़कर इसे लकड़ी से डराऊँगा। लाग में आया तो खत्म कर दूँगा।

सुरभि उपमन्यु को बचा नहीं सकती थी। वह जोर से रँभाई।

केवलदा के साथ तत्त्वचर्चा में मग्न कृष्ण को बछड़ों और गायों की भयातुर दौड़ की भनक पड़ी। वह गाँव के चौक तक दौड़ आया, वहीं सुरभि के रँभाने की आवाज सुनाई दी, वह और तीव्र गति से दौड़ा।

कुछ दिन पहले तरंगदा की गाय के प्राण कालीय नाग ने ही लिए थे। उसके बाद उसने उन जंगलियों को कालीय की पूजा करने से रोका था। उन्होंने बदला लेने के लिए आग लगाई। कृष्ण ने उन्हें पकड़कर आग में डाल देने की धमकी दी। कृष्ण ने उन्हें तभी छोड़ा जब उन्होंने फिर से ऐसा अपराध न करने के लिए इष्टदेव की सौगन्ध खाई। परन्तु यदि आज कालीय नाग ने दूसरा हमला किया होगा तो वह उसे नहीं छोड़ेगा। नचिकेता स्वयं चलकर यमराज के यहाँ पहुँचा था। यमराज की तुलना में यह तो एक जहरीला जन्तु है। इससे क्या भय? गायों के घास-चारों में से सरिसृपों को पूँछ पकड़-पकड़कर फेंकना गोपालकों के लिए साधारण बात थी। कृष्ण बचपन से जानता है कि सर्प की शक्ति उसके मुख के छह अंगुल विस्तार में होती है। उस पर नियंत्रण कर लो या फिर कूदकर उसकी पूँछ पकड़ लो। गोल-गोल घुमाकर दूर फेंक दो, उसकी नसें ढीली हो जाएँगी।

कृष्ण दौड़ रहा है। सुरभि की आवाज के उत्तर में उसका वेग मानो आवाज बन गया है। वह आ पहुँचा। उसे देखते ही सुरभि हर्षित होकर रँभाई। वृक्ष गूँज उठे। पक्षी फिर पत्ते बन गए। भय का वातावरण बिखर गया, भय यमुना की लहरों में खो गया।

यकायक ही उपमन्यु की हिम्मत बढ़ी। अब तक चिकनी शिला और लाठी ने उसकी रक्षा की थी। उसने संक्षेप में कृष्ण को सब बताया। कब, क्या घटित हुआ था।

कृष्ण ने उपमन्यु से कहा : 'तुम नाग को कुछ ऊपर आने दो और फिर शिला से उस ओर कूद जाओ जिधर सुरभि खड़ी है।'

कृष्ण ने कब कूदकर नाग की पूँछ पकड़ ली, उपमन्यु को पता नहीं चला। उसे गोल-गोल घूमते कालीय की विषयुक्त फुँफकारें सुनाई दे रही थीं। उपमन्यु की साँस रुक गई। क्या यह कृष्ण सचमुच मनुष्य है? इसने किस प्रकार स्वयं से कई गुने लम्बे नाग को हवा में घुमाया? कब तक घुमाता रहेगा? नाग के मुख से फुँफकारों के साथ फेन निकल रहा है। या सफेद विष?

क्या कृष्ण उसे शिला पर पछाड़ना चाहता है? इतनी देर घुमाने पर भी क्या वह काबू में नहीं आ पाया? यह फुफकारें संकेत दे रही हैं कि—

अरे! यह क्या! उसकी पूँछ कृष्ण के हाथ से खिसक गई और वह सीधा जल में गिरा।

कालीय कृष्ण के हाथ गें से छूट गया था, हाथ से निकल जाने पर अफसोस किए बिना कृष्ण ने स्वाभाविक स्वर में उपमन्यु से कहा : 'तुम सुरभि को दूरारी गायों के साथ ले जाओ। उन वृक्षों के पश्चिम में चराओ। मैं यहाँ कुछ देर रुकूँगा।'

उपमन्यु की सारी विनोदवृत्ति हवा हो गई थी। उसने सुरभि को हाँककर वहाँ से प्रस्थान करने के लिए कदम बढ़ाए। परन्तु गाय ने मानो उसके अस्तित्व से ही इंकार कर

दिया। कृष्ण को सुरभि के पास जाना पड़ा। उसने सिर को देर तक हथेली से सहलाया। और मानो विनती करके उसे वहाँ से भेजा। उपमन्यु उसके पीछे-पीछे गया।

समाचार सुनते ही गोकुलवासी कालीयदाह के पास एकत्र होने लगे।

कृष्ण यहाँ तो नहीं है। कहाँ गया कृष्ण? कृष्ण! कृष्ण!

कृष्ण के लिए यह आश्चर्य की बात थी। इतने दिनों की तैयारी बेकार गई थी। कालीय अनुमान से अधिक बलवान निकला। इतने घुमाने और झिंझोड़ने पर भी निकल गया और दूसरी किसी जगह नहीं, सीधा दाह में गिरा! उसे बताया गया था कि सर्प के मुख में कुछ भाग तक ही उसकी सारी शक्ति होती है। तो उसने पूँछ छुड़ाई किस तरह? उसकी लम्बाई, भार और चिकनी त्वचा के कारण तो ऐसा नहीं हुआ होगा? चाहे कुछ हो, आज उसे नाथे बिना यहाँ से नहीं जाना। अगर वह मानता है कि कालीयदाह में सुरक्षित है तो...

गोकुलवासी इसे गहरा और अगम्य मानते हैं। ऐसी मान्यता है कि यह कालीय का भवन है। वह अनेक नागिनों का स्वामी है। उसका कोई प्रतिस्पर्धी नहीं है। वह नागों का देवता है। कृष्ण के लिए—'देवता' शब्द का अर्थ दूसरा ही है। यह तो वह जहरीले जंतु से अधिक कुछ नहीं है। यह दूसरे नागों को छोटी आयु में ही खा जाता होगा। सिर्फ नागिनों को जीवित छोड़ता होगा। उसकी पूजा सिर्फ भयजनित है। पूजा भी कहाँ, सिर्फ एक रिवाज। नाग लोगों को यहाँ आने से उसने नहीं रोका था, उससे पहले वे यहाँ अर्घ्य चढ़ा जाते थे। बाद में यह सब आराम से खा जाता था। यहाँ एक ऐसा भ्रम भी फैल गया था कि हाथ में नागसूत्र पहननेवाले को वह नहीं काटता। नाग की आकृतिवाले ताँबे या चाँदी के कड़े भी उन नागजाति के लोगों के हाथों में देखे थे।

कालीयदाह का पानी कम नहीं किया जा सकता? उलीचने से तो वह कम नहीं होगा। क्योंकि नदी के अन्तःस्त्रोत होते हैं। किसी युक्ति से सब गोप मित्र मिलकर थोड़े समय के लिए पानी खींच लें तो? नहीं, कमलवन सूख जाएगा...

कोई विकल्प नहीं है?

कुछ क्षण अनिश्चितता में व्यतीत हुए।

वहीं कमलदल की स्निग्ध धवलता पर नीलकान्ति-युक्त फन उठा।

वाह! क्या रंग है उसका! कालीय नाग सचमुच ही बलवान और सुन्दर है। नाग जाति के लोग सिर्फ भय के कारण नहीं, इसके सौन्दर्य पर मोहित होकर भी पूजा करते होंगे।

कृष्ण का मन हुआ कि इसके स्वागत में संगीत के स्वर बहाने चाहिए। बाँसुरी लेने के लिए कमर पर हाथ गया। याद आया कि खेस और बाँसुरी तो पड़ी है केवलदा के निवासस्थान पर।

नाग इस ओर ही देख रहा है। इतने संघर्ष के बाद भी वह कितना मदोन्मत्त है। उसकी फुँफकार में कितना अहंकार भरा हुआ है। वह स्वयं को नागराज मानता हो तो ऐसा मानने का उसे अधिकार है।

कालीय के लिए प्रशंसात्मक भाव क्षण भर के लिए स्थिर हुआ, फिर छूटने लगा। यदि आज सुरभि और उपमन्यु ने रक्षा न की होती तो यह दुष्ट कितने ही बछड़ों के प्राण

ले लेता! कहीं सुरभि इसके दंश का शिकार हो जाती तो? आत्मीयों के आघात की कल्पना से ही कृष्ण विचलित हो गया।

नहीं, कालीय का सौन्दर्य भी भ्रामक है, सौन्दर्य कभी क्रूर नहीं हो सकता।

मैं इसका घातक दर्प तोड़ डालूँगा। कृष्ण की दृष्टि ऊपर गई। कालीयदाह पर आधी छाया डालता हुआ कदम्ब, काफी नीचे झुकी हुई उसकी शाखा और कमलदल के बीच में उठा हुआ कालीय का फन। कोई विचार करने की आवश्यकता नहीं रही। पूरा अस्तित्व ही प्रेरित हुआ। यह कार्य अचेतनता प्रेरित था। कब कदम्ब से चढ़कर उस शाखा से कालीय के फन पर कूदा इसका कृष्ण को पता नहीं चला।

लोगों की मान्यता गलत नहीं थी। कालीयदाह बहुत गहरा था। यह किसी साधारण तैराक का कार्य नहीं था कि किसी आधार के बिना इस अतल जल में एक प्रचंड बलवान विषधर से लड़ सके।

कमल की जड़ें पैर में उलझ जाने का भी खतरा था। परन्तु यमुना में घुसते ही कृष्ण का शरीर सरिसर्प के समान हो जाता है। यह अभी की बात नहीं है। शैशवकाल से ही उसका यमुना से सम्बन्ध कमल-पत्र और जल जितना ही स्वाभाविक था। कृष्ण ने लम्बी साँस लेकर नाग के मुख की पकड़ मजबूत करके गहरी डुबकी मारी। त्वरित गति से ऊपर आकर नाग की पूँछ का घेरा खोल दिया। यही एक उपाय था। उसके मुख पर बल बढ़ाते जाना, डुबकी मारकर बाहर आना और किनारे की ओर आगे बढ़ते रहना।

कालीय को जीवित बाहर लाने के प्रयास में उसके मुख की पकड़ ढीली हो गई। नाग अपनी शक्ति संचित करके विद्युत गति से कृष्ण के शरीर पर लिपट गया। दबाव बढ़ता गया। पसलियों पर दबाव बढ़ रहा था। कृष्ण यदि उसके मुख से एक हाथ हटाकर पकड़ शिथिल करने का प्रयत्न करे तो कालीय अधिक ताकतवर हो जाता। उसके पास अजगरी शक्ति के साथ विषयुक्त दाँत भी हैं।

इसके साथ युक्ति से लड़ना पड़ेगा। इसे मेरी पसलियों पर दबाव बढ़ाने दूँ, पूरी शक्ति लगा लेने दूँ।

नाग थक गया। कृष्ण ने दोनों हाथों से उसका मुख मसल दिया और फिर गहरी साँस लेकर जोर से छाती फुलाई। नाग अपने मुख को छुड़ाने के लिए तड़प रहा था। वहाँ कृष्ण ने छाती फुलाकर उसकी नसों को तोड़ डाला। क्षणार्ध में कालीय की प्रचंड शक्ति क्षीण हो गई। वह निश्चेष्ट हो गया।

इससे पहले किनारे की ओर कृष्ण को देखने का अवकाश कहाँ था?

नन्दगाँव में तरह-तरह की अफवाहें पहुँच गई थीं। किसी ने यह कहा था कि सब ग्वाले गेंद-बल्ला खेल रहे थे। कृष्ण को दाँव देना था। गेंद पानी में गिरी। वह लेने कूदा वैसे ही कालीय ने फन हटाकर आक्रमण कर दिया। कृष्ण किसी से डरता है जो कालीय से डरे?

किसी ने कहा कि राजा ने नन्दराय से कमल मँगाए थे। भोला-भाला कृष्ण इसका गूढ़ अर्थ क्या समझे? नन्दराय ने तो स्पष्ट कह दिया था : कमल चाहिए तो अपने राजपुरुषों को भेजकर मँगा लो। परन्तु कृष्ण कमल लाने कूद पड़ा।

राधा जानती थी : तरंगदा की गाय इस कालीयदाह के सामने ही मरी थी। आधी-पूरी बात सुनकर दौड़कर आई राधा कृष्ण को नाग के साथ दाह में लड़ता देखकर मूर्छित हो गई। ललिता आँचल से हवा कर रही है। अभी चेतना नहीं लौटी।

यशोदाजी विलाप कर रही हैं। बलराम उन्हें दोनों हाथों से सहारा दिए हुए है–'माँ, तुम शान्त हो जाओ। तुम्हारा रुदन सुनकर कृष्ण का इधर ध्यान बँटे यह अच्छा नहीं होगा।' यशोदाजी मौन हो जाती हैं परन्तु उनके आँसू बह रहे हैं।

नन्दराय परमात्मा की स्तुति कर रहे हैं।

कृष्ण का कालीय के साथ द्वन्द्वयुद्ध देखकर सभी के रोएँ खड़े हो गए हैं। उसकी छाती पर नाग का शिकंजा देखकर सबने वज्राघात का अनुभव किया था। उस क्षण कृष्ण के पराक्रमों पर रहनेवाली श्रद्धा पर भ्रान्ति का आवरण आ गया था, वह अब हटने लगा। कृष्ण के श्याम अंगों से कालीय के शरीर की स्याह काली पट्टियाँ खुलने लगी थीं।

सब कृष्ण की विजय का स्वागत कर रहे थे उस समय बलराम की आँखों के सामने से वह दृश्य हटता ही नहीं था। कालीय नाग मानो कृष्ण के अंगों से परम आत्मीयता से चिपटा हो। मानो वह बिछुड़ना ही न चाहता हो।

निश्चेष्ट नाग को कृष्ण ने आदर के साथ जल और भूमि के बीच सिक्त क्षेत्र में छोड़ दिया। उसमें थोड़ी शक्ति आए फिर उसे प्रवाह में छोड़ देंगे। खोज लेगा अपने लिए उपयुक्त स्थान।

दोनों हाथों में जितने कमल आए, उन्हें लेकर कृष्ण किनारे पर आया।

राधा अभी होश में नहीं आई थी। जब से अंकपाद आश्रम आने के लिए सांदीपनि ने कृष्ण को आमंत्रण दिया है तभी से राधा कृष्ण का विरह अनुभव करने लगी है। वह किसी भी क्षण मुझे छोड़कर चला जाएगा। वह हमें खींचता है और स्वयं पकड़ में नहीं आता। यह उसके लिए नई बात नहीं है। कालीयदाह में कूदा है यह जानकर राधा को लगा कि कृष्ण अब अन्तर्ध्यान हो गया।

मूर्च्छावस्था में वह भय को तो भूल गई परन्तु विचित्र प्रवाह में खो गई। यमुना के प्रवाह में कृष्ण अन्दर-ही-अन्दर तैरता हुआ यहाँ से दूर निकल जाएगा। बाहर निकलकर बटुक ब्रह्मचारी के वेश में योग साधना करने रैवतकगिरि पर पहुँच जाएगा। वहाँ अनेक ऊर्ध्वरेतस् साधु रहते हैं, उन्हें इसका पता चल गया होगा। पूरा अवन्तिप्रदेश उसे देखने उमड़ेगा। स्वयं भगवान महाकालेश्वर अपना मन्दिर छोड़कर उस मार्ग पर आवेंगे। इतना सुन्दर युवक आर्यावर्त में दूसरा है कहाँ? फिर योगी के वेश में वह और अधिक कमनीय लगेगा।

मूर्च्छावस्था में राधा ने कृष्ण के शरीर पर कालीय का शिकंजा कसा देखा था। विषयुक्त फुँफकार सुनी थी। कृष्ण के शरीर पर लगा हुआ विष उसने अपनी हथेली पर ले लिया था। कहीं दंश तो नहीं? उसे चूस लेने को वह कृतसंकल्प थी। निर्मल व्यक्तियों पर विष नहीं चढ़ता। उसने सुना था : जिसने बचपन से नमक नहीं खाया हो उस पर जहर का प्रभाव नहीं होता। मूर्च्छावस्था में भी राधा कृष्ण में ही तन्मय थी।

दोनों हाथों में कमलपुंज लेकर किनारे की ओर आते हुए कृष्ण के मुख पर

स्मित देखकर सबको सांत्वना हुई। उस कदम्ब की शाखाओं को श्वासोच्छ्वास फिर से प्रारम्भ हुआ।

कमल की सुगन्ध मूर्च्छित राधा के हृदय की धड़कन को आश्वासन देने के लिए झुकी फिर भी हृदय तो व्याकुल ही रहा। कृष्ण के साहचर्य से भी चेतना नहीं आई। कृष्ण का सम्बोधन उसके कानों तक नहीं पहुँच सका।

राधा के सिर को यशोदाजी गोद में रखे हुए थीं, नन्दराय ने बैलगाड़ी मँगाई। कृष्ण ने एक कमल राधा के लिए देते हुए कहा : 'इसके स्पर्श से नहीं जगे तो फिर एक ही उपाय है।'

'मथुरा से वैद्य बुलाया जाए?' ललिता ने गम्भीरतापूर्वक कहा।

'मैं सामने कदम्ब के सहारे खड़ा हूँ। कुछ देर प्रतीक्षा करता हूँ। नहीं तो फिर बाँसुरी ले आऊँगा।'

खेस और वंशी दुर्गा के हाथ में थे। वह भी राधा ही यह दशा देखकर बेचैन थी। यशोदाजी की नजर राधा की पलकों से हटती नहीं थी। कमल के स्पर्श की युक्ति सफल हुई। राधा जागकर बैठ गई। बड़ों को देखकर शरमाई, नहीं तो उठकर कृष्ण से लिपट गई होती। एक क्षण पहले ही तो कालीय का सारा जहर चूस लिया था।

कमल-स्पर्श ने उसे चेतन किया उससे पहले उसने कृष्ण को पाताल-लोक में देखा था। शेषनाग की शैया पर आसीन विष्णु!! हाँ, कृष्ण ही है। यह स्मित और किसका हो सकता है? वह चरणस्पर्श करना चाहती थी। कहाँ गए क्षण पहले के धीर-गम्भीर विष्णु? यह तो गोपवेशी कृष्ण हैं, बालसखा!

मुझे दर्शन हुए या यह दिवास्वप्न था?

यशोदाजी से पूछूँ? कृष्ण से पूछूँगी तो हँसकर टाल देगा। ललिता से कहूँगी तो दोनों गोकुलों की गली-गली में कहती फिरेगी। नहीं, यह तो परम गोपनीय अनुभूति है। किसी से नहीं कहेगी।

वह स्वप्न नहीं, दर्शन था।

सब चल दिए थे। नन्दराय आगे थे। राधा, कृष्ण और ललिता बीच में थे। यशोदाजी पीछे चल रही थीं।

कृष्ण ने कालीय नाग का हमेशा के लिए दमन कर दिया है, उसकी आक्रमण शक्ति हमेशा के लिए नष्ट कर दी है, यह जानते ही राधा सुध-बुध खो बैठी। सच? तूने अपना संकल्प पूर्ण कर लिया? राधा बाल-आवेश में कृष्ण से लिपट गई और उसके गाल पर चुम्बन ले लिया।

पीछे आती यशोदाजी ने ललिता से धीमे स्वर में कहा : 'इस पगली से कह कि अब तू कहीं छोटी नहीं है।'

राधा ने ही उत्तर दिया : 'ऐसे तो तुम्हारा लड़का भी बड़ा हो गया है परन्तु बचपन की आदत कैसे छूट सकती है?'

ललिता ने कृष्ण की ओर देखा। हम तो जाने सोते ही रह गए और कृष्ण बड़ा हो गया। राधा की दृष्टि में सिर्फ प्रेम था, ललिता की दृष्टि में प्रेम से अधिक आदर था। उसने कृष्ण और अपने बीच के अन्तर को स्वीकार कर लिया था।

ब्रज में कभी नहीं बनी, ऐसी घटना आज घटित हुई थी। शांडिल्य ऋषि कृष्ण को आशीर्वाद देने आश्रम से बाहर आए थे। उनकी दृष्टि में कालीय दमन कृष्ण का अपौरुषेय कर्म था।

कृष्ण ने उन कमलों को उपमन्यु को देते हुए कहा थाः 'तुम यहाँ से प्रस्थान कर रहे हो तो मेरा एक कार्य करते हुए जाओ। मथुरा के राजा कंस ने यमुना में खिले कमल मँगाए थे। वह पिताजी की परीक्षा करना चाहता था या सचमुच कमलों से पूजा करना चाहता था इसका मुझे पता नहीं है। परन्तु संयोगावशात् यह आ गए हैं। समग्र घटना तुम्हारे सामने घटित हुई है। राजा पूछे तो वर्णन करना। नहीं तो यह कमलों की टोकरी देकर अपने गंतव्य पर चल देना।'

उपमन्यु कुछ ज्यादा समझ गया था। कंस को प्रसन्न करने के लिए वह अति उत्साह में आ गया। उसने इस कर्तव्य का विचार करके अनुमान लगाया कि यदि मैं कमल के साथ कालीय नाग का शीश भी ले जाऊँ तो मुझे कोई बड़ा पुरस्कार मिल सकता है। ऐसे भयंकर नाग के आतंक से उसकी प्रजा मुक्त हुई है यह जानकर कंस राजा की प्रसन्नता की सीमा नहीं रहेगी।

उपमन्यु को प्रद्योत के समक्ष प्रस्तुत किया गया था। उसे सूचना प्राप्त करनी चाहिए थी। राजा के षड्यंत्र से अनभिज्ञ होने के कारण वह उपमन्यु को मल्लशाला में ले गया। सप्ताह में एक दिन राजा मल्लशाला में उपस्थित रहता था। कुश्ती देखता और राज्याश्रय की अपेक्षा से आए मल्लों की परीक्षा लेकर उनका वेतन निश्चित करता। इसमें चाणूर और मुष्टिक की सिफारिश पर भी ध्यान दिया जाता।

उपमन्यु ने राजा को वन्दन करके टोकरी से वस्त्र हटाकर विलक्षण उपहार प्रस्तुत किया।

कंसराज ने दोनों हाथों में कमल ले लिए। वह सारे मल्लों से गोकुलवासियों की राजभक्ति की प्रशंसा करनेवाला था, वहीं प्रद्योत का ध्यान टोकरी पर गया। उसने राजा की गोद से टोकरी ले ली। परन्तु ऐसा करते समय कंस की छोटी अँगुली से नाग की मृत आँख का स्पर्श हो गया। मानो मृत्यु का ही स्पर्श हो गया हो! राजा खड़ा हो गया। प्रद्योत के हाथ से टोकरी छूट गई।

यह घटना भैरवदा की समझ में नहीं आयी। वे खड़े होकर उपमन्यु के पास आये। यमुना के कमल, नाग का शीश, क्या है यह? वे और सुबल तो गर्गाचार्य और सांदीपनि के साथ ही नन्दगाँव से चल दिए थे, उन्हें कुछ पता नहीं था। उपमन्यु ने अपने प्राण बचाने के लिए सारा वृत्तान्त सुनाया। इससे राजा का क्रोध कम नहीं हुआ। सुबल और भैरवदा कृष्ण के इस अकल्पनीय पराक्रम से धन्यता का अनुभव करते हैं। प्रत्यक्ष रूप से वे उपमन्यु से अपरिचित ही बने रहे।

'यह आगन्तुक मेरा अनिष्ट चाहता था, इसे बन्दीगृह में डालकर जाँच करो।' राजा ने प्रद्योत को आज्ञा दी।

उपमन्यु द्वारा दी गई सफाई, मातामही का सन्दर्भ कुछ भी राजा को जँचा नहीं। उसने कहा : 'यदि तू और कुछ बोलेगा तो और कठिन दंड मिलेगा। तुझे मेरा उपकार मानना चाहिए कि तुझे मृत्युदंड नहीं दे रहा।'

'दे दो मृत्युदंड! एक अतिथि को मृत्युदंड देना आपको न्यायसंगत लगता हो तो ऐसा ही करो। मैं आपका शत्रु नहीं हूँ। आपके लिए कमल के फूल लाया हूँ। आपकी प्रजा का संकट दूर होने का प्रमाण लाया हूँ। मैंने तो कल्पना भी नहीं की थी कि आप इसमें अनिष्ट देखेंगे। मुझे तो यह देखकर आश्चर्य हुआ कि आप मृत नाग का शीश देखकर खड़े हो गए और आपके सेनापति के हाथ से टोकरी गिर गई। आप मुझे बन्दीगृह में डाल रहे हैं उससे भी अधिक आश्चर्य मुझे आपके भय पर हो रहा है।'

प्रद्योत ने म्यान से तलवार खींचने की चेष्टा की। भैरवदा ने उसके सामने देखा।

'राजन्! कुछ अनिच्छनीय बन रहा है। इस अतिथि को आप अक्रूरजी जैसे राजनीतिज्ञ और गर्गाचार्य जैसे धर्मज्ञ के सामने भेजें तो ठीक रहेगा। यदि इस व्यक्ति ने आपका अनिष्ट चाहा होगा तो उन विलक्षण पुरुषों से छिपा नहीं रहेगा।'—भैरवदा ने कहा और चाणूर, मुष्टिक आदि मल्लों ने इसका समर्थन किया।

उपमन्यु बच गया।

गर्गाचार्य ने सलाह दी कि यदि महाराज को अनिष्ट का डर हो तो उपमन्यु नाग का शीश वापस ले जाए। कमल लाने के लिए उसे जो पुरस्कार दिया जा सकता है, वह उसे इस अविवेक के कारण न दिया जाए जिससे भविष्य में पुरस्कार प्राप्त करने के लोभ में ऐसे दुष्कृत्य न करे।

उपमन्यु बन्दीगृह में जाते समय घबराता नहीं था और न इस मुक्ति से आनन्दित हुआ। जिसने कालीय के आतंक से यमुना को मुक्त किया, क्या वह मुझे बन्दीगृह से मुक्त नहीं कराता? और यदि मथुरा में अन्याय ही व्याप्त है तो उसके लिए भी अन्याय और न्याय का अर्थ एक ही है।

उसे भैरवदा के दर्शन से आनन्द हुआ था। उनके बारे में वृन्दावन में सुना था। उनके दृढ़ वचन सुनकर राजा को पुनर्विचार करना पड़ा।

जो कुछ घटित हुआ उससे राजा उकता गया था। उसने कुश्ती प्रारम्भ करने का आदेश दिया।

सुबल तैयार था। उसने ताल ठोककर चाणूर को आह्वान किया। राजा के समीप रखे आसन पर भैरवदा बैठे थे। सुबल के लिए उनकी उपस्थिति पर्याप्त थी। उसकी मनोकांक्षा अपराजित रहने की थी। पहले एक स्पर्धा में कृष्ण ने दाँव बचाकर उसके ही वेग से उसे हराया था। यहाँ आज उस युक्ति को आजमाएगा। चाणूर धराशायी होगा।

सुबल ने अथक प्रयत्न किया परन्तु चाणूर उसकी युक्ति में नहीं फँसा। तृप्त गरुड़ जिस तरह सर्प से खेलता है, ऐसी मनोदशा से चाणूर सुबल को खिला रहा था। सुबल उसे भ्रम में रखकर दाँव-पेंच आजमाने की फिराक में था। इसलिए वह धैर्यपूर्वक टिका हुआ था।

अब चाणूर आक्रामक हो गया। सुबल बचाव के सभी दाँव जानता था। चाणूर अपनी विशाल काया उछालते-उछालते उकता गया है। राजा के मुख पर भी मनोरंजन के भाव नहीं रहे। कुछ करना चाहिए।

सुबल को पछाड़कर चित करने के लिए चाणूर ने नियम भंग कर बल-प्रयोग किया। तत्क्षण भैरवदा कूद पड़े।

'आपकी आँखों के सामने यह अन्याय हो रहा है और आप स्वयं महान मल्ल होकर भी चाणूर को नहीं टोकते?'

'चाणूर ने इस लड़के के आह्वान पर उससे मल्लयुद्ध करके अपनी उदारता का परिचय दिया है। इसलिए तुम्हें उसका अहसान मानना चहिए। भारतवर्ष के इस श्रेष्ठ मल्ल के हाथों मृत्यु पाना भी स्पर्धक के लिए सम्मान की बात है।' कंस ने अकल्पनीय उत्तर दिया।

'मैं मल्ल के इस जीवनादर्श से अवगत नहीं था। मेरे शिष्य को मरने की जल्दी नहीं है। यदि आप चाणूर को नियमपूर्वक युद्ध करने के लिए नहीं कह सकते हों तो मेरा शिष्य अपनी पराजय स्वीकार कर लेगा।'

'चाणूर मल्लविद्या में सर्वश्रेष्ठ मल्ल है। उनकी एक-एक चाल ही मल्लविद्या का नया नियम है।'—मुष्टिक बोला।

सुबल को अखाड़े से खींचने में भैरवदा को विलम्ब हो गया। चाणूर ने नियम भंग करके सुबल को कुचलने का प्रयत्न किया। सावधान सुबल बच गया परन्तु उसका हाथ टूट गया।

सिर्फ हाथ ही टूट जाने पर चाणूर की मंडली ने सुबल को अभिनन्दन दिया।

राजा ने राजवैद्य से उपचार करवाने की सुविधा देने की घोषणा की। गुप्तचरों ने उसे सूचना दे दी थी कि भैरव और सुबल कौन हैं। सुबल जिस तरह चाणूर से लड़ा वह अकल्पनीय था। ऐसे साधारण ग्वाले भी मल्लविद्या में पारंगत हो गए हों तो फिर नन्दराय मेरे आदेशों की उपेक्षा क्यों नहीं करेगा?

निश्चित यह भैरव भी अपने शिष्यों की शक्ति का प्रदर्शन करने के लिए यहाँ आया होगा। दोनों को हाथी के पैरों तले कुचलवा देना चाहिए परन्तु यह कृत्य छिपा नहीं रह सकता। सांदीपनि जानेगा तो पूरे आर्यावर्त को हिला देगा। वह क्रोधित हो तो दूसरा परशुराम बन सकता है। सम्राट जरासंध को दूसरे प्रदेशों पर विजय करने से पहले इन अभिमानी ब्राह्मणों को उनकी वास्तविकता का ज्ञान कराना चाहिए था। तुम भिक्षुक हो और हम दाता हैं।

भैरव ने सुबल को राजवैद्य से उपचार कराने के स्थान पर अपने एक गुरुबन्धु के यहाँ रखा। उपचार के साथ आराम भी बहुत आवश्यक था। वह टूटा हुआ हाथ लेकर गोकुल जाए इसका विपरीत प्रभाव पड़ेगा। सुबल को भी संकोच हो रहा था। घर की चिन्ता थी वह दूर हो जाएगी, भैरवदा गोकुल के लिए चल दिए हैं।

हाथ ठीक कराने के लिए सुबल मथुरा रुका, इससे मथुरा के बारे में उसके ज्ञान में वृद्धि हुई। धर्म के बिलकुल विरुद्ध अर्थ और काम की अमर्यादित प्रवृत्तियाँ जानने और

देखने को मिलीं। मल्लविद्या के उपासक ब्रह्मचर्य का पालन करते हैं। जबकि चाणूर और मुष्टिक के शिष्य निर्लज्ज विलासिता में रचे रहते हैं। यहाँ स्त्रियों के प्रति आदर नहीं है। स्त्री का शील सुरक्षित नहीं है। विद्वान एकान्तवासी हो गए हैं। वे मार्ग से गुजरते हैं तो कोई उन्हें पहचानता नहीं है।

प्रजा राजा से डरती है, चाहती नहीं है! नगरजनों का पुरुषार्थ क्षीण होता जा रहा है। यादवों की राजधानी मथुरा मल्लों और मागधी सैनिकों से भर गई है। यह नगर पतनोन्मुख है, नगरवासियों को इसका पता नहीं।

उसे सलाह दी गई थी : कोई बहाना खोजकर आर्य वसुदेव के दर्शन कर लेना। परन्तु यह सम्भव नहीं हुआ।

हाथ पूरी तरह ठीक हो उससे पहले ही उसने गोकुल की ओर प्रस्थान किया।

12

सुबल ने कृष्ण-बलराम को दो घटनाओं के बारे में बताया।

एक तो उपमन्यु के साहस की और दूसरी वृन्दावन की सीमा में मागधी सैनिकों के दुस्साहस की। इस बारे में कृष्ण और बलराम का अलग-अलग प्रतिभाव था। उपमन्यु ने अशक्त कालीय का इस तरह से सिर काटा, यह जानकर कृष्ण को आघात लगा। जीवित छोड़कर उसने कोई भूल नहीं की थी। वहाँ से वह किसी निर्जन स्थान पर चला जाए या फिर अपने कमलवन में आराम से रहे। अब वह गाय-बछड़ों या गोप-गोपियों को काट नहीं सकता था। नन्दगाँव, बरसाने तथा उसके आसपास के गोकुलों के निवासी अब निर्भय होकर कालीयदाह की भूमि पर गाय चरा सकेंगे।

कृष्ण को कालीय की प्राणघातक प्रवृत्ति से आपत्ति थी। उसके जीवित रहने से नहीं। सब पर आक्रमण करना उसके जीवित रहने के लिए आवश्यक नहीं था। कालीय ने अपनी मर्यादा छोड़ी थी इसलिए उसे नियंत्रित किया। उसके या किसी के जीवन से क्या शत्रुता हो सकती है? उपनिषद् के स्वाध्याय ने कृष्ण को एक दृष्टि दी थी। घोर अंगिरस के द्वारा वह समझा था कि समग्र जीवन एक यज्ञ है, कुछ भी बाकी नहीं रखा जा सकता। गोकुल में जब से इन्द्रयोग बन्द करवाकर गोवर्धन पर्वत की, नैसर्गिक सृष्टि की पूजा करवाई तब से वह अहिंसामूलक जीवनदृष्टि का प्रवक्ता बन गया था।

अतिवृष्टि से भयभीत ग्रामजन गोवर्धन की गुफा में आरक्षित रहे और वहाँ से सकुशल वापस आए। उस समय उनकी साँसों में कदम्ब, कुटज, अर्जुन और केतकी की सुगन्ध थी और उच्छ्वास में नवजीवन की स्फूर्ति थी। कृष्ण के विचार और आचरण में नकार को स्थान नहीं था।

फिर, उपमन्यु कमल के साथ मृत कालीय का सिर रखे इसमें सुरुचि भी नहीं थी। 'घृणित, सुबल! घृणित।' राजा को अनिष्ट का भय हुआ वह तो उसके मन के कारण। उनमें यदि सौन्दर्यपूर्ण दृष्टि होती तो उपमन्यु में सुरुचि का अभाव देखकर उसे डाँटते।

बलराम का इस बारे में दूसरा अभिप्राय था। उसने उपमन्यु के साहस की प्रशंसा की। अपना दुष्ट राजा इसी लायक है, यह कहकर हल ऊँचा किया था। उसकी खुशामद करके दुराचार को पोषित करनेवाले राजपुरुषों की आलोचना की। नियमों को तोड़कर स्पर्धा जीतनेवाले मल्लों पर क्रोधित हुआ। उसके क्रोध को प्रदीप्त करनेवाले दूसरे कारण भी थे।

'तू जानता है कृष्ण! उस अन्यायी राजा को प्रसन्न करने के लिए कई मथुरावासी अपने बारे में कैसी मिथ्या बातें फैलाते हैं? मुझे पेटू और जंगली तथा तुझे निर्लज्ज और कामी कहते हैं। तेरे सर्वव्यापी नैसर्गिक प्रेम को समझने की उनमें बुद्धि नहीं हो तो मौन रहें। कामी तो वे लोग हैं जो पुरुषार्थ के स्थान पर विलास करते हैं, दूसरे के श्रम का फल भोगते हैं। जबकि तू तो अपरिचित व्यक्ति का भी संकट दूर करने के लिए दौड़ता है। 'मेरे पास आओगे तो जलकर खाक हो जाओगे'—कहकर उस प्यासे तपस्वी ने पानी पिलाने की इच्छा रखनेवालों को अपने से दूर रखा। उस विरोधाभासी परीक्षा में कोई उत्तीर्ण नहीं हुआ परन्तु तूने उसकी प्यास समझी और भय की अवगणना करके उसे पानी पिलाया। तेरी वह अनुकम्पा अनन्य थी। जलकर भस्म हो जाने का खतरा तुझे उपकार करने से नहीं रोक सका। तूने उसकी जीवन- भर की प्यास को शान्त किया था। क्या ये लोग नहीं जानते कि उसने तुझे कैसी आशीष दी थी? नहीं जानते तो अज्ञानी कहे जाएँगे। जानते हुए भी छिपाते होंगे तो प्रपंची और झूठे कहलाएँगे। मैं तो सुबल से कहता हूँ कि तू मथुरा से पूरी तरह परिचित है। मेरे साथ चल। कृष्ण को कामी कहनेवाले को इस हल से...'

बड़े भैया को रोकने के लिए कृष्ण ने वंशी थामनेवाला हाथ उठाया। मुख पर नम्रतापूर्ण स्मित था।

सुबल ने मथुरावासियों की जीवन-दृष्टि की तटस्य समीक्षा की।

'मथुरा के विलासी हमें अपनी विलासित दृष्टि से देखते हैं। उन्हें क्या पता कि प्रकृति की नैसर्गिकता में विचरता श्रमिक शयनखंड में पड़े रहनेवाले मनुष्यों की तरह कुंठित तथा विकृत नहीं होता। सम्भव है कि जिस तरह स्त्री-पुरुष के बीच की मैत्री यहाँ सहज मानी जाती है, वीरोचित कार्यों के बारे में यहाँ प्रत्येक स्त्री प्रेम और आदर प्रकट कर सकती है, वहाँ ऐसा देखने को नहीं मिलता। अपने हास्य-विनोद को शंका से देखकर उसमें से दूसरे अर्थ निकाले जाते हैं। तुम्हें तो शायद याद भी नहीं होगा। कुछ वर्ष पहले की बात है, कृष्ण ने वंशी बजाना सीखा ही था। नदी का किनारा, कदम्ब की डाल और होंठों पर वंशी। बस, कई पहर बीत जाते। कृष्ण नदी के घाट से गुजर रहा था। किसी व्रत के कारण गाँव की सब गोपियाँ स्नान कर रही थीं। सँवारकर रखे उनके वस्त्र उड़ने लगे। यह देखकर किशोर कृष्ण को न जाने क्या सूझा कि उसने सारे वस्त्रों को एकत्र करके कदम्ब पर लटका दिया। अब उड़ जाने का खतरा नहीं था। कृष्ण बाँसुरी बजाने में तन्मय था। गोपियाँ वस्त्रों को खोजती हुई या फिर संगीत और कदम्ब की सुगन्ध से खिंचकर बिलकुल पास आ गई थीं। वहाँ वस्त्र ही नहीं, संगीत और सुगन्ध का निर्मल आनन्द भी प्राप्त किया था। अब तुम्हीं सोचो...किशोर कृष्ण की उस दृष्टि में कामुकता कहाँ हो सकती है? वे सही अर्थों में वेणुनाद के समीप पहुँच गई थीं। मानो कि हवा से उनके वस्त्र उड़ गए होते। गोपियों को उस स्थिति में दौड़ना पड़ता या फिर कृष्ण जैसे किसी छोटे ग्वाले की सहायता लेनी पड़ती।'

'मैं उस प्रसंग से अवगत हूँ। स्नान करती गोपियों के वस्त्र कदम्ब-सम्पुट में रखने के बारे में मैंने कृष्ण को डाँटा भी था। उसने मुझे विचित्र तर्क देकर चुप कर दिया था : 'हम चींटियों की पंक्ति में जान सकते हैं कि इनमें कौन नर है और कौन मादा? और जब हम सब ग्वाले नहाने कूद पड़े तथा कपड़े उड़ जाएँ तो हम किसी को नहीं दौड़ाएँगे?'

'मैं यह प्रसंग भूल ही गया था। तुमने मुझे डाँटा था, इसका तो मुझे ध्यान ही नहीं है।' कृष्ण ने कहा।

'तुझे तो अपनों की डाँट में प्रेम ही नजर आता है।'—बलराम उठ खड़ा हुआ। सूर्य-प्रकाश में उसका नील वस्त्र गौर वर्ण पर अधिक शोभा देने लगा। सुबल भी उसके साथ खड़ा हो गया।

'मथुरा-निवास के समय मुझे हर रोज एक प्रश्न होता : मैं यहाँ किस कृष्ण की बात सुन रहा हूँ? जिसकी आलोचना हो सके वैसा कृष्ण तो मैंने देखा ही नहीं है। यहाँ और वहाँ की भावनाओं में भी अन्तर है। यहाँ कृष्ण जिसे परेशान नहीं करता था उसे लगता कि हम रह गए। बाल कन्हैया की शरारतों में अपने बड़ों ने अलौकिक वात्सल्य का अनुभव किया है।'

'बड़ों के आशीर्वाद और इस वृन्दावन के प्रत्येक तत्त्व की प्रेरणा से ही मैं कालीय को नाथ सका। तुम सबने मिलकर मुझे नायक का मुकुट पहनाया। मेरी अपनी योग्यता तो इतनी ही थी कि मैं तरंगदा के द्वारा वंशी बजाना सीखा। केवलदा के मार्गदर्शन से तत्त्वज्ञान में चंचुपात किया। मैं कोई बहुत बलशाली नहीं हूँ। मेरी बात क्यों की जाती है? पूरे शूरसेन जनपद में शायद ही कोई होगा जो शक्ति में भैया के बराबर हो।'

कृष्ण के कथन में सच्चाई और नम्रता थी।

बलराम को कृष्ण की यह गुणज्ञता छू गई। कितना विनयी है मेरा भाई! कितना विरल है इसका विवेक! वह जब चाहे तब शारीरिक बल की कोई स्पर्धा जीत सकता है और यश प्राप्त करने का अवसर आने पर स्वयं को नेपथ्य में रख सकता है...ऐसे शीलवान और समझदार युवक को मथुरावासी निर्लज्ज और कामी कहते हैं? उद्धत और लम्पट कहते हैं? कहीं यह कंस द्वारा प्रचारित तो नहीं है? तो फिर ऐसा क्यों होता है?

कृष्ण को बड़े भाई का नगरजनों के प्रति यह रोष अच्छा नहीं लगा : 'यदि तुम मानते हो कि राजा और राजपुरुष अपने विरुद्ध लोगों में अफवाह फैलाते हैं तो इसमें लोगों का क्या दोष? सब तो नीर-क्षीर विवेक नहीं कर सकते। योग्यता हो तो भी इसके लिए उनके पास समय नहीं होगा। मथुरावासियों के प्रति यह गलतफहमी...'

'गलतफहमी ही सही। परन्तु इसे दूर करने की जल्दी नहीं है। अभी तूने सुबल से वहाँ के राजपुरुषों की करतूतें नहीं सुनीं। उनका वश चले तो वृन्दावन की एक-एक गोपी को बिना मूल्य खरीदकर दासी बनाकर रखें और फिर वारांगना की तरह बेच दें। तू कहाँ नहीं जानता कि अब अपने और वृषभानु के गाँव की गोपियाँ माखन बेचने मथुरा नहीं जातीं, ब्रजपुरी जाती हैं। किसी-किसी को तो ब्रजपुरी जाने में भी भय लगता है। उनके माता-पिता को चिन्ता रहती है। कुछ वर्ष पहले तूने एक अच्छा काम किया था। अपने बच्चों के भाग का दही-माखन बेचने के लिए जातीं गोपियों की मटकियों पर तूने कंकरी

के निशान ताके थे। उन लोगों की कृपणता चली गई परन्तु अब तो माखन का व्यापार बन्द होनेवाला है। जिन्दगी का खतरा उठाकर कौन मथुरा जाए? अब माखन गर्म करके घी का संचय किया जाता है। इससे भी फायदा मथुरा के बड़े व्यापारियों को होता है। ये बड़े व्यापारी भी कंस के समर्थक हैं। क्योंकि अराजकता की स्थिति में धूर्त, चोर और शोषक ही फलते हैं। भैरवदा से पूछना, वे बता देंगे कि कैसे हैं मथुरावासी। राजा के प्रत्येक कार्य का समर्थन करके सैकड़ों दुष्ट व्यक्ति भी सुरक्षित बन गए हैं। राजा के कृपापात्र होने का प्रमाण-पत्र पाकर वे प्रजा पर मनचाहा अत्याचार कर रहे हैं। तुझे सुबल ने ललिता पर हुए अत्याचार के बारे में बताया या नहीं?'

कृष्ण ने प्रश्न-भरी दृष्टि से सुबल की ओर देखा।

'कहते हुए संकोच होता है।'

'कह दे, संकोच त्याग दे। कृष्ण के हृदय में यह भाव जगाना आवश्यक है कि पूरा जगत अबाध नैसर्गिक प्रेम के लिए योग्य नहीं है।' इन शब्दों के साथ हलधर बलराम चल निकले। आज उनके हाथ में जो हल था वह कृषिकार्य में आनेवाला बड़ा हल था। फिर भी वह उनके शस्त्र की तरह शोभित हो रहा था।

ललिता के दुःख को वह भी जान नहीं पाया? कुछ दिनों से वह दिखाई नहीं दी। मैंने उसके बारे में किसी से पूछा भी नहीं। यह क्या हुआ है मेरी संवेदना का? कृष्ण के लिए यह व्यथापूर्ण क्षण था।

पहले सुबल ने मागधी सैनिकों के बारे में बताया।

मथुरा में बसनेवाले मागधी सैनिकों के बारे में प्रजा ज्यादा नहीं जानती थी। उन्हें महारानी के कृपापात्र समझ अपना रक्षक मानकर सम्मान देती थी। यह सैनिक आयात किए जाते हैं। उनमें ज्यादा तो सिर्फ एक-एक वर्ष की सेवा के लिए नियुक्त होकर आते। वे शायद ही सम्पूर्ण कार्य-क्षमता से कर्तव्य निभा पाते थे। फिर भी शूरसेन के यादव सैनिकों से उन्हें ड्योढ़ा द्रव्य मिलता। द्रव्य के संचय के साथ वे थोड़ा अन्य सुख भी खोज लेते और वर्ष पूरा होने पर वापस चले जाते। मथुरा मगध साम्राज्य के सैनिकों को सन्तुष्ट नहीं कर पाती इसलिए यहाँ कुछ ही मागधों ने अपने भवनों का निर्माण किया है। वे रहते यहाँ हैं परन्तु मगध के प्रति उनका अहोभाव छुपा नहीं रहता।

निश्चित समय के लिए आए उन बहुसंख्यक सैनिकों के लिए मथुरा राज्य की ओर से आमोद-प्रमोद का पर्याप्त प्रबन्ध था। मनोरंजन के अन्य साधनों के साथ साधारण वेश्याएँ और कलाविद् गणिकाएँ भी होती थीं। इससे कुछ की आवश्यकताएँ पूर्ण होतीं तो कइयों की बढ़ गईं। उनकी शारीरिक भूख अमर्यादित और उच्छृंखल हो गई। इससे ग्राम-कन्याओं और नगरवधुओं के अपहरण की घटनाएँ बनने और बढ़ने लगीं। उनका यह अनाचार राज्य का कोपभाजन न बने इसलिए विलासप्रिय वरिष्ठ राजपुरुष महाराज को भी ग्रामीण सौन्दर्य की भेंट प्रस्तुत करते। इसका भोग बनी कन्याएँ और विवाहित युवतियाँ मौन रहने को विवश थीं। महाराज कंस समझते थे कि ये मेरे शरीर की प्यास बुझाने में धन्यता का

अनुभव करती हैं। 'प्रजा मेरे शौर्य और सत्ता से अभिभूत है।' महाराज के इस विलास को ये स्त्रियाँ अपने जीवन का सर्वोच्च सुख मानती होंगी, कंस को इस बारे में शंका नहीं थी। शयनखंड के सुख में सहभागी बनाकर प्रजा का कल्याण करनेवाले राजा की छन्दबद्ध स्तुति करने वाले चाटुकारों को कविवर मानकर सम्मान किया जाता है।

अपने पन्द्रह दिन के नगर-निवास से सुबल को ऐसी बहुत-सी बातों का पता लगा था। उसका भ्रम टूट गया था। राजप्रासाद को दूर से देखकर जगा हुआ सम्मान नष्ट हो गया था। दूसरी ओर वृन्दावन में व्यतीत किया जीवन गौरवपूर्ण लगा था।

चाणूर और मुष्टिक जैसे मल्लों के आचरण में भी वंचना देखकर उसके हृदय में विद्रोह के बीज अंकुरित हुए।

'कृष्ण, मेरे जैसे साधारण ग्वाले को हराने के लिए चाणूर मल्लविद्या के नियमों को तोड़ने लगे, यह कितना दुखद है!'

'मुझे दुखद नहीं दयनीय लगता है, हास्यास्पद लगता है।'

सुबल विचार करने लगा। यह भी एक दृष्टिकोण है। कृष्ण की यह विशेषता है कि वह पहले से कुछ भी स्वीकार नहीं करता। मुझे उस राजकीय व्यवस्था के प्रति आदर था, उसे नहीं था। अब सुबल तटस्थता से तुलना करने लगा। एक ओर पेटू मल्ल हैं जो खा-खाकर वजन बढ़ा रहे हैं, दूसरी ओर वृन्दावन के श्रमिक गोपालक हैं जो जीवन-निर्वाह के लिए श्रम करते हैं। जीवित रहने के लिए खाते हैं, खाने के लिए जीवित नहीं हैं। गोपालकों का उत्पादक श्रम जिस नैसर्गिक शक्ति को जन्म देता है वह तो स्तुत्य है।

वह मल्लशाला के छल-प्रपंच के आगे हार गया था परन्तु वृन्दावन की सीमा में तो जीत गया था। ललिता का अपहरण रोक सका था। नैसर्गिक शक्ति विजयी हुई थी।

पूरी घटना कृष्ण से विस्तारपूर्वक कहनी थी।

शुभा, अपर्णा, सावित्री, कमला और नन्दिनी नामक गोपियों के साथ ललिता माखन बेचने ब्रजपुरी जा रही थी।

मागधी सैनिक राधा का अपहरण करने बरसाने की सीमा में छिपे हुए थे। दूसरी सखियाँ ललिता से राधा के बारे में पूछ रही थीं। कालीय-दमन के दिन यशोदाजी के सामने ही राधा कृष्ण से लिपट पड़ी थी। तब ललिता साक्षी थी। उसे दोनों पर स्नेह है। दोनों का निजी जीवन जानती है। इससे सखियाँ पूछती जाती थीं और ललिता विश्वासपूर्वक उत्तर देती जा रही थी।

मागधी सैनिकों ने राधा के तीन लक्षणों के बारे में जान लिया था। वह अनन्य सुन्दरी है, सखियों के बीच में वही चर्चा का केन्द्र होती है और उसकी चाल में आत्मगौरव झलकता है। इस तीन लक्षणों के कारण मागधी सैनिक ललिता को ही राधा समझ बैठे। और 'राधा' शब्द कानों में पड़ते ही उनकी शंका जाती रही। राधा के बारे में हो रही बात को वे राधा के साथ की बात समझकर वृक्षों के पीछे से झपटे और ललिता को उठाकर दौड़ पड़े। समीप ही उनका रथ तैयार खड़ा था।

यह तो संयोग था कि सुबल मथुरा से गोवर्धन की ओर होकर वृन्दावन आ रहा था, और उस ओर की हवा बहने के कारण 'बचाओ-बचाओ' की ध्वनि उसके कानों तक पहुँच

सकी। सुबल भूल गया कि उसे अभी अपने एक हाथ का ध्यान रखना है। कलाई पर झटका लगेगा तो जुड़ा हुआ हाथ फिर टूट जाएगा। फिर जुड़ना मुश्किल है। परन्तु यह कातर वाणी गोपकन्याओं की नहीं होती तो भी वह दौड़ा होता। रास्ता, पगडंडी या निष्कंटक भूमि की भी उसने खोज नहीं की। सीधे उस दिशा में कूदता-फाँदता पहुँच गया।

नन्दिनी, कमला आदि गोपियों ने अपहरणकर्ताओं को रोकने के लिए यथा-शक्ति अवरोध खड़े किए। यहाँ तक कि उनके मुख पर माखन से भरी हुई मटकियों से प्रहार किया था। जिनका मन गन्दा था उनका बाह्य-रूप भी हास्यास्पद बन गया था। यह देखकर इस आपत्तिकाल में भी सुबल हँसे बिना नहीं रह सका। उसके बुलन्द हास्य को सुनकर ललिता निर्भय हो गई परन्तु मागधी सैनिक घबराए नहीं। ग्रामीण युवकों की प्रतिकार क्षमता वे अच्छी तरह जानते थे। आखिरी विजय उनकी ही थी। एक बार युवती रथ पर पहुँच जाए फिर शस्त्रों का भय दिखाने की देर है। उनका अनुभव था कि ग्रामवासी धर्मसत्ता की अपेक्षा राजसत्ता से डरते हैं। परन्तु उन्हें पता नहीं था कि सुबल दूसरी ही मिट्टी का बना है।

सारथी ने देखा कि युवती रथ पर आ चुकी है। उसने घोड़ों को दौड़ा दिया। दो सैनिक सुबल को रोकने का प्रयत्न कर रहे थे। उनके सिरों को पकड़कर फोड़ने का विचार आया परन्तु सुबल को दौड़ रहे रथ में से ललिता की ओढ़नी उड़ती दिखाई दी। सुबल टेढ़ा रास्ता चुनकर कूदता-दौड़ता रथ के आगे पहुँच गया। अश्वों के बल और वेग की चिन्ता किए बिना वह बिलकुल सामने खड़ा हो गया और रास पकड़ ली।

सारथी का चाबुक खाते ही घोड़े सुबल पर कूदे। रास पकड़ना पर्याप्त नहीं था, सुबल सामने से हट गया। उसकी यह योजना सफल नहीं हो पाई कि पीछे से रथ पर चढ़कर ललिता को लेकर कूद पड़ेगा। अश्वों की गति बहुत बढ़ गई थी। वह रथ के समानान्तर दौड़ रहा था और ललिता सैनिकों के शिकंजे से छूटने का मरणान्तक प्रयास कर रही थी। वह सारथी के कार्य में अवरोध डालने का भरसक प्रयत्न कर रही थी। उसके सफल होने की सम्भावना कम थी। सुबल जानता था कि मथुरा में पहुँचकर ललिता की क्या दशा होगी।

वह सुधबुध खोकर जनूनी बन गया। कूदकर कदम्ब की एक डाली पकड़कर तोड़ ली। उसका पहला प्रहार सारथी पर किया। वह प्रहार बचा गया। रथ आगे बढ़ गया था। सुबल का आक्रोश कई गुना बढ़ गया था। ललिता की चिन्ता किए बिना उसने डाल का प्रहार बाएँ चक्र पर करके उसे तोड़ डाला। धुरी टेढ़ी हो जाने के कारण रथ रुक गया। सुबल रथ पर चढ़ गया। लात मारकर सारथी को अश्वों के नीचे गिरा दिया। ललिता को पकड़े सैनिक के मुख पर मुक्का मारा। उसके मुख से रक्त बहने लगा जिसके छींटे ललिता पर भी पड़े।

पीछे छूट गए सैनिकों का पता नहीं था। सारथी खड़ा होकर घोड़ों को रोक रहा था। ललिता को उतारकर सुबल उस ओर देखे तब तक तो वह भाग गया। सुबल ने रथ का टूटा चक्र निकाल लिया। सैनिक और सारथी दौड़ रहे थे। सुबल इस टूटे चक्र से उनका काम तमाम करना चाहता था। परन्तु टूटा होने के कारण वह वहाँ तक नहीं जा सका।

चक्र एक आम्रवृक्ष से टकराया और उसके तने को काट दिया। आम्रवृक्ष का तना नरम तो होता है परन्तु रथ के चक्र से इस तरह कट सकता है? कहीं धार और शक्ति दोनों गति की आभारी तो नहीं?

सुबल ने ललिता को बचा लिया। इससे नन्दिनी आदि गोपियाँ उस पर निहाल हो गईं।

ललिता गमगीन थी। सुबल ने उसे हँसाने का प्रयत्न किया। उसने शुभा आदि को सम्बोधित करके कहा : 'तुम सबने 'बचाओ बचाओ' की आवाज दी उस समय तुम्हें पता था कि तुम कहाँ थीं? बरसाने की सीमा तो कब की पूरी हो चुकी थी। इस क्षेत्र में तो मथुरावासियों का ही आना-जाना होता है। अच्छा हुआ कि तुम्हारी आवाज सुनकर कोई नहीं आया। नहीं तो तुम्हारी आवाज को निमंत्रण मानकर वे लोग तुम सबको बचाकर ले जाते। अब कभी ऐसा पागलपन मत करना और माखन बेचने जाओ तो मेरे जैसा कोई रक्षक साथ ले जाना।'

'हम ऐसी गलती नहीं करेंगे। वे तो सिर्फ ललिता को उठा ले जा रहे थे, तू तो हम सबको उठा ले जाएगा। दुष्ट!' गोपियों के इस निर्दोष प्रेम से धन्य होकर सुबल ने कृष्ण के समक्ष इसका वर्णन विस्तार से किया था। परन्तु कृष्ण का इस ओर ध्यान नहीं था।

उसके सामने रथ का चक्र था। हवा में गोल-गोल फिरता चक्र। काष्ट को काट देनेवाला चक्र।

चक्र के चारों ओर लोहे की पट्टी होती है, परन्तु क्या वह आम के तने को काट सकती है? नहीं, गति में ही यह शक्ति होनी चाहिए। क्या ऐसा एक शस्त्र बनाया जा सकता है? भैरवदा से पूछेगा। कृष्ण को चक्र की गति के सामने तेज भी दिखाई दिया।

ललिता की दुखपूर्ण कथा ने कृष्ण के सामने एक नई सम्भावना खोल दी थी। सुबल आगे का वृत्तान्त कह रहा था : मागधी सैनिकों के शिकंजे में ललिता के अंग छिल गए थे। वस्त्र फट गए थे। और स्वतंत्र होने के लिए किए गए अविरत संघर्ष के कारण वह थक भी गई थी। वह बच गई और अपनी सखियों से तत्क्षण मिल सकी, इस उमंग में वह अपनी पीड़ा भूल गई। सुबल द्वारा किया गया मजाक पल- भर को छू गया। परन्तु जब चलने लगी तो अंग दर्द करने लगे, उसका दर्द प्रकट होने लगा।

सुबल के विनोदी मन में दूसरा विलक्षण विचार आया। सैनिक रथ छोड़कर भाग गए हैं तो उनके एक अश्व को ले जाऊँ। ललिता उस पर बैठकर गोकुल में प्रवेश करे। इस विजय का सभी स्वागत करेंगे।

रथ की ओर देखा। दिखाई क्यों नहीं देता? इतनी दूर तो नहीं था कि दिखाई ही न दे। कौतूहल शान्त करने के लिए सबकी अनुमति लेकर सुबल उधर गया। जहाँ रथ खड़ा था वहाँ सारे निशान थे परन्तु रथ नहीं था। क्या रथ एक चक्र पर चल रहा है। चार चक्रोंवालों रथ में भी एक चक्र टूटने पर उसकी गति अस्वाभाविक हो जाती है। फिर? उसने चक्र के निशानों को ध्यान से देखा। आगे चलकर दो चक्रों के निशान स्पष्ट दिखाई दिए। कहाँ से आया नया चक्र? टूटे चक्र को ठीक करके लगाया जा सके उतना समय तो नहीं हुआ? तो क्या नन्दबाबा की बैलगाड़ी की तरह यह लोग भी आवश्यक सामान रथ में रखते हैं? ये तो बहुत चालाक निकले!

उनकी दुष्टता को धिक्कारता और चालाकी पर आश्चर्य करता सुबल जब गोपियों के पास आया तो सबके मुखों पर ग्लानि थी।

ललिता नेत्र नीचे किए बैठी थी।

जो घटित हुआ उसके परिणामों के बारे में सोचकर सभी सखियाँ चिन्तित हो गई थीं। अपहरण के बारे में जानकर ललिता के माता-पिता अत्यंत दुःखी हो जाएँगे। समग्र ब्रजमंडल में जिसके रूप-गुण-शील की ख्याति थी उसकी बहुत अपकीर्ति होगी। और किसी का नहीं, उसी का अपहरण क्यों हुआ? इस प्रश्न का सही उत्तर किसी के पास नहीं होगा। विवेकशून्य लोग उसे उद्धत मानने को प्रेरित होंगे।

गोप समाज उत्सवप्रिय है, मिलनसार है। हमउम्र को घूमने-फिरने, हँसी-मजाक करने तथा ब्रजभूमि में परिभ्रमण की अनुमति है। विवाहित स्त्री-पुरुष अपरिचित व्यक्ति का आतिथ्य करने और उससे सुख-दुःख की बातें कर सकते हैं। विरल है ब्रजवासियों की सामाजिकता!

परन्तु एक ऐसी ग्रंथि बन जाती है कि अपहृत कन्याएँ बचकर वापस आएँ तो भी उन्हें कोई स्वीकारता नहीं। वे अभागिन मानी जाती हैं, कलंकिनी मानी जाती हैं। उनकी निर्दोषता के बारे में कोई नहीं सोचता। इस ओर सावित्री ने सुबल का ध्यान खींचा। लोगों की मानसिकता के बारे में पूरी तरह सोच-विचार करके ही गाँव में जाएँ।

'हमारे सोच-विचार करने से ग्रामवासियों की मानसिकता बदल जाएगी?' ललिता ने हृदयद्रावक स्वर में कहा। उसने सुबल की ओर नहीं देखा।

'लोगों की मानसिकता की चिन्ता छोड़कर खड़ी हो जाओ। कितनी भी विकट परिस्थिति में मार्ग निकालने की जीवन-शक्ति ही मनुष्य की सबसे बड़ी पूँजी है। हमें यह बात कृष्ण के उदाहरण से समझनी चाहिए। चलो, ललिता को अपने माता-पिता, सगे-सम्बन्धितों से डरने की आवश्यकता नहीं। हम सब साक्षी हैं कि उसके शील की रक्षा हुई है।'

'अपनी बात कोई नहीं मानेगा। जिनका दिमाग अफवाहें फैलाने में रचा-पचा रहता है उन्हें साक्षियों की बातें मनगढ़न्त लगती हैं।' नन्दिनी ने कहा।

'लगने दो। मैं कृष्ण से कहूँगा। उसे अवश्य कोई उपाय सूझेगा।'

'यह बात किसी को कहने से ही समस्या बढ़ेगी।' शुभा का मानना था कि कुछ हुआ ही नहीं है इस तरह वस्त्र बदलकर ललिता को गाँव में ले जाया जाए। उसका सुझाव था कि सुबल जाकर उसके वस्त्र ले आए।

नन्दिनी हँस पड़ी, 'सुबल ललिता के वस्त्र लेने जाए, यह बात छिपी रहेगी?'

'वह अपने घर से अपनी बहिन के वस्त्र ले आए तो?' सावित्री ने अधिक सुरक्षित विकल्प बताया।

'वे सुबल से पहले झगड़ेंगी। पता नहीं है? माँ-बेटी कब से सुबल के लिए व्याकुल हैं।'

'उन्हें तो डर है कि सुबल साधु हो गया है।'

'मुझे ऐसे संन्यास या पलायन में रुचि नहीं। बोल ललिता! क्या करना है? ले आऊँ अपने घर से वस्त्र? विश्वास दिलाता हूँ कि किसी को पता नहीं चलेगा।'

'मैं इस तरह सबकुछ छिपाकर गाँव में जाऊँ? कृष्ण की बचपन की सखी होकर असत्य का आश्रय लूँ? शुभा, मैं सत्य नहीं छिपा सकूँगी!' ललिता ने व्यथा के भाव को झटककर पलकें उठाईं। उसके फटे वस्त्रों और घायल अंगों की मलिन स्थिति के बीच उसके नयन तो वैसे ही निर्मल और सुन्दर थे। उनमें प्रकट हुए सत्य के तेज से सब दीपित होने लगे।

सुबल उसे देखता ही रह गया, आदरपूर्वक स्नेह से...

ललिता अपने आपसे कह रही थीं : यह बदनामी वह स्वीकार कर लेगी। ऐसा करके विनम्र बनूँगी। यह जो घटित हुआ वह कहीं मेरे अभिमान का परिणाम तो नहीं? कृष्ण की बालसखी के रूप में मैं स्वयं को सब सखियाँ से श्रेष्ठ मानती थी। मन से राधा की स्पर्धा करती थी। ऐसा ही रूप का भी अभिमान था। उसने स्पष्ट कहा : 'यह किसका परिणाम है, मालूम है? रूप के अभिमान का!'

'तुझे रूप और शील दोनों पर अभिमान करने का अधिकार था और है। क्यों व्यर्थ में अपराध-बोध से पीड़ित हो रही है?' अपर्णा ने कहा।

'अभिमान की निन्दा करने में अपराध-बोध कैसा?' सत्य की पक्षधर बनकर नन्दिनी ने सहजता से कहा, 'ललिता ने अपनी गलती का स्वीकार किया है। राधा ने किया है कभी रूप का अभिमान? इस ब्रज में तो क्या समग्र शूरसेन जनपद में राधा से सुन्दर कोई युवती है? फिर भी उसमें लेशमात्र भी अभिमान नहीं है। कलावती के उपालम्भों की परवाह किए बिना कितनी विह्वलता और उत्कटता से कृष्ण की मैत्री निभा रही है! ललिता का कथन लेशमात्र भी गलत नहीं है। आत्मनिरीक्षण करने में अपराध-बोध कैसा? मैं गलत कह रही हूँ सुबल?'

'तुम गलत भी कह रही हो तो मुझे यह सुनना अच्छा लगता है। उद्धव और सुदामा इस तरह का वाद-विवाद करते, तब मुझे उकताहट होती थी। परन्तु उनके मुहल्ले में रहनेवालियों के मुख से उनकी शब्दावली में होनेवाली गम्भीर चर्चा मेरी समझ में आने लगी है। मुझे पता होता कि दही बेचनेवालियों के पास से ज्ञान प्राप्त होनेवाला है तो भैरवदा को गुरु बनाने के बदले तुम्हारे मार्ग में वृक्ष के रूप में उगकर छाया देना चुना होता।'

'कौन-सा वृक्ष?' कमला ने वातावरण हल्का करने के लिए सुबल का साथ देते हुए कहा—'ताड़ या तमाल?'

'इन दोनों में से एक भी नहीं। अर्जुन वृक्ष। वह मेरे परममित्र बलराम के समान गौर होता है इसलिए। मुझे ऐसा भ्रम नहीं है कि काला हो जाने मात्र से कृष्ण की तरह नेत्ररम्य लगूँगा। और जिस तरह संकोचशील बलराम को एकान्तकुंज में युवतियों के साथ गोष्ठी करने के स्थान पर खुले आकाश के नीचे खेत में जाकर काम करना ज्यादा पसन्द है, उसी तरह मुझे...'

'ऐसा कहकर तुमने श्रीकृष्ण की आलोचना की है।' नन्दिनी ने कहा।

'यह मेरा दोष नहीं है बल्कि मेरी कुशलता की सीमा है। सब जानते हैं कि मैं कृष्ण का आलोचक नहीं, समर्थक हूँ। इसलिए ही ललिता की उलझन कृष्ण को सौंप देना चाहता हूँ। ललिता सत्य को छिपाना नहीं चाहती इसलिए मैं उसे तुम सबसे अधिक

सम्मान देता हूँ। यदि उसने वास्तविकता को छिपाया तो भविष्य में दूसरी ब्रजबालाओं का अपमान करने की चेष्टा की जाएगी। राजपुरुषों का यह अत्याचार हम हमेशा के लिए रोकेंगे। तू निश्चिन्त रह ललिता! तेरे माता-पिता तुझे दुत्कारें तो...'

सुबल का वाक्य अधूरा रह गया क्योंकि वह स्वीकारोक्ति बन गया होता। न्याय का पक्ष लेते हुए निजी स्वार्थ प्रकट हो गया होता।

13

ललिता ने पति के रूप में सुबल की कभी कल्पना भी नहीं की थी। सुबल ने भी इससे पहले जाने-अनजाने ऐसा नहीं सोचा था, परन्तु शब्द निकल पड़े तब वह अपने हृदय में छिपी भावना को जान सका। विषम परिस्थिति का निराकरण सोचते हुए मानवीय सहिष्णुता के रूप में ललिता को स्वीकार करने, बल्कि उसका हाथ माँगने का भाव प्रकट हो गया था।

नन्दगाँव, बरसाना या अन्य किसी भी गोकुल की गोपी सुबल के मुख से यह सुनकर लज्जा से गढ़ गई होती। इस भूमि पर पुरजोर में खिलनेवाली माधवी लता की तरह महक गई होती।

ललिता को कृष्ण का साहचर्य मिला था। उसका अन्तःकरण कृष्णमय था। इस कारण सुबल के उद्‌गार से लज्जित हो जाने की सम्भावना नहीं थी। और फिर इन पीड़ादायक क्षणों में सूक्ष्म अनुभूतियों के लिए अवकाश ही कहाँ था?

वह निरुत्तर रही। इस प्रकार की बातों को टालने के लिए वह स्त्री सहज संकोच से नीचे देखने लगी।

सुबल को अपनी अल्पबुद्धि का एक और उदाहरण मिल गया। 'मोटे आदमियों की बुद्धि भी मोटी होती है!' ऐसा विनोद-वचन कहने का साहस भी नहीं कर सका। सखियाँ समझ गईं, मल्लराज ने गड़बड़ कर दी है। इस बारे में किसी को शंका नहीं थी कि ललिता के हृदय में कृष्ण के अलावा दूसरे किसी के लिए कोई स्थान नहीं हो सकता। इसलिए उसने अब तक आए सारे सम्बन्ध वापस कर दिए थे। वह अब तक कृष्ण के सान्निध्य में कृष्ण के सूक्ष्म प्रेम में रमी रही है। उसने विवाह के सामाजिक बन्धन में कृष्ण को बाँधने की कभी माँग नहीं की, करेगी भी नहीं। मानिनी है, सहती रहेगी।

नन्दिनी ने कहा : 'ललिता, आज तक तूने अपना वैवाहिक जीवन ठुकराकर कृष्ण का साहचर्य पाया है। वे तेरे सौभाग्यशाली वर्ष थे। परन्तु कभी तो तुझे सामाजिक धर्मों का पालन करना पड़ेगा! विवाह अनिवार्य है। ऐसा नहीं सुना कि अपने समाज में कोई कन्या आजीवन अविवाहित रही हो। इसलिए आवश्यक है कि तेरे लिए सम्बन्ध आते रहें। अब...'

तो क्या सचमुच अब मेरे लिए सम्बन्ध नहीं आएँगे? ललिता के अन्दर बैठा कोई यह प्रश्न पूछ बैठा। आज इसका पता चला कि कृष्ण के प्रति निर्हेतुक प्रीति में पूरा जीवन ही समा सकता। जीवन में कई सामाजिक धर्म आते रहते हैं, आज उन्होंने संकेत दिया है। शारीरिक कष्ट ने आन्तरिक वेदना को नया रूप दिया।

ललिता के अन्तर्द्वन्द्व की प्रतिध्वनि सुबल के हृदय में होने लगी थी। पिछले वर्षों के बारे में आज वह नए ढंग से सोचने लगा। नन्दभवन के पड़ोस में रहने वाली ललिता और कृष्ण की मैत्री के अनेक प्रसंग उसे याद हो आए। कृष्ण राधा के सम्पर्क में आया उसके बाद तो अनेक गोपियाँ आती गईं। शरद पूर्णिमा की रात को खेले जाते रास जैसा ही एक विशाल और व्यापक सम्बन्धों का रास गोकुल-वृन्दावन में रचा जा रहा है। उसके केन्द्र में है कृष्ण का वेणुनाद। इसमें कुल और जाति का भेद नहीं है। सब सहभागी हैं। अहर्निश सोनेवाले को छोड़कर सबको इस जीवनानन्द में भाग लेने का अधिकार है। हाँ, इसमें दो का विशिष्ट स्थान है। कृष्ण के एक ओर बलराम होता है तो दूसरी ओर का स्थान राधा का है। बलराम, कृष्ण और राधा मानो एक ही शाखा के पत्ते और पुष्प हैं। दोनों ओर का गौर वर्ण बीच में श्याम के कारण ही विशेष शोभायमान है।

इस मनःस्थिति के बीच में सुबल को एक अभूतपूर्व दृश्य दिखाई दिया। कृष्ण के बगल में बलराम और उसके बगल में वह। इस ओर राधा के बगल में ललिता। कृष्ण और कुछ नहीं, अपने हृदय में निहित प्रेमतत्त्व का मूर्त रूप है। इसलिए तो श्याम होकर भी उज्ज्वल और परम तेजस्वी है। अब कोई समस्या ही नहीं, यदि कृष्ण के हृदय में, इस गोकुल के भावविश्व में यदि ललिता का स्थान है तो सुबल का भी है। अनायास निकले उन वचनों के कारण प्रायश्चित करने की आवश्यकता नहीं।

'मैं निश्चिन्त हो गया।' सुबल ने कहा।

कोई कुछ नहीं समझा।

'अरे! मैंने स्वयं से कही जानेवाली बात तुम्हें बता दी। अपने और तुम्हारे बीच का भेद ही भूल गया। मैं कृष्ण का ध्यान कर रहा था। उससे इतना समझा कि उस परम सखा के पास पहुँचने के लिए कोई भी सम्बन्ध छोड़ना नहीं पड़ता। इसी तरह उससे दूर रहकर भी उसे खो देने का भय नहीं रहता, क्योंकि वह अनन्य होने के कारण तुरन्त याद आ जाता है। मैं गलत कह रहा हूँ ललिता?'

'तुम इतना सूक्ष्म चिन्तन कर सकते हो, ललिता को इस पर विश्वास नहीं हो रहा!' नन्दिनी ने कहा।

'मुझे स्वयं विश्वास नहीं होता। यह तुम्हारे साहचर्य का योगदान है। मैं रहा बलराम का लंगोटिया मित्र। उद्धव और सुदामा कृष्ण के साथ प्रकाश, सुगन्ध और सूर्य के बारे में वार्तालाप करते रहते। मैं उनका उपहास करता और चिढ़ाता था। आज पता चला कि कुछ तो समझना ही पड़ता है। गेंद-बल्ला और कुश्ती के खेल में आनन्द और उल्लास के साथ दिन तो व्यतीत हो जाते हैं, परन्तु उनकी सूक्ष्म बातों सें हम अपरिचित रह जाते हैं। कृष्ण किसी बात से अपरिचित नहीं रहता। उसे सब एकसाथ दिखाई देता है। उसके सामने बलराम और सुबल हैं उसी तरह राधा और ललिता भी हैं।'

'हममें से भी किसी का नाम लेना था।' शुभा ने कहा।

'मुझे क्या पता कि तुम्हें भी यह अच्छा लगता।' सुबल अब वाक्पटु होता जा रहा था।

'अच्छा लगेगा। हमें आज ही पता चला कि हमें अच्छा लगे ऐसा तुम भी बोल सकते हो। सिर्फ रथ के चक्र को ही फेंकना नहीं आता।' सुमित्रा ने कहा।

'तुमने मेरे उस कार्य की अच्छी तरह प्रशंसा नहीं की।'

'अब करेंगे। ललिता ने सहमति प्रकट कर दी है तो डंके की चोट पर करेंगे। वीरश्रेष्ठ सुबल ने रथ के चक्र से आम्रवृक्ष के तने को काट डाला और पुष्ट मागधी सैनिकों को जीवित छोड़ दिया।' नन्दिनी वातावरण हल्का करने का दायित्व निभाती हुई अपने मुहल्ले की ओर चल दी।

सूर्यास्त होनेवाला था। दूर-दूर से यमुना की लहरों के साथ बाँसुरी के सुर भी बहते हुए आ रहे थे। सुबल ने घर पहुँचकर अपनी बहिन द्वारा ललिता के वस्त्र भिजवाए थे और स्वयं बलराम की खोज में निकल पड़ा था। इस बीच बहुत कुछ घटित हो गया था। इस आखिरी घटना के बारे में बलराम का पुण्यप्रकोप जगाना था। कन्याओं के अपहरण के प्रतिकार-स्वरूप समग्र ब्रजभूमि के गोप-युवक बड़ी-बड़ी लाठियाँ लेकर निकल पड़े हैं। कंस-राजप्रासाद के दुर्ग काँपने लगे हैं। कुछ समय पहले डकार लेकर पेट पर हाथ फेरनेवाला मल्लराज अपना पसीना पोंछने के लिए शिष्यों से वस्त्र मँगा रहा है।

विचार-प्रवाह प्रारम्भ होने के बाद सुबल की कल्पना-शक्ति भी बढ़ गई। उसे लगा कि यह परिवर्तन सही दिशा में हो रहा है।

बलराम ने उसके कार्य की प्रशंसा करते हुए कहा था : 'तूने उनके रथ के चक्र को तोड़ डाला इससे विशेष विक्षेप नहीं पड़ा, उनके पास दूसरा चक्र था ही। अब ऐसा मत मान लेना कि वे अत्याचारी वृन्दावन की ओर आएँगे ही नहीं। वे अच्छी तैयारी के साथ आएँगे। मुनिवर और आचार्य की वृन्दावन यात्रा हमें सावधान करने के लिए ही थी। भैरवदा तुझे उपचार के लिए मथुरा छोड़कर जब से यहाँ आए हैं तभी से मुझे और कृष्ण को मल्लयुद्ध और शस्त्रविद्या सिखाने के लिए सूर्योदय पूर्व ही हमारे भवन में आ जाते हैं। न जाने क्यों, वे कुछ बातें गुप्त रखना चाहते हैं। हमें जिज्ञासा तो व्यक्त करनी चाहिए परन्तु गुरुओं की आज्ञा का उल्लंघन नहीं करना है। वास्तव में तो राज्य की ओर से ऐसी शिक्षा को प्रोत्साहन मिलना चाहिए जबकि उल्टा विरोध हो रहा है। क्योंकि राजा को भय है कि ग्रामवासी यादव और अहीर मिलकर गणराज्य की पुनःस्थापना के लिए संघर्ष करेंगे। जिन्हें गायें चरा-चराकर मथुरा का कर भरना है उन्हें शस्त्र और शास्त्र का विशेषज्ञ क्यों बनाया जाए? क्यों उन्हें मल्ल-विद्या सिखाई जाए। सुबल, एक दिन हमें राजाज्ञा के सामने विद्रोह करना ही पड़ेगा। कृष्ण पहले मथुरा जाकर दही बेचनेवालियों से दान माँगने का खेल खेलता था, अब वही खेल उसे राजमार्ग पर खड़े होकर गम्भीरतापूर्वक खेलना पड़ेगा। भैरवदा, तुझे मथुरा क्यों ले गए थे? यह तेरी समझ में आया?'

'वहाँ का वैभव-विलास दिखाने। जिससे मेरे मन में भौतिक समृद्धि के प्रति तिरस्कार पैदा हो और मैं उनकी तरह त्यागी बन सकूँ।'

'इसके लिए तो तुझे तपोवन भेजा होता। खैर, तू मुख्य बात समझा ही नहीं। कोई बात नहीं, कुछ बातें चार-छह महीने में भी समझ में आ जाएँ तो भी बहुत है।'

'मैं इतने कम समय में समझदार हो जाऊँगा?' सुबल ने गम्भीर होने का अभिनय किया।

'असम्भव नहीं, किसी बुद्धिमान युवती के साथ विवाह हो जाए तो उसके साहचर्य से...'

'इससे उल्टा भी हो सकता है। मेरे साहचर्य से वह मोटी भी हो सकती है। बुद्धि और शरीर दोनों में।'

'तेरी यह निष्कपटता और विनोदवृत्ति स्पृहणीय है सुबल! मैं तेरे विवाह के समय ढोल बजाऊँगा।' बलराम बोला।

'तुम ढोल बजाओगे उससे मेरा विवाह हो जाएगा? कन्या कहाँ है?'

'कन्या या कन्याएँ? तूने आज तक कितनों को वापस भेजा है।'

'वह तो इसलिए कि जब तक दाऊजी कुँवारे हों तब तक सुबल और कृष्ण विवाह नहीं कर सकते?'

'यही कारण है या कोई दूसरा?' बलराम ने आँखें मिलाते हुए उससे पूछा। उत्तर देने के स्थान पर वह उठकर चला गया।

अपने अन्तर्द्वन्द्व में उलझा रहने के कारण वह कृष्ण से कुछ नहीं कह सका। उन गोपियों के सामने उसने कहा था कि कृष्ण उपाय खोज लेगा। तो फिर वह कृष्ण से क्यों पूछता नहीं है? संकोच क्यों है?

एक के बाद एक दिन बीतते जा रहे हैं।

बलराम ने कृष्ण की उपस्थिति में विवश किया तो कहना अनिवार्य हो गया। संकोच जाता रहा। उसने सारा वृत्तान्त कह सुनाया।

कृष्ण के मुख के भावों को वह जान नहीं सका। क्षण-भर मौन रहकर कृष्ण खड़ा हो गया। खेस ठीक करके वंशी कमर में खोंस ली।

'चल सुबल, हम ललिता के माता-पिता से मिलें और उन्हें चिन्तामुक्त करें। सम्भव है कि ललिता अस्वस्थ हो। मैंने कई दिनों से उसे देखा नहीं है। वह अत्यन्त कोमल और संवेदनशील है। दूसरे का दुःख देखकर ही वह द्रवित हो जाती है जबकि यह तो...'

कृष्ण की आवाज वेदना की लहर का रूप धारण करके मौन में विलीन हो गई।

कृष्ण के हृदय में ललिता के लिए कितना स्थान है। ललिता जानती ही होगी। फिर भी अवसर मिला तो सुबल उसे बताएगा कि तेरा जीवन सार्थक है सुभगा! तेरी वेदना कृष्ण के अन्तस्थल को छू गई है। यह निर्मम और शरारती माना जानेवाला, कालीय जैसे नाग को नाथनेवाला गोपनायक तेरी कोमलता को वन्दन कर रहा है।

ललिता ने अपने माता-पिता को तो बताया ही होगा परन्तु उसे देखकर दुविधाभरी स्थिति निर्मित हो जाएगी। बलराम और कृष्ण के सामने अपने पराक्रम का वर्णन करते हुए संकोच नहीं हुआ, परन्तु ललिता के सामने क्या कहूँगा?

ललिता के घर पहुँचकर कृष्ण ने पल-भर में बालस्वरूप धारण कर लिया। अन्दर के कक्ष में भी जा आया। छींके की मटकियों की भी तलाशी ले ली। सुबल का मुँह मीठा करवाया।

बचपन में ललिता के घर खेलते समय उसने कितने छींके तोड़े हैं, कितनी बार माखन फैलाया है, उसका पूरा इतिहास ललिता की माँ को याद है। कृष्ण को इससे आश्चर्य हुआ।

'क्या मैं वास्तव में इतना दुर्व्यय करता था?'

'दुर्व्यय कैसा? हमारी कृपणता कम करता था। आज तेरे कदम हमारे यहाँ कैसे पड़े?'

'इस सबका श्रेय ललिता को है। उसने मुझे अपने प्राणों से अधिक सँभाला है। एक बार हम सब दौड़ रहे थे। ठोकर लगने से मैं गिर पड़ा और रो पड़ी यह! राधा इसे चुप कर रही थी और मैं हँस रहा था।'

सुनते ही ललिता के मुख की मलिनता कम हो गई।

उसने अपने माता-पिता को सबकुछ बता दिया था। उन्होंने उसे निश्चिंत रहने को कहा था। इतना ही कहा था कि अब हम तेरे लिए सम्बन्ध खोज लेंगे। इस राज्य में कुँवारा रहना अधिक सुरक्षित नहीं।

ललिता को निश्चिंत रहने के लिए कहनेवाले माता-पिता चिंतित लग रहे थे। दो दिनों से नदी से पानी लाने के लिए छोटी लड़की को भेजते थे। शरीर में थकान नहीं थी परन्तु शायद उत्साह अपंग हो गया था। आँखों में ग्लानि भरी थी। कृष्ण को देखते ही ग्लानि काजल में परिवर्तित हो गई। ललिता के विशाल नेत्र कृष्ण के समक्ष पूर्ण रूप से खुल गए। वह पल-भर में ही पूर्ववत् सुन्दर बन गई। कुछ समय बाद कृष्ण ने बालस्वरूप छोड़कर बिना विशेष भूमिका के स्पष्ट कहा : 'ब्रजभूमि के मल्ल वीर सुबल के लिए मैं आपकी पुत्री अनन्य सुन्दरी ललिता का हाथ माँगता हूँ। सुबल मेरे बड़े भाई का मित्र है तो ललिता मेरी बालसखी है। यह युगल वृन्दावन के जीवन का एक आनन्दस्रोत सिद्ध होगा।'

कृष्ण के मुख से ऐसे प्रस्ताव की कल्पना ललिता या सुबल किसी ने नहीं की थी। माता-पिता ने कृतज्ञता ज्ञापित की।

दोनों परिवारों के अनुकूल मुहूर्त पसन्द किया गया।

इन दोनों मित्रों के विवाह पर वह विभिन्न कौतुक करके सबको भरपूर आनन्द कराएगा। कृष्ण ने उनकी रूपरेखा प्रस्तुत करके ललिता के सम्बन्धियों का दुःख दूर किया।

बरसाने से सहेलियाँ आ पहुँचीं।

ललिता ने प्रेमाश्रु भरकर कृष्ण की चरणरज ली।

'अरे, तू तो मुझसे बड़ी है।'

'इस तरह तो सबसे बड़ा मैं हूँ परन्तु मुझे तो कोई पूछता ही नहीं।'—कहते हुए सुबल खड़ा हो गया। बड़ों के पैर छुए और फिर कृष्ण के सामने झुकने से पहले ललिता के सामने झुककर सबको हँसाया।

वृषभानु ने बरसाने के संरक्षक के रूप में सुबल की नियुक्ति की और इस बहाने उसे द्रव्य दिया।

सगाई की मिठाई बँट रही थी उस समय यशोदाजी और नन्दराय भी वहाँ उपस्थित थे। रस्म पूरी हुई और सब अपने-अपने घर चल दिए। नन्दराय बरसाने गए। बलराम अभी नहीं आया था।

ललिता की माँ ने कृष्ण-कथा कहना प्रारम्भ किया। कुछ समय पहले इसका विरोध करनेवाली यशोदाजी आज पूर्ण सहमत थीं। वहीं राधा आ गई। अब तक सिर्फ श्रोता बने

कृष्ण को बात करनेवाला मिल गया : 'अब कभी माँ किसी दुस्साहस के लिए डाँटेगी तो रूठकर ललिता-सुबल के यहाँ खाने चला जाऊँगा और वहाँ छिप जाऊँगा।'

'तो मैं तुझे खोज लाऊँगी।' राधा ने कहा।

'तू क्या खोज लाएगी!'—यशोदाजी ने दूसरा मोर्चा भी सँभाल लिया। —'मैं तुझे कहाँ नहीं पहचानती? तू खोज लाएगी या उलटा छिपा देगी?'

हास्य की लहर आँगन पार करके मुहल्ले तक पहुँची।

'अब इतने बड़े नरपुंगव को मैं किस तरह छिपा सकती हूँ?' राधा ने आँचल से कृष्ण का मुख ढँककर देखा। 'यह तो आवरण के अन्दर से भी पहचान लिया जाए ऐसा है।'

'पहचाना जा सकता है या फिर गूढ़ है?' ललिता ने पूछा।

'दाऊजी से पूछो, मैं कभी गूढ़ लगा हूँ?'—कृष्ण ने इन शब्दों से बड़े भाई का स्वागत किया। सुबल ने आगे बढ़कर उन्हें उठा लिया।

'पैर छूने के स्थान पर गोद में उठाने की प्रथा कब से प्रारम्भ हो गई?' सुबल की पीठ थपथपाते हुए बलराम ने कहा।

अब तक कृष्ण के समीप बैठी राधा, अब कृष्ण के पीछे हो गई, दोनों भाई साथ-साथ बैठे।

बलराम को इस बात की प्रसन्नता है कि यह सगाई कृष्ण के कारण हुई। कृष्ण के प्रति अप्रतिम स्नेह में आज कुछ आदर के अंश भी मिल गए।

'ललिता, तेरे लिए आपत्ति उपकारक सिद्ध हुई।'—अभिनन्दन देकर मुँह मीठा कर बलराम खेतों की ओर चले गए।

ज्योतिषशास्त्र ने नए ज्ञाता बने सुदामा ने सुबल-ललिता के विवाह के लिए शुभ मुहूर्त निकाल दिया।

उद्धव ने उत्सव का आयोजन प्रारम्भ किया, परामर्शदाता थे बलराम।

ललिता-सुबल का विवाह यशोदाजी के लिए उनके घर में उत्सव के आयोजन जैसा था। सलाह देने के लिए उन्हें बार-बार बुलाया जाता। वे आजकल नन्दराय के पास दो घड़ी के लिए भी नहीं बैठ पाती थीं। वे भी ललिता के यहाँ से अभी-अभी आए हैं। कृष्ण के लिए नया खेस निकाल रहे हैं।

'स्वयं कुँवारा रहकर दूसरों का विवाह करवानेवाला कैसा है तुम्हारा पुत्र!'

'समझदार! समझता है कि विवाह में जल्दबाजी करना ठीक नहीं। मैंने भी कहाँ जल्दी विवाह किया था?'—नन्दराय ने कहा।

'कोई मिला हो तब न!' यशोदाजी का मुख खिल उठा।

'दूसरा कोई नहीं मिला यह अच्छा ही हुआ। बोलो कोई काम है, मैं बाहर जा रहा हूँ।'

'मुझे लगता है कि बलराम कुँवारा होगा तब तक कृष्ण विवाह नहीं करेगा! जरा ध्यान रखना। आसपास के किसी गोकुल में कन्या हो तो।'

'रोहिणी को तो इसकी चिन्ता नहीं है। गर्गाचार्य की भविष्यवाणी के अनुसार उसके विवाह में अभी देर है।'

'पर इस मोटूराम के विवाह की भविष्यवाणी किसने की? भाग्यशाली निकला!'

'उसे राम और कृष्ण की मित्रता का फल मिला है। अपने लिए यह गौरव की बात है।'

'यह सही है, परन्तु अच्छी-अच्छी कन्याओं की सगाई हो गई तो फिर...'

नन्दराय को मातृहृदय का एक और परिचय मिला।

यशोदाजी स्वयं समझती थीं कि बलराम और कृष्ण के विवाह की बात बार-बार करना उनकी प्रतिष्ठा के अनुरूप नहीं, परन्तु लग्नमंडप के हर्षोल्लास के बीच उनकी चिन्ता सबकी मनोरंजनकारी लगी।

इसमें से ही विशाखा, शुभा और नन्दिनी को विनोद सूझा।

सबसे पहले राधा को सहमत किया।

उसके नेतृत्व में ही सारी योजना बनाई। सबको सहयोग करना था। किसी को संकोच होता तो विशाखा समझाती : 'विवाह के आमोदपूर्ण वातावरण में यशोदाजी के साथ ऐसा विनोद करना कोई अविवेकपूर्ण कृत्य नहीं माना जाएगा। और यदि अतिरेकपूर्ण लगा तो उन-जैसा उदार दूसरा नहीं है। चलो, देर मत करो, खोजो, कन्हैया को।'

पूरी सेना चल दी।

वह रहा कनु। तमाल के तने से पीठ घिस रही गाय के सींगों में फुँदनेवाली माला बाँध रहा है। कृष्ण छाल से फूटती तमाल की सुगन्ध का पान कर रहा था कि छोटी-बड़ी गोपियों से घिर गया। सूत्रधार राधा उसके सामने खड़ी हो गई। उसके हाथ में नए वस्त्र-आभूषण थे, जो कृष्ण को निर्विरोध पहनाने थे।

राधा इस तरह अपने वस्त्रों को पहनने का हठ करेगी यह समझ में नहीं आ रहा था और स्वप्न भी नहीं था। छोटी गोपियाँ भी इस कार्य में सहयोग देने आ गई थीं।

आज जिसका विवाह है उस ललिता ने तीन वर्ष पहले कृष्ण को अपने जरीवाले वस्त्र पहनाए थे। देखनेवालों को आज भी याद है कि कृष्ण बिलकुल लड़की लगता था। कोई कल्पना ही नहीं कर सकता था कि वह लड़का है। ऐसी मोहिनी सूरत थी।

'तुम एकाध प्रहर धैर्य रख सकती हो?'

'धैर्य रखने में एक ही खतरा है। यदि यह रहस्य खुल गया तो हमारा सारा परिश्रम व्यर्थ चला जाएगा।'

'नहीं खुलेगा, मैं तो यहीं रुकनेवाला हूँ। कुछ युवक यात्री आनेवाले हैं। यमनोत्री की यात्रा के लिए वे यहाँ से गुजरे थे तक उन्होंने यह तिथि मुझे दी थी। वे अवश्य आएँगे। मुझे उनका आतिथ्य करना है। घर से मेवा और मिसरी के लड्डू माँ से पूछे बिना ले आया हूँ। देखो, उस डाली पर पोटली लटक रही है न! उनकी इच्छा होगी तो मेरे साथ बैठकर खाएँगे। जल्दी होगी तो मैं तैरता हुआ उन्हें दे आऊँगा। यहाँ से तरंगदा की कुटिया तक उनके साथ जाऊँगा। परन्तु अब लगता है कि तुम मुझे छोड़नेवाली नहीं हो। घबराओ मत, भागूँगा नहीं। मुझे लड़की बनने में जरा भी भय नहीं। सच तो यह है कि मुझे कई बार विचार आया है कि मैं राधा होता तो कितना अच्छा होता।'

छोटी दुर्गा उद्धव के साथ आ पहुँची थी। कृष्ण का आखिरी वाक्य उन दोनों के कानों में पड़ा।

'दो राधा। भैया भी राधा! फिर उसकी राधा कौन-सी होगी?'

'जो कृष्ण में से हुई हो वह।' उद्धव ने दुर्गा का इच्छित उत्तर दिया और कृष्ण से पूछा : 'वे प्रवासी आए या नहीं?'

'आएँगे, अवश्य आएँगे!'

उद्धव को भी यमनोत्री के बारे में जानने की तीव्र जिज्ञासा थी। जहाँ गंगा और यमुना एकदम नजदीक आ जाती हैं ऐसा एक स्थान हिमालय पर है। दंडात पर्वत बीच में से नहीं हटा और दोनों बहिनें मिल नहीं पाईं तथा प्रयागराज तक उपयुक्त स्थान की खोज में भटकना पड़ा। उद्धव ने उत्तरकाशी, हरिद्वार और ब्रह्मावर्त की यात्रा की है। नन्दराय कुरुक्षेत्र में यमुना के किनारे-किनारे चले हैं। एक दिन उन्होंने हस्तिनापुर के राजदरबार के बारे में बताया था। इस प्रश्न का भी उत्तर दिया था कि वहाँ से यमुना कितनी दूर है और गंगा कितनी पास है। यह भी बताया था कि भीष्म-पितामह प्रतिदिन प्रायःकाल गंगादर्शन करने जाते हैं। समझाया था कि वे गांगेय क्यों कहे जाते हैं। 'नदी मनुष्य को जन्म दे सकती है?'—कृष्ण ने पूछा था। सिर्फ मनुष्य को ही नहीं, मानव-संस्कृति को भी जन्म देती है। आर्यावर्त नदियों के अनुग्रह के कारण स्थिर है। नन्दराय ने पुत्र को ऋषिवाणी सुनाकर सन्तुष्ट किया था।

उद्धव ने हरिद्वार और कनखल का वर्णन किया। दुर्गा जिस तन्मयता से सुन रही थी उतनी तन्मयता बल्कि मुग्धता से कृष्ण भी सुन रहा था।

'राधा, तू दीपदान के बारे में जानती है। अँधेरी रात में नदी के प्रवाह में तैरते हुए दीपकों को एक व्यक्ति देख रहा है। मुझे कई बार ऐसा अहसास हुआ है कि वह तू ही है। नदी में तेरे द्वारा तैराए दीपक तैर रहे हैं और आकाश में तारे तैर रहे हैं। फिर नदी में पड़नेवाले तारों के प्रतिबिम्ब भी दीपक बन जाते हैं।'

राधा सोचने लगी : कृष्ण कह रहा है उसका कुछ अर्थ होगा जो इस कोलाहल में समझ में नहीं आएगा...

उद्धव अपने विचारों में खोया हुआ है। नन्दबाबा की अनुमति मिलते ही वह कृष्ण को अपने साथ ऋषिकेश ले जाएगा। भारतवर्ष के तपोवनों और उसमें रचित उपनिषदों के बारे में उसे बहुत जिज्ञासा है। उसे बताएगा : ऋषिकेश के वन में आर्यावर्त का सबसे बड़ा तपोवन है। घास-फूस से बनाए कुटीरों में साधु-सन्त रहते हैं। एक कुटीर, दूसरा कुटीर—इस तरह संख्या बढ़ती जाती है। जिस तरह गोपालक प्रवास में चारों ओर गाड़ियाँ खोलकर बीच में पड़ाव डालते हैं उसी तरह पर्ण-कुटीरों के बीच में एक व्यासपीठ बनाई जाती है। एक ऋषि उस पर विराजमान होकर व्याख्यान देते हैं। प्रश्न पूछे और उत्तर दिए जाते हैं और नए उपनिषद् की पृष्ठभूमि तैयार होती है। कभी-कभी असुरों का आक्रमण होता है और सबकुछ जलाकर वे अट्टहास करते हुए चले जाते हैं। साधु-संत वन के हृदय-कुंज से आकर फिर से पर्ण-कुटीरों का निर्माण करते हैं। उसी स्थान पर नए व्यासपीठ का निर्माण होता है। किसी को विघ्नों की स्मृति भी नहीं आती। त्याग के आधार पर निर्मित इस तपोवन को कौन नष्ट कर सकता है?

'उद्धव, तुमने चीड़ का वृक्ष देखा है?'

'नहीं।'

'तो तुम बहुत पास से वापस आ गए होंगे। कहते हैं कि इसके वृक्ष का फूल बड़े नारियल के समान और लकड़ी में से निर्मित किया हुआ लगता है।'

'उसकी सुगन्ध कैसी होती है?'

'जैसी अपने मन में बसी हो! उसकी कोई सुगन्ध नहीं होती।'

'सचमुच!'

'रंग भी काष्ठ के समान होता है। दोनों में अद्‌भुत समानता लगती है।'

'तेरी बात सुनकर मन होता है कि चीड़ के फूल को देखने के लिए भी हिमालय की यात्रा पर जाना पड़ेगा।'—उद्धव ने कहा।

'पिताजी अनुमति दें तो हम दोनों ही निकल पड़ें। आनेवाले उन यात्रियों से सारी जानकारी ले लेंगे।'—कृष्ण उन यात्रियों की प्रतीक्षा कर रहा था, उसके साथ उद्धव और राधा भी खड़े रहे।

दूसरा प्रहर पूरा होने को था तब प्रतीक्षा समाप्त हुई।

कृष्ण छलाँग मारकर तमाल पर चढ़ गया। मेवा की पोटली लेकर नीचे आया। ढलान से होकर नदी के पट में प्रवेश किया और मेवा की पोटली एक हाथ में ऊँची करके तैरने लगा। उसे आता देखकर यात्री कोलाहल करने लगे। उसने काफी दूर से पोटली उछाली जिसे पकड़ लिया गया।

किनारे से उद्धव, राधा, और अन्य गोप-गोपियाँ बालकों के साथ एकटक यह दृश्य देख रहे थे।

क्षण-भर कृष्ण अदृश्य हो गया। कालिन्दी का श्याम जल और वैसा ही श्याम कृष्ण। पहचान लेने की क्षमता हो वही पहचान सकता है।

'शायद कृष्ण पानी के अन्दर तैर रहा है।' उद्धव ने कहा।

'देखो, बेड़ा स्थिर है। यात्री उसे ऊपर आने के लिए कह रहे होंगे। कृष्ण प्रवाह के विरुद्ध बेड़ा रोककर उनसे प्रश्न पूछ रहा होगा। शायद सब बारी-बारी से और कभी एकसाथ उत्तर दे रहे होंगे। बीच-बीच में कृष्ण की प्रशंसा करते होंगे। तुमने देखा उद्धव, तुम्हारे मित्र ने अभी सूर्य के सामने मस्तक उठाया, उस समय उसके भाल से परावर्तित हुआ प्रकाश आकाश में दूर तक फैल गया। राधा ने अन्तःकरण में देखा।

'तुम्हें दिखाई दे रहा है वह सब यदि हमें दिखाई देने लगे तो और चाहिए क्या?'—उद्धव ने कहा।

उसने देखा कि राधा बोलते-बोलते दो कदम आगे चली गई है।

विशाखा ने शिकायत की : 'यह तेरा कन्हैया तो विवाह के मानिक स्तम्भ की तरह नदी में गड़ गया है। जा, बुला ला।'

'आ जाएगा, उसे मन भरकर हिमालय के बारे में बातें तो कर लेने दो।'

'मुझे लगता है कि वह अपनी योजना में सहयोग नहीं देगा।' नन्दिनी ने दृढ़ता से कहा : 'ऐसा असाधारण पौरुषवान युवक स्त्री का वेश धारण करने के लिए सहमत होता होगा?'

'तुम्हें ऐसा लगता है कि वह स्त्री को पुरुष से गौण मानता है?' राधा ने पूछा।

'तू देख ले! हमें यहाँ खड़ा करके यमुना के बीच प्रवाह में गजराज की शक्ति से बेड़े को मुट्ठी में पकड़कर तैर रहा है। ऐसा लग रहा है मानो स्थिर हो गया हो। मानो धारा उसका स्पर्श करने के लिए ही बह रही है।' विशाखा बोली।

कृष्ण ने नदी में डुबकी मारी। बेड़ा आगे बढ़ा। दूसरे ही क्षण कृष्ण बेड़े में था।

'देख लिया! मैं नहीं कहती थी। हम सबकी आँखों में धूल झोंककर भाग गया।' नन्दिनी निराश होकर वृक्ष के तने के पास बैठ गई।

दुर्गा ने आँखें बन्द कर लीं। भाई पीछे से आएगा और अपनी भीगी अँगुलियों से मेरी आँख बन्द करके पूछेगा : 'कौन?'

मैं कहूँगी : 'राधा स्वामी।'

'देखा राधा। तेरे और कृष्ण के सम्बन्ध को बालक भी जान गए हैं।'

'यह तो अच्छा ही हुआ। मैं विवाह के झंझट से तो बच गई!'

'परन्तु कृष्ण का क्या होगा?' विशाखा सबकुछ अभी जान लेना चाहती थी।

'उसी से पूछ लेना। तू उसे कहाँ नहीं जानती।'

कृष्ण ने दुर्गा की धारणानुसार उसकी आँखें बन्द कीं और पूछा : 'कौन?'

'कुंजबिहारी!' उत्तर राधा ने दिया।

'मैंने तेरी आँखें बन्द की थीं?' कृष्ण ने दिखावटी क्रोध किया।

'तो अब बन्द कर दो!' विशाखा ने राधा को कृष्ण की ओर धकेला। स्थिर होने के लिए राधा को कृष्ण के गले पर हाथ रखना पड़ा। यह देखकर स्पर्धा के भाव से प्रेरित होकर दुर्गा ने अपने हाथ कृष्ण के गले तक पहुँचाने का प्रयास किया। इस कार्य में सफल हो सके इसलिए उद्धव ने उसे गोद में उठा लिया।

हास्य-विनोदपूर्ण वातावरण में वस्त्र पहनाने का कार्य आरम्भ हुआ।

14

राधा कृष्ण को वस्त्र पहनाती चली गई और वह छोटा होता चला गया, मानो राधा के हाथ में जादू हो। पहले तो उसने सोचा था कि कृष्ण को एकान्त में उस वृक्ष के पीछे ले जाऊँगी और वहाँ उसके आवरण को दूर करके अपने रूप से ढँक लूँगी। अब तक कृष्ण से मिलने की विह्वलता में उसे समझ ही नहीं पाई। आज अवसर मिला है तो कृष्ण की काया पर राधा को अच्छी तरह से सजाएगी। परन्तु एकान्त में दुर्गा तो साथ ही आएगी और अपने सुझाव देती रहेगी। देर भी हो गई है इसलिए शीघ्रता से यहीं सजा दी जाए। भोजन का समय हो गया है।

मोरपंख, हार, खेस, बाजूबन्ध, कमरबन्ध और धोती, राधा सारे वस्त्र उतार-उतारकर दुर्गा को देती गई। उसे चुप रखने का यही सबसे अच्छा उपाय था।

अब शरीर पर सिर्फ लँगोट था।

'अरी, यह भी क्यों छोड़ दिया है।' विशाखा ने मजाक किया।

सब हँसे, राधा सिर्फ मुस्कराई।

'तुम्हें जो रुचे वह करो, मैं तो मन से तीन वर्ष का बन गया हूँ।' कृष्ण के स्वर में मधुर गम्भीरता थी।

'तब तो राधा को तुझे गोद में लेना पड़ेगा।' नन्दिनी बोली।

'इसके लिए मुझे छह मास का होना होगा, यह तो कठिन है।'

'भैया यदि छह मास का हो जाए तो मैं उठाकर भाग जाऊँगी। खेत में छिप जाऊँगी–' दुर्गा ने कृष्ण के वस्त्र बहुत हिफाजत से पकड़े थे : 'वहाँ तो बड़े भैया के डर से तुममें से कोई नहीं दिखाई देगा।'

'मैं भी नहीं?' उद्धव ने पूछा।

'तुम तो भैया जैसे हो, तुम्हें क्या डर?'

राधा कृष्ण को उसके सिर से लहँगा पहना रही थी तो सबने देखा कि कृष्ण राधा से दो अंगुल ऊँचा हो गया है। उससे भी अधिक। राधा तो तमाल की जड़ पर खड़ी है।

कंचुकी छोटी पड़ी। गोपियाँ बड़ी हो जाएँ तो भी पुरानी आदत के कारण कंचुकी की डोरी कसकर बाँधती हैं। इससे हृदय भिंच जाता और पीठ पर डोरियों के निशान पड़ जाते हैं। नहीं, कृष्ण को साँस लेने में रुकावट पड़े ऐसा नहीं होने देगी। राधा भूल गई थी कि वह जहाँ डोरियों के कसे जाने से होनेवाली तकलीफ की चिन्ता कर रही थी उस छाती पर कालीय नाग शिकंजा कस चुका है और अपने जीवन का अन्त करा चुका है।

विशाखा ने डोरियाँ कस दीं।

'बहुत दया मत दिखा, रहस्य खुल जाएगा।'

नन्दिनी ने देखा लहँगा भरावदार और चमकदार है। सुशोभित हो रहा है।

चुँदरी पहनाने के बाद ही कृष्ण की स्नायुयुक्त देहाकृति की लाक्षणिकता दब पाई। 'हाथ इस तरह कमर पर मत रख, स्नायु दिखाई देते हैं। अरे बाजूबन्द के स्थान पर कंचुकी की बाँहें हैं।'– कौन बोला? आवाज तो आई थी, शायद अंदर से आई होगी।

राधा उद्धव के पास खड़ी होकर कुछ दूर से देखने लगी :

सब ठीक है परन्तु नारीजन्य लालित्य कहाँ है? पुरुष की चाल देखकर यशोदाजी तुरन्त समझ जाएँगी। वे सरलता से बन जाएँ ऐसी नहीं हैं। उस दिन भवन के द्वार पर इतने बड़े को किस प्रकार गोद में उठा लिया था।

'भैया, यहाँ से हम मेले में जाएँगे।' दुर्गा अपनी दुनिया में खोई थी।

'जहाँ जाएँगे वहाँ यह मेला अपने साथ ही होगा।'–कृष्ण ने धीमे से कहा और मेले में जाते छोटे बालक की मानसिक अवस्था की कल्पना की। अब कभी-कभी वह राधा के स्पर्श से सचेत हो जाता था। यह ठीक नहीं, उस योगी ने जो भावान्तर सिखाया था, यहाँ उसका उपयोग करना चाहिए। एकान्त नहीं है तो क्या हुआ, सब जगह निर्विकार रहना है।

कृष्ण के पैर में नूपुर पहनाने के बाद भी राधा के हाथ वहाँ से नहीं हट रहे थे। कितना कृपालु है उसका यह बालसखा। मान-अपमान की परवाह किए बिना मेरा मन रखने के लिए पौरुष का गर्व त्यागकर अबोध कन्या बन गया है। हाँ, अबोध ही तो। उसे क्या

पता कि मेरे हृदय में इस समय कैसी हलचल मची है। उससे लिपट जाने को रोम-रोम तरस रहा है। झरना बह रहा है भीतर।

राधा की सजल आँखें देखकर कृष्ण ने उसे बाँहों में भर लिया। चूम लिया। 'क्यों रो रही हो राधे?

राधा वास्तविक कारण नहीं बता सकती थी। वातावरण में उदासीनता छा गई।

'शायद राधा इसलिए रो रही है कि काश इस समय वह लग्नमंडप में नववधू के रूप में खड़ी होती। परन्तु इस समय कृष्ण ही कहाँ है?'—विशाखा ने कहा।

'ऐसा करें तो? राधा को कृष्ण के वस्त्र पहना दें, वंशी पकड़ना तो इसे पहले से ही आता है। सिर्फ नथनी निकालनी पड़ेगी...परन्तु यह सुदीर्घ केश...'

'चलो, देर हो रही है, अब हास्यविनोद के लिए समय नहीं है। मुझे भय है कि कहीं सब पर पानी नहीं फिर जाए।'—नन्दिनी ने कहा।

सामने से वृन्दा और शुभा आ रही थीं। वे इस टोली को कुंजों में खोजती फिरी थीं।

'काजल? वृन्दा, तेरा घर पास है, जरा दौड़कर ले आएगी?'

'चलते-चलते थक गई तब तुम्हें देख पाई। अब फिर दौड़ाओगी?' शुभा को कुछ अच्छा उत्तर सूझा।

'इसे दौड़ाने के स्थान पर अपनी आँखों में लगाया है उसमें से लेकर...'

उसे पता नहीं था कि राधा काजल या अन्य किसी सौन्दर्य प्रसाधन का उपयोग नहीं करती।

'आज लगा यदि मैं काजल लगाती होती तो अच्छा होता। तुम सबकी नजरों से बचाने के लिए उस काजल से कृष्ण के भाल पर टिकुली तो कर पाती।'

'कृष्ण को काजल की आवश्यकता नहीं है, काजल को कृष्ण की...' विशाखा ने फिर से सबको हँसाया।

राधा सोच रही थी, उसी क्षण उद्धव भी सोच रहा था। कृष्ण की यह मोहिनी किससे उद्‌भूत है? उसके रंग, नेत्र या आकृति से ? या फिर इन सबमें प्रस्फुटित होनेवाले तेज से?

कृष्ण के प्रति यह आकर्षण उसके अंग-प्रत्यंगों के कारण उतना ही नहीं जितना उसके व्यक्तित्व के कारण है।

काफी समय से मौन और कृष्ण के समीप जाने पर उसके मनोभावों की परीक्षा हो जाने से भयभीत खड़ी अपर्णा अब निर्भय हो गई थी। उसने कृष्ण के घुँघराले केशों को सँभाला। उन्हें गूँथा और माँग भरने के लिए सिन्दूर माँगा। नन्दिनी ने ला दिया और शुभा ने भाल पर बिन्दी लगाई।

एक-दो नृत्य के ताल आते हैं न? स्वयं कृष्ण से सीखी थी वे ही आज नववधू बने कृष्ण को सिखाने चली थी और सबने मान लिया कि ऐसा करना आवश्यक है। उद्धव भी सहमत हैं कि जिस कन्या को नृत्य नहीं आता हो उसकी चाल में मार्दव आना कठिन है।

घर पहुँचने तक इस नववधू को चलना आ गया।

अच्छी तरह पता लगा लिया कि यशोदाजी अपने कक्ष में ही थीं। ललिता को भेंट देने के लिए चाँदी के थाल में वस्त्र सजा रही थीं।

प्रवेश-द्वार के बाहर से ही घूँघट निकलवा दिया था। कैसे खड़ा रहना है इस बारे में सलाह देने की आवश्यकता नहीं पड़ी। सबने मिलकर निश्चित किया था उस अनुसार राधा को निवेदन करना था : 'यशोदाजी, यह वस्त्राभूषण एक ओर रखकर आँगन में आओ। देखो! उस दिन आप अपने कान्हकुँवर के लिए योग्य कन्या की खोज कर रही थीं और पूरे गोकुल को उलाहना दे रही थीं : सुबल के यहाँ बन्दनबार लगे हैं और मेरा लाड़ला रह गया। तुम सबने कृष्ण का कहा मानकर उसे सिर पर चढ़ाया। हृदय में बैठाकर उसकी ताल पर नाचीं परन्तु उसके योग्य एक कन्या नहीं खोज पाईं। तुम्हारी शिकायत सही थी। इसलिए हम सबने मिलकर यह कन्या खोजी है। इस बारे में हममें कोई मतभेद नहीं है कि यह कृष्ण के सर्वथा योग्य है। यदि इस बारे में हममें विवाद हुआ हो तो उद्धव साक्षी हैं, कृष्ण को घड़ी-दो घड़ी भी न देखे तो बेचैन हो जानेवाले उद्धव से पूछ देखो। वह भी कहेगा कि पूरे आर्यावर्त में इस जैसा दूसरा रत्न नहीं है। आप चाहें तो आज ही विवाह कर सकती हैं। जो मधुमंगल सुबल-ललिता के लिए वर्ष के बीच में मुहूर्त खोज सकता है वह कृष्ण के लिए तो पंचांग को भी बदलकर मुहूर्त निकाल सकता है।'

राधा इस तरह कभी नहीं बोलती थी। विशाखा, नन्दिनी, वृंदा और शुभा थोड़ी चिलबिली हैं। उन्होंने ही राधा को यह सिखा दिया होगा। कोई बात नहीं, परन्तु सुनने में अच्छा लगा। निश्चित ही यह इनका विनोदपूर्ण कृत्य लगता है।

परन्तु इतने कम समय में कन्या कहाँ से ले आई? वस्त्र भी बहुत मूल्यवान लगते हैं। वृषभानु जैसों की लड़की ही ऐसे वस्त्र पहन सकती है। कौन होगी यह? कन्या का मुख देखने के लिए यशोदाजी ललचाईं। पल-भर के लिए मन हुआ कि घूँघट उठाकर देख लूँ।

देखूँ तो सही कि राधा ने किसे पसन्द किया है! उसके चुनाव में कमी तो नहीं होगी!

जिस समय वृंदा ने मुख का घूँघट खोलकर कन्या के मुख का दर्शन कराया उस क्षण यशोदाजी की आँखों और हृदय में राधा ही थी, इसलिए उन्हें राधा ही दिखाई दी, कृष्णस्वरूपा राधा! आनेवाली भी राधा और लेकर आनेवाली भी राधा!! यह कैसा चमत्कार है! यशोदाजी ने राधा की ओर ध्यानपूर्वक देखा : 'यह जादू कहाँ सीख आई छोकरी? तू तो कभी कामरूप देश गई ही नहीं। एक में से दो कैसे हो गई?'

अब वह अधिक समय तक वास्तविकता छिपाए नहीं रख सकती, यह जानकर राधा के नेत्र झुक गए। यशोदाजी को स्वयं ही उत्तर खोजना था।

उन्होंने अत्यन्त स्नेहपूर्वक नवागत कन्या के सिर पर हाथ रखा। घूँघट उठाया। माथे पर हाथ रखा। यह स्पर्श चिरपरिचित क्यों लग रहा है? पलकें झुकी हुई हैं अवश्य ही कन्या शर्मीली है। सम्पन्न घर की बहू बनने की योग्यता रखती है।

यशोदाजी ने फिर से राधा के सामने देखा, वह भी उतनी ही शरमा रही थी कि मानो बिंब-प्रतिबिंब...। बोलीं : 'राधा तू तो गोरी है, चाँदनी से भी धवलोज्ज्वल! परन्तु मात्र घूँघट ओढ़ लेने से मेरे कृष्ण के समान घनश्याम कैसे बन गई? ब्रजवासी तुझे सौंदर्य की देवी कहते हैं, परन्तु आज से मैं तुझे जादूगरनी कहूँगी। आज तक तू मेरे पुत्र को मोहित करके उसे नदी के तीर तथा कुंज-निकुंजों में बैठाकर उसके होंठों से अपनी भावनाओं को ही

बाँसुरी के सुर में सुना करती थी। अब यह नया स्वाँग रचाया है? और प्रथम प्रयत्न में ही कृष्णरूपा बन गई! मुझे तेरी यह लीला पसन्द आई। मायाविनी!!'

मातृहृदय से शीतलता के समान निकली इस वाणी को सुनकर सभी गोपियाँ हर्षित हुईं। सिर्फ विशाखा को ज्यादा अच्छा नहीं लगा। उसने वृन्दा से कहा :'यशोदाजी ने सारा श्रेय राधा को ही दे दिया! हम सबने...'

'वास्तविकता जानकर हम सबको डाँटेंगी।'

इसका किसी को भय नहीं था। रूप-गुण-शील की विभूति मानी जाती यशोदा को भ्रम में डाला जा सकता है, क्रोधित नहीं किया जा सकता।

नन्दनी ने शुभा को कुछ संकेत किया। वह अभी प्रवेश-द्वार पर जाकर आई थी। उसने समझा-बुझाकर दुर्गा को खेत पर भेजा था। यदि वह साथ होती तो उसके हाथ में कृष्ण का पीताम्बर और मोरपंख देखकर ही यशोदाजी खेल का रहस्य तत्काल समझ जातीं। इसलिए दुर्गा से कहा था कि तू वहाँ जाकर दाऊजी को बुला लाए। वे भी देख लें।

दुर्गा आ रही है तेज झरने की तरह। वह गोपीवृन्द में नहीं मिलेगी। यशोदाजी के पास जाकर खड़ी होगी और शिकायत करेगी...

राधा अपना परम रमणीय हास्य नियंत्रित रखने में सफल हुई थी। और इतने आज्ञाकारी बने रहने के कारण कृष्ण पर निहाल हो गई थी। कहाँ वह कालीय नाग को नाथनेवाले महाप्रतापी कृष्ण का पौरुष और कहाँ यह लज्जाशील मार्दव! वह कह पाई तो कभी यशोदाजी को बताएगी : सही जादूगर तो तुम्हारा यह छोकरा है! वह स्वयं शान्त और अगम रहता है और यह सब करने के लिए हमें प्रेरित करता है। मैं समझदार हुई तभी से मेरी सुधबुध हर ली है और जो कुछ बचा था वह भी आज लेकर स्वयं राधा बन बैठा!

'माँ-माँ! राधा, विशाखा, नन्दिनी और शुभा पर बिलकुल विश्वास मत करना। इन्होंने ही भैया को इस गोपी में छिपा दिया है। दिखाऊँ!'—पीछे से दौड़कर आ रही दुर्गा ने जितनी उसके हाथ में आई उतनी चुँदरी खींच डाली। चुँदरी हट गई और कृष्ण का मुकुट, वंशी और पीताम्बर उसके हाथ में थे इसलिए अन्य किसी प्रमाण की आवश्यकता नहीं रही।

वैसे तो राधा भी समझ गई थी कि यशोदाजी ने इस कन्या को कृष्णस्वरूपा कहा था, तभी उन्होंने संकेत कर दिया था। वे भी भ्रम में रहने के खेल में शामिल हो गईं। घूँघट उठाकर समीप से देखा था तभी वे वास्तविकता जान चुकी थीं। ये वे ही होंठ थे जिन्हें अपना स्तनपान कराते समय उन्हें जीवन की सार्थकता का अनुभव हुआ था। अँगुली से आँखों में काजल लगाया था। पलाश के फूल के पानी से यह मुख धोया था...फिर शंका कैसे रहती। परन्तु अच्छा लगा ललिता के विवाह के समय भ्रम में रहने का सुख। कृष्ण को इस तरह कन्या के रूप में देखना, राधा की वेश-भूषा में देखने के लिए वे ललचाई थीं, और इस उत्सव-प्रेमी समूह के अभिनय में सहभागी बनकर आतिथ्य धर्म निभाया था।

परन्तु अभी दृश्य अधूरा है। चुँदरी खिंच जाने पर कृष्ण कंचुकी, फरिया और लहँगा

पहने खड़ा है। वस्त्रों की परवाह किए बिना उसने दुर्गा को गोद में उठा लिया है। यशोदाजी ने दोनों को अपने सीने से लगा लिया। अब राधा का संकोच जाता रहा। दुर्गा के हाथ से मोरमुकुट लेकर बिना किसी की सहायता के पहन लिया। वह देखकर सारी सखियों को विश्वास हो गया कि राधा ने पहली बार यह मुकुट नहीं पहना है। वह इतनी त्वरित गति से पहली बार मुकुट पहन सकती है? कितनी सुन्दर लग रही है? अरे! इतने तो कृष्ण की तरह वंशी भी धारण कर ली है।

कुछ समय पहले सबने कृष्णस्वरूपा राधा के दर्शन किए थे, अब राधास्वरूपा कृष्ण का रूप निहारा। आन्तरिक मैत्री की यह बाह्य एकरूपता स्वयंसिद्ध हो गई। सबसे बड़ा आश्चर्य इस बात का था कि इन्हें एक-दूसरे के रूप में देखते हुए वर्ण-भेद भी नहीं खटकता!

राधा अपने इस कार्य में तन्मय थी उस समय अन्य चतुर गोपियाँ इस कार्य के लिए क्षमा माँग रही थीं। उद्धव जानता है कि यशोदाजी ऐसे ही क्षमा नहीं करेंगी। कृष्ण घर से सारा मेवा और लड्डू ले गया है यह जानकर उन्होंने बादाम, मिसरी और घी की पूरी बनवाई थीं। सबको एक-एक मिली। एक उसकी और दूसरी पूरी थी राधारूपा कृष्ण की।

वहीं प्रवेश-द्वार पर गाड़ी खड़ी करके उत्तम अन्दर आया। उसके पीछे रोहिणी और किसी संकोच के कारण पीछे रह गई देवकी आईं।

रोहिणी मथुरा में अपने सम्बन्धियों से मिलने गई थीं। उत्तम सुबल के विवाहोत्सव के लिए सामान खरीदने मथुरा गया था। नन्दराय के निर्देशानुसार वह अक्रूरजी की सहायता से वसुदेव के निवास पर पहुँच गया। नगर की सीमा तक रोहिणी और देवकी अक्रूरजी के रथ में आई थीं। वहाँ उत्तम की बैलगाड़ी खड़ी थी, साथ में लाठीधारी गोपालक थे।

देवकी के व्यक्तित्व में राजरानी का गौरव था, मुख पर तपस्विनी का तेज था। उन्होंने रोहिणी की तरह अहीर सन्नारी का वेश धारण किया था। देखते ही यशोदाजी अधीर होकर आगे बढ़ीं। उत्साह के साथ गले मिलकर स्वागत किया।

कितने वर्षों बाद मिलन हो पाया बहिन!

इस विरल स्नेह के दृश्य को देखनेवाले कृष्ण को अपने कन्यारूप का ध्यान नहीं था। उसने उसी रूप में रोहिणी और देवकी को वन्दन किया। भरा हुआ प्रांगण और कृष्ण की इस वेश-भूषा को देखकर रोहिणी यह समझीं कि विवाहोत्सव पर कृष्ण-राधा किसी नाटिका की तैयारी में लगे हुए हैं। देवकी ऐसा अनुमान नहीं कर सकीं। उन्होंने राधा के मस्तक पर मोरमुकुट और हाथ में वंशी देखकर उसे वत्स कहकर सम्बोधित किया और आशीष दी। दुर्गा को लगा कि अतिथि माता को पता नहीं है, इसलिए वास्तविक कृष्ण को पहचान नहीं पायीं। इसलिए अपना कर्तव्य समझकर वह कृष्ण के शरीर से राधा के वस्त्र उतारने लगीं। उसकी अधीरता के कारण क्षणमात्र में एक अद्भुत दृश्य खड़ा हो गया।

कहाँ गया वह स्त्रीसहज मार्दव? राधा के साथ स्पर्धा कर रहा वह लावण्य कहाँ गया! सिर्फ लँगोट पहने कृष्ण का स्नायुयुक्त शरीर सभी गोपियों की दृष्टियों का आश्रयस्थल बन गया। नीलमणि की कान्ति देखकर गोपियों को अहसास हुआ कि कुछ समय पूर्व कृष्ण के शरीर पर सुशोभित वस्त्र वास्तव में आवरण थे। कृष्ण के शारीरिक सौन्दर्य की तुलना

किसी से नहीं की जा सकती।

अक्रूरजी ने देवकी को सलाह दी थी कि वे कृष्ण से अपना सम्बन्ध प्रकट नहीं करें। अपना सुख हृदय में दबाए रखना होगा। इस तरह के दृढ़ संकल्प का पालन कर सको तो ही जाओ!

'जिसने इतने वर्षों से यातना सहन की है, वह जननी दो-तीन दिन तक और अपने संकल्प का पालन नहीं कर सकती?'—वसुदेव ने पत्नी की दृढ़ता पर विश्वास करके प्रश्न किया था। रोहिणी साभिप्राय मौन रहीं। वह जानती थीं कि कृष्ण जैसे पुत्र से अपना मातृत्व छिपाए रखना कितना दुष्कर और असह्य है।

देवकी से उनका मातृत्व कह रहा था : देख तू जिसके दर्शन के लिए राजा के कोपभाजन का खतरा उठाकर आई है वह रहा तेरा पुत्र! अब कहीं योजन दूर नहीं है! तू हाथ बढ़ाकर उसके मस्तक को छू सकती है, उसे खींचकर हृदय से लगा सकती है, गोद में लेकर उस पर चुम्बनों की वर्षा कर सकती है...

परन्तु नहीं, अक्रूरजी को वचन दिया है। न स्पर्श करेगी, न आँसू बहाएगी और न कुछ बोलेगी। कठिन परीक्षा की घड़ी तो अब आई थी।

राधा की संवेदना भी रूपान्तरित हो रही थी।

एक अतिथि सन्नारी जिन्हें यशोदाजी ने परम आत्मीयता से गले लगाया उस देवी ने उसे 'वत्स' कहकर आशीष दी।

राधा अपनी संज्ञा भूलकर अन्तःकरण की गहराई से कृष्ण के साथ तादात्म्य का अनुभव कर रही थी। उसके अणु-अणु में चेतनता की लहर जाग गई थी। कुंडलिनी जाग्रत हो जाने से क्या होता है इस बारे में कहीं से कृष्ण जान लाया था, उस समय वह राधा की समझ में पूरी तरह से नहीं आया था। इस क्षण ऐसी प्रतीत हुई कि वह कृष्ण से अभिन्न है। उसे कृष्ण मानने के ठोस प्रमाण हैं। उसके सिर पर अभी भी मुकुट है, बाँसुरी उसके हाथों में सुशोभित है। बाह्य रूप में वह किसी को कृष्णमय दिखाई देगी, किसी को नहीं परन्तु आभ्यन्तर में वह कृष्णमय है बल्कि स्वयं कृष्ण है।

अब यशोदाजी का पुत्र कुँवारा नहीं रहा। उनकी अभिलाषा पूर्ण हो गई है। ललिता और सुबल के विवाहोत्सव में अभी कुछ देर है। उससे पहले ही राधा के जीवन में यह शुभ घड़ी आ गई है। भले ही जगत देर से जाने या न जाने।

कैसा संयोग है! राधा ने अपने ही वस्त्रों से कृष्ण के इस रूप को ढँक दिया था। दुर्गा के भोलेपन ने उस आवरण को दूर कर दिया। वह कृष्ण के इस अनावृत रूप पर मोहित हो गई। छोटा जानकर जिसके साथ छेड़छाड़ की थी, जिसके यौवन के उदय के समय ऊष्मापूर्ण धीरज बाँधकर ब्रह्मचर्य की दिशा बताई थी, जो थोड़े ही दिनों में इस वयःसंधि के द्वन्द्व से मुक्त होकर ऊर्ध्वरेतस् बन रहा था, आज उसके चरणों में राधा का समग्र अस्तित्व पूजा की सामग्री बनकर समर्पित होने के लिए उत्सुक हो उठा था।

कालीय-दमन के पूर्व उस दिन यमुना के किनारे मस्तक पर गागर थी। उस स्थिति में कृष्ण के स्पर्श से हृदय में अभूतपूर्व धुकधुकी उठी थी। उस क्षण के बाद राधा के जीवन में यह दूसरा क्षण था, पहली बार राधा की समग्र संवेदना जाग्रत हो उठी थी, उसे राधा

होने का अहसास हुआ था, आज कृष्ण ने स्वयं राधा बनकर वह अहसास छीन लिया था। नाटक वास्तविकता में परिणत हो गया था। राधा नाम और रूप में से मुक्त होकर भावात्मक चेतना में परिणमित हो गई थी।

राधा के जीवन के इन धन्यतापूर्ण क्षणों की अनायास साक्षी बननेवाली सन्नारी देवकी, कृष्ण की जननी हैं, राधा को इसका पता नहीं था। इस समय उसके और कृष्ण के बीच खड़ी सखियाँ अवरोध नहीं थीं। कृष्ण के साथ का लौकिक और भौतिक सम्बन्ध गौण हो गया था। इसलिए वह जहाँ थी वहीं स्थिर रह सकी, निष्कम्प दीपशिखा के समान...।

यह देवकी के जीवन का महान क्षण था। गर्गाचार्य ने उससे कहा था : 'हे उदारचरिता देवी! यदि तुम्हें अपने पुत्र का वियोग असह्य लगे तो उसकी एक प्रतिमा तैयार करवा दूँ? उसे अपनी पूजा की सामग्री के साथ रख सकती हो। परन्तु उचित यही होगा कि तुम उसकी मानसी मूर्ति का ध्यान करो। निर्मित की हुई प्रतिमा में सिर्फ आकार और रंग होंगे, वैसा सौन्दर्य और तेज नहीं होगा जिसे तुम एक दिन प्रत्यक्ष देखोगी।'

देवकी ने जब प्रत्यक्ष देखा तब तक कृष्ण युवा हो गया था, परन्तु आज कैसा विरल संयोग बना। जिस बालक के मुख से लिंगभेद का पता नहीं लगता उसी तरह यह युवक भी जाति-भेद से मुक्त था। लेशमात्र भी सजग नहीं था। अतः अपने दुग्धस्रवित जननीरूप से देवकी ने तादात्म्य का अनुभव किया, बीच का समय निःशेष हो गया।

यदि कृष्ण को पुत्र कहकर देवकी अपने हृदय में उमड़ रहे वात्सल्य को बहा सकी होतीं, अपने जीवन के इन परम सौभाग्यपूर्ण क्षणों में माता के रूप में प्रकट हो सकी होतीं तो घटना दूसरे लोगों के लिए उत्सव बन जाती। परन्तु उन्हें अक्रूर जी का परामर्श याद आ गया और उन्होंने संकल्पपूर्वक मन के आवेग को नियंत्रित कर लिया। उनका सुकोमल, संवेदनशील हृदय यह नियंत्रण सहन नहीं कर सका और देवकी मूर्छित हो गईं।

हर क्षण जागरूक रहनेवाला कृष्ण सामने ही था। देवकी मूर्छित होकर गिर पड़ें उससे पहले ही उसने सँभाल लिया। रोहिणी और यशोदाजी उन तक पहुँचतीं उससे पहले ही राधा ने देवकी के चरणों और वृंदा ने उनके मस्तक के नीचे अपने हाथ रख दिए थे।

यशोदाजी समझ गईं। यह सुख की मूर्च्छा है। यह समाधि आनन्द की है। देवकी के मुख की द्युति देखकर लगता है कि उन्होंने सदेह मुक्ति प्राप्त की है।

कुछ वर्ष पहले बलराम ने जननी और माता के बीच का अन्तर पूछा था। कृष्ण ने इसको हास्य-विनोद में उड़ा दिया था। उसने तो सिर्फ माता को ही देखा था जननी तो इतने दिन बाद आज ही उसके सामने आई थी।

नन्दराय को गहरी चिन्ता होने लगी, यशोदा वास्तविकता जानेगी तो इस आघात को सहन कर सकेगी? यशोदा से कुछ छिपा नहीं था। सन्तानों की अदला-बदली हुई तब वह गहरी नींद में नहीं थी। उसके गर्भ में पलनेवाली गई और स्तन को मुँह में लेनेवाला आ गया। शिशु थोड़ा गर्भ में पलता है और ज्यादा तो पलता है छाती से। भोले नन्दराय उस दिन बेकार डर रहे थे। वे पिता हैं, माता नहीं। गोप समाज के नेता और यादवों के मित्र हैं इसलिए वे दायित्व से भी बँधे हैं, सिर्फ वात्सल्य से नहीं। कृष्ण से अभेद का अनुभव करने के लिए केवल वात्सल्य चाहिए, सिर्फ प्रेम, लौकिक संज्ञाओं के अवरोधों से मुक्त

निर्हेतुक प्रेम...यशोदाजी हृदय की इस विशालता तक पहुँच चुकी थीं, इसलिए वे देवकी की मूर्च्छा को आनन्द की समाधि के रूप में देख सकीं।

हाँ, मानो देवकी के लिए जीवित रहने का दायित्व पूरा हो गया था। उनकी बन्द पलकों की अलौकिक आभा से लक्ष्य स्थान पर पहुँच जाने की प्रतीति हो रही थी। उनकी अँगुलियों के पोरुओं पर तृप्ति थी, इन्होंने सोलह वर्ष बाद पुत्र का स्पर्श किया था।

यशोदाजी देवकी के सिरहाने बैठी हैं। उन्हें बिलकुल चिन्ता नहीं है। कृष्ण देवकी के पैरों के पास खड़ा है। उसे आघात लगा है। जो सुना था, वह बिलकुल गलत तो नहीं होगा। इस क्षण वह दो माताओं के हृदय रूपी झूले पर झूल रहा है। अब झूला नहीं रहा, सेतु बन रहा है। दोनों के हृदय में एक से ही भाव हैं।

वह राधा की ओर देखता है। वह कुछ समझी या नहीं? लगता है नहीं समझ पाई, अन्य गोपियों के साथ उपचार में लगी है।

देवकी के होंठ फड़फड़ा रहे हैं। हृदय की गहराई में वे अपने पति को सम्बोधित करके कह रही हैं : आर्यपुत्र! कितनी दूर हो? देखो यह तुम्हारा सुपुत्र। क्षणभर पहले बालिका के समान नाजुक था और मैं उसकी मुख-कांति निहार रही थी कि वह सोलह कला में विकसित पूर्ण पुरुष बन गया...अक्रूरजी को दिया वचन याद आ जाने के कारण मैं उसे छाती से नहीं लगा पाई। मेरी तपस्या की यह सबसे कठिन परीक्षा थी। मैं इसमें सफल हुई आर्यपुत्र। मुझे विश्वास हो गया है कि आचार्य गर्ग की भविष्यवाणी सत्य होगी। अब तुम विलम्ब नहीं करना...

स्वर फिर मौन में विलीन हो गया। मौन का सरोवर पलकों के नीचे लहरा रहा था। परम तृप्ति से स्थिर पलकों में।

रोहिणी यशोदाजी को दूसरे कक्ष में ले गईं : 'देवकी इस अवस्था में प्राण तो नहीं तज देगी?'

'मुझे भी यह भय था। कृष्ण को देखने का अवसर देवकी के लिए पीछे हटता गया। लम्बी निराशा के बाद जीवन में ऐसा सुखद क्षण आए तब सन्तुलन रखना मुश्किल बन जाता है। फिर भी जिसने इतने वर्ष यातना सही है वह सुख को भी पचा जाएगी।' यशोदाजी इतना कहकर वापस देवकी के तकिये के पास आ बैठीं। उन्हें इस बात का ध्यान रखना था कि कदाचित् देवकी कृष्ण को पुत्र कहकर पास बुलाएँ उस समय उसे दुविधा नहीं हो, वह दूर ही खड़ा नहीं रह जाए।

'मुझे आर्यपुत्र की चिन्ता है। उनके जीवन के दो महत्त्वपूर्ण दशक कंस के कारागार में बीते।' रोहिणी बोल रही थीं। उसके पास यशोदाजी नहीं राधा खड़ी थी तो भी उन्होंने वाक्य पूरा किया– 'दुख में साथ रहनेवाले को सुख में बिछुड़ जाने का दुख सहन नहीं होता।'

रोहिणी या देवकी को पता नहीं था कि वसुदेव इस समय मथुरा में नहीं हैं। अक्रूर ऐसी गुप्त व्यवस्था करने में सफल हो गए थे, जिससे वसुदेव इन दिनों ब्रजभूमि के विविध गोकुलों और क्षात्रधर्मा यादवकुलों से मिल सकें। अपने साथ हुए अन्याय की बात तो वसुदेव के मुख से निकल कैसे सकती थी। परन्तु वे राज्य की वर्तमान

परिस्थिति के बारे में तटस्थ होकर कह सकते थे। इस राज्य की स्थिरता में उनका योगदान सर्वविदित था।

अक्रूर ने उनसे भारपूर्वक कहा था कि वे दो आशास्पद बालकों को मार डालने के लिए कंस द्वारा रचे गए षड्यंत्रों के बारे में अवश्य कहें। कंस के सारे अमानवीय प्रयत्न निष्फल गए। उसकी इच्छा के विरुद्ध कृष्ण-बलराम बड़े हो गए। सांदीपनि मुनि के शिष्यों ने नन्दराय के गोकुल की तरह अन्य गोकुलों में भी प्राथमिक जाग्रति लाने का कार्य पूर्ण कर दिया था। अब आवश्यकता थी एक आदर्श के साथ सबको संगठित कर देने की। अब सबको संगठित किया जा सकता है। देखो, तुममें से ही दो युवक तैयार हुए हैं। कृष्ण-बलराम विवादास्पद बने इसलिए विशेष प्रसिद्ध हुए। विरोध के बाद जो स्वीकृति प्राप्त करता है वह हृदय में गहरे बस जाता है। ऊपर से कृष्ण के पास वंशी है, और बलराम के पास हल है। बलराम रास में ढोली के रूप से अधिक खेत में हलधर के रूप में प्रसिद्ध हुआ है। उसकी तरह जमीन जोतने के लिए अनेक किसान प्रेरित हुए हैं। सदैव घूमते-फिरते गोकुलों में से जो स्थिर हो गए हैं, उनके लिए खेती उपयोगी सिद्ध हुई है। प्रकृति की कृपा के साथ धरती का ऊष्मा भरा सहयोग प्राप्त होने से समृद्धि भी बढ़ी है। नन्दराय की पीढ़ी के लोगों को एक आघात सहना पड़ा था। हिंसा का विरोध इन्द्रयोग के विरोध में परिणत हो गया था। गोवध अधर्म है और इन्द्र की पूजा धर्म नहीं है यह जनमानस में बैठाकर कृष्ण ने तर्क को कर्म से पुष्ट किया था। अतिवृष्टि प्रलयकारी सिद्ध होती यदि कृष्ण-बलराम की सूझ-बूझ और दीर्घ दृष्टि के कारण सबको गोवर्धन की गुफा में सुरक्षित न पहुँचाया जाता। अब पहले का विरोध विश्वास में परिणत होकर रासलीला के द्वारा द्विगुणित हो गया। इसके बाद प्रारम्भ हुई विचित्र किंवदन्तियाँ। यह किंवदन्तियाँ गर्गाचार्य की भविष्यवाणियों से भी आगे निकल गई हैं। कृष्ण के व्यक्तित्व में दिव्य तत्त्व का आरोपण हो रहा है। अक्रूर इन्हें पोषित होने दे रहे हैं। राजनीतिक कुशलता इसमें प्रजा का कल्याण देखती है। कृष्ण-बलराम अपराजेय हैं यह भावना कंस के अत्याचारों से कुचली प्रजा में संघर्ष की शक्ति जगाएगी।

कंस को कृष्ण-बलराम के प्रति बढ़ रही लोक-श्रद्धा के बारे में समाचार मिलते रहे हैं। कृष्ण की दिव्यता के वे स्वयं साक्षी हों इस तरह वे कंस को सूचना देते हैं। इससे कंस भयभीत रहता है, उसे अच्छी तरह से निद्रा नहीं आती। औषधि लेने पर भी उसकी नींद उड़ जाती है। और जो किसी का शत्रु नहीं है, उस कृष्ण को वह अपना शत्रु मानकर उसकी हत्या के लिए तरह-तरह के षड्यंत्र सोचता रहता है।

देवकी यह सब जानती थीं। कृष्ण-बलराम को मिलने के लिए व्याकुल थीं। बलराम सुबल के विवाह-मंडप में आयोजन में व्यस्त है। कृष्ण पलंग के पाये के पास बैठा है। सामने है परन्तु देवकी की आँखें खुल ही नहीं रहीं। खुलें तो देवकी कृष्ण से कहतीं, कहना ही था : 'बोल, कंस भले ही अपना सम्बन्धी हो, उसके शासन का उन्मूलन तो करना ही है। उसने यादवों के आदर्श गणराज्य को नष्ट करके एकाधिकार स्थापित कर लिया है। इस एकाधिकार को बनाए रखने के लिए उसके राजपुरुष शूरसेन प्रदेश में अराजकता फैला रहे हैं। उनके अत्याचारों को सहन करने वाले मथुरा में भी हैं। वे

विद्रोही ग्रामवासियों का स्वागत करेंगे। बेटा, तेरे नेतृत्व में मानवधर्म का अभ्युदय होगा। समग्र जीवन में नवचेतन फैलेगी।

यशोदाजी देवकी के ललाट पर हाथ रखती हैं। उनकी चिबुक पकड़कर कहती हैं : 'जागो, देवकी जागो।'

15

देवकी को इस तरह मूर्च्छित नहीं बने रहना है और न अपना सामाजिक धर्म छोड़ देना है। किसी क्षण तो उसे कृष्ण से कहना ही है : तू जन्म देनेवाली माता का दुख जानना चाहता है? जिस माँ की गोद से नवजात शिशु हमेशा के लिए छीन लिया जाए, तू उसकी पीड़ा का अनुमान अच्छी तरह से लगा सकता है। पृथ्वी पर एक बालक का अवतरित होना कितनी बड़ी सम्भावना है! तेरे जन्म की अभूतपूर्व और अनन्य घटना को घटित न होने देने के लिए मथुरा के तानाशाह कंस ने क्या-क्या किया, वह बताकर तेरे सामने सब उद्‌घाटित नहीं करना था, परन्तु जो कार्य हमारी श्रद्धा और विश्वास से नहीं हो सका वह तेरे विद्रोह से होगा यह मानकर...

यशोदाजी सोच रही हैं, रोहिणी से कहने का निश्चय कर लेती हैं। रोहिणी से कहे हुए वचन देवकी को अवश्य सुनाई देंगे।

देवकी को सुनाना आवश्यक है। क्योंकि उसकी सारी अभिलाषाएँ और अपेक्षाएँ सन्तुष्ट नहीं हुई हैं। यशोदाजी की बात अलग है। जिस क्षण कृष्ण के कमल की पँखुड़ियों सदृश होंठों ने उनके स्तन का पान किया उसी क्षण उनका जीवन सार्थक हो गया था। उनके जीवन में मातृत्व बहुत देर से आया परन्तु आकाश फाड़कर आया था। भादों की उस घनघोर रात्रि को मूसलाधार वर्षा में विद्युत की ऐसी सौम्य चमक किस माता ने अनुभव की होगी? नन्दभवन का सम्पूर्ण रिक्त स्थान प्रकाशित हो उठा था। फिर तो गोद से पालना, पालना से प्रांगण, प्रांगण से गली और गली के बाद पूरा गोकुल कृष्ण की क्रीड़ास्थली बन गई। खूब आनन्द लूटा है इन दिनों में। बाल-कृष्ण के लिए नन्दरानी यशोदाजी ने स्वयं भी बालहठ धारण करके झगड़े किए हैं। मेरा पुत्र कहीं कोई गलत कार्य कर सकता है? फिर तो सबने स्वीकार कर लिया : कृष्ण के प्रति पक्षपात ही यहाँ प्रेम कहा जाएगा। मातृ-हृदय के शासन में बालक के लिए निःशेष निर्ब्याज प्रेम के सिवाय दूसरा कोई कानून है ही नहीं...

इसके बिलकुल विपरीत मनोदशा देवकी की रही है। उसकी आकांक्षाएँ अधूरी हैं। पुत्र के पुनःदर्शन के लिए उसे सोलह वर्ष तक प्रतीक्षा करनी पड़ी है। और दुर्भाग्य तो देखो, पुत्र को छाती से लगाकर अपने आँसुओं से स्नान कराए उसी समय उसे अक्रूरजी की शर्त याद आ गई। उसने फूट-फूटकर बहने के लिए आतुर मातृत्व को रोकने का प्रयत्न किया कि सुधबुध खो बैठी। वह इस अमर्यादित आनन्द को नियंत्रित करने के प्रयत्न में मूर्च्छित हो गई।

यह बात यशोदाजी और रोहिणी समझ गई हैं इसलिए उन्हें अन्य कोई चिन्ता नहीं है।

रोहिणी यशोदाजी को फिर से अन्दर के कक्ष में ले जाती हैं।

'कोई उपाय है?'

'हाँ, कृष्ण से सब कह दिया जाए।'

'तुम कहोगी न।' रोहिणी ने संकुचित होकर पूछा। उन्हें वास्तविक चिन्ता तो यशोदाजी की थी, 'बताऊँ। मैंने क्या अनुमान किया था? जब तुम कृष्ण को देवकी की गोद में बैठाओगी उस समय अपनी सुध-बुध खो बैठोगी।' इन शब्दों को कहते हुए रोहिणी की आँखें छलक आईं। यशोदाजी ने उसे गले लगा लिया। कृष्ण का मुख पोंछनेवाले आँचल ने आज कृष्ण-प्रेम के आँसू पोंछे। पल-भर में दोनों सन्तुलित हो गईं। राधा की चकोर दृष्टि मानो सबकुछ जान गई थी। देवकी को सचेतन करने का उपाय वह कृष्ण से कह आई थी।

'तुम्हारा यह कितना बड़ा दान है बहिन!'

'दान? नहीं, ऐसा मानने से वृथा अभिमान होगा। कृष्ण के अंगों में देखती हूँ कि मेरा ही दूध झलक रहा है। यह द्युति-सौन्दर्य मुझे परम आनन्द प्रदान करता है। मैं जो कुछ दे सकी, वही मेरी निधि है और मातृत्व की सार्थकता है। देवकी को पुत्र-मिलन से रोमांच हो उससे मेरे आनन्द में लेशमात्र भी कमी नहीं आनेवाली।'

'तुम इस घटना को ऐसे परिप्रेक्ष्य में रखकर देखोगी, अक्रूरजी को इसका लेशमात्र भी आभास होता तो शायद वे ऐसी शर्त नहीं रखते...'

'इसका कारण शायद आज हमारी समझ में नहीं आए। शायद अक्रूरजी स्वयं भी नहीं समझते होंगे...'

रोहिणी को पहली बार यशोदाजी की बात समझ में नहीं आई। वह यशोदाजी को देवकी के पलंग के पास पहुँचा गईं।

'हाँ, यही एक उपाय है। कृष्ण देवकी को माँ कहकर पुकारे।'

रोहिणी कृष्ण को अन्दर ले गईं। राधा भी आ पहुँची। कृष्ण को नया पीताम्बर पहनाया। राधा ने घुटनों पर बैठकर कमर पर कछनी बाँधी। हाथ में बाजूबन्द, गले में हार और मोरपंख का मुकुट पहनाना था, परन्तु राधा को मिला ही नहीं क्योंकि स्वयं उसने पहन रखा था।

कृष्ण, रोहिणी और राधा की ओर बार-बार देख रहा था। वे दोनों उसे बालरूप में सजा रही थीं। कृष्ण को ऐसी आन्तरप्रतीति हुई कि वह प्रतिपल छोटा होता जा रहा है, सूर्य के समान उदयकाल में बढ़ा और फिर छोटा और छोटा...इस छोटे कृष्ण की आँखों में दृष्टिगोचर होनेवाला दायित्वबोध दर्शनीय था।

यशोदाजी आईं। कृष्ण को देवकी के पास ले गईं : 'यह तुझे जन्म देनेवाली माता है बेटा।'–इन शब्दों का उच्चारण करते ही उनका मातृत्व आँसुओं में बह निकला। कृष्ण को छाती से चिपटाकर उसके मुख को आँसुओं से भिगो दिया : 'देवकी को इस शर्त पर यहाँ आने की अनुमति मिली थी कि वे वास्तविक सम्बन्ध प्रकट न करें। तू और बलराम वसुदेव के पुत्र हो। बलराम रोहिणी की कोख से जन्मा है और तू देवकी की। तेरे जन्म के समय देवकी मथुरा के कारागार में थी। ऐसी माता राज्य के भय से तुझे पुत्र कहकर संबोधित नहीं कर सकती। उसने अक्रूरजी को वचन दिया है, परन्तु तू तो स्वतंत्र है।

तू इन्हें माँ कह सकता है। मुझे विश्वास है कि तेरी आवाज कानों में पड़ते ही ये होश में आ जाएँगी।'

'माँ!' माता के अश्रुओं से भीगे मुख को कृष्ण ने यशोदाजी की छाती में छिपा लिया। अनन्य स्नेह के द्वारा स्पष्ट कर दिया कि वह उसके अस्तित्व से अभिन्न है, वह उनका वात्सल्य पाकर ही बड़ा हुआ है।

कृष्ण ने आज तक अनेक बातें सुनी थीं।

उसके ऊधमों से तंग आ जानेवालों के मुख से निकल पड़ता : 'यह पराया लड़का गोकुल के गले पड़ गया है।' तो कोई कहता : 'नन्द ने एक सहस्र गायों को देकर एक बछड़े को खरीदा है।'

औरों की बात क्या करना! स्वयं विशाखा कैसी बात लाई थी : 'नन्दराय ने पूर्वजन्म में महादेव शम्भु की तपस्या की थी। तपस्या करते-करते बेचारे वृद्ध हो गए। भोले आदमी थे, तप तो निष्ठा से करते थे परन्तु उनसे देव को प्रसन्न करना नहीं आता था। उनके नन्दी को चराने ले जाएँ तो न तो फल खाएँ और न पानी पिएँ। निर्जला उपवास रखते। परन्तु भोले शंकर को क्या पता कि यह ग्वाला नन्दी को चराने आया है कि वरदान माँगने? वह तो पार्वती बहुत चतुर थीं कि उन्होंने नख चुभोकर शंकर को समाधि से जगाया और कहा : तुम आशुतोष कहे जाते हो वह तो उस अभिमानी रावण के बारे में ही सत्य सिद्ध हुआ। परन्तु इस नन्द के लिए तो तुम दुराराध्य रहोगे क्या? शंकर ने नन्द को बुलाया। परन्तु नन्दराय एकदम कैसे आ पाते? उन्होंने समाचार भिजवाया : कार्तिकेय को भेजी, वह नन्दी चराए जिससे मैं आ सकूँ। पैर दबाने हैं न! दबा दूँगा। पार्वती के लिए पूजा के फूल भी ला दूँगा। अरे भाई, तुझे वरदान देना है। हम कब तक तेरा कर्ज ढोते रहें? अपना वरदान माँग ले, और चलता बन। परन्तु माँगूँ क्या? सेवा करना ही माँग लूँ—नन्दराय ने सुझाव के लिए पार्वती की ओर देखा। अद्‌भुत है यह आदमी। नन्दी के साथ रहकर बुद्धि में भी नन्दी के समान हो गया है। माँग ले ब्रजभूमि का राज्य। पूरे आर्यावर्त का स्वामी बन जा! और डाल दे सबको जेल में। परन्तु नन्दराय ने कहा : आपके कार्तिकेय को देखता हूँ तो मुझे परम आनन्द की अनुभूति होती है। ऐसा लगता है कि कोई अभिलाषा अधूरी नहीं है। हे महादेव, कैलाशपति! हे नटराज, आप देने ही बैठे हैं तो छोटी वस्तु क्यों माँगूँ? मुझे वात्सल्य दो! ऐसा वात्सल्य कि मेरा पुत्र चाहे जितना ऊधम मचाए, पड़ोसियों को हैरान करे, राजा का विरोध करने लगे तो भी मैं उस पर क्रोधित नहीं होऊँ। उसके प्रत्येक कार्य से प्रसन्न रहूँ। मुझे ऐसा वात्सल्य दो जो गंगा की धारा की तरह हिमालय के शिखरों और रत्नाकर महासागर को जोड़ दे। बस, बस, बहुत बोल गया, परन्तु कुछ देर से बोला। इसलिए तुझे जीवन में वात्सल्य का अनुभव बहुत देर से होगा। परन्तु होगा ऐसा कि उसकी किसी से तुलना नहीं की जा सकेगी। परन्तु याद रखना तूने वात्सल्य माँगा है, पुत्र नहीं माँगा। तूने संगीत माँगा है, वाद्य नहीं। दूसरों के पुत्र को देखकर भी तुझे वात्सल्य की अनुभूति होगी। मेरी बात समझ में आ रही है।

'समझाना शान्ति से बैठकर पार्वतीजी को! मुझे जो चाहिए था वह मिल गया। जब वात्सल्य मिला तो अपने-पराए में क्या अन्तर? अपने पुत्र के लिए सबको वात्सल्य की

अनुभूति होती है परन्तु प्रत्येक बालक के लिए जिसका हृदय विभोर हो जाए वही सच्चा वत्सल! मुझे तो यशोदा ने यह सब सिखाकर भेजा था। मैं बताऊँगा तो वह खुश हो जाएगी। अब वरदान के अनुसार बालक तो काफी समय के बाद अवतरित होनेवाला था, नन्दराय कृष्ण को न जाने कहाँ से उठा लाए! तुम्हीं बताओ, यशोदा गोरी, नन्द गोरे तो फिर उनका पुत्र नीलमणि के समान कैसे हुआ?'

विशाखा की यह कहानी सखियों को प्रिय थी।

कृष्ण को भी अच्छी लगती। इसमें अनहद विनोद था। परन्तु आज वह विनोद तेज धारवाला बन गया था।

उस दिन बलराम के प्रश्न को उसने मजाक में उड़ा दिया था। माता और जननी के बीच का भेद उसके लिए महत्त्वपूर्ण नहीं था। यकायक वह प्रश्न बनकर उसके सामने खड़ा हो गया।

यशोदाजी ने कृष्ण के मुख को पोंछकर और आँखों में प्रसन्नता भरकर कहा : 'दूसरी कोई आशा नहीं है, तू आवाज देना तभी ये सुनेंगी। लगता है कि काफी दूर निकल गई हैं। बुला बेटा, देवकी को माँ कहकर बुला। संकोच क्यों करता है बेटा? तू इन्हें माँ कहेगा तो भी मैं तेरी ही माँ रहूँगी। दुर्गा का जन्म हुआ उसके बाद भी तुझे देखकर मेरी छाती में दूध छलक आता था। यही मेरे जीवन की सर्वोत्तम संवेदना और परमसत्य है। मुझे मुक्ति नहीं, तेरे इस सम्बोधन में निहित सम्बन्ध चाहिए। मुझे आज तक याद है जब पहली बार तूने माँ कहा था...मैंने तुझे पालने से उठाया, गोद में सहलाया। तेरे दाहिने हाथ की कोमल अँगुलियाँ मेरी छाती को जगाएँ उससे पहले ही उनसे दूध निकलने लगा था। तूने बाएँ हाथ से गले का हार पकड़ लिया था। दूध ज्यादा आता है और तुझे पीने में जल्दी करनी पड़ती हो—मानो ऐसी ही कोई शिकायत करने के लिए तूने मुझे पहली बार सम्बोधन किया था : माँ! मेरे आँगन की पृथ्वी की गोद में मानो स्वर्ग था। कैसा सुख था! मैं चाहती हूँ कि इस सुख में देवकी भी साझीदार बनें। इसने जीवन में कठिन यातनाएँ सही हैं बेटा! इस कारण भी इसने तेरी माता होने का अधिकार प्राप्त किया है। और आज हम सबको उसने एक सत्य के समीप लाकर खड़ा कर दिया है। तू इस सत्य को स्वीकार करके बोल—माँ!'

कृष्ण ने देवकी के निश्चेष्ट शरीर की ओर देखा। मानो नदी के जल की सतह पर उछलकर थिर रह जानेवाली धवलोज्ज्वल जलतरंग! राधा पुजारिन की मुद्रा में सामने बैठी है। उसकी हथेलियाँ देवकी के पैरों के तलवे सहला रही हैं। पहले कृष्ण माता के चरणों की ओर जाकर राधा के दाहिने बैठा। देवकी के पैरों के तलवों पर क्षण-भर हाथ रखकर घुटनों के बल बैठकर बोला :

'माँ!'

क्षण-भर पहले का बालकृष्ण इस सम्बोधन के साथ फिर से युवा हो गया। उसके स्वर और मुख पर गम्भीरता थी। सब इतने शान्त थे कि कुछ क्षणों तक यह सम्बोधन गूँजता रहा। कृष्ण का शब्द मर्मस्पर्शी बन गया।

देवकी की पलकें खुलीं। उसने यह सम्बोधन दसों दिशाओं से सुना था। कृष्ण के जन्म से पूर्व वह संसार में सबसे अभागिनी जननी थी। वह अपने अस्तित्व के उत्तम

आविष्कार के रूप में सृष्टि को एक शिशु प्रदान करती थी और उसके बदले में उसे देखने को मिलता था मृत्यु का कराल शून्य। इस भीषण स्थिति में से वसुदेव ने आज तक उसे बचाया था और आज बचाया इस सम्बोधन ने।

देवकी को सचेतन अवस्था में देखकर राधा खड़ी हो गई। उसने सखियों को बताया और चारों ओर शोरगुल होने लगा। सिर्फ तीन गोपियों ने मिलकर कलरव जैसा वातावरण निर्मित कर दिया था।

रोहिणी और यशोदाजी के हाथ के सहारे बैठ गई देवकी अब पूर्णतः स्वस्थ हैं।

माता-पुत्र दोनों को अपने-अपने तीर्थ मिल गए हैं।

देवकी की पुत्र-दर्शन की आकांक्षा दीर्घ प्रतीक्षा के कारण संयमित हो गई थी इसलिए विह्वलता न होकर यह धृति थी। शान्ति और आशीष थी।

माता की यह आशीष कृष्ण को निद्रा में चाँदनी के स्पर्श सदृश्य लगी। वह अन्तर्मुखी बन गई। उसकी आँखों में मानसरोवर की शीतलता और गंगोत्री की चमक थी।

तपस्विनी देवकी के मुख पर विस्मय की रेखा अंकित हो गई। वह सोचने लगी कि पुत्र आनन्द दे रहा है या वरदान?

देवकी ने दाहिना हाथ कृष्ण की ओर बढ़ाया। कृष्ण समीप आया। उसके मुख, भाल और केशों को मातृत्व की लहरें छू रही थीं। चाँदनी में स्वर्ग के पारिजात की सुगन्ध मिली थी और हिमालय के शिखर इस सुगन्ध को वृन्दावन का मार्ग दिखा रहे थे।

यशोदाजी तन्मय थीं। देवकी के माध्यम से उनका पुत्र-स्नेह प्रकट हो रहा था।

नन्दिनी राधा से पूछनेवाली थी : 'यह देवी कौन है? यशोदाजी ने भी उदारतापूर्वक जिनकी आज्ञा मानकर...'

वाक्य पूरा हो उससे पहले ललिता के घर से सन्देशवाहक आ पहुँचा। राधा सहित सभी सखियों को पवनवेग से वहाँ पहुँच जाने का सन्देश था, धमकी भी थी। एक पल का विलम्ब भी अक्षम्य माना जाएगा, बलराम का आदेश था।

राधा बलराम से डरती नहीं थी, बल्कि सही तो यह था कि बलराम भी राधा का सम्मान करता था।

'चलो।' कहकर विशाखा ने राधा को खींचा था : 'क्या देख रही है कब से?'

'देवकीजी और कृष्ण के चरणों में कितनी समानता है।' राधा ने भाव-विभोर होकर कहा।

'मुझे भी एक बार ऐसा ही विचार आया था कि यशोदाजी और कृष्ण की आँखों में बहुत समानता है, जिनसे हमें कभी भय नहीं लगे।' विशाखा यह कहकर आगे बढ़ गई। राधा भी पीछे चलने लगी।

'अरी पगली! इस तरह मुकुट लेकर कहाँ चल दी?'—रोहिणी ने राधा को सम्बोधित किया।

'इतनी छूट दोगी तो कल यह स्वयं को कृष्ण मानकर ही व्यवहार करने लगेगी।' रोहिणी ने कुछ जोर से कहा जिससे जाती हुई राधा भी सुन सके।

'वह स्वयं को कृष्ण मानती होगी इसलिए ही उसने कृष्ण को राधा के रूप में कल्पना करके यह नाटक किया है।' यशोदा ने कहा।

देवकी को लगा कि उसने राधा को कृष्ण के रूप में देखकर भूल की थी, वह कोई बहुत बड़ी भूल नहीं थी। सम्बन्ध को इस ओर से देखो या उस ओर से, यदि वह सच्चा हो तो सम्बन्ध ही रहता है।

आधा प्रांगण पार करने के बाद राधा को ध्यान आया कि वह किस रूप में जा रही थी। वह तेजी से लौट आई। कृष्ण को मुकुट पहनाकर लज्जा को छिपाती हुई भाग गई। बचपन से विकसित हो रही इस मैत्री के अनेक प्रसंग नन्दगाँव और बरसाने के निवासियों को याद थे। देवकी ने इनमें से बहुत कम सुने थे। बात निकलने ही वाली थी कि सुबल के पक्ष से कृष्ण के लिए बुलावा आ गया। कृष्ण ने खड़े होकर पूछा : 'मैं जाऊँ?' उसने तीनों माताओं से एकसाथ अनुमति माँगी।

'हम मना करें तो क्या तू जाएगा नहीं?' यशोदाजी ने कहा।

'यहाँ काम हो तो नहीं जाऊँगा।'

'राधा ने बुलाया हो तो भी?' रोहिणी ने हँसकर कहा।

'अभी तो सुबल ने बुलाया है।' कृष्ण गम्भीर बना रहा।

'राधा ने बुलाया हो तो भी वापस नहीं आना।' रोहिणी का हास्य भवन में गूँजने लगा। कृष्ण को बहुत अच्छा लगा। उसने युवावस्था की गम्भीरता में से किशोरावस्था की चंचलता को प्राप्त कर लिया। अब खेल जमेगा। आज सुदामा की पीठ पर भी गोपियाँ हल्दी के थापे लगाएँगी। मधुमंगल विदूषक बनेगा।

यहाँ माताओं के पास कृष्ण-राधा की मैत्री की कथाओं के कहने-सुनने के लिए पर्याप्त समय है। मानो जीवन में इसके अतिरिक्त दूसरा कोई कर्तव्य ही नहीं।...

राधा को गाय दोहना अच्छी तरह आता था, उस समय तक कृष्ण हाथ में पात्र पकड़ना भी नहीं सीखा था। फिर भी राधा को देखकर गाय दोहने के लिए तैयार हो गया था। सुरभि को कृष्ण अपने बछड़े से भी अधिक प्रिय था, वह उसके सारे उत्पात सहन कर लेती। मच्छर काटते हों तो भी पूँछ नहीं हिलाती और कृष्ण थनों के पास हो तो पैर स्थिर रखकर चित्रजड़ित बन जाती, परन्तु अपने थनों को दूध से भर लेती जिससे कृष्ण अपनी कोमल अँगुलियों से दुह सकें। सुरभि का यह सहयोग सब समझ जाते। परन्तु कृष्ण सीधी तरह से कार्य पूर्ण कर ले तो फिर वह कृष्ण कैसा? दूध की धार एक ओर और दृष्टि दूसरी ओर। वृन्दावन के बारे में कुछ जिज्ञासा हो तो यशोदाजी से नहीं, सुरभि से पूछता। सुरभि सुनती तो थी परन्तु वह बोल नहीं सकती थी। उसे सिर्फ चाहना आता था इसलिए बेचारी स्नेहवश ताकती रहती। अपने प्रश्न का उत्तर न मिलने पर कृष्ण दूध का दुरुपयोग करता, समझदार सुरभि कुछ नहीं करती। उसने गाँव की गोपियों की तरह कभी यशोदाजी से शिकायत नहीं की। वह जानती है कि कृष्ण यशोदाजी की तरह उसे भी माँ मानता है।

एक बार कृष्ण ग्वाले का कर्तव्य निभा रहा था। तन्दुल की पोटली किसी ने छिपा दी। भूख बहुत लगी थी। अतः उसने सुरभि से लिपटकर सारी बात कह दी और फिर घुटनों के बल बैठकर थनों से मुँह लगा दिया। सुरभि को तमाल के पत्ते बहुत रुचिकर लगते इसलिए दूध भी सुगंधित था।...

कृष्ण को गाय दुहना अच्छी तरह आ गया था। एक समय ऐसा आया कि एकसाथ पचास गायें दूध देनेवाली थीं। यशोदाजी, रोहिणी तथा अन्य पाँच-सात सेविकाएँ गाय दुहने बैठीं। कृष्ण को जिस तरह दूसरे कार्यों में रुचि थी उसी तरह गाय दुहने में भी रुचि थी। आज कुछ देर हो गई है। राधा अपना काम पूरा करके या कलावती का काम बढ़ाकर नन्दभवन के बाड़े में आ पहुँची है। यहाँ काम करते हुए नहीं थकेगी। यशोदाजी श्वेता को दुह रही हैं। उसे और उसके पासवाली गाय के पास घास की टोकरी रखकर राधा कृष्ण के पास आनेवाली थी कि रोहिणी ने उसे बुलाया। दोनों बातों में मशगूल थे। कृष्ण की ओर राधा की पीठ है। दोनों के बीच में काफी अन्तर है।

वहाँ राधा आश्चर्यचकित हो जाती है। ऊपर देखती है कि फुआर कहाँ से आई ? आकाश तो दर्पण के समान स्वच्छ है। एकाध छींटे का स्पर्श रोहिणी को भी हुआ था। ध्यान से देखने पर पता लगा कि वह पानी नहीं, दूध है। यह कार्य उस नटखट का है इसमें शंका नहीं रही : 'यह बरसात दूर की नहीं, पास की है।'

राधा ने भृकुटि चढ़ाकर कृष्ण की ओर देखा, वहीं दूध की धारा सीधी उसके मुख पर पड़ी। होंठ बंद रखकर वह हाथ के संकेत से मना कर रही है परन्तु कृष्ण उसका संकेत समझने के लिए तैयार हो तब न। वह तो मानो दोहने के कर्तव्य में ही मग्न है। उसने घुटनों के बीच में पात्र को दबा लिया है, दोनों हाथों में थन हैं, दृष्टि कार्य पर है, परन्तु एक धार पात्र में पड़ती है, और दूसरी राधा की ओर। राधा पास आ गई है इसलिए दूध की धार का प्रवाह भी बदल गया है। कोई कुशल धनुषवीर शब्दभेदी बाण चला सके इतनी कुशलता से कृष्ण राधा पर दूध की धार चला रहा है।

'अरे, ओ कुटिल!' – राधा को मौन भंग करना पड़ता है। क्योंकि कृष्ण ने राधा की चिबुक, कंठ और छाती पर दूध का फुव्वारा छोड़ा है। होली में भी कोई इस तरह दूध की पिचकारी से नहीं खेलता। हाँ, अपने आराध्यदेव की ताँबे-चाँदी की मूर्ति को दूध में स्नान अवश्य कराते हैं।

राधा के दिखावटी गुस्से को देखकर दोनों माताएँ हँस पड़ी थीं।

यशोदाजी अपनी गाय दुहकर आ पहुँची थीं। कृष्ण के पास पहुँचकर उसका कान पकड़ा और थोड़ा खींचा जिससे राधा समझ ले कि उन्होंने अपना कर्तव्य पूरा किया है। यह तो अच्छा हुआ कि तुरन्त कान छोड़ दिया नहीं तो इसकी वेदना राधा को होती। हाँ, कृष्ण को डाँटा जाए इसमें राधा को कोई गिला नहीं। यशोदाजी कहती हैं : 'चल खड़ा हो, पात्र मुझे दे। मैं दुह लेती हूँ, तू राधा का मुख धो दे। अभी होली है जो तू हुड़दंग करने लगा है।'

देवकी ने कृष्ण की वंशी के चमत्कारों के बारे में सुना था। रोहिणी की ओर देखकर पूछा।

यहाँ जो नित्य अनुभव होता था, अपरिचित व्यक्ति को वह चमत्कार लगे इसमें कोई आश्चर्य नहीं था। एक बार बलराम ने कहा था तो रोहिणी स्वयं सोचने लगी थीं : 'क्या ऐसा सम्भव है?' फिर तो प्रत्यक्ष अनुभव करने लगीं। यमुना के घाट पर वे बीते हुए वर्षों

की स्मृति में खोई हुई खड़ी हैं और बाँसुरी के सुर बहते हुए आते हैं। उदासीनता विलीन होने लगी, जीवन को देखने की दृष्टि बदलने लगी।

'हम तो अभिभूत हो सकते हैं, परन्तु मैंने सुना है कि कदम्ब और तमाल भी अपनी तरह ही उसके सुर में समाधिस्थ हो जाते हैं।'

'हाँ, कृष्ण की बाँसुरी को यह दो वृक्ष ही नहीं, प्रत्येक वृक्ष तन्मय होकर सुनता है, फूल इस तरह प्रफुल्लित होते हैं मानो लताएँ अपने कानों को एकाग्र कर रही हैं। सुर द्रुत गति से बहने लगते हैं तब नीलगगन भी झुक आता है। ऐसे समय एक भी पक्षी वृक्ष से नहीं उड़ता या अपने घोंसले में पंख नहीं फड़फड़ाता। जो पास होते हैं वे वेणुवादन के प्रारंभिक आलाप के समय ही योग्य स्थान ग्रहण कर लेते हैं। जिनके कंठ वंशी के सुरों से भी मधुर होते हैं वे पक्षी भी मौन होकर कृष्ण के संगीत का आस्वाद लेते हैं।'

...रोहिणी के लिए जो प्रत्यक्ष अनुभूति थी, देवकी के लिए वह अलौकिक आनन्द के समान था।

जो प्रकृति को मिला, वह मुझ जननी को भी मिलेगा, समस्त प्रजा को मिलेगा। अब भय कैसा?

आज देवकी अपने गोकुल आगमन पर प्रसन्न है।

एक प्रसंग यशोदाजी सुनाती हैं : 'सारे ग्वाले गेंद-बल्ला खेलने में मग्न थे। गायें चरते-चरते दूर निकल गई थीं। सबने ऊँचे स्थान के सबसे ऊँचे वृक्ष पर चढ़कर देखा। परन्तु एक गाय भी नजर नहीं आई। सब निराश और चिन्तित होकर अपनी गायों को खोजने निकल रहे थे कि कृष्ण ने उनसे कुछ समय रुकने के लिए कहा। समीप ही ऊँचा अर्जुन का वृक्ष था, देखते ही देखते उसके शिखर पर जाकर बैठ गया। कमर से बाँसुरी निकालकर होंठों पर रखी। उद्धव बता रहा था कि उसी क्षण पवन की गति धीमी हो गई। तमाल के वृक्ष के नीचे बैठे ग्वालों पर सुगन्धित रस झरने लगा। बाँसुरी का एक आलाप सुनते ही वृन्दावन की सीमा में एक ढलान उतरकर चरती गायें रँभाने लगीं। दूसरा आलाप सुनकर पुनः रँभाईं और दौड़ती हुई आने लगीं। कृष्ण ने वंशी कमर में खोंस ली और पक्षियों की तरह एक डाल से दूसरी डाल पर कूदता हुआ धरती पर आ गया। गायें सबकी आँखों के सामने चरने लगी थीं। ग्वालों की इच्छा बाँसुरी सुनने की थी परन्तु कृष्ण ने उन्हें खड़ा कर दिया, उसका दाँव बाकी जो था।'

देवकी इस तरह हँस पड़ीं मानो दुख नाम की किसी वस्तु को वे जानतीं ही नहीं!

कितने ही प्रसंग हैं! एक से एक अद्‌भुत!

राधा की माँ कलावती की एक भी शिकायत वृषभानु नहीं सुनते। वे पिता का कर्तव्य पूरा नहीं करेंगे और इसी तरह गोपकुलों की पंचायतों में नन्दराय के साथ जाते रहेंगे। यह मानकर कलावती ने राधा को सुधारने का कार्य अपने ऊपर ले लिया। उसे वह घुमक्कड़,

चंचल और निर्लज्ज कहती है। जो सत्य है, उसका राधा कैसे विरोध करे? वह स्वीकार करती है कि मैं निर्लज्ज हूँ परन्तु कृष्ण से मुझे कैसी लज्जा?

आषाढ़ का कृष्ण पक्ष था। राधा ने कहा था कि वह शाम को काम पूरा करके आ जाएगी और उसकी अधूरी माला गूँथ देगी। मित्रों के साथ खेलते हुए खींच-तान में माला टूट गई थी। राधा को नए सिरे से कुछ विशिष्ट ढंग से मोती गूँथने थे इसलिए अधूरी रह गई। आने के लिए कह गई है तो आएगी अवश्य। फिर आई क्यों नहीं? कृष्ण प्रतीक्षा कर रहा था, वहीं बरसात टूट पड़ी। अब नहीं आ पाएगी। अफसोस करेगी, तो क्यों न मैं ही उसके घर जाकर अधूरी माला दे आऊँ? एकाध प्रहर में तो तैयार हो जाएगी और यदि बरसात बन्द हो गई तो दीपक जलाकर प्रांगण के उपवन में मौलश्री के सामने झूले पर बैठेंगे। वृषभानु आ गए होंगे तो वे अपने साहसिक प्रवासों की कथा सुनाएँगे।

सोचते-सोचते कृष्ण सिर को भीगने से बचाने के लिए कुछ लिए बिना ही निकल पड़ा। दोनों गाँव के सीमान्त पर बरसात अधिक थी। कुछ कदम चलने पर ही भीग गया परन्तु वापस नहीं लौटा। पहाड़ पर दीपक जल रहे थे परन्तु वृषभानु के भवन में अँधेरा था। ऐसा क्यों है? कृष्ण प्रांगण में ही खड़ा रहा। कहीं माता-पुत्री में कलह न हुई हो? सम्भव है कि वह मुझसे मिलने के लिए निकली हो और उसे रोक दिया हो! क्या करना चाहिए? वापस चला जाऊँ? कल राधा सुनेगी तो कहेगी कि वहाँ तक आया था तो आवाज क्यों नहीं दी?

शायद सब सो गए होंगे। राधा की प्रतीक्षा में उसने कितना समय व्यतीत कर दिया। उसे भी कहाँ पता है। आकाश बरस रहा है, तारे दिखाई नहीं देते। कितनी रात बीत गई इसका पता नहीं चल रहा...

कृष्ण न तो आवाज दे सका और न वापस लौट सका। भीगता रहा। मूसलाधार वर्षा होती रही...

वहीं बिजली चमकी।

गवाक्ष के पास खड़ी राधा ने कृष्ण को भीगते देखा और दौड़ती हुई आकर लिपट पड़ी। उसे कक्ष में खींच ले गई। आँचल से उसका मुख पोंछा। पिताजी के कक्ष में जाकर दीपक जला आई।

कृष्ण अधूरी माला देकर जाने लगा। यह राधा को अच्छा नहीं लगा परन्तु रुकने के लिए नहीं कह सकी। कृष्ण चला गया, वह बरसात में भीगता रहा, राधा अपने आँसुओं से...

कलावती के पूछने पर राधा ने बता दिया था। जाना तो मुझे था परन्तु मैं नहीं पहुँच सकी, इसलिए वह स्वयं आया। कितना निर्भय एवं दयालु है।

'और तू? लोग सुनेंगे तो क्या कहेंगे?'

'कोई पूछे तो उससे कहना कि वह राधा को मोती देने आया था। उस अँधेरी रात में दीपक के प्रकाश में राधा ने माला गूँथ दी थी। जाओ, आँखें हो तो देख आओ, उसके गले में सुशोभित है।'

उस दिन तो कलावती चुप रही थी, अपनी शंका को उसने दबा लिया है। परन्तु दूसरे महीने ऐसी ही एक शाम को उसने अपनी दबाई हुई शंका व्यक्त कर दी : 'लोग तुझे कलंकित कहें तो मैं उन्हें दोष नहीं दूँगी।'

इस शंका का कारण सिर्फ इतना था कि नदी के प्रचंड प्रवाह को देखकर कृष्ण नहाने के लिए उसमें कूद पड़ा था। उसे प्रवाह के विरुद्ध तैरते देखकर राधा भी कूद पड़ी और उसके निकट पहुँच गई। तैरने के इस साहस को स्वाभाविक दृष्टि से न देखकर एक प्रौढ़ पड़ोसी ने कलावती से कहा : 'तुम्हारी राधा यमुना के जल में रमण कर रही है।'

ऐसा नहीं हो सकता। पहले तो कलावती ने विरोध किया। परन्तु फिर शंका बढ़ने लगी। यह लड़की बहुत स्वच्छन्दी है, कल इसे कलंकिनी कहा जा सकता है। अपने पिता के कुल की प्रतिष्ठा पर धब्बा लगाएगी। उसने राधा से कह दिया : 'कल लोग तुझे कलंकिनी कहें तो मैं उनको दोष नहीं दूँगी।' राधा के लिए असह्य था यह वाक्य। वहाँ से सीधी वह नन्दभवन आई। यशोदाजी को देखकर विचार आया कि कह दे कि उसकी माँ उससे कैसा-कैसा कहती है। पास पहुँची परन्तु होंठ खुले ही नहीं। सुनकर यशोदाजी को दुख नहीं होगा? जो सुना वह मेरे ही विरुद्ध नहीं, उसमें कृष्ण की भी झूठी टीका है। नहीं, मैं नहीं कहूँगी। सह लूँगी...यशोदाजी के कार्य में सहयोग देने लगी जिससे उसका आघात हलका हो गया।

थोड़ी ही देर हुई होगी कि शुभा उसे खोजती आ पहुँची। कलावती ने बहुत प्रयत्न किया परन्तु गाय किसी को दोहने ही नहीं देती थी। वहीं वृषभानु आ पहुँचे, उन्होंने पूछा कि राधा कहाँ गई है। इस समय तो वह घर में ही होती है। नहीं है तो इसके पीछे कोई कारण होगा। कलावती आवेश में बोलती है : 'जाओ, खोज लाओ, इतनी बड़ी हो गई तो शर्मिन्दा करती है। यह गायें भी उसकी तरह...

'मैंने तुमसे कहा है कि राधा का दायित्व मेरे सिर पर रहने दो।'

'मैंने ऐसा क्या कहा था जो गाय दोहना छोड़कर चली गई?' कलावती ने शुभा को खोजा और राधा को बुलाने भेज दिया। इसलिए वह दूसरा कुछ सुनने के लिए नहीं रुकी।

गाय ने तुरन्त दूध दे दिया। जो कार्य कृष्ण की वंशी करती थी, कभी-कभी वह राधा के स्पर्श से हो जाता।

माताएँ नहीं जानती थीं कि गोकुल की सभी गायों के लिए राधा वंशी का विकल्प है।

एक बार राधा ने अपनी माला कृष्ण को पहनाई। कृष्ण के गले में माला कैसी लगती है इससे अनुमान करना था कि उसके गले में कैसी लगेगी।

फिर तो वह कृष्ण के गले से माला उतारना ही भूल गई। शाम को कलावती ने पूछा : 'तेरा गला क्यों खाली है? आज कहाँ-कहाँ गई थी?'

राधा तुरन्त खोजने निकल पड़ी। अभी उजाला था। कृष्ण के पैरों के निशान वह अच्छी तरह पहचानती है। कालिन्दी के किनारे बैठे थे शायद वहीं गिर गई हो। यह याद ही नहीं आया कि कृष्ण के गले से माला निकाली ही नहीं थी। आ पहुँची नन्दभवन के प्रांगण में। कृष्ण नहीं था। रोहिणी से हँसकर कहने को हुई कि आँसू आ गए।

रोहिणी ने अपने गहनों में से बिलकुल वैसी ही माला निकालकर दे दी और कहा : 'अपनी माँ से कहना कि यहाँ से मिली है।'

देवकी ने इतना प्रसंग सुनकर रोहिणी के कंधे पर माथा रखकर उनकी समयसूचकता एवं उदारता की प्रशंसा की। रोहिणी कहने लगीं : 'मजे की बात तो अब होती है। शाम को दोनों भाई खाने बैठे। बलराम बोला : माँ। देख, गोपियों के गहने भी कृष्ण पर कितने सुंदर लगते हैं।'

'तो यह कहो कि राधा ने माला नहीं खोई थी, होश खो बैठी थी।' यशोदाजी का यह कथन दोनों को अच्छा लगा। मधुर हास्य फैल गया।

देवकी के मन में प्रश्न उठा : 'क्या कृष्ण भी इस तरह होश खो सकता है?' उसने स्मित बिखेरते हुए पूछा।

यशोदाजी ने कहा कि ज्यादातर तो नहीं गँवाता। परन्तु किसी बार तो ऐसा गँवाता है कि हमें भी भ्रम में डाल देता है। पिछले चौमासे की ही बात है। शाम से ही बरसात प्रारम्भ हो गई थी। घर से बाहर न निकल पाने के कारण वह और बलराम अपने पिता के साथ बातों में मग्न थे। बलराम को नींद आने लगी और वह सो गया। कृष्ण विभिन्न गोपकुलों की विशेषताओं के बारे में पूछ रहा था। देर तक उनकी गोष्ठी चली। दोनों सबसे बाद में सोए।

हवा की सनसनाहट बढ़ जाने पर यशोदाजी जाग गईं, वहीं बिजली भी चमकने लगी। कृष्ण-बलराम के कक्ष के द्वार खुले थे। दीपक जलाकर बन्द करने गईं तो वहाँ कृष्ण नहीं था। अपने पिता के पास तो नहीं सो रहा? नहीं, तो फिर गया कहाँ? भवन का मुख्य द्वार तो बन्द था, फिर कहाँ गया?

बलराम गहरी नींद में था। उसे झिंझोड़कर उठाया और पूछा कि कृष्ण कहाँ जा सकता है।

'उसे जहाँ जाना हो वहाँ। केवलदा से एक प्रश्न पूछने के लिए एक बार उन्हें नींद से उठाया था।' बलराम यशोदाजी के पीछे-पीछे दालान में आया।

'परन्तु ऐसी बरसात में?'

'तो राधा से मिलने गया होगा।'

'इतनी रात गए?'

'वह कहाँ रात-दिन में भेद मानता है। जाकर, खोजूँ?'

'परन्तु तूने किस प्रकार कहा कि राधा के यहाँ गया होगा?'

'भूल हो गई।' बलराम ने जम्हाई ली—'हाँ याद आया। आज वह उद्धव से कह रहा था। दो दिन से राधा नहीं दिखाई दी। कहीं अस्वस्थ न हो गई हो। निश्चित ही उसका समाचार लेने गया होगा।'

'इस आधी रात में उसे राधा के घर की ओर जाते देखकर लोग क्या कहेंगे?'

'लोग देखेंगे तभी कुछ कहेंगे न। अँधेरे में वह किसी को दिखाई ही कहाँ पड़ता है। सिर्फ राधा के पास ही ऐसी दृष्टि है कि वह किसी भी परिस्थिति में कृष्ण को पहचान जाती है।'

यशोदाजी विचार में पड़ गई। दीपक की शिखा की ओर देखती हुई वे राधा के बारे में सोचती हुई बोलीं : 'तू उसका बड़ा भाई है, तुझे उसे रोकना चाहिए।'

'आपकी डाँट सुनने के लिए। मान लो आप नहीं डाँटें तो भी क्यों रोकूँ? मुझे तो इस बात का आश्चर्य है कि वह दो-दो दिन तक राधा को देखे बिना रह सका।'

अब उनके पास कोई तर्क नहीं था। परमात्मा का स्मरण करके वे सो गईं। फिर से नींद उचट गई। जाकर देखा तो कृष्ण अपने पलंग पर निश्चिन्त सो रहा था। कहाँ से आ गया? या गया ही नहीं? या फिर बरसात और हवा के कारण गाय के बाड़े में गया था?'

सुबह उन्होंने बिना संकोच के पूछ ही लिया।

कृष्ण आश्चर्यचकित होकर बोला : 'क्या मैं वास्तव में गया था? मुझे तो लगा कि वह स्वप्न था?'

बात पूरी करते हुए यशोदाजी ने कहा : 'इस लड़के के बारे में कुछ न कुछ तो अगम रहने ही वाला है, मैं यह मानकर चलती हूँ।'

देवकी ने पूछा : 'राधा के पिता उसकी सगाई का प्रयास नहीं करते?'

'वर तो निश्चित ही है।' रोहिणी बोलीं।

'तो फिर ?'

'यह भी अगम है। मैंने इस बारे में बलराम से कहा था। चलो हम कलावती की चिन्ता खत्म कर दें। राधा-कृष्ण का विवाह कर दें... उस दिन बलराम की बात मेरी समझ में नहीं आई। वह कहने लगा—माँ तुम यह मानती हो कि वे विवाह के लिए तत्पर हैं।'

माताओं की यह विरल गोष्ठी पूरी होनेवाली नहीं थी, परन्तु तभी यमुना की ओर से सहायता के लिए आवाज आई।

'किसी ने नन्दराय को धक्का मारकर नदी की धारा में गिरा दिया है। वहाँ पहुँचो। कृष्ण-बलराम, उत्तम वहाँ पहुँचो! किसी ने नन्दराय को...'

आवाज पहचानने में नहीं आ रही थी।

16

विवाहोत्सव के हास्य-विनोदपूर्ण वातावरण में भी कृष्ण को मदद की आवाज स्पष्ट सुनाई दी। उसने सुबल से कहकर चलने के लिए कदम बढ़ाया। पीछे आते सुबल को संकेत से मना किया। क्योंकि हाथ में कंचन बँधे होने पर भी वह आने लगा था। रोकने पर भी वह खड़ा नहीं रहा। बलराम को खोजने लगा।

विवाह-मंडप से निकलकर कृष्ण ने सावज रूप धारण कर लिया। निश्चित छलाँगों में ही यमुना के किनारे पहुँच गया। वह कालिन्दी के दोनों किनारों के कण-कण से परिचित है।

सहायता के लिए फिर से पुकार सुनाई नहीं दी।

सारे साथी विवाह के कार्य में व्यस्त हैं, इसलिए इस तरह एकान्त में मुझे बुलाकर धोखा देना असम्भव नहीं है। इस तरह की शंका के बावजूद उसे इतना विश्वास था कि यमुना के किनारे वह अविजित है।

कृष्ण बिना सूचना या निर्देश के जिस स्थल पर पहुँचा वह उचित प्रतीत हुआ। वह मनुष्य आकृति पिताजी की भी हो सकती है। आत्मरक्षा के प्रति असावधान होकर उसने प्रवाह में कूदने के लिए पैर बढ़ाया ही था, वहीं उसकी पीठ पर लाठी का प्रहार हुआ। प्रहार तो बचा लिया। दो आक्रमणकारी उसे रोकने के लिए आए थे। उन्होंने ग्वालों का वेश धारण किया था परन्तु वे थे आगन्तुक ही। कृष्ण उन्हें पहचानने या सामना करने के लिए नहीं रुका। सुरक्षित स्थान से नदी में कूदा पड़ा।

सुबल द्वारा भेजे गए साथियों को रोके रखने में वे आक्रमणकारी सफल हो गए थे। दूसरे किनारे पर भी इसी तरह का दृश्य था। प्रवाह में नन्दराय का कोई चिह्न दिखाई नहीं दे रहा था। कृष्ण को इस बात का दुख हो रहा था कि वह किनारे पर सामना कर रहे गोकुलवासियों की सहायता नहीं कर पा रहा।

जल में गहरी डुबकी मारकर तीव्र गति से कुछ ही क्षणों में उसने यमुना को खूँद डाला। नील वर्ण जल इतना निर्मल और स्वच्छ था कि उसमें दूर तक दिखाई दे रहा था।

वह आवाज भययुक्त नहीं थी, अपरिचित अवश्य थी।

वह पिताजी ही लगते हैं, लगता है कि उन्होंने तैरने की शक्ति खो दी है। अरे, वे तो बहे जा रहे हैं, निश्चेष्ट...

नन्दराय अच्छे तैराक माने जाते थे। इस उम्र में भी प्रवाह के विरुद्ध तैर सकते थे परन्तु आज वे असावधान थे। गोकुल के पश्चिमोत्तर स्थान पर वसुदेव से मिलने के लिए खड़े थे। वे कौन-सा वेश धारण करके आएँगे इस बारे में अक्रूरजी का सन्देश मिल चुका था। इन्होंने किसी को नहीं बताया था। बलराम और उत्तम को भी साथ लेने का विचार नहीं आया।

अंतिम क्षणों में मिलन का स्थान बदलना पड़ा था। कंस के गुप्तचर सक्रिय थे। अक्रूर ने दूसरा सन्देश भेजा। दूत उनके समीप पहुँचे उससे पहले दुश्मनों ने उन्हें प्रवाह में फेंक दिया। वे मुँह के बल गिरे थे इसलिए उनकी छाती पर पानी की चोट पड़ी फिर भी उन्होंने सन्तुलन बना लिया। किस स्थान पर किनारे निकलना है यह उन्होंने सोच लिया था। वे निश्चिन्त तैर रहे थे कि गोफन से निकलकर एक पत्थर उनकी पीठ में लगा। उन्होंने डुबकी मारी। जैसे ही मस्तक बाहर आया वैसे ही, गले पर दूसरा पत्थर लगा। अब होश खो बैठेंगे ऐसा लगते ही उन्होंने कृष्ण का स्मरण करके साँस रोक ली और शरीर को प्रवाह में छोड़ दिया। यमुना के प्रवाह में कोई गीला काष्ठ बह रहा हो उस तरह नन्दराय बहे जा रहे थे। कुछ क्षण के लिए पानी की सतह के नीचे बहता शरीर ऊपर आता और फिर नीचे...

कृष्ण ने उन्हें इस स्थिति में पकड़ लिया और किनारे की ओर देखा। सुरक्षा के बारे में सोचकर प्रवाह में कुछ आगे बढ़ना निश्चित किया। उसने तरंगपाल की कुटिया के पास पिताजी को किनारे पर निकाला।

इन क्षणों के बीच बलराम और उत्तम ने मोर्चा सँभाल लिया था। उन्होंने अन्य गोपालकों के सहयोग से आगे से घेराव करके आक्रमणकारियों को घेर लिया था। जो तीन व्यक्ति पकड़े गए वे मागधी सैनिक निकले। प्रताड़ित होकर भी वे अपना परिचय देने के लिए तैयार नहीं थे। उन्हें शिरीष और शीशम के वृक्षों से अलग-अलग बाँधकर उनसे

वास्तविक भेद उगलवाने का कार्य उत्तम को सौंपकर बलराम नन्दराय एवं कृष्ण का पता लगाने के लिए प्रवाह की ओर मुड़े।

कृष्ण, नन्दराय और तरंगपाल सामने से आते हुए दिखाई दिए। नन्दराय की गर्दन थोड़ी झुकी हुई थी।

उन तीनों बन्दियों को नन्दराय की कृपा प्राप्त हुई।

'मुझे प्रवाह में धकेलनेवाले तो दूसरे थे। ये उनके साथी हों तो भी सही अपराधी ये नहीं हैं और जिन्होंने इन्हें भेजा है, हम उनसे कुछ कह नहीं सकते। आज सुबल-ललिता का विवाह है इस खुशी के अवसर पर बन्दियों को छोड़ देना।'

बलराम ने अनिच्छापूर्वक नन्दराय के अभिप्राय का पालन किया। यदि यह बात कृष्ण ने कही होती तो प्रतिवाद किया जाता।

वसुदेव क्यों नहीं आ सके इसका कारण घर पहुँचकर मालूम पड़ा। उन्हें शूरसेन जनपद के दक्षिणक्षेत्र में जाना पड़ा। कई वरिष्ठ यादव महाकालेश्वर के दर्शन के लिए गए थे और वहाँ से अंकपाद आश्रम पहुँचे। उन्होंने सांदीपनि मुनि से प्रार्थना की कि कई वर्षों से आर्य वसुदेव के दर्शन नहीं किए हैं। हम पर यह अनुग्रह किया जाए।

सांदीपनि को राजा पर विश्वास नहीं था, उन्होंने अक्रूर के पास यह सन्देश भेजा कि किसी भी तरह आर्य वसुदेव को उज्जैन भेजो...

अक्रूर ने धार्मिक अनुष्ठान का आयोजन करके राजा की सहमति प्राप्त कर ली। गोकुल गई देवकी वहाँ दो दिन अधिक रुकें। उन्हें मथुरा से रथ लेने आए तब यह देख लें कि उसमें अक्रूरजी की दासी मालती पुरुष वेश में सारथी से दूसरी ओर मुख करके बैठी है या नहीं...

राजा के साथ खुलकर संघर्ष करने का समय आ गया है। फिर भी प्रारम्भ हमें नहीं करना। आत्मरक्षा के लिए प्रतिकार करनेवाले को प्रजा की सहानुभूति मिलती है, आक्रमणकारी को नहीं। कुशल राजनीतिज्ञ धैर्यपूर्वक उचित अवसर की प्रतीक्षा करता है।

नन्दराय कृष्ण-बलराम को समझा रहे हैं। मित्रों की राजनीतिक कार्यकुशलता पर उन्हें विश्वास था।

'पिताजी, आप राजनीतिज्ञ नहीं हैं?'

'नहीं।'

'तो फिर आपसे परामर्श क्यों लिया जाता है?'—बलराम ने पूछा।

'कभी-कभी जो राजनीतिज्ञ नहीं होता उसकी सलाह अधिक योग्य होती है।' कहकर नन्दराय ने दोनों पुत्रों को हँसाया। सामने से यशोदाजी आ रही थीं। उनका भारी शरीर इस समय फूल की सुगन्ध के समान हल्का बन गया था।

'तुम क्यों इस तरह जंगल में...' उन्हें देखकर नन्दराय को गम्भीर हो जाना पड़ा।

'मुझे आपकी कोई चिन्ता नहीं थी'—यशोदाजी अब चिन्तामुक्त थीं।

'अच्छा, तो तुम्हें चिन्ता थी, मुझे बचानेवाले की।'...नन्दराय का वाक्य द्विअर्थी था। आचार्य गर्ग इसमें से दूसरा ही अर्थ निकालते।

गाँव का सीमान्त आ गया था। माता-पिता को बातों में मग्न देखकर कृष्ण-बलराम शुभ समाचार के प्रत्यक्ष प्रमाण के रूप में विवाह-मंडप में पहुँच गए। दूसरी ओर नन्दराय

के गले पर हाथ फिराकर अधिक चोट नहीं आई यह देखकर यशोदाजी ने देवकी के आगमन की सूचना दी। वे जानती थीं कि देवकी कृष्ण-बलराम को लेने नहीं आईं। उन्हें इस बात का अनुमान था कि दोनों पुत्रों को मथुरा के शासक से सुरक्षित रखना है। फिर भी स्वयं को निश्चिन्त करने के लिए उन्होंने पति से पूछा : 'पुत्रों को देवकी के साथ भेजना है?'

'मैं तुम्हें बुद्धिमान समझता था!'

'तो यकायक क्या हो गया? क्या बुद्धिमान व्यक्ति अनुदार होता है? अपना सुख दूसरों से छिपाता है?'

'दूसरों को बताया हुआ सुख क्या उसी रूप में वापस मिलता है?'

'मैं समझी नहीं। यदि तुम्हें किसी प्रकार का भय हो तो भेजना ही नहीं। यह तो मैंने इसलिए कहा कि उनके बिना मैं दो दिन गुजार लूँगी।'

'दो ही दिन?'

'हाँ, तीसरे दिन तो वे वापस आ ही जाने चाहिए। अब मुझे विश्वास हो गया है कि राजा चाहे कितना ही षड्यंत्र रचे, उनका बाल बाँका नहीं कर सकता । उन्हें कोई भय से नहीं रोक सकता, उन्हें रोका जा सकता है मात्र प्रेम के द्वारा!'

यशोदाजी निश्चिन्त थीं। मथुरानगरी में तो उन्हें प्रेम से बाँधकर रखनेवाला कहाँ है? उन्हें पति के मुख से कितनी अच्छी बात सुनने को मिली। कृष्ण-बलराम को अभी भेजना नहीं है। इससे अच्छी बात दूसरी क्या हो सकती है? पुत्र आँखों के सामने रहे, अतिथि आएँ और उन्हें देख जाएँ।

एक समय ऐसा भी था कि जब हर व्यक्ति कृष्ण को देखे यह यशोदाजी को अच्छा नहीं लगता था।

'तुम जानती हो, कृष्ण-बलराम को देखने के लिए समग्र शूरसेन जनपद की प्रजा आतुर है? पूरा आर्यावर्त उनकी बातें करता है।'

'बातें क्यों नहीं होंगी? बहुत से लोग अपनी कन्याओं के लिए अच्छा वर खोजते होंगे।'

नन्दराय को लगा कि यशोदाजी आज वास्तविक बात नहीं समझेंगी। वे कहते कुछ हैं, यशोदाजी सुनती कुछ हैं।

भवन आ गया। नन्दराय को कुशलक्षेम देखकर रोहिणी ने अन्तर्यामी को वन्दन किया।

विवाह-मंडप से ढोल लेने आए बलराम ने देवकी को साष्टांग प्रणाम किया। अतिथि कौन हैं, यह जानने की उसे आवश्यकता नहीं लगी। कृष्ण ने भी अभी उससे कहाँ कहा था?

बलराम ने ढोल उतारा, रोहिणी ने पोंछ दिया। ममतामयी दृष्टि से देखकर बलराम को चढ़ाने दे दिया। पल-भर में तो खींचकर चढ़ा दिया। थाप दी, मोर कूकने लगे। वाह! आज तरह-तरह के मिष्ठान्न खाने को मिलेंगे, इस बात की उमंग कम नहीं है, परन्तु ढोल बजाकर गोप-गोपियों को रास कराने का आनन्द ही कुछ और है।

देवकी व्रत करती हैं। वे मिष्टान्न नहीं खाएँगी।

नन्दराय, यशोदाजी और रोहिणी को ऐसे प्रसंगों में सबके साथ पंगत में नहीं बैठना पड़े इसलिए पहले से ही थाली आ जाती है। आदर देने की यह प्रथा प्रचलित थी। फिर भी यशोदाजी ऐसी अपेक्षा नहीं रखतीं। कोई बुलाए तो अवश्य जातीं। विशेष रूप से छोटे बालकों के मुंडन-संस्कार के समय उन्हें जबरदस्ती ले जाया जाता। ऐसी मान्यता बन गई है कि बात-बात में रोनेवाला बालक भी उनकी गोद पाकर हँस पड़ता है।

ललिता की माँ उन्हें ले जाकर ही मानती परन्तु आज यहाँ अतिथि हैं। उद्धव और विशाखा के द्वारा मिष्टान्न की थाली भेजी है। यहाँ नन्दभवन में मिष्टान्न से मधुर बातें चल रही हैं और वहाँ विवाह-मंडप पर भोजन के साथ हास्य-विनोद चल रहा है। बलराम के लिए कैसी कन्या चाहिए, वृन्दा और नन्दिनी कैसे पति को पसन्द करेंगी, इसका वर्णन करते गीत गाए जा रहे हैं। छोटे मंडप में सुदामा की अध्यक्षता में आशु कविता चल रही है। सबने मधुमंगल को फिर से खड़ा किया है। बालक नाटक खेलने की तैयारी पूरी कर चुके हैं। उनके अनुसार संवाद गौण है, वेशभूषा ही नाटक है।

बड़े लोग अपने पुराने-स्नेह सम्बन्ध को ताजा करने में व्यस्त हैं। चाँदनी जग रही है।

खुले आकाश के नीचे की यह उत्सव सभा युवा हृदयों के लिए एकान्त-गोष्ठी करने का वातावरण खड़ा कर रही है।

आज राधा कृष्ण के साथ अधिक उन्मुक्त बन गई है। मशाल के प्रकाश को रोकते खड़े मनुष्य की प्रतिच्छाया में उसने कृष्ण की आँखें बन्द कीं और गाल पर चुम्बन किया। यह स्नेहवर्षा करनेवाला दूसरा तो कोई नहीं है, यह देखने के लिए उसकी ओर देखते समय कृष्ण की पीठ को उसके उन्नत वक्ष का गाढ़ स्पर्श हुआ। आलिंगन करने का भाव जागा। राधा अपना लोभ संवरण नहीं कर पाई। कृष्ण ने उपकृत होने के भाव को प्रकट करते हुए राधा की हथेली दबाई। इस प्रेम का उत्तर वह अवश्य देगा। उसने वंशी हाथ में ले ली है।

मशालची सबसे बीच में आकर खड़ा हो गया।

बलराम के गले में लटकते ढोल पर विशाखा ने दुर्गा को बिठा दिया। हास्य की लहर मंडप की ऊँचाई को पार कर गई। उत्तम के हाथ में बड़े-बड़े डाँडिया थे। यह देखकर दरवाजे की ओर से दूसरी लहर आई : 'डाँडिया, रास खेलने की अपेक्षा दुश्मन से लड़ने में अधिक उपयोगी रहेंगे।'—सुदामा के कथन का उद्धव ने अनुमोदन किया। उत्तम ने कहा कि बलराम के खेत में उगे बाँस के टुकड़े करने का मेरा मन नहीं हुआ। तुम घबराओ मत, मैं लम्बे डाँडियों से किसी को चोट नहीं पहुँचाऊँगा।

बड़ों का आशीर्वाद ले, नन्दभवन से आशीर्वाद के साथ मूल्यवान भेंट-सौगात लेकर ललिता-सुबल वापस आ गए। उन्होंने बलराम, कृष्ण और राधा को वन्दन किया। अब सब गाते-गाते गाँव के देवताओं को नमन कर आएँगे। लौटते समय भैरवदा और केवलदा की चरण-रज ले आएँगे। राधा, कृष्ण तथा अन्य आत्मीय गोप-गोपियाँ साथ ही हैं।

कृष्ण ने राधा के जूड़े से एक फूल लेकर ललिता को दिया। ललिता ने अभिभूत होकर वह फूल लेकर अपनी कंचुकी में रख लिया। प्रार्थना की कि राधा-कृष्ण के स्नेह से हमारा जीवन सुगंधित बने।

शुभा, वृन्दा अलंकृत डाँडिया ले आईं, उन्हें वर-कन्या के हाथ में दे दिया।

वंशी कृष्ण के होंठ पर पहुँची। थिरकते यौवन का वृत्त बन गया। भूमि सुशोभित हो उठी। दुर्गा की उम्र की कई छोटी बालिकाएँ भी सज-धजकर छोटे डाँडिया लेकर आ पहुँचीं। राधा ने बड़े वृत्त के भीतर उनका छोटा वृत्त बनवा दिया।

स्वर बहे। तीसरे सप्तक की ऊँचाई पर बलराम के डंके ने साथ दिया। धरती डोलने लगी। आकाश झूमने लगा। पवन पीछे घूमकर प्रेरक बन गया। सुगन्ध साथ दे तभी तो यहाँ से हटे!

आश्विन मास तेरस का चन्द्र अब ऊपर आ गया था। गोकुलवासी चाँदनी के चाहनेवाले हैं, यह समझकर कृष्ण ने मशालची को प्रवेश-द्वार पर भेज दिया।

वर्ष-दो वर्ष पहले के विवाहित युगल रास खेलने आ पहुँचे। संख्या बढ़ती जा रही थी। ललिता का प्रांगण छोटा पड़े इससे पहले ही कृष्ण-बलराम ने रास-मंडली को मुहल्ले की ओर खिसकाया। अन्त में मुहल्ला भी छोटा पड़ने लगा। ललिता के घर का आनन्दोत्सव गाँव के सिवान तक फैल गया। वंशी, डाँडिया और ढोल के सम्मिलित नाद सुनकर तारे यमुना के जल में नाच रहे थे।

चन्द्र रात के दूसरे प्रहर की सीमा पार कर गया। जो सबके लिए मधुर और पौष्टिक पेय की व्यवस्था सँभाल रहे थे, उन्होंने कर्तव्य-भावना से प्रेरित होकर और बड़ों की आज्ञा पाकर रंग में भंग डाला। अब विश्राम।

एक प्रौढ़ अतिथि ने सुरापान की आशा से पात्र हाथ में लिया। उनकी केवल माधुर्य में रुचि नहीं थी। स्वयं को शूरसेन जनपद का निवृत्त सैनिक बतानेवाला यह प्रौढ़ विविध प्रकार की सुराओं की विशेषताएँ बताने लगा। वह सुबल की ननिहाल से आया था। इसलिए बरातियों ने मामा कहकर उन्हें आदर दिया। इतना ही नहीं, सुरा के लिए उनका विशेष आग्रह हो तो वैद्यराज से विनती करके एक चषक भर लाया जाए। यहाँ किसी को सुरापान की आदत नहीं है, वह सिर्फ औषधि के रूप में प्रयुक्त होती है।

यह बात सुबल तक पहुँची। विवाह का आयोजन भव्य था। सिर्फ यही एक कमी रह गई। एक अतिथि की इच्छा अधूरी रह गई। सुबल ने अपने मथुरा-प्रवास में मद्यपान के कौतूहल को शान्त किया था। द्रव्य का तो प्रबन्ध है ही। दो लोगों को मथुरा भेजकर सुरा मँगवा लेगा। परसों शरदपूनम है। वृन्दावन का सबसे बड़ा रासोत्सव। 'सुनो सज्जनो! यमुना के किनारे मेरी ओर से आप सबके स्वागत का प्रबन्ध होगा। इतना ही नहीं, सबसे अधिक सुरापान करने पर भी होश न गुमाने वाले को पुरस्कृत भी किया जाएगा।'

युवकों और प्रौढ़ों ने इस घोषणा का हर्षध्वनि से स्वागत किया। कृष्ण को इसमें सुबल का अति उत्साह दिखाई दिया। परन्तु आज वह दूल्हा है। आज उसका विरोध करना शोभा नहीं देगा। केवलदा और भैरवदा कभी भी सुरापान नहीं करते। वे मानते हैं कि तपस्वियों और ब्रह्मचारियों के लिए सुरा वर्जित है।

वृन्दावन के सकल रसिक कलाप्रेमी गोप-गोपियों ने पूर्णमासी की रात्रि को इस उत्सव में भाग लिया। रात्रि के दूसरे प्रहर से रास प्रारम्भ हुआ।

यमुना किनारे घने वन के बीच रास के लिए कृष्ण द्वारा पसन्द की हुई जगह पुराने गोकुल के निवासी अय्यन की है। अब उनकी गायें पूर्वोत्तर किनारे के महावन में चरती हैं। यहा ँ का किनारा कालिन्दी की श्वेत रेती के कारण ध्यान आकृष्ट करता है। वृत्ताकार वीथिका के दोनों ओर उगे वृक्षों की छाया स्थल की जड़ता को दूर करनेवाली है। हवा के पंखों पर बैठकर नीचे उ तर आए पत्रों को बीन लिया गया है। राधा के विहार के लिए सर्वथा योग्य यह स्थल, स्वच्छ, रमणीय, शान्त और शीतल है। यही है वृन्दावन का हृदय। यहाँ तमाल की अधिकता है। इसे राधा कृष्ण-कुंज कहती है और कृष्ण राधा-कुंज।

रात्रि में यहाँ पहुँचने के लिए घने जंगल के कुछ भयानक भाग से होकर गुजरना पड़ता है। किसी भी आगन्तुक की पदचाप सुनने के लिए जंगली पशु वहाँ बैठे रहते हैं। निर्भय और आनंदित युवक-युवतियों को जंगली पशुओं और जहरी जन्तुओं के लाक्षणिक भाव-प्रतिभाव देखना-सुनना अच्छा लगता है।

कवियों ने इस वन के सौन्दर्य का अनुभव किया है। उन्होंने वर्णन किया है कि शरद की रात को वन पुष्पों से खिला हुआ था, पूनम के चन्द्र की किरणों से रँगा हुआ था और पवन में यमुना की लहरों के साथ डोलते वृक्षों के पत्तों से सुशोभित था।

यह सही है कि वहाँ तमाल के वृक्षों की अधिकता थी, परन्तु कहीं-कहीं कदम्ब, पीपल, बरगद, दुपहरिया, अशोक, कचनार, चम्पा, आम, खिन्नी, जामुन, बिली, बोरसली के वृक्ष भी देखने को मिल जाते। इस कारण प्रत्येक रंग और प्रत्येक सुगन्ध से यह वन समृद्ध माना जाता। और कहीं तुलसी और बेला जैसे पौधे तथा मालती तथा जुही जैसी लताएँ अधिक प्रमाण में खिली हुई थीं। कृष्ण ने ऐसे स्थलों को लताकुंज या निकुंज की संज्ञा देकर स्नेहियों के बैठने के लिए रमणीय स्थान बना दिया था। गायों को चराते समय निष्क्रिय बैठे रहने के स्थान पर निसर्गश्री के साथ ऐसी क्रीड़ाएँ कृष्ण के लिए अनिवार्य बन गयी थीं।

शरदोत्सव की रात को सिर्फ ढोल से काम नहीं चलता। झाँझ, छोटे-बड़े मृदंग, वीणा आदि वाद्यों को लेकर तरंगदा के नेतृत्व में दूसरे गोकुलों के वादक भी आ पहुँचते। तरंगदा की उपस्थिति में सभी वाद्य सन्तुलित बजते। भाव, ताल और नृत्य की तीव्रता के समय कृष्ण वंशी बजाता, उस समय सभी वाद्य गौण रहते, प्रत्येक अवसर अभूतपूर्व बन जाता। आज की विशेषता यह थी कि यौवन को उत्सव में बदल दिया था।

सुबल की पूर्व घोषणा के अनुसार आज विश्राम के समय जलपान के स्थान पर सुरापान की व्यवस्था थी। स्पर्धा में अनेक युवक शामिल हुए। बलराम विजेता बने। उन्होंने होश और स्फूर्ति दोनों बनाए रखे थे। अच्छी तरह आँख खोलकर देखने पर गोप-गोपियों के युगल एक-दूसरे के अधिक निकट खड़े लगते थे। पलकें फड़फड़ाते हुए वे दूर हट जाते। सब ठीक-ठाक चल रहा था। उन्होंने ढोल पर थाप दी और खड़े हो गए। अपने ताल पर नाचने लगे। ढोल का स्वर कैलाश तक पहुँचेगा तो स्वयं शंकर उसके साथ नाचने आ पहुँचेंगे। नहीं आयें तो अच्छा होगा। उनके डमरू की आवाज बलराम के ढोल के आगे दब जाएगी—नशे में से होश में आने का प्रयास करते हुए सुबल ने कहा।

रास फिर से जोर पकड़ता है। युवा हृदय यमुना की बाढ़ से भी अधिक छलक रहे हैं। रात्रि का तीसरा प्रहर चल रहा है इसका किसी को पता नहीं है। कृष्ण के वेणुवादन की

मोहिनी ने मद्यपान से दूर रहनेवालों पर भी अधिकार कर लिया है। विश्राम के समय कोई थका था, कोई मूर्च्छित था तो कोई प्रलाप कर रहा था। इस समय सब किसी विराट चेतना के अणु होकर कृष्ण नामक धुरी पर घूम रहे हैं। आंगिक गति के बीच भी चैतसिक स्थिति तो समाधि की ही है।

वहीं राधा कृष्ण की वंशी लेकर खिसक गई।

वाद्य बन्द हो गया, संगीत बह रहा है।

कृष्ण सोच में पड़ गए हैं कि राधा कहाँ गई? रात्रि का तीसरा प्रहर बीतने वाला है। ऐसे में इस तरह वंशी लेकर अदृश्य हो जाना आकस्मिक था। इससे पहले उसने ऐसा साहस कभी नहीं किया।

राधा का अनुसरण करना ही एकमात्र उपाय है।

प्रीत का सहज खिंचाव और एक कल्पित दिशा में प्रयाण, आधार है सुगन्ध का।

हाँ, यह सुगन्ध राधा के द्वारा जूड़े में लगाए गए पुष्पों की ही है, उसमें प्रस्वेद के कारण कोई अगम तत्त्व बढ़ गया है। वह सिर्फ मार्गसूचक नहीं है बल्कि समग्र अस्तित्व को आमंत्रित कर रहा है।

निकुंज की छाया में खड़ी राधा कृष्ण को समीप देखकर अधिक निकट आते हुए गिर पड़ी। प्रिय उसे दोनों हाथों से थामे, मुख के मृदु उपचार से हृदय में धारण करे इससे पहले ही वह समर्पित कौमुदी-पुष्पों की माला की तरह कृष्ण के चरणों पर झुकी दिखाई दी। चाँदनी से भी धवलोज्ज्वल राधा का शरीर पारदर्शी नहीं था इसलिए उसके नीचे ढँक गए नीलकमल रूपी चरण दिखाई नहीं दे रहे थे। निःस्तब्ध वन इस अभूतपूर्व और अनन्य समर्पण का साक्षी बना।

'तुझे क्या चाहिए राधा?'

'बस यही, मेरा जो कुछ हो वह तू ले ले। उसे अपना बना दे जिससे तुझसे बिछुड़कर भी दूर नहीं जा सकूँ।'

'तू मुझे लेकर ही भागी थी। नहीं तो मैं यहाँ नहीं होता। वहाँ सबके बीच होता।'

'जब हम सबके बीच होते हैं तो अलग क्यों दिखाई देते हैं?'

'तेरा यह प्रश्न मुझे उपनिषद् के अद्वैतवादियों की जिज्ञासा का स्मरण कराता है। यह बाह्य अन्तर आन्तरिक अभेदता तक जाने का सिर्फ सोपान है। ऐसे, गहन ज्ञान की बात तूने इस सीधे-सादे प्रश्न द्वारा कर दी है।' कृष्ण ने इसी समय राधा को खड़ा किया, मुखोमुख...

'ज्ञान-वान मैं कुछ नहीं जानती। मैं तो तेरा प्रेम पाऊँ, निरन्तर, बहिरन्तर'... कहती हुई राधा कृष्ण की कमर में वंशी खोंस देती है। उसका ललाट अनायास कृष्ण के होंठों के स्पर्श का अनुभव करता है।

'तू ज्ञान तो है ही।'

'नहीं, मैं मात्र संवेदना हूँ।'

'मैं तुझे ज्ञानात्मक संवेदना कहूँ तो?'

'इससे मैं संवेदनात्मक ज्ञान नहीं होनेवाली।'

'तूने तो ज्ञानात्मक संवेदना और संवेदनात्मक ज्ञान का अति सूक्ष्म भेद मुझे बता दिया।'

'मैं कौन हूँ बतानेवाली? तू स्वयं ज्ञाता है। मैं ज्ञेय हूँ अनुभव के द्वारा।...' कहते हुए राधा ने होंठ कृष्ण के कंठ को अर्पण किए। कन्धे पर हाथ टिकाकर कहा : 'मैं भक्तिरूपा बनना चाहती हूँ जिससे मुझे ज्ञान या इच्छा की आवश्यकता ही नहीं पड़े!'

'एक प्रश्न पूछूँ? तू फिर रूठ मत जाना। तूने अभी कहा कि तुझे ज्ञान या इच्छा नहीं चाहिए फिर तू प्रेम का किस प्रकार अनुभव करती है?'

'इसी तरह, स्वयं को देकर। मेरे पास एक स्वप्न है, जिसमें मैं अपना समग्र अस्तित्व इस तरह तुझे दे देती हूँ।'...कहते हुए राधा ने कृष्ण को आलिंगन में लेकर अपने शरीर का होश खो दिया।

यह घटना कृष्ण के लिए चमत्कार-समान थी।

इस शरीर का भार पुष्पित वन की सुगन्ध के बराबर भी नहीं! अभी जब होंठों का स्पर्श हुआ, उस समय उसका रूप फूल के समान था, अब वह सौरभवत् लगती है। कृष्ण ने इस क्षण में राधा के शरीर को नहीं उठाया, सौरभ का सान्निध्य प्राप्त किया था। कृष्ण के विशाल नयनों को जिसका दर्शन हो रहा था, वह राधा नहीं थी, चाँदनी थी। यमुना किनारे का यह निकुंज इसका साक्षी है।

यहाँ से यमुना के साथ संवाद सम्भव है। वाणी के विकल्प में यहाँ हवा है। ऐसी हवा अन्यत्र नहीं है। इसमें निहित चाँदनी की लहरें सीधे आकाश से न आकर नदी की तरंगों को ताली देती हुई आती हैं और नदी की शीतलता हर लाती हैं। किनारे पर रोक-टोक नहीं है।

कृष्ण संवेदन की स्थिति में केवल क्षण-भर रह सकता है क्योंकि वह जो कुछ जानता है उस पर इसका भार रहता है। हवा के साथ हुई विशुद्ध संवादिता मात्र से वह सन्तुष्ट नहीं होता। कहता है : 'राधा, तू भले ही ज्ञान या इच्छा से दूर रहना चाहती हो परन्तु ऐसा क्षण आनेवाला है कि तुझे सबकुछ जानना पड़ेगा। हमें जिस परिस्थिति और नियति ने साहचर्य दिया है, जिस परम तत्त्व ने हमें निर्मल मैत्री का अनुभव प्रदान किया है, जिन बुजुर्गों और गुरुजनों ने हममें विधायक जीवन-दृष्टि का विकास किया है, लगता है कि उन्होंने हमारे अस्तित्व के साथ एक उद्देश्य भी रखा है। अपने जीवन की शक्ति मेरे द्वारा उस उद्देश्य को सिद्ध करने के लिए सक्रिय होगी, तब इस निकुंज और यमुना की लहरों के बीच है वैसी संवादिता जीवन में नहीं होगी। तब होगा रुधिर के फव्वारे उछालता संघर्ष!'

राधा बैठ गई। शरीर का विसर्जित भार फिर से संचित हो गया। अस्मिता मुद्रित हो गई। स्पष्ट दिखाई दे उतनी दूर हो गई। कृष्ण ने बात को आगे बढ़ाया : 'माता देवकी के मुख से मथुरा की राजनीति के बारे में सुनने के बाद मुझे लगता है कि वह क्षण शायद कल सुबह भी आ सकता है। उस संघर्ष में तू प्रत्यक्ष रूप में मेरे साथ हो यह सम्भवित नहीं। इस ब्रजभूमि को और इसके सौन्दर्य की साकार मूर्ति समान तुझे मैं प्राणों से अधिक चाहता हूँ, परन्तु जब से मैंने जाना है कि कारागार में मेरा जन्म हुआ है तब से कारागार को तोड़ने के लिए व्यग्र हूँ। इसलिए जहाँ कारागार है वहाँ-वहाँ मुझे जाना पड़ेगा ऐसी गुरुजनों की

भविष्यवाणी है। कर्म के प्रति सहज रुचि मुझे खींच ले जाएगी। मुझे पता नहीं है कि कब कहाँ होऊँगा। आज तेरे पास हूँ इसीलिए पूछ रहा हूँ। भावना में बहे बिना बता कि तुझे क्या चाहिए?'

'इसका उत्तर न दूँ तो?'

'मेरे बारे में मित्रों की अच्छी धारणा नहीं है। उनकी तरह तूने भी मुझे कई बार बेईमानी करते देखा है। सम्भव है कि उनका कहना सच हो। मेरे द्वारा जाने-अनजाने तेरे प्रति अन्याय न हो जाए इसलिए कहता हूँ कि...'

राधा ने कृष्ण के होंठों पर हथेली रख दी, दूसरे हाथ से उसकी घुँघराली लटों को कान पर चढ़ा दिया। कुंडल से अँगुली की पोरें नीचे आ गईं। खेस ठीक करने लगी। राधा कह रही थी : 'मैं तेरे मुख से उपनिषद् के वाक्य सुन-सुनकर, तुझे केवलदा का योग्य शिष्य मानकर, इन्द्रियों पर तेरे संयम का प्रमाण पाकर सखियों से कहती थी—कृष्ण भले ही मुझसे छोटा हो परन्तु अपनी इस भूमि का सबसे बड़ा ज्ञानी है। आज लगता है कि मेरी धारणा बिलकुल गलत है। तू तो मुझसे भी अधिक अबोध निकला। तू इतना भी नहीं समझ सका कि मुझे दूसरा कुछ भी नहीं चाहिए। सिर्फ ऐसे एक क्षण की आकांक्षा थी जिसमें मैं अपना सर्वस्व तेरे चरणों में धर सकती। वह क्षण मैं पा चुकी तब तू पूछने बैठा : अच्छा बता, तुझे क्या चाहिए? हे दानवीर, स्त्री के हृदय को तू नहीं जान पाया तो कोई बात नहीं परन्तु ऐसे निरर्थक प्रश्नों को पूछकर तू मुझे असमंजस में मत डाल।'

'तू मुझसे लड़ रही है इससे मैं डरनेवाला नहीं। आज पूछा है, वह प्रश्न फिर पूछनेवाला नहीं हूँ।'

'अब वही प्रश्न मैं तुझे पूछूँ? प्रिय, तुझे मुझसे क्या चाहिए? जो चाहिए वह ले लो...' कहते हुए राधा हँस पड़ी।

'तुझसे क्या चाहिए? तू ही चाहिए। केवल तू, समग्र तू, निःशेष तू!'... कहते हुए उसे बाँहों में भर लिया।

पहले के समर्पित क्षण जैसी स्थिति में राधा इस बार नहीं पहुँच सकी। उसने सुध-बुध नहीं खोई। प्रश्नोत्तरी कर सके ऐसी स्थिति में वह थी।

'इस पूर्णिमा की सच्ची विजेता तो मैं हूँ! ललिता ने विवाह-सुख प्राप्त किया। मैंने परमतत्त्व का अनुग्रह माँग लिया। कृष्ण, तुझे ही परमात्मा मानकर मैंने अपना समर्पण किया था। जिस तरह पुष्प अपनी डाल से गिर पड़ता है उसी तरह मैं भी अपने अहंकार से निकल पड़ी। तेरी शरण में पहुँचकर, कालदेवता की भी अवज्ञा करके, समय के सारे बन्धनों को तोड़कर मैंने अभीष्ट क्षण को प्राप्त कर लिया है। जिसे ऐसा क्षण प्राप्त हो उसका प्रेम चिरन्तन हो जाए...मुझे अच्छी तरह याद है, तूने अभी मुझे उठा लिया था, तब मेरे यौवन का भार भाव में परिवर्तित हो गया था। तुझे इस बात पर विश्वास नहीं है? तू तो निसर्ग के तत्त्वों से सीधा संवाद कर सकता है। पूछ ले उनमें से किसी को और तुझे ज्ञान पर अधिक विश्वास हो तो इस बात का पता लगा कि तेरी गोद में एक शरीर है या केवल अनुभूति?'

मौन।

मौन के समीपवर्ती स्वर में कृष्ण ने कहा : 'मैं तुझे समझने का प्रयत्न कर रहा था, इतनी देर में तो तू मुझसे बहुत आगे निकल गई, अनुभूति तक पहुँच गई! अनुभूति भी कैसी, कालातीत! जो बात मुझे ऋषि-मुनि भी नहीं सिखा सके वह तेरे संसर्ग में अपने आप प्राप्त हो गई! आज मैं निश्चिन्त हो गया। मैं धन्यता का अनुभव कर रहा हूँ। तूने निःस्वार्थ और निष्पक्ष भाव से चाहकर इस निबिड़ एकान्त में मुझे दीक्षा दी है। मनुष्य एक ही माध्यम से कालजयी बन सकता है, वह माध्यम है प्रेम। तेरा यह निष्काम प्रेम मेरे लिए गुरुमंत्र बन जाएगा। घोर अंगिरस ने यज्ञ का एक विचार दिया था, तूने उसे प्रमाणित कर दिया है। मैं तुझे वन्दन करता हूँ राधिके।'...कहते हुए कृष्ण ने राधा के चरणों में वंशीवादन में प्रवीण होंठ रख दिए और इसके साथ समग्र निकुंज, वन अलौकिक संगीत में परिवर्तित हो गया।

रासोत्सव की चरम अवस्था में पहुँचे हुए गोप-गोपियों ने राधा-कृष्ण की अनुपस्थिति के कारण कुछ क्षणों का विश्राम लिया और अपने-अपने घर जाने लगे। बलराम, उत्तम, उद्धव आदि ने वहीं पड़ाव डाला। ललिता-सुबल ने घर जाकर पाग बनाकर भेजा। बलराम ने एक नई बात कही : 'वह जरासंध को मल्लयुद्ध में पछाड़ना चाहता है।'

वहाँ एकान्त कुंज में राधा-कृष्ण के बीच गोष्ठी चलती रही।

कई सखियों ने ईर्ष्या तथा विनोदवृत्ति की मिश्रित भावना से प्रेरित होकर उनका पीछा करने का प्रयत्न किया। पूर्ण चन्द्र के प्रकाश में अपरिचित व्यक्ति के पदचिह्न को पहचानना कठिन था परन्तु राधा-कृष्ण के साथ उनकी मैत्री ने उनकी सहायता की। एकाएक राधा के पदचिह्न अदृश्य हो जाने पर उन्होंने अनुमान किया कि प्रिया के पैरों के सुकोमल तालुओं में तृणांकुर न लगे इसलिए कृष्ण ने राधा को यहाँ से उठा लिया है। कृष्ण के पदचिह्न अधिक गहरे होने के कारण उनके अनुमान को समर्थन मिल गया। आगे बढ़ते-बढ़ते कृष्ण के पैरों के आधे निशान दिखाई दिए। पैरों के पंजों के बल खड़े होकर प्रिया के लिए फूल बीने होंगे, इस बात पर विश्वास किया।

इन गोपियों ने काफी मार्ग तय कर लिया था। फिर भी वे राधा-कृष्ण को पहचान नहीं सकीं। राधा के स्थान पर उन्हें सिर्फ चाँदनी दिखाई दी और कृष्ण के स्थान पर छाया। अपने-अपने द्वैत के साथ वे वापस लौटीं और काफी दिनों तक मीठा दुःख उठाती रहीं।

इसमें से उत्पन्न हुईं, कृष्ण-राधा के मिलने की बातें। जो गोपियाँ ब्रजभूमि से विवाहित होकर बाहर गईं उनके पास सबसे बड़ी पूँजी थी —राधा-कृष्ण के मिलन की स्मृति।

अय्यन गोप कहता है : वह भूमि अब मेरी नहीं है, वह तो अलौकिक बन गई है। मैं वहाँ जाता हूँ, सिर्फ दर्शन करने।

यहाँ नन्दभवन में मधुमंगल देवकी को कनु के पराक्रम सुना-सुनाकर प्रसन्न कर रहा है। वह स्वयं को कवि मानता है इसलिए सारे प्रसंग पद्य में कहता है, वह भी गाकर :

"एक बार की बात बताऊँ, खेल में हो गई देर!
भूख बढ़ गई कुछ ही क्षणों में मित्र हुए लाचार!
बोला कन्हैया तुम सब देखो अपना-अपना गोधन
मैं चुपचाप किसी के घर से ले आऊँगा माखन!
द्वार खोलकर घुसा कन्हैया घर में धीरे-धीरे,
पानी भरने गई गोपी आ पहुँची थी द्वारे।
भाग जाता था बार-बार देकर के ता ता थैया,
पहले बाँधू हाथ डोरी से, फिर बुलाऊँगी मैया।
कहे कन्हैया राह भूल गया, जाना था घर अपना,
हाथ बढ़ाया था मैंने तो निकालने को चींटी।
खुश होकर हँस पड़ी गोपी दे दिया हाथ में खाजा।
दही बिलोया था उसमें से लगा दिया माखन ताजा।"

17

एक भटकता, खूँखार साँड ब्रजभूमि में घुस आया था, उसे घुसाया गया था। वह गायों को परेशान करता है। चार-पाँच ग्वाले साथ मिलकर ही उसका प्रतिकार कर सकते हैं। उसका आतंक बढ़ रहा है, यह जानकर कृष्ण-बलराम सुबह से शाम तक गायों के साथ ही रहने लगे हैं।

गायें चरती-चरती मथुरा की ओर आगे बढ़ गईं। सब ग्वाले गोकुल से इतनी दूर आ गए हैं कि गाँव में वापस जाकर कलेवा लाने में देर हो जाएगी। चबेना की पोटली उद्धव के पास रखकर कृष्ण, बलराम और सुदामा खेल में लग गए और उद्धव ईश्वर के साकार-निराकार स्वरूप के बारे में चिन्तन करने लगा। यदि ईश्वर मन्दिरों में नहीं है तो तीर्थयात्रा क्यों अच्छी लगती है? 'प्रत्येक अपना मन्दिर साथ लेकर ही फिरता है।'—केवलदा उस दिन कृष्ण को समझा रहे थे। कृष्ण को इन सबके साथ हमेशा खेलना क्यों अच्छा लगता है?

इन प्रश्नों में उलझे उद्धव को सींग की टक्कर मारकर वह साँड चबेना की पोटली ले गया और कपड़े के साथ चबाकर खा गया। ज्ञानमार्गी होने की अभिलाषा रखनेवाले उद्धव ने बहुत प्रयत्न किया परन्तु उस साँड के साथ अद्वैत सिद्ध नहीं कर पाए। उन्होंने शिकायत करके उसे दंडित करवाने का निश्चय किया और फिर से चिन्तन प्रारम्भ किया। अपना दाँव पूरा करके सुदामा उद्धव के पास आया। यह घटना सुनकर वे दोनों फलदार वृक्ष खोजने लगे। कोई वृक्ष चाहे तो भी इस समय हमारे लिए किस तरह फल उत्पन्न कर सकता है!

अरे! वह साँड अपने पिछले पैरों पर खड़ा हो गया! वह वृक्ष की डाल पर से मुँह द्वारा कुछ खींच रहा है। अपनी गायों के पास खेल रहे विशाल, तेजस्वी, अंशु और ऋषभ का ध्यान उस ओर गया है। निश्चित ही उनके कलेवे की पोटलियाँ होंगी। अपनी-अपनी

लाठी लेकर वे आएँ उससे पहले तो साँड ने उनमें से आधी तो चबा डालीं। पैरों के खुरों और दाँतों के द्वारा वस्त्रों की धज्जियाँ कर दीं, और उन पर पेशाब करके सींग ऊँचे करके खड़ा रहा। उसने विशाल, तेजस्वी आदि ग्वालों के साथ संघर्ष स्वीकार कर लिया था। अंतिम समय में उसने अपना विचार बदल दिया। प्रतिकार करना छोड़कर एक रास्ते से चल दिया। पीठ पर पड़ती लाठियाँ मानो उसके लगी ही न हों और उसकी खुजली को मिटाती हों, इस तरह वह चल रहा था। रास्ते में खड़ी गायों को सींगों से टक्कर मारना वह अपना कर्तव्य समझता था। वह अपनी चाल बिगाड़े बिना ही यमुना के जंगल में अदृश्य हो गया।

कृष्ण-बलराम ने पूरी घटना सुनी। खेल बन्द कर दिया। जंगल में जाकर उसे खोजकर यमुना के दूसरे किनारे छोड़ आने के बारे में दोनों भाई एकमत और दृढ़ थे। उद्धव ने मना किया। कोई उसे अरिष्ट नाम से सम्बोधित करता था। वह तालीम प्राप्त साँड है। उसका पीछा करते हुए घने जंगल में नहीं जाना। यह सही है कि तुम दोनों के लिए कुछ भी अपरिचित नहीं है, परन्तु वहाँ किसी दूसरे ग्वाले को चोट लग गई तो? पहले से ही जो अपने दुश्मन बन गए हैं वे ऐसी स्थिति में क्या कदम उठाएँगे, कहा नहीं जा सकता।

'चलो भाई, आज ज्ञानी की बात मान ली, बस?' बलराम ने एक नीम का सहारा लिया—'आज भूखे रहेंगे।'

'अरिष्ट का पीछा करने से भूख भाग जानेवाली थी?' सुदामा ने कहा।

'नहीं, इसका तो एक ही उपाय है। तू और उद्धव तत्त्वज्ञान की चर्चा करते-करते गाँव जाओ और कलेवा ले आओ।'—ऋषभ ने कहा।

'ये चर्चा करते हुए जाएँगे तो शाम होने से पहले वापस नहीं आएँगे।' बलराम बोले, 'ये यहाँ और हम लोग घर!'

सब हँस पड़े। भूख के कारण उनका हास्य किंचित भी धीमा नहीं पड़ा था। अरिष्ट भाग गया था और गायें निश्चिन्त होकर चर रही थीं।

कृष्ण की नजर वृक्षों के शिखर पर थी। दूर कहीं धुआँ उठने का अनुमान हुआ। यह धुआँ आग लगने का नहीं लगता। इसका रंग बताता है कि इसका सम्बन्ध यज्ञवेदी से है। ऋषभ ने कूदकर आम की डाल पकड़ी। पैरों को आँटी मारकर उसने डाल पर आसन जमा लिया। वहाँ से दूर-दूर तक देखा। दूसरी ओर तीसरी डाल पर चढ़ते ही उसे यज्ञमंडप दिखाई दिया।

'कृष्ण का अनुमान सच है। यहाँ से मथुरा की दिशा में थोड़ी ही दूर एक विशाल यज्ञमंडप बँधा हुआ है।'

उद्धव और सुदामा देख आए।

राजा और प्रजा के कल्याण के लिए मथुरा के ब्राह्मण आंगिरस नामक यज्ञ कर रहे थे। यज्ञ में आहुति देने के लिए उनके पास विपुल सामग्री है। अन्न, फल, घी, नारियल हैं। मिसरी आदि मीठे पदार्थ भी हैं।

यज्ञ कर रहे ब्राह्मणों से अन्न माँगकर ग्वाले अपनी भूख नहीं मिटा सकते? ब्राह्मण थोड़ा दे सकते हैं या नहीं?

'जाओ, उनसे अन्न माँग लाओ'—श्रीकृष्ण के शब्द कान में पड़ते ही विशाल, अंशु, तेजस्वी, ऋषभ और सुदामा चल दिए। उन चारों को भूख लगी थी। परन्तु सुदामा को भूख से अधिक कौतूहल था : यज्ञ में मग्न ब्राह्मण अन्न देंगे सही?

ग्वालों के उत्साह के अनुरूप उचित प्रतिभाव नहीं मिला। फल की आकांक्षा से यज्ञ कर रहे इन ब्राह्मणों ने हाँ भी नहीं कही और मना भी नहीं किया। वे अपनी विधि नियमानुसार करते रहे।

सब वापस आए। वापस आनेवालों में सुदामा सबसे आगे था : उसकी स्फूर्ति देखकर उद्धव ने कहा : 'इच्छित प्राप्त न हो ऐसे समय में सुदामा की जीवनी-शक्ति इस तरह बढ़ जाती है। देखो, दूसरे सब कितने निराश हैं! और सुदामा मानो पुरस्कार जीत गया हो इस तरह...'

'तुम सब वापस जाओ। उद्धव, तू भी साथ जा। ब्राह्मणों को उनके कर्मकांड करने दो। तुम उनकी पत्नियों से जाकर कहो : कृष्ण-बलराम आदि ग्वालों का चबेना आज अरिष्ट नामक साँड खा गया है। सब भूखे हैं, सम्भव हो तो अन्न दो।'

श्रीकृष्ण का सन्देश सुनते ही ब्राह्मण पत्नियाँ आनंदित हो गईं। पुण्य सामने चलकर हमारे पास आया है, यह मानकर खड़ी हो गईं। थाल सजाकर उसमें लड्डू, चावल, दही, और फल रखकर समुद्र की ओर नदी के वेग से त्वरित गति से वे श्रीकृष्ण-बलराम के पास आ पहुँचीं। उन्होंने अपने पतियों की बातों पर ध्यान नहीं दिया था। किसी-किसी ने तो कंस का नाम लेकर उन्हें भय से वापस लौटाने का प्रयत्न भी किया था, उनमें से एक ब्राह्मण ही सफल हो पाया था, वह भी समझाकर नहीं, बलपूर्वक उसने अपनी पत्नी को रोक दिया था। उसका नाम था कपिशा।

इन मथुरावासी सन्नारियों ने श्रीकृष्ण और बलराम के बारे में विस्मयकारी वृत्तान्त सुने थे। आनंदित हुई थीं और निर्भय बनी थीं।

इन वृत्तान्तों में एक पूतना से सम्बन्धित था।

इस घटना को हुए वर्षों बीत गए। पूतना देखने में सुन्दर थी, परन्तु जब से उसने शिशुओं को खिलाने के बहाने गोद में लेकर स्तनपान कराते हुए विष देना प्रारम्भ कर दिया था, तब वे वह डाकिनी कही जाने लगी थी। उस पर कंस राजा की कृपा है, यह मानकर सब उसे सम्मान देते और असावधान रहनेवाले को अपना बालक गँवाना पड़ता। इन ब्राह्मण पत्नियों ने पूतना को देखा थ। उसकी किस प्रकार मृत्यु हुई, इसके बारे में आचार्य गर्ग की पत्नी ने उन्हें बताया था : 'पूतना गोकुल में गई थी। मथुरा के नवजात शिशुओं को मार डालने के बाद उसे आसपास के गोकुलों में जाकर राजाज्ञा का पालन करना था। उसे एक बालक को मार डालने पर उसके वजन के बराबर स्वर्ण मुद्राएँ मिलती थीं। पूतना जानती थी कि गोपालकों के बालक जन्म से ही हृष्ट-पुष्ट होते हैं। वह सबसे अधिक धनाढ्य हो जाएगी। बालकों को मारने में उसे कुशलता प्राप्त हो गई थी, वह अपने पास तैयार विष रखती थी। बालक को छाती से लगाने का दिखावा करते हुए उसे विष पिला देती। वह पहुँच गई नन्दभवन में। इतनी सुन्दर युवती कृष्ण को खिलाने आए, उस समय उसके मन में पाप होगा, इसकी कल्पना भी यशोदाजी को कैसे आती? उसने कृष्ण को

पालने में से उठाया, गोद में लिया। कृष्ण ने आँखें खोलीं। नजर मिलते ही पूतना का मन बदल गया। उसने इतने सुन्दर बालक का अपने जीवन में पहली बार दर्शन किया था। वह धन्य हो गई। ऐसा उच्चतम क्षण जीवन में दूसरा नहीं आनेवाला, यह मानकर स्तन पर लगानेवाला विष अपने मुख में रख लिया। कृष्ण के कोमल पैर का स्पर्श अपने वक्ष से कराकर वह चल पड़ी। वह कहाँ गई और किस तरह उसकी मृत्यु हुई, इस बारे में तरह-तरह की बातें सुनी गईं। राजा को मुक्ति का मार्ग बताने के लिए वह तीव्र गति से चली थी, परन्तु विष उसके शरीर में फैल गया था और हृदय में बस गया था बालक कृष्ण का रूप-सौन्दर्य।

आचार्य पत्नी के कथनानुसार उस पापिनी की दुरित वृत्तियों को बाल-कृष्ण ने चूस लिया था। मातृत्व की छाती पर लगा कलंक दूर कर दिया था।

ब्राह्मण सन्नारियों ने ऐसी अनेक कथाएँ सुनी थीं। शांडिल्य ऋषि के आश्रम में वेणुवादन का आरम्भ हुआ था। इसलिए उनके हृदय में कृष्ण के प्रति जाग्रत हुआ स्नेह भक्ति में परिवर्तित हो रहा था। आज मन पूजा के लिए तत्पर है।

अशोक वृक्षवाले यमुना के इस क्षेत्र में ग्वालों से घिरे श्रीकृष्ण-बलराम को देखकर उन्होंने वन्दन किया और अन्न ग्रहण करने के लिए प्रार्थना की।

श्रीकृष्ण ने आज पीताम्बर, वनमाला, मोरपंख और कोंपल को धारण किया था। दोनों कानों में उन्होंने कुंडलों के स्थान पर कमल पहने थे। उनके दाहिने कान के पास से बालों की लट गाल तक आ गई थी। उनके एक हाथ में वंशी है और दूसरे हाथ में आम की शाखा है।

इस रूप-माधुरी का पान करके धन्य हुई सन्नारियाँ अपने अन्तःकरण में निहित परमेश्वर की कल्पना का प्रत्यक्ष दर्शन कर चुकी हों और अब संसार में वापस जाना ही नहीं है, ऐसे समर्पण भाव को प्राप्त कर लिया। श्रीकृष्ण ने उन्हें इस दिव्य मूर्च्छा में से जगाया और स्वादिष्ट भोजन ले आने के बदले में सभी गोप मित्रों की ओर से कृतज्ञता प्रकट करते हुए, वन्दन किया। इसके बाद भी सन्नारियाँ वहाँ से हटी नहीं और वचनामृत की अभिलाषा करने लगीं।

उपनिषद् में निरूपित आत्मज्ञान का उल्लेख करते हुए श्रीकृष्ण ने उन्हें परामर्श दिया : 'अब तुम यज्ञमंडप में जाओ क्योंकि तुम्हारे पति तुम्हारे सहयोग से ही यज्ञ पूर्ण कर सकेंगे।'

जिसे रोक रखा था, उस कपिशा के बारे में चिन्तित होतीं ब्राह्मण पत्नियाँ वापस चलीं। श्रीकृष्ण की रूपमाधुरी और वाणी की मोहिनी का स्मरण कराके कपिशा को आश्वासन देने की उनकी इच्छा अधूरी रह गई, क्योंकि श्रीकृष्ण के प्रति सूक्ष्म खिंचाव के कारण कपिशा ने अपने प्राण त्याग दिए थे।

यहाँ उद्धव और सुदामा चर्चा में मग्न थे। हम भले यज्ञमंडप में जाकर नहीं बैठे परन्तु हम पर हुए उपकार का बदला भी नहीं चुकाएँ! श्रीकृष्ण में हमेशा दिखाई देनेवाला सूक्ष्म विवेक आज क्यों नहीं प्रकट हुआ? किसी देवमूर्ति के समान मुद्रा धारण करके खड़ा ही है। अपने हिस्से का भोजन भी बाँट दिया। इस क्षण उदास क्यों लगता है?

उन्होंने पूछा। हम उन्हें क्या दे सकते हैं? थोड़े विविध रंगोंवाले पुष्प मिल जाएँगे। जाओ दे आओ।

पूजा में चढ़ाने के लिए लाए पुष्प उद्धव-सुदामा कपिशा को श्रद्धांजलि के रूप में चढ़ाकर लौट आए। वहाँ कुछ देर रुकने पर मालूम हुआ कि कपिशा का पति राजा का विशेष कृपापात्र है। वह जानता है कि महाराज गोपालकों से नाराज हैं। क्योंकि वे उद्धत हैं। जैसे ही उसे पता चला कि उसकी पत्नी कपिशा अन्य स्त्रियों के साथ कहाँ जा रही है वैसे ही वह मंत्रोच्चार छोड़कर खड़ा हो गया। कपिशा का हृदय कृष्णमय होने के कारण वह अपने पति की आवाज नहीं सुन सकी। और उसके क्रोध का भाजन बनी। उसे निर्दयतापूर्वक रोका गया। पति की आँखों में हिंसा उबल रही थी, कपिशा के हृदय में भक्ति का स्रोत था। वह वापस तो मुड़ गई परन्तु उसके हृदय में भक्ति का स्रोत सूखा नहीं, कुछ क्षणों में ही उसके प्राणों को खींच ले गया। प्राण त्यागकर मानो कपिशा ने अपना अभीष्ट प्राप्त कर लिया था। उसके मुख पर ग्लानि की एक भी रेखा नहीं थी।

इस बारे में जानकर कृष्ण ने क्षण-भर के मौन के बाद कपिशा को मन ही मन वन्दन करके कहा : 'कपिशा का पति राजा कंस का अनुदास है; सत्ता उसके लिए प्रथम स्थान पर है, इसलिए दान और त्याग की भावना से प्रेरित अपनी पत्नी के प्रति उसने निर्दयतापूर्ण व्यवहार किया। वह भले ही शास्त्रों का ज्ञाता हो, परन्तु यज्ञ के मर्म को समझता नहीं है। स्वयं को जो सर्वाधिक प्रिय हो उसका स्वेच्छापूर्वक त्याग ही यज्ञ है, यह भावना कपिशा में थी। यज्ञ का हार्द उसकी संवेदना में था। उसका पति तो बेचारा भावनाविहीन स्वार्थ प्रेरित बाह्याचार में उलझा रहा। ऐसे लोगों द्वारा किए जा रहे कर्मकांड को तुम यज्ञ कहोगे?'

उद्धव और सुदामा श्रीकृष्ण को ध्यानपूर्वक सुन रहे थे, वहीं बलराम को अरिष्ट दिखाई दिया। उसने एक गाय के आँचल-स्थल पर सींग से प्रहार किया। वहीं बलराम खड़े हो गए।

'कृष्ण, वह साँड वापस आ गया है, देखना, इधर से भाग न जाए। तेजस्वी, तू और अंशु उसे उत्तर की ओर से रोकना। मैं उसे दक्षिण-पश्चिम की ओर से घेरता हूँ।'

बलराम दौड़े। दूसरे ग्वाले सावधान हो गए। हाथ में लाठियाँ लेकर निर्दिष्ट स्थान पर खड़े हो गए।

श्रीकृष्ण ने पीताम्बर को कमर से कस लिया। कुछ दूर चले। समतल गोचर के उस क्षेत्र में एक भी वृक्ष नहीं था सिर्फ श्रीकृष्ण खड़े थे।

अरिष्ट बलराम के हाथ में नहीं आ रहा था। दुर्बल गायों और बछड़ों पर प्रहार करता हुआ बलराम को इधर-उधर दौड़ा रहा था। एक-दो वर्ष के वृक्ष उसके खुरों से कट रहे थे।

'लाठी के बिना यह काबू में नहीं आएगा।' अंशु ने बलराम को लाठी पहुँचाई।

'शायद इसकी मौत आ गई है!' बलराम ने अरिष्ट के अतिक्रमण की ओर कृष्ण का ध्यान आकृष्ट किया।

'उसे मरना होगा तो तुम बचा नहीं सकोगे।' ऐसा कहकर कृष्ण ने सहमति प्रकट की।

बलराम अभी तक अरिष्ट की पूँछ नहीं पकड़ सके थे। दौड़ा-दौड़ाकर थका देने की बात अभी बहुत दूर थी।

अरिष्ट ने श्रीकृष्ण को देखा। छोटे वृक्षों को कुचल डालने में आनन्द लेनेवाला इस फल-युक्त पौधे को कुचलने के लिए ललचाया। समीप पहुँचने पर वह पौधा उसकी आँखों के सामने वृक्ष के समान हो गया। अरिष्ट का क्रोध अतिशय बढ़ गया। उसने तीव्र गति से आक्रमण किया। बलराम बहुत पीछे रह गए थे। उन्होंने श्रीकृष्ण को सावधान होने, वहाँ से हट जाने के लिए जोर से आवाज दी परन्तु मानो वह सुनाई ही नहीं दी हो, कृष्ण उसी तरह अविचलित खड़े रहे। अरिष्ट अब बहुत समीप था, उसके उठे हुए सींग यह झुके, यह झुके...

आखिरी क्षण में कूदकर एक ओर हटकर श्रीकृष्ण ने अपनी समग्र शक्ति कलाई में संचित करके अरिष्ट का सींग पकड़कर खींचा। दो शक्तियों की जबरदस्त घर्षण के कारण अरिष्ट का बायाँ सींग टूट गया। वन में आवाज हुई। अरिष्ट के मस्तक में विस्फोट हुआ।

वह स्वतन्त्र था, उसका वेग कई गुना बढ़ गया था, परन्तु बायाँ सींग टूट जाने से यह वेग उसका सन्तुलन भी लेता गया। अरिष्ट का दायाँ सींग धरती में घुस गया। उसमें रक्त का सिंचन हुआ। अरिष्ट गिर पड़ा था।

बलराम धीरे-धीरे दूसरे ग्वालों के साथ वहाँ पहुँचे तब तक अरिष्ट का खून काला पड़ने लगा था।

वैसे ही काले विषाद के साथ कृष्ण वहाँ से हट गए।

उनकी मनःस्थिति समझकर मित्रों ने आज उनसे वंशीवादन के लिए आग्रह नहीं किया। संध्या हो उससे पहले ही गायें गोकुल की ओर चल दी थीं—वेणुनाद सुने बिना। गोधूलि देखते-देखते उद्धव और सुदामा पीछे-पीछे आ रहे थे। लगता है कि अरिष्ट को अपने हाथों मारना पड़ा, यह कृष्ण को अच्छा नहीं लगा। बलराम जैसे महाबलि से भी वह साँड काबू में नहीं आया, यह उनके लिए रहस्यात्मक घटना थी।

नन्दभवन में इसके अधिक गमगीन वातावरण था। नन्दराय को विश्वस्त सूत्रों से समाचार मिला था कि राजा ने आर्य वसुदेव को फिर से बन्दीगृह में डाल दिया है। प्रजा में विद्रोह जगाने के षड्यन्त्र का आरोप उन पर लगाया गया है। देवकी ने उपवास प्रारम्भ किया है।

अक्रुरजी द्वारा भेजे एक ब्राह्मण यात्री ने भैरवदा के यहाँ विश्राम लिया। एकान्त देखकर कहा : 'मयदानव का पुत्र व्योमासुर एक अश्व को हिंसक बनाने की तालीम दे रहा है। दूसरे हिंसक प्राणियों की तरह वह मनुष्य पर आक्रमण कर सकेगा। सिंह आदि पशु भूखे हों तब आक्रमण करते हैं, जबकि यह अश्व बिना कारण हिंसा करेगा।

कृष्ण द्वारा अरिष्ट का वध किए जाने पर यह दूसरा उपाय सोचा गया है। इस बारे में अक्रूरजी को शंका नहीं है। क्योंकि तालीमार्थी अश्व के सामने जो पुतले रखे जाते हैं वे कृष्ण-बलराम के रंग-रूप और वेश-भूषा के अनुरूप होते हैं। प्रयोजन स्पष्ट है।

नन्दराय ने श्रीकृष्ण और बलराम को अपनी वेश-भूषा बदलने की सलाह दी और

उसका कारण बताया।

'मैं ऐसे घोड़ों-गधों से नहीं डरता।' बलराम ने कहा।

'बड़े भैया की बात सत्य है। यदि हम इस तरह डर जाएँगे तो अन्याय का प्रतिकार करने के लिए जाग्रत हुई प्रजा की श्रद्धा डगमगा नहीं जाएगी? आपकी सलाह है तो हम सावधान रहेंगे। यदि वेश-भूषा बदलेंगे तो राजा की सफलता मानी जाएगी।'

नन्दराय श्रीकृष्ण के कथन का मर्म तुरन्त समझ गए। प्रजा के हृदय में इन दोनों युवकों की जो प्रतिमा प्रतिष्ठित हुई है, वह सुरक्षित रहनी ही चाहिए। पीताम्बरधारी कृष्ण और नीलाम्बरधारी बलराम उसके लिए श्रद्धेय बन गए हैं। यह आवश्यक है कि प्रजा की श्रद्धा का आसन नहीं डिगना चाहिए।

कुछ दिनों में ही उस अश्व का नाम गोकुल पहुँच जाता है, केशी! पहले वह अश्व भव्य लगता था, अब विकराल लगता है। कोई उसे कंस के विश्वासपात्र राजपुरुष के अश्व के रूप में पहचानता है तो कोई उसे मायावी असुर मानकर अपनी भयग्रन्थि को प्रकट करता है।

यशोदाजी और रोहिणी प्रतिदिन सावधान रहने के लिए कहती हैं। वंशी के साथ एक हथियार रखने के लिए कहती हैं। कृष्ण कहते हैं : 'यह वंशी भी मेरा एक हथियार ही है।'

राधा अधिक अधिकार के साथ कहती है : 'वंशी किस प्रकार का हथियार है यह क्या हम नहीं जानते? उस दिन तुम और सुबल मिलकर चक्र बना रहे थे उसका क्या हुआ?'

'यानी तू यह कहना चाहती है कि वृन्दावन में मैं चक्र लेकर फिरूँ? यहाँ तो वंशी का ही शासन चलेगा।'

'तू केवलदा और भैरवदा के सिवा दूसरे किसी की आज्ञा मानता ही कहाँ है?'

'वैसे उनकी मान्यता अलग है। उनके अनुसार मैं एक ही व्यक्ति का कहा मानता हूँ, राधा का...' आखिरी शब्द धीमे से कहकर कृष्ण भाग जाता है। राधा अकेली हो जाती है। दूसरों की उपस्थिति में भी वह स्वयं को अकेला अनुभव करती है। कृष्ण के पास हो तब भी उसकी आँखों में विरहिणी जैसी प्यास होती है, दूर होती है तब उनमें निरी विह्वलता होती है। अन्तरात्मा कहती है : 'राधा, अब देर मत कर, स्वस्थ हो, आत्मनिर्भर बन, आलम्बन के बिना जीना सीख ले, तुझे कृष्ण के पास से कुछ नहीं चाहिए तो फिर इस तरह हमेशा आतुर क्यों रहती है?'

दूसरी ओर कलावती अब वृषभानु से स्पष्ट शब्दों में राधा के विरुद्ध कहने लगी है : 'शरदपूर्णिमा के दिन पुत्री रात के चौथे प्रहर में घर आई थी, यह तुमने नहीं देखा?'

'पूरे गाँव के युवक-युवती उस समय घर आए थे। तुमने राधा को देखा, उस समय मुझे सबके आगमन की आवाज सुनाई दी थी।'

'इसके कृष्ण के साथ किए स्वैरविहार के प्रमाण तुम्हें चाहिए?'

'नहीं, सन्तानों के स्नेहपूर्ण सम्बन्धों में हमें हस्तक्षेप नहीं करना चाहिए।'

'क्यों? इसका कोई कारण तो होगा?'

'हाँ, है। ऐसा करने पर हम हास्यास्पद बन जाएँगे।'

'तुम गलत तर्क करके उसे सिर चढ़ा रहे हो। मेरी बात मानकर अब उनकी सगाई कर दो।'

'उनकी सगाई में अब क्या बाकी रह गया है? वे कहेंगे तब उनके विवाहोत्सव का आयोजन करेंगे।'

'इसका आयोजन नहीं करना पड़ेगा, तुम कहो तो इसके प्रमाण दूँ।'

'तू पहले दे चुकी है। उनका गांधर्व विवाह हो चुका है, यही न! तो सुन मैं उससे एक कदम आगे बढ़कर कहता हूँ कि उनका आत्म-विवाह हो गया है। इस विश्व की कोई शक्ति उन्हें अलग नहीं कर सकती।'

'तुम तो किसी महान ऋषि-मुनि की तरह भविष्यवाणी करने लगे।'

'यह भविष्यवाणी नहीं, आत्म-प्रतीति है। ऐसी पुत्री के पिता को बड़े ऋषि-मुनियों से भी ऊँची आध्यात्मिक मनोदशा को प्राप्त करना पड़ेगा।'

'इसका मुझे पता नहीं था, मैं तो तुम्हारी राजनीतिक स्थिति के बारे में जानती थी। राजा इन दोनों लड़कों को पकड़ ले जाए, तो तुम सब लोगों को क्या होगा, यह तो भगवान ही जाने।'

'तुझे अभी वे लड़के ही लगते हैं? समस्त ब्रजवासी जब उन्हें अपना नायक मानकर उनकी ओर श्रद्धापूर्वक निहार रहे तब तुझे...'

'यह सब तुम राधा से कहना। मुझे इन अटपटी और बेकार की बातों में रुचि नहीं है। वसुदेव कारागार में हों या बाहर इससे मेरे घर में कोई परिवर्तन नहीं होगा।'

कलावती ने गणराज्य-पद्धति और राजा के एकाधिकारपूर्ण शासन के बारे में बहुत कुछ सोचा था। वह भी आज पति से कह दिया : 'मनुष्य चाहे जिस पद्धति से सिंहासन पर आसीन हो, वह अपनी शक्ति के अनुसार सत्ता भोगता ही है। कहावत भी है : होनहार वीरवान के होत चीकने पात।'

वृषभानु एक स्थिति तक ही कलावती के साथ चर्चा करते हैं, बाद में मौन रहते हैं। क्योंकि कलावती मानती है कि वह सभी परिस्थितियों, समस्याओं के बारे में जानती है और सिर्फ बोलकर उनका हल खोज सकती है। वह अब वृषभानु को सलाह देने लगी है : 'तुम राजा का विरोध करके अपना बुढ़ापा कष्टदायक मत करो। सुख-शान्ति से खाओ, पीओ और भगवान का नाम लो।'

'तू सहयोग करे तो मैं अभी भी भगवान का नाम ले सकता हूँ।' वृषभानु हँसते हुए कहते हैं। इससे कलावती विचलित हो जाती है। वृषभानु सिर पर पगड़ी रखते हैं। जाएँगे भैरवदा के निवास-स्थान पर, या नन्दभवन में। कलावती को यह भी अच्छा नहीं लगता। 'लड़की में बाप के ही अवगुण आए हैं। एक जगह पर बैठेंगे ही नहीं।'

कलावती को कभी-कभी ऐसा भी लगता है कि उसे सीधा कृष्ण के साथ ही झगड़ा करना चाहिए। छोटा था तब यहाँ आता और जो कहती वैसा करता था। खेलने के लिए और खाने के लिए कुछ दें तो नाच उठता था। और अब तो मानो पहचानता ही न हो! सब कहते हैं तो क्या, सचमुच ही वह बड़ा गोपनायक बन गया होगा? अब तो गायों का गोबर

ले जानेवाले भी मथुरा की बात करते हैं। क्या पता सबको हो क्या गया है?

कृष्ण गोपसमाज और ग्रामीण यादवों का नेतृत्व करते हुए कंस से संघर्ष करके सत्ता परिवर्तन करेगा, ऐसी बातें करनेवाले लोग कलावती को अहमक लगते हैं। जो सबका रास खिला सकता है, वह राज्यसभा भी चला सकता है, यह बात सम्भव नहीं।

घर का काम करके कृष्ण से मिलने के लिए तैयार हो रही राधा को अब वह रोकती नहीं, खिझाती है : 'मैंने सुना है कि तेरे कृष्ण ने मथुरा से शत्रुता मोल ली है। क्या वह कंस को कालीय नाग समझता है? कंस के मल्ल और योद्धाओं से वह मोरपंख और वंशी से लड़ेगा?'

राधा भाल पर बिन्दी लगाते हुए कहती है : 'वह बिना हथियार के भी लड़ सकता है। परन्तु तुम कंस के दूतों को बताओ तो मैं तुम्हें बताऊँ : कृष्ण के पास एक गुप्त हथियार है। वह चक्राकार है। अँगुली पर धारण करके कृष्ण उसे गोल-गोल घुमाता है। उसकी गति बढ़ जाने पर कृष्ण उसका लक्ष्य निश्चित करता है। चक्र उड़ता है और लक्षित वस्तु को काटता हुआ निकल जाता है। कृष्ण और भैरवदा इस बात की खोज कर रहे है कि चक्र अपना कार्य पूरा करके वापस आ जाए।'

'तू मुझे मूर्ख समझती है।'

'नहीं, दूसरी माताओं में तू अधिक बुद्धिशाली है, और यही बात मेरे लिए विघ्नकारक है। मैंने तुमसे सत्य बात ही कही है। कृष्ण के चक्र के पीछे गणित के नियम हैं। तुम्हें समझना हो तो उससे कहूँ।'

'कहना कि तेरे पिताजी को समझाए। आजकल उन्हें घर से अधिक गणित में रुचि रहती है। मुझे तो तेरा यह कालिया फूटी आँख भी नहीं सुहाता।'

'क्यों? उस दिन तो तू उसे बुला लाने के लिए कह रही थी!'

'डाँटने के लिए बुला रही थी, उसकी पूजा करने के लिए नहीं, समझी!'

दही की मटकियाँ लेकर शुभा, वृन्दा और नन्दिनी आ पहुँचीं। उनको देखकर कलावती ने राधा से पूछा : 'राधा, तुझे ब्रजपुरी जाना है कि कृष्ण से मिलने जाना है?'

'दोनों काम एकसाथ ही हो जाएँगे।' नन्दिनी ने आश्वासन दिया।

वृषभानु के यहाँ दही-मक्खन बहुत होता था। मथुरा से सम्बन्ध बिगड़ जाने पर गोवर्धन के पास ब्रजपुरी के व्यापारियों के साथ व्यापार शुरू हो गया था। उन सबकी दृष्टि में राधा एक राजकुमारी के समान थी। शुभा तथा अन्य सहेलियाँ जानती थीं कि राधा साथ में हो तो सभी को विशिष्ट सम्मान मिलता था। अपने भाग्य में यह कहाँ कि राधा कृष्ण से मिलना छोड़कर हर दूसरे दिन हमारे साथ आए। और वह भी सिर पर दही की मटकी रखकर?

यह निश्चित हुआ कि सब दही बेचकर लौटते हुए कृष्ण को घेरेंगी। खूब परेशान करेंगी...यह प्रस्ताव सुनकर कलावती भी खुश हुई। ब्रजपुरी की हाट से अपने लिए ताम्बुल की सुगन्धित सामग्री लाने का दायित्व उसने वृन्दा को सौंपा। राधा तो भुलक्कड़ है।

यह आक्षेप नहीं था, अनुमान था। जो दूसरे सन्दर्भ में सत्य प्रमाणित हुआ। ब्रजपुरी की हाट शुरू हो उससे पहले ही राधा मटकी पर हाथ रखकर जोर-जोर से पुकारने लगी : 'कृष्ण लो, कृष्ण।'

सारी सखियाँ हँस पड़ीं। राधा सचेत हो गई : 'इन दिनों न जाने ऐसा क्यों हो जाता है। जो नहीं बोलना चाहिए, वह मुख से निकल जाता है।'

'जो हृदय में हो वही होंठों पर आता है।'...नन्दिनी बोली...'अरी, परन्तु हाट तो आ जाने देनी थी! ये पक्षी और वृक्ष तेरी बात को कैसे समझ सकते हैं?'

'वे ही समझते हैं। कृष्ण के सही ग्राहक तो वे ही हैं, तुम नहीं।'

'क्या तू कृष्ण को बेचने योग्य वस्तु समझती है?' वृन्दा को राधा का कथन अच्छा नहीं लगा।

'मुझे जो समझना होगा, समझूँगी। तुम्हें क्या? तुम सब तो उसके कार्यों की टीका करती हो।' राधा ने वैसी ही उग्रता से जवाब दिया।

'हम टीका करें तो उसके विरोधी हो गए? ऐसा मत समझना कि तू अकेली ही कृष्ण के गुण जानती है। परन्तु हम तेरे जैसी स्वार्थी नहीं कि हर समय उसे आँचल में छुपाकर फिरें। तेरा वश चले तो तू उस वीर पुरुष को नामर्द बना डाले।'

'बस बहुत हो गया वृन्दा! देखो हाट आ गई। राधा रुक जा, पहले अपने आँसू पोंछ ले...' नन्दिनी और शुभा ने वृन्दा को झिड़का और राधा को आश्वासन दिया।

व्यापारी के सामने भी राधा ने वही भूल की : 'नहीं, मुझे नहीं बेचना कृष्ण को! तुम क्या जानो उसका मूल्य!'

बेचारा व्यापारी उलझन में पड़ गया। वृषभानु की पुत्री को वह राजकुमारी से अधिक सम्मान देता था। आज इसे हुआ क्या है!

राधा को समाधि में से बाहर लाने के लिए शुभा ने कहा : 'मटकी उतारकर बता तो सही कि तू जिसे बेचना नहीं चाहती वह है क्या?'

होश में आते ही राधा शरमा गई। जो किसी के खरीदने पर भी नहीं खरीदा जा सकता, मैं उसे कैसे बेच सकती थी?

उस दिन से ब्रजपुरी में श्रीकृष्ण के अलौकिक प्रभाव की बातें बहने लगीं। जो कार्य अक्रूर की राजनीति से नहीं हो सका, वह राधा की भक्ति से हुआ।

केशी की हिनहिनाहट ने वृन्दावन के वृक्षों को कँपा दिया है। घोंसलों में से पक्षियों के छोटे-छोटे बच्चे गिर पड़े हैं। धरती को खुरों से खोदे बिना वह खड़ा नहीं रह सकता और मन से कम वेग से वह चल नहीं सकता। यमुना के किनारे की ओर झुके बादल उसकी गर्दन के बालों को झटके से बिखेर जाते हैं। उसकी पदचाप सुनकर ग्वाले सुरक्षित स्थानों में छिप जाते हैं।

भैरवदा ने श्रीकृष्ण-बलराम को इससे पहले अश्वविद्या सिखाई थी। सुबल के मामा ने उसे विवाहोत्सव पर एक सुन्दर अश्व भेंट में दिया था। तेजस्वी के पिता को अश्वों को

पालने का शौक था। ग्वालों में से पन्द्रह तो अच्छे घुड़सवार थे। पहले जब राज्य के साथ अच्छे सम्बन्ध थे, उस समय नन्दराय उन्हें मथुरा में आयोजित स्पर्धाओं में भाग लेने के लिए भेजते थे।

रथ में बैठकर आनेवाले अतिथियों के अश्वों की देखभाल करना श्रीकृष्ण को अच्छा लगता था। जिस प्रकार बलराम बैलों के बारे में बारीक से बारीक बातें जानते थे, उसी तरह श्रीकृष्ण अश्वों की अधिकृत विशेषताएँ जानते थे।

कुछ दिनों तक सुबल, तेजस्वी, ऋषभ और बलराम के साथ श्रीकृष्ण ने केशी का निरीक्षण किया। अरिष्ट की तरह यह गायों को परेशान नहीं करता इसलिए ज्यादा चिन्ता नहीं थी। अब यही जानना बाकी था कि वह सभी मनुष्यों पर हिंसक आक्रमण करता है या सिर्फ दोनों भाइयों पर ही करेगा।

सुबल बलराम के वेश में उसकी आँखों के सामने से गुजरे। ऋषभ और तेजस्वी भाला लेकर समीप खड़े रहे।

केशी सुबल को बलराम समझकर झपटा। ऋषभ और तेजस्वी भाला लेकर सामने आ गए। सुबल थोड़ा खिसक गया। केशी वहाँ से दौड़ता हुआ पनघट की दिशा में गया। गोपियों को देखकर हिनहिनाने लगा। पिछले पैरों के खुरों को पछाड़कर प्रत्यंचा की तरह खींचकर, गर्दन के बाल झटककर बेशर्मी से खड़ा रहा। तेजस्वी, ऋषभ और सुबल के नेतृत्व में पच्चीस ग्वालों ने उसका पीछा किया तब कहीं वहाँ से हटा। उसे देखकर गायें अरिष्ट को याद करके काँप गईं।

निरुपाय होकर केशी यमुना के जंगल में अदृश्य हो गया।

सूर्य झुकने लगा। कृष्ण कदम्ब की डाल पर बैठकर आकाश को देखते हैं। सभी मित्र बातों में मशगूल हैं। यकायक कृष्ण को वंशी बजाना क्यों सूझा? गायें असावधान हो जाएँगी और केशी आकर उन्हें घायल कर देगा।

'बाँसुरी के स्वरों में आह्वान है।' उद्धव ने बलराम से कहा।

'केशी तेरे जितना संवेदनशील होगा तो कृष्ण के संगीत का आस्वादन करने अवश्य आ पहुँचेगा।'

इसके बाद तो सभी हास्य-विनोद में मशगूल हो गए। सुबल अपने सुखी दाम्पत्य-जीवन के बारे में बता रहा है। सुख और संवादिता का रहस्य बताता है : हमने काम बाँट लिया है। वह निर्णय करती है, मैं काम करता हूँ।

वहाँ तो श्रीकृष्ण कदम्ब की डाल पर से कूद पड़ते हैं। हाथ में वंशी के सिवा दूसरा कुछ भी नहीं है। तेजस्वी भाला लेकर खड़ा होता है। बलराम ने उसे रोका : 'कृष्ण जानता है कि हम लोग यहाँ हैं। शत्रु की आक्रमणकारी शक्ति को उसी के विरुद्ध प्रयोग करने की कृष्ण की अद्‌भुत सूझ से हम अपरिचित नहीं। और उसे आवश्यक लगेगा तो वह केशी की नजर बचाकर खिसक जाएगा या कूदकर डाल पकड़ लेगा। हमें संकेत करे तभी मदद के लिए जाएँगे।'

सब पक्षियों की तरह मौन रहकर श्रीकृष्ण का क्रिया-कलाप देख रहे हैं। केशी अभेद्य वन के बाहर आ गया था। श्रीकृष्ण को हरियालीयुक्त मैदान में एक हाथ में वंशी पकड़े

और दूसरे हाथ से पीताम्बर फहराते देखता है। उसके अभिमान को चोट लगती है। उसका पशुत्व द्विगुणित हो जाता है। उसके वज्रतुल्य खुर धरती की मिट्टी खोद रहे हैं।

आकाश में उड़नेवाला हो इस तरह वह श्रीकृष्ण की ओर दौड़ा। गर्दन के बालों को बार-बार झटके दे-देकर उसने वृक्षों के बीच के आकाश को सँकरा दिया, कृष्ण के प्रति ममता से झुके हुए बादलों को बिखेर दिया। उसका मुख चौड़ा हुआ। वह खाई-जैसा भयंकर लगता था। उसे सही दिशा में आता हुआ देखकर श्रीकृष्ण ने वंशी बजाना प्रारम्भ कर दिया। वह सुनकर भी केशी के विकराल स्वरूप में लेशमात्र परिवर्तन नहीं आया। मानो अपने मुख से वह सम्पूर्ण आकाश को पी जानेवाला हो, उस तरह वह श्रीकृष्ण की ओर दौड़ा। उसके राक्षसी जबड़े में सिंह के दाँत हैं, ऐसी भ्रान्ति होने पर सुबल खड़ा हो गया। बलराम ने उसका हाथ खींचकर बैठाया।

श्रीकृष्ण ने उसे बिलकुल पास आने दिया। और राधा द्वारा बनाए गए फुँदने वाली बाँसुरी दिखाते हुए कूदकर मार्ग खाली कर दिया। केशी को रास्ता नहीं चाहिए था। वह तुरन्त पलटा। अगले दोनों पैरों से उसने श्रीकृष्ण पर छलाँग लगाई। क्षण- भर के लिए तो बलराम भी चकित रह गए। श्रीकृष्ण केशी की पीठ पर है। उसके वेग का उपहास करते हुए वे उसकी पीठ पर नाच रहे हैं और उसे चिढ़ाने के लिए उसके मस्तक पर लात मार रहे हैं।

और अब दूसरा आश्चर्य। केशी श्रीकृष्ण को अपनी पीठ पर समझकर दौड़े जा रहा है, दौड़े जा रहा है परन्तु वे तो वंशी के फुँदने को घुमाते हुए पूर्व स्थान पर खड़े हैं।

थके हुए केशी को वास्तविकता का पता चलता है। शर्म के कारण दुगुना रोष करता है। उसका इस बार का आक्रमण प्राणान्तक है।

आखिरी क्षण में श्रीकृष्ण किस ओर खिसकेंगे, इस बारे में विभिन्न अनुमान थे। उनमें से कोई सही नहीं निकला। सबकी साँस रुक गई। श्रीकृष्ण मानो केशी की इच्छा का सम्मान कर रहे हों, इस तरह उन्होंने वंशीवाला दाहिना हाथ केशी के मुख में डाल दिया। और चौड़े जबड़े में वंशी को टेढ़ा करके खींच लिया। शत्रु का हाथ चबा डालने के प्रयास में केशी अपना जबड़ा तुड़ा बैठा। उसका मुख बन्द हुआ इसके साथ ही उसकी सारी शक्ति भीतर से कुंठित हो गई।

केशी भूमि पर गिर पड़ा।

श्रीकृष्ण के इस अद्‌भुत पराक्रम के दर्शन करने के लिए नन्दराय, वृषभानु आदि लोग उस स्थल पर आ पहुँचे। सखियों के साथ राधा भी आई थी।

'सबको अलौकिक आनन्द देनेवाले वाद्य का तूने ऐसा उपयोग किया, यह मुझे अच्छा नहीं लगा।' राधा ने कहा।

'तेरे लिए जो बाँसुरी थी, केशी के लिए वह बाँस का टुकड़ा थी। तू जिस अलौकिक आनन्द की बात कह रही है उसका स्थान उस काष्ठ में नहीं, तेरे हृदय में है।'

श्रीकृष्ण-राधा को इस वाद-विवाद में उलझा छोड़कर नन्दराय और वृषभानु ने निश्चय किया कि केशी को तीन दिन तक यहाँ से नहीं हटाएँ। दूर-दूर के ब्रजवासी भी आ-आकर देख लें।

'शव सड़ नहीं जाएगा?'–तेजस्वी ने पूछा।

'भले सड़े, इससे वह कहीं छोटा नहीं हो जाएगा।' सुबल ने उत्तर दिया।

'हिंसक प्राणियों से उसकी रक्षा नहीं करनी पड़ेगी?' ऋषभ ने पूछा।

'हिंसक पशुओं से नहीं, हिंसक मनुष्यों से, परन्तु यह चर्चा अभी अप्रासंगिक है। चलो, सूर्यास्त होनेवाला है।' नन्दराय ने आदेश देकर सबको आगे भेजा। गायें कब की गाँव की ओर जा चुकी थीं।

कुटुम्बियों के आग्रह के कारण मथुरा गए उद्धव को कंस राजा के गुप्तचर शंकाशील नजरों से देखते थे। फिर, एकान्त में उद्धव वेणुनाद सुनने के लिए व्याकुल हो जाते। वहाँ अच्छा नहीं लग रहा था, अतः ब्रज का रास्ता पकड़ लिया।

उसी रात को व्योमासुर के सेवक केशी का शव खींच ले गए। अपने द्वारा सिखाए गए अश्व की ऐसी दुर्दशा की उसने कल्पना नहीं की थी। कंस को भी भारी आघात लगा था। एक भी युक्ति कारगर नहीं हो पा रही और शत्रुता प्रकट हो गई है। फिर सीधे आक्रमण में विलम्ब क्यों किया जाए?

'महाराज! आप वहाँ जाकर किसको जीतोगे? वृक्षों को? उस हरियाले मैदान को? वहाँ कोई राजा नहीं है, कोई सैनिक नहीं, कोई दुर्ग नहीं, और न कोई शस्त्र है। मैं तो बहुत लज्जित हूँ, मुझसे तालीम पाया अश्व एक बाँस के टुकड़े से मर जाए! और वह भी कैसा अश्व? सब जिसे केशी दैत्य कहकर पुकारते और वह गुजर जाए उसके बाद भी आश्चर्यचकित खड़े रहते। वह कितने आकस्मिक ढंग से मरा! मेरी मानें तो आप आक्रमण का विचार ही दिमाग से निकाल दें।'...ऐसा कहकर व्योमासुर ने कंस को उलझन में डाल दिया। वह स्वयं केशी की हत्या का बदला लेने के लिए ब्रज पर कहर बरसाना चाहता था परन्तु कोई युक्ति नहीं सूझ रही थी।

कंस ने प्रद्योत के द्वारा व्योमासुर के लिए विलासिता के सारे साधन उपलब्ध करा दिए थे। वह मथुरा में ही रहे और नन्द के लड़कों का किसी भी प्रकार से वध करवाए इसके लिए पर्याप्त द्रव्य देने के लिए कंस तैयार था। व्योमासुर को द्रव्य के लालच से बदला लेने की भावना अधिक परेशान कर रही थी। उसने कंस का कार्य पूरा कर देने का बीड़ा उठाया।

समीप के गोकुल के बारे में पर्याप्त जानकारी प्राप्त करने के बाद, उसने ग्वाले के वेश में नन्दगाँव में प्रवेश किया। केशी को ले जाते समय भी उसने ब्रजभूमि का थोड़ा परिचय प्राप्त कर लिया था। उसकी मदद के बिना जल्दबाजी के उसने षड्यंत्र रचा। कुछ दिनों तक उसने परिचय बढ़ाकर अपनी युक्ति को क्रियान्वित किया।

'तुम्हें कृष्ण बुला रहा है, चलो, एक अक्षय खजाना मिला है। चलो, तुम्हारी सात पीढ़ियाँ सुखी-सम्पन्न हो जाएँगी, चलो...' वह लकड़ी घुमाता जा रहा था, ग्वालों जैसे हाव-भाव के कारण वह सबको विश्वासपात्र लग रहा था। और, फिर वह कहाँ दूसरे स्थान पर लिये जा रहा था? गोवर्धन की गुफा में, इस बात पर सन्देह करने का कोई प्रश्न नहीं था। दूसरे ग्वालों के साथ वरुरथ भी था। वह कृष्ण के साथ बचपन में इस गुफा में खेला था। उसमें अति उत्साह था। वह सबको वहाँ ले गया और अनजाने ही व्योमासुर का

सहायक बन गया।

जैसे ही सारे ग्वाले गुफा के अन्दर गए, बलवान और दुर्बुद्धि वाले व्योमासुर ने गुफा का प्रवेश-द्वार बन्द कर दिया। कृष्ण-बलराम कभी-न-कभी इन ग्वालों को छुड़ाने आएँगे ही, इसमें उसे बिलकुल शंका नहीं थी। उन्हें यहाँ पहुँचते-पहुँचते रात्रि का एक प्रहर तो बीत ही जाएगा। प्रवेश-द्वार को शिला से इस कुशलता से बन्द किया गया था कि कृष्ण गुफा का कोई द्वार खोलने में सफल हो जाए तो शिला के नीचे कुचलकर मर जाए। स्वयं पास ही छिपकर खड़ा रहेगा। यहाँ तक आए दुश्मन को किसी भी तरह जीवित नहीं जाने देना है। षड्यन्त्र से नहीं तो शक्ति से मार डालेगा। महामल्ल चाणूर भी कहता है कि व्योमासुर की भुजाओं में सौ अश्वों की शक्ति है।

गुफा का द्वार बाहर से बन्द होते ही वरुरथ खड़ा रह गया। यह द्वार तो सदैव खुला रहता था। श्रीकृष्ण अन्दर हों तो प्रकाश क्यों नहीं है? द्वार बन्द करने का कारण क्या है? अवश्य यह धोखा है। वह महाकाय ग्वाला अवश्य ही भेदिया होना चाहिए।

साथी ग्वाले घबराए नहीं इस तरह से उसने वास्तविक परिस्थिति से उन्हें अवगत कराया। यह भी कहा कि मैं जिस गुप्त मार्ग से निकल रहा हूँ, वह खतरनाक है। वहाँ जहरीले जन्तुओं का भय भी है। और यदि तुम निकलने का प्रयत्न भी करोगे तो आवाज से वह दुष्ट सावधान हो जाएगा। इसलिए जैसे निद्रा में रहते हो उसी तरह से निश्चिन्त रहो। मन में श्रीकृष्ण का स्मरण करो, वे आकर तुम्हें जगाएँगे।

वरुरथ दूसरी दिशा से बाहर निकल गया। गुफा की ओर ताकते हुए व्योमासुर को इसका तनिक भी संकेत नहीं मिला। वह रात्रि के अन्धकार में संहार की कल्पना करते हुए आनंदित हो रहा था।

'यह तो जानकर भूल जाए और तैरनेवाला डूब जाए, ऐसी बात हो गई!'...वरुरथ उत्साहपूर्वक सबको ले गया था, उसका पश्चात्ताप कर रहा था। श्रीकृष्ण ने उसे आश्वासन देते हुए कहा : 'मैं देख रहा हूँ कि तैरनेवाला डूबा नहीं है। मेरे और बड़े भैया के सिवा कोई दूसरा बड़ी मुश्किल से बाहर निकल सकता है। सबको बचाने का श्रेय तुझे ही मिलेगा।'

'अन्य किसी को साथ नहीं लेना?' वरुरथ अब अधिक सावधान रहना चाहता था।

'विलम्ब होगा और सम्भवतः आवाज के कारण दुष्परिणाम आए। षड्यंत्र करने वाले ने क्या सोचा होगा यह मैं समझ गया हूँ। वह प्रवेश-द्वार के समीप ही होगा। तू कुछ दूर रहना। यदि वह छद्मवेशी भागने की कोशिश करे तो मुझे बता देना।'

व्योमासुर जैसे ही श्रीकृष्ण की ओर घूमा, उन्होंने दोनों हाथों से उसका गला पकड़ लिया। सिंह जिस तरह हाथी को अपने वश में कर लेता है उसी तरह श्रीकृष्ण ने उसे शिला पर पटका। घायल व्योमासुर फिर झपटा। इस बीच श्रीकृष्ण ने देख लिया था कि प्रवेश-द्वार पर रखी शिला के नीचे कुछ पत्थर हैं। कुछ कदम पीछे हटकर, छलाँग लगाकर व्योमासुर की छाती पर पद का प्रहार किया। वह प्रवेश-द्वार पर रखी शिला से टकराया, घायल हुआ, स्वयं द्वारा रखी शिला का सहारा लेकर खड़े रहने की कोशिश करते हुए उसको अपनी छाती पर लेता हुआ गिरा। श्रीकृष्ण ने क्षण-भर में सोच लिया। यदि इस बार वह आए तो उसे उठाकर वरुरथ की ओर फेंकना है।

गुफा में बन्द ग्वाले शिला के हट जाने से प्रकाश देखकर बाहर की ओर दौड़े। श्रीकृष्ण ने उन्हें हाथ के संकेत से रोकने का प्रयत्न किया, परन्तु वह सम्पूर्ण अँधेरे में से यकायक ढलते सूर्य के प्रकाश में आए थे, इसलिए कुछ नहीं देख सके। व्योमासुर ने एक भारी पत्थर उठाकर उनकी ओर फेंका। यदि प्रवेश-द्वार के ऊपरी भाग से वह पत्थर न टकराया होता तो जिसके वह लगता वह शायद ही बच पाता।

श्रीकृष्ण ने व्योमासुर के वे क्रूर और अन्यायी हाथ तोड़ डाले। उसका गला दबाकर उसकी चेतना हर ली। वरुरथ तथा अन्य ग्वालों को बुलाकर उस असुर के प्रचंड शव से शिला को हटाया। सूखी लकड़ी एकत्र करके, अग्नि जलाकर उसे आग लगा दी और गाँव की ओर चल दिए। सब ग्वालों ने वरुरथ के नेतृत्व में अपने मुक्तिदाता को कंधों पर उठाकर नन्दभवन तक ले जाने की इच्छा प्रकट की। 'गाँव के पास पहुँचकर ऐसा करना, तब तक आओ मैं तुम सबको उठा लूँ।'...कहकर श्रीकृष्ण ने सबको मैत्रीपूर्ण प्रेम दिया, इतना ही नहीं आज वंशी नहीं थी, इसलिए श्लोकगान द्वारा आनंदित किया। वरुरथ बोला : 'मित्रो, मैंने किसी मनुष्य में ऐसी शक्ति नहीं देखी। क्या तुम नहीं जानते कि अपने इस बालसखा को इस गोवर्धन पर ही गोविन्द का खिताब मिला था। चलो आज हम इसकी स्तुति करते हुए गोकुल की सीमा में प्रवेश करें।'

श्रीकृष्ण ने उन्हें यह कहते हुए ऐसा करने से रोका : 'मैं नहीं चाहता कि तुम मेरा कीर्तन करो। यदि ऐसा होगा तो मैंने जिस बात का विरोध किया था, वही कार्य मेरे द्वारा पुनः प्रारम्भ होगा। मैंने इन्द्र की पूजा इसलिए बन्द नहीं कराई थी कि उसके स्थान पर तुम मेरी पूजा प्रारम्भ करो। अँधेरी गुफा में से बाहर निकलने का मार्ग जिस तरह वरुरथ को मालूम था, उसी तरह मुझे भी पता था इसलिए कर्तव्य तुम्हें बाहर निकालने का था। तुम सबने मुझे प्रेम जैसा अनुभव कराया है। वह इतना निःस्वार्थ है कि गुप्त मार्ग नहीं जानता होता तो भी तुम्हारे लिए खतरा उठाने के लिए प्रेरित होता। अभी तुमने जिस असुर को मेरे हाथों मरते देखा और जिसके अंतिम संस्कार में मुझे सहयोग दिया, वह वास्तव में तुम्हें नहीं मुझे मारने आया था।'

इस कथन के बाद श्रीकृष्ण को गोपसखाओं के प्रश्नों के जवाब में बहुत कुछ कहना पड़ा। रास्ता कट गया।

राधा और दुर्गा तरंगदा की कुटिया की ओर से आ रही थीं। दुर्गा ने मोरमुकुट पहना था और राधा ने अपने आँचल में कोई मूल्यवान वस्तु छिपा रखी थी।

उसने श्रीकृष्ण के लिए दूसरी वंशी बनवाई थी। उसकी बाड़ी का बाँस था। चुनकर उसी ने काटा-छाँटा था। तरंगदा को बहुत कम कारीगरी करनी थी।

वंशी इस तरह छिपाई है तभी तो वह अपने अस्तित्व के अणु-अणु में उसका नाद सुन रही है, जो इससे पहले अनाहत था।

जब संगीत स्वयंभू है ऐसे समय में राधा का अन्तःकरण श्रीकृष्ण के इस आखिरी पराक्रम की गाथा सुनने के लिए उत्सुक है।

वृषभानु ने सुबल को संरक्षक के रूप में नियुक्त किया, इसके बाद राधा ने अतिआग्रह के साथ ललिता को बरसाने का निवासी बना लिया और अपने महल के पास ही पक्का मकान दिलवाया। कई बार दोनों ने पहाड़ पर आकर वनमाली के दर्शन किए हैं।

पिछली बार बसन्त पंचमी पर मिलना हुआ था।

होली के दिन कुसुम सरोवर पर मिलना निश्चित किया था। पिछले वर्ष गह्वरवन और कामवन में अबीर-गुलाल उड़े थे। गोप-गोपियों के वस्त्रों से लेकर आकाश तक पिचकारी छूटी थीं। प्रकाश भी रंगीन हो गया था।

मधुमंगल की मंडली संगीत-रूपक प्रस्तुत करने बरसाने आई थी। उसके साथ ललिता ने राधा का सन्देश भेजा : 'माँ ताने देती है। कहती है कि इस वर्ष भी तू कृष्ण के साथ खेलने नन्दगाँव पहुँच जाएगी...हृदय पर पत्थर रखकर भी माँ का अनुमान गलत प्रमाणित करना है। बहुत खेले हैं रंगों के साथ, अब प्रकाश के साथ खेलें।'

यह वैराग्य तो नहीं?

नन्दगाँव के ग्वालों को बरसाने की गोपियों के साथ होली खेले बिना कभी सन्तोष नहीं हुआ। पहुँचे बरसाना वे तो टेढ़े रास्ते से—गह्वरवन पार करके श्याम पर्वत और श्वेत पर्वत के बीच के ढलान से होकर। राधा और ललिता तैयार ही थीं।

प्रेमपाश में बँधे श्रीकृष्ण धोखा खा गए।

कालीय का दमन करनेवाले के सुन्दर केश राधा की सखियों ने पकड़ लिए थे। उनमें चोटी खोजकर प्रांगण के घनश्याम तमाल के साथ बाँध दी। कृष्ण काले, चोटी काली और श्याम तमाल का तना भी काला। दूर से किसी को पता भी नहीं चले कि कान्हाकुँवर राधा की कैद में हैं।

सबकी पुकार सुनकर दौड़ जानेवाले ने आज अपनी सहायता के लिए मित्रों को बुलाया। सामने से जवाब आया कि हम सब बँधे हैं।

राधा हँस पड़ी। सखियाँ हँस पड़ीं। उनकी असावधानी के कारण घुँघराले केश मुक्त हो गए। भले मुक्त हो जाएँ। सबको छुड़वानेवाला क्षण-भर के लिए ही राधा के द्वारा बँध जाए, इससे अधिक क्या चाहिए?

वहीं मुक्त हुए ग्वाले दुगुनी उमंग से होली खेलने दौड़ पड़े। बरसाने की गोरियाँ ले आई लकड़ियाँ। कंगन खनकने लगे और कोमल हाथों की लालिमा और गहरी हो उठी।

ग्वालों को अपनी रक्षा के लिए दूसरों की ढाल लेनी पड़ी। बरसाने की गोरियाँ इतनी उदार थीं कि वे ढाल पर ही प्रहार कर रही थीं, उनके हृदय पर नहीं।

जंग बराबर चल रहा था। सब उसमें मग्न थे।

राधा-कृष्ण गह्वरवन में पहुँच गए थे। वहाँ नैसर्गिक रंग उनके साथ खेल रहे थे।

वृषभानु अन्य अग्रणियों के साथ दक्षिण की ओर गए हैं। राधा अपनी जिम्मेदारी समझती है, घर ही रहेगी। उसमें कलावती ने घर के धन और आभूषणों को गिनने का काम शुरू कर दिया है। दो दिन हुए, तीन दिन हुए, राधा इस ओर नजर ही नहीं आई।

मान चाहती है? अच्छा। गायों को सेवकों को सौंपकर निकल पड़े कुंजबिहारी। वेश बनाया नाम गोदनेवाली का। वंशी और मुकुट छिपा लिए।

पहुँच गए वृषभानुदुलारी के भवन पर । आवाज दी : 'नन्दगाँव की रँगरेजन हूँ। नाम गुदवा लो, कोई नाम।'

आवाज कानों में पड़ते ही राधा ने ललिता को बुलाकर कहा : 'जरा देख तो सही, कैसी है यह रँगरेजन। ठीक जँचती हो तो बुला। हम भी नाम गुदवा लें।'

ललिता को नाम गोदनेवाली पसन्द आ जाती है। बुला लाती है। राधा उसका रूप देखकर हँस पड़ती है। पास बैठाती है। हँसती हुई कहती है : 'अच्छी तरह गोदना!' फिर कहाँ क्या लिखना है, इस बारे में बताती है।

'शीश पर लिख तू श्यामबिहारी,
लिख मस्तक पर मदनमुरारी।
दृग पर लिख तू दीनदयाल,
नाक पर अंकित कर नन्दलाल।
कपोल पर लिख कृष्ण-गोपाल
श्रवणों पर लिख श्यामल, अधरों पे आनन्दकन्द।'

राधा मस्तक से नख तक, श्रीकृष्ण के स्वयं को प्रिय नामों को कहती जाती है। अब लिखना प्रारम्भ करना चाहिए। उसके बदले राधा का प्रेम देखकर, उसका निःशेष समर्पण देखकर, श्रीकृष्ण अपना नारी रूप भूल जाते हैं, कंधे पर लटकाई झोली का ध्यान नहीं रहता। एकटक देखते रहते हैं।

झोली में छिपाई गई वंशी दीख जाती है।

सखी यह जान गई है कि नन्दकुँवर नाटक करने आए थे, परन्तु राधा के प्रेम के सामने डगमगा गए।

वंशी खींचकर राधा लिपट जाती है।

दूर से गवाक्ष से देखती हुई कलावती पहली बार कुपित होने के स्थान पर अपूर्व आनन्द का अनुभव करती है।

18

हिंसक षड्यंत्रों की आयोजना करने पर भी कंस निर्भय नहीं रह सका। राज्य का विस्तार करके जो ख्याति प्राप्त की थी, वह कुटिल कायरता के कारण विलीन होने लगी।

एक तेजस्वी नवयुवक तो समस्त प्रजा की अमूल्य निधि होता है। कंस ने श्रीकृष्ण और बलराम जैसे ग्वालों की हत्या के लिए किए प्रयत्नों और उनमें मिली निष्फलता के बारे में जानकर, उसे आज तक सामर्थ्यवान और अपराजेय माननेवाले चिन्तित हो गए। उसके

प्रति आदर और सम्मान का उन्मूलन हो गया। और फिर, उद्धव मथुरा छोड़कर वृन्दावनवासी बन गए, इससे नगर के युवकों के हृदय में गोपकुलों के बारे में कौतूहल जगा। राधा-कृष्ण के विरल प्रेम के बारे में सुनने में आई बातों से किसी अकथनीय मोहिनी का अनुभव किया। वेणुनाद सुनने की अभिलाषा जगी।

कंस अब अपना बचाव करने में लगा था।

अपने वश में नहीं रहनेवाले उद्धत यादवों और 'जंगली' अहीरों को प्रत्यक्ष और परोक्ष रूप से दमन करने में निष्फल रहे, सम्राट जरासंध के लाड़ले जामाता को राज्य विस्तार की सिद्धि और राजमहल की समृद्धि व्यर्थ लगने लगी थी। दूर-दूर के शासकों को वह झुका सका था। जिनके समर्थन की उसे अपेक्षा थी, वे सम्बन्धी यादव-कुल उसे अस्त होता हुआ सूर्य मानने लगे थे। जगह-जगह से गणराज्य की माँग उठने लगी थी। राजनीति में कुछ भी न समझनेवाले नन्दराय के घुमन्तू अहीर उसके प्रत्येक षड्यंत्र का मुँहतोड़ जवाब देंगे, मथुरा के राजपुरुषों के लिए यह कल्पनातीत घटना थी। कला और शब्द के उपासक वेणुनाद सुनने और रासलीला को देखने यमुना के तीर पर जाने लगे थे। कहते हैं : कालिन्दी के उस रमणीय किनारे पर परम तत्त्व की कृपा अवतरित हुई है।

जिन्होंने पूरा जीवन राजा की स्तुति करने में व्यतीत किया है, वे याचक कवि भी श्लोक के अंतिम चरण में 'कंस' के स्थान पर 'कृष्ण' का विजयगान कर जाते हैं। राजा अन्दर ही अन्दर खौलने लगता है, परन्तु जीभ के उच्चारण-दोष को किस तरह गम्भीर अपराध गिने?

रानियाँ कहती हैं : 'तुमने हमारी सलाह को नहीं माना। नहीं तो आज यमुना के किनारे नन्दराय के गोकुल के स्थान पर अपना विहारधाम होता, परन्तु तुम्हें मागधों की सत्ता बढ़ जाने का भय था, हम पर सम्पूर्ण विश्वास नहीं था। अभी भी समय है। हमारे पिता से प्रार्थना करो, वे अपनी विराट सेना भेज देंगे।'

'क्या मेरे पास सेना नहीं है?'

'परन्तु वह आपके प्रति वफादार नहीं है। वसुदेव और उग्रसेन के शुभेच्छकों पर वह हथियार नहीं उठाएगी।'

'मेरे पास सेना के अतिरिक्त भी बहुत कुछ है। मेरे मल्ल...'

'वे तो सुरक्षित और सुकुमार स्थान पर ही काम आ सकते हैं, वन में तो उन्हें काँटे लगेंगे। आज तक भेजे असुरों में से एक भी वापस नहीं आया तो फिर इन पेटू, और विलासी मल्लों की क्या बिसात? हमारी मानो और गिरिव्रज दूत भेजो।'

'नहीं, ऐसा करने पर मेरा अस्तित्व ही नष्ट हो जाएगा। गिरिव्रज और गोकुल के संघर्ष के बीच मथुरा अप्रासंगिक हो जाएगी। मैं ऐसी भूल कदापि नहीं कर सकता। मुझे अपने ढंग से लड़ने दो। और तुम दोनों अब मुझे सलाह देने के स्थान पर सहयोग दो।'

अस्ति और प्राप्ति ने अपने सौभाग्य को टिकाए रखने के लिए तंत्र-मंत्र ज्योतिष आदि विद्याओं की शरण ली है। वे भूल गई हैं कि शीलवान राजा प्रजा को अपनी शक्ति दिखा सकता है, जबकि कंस अपनी शारीरिक शक्ति को भी भोग-विलास में नष्ट कर रहा है। तंत्र-मंत्र में व्यस्त रानियाँ उसकी कामवासना को सन्तुष्ट नहीं कर पातीं और न उद्दीप्त

कर सकती हैं। अनिद्रा से बचने के लिए वह नई-नई अंकशायिनी रानियाँ खरीदता है। दरिद्र परिवार की लड़कियाँ नहीं मिलतीं तो सेनापति प्रद्योत के सैनिक सुखी परिवार की नवोढ़ा को भी खींच लाते हैं। किसे पता चलता है? तीन दिन भी नहीं बीतते कि उस स्त्री के सगे-सम्बन्धी जान जाते हैं। राजा के नाम पर दूसरे राजपुरुषों ने भी प्रजा के शील और सौन्दर्य के साथ जघन्य कृत्य प्रारम्भ किया है। अक्रूर के दूत इन सारी बातों को प्रजा के बीच फैला देते हैं।

राजा ने वसुदेव को फिर से कारागार में डाला उसी दिन से अक्रूर भी बन्दी बनाए जाने की मानसिक रूप से तैयारी कर चुके हैं। मेरे और आर्यपुत्र के बलिदान से गणराज्य-व्यवस्था का फिर से प्रारम्भ हो जाए तो यह कोई बड़ा बलिदान नहीं माना जाएगा।...अक्रूर के यह विचार जगह-जगह फैल गए हैं।

शांडिल्य ऋषि ने ब्रजवासियों की विराट सभा में श्रीकृष्ण-बलराम को आशीर्वाद दिया है : 'सत्य और धर्म की विजय में तुम निमित्त बनो। प्रजा में आत्मविश्वास की पुनःस्थापना करो।'

महारानी अस्ति गर्गाचार्य के निवास पर गईं। उन्होंने महाराज की मनोदशा के बारे में कहा : 'कोई दूसरा राज्य मथुरा पर आक्रमण नहीं कर सकता। आर्यावर्त के सभी प्रमुख जनपद मेरे पिता सम्राट जरासंध की आधीनता स्वीकार करने में धन्यता का अनुभव करते हैं। मथुरा-नरेश किसलिए भयभीत रहते हैं, मैं यह नहीं समझ पाती। उन्हें अनिद्रा रहती है। निद्रा के लिए वे अनेक अयोग्य कार्य करने लगे हैं। बलात्कार का भोग बननेवाली का भय बाद में महाराज के रक्त में मिल जाता है। मैं उन्हें आश्वासन नहीं दे पाती, समझा नहीं पाती, किसी शुभ तत्त्व के प्रति श्रद्धा नहीं जगा पाती। निरुपाय होकर आपके पास आई हूँ।'

'राजवैद्य क्या कहता है?'

'महाराज सम्पूर्ण स्वस्थ हैं।'

'शरीर तो स्वस्थ होगा ही...' आचार्य ने वाक्य पूरा नहीं किया। अक्रूरजी ने उन्हें कई बार बताया था : 'कन्याओं और नववधुओं के शीलभंग करने की राक्षसी वृत्ति दिन-प्रतिदिन बढ़ती ही रही है। अपने शास्त्रों ने राजा को ईश्वर के बहुत समीप मानकर भूल तो नहीं की? हाँ, यह भूल नहीं है। शास्त्रकार जब राजा के आश्रित हों तब वे उसके हित का पहले विचार करते हैं, आपकी तरह। आचार्य, आप कह सकते हैं कि औषधियों से बढ़ाई गई शारीरिक शक्ति का दुर्व्यय ही सबसे भयंकर कालसर्प-योग है! किसी बार इतना तो कहो!...' अक्रूरजी के परामर्श पर आज अमल किया जा सकता है। महारानी अस्ति आज यहाँ पधारी हैं, इसीलिए उनसे कहा जा सकता है : 'महाराज शारीरिक रूप से स्वस्थ होंगे ही, नहीं तो बलात्कार करने की शक्ति कहाँ से आ सकती है? रानीजी, आपने बहुत विलम्ब कर लिया। आप अपने स्वामी का जीवन तो नहीं सुधार सकीं। चाहें तो मृत्यु अवश्य सुधार सकती हैं। उन्हें श्रीकृष्ण-बलराम के प्रति द्वेष-भाव छोड़ देना चाहिए। अपने पापों को स्वीकार कर लेना चाहिए। विलास और व्यभिचार में रत हैं वे और उनके राजपुरुष, जबकि

अफवाह फैलाते हैं ऊर्ध्वरेतस् श्रीकृष्ण के बारे में। यह अपराध अक्षम्य है, फिर भी मुझे परमतत्त्व के अनुग्रह पर श्रद्धा है। ले जाइए महाराज को उस कमलनयन कुंजबिहारी की शरण में।'

—गर्गाचार्य एकालाप करते रहे और महारानी अस्ति धैर्यपूर्वक बैठी रहीं, जिसकी उन्हें आदत नहीं थी।

'मैं क्या कह रहा था? हाँ, वह सब अधिक नहीं कहूँगा। आप अतिथि हैं। पूरा जीवन मैंने आपका आदर किया है।'

'आज आशीर्वाद दें ऐसा आशीर्वाद कि...'

'महारानी! मैं तपस्वी नहीं, शास्त्रज्ञ हूँ। मेरा ज्ञान आपकी जिज्ञासा शान्त कर सकता है, परन्तु आप तो भविष्य को बदलने की अपेक्षा लेकर आई हैं। इसके लिए तो आपको सांदीपनि जैसे किसी ऋषि-कुलपति या नारद जैसे किसी महर्षि से प्रार्थना करनी चाहिए। मुक्तात्मा नारद तो क्या पता कहाँ होंगे। परन्तु यदि आपको योग्य लगे जो अंकपाद आश्रम जा सकती हैं। सांदीपनि मुनि...'

'परन्तु उनके शिष्य भैरव और केवल ब्रजवासियों को हमारे विरुद्ध...'

'हमारे नहीं, आपके...'

'क्यों, आप राज्य के अन्दर नहीं?'

'हूँ, इसीलिए ही कहता हूँ कि भैरव और केवल अन्याय और दमन के विरुद्ध प्रजा को जाग्रत कर रहे हैं, ज्ञान के उपासकों के विरुद्ध नहीं। मेरा मानना है कि इतनी स्पष्टता करके मैंने अविनय नहीं किया, और अंकपाद आश्रम जाने के लिए कहकर आपका कल्याण ही चाहता हूँ।'

'क्या वास्तव में मुनि तटस्थ हैं?'

'नहीं, वे श्रीकृष्ण-बलराम के पक्षधर हैं।'

'तो फिर...'

'उनके द्वारा दिया आशीर्वाद सिद्ध होगा। वे चाहें तो आपके अमंगल को रोक सकते हैं। यद्यपि वर्तमान अर्थव्यवस्था तो बदलनी ही पड़ेगी।'

'इसके लिए महाराज सम्मत नहीं होंगे।'

'आप महाराज को लेकर जा सकती हैं। प्रद्योत को भी...'

'सबकी अनुपस्थिति में यहाँ अक्रूर विद्रोह कर बैठे तो?'

'अक्रूर या मुझमें विद्रोह करने की सामर्थ्य होती तो हम बाल-हत्या और बलात्कारों के मूक दर्शक नहीं होते। मैं आपको विश्वास दिलाता हूँ कि अक्रूर विद्रोह नहीं करेंगे। परन्तु प्रजा कब क्या कर बैठेगी यह मैं नहीं कह सकता।'

'ग्रह क्या कहते हैं?'

'ग्रह प्रतिकूल हैं।'

'कोई उपाय? मंत्र-तंत्र...'

'यह तो सब मन को समझाने के बहाने हैं। ग्रहों का प्रभाव मनुष्य पर होता है, मनुष्य का प्रभाव ग्रहों पर नहीं। आप मंत्र-तंत्र या मंत्रित डोरों आदि से ग्रहों को वश में नहीं कर

सकतीं। परम तत्त्व की कृपा किस प्रकार प्राप्त होगी, यह तो कोई महर्षि या कुलपति ही बता सकता है?'

'सांदीपनि तो आपको ही महान मानते हैं?'

'वे मुझे महान मानते हैं? मैं उन्हें सत्यवादी मानता हूँ। मैं जितना जानता हूँ, वह सब तो वे जानते ही हैं, उसके अलावा सत्य के समर्थक हैं।'...कहते हुए आचार्य ने दोनों हाथ जोड़कर प्रणाम किया। महारानी की समझ में नहीं आया कि गर्गाचार्य ने किस अदृश्य तत्त्व को इस तरह प्रणाम किया है...

आचार्य की आशीष लेकर महारानी सीधे कंसराज के पास गईं। राजा को कोई द्विधा नहीं थी। उन्होंने तुरन्त कहा :

'सांदीपनि मुझे क्या सलाह देंगे यह मैं जानता हूँ। मुझे अपने शत्रुओं की शक्ति को और नहीं बढ़ाना है। मैं ऐसे मुनि से मिलने को तैयार हूँ जो नन्दराय और उनके लड़कों को पकड़कर मेरे कारागार तक पहुँचा सके। आचार्य गर्ग को पद से हटाकर उसे नया राजपुरोहित बनाऊँगा। जाओ, सांदीपनि के सामने इस प्रस्ताव को पहुँचा दो।'

अस्ति को लगा कि राजा की बुद्धि भ्रष्ट हो गई है। उसने प्राप्ति के सामने अपना दुःख व्यक्त किया। प्राप्ति ने कहा : 'बहिन, तू महाराज की शुभेच्छुक है कि अपने महारानी पद की?'

'महारानी का पद जाने पर भी अपना सौभाग्य बचा रहे तो उसके लिए प्रयत्न करना है। बोल, तुझे जाना है उज्जयिनी ?'

'हम उज्जयिनी जाएँगे उस बीच महाराज गोकुल के साथ कोई नया प्रपंच रच रहे होंगे। अपनी सलाह उन्होंने मानी तो आज मगध साम्राज्य का सुशासन ब्रज की सीमाओं को पार करके कुरु जनपद तक फैल गया होता। परन्तु महाराज का अहं आड़े आया।'

'उनमें चाहने योग्य कुछ हो तो यही है। इसलिए मुझे लगता है कि एक प्रयत्न करना चाहिए। महाराज जरासंध की पुत्रियों की बात सांदीपनि मुनि गम्भीरता से सुनेंगे।'...अस्ति ने कहा।

'विधि की विडम्बना तो देखो! सत्ता का सन्तुलन एक दरिद्र वनवासी ब्राह्मण के हाथ में आ गया है! सांदीपनि चाहें तो विद्रोह को शान्त करवा सकते हैं। तू जा, महाराज की अनिच्छा होते हुए भी उनका हित और अपना सौभाग्य बना रह सकता हो, तो तू अवश्य प्रयत्न कर। मैं पूजा जारी रखूँगी। तू मंत्रणा प्रारम्भ कर!'

'तू सेनापति प्रद्योत को मेरे साथ आने के लिए तैयार कर सकती है। वह तेरी बात मानेगा।'

'तू मुझे आदर दे रही है या मुझ पर आक्षेप कर रही है?'

'मार्ग खोज रही हूँ। सेनापति साथ हो तो मुनि इस बारे में गम्भीरता से सोचें। उन्हें विश्वास हो कि मैं दिखावा नहीं कर रही।'

'सेनापति नहीं आएगा। आजकल उसका कार्य बढ़ गया है। महाराज ने मंत्रियों का कार्य भी उसे ही सौंप दिया है।'

'सिर्फ इसी कारण या फिर...'

'वह जानते हैं कि प्रजा में अधिक असन्तोष है। व्योमासुर मरा उसका समाचार देते हुए प्रद्योत ने मुझसे कहा था : कृष्ण-बलराम के बारे में ब्रजवासियों को ऐसा विश्वास हो गया है कि उनके मानुषी पराक्रमों में दैवी तत्त्वों का अंश है। समग्र शूरसेन प्रदेश में उन दोनों भाइयों की कीर्तिगाथा गाई जाती है। मेले और उत्सवों में जाती ग्राम-कन्याओं के गीतों में कृष्ण-बलराम के नाम आने लगे हैं। राज्य सत्ता भले ही महाराज कंस की हो, लोकसत्ता कृष्ण-बलराम की है।'

'यह सब प्रद्योत को महाराज से कहना चाहिए।'

'सत्य बात कहने का खतरा वह जानता है। प्रद्योत ही नहीं, सभी महापुरुष महाराज को रुचिकर लगे वैसा ही बोलते हैं, सत्य नहीं कहते। प्रद्योत को ऐसी आशा होगी कि मेरे द्वारा वह योग्य बात यथास्थान पहुँचा देगा। मैंने उसे नहीं बताया कि महाराज को अस्ति और मुझ पर भी विश्वास नहीं है।'

'तू प्रद्योत को बुला। उज्जयिनी जाने से पहले मैं उसके साथ बात तो कर लूँ।'

...अस्ति की यह इच्छा प्राप्ति को नहीं रुची। वह नहीं चाहती थी कि महारानी के पद पर विराजमान अस्ति प्रद्योत नामक उसकी आभासित सत्ता में अपना भाग बना ले। कहने की इच्छा हुई : 'तूने अपनी सम्मोहन विद्या के द्वारा अन्य सुंदरियों के साथ विलास में रत महाराज को जब-जब अपनी ओर खींचा है तब मेरा ध्यान रखा था? प्रद्योत के साथ मेरा भावात्मक संबंध है। वह जानता है कि मेरे द्वारा उसका कभी भी अहित नहीं होगा। तुझे मेरे इस गुप्त सम्बन्ध के कारण ईर्ष्या हुई?' सामान्य परिस्थिति में उसने इससे भी अधिक निर्ममता से बड़ी बहिन से इन्कार कर दिया होता। परन्तु आज जब वह दोनों के सौभाग्य को बचाने का प्रयत्न कर रही है तो भले ही प्रद्योत के साथ सम्बन्ध का गौरव खण्डित हो।

उचित समय मिलने पर किसी कार्य के बहाने प्रद्योत आ पहुँचा। प्राप्ति के साथ अस्ति को देखकर पहले तो उसे संकोच हुआ। परन्तु बाद में निश्चिन्त होता गया : 'महाराज को किसी भी ऋषि-मुनि के लिए सम्मान नहीं है। वे मानते हैं कि राज्य ज्ञान से नहीं जीता जाता। पृथ्वी सदा बलशाली पुरुषों की दासी रही है। शस्त्र-बल की छत्रच्छाया में ही शास्त्र रचे गए हैं। ऋषि-मुनि याचक हैं और दाता है राजा?'

'यह सब तो हमने भी अनेक बार सुना है। परन्तु अन्त में सत्य प्रमाणित नहीं हुआ।'

'महाराज इसे सत्य सिद्ध करने की हठ ले बैठे हैं। कहते हैं कि मैंने अभी अपनी सबसे बड़ी शक्ति का उपयोग तो किया ही नहीं।'

'क्या चाणूर-मुष्टिक को वे प्रजा पर आक्रमण करने को भेजेंगे?...' अस्ति ने पूछा।

'क्या पता। आप जानती हैं कि आप्तजनों का परामर्श लेने के बाद वे स्वयं ही आखिरी निर्णय लेते हैं। चाणूर-मुष्टिक का उपयोग वे किस तरह करना चाहते हैं, यह अभी मुझे पता नहीं।'

'मैं अंकपाद आश्रम से लौटूँ तब तक उन्हें शान्त रख सकते हो?'

'कोशिश करूँगा!'

अस्ति ने प्राप्ति की ओर देखा। उसकी नजरों में सहमति का भाव था।

'तो फिर मेरे रथ के साथ कुछ विश्वासपात्र रक्षकों को भेजने की व्यवस्था करो।'

'आपके अपने रक्षक दल के स्थान पर?'

'नहीं, उसके अलावा...' अस्ति खड़ी हो गई। प्राप्ति उसे प्रवेश-द्वार तक छोड़ने गई। प्रद्योत भी वहाँ अधिक नहीं रुक सका। उसे सैनिकों की नहीं बल्कि विश्वासपात्र सैनिकों की व्यवस्था करनी थी। यह कार्य दिन-प्रतिदिन मुश्किल होता जा रहा था।

महारानी अंकपाद आश्रम जा रही हैं, यह बात उनकी सबसे बड़ी रक्षक थी। इन दिनों इतनी शान-शौकत के साथ मगध जाना सरल नहीं था। ग्राम्य विस्तार के अहीर और यादवों में विरोध था। आर्य वसुदेव को फिर से बन्दीगृह में डाल देने का क्या कारण है? श्रीकृष्ण और बलराम जिस विवेक से बात करते हैं, वह दूसरे प्रश्नकर्ताओं में नहीं मिलता, परन्तु कुलपति के आश्रम में जानेवाला इन प्रश्नों से दूर है।

अन्य ऋषियों के आश्रम में दान देने के लिए जाने पर महारानी अस्ति का भव्य स्वागत हुआ था। अलंकृत मंडपों से गुजरते हुए वे चीनांशुक कालीनों पर चली थीं। उन्होंने अंकपाद आश्रम में ऐसी ही कुछ अपेक्षा रखी थी। स्वयं कुलपति नहीं तो उनकी पत्नी तो स्वागत के लिए आएँगी ही। इसके स्थान पर स्वागत करना सीख रहे हों ऐसे शिष्य आए। अतिथि कक्ष के पास मुनि के परिवार के सदस्यों ने स्वाभाविक ऊष्मा के साथ स्वागत किया। विशिष्ट आवभगत न होने के कारण रानी ने उपेक्षा का अनुमान किया था वह ऊष्मा देखने के पश्चात् असत्य सिद्ध हुआ। उन्हें याद आया : उपनिषद् काल में राजा-महाराजा ऋषि-मुनियों के आश्रम में विनीत वेश में ही प्रवेश करते थे। शायद यहाँ वही परम्परा चल रही है। लगता है कि मगध साम्राज्य के रीति-रिवाज यहाँ तक नहीं पहुँचे।...कोई बात नहीं, जिसे जो ठीक लगे करे। मैं भी कहाँ दान देने आई हूँ कि भव्य स्वागत की अपेक्षा रखूँ? आशीर्वाद माँगने आई हूँ। पति का अमंगल रोकने आई हूँ।

विश्राम के बाद अनध्याय के समय कुलपति को मिलना था। अस्ति को आशीर्वाद माँगना नहीं पड़ा। यहाँ आनेवाले के कल्याण के लिए परम तत्त्व से प्रार्थना की जाती है। इसका लाभ अस्ति को मिल चुका था। उसने माँगी प्रजा की राज-भक्ति। माँगना तो यह भी चाहती थी कि राजा सुशील और प्रजावत्सल बने, परन्तु यह माँगने के लिए उसकी आवाज नहीं निकली। प्रजा राजभक्त बन जाए इससे भी अस्ति को सन्तोष था। भले ही स्थिति न सुधरे। यथास्थिति बनी रहे तो भी बहुत है।

सांदीपनि मुनि ने पहले राजपुरोहित और कुलपति के कार्यों का भेद स्पष्ट किया। उनका जितना प्रजा के साथ घनिष्ठ सम्बन्ध है, उतना राजा के साथ नहीं। इस देश में ऐसे भी कुलपति हो चुके हैं, जो वर्षों तक राजसभा गए ही न हों, परन्तु वे कंसराज की सभा में गए हैं, जो शूरसेन जनपद की राजकीय परिस्थिति से अवगत हैं। उसके बारे में बताते हुए उन्होंने कहा : 'महारानी अस्ति, आज मैं तटस्थ नहीं हूँ। मैं पक्षधर हूँ। कल रात मेरा स्वनामधन्य शिष्य भैरवनाथ नन्दराय के गोकुल से आया है। उसके कहे वृत्तान्त को सुनकर तो मैं स्तब्ध रह गया हूँ। आर्यावर्त में यह भी सम्भव हो सकता है? शूरसेन जनपद जैसे बड़े राज्य का अधिपति अपनी प्रजा के साथ ऐसे जघन्य षड्यंत्र करता है! उस नित्य रमणीय वृन्दावन में श्रीकृष्ण-बलराम के साथ सभी युवा गोप-गोपियों को देखना मानो

निसर्ग की गोद में अवतरित परम तत्त्व के आशीर्वाद का साक्षात्कार करना है। आप कभी गई हैं वहाँ?'

'शत्रुओं के बीच में जाने के लिए महाराज मुझे अनुज्ञा देते होंगे?'

'यहाँ आप अनुज्ञा लेकर पधारी हैं? क्या वे मुझे अपना शुभेच्छुक मानते हैं? बोलो, क्यों उत्तर नहीं देतीं?'

'मैं नन्दराय के राजद्रोह के बारे में जानती हूँ।'

'उन्होंने कैसा राजद्रोह किया है? श्रीकृष्ण-बलराम का लालन-पालन किया है, वह?'

'हाँ, महाराज जानते हैं कि वे किसके पुत्र हैं।'

'किसके हैं?'

'वसुदेव के।'

'तब तो आपके महाराज को उनका सम्मान करना चाहिए। क्योंकि इस राज्य की नींव में वसुदेव का योगदान छोटा-मोटा नहीं है। उसके बदले उन्हें फिर से बन्दीगृह में डाल दिया।'

'वे सत्य को छिपाते हैं और प्रजा में विद्रोह की भावना को जाग्रत करते हैं।'

'उन्हें फिर से बन्दी बनाया इससे पहले हम सब यहाँ मिले थे, राजकीय स्थिति की वस्तुपरक समीक्षा हुई थी। तब मैं दूसरे निरीक्षकों की तरह तटस्थ था। आज नहीं हूँ।'

'तो फिर मुझे भी अपने पक्ष में ले लीजिए...' अस्ति ने चतुरता दिखाई।

'मैं चाहता हूँ कि ऐसा हो। इसके लिए राजकीय दूरदर्शिता की आवश्यकता नहीं। सिर्फ वात्सल्य चाहिए। नन्द-यशोदा में उतनी योग्यता होनी चाहिए। आप उतनी योग्यता नहीं रखतीं यह भी कैसे कहा जा सकता है? इसकी परीक्षा करने के लिए आपको एक बार नन्दगाँव की ओर जाना चाहिए। आप श्रीकृष्ण-बलराम को देखेंगी और चाहने लगेंगी। शक्ति और सौन्दर्य का वह समन्वय अभूतपूर्व है महारानी!! अब वसुदेव के बारे में भी दो शब्द कह दूँ। आप जानती हैं कि आपके पति को शस्त्रविद्या देनेवाला प्रथम गुरु कौन था? वही आर्य वसुदेव! यादवश्रेष्ठ वसुदेव! गुरु को कारागार में डाल देने के कृत्य को मैं पराक्रम नहीं कहूँगा। देवकी जैसी चचेरी बहिन, परम वत्सल बहिन के यौवनकाल के दो दशक कैसी यातना में व्यतीत हुए? धन्य है वह कि यातना को उसने तपस्या में बदल दिया। राजा का कार्य कायरता और अन्धश्रद्धा को बढ़ावा देनेवाली भविष्यवाणियों के अनुसार कार्य करना नहीं, भयभीत होकर अधर्म करना नहीं, धर्म की रक्षा करना है। इसके लिए प्राणों की आहुति देनेवाले राजा भी इस देश में हुए हैं। आपके पति महाराज कंस से यह सब मैंने बहुत पहले कहा था। तब मैं तटस्थ था। तब भी उन्होंने मेरे परामर्श की हँसी उड़ाई थी। मैं नहीं मानता कि आज भी मेरे अनुभव, मेरा शास्त्रज्ञान या मेरी जीवन-दृष्टि उनको ठीक लगेगी।'

'सम्भव है कि आपके आशीर्वाद से ...' महारानी विनम्रता प्रदर्शित करने लगीं।

'मेरे पास ऐसी कोई दैवी शक्ति नहीं है और ऐसी शक्ति मुझे चाहिए भी नहीं कि जिसके द्वारा जनता का दमन करनेवाले का कल्याण कर सकूँ। मैं एक आचार्य हूँ। मेरे पास

मानवता की एक कल्पना है। मैं अपने शिष्यों से कहता हूँ कि शीलरहित शक्ति पर कभी विश्वास मत करना।'

शील के बारे में अस्ति ने प्रश्न पूछा। मुनि मौन रहे। महारानी समझ गईं कि उनका प्रश्न निरर्थक है। उन्हें जो कहना है वे वह कहाँ नहीं समझतीं!

'इस विषम परिस्थिति में हम क्या करें? गोकुल और मथुरा के बीच संघर्ष अनिवार्य हो गया हो, ऐसे में हम मौन रहें या कोई उपाय सोचें?'

'आप महारानी हैं। महाराज आपकी बात मानने के लिए सम्मत हों तो गण-परिषद् बुलाकर मार्गदर्शन माँगना। आपके पति गणराज्य की उदात्त भावना पुनः कार्यान्वित करने के लिए तैयार होंगे और समानता का व्यवहार करने को तत्पर होंगे तो अन्धक, उग्रसेन, अक्रूर, वसुदेव, नन्दराय तथा अन्य अग्रणी उन्हें क्षमा कर देंगे। एकाधिकार त्यागकर प्रजा के साथ खड़े कंसराज को श्रीकृष्ण-बलराम का भय नहीं रहेगा।'

सांदीपनि की यह धृष्टता अस्ति के लिए अक्षम्य थी। क्या महाराज कंस सामान्य प्रजा बन जाएँ? ग्राम्य यादवों की टोली को राज्य सौंप दें? कैसी बात कर रहा है यह ब्राह्मण! भृकुटि खिंच गई थी। मस्तक झुकाए रखकर क्रोध को संयत किया। वास्तविकता पर भार देते हुए कहा : 'कुलपति, क्या आप नहीं जानते कि शूरसेन जनपद का वर्तमान विस्तार किसके कारण हुआ है? क्या ग्राम्य यादवों और पशुपालक अहीरों द्वारा?'

'आपने यादवों को ग्राम्य और अहीरों को पशुपालक कहा। तो क्या 'ग्राम्य' और 'पशुपालक' होना मथुरा ही महारानी की दृष्टि में निन्दनीय है? राज्य की वास्तविक शक्ति तो वे ही लोग हैं। भले ही उन्होंने सीमाओं को विस्तृत नहीं किया हो, जरा यह तो विचार करो कि राज्य खड़ा है किसके पैरों पर? महाराज कंस ने अपनी सेना को शस्त्र देकर एक लम्बा प्रवास किया, इससे दशकों तक प्रजा का दमन करने का उन्हें अधिकार मिल गया? भौगोलिक क्षेत्र को राज्य मान लेना भी एक तरह की भ्रान्ति है। सच्चा राज्य तो प्रजा के हृदय में स्थापित किया जाता है। वहाँ जो स्वीकृत हो वही सच्चा राजा है। जब तक राजा प्रजा-कल्याणकारी कार्यों से प्रजा का हृदय नहीं जीत लेता तब तक मेरी दृष्टि में वह सैनिक है, योद्धा है। और यदि वह सैन्यबल के जोर पर पेटू मल्लों को पालने के लिए प्रजा पर कर बढ़ाता जाता है तो मेरी दृष्टि में वह लुटेरा है।'

'यह आपके तपोवन की परम्परा है कि एक अतिथि सन्नारी को लुटेरे की पत्नी कहा जाए?'

'मैंने वार्तालाप के प्रारम्भ में ही आपसे कहा था कि आज मैं तटस्थ नहीं हूँ। सम्भव है कि आपसे अप्रिय वचन कह बैठूँ। गृहमाता आपको भोजन का आमंत्रण देने आ रही हैं। मैं जानता हूँ कि आपको वापस जाने की जल्दी है। फिर भी एक प्रश्न पूछता हूँ। परिस्थिति का विश्लेषण करने बैठे हों ऐसे समय अप्रिय सत्य सुनने की मानसिकता होनी चाहिए। इसलिए तपोवन की परम्परा का उल्लंघन करके पूछ रहा हूँ...आप महाराज कंस को अन्तःकरण से चाहती हैं?'

महारानी अस्ति ने कोई उत्तर नहीं दिया।

'आप सम्राट जरासंध की पुत्री हैं, यह कभी भूल सकी हैं?'

'क्यों भूलूँ?'

'यही सोचना चाहिए।'

सांदीपनि मुनि मानते थे कि प्रेमानुभूति के अभाव में कंस एक के बाद दूसरा कुकृत्य करता जाता है। जबकि दूसरी ओर नन्द, यशोदा और गोप समाज का निर्मल और अबाध प्रेम श्रीकृष्ण-बलराम में अनन्य शक्ति के साथ शुभ में श्रद्धा का सिंचन कर रहा है। इसकी चर्चा में भाग लेने की महारानी की इच्छा नहीं थी। इसलिए उन्होंने विदा से पहले की आशीष देते हुए कहा : 'विषम स्थिति में धैर्यपूर्ण ढंग से निर्णय लेने की शक्ति प्राप्त करें।'

अस्ति ने स्मित के आशीष का स्वीकार किया। औपचारिक वन्दन किया। उसने सोचा नहीं था कि ऋषिमुनि भी ऐसे राजनीतिज्ञ हो गए होंगे! वह निर्णय लेने की शक्ति प्राप्त करने नहीं गई थी, परिणाम प्राप्त करने गई थी। वह कुलपति की शक्ति को अपने आँचल में डाल लेने गई थी। परन्तु यहाँ तो उसकी सम्मोहन-विद्या का कोई प्रभाव नहीं पड़ा। वर्षों की तपस्या अप्सराओं के चरणों में अर्पण कर देनेवाले ऋषि-मंत्रियों के इस देश में ऐसे स्त्री-दाक्षिण्यहीन शुष्क कुलपति से वह भविष्य में मिलना पसन्द नहीं करेगी।

अस्ति ने सारथि से पूछा : 'अपने रक्षकों के पीछे एक सफेद खेस कंधे पर डालकर प्रतिमा की तरह बैठा सवार कौन है?'

'कुलपति ने उसे भेजा है।'

'गुप्तचर के रूप में?'

'नहीं, रक्षक के रूप में।'

'अपने रक्षक की तरह?'

'हाँ, आजकल दस्युओं का आतंक बढ़ता जा रहा है। अपने वर्तमान शासन काल में महारानी लुट जाए, यह सम्भव नहीं।' सारथि ने ऐसी तटस्थता से कहा मानो किसी दूसरे राज्य के बारे में कह रहा हो।

अश्वों को विश्राम देने के लिए रथ छोड़ा गया तो महारानी ने सारथि को भेजकर उस घुड़सवार को बुलाया।

'वह तो ध्यान में बैठ गया है।'...सारथि ने वापस आकर हँसते हुए कहा।

'तब तो वह गुप्तचर ही होगा।'

'नहीं, ज्ञानी है। मुनि का प्रसिद्ध शिष्य भैरवनाथ है।'

'तब तो मुझे उसे इसी रथ में अपने साथ बैठाना चाहिए। सम्भव है कि उसके पास कोई ऐसी जानकारी मिल जाए जो महाराज के लिए महत्त्वपूर्ण हो। और अपना उज्जयिनी का चक्कर सफल हो जाए।'

'आप व्यर्थ प्रयत्न करके महारानी के गौरव को कम करेंगी, वह आपको एक शब्द भी नहीं बताएगा। उल्टा आपके पास से ऐसा कुछ जान लेगा जो महाराज को हानिकर सिद्ध होगा। वह कहीं पहली बार मथुरा नहीं आ रहा। चाणूर उसे अच्छी तरह पहचानते हैं।'

अस्ति भैरव से बात न कर सकी, इसका उन्हें अफसोस रहा।

नगर में प्रवेश करने के साथ ही चाणूर के शिष्यों ने भैरव को पहचान लिया और रोका। महारानी को पता चला लेकिन वे मौन रहीं। बहुत सामर्थ्यवान है तो आत्मरक्षा कर लेगा, यह कहकर रथ आगे बढ़ाने के लिए कहा।

पीछे अकेले रह गए भैरव के साथ अयोग्य बर्ताव शुरू हो गया था। उनसे उपहास सहन नहीं हुआ, उन्होंने हाथ उठा लिया। उनमें द्वन्द्वयुद्ध प्रारम्भ हो गया। एक ग्रामीण लगते पुरुष ने पाँच कुशल मल्लों को राज-मार्ग के बीच पटक दिया, यह देखकर मल्लों के त्रास से पीड़ित व्यापारी खूब प्रसन्न हुए, परन्तु यह जानकर एकत्र हो गए। सैनिकों ने भैरव का सम्मान करने के स्थान पर उन्हें सेनापति के पास पकड़ ले जाना पसन्द किया।

भैरव ने सांदीपनि का शिष्य और महारानी की लौटती सवारी के रक्षक के रूप में अपना बचाव करने के स्थान पर पाँच मल्लों को पटककर प्रजा का मनोरंजन किया है, इसके लिए पुरस्कार माँगे, परिणामस्वरूप बन्दीगृह में डाल दिया जाए, यह घटना अक्रूरजी की समझ में नहीं आई, आचार्य गर्ग समझ गए।

आर्य वसुदेव की रक्षा के लिए ही वे स्वेच्छा से कारागार में गए होंगे। नहीं तो उन्हें हाथ लगाने की भी किसमें शक्ति है?

भैरव को इस बात की छूट दी गई थी कि वह न्याय के लिए राजा से प्रार्थना करे। परन्तु उन्होंने संक्षिप्त उत्तर दिया : 'जहाँ अराजकता हो वहाँ मैं न्याय की अपेक्षा नहीं रखता। महाराज समग्र राज्य को कारागार बनाना चाहते हैं, वहाँ मेरे जैसा बाहर रहता है या अन्दर, उससे क्या फर्क पड़ता है?'

नगरवासी भैरवनाथ को जानते नहीं थे, परन्तु इस घटना की खबर विद्युत वेग से फैल गई। वृन्दावन के एक सामान्य गोप के द्वारा चाणूर के पाँच मल्ल धराशायी हो गए। बेचारे ऐसे गिरे कि एकदम खड़े भी नहीं हो पाए! यही तो होनेवाला था। सारे मल्ल पेटू, आलसी और विलासी हैं। नहीं तो एक ग्रामीण की मार खा लेते? महाराज को उस शूरवीर का सम्मान करना चाहिए, परन्तु उसे कारागार में डाल दिया। डाल दें, कब तक डाले रखेंगे? नन्दराय के गोकुल का है न! श्रीकृष्ण-बलराम एक दिन आएँगे और राजा की आँखों में धूल डालकर उसे छुड़ा ले जाएँगे।

सांदीपनि के बारे में कंस जैसा अभिप्राय रखता था वैसा ही अभिप्राय देकर महारानी अस्ति ने महाराज की राजनीति का समर्थन किया। ज्ञान से राज्य नहीं जीता जाता और चलता भी नहीं है। वह चलता है दंड से। शस्त्रों की छत्रछाया में ही शास्त्र रचे जाते हैं। अपना उपकार ने माननेवाले ऋषि-मुनि कृतघ्न हैं। इन याचकों को उनकी वास्तविकता का अहसास कराना ही चाहिए।

इस सहचिन्तन के बाद अस्ति और कंस में निकटता बढ़ रही थी, वहीं एक सामर्थ्यवान तांत्रिक का पता लगते ही वह अनुष्ठान करने में लग गईं। कंस की शक्ति बढ़े इसके लिए बाह्य उपचार प्रारम्भ हुए। फल की अपेक्षा से किया गया कर्मकांड वाणिज्य-गणित का ही भाग है, इसका परमतत्त्व के अनुग्रह से कोई सम्बन्ध नहीं, ऐसा माननेवाले

अक्रूरजी अब कोई नया प्रस्ताव लेकर राजा के पास नहीं जाते। वसुदेव को मुक्त करने या भैरव के साथ हुए अन्याय को दूर करने के लिए उन्होंने राजा से कुछ नहीं कहा था। गर्गाचार्य की सलाह के अनुसार वे परमात्मा का स्तवन करके मन से स्वस्थ रहने का प्रयत्न कर रहे थे।

सारे अनुष्ठान पूरे हो चुके हैं।

शिशुपाल और रुक्मि के राजज्योतिषी भी आकर विचार-विमर्श कर गए हैं। आज्ञाकारी राजपुरुषों ने एकसाथ सहमति प्रकट कर दी है।

महाराज कंस शास्त्रोक्त विधि के अनुसार धनुर्याग कराएँगे।

चौदस को मुहूर्त है।

धनुर्याग में प्रजा के सभी वर्गों को भाग लेना चाहिए। विविध स्पर्धाएँ होंगी। उत्तम स्पर्धक को राज्य आमंत्रण भेजेगा।

नवयुवक कृष्ण-बलराम ने मल्लयुद्ध में प्रसिद्धि प्राप्त की है। उन दोनों में से एक भी स्पर्धा जीतेगा तो उनके गुरु भैरवनाथ को मुक्त किया जाएगा और उन्हें वस्त्र-आभूषण की भेंट दी जाएगी।

'अक्रूर, तुम नन्द के मित्र हो। तुम जाओगे तो कृष्ण-बलराम आदि ग्वालों को स्पर्धा में भाग लेने के लिए प्रोत्साहित कर सकोगे।'

अक्रूर बोले नहीं।

कंस ने अक्रूर का हाथ पकड़ लिया। उन्हें महादानी कहकर सम्मान दिया और कहा : 'भोजवंशियों और यादवों में तुम्हारे जैसा मेरा दूसरा कोई हितेच्छुक नहीं है। इसलिए मैं तुम्हारा विश्वास करता हूँ। तुम ब्रज जाओ और नन्द के यहाँ रहते वसुदेव के दोनों पुत्रों को यहाँ ले आओ।'

'आप उन्हें यहाँ किसलिए बुला रहे हैं, यह मुझे बताना है?'

'हाँ, धनुर्याग के दर्शन के लिए, मथुरा की शोभा देखने के लिए और मल्लयुद्ध की स्पर्धा में भाग लेने के लिए।'

'आप उन्हें यहाँ बुलाकर जो कार्य सिद्ध करना चाहते हैं, वह नहीं कहूँ?'

'तुम नहीं कहोगे तो भी वे जान गए होंगे। फिर भी तुम नहीं जाओगे तो वे अवश्य आएँगे। और आएँगे तो...' कंस ने कुटिलतापूर्ण स्मित किया।

'परिणाम ईश्वर के अधीन होता है। यह याद रखते हुए आप कार्य की सिद्धि या असिद्धि के प्रति समान भाव रखने का प्रयत्न करें और स्वस्थ रहें। मैं मानता हूँ कि मेरी अनुपस्थिति में वसुदेव या उग्रसेन की हत्या का प्रयास नहीं होगा।'

'मेरा प्रथम लक्ष्य क्या है यह तुम जानते हो। जाओ और मुझ पर सबसे बड़ा उपकार करो। प्रजा तुमको सत्य की उपमा देती है वह अकारण नहीं है।'

अक्रूर को इस बात की प्रसन्नता थी कि वे श्रीकृष्ण-बलराम को उनके जीवन का सबसे बड़ा सत्य बताने जा रहे हैं। जब राजा ने स्वयं उन्हें वसुदेव का पुत्र कहा तो अब

गोकुलवासी भी निर्भ्रान्त हो जाएँ, उनके साथ आज तक हँसने-खेलनेवाले युवकों का दायित्व जान लें।

सबसे पहले तो मैं अपने ऊपर की गई गलतफहमियों को दूर करूँगा। स्पष्ट करूँगा कि मैंने क्यों सत्ता नहीं छोड़ी। मैं कारावास से डरता नहीं हूँ। वास्तव में कंस का अमात्य होना ही सबसे बड़ा दंड था। परन्तु आज तक उस पद पर चिपके रहने का एक ही कारण था : न्यायप्रिय पक्ष को पराजय के समय अधिक क्षति न हो पाए इसका ध्यान रखा जा सके। इसका मैंने यथाशक्ति ध्यान रखा है, अपना अपमान सहकर भी मैंने सत्पुरुषों के जीवन की यथाशक्ति रक्षा की है।

अक्रूर आज एक नवजीवन के स्वप्न के साथ गोकुल जा रहे हैं। फलज्योतिष के क्षेत्र में गर्गाचार्य की प्रतिष्ठा थी। उनकी भविष्यवाणियों को अपनी राजनीतिक कुशलता में सँजोकर जिस धैर्यशाली राजनीति को विकसित किया था उसका परिपक्व क्षण आज आया है।

रथ में लगे स्फूर्तिवाले अश्वों से भी अक्रूर का चित्त अधिक वेग से आगे दौड़ रहा है। श्रीकृष्ण-बलराम को भुजाओं में समा लेने की अदम्य इच्छा थी।

वृन्दावन की निसर्गश्री और यमुना के सान्निध्य का आभास देती हवा के स्पर्श ने अक्रूर की आतुरता को संयत किया। प्रकृति की शोभा मानो यही श्रीकृष्ण की सूक्ष्म उपस्थिति थी। विश्वास और आनन्द की इस अनुभूति के साथ उन्होंने नन्दराय के गोकुल में प्रवेश किया।

शरदऋतु समाप्त हो गई है। जलाशयों में उसकी निर्मलता व्याप्त है। हेमन्त का आरम्भ हो गया है। हवा में उसकी शीतलता है। प्रफुल्ल वनराजि का प्रतिबिम्ब पाकर आकाश सुनील हो गया है।

यहाँ किसी प्रकार की तंगदिली नहीं है। और न भय है। कंस के जुल्मी शासन की छाया नहीं है। उसके सारे दुष्कृत्यों के पदचिह्न समयरथ के पहियों से मिट गए हैं। पहली बार जीवन में अक्रूर ने कंस का उपकार माना। हे राजा, तूने यहाँ भेजकर मेरा कल्याण किया है। आज मेरा जन्म सार्थक हो जाएगा।

सूर्यास्त रमणीय था।

समाचार सुनकर नन्दराय दौड़े आए हैं। जो सुनता है वह स्वागत की सामग्री लेकर मुहल्ले में भीड़ करता जाता है। यशोदाजी कोलाहल में से निकल रहे हर्षोल्लास को पहचान जाती हैं। रोहिणी से कहती हैं : 'मैं गायों को दुहकर आती हूँ। तू कृष्ण-बलराम को लेकर पहुँच।'

दोनों भाई आगे आकर अमात्य अक्रूर को प्रणाम करते हैं। अक्रूर का हृदय भी उतना ही विनत है। जीवन में बारम्बार विकट कार्य करने पड़े हैं। आज एक और। वंदन करने का भाव जगा तब आशीष देने का कर्तव्य निभाना पड़ा। परन्तु आँखें तो स्वतन्त्र हैं, अपनी तृप्ति के लिए उन्हें किसी दूसरे की सहायता कहाँ चाहिए।

श्रीकृष्ण ने पीताम्बर पहना है। बलराम ने नीलाम्बर पहना है। दोनों के नेत्र शरदऋतु के कमल के समान विशाल और शीतल लगते हैं। दोनों ने रत्नमाला और वनमाला धारण

की हैं। उनके अंगों से पवित्र चंदन की सुगन्ध आ रही है, उन्होंने गोधूलि बेला में स्नान करके निर्मल वस्त्र धारण किए हैं। अक्रूर ने देखा कि ये दोनों कुमार अपनी कान्ति द्वारा इस गोलोक को प्रकाशित कर रहे हैं।

नन्दराय, बलराम और श्रीकृष्ण अक्रूर को नन्दभवन के प्रांगण में ले गए। आतिथ्य कक्ष में उत्तम आसन देकर शास्त्र विधिपूर्वक मधुपर्क से पूजा की।

विश्राम के क्षणों में कुशलक्षेम पूछा। आर्य वसुदेव और देवकी अब किसी आपत्ति से दुःखी नहीं हो सकते, उन्होंने अपने जीवन की सफलता और सार्थकता देख ली है, ऐसा कहकर अक्रूरजी ने रोहिणी और यशोदाजी को निश्चिन्त किया। दोनों गृहिणियों ने उन्हें अनेक गुणोंवाला पवित्र अन्न परोसा। बलराम ने उन्हें सुपारी, चन्दन और पुष्प दिया। नन्दराय ने पूछा : 'सिर्फ अपने स्वार्थ के लिए जीते दुष्ट कंस की प्रजा के रूप में हम तुम्हारे किस काम आ सकते हैं, यह बताओ।'

अक्रूर ने सारा वृत्तान्त सुनाकर अपनी योजना बताई।

नन्दराय ने गाँव के प्रहरी को बुलाकर आवाज लगवाई : 'सभी ग्वाले दूध, दही आदि गोरस साथ ले लें। कल सब लोग बैलगाड़ियों में मथुरा जाएँगे और धनुर्याग उत्सव में भाग लेंगे।'

घोषणा सुनकर आनंदित युवा गोप-गोपियाँ नन्दभवन आ पहुँचे। एक बार फिर से नन्दभवन का प्रांगण छोटा पड़ा। क्षण-भर पहले दौड़कर आनेवाले को अब पता लगा कि अमात्य अक्रूर राजा के आदेश से श्रीकृष्ण और बलराम को लेने आए हैं। सुबल ने उनका नाम बदलकर 'क्रूर' कहा। सुबल की बात से हँस जानेवाले मित्र आज मौन रहे।

एक अरुचिकर सत्य कहने के लिए वसुदेव और नन्द के मित्र खड़े हुए।

'आर्यावर्त जिन्हें सर्वोत्तम माता-पिता के रूप में जानता है, उन नन्द-यशोदा को मैं वंदन करता हूँ। क्योंकि वे बलराम और श्रीकृष्ण के पालक माता-पिता हैं, यह सत्य आप आज तक नहीं जान सके थे। अपनी सन्तानों को तो सब कोई चाहता था, परन्तु ऐसा उदात्त वात्सल्य दुर्लभ है। इन्होंने इन दो पुत्रों के पालन-पोषण का दायित्व उठाकर राजा के कोप को सहन करने का साहस किया था। आजीवन कारावास या शिरच्छेद। परन्तु इन्होंने ऐसी किसी प्रकार की चिन्ता नहीं की और निडर होकर अपने नैसर्गिक वात्सल्य से बलराम और श्रीकृष्ण में निरंतर स्नेह का सिंचन किया। इनका स्नेह हम सबके लिए वरदान सिद्ध हुआ। माता-पिता और पुत्रों पर ईश्वर की कृपा-दृष्टि पड़ी है। अब उस कृपा में समग्र आर्यावर्त सहभागी बने इसके लिए आप सबको सहयोग करना है। मैं नन्दराय और यशोदा के पास से पुत्रों को माँगने आया हूँ, आप लोगों से सक्रिय सहयोग माँगने आया हूँ। श्रीकृष्ण ने आपको नया धर्म दिखाया और आपके साथ रहकर नवजीवन का मार्ग प्रशस्त किया। बलराम आप सबकी आधार-शक्ति बना। इनसे भी बड़ी घटनाएँ देखने के लिए आर्यावर्त उत्सुक है। बोलो, श्रीकृष्ण-बलराम की जय!'

जयनाद से गोकुल का आकाश गूँज उठा। मयूरों ने उसका प्रतिभाव दिया।

श्रीकृष्ण को उत्तम के डंडे याद आए।

धनुर्याग का उत्सव है न! तो फिर मथुरा में रास क्यों न खेला जाए? सारे गोप मित्र लम्बे और मजबूत डंडे आज रात को तैयार करवा लें। राजा हमारा सम्मान करने नहीं बुला रहा, विश्वासघात करने बुला रहा है। ऐसे समय इनसे आत्मरक्षा हो सकेगी।

रास की बात सुनकर सुबल ने कल्पना कर ली कि गोपियाँ भी साथ में आएँगी। उसने सामने ललिता से कह दिया : 'तुझे आना है, परन्तु डंडे छोटे रखना, जिससे मुझे न लगें।'

बलराम ने उसके विनोद का आनन्द लेते हुए कहा : 'हम रासलीला के लिए नहीं, रासयुद्ध के लिए जा रहे हैं।'

बेचारी ललिता तो पति के साथ मथुरा देखने की कल्पना कर बैठी थी। राधा ने उससे कहा : 'वह दुःखी न हो। सुबल के साथ मथुरा जाने के अनेक अवसर आएँगे परन्तु कंस के शासन काल में नहीं। इस समय तेरे जैसी सुन्दर स्त्रियाँ वहाँ सुरक्षित नहीं हैं। कल सुबह श्रीकृष्ण-बलराम के नेतृत्व में अपने गोप-युवक विविध स्पर्धाओं में भाग लेने के लिए जा रहे हैं। मैंने स्वप्न में देखा है कि वे विजयी होंगे। यदि इनके साथ छल-प्रपंच किया जाएगा तो सब लड़ लेंगे। मेरे पिता और नन्दबाबा भी साथ जानेवाले हैं। हमें इस उत्सव को युद्ध मानकर शुभेच्छा देनी है। सुबह विदा के समय आँखों में आँसू नहीं आए इसका ध्यान रखना।'

राधा को अपनी भीगी आँखों का ध्यान नहीं था इसलिए मान लिया कि सब मेरी स्वस्थता की प्रशंसा करेंगे। वास्तव में वह ललिता से नहीं स्वयं से ही कह रही थी।

मुहल्ले में दो-तीन युवक प्रत्येक गोकुल में रुकनेवाले थे। राधा की मनःस्थिति की कल्पना करके वृषभानु ने आखिरी समय में मथुरा जाने का विचार बदल दिया। इससे कलावती को बहुत आश्वासन मिला : 'यह पागल अच्छी-अच्छी बातें करती है, परन्तु मुझे डर है कि कृष्ण के जाते ही यह प्राण न त्याग दे।' कलावती की आँखें बह रही थीं। गोकुल में कृष्ण के न होने का क्या मतलब है, उसे आज पहली बार अनुभव हुआ था।

कार्तिक सुदी सप्तमी का सूर्योदय।

श्रीकृष्ण और बलराम ने एकसाथ यशोदाजी और रोहिणी की चरणरज ली।

राधा ने बलराम को नमन किया। बलराम ने उसके मस्तक पर हाथ रखकर आशीष दी और पैर बढ़ाया।

श्रीकृष्ण को नमन करते समय राधा झुक पड़ी। सबकी उपस्थिति को भूलकर प्रिय के गाढ़ आलिंगन में बँध गई। तुरन्त सचेत हुई। स्मित करने लगी।

'मैं आऊँगा'—श्रीकृष्ण ने हाथ उठाकर राधा के द्वारा सबसे कहा।

बलराम की भूख के बारे में सोचकर और यशोदाजी को हँसाने का प्रयत्न करते हुए रोहिणी उत्तम को कलेवा बाँध रही थीं...

जिनकी स्वयं की गाड़ी नहीं थी ऐसे केवलदा अपने शास्त्रों के स्थान पर भैरवदा के शस्त्रों को उठाकर आ पहुँचे।

गुरुदेव ने जल्दीबाजी में भूल कर दी है यह मानकर गोपवृन्द हँस पड़े। हास्य का कारण समझ गए केवलदा ने कहा : 'भैरव मथुरा के कारागार में हों ऐसे समय में मेरे हाथ में उनके शस्त्र ही अधिक अच्छे लगेंगे।'

सुबल अब भैरवदा के कारावास की बात जान चुका था। उसने गाड़ी पर खड़े होकर गर्जना की : 'उस दुष्ट राजा ने अपने भैरवदा को कारागार में डालने की धृष्टता की है। मैं उसके लौहफाटक तोड़ डालूँगा।'

बलराम का गौरवर्ण तमतमा गया था। श्रीकृष्ण के इशारा करने के कारण वे कुछ नहीं बोले, परन्तु उनका रोष छिपा नहीं रह पाया। उनके हाथ की गदा हवा में लहराई, इससे प्रचंड आवाज हुई।

माताओं की आँखों में हर्ष के अश्रु बहने लगे।

प्रस्थान का क्षण आ गया। नन्दराय और अक्रूर का परामर्श पूरा होते ही श्रीकृष्ण खड़े हुए। रथ की ध्वजा फरफराने लगी। उन्होंने धीर-गम्भीर वाणी में अपने साथियों को सम्बोधन किया : 'हम आक्रमण करने नहीं जा रहे, आमन्त्रण पर जा रहे हैं। हम मथुरा में अतिथि का गौरव निभाएँगे और सचेत रूप से उत्सव में भाग लेंगे, सावधानीपूर्वक संगठित रहेंगे। प्रलोभन हमें नहीं ललचा पाएगा। अपने ऊपर संघर्ष डाला जाएगा तो पूरी शक्ति से उसका प्रतिकार करेंगे। प्रजा के कल्याण की भावना से लड़नेवाले की कभी दुर्गति नहीं होती। शुभ में श्रद्धा रखनेवाले पुरुष की विजय के लिए संघर्ष की चरम स्थिति में सत्य और ऋत भी प्रवृत्त हो जाते हैं। बोलो, सत्य की जय!'

सबने श्रीकृष्ण के शब्दों को दुहराया।

सुबल ने दूसरे नारे से सत्य की पूर्ति की : 'बोलो गोपनायक कृष्ण की जय! गिरधर गोपाल की जय!'

इस जयनाद में नन्दराय और अक्रूर ने भी उत्साहपूर्वक भाग लिया।

रथ और गाड़ियाँ चलने के लिए तैयार हुईं।

रुक गए समय की प्रत्यंचा खिंची।

वहीं राधा दौड़ती हुई आती दिखाई दी। उसके हाथ में फुँदनेवाली बाँसुरी थी। श्रीकृष्ण फिर से रथ में खड़े हुए : 'मैंने जानबूझकर वंशी तेरे पास छोड़ी है, राधे! और देख यह क्या लिया है? तूने जिसे 'सुदर्शन' कहा था वह चक्र।'

विस्मय की लहर आखिरी गाड़ी तक पहुँची।

रथारूढ़ श्रीकृष्ण के हाथ में चक्र कहाँ से और किस तरह आ गया इसका किसी को पता नहीं चला। अभी तो ये माताओं की चरणरज ले रहे थे, अभी राधा को आलिंगन में लेकर आश्वासन दे रहे थे, अभी सम्बोधन कर रहे थे—प्रजा के कल्याण के लिए लड़नेवाले की दुर्गति नहीं होती!

चक्र कब, कहाँ से आया?

चक्र अँगुली पर फिरने लगा। रथ चला। उसकी गति परिवर्तन-सूचक थी।

अकेली खड़ी राधा को सब दिशाओं से और अपने भीतर से आवाज सुनाई दी : 'सभी सखियों और माताओं से कहना, मैं आऊँगा।'

मथुरा

श्रीकृष्ण-बलराम को लेकर मथुरा की ओर बढ़ रहा अक्रूर का रथ वन-वल्लरी के सान्निध्य में अकेला नहीं लगता, सजे बैलों से जुती गाड़ियों के बीच सुहाता है। गोकुल के ग्वालों को रथ या बैलगाड़ी की तरह मार्ग पर सीधे-सीधे चलने की आदत नहीं है। इच्छा होती है, तब राजमार्ग के पास नई पगडंडी बना लेते हैं। बैलगाड़ियों के बीच में रथ पर विराजमान श्रीकृष्ण-बलराम को देखने के लिए खड़े लोग विनती करते हैं तो आठ-दस हँसमुख ग्वाले मिलकर चलते-चलते रास भी खेल लेते हैं। उनके डाँडियों की लम्बाई की ओर सबका ध्यान जाता है।

गोकुलवासी इतनी अधिक संख्या में धनुर्यज्ञ में भाग लेने जा रहे हैं! यदि हर जगह से लोगों की भीड़ उमड़ेगी तो बेचारे मथुरावासी कहाँ रहेंगे? : मधुमंगल चिन्ता करता है।

लोगों के कौतूहल को शान्त करने के लिए सुबल मल्लविद्याविशेषज्ञ की अदा से चल रहा है। तेजस्वी और ऋषभ कूदकर सुबल के कन्धों पर खड़े हो जाते हैं। अंशु जयभेरी बजाता है।

अक्रूर को यह मनोरंजन अच्छा लग रहा है। नन्दराय बीच-बीच में विचारमग्न हो जाते हैं : ये सब गोप युवक जानते हैं कि कहाँ जा रहे हैं? क्यों जा रहे हैं? छोटी आयु के युवकों को सुबल ने देख-देखकर वापस लौटा दिया, अच्छा किया।

सुदामा सीमा तक साथ आया था। श्रीकृष्ण-बलराम को विदा करते समय शुभेच्छा देकर मन्त्रपाठ करता हुआ लौटनेवाला था, वहीं उत्तम के कन्धे पर हाथ रखकर सुबल ने कहा : "अच्छा हुआ जो सुदामा मथुरा नहीं आ रहा, नहीं तो वहाँ की भीड़ में कुचल जाता।"

"देखना, तुम्हारी आत्मा न कुचल जाए!" सुदामा ने सुन लिया था, आज वह चुप नहीं रहेगा। अंकपाद आश्रम जाकर अधिक अध्ययन करने के लिए कुछ दिन पहले ही पिताजी ने सम्मति दी है। श्रीकृष्ण से बिछुड़ने का मन नहीं हो रहा था। आज जब परम सखा स्वयं उसे छोड़कर जा रहा है तब वह उमंगपूर्वक अंकपाद जाएगा। शुभ मुहूर्त सप्ताह बाद आ रहा है।

उत्तम पूछता है : ''तू ब्राह्मण है इसलिए नहीं आ रहा या फिर तुझे कंस का भय है?'

''भय तो शरीर को होता है, मैं तो आत्मा हूँ।'' सुदामा के जवाब में सिर्फ विनोद नहीं था, समझदारी भी थी।

''तो फिर इस आत्मा से तू वृन्दावन की रक्षा करना!'' सुबल ने कहा।

''वृन्दावन सुरक्षित है यशोदा मैया के वात्सल्य और राधिकाजी के प्रेम से, उसकी रक्षा करनेवाला मैं कौन हूँ?''

श्रीकृष्ण आगे बढ़ रहे रथ से झाँकते हैं। मित्रों की नजर मिलती है। सुदामा ने शुभेच्छा दी, बदले में श्रीकृष्ण ने उससे कहा : ''आज से अपने मार्ग अलग हो रहे हैं। मैं कर्म के योग पर और तू ज्ञान के; परन्तु ध्यान रखना, ज्ञान की साधना में प्रेम की उपेक्षा नहीं हो!'' श्रीकृष्ण का संकेत समझकर मधुमंगल सुदामा के साथ वापस जाएगा।

विशाल और तेजस्वी चलते-चलते दूसरा मार्ग पकड़ते हैं। उनके डाँडियाँ विविध रंगों से रँगे हुए हैं। ''मथुरावासी तुम्हारे डाँडियों को 'रंगीला' कहें इतने तो रसिक होंगे ही।'' हास्य विनोद करता हुआ मधुमंगल हाथ ऊँचा करता है। वह पूरा दृश्य आँखों में बस जाता है।

अक्रूर ने नन्दराय को कंस का प्रयोजन बता दिया था। श्रीकृष्ण-बलराम की तरह उनके निकटतम मित्र भी जानते थे। अक्रूर को इस बात की प्रसन्नता थी कि धर्मयुद्ध के लिए किए गए आह्वान को रासलीला में शामिल होने जैसी स्वाभाविकता से स्वीकार कर लिया गया है। जबकि दूसरी ओर निरी कुटिलता है। चाणूर, मुष्टिक आदि मल्ल धर्म-नीति को भूलकर लड़ेंगे, जबकि ये नवयुवक...

मैं इन्हें सावधान करूँगा। हम अन्याय भले ही न करें, परन्तु अन्याय का भोग बन जाएँ इतने असावधान भी नहीं रहें। मथुरा की राजनीति और कंस के व्यक्तित्व की कमजोरियों को बताकर वे श्रीकृष्ण-बलराम को थोड़े शब्दों में बहुत कुछ बता देते हैं। श्रीकृष्ण के छोटे-छोटे प्रश्नों को सुनकर वे चौंक पड़ते हैं। उससे उन्हें भी परिस्थिति को समझने की एक दृष्टि मिलती है। सांदीपनि के शिष्यों ने आधारभूत कार्य किया लगता है या फिर श्रीकृष्ण स्वयं...

गोपवृन्द मथुरा की सीमा में प्रवेश कर रहे हैं। इस समाचार ने गोवर्धन विस्तार के श्रमजीवियों के हृदय को बिजली के झपकारे की तरह आलोकित कर दिया। श्रीकृष्ण ने कालीय का दमन किया तब से उनके दर्शन करने की अभिलाषा थी। आज सन्तुष्ट हुई। अपने-अपने कार्यों को छोड़कर दौड़ आए इन श्रमजीवियों को लगा कि यह जीवन का सर्वोत्तम कार्य था। कैसी आत्मीयता है इन दोनों भाइयों की आँखों में! परम तेजस्वी, फिर भी अपने! यह तेज उन्हें अलग नहीं करता, जोड़ता है।

राजप्रासाद और श्रेष्ठियों के भवनों के धुँधले आकार दिखाई देने लगे हैं। प्रौढ़ गोप युवकों की जिज्ञासा शान्त करते हैं। हाँ, यही है मथुरा, मथुरा...

श्रीकृष्ण अक्रूर से पूछते हैं : ''बन्दीगृह किधर है?''

अक्रूर को आश्चर्य होता है। राजमहल के बारे में न पूछकर यह युवक बन्दीगृह के बारे में पूछ रहा है? वृन्दावन में बड़े होनेवाले को राजमहल का आकर्षण ही नहीं? हाँ, श्रीकृष्ण

कृतसंकल्प हैं। बन्दीगृह में जन्म लेनेवाले का सबसे पहला काम तो यही होगा, बन्दीगृह तोड़ना।

''मथुरा का सिंहासन बहुत मूल्यवान है। ऐसे रत्नजड़ित सिंहासन आर्यावर्त में पाँच या छह ही होंगे।'' ऐसा सुनते ही बलराम कहते हैं, ''उन पर बैठनेवाले भी कंसराज जैसे ही हैं कि कोई सच्चरित्र, प्रजावत्सल भी हैं?'' अक्रूर के पास उत्तर नहीं है।

नगर के दुर्ग का पश्चिमोत्तर द्वार समीप दिखाई देते ही नन्दराय ने अपने गोकुल के युवकों को रुकने का निर्देश किया। ब्रज के प्रत्येक गोकुल के चुने हुए युवक प्रवेश-द्वार के पास के मार्गों से कुछ दूर प्रतीक्षा करनेवाले थे। उत्तम और सुबल के नेतृत्व में रासगीत आरम्भ हो उसके बाद उन्हें आकर मिल जाना था। अक्रूर के अनुमान से संख्या अधिक थी। अब दो सहस्र से भी अधिक युवक रथ के आगे थे। जिनके हाथ में लम्बे 'रंगीला' थे, ऐसे सैकड़ों युवक दूर-दूर से नाचते-कूदते आ रहे थे। उन्हें श्रीकृष्ण के सखाओं की तरह रास में सिद्धि प्राप्त नहीं थी फिर भी उनके पौरुष का भी विशिष्ट सौन्दर्य था। दो बारहसिंगे लड़ रहे हों उस समय वे भूमि से अधिक आकाश की ओर देखते हैं, उसकी याद दिला रहे थे वे ब्रजवासी युवक!

प्रत्येक समूह का गाना अलग था, परन्तु सबका ताल एक था। यह ताल नगर की जीर्ण दीवारों को अपनी युगों पुरानी जड़ता झाड़कर प्रतिध्वनि उत्पन्न करने को विवश करता था। नए महालय विस्मयविमूढ़ खड़े थे। वे भी धीरे-धीरे अपने अन्दर एक स्पन्दन सुनने लगे। यह ब्रजवासी युवकों के 'रंगीला' का ताल है यह जानने के बाद उन्होंने स्वागत की मुद्रा धारण कर ली।

नगरनिवासी राजमार्ग पर एकत्र हो गए। कई श्रीकृष्ण-बलराम के दर्शन के लिए अधीर थे तो कई रास में मग्न होकर मुख्य वस्तु को भूल गए थे। कुछ अन्दर से स्पन्दित थे, कुछ ताल भी देने लगे थे। प्रौढ़ों के हाथ-पैर भी गतिशील बन गए थे।

राजमार्ग पर नृत्य करने की यहाँ प्रणाली नहीं थी। दशाब्दियों से लोग देखते चले आए हैं कि महाराज कंस द्वारा नियुक्त नर्तक ही प्रजाकीय उत्सवों के समय नृत्य करते हैं। नगरनिवासी सिर्फ प्रेक्षक बने रहते हैं, सहभागी नहीं होते। आज सबको अनुभव हुआ कि उत्सव में सहभागी बनने का अर्थ क्या होता है। कइयों ने अमात्य अक्रूर की मर्यादा न रखकर, नागरिक होने का गौरव भूलकर ग्रामीण युवकों के साथ मिलकर नाचना-कूदना शुरू कर दिया।

''श्रीकृष्ण-बलराम का रथ अब समीप ही है'' : कोई बोलता और कुलवधुएँ और माताएँ पूजा की थाली लेने घर के अन्दर दौड़ जातीं। राजनीति को जाननेवाले पुरुष अपने परिवार की नारियों को सावधान करते। ऐसे आनन्द के क्षणों में क्लेश को टालने के लिए स्त्रियाँ विवाद नहीं करतीं और गोकुल के पावन सौन्दर्य का अन्तःकरण से आदर करतीं। छोटी बालिकाएँ अपने गवाक्षों से पुष्पों की वर्षा करतीं। नीचे खड़ी हुई युवतियाँ उन पुष्पों को लेकर रथ की ओर उछाल देतीं।

नन्दराय अन्तर्यामी की वन्दना करते हैं : धन्य हो गया मेरा जीवन जो बलराम और श्रीकृष्ण मेरे आँगन में बड़े हुए। राजाओं की सवारी देखी है, विजेता सेनापतियों की

अगवानी देखी है, नदियों के संगम और तीर्थोत्तम पर लगते मेले देखे हैं परन्तु यह मानव समूह देखकर अपने जीवन में और कुछ देखने की अभिलाषा नहीं रही। मैंने तो प्रत्येक गाँव के गोपनायकों को मैत्री-भाव से कहा था कि अपनी मित्रमंडली के साथ आना। एक-दूसरे का आश्वासन रहेगा। सौ आदमी एकसाथ हों तो राजा अभद्र व्यवहार करने से पहले सोचेगा। परन्तु यह तो एक के कहने पर हजार आ गए! और ये मथुरावासी! जिन्हें प्रमादी, विलासी और कामचोर मान लिया था, वे तो मानो इसी क्षण की प्रतीक्षा कर रहे थे। गोप युवक जयकार बुलाते हैं उस समय इनके होंठ भी फड़कने लगते हैं।

अक्रूर रथ को रुकवाते हैं। सारथि को नन्दराय की गाड़ी में भेजते हैं। स्वयं सारथि बनते हैं और नन्दराय को बैठाते हैं दोनों युवकों के बीच! नन्दराय के दाहिने कन्धे पर कृष्ण का बायाँ हाथ रखा है और दूसरी ओर खड़े बलराम के कन्धे पर उसका प्रिय हथियार हल है। श्रीकृष्ण का चक्र रथ के लिए कुंडल के समान अलंकार बन गया है। परन्तु हल तो हथियार के रूप में ही लोगों का ध्यान आकर्षित करता है।

''अक्रूर भाई! आषाढ़ मास में हरे तृणांकुर फूट पड़ते हैं उसका कारण तो हम जानते हैं परन्तु अनजाने मनुष्यों द्वारा मिल रहे इस स्वागत का कारण क्या है?''

''श्रद्धा! जिसके लिए कोई प्रत्यक्ष कारण नहीं होता, उस श्रद्धा के कारण है यह स्वागत। ये सब जानते हैं हमारे प्रति राजा का दृष्टिकोण! और ये सब चाहते हैं कोई बड़ा परिवर्तन। देखो नन्द, राजमार्ग से दूर रह गए मनुष्यों की आँखें देखो, इस नगर में ऐसा स्वागत किसी को नहीं मिला है। आर्य वसुदेव, सेनापति के रूप में अत्यन्त लोकप्रिय थे फिर भी उनकी अगवानी में इससे दसवें भाग के मनुष्य भी एकत्र नहीं हुए थे।''

एक युवती गोपालकों की रक्षा-रेखा तोड़कर रथ के पास आना चाहती है परन्तु प्रवाह के विरुद्ध तैरने की उसमें शक्ति नहीं लगती। उसकी देहयष्टि भी सीधी नहीं है। उसके हाथ में सुगन्धित द्रव्यों के लेप की थाली देखकर अक्रूर उसे पहचान लेते हैं। उसकी दृष्टि श्रीकृष्ण की ओर है। आँखों में निरी याचना है। किस प्रकार तेरे पास पहुँचूँ और तेरी पूजा करूँ?

''त्रिवक्रा! तुझे इस भीड़ में कुचल जाने का डर नहीं लगा?''

''सबने ध्यानपूर्वक, सावधानी से मुझे जगह दी। यहाँ के सैनिकों की तरह किसी ने उपहास भी नहीं किया! मथुरा के ग्वाले जितने सुन्दर हैं उतने ही विवेकी हैं।''

श्रीकृष्ण के संकेत से तेजस्वी और ऋषभ ने त्रिवक्रा को रथ तक आने का मार्ग दिया। त्रिवक्रा के आश्चर्य के बीच बलराम और कृष्ण उसके सामने थे। लेप लगाने में उसे बहुत प्रतिकूलता न हो इसलिए बलराम को तो काफी झुकना पड़ा। श्रीकृष्ण को जैसे विनोद सूझा हो इस तरह उन्होंने उसे गर्दन से पकड़कर सीधा किया और क्षण-भर वैसे ही किए रहे।

''बस, अब ऐसे ही रहना। कृतसंकल्प हो जा, फिर इस तरह खड़े रहने में तुझे कष्ट नहीं होगा। तेरा मुख कितना सुन्दर है! राजा की दासी होने पर भी तू हमारा स्वागत करने आई है इससे तेरे अन्तःकरण का भी सही परिचय मिल गया है।''

शब्द और स्पर्श दोनों संजीवनी के समान सिद्ध हुए। पैर से पंजों को दबाकर, कनपटी के पास मुख के स्पर्श से श्रीकृष्ण ने जिस स्थिति में उसे खड़ी कर दिया था उस स्थिति में

रहने के लिए उसने संकल्प कर लिया था। शुद्ध हास्य और सुन्दर स्तनवाली यह युवती सागौन की लकड़ी की तरह सीधी खड़ी थी।

बलराम रथारूढ़ हो चुके थे।

''हे वीर, तुझे देखा तभी से तेरा दर्शन मुझे प्रिय लगा है। इसलिए राजा के योग्य यह लेप तू एक बार फिर से ले।''

त्रिवक्रा श्रीकृष्ण से इस तरह कह रही थी उस समय अक्रूर नन्दराय को उसके दुर्भाग्य की कथा कह रहे थे।

राज्याश्रय के कारण अभिमानी बन गए रजक रंगरेज ने त्रिवक्रा के पास से लेप लेकर उसका मूल्य नहीं दिया। बारह वर्ष की त्रिवक्रा ने अपने हक का द्रव्य लेने का हठ पकड़ लिया। रजक उसका उपहास करके उस लेप से प्राप्त आनन्द से भी अधिक आनन्दित होने लगा। त्रिवक्रा रोज माँगे, राजा से शिकायत करने की धमकी दे परन्तु रजक हँसता हुआ चला जाए। उसकी धूर्तता बढ़ती गई। त्रिवक्रा आज अडिग बन बैठी : ''आज तो अपने लेप का मूल्य लेकर ही जाऊँगी।''

''तू पूरी तरह युवा हो जाए फिर मेरे निवास पर आना। पूरा मूल्य चुका दूँगा।''

यह गाली है इतना समझने लगी त्रिवक्रा ने रजक पर हाथ उठा दिया। इस कोमल हाथ का वार प्रतिकार योग्य नहीं था परन्तु दुष्ट रंगरेज ने उसे उठाकर दूर फेंक दिया : पैर के घुटने पर चोट आई और छाती की पसली धँस गई। उसकी माता ने उसका तुरन्त उपचार कराने के स्थान पर राजा से न्याय प्राप्त करने के लिए उसे उसी स्थिति में रखा।

''रंगरेज को क्या दंड मिला? एक बालिका के साथ ऐसा व्यवहार करने पर धर्मनिष्ठ राजा तो कठिन से कठिन दंड देगा।''

''यह सही है परन्तु रंगरेज बच गया। त्रिवक्रा की माँ राजप्रासाद की दासी थी इसलिए महाराज ने उस पर भी दया की। उसके कुब्जारूप की ओर ध्यान न देकर उसे भी दासी बना लिया।''

''परन्तु रजक रंगरेज बच गया इसका कोई कारण तो होगा?''

''अनुमान है। वह एक सामान्य रंगरेज में से आज एक श्रीमन्त बन गया है। राजा के विश्वासपात्र सेवक के रूप में प्रसिद्ध है। सम्भव है कि राजा तथा उनके वरिष्ठ राजपुरुषों के लिए ग्राम कन्याएँ और नगर की रमणियों को उपलब्ध कराने के कार्य में उसका हाथ हो।''

''अमात्य के रूप में आपको क्या इतना अधिकार नहीं है कि आप उसे दंड दे सको?''

''दंड देने की बात दूर रही, जानने का अधिकार भी कहाँ था?''—अक्रूर ने बलराम को उत्तर देते हुए राजा के प्रति अपने दुर्भाव का संकेत कर दिया।

त्रिवक्रा को अपने मूल स्वरूप का ध्यान दिलाकर, उसे अपने ही सौन्दर्य को समझने में मुग्ध और स्तब्ध छोड़कर श्रीकृष्ण गोप युवकों के साथ चलने लगे। त्रिवक्रा श्रीकृष्ण के स्पर्श की स्मृति में मग्न रही। इस मूल स्वरूप में रहने की सारी वेदना वह सह लेगी।

इस घटना के प्रत्यक्षदर्शियों ने दूसरों से अपना अनुभव कहा। दूसरों ने जिनसे कहा उन्होंने तो मानो चमत्कारिक वर्णन ही सुना था। नगर में बात फैल गई। श्रीकृष्ण के स्पर्श में ऐसा चमत्कार है कि दासी कुब्जा अपूर्व सुन्दरी बन गई!

'चमत्कार' की यह बात सुनकर वह रंगरेज हँस पड़ा था। गोकुल का ग्वाला कुब्जा पर मोहित हो जाए इसका मुझे आश्चर्य नहीं! वह बोल रहा था, सुननेवाला भी वह अकेला ही था।

बलराम भी अब रथ से उतर आए थे।

नन्दराय और श्रीकृष्ण को अक्रूर अपने यहाँ ठहरानेवाले थे। अन्य विश्वासी यादव वीरों के प्रासादों में गोप अतिथियों के रथों और गाड़ियों को आश्रय दिया गया। सेनापति प्रद्योत ने एक शुभ समाचार सुनाया। महाराज ने वसुदेव को मुक्त कर दिया है। गर्गाचार्य ने महारानी अस्ति को कुछ समझा दिया था। धनुर्यज्ञ का सुफल प्राप्त करने के लिए महाराज इतने उदार बने।

प्रद्योत स्वयं भी उदार होने लगा था। वह तो इतना ही जानता था कि अक्रूर श्रीकृष्ण-बलराम को लेने गए हैं। कदाचित थोड़े गोकुलवासी भी साथ होंगे परन्तु इस मानव-समूह की उसे कल्पना भी नहीं आई थी। प्रजा को भाग लेने से सम्बन्धित निमन्त्रण देती उद्घोषणाएँ तो प्रति वर्ष होती थीं फिर भी दर्शकों की संख्या सीमित ही रहती। इतने अधिक मनुष्य इस बार क्यों उमड़ आए? किसी को कोई भय लगता है? मैं मथुरा का सेनापति मानो उनके लिए नगण्य होऊँ!

श्रीकृष्ण-बलराम नगर की प्रत्येक गली और चौराहे होकर राजप्रासाद तक जाने वाले हैं यह जानकर प्रत्येक व्यापारी अपनी विशिष्ट चीज-वस्तुओं के तोरण बनाकर बाँध रहे थे। रजक रंगरेज को सबसे अलग विचार आया। पीले वस्त्र पर काले रंग के धब्बे डालकर उसे तोरण की तरह लटकाया और शोक प्रदर्शित किया और त्वरा से गुजर रहे एक गुप्तचर को रोककर अपना आशय स्पष्ट किया : "ग्वालों के नेताओं का मैं कैसा मजाक उड़ा रहा हूँ, यह देखने के लिए तुझे यहाँ खड़ा रहना चाहिए।" गुप्तचर जल्दी में था। उसे रजक को सही कारण बता देना पड़ा, "गोकुलवालों को तो महाराज ने आमन्त्रित किया था। परन्तु दक्षिण ओर के यादवकुल बिना आमन्त्रण के आ रहे हैं। इस बारे में मुझे तुरन्त महाराज को सूचित करना है।"

यह बात गुप्तता की मुद्रा में हुई परन्तु बगल के व्यापारी को स्पष्ट सुनाई दी। चाँदी और सोने की झालरों का तोरण बाँधने में पुत्र की सहायता करते-करते वह बोला : "जिस राज्य में गुप्तचर महामात्य को बतानेवाला रहस्य रजक जैसे चरित्रहीन रंगरेज को बता देते हों उस राज्य को मैं अराज्य मानता हूँ।"

एक ग्राहक हाँफता-हाँफता जा रहा था। व्यापारी का स्नेही था।

"दर्शन करना चूक मत जाना। कौन जाने ऐसा अवसर फिर आएगा या नहीं।"

"परन्तु रुको तो सही। इतनी जल्दी क्यों है?"

"अपने परिवार के सदस्यों को राजमार्ग पर ले आऊँ, चमत्कारी पुरुष के दर्शन करा दूँ।" त्रिवक्रा का परिवर्तन उसने अपनी आँखों से देखा था। एक चमत्कार के रूप में उसने इस घटना का वर्णन किया। यह सुनकर व्यापारी ने दोनों हाथ जोड़कर परमात्मा से प्रार्थना की, "चलो देर से ही सही, तेरी कृपा हुई तो!"

यह मनोभाव व्यापारियों में व्यापक बनता गया। उन्हें भी परिवर्तन की प्रतीक्षा थी। राज्यादेश के अनुसार कर देने के अतिरिक्त उन्हें बीच के राजपुरुषों को खुश रखना पड़ता।

शूरसेन जनपद में ऐसा अनाचार पहले नहीं था। द्रव्य का दुरुपयोग हो रहा था और कुछ गलत करने की भावना व्यथित करने लगी थी। सम्पत्ति थी परन्तु सुख नहीं था।

नवजीवन में श्रद्धा और राज्यसत्ता के भय के बीच झूलता हुआ एक वर्ग अभी तक स्वयं को तटस्थ मानकर मूक प्रेक्षक की भूमिका निभा रहा था। वह भी नगर के केन्द्रीय सम्पर्क स्थल के समान बाजार के प्रभाव में आ गया। वे लोग घर से लुकते-छिपते निकले थे परन्तु श्रीकृष्ण-बलराम को देखने के बाद सिर उठाकर दूसरों से बातें करने लगे।

कुछ रसिकों को विनोद की सामग्री भी मिल जाती थी।

अपने आभूषणों के बारे में हमेशा सजग रहनेवाली युवतियाँ कान में एक ही कुंडल और पैर में एक ही नूपुर पहने दौड़ आई थीं। उन्हें आभूषणों का नहीं, कुल-मर्यादा का भी ध्यान नहीं रहा। कुटिल राजपुरुषों के द्वारा फैलाई गई रासलीला सम्बन्धित अपवाद की बात को अनेक बार सुन चुकी ये युवतियाँ वृन्दावन की गोपियों से ईर्ष्या करने लगीं और श्रीकृष्ण के विरल सौन्दर्य को नेत्र द्वारा हृदय में धारण करने लगीं।

सात वर्ष के एक बालक ने अपने पितामह की अँगुली छोड़कर दौड़ते हुए कुछ दूर से श्रीकृष्ण की ओर कमल रखा। कमलनयन श्रीकृष्ण ने अपने मुकुट में से एक मोरपंख निकालकर उसे दिया फिर उसका कमल लिया। बलराम ने स्नेह से उसे उठा लिया। सावधानीपूर्वक ऊपर उछाला। पूर्व चन्द्र के समान सुशोभित वह बालक ऐसा खिलखिलाकर हँसा कि उसे देखकर मथुरा के विशाल राजमार्ग पर स्थित मानव समुदाय के मुख पर चाँदनी चमक उठी।

उन सबमें एक अपवाद था रजक रंगरेज। उसने स्वागत का तोरण बाँधने के स्थान पर पीले कपड़े पर काले धब्बे छिटककर अपने तिरस्कार का संकेत दिया था, इस ओर सुबल ने बलराम का ध्यान आकृष्ट किया और उसी क्षण उसका कथन कानों में पड़ा : 'वह कुब्जा इस कालिये के ही लायक है।'

मथुरा के राजमल्लों के द्वारा हुए अन्याय को सुबल भूला नहीं था। बलराम ने अक्रूरजी के मुख से इस रंगरेज की दुष्टता सुन ली थी। श्रीकृष्ण का तिरस्कार करनेवाला वाक्य सुबल-बलराम दोनों ने सुन लिया था। उनकी नजरें मिलीं, संकेत स्पष्ट था। सुबल ने छलाँग मारी। एक ही मुक्के में रजक रंगरेज का जबड़ा तोड़ डाला। श्रीकृष्ण के प्रभाव में निमग्न मथुरावासियों के पास रंगरेज की दुर्दशा देखने का भी समय नहीं था।

मुख्य बाजार की शाखा के समान एक गली में छोटी-छोटी दुकानोंवाले व्यापारी हाथ जोड़कर खड़े थे। उनमें दर्जी-माली थे। कुलीन दर्जी सुन्दर वस्त्र ले आया। गुणक और सुदाम माली ताजे पुष्प ले आए।

''यह सबकुछ आपका है।'' कहकर दोनों श्रीकृष्ण की चरणरज लेने झुके। श्रीकृष्ण ने उन्हें बाँहों में भर लिया। ऋषभ ने अंशु और तेजस्वी से कहा : ''कृष्ण चरणरज नहीं लेने देते, हृदयदान करते हैं।''

छोटे दुकानदारों की यह गली मुख्य मार्ग बन जाती है उसमें हर्षोल्लास बह रहा है। जो क्षेत्र अभी सामने नहीं आया वह भी जीवन्त हो गया है।

ब्रजवासियों की यह विशाल और भव्य यात्रा कंसराज के लिए अकल्पनीय थी। शंका तो यह थी कि कृष्ण-बलराम अक्रूर के साथ आएँगे ही नहीं। भय ऐसा था कि गुप्त रूप से आकर प्राण हरेंगे। जबकि यह तो बाजे-गाजे के साथ आ पहुँचे। मृत्यु नाम की किसी सत्ता को मानो ये जानते ही न हों।

अब कंस को अपने इन शत्रुओं की हत्या करने की जल्दी थी। समस्या एक ही थी। ग्राम्य विस्तार और सुदूर दक्षिण से भी जो अहीर और यादव धनुर्यज्ञ में भाग लेने आ पहुँचे हैं वे यदि इस लड़के की हत्या के समय विद्रोह कर बैठें तो? मगध से सम्राट की सेना बुला लेनी चाहिए थी। आयोजन में इतनी शिथिलता रह गई। गुप्तचरों ने प्रमाद किया है? या फिर उन्हें भी पता नहीं था? कहीं यह सब स्वतः तो नहीं हुआ?

जीवन में पहली बार अपने अनुमानित शत्रु के प्रति कंस को आकर्षण हुआ। यह आकर्षण अदम्य था। श्रीकृष्ण-बलराम को विशाल मानव-समुदाय के बीच देखने के लिए वह विह्वल हो उठा। अपने मन के इस भाव पर उसे बहुत आश्चर्य हुआ। इस बारे में दूसरे किसी के पास से स्पष्टता नहीं मिल सकती थी। रानियों से बात करने पर शायद वे उपहासात्मक दृष्टि से देखें और कहें : यह प्रेम नहीं, भय होगा।

कुछ क्षण पहले यह विचार भी आया था कि श्रीकृष्ण-बलराम का उत्साहपूर्वक स्वागत करनेवाले प्रत्येक श्रेष्ठी पर दंड किया जाए। वास्तव में दंड नहीं किया जा सकता क्योंकि ऐसा न करने के लिए कोई उद्घोषणा नहीं की गई थी। प्रगट रूप से बात इतनी ही थी कि अन्य स्पर्धकों की तरह ये दोनों गोकुलवासी भी आमन्त्रित थे।

कहीं ऐसा तो नहीं कि मेरे द्वारा अक्रूर उन्हें लेने भेजे गए थे इस कारण मेरे अतिथि समझकर नगरनिवासियों ने उनका भव्य स्वागत किया हो? नहीं यह सब बेकार के तरंग हैं। वास्तविकता इतनी ही है कि मुझे अपने इन शत्रुओं का उन्मूलन करना है। वे यहाँ आ गए उससे आधी योजना पूरी हो गई। अब विश्वासपात्र सेनापति और मल्लराज चाणूर के साथ मिलकर कल की व्यूहरचना को अंतिम रूप देना चाहिए।

दूत भेजा।

प्रद्योत और चाणूर को आने में देर हुई। आने पर दोनों थके हुए लगे। उनके मुख पर विद्यमान रहनेवाली सत्ता और शक्ति की रेखाएँ आज धुँधली और शिथिल हो गई थीं।

''पूरा प्रबन्ध हो गया है।'' कहकर प्रद्योत ने कंसराज को निश्चिन्त करने का प्रयत्न किया। परन्तु वक्ता-श्रोता दोनों व्यग्र थे यह उनसे अप्रगट नहीं था। चाणूर को महाराज या प्रद्योत की व्यग्रता समझ में नहीं आई क्योंकि उससे मल्लयुद्ध करने वाले को अनीतिपूर्वक मारकर विजेता बनने की कला उसे अच्छी तरह आती थी।

''धनुर्यज्ञ की रंगभूमि पर प्रवेश करने के बाद यह लड़का हाथ से निकल न जाए यह तुम्हारा दायित्व है प्रद्योत।''

''जी महाराज। मैं मानता हूँ कि बचकर भागना वह स्वयं पसन्द नहीं करेगा।'' प्रद्योत के इस द्विअर्थी कथन को चाणूर नहीं समझ सका।

''जब आपने हमें उसे मार डालने का आदेश दिया है तो फिर वह किस प्रकार बच निकलेगा?''

"यह बात केवल तुम दोनों ही जानते हो।" कंसराज ने कहा।

"कल पूरा आर्यावर्त जान लेगा।" प्रद्योत ने काकू का प्रयोग करके गर्भित अर्थ की ओर संकेत किया।

"इससे महाराज का यश बढ़ेगा।" चाणूर ने कहा।

"कदाचित सम्राट जरासन्ध को अच्छा नहीं लगे।" प्रद्योत ने अपनी शंका व्यक्त की।

"उनसे चाणूर कहेगा कि..."

"सम्राट से मुझे क्या कहना है, यह आपने कहाँ बताया है?"

"कदाचित कहने की आवश्यकता नहीं रहेगी। सम्राट समझ जाएँगे। धर्म और नीति की अपेक्षा पुत्रियों के सौभाग्य में उन्हें अधिक रुचि होगी। गलत कह रहा हूँ प्रद्योत? तू आज द्विधा में क्यों है?"

"मैं द्विधा में नहीं, चिन्ता में हूँ। चाणूर यदि श्रीकृष्ण या बलराम को छल-छद्म से पराजित करेगा तो मेरे सैनिक यादव और अहीरों के इस समूह को किस प्रकार अनुशासन में रख पाएँगे? इन कसे हुए एक-एक गोपालकों की लाठी पाँच-छह-खड्गधारियों को हँफा डाले ऐसा होती है।"

"परन्तु छल का हम उन लोगों को पता ही नहीं लगने देंगे।" चाणूर बोला, "मल्लविद्या के बारे में मेरा निर्णय ही अन्तिम माना जाता है। इस राज्य में उसे चेतावनी नहीं दी जा सकती।"

"श्रीकृष्ण और बलराम को किसने तालीम दी है, यह कहाँ नहीं जानते चाणूर! एक बार तुम उस सुबल से लड़ चुके हो! उसका और बलराम का गुरु भैरव कारागार में है। ब्रजवासी जानेंगे उसके साथ ही कारागार भी टूट जाएगा।" प्रद्योत ने थोड़ा अटकते हुए कहा "महाराज, यदि हम सभी बन्दियों को धनुर्यज्ञ उत्सव के उपलक्ष्य में मुक्त कर दें तो?'

"मैं विचारूँगा। तुम भी सोचो, कहीं यह दुस्साहस तो नहीं होगा? परीक्षा कर देखो।" कंसराज की आवाज में परिस्थितियों ने आकस्मिक संदिग्धता घोल दी थी। जिसे आदेश देने की आदत थी, आज उसे ऐसी शंका होने लगी थी कि कहीं वह भूल तो नहीं कर रहा?

तो क्या, लोग कहते हैं उस प्रकार यह छोकरा सचमुच चमत्कारी होगा? महारानी अस्ति मानती हैं कि वह चमत्कारी है परन्तु वे स्वयं उन गूढ़ शक्तियों का मुकाबला कर सकें ऐसी साधना कर रही हैं। प्राप्ति को विश्वास है कि प्रद्योत दगा नहीं देगा :

उस रात कंस को नींद नहीं आई। मुख के एक भाग पर प्रस्वेद हुआ। उसे आश्चर्य हुआ, बेचैनी बढ़ गई। खड़े होकर उसने आदमकद शीशे में देखा। प्रतिबिम्ब में उसे अपना मस्तक नहीं दिखाई दिया। प्रासाद की अट्टालिका पर जाकर लम्बी साँस भरकर आकाश की ओर दृष्टि की। एक के बदले दो चन्द्र दिखाई दिए। लौटते समय अपनी परछाईं में उसे छिद्र दिखाई दिए। परछाईं उसे खींच रही थी, समय का चक्र विपरीत दिशा में चल रहा था। कारागार के दरवाजे खड़खड़ाते थे। यमुना के दक्षिण किनारे का कगार धारा में टूट पड़ा है। रानी अस्ति उसे वस्त्र देने खड़ी थी। किसके थे वे वस्त्र?

एकान्त में भय लगने लगा था। अब निद्रा नहीं आएगी ऐसा लगने पर उसने सम्बन्धियों के साहचर्य की आकांक्षा की। वह रानी प्राप्ति के शयन कक्ष में गया। रानी

नहीं है? दासी ने बताया कि वे भी साधना करवा रही हैं। दूसरे व्यक्ति का प्रवेश वर्जित है। "मैं तो दूसरा व्यक्ति नहीं हूँ न?" दासी के पास उत्तर नहीं था। कंस ने उसे उठा लिया। उसके अंगों में निद्रा छिप गई हो इस तरह सूँघने का प्रयत्न किया। ताजी काटी गई लकड़ी की गन्ध थी, भार था। मनोरंजन नहीं था।

कंस को इतनी ही सूचना थी कि आज पूरी रात अस्ति तन्त्र-साधना कराएगी। प्राप्ति को यह सब पसन्द नहीं था। आज उसने विचार बदल दिया। यह आखिरी रात है। अन्तिम विजय से पूर्व की आखिरी रात...अस्ति की साधना में विक्षेप नहीं पड़ना चाहिए। अरे कहाँ गई अब तक खींच रही परछाई? यहीं इतने में ही होगी। यह दासी अर्धनग्न दशा में सो रही है। इसे इस तरह सोने की अनुमति किसने दी? प्रतिहारी को पूछूँ? सब कहाँ गए? उस लड़के की बाँसुरी सुनने? सुनो, आखिरी रात है। कल बाँस या बाँसुरी कुछ नहीं रहेगा...

"महाराज! विश्राम आवश्यक है।" महाप्रतिहारी और राजवैद्य आकर खड़े थे। किसने भेजा इन्हें?

अनिद्रा दूर करनेवाली औषधि आ गई। "बाद में पीता हूँ, तुम लोग जाओ।"

इस समय रात्रि का तीसरा प्रहर चल रहा है। औषधि लेने से निद्रा तो आ जाएगी परन्तु कल सुबह उसका असर रहा तो? तन्द्रापूर्ण स्थिति में मल्लराज चाणूर के हाथों कृष्ण की मृत्यु का दृश्य अच्छी तरह नहीं देखा जा सकेगा। किसी तरह यह लड़का यदि चाणूर के हाथों से बच जाए तो उसी क्षण मुझे खड्ग उठाना है। महारानी अस्ति की साधना की बलि तो वही है :

कंस ने पलंग पर बैठकर दासी को बुलाया : "जाओ, प्रतिहारी से कहो, कनकलता और तेजरेखा को भेजे। आज निद्रा नहीं रंजन..."

दासी थोड़ी ही देर में वापस आ गई, "महाराज! वे दोनों नर्तकियाँ श्रीकृष्ण-बलराम के दर्शन करके ऐसी मुग्ध हो गईं कि तुरन्त ही वृन्दावन की यात्रा करने चल दीं।"

"किसकी अनुमति से गईं?"

"यह मैं नहीं जानती महाराज!" कंस की टेढ़ी भृकुटि देखकर दासी काँपने लगी।

"वारुणी लाओ।'

"जो आज्ञा, महाराज! परन्तु..."

"परन्तु क्या? आज्ञा का पालन करो।"

दासी कहना चाहती थी कि महारानी की साधना के बाद प्रसाद के रूप में मदिरा भी होगी। उसे महाराज का ध्यान उस ओर दिलाना चाहिए था परन्तु उनकी आज्ञा का उल्लंघन कैसे करती?

मद्यपान से कंस को भय से मुक्ति नहीं मिली। निद्रा का कहीं पता नहीं था। दूसरा चषक मँगाया। दासी ने आज्ञा का पालन किया, 'आपका आरोग्य...' वह कुछ कहना चाहती थी। कंस ने उसे उठकर निर्वस्त्र किया। दासी के प्रतिकार करने से उद्भूत हुए क्रोध में काम दब गया। उसने उसे उठाकर पलंग पर पटका : "दुष्टा! तू भी मेरे साथ षड्यन्त्र कर रही है? बोल, तू किसकी गुप्तचर है?"

''मेरी।'' महारानी अस्ति खड़ी थीं, ''मुझे साधना अधूरी छोड़कर उठना पड़ा। महाराज, आपके कल्याण के लिए किए जा रहे हमारे प्रयत्नों में आपके द्वारा ही अवरोध डाले जा रहे हैं। कृपा करके विश्राम कीजिए!'' इन शब्दों के साथ नग्न दासी को आगे करके महारानी अस्ति अपने कक्ष में गईं।

कंसराज फिर से समझ में न आनेवाली तनहाई का अनुभव करने लगा। दूसरी ओर इसी क्षण वह श्रीकृष्ण को देखने के लिए बेचैन हो उठा।

2

मल्लराज चाणूर ने अपने विश्वसनीय साथियों से कहा : ''इस धनुर्यज्ञ उत्सव में हमें केवल विजेता ही नहीं बनना बल्कि महाराज कंस के सारे शत्रुओं का विनाश भी कर डालना है। महाराज हैं तो हम हैं। उनके प्रताप से ही मथुरा मल्लविद्या का केन्द्र बना है। आज कुछ यादव इस केन्द्र को नष्ट करना चाहते हैं। उन्हें हमारा सुख और सम्मान देखकर ईर्ष्या हो यह स्वाभाविक है। वे जानते हैं कि शूरसेन जनपद का भविष्य अपनी राजभक्ति पर अवलम्बित है।''

मल्ल-समूह अपने अधिपति को ध्यानपूर्वक सुन रहा था। इससे भी चाणूर को विश्वास हो गया कि उसका पद प्रद्योत के समकक्ष है और इस बात को ये मल्ल जान गए हैं। वह मल्लविद्या की तरह राजनीति में भी निपुण है इस विश्वास के साथ चाणूर आगे बोला : ''दक्षिण की ओर से जो यादवयूथ आए हैं उनकी राजभक्ति के बारे में सेनापति प्रद्योत और मुझे शंका है। वैसे महाराज कंस मानते हैं कि सम्राट जरासन्ध के जामाता के साथ संघर्ष करने की मूर्खता कोई नहीं करेगा। जिन्हें कुछ गँवाना नहीं पड़ेगा उनकी बात अलग है। नन्द के नेतृत्व में ग्रामीण गोप समाज विरोध कर रहा है यह सुविदित है। उसे भय नहीं क्योंकि वह पर्णकुटी में बसता है। महाराज उन्हें देशनिकाला दे दें तो कहाँ उन्हें राजप्रासाद छोड़कर जाना है? अधिकांश के पास बैलगाड़ी में आ जाए, इतना ही सामान होता है।'' यह सुनते ही सब हँस पड़े। इससे चाणूर का उत्साह बढ़ा : ''उनकी मुख्य पूँजी तो है उनकी युवा कन्याओं का रूप, जिसके कारण वे जहाँ भी जाएँगे उनका स्वागत होगा, परन्तु उन्हें ऐसे प्रतापी राजा की प्रजा होने का गौरव नहीं मिल सकेगा। अबोध हैं वे। यहाँ रहकर जो गोपालक राजाज्ञा का उल्लंघन करेंगे उन्हें दंडित करने का कार्य महाराज हमें सौंपनेवाले हैं।'

यह सुनते ही मुष्टिक, कूट, शल, तोशल आदि मल्लयूथों के नायक बहुत खुश हुए और अपने मुख्य नायक चाणूर को आदरपूर्ण दृष्टि से देखने लगे। अवसर मिले तो दंड देने का कार्य वे आज से ही प्रारम्भ कर देना चाहते थे।

''हमें अपना प्रताप आज ही प्रगट कर देना है। तुम सब यूथनायक ऐसा आयोजन करो कि नगरवासियों द्वारा निहारी गई कल की ग्वालों की नगरयात्रा फीकी पड़ जाए। ऐसा साबित कर दो कि कल मथुरा के समृद्ध व्यापारियों के द्वारा लगाए गए सुन्दर तोरण अपनी

विजययात्रा के स्वागत के लिए थे। क्योंकि अपनी विजय में शंका नहीं है। हम संख्या में भी अधिक हैं और हममें से प्रत्येक सामर्थ्यवान है।''

यूथनायकों ने अपने अधीन मल्लसमूह और शुभचिन्तक वर्ग को सजा-धजाकर शोभायात्रा का आयोजन किया। ढोल-नगाड़ों का भी प्रबन्ध था। बहुत कोलाहल किया। विजय से पूर्व इस प्रकार की शोभायात्रा का प्रयोजन समझ पाने में असमर्थ नगरजन मल्लराजों के हावभावों से कुछ जानने के लिए उनकी ओर ताक रहे थे। एक को नीरस देखकर दूसरा व्यापारी तटस्थ रूप से पूछने लगा : ''इन्हें देखने के लिए न तो कौतूहल होता है और देखने के बाद न तो विस्मय ही होता है। इनका पेट भले ही पशुओं से मिलता हो परन्तु हाथ-पैर और मुँह से तो यह मनुष्य ही लगते हैं। गाते-बजाते जा रहे हैं और सभी ने सोने-चाँदी के आभूषण और विजयचन्द्रक पहन लिए हैं। इन्हें देखने के लिए कन्याएँ और कुलवधुएँ झरोखे से क्यों नहीं झाँक रही हैं? इसका क्या कारण है?''

''देखनेवालों को डर होगा कि जानेवाले उन्हें देख लेंगे!''

''जिसने अजगर देखा हो उसे छोटे या बड़े अजगर में विशेष अन्तर नहीं लगता। यह शोभायात्रा तो मुझे अजगर की चाल की याद दिला रही है।''

ऐसे हास्य-विनोद का कारण बनती महामल्ल चाणूर की शोभायात्रा को आकांक्षित सफलता मिली है, चाणूर के इस अभिप्राय से सभी मल्ल सहमत थे। उन्हें एक ही दहशत थी : हमें देखकर कहीं वे ग्वाले भाग तो नहीं गए होंगे? ''वे भागने के लिए नहीं आए हैं।'' एक यादव सैनिक ने कहा था, ''तुम लोग आज बहुत चले हो, थोड़ा विश्राम कर लो, जिससे ग्वालों के साथ होनेवाली कुश्ती में कुछ क्षण के लिए टिक सको।''

एक मल्ल यह कटु वचन सुनकर उस सैनिक को लात मारनेवाला था, वहाँ दूसरे ने कहा : ''यह तो विनोद वचन है, गुस्सा मत करो। बैठो आराम करो, आज अपनी बारी तो आनेवाली नहीं है।''

एक अहीर युवक बोला : ''आज इतना चले हो यह कभी काम आएगा। ऐसी आदत डालोगे तो संकट के समय में दौड़कर जान बचा सकोगे।''

यहाँ लड़ाई होनेवाली थी कि वहीं कुवलयापीड़ की भयंकर चिंघाड़ ने सबका ध्यान आकृष्ट किया। सभी मल्लयूथ बैठ गए।

कंस, चाणूर और प्रद्योत ऐसा मानते थे कि कृष्ण-बलराम कुवलयापीड़ को पार करके मल्लयुद्ध की रंगभूमि तक आ ही नहीं पाएँगे। महावत ने उन्हें पूर्ण रूप से आश्वस्त कर दिया था।

इस विकराल हाथी को बीच में खड़े करने का प्रयोजन ग्रामीण समझ सकें इस तरह सेनापति प्रद्योत ने कहा : ''यह एक प्रस्थापित वस्तु है, प्रणालीगत है। आगन्तुक स्पर्धकों में मार्ग के अवरोधों को पार करने की बुद्धि और शक्ति होनी चाहिए। जो निर्विघ्न स्पर्धा के स्थान पर पहुँचेगा वही पहले के विजेताओं से स्पर्धा करने का अधिकारी माना जाएगा।''

अक्रूर इस कुटिलता को समझ गए परन्तु प्रतिवाद का समय नहीं था। उन्होंने श्रीकृष्ण और बलराम की ओर देखा। वे दृढ़ विश्वास और विनम्रतापूर्वक कदम भर रहे थे। कई चुने

हुए गोप युवक उनके पीछे थे। सबके पीछे थे नन्दराय। बाकी सभी अहीर और यादव प्रेक्षागृह में निश्चित स्थान पर बैठ चुके थे।

श्रीकृष्ण ने बलराम का हाथ दबाया। महावत से नजर मिलते ही बलराम भी समझ गए। यह एक नया षड्यन्त्र! केशी को ब्रज में भेजनेवाले राजा के पशु-प्रेम का यह एक और उदाहरण। दोनों भाई सावधान हो गए।

महावत ने कुवलयापीड़ को आगे बढ़ाया। धनुर्यज्ञ की रंगभूमि अदृश्य हो गई। बीच में दुर्ग नहीं पर्वत था, हाथी के रूप में।

दोनों भाई एक-दूसरे की ओर स्मित करते हुए खड़े हो गए। पीछे खड़े गोप युवक निरीक्षण कर रहे थे। नन्दराय आगे आ गए। दोनों भाई साथ-साथ रहें, इसका संकेत देने के लिए उन्होंने दोनों के कन्धों पर एकसाथ हाथ रखे। यह पूर्व-संकेत के द्वारा निश्चित हो गया था कि दोनों की युक्ति-प्रयुक्ति के द्वारा हाथी का ध्यान विकेन्द्रित करते रहना है।

श्रीकृष्ण ने इस समय मोर-पंख का मुकुट नहीं पहना था। उनके घुँघराले बालों के सौन्दर्य पर कोई नियन्त्रण नहीं था। किसी के हाथ में न आएँ इतने कोमल बालों को दोनों हाथों से ठीक करके उन्होंने उत्तरीय के रूप में फरकते पीताम्बर का फेंटा बाँधा और मेघ के समान गर्जना करते हुए उन्होंने महावत से कहा : ''हम आमन्त्रित स्पर्धक हैं, मार्ग दो।''

''तुम्हारा मार्ग इस प्रसिद्ध गजराज कुवलयापीड़ के पैर के नीचे से जाता है। भाग्यशाली होगे तो बच जाओगे।''

''अपने भाग्य का निर्णय हम एक प्राणी पर नहीं छोड़ेंगे। तुम अशिष्टता मत करो, इस निर्दोष हाथी को बीच में से हटा लो।''

''तेरी विनती स्वीकार करने के लिए बाध्य नहीं हूँ।'' महावत ने उद्दण्डतापूर्वक कहा।

''दुष्ट ! तुझसे विनती करता ही कौन है? गोपनायक श्रीकृष्ण के उद्‌गार को सब आज्ञा मानते हैं।'' बलराम गरजे।

''तो यह हाथी भी उसकी आज्ञा मानेगा। पास आकर देख ले!'' महावत उपहासात्मक दृष्टि से देख रहा था।

''ऐसा लगता है कि तुझे जीवन से प्रेम नहीं रहा परन्तु इस निर्दोष प्राणी का भोग देने के लिए तू क्यों तत्पर है यह मेरी समझ में नहीं आ रहा। यह आखिरी चेतावनी है, बीच में से हट जा।''

महावत खिलखिलाकर हँस पड़ा। उसके अट्टहास ने सारे प्रेक्षकों का ध्यान खींचा। सबके सामने वस्तुस्थिति स्पष्ट हो चुकी थी। महावत ने कहा : ''स्वयं यमराज भी जिससे डर जाएँ ऐसे इस कुवलयापीड़ को तू वृन्दावन का ग्वाला मार डालेगा? अरे अबोध, यह कोई गाय-घोड़ा नहीं और न ही गधा है कि जिसकी पूँछ पकड़कर तू दौड़ सके। अरे गँवार, यह गजराज है, शूरसेन प्रदेश का सर्वश्रेष्ठ गजराज है और मैं कोई साधारण महावत नहीं हूँ। गजदल के सारे महावतों का अधिपति हूँ। तू यदि अपना कल्याण चाहता है तो अपने बलि के बैल जैसे भाई को लेकर यहाँ से वापस मुड़ जा। कल राजमार्ग पर किए अपराधों के लिए क्षमायाचना कर और महाराज जो दंड करें वह स्वीकार ले।''

महावत की चेतावनी के उत्तर में ब्रजनन्दन के मुख पर केवल स्मित था। नन्दराय

ने श्रीकृष्ण और बलराम के मस्तक पर हाथ रखे। उन्होंने देख लिया था कि महावत हाथी को सामने लाने के लिए प्रयत्नशील है।

कुवलयापीड़ ने सूँड़ उठाई और पैर बढ़ाया।

सेनापति प्रद्योत ने अपने सैनिकों को सावधान कर दिया। उसने निरीक्षण कर लिया था कि कृष्ण के पक्षधर व्यूहरचना करके बैठे हैं। उनमें से कोई बीच में न आए यह आवश्यक था।

सेनानायक आकर नन्दराय को उनके आसन की ओर ले गया। उत्तम, सुबल आदि को भी बैठा दिया गया। हाथी के सामने उसका लक्ष्य स्पष्ट कर दिया गया।

कुवलयापीड़ की गति यकायक बढ़ गई। मानो पर्वत में विद्युत-संचार हो गया हो। आकस्मिक वेग हताश करनेवाला था। कई प्रेक्षकों ने सोचा कि श्रीकृष्ण जानबूझकर हाथी की सूँड़ में क्यों फँसना चाहते हैं? परन्तु चिल्लाकर सलाह या चेतावनी देने की अनुमति नहीं थी। जिन्होंने पहले श्रीकृष्ण को पशु-बल से लड़ते नहीं देखा है उनकी साँस रुक गई। पतंगा शिखा पर जल मरता है वैसा ही तो नहीं हो रहा? कंस के पक्षधर मुस्करा रहे थे।

वहाँ तो बलराम के प्रचंड हास्य से सबकी स्तब्धता भंग हुई। कई प्रेक्षक चौंक पड़े तो कइयों का हृदय तेजी से धड़कने लगा। जिसने श्रीकृष्ण को सूँड़ में लेने के लिए गति तेज की थी उस कुवलयापीड़ के भी कान खड़े हो गए। वह फिर से प्राणी के स्थान पर पर्वत जैसा स्थिर हो गया था। महावत जड़ हो गया था।...आकुल-व्याकुल होकर वह श्रीकृष्ण को खोज रहा था।

गोप युवक प्रसन्न थे। उनकी धारणा सत्य हुई थी। श्रीकृष्ण हाथी के चार पैरों के बीच में खड़े थे। कुवलयापीड़ देखना चाहता था श्रीकृष्ण को परन्तु उसे दिखाई दे रहे थे बलराम। जिसका हास्य इतना प्रचंड है उसकी भुजाओं में कितना बल होगा! कंस के राजपुरुष इसका अनुमान न लगा सकने के कारण मूर्खों के समान देख रहे थे।

हाथी चलता है, श्रीकृष्ण उसकी गति के साथ ताल मिलाते हुए मस्तक को थोड़ा झुकाकर चले जिससे छलाँग लगाने में देर न हो।

हाथी अब बलराम पर चढ़ जाएगा। महावत उसे उकसा रहा है। उसकी चाल स्पष्ट थी। बलराम अपने स्थान पर अविचलित खड़े हैं। समीप के प्रेक्षक बलराम के चेहरे के बदलते भावों को देख सकते हैं। और बदन ताम्रवर्ण धारण करने लगा है। वज्र के प्रहार जैसी आवाज!

सावधान! यह एक शब्द ऐसी प्रचंड गर्जना के साथ बोला गया कि श्रोताओं ने उसमें विद्युत के झटके का अनुभव किया। महावत समझ गया कि शत्रु कोई साधारण युवक नहीं है। बलराम की नजर हाथी से मिली हुई है इसका मौका उठाकर उसने हाथी के संचालन के निमित्त त्रिशूल जैसे बड़े अंकुश का प्रहार करने की युक्ति सोच ली। हाथी बलराम की ओर बढ़ रहा है। बलराम अडिग है। सूँड़ एकदम पास पहुँचनेवाली है। सूँड़ का सिरा पकड़ने के लिए बलराम हाथ बढ़ाते हैं। हाथी सूँड़ वापस खींच लेता है। महावत को अवसर मिल जाता है। वह बलराम के मस्तक पर अंकुशरूपी त्रिशूल से प्रहार करता है। बलराम का दूसरा हाथ उठता है। प्रेक्षकों को लगा कि महावत का प्रहार सीधा लगा है, अभी खून

की धारा बहने लगेगी। परन्तु ऐसा कुछ नहीं हुआ बल्कि महावत के हाथ नीचे की ओर खींचे जा रहे दिखाई दिए। पैरों की पकड़ के कारण वह हाथी पर बहुत मुश्किल से टिका हुआ था। बलराम ने हाथी की सूँड़ छोड़ दी और छलाँग लगाकर महावत के हाथ से अंकुश का सिरा छीन लिया। महावत इस सम्भावना से अवगत हो इस तरह उसने दूसरे हाथ से कटार निकाली। कटार की धार प्रकाश में चमक उठी। वह प्रकाश नहीं बल्कि काल रूपी बलराम का क्रोध था। उन्होंने एक ही छलाँग में महावत के घुटने में अंकुश फँसाकर उसे नीचे खींच लिया। उसकी छाती पर पैर रखा। जिस हाथ में कटार थी वह उसके नीचे था। प्रतिकार के लिए बची-खुची शक्ति के प्रयोग में भी खतरा था।

इसी क्षण श्रीकृष्ण हाथी के दूसरी ओर थे। स्पर्श के द्वारा उसे घुमाया। सामने आकर उसे पीछे दौड़ने का अवसर दिया। वर्तुलाकार घूमकर श्रीकृष्ण बलराम के पास आते हैं। वहाँ तो हाथी के पैरों के नीचे आ गए महावत की छाती पसलियाँ टूटने की आवाज के साथ कुचल गईं। बलराम ने बहुत कुशलता और सावधानी से महावत को हाथी की हिंस्र-वृत्ति का अर्घ्य बना दिया था।

कुवलयापीड़ पीछे हट गया। उसने देखा कि महावतों का अधिपति और उसका नियन्त्रक पैरों से कुचलकर मर गया है, और उसकी यह हालत करनेवाला गौरवर्ण युवक हाथ उठाकर उसे ललकार रहा है। तो दूसरी ओर बार-बार अदृश्य हो जाने वाला, उड़ती हुई घुँघराली लटोंवाला घनश्याम युवक मेरा उपहास कर रहा है। ये दोनों मिलकर मुझे इस विशाल प्रेक्षागार के सम्मुख दयनीय बना रहे हैं।

कुवलयापीड़ सूँड़ ऊँची करके चिंघाड़ा। गगनभेदी आवाज हुई। श्रीकृष्ण-बलराम एक-दूसरे से सटकर खड़े थे, वे दूर हटते हुए दिखाई दिए। दोनों में से किस पर आक्रमण करूँ, यह निश्चित न कर सकने के कारण कुवलयापीड़ एकसाथ दोनों को सूँड़ में लेने के लिए दौड़ने लगा। सूँड़ में से छूटनेवाली फुफकारें दूर बैठे हुए प्रेक्षकों को बेचैन बना रही थीं, जबकि श्रीकृष्ण और बलराम हाथी को दौड़ा-दौड़ाकर थका रहे थे। उसे बार-बार दिशा बदलनी पड़ती थी जिससे दूर बैठे हुए प्रेक्षकों को ऐसा लगता था कि प्रवेशद्वार के समीप मैदान में नीलगिरि के शिखर उछल रहे हैं।

बलराम के हाथ में स्थित त्रिशूल जैसा अंकुश हाथी की आँखों से नीचे सूँड़ पर रक्ततिलक कर चुका है। श्रीकृष्ण ने उसको पूँछ से पकड़कर, जोर से खींचकर उसके पिछले पैरों के सन्तुलन को डगमगाकर बहुत अपमानित किया है। दूसरे ही क्षण उसके दाँत पकड़े तो तीसरे क्षण उसकी पीठ पर कूद गए। इस तरह उसके शरीर पर त्वरित गति से घूमकर श्रीकृष्ण ने कुवलयापीड़ को आकुल-व्याकुल कर दिया, जिस तरह तेज पवन मेघों को अवश बना देता है।

हमेशा से शक्तिपुंज गिना जानेवाला गजराज अब अतिशय आक्रामक बन गया है। उसने अपनी सारी शक्ति कृष्ण के सामने एकाग्र कर ली है और सावधानीपूर्वक पीछा कर रहा है।

अरे, यह क्या? प्रेक्षक खड़े हो गए।

"कृष्ण हट जा!" बलराम ने आवाज दी।

सबने देखा कि श्रीकृष्ण भूमि पर चित्त पड़े हैं। उनके सीधे हाथ में कुवलयापीड़ की सूँड़ है। बलराम को लगा कि हाथी अपने दाँतों से हमला करनेवाला है।

सुबल बलराम को कुछ बोलना चाहता था कि केवलदा ने उसका मुँह दबा दिया और धीमे से कहा : ''देख!''

नन्दराय आँखें बन्द करके महादेव शम्भु का स्तवन कर रहे थे। अक्रूर को दिखाई दे रहा था कि कृष्ण की नजर हाथी की चेष्टा पर है और आवश्यकता के अनुसार वह पीठ के बल खिसकते हैं। वे निश्चिन्त थे। अब बलराम भी कृष्ण की युक्ति समझ गए थे। जबकि प्रद्योत, चाणूर तथा उनके अन्य पक्षधर विजयसूचक स्मित करते हुए एक-दूसरे की ओर देख रहे थे।

हाथी ने सही मौका देखकर कृष्ण की छाती में दाँत का निशाना साधा। वह एक कदम पीछे हटा। कृष्ण के हाथ में उसकी सूँड़ नहीं थी। सबको ऐसा लगा कि हाथी ने सूँड़ छुड़ा ली है परन्तु वास्तविकता कुछ और थी। दोनों दाँत भोंक देने के लिए हाथी पूरी शक्ति से कृष्ण पर टूट पड़ा था। जिन्होंने हाथी के दाँतों में बिंधे हुए शरीर की कल्पना कर ली थी, उन्हें विश्वास नहीं आया कि यह घटना उनकी आँखों के सामने ही घटी है। आक्रमण के समय श्रीकृष्ण करवट बदलते हुए, घूमते हुए इस तत्परता से हटे कि उनके कन्धे के धक्के से कुवलयापीड़ का एक दाँत उखड़ गया और दूसरा जमीन में कीले की तरह घुस गया। श्रीकृष्ण के हाथ में इस समय जो दिखाई दे रहा है वह किसी राक्षस की हड्डी नहीं है, कुवलयापीड़ का खून से सना दाँत है।

हाथी के अगले पैर मुड़ गए हैं, पिछले पैर झुक गए हैं, फिर भी उसने हार स्वीकार नहीं की। भूमि में धँस गया है, फिर भी पलटकर खड़े होने में ज्यादा देर नहीं।

ऐसा कुछ घटित हो इससे पूर्व श्रीकृष्ण के हाथ में शस्त्र की तरह लिए हुए दाँत के प्रहार की प्रचंड आवाज हुई। गजराज कुवलयापीड़ का मस्तक चिर गया था। क्षण पहले जो शक्तिपुंज था वह अब मिट्टी का ढेर था।

बलराम ने दौड़कर श्रीकृष्ण को उठा लिया।

गोप युवकों के मुखों से जगह-जगह जोर-जोर से हर्ष-ध्वनियाँ निकलीं इसका अर्थ समझकर महाराज कंस का अंगरक्षक उससे पूरा वृत्तान्त कहने दौड़ गया। चंचल दृष्टिवाला कौआ भयभीत होकर श्वासोच्छ्वास भरता है ऐसा लगनेवाला वह अंगरक्षक कहने लगा : ''जिन दो युवकों ने महाराज के गजराज को मार डाला उनमें से एक कैलास पर्वत जैसे शुभ वर्ण का है और दूसरा अंजन पर्वत के समान श्याम वर्ण वाला है। इस श्याम वर्णवाले ने ही कल आपके उत्तम धनुष्य के टुकड़े कर दिए थे और उतनी ही सरलता से आज उस कुवलयापीड़ का दाँत तोड़ दिया और फिर मस्तक। अब वह निर्विघ्न धनुर्यज्ञ की रंगभूमि की ओर प्रयाण कर रहा है।''

मथुरा के शिल्पशास्त्रियों के द्वारा निर्मित प्रेक्षागृह देखकर श्रीकृष्ण-बलराम प्रसन्न हुए। इतने विशाल प्रेक्षागृह में एक भी स्थान खाली नहीं था। ढलानवाली बैठक व्यवस्था सूझ और कुशलता की परिचायक थी। ऊपर गगनाकार छत है। बीच-बीच में एक जैसे ऊँचे छह स्तम्भ हैं। इन स्तम्भों के बीच का अवकाश अलंकृत है। राजा द्वारा की गई प्रवंचना

के कारण पैदा हुआ आक्रोश उसकी कला-रुचि देखकर शान्त हो गया। प्रेक्षकों में स्थान-स्थान पर बैठे हुए शुभेच्छुकों के अभिवादन स्वीकार करते-करते दोनों भाई मल्लयुद्ध के स्थान पर आ पहुँचे। मल्लराज चाणूर द्वारा नियुक्त किए गए व्यक्तियों ने उनका स्वागत किया।

अखाड़े का स्थल महाराज कंस के उच्च आसन के सामने ही था। आसन रक्षकों से घिरा हुआ था और अखाड़ा छोटे-छोटे स्तम्भों में बाँधी गई डोरियों से विभाजित हो गया था। उसे चारों ओर महाराज देख सकें इस तरह स्पर्धकों की बैठकें थी। श्रीकृष्ण ने अखाड़े की रचना, उसकी मिट्टी, उसका क्षेत्रफल वगैरह ध्यान से देख लिया और बलराम ने सुबल, उत्तम, तेजस्वी, ऋषभ, उद्धव और वरुरथ को अपने सहयोगियों के रूप में बुला लिया। सिर्फ एक-एक सहयोगी की अनुमति देने की सोच रहा प्रद्योत कुछ कहे उससे पहले ही छह गोप युवकों ने श्रीकृष्ण-बलराम के पीछे वाली बैठकों पर कब्जा कर लिया।

कुवलयापीड़ के द्वारा प्रवेश-द्वार पर ही काम तमाम कर देने का षड्यन्त्र प्रकट हो गया था। विलक्षण प्रेक्षकों से कुछ भी छिपा नहीं रहा। फिर भी उसे वाणी के आवरण से ढकते हुए सेनापति प्रद्योत ने कहा : ''इन दोनों गोप युवकों ने असाधारण कुशलता और शक्ति से गजराज कुवलयापीड़ को धराशायी किया है। इससे महाराज कंस ने इनकी योग्यता के बारे में आशंकारहित होकर यह उद्घोषणा करने का मुझे आदेश दिया है कि ये दोनों युवक अपने-अपने प्रतिद्वन्द्वी चुन सकते हैं। यह सुविदित है कि मल्लराज चाणूर और मुष्टिक उनके साथ ही अखाड़े में उतरते हैं जो उनके शिष्यों को पराजित करें।''

चाणूर ने प्रद्योत की उद्घोषणा का समर्थन किया और कहा : ''इन दो युवकों में से जो मुझे पराजित करेगा उसे आर्यावर्त के मल्लराज का पद और सम्मान प्राप्त होगा। परन्तु यदि इन्हें पराजित हो जाने का भय हो तो ये अपने समकक्ष प्रतिद्वन्द्वी को चुन सकते हैं।''

''उनके समकक्ष कोई है ही नहीं। चाणूर, तू भी सिर्फ मेरे समकक्ष है, श्रीकृष्ण या बलराम के नहीं। जिस तरह सिंह हाथी को विदीर्ण करता है उस तरह वर्षों पहले श्रीकृष्ण ने मेरे जैसे सामर्थ्यवान मल्ल को एक युक्ति से धराशायी कर दिया था। यह बात समग्र ब्रजभूमि में प्रसिद्ध है। मुझे पहचाना या नहीं? जिसका तूने कपटपूर्वक हाथ तोड़कर अपनी पराजय को टाल दिया था वही, भैरवनाथ का शिष्य स्वनाम धन्य सुबल मैं ही हूँ।'' सुबल चाणूर को यह सुनाने में सफल हुआ।

उद्धव ने यहाँ की रीतियों का उसे स्मरण कराया।

सुबल ने कहा कि इन रीतियों को भंग करना और चाणूर को खिजाना ही उसका प्रयोजन है। ''मैं तेरे जैसा चिन्तक न सही परन्तु किस समय क्या करना चाहिए यह अच्छी तरह समझता हूँ।''

पीछे खड़े हुए सैनिक ने उन्हें चुप हो जाने के लिए कहा : ''देखो महाराज कंस कुछ कहने के लिए उत्सुक लग रहे हैं।''

कंसराज बोले नहीं। हाथी की मृत्यु का समाचार अंगरक्षक ने दिया, उससे पूर्व ही खोपड़ी टूटने की आवाज उन्हें सुनाई दी थी और वे समझ गए थे। आगे क्या होगा उसके बारे में मन में अनिश्चितता थी। समग्र प्रेक्षक समुदाय ग्वालों की ओर झुका हुआ लगता

था। अपने स्वामी को उद्विग्न देखकर सेनापति ने कहा : ''चाणूर, मुष्टिक आदि मल्ल आपका कार्य सिद्ध करेंगे। स्वयं सम्राट जरासन्ध ने जिनकी मुक्तकंठ से प्रशंसा की थी वे महामल्ल चाणूर और मुष्टिक आपके आदेश पालन के लिए तत्पर हैं।''

कंसराज ने उनकी ओर देखा। अरे यह क्या! उनकी गर्दनें क्यों नहीं दिखाई देतीं? मस्तक सीधा छाती से जुड़ा लग रहा है। और इनके पेट इतने फूले हुए तो पहले कभी नहीं दिखाई देते थे। क्या ये छाती के स्थान पर पेट से साँस लेते हैं?

श्रीकृष्ण अखाड़े के किनारे खड़े थे। उनके कन्धे पर कुवलयापीड़ का दाँत था। बलराम अपने नीलाम्बर से श्रीकृष्ण की पीठ और कन्धों पर लगी हुई धूल साफ कर रहे थे। मथुरा के मल्लों के स्थूल शरीरों पर तेल चमक रहा था। गोकुल के इन युवकों के शरीर पर तेज चमक रहा था। यह अन्तर समझ जानेवाली आँखें बार-बार श्रीकृष्ण-बलराम के चरणों पर झुक जाती थीं।

प्रद्योत ने कहा : ''सैनिको, उस श्यामवर्ण स्पर्धक के कन्धे से हाथी दाँत ले लो।''

यह सुनते ही जनसमुदाय फिर से श्रीकृष्ण को निहारने लगा। कुछ क्षण पहले कन्धे पर दाँत टिकाए हुए श्रीकृष्ण ने रंगमंडप में प्रवेश किया था, उस समय नगर की सन्नारियाँ उनके दर्शन करके धन्य हो गई थीं। राजपुरुषों, श्रेष्ठियों और विशिष्ट अतिथियों की इन स्त्रियों को ऐसे सुरक्षित और सुशोभित स्थान पर बैठाया गया था, जहाँ से प्रवेश-द्वार के बाहर का दृश्य उन्हें दिखाई नहीं पड़े। कल इनमें से जो स्त्रियाँ श्रीकृष्ण-बलराम को देखने का सौभाग्य प्राप्त नहीं कर पाई थीं वे अपनी सखियों से अपने स्मरण कहने के लिए विनती कर रही थीं और जिनके पास कहने के लिए था वे इस क्षण तन्मय थीं। वास्तव में वे अपने दोनों अनुभवों के बीच का सूत्र पकड़ने के लिए प्रयत्नशील थीं। कल के दर्शन से उनके मन में मोह जगा था, आज आदर का भाव उठ रहा है अकारण स्नेह।

अब शुरू होनेवाला मल्लयुद्ध कैसा रोमांचक होगा, उसकी कल्पना भी कम कौतूहलप्रेरक नहीं थी। उद्धव ने श्रीकृष्ण के कन्धे से हाथी दाँत ले लिया। और उनकी हथेली के दाग को अपने उत्तरीय से साफ किया। दोनों भाई अपने-अपने आसन पर विराजमान हुए।

अब स्पर्धा का आरम्भ होगा। इसकी सूचना देनेवाले वाद्य बजने लगे।

''यह बजने लगी अपनी विजयभेरी।'' वरुरथ ने तेजस्वी से कहा।

अधिकतर प्रेक्षकों को भी इस प्रारम्भिक संगीत में श्रीकृष्ण-बलराम का विजयगान ही सुनाई दिया। जिन्होंने श्रीकृष्ण-बलराम के जीवन के बारे में मथुरा में रहकर ही सुना था उन्हें अधिकृत जानकारी दे सकें ऐसे ब्रजवासी उनके आसपास बैठे हुए थे। आज किसी का एक क्षण भी व्यर्थ नहीं जानेवाला। इतनी छोटी उम्र में इन दो भाइयों द्वारा ब्रजभूमि में लोकहित के लिए किए गए पराक्रमों की बातें हृदय को सन्तोष देनेवाली थीं। घटना कहनेवाले में कुशलता भले ही कम-ज्यादा हो परन्तु बात अपने में ही इतनी रसप्रद थी कि चाणूर के शब्द सभी को बाधा-विघ्न डालनेवाले लगे।

''हे ब्रजवासी नन्द पुत्रो, तुमने अतिशय कठिन कसौटी से उत्तीर्ण होकर वीर पुरुष के रूप मे कीर्ति प्राप्त की है। इससे पहले भी तुम्हारे बाहुयुद्ध की प्रशंसा मैंने, सेनापति प्रद्योत और महाराज कंस ने सुनी थी। हमें इस बात की खुशी है कि तुम्हारे गोप-मित्र गो-पालन

करते हुए थकते नहीं और निरन्तर आनन्द प्राप्त करते हैं। और तुम कितने भाग्यशाली हो कि तुम्हें एक ओर महाराज कंस का रक्षण मिला और दूसरी ओर सांदीपनि मुनि के शिष्य भैरव और केवल के द्वारा शिक्षा प्राप्त हुई। आज केवल के साथ भैरव भी यहाँ विराजमान होते परन्तु कुछ दिन पहले ही उन्होंने एक अक्षम्य राजद्रोह करके कारागार की सजा प्राप्त की। मेरे शिष्यों के साथ उद्दण्डतापूर्ण व्यवहार किया।''

मल्लसमूह के बीच में बैठे चाणूर के एक शिष्य ने अपने आसपास बैठे मल्लों से कहा : ''उद्दण्डतापूर्ण व्यवहार तो हमने किया था, भैरवनाथ ने तो हमें उठा-उठाकर पटका था।''

सुननेवाले हँस पड़े, न सुननेवालों को कौतूहल हुआ। कानाफूसी द्वारा पूरे प्रेक्षागृह को वास्तविकता का पता चल गया। गम्भीरता के स्थान पर वातावरण हल्का हो गया। इसके बावजूद चाणूर ने अपना उद्बोधन पूरा नहीं किया, वह आगे बोला : ''ग्वालो, तुम्हारा वह गुरु बेचारा कारागार में...''

दूसरी बार भैरवदा का नाम कान में पड़ते ही, गोप-वृन्दों में कानाफूसी प्रारम्भ हो गई। वातावरण तनावपूर्ण हो गया। बलराम ने अपने आसन पर बैठे-बैठे ही कहा : ''भैरवदा हमारे हृदय में विराजमान हैं। उनका नाम तुम्हारे मुख से शोभा नहीं देता। वे इस समय जहाँ भी होंगे अपने शिष्यों की विजययात्रा के बारे में उचित अनुमान लगाकर प्रसन्न ही होंगे। मल्लराज, तुम उन पर दया करना छोड़ दो।''

बड़े भाई के कथन की पुष्टि करने के लिए श्रीकृष्ण खड़े हुए : ''मल्लराज चाणूर, तुम अनावश्यक बातों का उल्लेख बन्द करके, महाराज कंस द्वारा सौंपे हुए कार्य को पूरा करो। इस प्रेक्षागार में उपस्थित देवियाँ और सज्जन जानते हैं कि मल्लयुद्ध हमारे लिए खेल है, आजीविका नहीं। इसलिए आपकी और हमारी रुचि और योग्यता भी भिन्न-भिन्न है। फिर भी इस महोत्सव में भाग लेने के लिए महाराज कंस ने हमें आमन्त्रण दिया और हमारे गुरुजन, संत प्रकृति के गोपनायक पूज्यपाद नन्दराय ने उसे स्वीकार किया इसलिए हम यहाँ उपस्थित हुए हैं। हमने सत्य और कल्याण के लिए शक्ति की उपासना की है। हमारी विद्या शारीरिक शक्ति-प्रदर्शन के लिए नहीं फिर भी आपद्धर्म के रूप में ऐसा कुछ घटित हो जाए तो हमारे गुरुजन हमें क्षमा करें। अब आप स्पर्धा का संचालन कर सकते हैं।''

''ब्रजभूमि के सर्वश्रेष्ठ मल्ल के रूप में हमने तुम दोनों भाइयों को मान्यता दी है। अब तुम बताओ कि महाराज कंस के इस विशाल मल्लसमूह में से किसके साथ सर्वप्रथम युद्ध करोगे?''

''यह निर्णय महाराज कंस करें। हम उनके द्वारा आमन्त्रित हैं। हम उनकी इच्छा पूरी करेंगे।'' श्रीकृष्ण ने कहा।

''शर्त इतनी है कि स्पर्धा के नियमों का पालन हो।'' सुबल ने कहा।

''इस गँवार से कहो कि बीच में नहीं बोले।'' : मुष्टिक खड़ा हो गया। शल और तोशल ने उसका अनुमोदन किया।

''अब नहीं बोलेगा परन्तु इस बार यह जो बोला है उसका विस्मरण न हो, इसका

ध्यान रखना।'' श्रीकृष्ण बलराम के बगल में खड़े थे : ''अधर्म करनेवाले को हम क्षमा नहीं करते। अब तुममें से जिसकी इच्छा और योग्यता हो, वह आए, हम मल्लयुद्ध के लिए तैयार हैं।''

महाराज कंस ने प्रद्योत को अपने पास बुलाया। घोषणा करने के लिए कहा।

श्रीकृष्ण के साथ चाणूर लड़ेंगे और बलराम के साथ मुष्टिक!

बलराम ने इस घोषणा को स्वीकार किया और समग्र प्रेक्षागार सुन सके ऐसी बुलन्द आवाज में कहा : ''आप सब मल्लयुद्ध के मूलभूत नियम जानते होंगे। इसलिए हे सहृदय सभाजनो, मैं बिना कारण बात को विस्तृत नहीं कर रहा। इतना ही कहता हूँ कि हम दोनों भाई नियमों के अधीन रहकर ही लड़ेंगे। संयम अर्थात् स्पर्धक को परस्पर दूर हटाना, स्थिरता अर्थात् स्तम्भ की तरह खड़ा रहना, शौर्य प्रकट करना, स्थिर रहकर ही हाथ-पैर की क्रियाओं द्वारा व्यायाम करना, सत्क्रिया अर्थात् स्पर्धक के मर्मस्थान पर प्रहार नहीं करना और अधिक बल का प्रयोग करना इन छह गुणों से मल्लराज चाणूर और मुष्टिक भी विभूषित होंगे, ऐसा हम मानते हैं। यदि वे चालाकी करेंगे और हमारे साथ छल-कपट करने का प्रयत्न करेंगे तो मैं भैरवनाथ का शिष्य बलराम तुम्हें सावधान कर रहा हूँ कि हम पर हुए अन्याय की शिकायत हम किसी से करने के लिए रुके नहीं रहेंगे। उसे दंड भी हम स्वयं ही देंगे। कुछ समय पहले कुवलयापीड़ और उसके महावत को जो दिया, उससे कम दंड नहीं देंगे।''

प्रेक्षागृह हर्ष-ध्वनि से गूँज उठा।

अलंकृत वस्त्र और आभूषण उतारकर चाणूर और मुष्टिक अखाड़े में आ गए। प्रेक्षक श्रीकृष्ण-बलराम के शरीर से उनकी महाकाय स्थूलता की तुलना करने लगे : ''यह अधर्म है। श्रीकृष्ण-बलराम अभी छोटे हैं।'' सन्नारियों के बीच से देवकी खड़ी हो गईं। अस्ति और प्राप्ति निरुत्तर रहीं। कंस के संकेत से प्रद्योत ने उत्तर दिया : ''जिसने दशाधिक हाथियों जितनी शक्तिवाले कुवलयापीड़ को इस तरह मार दिया वह कृष्ण छोटा है? उसे तो श्रेष्ठ मल्ल के साथ ही युद्ध करना चाहिए।''

''मेरी सहमति नहीं है।'' देवकी ने जोर से कहा।

''माता-पिता के अतिरिक्त यहाँ दूसरे किसी की असहमति निरर्थक है।'' प्रद्योत ने कहा : ''नन्दराय का मौन सहमति को सूचित करता है यह मानकर...''

''सेनापति प्रद्योत।'' नन्दराय खड़े हुए, ''मैं तो बलराम-श्रीकृष्ण का पालक पिता हूँ। इनके जनक हैं यादव श्रेष्ठ पुण्यात्मा वसुदेव!''

यह सुनते ही प्रेक्षागृह में खलबली मच गई। यादव एक-दूसरे से जोर-जोर से बातें करने लगे। प्रद्योत को लगा कि उसके सैनिक प्रेक्षक समुदाय को अनुशासित करने में सफल नहीं होंगे। इसलिए वह साहस करके जोर से बोलने लगा : ''सुज्ञ प्रेक्षको! ब्रजभूमि के पट्टगोप नन्दराय द्वारा प्रगट किया जानेवाला रहस्य आज तक छुपाया गया होने के कारण इस स्पर्धा के समय प्रगट होने पर भी किसी काम का नहीं है। यदि श्रीकृष्ण और बलराम माँग करें तो हम उन्हें उनके समकक्ष मल्लों के साथ स्पर्धा के लिए अनुमति दे देंगे।''

''हमारी ऐसी कोई माँग नहीं है। यदि प्रेक्षकगण अनुमोदन करें तो हम एक माँग करना चाहेंगे। हमारे पिता को यह स्पर्धा चले, उतने समय के लिए यहाँ उपस्थित रखा

जाए। जिससे वे देख सकें कि हम किसके साथ किस तरह से लड़ते हैं।'' श्रीकृष्ण ने कहा। वसुदेव को कारागार से तो मुक्ति मिल गई थी परन्तु उनके आने-जाने पर नियन्त्रण था। नन्दराय ने इस बारे में श्रीकृष्ण को संकेत किया था।

प्रेक्षकों ने श्रीकृष्ण के कथन की पुष्टि के रूप में बहुत कोलाहल मचाया। नन्दराय और केवल जिस ओर बैठे थे, उस ओर से भैरव को मुक्त और वसुदेव को उपस्थित करने की माँग ने जोर पकड़ा। अक्रूर ने स्पष्ट रूप से निर्भयतापूर्वक समर्थन किया। अन्य मन्त्रियों का संकेत समझकर प्रद्योत ने कंसराज से ऐसा ही करने की विनती की। कंस ने अपने अंगरक्षक भेजकर वसुदेव और भैरव को बुला लाने का प्रबन्ध किया। इस अन्तराल में नन्द-वसुदेव के पक्ष की ओर सहानुभूति बढ़ी और इसके लिए भूमिका दृढ़ बनी।

''महानुभाव आएँ, उससे पहले मैं इन दो दैत्यों से थोड़ा-थोड़ा लड़ लूँ?'' : सुबल बलराम से कहने के बहाने साथियों को हँसा रहा था।

''कहीं तूने उन्हें हरा दिया तो फिर सर्वश्रेष्ठ मल्ल कहाने के लिए मुझे तेरे साथ लड़ना पड़ेगा।'' बलराम ने कहा।

''घबराओ मत, लड़ना पड़े तो मैं तुम्हें जिता दूँगा। कुछ देर प्रेक्षकों पर धाक डालकर तुम्हारे चरणों में गिर जाऊँगा।'' सुबल रुक गया क्योंकि वसुदेव और भैरव को देखकर बलराम और श्रीकृष्ण ने इतने दूर से ही उन्हें साष्टांग प्रणाम किया। यह विनय-विवेक देखकर जड़ मल्ल समूह भी क्षण-भर को संवेदनशील बन गया।

भैरवदा ऊँचे आसन पर न बैठकर शिष्यों के साथ बैठे। दोनों के मस्तक चूमकर उन्होंने आशीर्वाद दिया। शिष्यों ने श्रद्धापूर्वक गुरु की चरणरज मस्तक पर लगाई।

वसुदेव ने अक्रूर से कहा : ''ऐसी स्पर्धाओं में पिता के स्थान पर गुरु की सहमति ही अन्तिम चाहिए।'' प्रद्योत ने इस बात की घोषणा कर दी। देवकी तो अभी भी 'यह अधर्म है, अधर्म है' कहते हुए कोमलांगी श्रीकृष्ण और बलराम को वात्सल्यपूर्ण दृष्टि से देख रही थीं।

भैरवनाथ ने स्वयं का परिचय कुलपति सांदीपनि के शिष्य के रूप में देते हुए यह घोषणा की कि मल्लयुद्ध की पूर्ण शिक्षा पाए हुए बलराम और अपनी प्रतिभा से इसमें निष्णात हुए श्रीकृष्ण इस शूरसेन जनपद में ही नहीं अपितु आर्यावर्त के किसी भी राज्य में जाकर, किसी भी योद्धा को परास्त करने में समर्थ हैं। प्रेक्षकों से मेरा निवेदन है कि वे एकाग्र दृष्टि से स्पर्धा निहारें अन्यथा वर्णन सुनकर इस विद्या की सूक्ष्मता को नहीं जाना जा सकता। पहले बलराम अखाड़े में उतरेंगे।

मुष्टिक सामने आया।

बलराम ने क्षण-भर में उसे चित्त कर दिया।

प्रेक्षक अवाक् होकर एक-दूसरे की ओर देखने लगे। इतनी जल्दी परिणाम?

बलराम गुरु को प्रणाम करके ऋषभ के पास पसीना पुँछवा रहे थे। मुष्टिक पराजय स्वीकार करके अखाड़े से जाने के लिए तैयार नहीं था।

''अरे ओ तेजस्वी, उसे दो-तीन लात मारकर बाहर तो निकाल।'' सुबल बोले बिना नहीं रह सका।

''लात मारने का काम तेरा है। गुरुदेव कहें तो मैं मुष्टिक को उठाकर बाहर फेंक

आऊँ।'' : तेजस्वी का उत्तर श्रीकृष्ण को भी अच्छा लगा। उनके मुख पर स्मित आ गया।

''मैं पराजय को अस्वीकार करता हूँ और प्राणान्तक युद्ध के लिए आह्वान करता हूँ।'' मुष्टिक की यह माँग प्रद्योत ने स्वीकार कर ली। भैरवनाथ ने कहा कि मेरा शिष्य मुष्टिक की इस अन्तिम इच्छा को भी पूरी करने में समर्थ है परन्तु इससे पहले मल्लराज चाणूर और श्रीकृष्ण के बीच स्पर्धा हो यह नियमोचित होगा।

''तब तक मुष्टिक को आराम भी मिल जाएगा।'' सुबल बोला। श्रीकृष्ण को सलाह देने के लिए भी उसके पास कुछ था : ''कुंजबिहारी, गिरधारी, जल्दबाजी मत करना। चाणूर को जरा शान्ति से परास्त करना।''

''जैसी आर्य सुबल की आज्ञा!'' कहकर स्मित करते हुए श्रीकृष्ण ने पुनः गुरु का आशीर्वाद लेकर चाणूर की ओर कदम बढ़ाया। गज-केसरी युद्ध देखने प्रेक्षागार अधीर हो उठा था।

सचमुच श्रीकृष्ण को जल्दी नहीं थी। एक के बाद एक दूसरा दाँव भले ही दर्शक देखें। क्या पता कब ऐसी स्पर्धाएँ दुबारा देखने का उन्हें अवसर मिले?

चाणूर समझ गया था कि असावधान रहने पर श्रीकृष्ण सरलता से उसे पराजित कर देंगे। इसलिए उसने संरक्षण और प्रतिकार से आरम्भ किया।

श्रीकृष्ण तो क्रीड़ा करने की मनःस्थिति में थे। अरत्नी के साथ अरत्नी, मस्तक से मस्तक, कन्धों से कन्धा, हाथ के साथ हाथ रखकर दिखा रहे कौशल। घोंटू तक स्पर्धक के पैर को मोड़ देना, उसे गला पकड़ने देना और बाद में छुड़ा लेना और आक्रमण करना, पीछे हटकर प्रतिद्वन्द्वी को भ्रम में डाल देना जैसी अनेक युक्ति-प्रयुक्तियों द्वारा श्रीकृष्ण ने प्रेक्षकों का मनोरंजन कराया।

''अरे नौसिखिए लड़के, यह दाँव तो मेरा नया शिष्य भी जानता है।'' कहकर चाणूर हँसना चाहता था, वहाँ तो श्रीकृष्ण ने उसे पैरों से पकड़कर हवा में उछाल दिया! चाणूर धरती पर गिरा, वैसे ही उस पर आक्रमण करके चित्त करने का सुअवसर था। उसे छोड़कर उसके पास खड़े रहकर श्रीकृष्ण स्मित करने लगे।

प्रेक्षागृह में बैठी युवतियों ने किसी युवक के मुख पर ऐसा मोहक स्मित नहीं देखा था। अक्रूर नन्दराय से कह रहे थे : ''युद्ध भूमि में भी श्रीकृष्ण तटस्थ हैं, मानो प्रेक्षक हैं, स्पर्धक नहीं।''

''मैं इसकी निःस्पृहता का चाहक हूँ।'' केवल ने वसुदेव से कहा।

चाणूर अब छल-कपट का प्रयोग करने की मानसिकता के साथ खड़ा हुआ था। उसे विश्वास हो गया था कि नियमपूर्ण युद्ध से लड़का हारनेवाला नहीं है। और मेरी ओर सेनापति और अन्त में महाराज तो हैं ही। मैं भैरव से क्यों भयभीत होऊँ? वह मेरा क्या अनिष्ट कर सकता है?

श्रीकृष्ण ने चाणूर को हवा में उछाला यह देखकर महाराज कंस के चेहरे पर पसीना आने लगा था। उसे पोंछने और तुरही आदि वाद्यों को बन्द कराने के लिए उसने हाथ उठाया। इससे वसुदेव, अक्रूर, नन्दराय आदि को उसकी मनःस्थिति का पता चल गया। परन्तु उन्हें ऐसा अनुमान नहीं था कि तुरही और मृदंग की आवाज कंस को अब आकाश

में से सुनाई दे रही है। यह मानसिक श्रवण उसे अधिक पीड़ा पहुँचा रहा था। अब किसी भी तरह कृष्ण को पटकने के लिए तत्पर चाणूर नियम विरुद्ध जाकर भी सफल हो जाएगा, शंकास्पद था।

चाणूर सत्क्रिया का उल्लंघन करने की कोशिश में है, यह देखकर भैरव खड़े हो गए। उनके विरोध की ओर प्रद्योत ने ध्यान नहीं दिया। और चाणूर की कुटिलता को देखकर मुष्टिक उसका उत्साह बढ़ाने लगा। श्रीकृष्ण ने इस समय रक्षात्मक रवैया अपनाया था और चाणूर की घात बचाकर वे उसे थका डालना चाहते थे। इस बीच मुष्टिक के दुष्टतापूर्ण व्यवहार को देखकर असंयमित हो गए बलराम ने उसे कायर कहकर ललकारा। अधर्मपूर्ण युद्ध के लिए उत्सुक मुष्टिक बलराम की वास्तविक शक्ति से परिचित नहीं था। वह चाणूर की तरह आक्रामक बने उससे पहले बलराम ने एक मुक्के में उसका जबड़ा तोड़ डाला। उसका शरीर भूमि पर गिरे उससे पहले ही प्राण निकल गए।

चाणूर को फिर से हवा में उछालकर धराशायी करके श्रीकृष्ण बोले : ''आज तक तूने अपने प्रतिद्वन्द्वियों को जिस तरह नियम-विरुद्ध युद्ध से पराजित किया था, वे युक्तियाँ किस प्रकार निष्फल हो गई हैं, यह तूने देख लिया। फिर भी तू अन्याय का सहारा लेकर मुझे पराजित करने की आशा रखता है। हे पेटू मानव-पशु! अधर्म करने की सीमा का तूने अतिक्रमण कर लिया है। जब तू मेरी हत्या के लिए तत्पर बना है उस समय मेरे हाथों तेरी हत्या हो जाए तो मुझे गुरुजन क्षमा करें। ले...''

खड़े हो गए चाणूर की छाती पर श्रीकृष्ण ने लात मारी। वह उछलकर गिरा। श्रीकृष्ण उसके पैर पकड़कर कालीय नाग को जिस तरह हवा में चारों ओर घुमाया था, चाणूर को घुमाने लगे।

हर्षनाद और हाहाकार की मिश्रित आवाजों से प्रेक्षागार गूँज उठा। गोफन से छूटे ढेले की तरह, मिट्टी के लोंदे की भाँति चाणूर का शरीर कंस के उच्च सिंहासन के दक्षिणी पाये से टकराया।

मल्लराज की फटी-फटी आँखें देखकर कंस भयभीत हो गया। इस भय को छिपाने के लिए वह अनावश्यक गर्जनाएँ करने लगा : ''वसुदेव के इन दोनों दुष्ट लड़कों को मथुरा से बाहर निकाल दो। इनके साथ आए ग्वालों का धन जब्त कर लो। कपटी नन्द को कैद कर लो और दुराचारी वसुदेव को मार डालो।''

कंस के हतप्रभ समर्थकों के मौन को ढाँकता हुआ विशाल जनसमुदाय श्रीकृष्ण-बलराम की विजय का हर्ष-उल्लास से स्वागत कर रहा था। इससे प्रसन्न होने के स्थान पर श्रीकृष्ण कंस के कठोर वचनों के कारण रोष में थे। फिर भी उन्होंने संयमित रहने का प्रयत्न किया।

भैरवदा को प्रणाम करके श्रीकृष्ण-बलराम वसुदेव-नन्द को वन्दन करने जा रहे थे, वहीं कंस तलवार लेकर खड़ा हो गया। उसका उद्देश्य समझ गए कृष्ण बुजुर्गों को वन्दन करने के स्थान पर कंस के सिंहासन की ओर दौड़ गए और उसके हाथ से तलवार छीन ली तथा उसे उठाकर चाणूर के शव पर पटक दिया। उसकी छाती पर पैर रखकर खड़े हो गए और झुके। केशों के खिंचते ही कंस अपने प्राणों को छोड़ बैठा। श्रीकृष्ण ने वहाँ उसी स्थिति में खड़े-खड़े ही महाराज उग्रसेन और आर्य वसुदेव की जय बुलवाई। प्रद्योत आदि

राजपुरुषों ने इस परिणाम को तटस्थ रहकर स्वीकार कर लिया। परन्तु कंक, न्यग्रोध वगैरह बदला लेने के लिए श्रीकृष्ण की ओर झपटे। उन्हें बलराम, सुबल, उत्तम आदि वीर युवकों ने रोक लिया। जो नहीं माना उसका काम तमाम कर डाला।

मथुरावासी प्रेक्षकों में से कइयों ने श्रीकृष्ण को कंसमर्दन के समय अखाड़े में से उछलते हुए नहीं देखा था, उन्होंने पल में श्रीकृष्ण को कंस के पास खड़ा देखा था। इन दो स्थितियों के बीच की क्रिया इतनी तेजी से हुई कि उन्हें सिर्फ परिणाम दिखाई दिया। उस समय जो यादव कंस के राज्य-विस्तार के प्रशंसक थे, उसकी मृत्यु पर उनके मुखों से निकला : "रण संग्राम में सशस्त्र संघर्ष किए बिना, बाणों से आहत हुए बिना, केवल केश खिंचने पर कंस प्राण खो बैठा। और इस प्रकार वह वीर पुरुष के योग्य मृत्यु से वंचित रहा?" जो लोग स्वार्थ-सिद्धि के लिए कंस के पक्ष में थे वे चुपचाप प्रेक्षागृह से खिसक गए।

कुछ कुलाभिमानी और मिथ्याभिमानी यादव शोकमग्न चेहरे से यह अफसोस करते हुए घर की ओर गए कि एक ग्वाले के हाथों महाराज का वध हुआ।

जिन्हें इष्ट परिवर्तन की अपेक्षा थी और जिन्हें परमतत्त्व के अनुग्रह पर श्रद्धा थी, वे यादव और अहीर श्रीकृष्ण-बलराम की विजय-मुद्रा को आदरपूर्वक निहार रहे थे। गुरुजनों के प्रति उनके विनय-विवेक में विजेता की सच्ची विनम्रता और भविष्य की चिन्ता थी।

ब्राह्मण कहने लगे : "धर्म की विजय हुई है।"

श्रीकृष्ण ने अमात्य अक्रूर से विनती की : "आप स्त्री-बालकों की सुरक्षा का प्रबन्ध कीजिए।"

पहले बार-बार मागधी सैनिकों के द्वारा अपमानित होनेवाले यादव संगठित होकर बदला लेने के लिए प्रयत्नशील हैं, यह जानकर श्रीकृष्ण ने अपने गोप-साथियों को नगर के विभिन्न स्थलों पर भेज दिया और सौजन्यपूर्ण वातावरण निर्मित करके रासोल्लास से परिवेश को रसमग्न बनाने का निर्देश दिया। प्रत्येक गोप विजेता के रूप में आनन्द मना रहा था। वे रंगीले गोप मथुरा में शान्ति और उत्सव के निमित्त बने।

सर्वप्रथम दोनों भाई वसुदेव के निवास पर गए। देवकी का उपवास छुड़वाकर उनके हाथ का खाना खाया। फिर वसुदेव, अक्रूर और नन्दराय को लेकर उग्रसेन को कारागार से स्वतन्त्र किया।

"आपके द्वारा यादवों का गणराज्य फिर से स्थापित हो और आपके नेतृत्व में समग्र प्रजा धन-धान्य से समृद्ध बने।" इस शुभेच्छा को उग्रसेन के आशीर्वाद के रूप में स्वीकार करके दोनों भाई उत्सव में भाग लेने के बहाने नगर यात्रा के लिए निकल पड़े। कोई अनिष्ट घटना नहीं घटे इसकी सावधानी रखने के लिए भी विश्वस्त साथियों से उन्हें कहना था। कंस की मृत्यु से अन्याय का प्रतिकार पूरा हो गया, अब प्रजा के कल्याण का दायित्व प्रारम्भ होता है। केवल और भैरव उनके साथ थे। शुभ समाचार देने के लिए कल वे अंकपाद आश्रम जाएँगे।

3

कंस शासन के समर्थकों का अनुमान था कि श्रीकृष्ण मथुरा के राजा होंगे, गर्गाचार्य मुहूर्त देख दें इतनी देर है।

श्रीकृष्ण से स्नेह करनेवाले और उनके अनुयायी तथा समग्र ब्रजभूमि के गोपालक चाहते थे कि वे राजा बनें। सुबल उद्धव से कह रहा था : "अरे ओ चिन्तक! तू पहले किसी तरह आचार्य महाराज से राज्यारोहण का मुहूर्त तो निकलवा ला। इन व्यस्त दिनों में किस विचार में पड़ा है?" नन्दराय सुबल जैसे उत्साही युवकों को टोकते थे : "श्रीकृष्ण के बारे में पहले से कोई अनुमान मत लगाओ। इतने वर्षों के बाद भी हम उसे पहचानने का दावा नहीं कर सकते तो तुमने किस प्रकार मान लिया कि वह मथुरा का राजा बनेगा?" उद्धव नन्दराय के साथ सहमति प्रकट करता है : "जिसने राधा के साथ विवाह का मोह नहीं रखा वह राज्य के लिए लोभ करेगा?"

सुबल उद्धव से परिहास करता है : "तुझे भगवान या आध्यात्म के विषय में चर्चा करनी हो तो अवश्य कर, उसमें तुझे कुछ जानकारी होगी परन्तु विवाह की चर्चा तो तू करना ही नहीं।" ऐसा कहते हुए वह अपने यूथ के साथ बलराम की शरण में पहुँच जाता है।

बलराम जानते थे कि स्वयं राजा उग्रसेन ने श्रीकृष्ण को राज्य की बागडोर सँभालने का आग्रह किया था और इसकी आवश्यकता के अनेक प्रमाण दिए थे परन्तु सफल नहीं हो सके।

"आप ऐसा तर्क दें जिसका श्रीकृष्ण के पास उत्तर ही न हो और उन्हें राजा बनना पड़े। हम उन्हें राजा बनाए बिना गोकुल वापस लौटेंगे तो वहाँ सबको कैसे मुँह दिखाएँगे?" सुबल ने मित्रों के समक्ष जो तर्क दिया था उसे यहाँ नहीं कहा : "ऐसे वृद्ध उग्रसेन को राजा बनाकर प्रजा का क्या कल्याण होनेवाला है?"

बलराम स्वयं मानते थे कि श्रीकृष्ण का राजा बनना यादवकुल और समस्त प्रजा के हित में है। कंस के एक ही प्रहार से गणभावना की मृत्यु हो गई थी। उसे पुनः जीवित करके प्रतिष्ठित करना चाहिए या नहीं इस बारे में उनके मन में द्विधा थी; परन्तु श्रीकृष्ण और नन्दराय गणराज्य पद्धति के ही पुरस्कर्ता थे। इस पद्धति की लाखों कमियाँ होंगी; परन्तु एक बहुत बड़ा गुण इसमें है। इच्छित परिवर्तन करने के लिए इसमें हिंसक क्रान्ति करने की आवश्यकता नहीं पड़ती। एक जनसाधारण को राजा की हत्या करनी पड़े, इससे अधिक दुखपूर्ण स्थिति और क्या होगी? कंस की हत्या, मदान्ध एकाधिकार की हत्या है, हमें यह नहीं भूलना चाहिए।

बलराम के मन में एक युक्ति आई है। सम्भावना है कि श्रीकृष्ण स्वीकार लें। श्रीकृष्ण ध्यान में थे, वहाँ से उठकर उनके आने की सब प्रतीक्षा कर रहे थे। श्रीकृष्ण आए। बड़े भाई को वन्दन करके सब मित्रों के साथ ही आसन ग्रहण किया। बलराम बोले : "कृष्ण, तू जानता है कि अपने बालमित्र क्या चाहते हैं। इनकी आकांक्षा मुझे सही लगती है। इसलिए मैंने निश्चित किया है कि यदि तू राजा बने तो मैं सेनापति बनने के लिए तैयार हूँ।"

''बन्धुवर! हम राजा भी नहीं और सेनापति भी नहीं बनेंगे! हम सिर्फ सैनिक बनेंगे! आप बार-बार क्यों भूल जाते हैं कि कंस की मृत्यु के समय हमने महाराज उग्रसेन की जय-जयकार करवाई थी।''

''परन्तु उग्रसेन स्वयं क्या चाहते हैं, यह देखना ही नहीं चाहिए?'' बलराम ने प्रतिवाद किया।

''यह उनका सौजन्य है।''

''सौजन्य से क्या होगा? नागरिक बातें कर रहे हैं कि आहुक-बभ्रु को सत्ता सौंपकर श्रीकृष्ण भूल कर रहे हैं।'' बलराम ने कहा।

''आहुक-बभ्रु? यह कौन हैं?'' सुबल अपना अज्ञान नहीं छिपा सका। उद्धव ने उसे समझाया कि आहुक उग्रसेन का ही दूसरा नाम है और अक्रूर प्रजा का भरण-पोषण करते हैं, इसलिए प्रजा उन्हें बभ्रु कहती है। परन्तु कुछ वर्षों से वे असहाय स्थिति में थे इसलिए यहाँ बभ्रु कहने में व्यंग्य छिपा हुआ है। यह दोनों ससुर-दामाद भी हैं, इससे जनता को लगता है कि उनके शासन में यथास्थिति ही बनी रहेगी, कोई बड़े परिवर्तन नहीं होंगे। प्रजा का ऐसा मत है कि श्रीकृष्ण को प्रभावपूर्ण बनना हो तो उन्हें राजा बनना ही चाहिए।

''तो वह नायक कैसा जो प्रजा की इच्छा की परवाह ही नहीं करता?'' सुबल नाराज होकर खड़ा हो गया। बलराम ने उसे आश्वासन देकर शान्त किया : ''राजनीति का ज्ञान बढ़ने पर श्रीकृष्ण का निर्णय तुझे योग्य लगेगा।''

''मेरा ज्ञान बढ़ेगा यह तुम किस आधार पर कह रहे हो?''

''सही बात है। भार बढ़ेगा कहते तो समझ में भी आता और इसके पूरे-पूरे कारण हैं।'' तेजस्वी ने सुबल का समर्थन करने के लिए इस तरह की युक्ति का प्रयोग किया।

अंकपाद जाने से पहले केवल और भैरव में इस बात पर ही चर्चा हुई थी जिसे उद्धव ने सुना था : ''कृष्ण मुझसे राजनीति सही रूप में सीखा होगा तो उग्रसेन को पुनः प्रतिष्ठित करेगा। जो यादव अभी भी स्वयं को कंस का समर्थक मानते होंगे, वे भी उग्रसेन का विरोध नहीं करेंगे। और जो राजपुरुष गोपालकों को क्षत्रिय से नीचा मानते हैं वे कृष्ण की इस उदारता से ब्रजवासियों का अहसान मानने लगेंगे।''

''राजनीति के अतिरिक्त व्यक्तिगत कारण भी हैं। राजा या मल्ल बनने में उसे रुचि ही नहीं है। उसका हृदय दो वस्तुओं के प्रति आकर्षित होता है : संगीत और तत्त्वज्ञान। हाँ, संगीत के कारण वह संवेदनशील बना है और तत्त्वज्ञान से निःस्पृह।''

उद्धव गोपमित्रों को श्रीकृष्ण के व्यक्तित्व की विशिष्टता समझा रहे हैं। कंस के अग्निसंस्कार और उग्रसेन के राज्याभिषेक के बीच उन्होंने क्या-क्या किया? सोचो। कंस की मृत्यु से उसकी स्त्रियाँ विधवा हो गईं इस पर दुःख व्यक्त करके, उन्हें आश्वासन देकर कहा कि कंस का वध करने की धर्मप्रेरित अनिवार्यता हो गई थी। इस बात को श्रीकृष्ण ने बहुत विनम्रतापूर्वक कहा था। पुत्र के पाप कर्मों से लज्जा का अनुभव कर रहे उग्रसेन ने इसका

उत्तर देते हुए कहा था : "हे कृष्ण, तूने यादवकुल की पुनः स्थापना की है। इस कारण तेरे सम्बन्धी और मित्र स्वाभाविक रूप से गौरव ले सकते हैं। यह राज्य जैसा भी है तू उसको स्वीकार कर।" उग्रसेन ने एक ही इच्छा व्यक्त की थी, वह थी पुत्र का अग्निसंस्कार। इसका स्वीकार करते हुए श्रीकृष्ण ने कहा : "हे राजन्! आपके पुत्र ने अपने कर्मों के कारण काल के हाथों मृत्यु पाई है। मैं तो सिर्फ निमित्त बना हूँ। मैंने राज्यप्राप्ति के लोभ से उसका वध नहीं किया। लोककल्याण से प्रेरित होकर और बुजुर्गों की आज्ञा से मैं यहाँ आया था। मैं तो पहले की तरह वन में ही बसूँगा और गायों के समूह के बीच ग्वालों के साथ रहूँगा। यदि आपको मुझे सन्तुष्ट ही करना है तो मेरे द्वारा छोड़ा गया यह राज्य आप स्वीकारें और अपना अभिषेक कराएँ।"

श्रीकृष्ण का यह निर्णय अब सुबल आदि की समझ में आने लगा है। हम अपने स्वार्थ के लिए यहाँ नहीं आए थे जिसके लिए हमने संघर्ष ही नहीं किया, वह वस्तु हम कैसे ले सकते हैं? हम अन्याय के विरुद्ध लड़े। अब अन्याय समाप्त हो गया है। अपना कार्य पूरा हो गया। एक वृद्ध मनुष्य को राजा बनाया सिर्फ यही बात मन को नहीं रुचती, राजा तो सुन्दर होना चाहिए श्रीकृष्ण जैसा।

"मथुरा की प्रजा इतनी भाग्यशाली हो तब न!" उद्धव यह विनोदपूर्ण कथन कहकर खड़ा हो गया। श्रीकृष्ण बुला रहे हैं।

श्रीकृष्ण ने त्रिवक्रा को वचन दिया था। राज्य के कार्य से अवकाश पाकर उसके निवासस्थान पर अवश्य आएँगे। परम आत्मीय सखा और मथुरा से पूरी तरह परिचित उद्धव को साथ लेकर वे त्रिवक्रा के घर पहुँचे।

कुरूप व्यक्ति का स्नेह सुन्दर हो सकता है। स्नेह कुरूप को भी सुन्दर बना सकता है : उद्धव के मन में विचार आता है।

कितने कम समय में त्रिवक्रा बदल गई थी। लोग जिसे कुब्जा कहते थे वही स्त्री आज मथुरा की एक रमणी बन गई थी। श्रीकृष्ण पधारे और उसने पूजा का प्रारम्भ किया। उद्धव को कहना पड़ा : "हे सुभगे, तेरी यह पूजा कब समाप्त होगी?"

"आजीवन चलेगी।" कहकर श्रीकृष्ण को प्रणाम करके उनके चरणों को गोद में लेकर वह पल-भर के लिए खो गई।

समर्पण के समय की प्रसन्नता कैसी होती है, आज उद्धव को पता चला।

अधूरे कार्य पूर्ण करने के लिए श्रीकृष्ण जब उठने लगे, तब त्रिवक्रा ने कहा था : "मेरा जन्म सफल हो गया। अब किसी से मुझे कुछ भी माँगने की आवश्यकता नहीं रही। मैं सत्य और सौन्दर्य के कल्याणकारी स्वरूप श्रीकृष्ण को अर्पण हो गई हूँ, उद्धव! अब मैं ही स्वयं से ईर्ष्या करने लगी हूँ...।"

रथ धीरे-धीरे चल रहा था।

श्रीकृष्ण यहाँ कहाँ होंगे, यह मानकर उन्हें पहचानने का अवसर चूक गए नगरजन बाद में वास्तविकता जानकर रथ को ही प्रणाम करने लगते। जिन्होंने दर्शन कर लिए थे

वे उनके हाथ की मुद्रा और मुख के स्मित का वर्णन करते थे। उन्हें लगता था कि श्रीकृष्ण के सौन्दर्य का बार-बार वर्णन करने पर भी कुछ अनकहा रह ही जाता है।

उद्धव को एक प्रश्न दो दिन से परेशान कर रहा था :

''हम सत्ता छोड़ दें, हम न्यायपूर्ण जीवन जियें। परन्तु दूसरा पक्ष हमारे साथ कूटनीतिपूर्ण आचरण करे तो?''

''तो हमें उसकी कूटनीति का भोग नहीं बनना चाहिए। हम भले कूटनीतिपूर्ण आचरण न करें, परन्तु उसका ज्ञान तो होना ही चाहिए।''

''कूटनीति के ज्ञान को ज्ञान कहा जा सकता है?''

''नहीं, सिर्फ द्वैत-अद्वैत और साकार-निराकार की समझदारी को ही ज्ञान कहेंगे, क्यों उद्धव!'' कहते हुए श्रीकृष्ण हँस पड़े : ''इसे ज्ञान नहीं, जानकारी कहना चाहिए। इस बारे में तुम्हें बड़े भैया के साथ बात करनी चाहिए। वे मानते हैं कि दुष्ट का तुरन्त विध्वंस कर देना चाहिए।''

''और आप मानते हैं कि उसे कुटिलता छोड़ देने का अवसर देना चाहिए।''

''हाँ, एक बार उसे उसका हित समझाने में कुछ गलत नहीं होगा। शक्ति और शौर्य से ही सारे हल खोजने में जन-शक्ति और समुदाय का कितना बड़ा नुकसान होगा!''

उद्धव सुनते रहते हैं। विचारमग्न हो जाते हैं। श्रीकृष्ण कह रहे हैं, वह बात कितनी गहन है! इस उम्र में उसे यह सब किस प्रकार सूझता है? उद्धव ने श्रीकृष्ण की एक लाक्षणिकता पहचान ली थी कि वे किसी बात को तुरन्त ही स्वीकार नहीं कर लेते। वे उसे अच्छी तरह समझने की चेष्टा करते हैं और धैर्यपूर्वक अपने विचार-विवेक को व्यक्त करते हैं। इन्होंने यह बात कितने विश्वास से कही कि जीवन नैसर्गिक ढंग से ही शुभगामी है। त्रिवक्रा ने श्रीकृष्ण का रूप ही माँगा था परन्तु उसकी रूपतृष्णा को प्रेमभावना में परिवर्तित करने में देर भी नहीं लगी। प्रत्येक स्त्री राधा की तरह अनुभूति की ऊँचाई और सूक्ष्मता तक तो नहीं पहुँच सकती परन्तु उसे श्रीकृष्ण का साहचर्य इस दिशा में अग्रसर अवश्य करता है। उस दिन दो कुंजों के बीच खड़े होकर वे बलराम से पूछ रहे थे : ''बड़े भैया, यह बीज मिट्टी में डाले जाते हैं तो उल्टे-सीधे गिरते हैं। परन्तु वे सब उगते सूर्याभिमुख ही हैं, इसका क्या रहस्य है?'' बलराम ने कहा : ''तू मुझसे रहस्य मत पूछा कर, काम बनाया कर।'' श्रीकृष्ण ने आदरपूर्वक कहा था : ''मैं आपको क्या बताऊँ? मुझे विश्वास है कि आर्यावर्त की बंजर धरती को हरी-भरी कर देने का कार्य आप अधूरा नहीं छोड़नेवाले। कहाँ कौन से बीज बोने चाहिए इस बारे में आप निष्णात हैं।''

बलराम को किसी की प्रशंसा नहीं चाहिए परन्तु कृष्ण के मधुर वचनों को सुनकर वे धन्यता का अनुभव करते हैं।

रथ वसुदेव-देवकी के निवास पर पहुँचनेवाला है। सामने से दो रथ आते हुए दिखाई देते हैं। ''यह तो विधवा रानियों के रथ हैं।'' उद्धव श्रीकृष्ण को बताते हैं।

क्या अस्ति और प्राप्ति अपने ससुर महाराज उग्रसेन की आज्ञा के बिना जा रही हैं? खोज करने पर पता लगा कि वे हमेशा के लिए मथुरा छोड़कर गिरिव्रज जा रही हैं। ऐसा क्यों हुआ? कंसराज का अग्नि-संस्कार और मरणोपरान्त विधि पूरे राजकीय सम्मान के

साथ किया गया था। इसका पूरा ध्यान रखा गया था कि शोकाकुल रानियों को किसी प्रकार का मानसिक आघात नहीं लगे। इतनी सावधानी के बावजूद उनके साथ अन्याय हुआ हो तो तुरन्त उसका निवारण करने के लिए उन्हें रोकने का प्रयत्न करना चाहिए।

उग्रसेन के लिए पुत्रवधुओं का यह कदम अनचीता था। वे बहुत व्यथित हुए। श्रीकृष्ण उनके पास पहुँच गए और वे क्या मदद कर सकते हैं इस बारे में पूछा। इससे उग्रसेन आश्वस्त हुए। उन्हें अक्रूर की बात सत्य लगी। स्वयं को विपक्षी मानने वाले के हित की चिन्ता भी श्रीकृष्ण करते हैं।

''हम महारानी अस्ति और प्राप्ति को सुरक्षा का पूर्ण विश्वास नहीं दिला सके तो हमारे क्षत्रिय होने का क्या अर्थ? पराजित पक्ष सहानुभूति का विशेष पात्र होता है। ऐसी विषम परिस्थिति में रक्षकों के बिना दोनों रानियाँ स्वयं को अनाथ मानकर अपने साधुस्वभाववाले ससुर की छत्रछाया छोड़कर पिता की शरण में जाएँ, यह घटना दुःखपूर्ण है।''

उग्रसेन सुनकर कुछ देर मौन रहे। उन्होंने एक अनुमान कर लिया। अस्ति और प्राप्ति जानती होंगी ही कि वे यहाँ असुरक्षित नहीं हैं। वे शरण लेने नहीं जा रहीं। उन्होंने श्रीकृष्ण की ओर प्रश्नसूचक दृष्टि से देखा : ''मान लें कि वे पिता की शरण में नहीं बल्कि उनसे सैनिक सहायता लेने जा रही हैं। ऐसा हो तो भी उन्हें इस तरह असुरक्षित जाने देना हमें शोभा देगा? आपको उनके लिए सुरक्षा दल का प्रबन्ध करना चाहिए। सम्राट जरासन्ध से छोटे राजा डरते होंगे, जंगल के दस्यु नहीं डरते।''

श्रीकृष्ण की उपस्थिति में ही उग्रसेन ने सुरक्षा दल का प्रबन्ध किया। उस दल के साथ स्वयं श्रीकृष्ण गए। दोनों रानियों को प्रणाम करके, शोककाल पूरा होने पर वापस मथुरा लौट आने की विनती की।

अस्ति और प्राप्ति कुछ बोलीं नहीं। उनका मन तो हुआ कि श्रीकृष्ण के साथ ही रथ वापस मोड़ लें, परन्तु वे इष्टदेव के सामने संकल्प करके निकली थीं; इसलिए स्वयं के लिए क्या योग्य है अभी इसका निर्णय नहीं कर पाईं। यह प्रसन्न मुख और शान्ति देनेवाली वाणी जीवन में फिर सुनने को मिलेगी या नहीं, इस द्विधा के साथ वे पूर्वनिश्चित दिशा की ओर बढ़ गईं।

यह घटना दोनों पक्षों के लिए अमंगलकारी साबित नहीं हो तो अच्छा। गोप मान बैठे हैं, उस तरह सबकुछ व्यवस्थित नहीं हो गया। नन्दराय सुज्ञ हैं। वे एक संघर्ष में से सम्भावित दूसरे संघर्ष का अनुमान नहीं करते होंगे? उनकी तीव्र इच्छा है कि दोनों भाई उनके साथ वृन्दावन आएँ। सभी गोप-गोपियाँ उनके पराक्रमों की गाथा सुनें। कुछ पूछना हो तो स्वयं पूछ लें। यहाँ आवश्यकता हो तब कहाँ नहीं आया जा सकता? उन्हें देवकी-वसुदेव यहाँ रोकना चाहते हैं यह बात तो समझ में आ सकती है परन्तु यह वृद्ध राजा उग्रसेन भी अपना हक जताने लगे!

श्रीकृष्ण ने नन्दराय को आदरपूर्वक सुना।

कितनी तीव्र इच्छा है वहाँ दौड़ जाने की! माता यशोदा और हरियाली भूमि की आशीष के साथ राधिका की विशाल आँखों का स्नेह पाने के लिए हृदय कितना व्याकुल है, यह किससे कहूँ?

''वत्स जा आओ। तुम एक पल के लिए भी हमारे सामने से हटो यह हमें अच्छा नहीं लगता फिर भी कहता हूँ कि जा आओ। यशोदाजी को विजय प्राप्त करने के बाद का वन्दन कर आओ।''

बलराम निरुत्तर रहे। श्रीकृष्ण को नन्दराय से अरुचिकर वचन कहने पड़े।

''पिताजी! आपके साथ आकर उस आनन्दलोक में विहार करना इस समय हमारे भाग्य में हो, ऐसा नहीं लगता। एक संघर्ष का अन्त दूसरे बड़े संघर्ष का आरम्भ लग रहा है। महारानी अस्ति और प्राप्ति ने अपनी ही सूझ-बूझ से नगर छोड़ा होता तो उनके लिए वापस लौट आने का वह उत्तम अवसर था, जब मैं उनसे विनती करने गया था। कंसराज के अल्प समर्थक जब बाहर से सहायता प्राप्त करके फिर से सत्ता हस्तगत करने का प्रयत्न करेंगे उस समय अपने जो सम्बन्धी यहाँ बसते हैं वे असुरक्षित हो जाएँगे।''

''यहाँ शान्तिपूर्ण वातावरण बनते ही हम किसी भी क्षण वहाँ आ पहुँचेंगे।'' बलराम ने कहा।

''और फिर वहीं रहेंगे।'' उद्धव ने कहा।

''इसकी सम्भावना नहीं दीख रही।'' नन्दराय के होंठों का स्मित तुरन्त फीका पड़ गया। आँसुओं को आँख में ही रोके रखने के लिए उन्हें पूरे जीवन के संयम को दाँव पर लगाना पड़ा। उन्होंने गोपयुवकों को बताया : ''हमें श्रीकृष्ण और बलराम को यहीं छोड़कर जाना पड़ेगा।''

सब व्यग्र हो गए। सुबल का हास्य उड़ गया। उसने बाल-हठ करके कहा : ''मैं यहीं रहूँगा और तुम्हारे साथ ही गोकुल जाऊँगा।''

''हमारा आना अनिश्चित है।'' बलराम ने कहा।

''तो मेरा क्या निश्चित है। तुम्हारे साथ की अनिश्चितता मुझे अधिक अच्छी लगेगी।''

''किसी के प्रति तेरा कोई कर्तव्य ही नहीं है? '' नन्दराय ने कहा। सुबल की समझ में नहीं आया। श्रीकृष्ण उसे एक ओर ले गए : ''तू यहाँ रुकेगा तो इसका अर्थ ललिता क्या लगाएगी? उसे नहीं लगेगा कि सुबल उसकी उपेक्षा करता है?''

''मैं जानबूझकर ऐसा कुछ नहीं कर सकता, यह बात सब जानते हैं। फिर, ललिता को क्या दुःख है? उसकी तो बरसाने में ससुराल और नन्दगाँव में पीहर है। कहाँ अन्तर है? कृपा करके मुझे अपने साथ ही रखो। सच कह रहा हूँ कृष्ण! तुम्हारे बिना मुझे देखकर ललिता को आनन्द नहीं होगा। और राधा के प्रति तो तुम्हारा विशेष कर्तव्य है। वह मुझे पूछे तो क्या कहूँ? क्या मथुरा की राजनीति राधा की प्रीति से भी आगे निकल गई?''

राधा के प्रेम को देश-काल के ऐसे बन्धन नहीं हैं। दूसरों को प्रमाण बनाकर हम राधा को नहीं पहचान सकते। उसने आज तक मुझसे कुछ माँगा ही नहीं है। सदैव अनायास देती ही रही है। वह अनपेक्ष रूप से प्रतीक्षा करेगी। तू उसे नहीं पहचानता सुबल, शायद ललिता के साहचर्य से उसे कुछ पहचान सके...मेरा कहा मानकर तू सभी के साथ वापस चला जा। सबको खूब हँसाना। और मेरी माँ से कहना कि कृष्ण...''

सुबल क्या देख रहा है? चाणूर और कंस को उठाकर पटक देनेवाले कृष्ण की आँखों से आँसुओं की धारा!

''मैं तुम्हारे आँसुओं को पोंछने की सामर्थ्य नहीं रखता गिरधारी। यहाँ उपस्थित इस जनपद के वरिष्ठ राजपुरुष इन आँसुओं को देख लें और जान लें कि ये किनके लिए हैं। मैंने और ललिता ने यशोदा मैया को वचन दिया है : तुम्हारे सुपुत्र का राधा के साथ विवाह हम बहुत धूमधाम से रचाएँगे। पूरे आर्यावर्त से ही नहीं, त्रिलोक से अतिथियों को आमन्त्रित करेंगे। भूमंडल पर ऐसा विवाह दूसरा हुआ नहीं है और होगा भी नहीं। महर्षि शांडिल्य लग्नविधि कराएँगे।''

''ऐसा सौभाग्यशाली क्षण मेरे जीवन में कब आएगा, यह मैं नहीं जानता। तुझे पता है कि मैं अभी सिर्फ सत्रह वर्ष का हूँ। मेरी शिक्षा-दीक्षा अधूरी है। केवलदा और भैरवदा आदेश देने गए हैं। मैं और बड़े भैया कुछ समय के लिए अंकपाद आश्रम के छात्र अवश्य बनेंगे। बिना ज्ञान का कर्म केवल दैनिक श्रम बनकर रह जाता है। इससे एक बार इस जनपद में शान्तिपूर्ण व्यवस्था स्थापित हो जाए कि तुरन्त गुरुओं के चरणों में बैठना है। सम्भव हुआ तो पहले वहाँ आऊँगा और फिर वहाँ से जाने के लिए निकलूँगा। यदि सुदामा चले नहीं गए होंगे तो उन्हें साथ लूँगा। मधुमंगल से कहना कि सबको प्रसन्न रखे।''

श्रीकृष्ण जानते थे कि आसपास के गोकुलों के युवक अपने-अपने गाँव वापस लौट गए थे। अक्रूर और वसुदेव के आदेशानुसार ग्राम्यविस्तार के यादवों में से प्रशिक्षण प्राप्त युवकों को सेना में स्थान दे दिया गया था। दूसरों की परीक्षा चल रही थी।

नन्दराय ने उत्तम से कहा : ''अपने प्रस्थान की तैयारी करो।''

बलराम और श्रीकृष्ण ने उत्तम से कहा : ''हमारी अनुपस्थिति में तुम्हारा दायित्व बढ़ जाता है। इसका ध्यान रखना कि माता-पिता को किसी प्रकार सूनापन महसूस न हो।''

''हम विजेता तो बने लेकिन विजय को यहीं छोड़कर जा रहे हैं।'' तेजस्वी ने कहा।

''वस्तु यहीं रहेगी, वृत्तान्त ब्रज में जाएगा।'' ऋषभ ने कहा।

गोपजनों का श्रीकृष्ण-बलराम को छोड़कर जाने का मन नहीं हो रहा था।

बैल और घोड़े भी इस भारीपन का कारण समझ गए थे।

महाराज उग्रसेन ने नन्दराय को ब्रजपति कहकर उनका ऋण स्वीकार किया।

वसुदेव-देवकी प्रासाद के प्रांगण तक छोड़ने आए थे। श्रीकृष्ण-बलराम नगर के दुर्ग तक साथ गए।

दोनों भाइयों ने साष्टांग प्रणाम करके, नगरजनों की दृष्टि में नन्दराय को उग्रसेन से भी बहुत ऊँचे स्थान पर प्रतिष्ठित किया। माताओं को प्रणाम भिजवाया।

श्रीकृष्ण-बलराम का रमणीय भूतकाल साथ लेकर गोपालक वृन्दावन की ओर चल दिए थे।

इस क्षण से ही क्षत्रिय धर्म प्रारम्भ होता है।

दोनों भाई नगर के बाहर दुर्ग की रचना देखते-देखते प्रदक्षिणा कर रहे थे, उस समय नगर में सभी महत्त्वपूर्ण स्थानों पर गर्गाचार्य का दूत उन्हें खोज चुका था। आचार्य उनसे कोई महत्त्वपूर्ण चर्चा करना चाहते थे।

वसुदेव ने पूछा।

"नहीं, आपसे नहीं कहूँगा। आज तक कुछ कम कहा है? अब तो सीधा उन दोनों भाइयों से ही कहूँगा।"

"जैसी आपकी इच्छा। सम्भव हो तो एक अनुग्रह करें। इनका विवाह करने के लिए यशोदाजी अधीर हैं। कृपया बताएँ कि लग्नयोग कब है?"

"मैं विद्यायोग की बात कहने आया था तो तुमने लग्नयोग की बात पूछी। अब मैं उनसे मिले बिना पंचांग लेने घर वापस जाऊँ? परसों अंकपाद आश्रम में पश्चिमोत्तर देशों के ऋषि-मुनियों की ज्ञान-गोष्ठी है। कुलपति ने दूत भेजा है : जिनके नामकरण-संस्कार के समय तुम अपना नाम ही भूल गए थे उन्हें लेकर आ पहुँचो। इसके लिए तुम्हें पंचांग देखने की आवश्यकता नहीं, चुपचाप उनके साथ आना है। तुम्हें याद होगा कि मैंने पुत्रों की दीर्घ आयु के लिए राजा से गुप्त रखकर देवी भागवत सुनाया है, कंसराज की आज्ञा का बारम्बार उल्लंघन किया है परन्तु इस ब्राह्मण की आज्ञा का उल्लंघन करने की मुझमें शक्ति नहीं है।"

"क्या यह सम्भव है कि वे विद्योपार्जन के लिए यहाँ से जा सकेंगे?" देवकी ने पूछा।

"क्यों नहीं, अब उन्हें यहाँ क्या करना बाकी है?"

"आर्य विनोद कर रहे हैं या राजकीय परिस्थितियों से परिचित नहीं है?" वसुदेव बोले।

"इसका पता श्रीकृष्ण को होना चाहिए या मुझे?"

"आप तो दार्शनिक भाषा बोलने लगे?"

"जैसी उसकी इच्छा।" आश्चर्य अब वास्तव में विनोद करने लगे थे; देवकी श्रद्धापूर्वक सुनने लगी थी।

उसी समय उद्धव आए, उनके आगमन से पता चला कि इस समय दोनों भाई दुर्ग का निरीक्षण कर रहे हैं।

"फिर यहाँ आएँगे कि सीधे गोकुल जाएँगे?"

"दुर्ग बिलकुल सक्षम होगा तो ही गोकुल जाएँगे; परन्तु इसी समय नहीं। मुझे विशेष सन्देश लेकर भेजा है। गोकुल में माता ने आज हमारे लिए खीर बनाई होगी। यहाँ हम खीर ही खाएँगे।"

"मेरे लिए कोई सन्देश नहीं है?" गर्गाचार्य ने अधीरतापूर्वक पूछा।

"क्यों आपके लिए कैसा सन्देश भेजें? बिना जाने? क्या वे अन्तर्यामी हैं कि..."

"उद्धव, मैं तुझे तो थोड़ा ज्ञानी समझता था। खैर! अब तू ही मेरा सन्देश उन्हें देना। आते ही मुझसे मिलें।"

"काम क्या है वही कह दीजिए न!"

'ओ हो, तू तो स्वयं श्रीकृष्ण हो, ऐसे बात करने लगा! चल, तू भी अपनी इच्छा पूरी कर ले। कहना कि परसों मेरे साथ अंकपाद आश्रम जाना है।" आचार्य अधिकारपूर्वक बोले।

"मुझे साथ ले जाएँगे?" उद्धव इस तरह बोले मानो सौदेबाजी कर लेना चाहते हों।

"नहीं, तुझे मथुरा में ही छोड़कर जाएँगे। शत्रु आक्रमण करे तो तू शास्त्रार्थ करके उसे उलझाए रखे, उतनी देर में श्रीकृष्ण-बलराम आ पहुँचे।" आचार्य की इस उक्ति को सुनकर सभी हँस पड़े।

उद्धव को आचार्य के हास्यविनोद से आघात लगे ऐसा है ही नहीं। उनके द्वारा सर्जित गर्गस्मृति उसने पढ़ी है। आर्यावर्त का यह महान ज्योतिषी आजकल चौंसठ कलाओं के बारे में ग्रन्थ लिख रहा है। उद्धव उसकी प्रतियाँ तैयार करवा देगा। ब्रजपुरोहित शांडिल्यकृत स्मृति, धर्मसूत्र और तत्त्वदीपिका की प्रतियाँ तैयार करवाकर उद्धव ने मथुरा के ब्राह्मणों को भेंट में दी हैं। तब से गर्गाचार्य 'ब्रह्मजिज्ञासु' कहकर उसको सम्मान देते हैं, कभी-कभी विनोद भी करते हैं।

वसुदेव ने कहा : "उद्धव एक अच्छा योद्धा और कुशल प्रबन्धक है। इसने निर्भयतापूर्वक ब्रजवासी बनकर मेरा स्नेह जीत लिया है।"

बड़ों को प्रणाम करके उद्धव ने प्रस्थान किया।

4

माता-पिता के पास बैठकर श्रीकृष्ण-बलराम उनके संस्मरण सुन रहे थे। बीते हुए दुःख की बातें आनन्ददायक बन रही थीं।

वहीं आर्य शिनि आए, सात्यकि के पितामह। वसुदेव और देवकी ने उन्हें प्रणाम किया। पुत्रों ने अनुसरण किया। अतिथि का विस्तृत परिचय दिया गया। "इसमें निहित आदर स्वाकार्य है, अतिशयोक्ति नहीं।" यह कहकर आर्य शिनि आगे बोले : "देवकी के दुःख का वास्तविक कारण तो मैं हूँ।"

बलराम अपलक देखते रहे, श्रीकृष्ण विचार में पड़ गए। कौन रहस्य से पर्दा उठाए? देवकी ने ही होंठ खोले : "बेटा, तुम्हारे पिता के लिए इन्होंने ही मेरा अपहरण किया था; परन्तु उससे मैं दुःखी हुई, यह कहना सत्य नहीं है। मेरे कारण तुम्हारे पिता को कारावास भोगना पड़ा, यही सत्य है।"

"तुम्हारे कारण या कंस की हीनवृत्ति के कारण? उसने देखा कि यह विवाह दो व्यक्तियों का नहीं दो बड़े कुलों का है। इस कारण उसने मान लिया कि मेरा उत्तराधिकारी उसका सिंहासन छीन लेगा। अपने भय को उसने आकाशवाणी के रूप में सुना। उसके बाद तो तुम जानते हो कि वह भयाक्रान्त होकर कैसे पाप करने लगा था।"

बलराम ने सुना था कि रोहिणी और देवकी दोनों माताओं ने स्वयंवर में पिता जी को चुना था। तो फिर इस अपहरण की बात का क्या अर्थ है? आर्य शिनि ने उन्हें समझाया कि "कन्या वरमाला पहनाए वहीं विधि पूरी नहीं हो जाती। जिस कन्या के सौन्दर्य की ख्याति अधिक हो उसके लिए संकट भी अधिक होते हैं। उसे छीनने के लिए बड़े-बड़े राजा-महाराजा भी तत्पर रहते हैं। जिसके गले में वरमाला पड़ी हो उसे अप्रतिम शौर्य का प्रदर्शन भी करना पड़ता है। देवकी ने वसुदेव को पति रूप में स्वीकार किया, यह कई

यादवकुलों, विशेष रूप से अन्धकों को अच्छा नहीं लगा। मैं सावधान था। किसी प्रकार का खतरा खड़ा हो उससे पहले मैंने वसुदेव का खुला समर्थन करके देवकी का अपहरण किया। भूरिश्रवा के पिता सोमदत्त ने मुझे रोकने का प्रयत्न किया। बहुत संघर्ष हुआ, सोमदत्त हार गया। अपनी हार को वह भूल नहीं सका और कंस का समर्थक बन गया। यही प्रतिभाव सत्राजित का रहा। वह वसुदेव से अधिक अक्रूर को महत्त्व देता है। क्योंकि अक्रूर उसी की तरह धनिक है और फिर महाराज उग्रसेन का दामाद है।''

''इस परिस्थिति में आपके प्रति अक्रूर का व्यवहार उत्तम कहा जाएगा।''

''हाँ!'' वसुदेव ने श्रीकृष्ण का अनुमोदन किया।

''कंस ने उन्हें नाममात्र का अमात्य रहने दिया था। उन्हें वसुदेव प्रिय थे, ऐसा कहने के स्थान पर कंस अप्रिय था, यह कहना अधिक उचित है। इससे उन्हें आचार्य गर्ग की भविष्यवाणियाँ प्रिय लगने लगी थीं।'' शिनि बोले।

''ऐसा हो सकता है, फिर भी मुझे कहना चाहिए कि अक्रूर ने हम दोनों का बहुत ध्यान रखा है। उन्हें श्रीकृष्ण-बलराम के प्रति अनहद स्नेह है।''

''इससे कौन इंकार करता है? गुणी मनुष्य हैं। परन्तु मान लो कि कंस ने उसे महामान्य के सम्पूर्ण अधिकार सौंप दिए होते तो?''

''तो शायद राज्य में इतने अन्याय और अत्याचार बढ़े नहीं होते। और हमें गो-पालन और खेती का प्रिय काम छोड़कर यहाँ नहीं आना पड़ता।'' बलराम ने ऐसा कहकर शिनि को संकेत किया कि यादवकुलों के आन्तरिक झगड़ों में हमें रुचि नहीं है।

''जहाँ सत्ता और सम्पत्ति हैं वहाँ झगड़े तो रहेंगे ही!'' वसुदेव ने वात्सल्य प्रकट करते हुए कहा और आचार्य गर्ग से उनके निवास स्थान पर मिल आने को कहा।

दोनों भाई खड़े हो गए तो शिनि ने उन्हें रोका : ''मेरा पौत्र सात्यकि मेरे साथ ही आ रहा था। तुम दोनों भाइयों ने न्यायपूर्ण युद्ध करके दुष्टों का दमन किया इससे वह आजकल बहुत प्रसन्न रहता है। उम्र में छोटा है फिर भी तुम्हारी योग्यता को अच्छी तरह समझ गया है। मुझे उसे एक अतिथि के साथ भेजना पड़ा, वह अब यहाँ आता ही होगा।''

पितामह की बात को सत्य प्रमाणित करता हुआ सात्यकि स्फूर्ति से प्रविष्ट हुआ। श्रीकृष्ण से मिलने और वन्दन करने की उमंग में वह बड़ों को वन्दन करना भूल गया।

सात्यकि रूपवान और तेजस्वी था। शिनि के समृद्ध कुल का उत्तराधिकारी था। यह सब भूलकर वह श्रीकृष्ण के पैरों के पास बैठकर बातों में डूब गया। प्रासाद के रक्षक ने संकोच के साथ प्रवेश किया : ''महाभाग सात्यकि के साथ आए अतिथि प्रवेश-द्वार पर ही खड़े हैं।''

''अरे! श्रीकृष्ण से मिलते ही मैं सबकुछ भूल गया!'' कहते हुए सात्यकि खड़ा हुआ। वसुदेव से क्षमा माँगी। हस्तिनापुर से आए सन्देशवाहक के बारे में बताया : ''उस सज्जन का ऐसा अनुमान था कि विजय के बाद आप यहाँ से अधिक विशाल भवन में रहने के लिए चले गए होंगे।''

"इतने भवन में तो हमारा आधा गोकुल रह सकता है।" बलराम ने कहा।

"आप गायों को भूल गए।" श्रीकृष्ण ने याद दिलाई।

"हाँ, हमारी गायों के लिए पूरी मथुरा भी छोटी पड़ेगी।"

"मुझे गायें चराने ले जाओगे?" सात्यकि पूछ बैठा।

"यानी क्या तू यह मानता है कि श्रीकृष्ण-बलराम फिर से गोकुलवासी बनेंगे?" शिनि बोले।

"तो फिर इन्होंने राजा बनने से क्यों इन्कार किया?"

"तेरी समझ में यह धीरे-धीरे आएगा। देख, आर्य वसुदेव अतिथि के साथ आ रहे हैं। कुछ गम्भीर लगते हैं। तू थोड़ी देर के लिए चुप रह।"

विदुर का पत्र था। धर्मयुद्ध में विजय प्राप्त करने पर अभिनन्दन भिजवाया था। उसी पत्र में कुन्ती ने भी अभिनन्दन और शुभाशीष भेजी थी। समय मिलने पर बहन के यहाँ पधारने की विनती भी की थी।

शिनि ने बताया कि गांधार का शकुनि इस समय हस्तिनापुर आया है। जो पता चला है यदि वह सही है तो वह दुष्ट; पांडवों से उनका हिस्सा छीन लेने के लिए प्रयत्नशील है। दुर्योधन को कर्ण जैसा योद्धा तो मिल ही चुका था। अब यह शकुनि आ पहुँचा है। कुन्ती को पुत्रों के भविष्य की चिन्ता होगी। फिर भी उसका विवेक देखो! उसने किसी भी तरह की माँग नहीं की।

सन्देशवाहक को सात्यकि अतिथि कक्ष में विश्राम के लिए पहुँचा आया। वसुदेव ने अपने पुत्रों को सम्बोधित करके अपनी व पाँचों बहनों के बारे में बताया। उनमें से चौथी श्रुतश्रवा के बारे में विस्तार से बात हुई। उसका विवाह चेदिराज के साथ हुआ था। उसका पुत्र शिशुपाल जरासन्ध का बड़ा समर्थक है, कंस का भी था : "इसका रहस्य समझते हो? सत्ता मनुष्य से मनुष्य को जोड़ने के स्थान पर दूर अधिक करती है।"

"हमें कुन्ती बुआ के बारे में बताओ। उनकी शालीनता के बारे में हमने बहुत सुना है। उनके प्रतापी पुत्रों के बारे में हमारे गोपमित्र भी जानते हैं।"

"कुन्ती का असली नाम है पृथा। हमारे पिता आर्य शूर ने कुन्तीभोज की प्रार्थना स्वीकार करके बहन पृथा को उन्हें दत्तक दे दिया था। इस कारण वे कुन्ती कहलाईं। उनका विवाह कुरुवंशी चक्रवर्ती राजा पाण्डु के साथ हुआ। पांडु के पराक्रम से ही हस्तिनापुर का विशाल और समृद्ध राज्य इतना प्रतिष्ठित हुआ। परन्तु महाराज पांडु का आकस्मिक अवसान हो गया और उनका उपचार भूलकर धृतराष्ट्र..."

"धृतराष्ट्र अन्ध है, कंस नहीं था। फिर भी दोनों का व्यवहार समान है। मथुरा की समृद्धि में आर्य वसुदेव का योगदान था। परन्तु कृतघ्नता तो देखो..." शिनि बोलते-बोलते आवेश में आ गए : "कंस को तो अपने कुकर्मों की शिक्षा मिल गई। धृतराष्ट्र को सुबुद्धि आ जाए तो अच्छा हो। पुत्रप्रेम निरे मोह में परिणत हो जाए तो वह पुत्र का ही अहित कर बैठेंगे। यह आन्तरिक अन्धापन अधिक खतरनाक है।" शिनि के वचनों में अनुभवसिद्ध ज्ञान झलकता था। वसुदेव उन्हें अकारण आदर नहीं देते थे। सबकी उत्सुकता देखकर वे आगे बोले : "उसमें यह शकुनि आ पहुँचा है। गांधारी और कर्ण को छोड़कर सबको उसने

इतना मुग्ध कर लिया है कि अमात्य विदुर भी असहाय स्थिति में हैं। उस सत्यनिष्ठ को पांडवों का पक्षकार कहकर उपेक्षित किया जाता है। उनकी धार्मिकता शकुनि के उपहास का विषय बनती है। शकुनि अपनी अनीतिपूर्ण कुटिलता को राजनीति की कुशलता मानता है। उसके परामर्श से दुर्योधन ने अपना सत्ता यूथ खड़ा कर लिया है। इस यूथ के अविवेकपूर्ण व्यवहार के सामने कुन्ती केवल श्रद्धा के बल अपने पुत्रों को सत्य और न्याय के मार्ग पर चलने को प्रेरित कर रही है। वह भाग्यशाली है कि उसके पाँचों पुत्र जैसे प्रतापी हैं वैसे ही धर्मनिष्ठ हैं। युधिष्ठिर, भीम और अर्जुन कुन्ती के पुत्र और सहदेव, नकुल माद्री के पुत्र ऐसा भेद उनके यहाँ नहीं है।''

''जैसा प्रेम यशोदा का है वैसा ही कुन्ती का है। मेरे बलराम को वर्षों तक कहाँ पता था कि उसकी जननी कौन है?'' देवकी बोलीं। वातावरण हल्का हो गया। उसमें श्रीकृष्ण ने सहयोग दिया : ''मुझे तो अभी भी कहाँ पता है?''

''अब रहने दे नटखट, सारी बातों का पता सबसे पहले तुझे ही लग जाता है।'' बलराम ने श्रीकृष्ण के घुँघराले बालों पर हाथ रखते हुए कहा। सात्यकि का मन इन बालों में रम गया।

''जैसा बलराम और श्रीकृष्ण के बीच में प्रेम है वैसा ही भ्रातृभाव पाँच पांडवों के बीच है। उनकी संगठित शक्ति और एकता ने आज तक उन्हें सत्य और न्याय के लिए किए गए संघर्ष में विजयी बनाया है।'' शिनि ने बात समाप्त करके सुखासन का सहारा लिया।

''बहन को षड्यन्त्र का भय होगा। आपने कहा उसके अनुसार शकुनि का प्रभाव बढ़ता गया तो कभी भी चिन्ताजनक परिस्थिति खड़ी हो सकती है।'' वसुदेव मानो स्वयं से ही कह रहे हों, ऐसे बोले। श्रीकृष्ण उनके मुख की उद्विग्नता देख चुके थे।

''हम महाराज उग्रसेन से विनती करके अक्रूरजी को हस्तिनापुर नहीं भेज सकते? उनमें धृतराष्ट्र को समझाने का दायित्व उठाने की क्षमता है। कुटिल मनुष्यों का सद्भाव जीतकर शोषित पक्ष को न्याय दिलाने में उनकी कुशलता के बारे में नन्दबाबा से हम कई बार सुन चुके हैं। पिताजी! क्या यह सम्भव नहीं कि अक्रूर चाचा हस्तिनापुर जाकर अपनी बुद्धि प्रतिभा से कुन्ती बुआ और उनके वीर सुपुत्रों को उपकृत करें?''

''बड़प्पन के सभी कार्य अक्रूर को अच्छे लगते हैं। वसुदेव, हम आज ही उग्रसेन से मिलेंगे। उनकी सहमति पाकर अक्रूर से हस्तिनापुर जाने के लिए निवेदन करेंगे। यहाँ उनके कार्यों का भार हम उठा लेंगे।'' शिनि ने कहा। वसुदेव कुछ दुविधा में थे। अन्त में उन्होंने रहस्य प्रकट ही कर दिया : ''परसों अंकपाद आश्रम में एक बड़ी शास्त्र-गोष्ठी का आरम्भ होनेवाला है। मुनिवर्य की ऐसी शुभेच्छा थी कि श्रीकृष्ण-बलराम उसमें उपस्थित रहें। गर्गाचार्य आज सुबह से ही इस बात को निश्चित करने के लिए तत्पर हैं। क्या यह उचित होगा कि ऐसी स्थिति में दोनों मथुरा छोड़ कर जाएँ?''

''वैसे तो कोई संकट नहीं दीख रहा, फिर भी सभी वरिष्ठ यादवों की सलाह लेनी चाहिए।'' कहते हुए शिनि ने श्रीकृष्ण की ओर देखा।

''कृष्ण को ज्ञान के प्रति विशेष आकर्षण है।'' बलराम ने कहा।

"सही है, परन्तु कर्म प्रथम है। क्योंकि जो कर्तव्य से विमुख बनाए वह ज्ञान भार समान है। वह डुबानेवाला है।" श्रीकृष्ण ने कहा : "इस समय मेरे मन में दो इच्छाएँ तीव्रता से उठ रही हैं। गोकुल जाकर माता की गोद में बैठकर माखन खाऊँ और अंकपाद आश्रम जाकर गुरुदेव की चरणरज को मस्तक से लगाऊँ...परन्तु इन दोनों की उदारता हम जानते हैं। हमारी विवशता वे समझ जाएँगे। विलम्ब हो जाने के अपराध को वे क्षमा कर देंगे। हम मथुरा की समस्याओं का समाधान किए बिना यहाँ से नहीं निकल सकेंगे।"

"तत्काल युद्ध की स्थिति मुझे नहीं दीख रही। तुम्हें कल बता सकता हूँ। तुम भोजन करके आचार्य के निवास स्थान पर जा आओ। उनकी पत्नी भी प्रातः स्मरणीय हैं। जैसी सुशील वैसी ही ज्ञानी।" वसुदेव शिनि को विदा करने गए।

श्रीकृष्ण और बलराम ने देखा कि मथुरा की सुरक्षा-व्यवस्था सन्तोषजनक नहीं है। इसका कारण स्पष्ट था। सम्राट जरासन्ध के साथ गठबन्धन करने के बाद मथुरा पर आक्रमण करने का दुस्साहस किसमें था? यहाँ के सैनिकों को दूसरे प्रदेशों को जीतकर यहाँ वैभव-विलासपूर्ण जीवन व्यतीत करना था। अपनी राजधानी पर किसी भी समय आक्रमण हो सकता है, इसका विचार न करके राजा कंस ने अदूरदर्शिता का परिचय दिया था।

"तुम्हारा अनुमान सत्य है। तुम जिन-जिन आवश्यकताओं पर भार दे रहे हो, मैं भी उनसे सहमत हूँ। दुर्ग, खाई और सुरंगों की नवरचना फिर से प्रारम्भ होनी चाहिए।" वसुदेव ने कहा।

"कल ही राज्यादेश निकालकर राज्य के कुशल कारीगरों को बुला लेता हूँ।" उग्रसेन ने कहा। वे और देवक वसुदेव-देवकी को वस्त्राभूषण भेंट करने आए थे। देवकी ने आग्रह के साथ भोजन करने के लिए रोक लिया था। पुत्रों के लिए आए अलंकारों को अलग निकालकर उनके सामने उन्हें ही सजाया था। आनन्द-प्रमोदपूर्ण वातावरण था, परन्तु नगर की सुरक्षा के प्रश्न में समय व्यतीत करते श्रीकृष्ण-बलराम इस बारे में चर्चा किए बिना नहीं रह सके। आर्य देवक पौत्रों की बुद्धि-प्रतिभा देखकर बार-बार देवकी के सामने देखते थे। उग्रसेन ने कहा : "तुम्हारे आगमन के साथ मथुरा में धर्मयुग का उदय हुआ है। वह सोलह कलाओं में खिलेगा। गर्गाचार्य ने तुम्हारी प्रशंसा की थी, वह अतिशयोक्ति नहीं अल्पोक्ति थी, ऐसा आज मुझे लग रहा है।"

"यमुना किनारे के वनों में पलकर भानजे इतने राजनीतिज्ञ हो जाएँगे, इसका अनुमान देवकी को भी नहीं होगा।"

"वनों ने हममें निर्भयता, प्रेम और आत्मविश्वास का संचार किया है। राजनीतिक ज्ञान के लिए हम नन्दबाबा, वृषभानु और विशेष रूप से केवलदा और भैरवदा के अनुगृहीत हैं।" श्रीकृष्ण ने कहा।

"आप भैरवनाथ से एक बार अवश्य मिलें। मुझे तो बाद में पता चला कि उन्होंने कारावास इसलिए स्वीकार किया था कि जरूरत पड़ने पर मेरी रक्षा कर सकें।" वसुदेव हाथों की अंजलि बनाकर बोले।

"केवलदा मुख्य रूप से शास्त्रज्ञ हैं। परन्तु भैरवदा के कारागृह में चले जाने पर वे उनके शस्त्रों को लेकर हमारे साथ आए थे। वे इतने प्रेमालु और कुशाग्र बुद्धि वाले हैं कि उनका साहचर्य छोड़ने का मन ही नहीं होता। उन्हें सभी उपनिषद कंठस्थ हैं। मेरी तीव्र इच्छा उनके पास जाने की थी। अब तो शास्त्र-गोष्ठी भी पूरी होने वाली होगी।"

उज्जयिनी से केवलदा ने गर्गाचार्य के साथ सन्देश भेजा था : "गुरुवर्य और भैरवदा तुम्हारा स्मरण करते हैं। यहाँ आने में विलम्ब क्यों कर रहे हो? तुम जिस दायित्व के कारण मथुरा नहीं छोड़ रहे, उससे बड़े दायित्व भी आनेवाले हैं। यह समय उसके लिए सज्ज होने का है। तुरन्त आ जाओ। पूज्यपाद गर्गाचार्य ने गुरुदेव से कहा है कि श्रीकृष्ण-बलराम के प्रस्थान के लिए मुहूर्त देखने की जरूरत नहीं है। वे निश्चित करेंगे वही क्षण शुभ मुहूर्त बन जाएगा। तुम यहाँ अतिशीघ्र आओ, इसका एक कारण और है। सुदामा तुम्हारे बिना कस्तूरी मृग की तरह बेचैन भटकता फिरता है।"

"हमारा परिवार प्रभास की यात्रा पर निकला था, उसके साथ वह यहाँ आ गया था। उसकी अध्ययनशीलता और तुम्हारे प्रति प्रेम को देखकर गुरुदेव प्रसन्न हैं। हमारे परिवार के सदस्य एकाध सप्ताह आश्रम में रुकेंगे फिर वृन्दावन चल देंगे।"

वृन्दावन! इस एक शब्द में कितनी बड़ी सृष्टि समाई हुई है!

माँ की गोद, राधा की आँखें, तमाल की छाया, कदम्ब की सुगन्ध, यमुना की गति, कमल का स्पर्श।

राधा ने एक बार कहा था : "मैंने तेरे लिए कितनी फूलमालाएँ गूँथी हैं, फिर भी कभी तेरा मन हुआ है कि एक फूल राधा के जूड़े में लगा दूँ?"

उस दिन अंशु ने गेंद-बल्ला खेलने के लिए आवाज लगाई थी और वह तुरन्त राधा को अकेली छोड़कर दौड़ गया था। वह अपराध था। आज क्षमा माँगने की इच्छा है। अब कालीय दाह के पास खिले कमल लेने के लिए गोप बालक निर्भीक दौड़ जाते होंगे।

श्रीकृष्ण की तन्मयता को तोड़ते हुए गर्गाचार्य ने कहा : "मेरा हृदय कह रहा है कि तुम दोनों भाई कल ही उज्जयिनी के लिए प्रस्थान करो। तुम जानते होगे फिर भी मैं कह रहा हूँ कि धनुर्विद्या के क्षेत्र में सान्दीपनि मुनि जैसा दूसरा विद्वान इस आर्यावर्त में तो नहीं है। मैं जानता हूँ कि तुम सभी परिस्थितियों का सामना करने में समर्थ हो। फिर भी अधिक निपुण बनने के लिए मुनि के आग्रह का मैं विरोध नहीं कर सकता। तुम्हारी मथुरा की चिन्ता का भी औचित्य है। सम्भव है कि जरासन्ध निकट समय में ही आक्रमण करे। आक्रमण के बारे में सान्दीपनि मुनि को शंका नहीं है। फिर भी उन्होंने तुम्हें बुलाया है, इसका अर्थ यह है कि तुम्हारी अनुपस्थिति में आर्य वसुदेव इस राज्य की रक्षा करेंगे। आज या जब सभी यादवकुल संगठित हैं, ऐसे समय में वसुदेव की शक्ति को द्विगुणित समझना चाहिए।"

"हमें इसमें लेशमात्र भी शंका नहीं है पर इस उम्र में उनके सिर पर राज्य की सुरक्षा का दायित्व आ पड़े यह..." बलराम ने कहा।

"मैं इन दायित्व को स्वीकार करूँगा।" वसुदेव ने कहा। गर्गाचार्य के सामने देखकर हँसती आँखों से आगे कहा : "और उम्र के कारण थक जाऊँगा तो आचार्य कहाँ दूर हैं, उन्हें बुला लूँगा।"

"अवश्य आऊँगा। भविष्यवाणी करके ही शत्रुओं को हताश कर दूँगा। फिर तुम उसे जीत लेना।"

वृद्धों के विनोद ने उनकी उम्र कम कर दी।

राज्यक्रान्ति की महान घटना में मुख्य भूमिका निभानेवाले श्रीकृष्ण और बलराम सभी आभूषणों और सुविधाओं को छोड़कर बटुक ब्रह्मचारी के वेश में अंकपाद आश्रम जाने के लिए तैयार हो गए हैं, यह सुनते ही मथुरा के आबाल-वृद्ध राजमार्ग पर एकत्रित हो गए।

कल शाम को अक्रूरजी हस्तिनापुर में दीर्घ निवास कर कौरव-पांडवों के बीच बन्धुत्व भावना की स्थापना करके सात्यकि को अर्जुन के पास छोड़कर वापस आ गए थे। श्रीकृष्ण ने उनका उपकार मानकर एक और इच्छा व्यक्त की। आप सब अपनी परम्परा को जीवन्त करें, गणराज्य व्यवस्था की पुनः स्थापना करें। हम शिक्षा प्राप्त करके वापस आएँगे, उस समय गणसभा से काम माँगेंगे और एक सेवक के रूप में कार्य करेंगे। गणभावना मुझे इसलिए श्रेष्ठ लगती है क्योंकि वह राजा को हमेशा लोकशक्ति की याद दिलाती रहती है। वह बताती है कि प्रजा राज्य के लिए नहीं, राज्य प्रजा के लिए है।

सुदामा, बलराम, श्रीकृष्ण और उद्धव अंकपाद आश्रम में विद्योपासना कर रहे थे। यहाँ मथुरा जैसी सुविधाएँ नहीं थीं और न गोकुल जैसी ममता थी परन्तु एक सात्विक आनन्द था। सादा भोजन भी इतना स्वादिष्ट हो सकता है, यह अनुभव करके बलराम उसके साथ पूरा न्याय करते थे। मानो सबको अपना शैशवकाल वापस मिल गया था। वे दिन विरल थे।

सात दिन ही हुए होंगे कि श्रीकृष्ण को एक अभूतपूर्व पाठ पढ़ना पड़ा। शैशव किसी चिकने खिलौने की भाँति हाथ से सरक गया। यौवन ने अपनी गुप्त उपस्थिति का अहसास करा दिया। तपोवन में ऐसे क्षण की उन्होंने कभी कल्पना भी नहीं की थी।

भगवान महाकालेश्वर के सुप्रसिद्ध मन्दिर के दर्शन और पूजा के लिए दूर-दूर के राज्यों से यात्री आते थे। गौरीव्रत पूरा करने के बाद कल्याणकांक्षिणी राजकुमारियाँ आती थीं। मंदिर के विशाल प्रांगण में तथा उसके आसपास के क्षेत्र में राजकुमारियाँ तथा श्रेष्ठ-कन्याओं के सुविधापूर्ण आवास की व्यवस्था थी।

कल विदर्भ देश की राजकुमारी रुक्मिणी अपने बड़े समूह के साथ उज्जयिनी आ पहुँची थीं। प्रातःकाल में उसके लिए पूजा की सामग्री एकत्र करनेवाली धात्री को पता चला कि कंस-चाणूर का मर्दन करनेवाले, धर्म के गुप्त रहस्य को जानने वाले वासुदेव श्रीकृष्ण अंकपाद आश्रम के छात्र के रूप में यहाँ हैं। दूसरे छात्रों की तरह वे भी बटुक वेश में यहाँ रहते हैं। उनकी यह रमणीय छवि अधिक स्पृहणीय है। धात्री जानती थी कि रुक्मिणी के हृदय में श्रीकृष्ण हैं। विदर्भ के प्रसिद्ध चित्रकार को मथुरा भेजकर उसने श्रीकृष्ण का चित्र

बनवाकर अपने कक्ष में रखा है और यह रहस्य उनकी सारी दासियाँ भी नहीं जानतीं परन्तु धात्री से कुछ छिप सकता है?

वृद्धा के मुख की मुस्कान देखकर रुक्मिणी पूछ बैठीं : "ऐसा क्या मिल गया कि इस तरह..."

"पुरस्कार और वह भी राजकुमारी रुक्मिणी के हाथ से। पहले पूजा कर लो फिर बताती हूँ।"

धात्री का अनुमान सच निकला। पूजा के अन्त में रुक्मिणी ने श्रीकृष्ण को पति के रूप में माँगा। उसे विश्वास था कि भगवान महाकालेश्वर मेरी मूक याचना अवश्य सुन लें। पिछले दो-एक वर्षों से रुक्मिणी के हृदय में श्रीकृष्ण की छवि बस गई थी, धीरे-धीरे उसका प्रभाव बढ़ता गया। प्रेम अंकुरित हुआ, समर्पण का भाव जगा। गौरीव्रत के साथ यह हेतु जुड़ गया। उसका चित्त भी श्रीकृष्णलक्षी बन गया।

रुक्मिणी के पिता भीष्मक वसुदेव के प्रशंसक रहे हैं। कंस के अत्याचार शुरू हुए और बढ़ते गये उस समय वे व्यथित और व्यग्र हो गए थे परन्तु निरुपाय थे। सम्राट जरासन्ध के दामाद के विरुद्ध वे कुछ नहीं कर सकते थे। परन्तु कंस के कार्यों के प्रति उनकी असहमति दृढ़तर होती गई। गोकुल में श्रीकृष्ण-बलराम के नेतृत्व में नन्दराय के संरक्षण में लोकशक्ति संगठित हो रही है, यह जानकर उन्हें आशा की नई किरण दिखाई दी। कालीय नाग का दमन करनेवाले श्रीकृष्ण के बारे में तो उन्होंने अपनी पुत्री के अनेक प्रश्नों के उत्तर दिए। अब रुक्मिणी स्वयं उनके दर्शनों के लिए आतुर थी। प्रकृति की गोद में पला यह वीर पुरुष कैसा होगा? आबाल-वृद्ध नर-नारी के हृदय को भक्तिभावना से छलका देनेवाले इस युवक के रूप-सौन्दर्य को मैं कब निहार पाऊँगी? उसने चाणूर की मल्लविद्या देखी थी। कैसे-कैसे नर-केसरियों को वह पछाड़ देता था। उसने श्रीकृष्ण के साथ छल-कपटपूर्ण युद्ध करने का प्रयत्न किया और स्वयं ही उस पाप का भोग बन गया।

यह सब स्मृतियों में ताजा था। अनायास यही याचना निकली। मुझे श्रीकृष्ण दो, श्रीकृष्ण ही।

धात्री ने निवास पर पहुँचते ही पूछा : "सौभाग्यकांक्षिणी, तुमने जिसकी याचना की है, उनके दर्शन कराने पर क्या दोगी?"

"मैंने किसकी याचना की है, यह तुमने कैसे जाना?"

"तुम आँखें बन्द करके मन्दिर में खड़ी थीं, उस समय तुम्हारे मुख पर वैसा ही स्मित था जैसा श्रीकृष्ण के उस चित्र में है।"

रुक्मिणी लज्जा और प्रसन्नता से खिल गयी। उसने रुकावल हार गले से उतारकर धात्री को पहना दिया। दासियों को कारण बताए बिना पुरस्कार दिया जिसे उन्होंने तीर्थयात्रा का प्रसाद समझकर ग्रहण किया।

आश्रम में चलते हुए जाने का निश्चय हुआ। साथ में सिर्फ धात्री ही होगी। विद्योपासना में विघ्न न पड़े इसलिए दासियाँ और अंगरक्षक प्रवेश-द्वार के बाहर ही रहेंगे।

राजकुमारी रुक्मिणी गुरुपत्नी को अर्घ्य चढ़ाने आ रही हैं, यह जानकर स्वागत के लिए नियुक्त छात्र विस्मयविमूढ़ रह गए। उन्होंने सुन रखा था कि भीष्मक के पुत्र रुक्मी को

अपनी शक्ति का अभिमान है और राजकुमारी रुक्मिणी को अपने रूप का। वैसे अभिमान अवगुण माना जाता है परन्तु इन उदाहरणों में अधिकार प्रमाणित हो सकता है।

रुक्मिणी के हाथ के स्वर्णथाल में पुष्प-पत्र हैं। धात्री के हाथों में चाँदी के थाल में हीरा, माणिक, मोती तथा अन्य बहुमूल्य सामग्री है।

सुदामा, उद्धव और श्रीकृष्ण यज्ञ के लिए उत्तम समिधा की छोटी-छोटी गठरियाँ लेकर आ रहे थे और उनके पीछे एक बड़े वृक्ष का तना कन्धे पर उठाए बलराम चले आ रहे थे। यज्ञ-वेदी और रसोईघर कुलपति के कुटीर के समीप थे।

रुक्मिणी और धात्री अपनी सौम्य गति से कुटीर की ओर बढ़ रही थीं। वन की ओर के प्रवेशद्वार से चार छात्र कुलपति कुटीर की ओर जा रहे थे। अन्तर घटता गया, घटता गया, घटता गया।

समिधा की गठरी को बगल में दबाकर श्रीकृष्ण ने खेस से मुँह पोंछा और धात्री का स्वर सुनकर उस ओर देखा। रुक्मिणी ने कल्पना भी नहीं की थी कि सम्पूर्ण रूप छटा के इस तरह दर्शन होंगे। आकस्मिक रूप से भाग्योदय हुआ था। दृष्टि से दृष्टि मिलते ही हाथ में पकड़ा स्वर्णथाल ऊँचा कर, मस्तक झुकाकर उसने प्रणाम किया। सुदामा द्वारा कंठस्थ कराए गए अनुशासन के नियमों ने श्रीकृष्ण को उस सौन्दर्य से तुरन्त विमुख कर दिया। दूसरे तीनों साथी इस बारे में सचेत नहीं हुए क्योंकि कर्तव्य उन्हें निश्चित दिशा की ओर अग्रसर कर रहा था।

अब रुक्मिणी स्वयं धात्री के साथ बातें करने लगी थी : "भगवान महाकालेश्वर आशुतोष क्यों कहे जाते हैं, मुझे इसका रहस्य आज पता लगा। प्रातःकाल माँगा वरदान, एक प्रहर होने से पहले ही दे दिया।"

"वरदान में सिर्फ दर्शन माँगा था या मिलन?"

"हृदय से हुआ दर्शन ही मिलन है।" स्वयं से कहा गया यह वाक्य जोर से निकल गया, इस कारण राजकुमारी धात्री के आगे संकोचवश बोलते-बोलते अटक गईं।

परन्तु श्रीकृष्ण अब इस ओर नहीं देख सकते थे। अष्टांग ब्रह्मचर्य का पालन करनेवाले के लिए अनेक कठिन शर्तें थीं। उन्होंने सुदामा से कह दिया : "भाई, राधिका का स्मरण तो मैं नहीं छोड़ सकता : परन्तु यहाँ युवतियों के दर्शन और उनसे वार्तालाप के बारे में तटस्थ रहने का प्रयत्न करूँगा। ब्रह्मचर्य के बारे में मेरे विचार और साधना दूसरे प्रकार के हैं, परन्तु यहाँ विवाद नहीं करना है। स्मरण को छोड़कर तुम्हारे द्वारा कंठस्थ कराए गए सारे नियमों का दृढ़तापूर्वक पालन करूँगा, परन्तु आज?"

"उद्धव, मुझसे अभी एक नियम का उल्लंघन हो गया। मैंने एक युवती का दर्शन किया फिर आवाज सुनी। वह आवाज राधिका की तो नहीं थी? वह कैसा भी साहस कर सकती है। हम वृन्दावन न जाकर सीधे यहाँ आए इस भूल को साबित करने और मेरे हृदय में तपोवनविकारीभाव जगाने के लिए लगता है कि वह राजकुमारी के वेष में आ पहुँची है।"

"फिर तो तुम्हें उनसे मिलना ही चाहिए, भले ही अनुशासन का उल्लंघन हो।"

"गुरुदेव को बता देंगे, वे कहेंगे तो उपवास कर लेंगे।" : कहते हुए श्रीकृष्ण ने समिधा की गठरी नीचे रखकर रुक्मिणी की ओर कदम बढ़ाया। थोड़े नजदीक पहुँचकर ही

वास्तविकता का पता चल गया। यह राधा नहीं है ऐसा तो नहीं कहा जा सकता, लेकिन राधा इतनी धीरे चल सकती है? मुझे देखकर तो वह दौड़ ही पड़े।

श्रीकृष्ण द्विधा और द्विनिष्ठा में खड़े रह गए।

''बन्धुवर, तुम यहाँ ब्रह्मचारी हो।'' पीछे से आ पहुँचे हलधर बलराम ने दोनों स्त्रियों की ओर देखे बिना ही कहा।

''मैं कब ब्रह्मचारी नहीं था? परन्तु राधा का स्वर कान में पड़ते ही यह तपोवन मेरे लिए वृन्दावन बन गया। अब मैं इस देवी के सामने देखे बिना ही कहता हूँ कि यह राधा नहीं है।''

सुदामा और उद्धव अपनी-अपनी गठरियाँ रखकर श्रीकृष्ण के पास आकर खड़े हो गए थे। बलराम ने तने को कन्धे से उतारकर खड़ा किया और मार्ग देते हुए कहा : ''यह हमारा अविवेक नहीं, छात्र होने की विवशता है।''

''यह हैं विदर्भ की राजकुमारी रुक्मिणी!' धात्री के वाक्य पूरा करने से पहले ही रुक्मिणी का मन चंचल हो उठा। उनका शरीर श्रीकृष्ण के चरणों में झुक पड़ने के लिए आतुर पुष्पित लता की तरह बन गया।

स्वर्णथाल में रखा फूल इसलिए ही था, यह मानकर उसे श्रीकृष्ण के चरणों में अर्पण किया और थाल नीचे रखकर दोनों हाथ जोड़कर स्नेह को लज्जा के द्वारा और हृदय की धड़कन को अँगुलियों के द्वारा व्यक्त किया।

''सुदामा, गुरुदेव ने तुझे मुख्य छात्र बनाया है। तू देख रहा है कि यह राजकुमारी रुक्मिणी हैं, राधा नहीं। फिर भी इनके दर्शन से राधा के साहचर्य का अनुभव करने वाले मुझको तू क्यों नहीं खींच ले जाता? मैं आज ही गुरुदेव से तेरे विरुद्ध शिकायत करूँगा और कहूँगा कि आपको आश्रम में अनुशासन को दृढ़ करना हो तो बड़े भैया को ही हमारा नायक बनाओ।''

कुछ कदम आगे निकल गए बलराम का हास्य सुनकर समीप के वृक्षों के पक्षी उड़ गए। रुक्मिणी की थोड़ी लज्जा को पंखों में लेते गए। वह बोली : ''राधा के रूप में दिखाई देने की धृष्टता के लिए क्षमा चाहती हूँ, परन्तु मैं निरुपाय थी। मैं अपनी अयोग्यता जानती हूँ, लेकिन यह तो भगवान महाकालेश्वर का अनुग्रह था। मैंने आपके दर्शन का वरदान माँगा था; परन्तु यह नहीं कहा कि आज ही उसे पूरा करना। और ऐसा तो नहीं चाहा था कि मैं आपको दिखाई दूँ। यदि कुछ गलत हो गया हो तो क्षमाप्रार्थी हूँ।''

''क्षमा करने का अधिकार यहाँ सिर्फ कुलपतिजी को है। हम छात्र तो सेवा के अधिकारी हैं। यह भूल कर विनोदवचन कहने की आदत के कारण यदि अविवेक हो गया हो तो मुझे क्षमा करना। और इन पुष्पों के द्वारा आपने जो भावना व्यक्त की है, उसके औचित्य के बारे में विचार करना। मैं गोपालक की तरह पला-बढ़ा हूँ और लोकरक्षक की तरह जीनेवाला हूँ। यहाँ शिक्षा ग्रहण करने आया हूँ। चलिए आपको गृहमाता के पास ले चलूँ।'' इन शब्दों के साथ श्रीकृष्ण अतिथियों को लेकर चल दिए। अपनी जगहों पर खड़े रह गए सुदामा और उद्धव देख रहे थे कि अपने व्यक्तित्व का सम्पूर्ण ऐश्वर्य भूलकर श्रीकृष्ण आश्रम के अन्य छात्रों के साथ घुल-मिल गए हैं।

गृहमाता ने राजकुमारी का हृदय की ऊष्मा से स्वागत किया। रक्षकदल और अन्य दास-दासियों को आश्रम के बाहर छोड़ दिया है, यह जानकर धात्री पर नाराज हुईं। एक तापसी को बुलाकर रुक्मिणी के उस विशाल समूह को ठहराने की व्यवस्था की।

''आप मुझे तो पूछ ही नहीं रहीं। मेरी यात्रा निश्चित है।''

''एक दिन नहीं तो एक प्रहर ही रुको।''

''आप और पूज्यपाद कुलपतिजी के दर्शन कर लेने के बाद...''

''क्यों यहाँ दूसरा कुछ भी दर्शनीय नहीं है?'' गृहमाता ने मार्मिकता से कहा।

''ऐसे तो यहाँ से जाने का मन ही नहीं होगा। परन्तु कभी-कभी हृदय की भावना पर नियन्त्रण रखकर बुद्धि से निर्णय करना पड़ता है।''

''तुम्हें निर्णय नहीं करना पड़ेगा। कुलपतिजी तुम्हें आज्ञा देंगे। वे कहेंगे कि यदि तुम अंकपाद आश्रम की सही छवि की स्मृति साथ लेकर जाना चाहती हो तो शाम की प्रार्थना तक रुको। ऋषि-मुनियों के लिए इस प्रदेश में दो वस्तुएँ स्पृहणीय हैं। महाकालेश्वर की आरती और अंकपाद की प्रार्थना। कभी-कभी जब विशेष अतिथि आया हो तो कलाविद् छात्र अपनी कलाओं को प्रस्तुत करते हैं।''

''सुना है कि श्रीकृष्ण का वेणुवादन अलौकिक आनन्द देता है?'' : धात्री ने कहा और रुक्मिणी का मनोभाव प्रकट कर दिया।

''परन्तु वे मेरे लिए क्यों वेणु बजाएँगे? मैं कहाँ राधा हूँ?'' रुक्मिणी बोल तो गई फिर नीचे देखने लगी। ऐसे बोला जाता है? भूल तो नहीं हो गई?

गृहमाता ने उसके संकोच को समझ लिया। रुक्मिणी बात को बदलने का उपाय खोज रही थी : ''उनकी इच्छा नहीं हो और उन्हें मेरे कारण वेणुवादन करना पड़े यह ज्यादती नहीं होगी?''

''जिसने गायों और पक्षियों के लिए, अरे, वृक्षों के पत्तों के लिए वेणु बजाई हो, वह एक अतिथि की इच्छा नहीं पूरी करेगा?'

क्या श्रीकृष्ण के लिए मैं सिर्फ एक अतिथि हूँ? अंजलि नहीं? दर्शन होने पर भी दूरी बनी रहेगी? मैं विदर्भ की राजकुमारी हूँ, इसका उनके लिए कोई महत्त्व ही नहीं है?

''यहाँ रुकने में अन्य कोई प्रतिकूलता हो तो बताओ!'' गृहमाता राजकुमारी को संकोच में नहीं डालना चाहती थीं।

''अभी आकस्मिक ढंग से उन्हें मेरे साथ बात करनी पड़ी। क्या इससे आश्रम के अनुशासन का उल्लंघन हो गया?''

''किसने कहा?''

''वे स्वयं सुदामा से कह रहे थे कि...''

''नटखट! अनुशासन और वह भी श्रीकृष्ण के लिए? उसके समान स्वयं अनुशासित और जागरूक छात्र हमने नहीं देखा है। राजकुमारीजी, उसकी चिन्ता तो हम भी नहीं करते, वहाँ तुम...''

कुलपति सांदीपनि मुनि पधारे। राजकुमारी और धात्री ने उनकी चरणरज ली। राजा भीष्मक और परिवार के अन्य सदस्यों के बारे में पूछकर कुलपति ने रुक्मिणी की रुचि जान

ली। कई राजा राजप्रासाद में ही शिक्षा का प्रबन्ध कर देते थे जिससे राजकुमारियाँ युद्धोपयोगी विद्याएँ भी सीख लेती थीं। इस बात को जाननेवाले मुनि ने दर्शन और संगीत, नृत्य आदि कलाओं में रुक्मिणी की रुचि देखकर प्रसन्नता प्रकट की। राजप्रासाद के वातावरण में इस प्रकार की विद्योपासना तपस्या ही मानी जाएगी, यह कहकर आशीर्वाद दिया।

"राजकुमारीजी से मैंने बहुत कहा परन्तु वह रुकने से मना करती हैं।" गृहमाता ने पति को संकेत किया कि आपके कहने से शायद रुक जाएँ।

"इस शीघ्रता का कारण?" मुनि ने उपहार के थालों की ओर दृष्टि करते हुए कहा।

"बिना कारण के गलतफहमी हो जाएगी।" धात्री ने कहा। एक बार फिर उसने रुक्मिणी के मनोभावों को व्यक्त कर दिया।

"गलतफहमी, और यहाँ?"

"मेरे विचार से अधिक लोभ अच्छा नहीं है।" रुक्मिणी खड़ी हो गई।

"तुम तो त्याग की भावना से प्रेरित होकर आई हो। तुम्हारा यह दान अर्थात् आश्रम का एक वर्ष का खर्च है। इस औदार्य को तुम लोभ कहती हो?"

रुक्मिणी का मन होता है कि ऐसे तपस्वी दम्पति के समक्ष सत्य कह देना चाहिए। यह दान तो निमित्त था, मुख्य कारण था दर्शन।

लज्जा बीच में आ गई इस कारण वह स्पष्ट नहीं कह सकी। सिर्फ इतना ही कहा : "जाने-अनजाने मुझसे अपराध हुआ होगा..."

"कैसा अपराध! कब से तुम समझ में न आनेवाली भाषा क्यों बोल रही हो रुक्मिणी?" गृहमाता ने उसे आलिंगन में लेते हुए कहा।

"वास्तव में श्रीकृष्ण के दर्शन के लिए आई थी?"

यह सुनते ही मुनि खिलखिलाकर हँस पड़े : "इतना-सा सत्य कहने में कितना संकोच किया। अरे बेटी, जिसके दर्शन करने के लिए हम सब बेचैन रहते हैं, उसके दर्शन करने की दूसरे की इच्छा को अपराध मानें, ऐसे अबोध बनकर हम आश्रम चला सकते हैं? हाँ, तो अच्छी तरह से दर्शन हुए या फिर श्रीकृष्ण को यहाँ बुलाऊँ?"

"वे नहीं आएँगे।"

"क्यों?"

"आप उन्हीं से पूछना।"

"परन्तु तू जिस कारण को जानती है वह तो सुनूँ!"

"मुझे देखकर उन्हें राधा का आभास होता है और तपोवनविकारी भाव जगते हैं।"

"राधा का आभास हो तो फिर तपोवनविकारी भाव कैसे जग सकते हैं? तूने सुनने में शीघ्रता की है या फिर लज्जा के कारण सही ढंग से सुना नहीं होगा। तुझे उसके साथ शान्ति से गोष्ठी करनी चाहिए थी; परन्तु समझ रहा हूँ कि तुझे संकोच हुआ होगा। अब मेरा कहा मानकर तू एक बार राधा से मिल ले। तुझे श्रीकृष्ण का सही परिचय दो व्यक्तियों से मिल सकता है। या तो यशोदाजी से या फिर राधा के द्वारा। और फिर, राधा कितनी बड़ी शक्ति है यह भी तुझे जानना चाहिए।"

''आपकी आज्ञा शिरोधार्य है।'' यह कहकर रुक्मिणी ने विदा के लिए प्रणाम किया और जहाँ तक दृष्टि जा सके वहाँ तक आश्रम में श्रीकृष्ण को देखने के लिए पलकें उठाईं। श्रीकृष्ण जहाँ नहीं थे, वहाँ नहीं हैं यह माना नहीं जा सकता था।

सुदामा की टोली इस समय गोशाला में थी। बलराम अपने एक प्रिय बछड़े को स्नान करा रहे थे। उद्धव पानी देते जा रहे थे। अतिथि सन्नारियाँ वापस लौट रही हैं यह उसने देखा। बलराम ने कहा : ''कहाँ गया कृष्ण? उससे कहो कि विदा कर आए।''

बलराम के हाथ से बछड़े का बन्धन छूट गया। बलराम ने उसकी पूँछ को इस तरह स्पर्श किया कि वह उछलकर दौड़ा। उद्धव समझ गया कि गोविद्या के इस विशेषज्ञ ने बछड़े को जान-बूझकर उस दिशा में दौड़ाया है। अब वे श्रीकृष्ण को आवाज देकर कहेंगे : ''भाई, जरा पकड़ लाना तो उसे।''

यही हुआ। फल देनेवाले वृक्षों को गोड़ रहे श्रीकृष्ण बछड़े से दुगुनी गति से दौड़े और वह अतिथियों तक पहुँचे उससे पहले उसकी रास पकड़ ली। अरे फिर से इतने पास! अभी तो कहीं दिखाई नहीं देते थे।

पलकें झुककर उठीं और प्रणाम हो गया। रुक्मिणी के सुन्दर नयनों को वन्दन करने की कला हस्तगत थी।

बछड़ा फिर से रास छुड़ाकर दौड़ना चाहता था। श्रीकृष्ण उसे उठाकर चलने लगे। रुक्मिणी और धात्री के पीछे आ रहे ऋषि-दम्पति हँस पड़े।

''श्रीकृष्ण बछड़े को उठाकर दौड़े तो भी उसकी साँस नहीं चढ़ती।''

''यह उसके ऊर्ध्वरेतस् ब्रह्मचर्य का प्रताप है।''

रुक्मिणी सुन रही है, समझ रही है। परन्तु यह नहीं समझ पाई थी कि ऋषि दम्पति उसे विदा करने मुख्य प्रवेश-द्वार तक उसके पीछे-पीछे आनेवाले हैं।

''हमारा यह उपहार स्वीकारोगी? तुलसी की इस माला को कृष्ण ने तैयार किया है। यह शाल कुशस्थली से राजा ककुहमी ने भेजा है। ग्रहण करो और अपने पदचिन्हों से मार्ग को पावन बनाओ।''

राजकुमारी रथारूढ़ हुई तब तक ऋषि दम्पति खड़े रहे।

''उनके दर्शन से आना सार्थक हुआ। आपके दर्शन से यात्रा सार्थक होगी।'' रुक्मिणी ने संकोच त्यागा, उसके साथ ही रथ चल दिया।

गोशाला के पास की टेकरी पर बैठे श्रीकृष्ण के मन में फिर से संशय होता है। यह राधा तो नहीं थी, तो फिर इतनी अधिक समानता कैसे थी? स्वर भी एक- सा ही है। हाँ, दूसरी कई बातों में थोड़ा अन्तर है। रूप में स्वेत कान्ति के स्थान पर स्वर्णिम झलक है। चाल में स्फूर्ति और गति के स्थान पर लालित्य है। राधा के हाव-भाव में समर्पण का स्पन्द था। राजकुमारी सावधान है कि कोई अपेक्षा प्रकट नहीं हो जाए।

सुदामा कहता है कि श्रीकृष्ण-बलराम के आगमन पूर्व अंकपाद आश्रम में निरी गम्भीरता थी, वातावरण में करुणा की छाया थी। उनके आगमन के बाद यहाँ की भूमि को नवजीवन

प्राप्त हुआ है। पहले व्याकुल और व्यथित लगती गृहमाता को अब हँसता हुआ देखा जा सकता है। आज राजकुमारी रुक्मिणी के आगमन से प्रकाश और संगीत एकसाथ प्रविष्ट हुए।

उद्धव आता है। ''अरे भाई सुदामा, एक बार तूने राधिका को सरस्वती की उपमा दी थी। राजकुमारी रुक्मिणी को मैं लक्ष्मी से उपमित करूँ तो तू स्वीकार करेगा?''

''मेरे स्वीकार करने से क्या होगा? श्रीकृष्ण रुक्मिणी को भी राधा कहते हैं, इसका रहस्य तेरी समझ में आया?''

बलराम वहाँ आकर खड़े हुए थे : ''अपने मित्र से पूछना, अब वृन्दावन जाकर वह राधा को रुक्मिणी कहकर पुकारेगा सही? तुम लोग उसकी इन लीलाओं को भी गम्भीरतापूर्वक स्वीकार लेते हो।''

''आज तो आप भी पीछे नहीं रहे। बछड़े को किसने दौड़ाया था?''

वह मेरा प्रायश्चित था। मैंने कृष्ण को बिना कारण के टोका था। जिसके लिए गुरुदेव ने कोई निषेध नहीं रखा, उसे अनुशासन की याद दिलानेवाले हम कौन हैं? यह सोचकर ही मैंने बछड़े को छोड़ा था। बिचारी राजकुमारी! श्रीकृष्ण के दर्शन से अपनी आँखों को अच्छी तरह तृप्त कर ले। उसके सम्बन्धी जरासन्ध से दबे हुए हैं, न जाने उसे किसको सौंपेंगे।

''अभी तुम कह रहे थे कि हमारी तरह तुमने भी रुक्मिणी को ध्यान से नहीं देखा है।''

''यह सब देखे बिना ही कह रहा हूँ।'' बलराम आज हलके मनोभाव में थे। उन्होंने गोशाला के पास की टेकरी पर श्रीकृष्ण को अकेले बैठा देखा। वह नीलगगन में प्रकाश की लिपि को पवन-दृष्टि से पढ़ रहा था।

उसकी और आकाश की शून्यता इतनी निकट थी कि शून्यता ही व्यापकता लग रही थी।

5

श्रीकृष्ण, बलराम और उद्धव अंकपाद आश्रम में चौंसठ दिन तक रहे। यह प्रस्ताव रखा गया कि सुदामा एक वर्ष आश्रम में रहे और ग्रन्थालय को समृद्ध बनाने में सहायता करे। राजकुमारी रुक्मिणी द्वारा दिया गया द्रव्य ऋषि-दम्पति के लिए अतिरिक्त दान था। इस विस्तार के दरिद्रों और याचकों का भरण-पोषण महाकालेश्वर के यात्रियों के दान से हो जाता था। फिर इस अतिरिक्त द्रव्य का क्या किया जाए? देश-देशान्तर से ग्रन्थों को मँगाया जाए। इस कार्य में गर्गाचार्य और शांडिल्य ऋषि का परामर्श लाभदायक रहेगा। यह कार्य सुदामा को अच्छा लगेगा। श्रीकृष्ण-बलराम अभी तो मथुरा में रुकनेवाले हैं यह जानने के बाद उसे शीघ्र गोकुल वापस जाने की जल्दी नहीं थी। उत्सव-त्योहार पर परिवार के सदस्यों से मिल आया करेगा।

उद्धव कहता है : ''जहाँ श्रीकृष्ण, वहाँ मैं। मुझे उनका रहस्यमन्त्री समझो।'' यह उसकी नम्रता थी। कृष्ण-प्रीति थी। उसका परिवार समृद्ध था और वह शस्त्र-शास्त्र में भी

निपुण था : परन्तु वह श्रीकृष्ण के स्नेह में डूबा हुआ था और उनके मौलिक विचारों से इतना प्रभावित था कि विख्यात शास्त्रों को प्रमाण न मानकर श्रीकृष्ण-वचन को प्रमाण मानने लगा था। एक बार केवलदा ने विनोद में कहा था : "श्रीकृष्ण इस बारे में क्या मानता है, यह जानना हो तो श्रीकृष्ण से न पूछकर उद्धव से पूछो।" इस कथन का स्वयं उद्धव भी विरोध नहीं कर सकता था। एक ही प्रश्न के उत्तर में किस परिस्थिति में श्रीकृष्ण ने किससे क्या कहा, उसे याद है। किस उत्तर को सही माना जाए? उद्धव के अनुसार आखिरी को। सन्दर्भ महत्त्वपूर्ण है। सत्य को सन्दर्भ से अलग कर देना अर्थ को शब्द से अलग कर देने के समान है। फिर भी वह कहता कि श्रीकृष्ण ने जो अन्त में कहा हो उसे ही प्रमाण मानकर चलो। सत्य सतत विकासशील है, मनुष्य की तरह, मनुष्य से बड़ा कोई सत्य नहीं है।

कुलपतिश्री ने केवल से कहा था : "श्रीकृष्ण यहाँ आया उस समय सुदामा, बलराम और उद्धव भी साथ थे। इससे उनकी शिक्षा का आयोजन सरलता से हो गया। सुदामा की विश्लेषण-शक्ति, बलराम का शौर्य और प्रज्ञा, उद्धव की स्मृति यह सब श्रीकृष्ण में है, यह मानकर मैंने चौंसठ दिन में उनके लिए, सर्वांगी शिक्षा का आयोजन किया। एक शिक्षक के रूप में यह मेरी सर्वोत्तम सिद्धि है। यदि ऐसे शिष्य न मिले होते तो? तू और भैरव यहाँ पढ़ गए उसे कितने वर्ष हो गए! उसके बाद यह चार छात्र आए। तुमने गोकुल में रहकर इन्हें मार्ग दिखाया यह तुम्हारी सच्ची गुरुदक्षिणा है।"

चौंसठ दिन में वेद के छह अंगों को तो पुनः स्मरण ही करना था। केवलदा ने इस बारे में विस्तार से समझाया था और उससे सम्बन्धित विद्याओं को भैरवदा ने सिखा दिया था। यह सब आनन्दपूर्ण खेल के रूप में जीवन का अंग बन गया था। सांदीपनि मुनि और उनके साथियों ने छह प्रकार की राजनीति और धनुर्वेद के चार अंगों का विस्तृत अध्ययन कराया था। जिसे बलराम, सुदामा या उद्धव ने अनिवार्य नहीं माना उसे भी श्रीकृष्ण ने ग्रहण किया था। उनके लिए कुछ भी निषिद्ध नहीं था, अनावश्यक नहीं था। गुरुदेव प्रतिदिन एक प्रहर तक धनुर्वेद सिखाते। समग्र आश्रम का प्रबन्ध, अध्ययन-अध्यापन और इस तरह की क्षत्रियधर्मी विधाओं को सिखाने में किए गए परिश्रम से गुरुदेव कभी नहीं थके। सुदामा कहता है कि उनके मुख पर कभी-कभी ग्लानि की हलकी रेखा झलक जाती है परन्तु वह दुःख शायद ऋषि-दम्पति का संयुक्त है। सम्भव है कि उसका कारण पुत्र की स्मृति हो। इस बारे में पूछकर सुदामा ने उन्हें अधिक दुःखी करने का साहस नहीं किया। और श्रीकृष्ण की उपस्थिति में तो वे सदैव प्रसन्न ही लगते हैं इस कारण वह बात अप्रासंगिक बन गई है। परन्तु स्वयं श्रीकृष्ण एक दिन पूछ बैठे : "गुरुदेव, इतने परिश्रम से भी मैंने कभी आपको थका हुआ नहीं देखा। इसका रहस्य क्या है?"

"संयम और सृष्टि के साथ अद्वैत बने रहने की अनुभूति।"

कुछ क्षण मौन रहकर सांदीपनि मुनि ने कहा : "परन्तु ऐसा प्रश्न तुझसे भी किसी ने अवश्य पूछा होगा?"

"मुझसे कोई क्यों पूछेगा? मैंने थोड़े लड़ाई-झगड़े के अतिरिक्त क्या किया है? जिससे ऐसे गम्भीर प्रश्नों के उत्तर देने पड़ें। कभी-कभी उद्धव ऐसे प्रश्न पूछता रहता है परन्तु

आपका उत्तर सुनकर अब मैं भी जवाब दे सकूँगा। यदि मुझसे कुछ अच्छा कार्य हो सका तो उसके केन्द्र में दो वस्तुएँ हैं : प्रेम और ब्रह्मचर्य। प्रेम माँ का, राधा का और सबका तथा ब्रह्मजिज्ञासा मेरी। मैंने कालीय, केशी, कंस, चाणूर आदि शत्रुओं को शत्रुता से नहीं जिज्ञासा से देखा है। यह विरासत भी नन्दभवन और गोकुल की ही है। यदि मैं मथुरा के वैभव-विलासपूर्ण वातावरण में पला-बढ़ा हुआ होता तो इस तरह की शत्रुताविहीन प्रकृति नहीं होती। क्या मेरा अनुमान सत्य है?''

''ऐसा हृदयग्राही उत्तर देने के बाद मुझसे पूछता है?''

उन दिनों आनेवाले अतिथियों से कुलपति कहते : ''उत्तम छात्र के मिलने पर शिक्षक स्वयं विद्यार्थी बन जाता है। आजकल मैं भी अध्येता बन गया हूँ। किसने किसे कितना सिखाया यह कहना मुश्किल है। श्रीकृष्ण और उसके सहपाठी चौंसठ कला तो अनध्याय के समय में सीख गए, सिर्फ विनोदपूर्ण वार्ताओं के द्वारा।''

गान, वादन, नृत्य, नाट्य, चित्र, लेखन, शिल्प, सज्जा, पुष्प आस्तरण, वसन-अंगराग-कला, प्रकाश के लिए भवन में मणि लगाने की कला, शयन-रचना, तैरना, सुगन्धित द्रव्य तैयार करने की कला, इन्द्रपाल, हस्तलाघव, शीघ्रपाठ, समस्यापूर्ति तथा पादपूर्ति, आयुर्वेद, वास्तुविद्या, मणिराज ज्ञान, अष्टावधना तथा मनुष्य के संचलन जान लेने की कला, विनय जैसी चौंसठ कलाओं में से अधिकतर गुरु के बिना भी सीखी जा सकती थीं। गोकुल-वृन्दावन के लोकजीवन विरासत के रूप में अधिकतर हस्तगत हो चुकी थीं। बेल-बूटे बनाने में तो आश्रम के विद्वान शिक्षकों से वृन्दावन की निरक्षर गोपियाँ अधिक जानती हैं ऐसी बलराम की विनयपूर्वक मान्यता थी। ''युवतियों के सख्य से संकोच का अनुभव करनेवाले बड़े भैया ने यह एक महत्त्वपूर्ण सत्य खोज निकाला है।'' ऐसा कहकर श्रीकृष्ण ने सहपाठियों को हँसाया था।

वहीं ब्रजवासी महर्षि शांडिल्य का आगमन हुआ। उन्होंने कहा कि तुम लोग ब्रज में थे तब मिलना नहीं हो पाया। इसलिए अब कुलपति को यह ग्रन्थ देने का निमित्त बनाकर निकल पड़ा।

दीक्षा देने की पूर्व सन्ध्या को गृहमाता ने अपने कुटीर में निमन्त्रण देकर सुदामा, बलराम, उद्धव और श्रीकृष्ण को स्नेहपूर्वक भोजन कराया। भोजन के बाद की गोष्ठी में मुनि के साथ केवल और भैरव भी आ गए। लोककला और शास्त्रों की कला की चर्चा प्रारम्भ हुई। मुनि ने कहा : ''आचार्य गर्ग के साथ इस बारे में एक बार मुझसे वाद-विवाद हुआ था। उन्होंने कहा कि शास्त्र प्रथम है, लोकजीवन द्वितीय स्थान पर है। मैंने कहा यह सम्भव ही नहीं है। वृक्ष पहले है और बीज बाद में। अन्य तत्त्वों ने मिलकर वृक्ष को जन्म दिया। समय बीतते वृक्ष ने बीजरूपी सत्व प्राप्त करके अपना सातत्य खोज निकाला। शास्त्र सत्व हैं परन्तु वे हैं इसलिए लोकजीवन हैं, ऐसा नहीं है। शास्त्र और संस्कृति लोकजीवन की दीर्घयात्रा की फलश्रुति है। जो उपादान कारण है उसे गौण नहीं माना जा सकता। मैंने निरक्षर और ठेठ ग्रामीणों की कुश्ती देखकर मल्लविद्या की कई शास्त्रीय युक्तियों में परिवर्तन किया है। धनुर्विद्या के लिए तो मैं कितने ही वनवासियों के साथ रहा हूँ। मैं इस बारे में स्वतन्त्र ग्रन्थ लिख सकता हूँ। चातुर्मास के अतिरिक्त समय में

आश्रम और गुरुकुलों के कुलपति और आचार्य यात्राएँ किया करते थे। सम्भवतः इसके पीछे शास्त्रों को लोकजीवन के निकट सम्पर्क में सतेज और प्रभावशाली बनाने की भावना कार्य करती होगी। यदि विद्वान संशोधक ऐसा नहीं करें तो जीवन आगे बढ़ जाए और शास्त्र पीछे रह जाएँ। सुदामा, तुमने और श्रीकृष्ण दोनों ने यहाँ रहकर वेद-वेदांग का स्वाध्याय पूर्ण किया है। तुम दोनों मेधावी छात्र हो। शिष्य बनकर तुमने मेरा गुरुपद उज्ज्वल किया है। मुझे इस बात का गौरव है। मैं तुम्हारी तुलना नहीं करता परन्तु अपने कार्य को समझने के लिए कभी विचार करता हूँ तो लगता है कि तुम दोनों कितने भिन्न हो। यदि तुम्हें भी लगता हो कि तुम दोनों में भिन्नता है, तो उसके कारण का अनुमान करो।''

''गुरुदेव, मैं शास्त्रों के अध्ययन में ही सारा समय व्यतीत करता रहा हूँ, जबकि श्रीकृष्ण तो शास्त्र की अपेक्षा कर्म में विशेष...'' स्वयं परम सखा के बारे में नकारात्मक कथन तो नहीं कह रहा, ऐसा विचार आते ही सुदामा बीच में अटक गया : ''मैं अपनी बात को अच्छी तरह नहीं कह पा रहा। सही शब्द खोज लूँ।''

सांदीपनि मुनि ने सुदामा के अधूरे उत्तर में से उसके तात्पर्य को ग्रहण करके सन्तोष व्यक्त किया। फिर उद्धव की ओर देखा।

''गुरुदेव, मुझे यहाँ स्वाध्याय और प्रवचनों में हमेशा रुचि रही है। मेरे जीवन के यह सर्वोत्तम दिन थे। इसका एक दूसरा भी कारण है। विश्राम के समय श्रीकृष्ण के साथ की गोष्ठियाँ, शास्त्रोक्त वचनों को श्रीकृष्ण अपनी भाषा में, आज के सन्दर्भ में कहते हैं जो तुरन्त हृदयग्राह्य हो जाता है।''

उद्धव की बात पूरी हो उससे पहले उत्साहपूर्वक बलराम बोल उठे : ''कभी-कभी तो कृष्ण शास्त्र को भूलकर बात करता है। मैं शास्त्रोक्त वचन और अनुभवप्रसूत वचनों के विवाद में कभी नहीं पड़ता। मेरे लिए तो कृष्ण प्रथम, शास्त्र गौण हैं।''

''बड़े भैया, बीच में एक कड़ी रह गई। उसको मिलाकर क्रम इस तरह होगा : ''पहला कृष्ण, दूसरे स्थान पर गदा और फिर शास्त्र।'' कृष्ण के इस विनोद-वचन में भी सत्य का अंश था, सबको इसका भास हुआ।

कुलपति ने केवल की ओर देखा। उत्तर मिला : ''श्रीकृष्ण इस आश्रम का अपूर्व और अद्वितीय विद्यार्थी है। उसने उपनिषद, दर्शन तथा अन्य शास्त्रों का सूक्ष्म दृष्टि से परिशीलन किया है। प्रत्येक सूत्र के हार्द को समझकर उसके मर्म को स्वीकार किया है। तेजस्वी विद्यार्थी बार-बार पाठ न करके उसकी नई अर्थ-ध्वनियों को खोजते हैं। ऐसे विद्यार्थियों के प्रताप से जीवन नन्दनवन बनता है।''

केवल के उद्‌गार से अनुगृहीत हुए श्रीकृष्ण ने इस सत्य को शुभेच्छा के रूप में स्वीकार करके वन्दन किया। बलराम आदि ने समादर व्यक्त किया। भैरवनाथ तथा अन्य अध्यापकों के अनुरोध पर विचार करके कुलपति ने केवल को 'आचार्य केवल मुनि' कहकर आर्यावर्त के विद्याक्षेत्रों में प्रतिष्ठित किया।

श्रीकृष्ण, उद्धव और बलराम ने कुलपति से प्रार्थना की : ''हमारी योग्यता के अनुसार हमें गुरुदक्षिणा लाने की आज्ञा करें।''

सांदीपनि मुनि ने अपनी तपस्विनी पत्नी और गृहमाता की ओर देखा। उन्होंने कुछ दिन पहले इस ओर संकेत किया था। शिक्षा के एक भाग के रूप में सांदीपनि मुनि यह कार्य श्रीकृष्ण-बलराम को सौंप सकते थे। परन्तु वे निर्णय नहीं ले पाए। अब गुरुदक्षिणा के बारे में पूछा जा रहा है।

शिष्यों ने पुनः प्रार्थना की।

"तो फिर माँग लूँ। जिनके सामने हाथ फैलाए जा सकें ऐसे शिष्य मिले हैं तो माँग लूँ? गृहमाता के आँसू पोंछते समय जो अपने आँसू नहीं रोक सका, उसे माँगने का अधिकार तो है ही। पुत्र को भूल जाएँ, ऐसे निर्मोही हम नहीं हैं।" सांदीपनि ने पंचजन्य नामक एक असुर छात्र को आश्रम में प्रवेश देकर श्रद्धापूर्वक शिक्षित करने का प्रयत्न किया था। उसके अनेक अपराध माफ किए फिर भी उसकी छोटे-छोटे वृक्षों को तोड़कर अन्य लोगों का उपहास करने की प्रकृति नहीं बदली। वह आश्रम के नियमों से परे हो, इस तरह व्यवहार करता रहा। निरुपाय होकर कुलपति को उसे वापस घर भेजने का निर्णय करना पड़ा। पंचजन्य चेतावनी देता गया कि आचार्य को एक बार याचक बनाकर ही मानेगा : इस भूमि पर जब मेरी क्रुद्ध दृष्टि पड़ेगी उस समय मेरे अनुग्रह के बिना आचार्य जीवित नहीं रह पाएँगे।

अहंकार-भरी गर्जनाएँ करता हुआ पंचजन्य बदला लेने की प्रतिज्ञा करता हुआ गया। उसके बाद की कार्तिकी पूर्णमासी को ऋषि-दम्पति के जीवन में भयानक घटना घटित हुई। सांदीपनि मुनि ने कहा : "हम पुनर्दत्त के साथ भगवान सोमनाथ के दर्शन के लिए प्रभासतीर्थ गए थे। वहाँ से वापस लौटने की तैयारी करते हुए पुनर्दत्त को बुलाया तो उसका कोई उत्तर नहीं मिला। पुत्र की खोज में हम जगह-जगह भटके। यात्रियों ने भी हमें सहयोग दिया। एक पूरे दिन अनवरत खोज करने के बाद गृहमाता जीवन हार बैठीं। उनसे किसी ने कह दिया था कि सम्भव है कि पुनर्दत्त सागर में स्नान करने गया हो और समुद्र ने उसे खींच लिया हो। परन्तु पुनर्दत्त इतना अबोध नहीं था कि खराब वातावरण में सागर में स्नान करे। यकायक मुझे पंचजन्य की चेतावनी याद आई। मैंने सुना था कि वह अपने पिता के साथ जलदस्यु बन गया है, और प्रभास क्षेत्र में उसकी नौकाएँ घूमती-फिरती हैं। मेरा अनुमान गृहमाता को सत्य लगा और उनके शोक का स्थान आशा ने ले लिया।"

कुछ क्षण रुककर थोड़ा विचार करके मुनि बोले : "हमें पुनर्दत्त की शिक्षा पर विश्वास है। पंचजन्य कितना ही प्रयत्न करे परन्तु वह जलदस्यु नहीं बन सकता, कोई अनार्य कर्म नहीं करेगा। एक दिन इतना शक्तिशाली हो जाएगा कि पंचजन्य के साथ संघर्ष करके विजयी होकर वापस आएगा।"

"आप स्वयं समर्थ थे। पंचजन्य की नौकाएँ या जहाज जो भी हैं, नष्ट कर सकते थे।" सुदामा ने पूछा : "ब्राह्मण को याचक बनने में भी आपत्ति नहीं होती। संघर्ष या याचना दोनों में से एक भी न करके पुत्र के मोह को छोड़कर इतने वर्ष..."

"मोह नहीं छोड़ पाया। मैं संघर्ष या याचना दोनों के लिए समर्थ था। परन्तु शिक्षा के बारे में मेरे आदर्शों के दुष्परिणाम मेरा पुत्र भोगे यह अनुचित था। मैं पंचजन्य को ललकारने

अवश्य गया होता परन्तु गृहमाता ने मुझे रोक लिया। संघर्ष करने पर उन्हें असुरों के द्वारा पुनर्दत्त की हत्या कर देने की आशंका हुई। और यदि मैं अनार्य के आगे हाथ फैलाऊँ तो यह उन्हें अधर्म लगा। इतने दिनों तक मैं विवश रहा।''

''अब इसका अन्त आ जाएगा।'' बलराम ने कहा।

''गुरुदक्षिणा के रूप में हम आपके पुत्र पुनर्दत्त को सकुशल यहाँ ले आएँगे। भगवान महाकालेश्वर और सोमनाथ के ज्योतिर्लिंग तक तो हमारी यात्रा पूज्यपाद भैरवनाथ के मार्गदर्शन में होगी। आपके आज्ञा करने की देर है।''

''सुबह जाना।'' सुदामा ने कहा। श्रीकृष्ण के कथन से उसे ऐसा लगा कि दोनों भाई रात्रि के अन्धकार में ही भैरवनाथ के साथ निकल पड़ेंगे।

उस भूभाग और जलमार्ग के बारे में विस्तृत चर्चा हुई। यह निश्चित हुआ कि उद्धव मथुरा जाए। वसुदेव, उग्रसेन, अक्रूर आदि को अवगत कराए। आवश्यक लगा तो हम सैनिक सहायता मँगाएँगे। जलयुद्ध में कुशल सैनिकों का यूथ तैयार रहे।

सुदामा और गृहमाता ने दो दिन का कलेवा तैयार किया। सुदामा का जन्मस्थान पुरेःवैलांकुर सागर के किनारे था। कुशस्थली जाना पड़े तो बीच में वहाँ रुका जा सकता है।

प्रातःकाल रथ तैयार हो गया। गोशाला में हो रही हलचल से संकेत मिल रहा था कि श्रीकृष्ण-बलराम प्रस्थान करनेवाले हैं। इसका पता सब प्राणियों को भी चल गया था। शीतल वायु ने सूर्योदय तक उन्हें साथ दिया।

भैरवनाथ को भगवान सोमनाथ के सान्निध्य का व्यसन था। वे बार-बार जाते थे। श्रीकृष्ण-बलराम प्रथम बार सागर दर्शन करेंगे। जल और उसकी गति का तो परिचय था ही। नदी और सागर की प्रकृति के बारे में, पश्चिमी भारत द्वीपों के बारे में, जलयात्रा और जलदस्युओं के आतंक के बारे में आवश्यक जानकारी भैरवनाथ ने मार्ग में चलते हुए ही दे दी थी। कुछ समय पहले सुदामा ने कहा था : ''सबसे बड़ा आकाश है, फिर सागर, बाद में भूमि आती है।''

उन्होंने पहले सीधे मन्दिर में जाकर महादेव शम्भु की प्रार्थना की। बलराम को शिवमहिम्न स्तोत्र श्लोक अच्छा लगता था। भैरवनाथ शिव की स्तुति करते हुए मानो कवि ही बन गए। श्रीकृष्ण सहृदय हैं। इसमें छन्द और लय की त्रुटियाँ नहीं खोजेंगे। स्तुति करते हुए अनेक श्लोकों की रचना की और साथ में पुनर्दत्त का पुनरागमन भी माँग लिया।

दक्षिण ध्रुव तक समुद्र होने के कारण वर्ष के कुछ दिनों में सूर्य की किरणें सीधी इस मन्दिर के ज्योतिर्लिंग पर पड़ती हैं। भैरवनाथ जब बता रहे थे उस समय पूर्व-भारत से आए यात्रियों के साथ ग्रह-नक्षत्रों के बारे में रसप्रद चर्चा हुई।

निवास का प्रबन्ध करके तीनों वीर पुरुष अलग-अलग चल दिए। आज रात्रि के दूसरे प्रहर तक खोज करके अपने अनुमानों की तुलना करेंगे। पंचजन्य का पता चलने पर पुनर्दत्त के बारे में सरलता से पता चल जाएगा।

ऐसा संकेत मिला कि जलदस्युओं का काफिला प्रभास के उत्तरीय जल क्षेत्र में कहीं है। आर्य राजा ककुद्मी के नगर कुशस्थली जाने के लिए भैरवनाथ ने परामर्श दिया।

प्रातःकाल ही रथ तैयार हो गया। भूमिमार्ग से जल्दी पहुँचा जा सकेगा। अश्व भी मानो पुनर्दत्त का पता लगाने के लिए उत्सुक थे। सुदामा का जन्मस्थान पुरैः आया परन्तु अभी रुकना नहीं था।

कुशस्थली व्यापार का केन्द्र है। प्रसिद्ध बन्दरगाह है। जलदस्यु छद्‍मवेश में यहाँ आते रहते हैं। राजा के पुत्र नहीं है। राजकुमारी रेवती पुत्र के समकक्ष है। राजा ने उसे राजनीति और धनुर्विद्या की शिक्षा दिलवाई है। वह इतनी लम्बी है कि उनके सामने मध्यम कद का पुरुष बौना लगे। विवाह योग्य हो चुकी है परन्तु रेवती को प्रभावित कर सके, ऐसा राजपुरुष ककुद्मी को नहीं मिल पाया। भैरवनाथ को विश्वास था कि इस कार्य में राजा हमारी सहायता करेंगे। पंचजन्य असुरों के साथ दीर्घकाल से उनका संघर्ष चल रहा है।

अतिथियों के बारे में जानकर राजकुमारी रेवती उनका स्वागत करने आईं। बलराम ने अब तक जितनी स्त्रियाँ देखी थीं उनमें रेवती सबसे लम्बी थी। उनका स्मित किसका संकेत कर रहा है, रेवती से छिपा नहीं रह सका। श्रीकृष्ण ने भी यह देखा।

''क्षमा करना राजकुमारीजी, मैं और बड़े भैया वन में पले-बड़े हुए हैं इसलिए आभिजात्य व्यवहारों से बिलकुल अपरिचित हैं। आप स्वयं हमारे स्वागत के लिए पधारी हैं इससे उपकृत हुए हैं।''

''ऐसा लगता नहीं है।'' रेवती ने बलराम की ओर देखा।

''मेरे बड़े भैया वैसे ही कम बोलते हैं और युवतियों से तो बिलकुल नहीं। आपकी ओर देखकर उन्होंने स्मित किया, यह भी बड़ा परिवर्तन है। आपके पिताश्री का स्वास्थ्य अच्छा है? आपकी साधना चल रही है न?''

''जलदस्युओं के आतंक से प्रजा की रक्षा करने में ही सारा समय व्यतीत हो जाता है। पिताजी का स्वास्थ्य तो ठीक है परन्तु इस कारण वे थक जाते हैं। ईश्वर ने मुझे पुरुष का कद देकर बनाया स्त्री ही।''

''यह उचित ही हुआ है। शौर्य पर पुरुष जाति का एकाधिकार तुम्हारे द्वारा टूटेगा।'' भैरवनाथ ने कहा।

राजा प्रासाद के बाहर आ पहुँचे थे। उन्होंने धन्यता व्यक्त की। आगमन का प्रयोजन जानने पर उनका और रेवती का उत्साह बढ़ गया। रेवती ने बिना किसी भूमिका के प्रस्ताव रख दिया : ''चलो, मुझे अपने साथ ले चलो। उस कुटिल असुर के साथ लड़ने के लिए मैंने संकल्प किया है।''

''तुम्हें साथ ले चलने में खतरा है। पंचजन्य अपहरण-विद्या में विशेषज्ञ है।'' बलराम ने गम्भीरता से कहा।

''मेरा अपहरण करनेवाला अभी जन्मा नहीं है।'' रेवती ने दृढ़ता से कहा।

''ऐसा नहीं मानना चाहिए।'' बलराम विनोदपूर्वक बोले। रेवती को अच्छा लगा।

''मानूँगी, लम्बाई के कारण विनम्रता मुझे रास नहीं आती। झुककर चलूँगी तो बेढब लगूँगी। पिताजी ने मुझे पुरुष की तरह जीने की अनुज्ञा दी है।''

''जीकर देख लो, हमारी शुभेच्छा है।'' बलराम की जुबान चलने लगी थी। श्रीकृष्ण ने भैरवनाथ की ओर देखा। उन्होंने पंचजन्य के बारे पूछना प्रारम्भ किया।

रेवती उत्तर दे रही थी इसलिए ककुद्मी साभिप्राय मौन रहे। पंचजन्य के रंग-रूप के बारे में गुरुदेव ने भी थोड़ा बताया था। आजकल वह कैसा लगता है। उसकी प्रकृति और व्यवहार कैसा है, इस बारे में गुप्तचरों द्वारा एकत्र की गयी सूचनाएँ भी उसने दे दीं।

''वैसे तो मुझे उसको हराना था; परन्तु तुम्हें गुरुदक्षिणा चुकानी है; इसलिए तुम्हारे लिए यह कार्य छोड़ रही हूँ।''

''यदि वह हमें भी हराकर कैद कर ले तो तुम्हें दुगुना पराक्रम करने का अवसर मिलेगा।'' बलराम बोले।

''उस मूर्ख असुर में इतनी योग्यता नहीं है कि तुम्हें कैद कर सके। परन्तु मुख्य प्रश्न यह है कि पराजय की स्थिति में पुनर्दत्त पर संकट न आ जाए।''

अब ककुद्मी बोले बिना नहीं रह सके : ''पुनर्दत्त पंचजन्य का परम मित्र बन चुका है। हमारे नगरश्रेष्ठी के जहाज को लूटने में उसका हाथ था। सत्राजित के काफिले में छद्मवेश में घुस गए पंचजन्य ने पुनर्दत्त को अपने साथ ही रखा था। ऐसा परम विश्वास के बिना सम्भव नहीं है। तुम उसे लेने आए हो यह जानकर वह तुमसे लड़ने को तत्पर हो जाए तो आश्चर्य नहीं होगा। आसुरी वृत्तियों और मर्यादारहित वैभव-विलास का ऐसा आकर्षण होता है कि व्यक्ति अपने आनुवंशिक गुणों को भी भूल जाता है। कहाँ प्रातःस्मरणीय कुलपति सांदीपनि और कहाँ उनके कुल पर कलंक लगानेवाला पुत्र पुनर्दत्त!''

''महाराज! क्षमा करें, आप गुरुपुत्र के साथ अन्याय कर रहे हैं।'' श्रीकृष्ण ने कहा : ''वह पथभ्रष्ट नहीं हुआ। आर्य जीवन व्यतीत करने के लिए उत्कंठित है।''

''तुम्हें किस प्रकार पता चला?'' ककुद्मी विचार में पड़ गए।

''गुरुदेव तो जानते ही होंगे न!''

''किस प्रकार?''

''ध्यानयोग द्वारा। प्रातःकाल कुछ क्षणों की योगसाधना द्वारा जब मैं आसपास के जीवन को देख सकता हूँ तो असाधारण ध्यानयोग के मर्मज्ञ गुरुदेव तो जानते ही होंगे कि पुनर्दत्त की प्रकृति में विकृति आई है या वह पहले जैसा है। मेरा मानना है कि वह पंचजन्य पर विश्वास जमाकर अपनी शक्तियों को विकसित करके मुक्ति प्राप्त करना चाहता है। महाराज, आपने आसुरी वृत्ति के आकर्षण के बारे में बताया परन्तु मैं कहना चाहूँगा कि सात्विकता के प्रति सूक्ष्म आकर्षण अनवरत रहता है। आसुरी आवेग तो क्षणिक होते हैं जबकि मनुष्य के हृदय में निहित सात्विकता विषम परिस्थिति में भी बनी रहती है। सूखी हुई मधुमालती की लता को नियमित जल से सींचा जाए तो वह अंकुरित होने लगती है। इस तरह की सम्भावना मनुष्य में विशेष रूप से होती है।''

श्रीकृष्ण का यह उद्‍बोधन सबके लिए प्रभावपूर्ण था।

विजय के विश्वास के साथ ककुद्मी ने पंचजन्य के पिता का परिचय दिया।

''संयमन नाम है उनका। कुछ लोग संयम भी कहते हैं। उसके पास सौ से भी अधिक छोटी-बड़ी नौकाएँ होंगी। एक द्वीप और एक नगर इस असुर के नाम से प्रसिद्ध है।''

''सौभाग्य से नदी के प्रवाह में बह आई आर्य युवती सुव्रता के साथ उसने विवाह किया था। पत्नी की स्नेहपूर्ण विनती के कारण संयमन ने प्रतिज्ञा ली कि वह मनुष्य हत्या

नहीं करेगा। जिसमें हत्या करनी पड़े ऐसी चोरियाँ नहीं करेगा। उनका पुत्र माता के साथ बहुत कम समय रह पाता। बचपन से ही जलदस्युओं के बीच बड़ा हुआ। माँ की इच्छा थी कि पुत्र में आर्य संस्कार पड़ें। एक नया गोत्र प्रारम्भ हो। सुव्रता के आग्रह पर संयमन पंचजन्य को अंकपाद आश्रम ले गया था। कुलपति ने उसके धन को नहीं स्वीकारा परन्तु पुत्र को आश्रम में शिक्षा प्राप्त करने की अनुमति दे दी। सागरयात्रा की रुचि और मद्यपान और मांसाहार की लिप्सा रखनेवाले पंचजन्य को आश्रम का अनुशासन रास नहीं आया। एक ओर स्वाभाविक अरुचि दूसरी ओर माँ की अभिलाषित आँखें। शिक्षा अधूरी छोड़कर वह नहीं जाना चाहता था। एक छोटा-सा वृक्ष तोड़ डालने में उसे अपना अपराध महसूस नहीं हुआ। गुरु ने उसे आश्रम छोड़ जाने का आदेश दिया जिस कारण वह असंयमित बन गया और बदला लेने की घोषणा करता गया। इसके बाद घर जाने के स्थान पर वह प्रभास के आसपास के क्षेत्र में ही रुक गया। पुनर्दत्त का अपहरण करने के बाद ही वह पिता से मिला। पुत्र अंकपाद आश्रम से भले और कुछ नहीं सीखा परन्तु अपहरण विद्या तो अच्छी तरह सीख आया है। कोई फर्क नहीं पड़ा, यह कहकर उसने अट्टहास किया। जलदस्युओं ने वह शाम ज्वार के कोलाहल से भी अधिक शोर-शराबा करके मनाई थी।''

''कुछ समय तक पंचजन्य ने अंगरक्षकों को सचेत रखा। वह देख रहा था कि पुनर्दत्त को सागर की छाती पर बीतता यह साहसिक जीवन अच्छा लगने लगा है। मद्यपान से उसके पेट में दर्द होता है और मांसाहार पचता नहीं है, यह बहाना करके उसने भोजन में परिवर्तन नहीं किया है। इसके अतिरिक्त वह पूरा बदल गया है। यह अपने माता-पिता का प्रिय नहीं होगा, मुनि अभिमानी तो हैं ही। याचना करने स्वयं नहीं आएँगे। कुछ समय बाद उसने प्रभास के किनारे पर नियुक्त किए गुप्तचर हटा लिए। चलो, एक सुन्दर और आज्ञाकारी साथी तो प्राप्त हुआ। अब पंचजन्य निश्चिन्त था। अब उसने पुनर्दत्त को स्वतन्त्र नौका भी दे दी थी। अपने दो विश्वासपात्र दस्युओं को उसका सहायक नियुक्त कर दिया था। वे चप्पू सँभालते और नायकत्व पुनर्दत्त का रहता। पंचजन्य के संकेत पर वह नौका लेकर प्रस्तुत हो जाता।''

श्रीकृष्ण ने विचार किया कि पंचजन्य के साथियों की वेशभूषा धारण करके उसकी किसी नौका पर अधिकार कर लिया जाए। फिर रात्रि में पुनर्दत्त से संपर्क करने का प्रयत्न किया जाए। वह वैदिक संस्कृत अच्छी तरह जानता है। उसमें बात की जा सकती है। उसकी मानसिकता को जाना जा सकेगा। उनके अनुसार प्रस्थान का समय निश्चित किया जाएगा। यदि उसे छद्म रूप में सागर के किनारे तक लाया जा सके तो हिंसा को रोका जा सकता है।

पुनर्दत्त के साथी मद्यपान में स्पर्धारत थे और पुनर्दत्त करुण रस के श्लोकों का धीमी किन्तु गंभीर वाणी में गान कर रहा था, ऐसे समय श्रीकृष्ण-बलराम की नौका उसके निकट पहुँची।

श्रीकृष्ण ने भी विरह के श्लोक गाए। एक श्लोक का अन्तिम चरण था : यदि मिलन सम्भव नहीं है तो जीने का क्या अर्थ?

पुनर्दत्त ने श्लोक में ही उत्तर दिया : ''क्यों नहीं जिया जाये? भविष्य है इसलिए जीना चाहिए। दुख की तीव्र अनुभूति के कारण जब तक हम सजग हों, तब तक तो वह भूतकाल बन चुका होता है। भविष्य अपनी मर्यादाओं से मुक्त होता है।'

संवाद होने पर श्रीकृष्ण ने गद्य का आश्रय लिया। कुलपति सांदीपनि मुनि की प्रशस्ति की।

''उस पिता के कथनानुसार ही मैं जी रहा हूँ। उन्होंने एक अति सन्तप्त शिष्य से कहा था : वर्तमान से दुःखी होकर भविष्य की आहुति नहीं दी जा सकती। भविष्य अपने अधिकार की वस्तु नहीं वह विधाता का अनुग्रह है। हमें सतत उसके योग्य बनना है।''

: इन वचनों को सुनकर श्रीकृष्ण को विश्वास हो गया कि गुरुपुत्र अपने ब्रह्म संस्कारों से विचलित नहीं हुआ है। कुछ क्षण बाद पुनर्दत्त आगे बोला : ''आगन्तुक मित्रो, आप यहाँ किस विवशता के कारण आए हैं, यह मैं नहीं जानता, परन्तु आपकी सुसंस्कृत वाणी मुझमें आत्मविश्वास बढ़ानेवाली है। कितने लम्बे समय के बाद मैं सहृदय श्रोता को पा सका हूँ! आप भी अपने वर्तमान कष्ट से उबर जाएँगे। मेरा यह अनुभव है कि विषम परिस्थितियों में जीवित रहने का संकल्प नई सम्भावनाओं के द्वार खोल देता है। उस समय जो कष्टदायक प्रतीत होता है आगे चलकर वही हमारे विकास में महत्त्वपूर्ण भूमिका निभाता है।''

पुनर्दत्त को विश्वास था कि मेरी दुर्गति नहीं हो सकती। मैं जीवित रहूँगा और वापस लौटकर सत्कर्मों का आनन्द लूटूँगा।

श्रीकृष्ण-बलराम का अभी उसने स्वर के द्वारा साक्षात्कार किया था। प्रारम्भ में उसने उन्हें अपने समान दुखी समझा, फिर जिज्ञासु माना और अन्त में दार्शनिक।

इन महानुभावों को देखने या मिलने का उसे अवसर नहीं मिला था। पिता जी गोकुल-वृन्दावन जाकर आते तब दो किशोरों की विरल जीवनी-शक्ति और राधा की अलौकिक मूर्ति की बात करते हुए नहीं थकते थे। वे बताते कि गोपसमाज के लिए कितने स्वाभाविक रूप से नेतृत्व खड़ा हो रहा है। गर्गाचार्य के नियतिवाद और अपने पुरुषार्थवाद में कहाँ मतभेद और कहाँ संवाद है, इसकी भी चर्चा करते थे। उस समय वह यह सब नहीं समझता था परन्तु आज सोचने का प्रयत्न करता है तो अधिक उलझ जाता है। जीवन को किसी निश्चित विचार में बाँध लेना कितना मुश्किल है!

''आप कौन हैं? सत्पुरुष हैं यह परिचय तो मुझे मिल चुका है। परन्तु मैं आपका नाम-पता और इस कठिन प्रवास का प्रयोजन इसलिए पूछना चाहता हूँ कि स्वयं दुखपूर्ण स्थिति में होने पर भी आपकी सहायता करने की अभिलाषा करने लगा हूँ!''

''यदि अपनी सहायता करने की अनुमति दो तो हमें तो तुम्हारी सहायता की जरूरत है ही। तुम्हें अंकपाद आश्रम पहुँचाकर गुरुदेव और गृहमाता को दक्षिणा देने के लिए हम कृतसंकल्प हैं। बन्धु, हम आर्यावर्त के महान कुलपति पूज्यपाद सांदीपनि के शिष्य हैं। मूक संकल्प से भी सागर को शान्त रखने की जिनमें क्षमता है ऐसे मेरे बड़े भैया बलराम अब तुम्हारे साथ बात करेंगे। मैं हूँ...''

"श्रीकृष्ण! नमस्कार, श्रीकृष्ण और बलराम! प्रणाम राम-कृष्ण। आपसे मिलने की तीव्र इच्छा थी। विधाता ने इसके लिए कैसी विलक्षण स्थिति पैदा कर दी है!" कहते हुए वह मछली जैसी गति से सागर में अदृश्य हो गया और श्रीकृष्ण-बलराम की नौका के पास पहुँचकर हाथ बढ़ाया। बलराम ने सन्तुलन रखते हुए उसे नौका में खींच लिया।

"इसी समय निकल चलें तो कैसा रहेगा?" श्रीकृष्ण ने पूछा।

"जलदस्यु रात्रियुद्ध में निष्णात होते हैं। जिस तरह कुछ प्राणी रात को अधिक स्पष्ट देखते हैं उसी तरह उन लोगों की आँखें अँधेरे में अधिक स्पष्ट देख सकती हैं। फिर ये लोग मशालों के प्रकाश से शत्रु की आँखों को चौंधियाकर उसकी नौकाओं को जला डालने में कुशल होते हैं। आप दोनों समर्थ हैं और यमुना के प्रवाह का भी अनुभव रखते हैं फिर भी मैं कहता हूँ कि मेरे लिए ऐसे खतरे से नहीं खेलें।"

"खतरों से खेलने तो हम आए ही हैं; परन्तु कोई बात नहीं, तुम्हारी इच्छा के विरुद्ध हम कुछ नहीं करेंगे।" बलराम ने कहा और विश्राम के लिए नौका के एक सिरे का सहारा ले लिया।

रात्रि का तीसरा प्रहर चल रहा था। बलराम गहरी निद्रा में लीन थे। भूमि से सागर जल्दी जागता है। श्रीकृष्ण ने पुनर्दत्त से कहा : "तुम एकाध प्रहर सो जाओ। अभी बड़े भैया उठेंगे और मुझे सोने को आदेश देंगे।"

पुनर्दत्त सोना नहीं चाहता था, वह आश्रम, आर्यावर्त के बारे में जानना चाहता था। इस बारे में बात करना श्रीकृष्ण को रुचिकर लगता परन्तु उनकी दृष्टि कुछ खोज रही थी। जिस नौका से पुनर्दत्त ने छलाँग लगाई थी, आसपास उसका कोई संकेत नहीं मिल रहा था। उन्होंने पुनर्दत्त से पूछा।

"मुझसे भयंकर भूल हो गई। मुझे उन मद्यपों से कहकर नौका छोड़नी चाहिए। वे मुझे खोजने के बहाने अधिक शराब माँगने के लिए मुख्य जहाज तक जाएँगे और उनके जाने-अनजाने अपने लिए नई मुश्किल खड़ी हो जाएगी।"

"केवल हमारे लिए ही नहीं, अपने लिए भी। पहले अपहरण करके तुम्हें वापस ले जाया जा सकता था, अब युद्ध करके ले जाएँगे।"

"हम तो केवल तीन ही हैं और वे खाद्य सामग्री देखकर एकत्रित हो जाने वाली मछलियों की तरह आ पहुँचेंगे। पंचजन्य के पास एक अद्भुत शंख है। उसकी आवाज योजनों तक जाती है। संयमनि नगरी की नौकाएँ घड़ी-आधी घड़ी में हमें घेर लेंगी।"

युद्ध की बात सुनकर बलराम एकदम उठ बैठे। इस कारण नौका काँप गई। "अरे! मैं तो जल को भूमि समझ बैठा था।"

"आप इसी तरह भूमि को भी कँपा नहीं देते होंगे, ऐसा मत मानो।" श्रीकृष्ण के इस कथन की बलराम के हास्य ने पुष्टि की। अब लड़ने से आलस उड़ जाएगा, इस आशा से वे खड़े हो गए।

"कृष्ण! सूर्योदय में तो देर होगी, फिर पूर्व में इतनी जल्दी यह प्रकाश किस तरह का है?"

"आपके दर्शन के लिए?..." अब पुनर्दत्त भी हास्य विनोद में शामिल हो गया।

एक बड़ा जहाज प्रभास की दिशा से प्रकट होता जा रहा था।

पंचजन्य को सूचना मिल चुकी थी। पुनर्दत्त ने बलराम-श्रीकृष्ण को सावधान किया और कहा : ''संघर्षपूर्ण स्थिति देखकर पंचजन्य शंख-ध्वनि करेगा और हमारे मार्ग को उसकी क्रमबद्ध नौकाएँ घेर लेंगी।''

''तुम जल के भीतर कितनी गहराई तक तैर सकते हो?''

श्रीकृष्ण का यह प्रश्न पुनर्दत्त के लिए आकस्मिक था। सागर की गहराई में तैरना अति कठिन होता है। बड़ी मछलियों का भय भी रहता है। पुनर्दत्त का उत्तर आशास्पद नहीं था।

''तुम पंचजन्य के जहाज पर जाकर हमें अतिथि के रूप में बुला सकते हो?''

''नहीं, अतिथि-सत्कार जैसी कोई परम्परा यहाँ नहीं है। केवल शरणागत को ही यह लोग आश्रय देते हैं, जीवित रखते हैं और कार्य लेते हैं।''

''इन्हें समझाया नहीं जा सकता? इस प्रचंड शक्ति को शुभ कार्यों में नहीं लगाया जा सकता?''

प्रश्न पुनर्दत्त से किया गया था। लेकिन उत्तर बलराम ने दिया : ''लगाया जा सकता है लेकिन थोड़ा कम करके। पहले उन असुरों की शान ठिकाने की जाए तभी ये उपयोगी होंगे। इस प्रचंड शक्ति ने ही इन्हें संस्कृति से दूर रखा है। इन्हें सिर्फ सुख-समृद्धि चाहिए। वे तप भी सुख की प्राप्ति के लिए करते हैं और अपने भोलेनाथ सरलता से झाँसे में आ जाते हैं। अपने गुरुदेव तो भोले नहीं हैं, परन्तु वह भी धोखे में आ गए।''

''उन्होंने धोखा नहीं खाया बल्कि समझ-बूझकर यह खतरनाक कदम उठाया था। दो जातियों के बीच होते रहनेवाला संघर्ष हमेशा के लिए खत्म हो जाए, यह उनका स्वप्न है।'' पुनर्दत्त ने पिता के प्रति आदरपूर्वक कहा। उनके आदर्शों के कारण उसे कष्ट सहन करना पड़ रहा है, इसका अल्प संकेत भी उसके कथन में नहीं था।

जहाज समीप आ गया है। उन्हें हम भ्रम में नहीं रखेंगे। पंचजन्य पूछे तो पुनर्दत्त को कहना है कि यह उसके पिता के शिष्य हैं। मुझसे मिलने आए हैं और मेरी इच्छा हो तो वापस ले जाने आए हैं।

''ले जाएँ, किस मार्ग से ले जाएँगे? आकाश मार्ग से ?'' पंचजन्य व्यंग्य-पूर्वक मृत्यु की ओर संकेत कर रहा था।

''उस मार्ग से जाना होगा तो बहुत लोगों को साथ ले जाना पड़ेगा।'' बलराम उत्तर दिए बिना रह नहीं सके। श्रीकृष्ण ने उन्हें शान्त किया और पंचजन्य से कहा : ''तू हमारा गुरु भाई है, इसलिए तेरे साथ युद्ध करने की हमारी इच्छा नहीं है। वास्तव में तुझे भी हमारे साथ आकर गुरुदेव से क्षमा माँगकर प्रायश्चित करना चाहिए।''

''प्रायश्चित करेगा वह दरिद्र ब्राह्मण! तुम्हें पुनर्दत्त चाहिए तो जाओ, उस भिक्षुक को मेरे सामने ले आओ।''

''पंचजन्य! गुरुदेव के लिए तू अपशब्द बोल रहा है, यह हमारे लिए असह्य है।'' बलराम की गर्जना से जल दबा, आसमान उठा। पंचजन्य मूढ़ता अनुभव करने लगा। वह समझ गया कि यह कोई साधारण मनुष्य नहीं हैं। उसने अपने अभेद्य जहाज की ओर देखा। बड़े मगरमच्छों के साथ संघर्ष कर सकनेवाले साथियों की ओर देखा। कुशस्थली और

प्रभास के व्यापारियों की सम्पत्ति लूट लानेवाले अपने वृद्ध परन्तु निडर दासों की ओर देखा। कुल बीस लोग थे। उसने सोचा कि एक छोटी डगमग होनेवाली नौका के द्वारा ये मेरा किस प्रकार सामना कर सकते हैं। उसने ऐसा प्रस्ताव रखा कि पुनर्दत्त के साथ बलराम को भी छोड़कर कृष्ण सांदीपनि के पास जाए और उन्हें बुला लाए।

"मैं गुरुदेव को बुलाने जाऊँ तो भी बलराम को यहाँ छोड़ जाने में तेरी भलाई नहीं पंचजन्य! हम लौटकर आएँ तब तक तेरी हस्ती नहीं रहेगी। मैं एक छोटी घटना को बड़े संघर्ष में नहीं बदलना चाहता। तू अपनी भूल स्वीकार करके अथवा अभी तुझे अपनी भूल नहीं लगती हो तो भविष्य के प्रति आशा रखकर हमें मार्ग दे दे।"

"जीवनदान दे सकता हूँ, मार्ग नहीं।" पंचजन्य दृढ़ था। श्रीकृष्ण की विनम्रता और हिंसा न करने की भावना को वह उनकी कमजोरी मान रहा था। बलराम ने अधीर होकर श्रीकृष्ण की ओर देखा।

"तुम इसे समझाने का प्रयत्न करो। तब तक मैं उसका शंख हस्तगत कर लेता हूँ जिससे वह दूसरी नौकाओं को नहीं बुला सके। मैं दिखाई नहीं दूँ तो मेरी चिन्ता मत करना। जैसे ही शंख ले लूँ, तुम युद्ध शुरू कर देना।"

बलराम और पंचजन्य खड़े थे। उनके सामने अग्नि के समान प्रकाश हुआ। पंचजन्य ने अपने साथियों से कहा कि यह तो स्वयं ही जलने लगा! सब आश्चर्य से देखते रह गए।

अग्नि शान्त हो गई। बलराम ने अपनी गदा उठाकर पुनर्दत्त को थमाई। धनुष हाथ में ले लिया।

वहीं पंचजन्य ने अपना प्रसिद्ध शंख मुँह में लगाया। उसी क्षण पीछे से आए हाथ ने वह शंख छीन लिया।

सामने बलराम धनुष की प्रत्यंचा खींचकर खड़े थे। "यदि कोई अपने स्थान से हटेगा तो उसकी छाती छलनी हो जाएगी। गदा के छूटने से जहाज टूट जाएगा, तुम्हारे शव ढूँढने पर भी नहीं मिलेंगे।"

जहाज छोड़कर चुपचाप चले जाने की शर्त पर श्रीकृष्ण ने पंचजन्य को जीवनदान दिया। उसके साथियों और दासों में से जिसे कुशस्थली और प्रभास आना हो, वे हथियार छोड़ दें।

दास भाग नहीं जाएँ, साथियों को ऐसी सूचना देने के बहाने पंचजन्य ने अपनी शरीर शक्ति की चिन्ता किए बिना श्रीकृष्ण पर यकायक आक्रमण कर दिया।

श्रीकृष्ण एक कदम पीछे हट गए। उनकी अँगुलियाँ शंख में गुँथ गईं और वह उनकी मुट्ठी का हिस्सा बन गया। उछलकर आए असुर की छाती पर उन्होंने जोर से मुक्का मारा। उसकी पसलियाँ टूट गईं।

ऐसा लगा कि रक्तरंजित शंख उसकी छाती से निकला हो।

बलराम के बाण से अपने एक असुर साथी को जहाज के स्तम्भ से चिपक जाता देखकर अन्यों ने युद्धविराम घोषित कर दिया।

दास मुक्त हो गए। चोरी का कार्य नहीं करने की शर्त पर उन्हें जहाज सौंप दिया।

किनारे पर पुनर्दत्त ने पंचजन्य का शास्त्रोचित दाह-संस्कार किया। उसकी माता सुव्रता के स्मरण से पुनर्दत्त की आँखें भीग गईं। पुत्र को आर्य-संस्कार दिलाने के लिए उस सन्नारी ने कितने प्रयत्न किए थे! पति से हिंसा छुड़वाकर एक बड़ा काम किया था। पंचजन्य भी अंकपाद से दीक्षित होकर आया होता तो उनका स्वप्न पूरा हो जाता; परन्तु मुझे छलकर ले आने के बाद वह संयमनि नगरी जाना टालता रहा। मैंने सुव्रता को सिर्फ दो बार ही देखा है। असुर समाज में भी उन्होंने तपस्या करना बन्द नहीं किया।

''आर्या सुव्रता के सत्कर्मों का फल पंचजन्य को नहीं मिला हो परन्तु पुनर्दत्त को तो मिला ही है। हम प्रार्थना करते हैं कि उस उदार देवी का शोक दूर हो।''

बलराम के मुख से शिव महिम्न का पाठ सुनने के लिए सागर उत्सुक था।

6

दीक्षा प्राप्त करके लौट रहे श्रीकृष्ण-बलराम के भव्य स्वागत के लिए मथुरा में तैयारियाँ हो रही हैं। प्रजा के प्रत्येक वर्ग में असाधारण उत्साह है।

माली और दरजियों के परिवार श्रीकृष्ण-बलराम के विशेष प्रीतिपात्र थे। उन्हें सफाई का कार्य करनेवाले श्रमिकों की यह उमंग समझ में नहीं आती थी। कुंजबिहारी गिरधारी गोविन्द ने उनका क्या भला किया है? सब समूह बना-बनाकर बातों में लगे हुए हैं। उनको प्राप्त सूचना की सत्यता पर उन्हें शंका नहीं है।

संयमनि नगरी अर्थात साक्षात यमपुरी।

अपने राम-कृष्ण ने सीधे यमराज पर ही आक्रमण किया। पल-भर में ही ठीक कर दिया। हमारा गुरुपुत्र लाओ! वापस करना पड़ा बिचारे यमराज को! देते कैसे नहीं। देवांशी पुरुष की बात टाल सकते हैं? वे दानव नहीं हैं जो आपस में लड़ मरते।

''दानव आपस में नहीं लड़ते। मनुष्य से उनमें अधिक एकता है।'' एक व्यापारी परिहास करता है।

मथुरा का राजमार्ग दर्पण के समान है। उसमें लोकश्रद्धा का प्रतिबिम्ब देखा जा सकता है। गगाचार्य अपनी जन्मपत्रियाँ छोड़कर बाहर आएँ तो उन्हें पता चलेगा कि चमत्कार का उद्‌भव स्थान तो जनता के हृदय में होता है।

गुरुपुत्र को वापस ले आने की कोई भविष्यवाणी जन्मपत्रिका के आधार पर नहीं की गई थी। उनकी विदुषी पत्नी उनसे कहने लगी हैं : ''अब आप अपने शास्त्रों की सीमा का स्वीकार कर लो तो अच्छा रहेगा। यह गणित छोड़कर कुमारों का स्मरण करोगे तो सुखी रहोगे। भविष्यवाणी करना छोड़कर उनके कार्यों का वर्णन करो।''

''उन्हें अब कुमार नहीं युवक कहो।''

''उनके विवाह कर लेने पर युवक कहूँगी। मुझे देवकी को उत्तर देना है। बड़े भविष्यवेत्ता बने फिरते हो, तो बताओ इनके विवाह का योग कब है?''

"मुझे भय है कि मेरी भविष्यवाणी को ये विनोदवृत्ति में भी गलत प्रमाणित कर देंगे। मुझे अब लग रहा है कि बलराम पहले विवाह करेगा।"

"यह भविष्यवाणी है या..."

"नहीं, समाचार है। ककुद्मी की राजकुमारी रेवती और बलराम एक दूसरे के प्रति आकर्षित हैं। यह समाचार ईर्ष्यावश सत्राजित ने बताया था। रेवती इतनी लंबी है कि बलराम के अलावा अन्य किसी के साथ उसकी जोड़ी अच्छी नहीं लग सकती।"

"लम्बी होने के कारण अधिक सुन्दर लगती होगी?"

"सत्राजित का मत दूसरा है। देखते हैं बलराम क्या कहता है। वैसे वह इतना अल्पभाषी है कि उसके साथ बात करने में संकोच होता है।"

"मुझे आज पता चला है कि तुम्हें भी संकोच होता है।"

पहले इस तरह की प्रसन्नता घर में नहीं थी। एक प्रकार की घुटन व्याप्त थी। कब सत्य छिपाना पड़ेगा ऐसी दहशत हमेशा बनी रहती। अब ऐसा नहीं रहा। प्रौढ़ दम्पति ने निश्चय किया कि वे भी कृष्ण-बलराम के स्वागत के लिए जाएँगे। वे दीक्षा लेकर आ रहे हैं और उनकी गुरु-दक्षिणा भी कितनी बड़ी है। जिन्हें अपना आदरणीय मित्र माना है, उन सांदीपनि मुनि के पुत्र को असुरों के शिकंजे से छुड़ा लाए!

महाराज उग्रसेन पद की विशिष्टता भूलकर वसुदेव, देवकी, शिनि, अक्रूर आदि के साथ खड़े हैं। सत्राजित नहीं आया। उसे स्वागताध्यक्ष बनाया होता तो अवश्य आता। प्रसेनजित और हस्तिनापुर से लौटा हुआ सात्यकि भी खड़ा है।

पहले प्रजा ने कौतूहलवश दर्शन किए थे, इस बार आत्मीयतापूर्वक प्रणाम किया। सही समय पर रोहिणी को लेकर उत्तम और सुबल आ पहुँचे। नन्दगाँव के ढोली ने सभी का ध्यान आकृष्ट किया।

इस स्वागत-समारम्भ को कुछ ही दिन हुए होंगे, वहाँ कुन्ती बुआ का आगमन हुआ। उत्सव की लहर एक बार फिर बहने लगी।

राम-कृष्ण के लिए बहुमूल्य वस्त्राभूषण की अपेक्षा कुन्ती बुआ का आशीर्वाद अधिक मूल्यवान था। ऐसी तपस्विनी स्त्री के दर्शन से ही जीवन धन्य हो जाए, फिर यहाँ तो बुआ का अपार वात्सल्य भी था।

इसके अतिरिक्त किशोर अर्जुन! भाई-बहिन की सन्तानों में समानता होती है। उद्धव के साथ गोत्र की समानता थी तथा वे मानसिक रूप से श्रीकृष्णमय थे। जबकि अर्जुन को देखते ही जैसा साम्य प्रतीत होता था वह पूरक रूप था। अर्जुन श्रीकृष्ण जैसा नहीं था परन्तु न जाने क्यों उसे देखकर श्रीकृष्ण का स्मरण हो आता था। ऐसा अक्रूर, गर्गाचार्य आदि ने कहा। इस किशोर अर्जुन से सात्यकि धनुर्विद्या सीखा था इसलिए उसे अधिक आदर देता है।

अर्जुन की विनम्रता और तेजस्विता ने श्रीकृष्ण का स्नेह प्राप्त कर लिया। सात्यकि को अपकृत करके अपनी ओर आकृष्ट किया। बलराम जब कार्य में व्यस्त नहीं होते तो अकेले बैठे रहते। रेवती का स्मरण हो आता। उन्होंने उसके साथ अभद्रतापूर्ण व्यवहार किया था, यह अच्छा नहीं हुआ। उसका आदर करना चाहिए। यह तो उसके हास्य के बाद पता चला कि उस वीरांगना का हृदय इतना सुन्दर है। उसकी विनम्रता, आतिथ्यधर्म प्रेरित थी।

स्वाभिमान, शालीनता और संकोच भी था, जो स्त्रीजन्य लज्जा का समानधर्मी था। कहीं वह यह तो नहीं मानने लगी कि मैं उसे उपहासात्मक दृष्टि से ही देखता हूँ।

अर्जुन को बलराम के पास बैठने में संकोच होता था। उसकी इच्छानुसार श्रीकृष्ण या सात्यकि उसे नगर या आसपास के रमणीय स्थलों को दिखाने ले गए। सुन्दर सत्वशील और भव्य वस्तुओं के प्रति अर्जुन को सहज आकर्षण है। ऐसा कहकर श्रीकृष्ण ने कुन्ती बुआ के समक्ष अर्जुन की प्रशंसा की।

विदुरजी ने सुझाव दिया था कि अर्जुन को साथ लेती जाओ। उन्होंने ही द्रोणाचार्य से आज्ञा दिलवाई थी। कहा था कि अर्जुन के लिए श्रीकृष्ण का सामीप्य लाभदायक होगा।

"देवरजी, आपने तो श्रीकृष्ण को देखा भी नहीं है, फिर किस आधार पर ऐसा कह रहे हो?"

"श्रीकृष्ण के कार्यों से,. ऋषि-मुनियों का उनके प्रति स्नेह देखकर।"

विदुरजी ने अपने हाथों से गूँथी हुई माला भेंट में भेजी थी। जो हृदय में था वह उसी के साथ पहुँचा दिया।

वसुदेव विदुरजी के न्यायप्रिय और धार्मिक दृष्टिकोण के प्रशंसक हैं। उनसे अक्रूरजी ने कहा था : विदुरजी और बहिन कुन्ती के कारण मेरा हस्तिनापुर प्रवास एक धार्मिक यात्रा जैसा रहा।

द्रोणाचार्य के लिए वसुदेव के मन में विशेष आदर नहीं है। धनुर्वेद के विशेषज्ञ के रूप में मूल्यांकन करना हो तो सांदीपनि मुनि के बाद दूसरा स्थान द्रोणाचार्य को ही आए, परन्तु वे राग-द्वेष से परे नहीं हैं। पांचालराज द्रुपद से बदला लेने के लिए उन्होंने कुरुवंश से सम्बन्ध बढ़ाए। इस कारण उनके गुरुपद की गरिमा कम हुई है। अभी-अभी उन्होंने कर्ण को अपना शिष्य बना लिया है। धृतराष्ट्र के दबाव में बनाया है तो भी अच्छा हुआ। सूतपुत्र और राजपुत्र के बीच के भेद को घटाया है परन्तु एकलव्य को क्यों वापस भेजा? सांदीपनि जैसे कुलपति ऐसे भेदभाव से परे हैं।

कुन्ती ने द्रोणाचार्य के बारे में एक अच्छी बात बताई। वे दुर्योधन-धृतराष्ट्र से दबते तो हैं परन्तु चाहते अर्जुन को हैं। योग्यता के प्रति इस भावना को पक्षपात कहा जा सकता है परन्तु मुझे लगता है कि आचार्य हृदय से शुभलक्षी हैं।

श्रीकृष्ण यह सब रुचिपूर्वक सुन रहे थे।

एक सप्ताह रुककर पृथा और पार्थ ने विदा ली। उन्होंने वचन लेने के रूप में राम-कृष्ण को आशीर्वाद दिया : "अन्याय और अधर्म का प्रतिकार करते रहो, आर्यावर्त अपने उद्धारक की प्रतीक्षा में था। तुमने मथुरा को स्वतन्त्र कराने के बाद शास्त्रोचित शिक्षण लेने के लिए गुरु-आश्रम जाकर अपनी योग्यता में वृद्धि की, यह मुझे बहुत अच्छा लगा। अधिकतर लोग जहाँ कार्य की इतिश्री समझते हैं, वहाँ तुमने आरम्भ देखा। इससे प्रमाणित होता है कि तुम्हारे सामने कितना बड़ा लक्ष्य है! परमतत्त्व तुम्हारी प्राण शक्ति में अभिवृद्धि करेगा।"

आशीर्वाद में कुन्ती बुआ की उदात्त दृष्टि देखकर दोनों उनके रथ के अदृश्य होने पर भी हृदय से वन्दन करते रहे।

हस्तिनापुर से सन्देश आया है। कुन्ती बुआ और अर्जुन कुशलपूर्वक पहुँच गए हैं। एक संकेत भी मिला है। इस स्नेह मिलन के बारे में दुर्योधन ने अपने गुप्तचरों से पूछताछ की है। वह स्नेह के इस सम्बन्ध को सशंक दृष्टि से देख रहा है। उसके दृष्टिकोण को स्वस्थ नहीं कहा जा सकता।

अकेले में स्मृति में खो जाने और फिर उदास रहने की बलराम की आदत श्रीकृष्ण को अस्वाभाविक प्रतीत होती थी। उन्होंने उद्धव से कहा : "बड़े भैया किसी गहरे सोच-विचार में डूबे रहते हैं। मुझसे कहने में संकोच होता हो तो तुम पूछ देखो। कुछ यादववीर उन्हें सुरापान के लिए खींच ले जाते हैं। हमारे तपस्वी माता-पिता के साथ इसका मेल नहीं बैठता। आज रोहिणी माता ने उन्हें जगाया, वे फिर सो गए। रात को देर तक जागे होंगे, इसी कारण ऐसा हुआ होगा।"

बलराम से कुछ भी पूछने की हिम्मत उद्धव में नहीं था। उसने उनके साथ रहने का निर्णय किया। माता-पिता को ग्लानि हो, ऐसा व्यवहार बलराम कर सकते हैं, इस बात पर उसे विश्वास नहीं हो रहा था।

रोहिणी ने दूसरे दिन उद्धव को पास बैठाया।

"उद्धव, तू क्यों पहले जैसा ही है? मेरा बलराम बदल गया है उसके अनुसार कुछ तुझमें भी..."

बलराम अपने कक्ष में बैठा-बैठा उपवन में आम के पेड़ से लिपटी हुई लता में आए हुए फूल देख रहा था। वह समझ गया कि माँ उद्धव को आधार बनाकर मुझसे ही कह रही हैं।

"जब हम अंकपाद में थे तब तो मानो वे गोकुल में ही जीते थे। वहाँ से हम अलग हो गए। वे प्रभास से कुशस्थली गए और..." उद्धव को वाक्य पूरा करने का अवसर नहीं मिला।

"तुझे कुशस्थली से क्या लेना-देना है उद्धव?"

"क्यों? आपको अच्छा नहीं लगता? मैं तो आपकी विजययात्रा का वर्णन कर रहा था। यदि इतना भी मेरा अधिकार नहीं है तो चुप रहूँगा।"

"तेरे जैसा वाचाल चुप रहकर दुःखी हो यह मैं नहीं चाहता। तुझे बोलना हो तो बोल परन्तु मेरे बारे में नहीं..." बलराम ने अपनी कठोरता में नाराजगी भी प्रदर्शित की।

"नहीं बोलूँगा, परन्तु चाची जो कहती हैं उसे सुनूँ तो सही?"

"सुन, लेकिन कृष्ण का गुप्तचर बनकर नहीं।"

"कृष्ण और तुम्हारा गुप्तचर अलग-अलग है इसका मुझे पता नहीं था। यह बताने के लिए धन्यवाद!"

उद्धव नाराज होकर चल दिया। रोहिणी के रोकने पर भी नहीं रुका। वसुदेव अपने हाथ में पकड़े ग्रन्थ को लेकर ही बाहर आ गए। इस घर ने उद्धव को कभी पराया नहीं माना। वह यहाँ से नाराज होकर चला जाए, यह दुस्वप्न जैसी बात है।

"उसे चले जाने दो पिताजी, मैं उसके घर जा रहा हूँ।" बलराम थोड़ी देर बाद उसके पीछे-पीछे गए।

बलराम कुछ कदम पीछे-पीछे आकर किसी मद्यप यादव के घर की ओर मुड़ जाएँगे, उद्धव की यह धारणा गलत सिद्ध हुई। वह सचमुच उद्धव के घर गए और उपवन में कदम्ब की व्यासपीठ पर बैठ गए। परिवार के सभी सदस्य और सेवक बलराम के आगमन से प्रसन्न हुए। अतिथिखंड सजाकर घर में पधारने के लिए प्रार्थना की।

''मुझे उद्धव से एकान्त में बात करनी है।''

''वहाँ उपवन में?''

''पक्षी और वृक्ष हमारी बात में भले ही रुचि लें। फिर अन्दर बैठेंगे। आपका बहुत आग्रह होगा तो यहाँ भोजन भी कर लूँगा। मेरे घर सन्देश भिजवा दो कि मैं उद्धव के आश्रम में हूँ।''

उद्धव का मन हुआ कि यह शुभ समाचार वह स्वयं ही दे आए। परन्तु बलराम यहाँ अकेले ही बैठे रहेंगे? अकेले ही बैठे रहें...सेवक को ही भेजा जाए।

उद्धव को ही प्रारम्भ करना पड़ा : ''आप कृष्ण के बारे में जो बोले...''

''मैं उससे नाराज हूँ, वह क्यों मुझसे नहीं पूछता?''

''क्या पूछे?''

''वह सबकुछ जानता है। मैं कहाँ भूल कर बैठा हूँ इसका उसे तुरन्त पता चल जाता है। कुशस्थली में मेरा व्यवहार ठीक नहीं था, उसका पता मुझे अभी चला। वह भी एक स्वप्न देखने के बाद। उस दिन लम्बाई को आधार बनाकर मैंने राजकुमारी रेवती का अपमान किया था। मुझे बहुत बाद में पता चला कि सौन्दर्यवादी दृष्टि के अभाव के कारण यह भूल हो गई है। कृष्ण ने तो सौन्दर्यशास्त्र पढ़ा है। उसे मुझसे कहना चाहिए। पूछना चाहिए।''

''पूछे बिना आप नहीं कह सकते?''

''मेरा कहना अच्छा लगता?''

''तो फिर वह आपसे पूछ सकता है?''

''क्यों नहीं, भले ही उम्र में और शारीरिक रूप से मैं उससे बड़ा हूँ परन्तु मेरा नेतृत्व तो वही करता है। फिर मुझे किस कारण बेचैनी हो रही है, यह नहीं पूछ सकता? उद्धव, सच कहता हूँ, यदि मैंने उससे पूछा तो सबके सामने मेरा परिहास करेगा। कहेगा कि कुशस्थली की राजकुमारी को बड़े भैया याद करते हैं।''

''यह सुनकर सब प्रसन्न होंगे।''

''नहीं, हँसेंगे।''

''यह अनुमान सही नहीं है।''

''नहीं, मेरे यहाँ कोई नहीं मान सकता कि बलराम के मन में ऐसी भावना उठ सकती है।''

''ऐसी भावना अर्थात प्रेम या और कुछ?''

''इसे प्रेम तो कैसे कहा जा सकता है। वह तो दोनों के हृदय में उदय होने वाला भाव होता है।''

''आप तो सबकुछ जानते हैं।''

''परन्तु जैसा मेरे बारे में माना जाता है वैसा ही रेवती के बारे में माना जाता है। कुछ

लोग उसे पुरुष के समकक्ष बताते हैं। मेरे मन में जैसा भाव उदय हुआ है वैसा उसके मन में नहीं हुआ हो तो अच्छा है कि मैं उसे भूल जाऊँ।''

''भूलने के लिए प्रयत्न किया था?'

''हाँ, परन्तु सफलता नहीं मिली।''

''तो इसे ही प्रेम कहते हैं।''

''एकपक्षीय?''

''मेरे मतानुसार रेवती की भावना आपके हृदय को छू गई है। तब ही...''

''मुझे इसका पता नहीं चलता?''

''हाँ, परन्तु देर से कृष्ण मुझे कई बार दर्शन सिखाता है। उसके काफी दिनों बाद उसकी अनुपस्थिति में समझ में आता है।''

''तू दर्शन जैसे शुष्क विषय के साथ प्रेम की तुलना करेगा, यह पहले पता होता तो तेरे साथ यह चर्चा ही नहीं करता।''

''प्रेम को दर्शन की कोटि में और दर्शन को प्रेम की कोटि में रख सकनेवाला कृष्ण ही इस बारे में आपकी सहायता कर सकता है। मैं उससे कहूँगा परन्तु एक शर्त पर। आप किसी के साथ सुरापान की स्पर्धा में घड़ों मदिरा नहीं पिएँगे।''

''कृष्ण मात्रा निश्चित कर सकता है?''

''वह कोई वैद्य नहीं है।''

''तो मैं भी कोई रोगी नहीं हूँ।'' कुछ क्षण रुककर बलराम ने कहा, ''फिर भी कृष्ण मना करेगा वह मैं नहीं करूँगा।''

''वह किसी बात की मना करता है? उसका जीवनदर्शन नकारात्मक न होकर विधेयात्मक है। आप राधा के प्रति उसके आकर्षण पर हँसते थे न! अब हँसिए!!''

मथुरा की शासन-व्यवस्था उत्तरोत्तर सुदृढ़ होती जा रही थी। गणसभा के नए स्वरूप के बारे में चल रहे विचार-विमर्श से कोई न कोई उपयोगी बात जुड़ती जा रही थी। एक व्यापक गणसभा हो जिसमें सभी मंडलों के नायकों का समावेश हो सके। दूसरी वरिष्ठ नायकों की परिषद हो जिसमें कार्यपालकों के साथ राजनीतिज्ञ भी हों। सचिव, सेनापति, धर्माध्यक्ष और कुलपति इसमें साथ ही बैठे हों जिससे प्रत्येक निर्णय अच्छी तरह सोच-समझकर लिए जाएँ। जीवन के प्रत्येक पक्ष पर उसमें विचार किया गया हो। न्याय, युद्ध, धर्म, कर्म यह सब परस्पर इस तरह सम्बद्ध हों कि जीवन-जल को रत्नाकर की ओर ले चलें। प्रत्येक गति महामिलन की परिकल्पना लिए हो। अध्यात्म अर्थात व्यापक होना, उन्नत होना...

उद्धव ने कहा कि इस विमर्श को व्यवहार में प्रचलित कर सके ऐसी प्रवरसभा की रचना हो सकती है? इसके लिए स्वयं श्रीकृष्ण को राजा बनना चाहिए। यह बलराम भी समझते थे।

''बलराम, सबकुछ समझते हैं कृष्ण! वे बहुत संवेदनशील हैं। रेवती के साथ मिलन होने पर उनका यह अदृश्य पहलू प्रकट हो गया है। नहीं तो उन्हें इस तरह अकेला और

उदास देखने की हम कल्पना भी नहीं कर सकते थे। फिर तुमने उनसे पूछा या नहीं?''

''नहीं।''

''मेरी दूसरी किसी विनती को तो कभी तुमने टाला नहीं था।'' उद्धव ने कहा।

''यह विनती नहीं, विनोद था। बड़े भैया को कहीं प्रेम की अनुभूति हो सकती है? ऐसे बलवान और अधैर्यवान के हृदय को अव्यक्त सौरभ का स्पर्श हो सकता है? उस दिन उद्धव तुम्हें आश्चर्य हो रहा था। फिर कुछ दिनों में तुमने ही बड़े भैया को मुझसे अधिक निस्पृह होता देखा है। वास्तव में वे अपने हृदय में निहित रेवती के स्वरूप के अधिक निकट गए हैं। पागल मनुष्य के एकालाप में भी कोई जीवन-सत्य हो सकता है, अब वे मानने लगे हैं। मैं देख रहा हूँ कि आजकल वे मद्यपान नहीं करते। उनकी आत्मशक्ति इतनी प्रबल है कि कोई चीज उन्हें बाँध कैसे सकती है? परन्तु वे वेदना के तार में बँध गए हैं। अग्नि में दमकते स्वर्ण के समान वे आत्म-चेतस बन रहे हैं। रेवती और उनके बीच का भौगोलिक अन्तर अब आभारी बनता जा रहा है। प्रत्येक पीड़ा परिणामदायक होती है उद्धव, और प्रेम रूपी पीड़ा तो स्वयं परिणाम होती है। मैं उसमें से बड़े भैया को उबारने का प्रयत्न करूँ? उन्हें उनके जीवन की सर्वोत्तम उपलब्धि से विमुख करूँ? अब किसी के समक्ष मुझे समझाने का दावा नहीं करना।''

श्रीकृष्ण स्वयं इसी प्रकार के अनुभव से गुजर रहे हैं, अनुभव के आन्तरिक स्तर पर हैं। हृदय में बसा हुआ वृन्दावन श्रीकृष्ण के एकान्त को भर देता है। कदम्ब की सुगन्ध राधा का स्पर्श बनकर अतल में एक शीतल दीपक जला जाती है। कालिन्दी उसके प्रकाश में बहती रहती है। पहले आषाढ़ की प्रचंड बाढ़ का सामना किया, फिर कालीय के दमन की चुनौती आई और अन्त में प्राप्ति की शरदपूर्णिमा की धवलोज्ज्वल अनुभूति...महारास...!

राधा कुछ नहीं माँगती, वह मानिनी है इसलिए? नहीं, वह दाता है इस कारण। उसने रोहिणी माता के साथ इतना ही सन्देश भेजा था : ''कृष्ण से कहना कि मातृभूमि की संकीर्ण कल्पना नहीं कर बैठे। यहाँ जो वंशीवट और रासकुंज हैं, जो चीरघाट या वृन्दावन हैं, तालवन और मधुवन हैं, तथा जो श्वेत-श्याम पर्वत हैं वह सब अब उसे आर्यावर्त में देखने हैं। इस समग्र भूमि में तुझे जो सुलभ हो सकेगा, उसका प्रतिबिम्ब मुझे यहाँ प्राप्त होगा। तू जिस शैशव के सौन्दर्य को यहाँ छोड़ गया है, वह चिरन्तन दर्पण के समान है। उसमें ब्रह्मलीला के सभी आवर्तन देखे जा सकते हैं। केवलदा वापस आ गए हैं, कह रहे थे : वृन्दावन की संवेदना में समग्र आर्यावर्त का ज्ञान प्राप्त किया जा सकता है। दीक्षित कृष्ण के साथ भैरव गए, मैं राधा-रक्षित वृन्दावन में आ गया...पूछ रहे थे कि तू इतनी प्रसन्न क्यों लग रही है? मैंने कहा था कि आँसू मेरी संवेदना को निर्मल रखते हैं इसलिए।''

सुबल आया था। उसके पास बहुत-सी बातें थीं कहने के लिए। आमन्त्रण था, उपालम्भ था, व्यथा थी, आनन्द था और थी महारास की आशा। राधा बदल गई है। महर्षि शांडिल्य बदल गए हैं। राधा गम्भीर रहती है और महर्षि प्रसन्न रहते हैं। अब लिखते नहीं हैं, कृष्ण के बारे में बातें करते हैं।

कृष्ण की उपस्थिति में वह हास्य-विनोद में भाग लेती थी। अब तो घर का कामकाज पूरा करके अदृश्य हो जाती है। उसकी कुछ प्रिय जगहें हैं, वहाँ पहुँच जाती है। किसी से मिलती ही नहीं है। कोई खोजने भी नहीं जाता। कहा जाता है कि वहाँ वह कृष्ण के साथ होती है।

कलावती अब राधा पर व्यंग्य नहीं करती, उसकी चिन्ता करती है। कोई स्त्री आजीवन अविवाहित रह सकती है? परन्तु श्रीकृष्ण के अतिरिक्त किसी दूसरे के साथ उसका विवाह कैसे किया जा सकता है? वह निःशेष समर्पित हो चुकी है। ललिता का मत है कि राधा पूर्ण रूप से समर्पित है। यह सही है लेकिन श्रीकृष्ण ने सिर्फ उसकी भावना को स्वीकार किया है। सिर्फ भावना का क्या अर्थ है? समग्र अस्तित्व जब भावनात्मक बन जाए उस समय शरीर और आत्मा को किस तरह अलग करोगे? विशाखा प्रतिवाद करती है। वृन्दा कहती है कि तूने ललिता के कथन का अर्थ नहीं समझा है। उसके मन में भी कृष्ण के लिए असाधारण स्नेह है फिर भी उसने सुबल के साथ विवाह करना स्वीकार कर लिया। ऐसा राधा के लिए सम्भव क्यों नहीं हो सकता? नहीं हो सकता। अपने अज्ञान से हम राधा के बारे में अनुमान नहीं लगा सकते। शुभा कहती है। और नन्दिनी तो कुछ अलग ही बोलती है : श्रीकृष्ण हमें बहुपाश में ले लें, यह अपने भाग्य में नहीं था, परन्तु यदि उसने कभी एकाध धक्का भी मारा होता तो मैं धन्य हो जाती। वह कितना सुन्दर था इसका पता अब चलने लगा है।

ये सभी सखियाँ मिलकर भी कलावती को आश्वासन नहीं दे सकती थीं। विवाह के बारे में राधा किसी को अच्छी तरह बताती ही कहाँ है। श्रीकृष्ण यहाँ आएँ तभी हल मिलेगा। हम जानते हैं कि राधा ऐसी मानिनी है कि कुछ नहीं माँगेगी। हमें ही सब सँभालना पड़ेगा। अच्छा तो यह होगा कि फेरे ही डलवा दिए जाएँ। इसके लिए हमें यशोदाजी से मिलकर सारी व्यवस्था कर लेनी चाहिए।

कलावती प्रस्ताव लेकर यशोदाजी के पास पहुँच जाती है। संक्षिप्त उत्तर मिलता है : "जाओ, देवकी से पूछ आओ, अब तो रोहिणी भी वहीं है।"

अपने कक्ष में से बाहर आकर नन्दराय खड़े हो जाते हैं। पीछे उत्तम खड़ा है। देख रहा है, समझ रहा है। यह शिकायत नहीं, नियन्त्रित वात्सल्य का गुबार है।

उत्तम आसन बिछाता है, नन्दराय बैठते हुए कहते हैं : "जैसी तुम्हारी मनोदशा है वैसी ही मेरी है। मैं अभी उत्तम से कह रहा था कि भाई, मेरे कार्य में मदद करो। श्रीकृष्ण-बलराम के बिना मैं जल्दी थक जाऊँगा, वृद्ध हो जाऊँगा। परन्तु उनकी अनुपस्थिति में अधिक उत्साह से कार्य करते रहें, तो ही हमारा उनसे सच्चा स्नेह है। तुम दोनों समझदार माताएँ हो, जानती हो कि इस समय कृष्ण पर कितना बड़ा दायित्व है। जो संघर्ष पहले गोकुल-मथुरा के बीच था वह अब मथुरा और मगध के बीच है। शूरसेन जनपद और यादवकुलों के स्वाभिमान की रक्षा उनके बिना कौन कर सकता है? अधिक समर्थ बनने के लिए ही तो दोनों भाई अवन्तिपुर गए थे। धनुर्विद्या और राजनीति में पारंगत बने। हमने उन्हें माखनचोर और गोपालक के रूप में देखा है, उस रूप में चाहा है। इस कारण मुझे भी उसके उन्हीं रूपों की याद आती है। फिर मन को समझाता हूँ। वहाँ उसे कितने

बड़े-बड़े कार्य करने हैं। धन्य था वह क्षण जिस समय उसने कुवलयापीड़ और चाणूर को धराशायी कर दिया था। कंस-वध तो विद्युत गति से हुआ। वहाँ तुम होतीं तो मन में प्रश्न उठता कि यह वही कृष्ण है जो अपने आँगन में घुटनों चलता था? तुम्हारा दूध और सुरभि के माखन का प्रभाव यहाँ की शरारतों में देखनेवालों को वे पराक्रम जल्दी समझ में नहीं आ सकते हैं। तुम अवश्य समझ जातीं। और जो मैं आज तुझसे कह रहा हूँ वह तुमने मुझसे कहा होता। हम राम-कृष्ण को गोकुल में ही बाँधकर नहीं रख सकते उनके समक्ष समग्र आर्यावर्त है।''

''यह सब तुमने मुझसे सातवीं बार कहा है। मैंने एक बार भी विरोध किया है? आँसू पोंछकर चुप हो गई हूँ, परन्तु कलावती की समस्या अलग है। राधा को आजीवन कुँवारी रखना है? कृष्ण के सामने समग्र आर्यावर्त होगा परन्तु राधा के सामने?''

''कृष्ण!'' उत्तम बोल पड़ा। उसकी समझ में नहीं आया कि वह किस प्रकार बोल पड़ा। उत्तर सही था। उसने कलावती से कहा : ''मेरा मानना है कि कृष्ण पच्चीस साल के होने तक विवाह के बारे में नहीं सोचेंगे। मात्र व्यक्तिगत प्रसंग नहीं रहेगा। राज्य-राज्य के बीच का सम्बन्ध भी उसमें देखा जाएगा। राधा यह सोच-समझकर मुझे बता दे। उसकी इच्छा होगी तो मैं और सुबल उसके साथ मथुरा जाएँगे, उसका विवाह कर आएँगे। राधा के लिए कृष्ण पच्चीस साल के बाद विवाह करने के निर्णय को त्याग देंगे। यह उनका उत्तरदायित्व भी है।''

कलावती इस समस्या को सीधी-सादी समझ रही थी। प्रेम को प्रेम रूप में स्वीकार कर लेने पर तो कोई समस्या ही नहीं रहती है। परन्तु विवाह का लक्ष्य बना लेने पर पारिवारिक स्वार्थ और प्रतिष्ठा के आवरण प्रेम के निर्मल स्वरूप को ढाँकने लगे। बड़ों के कहने पर ललिता ने राधा से इस बारे में पूछा तभी उसने जाना कि उसके अन्तःसम्बन्ध को स्थूल रूप में बदलने के लिए उसके शुभचिन्तक ही पहल कर रहे हैं।

ललिता ने उसे कुसुम सरोवर के पास खोज लिया था। तमाल और कदम्ब की छायाओं के बीच में कुछ स्थान रह गया था। उनके बीच के प्रकाश में मधुवन की ओर मुख करके वह खड़ी थी। ललिता को देखकर वह खुश हुई। उसने मान लिया कि श्रीकृष्ण के स्मरण में सहभागी बनने के लिए प्रिय सखी आ रही है परन्तु जब उसने बड़ों की चिन्ता की बात बताकर पूछा कि वह मथुरा जाने को तैयार है या नहीं तो राधा को चोट लगी। व्यथा छिपाकर वह बोली : ''मैं मानती थी कि अन्य सखियाँ नहीं पर ललिता तो मेरे हृदय को समझती होगी।''

''समझती हूँ इसलिए तेरी चिन्ता मैंने किसी के सामने व्यक्त नहीं की। परन्तु जब तेरी माँ यशोदाजी के पास जाएँ और वे उनसे कहें कि देवकी से पूछो...''

''छोड़ यह सब वाद-विवाद। सबको अपने हिस्से का दुख स्वयं भोगना पड़ता है। जो सामर्थ्यवान होता है उसे दूसरे के दुख में भी शामिल होना पड़ता है। हग जानते हैं कि कृष्ण सामर्थ्यवान हैं। परन्तु मैं यह नहीं मानती कि बिछुड़ जाने की उसे बिलकुल वेदना ही नहीं होगी। राजप्रासाद की दीवारों की अपेक्षा वृक्षों की छाया में उसे अधिक विश्रान्ति मिलेगी। मैं उसकी प्रकृति जानती हूँ। जब उसकी आन्तरिक इच्छा यहाँ दौड़ आने की हो ऐसे में

मैं विवाह जैसे स्वार्थपूर्ण रिश्ते के लिए मथुरा जाऊँ? मुख के सामने लाये बिना ही जब उससे मिला जा सकता हो तो फिर मुझे मथुरा जाने की आवश्यकता क्या है? जाना होता तो इतने दिन यहाँ रुकी रह सकती थी? किसी ने बाँधकर तो रखा नहीं था। परिवार और समाज का डर तो मुझे पहले ही नहीं था क्योंकि मैंने अपनी लज्जा कृष्ण को अर्पित कर दी है।''

''यह तो सबका सुझाव है इसलिए...''

''वे कृष्ण को राधा के साथ विवाह करवाकर गोकुल से बाँध देना चाहते होंगे।''

''बँध जाए तो मुझे अच्छा लगे।''

''किसे अच्छा नहीं लगेगा? परन्तु हमने इस बात पर कृष्ण की दृष्टि से सोचा है? हम उसे यहाँ बाँध देंगे, तो शेष संसार बन्धनयुक्त ही बना रहेगा। वह स्वतन्त्र होगा तो व्यापक जगत की मुक्ति में सहयोग करेगा। हमें तो उसने अतुलित दिया है।'' राधा ने ऊपर देखा। कुसुम-सरोवर उसकी बात सुन रहा था। कदम्ब और तमाल के पत्रों की ओर देखा। उन्होंने पवन को कान पकड़कर पास में बैठा रखा था। यह दृश्य आँख में समा लेने के बाद राधा की मनःस्थिति में बदलाव आया हो इस तरह उसने श्रीकृष्ण के लिए बहुवचन का प्रयोग करते हुए कहा : ''अपने साथ वे सोलह-सोलह साल रहे यह तो कटु सत्य है। हम ही नहीं, ये वृक्ष भी इस सत्य से परिचित हैं। सोलह-सोलह वर्ष के सम्बन्ध का यह भाग भूलकर, श्रीकृष्ण के पालन-पोषण के मूल स्रोत को भूलकर अनजानी भूमि पर उसके कदमों के निशान खोजने जाऊँ? जो है वह मुझे कम नहीं लगता। ललिता, मैं वृन्दावन नहीं छोड़ूँगी। मेरे पास वंशीवट, चीरघाट और रासकुंज हैं, मुझे राजमार्ग की आवश्यकता नहीं है।''

उसी समय महर्षि शांडिल्य पधारे। दूर से ही बोले : ''कौन कहता है कि कृष्ण यहाँ नहीं है?''

शूरसेन के यादव और अहीर शैव थे। शिव-पार्वती उनके आराध्य देव थे। अहीरों में पार्वती के विविध स्वरूपों की पूजा होती थी। इसलिए गौरी और दुर्गा के प्रति राधा और अन्य गोपियों के मन में स्वाभाविक भक्ति-भावना थी।

यमुना के तीर पर, जिस स्थान पर राधा, ललिता आदि सखियों ने अपने व्रत को पूरा किया था, गौरी की पूजा की थी, सब उसे गौरीकुंज कहने लगते थे। एक ऐसी मान्यता बन गई थी कि वर्ष के अमुक दिनों में सरस्वती और लक्ष्मी भी गौरी की पूजा करने यहाँ आती हैं। रासकुंज के पास ही यह स्थान है। जिस कारण किसी-किसी की जीभ इनके नामों को उलट-पुलट कर भी बोल जाती है।

कुछ दिनों से राधा गौरीकुंज में आती है। यहाँ एकान्त है। बेल-वृक्ष हैं, तमाल हैं, कुण्ड है और उसके ऊपर वैराग्यसूचक अवकाश है। वह जब शिव-दुर्गा की स्तुति की पंक्तियों का पाठ करती है उस समय दूसरे किनारे पर रहनेवाला इस भूमि का मालिक अय्यन अहोभावपूर्वक सुनता है। वह स्वयं भी दुर्गा का बड़ा उपासक है। राधा की कृष्ण के प्रति

समर्पित भावना को वह जानता है, इसलिए आदर करता है। पहले अय्यन ने रासकुंज कृष्णार्पित किया था, अब यह गौरीकुंज राधा को अर्पित है। जितना छोड़ दिया जाए उतना ही अपना है।

ललिता और वृन्दा राधा से मिलने आई हैं। अय्यन उन्हें मार्ग दिखाता है। चेतावनी दी है उसकी साधना में विघ्न नहीं पड़े। राधा की मुखमुद्रा देखकर दोनों सखियाँ स्तब्ध रह गईं। प्रतिमा-जैसी शान्त, स्तब्ध द्युति।

"दुर्गा की आराधना में तन्मय राधा ने लक्ष्मी की शोभा प्राप्त कर ली है। मैं नहीं मान सकती कि कमला राधा से सुन्दर होंगी।"

अय्यन राधा का सौन्दर्य नहीं देखता, उसकी दिव्यता से अभिभूत है। वह सम्बोधन नहीं करता, वन्दन करता है।

कृष्णविरहिणी राधा बारम्बार गौरीकुंज में पहुँच जाती है। यह जानकर अय्यन उसकी सुरक्षा और देखभाल रखता है। इस कार्य में आदर के साथ स्नेह भी होगा यह सोचकर कलावती अय्यन को सन्देश भिजवाती हैं : "मुझे तुमसे राधा से बारे में बात करनी है, मेरे घर पधारें।"

अय्यन बचपन से ही धार्मिक वातावरण में पला-बड़ा हुआ है। बड़ों की आज्ञा की अवहेलना उसने कभी नहीं की। बलराम और राधा-कृष्ण में ईश्वरीय अंश है ऐसा वह मानता है। रासलीला में मशालची से विनती करके उसने स्वयं मशाल पकड़ी थी। कलावती को इसका पता नहीं था।

अय्यन आया। कलावती ने उसका अच्छा सत्कार किया। वृषभानु हिसाब-किताब करने ब्रजपुरी गए थे।

कलावती ने कहा : "राधा ने निर्णय कर लिया है कि वह वृन्दावन में ही रहेगी।"

"हम सब भाग्यशाली हैं।"

"राधा के बारे में तुम्हारा क्या अभिप्राय है?"

"वह ब्रज की देवी है। उसमें सरस्वती का कौमार्य, दुर्गा का तेज और लक्ष्मी की शोभा है। वह वन्दनीय है।"

"तुम्हें उसके साथ जीवन जीना अच्छा लगेगा?"

"बहुत अच्छा लगेगा। सच बात तो यह है कि मैं उसी के साथ होता हूँ। उसके दर्शन से मुझे आनन्द प्राप्त होता है।"

"तो पत्नी के रूप में..."

कलावती आगे बोले उससे पूर्व ही अय्यन ने अपने कान बन्द कर लिए। "जो श्रीकृष्ण के प्रति समर्पित है, मैं उसको प्राप्त करने का मोह करूँ? राधा के प्रति मेरा स्नेह-कर्तव्य है। मुझे भक्त मानो, रक्षक समझो। श्रीकृष्ण और बलराम द्वारा आरक्षित हम राधा की रक्षा बल्कि सेवा कर सकें, और क्या चाहिए?"

"तुम्हारा विवेक और औदार्य देखकर मुझे आनन्द प्राप्त हुआ है। यदि तुम्हीं राधा के साथ विवाह करने के लिए स्वयं को अयोग्य मानते हो तो किसी दूसरे के बारे में तो अब विचार ही नहीं किया जा सकता। यदि पुरोहित राधा को कुँवारी रहने की अनुमति दे दें

तो मुझे आपत्ति नहीं है। विवाह करना आवश्यक ही होगा तो हमें तुम्हारे जैसे युवक की खोज करनी पड़ेगी जो अनपेक्ष रूप से राधा का दायित्व स्वीकार सके।''

''एक साधारण आदमी की बात मानोगी? राधा को अपने विवेक के अनुसार निर्णय लेने के लिए स्वतन्त्र छोड़ दो। वह विचार में नहीं संवेदना में जीती है। उसके जीवन का हम अपने विचारों से मूल्यांकन करके गलती कर बैठेंगे। ब्रजगुरु शांडिल्य क्या कहते हैं, जानती हो? वे यज्ञ-विधि को जीवन का सर्वोत्तम कर्म मानते थे। एक बार समाधि में उन्होंने राधा-कृष्ण का विवाहोत्सव देखा, बस जीवन-दृष्टि बदल गई।''

नन्दराय की आज्ञा तथा उत्तम और सुबल के सुझाव ग्रहण करके अय्यन ने गौरीकुंज में एक मन्दिर का निर्माण प्रारम्भ करवाया है। राधा आकाश के नीचे बैठती है। गर्मी, सर्दी, बरसात सबकुछ सह लेती है। ध्यान में हों, उस समय बाह्य परिस्थितियों के प्रति सजग नहीं होती। इस विरल देह की रक्षा के लिए आवश्यक है कि एक छोटा-सा, चतुर्दिश वातायनवाला भवन हो। ब्रज में देव-मन्दिर अनेक हैं, अय्यन पहला मानव-मन्दिर बना रहा है।

मन्दिर पूरा हो गया। राधा का अनुमान था कि दुर्गा-मन्दिर बन रहा है। मूर्ति प्रतिष्ठा के दिन अय्यन ने आग्रहपूर्वक विनती की थी कि राधा उपस्थित रहें। बड़ी सभा थी, उत्सवप्रिय ब्रजवासियों को अय्यन ने घर-घर जाकर निमन्त्रित किया था। प्रतिष्ठा विधि के पूर्ण होने के बाद भोजन का प्रबन्ध था।

महर्षि शांडिल्य ने मन्दिर के द्वार खोले। सबने दर्शन किए। चारों दिशाओं में वातायन और केन्द्र में मूर्ति के चारों ओर विशाल जगह सभी को पसन्द आई। गौरीशंकर की प्रतिमा तो परम्परागत थी। लक्ष्मीनारायण प्रतिमा की रचना नई शैली से की गई थी। यह सुविदित था कि इसका चित्र अय्यन ने तैयार किया था।

राधा के साथ ललिता भी थी। ललिता को लक्ष्मीजी की मूर्ति सबसे अधिक पसन्द आई। उसने राधा का ध्यान खींचा। राधा खड़ी हो गई। विचार किया, सब पूर्व आयोजित लगता है। यह साम्य आकस्मिक नहीं लगता। राधा उदास थी।

ललिता ने पूछा : ''तुझे तो कोई आश्चर्य नहीं होगा। तूने तो ये मूर्तियाँ पहले ही देखी होंगी।''

''पहले देखी होतीं तो मैं आती ही नहीं।''

ललिता चौंक पड़ी। क्या कह रही है, नहीं आती!

''तू नहीं आती?''

''हाँ, मैं तो इस पुरुष को निष्काम भक्त मानती थी, इसके मानस में आध्यात्मिकता का उदय देखती थी, परन्तु यह तो लौकिक वृत्तियों से आवृत्त लगता है।''

राधा के शब्दों में रोष था, भौंहे खिंची हुई थीं, होंठों पर कम्पन था। वहाँ से वह चली जाना चाहती थी कि मूर्छित हो गई। और अय्यन की प्रतिमा सदृश हो गई।

''इसे तो दिव्यमूर्छा कहा जाएगा।'' अय्यन ने कहा। ललिता की समझ में अय्यन का उद्‍गार नहीं आया। उसने राधा का मुख गोद में रख लिया। आँखें बन्द किए ही वह

बोल रही थी : "यह तो लक्ष्मीजी का अपमान है। यह सही है कि प्रत्येक स्त्री नारायण के प्रति समर्पित है परन्तु मुझे लक्ष्मीजी के स्थान पर रखने वाला मूर्तिकार या कलाकार विवेकहीन है। मेरी आकृति और वेशभूषा में मेरी ही अनुकृति?"

अय्यन का चेहरा फक्क पड़ गया। उसने ललिता से कहा : "राधिकाजी के अंगों या वस्त्रों को मैंने ध्यान से कभी नहीं देखा। घूमते-फिरते अनायास ही जो छवि दिखी वह हृदय में अंकित हो गई। इससे अधिक मुझे इनका परिचय नहीं है। मैंने सजगतापूर्वक कुछ नहीं किया है। और चित्र बनाकर गुरुदेव की आज्ञा भी प्राप्त की थी। फिर भी अचेतन में मुझसे अपराध हो गया हो तो अपनी सखी देवी राधिका से कहना कि मुझे क्षमा करें।"

राधा मूर्छित हो गई है यह सुनकर कलावती आ पहुँची। सुबल और उत्तम के पास आकर खड़ी थी। इलाज नहीं करना पड़ा। राधा की आँखें धीरे-से खुलीं। मंत्रोच्चार के प्रारम्भ होते ही राधा उठ बैठी। वहीं पालथी लगाकर सुनने लगी। मन्त्रमय हो गई।

मन्दिर के बनने पर भी राधा के लिए गौरीकुंज का महत्त्व कम नहीं हुआ। अय्यन अपने सगे-सम्बन्धियों से कहा करता है : "मैंने ब्रज की देवी का आशीर्वाद प्राप्त किया है। मेरा जीवन कृतार्थ हो गया।" अय्यन का राग भक्ति में परिवर्तित हो गया था। राधा उसकी परिस्थिति से सजग नहीं रहती थी। अय्यन ने लक्ष्मीजी की मूर्ति क्यों ऐसी बनवाई इसका पता उसे चल गया था। मूर्ति तो एक आधार है। कल्पना को साकार करने में भी पूर्व के किसी प्रत्यक्ष अनुभव का आधार लेना पड़ता है। अय्यन ने मेरे स्थान पर किसी दूसरी युवती को यहाँ देखा होता तो उसने उसका चित्र दिया होता, इसे लोभ न कहकर स्मृति कहना चाहिए।

दुर्गा उपासना से राधा आत्मशक्ति का अनुभव करने लगी है। वह निश्चिन्त और निर्भय रहती है। उसने ललिता से कहा था : "अय्यन के बारे में मेरा अनुमान सत्य नहीं था। वृन्दावन के प्रत्येक मन्दिर की मूर्तियाँ हमने देखी हैं। लक्ष्मी, सरस्वती, पार्वती, महिषमर्दिनी, सिंहवाहिनी, दुर्गा : ये सारी मूर्तियाँ अलग-अलग इसलिए हैं क्योंकि उनके शिल्पी अलग-अलग थे। कला के क्षेत्र में जितना महत्त्व पूज्य का है, उतना ही पुजारी का होता है। मुझे अपनी कल्पना के विष्णु का चित्र बनाना हो तो उसमें श्रीकृष्ण की भंगिमा आए बिना रह सकती है? ललिता, मुख्य बात तो अपने मन की है। गलत कह रही हूँ? तेरा तो विवाह हो चुका है, सुखी दाम्पत्य है तेरा। बता, तू उसे भूल पाई है?"

एक मोर सामने आ गया था। ललिता से पूछा गया प्रश्न राधा ने उसकी ओर देखकर पूछा। मोर को कुछ पता नहीं चला। वह कुछ समय दोनों सखियों की बात सुनकर आम के वृक्ष पर जा बैठा।

"सुबल कहता है कि मथुरा का आकार अष्टमी के चन्द्र के समान है। तुझे याद करके श्रीकृष्ण कहते थे : उद्धव, पूर्ण चन्द्र तो वहाँ वृन्दावन में है। यह मथुरा मुझे हमेशा राधा की याद दिलाती रहती है। मन होता है कि यह सब छोड़कर दौड़ता चला जाऊँ उसके पास, अधूरेपन को मिटाने। यह नगरी मथुरा नहीं है, वह है।"

"उस दिन सुबल उत्तम से कह रहा था कि अन्धक कुल के यादवों ने उग्रसेन को अपना प्रतिनिधि नियुक्त किया है और वृष्णियों ने अपना मुख्य नायक श्रीकृष्ण को बनाया है। यादवों के इस संघ के राजा श्रीकृष्ण हों, ऐसा सबका निवेदन था। परन्तु

उन्होंने यह दायित्व उग्रसेन को सौंपा, जिससे स्वयं यहाँ वृन्दावन आकर राधा के साथ रह सकें।'' कहते हुए ललिता मुस्कराने लगी। राधा गम्भीर हो गई।

''मेरे साथ रहने के लिए वे राज्य का दायित्व छोड़ दें, यह मुझे अच्छा नहीं लगेगा। तुझे अच्छा लगेगा? क्या हम इतनी स्वार्थी हैं कि अपने पाँच-सात मिलन- स्थलों में ही श्रीकृष्ण को बाँध रखें? तू सुबल से कह कि मथुरा जाकर उन्हें निश्चिन्त कर आए।''

सुबल केवल राधा या ललिता का सन्देश लेकर नहीं, बड़ों और गोपमित्रों का भी सन्देश लेकर गया था। बहुत कुछ कहना था। पिछली जन्माष्टमी पर राधा ने नन्दगाँव और बरसाने के सभी गोप-गोपियों को आमन्त्रित करके महारास का आयोजन किया था। इसमें अय्यन ने विशेष रूप से सहायता की थी। राधा मूर्छित होकर कृष्णमय हो गई थी। स्वयं राधा है इसका ध्यान आने पर बोली थी : ''श्रीकृष्ण यहाँ आएँ उससे पहले ही मुझे उनमें मिल जाना है। फिर मुझे प्रतीक्षा करने की आवश्यकता ही नहीं रहेगी।''

मथुरा की सुरक्षा के प्रबन्ध में व्यस्त कृष्ण सुबल को रोके रखते हैं। वह देखता है अविरत कार्य...कार्य...जरासन्ध का आक्रमण निश्चित है। उसकी बड़ी सेना है। देखना यह है कि वह मित्र राजाओं की सेना भी साथ लाता है या फिर अकेली अपनी ही लेकर आता है। उसका सैन्यदल भी कहाँ कम है। श्रीकृष्ण आँकड़े बताते हैं, सुबल को याद नहीं रहते। वह सलाह देते हैं : ''तुम यहाँ से कब मुक्त होगे यह नहीं कहा जा सकता। ऐसा करो वृन्दावन के कुछ वृक्ष यहाँ उगवाओ, अकेलापन नहीं लगेगा। और हम मिलने आएँ उस समय आप राज्यकार्य में व्यस्त हों तब हम उन वृक्षों की छाया में बैठ सकें।''

''क्या यह सम्भव नहीं है कि राधा यहाँ आ जाए? अन्तर तो इतना कम है कि...''

अन्तर बढ़ता जा रहा है। यह विचार तीर के समान हृदय में चुभ गया। मुकुट का मोरपंख काँपने लगा। मथुरा का विशाल राजमार्ग जनशून्य लगा, आँखें संवेदन-शून्य।

सुबल द्वारा बोए गए और उद्यान में माली द्वारा देख-भाल करने पर भी कदम्ब और तमाल के वृक्ष मथुरा में बढ़े नहीं। वही भूमि थी, यमुना भी निकट थी परन्तु शायद मथुरा का राजसिक वातावरण इन वृक्षों के अनुकूल नहीं था। साँस में सुगन्धहीन स्फूर्ति और उल्लास को बनाए रखने को प्रयत्नशील श्रीकृष्ण को एक शाम गौरीकुंज में ध्यानस्थ राधिका का ऐसा स्मरण हुआ कि वे गोष्ठीकक्ष छोड़कर आँसू-भरी आँखों से गवाक्ष में आकर देखने लगे। एक-दो दिन में ही सबकी अनुमति लेकर वृन्दावन जाना है। उद्धव को बुलाओ।

7

युद्ध से पूर्व मगध सम्राट ने कूटनीति का प्रयोग किया है। उसे किसी भी कीमत पर यादव गणराज्य की संघशक्ति को तोड़ना था।

शिशुपाल और दुर्योधन की सहायता से जरासन्ध ने यादव एकता को छिन्न-भिन्न करना चाहा। कुल और सम्पत्ति का लोभ दिखाकर उनके अभिमान को उकसाने का सफल प्रयत्न किया। कंस के उपकारों का स्मरण दिलवाया। एक तीसरी सम्भावना की ओर

संकेत किया। जब दो यादव सामन्त लड़ रहे हों तो श्रीकृष्ण को किसी एक का पक्ष लेना पड़ेगा। परिणामस्वरूप दूसरा उसका विरोधी हो जाएगा।

यादव सामन्तों के पास अपना-अपना विशिष्ट सैन्यदल था, सम्पत्ति थी। सेना से सम्पत्ति के क्षेत्र में अधिक स्पर्धा थी। विजय के यश को बाँटने में कुछ बहुत जल्दबाज बन गए थे।

श्रीकृष्ण ने अक्रूर को परिस्थिति से अवगत कराया। महामात्य अक्रूर ने कहा : ''इनका आवेश शान्त हो जाने दें। तुम्हारा स्नेह इन्हें एकसूत्र में बाँधे रहेगा। मैं जानता हूँ कि जरासन्ध शिशुपाल द्वारा यादवों में अन्तःसंघर्ष करवाना चाहता है। यह सम्भव नहीं होगा, क्योंकि हे वार्ष्णेय! इस समय वृष्णिवंश शक्तिशाली होने पर भी तुमने गणराज्य के राजा के रूप में अन्धकश्रेष्ठ उग्रसेन को प्रतिष्ठित किया है, इस प्रकार दो पहियों को एक रथ में हमेशा के लिए लगा दिया है। शिशुपाल तुम्हारे साथ रहता इसमें उसका स्वार्थ था परन्तु उसकी अहंकार के रंग में रँगी हुई आँखें तुम्हें पहचान नहीं पा रहीं और वह पारिवारिक सम्बन्ध की भी अवहेलना कर रहा है।''

शिनि का अनुमान भिन्न था : ''यादव जरासन्ध के विरुद्ध एक बने रहेंगे क्योंकि वे बलराम की गदा से डरते हैं। जो जरासन्ध के साथ हैं वे श्रीकृष्ण के व्यक्तित्व से आकर्षित होकर हमारे समीप आने का प्रयत्न करेंगे।''

उद्धव सात्यकि से दोनों भाइयों के अन्तर के बारे में पूछता है। सात्यकि को अधिक नहीं सोचना पड़ता। वह कहता है : ''श्रीकृष्ण विपक्षी को पहले प्रेम से समझाते हैं। पर्याप्त समय के बाद यदि उचित प्रतिभाव नहीं मिले तब शस्त्र उठाते हैं। जबकि बलराम पहले हल, मूशल या गदा उठाते हैं, उसके बाद विपक्षी को उचित निर्णय करने के लिए कहते हैं। अपने यादव अग्रणियों में भी इन दोनों प्रकारों की प्रकृति वाले हैं। अक्रूर और पितामह शिनि श्रीकृष्ण की पद्धति का स्वागत करते हैं और सत्राजित तथा कृतवर्मा बलराम की कार्यपद्धति की प्रशंसा करते हैं। हाँ, महाराज उग्रसेन, आर्य वसुदेव और आर्य देवक दोनों को चाहते हैं। वे तुलना नहीं करते। उनका स्नेह अखंड है। जिस प्रकार उनके प्रति अपना आदरभाव अखंडित है।''

सात्यकि के उत्साह की कोई सीमा नहीं है। उद्धव दार्शनिक चर्चा में जितनी दिलचस्पी लेता है उससे अधिक सात्यकि को राजनैतिक घटनाओं में दिलचस्पी है। न जाने कहाँ से सूचनाएँ ले आता है। श्रीकृष्ण प्रेमपूर्वक सुनते हैं। जानते हैं फिर भी कहते नहीं हैं। सात्यकि को प्रोत्साहन देते हैं क्योंकि उसका विकासकाल है।

जरासन्ध का दूत कालयवन का सम्पर्क कर रहा है। सात्यकि की सूचना सत्य है। जरासन्ध पूर्व से चढ़ आए और कालयवन पश्चिम की ओर से। फिर दोनों ओर से फँसे हुए यादव बच नहीं सकते।

श्रीकृष्ण का अगम स्मित बलराम को परेशान कर रहा है। वे कहते हैं : ''इस बार तो प्राणान्तक युद्ध कर ही लेना है। तू कालयवन का काम तमाम करना, मैं जरासन्ध को चीर डालूँगा।''

"अन्य राजा दूसरे प्रपंचों में पड़े हुए हैं। हम पर आक्रमण करने की कोई जल्दी नहीं है। वे राज्यसत्ता के अंकुश द्वारा समग्र जीवन का संचालन करना चाहते हैं। उनका अहंकार बढ़ गया है। वे चाहते हैं कि पृथ्वी पर उनकी अनुमति के बिना पत्ता भी नहीं हिल पाए। वे भूल गए हैं कि इस देश की जनता तपोवन पर श्रद्धा करती है, राज्यसभा पर नहीं। आज जो भाग्यविधाता बन बैठे हैं कल वही हास्यास्पद लगेंगे।"

सुबल आया है।

पहले तो उसे उलाहना देना है। "बड़े भैया के पराक्रम के साथ तुमने न्याय नहीं किया। कंस के ससुर को पकड़कर कारागार में डालना था, वापस क्यों जाने दिया?"

"दूसरे की पराजय को देखकर शीघ्र खुश होनेवाले अपनी विजय को पचा नहीं पाते। सुबल, हम विजय के लिए नहीं, अन्याय का प्रतिकार करने के लिए लड़ रहे हैं। अन्याय को न्याय में परिवर्तित होने का अवसर देना चाहिए। यह सच ही है कि क्षमा वीर पुरुष का आभूषण है। वह दुर्लंघ्य की शक्ति को क्षीण करती है और उसे दयनीय बना देती है। सच्चा लोकनायक लड़ता तो भूमि पर है परन्तु स्थान प्राप्त करता है लोकहृदय में।"

भैरवनाथ बद्री-केदार की यात्रा पर गए हैं।

केवलदा कहते हैं कि मेरे तो सारे तीर्थ वृन्दावन में आ गए हैं। आजकल उनके यहाँ ज्ञानगोष्ठी के लिए भी कोई नहीं जाता। इसलिए उनकी इच्छा नन्दगाँव के स्थान पर सेवाकुंज में निवास करने की है। उनकी पत्नी विद्याजी और पुत्र अद्वैत को भी सेवाकुंज प्रिय है। अय्यन ने वहाँ तीन कुटीरें बना दी हैं। लगता है कि सारी आय को सेवाकुंज के लिए खर्च करने का उसने निर्णय ले लिया है।

केवलदा ने एक विचित्र बात कही है : "राधा की तपस्या की विद्युत-तरंगें मुझे स्पर्श करती हैं। उन तरंगों को मैं कृष्ण की ओर मोड़ने का प्रयत्न करता हूँ, परन्तु वे राधा की ओर लौट जाती हैं। कुछ लोग मान बैठे हैं कि अय्यन ने राधा के साथ गुप्त रूप से विवाह कर लिया है। कलावती ने इसमें सहयोग दिया था इसलिए वृषभानु वहाँ नहीं जाते। एक बार मैंने पूछा था : क्यों चाचा, सेवाकुंज क्यों नहीं जाते? तो कहने लगे : तीर्थस्थान कहीं रोज-रोज जाया जाता है? कहीं वहीं रह जाने का मन हो गया तो? सन्तानों के प्रति प्रेम है, उनका दायित्व भी है, फिर कलावती का डर भी है। कह डालेगी : कृष्ण के बड़े समर्थक थे फिर भी वैरागी हो गए। : वृषभानु ने एक दूसरी बात भी कही थी : श्रीकृष्ण-बलराम ने मथुरा की ओर प्रयाण किया उस दिन से कलावती उनकी प्रबल समर्थक बन गई है। इतना ही नहीं, उसमें इतनी समझ आ गई है कि वह अब राधा-कृष्ण के सम्बन्ध का स्मरण करके रो पड़ती हैं। वह विधाता को उपालम्भ देती है कि तूने यह कैसी आयोजना की है कि मेरी पुत्री से वृन्दावन नहीं छूटता और प्रजा की प्रत्येक समस्या के समाधान के लिए तत्पर है कृष्ण का मन!"

"राधा का स्वास्थ्य कैसा है? तपस्या के कारण वह कृष तो नहीं हो गई?"

''नहीं तो, वह तो चिरन्तन है। समय का प्रभाव उसके यौवन पर होता ही नहीं है। ललिता के कथनानुसार राधा अधिक सुन्दर होती जा रही है। उसकी उम्र की सभी गोपियों का विवाह हो गया है। उनमें कुछ परिवर्तन होता रहता है। परन्तु राधा का सौन्दर्य अलौकिक है। उसके नित्य के कार्यों को तप कहते हैं और वृन्दावनवास को कृपा मानते हैं। वह स्वयं तो वहाँ है ही, श्रीकृष्ण की उपस्थिति का आभास भी करा पाने में समर्थ है। रासोत्सव में राधा आपके वेश में सबके बीच आ पहुँचती है। और अधरों पर मुरली धारण करती है उस समय वैसा ही संगीत सुनाई देता है जो जीवन के उन सुन्दरतम क्षणों में सुनाई दिया था। केवलदा कहते हैं कि राधा सबसे सुन्दर कृष्ण के रूप में लगती है।''

''परन्तु मेरा कैसा दुर्भाग्य है कि मैं राधा नहीं बन सकता! सुबल, तेरे विवाहोत्सव में सारी सखियों ने मिलकर मुझे राधा बनाया था। यशोदा माँ के पास ले जाकर कहा था कि देखो हम तुम्हारे पुत्रों के लिए कन्या लाए हैं। अद्‌भुत था वह विनोद। उसी दिन जलमार्ग से उत्तरापथ के यात्री आए थे और फिर आ पहुँची थीं जननी देवकी। वह दिन भुलाने पर भी नहीं भुलाया जा सकता। सुबल! ब्रज की और कोई बात हो तो वह भी कहो।''

''बात तो है परन्तु ब्रज की नहीं, विदर्भ की है, बताऊँ?''

''इस बारे में मैंने नहीं पूछा था।''

''सुनते हैं कि राजकुमारी रुक्मिणी अनन्य सुन्दरी हैं?''

''हो सकती हैं। संसार को यों ही सुन्दर कहा जाता है? परन्तु इन दिनों उस ओर मेरा ध्यान नहीं है। ब्रज में प्रत्येक के साथ के स्नेहमय सम्बन्ध से ही तो मुझे आन्तरिक शक्ति मिली है, निर्भयता बढ़ी है : रुक्मिणी के साथ ऐसा स्वाभाविक सम्बन्ध सम्भव है? नहीं हो तो...''

''सुनते हैं कि रुक्मिणी आपको पत्र लिखती है परन्तु आप उत्तर नहीं भेजते?''

''वह पत्र नहीं लिख सकती। इतना परिचय तो उसका मुझे है ही। अधीरतापूर्वक कुछ माँग बैठे ऐसी युवती वह नहीं है, फिर भी उसे कौन समझाए कि जिसे राधा का सख्य प्राप्त हुआ हो उसकी अन्य कोई अपेक्षा नहीं हो सकती, विदर्भ की राजकुमारी की भी नहीं।''

''क्या यह सत्य है कि तुमने पच्चीस वर्ष तक ब्रह्मचर्य का पालन करने की प्रतिज्ञा की है?''

''प्रतिज्ञा लेने पर ही बना रहे इस तरह का मेरा ब्रह्मचर्य नहीं है। प्रतिज्ञा न लेकर प्रत्येक सम्भावना के लिए स्वयं को स्वतन्त्र रखता हूँ। मैं समग्र अस्तित्व से जगत को चाहता हूँ, व्यक्त होता हूँ। मैं जानता हूँ कि मनुष्य एकेन्द्रिय प्राणी नहीं है बल्कि अनेक आयामोंवाला शक्तिपुंज है।''

''आप तो अगम वाणी बोलने लगे। मैं तो पच्चीस वर्ष के बारे में ही पूछ रहा था।''

''उम्र का अधिक महत्त्व नहीं होता सुबल! सभी वृक्ष समान रूप से नहीं बढ़ पाते। ब्रज के बारे में बता।''

''मैं वहीं के बारे में बता रहा था। सब कहते हैं कि पच्चीस वर्ष की उम्र होने पर कृष्ण वृन्दावन आएँगे और राधा के साथ विवाह करेंगे। राधा के बिना उन्हें अच्छा ही नहीं लगेगा। जरासन्ध के साथ का संघर्ष पूरा करके वे वृन्दावन आ जाएँगे। राधा कहेगी वैसा

ही करेंगे। मथुरा में ही नहीं रहना पड़े इसलिए वे राजा नहीं बने हैं। मार्गदर्शन देंगे, जिसे आवश्यकता होगी वह लेने आएगा।''

कृष्ण बोले : ''एक विचित्र प्रकार का प्रश्न पूछूँ? राधा पहले की तरह कभी हँसती है?''

सुबल हँस पड़ा : ''हँसती है, खेलती भी है। तुमने और बलराम भैया ने जरासन्ध को भगा दिया, उस दिन वह खूब नाची थी। कदम्ब की डाल पर चढ़कर यमुना में कूद पड़ी थी। देर तक पानी उछाला था। जैसा उत्सव कंस-चाणूर के मर्दन के समय आयोजित किया गया था वैसा ही उत्सव था। कहने लगी कि कृष्ण की विजय अपनी विजय है, ब्रज की विजय है, नदी की विजय है, वृक्षों के वसन्त की विजय है, प्रकाशपूर्ण आकाश की विजय है। नाचो, गाओ, आनन्द मनाओ।''

सुबल और उत्तम को इस बात का अफसोस रहता था कि अन्तरंग मित्र होने पर भी वे श्रीकृष्ण और बलराम के काम नहीं आ पाए। सामान्य परिस्थिति में मथुरा-वृन्दावन के बीच दही, माखन और घी का व्यापार होता था। कोई ब्रजवासी बच्चों के मुख का गोरस नहीं बेचते थे। इस न्यायपूर्ण व्यवस्था को युद्ध के दिनों में कैसे बनाए रखा जाए? घी का तो संग्रह हो सकता है परन्तु दूध-दही का क्या किया जाए? मथुरा के श्रमिक भी एक-दो गायें बाँध सकते हैं। विषम परिस्थिति में उन्हें घास-चारा पहुँचाया जा सकता है। गायों को दीवारों के बीच बँधा रहना अच्छा नहीं लगता। वे तो घूमते हुए घास के सिरे को चरती हैं इसलिए ही उनका दूध इतना पौष्टिक होता है। परन्तु युद्ध के समय गायें भी परिस्थिति के अनुसार बन्धन में रह लेती हैं। श्रीकृष्ण ने महाराज उग्रसेन द्वारा सुबल को महागोपाल का पद दिलवाया है। सैनिकों के बालक घी-दूध के बिना न रह जाएँ यह दायित्व महागोपाल का है। ब्रजपति नन्दबाबा को सुबल का यह पद अच्छा लगा है।

श्रमजीवियों को गो-पालन की तालीम देते हुए कभी-कभी सुबल के मन में विचार आ जाता है कि मुझे मल्लविद्या का अभ्यास चालू रखना चाहिए था। प्रद्योत जैसा सेनापति तो मैं भी बन सकता था। वह बलराम से कहता है। उनकी अनुमति मिल जाती है। महागोपाल का दायित्व पूरा करके ग्रामीण क्षेत्रों से सैनिकों की भर्ती का कार्य प्रारम्भ कर दो, तुम्हें अहीरदल का नायक बना देंगे।

सुबल अति उत्साहित होकर मित्रों से इस बारे में बात करता है। तेजस्वी, अंशु और वरुरथ अब उसे महागोपाल के स्थान पर सेनापति सुबल कहने लगे हैं। कभी-कभी राधा भी इस हास्य-विनोद में भाग लेती है। बीच में वृषभानु बीमार थे इसलिए वह सप्ताह-भर घर रही थी। मानो यह भी तपस्या का ही एक भाग हो।

उद्धव को कभी आधी रात को, तो कभी प्रातःकाल यमुना की दिशा से वेणुनाद सुनाई देता है।

''बन्धु, तुम तो युद्ध में रत हो फिर यह बाँसुरी कब बजाते हो?''

''क्यों? सब एकसाथ नहीं हो सकता?''

''दोनों चीजें परस्पर विरोधी नहीं हैं?''

''लगती हैं, पर उतनी हैं नहीं। हाँ, यह सही है कि बाँसुरी मैं पशु-पक्षियों और प्रकृति के लिए ही नहीं, अपने लिए भी बजाता हूँ। परन्तु युद्ध मैं अपने लिए नहीं लड़ रहा। उद्धव, युद्ध मनुष्य की आवश्यकता नहीं है। युद्ध मुझे प्रिय नहीं है, परन्तु जब वह स्वधर्म बन जाता है तो मैं उसमें ओत-प्रोत हो जाता हूँ।''

''सात्यकि कहता है : युद्ध ही जीवन है।''

''वह अभी छोटा है, उसने युद्ध देखा है परन्तु जीवन नहीं देखा। युद्ध के लिए जीवन नहीं है, एक दिन वह समझ जाएगा कि जीवन के लिए ही युद्ध होता है।''

''सात्यकि जैसे दूसरे भी होंगे जिन्हें युद्ध में, विसंवाद में आनन्द मिलता होगा।''

''युद्ध और विसंवाद समान नहीं है। युद्ध इसलिए अनिवार्य बनता है क्योंकि मनुष्य विसंवाद से संवाद की स्थिति में, अन्याय से न्यायपूर्ण परिवेश में, अराजकता से संगीतपूर्ण स्थिति में जाना चाहता है। मैं वंशी बजाकर राधा को बताता हूँ कि चिन्ता नहीं करना, तेरा बाल-सखा गलत मार्ग पर नहीं है।''

''राधा तुम्हारा संगीत सुनती है यह तुमने कैसे जाना?''

श्रीकृष्ण ने स्मित करते हुए उद्धव के कन्धे पर हाथ रखा। उनकी आँखों में आकाश की नीलिमा छा गई। उस नीलिमा में तमाल, कदम्ब और अशोक की घटाओं वाले वृन्दावन को सुशोभित करनेवाला यमुना का किनारा प्रतिबिम्बित हुआ। विगत अपनी विशाल छवि के रूप में फिर से प्रकट हुआ।

''देखो, उद्धव, मेरी आँख में जो छवि है, वह राधा की द्युति से प्रकाशित है। यशोदाजी के वात्सल्यपूर्ण गीतों से यह विश्व मेरे लिए पालना बन गया है। विषम परिस्थितियाँ भी लोरी बन जाती हैं। हम संसार के बारे में बहुत कुछ नकारात्मक पूर्वग्रह बना लेते हैं जबकि हमें शुभ में श्रद्धा रखकर स्वयं को प्रत्येक प्रभाव के लिए खुला छोड़ देना चाहिए।''

अक्रूर कहते हैं : ''कृष्ण, यादवों के लिए यह एक युगान्तर है। वे पहली बार सम्राट के भय से मुक्त हुए हैं। अब कंसराज की तरह प्रजा का दमन नहीं होगा। दमनकारी की पराजय हुई। जरासन्ध को सिर झुकाकर वापस लौटना पड़ा। एक घटना-चक्र पूरा हो गया। यह सब तुम्हारे कारण सम्भव हुआ है कृष्ण!''

''आप मेरे अभिमान को नहीं उकसाएँ आर्य अक्रूर! मनुष्य कर्ता नहीं निमित्त है। मैं नहीं आता तो कोई दूसरा आता। जिस घटना का प्रारम्भ हुआ है वह पूरी होने ही वाली थी। कंसराज अधिक सत्ताकांक्षी बनते गए। जो भविष्य में अवरोधक लगे उन्हें दूर करने के लिए अधीर हो गए। सन्तुलन के रहस्य को समझ नहीं पाए। उन्हें जरासन्ध का समर्थन मिला हुआ था। वह जामाता थे इसलिए नहीं। सत्ता का वहन कर सके इसलिए जामाता बनाया गया था। ऐसे सम्राट को अपनी पुत्रियों के वैधव्य से अधिक अपनी सत्ता के वैधव्य की अधिक चिन्ता थी। आक्रमण के पीछे उसका यह संकीर्ण स्वार्थ था। अपनी विजय

वास्तव में अपनी नहीं न्याय की विजय है। मैं मात्र निमित्त हूँ यह विनम्रता वश नहीं कह रहा बल्कि सत्य व्यक्त कर रहा हूँ।''

''हम सबका विश्वास है कि सत्य आपके द्वारा व्यक्त होता रहेगा। सुना है कि जरासन्ध ने पश्चिम और दक्षिण की ओर से आक्रमण करने के लिए कालयवन आदि राजाओं को प्रलोभन दिया है। मैत्री के नाम पर मथुरा की सम्पत्ति देने का संकेत किया है। कहा है कि उसे सम्पत्ति नहीं यश चाहिए।'' अक्रूर ने कहा। वे जरासन्ध की कमजोरी को जानते थे।

''यह यश के लिए यश की आकांक्षा व्यर्थ है। क्योंकि यश का निरपेक्ष अस्तित्व होता ही नहीं है। राजा या गणमुख्य प्रजा के लिए कोई बड़ा कार्य करें और प्रजा उनका यशोगान करके कृतज्ञता व्यक्त करे, यह अलग बात है। और राजा यशस्वी बनने की महत्त्वाकांक्षा रखकर किसी पर आक्रमण करे यह दूसरी बात है। यश की आकांक्षा यदि असन्तुलन करनेवाली हो तो मैं उसे अमानवीय मानता हूँ।''

यादवों की गणसभा में राज्य की सुव्यवस्था के लिए परामर्श समाप्त होकर सुरक्षा से सम्बन्धित सेनानायकों के सम्भाषण प्रारम्भ हुए। सात्यकि का सारथि सन्देश दे गया था, श्रीकृष्ण कुछ क्षण के लिए बाहर जा आए।

हलायुध बलराम बोल रहे थे : ''जरासंध के लिए यह आक्रमण आखिरी बन जाना चाहिए। छोटी-छोटी लड़ाइयों से मुझे ऊब होती है। एक बड़ा युद्ध लड़ने के लिए मैं व्याकुल हूँ। इसलिए मेरा सुझाव है कि जरासन्ध आए उस समय नगर का दक्षिण द्वार हम खुला रखें। उसे नगरजनों के सामने ही पराजित करने की मेरी इच्छा है और अहंकार भी।''

अक्रूर ने उग्रसेन की ओर देखा। संकेत से बताया यदि सभागृह में श्रीकृष्ण उपस्थित होते तो बलराम के मुख से अहंकार शब्द नहीं निकला होता। शिनि ने कहा : ''संकर्षण! यह अहंकार वास्तव में तुम्हारा आत्मविश्वास ही है। यादवों में तुम महाबली, उदार और न्याय के पथ पर चलनेवाले हो। इसलिए मुझे कहना चाहिए कि पराजित राजा न्यायपूर्ण युद्ध करेगा ऐसी आशा रखना अतिरेक होगा। जरासन्ध को क्षमा करके मुक्त किया, फिर भी उसने आक्रमणकारी नीति में परिवर्तन नहीं किया। इसलिए मेरा अनुमान है कि युद्ध में अनीतिपूर्ण व्यवहार करते हुए उसे संकोच नहीं होगा।''

सत्राजित ने बलराम को भोला मानकर महाराज उग्रसेन की अनुमति लेकर अपना अभिप्राय व्यक्त किया : ''क्या वनमाली बलराम यह मानते हैं कि मगधपति मथुरा में अकेला ही प्रविष्ट होगा? उसने पुत्रियों के विवाह में दहेज में सम्पत्ति से अधिक सैनिक दिए थे। अर्थात् पुत्रियाँ देकर इस राज्य पर आधिपत्य बना लिया था। मेरा सुझाव है कि युद्ध को हम मनोरंजन नहीं मानें। सावधान और संगठित रहें। जरासन्ध को गंगा-यमुना के मैदानों से ही वापस भगा दिया जाए।''

''हम जो कुछ करें युद्धनीति के अनुसार ही करें, विवाद नहीं करें। सबकुछ पहले से निश्चित करके शत्रु पर उपकार नहीं करें।'' वसुदेव बोले।

श्रीकृष्ण सभा में आ गए थे। कृतवर्मा बोला : ''अपने लिए सत्राजित की बुद्धि से सम्पत्ति अधिक उपयोगी रहेगी।'' सब हँस पड़े। सत्राजित ने मित्र कृतवर्मा पर कृत्रिम रोष प्रकट किया। प्रसेनजित को यह वाक्य इतना अच्छा लगा कि वह दोबारा हँस पड़ा। बड़े भाई को अपनी बुद्धि पर इतना अधिक अभिमान है कि वे परिवार के किसी सदस्य के सुझाव पर कान नहीं देते।

सभा श्रीकृष्ण के विचार जानने के लिए उत्सुक है, यह देखकर उग्रसेन ने निवेदन किया। श्रीकृष्ण तुरन्त खड़े हुए परन्तु बोले नहीं। विचारने लगे कि कहें या नहीं।

''महाराज, आप सब अनुभव और ज्ञानसम्पन्न हैं, बड़े और आदरणीय हैं। विमर्श के रूप में मुझे कुछ कहना नहीं है सिर्फ यह पूछना है कि आगामी महायुद्ध की विकटता देखकर पूर्वनिर्मित युद्धनीति के अनुसार ही हम लड़ेंगे? या फिर परिवर्तित परिस्थितियों के अनुसार निर्णय लेने की सुविधा रखेंगे? हमें शत्रु के लिए अगम नहीं बना रहना चाहिए?''

अक्रूर और वसुदेव श्रीकृष्ण का तात्पर्य समझ गए। कृष्ण ने रहस्य प्रकट न करके अच्छा ही किया। पाँच गणमुख्यों ने तुरन्त निर्णय किया और महाराज ने अनुमति दे दी। इसके बाद महामात्य अक्रूर खड़े हुए : ''मैं गणसभा से निवेदन करता हूँ कि वह श्रीकृष्ण से अनुरोध करे कि जरासन्ध के साथ होनेवाले युद्ध में वे सेनापति का पद स्वीकार करें। हम सम्राट की कूटनीति का पहले से अनुमान नहीं लगा सकते। श्रीकृष्ण विलक्षण, कुशाग्र बुद्धिवाले क्रान्तिद्रष्टा, योगेश्वर, सभी युद्धविद्याओं में निष्णात हैं। महामना विकद्रु मुझसे कह रहे थे कि राज्यनीति और युद्धनीति के बारे में श्रीकृष्ण से विचार विनिमय करते हुए मुझे सन्तोष और आनन्द प्राप्त हुआ है।''

श्रीकृष्ण का मत है कि विकद्रु की ख्याति अकारण नहीं है। अब तक दो बार उनसे मिलना हुआ है। जीवन के सभी पहलुओं को भूत, भविष्य और वर्तमान के सन्दर्भ में देखते हैं। उनका चिन्तन मुख्य रूप से इस दिशा में है कि शत्रुता छोड़कर शान्ति प्राप्ति के लिए क्या करना चाहिए। शत्रु के साथ सन्धि, विग्रह, मान, आसन, द्वेधीभाव और संशय इस छह प्रकार की राजनीति में से औचित्य अनुसार किसका पालन करना चाहिए। इस बारे में श्रीकृष्ण और विकद्रु के बीच मतभेद नहीं है।

श्रीकृष्ण सेनापति के पद पर नियुक्त किए गए। वे ही युद्धनीति निश्चित करेंगे और सेनानियों को नियुक्त करेंगे। यादव सामन्त और अन्य महानुभाव उन्हें गुप्तमन्त्रणा में सहायता करेंगे। श्रेष्ठि उनके आदेश के अनुसार धन देंगे। इस युद्ध में किसी भी मूल्य पर विजय प्राप्त करनी है।

धन की बात निकलने पर सत्राजित कुछ कहनेवाला था परन्तु कृतवर्मा ने उसके कान में कहा, ''श्रीकृष्ण सलाह माँगने आएँ तभी हमें बोलना है। तुम्हारे पास धन लेने तो आएँगे ही, उस समय पहले सलाह देना बाद में धन।''

सात्यकि क्यों दिखाई नहीं दे रहा। उसकी अनुपस्थिति का कारण कोई नहीं जानता। कई सेनानायक बलराम को घेरकर खड़े थे। कृतवर्मा उनमें जुड़ गया। ''अब श्रीकृष्ण के अनुसार कार्य करना है, यह अच्छा हुआ। गणसभा में कई महापुरुष तो व्यर्थ ही समय नष्ट करते हैं।'' बलराम आज के निर्णय से प्रसन्न थे। इस प्रसन्नता को व्यक्त करने

के लिए उत्सव का आयोजन करना चाहिए। उसकी व्यवस्था किसे सौंपी जाए? उन्होंने कृतवर्मा और प्रसेनजित को खर्च करने का अधिकार दिया और धन प्राप्त करने का भी। उनका यह विनोद श्रीकृष्ण को अच्छा लगा। वे सात्यकि के निवास-स्थान पर गए।

बलराम के निवास-स्थान पर मंडप बँध चुका था। सामन्तों के बालक गोप-गोपियों के वेश में थे। बलराम के कन्धे पर बड़ा ढोल था।

''नाचो और गाओ, यह हमारा जीवन मन्त्र है और यही हमारी विजय का रहस्य भी है। नाचने से आनन्द मिलता है साथ में शरीर का व्यायाम भी होता है। भूख लगती है और शक्ति बढ़ती है। नृत्य देखने से नृत्य करने में ही सच्चा सुख है, क्या समझे? जो थक जाएगा उसे मिठाई नहीं मिलेगी। देख लो, माँ के हाथ में कितना बड़ा थाल है! नाचो।''

युवा यादव भी बालकों के साथ नाचने लगे थे।

नृत्य का मूल प्रेरक बल वहाँ नहीं था, इस बात का देवकी को रंज था। उन्हें चिन्ता रहती थी कि श्रीकृष्ण को विश्राम नहीं मिलता, वह प्रत्येक क्षण व्यस्त रहता है।

बलराम कहता है, ''माँ, आप कृष्ण की चिन्ता मुझ पर छोड़ दें, आप सिर्फ मेरी चिन्ता करें।''

आनन्दोत्सव में कोई कमी नहीं आ सकती। होने दो युद्ध, लड़ लेंगे। बलराम के साथी जब मदिरा के नशे में होते हैं तो उन्हें उनका बुलन्द हास्य पर्वत शिखरों के टकराने-जैसा लगता है।

सांध्यगोष्ठी में मद्यपान चल रहा था। स्वर्णपात्र में छलछलाती वारुणी बलराम के होंठों का स्पर्श करनेवाली थी। सभी यादव वीरों के हाथ में भरा हुआ चषक था। वहीं दारुक आ पहुँचा। श्रीकृष्ण का सन्देश था। बड़े भैया को शस्त्रों के साथ पहुँचना है।

कहाँ, कब? ऐसे प्रश्न किए बिना बलराम खड़े हो गए। आमन्त्रित मित्रों के हाथ में भरा हुआ चषक देखकर अपने पात्र की मदिरा को गटगटा पी गए और चल दिए।

सम्राट जरासन्ध के साथ सिर्फ श्रीकृष्ण-बलराम लड़ेंगे। यादव सेना मथुरा की रक्षा करेगी।

सात्यकि न नगर में है और न श्रीकृष्ण के साथ गया है।

अक्रूर जानते हैं। सात्यकि अपनी सेना के साथ श्रीकृष्ण-बलराम से कुछ दूर चलेगा। यह उसका निर्णय है। वह आवश्यक सूचनाएँ भेजता रहेगा।

श्रीकृष्ण-बलराम जरासन्ध की सेना को दिखाई दे चुके हैं। सम्राट विचार में पड़ गया है। यह लड़के आखिर क्या समझ बैठे हैं, क्या यह मुझे फिर से हराने का इरादा रखते हैं? मैं अवध्य हूँ इसका पता तो होगा ही। निश्चित इन्हें मृत्यु की जल्दी है।

सात्यकि सम्पर्क करता है। श्रीकृष्ण उसे निराश नहीं करते। अपनी गुप्त योजना बता देते हैं : ''अब हम आर्यावर्त के हार्द्र समान सह्याद्रि पर्वत को पार करेंगे। वहाँ से समृद्ध और सुशोभित दक्षिणापथ की ओर बढ़ेंगे। करवीरपुर, कोंचपुर तथा अन्य नगरों की यात्रा करते हुए गोमन्तक पर्वत तक जरासन्ध को ले जाएँगे।''

जरासन्ध पीछे-पीछे गया। कृष्ण की आकर्षित करने की शक्ति के कारण ऐसा हुआ या फिर जरासन्ध किसी भी कीमत पर बदला लेना चाहता था। यह योजना इतनी सरलता से सफल हो जाएगी, बलराम ने इसकी कल्पना नहीं की थी। शिशुपाल ने उसे रोकने का

प्रयत्न करते हुए कहा था। : "उस ग्वाले को रोकने के स्थान पर हमें पहले मथुरा जीत लेनी चाहिए। यादवों को मैं मना लूँगा। सम्राट, आप कृष्ण का पीछा करना छोड़ें, यह आपके गौरव के अनुरूप नहीं है और फिर वह कुटिल भी है।"

श्रीकृष्ण और बलराम के बिना मथुरा को जीतने में जरासन्ध को कोई रुचि नहीं थी। उसने एक दूसरी सम्भावना पर विचार किया। हम मथुरा के दुर्ग को घेरें, उस समय वह अपने ग्राम्य सैनिकों के साथ पीछे से आक्रमण करे तो? सुना है कि ब्रज के प्रत्येक युवक को उसने लड़ना सिखाया है। अच्छा यही रहेगा कि पहले इन दोनों भाइयों का काम तमाम किया जाए। फिर तो जिनका अधिकतर जीवन कारागार में बीता है, वैसे मनुष्यों से ही लड़ना बचेगा न!

जरासन्ध ने समय-समय पर अपनी प्रतिज्ञा में परिवर्तन किया था। प्रारम्भ में गिरिव्रज से कूच की उस समय कृष्ण के पक्ष के सभी यादवों को नष्ट करने की प्रतिज्ञा थी। फिर बलराम द्वारा पराजित होने पर प्रतिष्ठा प्राप्त करने का प्रश्न था। अब विजय से बदला लेना महत्त्वपूर्ण हो गया है। किसी भी कीमत पर इन दोनों भाइयों को नष्ट करना है। पूरी सेना के साथ उसने दक्षिणापथ की यात्रा प्रारम्भ की। गुप्तचरों ने सात्यकि की सेना के बारे में सूचना दी। कुटिल कृष्ण की यह विलक्षण योजना लगती है। जरासन्ध को इसके रहस्य का पता नहीं चल पाया।

कृष्ण के पक्ष में ऐसा कोई तनाव नहीं है। मानो यह युद्ध न होकर भारत-दर्शन का अवसर है। तपस्वी ऋषि-मुनियों का आशीर्वाद पाते हुए दोनों भाई आगे बढ़ते जा रहे हैं। सह्याद्रि की शाखा के रूप में दिखाई देते यज्ञगिरि पर्वत के अगम्य क्षेत्र में पहुँचकर उन्होंने प्रकृति के रौद्र सौन्दर्य का पान किया। वहाँ से आगे बढ़ने पर खट्वांग नदी ने यमुना नदी का स्मरण कराया था क्योंकि उसमें काले पत्थरों की बहुतायत थी।

अविरत यात्रा चल रही है।

गोमन्तक पर्वत आ गया है। उसके शिखर पर चढ़ने पर असंख्य द्वीपों के आभूषण वाले और लहरों से आलोड़ित समुद्र के दर्शन हुए। यहाँ सुन्दरता के साथ पवित्रता का पुट भी था। पर्वत पर ऋषि-मुनियों के छोटे-छोटे आश्रम थे। श्रमिक वनवासियों की इधर-उधर बनी हुई कुटियाँ थीं। उन्हें पता लगा कि इन दो नवयुवकों पर जरासन्ध की पूरी सेना आक्रमण करने के लिए आ रही है तो उन्होंने श्रीकृष्ण-बलराम का साथ देने का निश्चय किया।

पर्वत के सुरक्षित स्थान पर पहुँचकर शत्रु को थका डालने की युक्ति सोच ली गई थी। बस जरासन्ध के आ पहुँचने की देर है परन्तु उसके आगमन का कहीं संकेत क्यों नहीं मिल रहा? जंगली फल, खेती के लिए बिना तैयार की हुई भूमि पर उगे धान और गाय का दूध पीकर राम-कृष्ण ने बचपन के गोकुलवासी को मानो पुनः प्राप्त कर लिया था।

गोमन्तक पर्वत वृक्षों के कारण विशेष सुशोभित था, उनमें भी यहाँ शीशम के विशेष वृक्ष मिलते थे। मनोहर मयूर पर्वत और वृक्ष दोनों की शोभा में वृद्धि करनेवाले थे। सुगन्धयुक्त हवा दोनों भाइयों को सुख मिले इस तरह बह रही थी। कदम्ब वृक्ष की खोह में उत्पन्न होने से कादम्बरी या वारुणी कही जानेवाली मदिरा यहाँ सुलभ थी। बलराम

ने जिस समय उसका पान किया था उस समय जरासन्ध ने पर्वत को घेरकर उसके निचले भाग में आग लगा दी। मदिरा से झलकती आँखों में यह ज्वाला द्विगुणित हो गई थी।

जरासन्ध के प्रमुख सेनानायक श्रीकृष्ण-बलराम को इस ज्वाला में से निकलने देना नहीं चाहते थे। शिशुपाल भी इस घटना को उत्साह से निहार रहा था। अग्नि से सुरक्षित रहकर जरासन्ध की सेना आगे बढ़ती रहे, शिशुपाल की ऐसी योजना थी। मामा के लड़के जल मरें, इसकी उसे बहुत जल्दी थी। उसने देखा अग्नि उसकी धारणा से धीमी गति से बढ़ रही है मानो उन्हें सहला रही हो। इसीलिए उसने तैलीय पदार्थ डालने का सुझाव दिया। तभी हरा जंगल तीव्रता से सुलग उठेगा और कुछ समय में ही दोनों ग्वाले जल मरेंगे।

अधिकतर सैनिक इस कार्य को पराक्रम मानकर अग्नि के पास ही रहे क्योंकि उन्हें विश्वास था कि कोई उन पर आक्रमण नहीं रहेगा। तलहटी के सूखे वृक्ष जल रहे थे। ऊपर के हरे वृक्षों के पत्ते आग पकड़ें, उसके साथ ही पर्वत की शिलाएँ गिरने लगीं। यह आकस्मिक था। पराक्रमी सैनिक पीछे हटें उसके साथ ही गोफन में से बड़े-बड़े पत्थर छूटने लगे।

इस अकल्पित स्वागत से जरासन्ध स्तब्ध रह गया। हरे वन को जलाकर उसने जिस राक्षसी आनन्द को लूटा था यह उसका उत्तर था।

कुंजबिहारी श्रीकृष्ण और वनमाली बलराम सहायता के लिए आ गए वनवासियों से कह रहे थे : "तुम हमारी चिन्ता मत करो। वनराई को आग लगानेवालों को रोको और दण्डित करो और सम्भव हो उतने वृक्ष बचा लो।"

आग तो झरने को पार करके ऊपर तक फैल गई होती। परन्तु जिनके पास गोफन नहीं थी वे जलाशयों के पास खड़े हो गए थे। वन की आग बुझाना उनकी जिजीविषा का ही एक हिस्सा था। ऊपरी वन और उसमें बने तपोवनों की रक्षा हुई। जरासन्ध स्वयं को महादेव का उपासक मानता है और शंकर की तपस्या के लिए सर्वाधिक उपयुक्त स्थल का विनाश करने चला है।

गोफन का आक्रमण शंकर के तांडव की झाँकी करानेवाला था। वनवासियों की यह शक्ति देखकर बलराम अति प्रसन्न हुए। उन्होंने देखा कि झुलसे और पीड़ित सैनिक दयनीय रूप में इधर-उधर भाग रहे हैं। उन्होंने यह भी देखा कि आग लगाने वालों को आग से बचना नहीं आता।

बलराम ने वनवासियों का गोफन-युद्ध बन्द करवा दिया और कहा : "अब तुम विश्राम करो और हमारा युद्ध निहारो। देखो, जरासन्ध की हतप्रभ सेना को पीछे से वीर सात्यकि ने शिकंजे में कस लिया है।"

जरासन्ध के सैनिक विस्मयविमूढ़ होकर देख रहे हैं। जहाँ कुछ समय पहले अग्नि थी उसी मार्ग से आ रहे यह दो युवक श्रीकृष्ण-बलराम हैं या साक्षात अग्नि देव ऐसा रूप धारण करके सम्राट को पुरस्कार देने आ रहे हैं। पुरस्कार देने के साधन थे सुदर्शन चक्र और सौनन्द मूशल!

जो सामने पड़ा उसका संहार प्रारम्भ हो गया। अग्नि ने वृक्षों को जलाया था, उससे अधिक गति से सुदर्शन और सौनन्द संहार कर रहे थे। यह दंड प्रकृति पर प्रहार करनेवालों के लिए था।

पहले की पराजय के आघात को न भूला जरासन्ध गदा लेकर बलराम की ओर बढ़ा। उसके साथी राजा दो कतारों में संगठित होकर बढ़ रहे थे। एक कतार सुदर्शन से कटने लगी थी दूसरी पर सात्यकि का खड्ग चल रहा था।

बलराम और जरासन्ध के भयानक युद्ध के दो ही समीप द्रष्टा थे। बिना कारण परेशान करने पर कुपित पर्वत और प्रायश्चित करते हुए विदा ले रहा वैश्वानर! नायक और सैनिक प्राणों के भय के कारण युद्ध देखने से वंचित रह गए थे।

सात्यकि बिलकुल पास आ चुका है। वह बड़े भैया को सुझाव अवश्य देगा : "जरासन्ध को जीवित नहीं जाने देगा।" सात्यकि नहीं समझ सकता कि वृद्ध राजा पराजय और प्रायश्चित करते हुए अधिक समय तक जीवित रहे यही उसके लिए उचित दंड होगा। श्रीकृष्ण युद्धभूमि के केन्द्र की ओर पहुँच रहे हैं।

जरासन्ध थक गया है। बलराम शक्ति स्रोत की तरह उछल रहे हैं। वे प्राणांतक प्रहार करनेवाले थे कि श्रीकृष्ण की वाणी सुनाई दी : "उसे जीवित रहने दें। जिसने आर्यावर्त का सम्राट पद प्राप्त किया है वह जरासन्ध अपने प्राण बचाकर भले ही जीवित बना रहे। यह देखकर संसार जान जाएगा कि जो शक्ति मनुष्य के कल्याण के लिए प्रयुक्त नहीं होती वह चाहे कितनी प्रचंड हो परन्तु उसकी परिणति ऐसी हीन होती है।"

श्रीकृष्ण सेनापति नहीं होते तो भी बलराम उनकी बात नहीं टालते। एक अन्य विचार उनके मस्तिष्क में आया। निःशस्त्र और नतमस्तक खड़े जरासन्ध को देखकर उन्होंने कहा : "सम्राट जीवित रहें यह मेरे लिए अच्छा है। इनके साथ युद्ध करने के अवसर मुझे मिलते रहेंगे जिससे मेरी संघर्ष करने की इच्छा सन्तुष्ट होती रहेगी।"

"सम्राट की चले तो वे जीने की अपेक्षा युद्ध ही करते रहें।"

"मेरी इच्छा है कि मेरे हाथों इनकी मृत्यु हो।"

"सम्राट का सौभाग्य नहीं लगता।" श्रीकृष्ण ने जरासन्ध की ओर देखे बिना ही कहा : "एक मनुष्य की सत्तालालसा कोटि-कोटि मनुष्यों के जीवन को बर्बाद कर डालती है। प्रजा इस भयानक कृत्य से सुरक्षित रहे इसलिए हमने यह कठिन मार्ग चुना था परन्तु विजय की लिप्सा में विवेक गँवाकर सम्राट ने हरे-भरे पर्वत में आग लगाई। कितने प्राणियों और मनुष्यों के जीवन की आहुति हुई। हम चाहते हैं कि आर्यावर्त के सम्राट के हाथों ऐसा अधम कृत्य अब नहीं हो।"

सात्यकि ने युद्धविराम को स्वीकार लिया था। जरासन्ध की विराट अजगर के समान सेना वहाँ से हट जाए उतना समय उसने अधीरता से व्यतीत किया। श्रीकृष्ण के सारथी के रूप में कार्य करनेवाले महारथी दारुक ने इस युद्ध में सात्यकि के समान शौर्य का प्रदर्शन किया था। उसने दोनों को वन्दन करके अभिनन्दन दिया। स्वागत के लिए तत्पर सेना जयनाद कर उठी। कई वनवासी नीचे आ गए थे। श्रीकृष्ण के संकेत से सात्यकि ने उन्हें छावनी में आमन्त्रित किया। रात्रि उत्सव में वनवासी पूरी रात नाचे थे।

करवीरपुर के मार्ग पर यादव सेना ने प्रयाण किया। सात्यकि श्रीकृष्ण के रथ में है। वह इस बदली हुई परिस्थिति के बारे में पूछ रहा है : ''जरासन्ध की पराजय किस कारण हुई? अपनी शक्ति के कारण या दैवीकृपा द्वारा? देवों को तो जरासन्ध ने प्रसन्न कर लिया था। आपने ब्रजवास के समय इन्द्र-सत्ता का अस्वीकार किया था इसलिए कुपित इन्द्र जरासन्ध को ही सहायता देता। फिर यह विजय किस प्रकार हुई?''

''शुभतत्व में हमारी श्रद्धा के कारण।''

सात्यकि श्रीकृष्ण के कथन को समझने का प्रयत्न कर रहा था। उसकी जिज्ञासा को सन्तुष्ट करने के लिए श्रीकृष्ण स्नेहपूर्वक बोले : ''लक्ष्य बिना शक्ति संचित करके जरासन्ध ने प्रजा में आतंक फैला दिया था। उसकी शक्ति उत्तरोत्तर मानव- विरोधी होती गई। उससे श्रद्धा उठती गई। लोकचेतना का सहयोग गँवानेवाली शक्ति अन्दर से निःसत्य हो जाती है। लगता है कि सम्राट को इस बात का पता नहीं है। शायद उन्हें इस बात का भी ज्ञान नहीं है कि हम सत्य और शुभ कार्यों में विश्वास रखते हुए संगठित हुए हैं। प्रजा हमें चाहती है, और साथ देती है। जहाँ हम अकेले होते हैं वहाँ अकेले नहीं पड़ते। क्योंकि यह परिवर्तन प्रजा द्वारा चाहा हुआ है।''

''यह सही है परन्तु विजय तो श्रीकृष्ण-बलराम की ही हुई?''

''बड़े भैया को इस विजय से बहुत प्रसन्नता नहीं हुई है। जाकर देख, वे अपने रथ में बैठे मदिरापान करते हुए विश्राम कर रहे होंगे। मुझे उनका एक गुण बहुत अच्छा लगता है कि उनमें बदला लेने की भावना ही नहीं है। उनमें क्रोध है परन्तु किसी से द्वेष या शत्रुता नहीं है।''

वे उन वनवासियों को पुरस्कार देते हुए कह रहे थे : ''मुझे नहीं, श्रीकृष्ण को प्रणाम करो। सब उन्हें चमत्कारी पुरुष मानते हैं, परब्रह्म का अवतार मानते हैं।''

''जो स्वयं को अवतार मनवाकर पूजा करवाते हैं उनके दर्शन के लिए तो हम जा रहे हैं।'' सात्यकि को सन्तोष नहीं हुआ। परन्तु यह विनोद उसे अच्छा लगा। वह भी सबकी तरह विश्वास करना चाहता था कि श्रीकृष्ण अवतारों के भी अवतार हैं। स्वयं जिसको चाहता हो उसे परमब्रह्म से कम क्यों माने? परन्तु अब यदि वह अधिक प्रश्न करेगा तो श्रीकृष्ण उसकी मुग्धता पर हँसने लगेंगे।

8

जरासन्ध विराट सेना लेकर आ रहा है। एक कोमल वृक्ष को भयंकर तूफान के सामने टिके रहना है। जरासन्ध सम्राट है। आर्यावर्त में कोई उसकी इच्छा के विरुद्ध कार्य नहीं कर सकता। कृष्ण ने मथुरा के राजा का ही नहीं, उसके जामाता का भी वध किया है। उसका अपराध अक्षम्य है। पुत्रियों का वैधव्य देखकर उसने प्रतिज्ञा की है : कृष्ण और उसके पक्षधर प्रत्येक यादवकुल का वह संहार करेगा। पूरी तैयारी हो चुकी है। तेईस अक्षौहिणी सेना लेकर आ रहा है।

"उद्धव, एक अक्षौहिणी में इक्कीस हजार आठ सौ सत्तर गज सवार, उससे तीन गुने घुड़सवार और पाँच गुने पैदल सैनिक होते हैं। सम्राट जरासन्ध सत्तर लाख सैनिकों के दल को लेकर आ रहा है। आश्चर्य हो रहा है न ! मुझे कौतूहल हो रहा है। इतने बड़े सैन्यदल के बीच सम्राट स्वयं कितना छोटा लगता होगा? और अपने शूरसेन जनपद का तीन सौ योजन का क्षेत्र उसकी सेना की आवश्यकताओं को पूरा कर पाएगा? वह जीतेगा तो भी लाभ नहीं होगा और हार गया तो लज्जास्पद लगेगा। महाराज उग्रसेन चिन्तित थे। मैंने गण-मुख्यों की गोष्ठी में कहा : मुझे चिन्ता नहीं होती, हँसी आती है। उसके दो कारण हैं : सम्राट जरासन्ध के पास आक्रमण करने के लिए कोई कारण नहीं था। बड़े भैया और मैं राजा कंस का वध करने नहीं आए थे। अन्याय और प्रवंचना का प्रतिकार करने आए थे। और दूसरा यह कि हमने मगध साम्राज्य से संघर्ष करने की घोषणा नहीं की। अपना छोटा राज्य है। उस पर सत्तर लाख की सेना लेकर आ चढ़ाना, सन्तुलन को तोड़ना है। इससे सम्राट को ही हानि होगी। अतिशय भार के कारण उनकी सैन्यशक्ति टूट जाएगी। महाराज, आप सम्राट के समधी लगते हैं, शुभचिन्तक के रूप में उसे सलाह दें कि यहाँ बसाने के लिए प्रजा भी लेता आए। क्योंकि इस सबको निःशेष करने की उसने प्रतिज्ञा ली है।"

गोकुल-वृन्दावन का वृत्तान्त सुनकर, राधा की तपस्या से धन्यता का अनुभव करके श्रीकृष्ण ने मथुरा की स्थिति के बारे में कहा। कुछ दिनों से एक बड़ी घटना आकार ले रही थी।

उद्धव ने कहा : "जिन मागधों ने कंसराज के शासनकाल में यहाँ की समृद्धि को भोगा था, उन्हें उसका स्वाद लग गया होगा। सत्तर लाख सेना नहीं, मथुरा में विलास के लिए आनेवाले आलसियों का समूह होगा। उनके सगे-सम्बन्धी होंगे। उन्हें कैसे पता चलता कि अब मथुरा की जीवन-पद्धति बदल गई है। प्रमाद का स्थान पुरुषार्थ ने ले लिया है। प्रातःकाल कार्य में लगे हुए प्रजाजनों को देखने के लिए सूर्यदेव भी जल्दी पधारते हैं। उनके रथ की गति बढ़ गई है।

आजकल यादव अग्रणी नियमित मिलते हैं। उद्धव और सात्यकि लगभग श्रीकृष्ण के साथ होते हैं।

गुप्तचर नवीन सूचनाएँ देते हैं। सेनाध्यक्ष तुलना करता है। इतने कम समय में सैन्यदल किस तरह बढ़ाया जाए? प्रतिकार तो करना है परन्तु किस तरह? तेईस अक्षौहिणी का बार-बार उल्लेख करके उन्होंने सभा को व्यग्र बना दिया जो उनका अभिप्रेत नहीं था। कंस के समर्थक मौन हो गए थे। वे अपनी सम्पत्ति की सुरक्षा करते हुए निष्क्रिय रहनेवाले थे। उनकी ओर से सम्राट की शरण स्वीकार लेने का प्रस्ताव आने की सम्भावना थी, परन्तु वे प्रतीक्षा करेंगे। श्रीकृष्ण की परीक्षा होने देंगे, बालक ही है न! मानेगा नहीं, कहने से नहीं, हारकर मानेगा। उसके पास ऊँची-ऊँची बातें थीं। लोग घर-चौपाल में बातें करते हैं।

श्रीकृष्ण यह भी जानते हैं। सेनाध्यक्ष हमें भ्रम में नहीं रख रहे, इतने सत्यनिष्ठ तो हैं। इतने वीर भी हैं कि आक्रमण का प्रतिकार करने के लिए कृतसंकल्प हैं। मैं उनका आदर करता हूँ परन्तु उनकी चिन्ता और आपकी व्यग्रता में सहभागी नहीं बन सकता।

यादव अग्रणियों के मुख की रेखाएँ बदलने लगी हैं। श्रीकृष्ण यह देखकर बोलते हैं : ''मैं सम्राट जरासन्ध को बड़ा युद्ध-विशेषज्ञ मानता था, परन्तु यह सिद्ध हो चुका है कि वे ऐसे नहीं हैं। तेईस अक्षौहिणी सेना लेकर वे यहाँ आने के लिए निकल चुके हैं। उन्हें यदि लड़ना ही होता तो एक अक्षौहिणी सेना पर्याप्त थी। यदि हमने अन्याय किया होता तो इतनी सेना न्याय मनवा सकती थी। यहाँ अन्याय का प्रश्न ही नहीं है। महाराज उग्रसेन और मैंने विधवा रानियों अस्ति और प्राप्ति से विनती की थी कि वे यहीं रहें अथवा पितृगृह जाकर शोक कम करके वापस आ जाएँ। हमें जड़-मूल से उखाड़ने के लिए उन्होंने अपने पिता को भेजा है। परन्तु उखाड़ेगा कौन? बारीक वस्तु को पकड़ने के लिए छोटे औजार की आवश्यकता होती है, बड़ा काम में नहीं आ सकता। जबकि सेना तो जीवित मनुष्यों की होती है। यह प्रदेश चाहे तो भी उनकी आवश्यकता की पूर्ति नहीं कर पाएगा। और गिरिव्रज से मथुरा के बीच में कितना अधिक अन्तर है! यहाँ आते-आते वह तेईस अक्षौहिणी सेना थक जाएगी। इतनी सेना सम्राट के पास पहले नहीं थी। उन्होंने अन्धक और वृष्णिवंश के संहार के लिए निर्मित की है। अधिकतर सैनिक तालीम बिना ही भर्ती किए होंगे। आप सोचें : सत्तर लाख सैनिकों में से प्रत्येक कुशल योद्धा और समर्पित वीर पुरुष हो सकता है? यह सैनिक यहाँ पहुँचने से पहले ही अन्दर से टूट चुके होंगे। कई थकान से अस्वस्थ और रुग्ण हो गए होंगे। उन्हें सँभालने का भार दूसरे सैनिकों पर होगा। थका और बीमार सैनिक भी आगे बढ़कर युद्ध कर सकता है यह मैं मानता हूँ परन्तु उसके सामने उत्तम लक्ष्य होना चाहिए। जबकि जरासन्ध के पास है उसका अमर्यादित अहंकार! मुझे इसमें शंका है कि उसके अहंकार के पोषण में बीमार और थके हुए सैनिक अपना बलिदान करेंगे।''

सभा धनुष की प्रत्यंचा की तरह तन गई। श्रीकृष्ण आगे बोले : ''पुत्रियों के वैधव्य से संतप्त हो सम्राट युद्ध के लिए चढ़ आए हैं यह कारण भी सत्य नहीं लगता। क्योंकि यही कारण होता तो हम दोनों भाइयों से ही बदला लेना चाहिए था। वृद्ध-सम्राट मल्लयुद्ध या गदायुद्ध में बड़े भैया से मृत्यु-पर्यन्त नहीं जीत सकते। वे मुझ पर क्रोधित हों तो मैं जैसा चाहे वैसा युद्ध लड़ने के लिए अकेला ही आमन्त्रण पर गिरिव्रज भी जा सकता था। परन्तु उन्होंने हमारा विध्वंस करने की प्रतिज्ञा लेने के स्थान पर समग्र यादवकुलों का संहार करने की प्रतिज्ञा की है, इसमें उनकी छद्मवेशी महत्त्वाकांक्षा छिपी हुई है। वे शूरसेन जनपद को निगल लेना चाहते हैं।''

प्रत्येक सदस्य खड़ा हो गया और स्वाभाविक आवेश के साथ सभा ने युद्ध करने का निर्णय ले लिया।

''मथुरा के सजग और निर्भय वीरपुरुषों से मुझे इतना ही कहना है। ग्राम्यक्षेत्र के यादव और अहीर कंसराज के सामने लड़ने के लिए समर्थ थे। उसका अवसर उन्हें नहीं मिला। अब सम्राट जरासन्ध की सेना को उनकी शक्ति का परिचय होगा। हम युद्धविद्या के नियमों के अनुसार लड़ेंगे, उन्हें अपने ढंग से लड़ने दें। आप सब बैठ जाएँ और आक्रमण के पीछे छिपे सम्राट जरासन्ध के स्वार्थ के बारे में अक्रूर जी से सुनें।''

अक्रूरजी ने श्रीकृष्ण की बात का समर्थन किया। उन्होंने उदाहरणों द्वारा प्रमाणित किया कि सत्तालोलुप साम्राज्यवादी किस प्रकार तुच्छ बहाने खोजकर छोटे-छोटे राज्यों को

निगल जाते हैं। फिर विभिन्न यादवकुलों का इतिहास बताकर उनकी विशेषताएँ बताईं। कोई कुल आगामी संघर्ष में जरासन्ध की ओर मिल जाए तो भविष्य में उसे जीत लेने पर भार दिया और कहा कि अपने बीच मतभेद हो सकते हैं परन्तु युद्ध के समय तो हमें एकता ही बचा सकती है। हम बचने ही वाले हैं। उग्रसेन जैसे उदार राजा और श्रीकृष्ण जैसे लोकनायक के नेतृत्व में हमारी उन्नति निश्चित है।

आग्रह करने पर वसुदेव खड़े हुए। उन्होंने अपनी यातना के बारे में एक शब्द भी नहीं कहा। उन्होंने कहा कि शूरसेन जनपद की प्रजा के लिए यह गौरवपूर्ण सोपान है। वह इतनी जाग्रत और संगठित पहले कभी नहीं थी। मैंने सोचा था कि अब जीवन में शस्त्र नहीं उठाना पड़ेगा। सम्भव है कि यह धर्म पुनः प्राप्त हो। वीर युवकों से मुझे इतना ही कहना है कि उनके नेतृत्व में हम सब वृद्ध लड़ेंगे। महाराज उग्रसेन, महामना शिनि, महामात्य अक्रूर तथा अन्य यादव तो सम्राट जरासन्ध के समवयस्क हैं। उन्हें आदर देने के लिए भी हमें शस्त्र उठाने चाहिए। हम उस परम्परा और संस्कृति में बड़े हुए हैं जो कहती है कि आक्रमण का प्रतिकार न करनेवाला आत्मघाती होता है। आत्मघाती मृत्यु के बाद शाश्वत अन्धकार में घिर जाता है। कहा जाता है कि वृद्धावस्था में स्मृति मन्द हो जाती है परन्तु यह सभी वृद्ध अपना कर्तव्य नहीं भूले हैं। तप और संयम के कारण उनकी शरीरशक्ति भी सुरक्षित है। गणसभा द्वारा नियुक्त किए सेनापति के आदेशानुसार सौंपे गए दायित्व को आगामी युद्ध में हम सँभालेंगे और लड़ेंगे।

उग्रसेन अपने आसन से खड़े होकर वसुदेव के पास गए। उन्होंने बाँहों में भरकर आदर प्रकट किया। उसमें सहभागी बनने के लिए सभी यादव अग्रणी खड़े हो गए। उन्होंने उग्रसेन-वसुदेव की जय बुलाई। इससे प्रचंड आवाज हुई जो राजप्रासाद के दुर्ग से निकलकर यमुना के प्रवाह को छू गई।

उग्रसेन ने कहा : ''श्रीकृष्ण-बलराम के मथुरा प्रवेश के बाद अपनी एकता बढ़ती रही है। गणराज्य का खोया हुआ आदर्श हमने पुनः प्राप्त कर लिया है। सर्वत्र न्याय और शक्ति का आदर है और उत्तमता का आग्रह है। सांदीपनि मुनि के शिष्यों के रूप में श्रीकृष्ण, बलराम और उद्धव ने जिस विद्याप्रेम, सुशीलता और विनम्रता को दर्शाया उसकी सर्वत्र प्रशंसा हो रही है। वे यज्ञ की समिधा ही नहीं, भोजन पकाने के लिए ईंधन भी उठाकर लाए थे। पंचजन्य का वध करके गुरुपुत्र को वापस लाने का अद्भुत पराक्रम किया। और मथुरा वापस आकर वैभव-विलास के प्रति उदासीन रहकर दुर्ग को अविजेय बनाने के कार्य में रत रहे। हम उनके ऋणी हैं। उन्होंने हमें सुरक्षित बनाया है और नवजीवन के प्रति विश्वास जगाया है।''

अक्रूर और शिनि की इच्छा थी कि यादवों के सेनापति की नियुक्ति भी इसी सभा में ही हो जाए।

सुझाव माँगे गए। सभी कुल के सदस्य एक-दूसरे से घुल-मिलकर बैठे थे। उन्हें अलग होना पड़ा। अपने-अपने यूथों में उन्होंने विचार-विमर्श किया। प्रत्येक यूथ के अग्रणी ने महाराज उग्रसेन के पास अपना सुझाव पहुँचा दिया।

''सबने एक ही नाम सुझाया है : श्रीकृष्ण वासुदेव का!'' महाराज की ओर से महामात्य अक्रूर ने घोषणा की।

बलराम ने सभी का आभार माना। श्रीकृष्ण विनम्र स्मित के साथ भविष्य की ओर ताक रहे थे। बलराम उत्साहित थे जबकि श्रीकृष्ण ने स्वाभाविक रूप से दायित्व स्वीकार किया था।

महाराज उग्रसेन से मिलकर युद्ध की परिस्थिति के दिनों में परामर्श के लिए श्रीकृष्ण ने गणमुख्यों की एक समिति बनाई थी। अपने प्रस्ताव और सुझाव वे इस समिति के समक्ष पेश करते जिससे सहचिन्तन का लाभ मिले और सहभागी होने की भावना के कारण सामूहिक शक्ति में वृद्धि हो।

जरासन्ध की सेना गंगा पार करने का प्रयत्न करे उसी समय से उसके सामने अवरोध खड़े करने, उसे सतत विक्षिप्त बनाए रखना, आत्मरक्षा के लिए सजग और आकस्मिक आपत्ति के लिए शंकाग्रस्त बनाए रखना : ऐसी व्यूह-रचना स्वीकारी गई थी। क्षतिग्रस्त सर्प के लिए चींटी भी आपत्ति बन सकती है। इस दृष्टि से कई कुशल टुकड़ियाँ उनका स्वागत करने के लिए निकल पड़ी थीं।

युद्ध आ पहुँचा है यह जाननेवालों को एक सूचना तो अधिकृत रूप में मिल चुकी थी कि लम्बा अन्तर पार करके यहाँ पहुँची हुई सेना थक चुकी है। पहले तो वह थकान उतारेगी। आक्रमण करके दुर्ग को नहीं तोड़ सकती। अपने छद्मवेशी सैनिक वापस आएँ फिर आगामी योजना बनाई जाएगी कि हमें दुर्ग के अन्दर रहना है या छोटी-छोटी टुकड़ियों द्वारा आक्रमण करके जरासन्ध के ध्यान को विकेन्द्रित करना है।

जरासन्ध ने सोचा था कि कंस के समर्थक यादव मथुरा के द्वारों को खोलने में सहायक होंगे। अस्ति-प्राप्ति द्वारा बताए गए संकेतों का प्रयोग किया गया परन्तु अनुकूल प्रतिभाव नहीं मिला।

गुप्तमार्ग पर श्रीकृष्ण, बलराम, उद्धव, सात्यकि आदि का सतत निरीक्षण रहता था। दुर्ग के बाहर और अन्दर के वृक्षों की सांकेतिक सहायता ली गई थी। सीधा-सादा एक भी मार्ग नहीं था। यह सम्भव नहीं था कि कोई विश्वासघात करने का साहस करे। फिर भी इस खतरे की ओर पूरी सावधानी रखी गई थी।

एक के बाद एक दिन बीतते गए। सेना की थकान उतरने दी गई। अब शिकारी जानवर की तरह योग्य क्षण की प्रतीक्षा की जा रही है। उनकी मान्यता थी कि आसपास के क्षेत्र से द्रव्य देकर खाद्य पदार्थों को खरीदा जा सकेगा। परन्तु प्रजा ललचाती नहीं है, डरती भी नहीं है, अपनी रक्षा करना जानती है। यह एक आकस्मिक अनुभव था।

श्रीकृष्ण ने गणमुख्यों की दूसरी बैठक बुलवाई। व्यूह-रचना को बदलना था। बलराम के नेतृत्व में कुशल और समर्पित सैनिक दुर्ग के बाहर जाएँगे। वे अजगर की तरह पड़ी जरासन्ध की सेना पर गरुड़ की तरह टूट पड़ेंगे। मथुरा की सुरक्षा का दायित्व श्रीकृष्ण पर है और क्षीणशक्ति होती जा रही सेना के अधिपति को हतप्रभ करने का दायित्व बलराम का था।

श्रीकृष्ण की दृष्टि बलराम के चरणों में थी।

"आक्रमण करने से पूर्व जरासन्ध को सावधान करना है या नहीं?" बलराम ने पूछा।

"आपको उचित लगता हो तो अवश्य करें। जरासन्ध यह मानता हो कि आक्रमण करने का उसका ही अधिकार है और हमें तो सुरक्षा के सिवा और कुछ नहीं करना है तो यह उसकी भूल है।"

बलराम किसी वरिष्ठ यादववीर को दूत के रूप में भेजने के लिए सोच रहे थे। जरासन्ध को इतना महत्त्व नहीं देना है। सबसे छोटे यादववीर सात्यकि को ही भेजा जाए। चाहे वह सम्राट को आघात पहुँचाकर ही वापस आए।

सन्देश इस तरह भेजना था : "आप शान्तिप्रिय मथुरावासियों पर आक्रमण कर रहे हैं। शौरसेनी यादव, अहीर तथा अन्य किसी जाति ने आपका कुछ भी अनिष्ट नहीं किया है और न आपका अपमान किया है। आप भगवान शंकर के उपासक हैं तो यहाँ से ही कैलास की यात्रा पर निकल जाएँ और सेना का जो भाग कुशल है उसे मगध वापस भेज दें। इस राज्य की ग्रामीण प्रजा आपका आतिथ्य नहीं करेगी। सम्भव है कि अब मुश्किलें खड़ी करने लगे। हमें भी सोचना है कि आपकी सेना के शिकंजे को किस प्रकार तोड़ा जाए। हम आपको डराना नहीं चाहते; बल्कि आपके अन्दर सुषुप्त विवेक को जाग्रत करना चाहते हैं।"

"लगता है कि तेरा कृष्ण वासुदेव स्वयं को बहुत चतुर मानता है सात्यकि! हम तुझे बालक समझकर क्षमा कर रहे हैं। यहाँ तुझे गुप्तचर का कार्य करने के लिए दूत के वेश में नहीं आना चाहिए था।"

"इस बारे में मुझसे श्रीकृष्ण ने कुछ नहीं कहा क्योंकि आपकी सेना के बारे में आपसे अधिक वे जानते हैं।" सात्यकि ने दृढ़ता से कहा।

"हाँ, वह इन्द्रजालिक है, क्यों?"

"योगशक्ति को आप इन्द्रजाल कहते हैं? मैं आपको ज्ञानी मानता था, वहमी नहीं।"

"दूत के रूप में तुझे ऐसे अपशब्द नहीं बोलने चाहिए। अपने कृष्ण से कहना कि उसकी कल्पना से भी मेरी सेना विशाल है। तेरे जैसे सहस्र दूत भी मेरी सेना के बारे में नहीं जान सकते। आगे यदि ऐसा कोई छद्मवेशी मनुष्य आएगा, तो उसे मैं क्षमा नहीं करूँगा। तेरे पितामह शिनि पर अनुग्रह करके मैं तुझे जीवित जाने दे रहा हूँ।"

"मैं आपका अनुग्रह प्राप्त करने नहीं, आपके हित के लिए चेतावनी देने आया था।"

जरासन्ध हँस पड़ा। उसका हास्य बुलन्द था। परन्तु वह उसके विजय की भविष्यवाणी का संकेत नहीं दे रहा था।

"अपने हित की चिन्ता मैंने तेरे जैसे अबोध युवकों को नहीं सौंपी। यदि अब तू अधिक उद्धत बनेगा तो मैं तेरे पितामह की लाज छोड़कर तुझे बन्दी बनाने का आदेश दे दूँगा।"

"तो श्रीकृष्ण मुझे छुड़ा ले जाएँगे।"

"उड़कर आएगा?"

"वह किस प्रकार आते हैं, इसका कंसराज को भी पता नहीं चला था। सब कहते हैं कि ऐसी अलौकिक शक्तियाँ रखनेवाला युवक पृथ्वी पर पहले अवतरित नहीं हुआ।"

"मैं भी तो उसकी अलौकिक शक्तियाँ देखूँ।" कहकर जरासन्ध ने अपने अंगरक्षक को आदेश दिया : "इस लड़के को कैद कर लो।"

सात्यकि हँस पड़ा : "मुझे अपनी सेना के साथ रखोगे तो मैं दूत में से गुप्तचर बन जाऊँगा।"

"तू अपराध करेगा उसके साथ ही अपने वध के कारणों को बढ़ाता जाएगा परन्तु तू भाग्यशाली लगता है। बच जाएगा क्योंकि मैं इसी क्षण सेनानियों को आक्रमण करने का आदेश दे रहा हूँ। तू आँखें खोलेगा, उतनी देर में तो मथुरा का दुर्ग धराशायी हो जाएगा।"

कई राजाओं को आश्चर्य हुआ। दूत रूप में आए सात्यकि को महाराज ने कैद कर लिया!! दूसरे ही क्षण अपने सेनानियों और आश्रित राजाओं को बुलाकर जरासन्ध ने सत्ताधारी के स्वर में सम्बोधन किया : "हे सेनापतियो, अब तुम अपनी-अपनी सेना लेकर आगे बढ़ो। अपने वीर सैनिकों से मथुरा को घेर लो। जब तक मैं श्रीकृष्ण-बलराम सहित समग्र यादव सेनानियों को अपने तीक्ष्ण बाणों से वेध नहीं डालूँ, तब तक तुम्हें अपने-अपने स्थान पर पाषाण की तरह अडिग रहना है।"

"भद्रराज कलिंग के अधिपति, ऐकितान, बाहुलिक काश्मीर नरेश गोनर्द, किंपुरुष के अधिपति द्रुम और पर्वतीय प्रदेश के राजा अनामय, पश्चिम द्वार पर आक्रमण करें।"

सभा के एक विभाग में कुछ हलचल हुई। सम्भाषण चल रहा था।

"पुरवंश के वेणुदारि, विदर्भ के सौमक, भोजवंशी युवराज रुक्मी, मालवपति सूर्याक्ष, अवंतिकुमार विंद और अनुविंद, महीपति विराट, कौशांबी नरेश मालव, शतधन्वा और भूरिश्रवा को एकसाथ मथुरा के उत्तरी द्वार को घेर लेना है। जयद्रथ, शल्य, विदिशा के वामदेव और सिनि देश के सांकृति को नगर के पूर्व द्वार पर पवनवेग से आक्रमण करना है। तुम्हारे पराक्रम से मथुरा का दुर्ग बादलों की तरह फट जाएगा। चेदिराज शिशुपाल और मैं मथुरा के दक्षिणी द्वार को तोड़ने के लिए पर्याप्त हैं। हम सूर्यास्त से पहले ही इस नगरी को ध्वस्त करके रात में सुख की नींद लेंगे।"

आक्रमण प्रारम्भ हो गया। जरासन्ध के सैनिकों या उसके आश्रित राजाओं की सेना को सूर्यास्त तक सामने से किसी प्रकार का उत्तर नहीं मिला। दिन में भी मानो मथुरा नगरी सुख की नींद सो रही थी। स्वर्ग-कलंगी तथा अन्य आभूषणों से सुशोभित अश्व, शौर्य प्रेरक ध्वनि करनेवाले सजे हुए रथ और मेघ के समान प्रचंड आवाज करनेवाले हाथी, मथुरा के दुर्ग के सामने आकर खड़े थे।

आक्रमण का प्रथम दिन व्यर्थ गया और प्रथम दिवस की व्यर्थता की अनुभूति दूसरे और तीसरे दिन हताशा में परिणत हो गई। जरासन्ध की सेना मथुरा को मुट्ठी में बन्द कर सके इतनी थी, परन्तु मूर्छित शरीर की तरह निष्क्रिय होती जा रही थी। गदा, तीर, भाले, गोपन, हथौड़ा आदि सैनिकों को थकाने के अतिरिक्त और किसी काम में नहीं आ सके। सेना के एक भाग में ऐसी अफवाह फैल गई थी कि कृष्ण ब्रह्ममुहूर्त में आकाश-मार्ग से अपने मित्र सात्यकि से मिलने आता है और मागधी सैनिकों की पलकों पर आलस और निराशा की छाया छोड़ जाता है। बड़ा जादूगर है! सांदीपनि ने अन्य किसी को नहीं सिखाईं ऐसी कई गूढ़ विद्याएँ उसे सिखा दी हैं। इसी कारण तो वह पंचजन्य राक्षस के पास से

मुनिपुत्र पुनर्दत्त को वापस ले आया। महासागर पर आधिपत्य कर रहे दस्युओं को जिसने कुछ दिनों में ही हरा दिया, वह कृष्ण मथुरा के दुर्ग को वज्र के समान अभेद्य बनाने की विद्या नहीं जानता होगा? समस्त प्रजा पर उसकी मोहिनी का प्रभाव है इसलिए वह हमारे द्रव्यों की उपेक्षा करके अपना अन्न छिपाता है।

जरासन्ध को यह दिन दुःस्वप्न जैसे लगे। ऐसा कैसे हो सकता है? उसका विश्वास था कि दो दिन में मथुरावासी उग्रसेन और कृष्ण को पकड़कर ले आएँगे और वे शरण स्वीकार लेंगे। इतनी बड़ी सेना के शस्त्रों की खड़खड़ाहट ही बहुत थी। परन्तु आश्चर्य है कि जो दुर्ग के अन्दर हैं, उन्हें मानो बाहर की परिस्थिति से कोई लेना-देना ही नहीं है।

उन्होंने अनुमान कर लिया था कि खाद्य सामग्री शूरसेन प्रदेश से मिल जाएगी। प्रजा कृष्ण की तरह ही कुटिल बन चुकी है इसका पता होता तो खाद्य सामग्री पर्याप्त मात्रा में साथ ले आते। कई अहीर तो अपने गोधन को लेकर सप्तसिन्धु प्रदेश की ओर निकल पड़े हैं। यहाँ वही रह गए हैं जिन्हें विश्वास है कि वे सैनिकों को ठग लेंगे। उन पर अत्याचार करने से अपकीर्ति फैलेगी। कई मित्र राजा ही विरोध करेंगे। सेना के धर्मनिष्ठ नायकों में असन्तोष फैल सकता है। प्रजा के साथ तो संघर्ष नहीं करना है।

दुर्ग तोड़ने के लिए उन्होंने रात में एक सभा का आयोजन किया।

किसी के पास मौलिक सुझाव नहीं था। उन्हीं शस्त्रास्त्रों का फिर से उपयोग करना था। विजय नहीं मिली तो? खाद्य सामग्री बिलकुल खत्म हो जाए तब तक यहाँ पड़े रहेंगे? ऐसे प्रश्नों को सुनकर भी जरासन्ध चुप रहते। उनकी विराट सेना मानो चेतनाशून्य हो गई थी।

सात्यकि अदृश्य हो गया था। भोजवंशी यादवों के एक यूथ ने उसे भागने में सहायता की थी। जरासन्ध के लिए यह एक नया आघात था।

आक्रमण रोके नहीं या फिर सेना को लेकर वापस चल दे इस बारे में द्विधाग्रस्त जरासन्ध को नींद नहीं आती थी। रात के अन्तिम प्रहर में आँख लगी ही थी कि सूर्य की प्रथम किरण जैसा चमकता खड्ग लेकर श्रीकृष्ण, बलराम, सात्यकि तथा अन्य योद्धा उसकी छाती पर चढ़ आए। उनके दोनों पंख यादववीरों के नंगे खड्गों से सुशोभित थे। वे महागरुड़ के रूप में आ पहुँचे थे।

ये कहाँ से आए, दुर्ग के द्वार तो बन्द हैं? कूदकर आए या उड़कर? सम्राट की सेना भयभीत हो गई। सागर की तरह विशाल सेना भाटे की लहरों की तरह पीछे लौटने लगी।

यादववीरों के अभेद्य कवच के साथ श्रीकृष्ण जरासन्ध के सामने खड़े थे। एक ओर बलराम थे, दूसरी ओर सात्यकि।

''हे वृद्ध राजा, तुम्हारी सेना किस तरह भयभीत होकर यमुना पार कर रही है यह देख लो, फिर निश्चित करो कि तुम्हें हमारा बन्दी बनना है या फिर हम तीनों में से किसी के साथ द्वन्द्वयुद्ध करना है?''

''तुम तीनों के साथ।'' कहते हुए जरासन्ध ने गदा हाथ में ले ली।

बलराम के पास संवर्तक हल और सौनन्द मूशल भी है। श्रीकृष्ण के पास सारंग धनुष और कौमुद की गदा है। सात्यकि के पास विद्युत की तरह चमकता खड्ग है। इन तीनों

यादववीरों को पलभर में धराशायी कर देने की आकांक्षा के साथ जरासन्ध ने कदम उठाया। उसके प्रतापी मुख पर वृद्धत्व की एक भी रेखा नहीं थी। उसकी ओर बलराम चढ़ चुके थे इसलिए श्रीकृष्ण ने सात्यकि को रोक लिया। हमें प्रेक्षक ही रहना है।

बलराम ने देखा कि अभी भी जरासन्ध एकसाथ तीनों से लड़ना चाहता है। इसीलिए वह श्रीकृष्ण को गदा दिखा रहा है।

बलराम ने क्रोध के अतिरेक में जरासन्ध के गदाधारी हाथ पर प्रहार किया और जिसका नाम सुनकर ही समग्र आर्यावर्त काँपने लगता था, वह गदा उछलकर यमुना के प्रवाह में जा गिरी।

अहंकार और क्रोध की प्रतिमूर्ति समान सम्राट जरासन्ध दूसरा शस्त्र उठाए उससे पहले बलराम ने वरुणपाश से उसे बाँध लिया, श्रीकृष्ण ने पाञ्चजन्य शंख बजाया। जिसने अपनी पाँचों इन्द्रियों को जीत लिया है, ऐसे इस यादव सेनानी का शंखनाद सुनकर यादववीर विजय के हर्षोल्लास के साथ श्रीकृष्ण-बलराम की जय-जयकार करने लगे। जीवन में किसी दूसरे की जय-जयकार सुनने का आदी न होनेवाले जरासन्ध के कर्णाभूषण लज्जा से झुक गए थे।

बलराम सोच रहे थे कि जिस कारागार में पिताजी ने कई वर्ष बिताए थे, क्यों न वहीं इस मदान्ध राजा को कैद किया जाए। कंस के कुकर्मों का यथेष्ट फल यह भी भोगे। जामाता को समर्थन देने के सिवा इसने किया भी क्या है? उन्होंने अपनी इच्छा बताई। सात्यकि ने इसका तुरन्त अनुमोदन किया। परन्तु श्रीकृष्ण नहीं बोले। क्षमा वीर पुरुष का भूषण है, यह कहकर उन्होंने बलराम को अभिनन्दन देते हुए वन्दन किया। फिर बोले : ''ऐसे यशस्वी कार्य को हमें परिणाम तक सीमित नहीं कर देना चाहिए। प्रजा को पता चले तो अच्छा है कि ऐसे अन्यायी आक्रमणकारी विजयी नहीं होते और उन्हें न्याय और सत्य के पक्षधरों के अनुग्रह से जीवनदान मिलता है। हम कारागार के नहीं, मुक्ति के समर्थक हैं।''

जरासन्ध को अब पराजय की अनुभूति हुई।

श्रीकृष्ण की मुखमुद्रा सम्राट के हृदय में अंकित हो गई थी। कैसा अनन्य है यह युवक! इसने स्मित द्वारा ही बड़े भाई को अपने मत की ओर मोड़ लिया। उसने छल-कपट द्वारा कंस का वध किया है, पुत्रियों के इस कथन पर आज उसे शंका हुई।

इस यादव सेनानी में ऐसी कोई बात है जो पता नहीं चलती परन्तु प्रभावित करती है?

प्रजा भयभीत नहीं हुई, उसने जरासन्ध की सेना को सहकार नहीं दिया। प्रत्येक मनुष्य स्वयं को श्रीकृष्ण का सैनिक मानता हो इस तरह का व्यवहार कर रहा था। दूसरा अनुभव विशाल सेना की निरर्थकता का हुआ। विशाल सेना के कारण अनेक समस्याएँ उठ खड़ी हुई थीं। जो सेना मैदानी युद्ध लड़ने में उपयोगी थी, वह दुर्ग तोड़ने का कार्य नहीं कर सकी। संकीर्ण मन में शौर्य समा नहीं पाया। श्रीकृष्ण ने बहुत धैर्य से कार्य किया। आक्रमण के लिए कैसा समय पसन्द किया है! कितने समर्पित योद्धा होंगे वे यादव!

जरासन्ध के लिए यह पराजय आघातजनक तो थी ही, उससे अधिक आश्चर्यजनक थी बलराम का वरुणपाश। श्रीकृष्ण ने नहीं छुड़वाया होता तो? मुक्ति का वह क्षण कितना सुहावना लगा था। अब क्या करना चाहिए? हिमालय जाकर भगवान शंकर की तपस्या करते हुए शेष जीवन बिताऊँ या, नहीं, गिरिव्रज वापस नहीं जाना है।

युद्ध के परिणाम पर विचार-विमर्श करने के लिए आश्रित और मित्र राजाओं के साथ गोष्ठी हुई थी, उसने सेनापतियों को भी बुलाया था। सब सम्राट की मनोदशा से चिन्तित थे। सबने उनके मुख पर बार-बार हीनता और क्षुद्रता का भाव देखा था। मानो बिजली गिरने से महावृक्ष के शिखर की फुनगियाँ जल गई हों।

गंगा-यमुना के मैदान में सेना को विश्राम देकर पुनः संगठित होकर आक्रमण किया जाए या फिर गिरिव्रज पहुँचकर फिर से अधिक शक्ति के साथ टूट पड़ा जाए? जरासन्ध के पास इस प्रश्न का उत्तर नहीं था। "मैं वनवास के बारे में सोच रहा हूँ।" यह शब्द सुनते ही आश्रित राजाओं के पैरों के नीचे से धरती खिसक गई। सम्राट के बिना हमारा क्या होगा? उनके साम्राज्य में हम सुरक्षित हैं। पड़ोसी राजाओं के भय से मुक्त हैं। यादव ग्रामीण हैं, वे इस व्यवस्था को अवश्य तोड़ डालेंगे। वे राजकीय विवेक के बारे में समझते ही नहीं हैं, राजप्रासाद के आभिजात्य से वे अनभिज्ञ हैं। सम्राट जरासन्ध ही अपनी आभिजात्य संस्कृति के संरक्षक हैं परन्तु वे तो वनवास का विचार कर रहे हैं!

"नहीं, आप आर्यावर्त की धुरी हैं, केन्द्र हैं। सत्ता, सम्पत्ति और धर्म आप पर आश्रित हैं।"

शिशुपाल जरासन्ध का प्रबल समर्थक है। उसने विदर्भ के युवराज रुक्मी की ओर देखा : "यह राजा तो जरासन्ध के वनवास की बात सुनकर वैधव्य की मनोदशा में पहुँच गए हैं।" शिशुपाल का तात्पर्य समझकर रुक्मी मुस्कराया।

अनाथों की इस प्रार्थना के पूरा होने के बाद शिशुपाल और रुक्मी एकान्त में जरासन्ध से मिले। वे प्रस्ताव लेकर गए थे कि हममें से किसी एक को आप मथुराविजय का दायित्व सौंपें और देखें कि कितने दिनों में हम इसे पूरा करते हैं। ये सब राजा तो तीर्थयात्रा पर आए थे। उनका विश्वास था कि सम्राट की सेना जीतेगी और हम जय-जयकार करेंगे। हम तो अपनी सेना के दसवें हिस्से के साथ ही आए थे। अब आप आज्ञा दें और देखें कि आपके शत्रु की वास्तविक शक्ति कितनी कम है।

"तुम दोनों उम्र में मुझसे काफी छोटे होने पर भी हास्य-विनोद करते रहे हो परन्तु मेरी पराजय हास्य-विनोद का विषय नहीं है।"

"परन्तु यह पराजय कहाँ है? सोच-विचारकर कदम पीछे लिया है।"

"नहीं, यह पराजय ही है। मैं जीवन-भर इस पराजय को नहीं भूल सकूँगा।"

"हम तो यही मानते हैं कि खाद्य-सामग्री के खत्म होने के कारण सम्राट ने पीछे हटने का निर्णय किया था।"

"तुम दोनों वंश और पारिवारिक सम्बन्ध के कारण कृष्ण के पक्ष में क्यों नहीं जाते हो?"

'आप हमें कृतघ्न समझते हैं? आज हम जैसे भी हैं आपके प्रशिक्षण के कारण हैं। फिर अंधकवंशी यादवों के साथ पहले हमारा भाई-चारा था। यह सही है कि आपका जामाता

कंसराज हमारा मित्र था परन्तु इस वृष्णिवंशी कृष्ण वासुदेव के लिए मन में लेशमात्र भी भावना नहीं है। वह मामा का पुत्र है उससे क्या हो गया?'' शिशुपाल ने कहा।

''मामा कारागार में थे उस समय भी शिशुपाल कंस के पक्ष में ही रहा था।'' रुक्मी ने मित्र पर व्यंग्य करने का अवसर नहीं छोड़ा।

इस एकान्त गोष्ठी में विघ्न डालने के लिए अन्य राजा आ पहुँचे। उन्होंने ऐसा प्रचार आरम्भ कर दिया है कि अपना पीछे हटना भव्य विजय की पूर्वभूमिका है।

सम्राट के मुख पर फीकी मुस्कान आ गई, जो ग्लानि के समकक्ष थी।

9

वृन्दावन जाना था। वहाँ हस्तिनापुर के वृत्तान्त ने श्रीकृष्ण को चिन्तित कर दिया। क्या सचमुच पांडवबन्धु लाक्षागृह में जलकर भस्म हो गए होंगे? वैसे वे ऐसे मेधावी हैं कि मार्ग निकाल सकते हैं। जो दूसरों की रक्षा करने में समर्थ हों, वे अपनी रक्षा नहीं कर सकते?

वसुदेव ने कहा कि हमें कुन्ती बहिन और भानजों की कुशलता जाननी ही चाहिए। मेरा अनुमान है कि उन पर आँच नहीं आई होगी। फिर भी खोज करवानी चाहिए। श्रीकृष्ण ने पिताजी से चर्चा करके उद्धव को वृन्दावन जाकर यशोदाजी, नन्दबाबा, राधिका तथा अन्य लोगों से मिलकर इस परिस्थिति से अवगत कराने के लिए कहा। सात्यकि के साथ रात्रि के तीसरे प्रहर में वे अश्वों पर सवार हुए। पहले हस्तिनापुर जाकर विदुरजी से मिलेंगे। उनके परामर्श के अनुसार पांडवों की खोज प्रारम्भ करेंगे। वास्तविकता को जानने के लिए ये दोनों युवक छद्मवेश में हस्तिनापुर में प्रवेश करेंगे।

विदुरजी स्वयं आश्वासन खोज रहे हों, इस तरह श्रीकृष्ण से मिले। उनको : राज्य के सचिव को : दिया हुआ वचन दुर्योधन और शकुनि ने तोड़ा था। पुत्र और साले से धृतराष्ट्र डरते थे। अपने वंश का आर्यावर्त पर साम्राज्य स्थापित हो इस लालसा से प्रेरित होकर अन्धे राजा भीष्म, द्रोण और विदुर के सुझावों की अवहेलना करते थे। जन्मान्ध होने के कारण विवश हैं, यह उनके बचाव की ढाल थी। विदुर के मत के साथ महारानी गान्धारी सहमत थीं। इस तरह की योजना बनाई गई थी कि लाक्षागृह के बारे में कुछ सूचना मिले उससे पहले ही सब कुछ पूरा हो जाए। पूरा षड्यन्त्र बड़ी कुशलतापूर्वक तैयार किया गया था।

गहरी निःश्वास छोड़कर विदुरजी ने कहा : ''कुन्ती भाभी उस क्षेत्र से पूर्ण परिचित हैं। वहाँ की प्रजा पांडुराज से अत्यधिक प्रेम करती थी। उन्हें उचित सहायता मिल गई होगी। फिर, साथ में सहदेव भी है, वह ग्रहों के गणित का विशेषज्ञ है। वे सब जीवित नहीं होंगे तो ही आश्चर्य की बात होगी। यहाँ प्रजा को दिग्भ्रमित करने के लिए दुर्योधन शोक का प्रदर्शन कर रहा है। दिवंगतों की आत्मा की शान्ति के लिए कर्मकांड करवा रहा है! मैं उसे क्यों रोकूँ? इससे पांडवों का आयुष्य बढ़ेगा। श्रीकृष्ण! धर्म और अध्यात्म की उपासना से

प्राप्त हुआ विश्वास मुझे यह कहने को प्रेरित कर रहा है कि पांडव ऐसे तुच्छ षड्यन्त्र के भोग नहीं बने होंगे।''

विदुरजी ने नगर के नजदीक से ही श्रीकृष्ण के लिए सहायक की व्यवस्था करवा दी। ऐसा दिखावा करना था कि श्रीकृष्ण और सात्यकि श्राद्ध के लिए ही लाक्षागृह आए हैं। यात्रियों के आवागमन की गिनती रखनी थी। ऐसा करने पर स्पष्ट हो गया कि यात्री यहाँ से निकल चुके हैं, उसमें पांडव भी होंगे। दुर्योधन के गुप्तचर लाक्षागृह के दहन के समय वहाँ उपस्थित थे। उन्होंने किसी को आग में से निकलते नहीं देखा था। निश्चित रूप से वे गुप्तमार्ग से निकल गए होंगे। दुर्योधन-शकुनि उन्हें भस्म हुआ समझकर उनकी खोज बन्द कर देंगे। दूसरी ओर भामार्जुन बन्धु अपनी शक्ति में वृद्धि करके प्रकट होंगे। जो बलराम और श्रीकृष्ण के समय बना था, वह भविष्य में भीम और अर्जुन के बारे में हो। सात्यकि अनुमान कर रहा था। ''विश्वास रखना चाहिए, अनुमान कम करने चाहिए।'' श्रीकृष्ण ने सात्यकि को सुझाव दिया। श्राद्ध करके दान देकर दोनों मथुरा वापस लौट आए।

उद्धव उसे सौंपा हुआ कार्य पूरा कर आया है। वंशीवट से एक प्रश्न ले आया है : ''श्रीकृष्ण के पराक्रम और ब्रजवासियों का उनके प्रति प्रेम इन दोनों में कौन-सी बात बड़ी है?'' यह प्रेम पराक्रम के बदले नहीं है, निस्वार्थ है और श्रीकृष्ण के पराक्रम उनके स्वयं के लिए नहीं, समस्त प्रजा के कल्याण के लिए हैं।

उद्धव ब्रज में सूर्यास्त के समय पहुँचे थे। ईश्वर के शास्त्रानुसार स्वरूप के बारे में अपने ज्ञान को ताजा कर रहे थे। गोधूलि से उनका रथ ढँक गया था। कोई उन्हें पहचाने उससे पहले वे नन्दभवन पहुँच गए थे। उनका स्वागत हो रहा था उस समय गायों के श्वेत बछड़े उछल-कूद कर रहे थे, कहीं-कहीं गायों को दुहने की आवाज आ रही थी और बाँसुरी आदि वाद्यों द्वारा मानो सन्ध्या को विदा किया जा रहा था। युवकों द्वारा रचित श्रीकृष्ण-बलराम की शौर्यगाथा किशोरों के कंठों से निकल रही थी।

गाँववाले अपने कार्यों को पूरा कर चुके होंगे ऐसा मानकर नन्दराय ने अतिथि के आगमन का सन्देश भिजवाया। आराम से कार्य कर रहे ब्रजवासियों को मानो उद्धव से मिलने की जल्दी हो। कइयों ने अपना कार्य अधूरा छोड़ दिया। श्रीकृष्ण के पराक्रम, उनका सदैव प्रसन्न रहनेवाला मुख, स्मित, विशाल नेत्र, उनकी भंगिमा, उनका हास्य-विनोद, कथन, बाँसुरीवादन और रासोत्सव : यह सब उनकी बातचीत के विषय थे। उद्धव की उपस्थिति गौण बन गई है। उद्धव जो चाहते थे वह अनायास हो गया है। बालक-वृद्ध सभी की स्थिति समान है।

यहाँ से श्रीकृष्ण के प्रयाण करने से अब तक सारे वृत्तान्त को विस्तारपूर्वक बताकर उद्धव ने यशोदाजी, नन्दबाबा तथा सभी गोप-गोपियों के योगदान की प्रशंसा की। और कहा कि अब उनके जीवन का बड़ा महत्त्वपूर्ण सोपान प्रारम्भ हुआ है।

ललिता, वृन्दा, विशाखा, शुभा, नन्दिनी आदि सखियों ने ससुराल से आकर आज श्रीकृष्ण के स्मरण द्वारा मानो कौमार्यकाल की मनःस्थिति फिर से प्राप्त कर ली थी। वे दूसरी अनेक गोपियों से घिरकर बैठी थीं और उद्धव को सुनने के स्थान पर श्रीकृष्ण के बारे में आपस में ही बातचीत करने में मग्न थीं।

तेजस्वी और अंशु ने खड़े होकर प्रार्थना की : ''हम राम-कृष्ण के दर्शन के लिए आतुर हैं।''

''वे यहाँ आकर हमेशा के लिए बस जाएँ, यह हमारी याचना है।'' वरुरथ ने कहा।

उनके हृदय की बात ही गोपयुवक कह रहे हैं यह सुनकर विवाहित-अविवाहित युवतियों के मन में उनके प्रति आदर जगा, ''अरे! यह तो समझदार निकले।''

परन्तु कुशलता से काम निकालने तो उद्धव आए थे। उन्होंने श्रीकृष्ण के प्रति ब्रजवासियों की प्रशंसा करने के बाद कहा : ''यह सम्भव हो तो भी तुम्हें ऐसी अपेक्षा नहीं रखनी चाहिए। वे दोनों आज यादवों के नायक हैं। उनके सामने आज मथुरा की रक्षा और यादवकुलों के स्वत्व की रक्षा जैसे विराट प्रश्न हैं। तुम्हारा प्रेम सत्य है परन्तु केवल प्रेम से जीवन के सारे कार्य नहीं होते।''

गोपियाँ नाराज हो गईं। अभी जिसे हमने अच्छा और समझदार माना था वही पुरुष ऐसा निकला? सारे कार्य यानी क्या? रसोई बनाना, आँगन साफ करना, गाय दुहना, फिर सिर पर घड़ा रखकर यमुना के घाट पर जाना। वहाँ श्रीकृष्ण नहीं हों तो फिर क्या करना? उसकी बाँसुरी सुनकर कभी भार ही नहीं लगा। एकाध घड़ा और उठाने का मन होता था।

हमें तो श्रीकृष्ण चाहिए। मोरमुकुट, पीताम्बरधारी, गले में बैजयन्ती माला...वही कृष्ण।

''उद्धव, जाओ, यहाँ से अक्रूर ले गए थे वैसे कृष्ण को वापस ले आओ।'' विशाखा ने कहा।

''उसने अब कवच पहन लिया है।''

''हम उसे उतारकर फेंक देंगे।'' ललिता बोली : ''हम उसे लड़ने नहीं जाने देंगे।''

''तुम आर्यावर्त की राजकीय स्थिति के बारे में जानते हो?''

''तुम जानते हो वह कम है? क्या करनेवाले हो जानकर? युद्ध से किसी समस्या का हल निकला है? तुम सब मिलकर हमारे कृष्ण को बिगाड़ो मत। जाओ जल्दी वापस ले आओ।'' नन्दिनी बोली।

उद्धव खड़े हो गए। हाथ जोड़कर बोले : ''तुम्हारा प्रेम जानता हूँ। आज मैं जानता हूँ, कल पूरा आर्यावर्त जानेगा। श्रीकृष्ण तुम्हारे प्रेम के ऋणी हैं। परन्तु मैंने अभी कहा कि यह प्रेम ही सबकुछ नहीं है। इसलिए तो हम तीनों भाई सांदीपनि मुनि के पास दीक्षा लेने गए थे।''

''तुम और बलराम भैया गए यह तो अच्छा था परन्तु श्रीकृष्ण को वहाँ ले जाने के स्थान पर यहाँ भेजना था न!'' शुभा ने कहा।

''यह तो एक वर्ष पहले की बात है। इस समय वे लोग श्रीकृष्ण को कहाँ ले जानेवाले हैं, यह जानती है? कंस के ससुर जरासन्ध के सामने! कैसे मक्कार हैं यह यादव!'' विशाखा वास्तव में क्रोधित हो गई : ''श्रीकृष्ण का पूरा समय लड़ने में ही व्यतीत हो तो वे हमें भूल जाएँगे। इन लोगों का षड्यन्त्र तो कंस को भी भुला दे ऐसा है।''

उद्धव और नम्र हुए : ''आपका गुस्सा आदरणीय है क्योंकि उसके केन्द्र में प्रेम है। मैं आपको विश्वास दिलाता हूँ कि श्रीकृष्ण इस भूमि को कभी नहीं भूलेंगे। लेकिन आपको तो उन्हें भुलाना पड़ेगा।''

"किस तरह भूल जाएँ। कोई उपाय हो तो बताओ?"

"ज्ञानी बनकर, परमब्रह्म में लीन होकर।"

"अरे यह कौन है? कहाँ रहता है? हमारा इससे क्या लेना-देना? तुम उसका पता-ठिकाना जानते हो तो तुम्हीं चले जाओ उसके पास। हमें तो कृष्ण चाहिए। वह रूप, वह स्मित, वह वेणुवादन, और कुछ नहीं उद्धव; केवल कृष्ण चाहिए।" विशाखा व्यंग्य करने में प्रसिद्ध थी परन्तु आज उसे आँसू पोंछने पड़े।

"यह तुम्हारी मुग्धावस्था है। इसलिए तुम्हें दूर की वस्तु नहीं दिखाई देती। मात्र प्रेम से नहीं जिया जा सकता। तुम जैसे सीधे-सादों की सुरक्षा के लिए सुदृढ़ राज्य की आवश्यकता है। इस राज्य को संगठित और व्यवस्थित करने में श्रीकृष्ण व्यस्त हैं। उन्होंने मुझे यह दायित्व सौंपा है कि आपको आवश्यक ज्ञान सिखाऊँ। आत्मा, माया और परमात्मा के बारे में बताऊँ और आपके भ्रम को दूर करूँ।"

नन्दराय ने यशोदाजी की ओर देखा। वे स्नेहपूर्वक गोपियों का वाद-विवाद सुन रही थीं। उन्होंने संकेत किया कि उद्धव को कोशिश कर लेने दो।

उद्धव ने आत्मा और परमात्मा के बारे में संक्षिप्त भाषण दिया। उनकी बातें सत्य थीं। धैर्यपूर्वक सुनने के बाद सुबल ने पूछा : "उद्धवजी, आपको किसके साथ अधिक अच्छा लगेगा, कृष्ण के या परमब्रह्म के?"

"तुम इतने ज्ञानी हो तो परमब्रह्म से एकाध बार तो मिले ही होगे?" तेजस्वी ने पूछा।

"बताओ, आपका चुनाव क्या है? श्रीकृष्ण या परमब्रह्म की चर्चा?" अंशु बोला : "सुदामा तो परमब्रह्म की चर्चा में मग्न हो गया। इसलिए मुनि के आश्रम में रह गया। उद्धव सच बताना, तुम सुदामा के साथ न रहकर मथुरा वापस क्यों आए? तुम श्रीकृष्ण के बिना रह सकते हो?"

"क्यों नहीं रह सकते? उनके बिना ही यहाँ आए तो हैं!" सुबल बोला। ललिता ने सामने देखकर कहा : "अपने बाड़े में उद्धवजी का रथ ले लो। यह भी अब यहीं रहेंगे। ये ज्ञानी हैं इसलिए श्रीकृष्ण के बिना रह सकते हैं। और अपने उदाहरण द्वारा हमें सीख देते रहेंगे।"

उद्धव फँस चुके थे, उन्होंने यशोदाजी की ओर देखा। इस चर्चा का कोई असर नहीं होनेवाला, अतः सबको प्रसाद दे दिया।

उत्तम ने गोकुलवासियों के विवेकहीन व्यवहार के लिए क्षमा माँगी और कहा : "श्रीकृष्ण के साहचर्य में प्राप्त आनन्द का स्मरण करके हम जी रहे हैं। ये गोपियाँ कुंजबिहारी की त्रिभंगी छटा में बाँसुरीवादन सुनने को बेचैन रहती हैं। वंशी तो अब सभी बजाते हैं परन्तु श्रीकृष्ण की माधुरी अलौकिक थी। उस वेणुवादन के राग पर हमें रास खेलना है। उद्धव, एक बार बलराम भैया को भी साथ ले आओ। उनके बलिष्ठ हाथ की थाप मादल पर पड़ेगी और गोकुल के सारे मोर एकसाथ कूकने लगेंगे।"

उद्धव ने अपनी भूल स्वीकार की। वे अब दर्शन से सम्बन्धित चर्चाएँ श्रीकृष्ण से ही करेंगे। ब्रजवासियों के साथ तो श्रीकृष्ण के स्मरण में सहभागी बनेंगे। मुझे यहाँ रहना अच्छा लगता है, परन्तु श्रीकृष्ण के साथ ही। यदि वे युद्ध क्षेत्र में हों तो वहीं होना चाहिए। मैंने

ब्रजवास किया। उससे पहले कृष्ण की लीलाओं के बारे में आप बताएँ। मैं उनके यहाँ से प्रस्थान करने के बाद ही घटनाओं के बारे में बताऊँगा।

वास्तविक गोष्ठी का प्रारम्भ तो अब हुआ था। किसी को पिष्टपेषण नहीं लगा। पहले अनुभवित आनन्द द्विगुणित हो रहा था।

रात्रि का तीसरा प्रहर बीत रहा था। सुबल और तेजस्वी ने नई लीला का आयोजन कर लिया। ललिता और विशाखा को बुलाकर समझा दिया कि उन्हें किस समय क्या बोलना है। नाटक प्रारम्भ हो गया। नन्दभवन में रासलीला खेली जा चुकी है। आज कृष्णलीला का प्रारम्भ होता है। यशोदा, नन्दराय और विशेष अतिथि सब केवल प्रेक्षक हैं।

सुबल महादेव शम्भु के वेश में आता है। यशोदाजी की तरह चलकर हाथ में भिक्षा लेकर ललिता बाहर आती है। ललिता ने यशोदाजी का सफल अभिनय किया है। सब उसे तालियों से प्रोत्साहन देते हैं।

भिक्षा लेने आए महादेवजी वैसे ही खड़े हैं।

''महाराज, इसे स्वीकार करें और आशीर्वाद दें।''

''मैं कमंडल नहीं लाया।''

''आप भुलक्कड़ तो हैं ही। अपनी जटाओं में बाँध लो।''

''मैं आज यह भिक्षा लेने नहीं आया। मैं तो तुम्हारे पुत्र के दर्शन की भिक्षा लेने आया हूँ।''

''वह तो सो रहा है।''

''उसने वैसे ही पलकें बन्द की होंगी। कृपा करके यहाँ लाएँ और मुझे दर्शन कराएँ।''

''इसके सिवा जो माँगना हो वह माँगो। कहो तो उसके नन्दबाबा के दर्शन करा दूँ!''

सब खिलखिलाकर हँस पड़े।

''उन्हें क्या मैं पहचानता नहीं हूँ। मेरी तरह वे सीधे-सादे आदमी हैं। मैं उनसे तो बाद में शान्ति से मिल लूँगा। अभी तो बालकृष्ण के दर्शन कराएँ।''

''परन्तु आपकी ये जटाएँ और वेश देखकर मेरा बच्चा डर नहीं जाएगा? ऐसा करो, मुंडन करा आओ।''

''यहाँ नाई मिल जाएगा? मेरे केश काटते हुए उसका उस्तरा भोंथरा नहीं हो जाएगा? इस डर से शायद वह मना कर देगा।''

''तो फिर सुबल नामक ग्वाले को खोजो, वह मथुरा जाकर तुम्हारे मुंडन के हथियार ले आएगा।''

: ललिता के वाक्‌चातुर्य पर सबने दाद दी। सुबल स्वयं ही महादेव का अभिनय कर रहा हो तो वह क्या बोले?

महादेव असमंजस में थे। जटाओं को कटवाना नहीं था और दर्शन करने थे। युक्ति खोज रहे थे। अन्त में मिल ही गई : ''आप जानती हैं कि पार्वती ने मुझे हमेशा इसी वेश-भूषा में देखा है। मुंडन कराने के बाद यदि उन्होंने मुझे नहीं पहचाना तो?''

''तो कुछ दिन वन में तपस्या कर आना। फिर से तुम्हारा यह जंगल उग आएगा। फिर तो पहचानेंगी?''

''आपसे तर्क के द्वारा तो नहीं जीत सकता। कृपा करके मुझे श्रीकृष्ण के दर्शन कराएँ। मेरा कल से उपवास है। पार्वती ने कहा है कि पहले बालकृष्ण के दर्शन पर आओ उसके बाद खाना मिलेगा। अब आप अतिथि को भूखा मारने का पाप लेना चाहती हैं या दर्शन करा रही हैं?''

यशोदाजी प्रसन्न हो जाती हैं। विशाखा और वृन्दा ने ललिता-सुबल के पुत्र को बालकृष्ण के रूप में सजा दिया था। ले आती हैं। महादेव जी बालक को हाथ में लेकर नाच उठते हैं। इस नृत्य से परिचित बालक रोता नहीं है। सबके साथ वह हँस पड़ता है।

प्रभात ने पूर्व दिशा को आलोकित कर दिया है। अब गोपियाँ सोएँगी नहीं। घर जाकर, दीपक जलाकर दही बिलोएँगी। डोरी खींचते समय हाथ के कंगनों की आवाज सुनते ही बालकृष्ण आ पहुँचेंगे, इस उमंग से वे काम करेंगी।

श्रीकृष्ण की लीलाओं के स्मरण से उनके प्रसन्न मुख पर कुंडलों की कान्ति थी। होंठ और गाल पर स्मित की रेखा थी। उसके साथ नन्दभवन के प्रांगण से उद्धव का रथ यमुना की दिशा में बढ़ा।

शुभा और नन्दिनी पनघट जा रही थीं। एकान्त देखकर पूछ बैठी : ''उद्धव जी, वह कुब्जावाली क्या बात है? क्या सचमुच हमारे गिरधारी मथुरा की रमणियों के साथ विलास करने लगे हैं? कोई-कोई युवती तो यहाँ उन्हें भ्रमर कहने लगी है।''

श्रीकृष्ण के परम संयमी व्यक्तित्व की प्रशंसा करके उद्धव ने उन्हें विदा किया। उनका रथ आगे बढ़े उससे पहले वृन्दा और विशाखा आ पहुँचीं और बोलीं : ''तुम तो आ गए, अब तुम्हारे बाद और कौन-कौन आनेवाला है?''

''देवियो, मैं ही आऊँगा, परन्तु गलत बात कहने नहीं, श्रीकृष्ण के बारे में सत्य बताने।'' उद्धव ने स्मितपूर्वक विश्वास के साथ कहा।

''तुम्हारा सत्य कथन कैसा होगा, हमें पाता है। भूल जाओ तो बताना, हम याद करवा देंगी।'' वृन्दा ने कहा और विशाखा को लेकर घाट की ओर चल दी।

सामने से ललिता आ रही थी। उसके भीगे घड़े पर पड़नेवाला प्रकाश एक से अधिक रंगों की झाँकी करा रहा था। घड़े का भार भूलकर वह खड़ी हो गई। उद्धव रथ से नीचे उतरे। ललिता ने कहा : ''श्रीकृष्ण के परम प्रिय सखा की मैं क्या सेवा कर सकती हूँ?'

''अन्य गोपियों की तरह तुम मुझे उलाहना नहीं दे रहीं यह भी सेवा ही है। स्नानादि के बाद मैं फिर से आप सबके दर्शन करूँगा।'' कहकर, रथ वापस भेजकर उद्धव चलने लगे। श्रीकृष्ण के लीलास्थलों पर टहलने गए थे परन्तु उसमें काफी देर हो गई। अतीत में खो गए। वे वापस आ गए होंगे यह मानकर नन्दभवन में आई हुई गोपियाँ अधीर होने लगीं। यशोदाजी से शिकायत करने लगीं : ''इतनी प्रतीक्षा तो कभी आपके सुपुत्र ने भी नहीं कराई थी।''

''जो मनुष्य स्वयं प्रतीक्षारत हो उसे पता नहीं चलता कि कोई उसकी भी प्रतीक्षा कर रहा है।''

यशोदाजी का यह कथन ललिता के अलावा और किसी गोपी की समझ में नहीं आया।

उद्धव आए, उन्हें घेर लिया गया। हमें श्रीकृष्ण के बारे में बताओ, बस बताते ही रहो। उद्धव ने सोचा : चलो गोपियाँ अब सुनने को उत्सुक हैं तो जो बात कल रह गई थी आज कह ही डालूँ : "मैं जितना श्रीकृष्ण को पहचान पाया हूँ उसके अनुसार वे एक सजग चेता पुरुष हैं। इसलिए वे स्वयं तुमसे दूर नहीं हैं। मानो तो तुम भी उनसे दूर नहीं हो। यदि तुम अपनी आत्मा से साक्षात्कार कर सको तो तुम्हें इस गोकुल-वृन्दावन के सकल जड़चेतन में श्रीकृष्ण की उपस्थिति का अनुभव होगा। तुम्हें आतुरता से प्रतीक्षा नहीं करनी पड़ेगी। स्वप्न में से जगे हुए मनुष्य की तरह यदि तुम सांसारिक माया को त्याग सको तो श्रीकृष्ण तुम्हें दूर नहीं लगेंगे। सारी वृत्तियों से मन को निर्लिप्त करके आत्मचैतन्य में विलीन कर पाओ तो फिर तुम श्रीकृष्ण की तरह जीवन के प्रत्येक कार्य निष्काम भाव से स्वस्थतापूर्वक कर सकते हो।"

उद्धव यहाँ कुछ क्षण चुप हो गए। यह देखकर विशाखा ने वृन्दा से कहा : "अगर उद्धव एक वाक्य भी और बोले होते तो मैं मूर्च्छित हो जाती। अरे, यह मथुरावासी पण्डित किस कृष्ण की बात कर रहा है? जो एक बार हमारे वस्त्रों को लेकर वृक्ष पर चढ़ गया था उसकी? या बचपन में चुपचाप पीछे से आकर हमारी आँखें बन्द कर देता था और प्रौढ़ ग्वालिनों को छलकर उनके घर में लूट-पाट मचाता था उसकी बात कर रहा है?"

"तुम हमें कृष्ण का परिचय दे रहे हो या हमें उनसे विमुख करने का प्रयत्न कर रहो हो? इस शुष्क उपदेश का क्या प्रयोजन है?" वृन्दा बोल पड़ी। उसका बस चलता तो कुपित होकर बोलती।

"तुम ज्ञानी हो परन्तु श्रीकृष्ण के स्नेही हो यह मानना सरल नहीं है। तुम्हारे उपदेश में कुछ भी नवीन नहीं है। 'निराशा परम सुख है।' यह पिंगला ने भी कहा है। हमें पिंगला की वंचना या भर्तृहरि का वैराग्य नहीं चाहिए। श्रीकृष्ण का सामीप्य चाहिए। हमें आनन्द की मात्र स्मृति नहीं, आनन्द का अनुभव करना है। यदि अब तुम श्रीकृष्ण को साथ लाए बिना ब्रजभूमि में प्रवेश करोगे तो हम अतिथि धर्म का पालन नहीं करेंगी।"

विशाखा के रोष में व्यक्त कृष्ण प्रीति समझकर भी यशोदाजी और ललिता ने तीखी नजर से देखा।

नन्दभवन में पहली बार आ रही हों, वैसे संकोच से आठ-दस वर्ष की दो बालिकाएँ आ रही थीं। उनके हाथ में एक-एक कमल-पुष्प था। उद्धव के हाथ में देकर उन्होंने कहा : "राधिकाजी ने आपको प्रणाम कहा है।"

"बस इतना ही?"

बालिकाएँ समझ नहीं पाईं। उद्धव ने स्पष्टता की : "श्रीकृष्ण के लिए कोई सन्देश?"

"कहा नहीं है।"

"उलाहना, प्रार्थना, रोष..."

बालिकाएँ समझी नहीं। इन शब्दों के अर्थ और उनके अनुभव से अनजान थीं। यशोदाजी ने उन्हें अपने पास बुलाया। उन्हें अन्दर ले गईं। मिष्टान्न मिलेगा यह निश्चित हो गया। बड़ी गोपियों को ईर्ष्या आई।

ललिता उद्धव की मनोदशा को समझने का प्रयत्न कर रही थी। वह कुछ कहना नहीं चाहती थी परन्तु 'उलाहना, प्रार्थना' जैसे शब्द सुनकर वह चुप नहीं रह सकी : ''उद्धवजी, आप शायद श्रीकृष्ण को पहचानते होंगे परन्तु राधा को तो बिलकुल नहीं पहचानते। नहीं तो आपके मुख से ऐसे शब्द निकलते?''

''मैं तो यह मानता था कि मुझे सबसे बड़ा सामना राधा के रोष का ही करना पड़ेगा। कृष्ण-विरह में संतप्त राधा..''

''विरह का ढोल पीटे वह दूसरी होगी। राधा ने अपनी वेदना को बाँटा नहीं है। उसने आनन्द बाँटा है। अनजाने मार्ग के काँटे स्वयं झेले हैं, पूछ देखना अपने मित्र को।''

''यदि मित्र की वेदना राधा तक पहुँचानी हो तो क्या करूँ? उनसे मिले बिना मथुरा वापस चला जाऊँ तो श्रीकृष्ण से क्या कहूँगा?''

''मिलने पर भी क्या कह पाओगे, यह कहना सरल नहीं है। शायद मुख्य बात दोनों पक्षों से अकथित ही रह जाए। आपको अपनी वाणी पर विश्वास हो तो चलें। सम्भव हो तो बन जाएँ उनके दूत।''

ललिता दूसरी ही भूमिका से बात कर रही है। सम्भव है उसकी वाणी भी राधा की मनःस्थिति का स्पर्श नहीं कर पाई हो। वह भी शायद अनुमान के आधार पर कह रही हो।

उद्धव उत्सुक थे। ललिता और वृन्दा उन्हें ले चलीं।

''यह गौरीकुंज है, इसमें वह मन्दिर अय्यन अहीर ने भक्तिभाव से प्रेरित होकर बनवाया है। राधा नहीं दिखाई देती, तो पहले लक्ष्मीजी की प्रतिमा देखिए।''

राधा एक छोटे पौधे में जल सींच रही थी। ललिता उसे बुलाने जाने लगी। उद्धव ने कहा कि विक्षेप मत डालो। जहाँ राधिकाजी हैं, उस दृश्य का हम भी हिस्सा बन जाएँ। चलो चुपचाप।

तीनों वहाँ पहुँचे उससे पहले राधा कगार से उतरकर यमुना के प्रवाह में पहुँच गई और कमलवन में लहराते जल में प्रविष्ट हो गई।

''अरे! यह तो साक्षात् कमला लगती है!'' उद्धव के इस कथन में ललिता और वृन्दा को अतिशयोक्ति नहीं लगी।

कमलवन, यमुना का जल, आकाश को जल का स्पर्श करानेवाली हवा धन्य है। सामने किनारे की वनराई के पत्ते-पत्ते को अपने रंग से प्रकाशित करनेवाला सूर्य धन्य है। और धन्य हैं श्रीकृष्ण जो राधा के रोम-रोम में बसते हैं। उसकी आँख से देखते हैं एक-एक बीतते क्षण को, एक के बाद दूसरे आनेवाले अभूतपूर्व क्षण को ।

तीनों राधा के निकट पहुँचना चाहते हैं। जिस निकटता को उन तत्त्वों ने प्राप्त किया है, वही इनका लक्ष्य है।

उद्धव ने वनदेवी के बारे में सुना था।

''वनदेवी कैसी होती है ललिता?''

''आप द्विधा में हैं कि राधा को वनदेवी कहें या कमला?''

"अपने लिए तो सबसे बड़ा सत्य यही है कि राधा है। राधा ने हमें उबार लिया। श्रीकृष्ण के विरह को साधना द्वारा निकटतम प्राप्ति का विषय बनाया। उद्धव जी, अब राधा की दृष्टि से ही हम श्रीकृष्ण को देखेंगे। यदि ऐसा नहीं करेंगे तो कुंजबिहारी, गिरधारी गोविन्द, युद्धसेनानी यादव बन जाएँगे। हमसे दूर ही दूर होते जाएँगे। हमारे लिए राधा कृष्ण-दर्शन का माध्यम है। हमारे गुरुदेव कहते हैं कि राधा-कृष्ण अभिन्न हैं।"

"ललिता, तुम्हें और राधिका को एक-दूसरी से ईर्ष्या नहीं होती। मेरे लिए यही अलौकिक अनुभव है। तुम्हारी यह उदात्त स्थिति ब्रज की वास्तविक सम्पत्ति है। राधा-कृष्ण प्रेमरूप हैं, ललिता-वृन्दा-विशाखा आदि सखियाँ प्रेममयी हैं। यह वृन्दावन मेरे जैसे यात्रियों के लिए प्रेमधन है। मैं इस प्रत्यक्ष दर्शन के बिना तुम्हारा विशुद्ध सखीभाव नहीं समझ पाया था। पहले यहाँ इतना रह चुका हूँ; परन्तु मिलन की अपेक्षा सही अनुभूति प्राप्त करने के लिए विरह ही सच्चा दर्पण है। जिसमें मद्‌मत्सर का नाम नहीं, जो साथ होकर भी निस्संग है, जो..." उद्धव अटक गए।

हाथ में कमल लेकर आ रही कमलनयना राधिका को देखते ही उद्धव बोल उठे : "तुम्हारी सखी आत्ममग्न है। स्त्री-पुरुष का भेद माननेवाला संसार यहाँ आकर देखे कि भावोपलब्धि किसे कहते हैं!"

राधा ने देवी के चरणों में पुष्पांजलि अर्पित की, फिर प्रसाद के रूप में एक-एक कमल उद्धव, ललिता और वृन्दा को दिया। फिर स्वागत के रूप में धीमे से बोली : "सखी ललिता, आज यमुना किनारे पहुँचूँ उससे पहले ही मुझे नवजलधर श्यामल कनु के दर्शन हुए। मेरा मन चंचल हो उठा। और मैं आतिथ्यधर्म भूल गई, तुम्हारी ओर ध्यान नहीं दे पाई।"

राधा वाक्य पूरा करे उससे पहले पिंजरे की मैना 'किसन, किसन' बोलने लगी। यह सुनकर सबको आनन्द आया। राधा ने कहा : "इसका मतलब यह हुआ कि वह स्वप्न नहीं था। इस सारिका ने मेरे साथ कल रात को कृष्ण का दर्शन किया होगा। इतने दिनों की मेरी तपस्या सफल हुई, कृष्ण अपना बड़प्पन भूलकर मुझसे मिलने आया। ऐसी घनघोर रात में न जाने किस ओर से आया था! सारिका ने पंख फड़फड़ाकर मेरा ध्यान दिलाया। मैंने बाहर आकर देखा तो वह आँगन में खड़ा-खड़ा भीग रहा था। मेरा हृदय फट पड़ा। मुझ पगली को इतना भी नहीं सूझा कि उसे अन्दर ले आऊँ।"

"तुम कृष्ण की चेतना हो, राधिकाजी! ललिता और वृन्दा तुम्हारे अंश का ही विस्तार हैं। श्रीकृष्ण की उपस्थिति को तुम अनुभव कर सकती हो क्योंकि वह तुम्हारी दृष्टि में है, श्वास में है।"

"श्वास सुनकर मुझे उस निष्ठुर का एक प्रसंग याद हो आया है। एक बार कृष्ण ने मेरे मुख पर धीमी फूँक मारकर गोरज उड़ाई थी। प्रियतम के श्वास की वह सुगन्ध मैं आज तक नहीं भूली हूँ।"

उद्धव राधा को तन्मय होकर सुन रहे हैं। यही मनःस्थिति ललिता और वृन्दा की है। यह अनुभव विरल है। मानो राधा की स्मृति सबकी है। उद्धव को एक और अनुभव होता है : विशुद्ध सखीभाव में स्वकीया-परकीया का प्रश्न ही नहीं रहता।

आज वृन्दावन छोड़ने को मन नहीं हुआ। जल्दी नहीं है। जल्दी तो कृष्ण से मिलने के लिए ही होती। परन्तु गौरीकुंज में रहते हुए लगता ही नहीं है कि वह कृष्ण से दूर है।

अय्यन गोप इस स्थल को दुर्गाकुंज कहता है। यमुना के दूसरे किनारे पर पुराने गोकुल में स्थित अपने घर कभी नहीं जाता। अतिथि आए हों तो उनकी सेवा के लिए रुक जाता है। राधा का क्या भरोसा! कभी अतिथि को देवता की तरह पूजे तो कभी ध्यान में ही मग्न हो जाए। श्रीकृष्ण के साथ अन्तःसंवाद करती रहे।

उद्धव का आगमन सुनकर अय्यन अति प्रसन्न हुआ। आ पहुँचा। अति-सम्पन्न अय्यन का स्वभाव सुदामा की तरह सरल था। उसने एक प्रस्ताव रखा : ''राधिका जी, यहाँ परमब्रह्म, मनुष्य, पशु, पक्षी, प्रकृति सबकी सेवा करती हैं। इस तरह श्रीकृष्ण का साहचर्य प्राप्त करती हैं। पहले यह स्थान गौरीकुंज कहलाता था, मैं इसे दुर्गाकुंज कहता था। यदि आप सब अनुमति दें तो अब इसे राधाकुंज नाम दिया जाए।''

''राधा सेवाकुंज।'' ललिता ने अय्यन के समास को और स्पष्ट किया।

''राधा से सेवा शब्द अधिक महत्त्वपूर्ण है। इसलिए केवल सेवाकुंज कहा जाए।'' राधा ने कहा।

''राधाकुंज कहने से सेवा का भाव प्रकट नहीं होता?'' अय्यन ने कहा : ''सिर्फ राधा शब्द के उच्चारण से ही कितनी अर्थध्वनियाँ निकलती हैं! मैं गलत कह रहा हूँ उद्धवजी? मैं श्रीकृष्ण की उपस्थिति में यह कहना चाहता था, परन्तु आप उनके प्रिय सखा हैं इसलिए कहने का साहस किया है।'' इतना कहकर वह अतिथि-सत्कार के कार्य में लग गया।

राधा ने मन्दिर के पीछे नदी किनारे सभी को बैठने के लिए कहा।

''मैं व्रत-पूजन के निमित्त यहाँ जो भी सेवा करती हूँ वह किसी अपेक्षा से प्रेरित होकर नहीं, अपने आनन्द के लिए...कुछ दिनों तक मैं घर में बन्द होकर रोती रहती, रोती ही रहती। ऐसा लगता था प्रत्यक्ष मिलन के बिना जीवित ही नहीं रहा जा सकता। फिर भटकते-भटकते यह सेवाकुंज मिल गया। तो अभिमान था वह अश्रुओं द्वारा बह गया। थकी पलकें बन्द हुईं और मुझे तत्क्षण अनुभव हुआ, जिसे मैं बाहर खोज रही थी वह तो मेरे भीतर ही है। मेरे सखा तो परम आत्मीय है। देह के बन्धन में बँधा नहीं है, अन्तर्यामी है। मेरे साथ वह भी सेवाकार्य में सक्रिय हैं। तुम्हें यह सुनकर हँसी आएगी उद्धव कि किसी ने यह बात उड़ा दी थी कि राधा की माँ ने उसका अय्यन के साथ विवाह कर दिया है। मैंने सोचा : लोग मुझे अय्यन की पत्नी मानें उससे क्या अन्तर पड़ेगा? कलावती की पुत्री कहो या अय्यन की पत्नी कहो इससे श्रीकृष्ण के साथ मेरे सम्बन्ध में क्या फर्क पड़ेगा? परम धार्मिक है यह पुरुष! देवीभक्त है। कहता है कि तुम परमब्रह्म को पुरुष-रूप में पूजो या नारी-रूप में मूल रूप तो एक ही है। इससे तुम्हारी अंजलि निरर्थक नहीं जाती। उसने मेरी सेवा की और मुझे अनेक अपरिचित मनुष्यों की सेवा करना सिखाया। अब तो कभी-कभी रात में यहीं रुक जाती हूँ।''

''अकेली?''

''यदि मैं यहाँ अकेली हूँ तो अन्यत्र भी अकेली ही रहूँगी। यहाँ रहकर उसका साहचर्य सधा है इससे मिलन की प्रतीति बनी रही है।''

"आपने विद्याभ्यास नहीं किया है फिर भी आपका अन्तःज्ञान शास्त्र-सम्मत है।"

"नहीं उद्धव, मैं शास्त्रों के बारे में कुछ नहीं समझती। मैं उसके स्नेह में जीती हूँ। उससे बँध गई हूँ। उस समय बँधी थी वैसी ही आज भी हूँ। उसकी वाणी, वेणु, रूप और रास का अनुभव करूँगी। इससे अधिक मुझे चाहिए भी क्या? मथुरा या उज्जैन जाने का मेरे मन में विचार ही नहीं आया।"

"श्रीकृष्ण यहाँ अवश्य आएँगे।"

"आएँगे? तुम यह मानते हो कि इस समय वे यहाँ नहीं हैं? कोई ऐसा कहे तो तुरन्त पहले मुझे संशय होता है कि सचमुच वे नहीं हैं। निकट के कुंज में दौड़ जाती थी। जाते ही मुझे सुमधुर संगीत सुनाई देता। यमुना के तीर से, तमाल की छाया में अदृश्य रहकर श्रीकृष्ण द्वारा बजाई वंशी की धुन आ रही है, ऐसा मुझे लगता था और मैं निश्चिन्त हो जाती थी।"

"मुझे यहाँ भेजकर श्रीकृष्ण ने मुझ पर कितना बड़ा उपकार किया है इसे अब समझ पाया हूँ। मुझे तीर्थयात्रा का पुण्य मिला है। अय्यन द्वारा निर्मित यह मानव-मन्दिर कितना अलौकिक है! महर्षि के आश्रम के साथ सात्विक स्पर्धा कर सकने में समर्थ है। यह सब मैं उन्हें विस्तारपूर्वक बताऊँगा।"

"तुम कहोगे तभी वे जान सकेंगे?" राधा ने स्मितपूर्वक पूछा।

"सुबल बार-बार मथुरा जाता है। उसने बताया ही होगा।" वृन्दा बोल पड़ी। ललिता को लगा कि वृन्दा को बीच में बोलने की आवश्यकता नहीं थी। उद्धव सही अर्थ तक पहुँच गए होंगे।

उद्धव ने मथुरा आकर श्रीकृष्ण से मिलने पर पहला प्रश्न यही किया : "मैं जो कहनेवाला हूँ वह तुम जानते हो?"

"मैं जो जानता हूँ वही तुम कहनेवाले हो तो...राधा को तो मैं ध्यान में देख सकता हूँ। कभी-कभी जानने से नहीं होता उतना सन्तोष केवल देखने से मिलता है। उद्धव, तुम योग क्यों नहीं सीखते? उससे स्वस्थ रहा जा सकता है। जानने से मात्र सन्तोष मिलता है, देखने से आनन्द मिलता है। योगशक्ति ने मुझे यह मर्म समझाया है : उस तपस्विनी के तेज से मुझे अनिष्ट का अन्धकार चीरना है।"

10

करवीरपुर के राजा शृगाल ने पहले सूर्यदेव की उपासना करके तेज और यश प्राप्त किया था। फिर वह अपने प्रताप के प्रति अहंकारी होता गया। प्रजा उसे परमेश्वर की तरह पूजे ऐसी आकांक्षा रखने लगा।

श्रीकृष्ण, बलराम और सात्यकि करवीरपुर आ रहे हैं, यह जानकर अपनी प्रभुता छिन जाने की आशंका से उसने उन्हें बीच में रोकने का निश्चय कर लिया। दारुक ने सामने से चढ़ी आ रही सेना के बारे में निर्देश किया। एक योजन दूर से ही दारुक ने अनुमान किया था। दौड़ रही सेना के कारण ही आकाश में धूल छा गई है।

"अपने परिश्रम को कम करने के लिए वे सामने आ रहे हैं, आने दो।" श्रीकृष्ण ने वहाँ की भूमि का निरीक्षण किया। युद्ध हुआ तो हमारे सैनिकों को यह स्थान सुविधाजनक रहेगा, ऐसा सात्यकि का अनुमान था। बलराम निद्राधीन थे।

"अभी आपने कहा था कि शृगाल को जीतने का हमारा कोई प्रयोजन नहीं है।"

"हाँ, उसे अपनी प्रजा को भ्रमित किए बिना उसका हित करना चाहिए।"

"वह अपनी पूजा करवाना बन्द कर दे।"

"इसके अतिरिक्त वह मेरे नाम का भ्रामक उपयोग करता है। मैं सबको चाहता हूँ उसी तरह प्रजा मुझे चाहती है। इस स्नेह के सम्बन्ध को वह नहीं समझता। कहता है सच्चा श्रीकृष्ण वासुदेव तो मैं हूँ, वह ग्वाला नहीं। इस प्रकार वह सत्य के साथ दुगुना दुर्व्यवहार करता है। सच्चा श्रीकृष्ण वासुदेव तो परमेश्वर है यह प्रजा के मानस में घुसाना ठीक भी हो तो भी राजा के रूप में यह उसका कर्तव्य नहीं है। फिर अपने लिए ईश्वर होने का दावा करना तो उसका महा अज्ञान है। वह राजा नहीं होता तो उसका यह कथन पागल आदमी का प्रलाप मान लिया जाता। वह राजा होकर ऐसा व्यवहार कर रहा है इसलिए लोग उस पर हँस भी नहीं सकते। हमें तो उससे इतना कहना है कि परमब्रह्म का अवतार श्रीकृष्ण वासुदेव तुझे सिद्ध होना है तो खुशी से हो जा, परन्तु राज्य छोड़ दे, जिससे प्रजा तेरी पूजा करने से मुक्त होकर पुरुषार्थ कर सके। हमें उससे इतना ही कहना है कि पहले सच्चा मनुष्य बन, फिर परमेश्वर बनना।"

सात्यकि उपने रथ पर गया और सेना को रोककर व्यूहरचना के बारे में सोचने लगा। करवीरपुर की सेना समीप आ चुकी थी। शृगाल उत्साहित था। अब वह संसार भर को बता सकेगा कि गोकुल का श्रीकृष्ण चलकर मेरी शरण में आया है। मैंने उसको पराजित करके भगा दिया। देख लो मेरी प्रभुता सिद्ध हो गई न। मैं कहीं झूठ बोल रहा था? उसने रथ आगे बढ़ाया और सम्बोधन किया : "हे कृष्ण! गोमन्तक पर्वत पर हुई तेरी विजय के बारे में मैंने सुना है। मैं जानता हूँ कि जरासन्ध और उसके साथ के राजा अपनी मूर्खता के कारण हारे हैं। वे सब अपनी भूलों से थककर ही सत्वहीन हो गए थे, रणांगण का उत्सव कैसे मना पाते? आ जा, तू अकेला मेरे साथ युद्ध कर। मेरी विराट सेना तेरे थोड़े से सैनिकों का विनाश कर देगी। मैं ऐसी विनाशलीला नहीं करना चाहता। चलो, हम धर्मयुद्ध करके दो में से एक हो जाएँ।"

"ठीक है, पहले तुम प्रहार करो।" सारंगपाणि श्रीकृष्ण ने कहा।

शृगाल के आक्रमण को अपने बाणों की वर्षा से रोककर उन्होंने सुदर्शन धारण किया और कहा : "हे मिथ्याचारी राजा, तू अपना दम्भ त्यागकर, प्रजा से अपनी पूजा करवाना छोड़कर लोकहित कार्य में तत्पर होना और प्रायश्चित करना चाहता हो तो मैं तुझे क्षमा करने के लिए तैयार हूँ!"

शृगाल हँस पड़ा : "तेरा भय तुझे इस तरह उदार बनने को प्रेरित कर रहा है। तू भले क्षमा करना चाहता हो परन्तु मैं नहीं कर सकता। हाँ, यदि तू मेरी पूजा करने को तैयार हो।"

इसके साथ शृगाल ने बाणों की वर्षा प्रारम्भ की।

सुदर्शन श्रीकृष्ण की अँगुली पर गति पकड़ चुका था। वह स्वयं संचालित हो इस तरह छूटा। उसकी चमकती हुई धार से मानो किरणें निकल रही थीं। स्वयं को आज तक परमेश्वर मानकर पुजवानेवाले शृगाल की आँखें चुँधिया गईं। सुदर्शन ने उसके मस्तक को धड़ से अलग कर दिया। उसकी डरी हुई सेना को श्रीकृष्ण ने अभयदान दिया : "डरो मत, निर्दोषों की हत्या नहीं हो इसका हमने व्रत लिया है। करवीरपुर की प्रजा के साथ हमारा कोई सम्बन्ध हो तो वह स्नेह का ही है। यदि कोई अपेक्षा है तो स्नेह की है। धन या यश की भी नहीं है।"

शृगाल के पुत्र शुकदेव को रानी पद्मावती श्रीकृष्ण की शरण में ले आई। परमेश्वर की पूजा की आदत छूटी नहीं थी। श्रीकृष्ण ने उन्हें ऐसा करने से रोका, केवल आतिथ्य स्वीकार किया।

मन्त्री, श्रेष्ठि, वीर पुरुष और सुज्ञ नागरिकों का अभिप्राय जानकर श्रीकृष्ण ने शुकदेव का राज्याभिषेक करवाया। बलराम ने मल्लशाला और युद्धविद्या के अन्य केन्द्रों का निरीक्षण किया। सात्यकि ने प्रजा की मानसिकता का पता लगाया। उसके सैनिकों ने विनय-विवेकपूर्वक राज्यारोहण उत्सव में भाग लिया।

मथुरा नगरी खुशी से पागल थी। अपने सेनापति और प्रमुख योद्धा के स्वागत के लिए दिन-रात एक कर रही थी।

वह आ रहे हैं श्रीकृष्ण-बलराम! राज्य को लेशमात्र भी क्षति नहीं हुई और फिर भी कितनी भव्य विजय मिली! कंस के वध के समय ग्लानि हुई थी। यादवकुलों के बीच तनाव था। आज स्फूर्ति है, सबके मुख पर तेज है। जगह-जगह वाद्य बज रहे हैं। उनके संगीत ने शीतल पवन के पंखों पर बैठकर पहले स्वागत किया। प्रजा के प्रत्येक वर्ग के आबाल-वृद्धों ने नगर के बाहर आकर स्वागत किया। हर्षोल्लास के इस वातावरण को आकाश तक फैलाने का कार्य पक्षी भी यथाशक्ति कर रहे थे। पूरी पृथ्वी रंगीन हो गई थी।

गर्गाचार्य मंत्रोच्चार कर रहे हैं। राजप्रासाद के प्रवेश-द्वार पर यादव अग्रणियों के साथ माता देवकी और रोहिणी भी उपस्थित हैं। पुत्रों के कुमकुम तिलक करते समय हर्ष के आँसू बहने लगे हैं।

महाराज उग्रसेन ने आलिंगन में लेकर रत्नजड़ित शाल, प्रशस्ति और आशीष के श्लोक कहकर आनन्द व्यक्त किया। श्रीकृष्ण-बलराम ने उनका तथा पिताजी का चरण-स्पर्श किया।

वहीं राजप्रासाद से पहले कभी नहीं सुनी गईं किलकारियों के साथ ढोल और रंगीला की थाप सुनाई दी। उत्तम और सुबल के नेतृत्व में पूरा ब्रजमंडल उमड़ पड़ा था। उनकी रासमंडली में मथुरा के कुछ युवक भी गोपवेश में घुस आए थे। इस आनन्दोत्सव में श्रीकृष्ण-बलराम को भाग लेने के लिए अन्य किसी प्रकार से नहीं बल्कि ऐश्वर्य भूलकर नृत्य में जुड़ जाना था। इतना ही नहीं बलराम को ढोल बजाते-बजाते नाचना था। श्रीकृष्ण अब रास के केन्द्र में थे। वंशी के सुर दूर-दूर तक फैल गए।

विजय के यश को गुलाल की तरह उड़ाया गया, सब रंग गए। एक दिन बीतने पर भी विजय की अनुभूति उतनी ही ताजा थी।

गणसभा ने श्रीकृष्ण का अनुग्रह स्वीकार किया। गणमुख्यों ने यादव राज्य को एक करने की महत्त्वाकांक्षी योजना श्रीकृष्ण के सामने प्रस्तुत की। सबकी इच्छा थी कि श्रीकृष्ण तत्काल वृन्दावन जा आएँ। यह सम्भव नहीं हो पाया। बलराम ने कहा कि मैं भी भाई के साथ ही आऊँगा। फिर भी उन पर सुबल और उत्तम का विशेष अधिकार था, वे उन्हें खींच ले गए।

देवकी और रोहिणी विचार कर रही हैं। ''बड़े के साथ कृष्ण भी वृन्दावन गया होता तो यशोदाजी उसे वापस आने देतीं?''

''वे ऐसी कोई बात ही नहीं कर सकतीं। परन्तु उनके आँसू देखकर श्रीकृष्ण वहाँ से हट ही नहीं सकता।''

''और राधा?''

''ब्रजवासी उसे वनदेवी कहते हैं। वहाँ यह मान्यता प्रचलित हो गई है कि राधा श्रीकृष्ण के सतत साहचर्य में रहती है। उसे विरह का अनुभव नहीं होता। क्योंकि तपस्या के द्वारा उसने अद्वैत की स्थिति प्राप्त कर ली है। श्रीकृष्ण के बारे में जानने के लिए राधा को किसी से पूछना नहीं पड़ता। परन्तु बहिन, तुम स्वस्थता बनाए रखो तो बताऊँ। उद्धव की बात में लेशमात्र अतिशयोक्ति नहीं हो सकती। उसने मुझे बताया था : श्रीकृष्ण एकान्त में राधा से बात करते हैं, उस समय उनकी आँखों में एक दिव्य वेदना होती है, बिछुड़ गए नक्षत्र जैसा प्रकाश होता है। दोनों नक्षत्र एक-दूसरे को देख सकते हैं, बात कर सकते हैं परन्तु मिल क्यों नहीं सकते? जो सामर्थ्यवान हैं उन्हें भी यह द्वैत सहन करना पड़ता है?''

''रोहिणी, यह सब मेरी समझ में नहीं आएगा। उद्धव से कहो कि वह यशोदाजी और राधिका से मिल आए। श्रीकृष्ण के एकान्त-अश्रु का उपाय खोज लाए।''

उद्धव श्रीकृष्ण के ऋजु स्वरूप की बात जानता है। और किसी ने उनके आँसुओं को नहीं देखा है, माताओं ने भी नहीं। देवकी और रोहिणी ने राजकुमारी रुक्मिणी के सन्देश के बारे में सुना है। इस बारे में उद्धव का पूछना ही इष्ट होगा। सदा जिज्ञासापूर्वक श्रीकृष्ण का सामीप्य प्राप्त करनेवाले उद्धव के सिर पर बड़ा उत्तरदायित्व आ पड़ा। आजकल सात्यकि श्रीकृष्ण के साथ ही रहता है। उसके सामने इस बात की चर्चा करते हुए संकोच हो रहा था। राधा ने अपने भविष्य को अगम बना लिया है, उसी तरह श्रीकृष्ण के कई उत्तर भी गूढ़ होते हैं इसलिए सही अवसर पर बात करनी पड़ेगी। माताएँ चाहती हैं कि रुक्मिणी का सन्देश मिला हो तो श्रीकृष्ण उचित उत्तर भेंजे। ऐसी रूप-गुण सम्पन्न राजकुमारी दूसरी हो सकती है परन्तु इन लक्षणों के लिए रुक्मिणी ही प्रसिद्ध है। प्रत्येक राज्य के पुरोहित कुंडिनपुर का प्रवास कर आए हैं।

गणमुख्यों की परिषद से वापस लौट रहे श्रीकृष्ण को उद्धव ने अपने रथ में आने के लिए निमन्त्रण दिया और सात्यकि को बलराम के साथ भेज दिया। सारथि को राजमार्ग छोड़कर यमुना किनारे के लम्बे मार्ग से चलने का निर्देश दिया। नदी का साहचर्य श्रीकृष्ण

के समष्टिरूप को कुछ अंश तक वैयक्तिक बना देता है। यहाँ उनके व्यक्तिगत सुख-दुखों की परिधि में प्रवेश किया जा सकता है।

उद्धव ने माताओं की इच्छा का सन्दर्भ देते हुए रुक्मिणी के सन्देश के बारे में बात निकाली।

क्षण-भर के लिए श्रीकृष्ण गम्भीर बनकर फिर सामान्य हो गए और कहा : ''ऐसी रूपसी राजकुमारी मेरे जैसे सीधे-सादे श्याम ग्वाले को किसलिए सन्देश भेजेगी?''

''भेज सकती है। जिसने अंकपाद में इस तरह की आत्मीयता प्रकट की थी वह पत्र भी लिख सकती है।''

''तो भी क्या हुआ? गुरुदेव का उपदेश तुम भूल गए होगे। मुझे तो अभी इक्कीस वर्ष हुए हैं। अभी मेरे लिए विवाह का प्रश्न ही नहीं उठता।''

''मैं तो तुम्हें नियम तोड़नेवाला मानता था।''

''जब राधा के साथ था उस समय उसके सम्बन्ध को ही जानता था, नियमों को जानता ही नहीं था। जब जबकि नियमों को जानने लगा हूँ तो इन नियमों के भी ऊपर रहनेवाली नियति को समझने की जिज्ञासा रखने लगा हूँ। उद्धव, समग्र वैश्विक सन्दर्भ में हमें जाग्रत रखकर अन्तःप्रतीति करवाकर उच्चतर भविष्य के निर्माण की दिशा दिखाएँ, मैं ऐसे नियमों की खोज में हूँ। परन्तु मिल नहीं पा रहे। पूज्यपाद गर्गाचार्य भी कहते हैं कि उनके द्वारा की गई भविष्यवाणियों की अवधि पूरी हो चुकी है। अब सब मेरे निर्णय के अनुसार घटित होगा। उद्धव, मैं किस प्रकार निर्णय करूँ? संसार बहुत संश्लिष्ट है। मनुष्य उससे भी अधिक संश्लिष्ट है। सब राजमार्ग के समान सीधा-सादा और स्पष्ट होता तो मैं निर्णय कर सकता था।''

उद्धव सोच में पड़ गये। बात रुक गई। श्रीकृष्ण सही कहते हैं। कुछ भी सीधा-सादा नहीं है। रुक्मिणी के बारे में आगे पूछने की इच्छा नहीं हुई। मौन द्विधापूर्ण स्थिति में एक अनुमान किया :

''मानो कि राधा अस्वस्थ हैं।''

'मैं जानता हूँ कि वह स्वस्थ है। और फिर हमारे बीच औपचारिक सम्बन्ध ही नहीं है कि उसे यहाँ आने के लिए या मुझे वहाँ जाने के लिए किसी की अनुमति लेनी पड़े। फिर भी हम ऐहिक रूप में नहीं मिलते इसका कोई कारण होगा। राधा की दृष्टि से दो कारण हो सकते हैं। एक यह कि मेरी वय साधना करने की है, व्यक्तित्व का विकास करने का यह समय है। दूसरा संयमी और त्यागी मनुष्य पर प्रजा को विश्वास होता है। वह कर्मठ नायक का अनुसरण करती है, उसका नहीं जिसने अपने सुख के लिए अलग व्यवस्था कर ली है। मैं राधा के प्रति प्रेमभाव रखता हूँ परन्तु उसका तो अनुग्रह है। मैं उसकी निस्पृहता का ऋणी हूँ। दो-तीन दिन पहले मुझे एक स्वप्न आया था : मैं शून्य में अकेला हूँ, और मेरे हाथ में राधा के चरण हैं। उसके पैर के अँगूठे को मैं अपनी आँखों से स्पर्श कर रहा हूँ। उस स्पर्श में वसन्त और वर्षा दोनों की अनुभूति थी।''

सन्ध्या अँधेरी होती जा रही है, यमुना अगम होती जा रही है, श्रीकृष्ण व्यग्र लग रहे हैं। संसार जिसके जीवन को उत्सव के समान मानता है उन श्रीकृष्ण की अन्तःव्यथा के

साक्षी उद्धव स्वयं व्यग्र बन गए हैं। क्षमायाचना करते हों उस तरह बोले : "मैंने माताओं से कहा था कि अवश्य पूछें। श्रीकृष्ण के बारे में मुझसे कोई भी प्रश्न पूछें। मैं उनके समग्र चरित्र से परिचित हूँ। उन्होंने मुझसे बहुत कुछ पूछा और मैंने निःसंकोच उत्तर दिए थे। अब पता चला कि आपके बारे में मैं कुछ भी नहीं समझता।"

"यदि तुम समझते होते तो कितना अच्छा रहता। मैं तुमसे पूछकर स्वयं को समझ जाता।"

"मुझे अब लगने लगा है कि आपका जीवन लोककल्याण के कार्य के लिए समर्पित है। पहले मैं मानता था कि ब्रजवासियों के प्रति प्रेम ही आपका जीवन है।"

"देवकी माँ ने मुझे एक कार्य सौंपा है। आपको रुक्मिणी को उत्तर नहीं देना हो तो कोई बात नहीं परन्तु कार्य में इतना व्यस्त रहना कम कर दो। यादव राज्यों की एकता का सूर्य आपके द्वारा ही उदित होगा। अभी सुदर्शन यहाँ छोड़कर वंशी लेकर कुछ दिन वृन्दावन हो आओ।"

"ऐसा करने पर राधा के आदेश का उल्लंघन हो जाएगा। वह मुझसे स्वप्न में कहती है, समाधि की स्थिति में कहती है कि आर्यावर्त में व्याप्त अधर्म नियन्त्रित हो जाए उसके बाद ही व्यक्तिगत सुख की ओर लौटना है।"

सत्राजित ने गणसभा की बैठक बुलाई थी। राजा ककुद्मी को अतिशीघ्र सहायता पहुँचाने का प्रस्ताव रखा था। पंचजन्य राक्षस और उसके साथियों ने राजा ककुद्मी को हराकर कुशस्थली पर आधिपत्य कर लिया था। आनर्त के गिरिनगर में इस समय राजकुमारी रेवती और राजा रह रहे हैं। सत्राजित का जहाज, व्यापार और सम्पत्ति संकट में हैं। इस प्रस्ताव के पीछे उसका स्वार्थ छिपा हुआ था। इस कारण अक्रूर और शिनि उस समय नहीं बोले। सत्राजित ने उचित समय पर सहायता की होती तो ककुद्मी राक्षसों के आक्रमण को निष्फल बनाने में सफल हो गए होते।

श्रीकृष्ण को स्मरण हो आया : कितना ऊष्मापूर्ण स्वागत हुआ था कुशस्थली में! बड़े भैया रेवती के व्यक्तित्व के प्रति आकर्षित हुए थे। सामान्य पुरुष को तो रेवती में नारीत्व का पता ही नहीं चल सकता। युवराज के सारे कर्तव्य यह स्वाभाविक रूप से करती थी। अश्व-संचालन में ही नहीं, शस्त्र-संचालन में भी वह निपुण थी। शायद रेवती भी बड़े भैया के प्रतापी पौरुष से प्रभावित हुई थी।

प्रसेनजित ने सात्यकि को बताया था : मैंने भैया से कहा था कि हमें सागर पार का कुछ व्यापार प्रभास के बन्दरगाह से भी करना चाहिए। उन्हें मेरा सुझाव कभी उचित नहीं लगा। इस विकट परिस्थिति में यदि मैं उनसे वाद-विवाद करूँ तो वे मुझ पर गुस्सा होंगे। तू श्रीकृष्ण से कह। उनके बिना कुशस्थली की स्वतन्त्रता सम्भव नहीं है। सात्यकि ने प्रसेनजित की व्यथा को श्रीकृष्ण तक पहुँचा दिया था।

महाराज उग्रसेन ने कहा : "ककुद्मी के साथ कैसा सम्बन्ध रखना चाहिए, यह चर्चा का विषय नहीं है। उन्हें कैसी और कितनी सहायता देनी है, उस पर विचार करना है।"

सत्राजित ने अपनी पूरी सेना भेजने की तत्परता दिखाई।

"सेनापति के रूप में भी आप ही जाएँ तो और अच्छा होगा।" सात्यकि ने कहा। वह गम्भीरता से कह रहा है या विनोद में यह प्रसेनजित की समझ में नहीं आया। अग्रणी मौन रहे।

सत्राजित एक कुशल योद्धा था। घने जंगल में जाकर शंकर की उपासना करके प्रसिद्धि प्राप्त कर चुका था। परन्तु किसी बड़े युद्ध में सेना-संचालन का दायित्व उसने सँभाला नहीं था। उसने अपनी सेना का पालन-पोषण ही किया था। परन्तु उसे प्रशिक्षण तो बलराम के द्वारा ही मिला था। सत्राजित जितना उदार था उतना ही अभिमानी था। यदि किसी विरोधी ने ऐसा कहा होता तो वह कहता : "मुझे गणसभा की सहायता नहीं चाहिए। मैं अपने ढंग से लड़ लूँगा।" परन्तु सात्यकि का परिवार उसका शुभचिन्तक था। सत्राजित प्रयत्नपूर्वक विनम्र बना रहा। महाराज उग्रसेन की अनुमति लेकर वह बोला : "मैं जानता हूँ कि युद्ध सैनिक, हस्तीदल या अश्वदल की अधिक संख्या होने से नहीं जीते जा सकते। विजय तो इन सबका कुशल संचालन करनेवाली बुद्धि की होती है। इसलिए मैं गणसभा से प्रार्थना कर रहा हूँ। मुझे आशा है कि महामात्य मेरे प्रस्ताव का समर्थन करेंगे। और कुशस्थली को फिर से बन्धन-मुक्त करवाने में समग्र यादव वंश की प्रतिष्ठा मानेंगे।"

अक्रूर ने उग्रसेन की ओर देखा।

"सत्राजित का प्रस्ताव परिषद ने सुन लिया है। कुशस्थली को दस्युओं के अत्याचार से मुक्त करवाना है और ककुद्दमी को फिर से राजा के पद पर आसीन करना है। परन्तु समस्या इतनी ही नहीं है। ककुद्दमी के पुत्र नहीं है।"

"उससे क्या हो गया, महाराज? रेवती नामक उनकी विलक्षण राजकुमारी तो है। वह राज्य प्रशासन सँभालने में समर्थ है।" श्रीकृष्ण ने कहा : "सत्राजित कहीं यह तो नहीं चाहते कि उन्हें वहाँ का राजा बनाया जाए?"

कृतवर्मा ने सात्यकि की ओर देखा। वे दोनों जानते थे कि सत्राजित को अपनी सम्पत्ति पुनः प्राप्त होने के साथ ही रेवती में भी रुचि है। वे यह भी जानते थे कि रेवती सत्राजित से शरीर और गुणों में भी ऊँची है। दोनों ने संकेत में बात की और मुस्कराने लगे। सत्राजित ने इसकी भी उपेक्षा करके श्रीकृष्ण की ओर आशा-भरी दृष्टि से देखा।

"गुरुपुत्र की खोज के लिए हमें सागरयात्रा करनी थी, उस समय भैरवनाथ हमें कुशस्थली ले गए थे। राजकुमारी रेवती ने पंचजन्य के बारे में हमें महत्त्वपूर्ण बातें बताई थीं। यह तथ्य किसी से छिपा नहीं है कि हमारी सफलता में उनका भी योगदान था। इसीलिए राक्षसों ने प्रतिशोध की भावना से प्रेरित होकर कुशस्थली पर आक्रमण किया होगा। प्रजा निष्क्रिय रही होगी क्योंकि दस्यु छोटे-छोटे प्रलोभनों द्वारा प्रजा के मानस को अपने वश में कर लेते हैं। वहाँ जानेवाले प्रत्येक सैनिक को याद रखना है कि प्रजा का सहयोग न मिलने पर भी दस्यु और पंचजन्य के असुरों को वहाँ से निष्कासित करना है। बड़े भैया यहाँ होते तो उनका अभिप्राय जान लेते। उनके जैसा शक्तिशाली पुरुष यदि ककुद्दमी की सहायता के लिए जाए तो गणपरिषद निश्चिन्त हो सकती है। सत्राजित का क्या अभिप्राय है?"

“बलराम यदि सेनापति बने तो मैं उनका सैनिक बनकर लड़ने के लिए तत्पर हूँ।”

महाराज उग्रसेन ने परिषद का अभिप्राय जानकर बलराम को वृन्दावन से बुला लाने के लिए उद्धव से निवेदन किया।

“वहाँ तो मैं बिना कारण भी जा सकता हूँ। आपका यह आदेश तो मुझे उपकृत करनेवाला है। मैं प्रातःकाल निकल पड़ूँगा।”

इस बार उद्धव को आता देखकर किसी को श्रीकृष्ण का भ्रम नहीं हुआ। सुबल ने सबको समझा दिया था कि इस तरह मथुरा को असुरक्षित नहीं छोड़ा जा सकता। तुम दोनों भाइयों को एकसाथ बुलाना चाहो तो मुझे और उत्तम को वहाँ रुकना पड़ेगा।

बलराम को यह विनोद अच्छा लगा था। कुछ दिन वे सबके अतिथि रहे फिर वन में विहार प्रारम्भ किया। वारुणि पान से तृप्त होकर यमुना में ऊधम मचाया। यह देखकर यौवनदर्पिता गोपियों का मनोरंजन हुआ। परन्तु शुभ्रोज्ज्वल कान्तिवाले बलराम का यह उद्धत व्यवहार कालिन्दी और उसकी सकल सृष्टि के लिए अकल्पनीय था। सुबल ने ललिता से कहा : बलराम इस तरह यमुना को प्रवाह बदलने के लिए विवश नहीं कर दें। यदि यमुना नारी होती तो इनके पौरुष को शायद ही वश में कर पाती।

“इन्हें विनम्र बनाए ऐसी कोई नारी यहाँ गोकुल-वृन्दावन में तो नहीं है परन्तु क्या समग्र आर्यावर्त में भी नहीं है?”

इस प्रश्न का उत्तर सुबल के नहीं उद्धव के पास था।

कुशस्थली का वृत्तान्त सुनकर, महाराज का अनुरोध जानकर बलराम ने अपना वन-विहार समाप्त कर दिया। नन्दराय-यशोदाजी को प्रणाम कर, श्रीकृष्ण के लिए बाँधा कलेवा लेकर मथुरा के मार्ग पर रथ दौड़ा दिया। उन्हें रेवती के साथ बीते मधुर क्षणों का स्मरण हो आया। रेवती पहले सुकुमार नहीं दिखी, बाद में उसकी सुकुमारता का अनुभव हुआ था। वीरांगना के वेश में उसमें विशिष्ट लालित्य के दर्शन हुए थे। युद्ध नौका में विदा करके वापस मुड़ी उसकी आँखों में पुनर्दर्शन का निमन्त्रण था। क्या उस अग्निशिखा का अपमान हुआ है?

उद्धव नन्दगाँव रुक गए हैं। आज देर तक यशोदाजी के यहाँ गोष्ठी चलेगी। कल राधा से मिलेंगे। यहाँ श्रीकृष्ण के जिस साहचर्य का अनुभव होता है, वह शान्तिदायक है।

बलराम कुशस्थली को संकटमुक्त करने के लिए सेनापतित्व स्वीकार लेंगे इस आशा से वसुदेव, अक्रूर और श्रीकृष्ण ने मिलकर आनर्त प्रदेश का चित्र तैयार कर लिया था। साथ में सत्राजित, कृतवर्मा और सात्यकि थे और गिरिनगर से ककुद्मी और रेवती भी साथ हो जाएँगे। इन पाँचों की समिति के साथ महत्त्वपूर्ण प्रश्नों की चर्चा की जा सकती है। परन्तु सेनापति के रूप में उन्हें सर्वाधिकार था।

ककुद्मी को यह आशा नहीं थी कि यादव गणपरिषद कुशस्थली को बन्धनमुक्त कराने का निर्णय करेगी। रेवती को बार-बार यह विचार आता था। श्रीकृष्ण और बलराम

के समक्ष वह सहायता की माँग करे। उसके भाई नहीं है, श्रीकृष्ण को देखकर ही यह कमी दूर हो जाती है। और जो बड़े हैं उनसे दृष्टि मिलाने में संकोच होता है। वे दोनों युद्ध के लिए निकले थे परन्तु जैसे इस बारे में बिलकुल सजग ही न हों! उसी तरह हँसते-खेलते आ जाएँ। मुझे उनके लिए सन्देश भेजना चाहिए। पहले पिताजी की अनुमति ले लूँ।

ककुद्मी ने सत्राजित के प्रयत्न के बारे में पुत्री को बताया।

''वह हमें सहायता करेगा या सेनापति के रूप में आएगा?''

''किसी भी रूप में आए। हम उसकी सहायता को स्वीकारेंगे।''

''आप स्वीकारना। मैं तो यहीं गिरिनगर में रहूँगी। इस छोटे से राज्य से मैं सन्तुष्ट हूँ।''

''तुझे सत्राजित से क्या आपत्ति है? वह कुलीन, गुणी श्रीमन्त व्यापारी और वीर योद्धा है।''

''वह मूलतः व्यापारी है। कुशस्थली के लिए इस तरह का साहस इसलिए कर रहा है क्योंकि उसे अपनी सम्पत्ति के लुट जाने का भय है। विजय में उसका सहयोग प्रभावकारी रहा तो वह आपसे उसका बदला माँगेगा। बदले में क्या माँगेगा, यह आप जानते हैं।'' रेवती ने कहा।

''माँगेगा नहीं, माँग चुका है और तेरी इच्छा नहीं है, वह यह भी जान चुका है। मैंने उसे शान्तिपूर्वक समझाया था : तुम गृहस्थ हो। रेवती ऐसे पुरुष को पसन्द करेगी जो अविवाहित हो और युद्धविद्या में कुशल हो।''

''मुख्य बात तो कही ही नहीं। जो ऊँचा हो, प्रत्येक बात में ऊँचा हो। जिसके कदमों से धरती काँप उठे और जिसके हृदय में आश्रय लेने के लिए आकाश आतुर हो।'' कहते हुए रेवती विचारों में खो गई।

''स्वप्न देखती रहना। मेरा तुझे आशीर्वाद है।'' अपना अभिप्राय देने के बाद ककुद्मी मन में किसी तरह की कड़वाहट नहीं रखते थे। पुत्री के भविष्य के बारे में आशावादी थे। वह जिस उत्साह से गिरिनगर में अपनी सेना को सुसज्जित बना रही है यह देखकर प्रसन्न होते थे।

वहीं बलराम के सेनापतित्व में यादवसेना के आगमन का समाचार सुना। प्रौढ़ राजा दासी द्वारा रेवती को समाचार देने के स्थान पर स्वयं ही पुत्री के महल में पहुँच गए और शुभ समाचार दिया। दोनों स्वागत के लिए चल दिए।

बलराम ने रेवती के मुख पर आ गई लज्जा को देखकर समझ लिया कि यहाँ आने के लिए यह भी एक कारण था।

''स्वागत से उपकृत हुआ। अब आतिथ्य के लिए आग्रह नहीं करना। युद्धकाल में मुझे और कुछ सूझता नहीं है। इस बार असुर और जलदस्युओं को कुशस्थली में से बीन-बीनकर समुद्र में फेंक देना है। नगर को हमेशा के लिए निष्कंटक कर देना है। मुझे केवल विजय से सन्तोष नहीं होगा, मैं उनका पूर्णतः विनाश चाहता हूँ। यह अच्छा है कि इस बार कृष्ण साथ नहीं है। वह मुझे रोक देता है। इस बार मैं दुष्ट दानवों को क्षमा नहीं दूँगा, उनका पूरी तरह संहार करूँगा।''

जिसने अनेक बार जरासन्ध को पराजित किया है, दो बार जीवनदान दिया है वही हलायुद्ध बलराम आ रहे हैं यह जानकर असुर सावधान हो गए। आक्रमण का विचार त्यागकर आत्मरक्षा के लिए व्यूह-रचना करके सागर के किनारे तैनात हो गए। असुर जलयुद्ध में बलराम को पराजित करना चाहते थे वहीं यादवसेना ने उन्हें चारों ओर से घेर लिया। दया या क्षमा देने का प्रश्न नहीं था। कुशस्थली में अब तक जिन्होंने भोगविलास किया था उनका नाश हुआ, उचित अवसर समझकर कुछ भाग गए।

रेवती सतत बलराम के साथ रही थी। सत्राजित, कृतवर्मा और सात्यकि ने दूसरी दिशाओं से आक्रमण किया था। विजय आकस्मिक नहीं परन्तु शीघ्र मिली थी। सत्राजित ने सेनापति का सम्मान किया। अपना प्रासाद सजाकर राजा को निमन्त्रित किया। कृतवर्मा और सात्यकि को वस्त्राभूषण भेंट दिए। सत्राजित की समृद्धि देखकर यादवसेना प्रभावित हुई। राजप्रासाद के बाद यह भवन नगर में सबसे विशाल था।

सत्राजित एक महीना कुशस्थली में रुकेगा। विजय के समाचार लेकर कृतवर्मा और सात्यकि मथुरा जाएँ। बलराम रुकें तो अच्छा रहेगा। असुरों का कोई नया समूह आक्रमण करे तो उसकी भी यही हालत हो।

''युद्ध का भय नहीं होता तो भी मैं यहाँ रुकना पसन्द करता। मुझे सागर का ज्वार अच्छा लगता है परन्तु जब तुम इस अतिथिगृह के प्रांगण में प्रविष्ट होती हो तो वह गौण हो जाता है।''

सत्राजित ककुद्मी के पास बैठा हुआ था। बलराम यहाँ अधिक समय तक रुकें इसके लिए उसे उपाय सूझा था। उसने राजा से कहा : ''महाराज, मैं एक यादव अग्रणी हूँ। उम्र में बलराम से बड़ा हूँ, इसलिए आपसे प्रार्थना करता हूँ कि यादव श्रेष्ठ बलराम के साथ रेवती का विवाह करें।''

बलराम-रेवती का साहचर्य देखकर उनकी सहमति के बारे में आशंका नहीं थी। विवाह का आयोजन प्रारम्भ हो गया। मथुरा सन्देश भेजना था। वहाँ देवकी-रोहिणी बलराम के भोजन आदि के बारे में चिन्तित थीं। ''विजय के बाद कहीं कोई मनुष्य इतना विलम्ब करता होगा?'' रोहिणी ने वसुदेव से शिकायत की, वे कुछ बोले नहीं। कृष्ण सात्यकि से बलराम की ही बातें करता है। उसी से पूछना चाहिए, इतना विलम्ब क्यों हो रहा है।

''अकेले आनेवाले होते तो जल्दी आ गए होते।''

''एक ऊँची राजकुमारी ने उनका मार्ग रोक लिया है। कहा कि कुशस्थली तो जीत ली, अब मुझे भी जीत जाओ। वह सरलता से जीती नहीं जा सकती इसलिए विलम्ब हो रहा है।'' सात्यकि ने अधिक प्रकाश डाला।

''चिन्ता मत करो माँ, बड़े भैया दुहरी विजय प्राप्त करके आनेवाले हैं।''

श्रीकृष्ण के युद्ध-संचालन के बिना बलराम ने यह पहली विजय प्राप्त की थी। इसलिए बड़े पुत्र के पराक्रम के अतिरिक्त बुद्धि-प्रतिभा पर भी गौरव करने का अवसर देवकी, रोहिणी और वसुदेव के लिए आया था। बहुत प्रशंसा की, अब दूसरी विजय का रहस्य प्रकट हुआ। श्रीकृष्ण ने यहाँ मथुरा में रहकर युद्ध से भी बड़ी घटना का संचालन किया था।

11

उद्धव रुक्मिणी की वृन्दावन यात्रा का संस्मरण लाए हैं।

रुक्मिणी प्रकट रूप से तो अंकपाद आश्रम देखने गई थी परन्तु हृदय की अभीप्सा के कारण श्रीकृष्ण के दर्शन हो गए थे। इसी तरह वृन्दावन देखने गई थी और राधा उसे मिल गई।

उद्धव कहता है कि अंकपाद और वृन्दावन तो गौण थे, वह तो बहाना था, मूल बात श्रीकृष्ण और राधा का दर्शन था।

राजकुमारी ने उस ब्रजकन्या से कहा था : ''मैंने पुरुषोत्तम श्रीकृष्ण के पराक्रम सुने थे और एक भव्य मूर्ति की कल्पना की थी! परन्तु दर्शन करने पर अपनी ही तरह मनुष्य लगे, अलबत्ता मोहक अवश्य थे। राधिकाजी, आपके मित्र ने उस दिन गर्वोन्नत कर दिया। क्या कहा जानती हैं? मेरे मुख से उन्हें आपका स्वर सुनाई दिया।''

उद्धव के मुख से सबकुछ सुनना अच्छा लगता है। यद्यपि देवकी, रोहिणी और वसुदेव रुक्मिणी के बारे में उद्धव से अधिक जानते हैं। दक्षिणा की अपेक्षा रखनेवाले पुरोहित प्रशस्ति करने में निष्णात होते हैं। और रुक्मिणी की प्रशस्ति तो वास्तविक रूप-गुण-सौन्दर्य तक नहीं पहुँच सकती है। मनुष्य की वाणी द्वारा उसके सौन्दर्य को अभिव्यक्त नहीं किया जा सकता। कल्पना की भी सहायता लेनी पड़ती है।

यह सुविदित है कि भारतवर्ष के समृद्ध जनपदों के राजपुरोहित रुक्मिणी को देखने आते तो पिता की अतिशय प्रिय रुक्मिणी उनसे मिलना टाल देती थी। उसे किस तरह का प्रस्ताव अच्छा नहीं लगेगा, इसका ध्यान पिता अच्छी तरह रखते थे परन्तु बड़ा भाई रुक्मी स्वयं को बलवान और समझदार मानता है। वह चाहता है कि उसके कहे अनुसार ही रुक्मिणी को व्यवहार करना चाहिए। कभी-कभी हँसती हुई कहती है : ''युद्धकला सीखने में तुमसे मार्गदर्शन अवश्य लूँगी।'' वह अपने पिता की अनुमति से ही तीर्थयात्राएँ करती है। रुक्मी ने उसे चेतावनी दी : ''सम्राट जरासन्ध के कुशल प्रशासन में मेरी बहिन को कोई खतरा नहीं था परन्तु अब ग्रामीण यादव अराजकता फैला रहे हैं। अहीर तो उनसे भी आगे निकल गए हैं। तीर्थयात्री नहीं लुटते थे वह समय कब का बीत चुका।'' रुक्मिणी गम्भीर मुद्रा बनाकर सुनती है और बाद में कहती है : ''जिसका भाई भारतवर्ष का इतना बड़ा योद्धा है उसकी बहिन भी निर्भय भ्रमण नहीं कर सकती?'' रुक्मी निरुत्तर हो जाता है। अन्त में रुक्मिणी के साथ एक रक्षकदल भेजकर सन्तोष कर लेता है। पिता आशीर्वाद देते हैं : ''मुझे तेरी विवेक-बुद्धि पर पूर्ण विश्वास है।''

धात्री साथ है। उसने पहले हरिद्वार-ऋषिकेश की यात्रा की है। रुक्मिणी उसे बोलने देती है। कहाँ होते हुए जाना है यह उसने निश्चित किया है। श्रीकृष्ण से मिलने की अभिलाषा है परन्तु जल्दी नहीं है। वृन्दावन जाना है, हृदय में उसकी छवि अंकित करनी है। राधा से पूछना है। क्या, यह पता नहीं है। सिर्फ पूछना है, राधा जो चाहे बताए।

''विदर्भ की राजकुमारी वृन्दावन यात्रा के लिए पधारी हैं।'' रुक्मिणी समझती है कि वह प्रथम यात्री है। जिसे चाहती है उसे आराध्यदेव मानती है। एक उम्र तक गौरीव्रत किया, अब अपने विवेक के अनुसार निर्णय लेगी।

उत्तम दुविधापूर्ण स्थिति में दौड़कर नन्दभवन जाता है। क्या पता ब्रजपति कहाँ होंगे। शायद दुर्गा के लिए वर खोजने गए हों। यशोदाजी तो होंगी ही।

"माँ, विदर्भ की राजकुमारी पधारी हैं। वे अपने यात्रीदल के साथ यहीं रुकने वाली हैं। उन्हें ठहराया जा सके ऐसा प्रासाद तो यहाँ है नहीं। उनकी आवश्यकताओं को कैसे पूरा करेंगे। हम आतिथ्य-धर्म नहीं निभा पाएँगे। कुछ मार्गदर्शन दें।"

"तू उनसे मिलकर आया है या फिर बिना मिले भाग आया है?"

"उनसे मिलने के लिए बुद्धि तो चाहिए न!" सुबल बोला : "मैं तो बिलकुल गँवार आदमी हूँ। कुछ न कहने जैसा बोल जाऊँगा। यह तो अच्छा हुआ कि इतने में उद्धव आ गए। मैंने उन्हें स्वागत करने का कार्य सौंपा और कहा, आप एकाध श्लोक पढ़िए तब तक मैं व्यवस्था करता हूँ। बताओ माँ, उन्हें कहाँ विश्राम दिया जाए?"

"अरे! क्या तू पागल हो गया है? अतिथि जहाँ चाहे, वहाँ।"

"लगता है उन्होंने वन में रहने का निश्चय किया है। शिविर बनने लगे हैं।"

वहाँ आनन्द को गोद में लेकर ललिता आ पहुँची। वह उत्तम और सुबल के बारे में उल्टा-सीधा बोलने लगी : "श्रीकृष्ण के मित्र कैसे डरपोक निकले! राजकुमारी के ऐश्वर्य को देखकर किंकर्तव्यविमूढ़ हो गए, उसके साथ बात भी नहीं कर सके! श्रीकृष्ण का इतने वर्षों का साहचर्य व्यर्थ गया। कोई हो तो बुला लाए। कहे कि यशोदा माँ के घर चलो, नन्दबाबा तुम्हारा स्वागत करके प्रसन्न होंगे।"

"उनके पास तक जाने का साहस ही नहीं हुआ। हमारी सारी कुशलता हवा हो गई।"

"वे कहाँ से आ रही हैं और कहाँ जाएँगी इतना तो पूछ लेना था।"

"दूर से पूछा जा सकता है? समीप तो जा ही नहीं सके।"

ललिता ने कहा : "माँ, दुर्गा को हमारे साथ भेजो। हम राजकुमारी को यहाँ का आमन्त्रण दे आते हैं। जहाँ राम-कृष्ण बड़े हुए हैं वह भवन राजकुमारी को छोटा पड़ेगा?"

दुर्गा नहीं थी। निश्चित ही वह राजकुमारी को देखने गई होगी।

वहीं आनन्दपूर्ण कोलाहल सुनाई दिया। यह क्या इतने अधिक लोग किस तरह एकत्र हो गए? इस ओर ही आ रहे हैं। अरे यह तो उद्धव हैं।

उद्धव आगे हैं। धात्री और दासियाँ राजकुमारी के चारों ओर चल रही हैं।

बालक, किशोर और युवकों की अमर्यादित संख्या ने राजकुमारी के सेवक और दासियों को लघुमत में कर दिया है। उद्धव ने कहा था कि "तुम श्रीकृष्ण की लीलाभूमि के दर्शन करना चाहती हो तो उसका प्रारम्भ पालने से करना चाहिए, माँ की गोद से करना चाहिए। फिर आराम से देखो यमुना तीर, वंशीवट, कुंज-निकुंज।"

यह है माँ श्रीकृष्ण की, सबकी।

यहाँ दूसरों के प्रति स्नेह और स्वयं की प्रसन्नता एक-दूसरे में घुले-मिले हैं। नन्दभवन के प्रांगण से हटने को रुक्मिणी का मन नहीं हो रहा। सबकुछ देखा है। श्रीकृष्ण के उपयोग में आई प्रत्येक वस्तु देख ली है, हाथ से स्पर्श भी कर ली है। माखन-मिस्त्री का स्वाद चख लिया है। राजकुमारी का गौरव त्यागकर रुक्मिणी यशोदाजी से मिल ली हैं। फिर भी उद्धव कहते हैं कि यह तो प्रारम्भ है। श्रीकृष्ण के शैशव को खोजने के लिए

तुम्हें गाँव के प्रत्येक घर में जाना होगा। तुम वन का जो भाग देखना चाहती हो वह छोटा है। यहाँ अपनी संवेदना विस्तृत होती है। मैं क्या यों ही बार-बार दौड़कर यहाँ आता हूँ?

अब सुबल और उत्तम को भी संकोच नहीं रहा। राजकुमारी अपने जैसी ही भाषा बोलती हैं। अपनी तरह ही चलती हैं। मानो हमसे भी अधिक सम्बन्ध है उनका इस भूमि के साथ। तो चलो सुनाएँ उनको कृष्ण की अद्भुत बाललीलाएँ। फिर तो ललिता, वृन्दा, विशाखा, और शुभा भी आ गईं और बालकृष्ण की लीलाओं का वर्णन होने लगा। हास्यविनोद के प्रसंगों को याद करती हैं, उसमें राधा का बार-बार उल्लेख होता है। रुक्मिणी ने इच्छा व्यक्त की कि वह राधा से मिलना चाहती है।

यह जो भूमि, निसर्गश्री और सुगन्ध है, इससे अलग राधा का स्वरूप नहीं है। फिर भी यदि देहमूर्ति को ही देखना है तो थोड़ा धैर्य रखना होगा। वह कभी वन में होती है, कभी ध्यान में।

यह है सेवाकुंज अर्थात् राधाकुंज!

रुक्मिणी की आँखें राधा के मुख पर दिव्य प्रभा देखकर चुँधिया जाती हैं। हाथों की अंजलि बन जाती हैं। वह झुककर प्रणाम करने को होती हैं। राधा अविचल खड़ी है। यकायक उसे जाने क्या होता है, वह रुक्मिणी को बाँहों में भर लेती है। अग्निशिखा और स्वर्णलता का मिलन होता है। इस अलौकिक क्षण को निहारनेवाले गोप-गोपियाँ स्वयं को भाग्यशाली मानते हैं।

अय्यन गोप आता है। वह स्वयं को इस स्थल का रखवाला बताकर अपना परिचय देता है।

हमारे लिए अय्यनदा अर्थात् वह आम का पेड़! जो छाया देता है, फल देता है और आकाश में बढ़ता है।

और राधा? कभी उषा, कभी सन्ध्या तो कभी विद्युत्लता...

राधा के मुख पर एक भी अपरिचित रेखा नहीं है। स्त्री का एकाध लक्षण तो अगम होता है परन्तु यह तो प्रकाश की तरह सकल सृष्टि के सामने प्रत्यक्ष है। वृन्दावन के प्रत्येक तत्त्व के साथ उसका समवेत गान चलता है। रुक्मिणी श्रीकृष्ण के अतीत से साक्षात्कार करने आई थी, स्वयं श्रीकृष्ण की अनुभूति में मग्न हो गई।

रासलीला और महारास का वर्णन सुना है। सब गोपियाँ भैया को राधा बनाकर यशोदा माँ के पास ले गईं, उस समय वहाँ देवकी माता पधारी थीं। राधा के सिर पर मोरमुकुट देखकर क्षण-भर के लिए उसे ही कृष्ण मान लिया था, यह घटना दुर्गा के मुख से सुनकर वह विस्मित हो गईं। जो पौरुष का अवतार लगते हैं, जो कन्धे पूरे संसार का भार उठा सकें, ऐसे दिखते हैं, वे किस प्रकार नारी के रूप में छिप पाए होंगे?

राधा के हृदय में भविष्य की लहरें उठ रही हैं। कृष्ण राजा नहीं बना परन्तु राज्य-संचालन का दायित्व सँभालता है। सुविधा और यश के बिना उसे कार्य करना है। मैं तो यहीं रह गई हूँ, यमुना के किनारे ही परन्तु यह रुक्मिणी यदि...

यह विचार आते ही राधा ने स्नेहार्द्र दृष्टि से रुक्मिणी के अंग-अंग पर दृष्टिपात किया। जिस तरह संगीत से पत्ते और पुष्प प्रभावित होते हैं उसी तरह राधा की दृष्टि से

रुक्मिणी के अंग पुलकित हो गए। इस दृष्टिपात से उसके और श्रीकृष्ण के बीच का अन्तर बहुत कम रह गया।

कुछ गोपियाँ ही खड़ी थीं, उनसे कुछ छिपाने की आवश्यकता नहीं है। इसलिए पूछा : "राजकुमारी, इष्टदेव के दर्शन के लिए ऐसे ही जा रही हो या कोई अभिलाषा लेकर?"

रुक्मिणी प्रश्न की मार्मिकता को समझ गईं। लज्जा धारण करके मौन रहीं। वह मुद्रा दर्शनीय थी। ललिता के पास आकर खड़ी हो गईं।

"हमारी राजकुमारी को श्रीकृष्ण जैसा पति चाहिए।"

"जैसा..." राधा विचारमग्न हो गई : "श्रीकृष्ण जैसा?" ललिता, वृन्दा सबकी ओर देखा : "श्रीकृष्ण जैसा कोई दूसरा हो सकता है।?"

"श्रीकृष्ण जैसे तो श्रीकृष्ण स्वयं ही हैं।" ललिता ने कहा।

"हाँ, मुझे सही शब्द नहीं मिले। राजकुमारी, यदि आपको वरदान माँगना हो तो यहीं मिल सकता है।" धात्री ने निःसंकोच होकर कहा।

"उन्हें देखने से पहले ही मेरा हृदय उनकी भक्ति से भरा हुआ था। मैं जानती हूँ कि मेरी योग्यता इतनी नहीं है। परमात्मा की कृपा से ही उनकी प्राप्ति हो सकती है।"

"प्राप्त नहीं हो पाएँ तो भी भक्ति करती रहोगी।" विशाखा ने पूछा। विदर्भ की राजकुमारी को यह प्रश्न अच्छा नहीं लगा। क्यों नहीं मिलेंगे? उसने प्रश्नसूचक दृष्टि से विशाखा की ओर देखा।

राधा बहुत धीमे से बोली : "श्रीकृष्ण अगम हो सकते हैं दुर्लभ नहीं हैं।"

रुक्मिणी को उत्तर मिल गया। उसने विनम्र होकर कहा : "मेरी भक्ति फलदायी बने इसके लिए मैं तपस्या करूँगी।"

रुक्मिणी की यह दृढ़ता देखकर राधा ने उसे बाँहों में भर लिया।

"मैं कृष्ण से कुछ बड़ी हूँ इसलिए उसका अपहरण कर लेती थी। बलराम क्रोधित हों परन्तु मुझसे बात करने में उन्हें संकोच होता था। कभी-कभी तो मैं कृष्ण को उठाकर दौड़ जाती थी। बड़ा तो वह अब हो गया है।"

सब हँसते हैं और तन्मय होकर सुनते हैं।

"परन्तु तुम तो उससे नजर मिलाते हुए भी शरमा जाओगी। तुम उसका अपहरण किस प्रकार कर सकोगी? हाँ, लेकिन तुम चतुर राजकुमारी होगी तो कोई ऐसी योजना बनाओगी कि वही तुम्हें हरकर ले जाएगा। यदि वह हर ले गया तो तुम्हारी बहुत बड़ी विजय होगी।" राधा सम्भावना की ओर संकेत कर रही है या शुभेच्छा दे रही है?

उद्धव आकर खड़े थे। रुक्मिणी के दल के लिए उचित व्यवस्था हो चुकी थी, इसलिए वे अब निश्चिन्त थे। इसलिए संकोच छोड़कर वे युवतियों की गोष्ठी में आकर कृष्णकथा सुनने लगे थे। परन्तु वे बोले बिना नहीं रह सके : "इस समय अपहरण की सम्भावना विशेष है। श्रीकृष्ण उत्तरापथ की ओर गए हैं।"

"राजकुमारी को इस तरह डराओ मत उद्धव, यह सच है कि वे उत्तरापथ गए हैं परन्तु तुम सोचते हो उस कार्य के लिए नहीं। कल ही अंशु और तेजस्वी समाचार लाए हैं कि वे संन्यासी बन गए तपस्वी राजाओं के साथ सत्संग कर रहे हैं।"

उद्धव की सूचना के अनुसार अंशु और तेजस्वी अभी वापस आए ही नहीं हैं। फिर राधा को यह सब कैसे पता लगा? क्या यह अलौकिक अनुभूति है? कहा तो बहुत स्वाभाविक रूप से था! सम्भवतः राधा को अब विरह नहीं है। द्वैत हमें ही दिखाई देता है।

अंकपाद आश्रम में रुक्मिणी की आवाज सुनकर श्रीकृष्ण को राधा का आभास हुआ था। तीनों मित्रों को यह भ्रम ही लगा था, कहीं समानता नहीं दिखी थी। आज भी कितना अन्तर है!

राधा के परिधान सूती हैं, उत्तरीय ऊन का है। रुक्मिणी के दोनों वस्त्र रेशमी हैं। राधा के गले में फूलों की माला है, रुक्मिणी के गले में स्वर्ण-माला है। शायद राजकुमारी ने यात्रा के कारण बहुमूल्य आभूषण धारण नहीं किए। यदि किए होते तो राधा के नैसर्गिक सौन्दर्य के साथ तुलना असम्भव थी। रुक्मिणी छोटी अवश्य थी परन्तु इतना अच्छी तरह समझ गई थी कि श्रीकृष्ण तक पहुँचनेवाला मार्ग राधिका के हृदय से होकर जाता है।

विदा के क्षण रुक्मिणी ने कातर दृष्टि से वाणी द्वारा अव्यक्त रह गए को माँग लिया था। रुक्मिणी अपना भविष्य राधा को सौंपकर आगे बढ़ गई।

उद्धव तुलना करते ही रह गए। वृन्दा उनको हिलाती है। रथ के पहियों से उड़ी हुई धूल जम गई है। ''सुनो।'' वृन्दा पूछती हैं : ''उद्धव! ऐसा लगता है कि राजकुमारी तुम्हारे प्रिय सखा की स्वामिनी बनकर ही चैन लेगी। और राधिका यहीं मौन बैठी रहेगी।''

''नहीं, रुक्मिणी के लिए अनुरोध करने मथुरा अवश्य जाएँगी!'' विशाखा व्यंग्य किए बिना नहीं रह सकी।

''उद्धव, जरा कृष्ण से कहना तो सही, हम सबकी तो कोई बात नहीं, अपनी प्राणेश्वरी को भी भूल गए?'' ललिता भावावेग में बोल रही थी, ''इस वृन्दावन के रात में खिलनेवाले कमलों की सुगन्ध का जिसके साथ पान किया है, बेला की सुगन्ध में चाँदनी घोलकर जिसकी हथेली से पी है, जिसे आलिंगन में बाँधकर दूर-दूर की रासमंडलियों का स्वागत किया था, क्या सचमुच वह राधिका विस्मरित हो गई? प्रत्येक मनुष्य निष्ठुर हो सकता है इसमें शक नहीं है परन्तु ऐसी अनन्य सुन्दरी को श्रीकृष्ण जैसा रसिक भी भूल सकता है, इस पर विश्वास नहीं होता। परन्तु कानों में पड़ी बातें मन में शंका पैदा करके आश्चर्यचकित कर देती हैं। ऐसा तेजस्वी लोकनायक नगर की रमणियों की तिरछी नजर का शिकार हो गया है?''

अब तक उदास बैठी राधा ने ललिता के आखिरी वाक्य से अपनी असहमति प्रकट की। उद्धव ने विवेकपूर्वक उत्तर दिया : ''आप लोग श्रीकृष्ण के मुझसे भी बड़े समर्थक हैं। मैं उनका बचाव नहीं कर रहा परन्तु उनके साहचर्य से प्राप्त ज्ञान मुझे कहने के लिए प्रेरित कर रहा है : श्रीकष्ण जब किशोर थे और नित नई लीलाएँ करते थे। वह अनागत यौवन काल की मनःस्थिति थी। आप सबने उस निर्मल मैत्री को प्राप्त किया था। परन्तु तुम्हें पता है कि जीवन के सर्वोत्तम उल्लास के प्रतीक रास के बारे में मथुरा के कुटिल लोग कैसी अफवाहें फैला रहे थे? श्रीकृष्ण का स्वभाव ही ऐसा है कि वे किसी के प्रेम की उपेक्षा नहीं करते। उनकी उपस्थिति में उदास रहना सम्भव बन जाता है। जड़ मनुष्य भी संवेदनशील बन जाते हैं। इस कारण मथुरा की रमणियाँ उनके दर्शन

के लिए झरोखों से निहारने लगती हों तो इसमें तुम्हें आश्चर्य नहीं होना चाहिए। उत्तम कार्यों में रत रहने के कारण जिनकी वृत्ति सात्विक बन गई है ऐसे श्रीकृष्ण अपने ब्रह्मचर्याश्रम की अवधि को बढ़ाते जा रहे हैं। समष्टि के प्रश्नों के सामने व्यक्तिगत सुख को उन्होंने गौण समझा है। आनन्द प्राप्त करने की उनकी यह पद्धति है। मैं नहीं मान सकता कि वे रुक्मिणी के हृदय की भावना को नहीं समझते होंगे। परन्तु वह विवाह के बारे में कब सोचेंगे यह कोई नहीं कह सकता।''

''बलराम का विवाह हो जाने के कारण क्या माता-पिता उनसे विवाह के लिए आग्रह नहीं करेंगे?'' वृन्दा के इस प्रश्न का उत्तर देते हुए उद्धव ने कहा : ''सुना है कि रेवती भाभी ने वसुदेव भवन की व्यवस्था सँभाल ली है। उन्होंने बलराम के द्वारा जाना होगा इसलिए अपने देवर से कह दिया है : और सब बाद में करना, पहले वृषभानु कुमारी को ले आओ।''

''मैं तो उनके साथ ही हूँ।'' राधिका के मुख से अनायास ही निकल पड़ा। इस धीमे स्वर को समझने का प्रयत्न करते हुए सब मौन रहे।

''आपका सम्बन्ध चैतसिक है। आपकी दूरी ने आपके इस सम्बन्ध का स्वरूप मुझे समझा दिया है। मैं नहीं जानता कि रेवती भाभी ने श्रीकृष्ण से इस बारे में कुछ पूछा है या नहीं। मुझसे कोई पूछेगा तो बताऊँगा मैं। जिज्ञासु हूँ फिर भी बताऊँगा कि वृन्दावन-निवास के इन दिनों में मुझे यह प्रतीति हुई है कि जो अद्वैत यहाँ हो चुका है वही सर्वत्र विस्तरित हो रहा है! राधिकाजी, आपके सान्निध्य में अंकुरित हुए प्रेम से समग्र आर्यावर्त लाभान्वित होगा।''

''उद्धवजी, ऐसा क्लिष्ट मत बोलो। हमारी समझ में यह आ भी जाए तो भी इससे हमें सन्तोष नहीं होनेवाला। श्रीकृष्ण को ले आओ। उन्हें राधा के पास खड़ा करो और वृन्दावन को वेणुनाद से गुँजा दो। आप जो लम्बे-लम्बे वाक्य बोले जा रहे हैं उनमें श्रीकृष्ण के नाम के अतिरिक्त हम कुछ नहीं समझ पा रहे।'' ललिता ने कहा और वृन्दा ने समर्थन किया। विशाखा बोली : ''आज आपको दार्शनिक चर्चा में आनन्द आ रहा है, हमें कृष्ण की लीलाओं में ही दार्शनिक छटा दिखाई देती है। तुम लोगों ने बहुत देर कर दी है उद्धव! अब तो बालसखा को यहाँ ले आओ। हम उसे घेर लेंगी। उसे पकड़कर बीच में बैठाएँगी। उसके होंठों पर मुरली रखकर मनपसन्द राग सुनेंगी।''

''ओह! समय की कैसी विचित्र लीला है! श्रीकृष्ण मुरली बजाने के लिए आतुर हों उस समय हम सभी सखियाँ उनकी मुरली छिपा देती थीं। और आज, उसका एक स्वर सुनने के लिए तरस रही हैं।'' ललिता ने कहा। वह तन्मय होकर बोल रही थी। देखती है कि राधा अपने स्थान पर नहीं है। ललिता का तात्पर्य समझकर वृन्दा राधा को बुलाने चलती है। परन्तु राधा कहाँ है? सामने तो सिर्फ किनारा है।

यह क्या? यह वेणुनाद कहाँ से आ रहा है। यमुना का किनारा तीव्र स्वर में बाँसुरी बजा रहा है। कौन बजा रहा है यह बाँसुरी। निःसर्गश्री में ओत-प्रोत हो गई राधिका या स्वयं यमुना का किनारा? वह समय वापस तो नहीं आ गया? यह आभास नहीं, अनुभव है।

किनारे के जल को स्पर्श करनेवाली वन राशि पर नीलगगन झुका हुआ है, वहाँ से

बहकर आनेवाली हवा स्वयं संगीत है...

विदा के लिए यह उत्तम क्षण है। एक विरत अनुभव लेकर जा रहे हैं। रथ में इन्द्रियों के समान अश्व लगाए। राधिका और श्रीकृष्ण के बीच जो सम्बन्ध विद्यमान है उस मार्ग पर उद्धव चल पड़े। अश्वों को अपना लक्ष्य स्थान दिखाई दे रहा है, वह रहा...!

उत्तरापथ की यात्रा के अनुभव को श्रीकृष्ण उद्धव से कहने के लिए आतुर थे। उद्धव आतुर थे वृन्दावन की छोटी से छोटी बात कहने के लिए। ज्ञान और प्रेम का मिलन होता है उनकी बातों में।

आनन्द, उदासीनता, भरी हुई शून्यता, और आकस्मिक प्रसन्नता के भाव मुख पर मुद्रित होते रहे। संवाद केवल शब्द का नहीं, समग्र व्यक्तित्व का था। श्रीकृष्ण और उद्धव के बीच बिम्ब-प्रतिबिम्ब न्याय के अनुसार स्थापित आत्मीयता के आश्लेष में सारा व्यतीत आ मिला, विलासित होने लगा।

श्रीकृष्ण कहते हैं : "माता यशोदा की गोद, नन्दबाबा आ प्रांगण, यमुना का किनारा, एक गोकुल का, दूसरे गोकुल में रूपान्तर, फिर उसमें से प्राप्त हुआ वृन्दावन और फिर समग्र ब्रजभूमि : उद्धव, ऐसा लगता है कि मानो मेरा पालना उत्तरोत्तर बड़ा होता गया है और मैं बालसुलभ स्वतन्त्रता से खेलता रहा हूँ।"

श्रीकृष्ण पलकें बन्द करके मानो दूर तक देखते हैं। ध्यानस्थ हैं। उद्धव का अनुमान सच निकलता है। बाद की बातों में राधा केन्द्र में है।

"संवेदना के विकास के लिए राधा को भौगोलिक भूमिका की जरूरत नहीं है। वह अन्तःयात्रा करने में समर्थ है। जिस तरह मैं अपने में राधा की उपस्थिति का अनुभव करता हूँ उसी तरह उसमें मेरी उपस्थिति है। बाह्य रूप से यह जो परोक्षता है वह न जाने कहाँ चली जाती है, इसका पता भी नहीं चलता।"

तभी जिससे बचा नहीं जा सकता ऐसे विक्षेप के रूप में रेवती भाभी आ पहुँचती हैं। किसी भी क्षण, कुछ भी कहने के लिए वे स्वतन्त्र हैं।

"मेरे लिए देवरानी ले आओ, नहीं तो मैं कुशस्थली वापस चली जाऊँगी।"

"आपको उससे सेवा करानी है या उसके साथ लड़ना है? यह निश्चित हो जाए फिर भाई से कहें।" आज उद्धव ने भी गम्भीरता का त्याग कर दिया है। रेवती आसन ग्रहण करती है।

"मुझे किससे लड़ना अच्छा लगता है यह सुविदित है। यदि तुम्हारी गणसभा अनुमति देगी तो मैं जरासन्ध के साथ भी लड़ने को तैयार हूँ। रही सेवा, तो मैं दासियों की सेवा भी नहीं लेती फिर देवरानी की बात ही क्या। अरे, मैं तो देवरानी की सेवा करने को भी तत्पर हूँ, जाओ ले आओ।"

"अपने देवर को देनेवाली आज्ञा मुझे दे रही हैं?" उद्धव ने कहा।

"ये तो अगम हैं। सारा संसार जानता है कि दो-दो सुन्दरियाँ मेरे देवर को अपने प्राणों से अधिक चाहती हैं। और उद्धव जैसा ज्ञानी दूत का कार्य करता है। रहस्य को छिपा

रखता है। क्या उसे जानने के हम अधिकारी नहीं हैं?''

''मैं स्वयं ही अभी इतना कम जानता हूँ कि अपने कौतूहल को ही शान्त नहीं कर पाया। आपको क्या बताऊँ भाभी?'' उद्धव ने कहा।

''इसका अर्थ यह हुआ कि मैं इतने कम दिनों में तुम दोनों से अधिक जान गई हूँ। राधा भले ही समर्पित होकर जीवित रहे, रुक्मिणी तो जीतकर ही मानेगी। वह सीधी-सादी गोपकन्या नहीं, विदर्भ की राजकुमारी है।''

''इस समय विदर्भ की राजकुमारी मुझे जीत ले जाए तो फिर जरासन्ध की जीत का मार्ग सरल बन जाएगा।'' श्रीकृष्ण ने कहा।

रेवती ताकती रह गई।

''अभी युद्ध पूरा नहीं हुआ। कंसराज के बाद जो व्यवस्था बनी है उसे जरासन्ध और उसके साथी स्वीकारने के लिए तैयार नहीं हैं। उन्हें बार-बार क्षमा करने से प्रजा हम पर अधिक विश्वास करने लगी है, अधिक सहकार देने लगी है। साम्राज्यवाद के सामने गणसभा का गौरव बढ़ा है। परन्तु जरासन्ध कृतघ्न है। मेरी विनती के कारण बड़े भैया ने उसे दो-दो बार जीवनदान दिया है परन्तु वह इसका सदुपयोग करेगा। हमें तब तक युद्ध के मोर्चे पर तैनात रखेगा जब तक मगध साम्राज्य की अमानवीय शक्ति क्षीण नहीं हो जाए और विविध यादवकुलों में एकता और बन्धुत्व की भावना बलवती नहीं हो जाती।''

''अभी तो मुझे पच्चीस वर्ष भी कहाँ हुए हैं। और फिर ऐसा भी नहीं लगता कि काम पूरा भी नहीं होगा। जरासन्ध के पक्ष से लड़नेवाला यादवकुलों में से प्रत्येक युद्ध में एक-दो अपनी ओर आते रहे हैं। यह विजय और क्षमा की नीति का परिणाम है। मुझे धैर्यपूर्वक यह देखना है कि इसका प्रभाव जरासन्ध पर पड़ता है या नहीं।''

''जरासन्ध के इन आक्रमणों के पीछे क्या कारण है? बदला लेने की वृत्ति?''

''नहीं, भय। वह मानता है कि यदि उसने यादव गणराज्य को नष्ट नहीं किया तो उसके साम्राज्य की नींव हिल जाएगी। वह जानता है कि हम भारतवर्ष में प्रेम और धर्म के लोकशासित राज्य की स्थापना करना चाहते हैं। महाराज उग्रसेन तथा गुरुजनों की आज्ञा से मैं उत्तरापथ की यात्रा पर गया था। वहाँ राजर्षियों के साथ सत्संग करना था। जिससे व्यक्तिगत जीवन में संयम निग्रह में वृद्धि हो, प्रजा के कल्याण की नवीन दिशाओं की जानकारी मिले। जो सन्तुलन विलासी राजाओं ने तोड़ दिया था उसकी पुनः स्थापना हो सके।''

रेवती के लिए देवर का यह नया रूप था। इस बात की प्रतीति थी कि वह अद्भुत योद्धा है परन्तु भारतवर्ष के धर्मप्रिय शासक के रूप में इस मोहक युवक की उसने कल्पना भी नहीं की थी।

तभी वहाँ सात्यकि आ पहुँचा। वह अपने मित्र कृतवर्मा से झगड़कर आया था। इस कारण पितामह शिनि ने उसे डाँटा था और अधीरता और क्रोध पर नियन्त्रण रखने के लिए सुझाव दिया था। पहले वह बलराम के पास गया, वे प्रचंड शक्तिशाली पुरुष हैं। उनका क्रोध भी प्रचंड है फिर भी वे स्वयं को नियन्त्रित कर सकते हैं। उनके पास कोई उपाय होगा यह मानकर गया था। वे क्षण-भर मौन रहे फिर पूछा : ''तू मेरे सामने क्रोधित हो रहा है, श्रीकृष्ण के सामने हो सकता है?'' ''नहीं, कभी नहीं।'' ''फिर तुझे चिन्ता

करने की आवश्यकता नहीं है। कृतवर्मा पर क्रोधित होने या सत्राजित से लड़ पड़ने में तेरे जैसे वीर के लिए कोई खतरा नहीं है। फिर भी यदि तुझे स्वयं से कम बलवान व्यक्ति पर क्रोध नहीं आए तो इसकी कला तुझे श्रीकृष्ण सिखा सकता है। वह योगविद्या जानता है। उत्तरापथ से लौटने के बाद पिता जी भी श्रीकृष्ण की योगशक्ति की प्रशंसा करने लगे हैं। वह तुझसे अतिशय प्रेम करता है, अवश्य सिखा देगा। यदि तुझे योगविद्या नहीं आए तो मेरे पास आना। मेरे पास दो वस्तुएँ हैं : व्यायाम और कादम्बिनी।''

श्रीकृष्ण को सात्यकि के लिए दूसरा विकल्प जँचा नहीं। वे बोले : ''तब तो मुझे योग सिखाना ही पड़ेगा। व्यायाम तो तू करता ही है सात्यकि। रही बात कादम्बिनी की। बड़े भैया की बात अलग है। उनमें असाधारण शक्ति है। परन्तु मैं नहीं चाहता कि यादववीर मद्यपान में उनके अनुयायी बनें।''

उद्धव का मन बलराम को सुझाव देने के लिए उत्साहित हो उठा। इस हेतु उन्होंने श्रीकृष्ण से अनुमति चाही।

''नहीं उद्धव, तुम रहने दो। ब्रज की गोपियाँ तुम्हारा कहा मान लेती हैं इसलिए तुम अति उत्साहित हुए जा रहे हो। बड़े भैया को सुझाव देने के लिए अब एक मात्र व्यक्ति रेवती भाभी ही हैं।''

यह वाक्य सुनकर रेवती हँस पड़ीं परन्तु अपने विचारों को प्रकट नहीं किया।

12

सात्यकि और उद्धव चिन्तित हैं। जरासन्ध-शिशुपाल के आगामी आक्रमण के प्रति उदासीन होकर यादव विलासप्रिय होते जा रहे हैं। बलराम कुशस्थली जीतकर रेवती के साथ विवाह करके मथुरा आए, उस उपलक्ष्य में दिए गए भोजन समारम्भ में यादव उन्मत्त हो गए थे। स्वयं रेवती को भी आश्चर्य हुआ था। परन्तु उसने समझा कि मथुरा के यादवों के ऐसे रीति-रिवाज होंगे। वारुणि का अति-सेवन और मिठाइयों का दुर्व्यय देखकर सुबल-उत्तम के गोप-हृदय व्यथित हो गए थे। उन्होंने उस ओर उद्धव का ध्यान आकर्षित किया था।

उद्धव जानते हैं कि यादव श्रीकृष्ण की बात तो मानेंगे परन्तु उनका स्वाभाविक आकर्षण बलराम की ओर है। सबको बलराम की तरह, अमर्यादित शक्तिपुंज बनना है। वे भूल जाते हैं कि बलराम कभी निष्क्रिय नहीं बैठते। बीच में वृन्दावन गए थे, अंकपाद आश्रम में सीखी कृषिविद्या को वहाँ के लोगों को सिखा आए थे। जिस तरह वे विलास में अमर्यादित हैं, उसी तरह परिश्रम भी अमर्यादित करते हैं। दुष्टता का प्रतिकार करने में वे बेजोड़ हैं। यह भूलकर केवल भोजन और मद्यपान के लिए उन्हें आदर्श नहीं बनाना चाहिए। परन्तु किस-किसको कहा जाए! जो बड़े-बड़े सामन्त हैं वे उद्धव और सात्यकि की बात सुनेंगे? श्रीकृष्ण को इस बारे में बताना पड़ेगा।

वे पहुँचे उस समय श्रीकृष्ण गर्गाचार्य के चरणों के पास बैठे शास्त्रचर्चा में मग्न थे। श्रीकृष्ण ने आने का कारण पूछा। गर्गाचार्य की उपस्थिति में यादवों की विलास-वृत्ति के

बारे में चर्चा करने में उन्हें संकोच हो रहा था। श्रीकृष्ण ने उस संकोच को दूर करते हुए कहा कि कोई भी प्रश्न अप्रासंगिक नहीं है।

उद्धव और सात्यकि की चिन्ता के बारे में गर्गाचार्य का मत जानने के लिए श्रीकृष्ण ने जिज्ञासापूर्वक उनकी ओर देखा। परन्तु वे तटस्थ लगे, बहुत आग्रह किया जाए तो कह देते कि यह मेरा क्षेत्र नहीं है। वृष्णियों के नेता श्रीकृष्ण हैं और अन्धकों के नेता उग्रसेन हैं। वे चाहें तो रीति-रिवाजों के बारे में पुनर्विचार करने के लिए गणसभा को बुला सकते हैं।

अन्ततः श्रीकृष्ण ने ही कहा : ''मैं तुम्हारी तरह चिन्तित नहीं हूँ। इस पूरी घटना को दूसरी ओर से भी देखा जा सकता है। अपने अग्रणियों से पूछा जाए तो वे बताएँगे कि विलास वीर पुरुष के लिए विश्राम का साधन है। अब तक के अविरत संघर्ष के बाद बड़े भैया के जीवन में यह पहला सुखपूर्ण अवसर है। यह सुख उनके लिए प्रमादकारी नहीं बनेगा। अन्य यादववीरों से क्या इस तरह की आशा नहीं रखी जा सकती? किसी के व्यक्तिगत जीवन पर नियन्त्रण रखने पर विकृति आने का खतरा रहता है और यह गणसभा के अधिकार क्षेत्र में नहीं है। यादवकुलों को प्रेरणा देने वाले गुरुजन कम नहीं हैं। वे विकास की ओर उन्मुख होंगे और सन्तुलन बना रहेगा।''

उद्धव सन्तुष्ट हो गए। सात्यकि ने जरासंघ के आक्रमण के बारे में पूछा। कृष्ण ने कहा, ''वह आक्रमण अवश्य करेगा। सुना है कि कालयवन के साथ उसकी मैत्री गाढ़ होती जा रही है। 'उद्धत' यादवों को सबक सिखाने के लिए दोनों कटिबद्ध हैं। वे यह भी मानते हैं कि कृष्ण कुटिल है। इसीलिए उसे आकस्मिक ढंग से शिकंजे में फाँसना है। मैं कुटिल हूँ या नहीं यह तो ऐसे गुरुजन ही बता सकते हैं परन्तु तुम निश्चिन्त रहो क्योंकि जरासन्ध-कालयवन की कुटिलता का सामना करने जितनी समझ मुझमें अवश्य है। यह मत समझना कि शास्त्रज्ञान और धर्म-अनुशीलन में व्यस्त रहने के कारण युद्ध के कर्तव्य से विमुख हो गया हूँ। सच तो यह है कि समाज का अवलोकन और धर्मशास्त्रों के अध्ययन से हमें अपने कर्तव्य का ज्ञान और विवेक-बुद्धि को सही दिशा मिलती है, युद्ध भी स्वाभाविक कर्तव्य का भाग बन सकता है।''

यह सुनकर उद्धव और सात्यकि को लगा कि वे तो आधे-अधूरे हैं। एक को शास्त्रों में अधिक रुचि है, दूसरे को युद्ध में। गुरु सान्दीपनि कहा करते थे कि शास्त्र मात्र ज्ञान-कोश बनकर नहीं रह जाए और युद्ध के द्वारा अमर्यादित हिंसा को बढ़ावा नहीं मिले इसलिए आत्मा को जाग्रत करने की आवश्यकता है। इस बारे में विचार- विमर्श करते हुए उद्धव और सात्यकि चले गए।

श्रीकृष्ण और गर्गाचार्य बैठे हुए थे। उत्तरापथ की यात्रा के समय एक विचार आया था। हिमालय पर बसनेवाले राजर्षियों तथा अन्य मनीषियों ने भारतवर्ष के विभिन्न नगरों और तपोवनों में बसनेवाले दार्शनिकों का उल्लेख किया था। क्यों न एक संगोष्ठी के आयोजन द्वारा सभी को आमन्त्रित किया जाए? समाज के उत्तरोत्तर विकास के लिए क्या-क्या किया जा सकता है, इस बारे में उसमें विचार-विमर्श हो।

यह प्रस्ताव गर्गाचार्य को रुचिकर लगा है। वे केवलदा से पहले विचार-विमर्श करेंगे। फिर मार्गदर्शन के लिए उन्हें अंकपाद आश्रम भेजेंगे। कुलपति की अनुमति मिलने पर

मथुरा जनपद की ओर से आमन्त्रण भेजा जाएगा। इस सन्दर्भ में समग्र व्यवस्था का आयोजन श्रीकृष्ण करेंगे। उद्धव सन्देशवाहक बनेंगे। महर्षि नारद से अध्यक्ष पद स्वीकार करने की प्रार्थना की जाएगी।

इस गोष्ठी का नाम क्या रखा जाए? यह कार्य गर्गाचार्य का ही है। उन्होंने नामकरण किया, ''सम्प्रतिपत्तिसत्र'। विविध विद्वानों की आत्मप्रतीतियों से जो व्यापक सम्मति फलित हो वही सम्यक् प्रतिपत्ति : सम्प्रतिपत्ति! श्रीकृष्ण को संगोष्ठी का नाम अच्छा लगा। संगोष्ठी की तिथि और समय कुलपति, पिताजी और आचार्य निश्चित करेंगे। स्थल तो श्रीकृष्ण ने निश्चित कर लिया है। कैलास के उत्तर में मैनाक पर्वत के निकट हिरण्यशृंग नामक विशाल पर्वत है, वहाँ बिन्दु सरोवर लहराता है और भागीरथी भी बहती हैं। राजा भागीरथ ने उसके किनारे दीर्घकाल तक निवास किया था। जब महात्मा प्रजापति ने सौ से अधिक यज्ञ किए थे उस समय शोभा के लिए मणिजड़ित यूथ और हिरण्यमय चैत्य लगाए थे। ऐसे सुन्दर और रमणीय स्थान पर आर्यावर्त के श्रेष्ठ आचार्यों का स्वागत श्रीकृष्ण वसुदेव करेंगे।

कुलपति की अनुमति मिल चुकी है। उद्धव का कार्य प्रारम्भ हो गया है। उग्रसेन, वसुदेव, अक्रूर, नन्दराय और वृषभानु से पर्याप्त धन मिल गया है। अधिवेशन की महत्ता सुनकर कई यादव सामन्तों ने दान देने के लिए तत्परता बताई, तो उद्धव ने उनसे कहा, ''अब देर हो चुकी है। दूसरे किसी अधिवेशन के समय आपसे पूछूँगा।'' इस बात को अन्य यादवों ने तो स्वाभाविक रूप से स्वीकार लिया परन्तु सत्राजित के अहं को चोट लगी।

''मैं अकेला ही पूरे अधिवेशन का खर्च उठा सकने में समर्थ हूँ। यदि मेरा दान नहीं स्वीकारा जाएगा तो मैं अधिवेशन का बहिष्कार करूँगा।''

उद्धव ने सात्यकि को सत्राजित का जवाब सुनाया। दोनों बलराम के पास गए। बलराम ने तुरन्त अपना रथ तैयार करवाया। उद्धव और सात्यकि को साथ लेकर सत्राजित के भवन की ओर चल दिए। बलराम रथ से उतरे नहीं, सत्राजित को सन्देश भिजवाया।

बलराम के आगमन की बात सुनकर सत्राजित स्वागत के लिए द्वार पर आया।

''तुम अधिवेशन का बहिष्कार करनेवाले हो?''

''हाँ, इसलिए कि...''

''मुझे कारण नहीं सुनना। मैं तुमसे यह कहने आया हूँ कि इस अधिवेशन में मत आना। इसके बाद होनेवाले अधिवेशन का खर्च तुम वहन करना और उसमें उपस्थित रहना। तब तक अपनी योग्यता बढ़ाओ।''

सत्राजित को अच्छा नहीं लगा परन्तु बलराम के साथ बातचीत में विनम्र बने रहना आवश्यक था। ''दूसरे किसी यादव से मेरी योग्यता कहाँ कम है?''

''मैं सम्पत्ति की बात नहीं कर रहा, समझदारी की बात कर रहा हूँ। चलो मैं स्वीकार लेता हूँ कि तुम मुझसे अधिक बुद्धिशाली होगे। बस, अब तो खुश हो? अच्छा बताओ कि सम्प्रतिपत्ति सत्र का तात्पर्य क्या है? एक-दो वाक्यों में समझाओ।''

सत्राजित हँस पड़ा। बलराम ने कहा, ''एक-दो दिन में कुशस्थली जाने के लिए तैयार रहना। रेवती की इच्छा है कि हमें एक बार वहाँ की सुरक्षा-व्यवस्था देख आनी चाहिए।

पंचजन्य असुर अब आक्रमण नहीं करेंगे ऐसा नहीं कहा जा सकता। वहीं से वापस लौटकर हम मथुरा की सुरक्षा करेंगे। कृष्ण और उद्धव अधिवेशन में जाएँगे।''

सत्राजित मान गया और बलराम के रथ में बैठ गया। सब उद्धव के निवास स्थान गए। वहाँ फिर से योग्यता के बारे में बात निकल आई।

''क्या शूरवीर या श्रेष्ठी होने के कारण कोई दार्शनिक चर्चा करने का अधिकारी बन सकता है?'' सात्यकि ने कहा।

''मुझे विचार आया था कि जो अधिकार श्रीकृष्ण को दिए जाएँ वे मुझ जैसे सबसे सम्पन्न यादव-सामन्त के पास क्यों नहीं हो सकते?'' सत्राजित ने गम्भीर वाणी करके विनोद किया।

''एक सामुद्रिकशास्त्री ने मुझे बताया था : श्रीकृष्ण की भौंहों से पता चलता है कि उनकी प्रकृति चिन्तक की है।'' उद्धव बोले।

''मेरे पितामह उनकी निःस्पृहता के बड़े प्रशंसक हैं। अपने पास उन्होंने कोई सत्ता नहीं रखी है और द्रव्य का संचय करने के प्रति भी वे उदासीन हैं।'' सात्यकि ने कहा।

''इसलिए ही तुम सब अपना शौर्य और सम्पत्ति उसके कहने पर न्योछावर करने के लिए तत्पर रहते हो। वह तुम्हारी सत्ता और धन को उचित कार्यों में उपयोग करवानेवाला आयोजक बन बैठा है। वैसे जब कोई स्नेहवश उसकी ओर आकर्षित होता है तो उसे अच्छा लगता है।'' बलराम द्वारा श्रीकृष्ण के बारे में कहे गए वचन तर्कातीत माने जाते हैं।

बलराम, रेवती और सत्राजित कुशस्थली के सागर किनारे पर सन्ध्या को भ्रमण के लिए निकले हैं। गुरुपुत्र की खोज के लिए जिस स्थान से नौका खोली थी, उसके आने पर बलराम को श्रीकृष्ण का स्मरण हो आया। वे कुछ बोलें उससे पहले ही रेवती ने कहा : ''मेरे देवरजी सबके इतने प्रिय क्यों हैं, इसका कारण जानते हो? वे सुन्दर, अतिविलक्षण, या शक्तिशाली हैं इसलिए? वे निर्भय और एकता के समर्थक हैं इसलिए? ये कारण भी सही हैं, परन्तु अधूरे हैं। इन थोड़े दिनों के अपने मथुरावास में मैंने खोज लिया है कि इसका कारण तो दूसरा ही है। बताऊँ? श्रीकृष्ण सबको इसलिए प्राणप्रिय हैं क्योंकि वे निःस्पृह हैं। उनका यह गुण सबके लिए हितकारक है। सिर्फ एक ही व्यक्ति को इसके कारण परेशानी हुई है।''

''राधिका की बात कर रही हो?''

''नहीं, वह स्वयं अनपेक्ष हो गई है इसलिए उसका प्रश्न नहीं रहा। मैं एक दूसरी की बात कर रही हूँ।''

''रुक्मिणी की?'' बलराम ने पूछा।

''रुक्मिणी?'' सत्राजित को आश्चर्य हुआ। जिसका भाई जरासन्ध-शिशुपाल का पक्षधर हो उसकी बहिन को श्रीकृष्ण की निःस्पृहता से क्या लेना-देना?''

''हाँ रुक्मिणी दुविधा में है। इस निःस्पृह नरोत्तम को जीता कैसे जाए?''

"जीत तो नहीं सकती परन्तु राधा की ओर से वरदानस्वरूप प्राप्त करेगी।" बलराम उद्धव के कथन का स्मरण करते हुए बोले।

सत्राजित को आश्चर्य हुआ। वह जानता है कि राधा वृषभानु की रूपवती पुत्री है। वरदान तो सिर्फ महादेव शम्भु या पार्वती दे सकती हैं। राधा जैसी गोपकन्या कहीं वरदान देने की क्षमता रखती होगी?

रेवती को विनोद सूझा : "वरदान अर्थात अपने वर का दान!"

सत्राजित को शंका का समाधान हो गया। बलराम सागर की व्यापकता पर छायी हुई आकाश की नीलिमा देख रहे थे। वे वापस लौट रही लहरों से समानता रखनेवाली गम्भीर वाणी में बोले, "मैं राधा को समझ नहीं पाया हूँ। कभी-कभी लगता है कि कृष्ण को थोड़ा पहचानता हूँ परन्तु राधा के बारे में सोचते ही उसका गौर वर्ण दिव्य प्रभा में रूपान्तरित हो उठता है और उसका मानवीय व्यक्तित्व अगम जान पड़ता है। मुझे उद्धव का कथन सत्य लगता है। तपस्या और योगशक्ति द्वारा स्थूल रूप से सामने आए बिना ही कृष्ण और राधा परस्पर बात कर सकते हैं।"

बलराम ऐसी अगम्य बातों पर विश्वास करते हैं! सत्राजित के लिए यह नयी बात थी। वह बाल सहज कौतूहल से बलराम की ओर ताक रहा था। फिर रेवती ने पूछा : "तब रुक्मिणी का प्रयोजन किस प्रकार सिद्ध हो सकेगा? वह किस प्रकार कृष्ण को पति के रूप में प्राप्त कर सकेगी?"

"राधा की तरह अनपेक्ष रूप से चाहकर।"

"असम्भव।" बलराम बोले, "राधा जितना अनपेक्ष कोई हो ही नहीं सकता। तू जानती है रेवती कि कृष्ण मुझे प्राणों से प्रिय है। उसकी प्रशंसा करते समय मैं अतिशयोक्ति भी कर सकता हूँ। फिर भी मैं कहता हूँ कि राधा की तरह अनपेक्ष मेरा वह बन्धु भी नहीं हो सकता।" इस बात का समर्थन प्राप्त करने के लिए बलराम कुछ क्षण मौन रहे। रेवती और सत्राजित सोच रहे हैं। बलराम कुछ क्षण के लिए कृष्ण के विरह की अनुभूति में डूब जाते हैं। फिर आकाश में समुद्र देखते हों इस तरह बोलते हैं। "प्रतिकार, संघर्ष, विजय और आयोजन आदि कार्यों को भी कृष्ण निष्काम भावना से करता है इसलिए पूर्ण स्वस्थ रहता है। परन्तु सक्रिय मनुष्य आगामी कार्य के बारे में विचार तो करता ही है। वह एक परिकल्पना लेकर आगे बढ़ता है। और सूक्ष्म रूप से देखा जाए तो इस परिकल्पना में अपेक्षा छिपी हुई है। जबकि राधा, वह तो मानो मौन संगीत, अहेतुक सौरभ है।"

बलराम की करुणार्द्र आँखों में आकाश और सागर प्रतिबिम्बित हो रहे थे। रेवती ने उन आँसुओं की चमक देख ली। सत्राजित रथ के अश्वों के केशों की ओर ताक रहा था। उसने अपने वैभव से अभिभूत करने के लिए श्रीकृष्ण को कुशस्थली निमन्त्रित करने की बात सोची थी। अपनी सम्पत्ति से चकाचौंध करके वह कहना चाहता था : दूसरे अधिवेशन के लिए इसमें से जो चाहिए ले जाओ और मुझे मुख्य अतिथि के रूप में आमन्त्रित करो। परन्तु आज बलराम की भावविभोर वाणी सुनकर उसे पता लगा कि वह कितने ही उच्च्य आसन पर आसीन हो जाए परन्तु श्रीकृष्ण के समकक्ष नहीं हो पाएगा। और फिर सत्राजित ने बलराम की आवाज ही सुनी थी, आँखें कहाँ देखी थीं।

"इस समय कृष्ण नंगे पैरों गंगा के किनारे चल रहा होगा। रेवती, तूने गंगा नहीं देखी। गंगा अर्थात हिमालय के हृदय की गति! इस समय भाई के कदमों से हिमालय का हृदय गद्‌गद हो रहा होगा।"

"मैं रुक्मिणी के बारे में सोच रही थी। वह विदर्भ के राजमहल में उदासीन बैठी होगी या फिर पिंजरे की सारिका से असम्बद्ध बातें कर रही होगी। अभी उसने सारिका को श्रीकृष्ण का नाम नहीं सिखाया होगा।"

सारिका ने रुक्मी के आगमन का संकेत दिया।

रुक्मी रुक्मिणी से बड़ा था और पूरे परिवार में बड़ा हो, इस प्रकार व्यवहार करता था। जरासन्ध और शिशुपाल के समान वह भी महान राजा बनने के लिए अवतरित हुआ है, इसमें उसे शंका नहीं थी। उन दोनों के साथ उसने मैत्रीपूर्ण सम्बन्ध विकसित किए हैं। जीवन और जगत के बारे में बहिन से बहुत कम जाननेवाला रुक्मी बड़ा राजा बनने के उपायों को अच्छी तरह समझने लगा है। वत्सल पिता और छोटे भाइयों के मन में वह अपनी महत्ता का सिक्का जमा चुका था। वह स्वयं को बड़ा राजनीतिज्ञ मानता था और अपनी भावी आकांक्षाओं का गौरवपूर्ण बयान करता था। इस पर रुक्मिणी उससे कहती, "इस समय युवराज के कर्तव्यों को निष्ठापूर्वक निभाओ। जब राजा बन जाना तब ऐसी आकांक्षाएँ सँजोना।"

परन्तु रुक्मी प्रतीक्षा करनेवालों में से नहीं है। महान हो जाना उसके लिए अति सरल हो गया है। बहिन की अनुमति मिलने की देर है।

चेदि आर्यावर्त का केन्द्रीय राज्य है। उसके पूर्व में मगध, दक्षिण में कोशल तथा विदर्भ, पश्चिम में मालव और शूरसेन तथा उत्तर में पांचाल और काशी जनपद हैं। चेदि और विदर्भ के बीच विन्ध्याचल पर्वत तथा नर्मदा नदी का रमणीय क्षेत्र है। इन सभी जनपदों की विशेषताओं से रुक्मिणी अवगत है परन्तु उसे लगाव हुआ है सिर्फ वृन्दावन से। अपने भाई के द्वारा उसने चेदिराज शिशुपाल की अनेक बार प्रशंसा सुनी है। शिशुपाल और जरासन्ध को उसका भाई क्यों इतना महत्त्व देते हैं, यह भी उससे छिपा नहीं था। वह पूरा षड्‌यन्त्र समझ गई है। वह रुक्मी से कहती है, "भैया, तुम मेरी चिन्ता मत करो, महाकालेश्वर के लिए छोड़ दो।"

रुक्मी बहिन से असाधारण स्नेह करता था। वह उसके हृदय को आघात नहीं पहुँचाना चाहता था। उसने समझा कि शिशुपाल के बारे में रुक्मिणी कुछ जानती ही नहीं है। जानकर अभिभूत हो जाएगी। इस विवाह के सम्पन्न होने से चेदि, मगध और विदर्भ का हित सम्बद्ध है यह बात बहिन की समझ में अवश्य आ जाएगी। शास्त्रों का अध्ययन किया हो या यात्रा की हो उससे राजनीति का ज्ञान नहीं प्राप्त हो जाता। इसके लिए तो उसमें वैसी प्रतिभा और सम्राट जरासन्ध की कृपादृष्टि चाहिए। उन्होंने कितने स्नेह से यह प्रस्ताव रखा था! और सबसे बड़ी बात यह है कि शिशुपाल ने इसको स्वीकार कर लिया है। बस अब रुक्मिणी इसे स्वीकार कर ले। सम्राट और शिशुपाल द्वारा उससे परोक्ष

रूप से बहिन के विवाह के बारे में पूछा जाता है, उसे ऐसा करने को प्रेरित किया जाता है और उसकी राजकीय आकांक्षाओं को प्रोत्साहित किया जाता है। रुक्मी बहिन से पूछता है परन्तु वह अबोध बनी रहती है। कहती है कि अभी तो मुझे कई व्रत करने बाकी हैं। मेरे शुभचिन्तक हों, तो मुझसे इस बारे में नहीं पूछें।

हाँ, अब रुक्मी पूछनेवाला नहीं है। उसने निर्णय कर लिया है। कौन कहता है कि कन्या से पूछना आवश्यक है? फिर वह स्वयंवर का आयोजन करनेवाला है। जो राजा आएँगे उनमें चेदिराज शिशुपाल सबसे प्रभावशाली होगा। रुक्मिणी उसे ही वरमाला पहनाएगी।

भीष्मक रुक्मिणी की मनःस्थिति जानते थे। उन्हें यह अच्छा नहीं लगा कि जब रुक्मिणी चान्द्रायण व्रत कर रही है उसी समय पुत्र स्वयंवर की तैयारी करने लगा है। परन्तु क्या करे, हृदय पुत्र और पुत्री दोनों के साथ जुड़ा हुआ है। मौन रहेंगे, जब पुत्र से मना नहीं कर सके तो पुत्री पर भी दबाव नहीं डालेंगे।

स्वयंवर की तिथि समीप आती जा रही है। धात्री ने राजकुमारी को बताया कि श्रीकृष्ण राजा नहीं हैं। इसलिए उनके लिए आमन्त्रण नहीं गया। मथुरा की उपेक्षा की गई है। यह आवश्यक है कि इस बारे में श्रीकृष्ण का ध्यान आकर्षित किया जाए। वे इस समय क्या कर रहे हैं तुम्हें पता है?

रुक्मिणी मौन रहती है, वह व्रत पूरा करेगी।

श्रीकृष्ण अधिवेशन के कार्य से मुक्त होकर दूसरे दो कार्यों में व्यस्त हो गए हैं। गुरुवर सांदीपनि की आज्ञानुसार वे तपोवनों और आश्रमों तक आने-जाने के लिए मार्ग बनवा रहे हैं तथा विद्वानों को किसी के सामने हाथ फैलाना नहीं पड़े, वे गौरवपूर्ण ढंग से अयाचकव्रत का पालन कर सकें, इसके लिए समाज द्वारा स्थायी प्रबन्ध करवा रहे हैं। इसके अतिरिक्त विश्वकर्मा नामक स्थपति के द्वारा समुद्र के किनारे एक नगर बँधवाने की अनुमति गणमुख्यों से प्राप्त कर ली है। कुशस्थली के पास ही यह नगर आकार लेगा। राजा ककुद्मी ने बलराम को अपना उत्तराधिकारी बनाया है और बलराम गणभावना के हिमायती हैं। वे स्वतन्त्र रूप से राज्य का संचालन नहीं करेंगे, उसे गणपरिषद को सौंप देंगे। रेवती को कन्यादान में मिली हुई भूमि पर उन्होंने कृषिविद्या के प्रचार का कार्य प्रारम्भ कर दिया है।

श्रीकृष्ण जितनी बार कुशस्थली आते हैं, उतनी बार ककुद्मी के साथ ही नगर के निर्माण का निरीक्षण करते हैं। आन्तरिक भवनों और बाह्य दुर्गों के बारे में सुझाव देते हैं। कार्य त्वरित गति से आगे बढ़ रहा है। मथुरा की प्रजा इस रहस्यमय नगर के बारे में बातें करने लगी है। कोई बलराम से पूछता तो वे कहते हैं कि मैं कवि नहीं हूँ जो उसका वर्णन कर सकूँ। जाओ, जाकर देख जाओ। लौटते हुए प्रभास तीर्थ की यात्रा कर आना।

इन नगर के निर्माण-कार्य में व्यापक सहकार प्राप्त हुआ है। ककुद्मी ने श्रमिक और सत्राजित तथा अन्य यादवों ने धन दिया और कहा कि अधिवेशन के लिए दान देनेवाले भाग्यशाली थे परन्तु मेरा धन नगर-निर्माण के उपयोग में आ रहा है इससे मुझे सन्तोष है। नगर के मुख्य भागों का निर्माण पूरा होने पर सत्राजित ने अपने विशाल प्रासाद का निर्माण प्रारम्भ करवाया।

श्रीकृष्ण वासुदेव प्रासाद के निर्माणादि के बारे में बात कर रहे थे, वहाँ उद्धव आ पहुँचे। कुछ उद्विग्न थे।

यहाँ विदर्भ से आमन्त्रण नहीं आया। परन्तु यह सच है कि रुक्मिणी के स्वयंवर का आयोजन किया गया है। फिर तिथि निश्चित होने के बाद रुक्मिणी ने चान्द्रायण व्रत प्रारम्भ कर दिया है। इसका तात्पर्य क्या है?

''इसका तात्पर्य कोई भी युवती समझ सकती है।''

''परन्तु उसका भाई समझ पाया है या नहीं?''

''उसकी समझ में आए यह आवश्यक है?''

''फिर, क्या रुक्मिणी अपनी इच्छा से स्वयंवर में नहीं जाए तो उसका विवाह रुक जाएगा? आपकी यह उदासीनता मुझे अधिक उद्विग्न बना रही है कृष्ण! तुमने राधा के साथ जैसा व्यवहार किया था वैसा ही रुक्मिणी के साथ करोगे तो किसी के लिए श्रद्धेय नहीं रहोगे। मेरे और सात्यकि के लिए भी नहीं।''

''राधा के लिए भी नहीं?''

''उसकी बात अलग है। परन्तु तुम अपना कर्तव्य क्यों नहीं समझते? रुक्मिणी के साथ होनेवाला अन्याय तुम सहन कर लोगे? तुम जानते हो, जरासन्ध, शिशुपाल, शल्य तथा अन्य राजा कुंडिनपुर जाने के लिए रवाना हो गए हैं? दुष्ट राजा तो अच्छी तरह जानते हैं कि राजकुमारी रुक्मिणी वृन्दावन में कैसे भक्तिभाव से रुकी थीं। वहाँ उसने राधा के सामने श्रीकृष्ण को अपना हृदय समर्पित किया था। सात्यकि तो कह रहा है कि श्रीकृष्ण और बलराम यदि अनुमति नहीं देते तो हम गणसभा बुलाएँगे और रुक्मिणी की रक्षा करने के लिए इस स्वयंवर को रोकेंगे।''

''गणसभा इस बारे में तटस्थ रहे तो क्या करोगे?''

''तब मैं और सात्यकि जाएँगे और स्वयंवर का विरोध करेंगे। यदि हमारी बात नहीं सुनी जाएगी तो युद्ध करके रुक्मिणी को तुम्हारे लिए जीत लाएँगे।'' उद्धव को अपनी शक्ति पर लेशमात्र भी शंका नहीं थी। ''तुम क्या सोच रहे हो?''

''राधा से मिलने जाना है उसके द्वारा भविष्य को समझना है।''

''बाद में जाइए। मैं राधा के अभिप्राय को जानता हूँ। आप पहले गणसभा में उपस्थित रहें और मथुरा के यादवों को आमन्त्रित न करने के बारे में कहें।''

श्रीकृष्ण गणसभा में मौन रहे। उद्धव के कथन का सबने समर्थन किया। सात्यकि के नेतृत्व में यादव सेना कुंडिनपुर जाएगी।

''हम लड़ने नहीं, स्वयंवर में भाग लेने के लिए जा रहे हैं, इस भावना के साथ कुंडिनपुर जाएँ तो कैसा रहेगा?'' अक्रूर ने कहते हुए श्रीकृष्ण की ओर देखा। इस पर श्रीकृष्ण ने मौन तोड़ा, ''पिताजी मानते हैं कि राजकुमारी के पिता भीष्मक सुज्ञ हैं। पुत्री के अनुचित विवाह के लिए अधीर हो रहे पुत्र को वे अवश्य रोकेंगे। परन्तु जरासन्ध आदि राजा कुंडिनपुर के लिए रवाना हो चुके हैं इसलिए हम इस बारे में निष्क्रिय नहीं बैठे रह सकते। रुक्मी को अहसास हो जाना चाहिए कि बहिन का स्वयंवर भाई की महत्त्वाकांक्षा पूर्ण करने का साधन नहीं बन सकता। सम्राट जरासन्ध ने अपने राज्य का विस्तार करने

के लिए कंस को जामाता बनाया और उसे अपनी अँगुलियों पर नचाया। परिणामस्वरूप कितना अधर्म और अनर्थ हुआ! इस प्रकार के अधर्म से रुक्मी को बचाना हमारा कर्तव्य है। महाराज उग्रसेन की अनुमति से स्वीकृति प्रस्ताव के अनुसार हम बिना निमन्त्रण के कुंडिनपुर जाएँगे।''

सबने श्रीकृष्ण के कथन पर खड़े होकर तालियाँ बजाकर स्वागत किया। यादवसेना बहुत उत्साहित थी।

बलराम ने औपचारिकतावश रेवती से पूछा, ''साथ आना है?''

''तुममें से कोई नहीं जाता तो भी मैंने अपने शस्त्र तैयार रखे थे। मैं उस स्वयंवर सभा में प्रत्यंचा खींचकर कहनेवाली थी : एक कन्या की इच्छा के बिना तुम सब मदान्ध राजा सत्ता का बल दिखाना चाहते हो तो आओ मैं तुम्हें युद्ध के लिए चुनौती दे रही हूँ। मैं राजा ककुद्मी की पुत्री और यादवश्रेष्ठ बलराम की पत्नी तुम्हारे इस अविवेकपूर्ण आयोजन पर पैर रखती हूँ।''

''सचमुच?''

''हाँ, परन्तु दुर्भाग्य से मुझे ऐसा बलवान पति मिला है कि मेरी शक्ति की गणना ही नहीं होती।''

''अब ऐसी भूल नहीं होगी। विदर्भराज के साथ युद्ध हुआ तो हम तुम्हें सेनापति नियुक्त करेंगे।''

''मैं इस दायित्व को पूरी गम्भीरता के साथ स्वीकारने के लिए तत्पर हूँ। आपके माता-पिता इस बारे में जानते हैं।''

''और श्रीकृष्ण?''

''वे कुछ बोले नहीं, उन्हें कहाँ किसी बात की जल्दी है। पहले मैं उनकी निःस्पृहता की प्रशंसा करती थी, अब चिढ़ने लगी हूँ। ऐसी भी क्या निःस्पृहता जो कर्तव्य से भी च्युत कर दे!''

''नहीं रेवती, ऐसा नहीं है। श्रीकृष्ण ने गणसभा में कहा था कि इस प्रकार के अधर्मपूर्ण कृत्य से रुक्मी को रोकना हमारा दायित्व है। हाँ, यदि राजकुमारी रुक्मिणी की इच्छा से स्वयंवर का आयोजन किया होता और नियमानुसार सभी को आमन्त्रित किया होता तो कृष्ण को कोई आपत्ति या विरोध नहीं होता। उस समय रुक्मिणी निर्णय करने के लिए स्वतन्त्र थी। ऐसे में वह शिशुपाल के गले में वरमाला डालती तो कृष्ण उसका अपहरण नहीं करता।''

''तो मैं समझूँ कि तुम्हारे छोटे भाई रुक्मिणी के प्रति पूर्णतः तटस्थ हैं? समर्पित प्रेम का अनादर करेंगे?''

ब्रजनन्दन ने सस्मित उत्तर दिया : ''अपनी संश्लिष्ट संवेदना को व्यक्त कर सकें ऐसे शब्द कहाँ हैं भाभी कि सबकुछ स्पष्ट कहने को उत्साहित हुआ जाए? मैं राधा के साथ बात किए बिना इस दिशा में नहीं बढ़ना चाहता था। परन्तु देखो मैं कुंडिनपुर जाने की तैयारी करने लगा। तुम अभी आक्षेप कर रही थीं, मैं उसे आशीष मानता हूँ। यदि ऐसी जड़ता प्राप्त हो जाए तो मनुष्य महर्षि बन सकता है।''

“भारत में महर्षि बहुत हैं। मेरे देवर प्रेम को गौरवान्वित करते हुए प्रसिद्ध हुए हैं। उनका यह यश अखंड रहे ऐसी मेरी अभीप्सा है।” रेवती ने कहा और युद्ध के लिए उसकी कितनी पुरानी तैयारी है, इसके प्रमाण दिखाए।

13

बलराम तथा अन्य यादववीरों के साथ श्रीकृष्ण के आगमन की सूचना पाते ही भीष्मक के पिता कौशिक नगर के द्वार पर पहुँच गए। और अर्घ्य देकर विधिपूर्वक स्वागत किया। आमन्त्रण नहीं भेजा था इसकी क्षति दूर हो जाए, उनका आदर-भाव ऐसा था। यह देखकर बलराम का रोष पर्याप्त मात्रा में शमित हो चुका था।

रुक्मी को पितामह की मानसिक स्वस्थता के बारे में शंका हुई। वह राजा नहीं है इससे क्या हो गया, कर्ता-धर्ता तो स्वयं ही था। वृद्धों को इसमें अनधिकार चेष्टा नहीं करनी चाहिए। बलराम-कृष्ण के राज्योचित सम्मान की क्या आवश्यकता थी। वह चिढ़ गया था। अन्य राजाओं ने सम्राट जरासन्ध की ओर देखा। सम्राट ने एकान्त कक्ष में जाकर सुनीय, दन्तवक्त्र, शाल्व और भीष्मक के साथ मन्त्रणा की। यह निर्णय लिया गया कि इस समय स्वयंवर का आयोजन न करने के लिए रुक्मी को समझाया जाए।

अभी भीष्मक की पुत्र-मोह से पूरी तरह आँखें नहीं खुली थीं, फिर भी इस आकस्मिक आपत्ति के लिए वे स्वयं को उत्तरदायी मानते थे। उन्होंने अपने पिता कौशिक की ओर अत्यधिक आदर से देखा। उन्हें एक बड़े संकट से बचानेवाला कहकर उनका पुत्र होने के लिए स्वयं को सौभाग्यशाली माना। बलराम-कृष्ण ने आतिथ्य स्वीकारने के स्थान पर युद्ध किया होता तो? उन्होंने रुक्मी को वर्तमान परिस्थिति से अवगत कराया परन्तु उस पर कोई प्रभाव नहीं पड़ा। रुक्मी अपने सैन्यबल पर गर्व करता है। वह श्रीकृष्ण की महत्ता नहीं स्वीकारेगा। यदि ऐसी ही स्थिति रही तो इसमें शंका नहीं है कि यादव श्रीकृष्ण के लिए कन्या का अपहरण कर लेंगे। यह देखकर अधैर्यवान रुक्मी युद्ध की घोषणा करेगा। जिससे यह शुभ स्थल संहारभूमि बन जाएगी।

शान्तचित्त से सोच-विचार कर भीष्मक ने श्रीकृष्ण का अभिषेक करने का निश्चय किया और अपने राज्य और कुल को आसन्न संकट से बचाने का प्रयत्न किया। स्वयंवर के दिन की प्रतीक्षा कर रहे विविध राज्यों के राजा अपनी छावनी में आमोद-प्रमोद में मग्न थे। जब उन्होंने यह वृत्तान्त सुना तो तरह-तरह की बातें करने लगे। कई राजा प्रसन्न हुए, कुछ को दुःख हुआ और कई तटस्थ रहे। परन्तु भीष्मक ने यजमान के रूप में श्रीकृष्ण का सम्मान करने का निर्णय कर लिया था। अब किसी विकल्प को स्थान नहीं था।

श्रीकृष्ण स्नेहवश सिंहासन पर बैठे। यह दृश्य कौशिक और भीष्मक के लिए अनन्य था। किसी दिव्य तत्त्व के दर्शन की तृप्ति उनकी आँखों में थी। इस प्रसंग पर रुक्मी उपस्थित नहीं था इसलिए उसका प्रतिभाव कोई नहीं जान सका। परन्तु रुक्मिणी गुप्त मार्ग द्वारा राजमहिषी के झरोखे में पहुँच गई थी। उसने श्रीकृष्ण के दर्शन करके वन्दन किया

था। प्रतिभाव की अपेक्षा नहीं थी। जो स्मित सबके लिए दर्शनीय और हृदय-हारी था उसमें ही अपना भाग समझकर सन्तोष कर लिया था।

ऐसा विरल आतिथ्य और सम्मान मिलने के लिए श्रीकृष्ण ने कौशिक का ऋण स्वीकारा और कहा : ''मेरा हृदय स्नेह के प्रति आकृष्ट होनेवाला है इसलिए इसमें अपमान या द्वेष की छाया को स्थान नहीं मिलता। उदार महापुरुष अपमान के बाद क्षमा देते हैं। मैं जल्दी स्वयं को अपमानित अनुभव नहीं करता इसलिए क्षमा करने का प्रश्न ही नहीं उठता। आज तक मुख्य रूप से मैंने स्नेह का अनुभव किया है। उसी के अनुसन्धान के लिए यहाँ आ पहुँचा हूँ। मेरे बड़े भाई तथा यादववीरों का यहाँ आने का कारण दूसरा हो सकता है। मैं आशा रखता हूँ कि भविष्य में कोई राजा मथुरा की उपेक्षा नहीं करेगा। हम सब गणभावना में विश्वास करनेवाले हैं। हम मानते हैं कि भूतकाल की घटनाओं को याद करके क्रोधित होना उचित नहीं है। मैं इस भव्य प्रसंग को निर्बैर के प्रसाद के रूप में स्वीकारता हूँ और समग्र भारतवर्ष बैर रहित बने, ऐसी शुभकामना करता हूँ।''

श्रीकृष्ण के वचन को सुनकर निर्भय बने रुक्मी के पिता ने उसकी भूल को अपनी भूल कहकर स्वीकारा और क्षमा माँगी। फिर सभी सभाजन सुन सकें इस ढंग से वे बोले : ''यहाँ पधारने का स्वयं निर्णय लेकर आपने हम पर अनुग्रह किया है। अज्ञात रूपी अन्धकार में घिरे हुओं को आपने ज्ञानरूपी चक्षुओं का दान दिया है। हे परम प्रतापी श्रीकृष्ण, यहाँ आपका राज्याभिषेक करके आपकी शरण में मैं निर्भय हो गया हूँ। मैं अब आपको अपना निर्णय सुनाता हूँ। इस स्वयंवर में मैं किसी राजा को अपनी कन्या नहीं देना चाहता। हे नरोत्तम, मैं आपकी कृपा चाहता हूँ। कोप नहीं।''

यह सुनकर श्रीकृष्ण बोले : ''आपकी पुत्री रुक्मिणी कोई सामान्य कन्या नहीं है। उसका विद्या-प्रेम, निर्भीक तीर्थयात्राएँ और तपस्या उसके सौन्दर्य की तरह अद्वितीय हैं। उसे स्वयंवर में सभी राजाओं के बीच छोड़ देना उसका अपमान होगा। आप उसकी अभिलाषा जानकर अपनी धर्मबुद्धि से उचित निर्णय लेंगे तो मेरा यहाँ आना सार्थक होगा। उस परम सुन्दरी को गुरु आश्रम में क्षण-भर के लिए देखा था, उसके पुनः दर्शन करने और शुभेच्छा देने की मेरी इच्छा है। वह यहाँ व्यक्त करता हूँ। इससे अधिक मुझे कोई अपेक्षा नहीं है। विदर्भ के महान राजा क्रथ और कौशिक ने अपने राज्य अर्पण करके मेरा सम्मान किया, यह एक विरल घटना है। इससे किसी भी मनुष्य को आन्तरिक शक्ति और सौम्यता प्राप्त हो सकती है। मनुष्य के रजोगुण के प्रति मेरा हृदय उदार हो गया है। आप सबका कल्याण चाहता हुआ अब मैं राजा उग्रसेन रक्षित सुन्दर मथुरा नगरी की ओर प्रयाण करूँगा।''

विदा के समय राजा भीष्मक ने अतिमूल्यवान मणियों, मोतियों और वैडूर्यमणियों जड़ित स्वर्ण आभूषणों की भेंट देकर बलराम-श्रीकृष्ण को वन्दन किया। सात्यकि, उद्धव, प्रसेन, कृतवर्मा आदि के हृदय को दो यादवकुलों के बीच का यह सौहार्दपूर्ण प्रसंग छू गया। कितने आक्रोश में मथुरा से निकले थे और कैसे प्रसन्न होकर वापस लौट रहे हैं!

श्रीकृष्ण के प्रस्थान की तैयारियाँ चल रही थीं, उसी समय राजकुमारी रुक्मिणी पार्वती मन्दिर जाने के लिए निकली। अपनी महत्त्वाकांक्षी योजना में पूरी तरह निष्फल गए रुक्मी

को मन के आवेश को किसी पर निकालने का अवकाश नहीं मिला था। परन्तु अब रुक्मिणी की दासियों और धात्री की हलचल देखकर उसे फिर अपने कर्तव्य का बोध हुआ। बहिन से पूछे बिना उसने अपने विश्वस्त सैनिकों की एक टुकड़ी को साथ जाने की आज्ञा दी। धात्री ने कहा भी कि इसकी आवश्यकता नहीं है। इस पर रुक्मी नाराज हुआ। सामान्य रूप से रुक्मिणी संध्या को देवी मन्दिर में जाती है। आज प्रातःकाल जा रही है, मैं इसका भेद समझ गया हूँ। वार्ष्णेय यादवों ने यदि इसका अपहरण कर लिया तो मैं संसार को क्या मुँह दिखाऊँगा? बहिन की रक्षा करना मेरा कर्तव्य है।

रुक्मिणी तैयार होकर आ पहुँची। धात्री को आगे बढ़ने के लिए कहकर उसने स्नेह और ममतापूर्ण दृष्टि से भाई की ओर देखा परन्तु कोई प्रभाव नहीं पड़ा। फिर उसने कहा : ''मेरी रक्षा के लिए तुम इतने चिन्तित हो परन्तु इसका कारण तुम स्वयं ही हो। तुम निर्भय नहीं हो। बलवान हो परन्तु निर्भय नहीं हो। सात्यकि, उद्धव तथा अन्य यादव युवक कितने निर्भय दिखाई देते हैं! क्योंकि जरासन्ध जैसे सत्तालोलुप शासकों का साथ छोड़कर उन्होंने लोकनायक श्रीकृष्ण का स्नेह प्राप्त किया है।''

''मुझे कृष्ण का स्नेह नहीं चाहिए। यदि उसने उचित व्यवहार नहीं किया तो मुझे उसके साथ युद्ध करना पड़ेगा।''

''मेरा भैया पराजित होने के लिए इतना तत्पर है, इसका मुझे आज ही पता चला।''

''तो तू कृष्ण को अविजित मानती है?''

''नहीं, उन्हें अविजित नहीं मानती परन्तु उन्हें जीतने का कार्य तुम मुझ पर छोड़ दो।''

''अच्छा, तो इसके लिए ही यह तैयारी हुई है! जाओ परन्तु बीच में सम्राट जरासन्ध की छावनी पड़ती है, वहाँ समाचार देती जाना।''

''उनसे तुम ही अच्छी तरह बात कर सकते हो। बार-बार हारने पर भी श्रीकृष्ण को जीतने की सम्राट की इच्छा और अनेक बार अपना मत स्पष्ट करने पर भी मुझे शिशुपाल का प्रशंसक बनाने के तुम्हारे प्रयत्न में बहुत समानता है।''

''शिशुपाल की प्रशंसक बने बिना तेरे लिए और कोई चारा नहीं है।''

''इस जीवन में तो क्या, किसी भी जन्म में नहीं बनूँगी। जिसने पुरुषोत्तम श्रीकृष्ण को देखा है उसके लिए शिशुपाल का अस्तित्व ही नहीं है।''

''पितामह और पिताजी ने अधीरतावश स्वयंवर स्थगित कर दिया, नहीं तो...''

''नहीं तो क्या होता? राजा आपस में लड़ मरते और मैं अपना चान्द्रायण व्रत पूरा करती। आज भी व्रत के कारण ही जा रही हूँ। श्रीकृष्ण के दर्शन होंगे तो धन्य भाग्य, नहीं तो पार्वतीजी से प्रार्थना करूँगी : माँ, मेरे वीर भाई को सद्बुद्धि दो, जिससे दूसरी बार स्वयंवर का आयोजन करते समय श्रीकृष्ण को आमन्त्रित करना नहीं भूले।''

रुक्मिणी के कथन की उपेक्षा करके रुक्मी मित्र राजाओं को विदा करने के लिए चल दिया। बहिन की रक्षा के लिए बुलाया सैनिक दल किसी आज्ञा के बिना किंकर्तव्यविमूढ़ खड़ा था। रुक्मिणी ने उसके नायक से कहा : ''यदि तुम रक्षा करने के लिए बहुत उत्साहित हो रहे हो तो शिशुपाल की छावनी में जाओ। उसकी रक्षा मेरे भाई के लिए अधिक आवश्यक है। वे भी वहीं होंगे। जाओ, नहीं तो पिता जी से कह दूँगी। मैं यहाँ भी रक्षाकवच

में चलूँ वह कितना हास्यास्पद लगेगा? जाओ, क्या तुममें इतनी भी समझ नहीं है? चले जाओ।''

रुक्मिणी की आदेशात्मक वाणी सुनकर राजमाता आ पहुँचीं। सैनिक राजकुमारी के आदेश की अवज्ञा कर रहे हैं, यह जानकर उन्हें आश्चर्य हुआ। ''तुम तो शत्रु के गुप्तचरों जैसा व्यवहार कर रहे हो। राजप्रासाद में फिर से पैर रखा तो सेवा से निष्कासित कर दिया जाएगा।''

माता की स्नेहमयी दृष्टि में अनुमति का संकेत पाकर रुक्मिणी ने प्रस्थान किया। पार्वती की पूजा करके मन्दिर के प्रांगण में आभूषणरहित रेशमी वस्त्रों में सुशोभित रुक्मिणी खड़ी थी। उसके विशाल नेत्र रथ के आगमन की ध्वनि पाकर चंचल हो उठते थे। सूर्य-प्रकाश में उनके शरीर की स्वर्णिम आभा द्विगुणित हो उठी थी। उसके घने, काले और घुँघराले केशों और घनी भौंहों को देखने के लिए सूर्यदेव लालायित हों, यह उनके बढ़ते जा रहे तेज से ध्वनित होता था। आर्यकन्याओं में अभूतपूर्व ऊँचाईवाली रुक्मिणी सूर्यनारायण के प्रति श्रद्धा को भूलकर श्रीकृष्ण की प्रतीक्षा में खड़ी थी। व्रत, उपासना से उनके उरु और उरोजों की पुष्टता में कोई शिथिलता नहीं आई थी। उनकी दन्त-पंक्ति तीक्ष्ण और द्युतिवन्त हैं। रूप और यश से युक्त रुक्मिणी अलंकारहीन होकर भी लक्ष्मी-समान दिखती हैं।

सात्यकि का रथ गुजर गया। परन्तु उद्धव के अश्वों की रास खिंच गई, पीछे श्रीकृष्ण का रथ था। रुक्मिणी का प्रणाम स्वीकारते समय श्रीकृष्ण की समग्र चेतना नेत्रों में एकाग्र हो गई। दारुक ने आत्मनिर्णय से रथ खड़ा कर दिया था। रुक्मिणी पूजा की थाली लेकर अश्वों के पास पहुँची और उन्हें तिलक किया। धात्री प्रसाद लेकर आई। रुक्मिणी ने अंजलि में लेकर दारुक की ओर बढ़ाया। रथ में बैठे श्रीकृष्ण को रुक्मिणी को प्रसाद समेत ग्रहण करने का विचार आया परन्तु दृष्टि मिलते ही व्रतधारिणी रुक्मिणी उन्हें दाता के रूप में दिखाई दी। वह दे वही ग्राह्य है। दारुक ने प्रसाद श्रीकृष्ण के सामने रखा। उन्होंने यथोचित प्रसाद शिव-पार्वती की स्तुति करके ग्रहण किया। राजकुमारी का ऋण स्वीकारा और वन्दन का यथोचित उत्तर दिया। यह देखकर धात्री के हर्ष की सीमा नहीं रही। इस ओर रुक्मिणी का ध्यान नहीं है क्योंकि एक दूसरी घटना हो गई है। श्रीकृष्ण का रथ गतिमय हो उससे पहले रुक्मिणी के थाल में एक पुष्प गिरा मानो स्वयं प्रकट हुआ हो। जड़ या डाली के बिना ही खिला हो ऐसा यह फूल था। रुक्मिणी ने ऐसा पहले कभी नहीं देखा था। वह श्रीकृष्ण के रहस्यमय स्मित की तरह ही सुन्दर है।

धात्री ने राजमाता को प्रसाद-पुष्प के आदान-प्रदान के बारे में बताया। रुक्मिणी में परिवर्तन आ गया है। वह पुष्प बन गई है। मानो अब धरती पर पैर रखने का प्रश्न ही नहीं उठता हो। वह प्रसन्न है, केवल प्रसन्न।

रुक्मी के मुख पर कुटिल मुस्कान खेल रही है। वह कहता फिरता है कि स्वयंवर भले ही स्थगित हो गया हो परन्तु विजय तो मेरी ही होगी। भय क्षणिक साबित हुआ। श्रीकृष्ण के अभिषेक के समय प्रभावित हो गए राजा उनके विदा होते ही कुंडिनपुर में दोबारा मिले और फिर से शिशुपाल के पक्षधर बन गए हैं। रुक्मी को अपनी सभा में

उपस्थित देखकर शिशुपाल ने उसकी प्रशस्ति की। देखो इस वीर पुरुष की विवेक बुद्धि! क्रथ-कौशिक ने अपने राज्य उस ग्वाले को अर्पित कर दिए, ऐसे समय में भी रुक्मी अविचल रहे। ये जानते हैं कि श्रेष्ठ क्या है, इसलिए वे हमारे पास आए हैं। यदि इन्हें गृह-क्लेश का भय नहीं होता तो इन्होंने अकेले ही कृष्ण-बलराम को हरा दिया होता : अपनी प्रशंसा में कहा जानेवाला सबकुछ रुक्मी ने सच मान लिया। शाल्व राजा ने भी शिशुपाल का समर्थन किया और आगे बोला : "यह कार्य कालयवन द्वारा सम्पन्न हो जाएगा। सम्राट जरासन्ध और कालयवन के बीच हुए मैत्री करार का मैं गवाह हूँ। दो महाप्रतापी राजाओं के शिकंजे में यादवों की स्थिति की आप कल्पना कर सकते हैं। मैं जानता हूँ कि किसी भी मथुरावासी के लिए कालयवन अविजेय हैं।"

शिशुपाल के शिविर में एकत्रित राजा जरासन्ध का अभिप्राय जानने के लिए आतुर थे। सम्राट ने भी अपने कार्य को उचित मान लिया। वे बोले : "यादव आकस्मिक रूप से चढ़ आए, हम लोग असावधान थे। बहुत अमंगल होता इसलिए मैंने ही सुझाव दिया था कि स्वागत करके संघर्ष को टाल दो। ऐसा करके मैंने कुंडिनपुर की प्रजा को युद्ध के संकट से बचा लिया। परन्तु मैं अपना निश्चय नहीं बदलूँगा। हे राजाओ, मेरे इस कार्य से ऐसा मत समझना कि मैं कृष्ण से भयभीत हूँ। मैं मृत्यु को चुन सकता हूँ परन्तु किसी के आश्रय को नहीं।"

अपने कथन से प्रभावित राजाओं को देखकर जरासन्ध ने प्रस्ताव रखा : "हम महाप्रतापी शाल्व राजा को अपना दूत नियुक्त करें। और उनसे प्रार्थना करें कि वे कालयवन से मिलकर उन्हें इस आखिरी युद्ध में अपनी सहायता के लिए सहमत कर लें।"

सबने आवेशपूर्वक प्रस्ताव का समर्थन किया। जरासन्ध ने खड़े होकर शाल्व को मंगल भेंट दी और कहा : "हे सौरभनगर नरेश महाबली शाल्व, आप कालयवन के पास जाएँ और श्रीकृष्ण को जिस प्रकार भी जीता जाए, उनके साथ मिलकर व्यूह निश्चित करें।"

समग्र भारतवर्ष के उद्धार का भार अपने कन्धों पर उठाए हुए राजा शाल्व पवन वेगी रथ पर बैठकर मानो आकाशमार्ग में प्रवास कर रहा था। वह स्वयं को बड़ा युद्ध विशेषज्ञ मानता था। वह मानता था कि उसके पास जो विरल शस्त्र हैं, उनके संचालन का ज्ञान सिर्फ उसके ही पास है।

राजा शाल्व का आगमन सुनकर पश्चिमोत्तर दिशा के अधिपति कालयवन ने उसका राज्योचित अभिवादन किया। "दूत अभिवादन के योग्य नहीं होता।" यह कहकर शाल्व ने अपनी विनम्रता प्रकट की। इनसे कालयवन ने उसका द्विगुणित सम्मान किया। दाहिना हाथ मिलाकर स्वागत किया और अपने अलंकृत आसन पर साथ बैठाया।

कालयवन ने आने का प्रयोजन पूछा। शाल्व ने दुर्जेय कृष्ण को जीतने के लिए हुए प्रयासों का विस्तृत वृत्तान्त सुनाया और भारपूर्वक कहा कि एकमात्र आप ही बलराम-कृष्ण को जीतने में समर्थ हैं, अतः आप ही हमारा यह कार्य कर सकते हैं।"

प्रशंसा से तृप्त और यादवों के कम अवधि में हुए उत्कर्ष से ईर्ष्या करनेवाला कालयवन बोला : "सम्राट जरासन्ध और आपके जैसे राजाओं ने कृष्ण को जीतने के लिए

मुझे प्रेरणा दी है इससे मैं अनुग्रहित हुआ हूँ। मेरा जीवन सफल हो गया है। हे राजेन्द्र, मैं आपकी प्रार्थना को कार्यान्वित करूँगा। कदाचित मेरी पराजय हो फिर भी वह मुझे विजय के समान लगेगी। आज तिथि, नक्षत्र और मुहूर्त अच्छे हैं इसलिए आज ही कृष्ण को जीतने के लिए मैं मथुरा की ओर प्रयाण करूँगा।''

कालयवन ने अपनी सेना को तैयार हो जाने का आदेश दिया। यह देखकर उसकी सेना के प्रति भी शाल्व के मन में सम्मान जाग्रत हुआ। मित्र जरासन्ध की अभीप्सा अब अवश्य पूर्ण हो जाएगी, इसमें उसे शंका नहीं रही। उसके दूत रूप में आने से ही यह सम्भव हुआ है ऐसा मानकर अत्यधिक हर्षित होकर वह रथ पर आरूढ़ हुआ। वह दिवास्वप्न देख रहा था कि मथुरावासी यादव बलराम और कृष्ण को कारागार में बन्द करके कालयवन की शरण में आ गए हैं। मित्र जरासन्ध को अब कारागार को जीतना ही शेष है। इस दिवास्वप्न को यथार्थ मानकर शाल्व पुलकित हो गया। उसे आकाशमार्गी माननेवाले लोगों की धारणा गलत नहीं है। यादवों के विनाश के बाद शिशुपाल के लिए कुंडिनपुर में रुक्मिणी स्वयंवर का आयोजन किया जा सकता है।

शाल्व अपने राज्य में पहुँचा, उस समय मथुरा में स्वागत की तैयारियाँ चल रही थीं। यादव और अहीरों, वणिकों और ब्राह्मणों, शूद्रों तथा तपस्वियों को राजेन्द्र के रूप में अभिषेक प्राप्त श्रीकृष्ण का दर्शन करना था। अपना अमर्यादित प्रेम प्रकट करना था। असंख्य स्त्री-पुरुषों ने नृत्य द्वारा अपना हर्षोल्लास प्रकट किया। राजा उग्रसेन ने प्रजा को दान दिया। देव मन्दिरों में पूजा, आराधना का आयोजन किया। राजसभा को रंग-बिरंगे वस्त्रों से सजाया गया।

नगर के प्रत्येक द्वार पर तोरण लगाए गए थे। जगह-जगह वाद्य बजाए जा रहे थे। मुख्य मार्गों पर चन्दनयुक्त पानी छिड़का गया था। राजा उग्रसेन रथ से उतरकर पैदल चल रहे श्रीकृष्ण के सामने गए।

''आप मथुरा के राजा हैं। मुझे अर्घ्य देकर गलत परम्परा न डालें। मैंने प्रारम्भ में ही आपको वन्दन किया था वही आदर अभी भी मेरे मन में है। इसलिए रथारूढ़ होकर चलें और राज्य का कुशल संचालन करें।''

कुशस्थली से आए दूतों ने नई नगरी के स्थापत्य कार्य के पूर्ण होने का शुभ समाचार दिया। श्रीकृष्ण ने उन्हें सुखासन पर बैठाया और छोटी-छोटी अनेक गम्भीर बातों के बारे में पूछा। यह देखकर माता देवकी को आश्चर्य हुआ। उन्होंने वसुदेव से उसका नाम जानना चाहा। सब उसे द्वारावती कहते हैं। गणसभा ने द्वारावती बनवाने के लिए श्रीकृष्ण को अनुमति दी थी उस समय यादवों को दूसरी राजधानी बनाने का विचार नहीं था। फिर विविध कुलों की जनसंख्या और सेना-वृद्धि देखकर द्वारावती का दुर्ग-विधान सुरक्षा की दृष्टि से मजबूत बनवाया गया है।

रेवती की दासी श्रीकृष्ण को बुलाने के लिए आकर खड़ी थी। दूत से बातचीत पूरी करके वे चले गए।

"मेरे हृदय से तुम्हारे पराक्रमों का प्रभाव घट गया है देवरजी! आमन्त्रण बिना गए और अपहरण किए बिना वापस आ गए।" थकान का निवारण करनेवाला स्वादिष्ट पेय देते हुए भाभी ने कहा। बलराम के हाथ में चषक था। वे बोले : "कृष्ण पहले हृदय को हर लेता है बाद में सर्वस्व को।"

"जिस तरह राधा का सर्वस्व हर लिया है, उस तरह?" रेवती ने स्नेह में व्यंग्य का पुट डालकर कहा।

"उसके बारे में तो मैं नहीं जानता।" बलराम ने कादम्बिनी का दूसरा चषक भरते हुए कहा : "मैं साथ था। जरासन्ध, शिशुपाल, शाल्व के सामने दुर्ग बनकर खड़ा रहता। सात्यकि, उद्धव, कृतवर्मा लड़ लेते। उतने में कृष्ण कन्या का अपहरण करके यहाँ आ पहुँचता।"

"परन्तु यह तो राजेन्द्र के पद से सन्तुष्ट हो गए और फिर राज्य भी वापस कर दिया। अपहरण करना ऐसे राज-राजेन्द्र को शोभा देता?" रेवती की चलती तो श्रीकृष्ण के कान मल दिए होते। परन्तु श्रीकृष्ण की गम्भीरता बहुत प्रभावक थी। उन्हें कुछ कहना था : "भाभी, हम अपहरण का संकल्प करके नहीं गए थे। यह बताने गए थे कि मथुरा की अवहेलना करके कुंडिनपुर ने गलती की है। परन्तु वापस उपकृत होकर आए।"

"किस जगह उपकृत हुए? राजसभा में या पार्वती के मन्दिर के पास?" रेवती ने पूछा। लगता है कि बड़े भैया ने सबकुछ बता दिया है।

"दोनों जगह। वैसे प्रासाद की अपेक्षा प्रसाद से विशेष रूप से। क्योंकि मैंने विदर्भ के राजप्रासाद का स्वीकार नहीं किया परन्तु राजकुमारी द्वारा दिए गए देवी के प्रसाद को स्वीकार करके धन्यता का अनुभव किया था।"

"ओहो, तो यह बात है! जीतने गए थे और दूसरे के द्वारा जीत लिए गए!"

बलराम के हास्य में कादम्बिनी का नशा था। उसका प्रभाव कक्ष के वातावरण में फैल गया। बाहर प्रजा का उल्लास मर्यादाहीन हो रहा था। उद्धव और सात्यकि रहस्य प्रकट करने के लिए विवश हो गए थे। क्योंकि अनेक यादव वीर उन्हें खाली हाथ वापस आया देखकर उलाहना देने लगे थे। "रुक्मिणी और श्रीकृष्ण ने कुलदेवी के मन्दिर के पास एक-दूसरे का मानसिक रूप से स्वीकार कर लिया है।" प्रसाद और पुष्प के आदान-प्रदान को सगाई की घटना मानकर सब नाचने लगे हैं। सब ओर आनन्द की अराजकता फैल गई है। यह उल्लास यमुना से अधिक ऊँचाई पर बह रहा है।

दासी कहती है : "आपके दर्शन के लिए त्रिवेणी आई है, साथ में उसका पति और बालिका है।"

"कौन त्रिवेणी?"

"नहीं पहचाना? कंसराज की वही दासी कुब्जा? अब वह त्रिवेणी के रूप में महाराज उग्रसेन के प्रासाद में सेवा करती है। उसका पति महाराज का अश्वपाल है।"

श्रीकृष्ण को त्रिवेणी नाम अच्छा लगा। उसे देखने के लिए वे उत्सुक होकर खड़े हो गए। पति-पत्नी ने साष्टांग नमस्कार किया। बालिका भी सिखाए गए ढंग से नमस्कार करने लगी। हाथ में पकड़े खिलौने को बचाते हुए गिर पड़ी। श्रीकृष्ण ने उसे गोद में ले लिया।

''तेरा त्रिवेणी नाम मुझे अच्छा लगा।!'' श्रीकृष्ण ने देखा, त्रिवक्रा सिर्फ सुन्दर ही नहीं, सुशील गृहिणी भी लगती है। उसके मुख पर तृप्ति की आभा है।

त्रिवेणी सुगन्धित लेप तैयार करके लायी है। उसकी इच्छा थी कि अपने हाथों वह रुक्मिणी को लेप लगाए। परन्तु यह सुअवसर दूर चला गया। इसलिए चाहती है कि रुक्मिणी के स्थान पर यह भेंट श्रीकृष्ण स्वीकार कर लें।

''रुक्मिणी के शरीर को ऐसे बाह्य सुगन्धित लेपों की आवश्यकता होती है?''

''फिर मेरा लेप उनके शरीर के स्पर्श से सुगन्धित हो जाएगा, इससे मेरी ख्याति बढ़ेगी। हे प्रभु, मुझ पर अनुग्रह करने के लिए यह भेंट स्वीकार करें।''

''इन सुगन्धित द्रव्यों के स्थान पर इस बालिका को ले सकता हूँ?''

त्रिवेणी हँस पड़ी, उसे देखकर बालिका भी हँस पड़ी। श्रीकृष्ण की गोद से नीचे उतर आई। उनके मोरमुकुट को देखकर उस ओर आकर्षित हुई। श्रीकृष्ण ने अनुमान किया परन्तु वह दो वर्ष की बालिका मुकुट के सामने अपने फूल की पंखुड़ी जैसी हथेलियों की अंजलि बनाकर खड़ी हो गयी। इससे ध्वनित होता था कि प्रतिदिन माता को ऐसा करते हुए देखकर उसने अनुकरण किया होगा। जिसे केवल प्रेम चाहिए उसे पूजा भी मिलने लगी। शायद त्रिवेणी के हृदय के लिए पूजा ही प्रेम होगी।

14

श्रीकृष्ण का यह अनुमान सत्य निकला कि जरासन्ध और कालयवन एकसाथ आक्रमण करेंगे। गुप्तचरों ने इसकी पुष्टि की है। अब क्या करना चाहिए?

उद्धव ने सात्यकि को श्रीकृष्ण के विचार बताए : ''रुक्मिणी का वह रूप देखकर किसी पर भी शस्त्र उठाने की इच्छा नहीं होती।'' कितना विरोधाभास है! राधिका परम सौम्य हैं, उन्होंने संघर्ष की प्रेरणा दी। रुक्मिणी ज्वलन्त हैं परन्तु उन्होंने अहिंसा के मार्ग पर चलने को प्रेरित किया! जिन्दगी के बारे में सीधे-सादे ढंग से कुछ नहीं कहा जा सकता।''

दोनों मित्र श्रीकृष्ण की प्रतीक्षा करते हुए सभागृह के प्रवेश-द्वार पर खड़े थे। श्रीकृष्ण ऐसी युद्ध मन्त्रणाओं में कभी विलम्ब नहीं करते हैं, आज ऐसा क्यों हुआ?

त्रिवेणी की बालिका ने काफी समय ले लिया था। मुकुट के बाद वह बाँसुरी की ओर आकर्षित हुई थी। त्रिवेणी कहने लगी : ''प्रभु, मेरे लिए नहीं परन्तु इस बालिका के लिए तो एक फूँक अवश्य मारें।''

श्रीकृष्ण ने वंशी होंठों पर रखी। फिर तो समय का बन्धन ही नहीं रहा। राधिका का स्मरण हो आया। अतीत वर्तमान बन गया। साँस से संगीत बह रहा था और स्नेह से आँसू।

त्रिवेणी अपने प्रभु की आँखों से आँसू सहन नहीं कर पाती। वह उनके चरण अपनी छाती पर रखकर मनाने का प्रयत्न कर रही है। पति दिग्भ्रमित मूक खड़ा है। बालिका की आँखें भी बह रही हैं।

त्रिवेणी की प्रार्थना संगीत के स्वर में डूब गई।

सात्यकि आ पहुँचा। उद्धव होता तो वेणुवादन सुनकर मौन खड़ा आनन्द ले रहा होता। सात्यकि के तेज कदमों की आवाज ने वंशी के स्वरों में विक्षेप डाला।

ऐसे महापुरुष की आँखों में आँसू? जो आँसू त्रिवेणी की प्रार्थना से नहीं रुके, वे सात्यकि के आगमन से क्षोभ पैदा करने लगे : "सात्यकि, आज अनजाने में कर्तव्य की उपेक्षा हो गई है। मैं कुछ क्षण में आ रहा हूँ। मेरी ओर से क्षमा माँगकर कहना कि गणसभा अपना कार्य प्रारम्भ करे। उसके निर्णय मुझे स्वीकार्य होंगे।"

प्रभु को स्वस्थ देखकर त्रिवेणी ने अपने परिवार के साथ विदा ली। सात्यकि खड़ा रहा। श्रीकृष्ण राज्यसभा के अनुरूप परिधान धारण कर रहे थे। सात्यकि क्यों नहीं गया, यह समझ गए थे।

अधिक विलम्ब नहीं हो इसलिए अपना रथ मँगाने के स्थान पर वे सात्यकि के रथ से चल दिए।

"तुम जानते हो कि मैंने स्वयं को बहुत सहनशील बना लिया है परन्तु त्रिवेणी की बालिका ने मेरे मर्मस्थान को छू दिया। फिर बचपन के स्नेह के स्मरण के कारण मैं विवश हो गया। तुमने आकर मुझे वर्तमान में वापस ला दिया है।"

"मैं जानता हूँ कि ऐसा करके मैंने कोई उपकार नहीं किया है। आप ही बताएँ। मैं ऐसी कल्पना भी कर सकता हूँ कि पुरुषोत्तम श्रीकृष्ण को आँखों में आँसू हों।"

"सात्यकि, तो मनुष्य के बारे में तुम्हारी समझदारी कम है। जिसकी आँखें आँसू को पहचानती ही नहीं हों वह मनुष्य दया का पात्र है। जिसके होंठों पर मुस्कान नहीं हो और आँखों में विरह के आँसू नहीं हों, तो मानना चाहिए कि संसार से उसका सम्पर्क बहुत कम है और अधूरा है।" श्रीकृष्ण ने कहा। सात्यकि ने जितना सुना उससे अधिक प्रतीति हो रही थी इसलिए उसे बोलने की आवश्यकता नहीं रही। अब सभागृह भी समीप था।

सभा ने वृष्णिश्रेष्ठ का स्वागत किया। विलम्ब के लिए क्षमायाचना करके श्रीकृष्ण ने अपना स्थान ग्रहण किया। उग्रसेन ने पूर्ण विचार-विमर्श से श्रीकृष्ण को अवगत कराया।

गणमुख्यों के दो मत हैं। वसुदेव, अक्रूर आदि पहले की तरह रक्षा के लिए संघर्ष करने की नीति मानते हैं। बलराम आत्मरक्षा की पद्धति से ऊब गए हैं। आक्रमण करने की नीति को वे प्रभावशाली मानते हैं। उनके पास पंचजन्य असुरों को पराजित करने का अनुभव था। उसी तरह वे मागधों का उन्मूलन करना चाहते हैं।

चर्चा चली रही है। अब तक श्रीकृष्ण श्रोता बने हुए सोच रहे हैं : यादवों की विजय यात्राएँ दूसरों को ईर्ष्यालु तो नहीं बना रहीं? कहीं यहाँ की समृद्धि से ललचाकर तो वे आक्रमण करना नहीं चाहते? कालयवन किन कारणों से आक्रमण करने के लिए प्रेरित हुआ होगा? सम्भव है कि मथुरा की धन-सम्पत्ति के बारे में उसे अतिशयोक्तिपूर्ण सूचना दी गई हो। कालयवन के दूत भी यहाँ की उत्सवप्रिय प्रजा को अति सम्पन्न मान बैठे हों।

सत्राजित और प्रसेनजित वैसे तो क्षत्रिय हैं परन्तु उनकी बुद्धि वणिकों के समान है। वे अपनी सम्पत्ति को किसी एक नगर में नहीं केन्द्रित करते। कई यादव अग्रणी यूथबल को ही मुख्य पूँजी मानते हैं और कई तो वसुन्धरा को वीरभोग्या मानकर अपने शौर्य के मद में रहते हैं। बार-बार लड़ने का अवसर नहीं आए तो उनके उन्माद को आघात लगता है।

गणसभा श्रीकृष्ण का अभिप्राय जानना चाहती थी। उग्रसेन ने पूछा, उस समय वह द्विधापूर्ण स्थिति में खड़े हुए। उन्होंने एक दिन की अनुमति माँगी। वे पहले श्रेष्ठियों और योद्धाओं से विचार-विमर्श करेंगे। पहले की तरह मथुरा में रहकर भी सुरक्षा हो सकती है परन्तु दोनों ओर से चढ़े आ रहे शत्रु की संख्या और शक्ति के बारे में सोचकर थोड़ी आशंका होती है। इस कारण दो ही विकल्प रहते हैं : बलराम के मत के अनुसार आखिरी निर्णायक युद्ध लड़ लिया जाए। दो भागों में विभाजित होकर जरासन्ध और कालभवन पर टूट पड़ा जाए। और दूसरा विकल्प है कि अपनी राजधानी को हमेशा के लिए बदल दिया जाए। साथ आनेवाले परिवारों के स्थानान्तरण की सम्भावना के बारे में सोचा जाए। इस विकल्प को कार्यान्वित करने से पहले प्रजा की इच्छा को जान लेना आवश्यक है। इसलिए मैं एक दिन की अवधि चाहता हूँ। यदि हम मथुरा को खाली नहीं करेंगे तो अपने द्वारा शत्रु की सेना का बहुत संहार होगा।

श्रीकृष्ण ने कुछ कार्य सात्यकि को सौंपा और कुछ उद्धव को। जिन्हें मातृभूमि से विशेष प्रेम था ऐसे श्रेष्ठियों और वीरों को उन्होंने गर्गाचार्य के निवास पर एकत्र किया, विस्तृत चर्चा हुई। द्वारावती का श्रीकृष्ण ने द्वारिका कहकर परिचय दिया। बलराम-रेवती के विवाह के बाद प्रभास की यात्रा पर जानेवाले यादवों का मन द्वारिका का दुर्गविधान देखने के लिए लालायित रहता। वहाँ ककुद्दमी और सत्राजित के प्रासाद अतिथि सत्कार के लिए खुले ही थे। जिन्होंने अभी तक द्वारिका नहीं देखी थी, वे देखने के लिए उत्सुक थे।

मथुरा को हमेशा के लिए छोड़कर जाना पीड़ादायक होगा। सभी ने मथुरा के साथ अपने जुड़ाव को प्रकट किया। मन नहीं मानता फिर भी श्रीकृष्ण कहेंगे वैसा ही करेंगे, ऐसा कहकर सब गर्गाचार्य के यहाँ से विदा हुए।

दूसरे दिन तुरन्त अपना मन्तव्य प्रकट न करके श्रीकृष्ण ने दूसरों की इच्छा जाननी चाही। बलराम के विचार पूर्ववत ही थे। वे शत्रुओं के साथ निर्णायक युद्ध करने के लिए व्याकुल लगते हैं। वे बोले : ''सभा श्रीकृष्ण से मुझे एक वचन दिलवाए कि वह अन्तिम समय पर क्षमा करने के लिए आग्रह नहीं करे और अन्तिम युद्ध करने के लिए अभी से ही अनुमति दे दे।''

श्रीकृष्ण ने कहा : ''युद्धकाल में प्रत्येक दिन परिस्थिति बदलती रहती है। कभी-कभी एक दिन में दो बार निर्णय बदलना पड़ता है। नई व्यूह-रचना करनी पड़ती है। मेरे स्थान पर बड़े भैया सेनापति बनें तो भी मैं इतना चाहूँगा कि वे पहले से कोई निर्णय लेकर उसके अनुसार ही युद्ध करने की घोषणा नहीं करें।''

''नहीं, मैं तो योद्धा ही ठीक हूँ, सेनापति तो तू ही रहेगा।''

''मैं भी नहीं, गणसभा जिसे नियुक्त करे, वही सेनापति होगा।'' श्रीकृष्ण ने दृढ़ता से कहा।

''नए सेनाधिपति को नियुक्त करने का प्रश्न ही नहीं उठता। अपने सेनापति श्रीकृष्ण हैं और रहेंगे।'' राजा उग्रसेन ने कहा। सभी ने उनके कथन का खड़े होकर तालियों से स्वागत किया।

श्रीकृष्ण ने सभा के स्नेह को स्वीकार लिया। वे बोले : ''यहाँ जो विकल्प बनाये गए हैं वे ही अन्तिम नहीं माने जाएँ। जिसे भी कोई महत्त्वपूर्ण विचार सूझे मुझे बताकर अवश्य कृतार्थ करे। लेकिन, मेरी घोषणा के बाद वाद-विवाद का अवकाश नहीं रहेगा।''

बलराम देखते हैं कि प्रतिदिन बड़ी संख्या में मथुरावासी यात्रियों के वेश में आनर्तभूमि की ओर प्रस्थान करने लगे हैं। व्यापारियों के काफिले भी आने-जाने लगे हैं। एक दिन प्रातःकाल ही रेवती ने कहा : ''मैं कुशःस्थली जा रही हूँ। माताओं को भी ले जा रही हूँ। पिताजी महाराज उग्रसेन के साथ यहीं रुकनेवाले हैं।''

''तूने यह निर्णय लिया है?''

''नहीं, सेनापति श्रीकृष्ण ने।''

''फिर, मुझसे क्यों नहीं कहा?''

''वे तुम्हें किस प्रकार आदेश दे सकते हैं। तुम तो बड़े भाई हो न!''

''इस तरह तू भी आदरणीय है।''

''हमारे बीच भाई-बहिन जैसा सम्बन्ध है। वह मुझे आदेश दे सकते हैं। और मैं उनके कथन को गुप्त भी रख सकती हूँ।''

''मुझसे भी।''

''हाँ, मैं आपके पूछने पर ही कह सकती हूँ। मेरी आपसे विनती है श्रीकृष्ण से इस व्यूहरचना के बारे में कुछ नहीं पूछें। मैंने देखा है कि इस युद्ध में उन पर बहुत बड़ा दायित्व है। उनकी किसी मौलिक योजना से ही वृष्णि और अन्धक कुल के यादव बच सकते हैं। मैं आज अकेली नहीं जा रही। नगर के अनेक श्रेष्ठि परिवार कुछ क्षणों में मेरे नेतृत्व में द्वारिका जाने के लिए तैयार हो जाएँगे। उनसे इसी समय कहा जा रहा होगा।''

''क्या ऐसी गुप्तता आवश्यक है? क्या इसमें आत्मविश्वास का अभाव दृष्टिगोचर नहीं होता? आखिर जरासन्ध और कालयवन हमारा क्या कर लेंगे?''

''सिर्फ ये दो ही नहीं हैं। लगभग समग्र भारतवंश की पाशवी शक्तियाँ हमारे पीछे पड़ गई हैं परन्तु मुझे विश्वास है कि सृष्टि के सन्तुलन के विधायक तत्त्वों का उपयोग करके श्रीकृष्ण हमें विजयी बनाएँगे।''

रेवती ने झुककर वन्दन किया और विदा माँगी। बलराम को अकेला होने पर पता चला कि भाई कितने बरसों से मज्जागत एकलता की वेदना सह रहा है।

दूसरे दिन वे वसुदेव के पास पहुँचे। जो प्रश्न वे पूछनेवाले थे, वही वसुदेव ने पूछ लिया, ''संकर्षण, तुम्हारा क्या अनुमान है?''

बलराम हँस पड़े।

किसी के पास सही उत्तर नहीं है। श्रीकृष्ण कहते हैं : प्रतिदिन मैं अपनी धारणाओं में कुछ न कुछ परिवर्तन हो रहा अनुभव करता हूँ और यह विश्वास दृढ़ होता जा रहा है कि सत्य की विजय होगी। हम अनन्त सम्भावनावाले अपने भविष्य को एक-दो धारणाओं

में बाँध नहीं लें इसलिए ही श्रद्धा की महत्ता है। इस तरह रहस्यात्मक कथनों के द्वारा श्रीकृष्ण वार्तालाप के स्थान से कर्मक्षेत्र में जा पहुँचते हैं।

वसुदेव बलराम से कहते हैं : ''श्रीकृष्ण अगम्य लगता है तब हम सब कितने विचलित हो उठते हैं! फिर शत्रुओं की मनःस्थिति की कल्पना करो। वे तो इस अगम्यता से ही भयभीत हो जाते होंगे।''

''क्या यहाँ अभी भी जरासंध के पक्षधर हैं?''

''नहीं, होते तो महाराज ने कब का उन्हें निष्कासित करवा दिया होता। परन्तु कब कौन किसके पक्ष में हो जाएगा इस बारे में पहले से कुछ भी नहीं कहा जा सकता। मनुष्य को प्रलोभन द्वारा वश में किया जा सकता है। इसलिए ही कंस जैसे शासक दो-दो दशकों तक राज्य कर सके। हाँ, आश्वासन इस बात से मिलता है कि प्रलोभन और भय से मुक्त होकर साले-बहनोई के सम्बन्ध को भी भूलकर अक्रूर जैसे महानुभाव सत्य और न्याय के पक्षधर बने रहते हैं और धर्म के उदय की प्रतीक्षा करते हैं।''

दूसरे दिन बलराम ने एक विनोदपूर्ण वृत्तान्त सुना। ब्रज का एक गोपाल मथुरा में रहकर समृद्ध हो गया था। नगर पर दोनों ओर से आक्रमण का भय है ऐसा सुनकर वह द्वारिका जाने के लिए तैयार हो गया। उससे उद्धव ने कहा कि तू वृन्दावन क्यों नहीं चला जाता? तो वह बोला : वहाँ इतनी सम्पत्ति लेकर रहने में मुझे संकोच होगा। शायद किसी की ईर्ष्या का भोग भी बनना पड़े। इसके स्थान पर अनेक श्रीमन्तों के साथ नगण्य बनकर सुखपूर्वक रहना अधिक अच्छा है।

तीसरे दिन अक्रूर स्वयं लम्बी यात्रा की तैयारी करने लगे। वसुदेव उनके सामने खड़े थे, उनके मुख पर स्मित था।

''आखिरी प्रहर को मुझे आदेश मिला है कि मथुरा का राजकोष मुझे द्वारिका पहुँचाना है। स्थान का नक्शा दिया है। उससे पता नहीं चले तो मुझे रेवती से मार्गदर्शन लेना है!''

''ऐसा आदेश किसने दिया?''

''स्वयं सेनाधिपति ने। वे स्वयं दूत के रूप में आ पहुँचते हैं। लगता है कि आजकल श्रीकृष्ण एक-दो प्रहर से अधिक निद्रा नहीं ले पाते होंगे।''

''इतनी ले लेते हों तो भी अच्छा है। मैंने कहा तो बोले : बड़े भैया जो निद्रा लेते हैं, वह मुझे मिल जाती है। और अन्त में लड़ना तो उन जैसे योद्धाओं को ही है न!''

अक्रूर राजकोष को द्वारिका रखकर वापस आए कि तुरन्त ही राजा उग्रसेन ने अपने निवास पर गणमुख्यों को मंत्रणा के लिए बुलवाया। श्रीकृष्ण आए और बिना किसी पूर्व भूमिका के उन्होंने सम्बोधन किया : ''मुझे आपको एक पीड़ादायक निर्णय सुनाना है। मैं जानता हूँ कि वीर पुरुष के लिए यश जीवन से बढ़कर है परन्तु मुझे इससे विपरीत कुछ निवेदित करना है। हमें अपयश का स्वीकार करने के लिए तैयार रहना है। इतने दिनों की द्विधापूर्ण स्थिति के बाद मैं अपयश को स्वीकारने की मनःस्थिति बना सका हूँ।''

बलराम ने अभी श्रीकृष्ण के मंतव्य की ओर ध्यान नहीं दिया था। उग्रसेन, वसुदेव, अक्रूर और शिनि के मुख पर असमंजस था। स्वयं गर्गाचार्य विचारमग्न हो गए थे। श्रीकृष्ण ने सबकी ओर दृष्टि घुमाई और उनकी इच्छा जानकर बोले : ''अपना क्षत्रिय धर्म कहता

है कि जरासन्ध और कालयवन के साथ आखिरी युद्ध लड़ लिया जाए। बड़े भैया के कथनों में उनकी भावनाशीलता उत्तम रूप से प्रकट होती है। उनकी वाणी हमारे हृदय को छू जाती है क्योंकि उसमें अलंकारों का भी आडम्बर नहीं होता। होता है सिर्फ वीरपुरुष के जीवन-अनुभव का पारदर्शक सत्य! मैं उनके प्रभाव में निर्द्वन्द्व होने लगता हूँ कि तभी कोई अगम्य तत्त्व मुझे झिंझोड़ता है, पूछता है कि क्या इस महायुद्ध को रोकने का कोई उपाय नहीं है? फिर अन्तःकरण से ही उत्तर मिल जाता है : इस महायुद्ध को रोकने का एक ही उपाय है, वह है पराजय का स्वीकार।''

प्रत्येक अग्रणी श्रीकृष्ण को सन्देहपूर्ण दृष्टि से देखने लगा। क्या यह वही कृष्ण है जिसने चाणूर और कंस का मर्दन किया था? पंचजन्य के शिकंजे से गुरुपुत्र को छुड़ाने के लिए सागर की छाती पर पैर रखा था! जिसने अकेले ही कालीय का दमन और अरिष्ट का वध किया! आज वही कृष्ण पराजय को स्वीकार करने के लिए कह रहे हैं!

कुछ क्षण रुककर उसी स्वस्थता के साथ श्रीकृष्ण आगे बोले : ''पराजय का स्वीकार करना है परन्तु शूरसेन प्रदेश की प्रजा को नहीं और न उसकी रक्षा के लिए हमेशा तत्पर रहनेवाले यादवों को, सिर्फ सेनापति को करना है। इस युद्ध के लिए नियुक्त सेनापति अर्थात मुझे।''

''सेनापति की पराजय ही सेना, प्रजा और राज्य की पराजय मानी जाएगी।'' उग्रसेन ने कहा।

''मैं भी ऐसा ही मानता था परन्तु मैं सेनापति से सेना, प्रजा और राजा को अलग रखकर इस युद्ध को परिणाम तक ले जाना चाहता हूँ। यह मत पूछना कि किस तरह। इस समय जो कह रहा हूँ वह करके दिखा दूँगा।'' कहते हुए श्रीकृष्ण ने प्रस्थान किया।

सभी अग्रणी बैठे रहे। सात्यकि और उद्धव साथ गए। उन्हें बहुत से कार्य करने थे, समय बहुत कम था। युद्ध समीप आता जा रहा है।

राजा उग्रसेन ने वसुदेव से पूछा : ''सेना रणांगण में नहीं जाए तो पराजित नहीं मानी जाएगी?''

''शत्रु की सेना तो उतरेगी ही! या तो हमारी सेना पराजय स्वीकार कर ले या बिना युद्ध मारी जाए! न लड़ने की अन्य कोई निष्पत्ति हो सकती है क्या?'' वसुदेव बोले।

''महाराज इस द्वन्द्व का समाधान चाहते हों तो दूसरे प्रहर में फिर से मन्त्रणा की जाए। यदि उचित समाधान नहीं मिला तो श्रीकृष्ण को बुलाएँगे।'' अक्रूर ने कहा और अन्य गणमुख्यों को विदा किया।

''हमें किसी प्रकार का वाद-विवाद नहीं करना। हम सेनापति की आज्ञा की प्रतीक्षा करेंगे।'' सत्राजित और कृतवर्मा यह कहते हुए चले गए।

रात्रि का दूसरा प्रहर व्यतीत होनेवाला था। तारे अन्धकार के साथ स्पर्धा कर रहे थे। श्रीकृष्ण आकर सीधे रसोईघर में गए और भोजन लिया। उनके कक्ष में उग्रसेन और अक्रूर के साथ बैठे वसुदेव को पुत्र आगमन का समाचार मिला, उससे पहले तो श्रीकृष्ण निद्राधीन हो चुके थे। बलराम तो कब के शैया-सुख में लीन थे। वसुदेव वापस मुड़ गए।

उन्होंने उग्रसेन और अक्रूर से क्षमा माँगी। अब तो चौथे प्रहर में वह जगें तभी वार्तालाप सम्भव था। वसुदेव ने कहा कि आप अतिथि-कक्ष में विश्राम करें, मैं जागूँगा। कारागार में मैंने अनेक रातें जागकर बिताई हैं, मुझे आदत है।

आवश्यक विश्राम मिलने के बाद श्रीकृष्ण उठ गए। स्नानादि के बाद पिता जी को प्रणाम करने के लिए उनके कक्ष में गए। उन्हें हाथ में माला लेकर बैठा देखा। अतिथियों के बारे में जानकर उन्हें दुख हुआ। मुझे क्यों नहीं जगाया? श्रीकृष्ण उन्हें प्रणाम करने के लिए अतिथिकक्ष पहुँचे। ससुर-जामाता आपस में बातचीत में मग्न थे।

वे क्या जानना चाहते हैं इसका पता श्रीकृष्ण को लग गया। वे बोले : "जरासन्ध चाहता है कि पहले कालयवन से संघर्ष करते हुए अपनी शक्ति क्षीण हो जाए। फिर वह बड़ी सेना लेकर हम पर आक्रमण कर देगा और उसकी विजय हो जाएगी। परन्तु मैं ऐसा नहीं होने दूँगा। जितना प्रकट करना था उतना ही मैंने गणमुख्यों के बीच कहा था। अब आपको स्पष्ट बता रहा हूँ। कालयवन के साथ युद्ध में मेरे पीछे हटने पर आप भयभीत नहीं हों। मुझे युद्ध टालना है। ऐसा नहीं हुआ तो कालयवन अपने दुष्कृत्यों का परिणाम भोगेगा। हम पर आक्रमण करने के लिए उसके पास कोई न्यायोचित कारण नहीं है। प्रजा और सैनिकों से कह दिया जाए कि जरासन्ध द्वारा प्रसारित मिथ्या समाचार से प्रभावित नहीं हों कि कालयवन मथुरावासियों के लिए अविजेय है। अब मुझे आज के कार्य प्रारम्भ करने की आज्ञा दें।" श्रीकृष्ण चले गए।

आज सेनाधिपति को देर क्यों हो गई, यह जानने के लिए सात्यकि आ रहा था। अभी सूर्योदय में काफी देर है।

कालयवन मानता है कि वह अविजेय और अवध्य है। क्या यह मान्यता उसके विनाश का कारण नहीं बन सकती?

सम्भव है। यदि दो सेनाओं के युद्ध को दो सेनापतियों के युद्ध में बदल दिया जाए तो ऐसा होना सम्भव है।

मथुरा में घोषणा हो गई है। श्रीकृष्ण अपनी विशाल सेना के साथ कालयवन से लड़ने जा रहे हैं। मथुरा की प्रजा युद्ध के संकट से बची रहेगी। कालयवन इस भूमि के दर्शन नहीं कर सकता।

प्रजा नहीं जानती थी परन्तु कृष्ण के मन में यह स्पष्ट हो चुका था कि वे सेनापति के रूप में अब मथुरा वापस नहीं आएँगे। कालयवन वापस चला जाए या उसकी मृत्यु हो जाए फिर भी वे अपनी सेना को लेकर द्वारिका जाएँगे। जीवन सिर्फ लड़ने के लिए नहीं है। यह सही है कि संघर्ष मनुष्य की शक्ति में वृद्धि करता है, परन्तु जीवन संघर्ष के लिए नहीं, मुक्ति के लिए है।

गोकुल-वृन्दावन के जीवन काल से मथुरावास के वर्ष आधे ही थे। इन वर्षों में उन्होंने भारतवर्ष का दर्शन किया था, विपुल सम्पत्ति और वैभव को देखा। सभ्यता और संस्कृति के निर्माण में नगर के योगदान को समझा और द्वारिका का निर्माण करवाया। इन वर्षों में ही सागर-दर्शन किया। राधा ने अन्तस्थ रहकर रुक्मिणी को प्रत्यक्ष किया। रुक्मिणी ने सम्राटों की सत्ता को तुच्छ सिद्ध करके महत्ता दी केवल स्नेह को।

मथुरावास के इन वर्षों में बहुत कुछ घटित हुआ है। फिर भी मानो ये यहाँ अतिथि ही हों ऐसा लगता है। हे मथुरा नगरी! तूने आतिथ्य बहुत अच्छा किया। फिर तेरा अतिथि होकर आऊँगा, इस विदा की बेला में तेरी कुशलता चाहता हूँ।

महारथी दारुक ने प्रत्येक युद्ध में श्रीकृष्ण के सारथी के रूप में सेवाएँ दी हैं। इस क्षण भी अश्वों की रास दारुक के हाथ में है। सात्यकि के गुप्तचर कालयवन की सेना की सूचनाएँ लेकर आए हैं। सात्यकि उसके बारे में बताते हुए हँस पड़ता है। कितनी विचित्र सेना है! वह बहुत विशाल है परन्तु उसकी विविधता के बारे में जानकर हँसी आती है। उसमें अश्वों से गधों और ऊँटों की संख्या अधिक है। उनके पैरों से उड़नेवाली धूल से सूर्य का मार्ग अवरुद्ध हो जाता है। इसी कारण कालयवन के प्रत्येक पड़ाव में मूत्र और गोबर की नदी बहने लगती है। कालयवन के अधिकतर सेनानायक सैनिक की अपेक्षा लुटेरों के रूप में अधिक कुशल हैं और लुटेरों की प्रकृति लूटकर भागने की होती है।

दोनों सेनाएँ अपनी व्यूहरचना कर सकें इतनी समीप आ चुकी हैं।

श्रीकृष्ण ने कालयवन को सन्देश देने के लिए बड़े घड़े में एक काला भयंकर सर्प भेजा। उसके उत्तर में कालयवन ने उसमें असंख्य चींटियाँ भेज दीं। चींटियाँ सर्प के शरीर को खाने लगी थीं।

''यह मूर्ख स्वयं अपनी सेना रूपी चींटियों के दल का शिकार बननेवाला है।'' सात्यकि क्रोधित होकर कहता है। ''परन्तु हमें इस चींटी-दल का शिकार होने से बचना है।'' श्रीकृष्ण उसे शान्त करते हैं और पास बुलाकर कुछ सूचनाएँ देते हैं।

अब स्वयं कालयवन के साथ बात करेंगे।

''हे अतिथि राजा, तू यहाँ से वापस लौट जा, यह भूमि लुटेरों को बसाने के लिए नहीं।''

''तो बचपन में लूट-पाट करनेवाला तू यहाँ कैसे बसा था! मैं लुटेरा हूँ तो तू भी छोटा लुटेरा है। ऐसा समझ ले कि मैं तुझे और तेरी मथुरा नगरी को लूटने आया हूँ।''

''तेरा लक्ष्य स्पष्ट है। तेरे पास युद्ध के लिए उत्तम उद्देश्य नहीं है।''

''मेरी इच्छा ही उत्तम उद्देश्य के समान है।''

''जरासंध भी ऐसा ही मानता है। उसे अकेले मरने में शर्म आती है। इसलिए उसने इस युद्ध में तेरा सहयोग प्राप्त किया है।''

''यह सत्य है कि जरासंध ने मेरा सहयोग माँगा था परन्तु मुझे किसी के सहयोग की अपेक्षा नहीं है, इस सेना की भी नहीं। मुझे देवताओं से वरदान प्राप्त है। समय मेरी मुट्ठी में है। इस कारण अकेला ही तेरी सेना को भस्मीभूत करने की शक्ति रखता हूँ।''

''भूल से कहीं अपनी सेना को भस्म मत कर डालना। परन्तु अब तो ऐसा ही होगा। क्योंकि जो शुभ कार्य के लिए न दिया हो वह वरदान नहीं होता; और किसी अयोग्य को दान दिया हो वे देवता नहीं होते। यह समझने के लिए तुझे कुछ अधिक जीवित रहना चाहिए। इसलिए मेरा परामर्श मानकर अपनी इस सेना को लेकर तू वापस लौट जा। तेरा यह भोलापन मुझे तेरे प्रति उदार बना रहा है। हे कालयवन! मुझे बता कि कंस के आतंक

से मुक्त हुए यादवों ने तेरा क्या अपराध किया है? परन्तु निरपराध पर भी कुदृष्टि डालना लुटेरों का प्रथम लक्षण होता है।''

''मैं लुटेरा नहीं, वीर योद्धा हूँ।''

''ऐसा होता तो तू अकेला ही मेरे साथ युद्ध करने को तैयार होता।''

''मैं तैयार हूँ।''

''तू अपनी सेना से अलग होकर मेरे साथ लड़ने को तैयार है यह मैं नहीं मान सकता।''

कालयवन के लिए यह चुनौती थी। उसने द्वन्द्व युद्ध के लिए ललकारा।

''कहाँ?''

''यहीं।''

''जिससे तेरे साथी लुटेरे मुझे घेर लें, सही बात है न! सचमुच ही तुझे अपने शौर्य की कसौटी करनी हो तो फिर निर्जन में मेरे साथ मल्ल युद्ध करने का साहस कर। परन्तु तेरे जैसे मोटे आदमी से जो रथ से नीचे पैर भी नहीं रख सकता, यह अपेक्षा नहीं रखी जा सकती।'' कहते हुए श्रीकृष्ण रथ से उतरकर दोनों सेनाओं के बीच निःशस्त्र खड़े हो गए।

कालयवन के लिए यह आक्षेप असह्य था। वह तत्क्षण रथ से कूद पड़ा और श्रीकृष्ण की ओर बढ़ने लगा।

कालयवन अत्यन्त तीव्र गति से चल रहा था ऐसा उसके शारीरिक अवयवों की गतिविधि से लग रहा था, जबकि श्रीकृष्ण स्वाभाविक गति से चल रहे प्रतीत होते थे, फिर भी दोनों के बीच का अन्तर यथावत था।

''खड़ा रह वंचक! मुझे रथ से उतारकर अब भाग जाना चाहता है?''

''नहीं, तुझे चलने की आदत डलवा रहा हूँ। इस तरह तू चलते-चलते थक जाएगा तो मैं तुझे सुगमता से परास्त कर सकूँगा।'' श्रीकृष्ण की गति बढ़ती जा रही है। उन्हें पकड़ने के लिए अधीर हो गया कालयवन दौड़ने लगा। अब तो श्रीकृष्ण भी दौड़ने लगे हैं। सेनाएँ पीछे छूटने लगी हैं। स्वयं को अविजेय माननेवाला कालयवन सम्राट जरासन्ध को हरानेवाले को हराने के लोभ में दौड़ रहा है। भूमि और दिशा अनजानी है, वह सिर्फ दौड़ रहा है।

श्रीकृष्ण ने अपने सेनानायकों को सूचना दे रखी थीं, अतः वे निश्चिन्त हैं। कालयवन के लिए यह आकस्मिक परिस्थिति आ खड़ी हुई। वह अब तक समझ ही नहीं पाया कि उसकी गति का संचालक आगे दौड़ रहा है।

दौड़ने के साथ अनर्गल एकालाप कर रहा कालयवन अपनी शक्ति को क्षीण कर रहा है। परन्तु पराजय स्वीकार नहीं करेगा। वह कृष्ण को नहीं छोड़ेगा। समतल भूमि, नदी, पहाड़ी प्रदेश आते गए। कालयवन पानी पीने भी नहीं रुकता। कहीं कृष्ण भाग गया तो।

गिरनार पर्वत आ गया।

राजर्षि मुचुकुन्द की गुफा। उनका, कालजयी तपस्या के तेजवर्तुल-सा आकाश, वृक्षों के बीच!

श्रीकृष्ण ने गुफा में प्रवेश किया और तपस्वी राजा को प्रणाम करके एक ओर चुपचाप खड़े हो गए। निचले हिस्से में झरे हुए पत्तों में दावाग्नि लगी हुई थी। कालयवन अब थक चुका था। असंयमी होकर अब श्रीकृष्ण को गालियाँ देने लगा था। जादूगर और कायर कह रहा था। दावाग्नि के दूसरी ओर खड़ा-खड़ा वह बाहर आने के लिए चुनौती दे रहा था। गुफा में उसकी गर्जना की प्रतिध्वनि गूँज रही थी। उसने सोचा कि कृष्ण छुप गया होगा। बाहर नहीं निकलेगा। अन्दर जाकर ही उसे कुचल डालूँ।

उसकी गर्जना की प्रतिध्वनि से जग गए राजर्षि मुचुकुन्द खड़े हुए। उनके तपोज्ज्वल नेत्र खुलें उसी क्षण कालयवन ने गुफा में छलाँग लगाई। मुचुकुन्द की सूर्यकिरण समान दृष्टि से दृष्टि मिलते समय कालयवन शिला पर अच्छी तरह पैर नहीं टिका सका। उसका सन्तुलन नहीं रहा और उसका भारी शरीर दावाग्नि में गिर पड़ा। अग्नि ने उसे चारों ओर से घेर लिया।

तपस्वी आत्माएँ कालातीत होती हैं।

मुचुकुन्द के आत्मतेज से कालयवन का अस्तित्व मिट गया। श्रीकृष्ण ने राजर्षि को वन्दन करके उनके चरणों में स्थान ग्रहण किया। परिचय देने की आवश्यकता नहीं थी, राजर्षि सबकुछ जानते थे, बल्कि बन्द आँखों से देखते थे। उन्होंने श्रीकृष्ण को आश्वासन दिया कि क्षमा माँगने की आवश्यकता नहीं है। कुछ भी अनुचित नहीं हुआ है। कालयवन को इसलिए वीर गति नहीं मिली क्योंकि वह धर्मयुद्ध के लिए नहीं आया था, बल्कि अपने अहं की तुष्टि करने के लिए आक्रमण करने आया था।

व्यावहारिक दृष्टि से जिसे निद्रा कहा जाता है उसमें राजर्षि मुचुकन्द ने सृष्टि की चेतना के दर्शन किए थे। उस अलौकिक अनुभव को सुनते हुए श्रीकृष्ण की थकान दूर हो गई और कालयवन की मृत्यु के कारण उत्पन्न हुई ग्लानि भी शमित हो गई।

उन्होंने जिज्ञासापूर्वक प्रश्न पूछा। महर्षि ने उन्हें समाधि अवस्था के बारे में समझाया। उसमें दिखाई देते जड़-चेतन के परिवर्तन के मर्म के बारे में बताया। फिर श्रीकृष्ण ने चिदाकाश के बारे में प्रश्न पूछा।

''एक चिदाकाश है, और दूसरा अचिदाकाश है। बीच में विरजा नदी है। जीव को भगवद्धाम में प्रवेश करना हो तो उसे पिंड से ब्रह्मांड में, ब्रह्मांड से उत्तीर्ण होकर विरजा नदी में अवगाहन करके उससे निकलकर चिदाकाश में स्थित भगवद्राज्य में प्रवेश करना होता है।''

''यह तो मैं जानता हूँ कि देह और इन्द्रियों के साथ भगवद्धाम में प्रवेश नहीं किया जा सकता परन्तु पहली बार आपके मुख से चिदाकाश और भगवद्धाम का वर्णन सुनकर धन्यता का अनुभव कर रहा हूँ।''

''इस भारतवर्ष में मेरे जैसे अनेक तपस्वी हैं जिन्हें अलौकिक जगत का अनुभव हुआ है। कभी फिर आना। इस पर्वत की ऊँची चोटियों पर बसनेवाली मुक्तात्माओं से तुम्हारा मिलन करवाऊँगा। तुमसे मिलकर वे भी प्रसन्न होंगे। मैं आज तुम्हें नहीं रोकूँगा। जाओ और लौकिक जगत के उन्नयन के लिए पुरुषार्थ करते रहो। तुम्हारा आत्मतेज अधर्म को रोकेगा।''

15

कालयवन स्वयं को अविजेय और अमर मानता था। उसे इसकी कल्पना भी नहीं रही होगी कि उसकी अनुपस्थिति में उसकी सेना का क्या होगा। इसलिए उस 'अमर' सेनापति ने अपनी सेना को ऐसे समय के बारे में कोई मार्गदर्शन नहीं दिया था। इसलिए अनिश्चय की स्थिति में खड़ी रही। पहले निराश हुई और बाद में ऊबने लगी। अशिक्षित सेनानायकों के मतभेद के कारण सेना टूटने लगी।

शक, तुषार, दरद, पारद, शृंगल, खस, पहलवा और हिमालय के अन्य छोटे-बड़े राजा अपने-अपने देश वापस चले गए।

इसके बाद बचे हुए लुटेरे सरदार सात्यकि के संचालन में यादवसेना के भय से भागने लगे। सात्यकि ने उद्धव से कहा : "प्रजा की सम्पत्ति छीननेवाला लुटेरा और लुटेरे को लूटनेवाला वीर कहा जाएगा। मैं इस नारे का प्रचार करना चाहता हूँ। तुम्हें कोई आपत्ति तो नहीं है?" उद्धव मुस्कराकर मौन रहता है, उसे श्रीकृष्ण की प्रतीक्षा है।

मथुरा का सम्पन्न समाज द्वारिका में बस चुका है। जो मथुरा में ही स्थित हैं उनकी सुरक्षा का दायित्व यादव सैनिकों पर है। सात्यकि ने कालयवन की भाग रही सेना की युद्ध सामग्री हस्तगत कर ली है। सैकड़ों रथ, हाथी, घोड़े और विविध वस्त्रों से भरे हुए वाहन श्रीकृष्ण की ओर से महाराज उग्रसेन को अर्पित किए गए।

बलराम मथुरा के दक्षिण द्वार पर अपनी सेना के साथ खड़े थे। उन्होंने कई दिनों तक जरासन्ध की प्रतीक्षा की।

जरासन्ध बिलकुल नजदीक आकर रुक गया था। दुर्ग के अन्दर की प्रजा की सुरक्षा के लिए हलायुद्ध बलराम प्रवेश-द्वार के बाहर खड़े हैं और श्रीकृष्ण ने वास्तविक मथुरा को द्वारिका पहुँचा दिया है। जब तक कृष्ण का वध नहीं होगा, प्रतिज्ञा अधूरी रहेगी। फिर मथुरा के किले को तोड़ने की क्या आवश्यकता है। उसे दो-दो बार जीवनदान देनेवाला बलराम पूछेगा : सम्राट होकर प्रजा का संहार करना चाहता है? बलराम मल्लयुद्ध या गदायुद्ध के लिए ललकारेगा तो उसका अस्वीकार नहीं किया जा सकता। जरासन्ध कहीं अन्दर भयभीत हो गया परन्तु उसने प्रकट रूप में कहा : "मुझे श्रीकृष्ण को दंड देना है। मथुरा की प्रजा या भोले बलराम को नहीं।"

जरासन्ध के साथी कालयवन के दहन के बारे में सुनकर चिन्तित हो गए। हम किससे लड़ना चाहते हैं? जिस श्रीकृष्ण की ऐसी तपस्वी सहायता करते हों उसे शत्रु मानकर हम कब तक जीवित रहेंगे? यह भावना व्यापक बनती जा रही है। सिर्फ शिशुपाल और रुक्मी अपवाद थे। वे कह रहे थे : "कालयवन जैसे प्रतापी राजा से लड़ने की शक्ति श्रीकृष्ण में नहीं थी इसलिए उसने छल किया और राजर्षि मुचुकुन्द के तप का दुरुपयोग किया। ऐसे मनुष्य का आदर करनेवालों को धिक्कार है।"

शिशुपाल और रुक्मी के अभिप्राय हवा में उड़ गए। जरासन्ध के समर्थक घटने लगे। उन पर श्रीकृष्ण के व्यक्तित्व का प्रभाव बढ़ता जा रहा था, वे तटस्थ रहेंगे। जरासन्ध भले ही कहते हों कि कृष्ण धूर्त है परन्तु उन्होंने धर्म के विरुद्ध धूर्ततापूर्ण आचरण तो नहीं

किया। लुटेरों के सरदार कालयवन को मृत्यु के मुख में पहुँचा दिया परन्तु उसकी सेना का संहार तो नहीं किया। सात्यकि ने युद्धसामग्री हस्तगत करके अपने पास नहीं रखी, राजा उग्रसेन को सौंप दी है। द्वारिका को राजधानी बनाकर श्रीकृष्ण ने यादवों को हमेशा के लिए सुरक्षित कर दिया है, जरासन्ध को उन्हें जीतने का दुराग्रह छोड़कर शेष जीवन धर्मकार्य में व्यतीत करना चाहिए। हम अब श्रीकृष्ण के विरोधी नहीं हैं, तटस्थ हैं। फिर भी यदि वे हमारी सहायता माँगेंगे तो हम उनका साथ देंगे इस तरह के सोच के साथ अपने-अपने राज्यों को वापस मुड़नेवाले राजाओं को रुक्मी ने कायर कहा। उसे इस बारे में कोई आशंका नहीं थी कि जिसके पक्ष में उस जैसा बलवान हो वह बहुत शक्तिशाली है।

सात्यकि द्वारिका गया और श्रीकृष्ण तथा उद्धव बलराम के पास मथुरा आए। जरासन्ध अपनी सेना की दिशा बदल दी है यह जानकर बलराम को रेवती का स्मरण हो आया। वे आज ही जाएँगे। रेवती एक के बाद दूसरा चषक भर देगी। उसके नेत्रों में अपना प्रतिबिम्ब देखकर इन दिनों के कष्टों को भूल जाएँगे। युद्ध के स्थान पर बैठे रहने से उन्हें अधिक थकान लगती थी।

बड़े भाई जाने की इच्छा व्यक्त करें उससे पहले ही श्रीकृष्ण और उद्धव ने उनका रथ तैयार कर दिया और कहा : "आप द्वारिका जाएँ और परिवारवालों को चिन्ता से मुक्त कराएँ। हम विक्षिप्त मथुरा को आश्वासन देने के लिए रुकेंगे। वृन्दावन की यात्रा करेंगे। सुना है कि वहाँ सभी हमारे मथुरा छोड़कर जाने से व्यथित हैं। उन्हें परिस्थिति से अवगत कराना चाहिए। प्रजा के व्यापक हित को केन्द्र में रखकर हमें यह परिवर्तन करना पड़ा है। नन्दबाबा, वृषभानु, माँ, राधा, ललिता, सुबल, उत्तम आदि से मिलेंगे। इसलिए द्वारिका में सबसे कहना कि शायद हम कुछ दिन अधिक रुक सकते हैं।

"अच्छा, मेरी ओर से भी सबको आश्वासन देना।" बलराम बीच में दो बार वृन्दावन गए थे परन्तु श्रीकृष्ण तो एक बार भी नहीं जा सके थे। बड़े भाई को बिदा करके श्रीकृष्ण उद्धव के साथ निर्जन राजप्रासाद का निरीक्षण कर कहे थे। इतना वैभवपूर्ण राजप्रासाद जनशून्य होने पर कितना कंगाल लगता है! "उद्धव, यदि मनुष्य नहीं है तो सारा ऐश्वर्य मरीचिका जैसा है।"

श्रीकृष्ण को इस बात की चिन्ता थी कि कंस के दमन से मुक्त मथुरा उनके कारण जनशून्य नहीं बन जाए। उद्धव ने कहा : "मैं यहाँ रुकूँगा। आप वृन्दावन जाकर आश्वासन दे आएँ।"

"मुझे वहाँ आश्वासन देने नहीं, लेने जाना है।" श्रीकृष्ण हृदय की गहराई से बोले। मेरे जीवन का वह संजीवनी मन्त्र है। वह वसन्ती वनराशि की छाया, यमुना की लहरों का स्पर्श, माँ की वात्सल्यमयी गोद, राधा की अलौकिक ऊष्मा और सखा-सखियों का सान्निध्य मैं भूला नहीं हूँ, इसलिए यह स्फूर्ति मुझमें है। वर्तमान की इस चिन्तापूर्ण थकान को अतीत की संचित पूँजी रूपी स्फूर्ति से झाड़ता जाता हूँ। यह संचित पूँजी खत्म हो उससे पहले वहाँ

जाना है। तब तक मथुरा के खालीपन को भरने का प्रबन्ध कर लें। यहाँ का जनजीवन स्वाभाविक नहीं लग रहा। हमें सूचनाएँ और मंतव्य एकत्रित करने हैं और अतिशीघ्र जनजीवन को व्यवस्थित और निश्चिन्त करना है, तभी अपना दायित्व पूरा होगा।''

इस तरह तीसरी बार मथुरा खाली हुई थी। शत्रुघ्न-विजय के बाद लवण के अनुयायी मथुरा को छोड़कर चले गए थे। उसके बाद कंस ने वसुदेव को कारागार में डाला। उस समय उनके सम्बन्धी कुछ समय के लिए नगर छोड़कर चले गए थे। परन्तु इतनी संख्या में पहली बार प्रजा ने स्थानान्तरण किया है। श्रीकृष्ण और उद्धव ने निरीक्षण करके पता लगाया कि चतुर्थांश जनसंख्या ही मथुरा में रह गई है और वह भी दुविधापूर्ण स्थिति में है। श्रीकृष्ण वाहन की व्यवस्था करें तो वे भी सारी माया-ममता छोड़कर चलने के लिए तैयार हो जाएँगे।

''उद्धव, महाराज उग्रसेन गणमुख्यों की सभा को बुलाकर राजधानी का गौरव गुमा बैठी इस नगरी का शासक नियुक्त करें उस समय तक तुम इसके व्यवस्थापक बन सकते हो? मैं जानता हूँ कि तुम जिज्ञासु प्रकृतिवाले हो, प्रबन्धक नहीं हो परन्तु इस समय दूसरा विकल्प नहीं है।''

उद्धव ने नतमस्तक होकर व्यवस्थापक का पद स्वीकार लिया।

श्रीकृष्ण ने उद्घोषणा करवाई। उद्धव ने नगर के क्षेत्र और प्रत्येक वर्ण का प्रतिनिधित्व करनेवाली एक समिति का गठन किया। उन सभी के साथ नगर-यात्रा की। श्रीकृष्ण की उपस्थिति से मथुरा की उद्विग्न प्रजा को शान्ति मिली। उन्हें विश्वास होने लगा कि मथुरा भले ही राजधानी नहीं रही हो परन्तु सुव्यवस्थित नगरी तो रहेगी ही।

उद्योग पुनः प्रारम्भ हो गए। उद्यान खिल उठे। राजमार्ग पर जनशून्यता के स्थान पर चहल-पहल दिखने लगी थी। परन्तु रात के दूसरे प्रहर के बाद नगरी वीरान हो जाती थी। शायद ही कोई बाहर निकलता था।

''प्रजा पूरी तरह निर्भय हो जाए तभी मैं वृन्दावन जाऊँगा।''

राजमार्ग से गली की ओर मुड़ने में कोई खास बात नहीं थी परन्तु इस गली में मुड़ने को श्रीकृष्ण क्यों उत्साहित हुए, उद्धव को यह समझते देर नहीं लगी। जब प्रथम बार मथुरा में उन्होंने प्रवेश किया था तब जिन्होंने अत्यन्त उल्लास और उमंगपूर्वक बलराम-कृष्ण का स्वागत किया था वे सुदाम और गुणाक माली यहीं रहते हैं। इस विषम परिस्थिति में उन्हें आश्वासन दिए बिना, अपने स्नेह से निर्भय बनाए बिना श्रीकृष्ण को चैन नहीं पड़ेगा।

वे दोनों वेश बदलकर सुदाम के आँगन में खड़े थे। अन्दर से छोटे पुत्र को धमकाने की आवाज़ आ रही थी : ''दूध कहाँ है जो ला दूँ! हे भगवान! कैसे दिन देखने पड़ रहे हैं! तू भी मथुरा के बालकों के प्रति निर्मम हो गया! क्या सारी गायों का दूध सूख गया है!''

''ऐसा सम्भव नहीं है। शायद उन्होंने सोचा होगा कि जरासन्ध के सैनिकों ने मथुरा पर आधिपत्य जमा लिया है। यदि हम दूध-दही भेजेंगे तो वह सैनिकों के पेट में चला जाएगा।'' उद्धव बोला। उसकी आवाज सुदाम माली पहचान नहीं पाया। वह बाहर आया और बोलने लगा : ''ऐसा भी हो सकता है। परन्तु मैंने सुना है वहाँ भी दूध-दही की कमी हो गई है।''

"ऐसा नहीं हो सकता!" श्रीकृष्ण बोले। उनकी आवाज माली ने पहचान ली। साष्टांग प्रणाम किया। साथ में मथुरा के व्यवस्थापक उद्धव ही होंगे यह मानकर उन्हें भी वन्दन किया। फिर अपने दो कमरोंवाले छोटे से घर में आसन खोजने में सबको लगा दिया।

"हमें साधारण आसन दो और ब्रज के बारे में बताओ।"

सुदाम इस समय अपने सौभाग्य के बारे में बात करने में तन्मय था : "देखो, मैंने मथुरा नहीं छोड़ी तो मेरे स्वामी मेरे घर पधारे हैं।"

श्रीकृष्ण ने संकेत द्वारा उसे धीमे बोलने को कहा और आसन ग्रहण करते हुए बोले : "भाई सुदाम, अभी तुमने ऐसा क्यों कहा कि ब्रज में भी दूध-दही की कमी हो गई है?"

"मैंने एक यात्री से ऐसा सुना था, प्रभु। आप कहें तो मैं उसे यहाँ बुला लाऊँ। वह भी आपके दर्शन करके धन्यता का अनुभव करेगा।"

अनुमति मिलने पर सुदाम चला गया।

उद्धव विचार करने लगे : नगरजन गोरस के बिना कैसे रह पाएँगे? क्या करना चाहिए?

महाराज उग्रसेन ने ब्रजवासियों को मथुरा का चाहक बना दिया था। फिर से शासन सँभालने पर बलराम के सहयोग से अतिरिक्त गोरस मथुरा भेजने के लिए प्रोत्साहित किया था। सुबल जैसों के द्वारा युद्ध के दिनों में भी गोरस की कमी नहीं हो पाई थी।

"जरासन्ध की सेना वापस जा चुकी है इसकी सूचना सुबल और उत्तम को नहीं होगी, ऐसा सम्भव नहीं है। वे अतिरिक्त गोरस यहाँ अवश्य भेजते।"

"उन्हें यह भी विदित होगा कि चतुर्थांश जनसंख्या ने मथुरा को नहीं छोड़ा है।"

"निश्चित ही ब्रजवासी किसी भ्रम के कारण मथुरा से विमुख हुए हैं या फिर वहाँ कोई अमंगलपूर्ण घटना घटित हुई है।" श्रीकृष्ण चिन्तित हो गए। सुदाम अपने ब्राह्मण मित्र को बुला लाया। श्रीकृष्ण और उद्धव ने खड़े होकर प्रणाम किया। ब्राह्मण ने आशीर्वाद दिया। उसका नाम गजानन था। वह कैलासयात्रा से वापस आ रहा था। उसका मन वृन्दावन देखने के लिए ललचाया। वह यमुना किनारे पहुँचने ही वाला था कि उसे अपनी आँखों पर विश्वास नहीं हुआ। वह मार्ग तो नहीं भूल गया। जिसका वर्णन उसने सुना था, बलराम-कृष्ण की मातृभूमि ऐसी नहीं हो सकती।

गजानन कुछ आगे बढ़ा कि उसे दो मरी हुई गायें पड़ी दिखीं। कुछ दूरी पर एक प्रौढ़ अहीर जा रहा था। उससे पूछा : "मरी हुई गाय को तुम लोग इस तरह छोड़ देते हो? क्या यहाँ चर्मकार नहीं हैं?"

"चर्मकार बिचारे क्या कर सकते हैं।" कहते हुए उसे दुख हो रहा था। "जहाँ रोज सैकड़ों गायें मर रही हों, वहाँ पाँच-छह चर्मकार कितनों को ले जाएँ। उनके यहाँ इतनी जगह भी नहीं होती। यहाँ ऐसा एक भी परिवार नहीं बचा जिसके एक-दो गायें नहीं मरी हों।"

श्रीकृष्ण खड़े हो गए। "उद्धव, मैं जा रहा हूँ। सम्भव हो तो तुम सुबह आ जाना। नगर में यदि कोई पशु चिकित्सक मिल जाए तो उसे लेते आना। नहीं मिले फिर भी

आना। अपने उपचार से भी बहुत फर्क पड़ेगा। गुरु के आश्रम में हम जो थोड़ा-बहुत आयुर्वेद पढ़े थे, वह काम आएगा। महारथी दारुक से कहना कि वह यहाँ रुककर तुम्हारा कार्य सँभाले। रथ मैं लिए जा रहा हूँ।''

''परन्तु आप कब तक पहुँचेंगे?''

''रात्रि का दूसरा पूरा प्रहर होगा उससे पहले पहुँच जाऊँगा। यह जानकर मुझे यहाँ रुकने पर भी विश्राम नहीं मिल सकता। इसलिए सम्भव हो उतनी जल्दी उपचार में लग जाऊँ।''

श्रीकृष्ण के रथ को विदा करने सुदाम, गजानन और उद्धव नगर के द्वार तक गए थे। पीछे मुड़ते ही उन्होंने चिकित्सकों के घर खोजने प्रारम्भ कर दिए। गजानन ग्रंथालय के व्यस्थापक के यहाँ पहुँचा। ग्रंथ तो हैं परन्तु चिकित्सक नहीं हैं।

उद्धव ने कहा : ''हम इस कारण हार नहीं मान सकते। तुम मुझसे प्रातःकाल मिलना। मैं यह ग्रंथ पढ़कर उपयोगी औषधि के बारे में जान लूँगा, तुम उसे खरीद लाना। उस दरम्यान मैं यहाँ की व्यवस्था दारुक को सौंपकर वृन्दावन जाने के लिए तैयार हो जाऊँगा। सुदाम, मैं इतने वर्ष वृन्दावन में रहा। उसके बाद भी आता-जाता रहा फिर भी मैंने वहाँ एक भी गाय मरी हुई नहीं देखी थी। गोप-माताओं और गायों की आँखों में समान वात्सल्य की झलक देखी थी। इस समय वहाँ की क्या स्थिति होगी। अनिन्द्रित आँखों में सिर्फ आँसू...''

उद्धव ग्रंथ पढ़ते जा रहे हैं और औषधि को लिखते जा रहे हैं। बीच-बीच में खो जाते हैं। उस गोलोक से गाय को हटा दो फिर क्या रहेगा?

श्रीकृष्ण के शैशव की उस लीला भूमि को उद्धव ने अच्छी तरह देखा है। मथुरा के पश्चिम आठ-दस कोस पर स्थित गिरिराज गोवर्धन पर्वत आज गायों की चहल-पहल के बिना वीरान लगता होगा। श्रीकृष्ण मथुरा से गोवर्धन होते हुए नन्दग्राम गए होंगे। प्रातःकाल गए होते तो मधुवन, तालवन, कुमुदवन, बहुलावन, कामवन, संकेतवन, गह्वरवन, वृन्दावन, लोहवन और महावन आदि सभी वनों के साथ अपने सम्बन्ध के बारे में समीप से या फिर दूर से बताते जाते। कुसुम सरोवर, चन्द्रसरोवर, बरसाना के आसपास स्थित श्वेत-श्याम टेकरियाँ, वंशीवट, चीरघाट, निधुवन, और सेवाकुंज आदि के स्मरण में उद्धव वर्तमान व्यथा को भूल गए और उन्हें ऐसी प्रतीति हुई कि श्रीकृष्ण नन्दभवन पहुँच गए हैं। उन्हें निद्रा आ गई।

औषधि एकत्र हो चुकी है। अब सिर्फ दारुक से मिलकर यहाँ के प्रबन्ध के बारे में बात करनी है। पूजा आदि के बाद दारुक श्रीकृष्ण के कक्ष में गया। वहाँ से सन्देश मिला कि उद्धव से मिलो। उद्धव सामने से चले आ रहे थे। वे दारुक को मथुरा में रहने के लिए सहमत नहीं कर सके। तुम क्या कभी वृन्दावन गए हो? : उद्धव ने तर्क दिया : ''अकेले जाने पर तुम्हें परेशानी होगी।'' ''भारतवर्ष के अपरिचित स्थानों में जाते समय परेशानी नहीं हुई, तो अब वृन्दावन में क्या होगी! मुझे जाना ही चाहिए और यथाशक्ति गौ-सेवा करनी चाहिए। तुम क्यों भूल रहे हो कि मैं सिर्फ योद्धा ही नहीं सारथि भी हूँ। श्रीकृष्ण कहा करते हैं : बचपन में गायों की सेवा करते हुए उनके आशीर्वाद से अश्वविद्या अपने आप

ही सीख गया था। मैंने अश्वों की सेवा की है तो क्या मैं गायों का उपचार नहीं कर सकता? आप निश्चिन्त रहें उद्धव, मैं गायों के शवों को भी उठाऊँगा। वृन्दावन को श्रीकृष्ण के शैशव की स्मृति के रूप में फिर से बनाकर ही वापस आऊँगा। आप मथुरा की समस्याओं को सुलझाएँ।''

गजानन और सुदाम आकर खड़े थे। ब्राह्मण को आश्चर्य हुआ : महारथी दारुक क्षत्रिय होकर भी चर्मकार का कार्य करेंगे? सुदाम उसे समझाता है : ''श्रीकृष्ण ने शूद्र का कार्य करते हुए भी कभी संकोच का अनुभव नहीं किया।''

दारुक चला गया। उद्धव, गजानन और सुदाम श्रीकृष्ण की अनुपस्थिति में मथुरा में मुरझाए हुए मुख लेकर सिर्फ कर्तव्यभावना के बल पर टिके रहे।

उद्धव राज्य के अन्न भंडारों का निरीक्षण करके आ रहे थे। वहाँ ब्राह्मण बटुक के वेश में दो तेजस्वी युवक उन्हें देखने के लिए खड़े हो गए। वे अर्जुन और सहदेव थे। माता कुन्ती ने मथुरा में उन्हें छद्मवेश में भेजा था। उन्होंने सुना था कि जरासन्ध ने मथुरा को जीत लिया है। उन्हें इसका भी पता चल चुका था कि कालयवन मर चुका है और उसकी सेना बिखर चुकी है। अतः उन्होंने वास्तविक स्थिति जानने के लिए इन दोनों को भेजा था। इस बात का ध्यान रखना है कि कोई पहचान नहीं पाए। किसी से देर तक मिलना भी नहीं।

अर्जुन ने श्रीकृष्ण के बारे में सहदेव को बताया था। उनके रूप का वर्णन किया था। उसके कारण सहदेव उद्धव में श्रीकृष्ण के दर्शन करने लगा। वह हाथ जोड़े उससे पहले ही अर्जुन ने कहा : ''यह उद्धव हैं, श्रीकृष्ण का प्रिय सखा। ये सीधे-सादे क्षत्रिय ही नहीं हैं, इनके मुख पर ब्रह्म तेज है।''

उद्धव ने रथ रुकवाया। उन्हें ये बटुक विरल लगे। उन्होंने बटुकों को अपने निवास पर आमन्त्रित किया। अर्जुन और सहदेव द्विधापूर्ण स्थिति में फँस गए। माता द्वारा सौंपा गया कार्य पूर्ण हो चुका था। जरासन्ध गिरिव्रज पहुँच गया है और वृष्णि-अन्धक कुल द्वारिका में बस चुके हैं। तीसरे भाग की मथुरा खाली हो चुकी है। मथुरा के शासक के रूप में उद्धव की नियुक्ति हुई है। श्रीकृष्ण यकायक वृन्दावन चले गए हैं, कारण पता नहीं चला। वहाँ होकर यमुना पार करके गंगा के किनारे आगे बढ़ना है। उद्धव ने रुकने का आग्रह किया और पहचान जाए फिर श्रीकृष्ण से मिलकर जाने को कहा तो गुप्तता प्रकट हो जाएगी। सहदेव क्या करना चाहिए? उद्धव कहें वही मुझे विश्वास है कि वे अपने गोत्र के बारे में पूछकर माता और भाइयों से कहने योग्य वृत्तान्त जान लेंगे और फिर सभी को प्रसन्न कर देंगे।

उद्धव अतिथियों की सेवा में रत थे इसलिए कुछ समय पहले की उदासीनता से छूट गए।

आपने द्वारिका देखी है? प्रभासतीर्थ कैसा है? अंकपाद आश्रम तपोवन कहलाता है फिर भी कुलपति ने श्रीकृष्ण-रुक्मिणी के मिलन को अनुचित नहीं बताया, क्या यह सच है? क्या रेवती बलराम से भी लम्बी हैं? क्या यादवों में सबसे अधिक धनाढ्य सत्राजित

है? भोजवंशी यादवों का राजा भीष्मक जरासन्ध से दबा हुआ क्यों रहता है? गर्गाचार्य के ग्रंथ हमें मिल सकते हैं : एक के बाद दूसरा प्रश्न पूछकर सहदेव और अर्जुन ने उद्धव को केवल वक्ता ही रहने दिया। भोजन का समय हो चुका था। अतिथियों को भोजन करवाया परन्तु स्वयं नहीं खाया। अर्जुन के पूछने पर उद्धव बोले : ''जब तक वृन्दावन से इस हृदयद्रावक घटना के निवारण का समाचार नहीं आता, मैं भोजन नहीं करूँगा।''

''हृदयद्रावक घटना और वह भी वृन्दावन में? असम्भव।'' अर्जुन ने कहा। उसके इस कथन से उद्धव को आश्वासन मिला।

''तुम श्रीकृष्ण को पहचानते हो?'' : उद्धव ने पूछा।

''ऐसा होता तो कितना अच्छा होता।'' सहदेव ने उत्तर दिया। हमने सुना है कि आज तक उन्हें दो ही व्यक्ति पहचान सके हैं। स्त्रियों में राधिकाजी और पुरुषों में उद्धवजी! सहदेव कहना चाहता था परन्तु अर्जुन के संकेत से चलने के लिए खड़ा हो जाना पड़ा।

उद्धव कुछ कहना चाहते हैं यह देखकर वे खड़े रहे।

''एक मार्ग ज्ञान का है, दूसरा कर्म का है और तीसरा भक्ति का है। इन तीनों मार्गों द्वारा अपने अन्तःकरण में रहनेवाले परमात्मा को पहचानने में सहायता मिल सकती है। श्रीकृष्ण ने कभी यह नहीं कहा कि इनमें से कोई मार्ग गलत है बल्कि वे इन तीनों मार्गों का योग करते हैं, सम्यक् योग! और स्वयं प्रेमरूप में प्रकट होते हैं। जो मनुष्य अपनी चेतना का विस्तार पिंड से ब्रह्मांड तक कर सकता है वही श्रीकृष्ण जैसे मनुष्यों को पा सकता है। परन्तु जानते हो सब क्या करते हैं? एक या दो शब्दों द्वारा श्रीकृष्ण को पहचानने का प्रयास करते हैं इसलिए ही वे उन्हें अगम लगते हैं।''

''मेरे लिए वे अगम नहीं हैं क्योंकि मैंने उनका प्रेम प्राप्त किया है। उद्धव जी, उन्हें हमारा प्रणाम पहुँचा देना। इस समय हमारा निश्चित समय पर निश्चित स्थान पर पहुँचना आवश्यक है इसलिए हम वृन्दावन में नहीं रुक सकेंगे। फिर भी वहाँ से ही गुजरेंगे। यदि भाग्य में हुआ तो दूर से ही दर्शन कर लेंगे।''

उद्धव ने यात्रा के लिए शुभकामना व्यक्त की।

''तुम कौन होगे इसका संकेत हृदय को मिल चुका है फिर भी तुमने स्वयं अपना परिचय नहीं दिया है। अवश्य ही इसके पीछे शुभ प्रयोजन होगा। इसलिए मैंने अपनी जिज्ञासा व्यक्त नहीं की है। असाधारण अतिथियों का स्वागत करके मैं धन्य हुआ हूँ। तुम जिस दिशा में जानेवाले हो उस ओर मेरा अस्तित्व भी उन्मुख रहनेवाला है क्योंकि अपरिचित व्यक्तियों को समीप लाने का निमित्त बननेवाले श्रीकृष्ण इस समय उत्तर दिशा में हैं।''

माता और भाइयों को बताने योग्य एक तीसरी बात भी अर्जुन और सहदेव को जानने को मिली : उद्धव का श्रीकृष्ण के प्रति स्नेहादर।

अकेले रह गए उद्धव शून्य राजमार्ग की ओर देखते हैं तो द्विधाग्रस्त हो जाते हैं। श्रीकृष्ण का स्मरण करते हैं तो उनका मन वृन्दावन बन जाता है।

माता यशोदा को खुश रखने को मधुमंगल लीलाएँ करता है : "हे ब्रजरानी, तुम्हारा कान्हकुँवर गायें दुहने का समय न होने पर भी बछड़ों को छोड़ देता है।"

"तुम यहाँ निश्चिन्त बैठी हो और वह चौकी पर चौकी रखकर छींके में रखे दही को उतार रहा है और साथियों को खिला रहा है।"

"अरे! देखो उसने छींका तोड़ दिया। गोरस फैल रहा है।"

"आज उन बछड़ों और उन ग्वालों की क्या दशा होगी?"

उद्धव को राधिका का स्मरण हो आता है।

वासनारहित प्रेम-क्रीड़ाओं का आनन्द...सुबल, ऋषभ, वरुरथ जैसे प्रतापी पुरुषों के हृदय में अंकुरित हो रहा सखा प्रेम। सबकुछ प्रत्यक्ष होने लगा है। ब्रज निद्राधीन है, श्रीकृष्ण इस ओर से निकले हैं।

एक वह भी समय था जब कृष्ण रात्रि के अन्धकार में राधा से मिलने जाते थे। आज दूसरे ही उद्देश्य से जा रहे हैं। जा रहे हैं? राधा तो कहती है : कौन कहता है कि कृष्ण यहाँ से गया है? महर्षि शांडिल्य के शिष्य इसका समर्थन करते हैं : एक बार सेवाकुंज और निधुवन की मुलाकात लेकर देखो; फिर कहना कि गोविन्द यहाँ से चले गए हैं।

राधिकाजी भगवत्-प्रेम की प्रतिमा हैं।

जल से लहर भिन्न नहीं है...

भावमग्न उद्धव को बिम्ब में प्रतिबिम्ब दिखाई देता है और प्रतिबिम्ब में बिम्ब। राधा कृष्ण है, कृष्ण राधा है। समग्र वृन्दावन उत्सव के रूप में है। गोपियाँ नाचते-नाचते प्रकृति बन जाती हैं। राधा-कृष्ण भक्त भी हैं, भगवान भी।

पहले महर्षि इस सत्य को नहीं स्वीकारते थे। यज्ञ की वेदी बनाने के अपने कौशल से सन्तुष्ट रहते। शिष्यों के समक्ष श्रुति-स्मृति ग्रंथों की बातें करते। प्राणी मात्र की उत्पत्ति, स्थिति और लय का अधिष्ठाता ईश्वर है, ऐसा कहकर उसके निराकार-निर्गुण स्वरूप की महिमा करते। वे केवल ज्ञानमार्गी थे तब। नेति-नेति वचनों से परमात्मा की परिभाषा देते परन्तु श्रीकृष्ण की गोवर्धन लीला और अंगिरस ऋषि के साथ गोष्ठी करने के बाद उन्होंने नया प्रतिपादन किया है : एक महत्तम आत्मा है और एक लघुतम। अनन्त विश्व में व्याप्त है वह महत्तम, अणु स्वरूप में रहने वाली लघुतम है। श्रीकृष्ण को महत्तम आत्मा के रूप में स्वीकार लेने पर भी वे राधा को अन्य गोपियों के समान अणु स्वरूप ही मानते थे परन्तु श्रीकृष्ण के मथुरा गमन के बाद उनको दूसरा ही अनुभव हुआ है...

श्रीकृष्ण की इच्छानुसार मैं गोपियों से मिलने वृन्दावन गया था। मेरी धारणा थी कि ब्रह्म का उपदेश सुनकर उनका चित्त शान्त होगा। मैं स्वयं को ज्ञानी मानने लगा था! मधुमंगल ने उस प्रसंग का स्मरण करवाकर अनुभूति के तीन स्तरों को समझाया था। ब्रह्म की अनुभूति, परमात्मा की अनुभूति, भगवद्-अनुभूति, यह रहस्य समझाने के बाद वह हँस पड़ा था। यह भी पर्याप्त नहीं है उद्धव। देखो, मैं भी तुम्हारी तरह स्वयं को ज्ञानी मानने लगा।

मधुमंगल आजकल ब्रज में अवधूत बनकर विहार करता है। कहता है : जहाँ साकार-निराकार का भेद मिट जाए उस स्थिति में पहुँचना है। हम प्रभु की लीलाएँ धरती

पर निहारते हैं और प्रतिभासिक लीलाओं का अन्तःकरण में अनुभव करते हैं। अब मुझे पारमार्थिक लीलाएँ देखनी हैं...

उद्धव, तुम जिसे गोकुल कहते हो उसे गोलोक मानकर अपने वृन्दावन में नित्य वृन्दावन खोजकर कितने ही उपासक यहाँ बसते हैं। तुम इस भ्रम में न रहना कि तुम अकेले ही श्रीकृष्ण के साथ विहार करते हो। इन उपासकों और साधकों के लिए परम भक्ति और परम ज्ञान एक ही वस्तु है...

गर्गाचार्य अवतार के बारे में बोलते हैं तो उनके पास ज्योतिषशास्त्र का आधार होता है। गुरुदेव सान्दीपनि को वह ग्राह्य नहीं है। उन्होंने एक बार कहा था : उद्धव, हम कितने भाग्यशाली हैं कि अव्यक्त रूप में रहनेवाला परमात्मा हमारे सामने प्रकट हुआ है! आचार्य भविष्यवाणी करके निश्चिन्त हो गए थे। मैंने उस शास्त्र का आधार लिए बिना सतत दर्शन किया और प्रकट होने की प्रक्रिया को निहारा। श्रीकृष्ण महद उद्देश्य से पुरुषार्थ पर पुरुषार्थ करते जाते हैं और मैं परम शक्ति का प्रकाश उनकी छवि में देखकर धन्यता का अनुभव करता हूँ।

राधा कहती है : वृन्दावन की अधिष्ठात्री देवी कहती है : "मुक्ति से भी उच्चतर है कृष्ण-प्रेम!"

श्रीकृष्ण का रथ अब नन्दगाम पहुँचनेवाला होगा। महर्षि उनके चेतनात्मा शिष्यों से कहेंगे : अविनाशी जो सत है, निर्विकार जो चित है, निर्विषयी जो आनन्द है, वही हैं ये ब्रजनन्दन।

16

श्रीकृष्ण पहुँचे उस समय नन्दभवन की गौशाला में एक दीपक जल रहा था। रथ की आवाज सुनकर कोई जगा नहीं। रात का दूसरा प्रहर अभी पूरा नहीं हुआ था। रासोत्सव में तो युवा गोप-गोपियाँ तीसरे प्रहर तक जागते थे। इस समय सब जैसे शोक की चादर ओढ़कर सो गए हैं।

प्रवेश-द्वार आधा खुला था। रथ के नीचे उतरकर दूसरा द्वार खोला और रथ अन्दर ले लिया। अश्वों को छोड़कर उनके अयाल पर हाथ फेरा। संकेत किया कि वे चुपचाप खड़े रहें।

प्रहरी नहीं दिखाई दे रहा था। प्रांगण सूना है, कक्ष का दरवाजा खुला हुआ है। गौशाला में दीपक टिमटिमा रहा था। उन्होंने मुकुट उतारा और उत्तरीय को कमर में खोंस लिया। अश्वों को पानी पिलाकर खाने के लिए चारा दिया।

यह सब क्या है? माता नहीं दिखती, बाबा का भी पता नहीं। किसी का कोई संकेत नहीं मिलता।

दीपक ने फिर ध्यान आकृष्ट किया। माता कहीं गौशाला में तो नहीं है?

श्रीकृष्ण चुपचाप उस ओर चल दिए। घुटनों दौड़-दौड़कर जिस धरती के कण-कण से परिचय किया था, किशोरावस्था में छलाँग मार-मारकर जिसके आकाश को बाँहों में भरा था, वहीं इस समय श्रीकृष्ण धीरे-धीरे कदम रखते हुए चल रहे थे।

यमुना की लहरें रुक गई हैं। जल की सतह नीचे उतर गई है। दीपक का प्रकाश सिर्फ अन्धकार की पहचान करवा रहा है। उस अन्धकार में छिपी हुई मृत्यु दीपक की ज्योति को निगलने के लिए जीभ बढ़ाती है, परन्तु वह छोटी पड़ती है...

अरे, यह तो सुरभि है!

जिसके थनों को सीधा मुँह में डालकर बाल-गोपाल ने कई बार दूध पिया था वही सुरभि! नन्दभवन की कामधेनु सुरभि! कितनी निश्चेष्ट पड़ी हुई है! यशोदाजी उसके मुख के पास बैठी हैं। उनकी आँखें बन्द हैं। परन्तु आँसुओं को पलकों का बन्धन नहीं रोक सकता।

श्रीकृष्ण खड़े रह गए। बीच में सुरभि है, उस ओर माता बैठी हैं। उन्होंने धीरे से पुकारा : ''माँ!''

यशोदाजी की पलकें उठती हैं। फिर गिर पड़ती हैं। आँसू पूर्ववत बह रहे हैं। यह सम्बोधन कुछ क्षण पहले भी सुना होगा। देखने पर पुत्र के दर्शन नहीं हुए होंगे। इस क्षण खुली आँखों से देखने पर भी उसे कल्पना में देखा हुआ मानकर प्रतीक्षारत हैं।

''माँ, मैं आ गया हूँ।'' श्रीकृष्ण ने थोड़ा जोर से कहा। सुरभि के निश्चेष्ट कान कुछ फरके परन्तु यशोदाजी की पलकें नहीं उठ रहीं। भ्रम होने का भय लग रहा है। इस तरह सुनना सत्य लग रहा है।

पुत्रदर्शन का आभास दिन में कई बार हुआ है। कृष्ण माता के हृदय में से बोले तो भी सदा से आतुर कान सुन लेते हैं। अबोध आँखें उस ओर देखती हैं और झेंपकर रह जाती हैं। पहले तो पुत्र से भेंट पड़ने के लिए हाथ भी उठ जाते थे। अब थोड़ा धैर्य और सहनशीलता बढ़ गई है। कृष्ण प्रत्यक्ष नहीं दिखता परन्तु हृदय में से तो पुकारता है। यह आश्वासन भी पर्याप्त है।

परन्तु सुरभि की ऐसी दशा।

उन्होंने नन्दराय से कहा था : मेरे बलराम और कृष्ण यहाँ होते तो सुरभि इस तरह हार नहीं जाती। अब तो सुरभि भी जानेवाली है। वेदना में डूबी हुई यशोदाजी उसी तरह बैठी रहीं। श्रीकृष्ण ने कुछ पास जाकर पुकारा। उसका उन्होंने उत्तर दिया : ''बेटा, तू भले ही मुझे भूल जा, अपने बाबा को भूल जा, दुर्गा को भूल जा परन्तु यह सुरभि हमें छोड़कर जा रही है। उस समय तो दो घड़ी के लिए आ जा। यह तेरे हाथों के स्पर्श के लिए व्याकुल है। तेरे लिए यह यमदूतों से लड़ रही है।''

श्रीकृष्ण सुरभि के मुख के पास पहुँचकर माता के चरणों के पास बैठ गए। गाय का मुख गोद में लिया। यशोदाजी का हाथ धीरे से उठा और श्रीकृष्ण के कन्धे पर पहुँच गया। घुँघराले बालों का स्पर्श यशोदाजी की अँगुलियाँ अनुभव करने लगीं।

''देवता रूठ जाएँ तो मनुष्य क्या कर सकता है।'' यशोदाजी स्वप्नवत् बोल रही थीं।

"क्यों नहीं कर सकता माँ! देवता भी मनुष्यों के लिए होता है।" अँगुलियाँ पुत्र के बालों को पहचान रही थीं। फिर भी शान्त हो गईं।

सुरभि के माथे पर हथेली रखकर उसे पुकारा फिर भी उसने आँखें नहीं खोलीं। शायद उससे दुख सहन नहीं हो रहा अथवा अपना सुख वह संसार से छिपाना चाहती है। उसकी कोई भी प्रतिक्रिया नहीं है।

श्रीकृष्ण का अन्तःकरण द्रवित हो गया। उन्होंने गोद से सिर नीचे रखा। भारतवर्ष का यह नरोत्तम गोमूत्र से भीगी धूल में बैठ जाता है। सुरभि की गर्दन हाथों से भर लेता है। अतिशय वेदना के कारण निश्चेष्ट हो गई आँखों की पलकों को अपने आँसुओं से भिगो देता है। पुकारने के बाद किए स्पर्श से गाय की त्वचा चेतन होने लगती है। उसके पैरों के खुरों में कम्पन होने लगा है।

पैर मोड़कर देख लिए। यदि गाय बैठ जाए तो नीचे का हिस्सा जीवन्त हो जाएगा। सुरभि की पीठ के पास पहुँचकर पैरों को मोड़कर उसे सीधा किया। यहाँ सावधानी रखनी थी कि गाय उस ओर न गिर पड़े। सुरभि की चेतना लौटने लगी थी। उसके दबे हुए अंगों की श्रीकृष्ण ने मालिश की जिससे उसका पूरा शरीर चेतन होने लगा। अब वह अपना मुँह उठाने लगी थी।

"माँ, कुछ पिलाने के लिए होगा?"

यशोदाजी यन्त्रवत् खड़ी हुईं। मानो स्वप्न में चल रही हों। पुत्र सुरभि की सेवा करने आया है और कुछ मँगा रहा है तो स्वप्न में भी चल लेगी। यहाँ आकर वह सोलह वर्ष का एक स्वप्न ही तो छोड़ गया है! वे पानी में मिसरी घोलकर ले आईं!

एक हाथ से सुरभि का मुख पकड़कर दूसरे से श्रीकृष्ण ने सुरभि को शक्तिवर्धक पानी पिलाया।

सुरभि की पूँछ के बालों तक में चेतना आ गई।

"माँ, मैं सुरभि के लिए थोड़ा हरा चारा लेकर आता हूँ।"

"इस तरह के बहाने बनाकर तू हर रोज की तरह भाग जाना चाहता है! ठीक है भाई, तेरी इच्छा। तू तो बड़ा आदमी है न, तुझे कौन रोक सकता है।" यशोदाजी एकालाप कर रही थीं। श्रीकृष्ण समझ गए। इस समय माँ भले ही भ्रान्ति और सत्य में एकसाथ रहें। अभी सुरभि चारा खाने के लिए खड़ी होगी और सूर्योदय हो जाएगा। सबकुछ प्रकट हो जाएगा।

खूँटी से उपवस्त्र उतारा। इस समय चारा लानेवाले कपड़े को कहाँ खोजा जाए। हँसिए की भी आवश्यकता नहीं, हाथ से ही तोड़ लाऊँगा। कटार तो है ही!

श्रीकृष्ण अश्वों को देखते हुए चले गए। यशोदाजी को लगा कि पुत्र सचमुच आ गया है और सुरभि के लिए चारा लेने गया है। परन्तु चारा तो घर में भी था। अच्छा वह हरी घास लेने गया है। उसमें औषधि का पौधा भी ले आएगा। सुरभि ने कृष्ण की दिशा में मुख कर लिया है।

नन्दराय और दुर्गा के पैरों की आवाज सुनकर सुरभि रँभायी। सबके जीव में जीव आ गया। इस स्वर में नन्दराय के आगमन का संकेत नहीं था, यहाँ नन्दभवन में श्रीकृष्ण

की उपस्थिति का भी प्रमाण था। वैद्य के हृदय में आशा का संचार हुआ। यदि सुरभि स्वस्थ हो जाए तो सांत्वना मिले। दूसरी गायों में भी रोग का प्रतिकार करने की शक्ति आए। अभी तो जो गिरती है वह खड़े होने का नाम नहीं लेती। रोग से भी चिन्ताजनक यह मनोदशा है।

नन्दराय ने सुरभि के पास पहुँचने से पहले ही दुर्गा से कहा : ''बेटा, यह शुभ संकेत है। अब तू सो जा।'' परन्तु दुर्गा साथ ही रही। दोनों भवन को पार करके पिछले भाग में पहुँचें उससे पहले ललिता के यहाँ से राधा दौड़ती हुई आ गई : ''बाबा, तुमने सुना? सुरभि ने क्या कहा है? दुर्गा तुझे पता चला या नहीं? सुरभि ने कहा कि कृष्ण आ गया है। उसने हमें बधाई दी है!''

''तेरे मुँह में घी-शक्कर बेटे! कृष्ण यहाँ आ जाए फिर हमें और क्या चाहिए?'' नन्दराय ने कहा। दुर्गा बोली नहीं। उसने राधा का हाथ पकड़ लिया।

दीपक यशोदाजी की पलकों की तरह टिमटिमा रहा है।

सुरभि को सीधा बैठा देखकर नन्दराय ने वैद्य की ओर देखा। उनकी आँखों में आशा थी। दुर्गा माँ के पास बैठ गई। राधा जहाँ थी वहीं खड़ी रह गई : ''तो क्या सुरभि को भी हमारी तरह भ्रान्ति होने लगी है? कृष्ण नहीं आया है? क्या सचमुच नहीं आया माँ?''

यशोदाजी यकायक खड़ी हो गईं। राधा के कथन ने उन्हें भ्रान्ति से निकालकर वास्तविकता में ला खड़ा किया।

''नहीं, सुरभि को भ्रान्ति नहीं हो सकती। भ्रान्ति तो मुझे हुई थी। कृष्ण आया है, सचमुच मेरा कृष्ण आया है। तेरा बालसखा आया है बेटा। मैंने जो देखा था वह प्रत्यक्ष था। मैं निद्रा में नहीं थी। वह मेरे साथ बात करते-करते सुरभि का उपचार कर रहा था। मैं मिसरी का पानी भी लाई थी। उसने अपने सुकोमल लगते हाथों से सुरभि को बैठाया था। फिर मुझसे कहकर सुरभि के लिए हरी घास लेने गया है। मैंने उसे रोका नहीं क्योंकि मुझे भय था कि स्वप्न टूट जाएगा। परन्तु सुरभि रँभायी और यह सुनकर तू दौड़ आई। मेरा स्वप्न सत्य बन गया। देख, यहाँ गोमूत्र से भीगी मिट्टी में वह बैठा था।''

दुर्गा दीपक ले आई। सबने श्रीकृष्ण के पैरों के निशान पहचान लिए। दुर्गा नाच उठी, वह दीपक लेकर दौड़ गई। उसने भवन में सैकड़ों दीपक जला दिए। और ललिता तथा उसकी रुग्ण गाय से कहने दौड़ गई।

रथ के घोड़े हिनहिनाए। राधा कृष्ण के आगमन की दिशा में दौड़ने लगी।

स्वर्ण कटारी से काटी हुई हरी घास अपने रेशमी उपवस्त्र में बाँधकर श्रीकृष्ण चले आ रहे हैं। उन्हें इस रूप में देखने के लिए तारादल और चन्द्र वृन्दावन पर झुक आए हैं। हवा की दिशा बदल गई है। यमुना का जल तरंगित होने लगा है। दुर्गा पागल की तरह गाने लगी है।

उससे भी अधिक राधा पागल हो गई है। वृन्दावन की तपस्विनी की गरिमा को भूलकर वह दौड़ रही है। राधा को आते हुए देखकर श्रीकृष्ण के अंग पुलकित होने लगे। यौवन के उदय के क्षण जैसा रोमांच होने लगा। राधा-कृष्ण के गाढ़ आलिंगन के समय समग्र वृन्दावन महकने लगा।

मस्तक पर चारे की पोटली है। श्रीकृष्ण के हाथ राधा के विरहातुर अंगों को सांत्वना दे रहे हैं। वही चिरपरिचित ग्रीवा, वही पीठ, कटि...

राधा आँखें बन्द किए, केवल आलिंगन में ही पहचानने की चेष्टा कर रही है। इन आठ वर्षों में काफी लम्बा हो गया है मेरा कृष्ण! राधा के होंठ कृष्ण के गले और कन्धों तक ही पहुँचते हैं।

"तू आ गया प्रिय!" कृष्ण के सिर से चारे की पोटली लेते हुए राधा पूछती है। कृष्ण राधा को ही उठा लेते हैं। उसके गालों पर बह रहे आँसुओं को पोंछने के लिए होंठ सक्रिय हो जाते हैं।

सुरभि पूरे गाँव को समाचार दे रही है।

कृष्ण का हाथ अपने कन्धे पर रखकर राधा उनके आगे-आगे चल रही है। उत्तरीय का सिरा राधा की ओढ़नी के साथ लहरा रहा है।

"मैं सचमुच डर गई थी इस संक्रामक रोग से। मुझे अपनी पूजा-तपस्या सब व्यर्थ लगने लगी थी। लोग मुझे तपस्विनी मानकर सेवाकुंज में आते थे परन्तु मैं स्वयं को भिक्षुणी समझने लगी थी। वृन्दावन की चेतना शोकनिमग्न हो गई थी। कालीय का जहर फिर से वातावरण में फैल गया था। हारकर मैंने सेवाकुंज छोड़ दिया और दौड़ आई गायों का उपचार करने। ललिता की गाय के पास बैठी थी वहीं सुरभि ने तेरे आगमन पर बधाई दी और मैं दौड़ आई।"

दुर्गा और ललिता दौड़ती आती हैं और भेंट पड़ती हैं।

"अरे! यह तो माँ है।" श्रीकृष्ण चरण छूते हैं।

"बेटा, तुझे पहचानने में मैंने बहुत देर लगा दी!" यशोदाजी हर्ष के आँसुओं से पुत्र के मुख को भिगो देती हैं।

भावविभोर नन्दराय बोल नहीं पा रहे हैं। कृष्ण को छाती से लगाकर देर तक सिर पर हाथ फेरते रहते हैं।

राधा ने थोड़ा चारा ललिता को दिया। बाकी का चारा लेकर सुरभि के सामने बैठ गई है। एक-एक निवाला दे रही है। दोनों में बातें हो रही हैं : सबसे पहले हम दोनों को ही पता लगा न!

नन्दराय, वैद्य, यशोदाजी और श्रीकृष्ण गायों के इस रोग को समझने का प्रयत्न कर रहे हैं। गायें मरने लगीं उसी के साथ सबने चराने ले जाना बन्द कर दिया। तृणांकुरों में विविध तत्त्व होते हैं। गाय घास का सिरा चरती जाती है और खुराक के साथ औषधि भी मिलती रहती है। गायों को चराने ले जाना बन्द कर दिया, आखिर वे कब तक सूखी घास खातीं। नदी किनारे से हरा चारा लाने का भी किसी को विचार नहीं आया। वैद्यजी ने दूसरी औषधियों के साथ तुलसी के गुणों को भी बताया।

नन्दगाँव से शोक और भय के बादल छँट गए थे। दारुक के आगमन से पहले ही वृन्दावन अपने पूर्व रूप में आने लगा था। सुबल और उत्तम ने गाँव के युवकों को एकत्र करके

औषधि बाँट दी थी। वातावरण स्वच्छ बनाने के उपायों को समझा दिया था। गाँववालों को इतने पर सन्तोष नहीं आया। उनकी इच्छा थी कि श्रीकृष्ण हमारे घर पधारें फिर सब ठीक हो जाएगा। पहले राधा की टीका करनेवाले उससे विनती कर रहे थे। ''आऊँगा, प्रत्येक के घर आऊँगा। अपने स्वार्थ के कारण आऊँगा !'' श्रीकृष्ण ने कहा : ''भूल जाओ किसकी कितनी गायें मर गई हैं। जिसे बड़ी हानि हुई हो वह उत्तम को बता दे। सहायता स्वीकारने में जिन्हें संकोच नहीं होगा उन्हें मथुरा द्रव्य देगी।''

''हमें और कुछ नहीं चाहिए। तुम आ जाओ, हमें सबकुछ मिल जाएगा।''

पूरा दिन नन्दगाँव और बरसाने में बीत गया। दोपहर को भोजन के समय कलावती ने श्रीकृष्ण की आरती उतारी। वृषभानु मुस्करा रहे हैं। बहुत गालियाँ दी हैं, अब स्तुति करके प्रायश्चित कर रही है।

''आज रात सभी को कमर कसनी है।'' वरुरथ, अंशु और तेजस्वी के मुहल्ले में श्रीकृष्ण कह रहे हैं : गायों के शव इधर-उधर बिखरे हैं। उनकी हड्डियों के लिए कुत्तों और सियारों में खींचतान होती है। तुम्हें इसका उपाय खोजना चाहिए था। पाँच-छह चर्मकारों पर तुमने यह कार्य छोड़ दिया। संकट के समय में सबने एक साथ कार्य नहीं किया इससे भी रोग बढ़ गया था और वातावरण दूषित हो गया। आज रात को वह सब जला डालेंगे और धूप करेंगे।

दारुक ने वन में उठे धुएँ की ओर संकेत किया।

सम्भव है पिताजी ने ये कार्य सुबल को सौंप दिया हो। ऐसा नहीं था। रात्रि जागरण के कारण सुबल दोपहर के बाद से सो रहा था। फिर किसने यह कार्य प्रारम्भ कर दिया।

अय्यन पुराने गोकुल का आमन्त्रण लेकर आया है। उसने सेवाकुंज का रखवाला कहकर अपना परिचय दिया। श्रीकृष्ण को पता चल गया था कि कई अज्ञानी लोग अय्यन को राधा का पति मानते हैं। वे सब क्षमा के योग्य हैं। अय्यन आदर के योग्य है। उसने राधा की विक्षिप्तावस्था में उसका ध्यान रखा था, सेवा की थी। ऐसा निःस्वार्थ सम्बन्ध बहुत कम दिखाई देता है। उनके प्रति आदर प्रकट करते हुए उनसे इस धुएँ के बारे में पूछा : ''यह दावाग्नि तो नहीं है। लगता है कि किसी ने कूड़ा जला दिया है।'' ऐसा अनुमान नहीं किया जा सकता था कि ब्रजवासी गायों के शव और बिखरी हुई हड्डियों का अग्नि संस्कार कर देंगे!

''कुछ समय पहले जब आप भवन में प्रवेश कर रहे थे तो आपके दर्शन करके दो बटुक अपने मार्ग की ओर चल दिए थे। वे दोपहर के समय वृन्दावन आए थे। उन्होंने वनवासी श्रमिकों को एक-एक रत्न देकर वन से सूखा काष्ठ एकत्रित करवाया। उस बीच वे गायों के शव और अस्थिपिंजर खींचकर एकत्र करते जा रहे थे। उन्हें देखकर वनवासी भी उनके साथ लग गए। ''बालकृष्ण की लीला-भूमि अपवित्र हो जाएगी तो स्वर्ग और धरती के बीच घटा हुआ अन्तर फिर से बढ़ जाएगा'' : वे ऐसी गूढ़ अर्थोंवाली भाषा में बात कर रहे थे। उनके मुख पर ब्रह्म तेज था और अंगों में क्षात्रत्व झलक रहे थे। लगता था कि उन्होंने ब्रज के बारहों वन स्वच्छ कर देने का संकल्प लिया था। कार्य पूर्ण करके,

वंशीवट में स्नान करके वे आपके दर्शन के लिए यहाँ आ रहे थे, उस समय मुझे उनके दर्शनों का लाभ मिला था। वे आपको दूर से ही वन्दना करके चले गए यह देखकर मैं आश्चर्यचकित रह गया।''

''वे कौन हो सकते हैं?'' दारुक ने पूछा।

''एकदम अपरिचित तो नहीं होंगे। अपनी धारणा उनके मार्ग में अवरोधक न हो इसलिए हम उनकी अनपेक्ष रूप से प्रतीक्षा करेंगे।''

पुत्र के पुनरागमन के अवसर पर यशोदाजी ने एक हजार गायों का दान किया। वृषभानु ने शताधिक गायें दान में दीं। ब्रज के दूसरे क्षेत्रों से द्रव्य द्वारा गायें खरीदीं और परिचित गोप परिवारों के संकट का निवारण किया।

दारुक मथुरा गया और उद्धव वृन्दावन आ पहुँचे। गोपियों ने उन्हें घेर लिया और 'कब तक कुँवारे रहोगे' कहकर बहुत परेशान किया। कुछ अबीर-गुलाल और अधिकतर रेत से होली खेली। धक्का मारकर नदी की धार में गिरा दिया और 'विवाह करूँगा तो गोपकन्या से ही' यह वचन लेकर ही छोड़ा। राधा-कृष्ण के सामने ही यह सब घटित हुआ परन्तु दोनों में से कोई भी उनकी सहायता के लिए नहीं गया। एक बिचारी दुर्गा को ही उन पर दया आ रही है। विशाखा ने उससे विनोद में पूछा : ''बोल दुर्गा, तुझे इस ज्ञानी को पसन्द करना है?'' : दुर्गा ने गम्भीर रहने का प्रयत्न किया परन्तु शरमा गई। ''मैं तो अज्ञानी हूँ, माँ से पूछ आऊँ। तब तक इन्हें पकड़े रहना।'' कहती हुई भाग गई। ''श्रीकृष्ण हों वहाँ ये बिना बाँधे ही बँधे हुए हैं।'' कहते हुए विशाखा ने उद्धव को पीठ मलकर नहलाना प्रारम्भ किया।

''विशाखा, रहने दे, तुम चाहे कितना ही परेशान करो, उद्धव अविकारी ही रहेंगे।'' राधा ने कहा। इस कथन को आज्ञा मानकर सारी सखियाँ बाहर आ गईं। उद्धव का नाम जोड़कर गीत गाने लगीं। उद्धव आनन्दोत्सव के द्रष्टा ही रहते थे, आज वे भी नहीं बच पाए।

राधा की अनुमति मिल नहीं रही है और श्रीकृष्ण वृन्दावन छोड़ नहीं पा रहे। माता और नन्दबाबा से तो दो दिन पूर्व ही विदा माँग ली थी। सेवाकुंज होकर निकलना था। एक बार अय्यन के घर भोजन करने जाना था। बस, वहीं से मथुरा निकल जाएँगे। अब कोई बीच में नहीं रोकेगा। सब सन्तुष्ट हो गए हैं। बचपन का सम्बन्ध सखा ने निभाया है।

आज विदा लेनी है। संध्या ढल रही है। मार्ग शीतल लगेगा। अश्व रथ में लग चुके हैं। राधा ने एक नया मोर-मुकुट बनाया है। बस, वह पहना दे फिर विदा होना है। मुकुट नहीं मिलता। अँधेरा हो जाता है। श्रीकृष्ण भी खोजने में सहायता कर रहे हैं परन्तु मुकुट होता तो मिलता?

''कोई ले गया होगा?'' श्रीकृष्ण कहते हैं।

"अरे कौन ले जा सकता है? मेरे वल्लभ के सिवा?" राधा कृष्ण की छाती पर कपोल रखकर धड़कन सुनती है। गले में बाँहें डालकर निकटता का अनुभव करती है।

"तो मुकुट रहने दे, तुझे ही ले चलता हूँ।"

"सचमुच?" राधा दृढ़ आलिंगन में प्रिय को कस लेती है। उसके अंगों ने अपूर्व गौरव प्राप्त किया है। आज तक जो आकर्षण श्रीकृष्ण के व्यक्तित्व में था अब वह उनकी नाभि में है।

"मुझे लगता है कि वह मुकुट तूने स्वप्न में बनाया होगा।"

"उससे क्या वह मुकुट नहीं है?"

अय्यन ने अश्वों को छोड़ दिया है। उन्हें खुराक देगा। श्रीकृष्ण के अश्व उसे बहुत अच्छे लगते हैं।

आज रास, महारास का आयोजन है। सम्भावना थी कि राधिकाजी श्रीकृष्ण के साथ चली जाएँगी। हुआ इसके विपरीत। श्रीकृष्ण राधिकाजी के साथ रुके हैं। वृन्दावनवासी भले ही इस मिलन के बारे में जान लें।

गोकुल-मथुरा तो एक जैसे ही थे। श्रीकृष्ण अब द्वारिका जा रहे हैं। उन्हें आज रोकना चाहिए, महारास के द्वारा उन्हें भव्यतापूर्ण विदा देनी चाहिए। यहाँ आकर उन्होंने सर्व रोग और सन्ताप हर लिया है।

अय्यन गोप नन्दगाँव, बरसाना तथा अन्य गोकुलों के युवक-युवतियों को आमन्त्रित करने निकल पड़ा है। खेल लो रसिक वल्लभ के साथ, सुन लो कुंजबिहारी की बाँसुरी को। ढोल बजाएगा सुबल, मादल अय्यन के पास रहेगा। रास जमेगा वहीं, तरंगदा पखावज लेकर आ जाएँगे।

"अब तुझे ले ही जाऊँगा, राधा! वृन्दावन वीरान हो जाएगा इस भय से अपहरण करने की अपनी इच्छा अंकुशित रखता था परन्तु आज पता लगा कि हम एक-दूसरे के लिए अनिवार्य हैं।"

गोविन्द गिरधारी ने राधिका को दोनों हाथों में उठा लिया है। नीलमणि पर्वत से स्वर्ण बह रहा है। अश्व हिनहिना उठे।

क्या यहाँ रुक जाने का निर्णय सुनाया है? इन्हें किसने छोड़ दिया है? यह मुक्तिदाता कौन है?

इसका अधिकार सेवाकुंज के रक्षक अय्यन गोप के पास है। राधा ने देखा कि अश्वों की देखभाल करके वह कहीं चला गया है। पुराने गोकुल तो नहीं चला गया? घाट पर जाकर देखा तो उसकी नौका बँधी हुई थी। इसी ओर गया होगा, आ जाएगा।

पुजारी का परिवार अभी आया नहीं है। अय्यन ने महाभोज के अवसर पर पुजारी को सपरिवार आमन्त्रित किया है। वहाँ देर हो गई होगी। यहाँ सिर्फ दो बार आरती होती है। पहली प्रातःकाल को और दूसरी सूर्यास्त के बाद। उत्थान और शयन। देवी, नदी और पक्षियों का, सभी का।

पुजारी की नौका दिखाई दी। राधा ने पंचजन्य असुर के साथ युद्ध का वृत्तान्त सुना था। पूछना है, बहुत कुछ पूछना है परन्तु पल-दो पल में ही कोई न कोई आ जाता है। एक

नौका लेकर निकल पड़े तो? पुजारी का परिवार नौका से उतरा। राधा ने उन्हें उतरने में सहायता की। श्रीकृष्ण पीछे खड़े थे। वे राधा की इच्छा जान गए।

''प्रवाह में बहना है या विपरीत दिशा में बढ़ना है?''

''साथ रहना है।'' राधा ने कहा।

श्रीकृष्ण ने पतवार सँभाली। यमुना की लहरें पुलकित होकर कल-कल नाद करने लगीं।

प्रवाह के मध्य में पहुँचकर राधा को मस्ती सूझी। उसने प्रिय के मुख पर पानी छिटका।

''क्या मैं तुझे ऐसे ही चुपचाप विदा कर देती! मैं वर्षों से स्वप्न सँजोए बैठी थी कि कृष्ण आएगा तो उसे हृदय में छिपा लूँगी, रोम-रोम में समाऊँगी। मैं ऐसे ही तुझे चला जाने देती? और तूने भी भोला बनकर रथ तैयार कर लिया!'' राधा ने फिर पानी फेंका। चेहरा भीग गया। उत्तरीय भीगकर कन्धे से चिपक गया। उसे ठीक करने का प्रयत्न करते हुए राधा को कृष्ण की गोद में बैठने का मन हुआ। वह बैठ गई। प्रियतम के अधरोष्ठ पर अँगुली घुमाई, चुम्बन लिया और प्रियतम के गले में दोनों बाँहों का हार डालकर बोली : ''तू जानता है कि मैं तेरे लिए कितनी तरसी हूँ? रोई हूँ? देवी की उपासना करके शान्ति प्राप्त करने का बहुत प्रयत्न किया परन्तु ध्यान में तेरे दर्शन होने पर ही शान्ति मिलती थी।''

श्रीकृष्ण के लिए यह अभूतपूर्व और अद्‍भुत अनुभव था। बोलने की इच्छा नहीं हो रही है परन्तु स्वीकारोक्ति के लिए इससे उपयुक्त समय नहीं मिलेगा।

''मैं तुझे याद करके रोया हूँ। सबसे छिपकर रोया हूँ।''

''झूठे! बचपन में तू झूठ बोलता था, उस समय मैं सच मान लेती थी, इसीलिए आज भी...''

''तेरी सौगन्ध राधा! बहुत रोया हूँ। मेरा दुर्भाग्य बस यही है कि एक-दो मित्रों के अतिरिक्त कोई नहीं जानता। मैंने अकेले ही सहा है। यह भी सच है कि रोने के लिए मुझे बहुत कम क्षण मिले थे। जीवन निरन्तर क्रियाशील रहा है, कभी-कभी तो त्रस्त भी हो गया। उसी में मुझे कर्म का आनन्द खोजना था। वह खोज पाया हूँ क्योंकि मुझे निरन्तर तेरी ऊष्मा मिलती रही है। असंग स्थिति में भी तू मेरे इतने ही समीप थी।''

श्रीकृष्ण ने पतवार रख दी। नौका को विपरीत दिशा में काफी चलाया था। अब पतवार का कार्य यमुना की लहरें करेंगी। पास बैठी राधा को आलिंगन में लिया। ग्रीवा के नीचे मुख रख दिया। अधर का स्पर्श अमृत समान था।

शिव-पार्वती के समान राधा-कृष्ण अर्धनारीश्वर बन गए।

सेवाकुंज में रासोत्सव की तैयारी हो रही है। ढोल बजने लगा है। राधा-कृष्ण कालिन्दी में विहार कर रहे हैं यह जानकर गोप-गोपियाँ हर्षोल्लास में नाचने लगे। आज चले जानेवाले थे न! अब जाओ तो सही। इतना सरल है चला जाना?

“राधा, इस तरह तो ये लोग नदी को ही खींच ले जाएँगे। हम कब तक इनसे दूर रह सकेंगे?”

“ऐसा लगता है कि वे अपने समीप आने के लिए रासभूमि के साथ नदी में कूद पड़ेंगे। कालिन्दी में ही खेलेंगे! वापस चलें।”

किनारे आकर राधा वंशी ले आई और साथ खड़ी हो गई।

अय्यन के हाथ में मशाल थी। उनकी धारणा सच निकली। तरंगपाल बड़ी पखावज लेकर आ पहुँचे थे। संगीत ने उन्हें प्रौढ़ नहीं होने दिया था। सुबल के साथ ताल मिलाकर उन्होंने बलराम की कमी नहीं खलने दी।

राधा अपने में ही निमग्न थी।

आज प्रातःकाल वह श्रीकृष्ण और बलराम के लिए मिष्टान्न तैयार करवाने में यशोदाजी की सहायता कर रही थी। वहीं नन्दबाबा के साथ केवलदा आ पहुँचे थे। उनके वार्तालाप का विषय था श्रीकृष्ण का चमत्कार। सुरभि स्वस्थ हो गई! दारुक औषधि ले आया! अनजान बटुक वृन्दावन को पवित्र बनाकर अदृश्य हो गए! इसे तुम चमत्कार नहीं कहोगे तो क्या कहोगे? कलावती ने पूछा तो केवलदा ने इसके विरोध में तर्क देने के स्थान पर सहमत हो जाना स्वीकार किया था।

राधा बड़ों के लिए गरम-गरम मिठाई लेकर आई तो उसे भी वार्तालाप में भाग लेना पड़ा : “तेरा क्या अभिप्राय है राधा, तेरा बालसखा चमत्कारिक है या नहीं?”

“अवश्य है परन्तु मेरा अनुभव जानना चाहते हो तो मेरे अनुसार उसका सबसे बड़ा चमत्कार है उसका स्वाभाविक निःस्वार्थ प्रेम। यह प्रेम ही उसे प्रतिपल सुन्दर बनाता है, उसके सौन्दर्य को अभूतपूर्व ताजगी प्रदान करता है। श्रीकृष्ण जो कुछ है वह सबका है। इस कारण वह सभी से बिना अवरोध के मिलता है। उसके प्रेमपूर्ण व्यक्तित्व की उपस्थिति से ही परिस्थिति बदल जाती है।”

“हाँ, सचमुच उपस्थिति से ही वह प्रेरित करता है। कालिन्दी-विहार के समय वह एकरूप होने को प्रेरित हुई थी। उसका सम्बन्ध पराकाष्ठा पर पहुँच गया। जल का प्रवाह और आकाश एक हो गए, सुर और ताल के समान।”

ललिता आनन्द को गोद में लेकर आ पहुँची है।

द्वारिका से बलराम ने पत्र भेजे हैं। एक केवलदा के नाम और दूसरा राधा के।

गोप-गोपियाँ विश्राम कर रहे हैं। अय्यन प्रसाद बाँट रहा है। राधा पत्र पढ़कर मुस्करा रही है। बलराम की आज्ञा के बाद रेवती भाभी की चेतावनी भी है : “कुंडिनपुर पहुँचने में देर करोगे तो जीवन-भर के लिए चूक जाओगे।”

राधा मन्द-मन्द मुस्करा रही है। श्रीकृष्ण पत्र छीन लेते हैं। पत्र में सारी बातें नहीं लिखीं। तिथि और स्थान लिखा है।

“तू क्या सोचकर मुस्करा रही है?”

“सोचकर नहीं, जानती हूँ कि तुम्हें रुक्मिणी की सहायता के लिए जाना है।”

“तो तू भी साथ चल।”

“ब्रज की रानी का कुंडिनपुर में क्या काम है?”

"तू रुक्मिणी से कह सकती है कि कृष्ण पर वास्तविक अधिकार किसका है।"

"सबका!" कहते हुए राधा हँस पड़ी।

"रहस्यात्मक कथन न बोल। जो तेरा है, वह माँग क्यों नहीं लेती?"

"माँग नहीं सकती, मैं केवल चाहूँगी।" राधा ने ललिता-सुबल को समीप बुलाया। पत्र पढ़ने दिया। उन्हें समझ में नहीं आया। राधा हँस पड़ी : "कुछ दिनों के बाद मैं राधा नहीं, रुक्मिणी हो जाऊँगी।"

17

बलराम ने रेवती को चिन्ता-मुक्त कर दिया है : "मैं जा रहा हूँ। भाई को सन्देश नहीं मिले और कहीं वह कुंडिनपुर नहीं पहुँच पाए तो मैं रुक्मिणी का अपहरण कर लाऊँगा। गांगेय भीष्म ने अपने भाइयों के लिए ऐसा शुभ कार्य किया था। बड़ा भाई छोटे भाई के लिए कन्या को हर लाए, यह आर्यावर्त के लिए नई घटना नहीं होगी।"

"एक ही खतरा है! तुम कहीं रुक्मिणी के स्थान पर और किसी को न हर लाना। मुझे तुम्हारी सौन्दर्य-दृष्टि पर विश्वास नहीं है।" रेवती ने गम्भीरतापूर्वक कहा।

"साथ में सात्यकि तो होगा ही। वह मुझे गलती नहीं करने देगा। वैसे ऐसी समस्या ही नहीं आएगी। कृष्ण वृन्दावन में होगा तो भी अवश्य पहुँचेगा।"

"तुमने यशोदाजी के स्थान पर राधा को क्यों लिखा?"

"यशोदाजी शायद दुविधा का अनुभव करतीं परन्तु राधा भेजे बिना चैन नहीं लेगी।"

"राधा के स्थान पर मेरे-जैसी स्त्री होती तो पत्र को छिपा देती और कृष्ण को पूरा-पूरा पचा जाती। परन्तु राधा तो सबकुछ लुटाने बैठी है। स्वयं कृष्ण की है परन्तु उसका कृष्ण सबका है। और रुक्मिणी तो बहुत चतुर निकली। कृष्ण को जीतने से पहले राधा को रिझा आई। प्रेम में भी राजनीति का सहारा लिया!"

"एक गोपकन्या और राजकुमारी में इतना फर्क तो होगा ही। वैसे राधा कोई साधारण गोपकन्या नहीं है। वृषभानु छोटे राजा ही गिने जाएँगे। बहुत उदार हैं परन्तु उन्हें कोई छल नहीं सकता। राधा में उन्हीं के गुण हैं। उसमें वृद्धि की है वनदेवी ने। क्या वनदेवी लकड़हारे और तपस्वी के भेद को नहीं समझती होगी। परन्तु लकड़हारे के सिर से वह वृक्षों की छाया नहीं हटा लेती। कालीय रहने लगा था उससे कालिन्दी ने अपना प्रवाह नहीं बदल दिया था। यह औदार्य राधा के व्यक्तित्व का ही हिस्सा है। इसलिए रुक्मिणी के लिए किया गया उसका त्याग भी अनुराग का हिस्सा बन जाता है।" बलराम की यह गम्भीर वाणी रेवती के लिए श्रद्धेय बन गई है।

सात्यकि आकर पूछता है। श्रीकृष्ण का कोई उत्तर नहीं है यह जानकर निराश हो जाता है। रेवती समझ जाती है। उसकी उदासीनता को कम करने के लिए सात्यकि से कहती है : "तुम कुंडिनपुर साथ में जानेवाले हो तो तुम्हें दो कार्य सौंपना चाहती हूँ। एक तो तुम्हारे बड़े भाई रुक्मिणी को ही रथ में बैठाए, अन्य किसी सुन्दरी को नहीं।

और दूसरा यह ध्यान रखना है कि रुक्मिणी की कोई सखी तुम्हारे भाई के गले में वरमाला नहीं पहना दे।''

''अगर पहना दे तो क्या करूँ?''

''फिर तो हम निरुपाय हो जाएँगे। वैसे मैं जानती हूँ कि इनके पास हल और मूसल देखकर कोई सुकुमार स्त्री इस ओर आकर्षित नहीं होगी बल्कि भयभीत होकर दूर हट जाएगी।''

''यह व्यर्थ विवाद छोड़कर साथ ही चलो न! मैं रुक्मिणी को सकुशल ले आऊँ तब तक उनके मूर्ख भाई रुक्मी को रोके रखना।''

''कहो तो हरा भी सकती हूँ।'' रेवती ने कहा।

''भाभी, आप विनोद में कह रही हैं परन्तु श्रीकृष्ण सचमुच मानते हैं कि आप वीरांगना हैं।'' सात्यकि ने आदर के साथ कहा।

''परन्तु तुम्हारे ये भाई नहीं मानते, इसका क्या किया जाए?''

''एक बार इन्हें ही हरा दीजिए न!''

''इन्हें रेवती से नहीं, वारुणि से हारना अधिक अच्छा लगता है।''

''नहीं, यह बात गलत है। सभी यादव वीर जानते हैं कि मैं युद्ध और तीर्थाटन के समय मद्यपान नहीं करता। तुम लोग मेरे दोषों को याद रखते हो, गुणों को नहीं।''

बलराम और सात्यकि अपनी सेना के साथ तैयार हो गए थे। श्रीकृष्ण ब्रज से निकलकर किन-किन स्थानों पर उनसे मिल सकते हैं, पत्र के द्वारा उन्होंने सूचित कर दिया था। अपनी सेना के साथ दोनों ने प्रस्थान किया।

उद्धव के हाथ में रथ की बागडोर है। बलराम और रेवती अन्दर बैठे हैं।

''तुम क्या मानते हो ज्ञानीजी, तुम्हारे परम मित्र वहाँ से अकेले आएँगे या...''

''नहीं, दारुक साथ में होगा।''

''अरे तुम तो सचमुच ज्ञानी हो! मैं राधा के बारे में पूछ रही थी।''

''तुम राधा की कल्पना वृन्दावन से बाहर कर सकती हो क्योंकि तुमने दोनों में से किसी के भी दर्शन नहीं किए हैं।'' बलराम उत्तर देते हैं।

''परन्तु राधा वृन्दावन को साथ में नहीं ला सकती?''

''ला सकती है परन्तु उसे वृन्दावन से बाहर जाने की आवश्यकता प्रतीत हो तभी।'' एक बार ऐक्य की अनुभूति होने के बाद, बलराम को रेवती ने आगे नहीं बोलने दिया : ''आप तो ऐसे बोल रहे हैं मानो प्रेमदर्शन के ज्ञाता हों!''

''हाँ, यह सही है, इसलिए तो कुशस्थली आया था। उस नगरी को नहीं, तुम्हें जीतने आया था। मैं कृष्ण जितना परमार्थी नहीं हूँ। अपने जीवन में यह प्रथम परमार्थ करने जा रहा हूँ। उद्धव, रथ को खड़ा रखो। मुझे हवा में अपने अश्वों की गन्ध आ रही है। दारुक के बिना ऐसा संचालन और किसी का नहीं हो सकता।''

''हाँ, वही ध्वज है, रथ भी वही है।''

बलराम और रेवती रथ से उतरे।

श्रीकृष्ण वन्दन करने लगे। आज उन्होंने क्रम बदला है। पहले भाभी को प्रणाम किया फिर भाई को। एक-दूसरे से कुशलक्षेम पूछी।

उद्धव भेंट पड़े। गणसभा ने मथुरा की बागडोर कृतवर्मा को सौंप दी थी, इससे उद्धव कृतार्थ हुए थे। श्रीकृष्ण का रथ सीधा विदर्भ देश ले जाने के लिए दारुक से निवेदन करके उद्धव द्वारिका पहुँच गए थे।

पहले पड़ाव में रेवती भाभी ने श्रीकृष्ण से कहा : "इस पृथ्वीलोक की सबसे सुन्दर युवती रुक्मिणी ने संकल्प किया है कि तेज, वीर्य और बल से सम्पन्न श्रीकृष्ण मेरे पति बनें।"

"यह सब आपको कैसे पता चला भाभी?" श्रीकृष्ण के मुख पर गोधन को घर पहुँचाने के बाद की शान्ति थी।

"तुम्हारे बड़े भाई की कृपा से। राजकुमारी ने जो पत्र तुम्हारे लिए भेजा था उसे तुम्हारे भैया ने पढ़ लिया था! और रहस्य जान लिया था।"

"यह रहस्य तो समग्र भारतवर्ष जानता है, इसमें कुछ भी गुप्त नहीं था।" बलराम को बचाव करना पड़ा : "राजकुमारी ने यह पत्र नहीं भेजा होता तो भी मैं कृष्ण से कहता कि मन से तुम्हारा स्वीकार कर लेनेवाली राजकन्या की दुष्टों से रक्षा करो।"

"रुक्मी और शिशुपाल हमें दुष्ट मानते हैं।" श्रीकृष्ण हँसे।

"रुक्मी और शिशुपाल नहीं, रुक्मिणी क्या मानती है वही महत्त्वपूर्ण है।" रेवती ने कहा। फिर उसके शील, सौन्दर्य और चातुर्य की प्रशंसा की। जो कुछ सुना था वह कह दिया। उसकी समझ में एक बात नहीं आ रही थी : "जो रुक्मिणी श्रीकृष्ण जैसे पुरुषोत्तम को प्रभावित कर सकती है, राधाकुंज से विदर्भ तक खींच सकती है, वह अपने सगे भाई रुक्मी को नहीं समझा सकती?"

"रुक्मी मानता है कि वही सबसे ज्यादा समझदार है। अपनी बहिन से ही नहीं, अपने माता-पिता से भी स्वयं को अधिक समझदार मानता है। उसका यह अभिमान इसलिए पुष्ट हो रहा है क्योंकि वह वीर योद्धा है तथा सन्निष्ठ मित्र है। चेदिराज सुनीथ का ज्येष्ठ पुत्र शिशुपाल हमारी बुआ का पुत्र होने के कारण हमारे साथ होना चाहिए था परन्तु वह हमें गँवार ग्वाला कहता है क्योंकि उसे जरासन्ध का साहचर्य प्राप्त है। यह भी सुना है कि वह जरासन्ध को अपने पुत्र से भी अधिक प्रिय है। इसलिए सम्राट ने उसके लिए रुक्मिणी की माँग की है। मैं समझ सकता हूँ।" बलराम ने कहा।

इसके अतिरिक्त जरासन्ध की साम्राज्यवादी नीति भी एक कारण है। आर्यावर्त की सर्वश्रेष्ठ सुन्दरी को वह अपने प्रिय शिशुपाल को दिलवाए और इसके द्वारा दक्षिण में मगध साम्राज्य की पताका फहराने में रुक्मी का सहयोग मिल सके। स्वयं सम्राट ने यह प्रस्ताव रखा था। रुक्मी खुशी से फूल गया। साम्राज्य के बन्धन में वह अपना हित समझता है। यह अज्ञान ही उसका आधार है।" श्रीकृष्ण ने कहा : "और अज्ञानी सनकी होता है। उसने पिता भीष्मक को गूँगा बना दिया है। भीष्मक अन्तःकरण से हमारे शुभेच्छु हैं। और सबसे बड़ी बात तो यह है कि राजकुमारी शिशुपाल के साथ विवाह करने के लिए सहमत नहीं

है। रुक्मी की चलती तो वह स्वयंवर का आयोजन ही नहीं करने देता। भीष्मक चाहते हैं कि पुत्र की भावनाओं को आघात लगे बिना मार्ग निकल आए।''

''अब मेरी समझ में आया। जिसे रुक्मी विवाहोत्सव मानता है उसे रुक्मिणी और भीष्मक ने स्वयंवर में परिवर्तित कर दिया है। सम्राट की कूटनीति को राजकुमारी का प्रेम हरा देगा। देवरजी, तुमने प्रेम का सहारा लिया है या राजनीति भी उसमें है?''

''अनजाने में राजनीति भी हो सकती है। जो कार्य सचेत रहकर करना था वह कालयवन के आक्रमण से पहले ही हो चुका था। मथुरा के यादव राज्य को आमन्त्रित न करने की गलती विदर्भ ने सुधार ली थी। वहाँ कर्तव्य पूर्ण हो गया होता। यदि रुक्मिणी विरोध किए बिना अपने भाई के सुझाव को मान लेती तो मैं इस स्वयंवर में स्वयं को तटस्थ प्रेक्षक बना लेता परन्तु मेरे भाग्य में ऐसी तटस्थता नहीं है। राजकीय स्वार्थ एक कन्या की इच्छा-शक्ति को कुचलने के लिए संगठित हो गए हैं। मैंने उसकी चुनौती को स्वीकार लिया है। इस यात्रा में कर्तव्य और प्रेम की एक ही दिशा है।''

''कर्तव्य की बात इस समय मुझे अच्छी नहीं लग रही देवरजी। रुक्मिणी केवल प्रेम के वशीभूत होकर ऐसा कर रही हो और तुम कर्तव्यवश ऐसा करो, यह विचित्र लगता है।'' रेवती के स्मित में उपालम्भ था।

''केवल प्रेम तो नहीं हो सकता भाभी! प्रेम का अधिष्ठान तो राधा का हृदय ही है। वह दाता है जबकि रुक्मिणी... ।''

''उसकी आलोचना मत करो।'' बलराम बोल पड़े : ''रुक्मिणी की निर्भयता विरल है। उसने अपना प्रेम प्रकट कर दिया इससे क्या वह दाता से याचक हो गई? और तुम कब से निःस्पृह बन गए। अंकपाद आश्रम में तो...''

''वह तो रुक्मिणी को राधा समझने के कारण।'' उद्धव ने गम्भीर होकर कहा।

''मैं भी स्वयं को निःस्पृह नहीं मानता।'' श्रीकृष्ण ने कहा : ''रुक्मिणी के बारे में किसी के लिए निःस्पृह होना सरल नहीं है, किसी महर्षि के लिए भी नहीं। मैंने उसका अपमान करने के लिए ऐसा नहीं कहा था परन्तु मेरी मनःस्थिति राधा समझती है और शायद उद्धव जानते हैं। कितने वर्षों से वृन्दावन जाने के लिए बेचैन रहा हूँ, रोया हूँ। जबकि वह कार्य संवेदना से अधिक विवेकपूर्ण निर्णय का है। राधा ने ही आपका सन्देश मुझे दिया और यहाँ पहुँचने का आग्रह किया था इसलिए मैं आया हूँ।''

सब योग्य समय पर हो रहा है। एक ब्राह्मण ने आकर कहा कि मैं राजकुमारी रुक्मिणी का गुप्त सन्देश लाया हूँ और श्रीकृष्ण के अतिरिक्त अन्य किसी को नहीं दे सकता। हम इसी से समझ गए कि यह विप्रदेव रुक्मिणी के सन्निष्ठ सेवक होंगे परन्तु अपना भोलापन प्रकट करने में किसी से कम नहीं हैं। जो कहना नहीं था वही उन्होंने सर्वप्रथम बता दिया। ''उद्धव, वे सात्यकि के शिविर में होंगे, बुला दोगे?''

ब्राह्मण के आते ही रेवती ने पूछा : ''विप्रदेव, पहचान सकते हो इन दोनों में श्रीकृष्ण कौन हैं?''

ब्राह्मण बोला : ''परीक्षा कर रही हो तो इन तीनों में से पूछिए न! और यह उद्धव तो श्रीकृष्ण से बहुत साम्य भी रखते हैं। बलराम बहुत अलग लगते हैं। वे पर्वत समान हैं और

श्रीकृष्ण वृक्ष समान हैं। मैं बिलकुल अबोध होता तो भी पहचानने में गलती नहीं करता। क्योंकि राजकुमारी ने ऐसा सूक्ष्म वर्णन किया था कि जिससे सरलता से पहचान सकता हूँ। यदि मेरी स्मरण-शक्ति पर विश्वास नहीं होता तो राजकुमारी चित्र बनाकर देतीं। राजप्रासाद की दासियाँ आपस में बात करती हैं कि रुक्मिणी किसी का भी चित्र बनाएँ, बन जाता है श्रीकृष्ण का।''

''विप्रदेव, आप तो हमारी धारणा से भी चतुर निकले!'' बलराम बोले।

''राजकुमारी ने मुझे सुझाव दिया था कि मैं अपना चातुर्य छिपा रखूँ। श्रीकृष्ण के अलावा शायद ही कोई समझ पाएगा।'' ब्राह्मण का उत्तर सुनकर सभी हँस पड़े।

''राजकुमारी का पत्र अन्य सभी समझ चुके हैं, मात्र श्रीकृष्ण को ही समझना शेष है। अब उसे प्रकट कीजिए।'' रेवती ने कहा।

''वे तो सबकुछ जानते हैं।''

''इसलिए जानते हैं क्योंकि हमने उन्हें बताया है।'' बलराम बोले।

''ब्रह्मदेव आपने आने पर किसी को पत्र नहीं दिया। फिर मेरी दासियों को क्यों दे दिया?''

''मैंने बहुत सोच-विचारने के बाद ऐसा किया था। क्योंकि मेरे निद्राधीन होते ही वे चुरा लेतीं। श्रीकृष्ण की प्रेमकथा में किसे रुचि नहीं हो सकती। मेरे सो जाने पर दासियों को पत्र खोजने के लिए मुझ जैसे अरसिक पुरुष का स्पर्श करना पड़ता ऐसा अशोभनीय कार्य करने से मैंने उन्हें बचा दिया है। आपकी शिक्षित दासियों ने पत्र पढ़कर, आपको पढ़ाकर मुझे वापस कर दिया। पत्र को प्राणों से अधिक सँभालकर रखा है जिससे उस अमूल्य क्षण में श्रीकृष्ण के करारविन्द में रख सकूँ।''

पुरुषोत्तम ने पत्र हाथ में लिया। रुक्मिणी लिखती है : ''हे भुवनसुन्दर श्रीकृष्ण! आपके गुणों का श्रवण करके और आपके रूप का दर्शन करके मेरा मन लज्जा त्यागकर आपमें बस गया है। हे मुकुन्द! हे पुरुष श्रेष्ठ! सकल मनुष्यलोक को आनन्द देने वाले, आपको कौन-सी कुलवान, गुणशील कन्या पति के रूप में स्वीकारने के लिए तत्पर नहीं होगी? इसलिए प्रभु आपको ही मैंने पति के रूप में स्वीकार कर लिया है, अपना अन्तःकरण आपको सौंप दिया है। इसलिए यहाँ पधारकर मुझे स्वीकार करें। हे कमलनयना! जिस तरह सियार सिंह का शिकार छू नहीं सकता उसी तरह शिशुपाल आप जैसे वीर पुरुष की हो चुकी मुझे छू नहीं पाए। यदि मैंने पावकुएँ बनवाकर, अग्निहोत्र करके, स्वर्ण आदि का दान, तीर्थाटन, चान्द्रायण जैसे व्रत करके परमात्मा की आराधना की हो तो आप मेरा पाणिग्रहण करें। हे अजित और अविजेय! आप सेनानायकों के साथ विदर्भ देश में पधारें और शिशुपाल-जरासन्ध की सेना को परास्त करके इस पराक्रम के रूप में बलपूर्वक मुझसे विवाह करें। विवाह के एक दिन पूर्व यहाँ कुलदेवी की पूजा होती है जिसमें नववधू बननेवाली कन्या नगर से बाहर पार्वती के दर्शन करने जाती है। कमलनयन श्रीकृष्ण! उस स्थान पर यदि मैंने आपकी कृपादृष्टि नहीं पाई तो व्रत, उपवास करके शरीर को सुखा डालूँगी और ऐसा करके सैकड़ों वर्षों तक आपकी कृपापात्र बनी रहूँगी।''

पत्र पढ़कर श्रीकृष्ण के मुख से निकला : ''ऐसा ही होगा।''

ब्राह्मण को दान-दक्षिणा देकर सात्यकि के शिविर में भेज दिया। रेवती को पत्र के कुछ वाक्य कंठस्थ हो गए थे। वह सुनाते हुए उन्होंने कहा : ''देवरजी, तुम्हारे भाई जितने बलवान हैं उतने ही अरसिक भी हैं। नहीं तो मैं रुक्मिणी की शिष्या बनकर ऐसे पत्र लिखने की कला सीख लेती।''

''बड़े भैया अरसिक हैं यह आपके हित में है भाभी! वे पूर्णरूप से आपके अधीन रहेंगे।'' श्रीकृष्ण ने कहा।

माहिष्मती नगर के समीप नर्मदा और तापी नदी के पर्वतीय क्षेत्र में यादव सेना विश्राम कर रही थी। श्रीकृष्ण मथुरा से सीधे मालव आए। उज्जयिनी जाकर कुलपति और गृहमाता से आशीर्वाद लिया। दशार्ण से बढ़कर विंध्याचल पार करके विदर्भ की सीमा में प्रवेश किया।

छोटी नदी वरदा के किनारे बसे हुए कुंडिनपुर का स्मरण हो आया। श्रीकृष्ण और दारुक अपने अश्वों से बात कर सकते हैं। शैतय, सुग्रीव, मेघपुष्प और बलाहक : प्रत्येक अश्व की वे विशेषता जानते हैं।

''दारुक! क्या ये अश्व जानते होंगे कि ये युद्ध के लिए नहीं जा रहे हैं?''

''रेवती भाभी की उपस्थिति और उनका हास्य-विनोद सुनकर समझ गए हैं कि हम किसी शुभ कार्य के लिए जा रहे हैं।''

''कार्य तो शुभ है परन्तु युद्ध नहीं होगा यह नहीं कहा जा सकता।''

''परन्तु यह युद्ध अभूतपूर्व होगा।''

''किस रूप से।''

''इससे पहले के युद्ध आपने प्रजाकीय उद्देश्य से किए थे। यह युद्ध अपने लिए करोगे।''

महारथी दारुक की बातें सुनने उद्धव आ पहुँचे हैं। जहाँ भी गम्भीरता होती है वहाँ पहुँचना वे अपना कर्तव्य समझते हैं।

यह युद्ध दूसरों के लिए और यह अपने लिए ऐसा विभाजन श्रीकृष्ण ने नहीं किया था। उद्धव को आश्चर्य हुआ।

''दारुक, यह युद्ध उतना विकट नहीं है जितना अपना अन्तःयुद्ध होता है। वह द्वन्द्व कभी समाप्त नहीं होता। राधा हमेशा द्वन्द्वों से परे रही है। रुक्मिणी भी उससे मुक्त लगती है। एक ने सम्पूर्ण समर्पण द्वारा तो दूसरी ने वरण करके निश्चिन्तता प्राप्त कर ली है। जबकि मैं, समर्पण और वरण, प्रेम और कामना, संवेदना और काया के बीच विभाजित होकर भी अविभाजित रहने के लिए प्रयत्नशील हूँ। अपने साथ होनेवाला यह युद्ध बहुत विकट होता है।''

सात्यकि आता है। उसे पता नहीं है कि वह एक नाजुक परिस्थिति से गुजर रहा है। उसने बलराम से अनुमति ले ली है। जरासन्ध-शिशुपाल विघ्न डालें तो उनका उन्मूलन कर दिया जाए। इस बार उन्हें छोड़ दिया जाएगा तो वे संगठित हो जाएँगे। शिशुपाल और जरासन्ध के सैनिकों को कंडिनपुर की सुरक्षा करते हुए देखकर मैं संयम नहीं रख सकता। वैसे तो रुक्मी बड़ी-बड़ी बातें करता है, फिर दूसरों की सहायता लेने में उसे शर्म नहीं आती?

“वह जरासन्ध और शिशुपाल को अपना मानता है। उसे भीष्मक और कौशिक पर उतना विश्वास नहीं है जितना उन पर है।”

“करने दो विश्वास। मैंने संकर्षण की अनुमति प्राप्त कर ली है। आप रुक्मिणी जी को लेकर द्वारिका पहुँच जाना। पीछे हम देख लेंगे।”

“सम्भव है कि तुम्हें पीछे नहीं रुकना पड़े, हम सब साथ ही जाएँ।”

“ऐसा कहकर आप मुझे अनुमति नहीं दे रहे हैं।” सात्यकि ने असहमति प्रकट की।

“क्योंकि कब क्या होगा उसके बारे में तुमने पूर्वानुमान कर लिया है। जिन्होंने राजेन्द्र के रूप में मेरा अभिषेक किया था, उन्हें अवश्य कोई कल्याणकारी मार्ग मिल जाएगा। सात्यकि, संसार का समस्त भार अपने कन्धों पर उठाकर चलने पर हमें छोटा मार्ग चुनना पड़ता है। दसों दिशाओं में फैला हुआ सौन्दर्य अनदेखा रह जाता है। तुम्हारे जैसे तेजस्वी युवक मात्र युद्ध में ही मग्न रहें यह मुझे अनुचित लगता है। मेरी शुभेच्छा है कि तुम युद्ध की मानसिकता में ही बद्ध नहीं रह जाओ। अपने व्यक्तित्व की सभी सम्भावनाओं को प्रकट होने दो।”

श्रीकृष्ण को कुछ क्षण का एकान्त मिला है। मन यमुना के तीर पर बहा जा रहा है...स्मरण हो आता है विदा के क्षण का। वृन्दावन से विदा ली, उसके बाद भी लगता था कुछ छूटा जा रहा है। तरंगदा रात को रास में थे। उनसे अच्छी तरह मुलाकात हुई थी। अब उनके कुटीर पर नहीं जा पाया तो कोई बात नहीं है। परन्तु मधुमंगल कहीं दिखाई नहीं पड़ा। तरगंदा ने कहा था : वह तुमसे मिलने नहीं आया इसका कारण जानना चाहते हो? मधुमंगल जानता है कि श्रीकृष्ण यहाँ से गए ही नहीं हैं। राधा के साथ वे यहीं निवास करते हैं। महर्षि शांडिल्य पहले यह सुनकर मुस्कराते थे परन्तु फिर रासलीला का श्रवण और दर्शन करके वे भी आश्चर्यचकित रह गए। अब वे तीज-त्यौहार को आश्रम में आमन्त्रण देते हैं। बच्चों द्वारा की गई रासलीला को देखकर उनके साधु-संन्यासी झूमने लगते हैं। महर्षि स्वयं भी ज्ञानी में से भक्त बन गए हैं।

“तुम्हें मधुमंगल की मंडली से मिलना चाहिए। मैंने अनेक नट मंडलियाँ देखी हैं जो राजाओं और सेठ-साहूकारों को रिझाने के लिए उनकी स्तुति करती हैं। मधुमंगल की मंडली किसी से कुछ नहीं माँगती। सबको आनन्द देती है। नई रासलीला का प्रारम्भ होता है माता यशोदा के आँगन से और समापन होता है राधा के सेवाकुंज में। यशोदानन्दन मोर बनकर गोपियों के बीच आते हैं, यह दृश्य देखकर राधा की उम्र घट गई थी। ललिता और विशाखा इसकी गवाह हैं। आजकल प्रथम मिलन की रासलीला खेली जा रही है।” तरंगदा को कई पंक्तियाँ याद थीं : ब्रज की गली में नन्दलाल खेलने निकले हैं। पीताम्बर पहना है, हाथ में भोंरा डोरी है, सिर पर मोर-मुकुट और कान में कुंडल हैं। शरीर से चन्दन की सुगन्ध आ रही है। यमुना के तीर पर आ पहुँचे हैं।

यकायक दूर राधा दिखाई देती है। गौरवर्ण पर नीले वस्त्र सुशोभित हैं। ठुमक-ठुमककर सामने आ पहुँचती है। आँखें मिलती हैं।

आज भी वही आँखें हैं राधा के पास।

अब मधुमंगल की कल्पना रंग दिखाती है। दोनों के बीच संवाद होता है। श्याम पूछते हैं, "तू कौन है गोरी? क्यों कभी इस ओर नहीं आती?"

राधा को सब पता है, कुछ बड़ी भी है। कहती है : "मैं अपने मुहल्ले में ही खेलती हूँ क्योंकि मैंने सुना है कि नन्दराय का एक उद्दंड लड़का सबके घर में दही-माखन की चोरी करता फिरता है।" कान्ह को तुरन्त बचाव सूझता है : "यह सच हो फिर भी तेरा क्या चुरा लूँगा? चल, साथ मिलकर खेलते हैं।" मधुमंगल पद पूरा करते हुए गाता है : "मेरे रसिक शिरोमणि प्रभु की बातों में भोली राधिका आ गई!"

बस, तभी से जुगल जोड़ी वृन्दावन में विहार कर रही है।

घर जाने में देर हो जाए तो बहाने कहाँ कम हैं। माँ उदार हैं। फिर तो राधा भी घर के आँगन में आती है। कितनी प्रसन्नता हुई थी उस क्षण। माँ का वात्सल्य द्विगुणित हो गया है।

श्रीकृष्ण को आश्चर्य हुआ। मधुमंगल को ऐसी कल्पना कैसे आई?

तरंगदा की इच्छा थी कि मैं मधुमंगल की मंडली की नृत्यनाटिका देखूँ। मैं दुविधापूर्ण स्थिति में था। शासक आत्मरति को पुष्ट करने के लिए ऐसा करते रहे हैं। मधुमंगल का कवित्व प्रशंसनीय है परन्तु अपनी स्तुति सुनने के लिए उसके पास जाऊँ? अहंकार को पुष्ट करूँ?

राधा ने मधुमंगल रचित एक भी नाटक नहीं देखा है। वह तो अपने में ही मग्न रहती है। तरंगदा कहते थे : तुम आए तभी हमें पता लगा कि तुम यहाँ नहीं थे। मधुमंगल तो इससे भी सहमत नहीं होगा।

उसकी बात सत्य लगती है। मेरा शैशव वहाँ जीवन्त है। वह मेरे अस्तित्व का ही एक अंश है...

"फिर कहाँ जा रहे हो रथ पर चढ़कर?" एक तीखा स्वर अन्दर से आता है।

राधा तो शान्त है परन्तु सखियाँ उपालम्भ देने के लिए भृकुटि ताने खड़ी हैं। राधा हट जाए इतनी देर है। परन्तु राधा नहीं हटती। सबसे कहती है : "कल से मैं रुक्मिणी बन जाऊँगी।"

विकल्प नहीं पर्याय।

"मैं ही प्रेरित कर रही हूँ प्रियतम को अपने उस दूसरे हृदय तक जाने के लिए। मैं कुछ गँवा नहीं रही हूँ ललिता, व्यापक बन रही हूँ।"

यह शब्द राधा ने नहीं कहे थे फिर क्यों याद आए? क्या मैं स्वयं राधामय हूँ?

अद्वैत की अनुभूति से भरा हुआ एकान्त अश्वगति से आगे बढ़ रहा है...

18

रुक्मिणी प्रतीक्षा कर रही है, विप्रदेव अब तक क्यों वापस नहीं आए? एक दिन ही शेष है। कल पार्वती-मन्दिर जाना है वहाँ से लौटकर विवाह मंडप में पहुँचना होगा। नहीं, श्रीकृष्ण यदि यहाँ नहीं पधारे तो वह पार्वती मन्दिर जाएगी ही नहीं। हो सकता है कि उन्हें सन्देश देर से मिला हो और वे सीधे पार्वती मन्दिर पर ही पहुँचें। कल रात को देर

से नींद आई थी। स्वप्न में राधिकाजी के दर्शन हुए थे। कैसी निर्मल आँखें और दिव्य शरीर था। कह रही थी : ''प्राणवल्लभ देर से आएँ तो क्या अपनी प्रतीक्षा कम हो जाएगी? वह अधिक तीव्र होनी चाहिए। श्रीकृष्ण देर से आएँगे तो अधिक वेग से आएँगे और जन्म-जन्मान्तर की जुदाई समाप्त हो जाएगी।''

श्रीकृष्ण अवश्य आएँगे। उनके आगमन का शुभ संकेत जब तक नहीं मिलेगा तब तक होंठो से जल नहीं लगाऊँगी। उनके बिना मुझे नहीं जीना है। यह सारा महोत्सव मेरे लिए व्यर्थ कोलाहल के समान है। मैंने जिसका मन से चयन किया है उसी का स्मरण करूँगी। हे कमलनयन, तुम्हारा रथ, कितनी दूर है? क्या तुम्हारे दुर्दम्य वेगवान अश्व क्लान्त हो गए हैं? हे अश्वो! तुम पहले कभी नहीं थके हो। सम्भव है कि मेरी परीक्षा करना चाहते हो। तुम्हारे स्वामी दुर्लभ हैं यह जताना चाहते हो। मैं स्वीकार करती हूँ कि वे सर्वथा दुर्लभ हैं।

विप्रदेव अभी तक नहीं आए। क्या श्रीकृष्ण ने मेरी प्रार्थना नहीं स्वीकारी होगी? क्या मुझमें कोई दोष देखा होगा और फिर मेरे पाणिग्रहण के लिए पधारने का निर्णय बदल दिया होगा? इसलिए व्यथित विप्रदेव नहीं आए हैं।

ऐसे सोच-विचार से हर्ष और शोक का अनुभव करती हुई व्याकुल रुक्मिणी कभी श्रीकृष्ण के स्मरण में ऐसी तन्मय हो जाती है कि भूल जाती है कि कहाँ है और सम्बन्धियों और परिचारिकाओं के प्रश्नों का उत्तर नहीं देती।

अश्रुपूर्ण नेत्रों से श्रीकृष्ण की दिशा में अपलक ताक रही रुक्मिणी के पास धात्री आती है। उसके मुख पर ब्राह्मण के आगमन का संकेत करनेवाली मुस्कान है। राजकुमारी के प्रसन्न मुख पर आँसू अधिक सुन्दर लगने लगे।

भूदेव आ गए। वे शुभ समाचार के प्रमाण समान थे। हर्ष में पागल होकर बोले : ''प्रभु आ पहुँचे हैं, आएँगे।''

फिर धात्री और दासियों को बुलाया। राजमाता से भी मिल आए। विवाह की तैयारियों में उन पर बहुत बड़ा भार हो, इस तरह वे सूचनाएँ देने लगे। चतुर दासी ने भूदेव को उलझन में डालने के लिए प्रश्न किया : ''हमारी योग्यता पर शंका करने वाले हे विप्रदेव, इतने दिनों आप कहाँ चले गए थे?''

''महत्त्वपूर्ण कार्य में उलझा था, तुम नहीं समझ सकतीं। संक्षेप में बताऊँ तो अमंगल रोकने का सम्पूर्ण दायित्व मेरे सिर पर था। अब प्रभु के ऊपर है।'' कहते हुए बुद्धिशाली ब्राह्मण राजकुमारी के अति सुशोभित प्रासाद में अकारण घूमने लगा, और जोर-जोर से शिवमहिम्न स्तोत्र का पाठ करके अपनी उपस्थिति की अनिवार्यता जताने लगा।

उसने धात्री से कह दिया था, ''राजकुमारी की अनुमति मिलने पर मैं अपने निवास पर जाऊँगा।''

दासियों को विभिन्न कार्यों में लगाकर धात्री रुक्मिणी के पास बैठी। कुछ देर में राजमाता तथा अन्य परिवार के सदस्य आ जाएँगे। भूदेव से कुछ पूछना है? हाँ उनके प्रवास के बारे में पूछना बाकी है।

''तुमने सर्वप्रथम श्रीकृष्ण को कहाँ देखा? देखा उस समय कैसे लगते थे? मुकुट पहना था या नहीं? उनका उत्तरीय कैसा था? मेरा पत्र पढ़ते समय उनके मनोभाव कैसे थे? फिर मेरे

बारे में उन्होंने कुछ जानना चाहा था? यहाँ आने के लिए निकलते समय उन्होंने क्या किया था? उनके दर्शन और स्वागत के लिए नगरजन और ग्रामजन बड़ी संख्या में एकत्र होंगे।''

भूदेव ने संक्षिप्त पर सुन्दर उत्तर दिए, जिससे रुक्मिणी सन्तुष्ट हो गई। उसकी उदासीनता कब की अदृश्य हो चुकी थी। उसके अंगों में उमंग और चाल में गरिमा आ गई थी। सम्बन्धियों के आने के समय रुक्मिणी विवाहोत्सुक कन्या लग रही थी। सब समझे कि अपने भाई रुक्मी के प्रबन्ध से बहिन सन्तुष्ट है। विवाह अच्छी तरह से पूर्ण हो जाएगा। सब अपने-अपने कार्य में लग गए।

भूदेव को दान-दक्षिणा देकर भी सन्तुष्टि नहीं हुई; रुक्मिणी ने उन्हें झुककर प्रणाम किया तथा उन्हें भवसागर का नाविक तथा स्वर्गदूत कहा।

धात्री ने विदा देते हुए होंठ बन्द रखने का संकेत करते हुए कहा : ''आपकी सात पीढ़ी तर गई ब्रह्मदेव! द्वारिकाधीश की प्राणेश्वरी ने आपको झुककर प्रणाम किया है। आपने देखा, उदारचरित विभूतियों का आग्रह कैसा विरल होता है!''

रुक्मी सन्तुष्ट है। वह स्वयं अतिथि हो इस तरह जरासंध और शिशुपाल की छावनी में विहार करता है। अतिथियों का स्वागत उसके पिता भीष्मक कर रहे हैं। आखिर कृष्ण और उसके गँवार यादवों को कंस की मथुरा छोड़कर भागना ही पड़ा! सम्राट जरासंध को बिना युद्ध के ही कितनी भव्य विजय मिल गई, इस बारे में हास्य-विनोद करते हुए वह थकता नहीं है। शिशुपाल जैसे कुलवान और पराक्रमी पुरुष से अपनी बहिन का विवाह करने का निर्णय लेकर उसने बहुत समझदारी का कार्य किया है, किसी के मुख से यह सुनकर वह गर्वोन्नत हो उठता है।

राजा भीष्मक पुत्र-स्नेह के कारण विवश हैं। रानी पुत्री का ध्यान रखती हैं। इस बारे में कोई गुप्त समझौता दोनों में हो गया हो, ऐसा लगता है।

नगर के राजमार्ग, गलियाँ और बाजार स्वच्छ करवाकर पानी छिड़कवाकर रंग-बिरंगी ध्वज-पताका से सजा दिए गए हैं। इस कार्य में संलग्न महामात्य बार-बार भीष्मक से मिलते हैं। इस उत्साह के केन्द्र में यह आशा है कि श्रीकृष्ण पुनः पधारें और यह सुसज्जा फलदायी बन जाए। महामात्य यह भी जानते हैं कि भीष्मक भले ही जरासन्ध-शिशुपाल को आदर दे रहे हों, हृदय से तो पुरुषोत्तम श्रीकृष्ण को ही चाहते हैं। रुक्मिणी के अतिरिक्त यहाँ सभी दुहरा जीवन जीते हैं।

विवाह की तैयारियाँ प्रारम्भ हो चुकी हैं। राजा भीष्मक ने पितृ और देवों को विधिपूर्वक पूजकर, ब्राह्मणों को उचित दान दिया।

जिसने मंगलस्नान किया है, जिसकी सुन्दर दंतपक्ति अद्‌भुत प्रसन्नता का संकेत देती है और जिसके हाथ पर विवाहसूत्र बाँधा गया है, जिसने नए वस्त्र और आभूषण उमंगपूर्वक धारण किए हैं, उस रुक्मिणी का स्वस्तिवचन किया गया! ब्राह्मणों ने सामदेव, ऋग्वेद तथा यजुर्वेद के मन्त्रों द्वारा रुक्मिणी की रक्षा की तथा अथर्ववेदी पुरोहित ने गृहशान्ति का अनुष्ठान किया।

शिशुपाल के पिता दामघोष ने पुत्र के मंगल के लिए कर्मकांड कराया था। कुंडिनपुर आकर भी पाणिग्रहण संस्कार के विशेषज्ञ ब्राह्मणों के परामर्श से यहाँ से द्रव्य का व्यय कर रहा था। रुक्मी उनकी प्रशंसा करता था और शाल्व, दन्तवक्त्र, विदुरथ आदि राजाओं को विवाह की पूर्व तैयारी के बारे में विस्तारपूर्वक बताता था। कन्या के भाई के रूप में वह यहाँ-वहाँ जाता रहता था।

श्रीकृष्ण आदि यादव सज-धजकर आए हैं, यह सुनकर वह हँस पड़ा।

''नहीं आते तो कहाँ जाते! सम्राट से शत्रुता लेकर मथुरा गँवाई। अब द्वारिका को बचाए रखें।''

पितामह कौशिक ने उससे कहा, ''वत्स, इस अवसर पर जितना आवश्यक हो तू उतना ही बोले तो ठीक रहेगा। श्रीकृष्ण, बलराम, सात्यकि, उद्धव तथा अन्य यादव पधारे हैं यह अपना सौभाग्य है। तू कहीं चुपचाप नहीं बैठ सकता हो तो वृष्णियों के विश्रामस्थल की ओर चला जा। उनका स्वागत कर आ।''

''मैं कृष्ण को अपने समकक्ष मानता ही नहीं हूँ।''

''मैं तुझसे सहमत हूँ। तू वास्तव में बहुत भिन्न है। और बलराम?''

''उसे मैं बलिवर्द मानता हूँ, जंगली गधों और साँडों को जीतनेवाले को मैं महारथी नहीं मानता।''

''तू सात्यकि को पहचानता है?''

''हाँ, वह बहुत मुँहफट है।''

''परन्तु तुझसे कम। रेवती भी आई है।''

''जो ताड़ के समान लम्बी है? ककुद्मी की पुत्री?''

''हाँ, हलायुद्ध बलराम की पत्नी। वह भी धनुर्विद्या की विशेषज्ञ है।''

''आप मुझसे यह सब क्यों कह रहे हैं?''

''जिससे तू नम्रतापूर्वक उनका स्वागत करके अतिथिधर्म का पालन करे और श्रीकृष्ण का कृपापात्र बन जाए।''

रुक्मी हँस पड़ा : ''सम्राट के अतिरिक्त मुझे किसी का भी कृपापात्र नहीं बनना है। कृष्ण जैसे सैकड़ों भगोड़े मेरे कृपापात्र बनने के लिए तत्पर हैं।''

''इस शुभ प्रसंग पर भी तू अपने अहंकार को नियन्त्रित नहीं रख सकता इसलिए मैं तुझे सलाह देता हूँ कि तू कोई ऐसा कार्य नहीं कर बैठना जिससे तेरे समर्थकों पर संकट आ जाए। और सुन, यह याद रख कि श्रीकृष्ण भगोड़े नहीं, आयोजक और भविष्यद्रष्टा हैं। उन्होंने जरासन्ध को दो बार बलराम के हाथों मरने से बचाया है। बिना हथियार के उन्होंने कालयवन को समाप्त करके उसकी विशाल सेना को निरर्थक बना दिया। यह सत्य कुंडिनपुर के नागरिक भी जानते हैं, नहीं जानता तो केवल तू ही।''

''मैं कुंडिनपुर का नागरिक नहीं, सेनापति हूँ।'' कहता हुआ रुक्मी चला गया। उसकी अबोधता पर क्रोध नहीं दया आती थी। कौशिक ने श्रीकृष्ण को मन ही मन वन्दन किया।

विवाह से पूर्व कन्या को कुलदेवी के मन्दिर में ले जाने का मंगल अवसर आ पहुँचा।

रुक्मिणी अन्तःपुर से पार्वती देवी के मन्दिर की ओर जा रही थी। उस समय असंख्य सैनिक उसके चारों ओर तैनात थे। इन सबके बीच से प्राणवल्लभ मुझे ले जाएँगे इस विचार से उसे रोमांच हो आया और हर्ष के आँसुओं में वह और रमणीय लगने लगी।

योद्धा शस्त्र उठाए हुए चल रहे थे। रुक्मिणी अपने विशाल लोचनों को झुकाकर श्रीकृष्ण के चरण-कमलों का ध्यान रखती हुई चल रही थी। मृदंग, शंख, भेरी आदि वाद्य बज रहे थे। आसपास खड़े हुए भाट-चारण राजकुमारी के कुल की प्रशस्ति गा रहे थे।

दूर से इस स्पृहणीय प्रसंग को निहारनेवाले नागरिक आपस में बातचीत कर रहे थे : अपनी राजकुमारी यदुनन्दन श्रीकृष्ण की पत्नी होने के योग्य हैं। हमने यदि कोई पुण्य किया हो तो वह कन्यादान में देते हुए परमेश्वर से प्रार्थना करते हैं कि श्रीकृष्ण रुक्मिणी का पाणिग्रहण कर लें और हम सभी विदर्भवासियों को अपना बना लें। श्रीकृष्ण के आगमन से उत्पन्न हुई यह आशा उनके दर्शन से पुष्ट हो गई है।

''अरे तुमने देखा! स्वर्णपर्वत के समान वह बलरामजी हैं!''

''जरासन्ध के विजेता! सम्राट को जीवनदान देनेवाले यादवश्रेष्ठ!''

''उनके पीछे-पीछे चलनेवाला, अपने उत्साह और हर्ष पर अंकुश रखने में सफल नहीं होनेवाला, वह है वृष्णियों और अन्धकों का प्रसिद्ध सेनानी सात्यकि!''

''और श्रीकृष्ण की प्रतिकृति के समान उद्धवजी के साथ गर्वोन्नत दृष्टि रखकर चल रहीं महादेवी को पहचाना? जिन्होंने अनेक असुरों का संहार किया है, वे राजा ककुद्मी की पुत्री रेवती। वे क्या केवल हमें दर्शन देने ही आई होंगी? किसी विशेष प्रयोजन के लिए, सम्भवः देवरजी के प्रति विशेष स्नेह के कारण आने के लिए प्रेरित हुई होंगी। हम प्रार्थना करते हैं कि श्रीकृष्ण के साथ हमारा सम्बन्ध दृढ़ बने।''

विदर्भ की प्रजा को कौशिक से संस्कार मिले थे इसलिए क्या होना चाहिए इस बारे में उसे द्विधा नहीं थी।

रुक्मिणी पूजा करके पार्वती-मन्दिर के प्रांगण में आई। कुंडल आदि आभूषणों से सुशोभित मुख, नितम्बों पर रत्नजड़ित क्रन्दौनी पहने, केशों से डरते हों वैसे नेत्रों वाली और हंसगामिनी रुक्मिणी दूर खड़े श्रीकृष्ण से दृष्टि मिलते ही खड़ी हो गई और मस्तक झुकाकर संकेत से वन्दन किया।

बीच का अन्तर उसी क्षण मिट गया।

श्रीकृष्ण विद्युत गति से उसके पास आए और उसे उठाकर पक्षीराज जैसी गति से विस्मयविमूढ़ दर्शकों के बीच से मार्ग निकाल लिया। दारुक द्वारा तैयार रथ में प्रिया को बैठाकर पंचजन्य शंख के दिव्य मधुर नाद से कुंडिनपुर के गुणग्राही नागरिकों को प्रसन्न कर दिया। बलराम और रेवती जहाँ थे वहीं खड़े रहे।

योद्धाओं के सुरक्षा-दुर्ग के बीच से श्रीकृष्ण ने जिस तत्परता से रुक्मिणी का अपहरण किया था वह सबके लिए अकल्पनीय था।

सात्यकि कहाँ चला गया? उसके सेनानायक क्यों दिखाई नहीं दे रहे?

नगर में जगह-जगह पर उत्पात प्रारम्भ हो गया था। उसे शान्त करने के लिए भीष्मक ने रुक्मी को आदेश दिया, उस समय वह पार्वती-मन्दिर की घटना से अवगत हो चुका था। क्या नगर के उत्पात को रोकने के स्थान पर श्रीकृष्ण का पीछा किया जाए?

शिशुपाल की सेना में यह किंवदन्ती फैल गई थी कि रुक्मी ने अन्त में चेदिराज के साथ विश्वासघात किया है और बहिन को द्वारिका भेज दिया। वहाँ भी विवाद हुआ था।

सात्यकि द्वारा नियुक्त छद्मवेशी सैनिक अपना कर्तव्य पूरा करके नगर के बाहर आ गए। इस नाटक के बारे में जानकर बलराम हँस पड़े। लगभग एक प्रहर तक शत्रुपक्ष का ध्यान विकेन्द्रित रहा।

अब सबको श्रीकृष्ण की सेना के समीप पहुँचना था परन्तु बलराम खड़े थे। वहाँ से हटते ही नहीं थे। जरासन्ध आए तो जरा पूछना है : मल्लयुद्ध करना है?

रेवती उन्हें खींच रही थी।

बलराम का मन नहीं मान रहा था, लगता था कि आना निरर्थक गया। किसी के साथ लड़े बिना वापस जाएँ?

''चलिए! मुझसे लड़ लेना।'' रेवती को पतिदेव का हाथ खींचने में बल का प्रयोग करना पड़ा : ''हम लोगों के मनोरंजन का साधन नहीं हैं।''

''श्रीकृष्ण वंशी से रंजन करते हैं, मैं हल और मूसल से। एक बार वह रुक्मी दिखाई दे जाए फिर चलेंगे। मुझे उसे शुभेच्छा के दो बोल कहने हैं।''

''जिसने बहिन और माता-पिता का कहा नहीं माना, वह आपका मानेगा?''

''मानेगा नहीं तो लड़ेगा तो सही!''

''आप यहाँ घिर जाना चाहते हैं?''

''हाँ, जिससे श्रीकृष्ण को पर्याप्त समय मिल सके। मैं यह सब मनोरंजन देने के लिए नहीं कर रहा रेवती! सेनानी सात्यकि की आज्ञा का पालन कर रहा हूँ। अब तुम उद्धव के रथ में जाओ। यहाँ युद्ध होगा।''

रुक्मी आया, उसके साथ शिशुपाल के पक्षधर राजा थे। बलराम को दुर्ग की तरह खड़ा हुआ देखकर उसने उद्घोषणा की : ''मैं विदर्भ का सेनापति रुक्मी युद्ध में कृष्ण का नाश करके रुक्मिणी को वापस लाए बिना कुंडिनपुर में प्रवेश नहीं करूँगा। मैं आज अपने तीक्ष्ण बाणों से उस दुष्ट ग्वाले के नशे को मिटा दूँगा।''

बलराम ने रुक्मी के प्रभाव को बचकाना बताया और भीष्मक को सन्देश भेजा : ''विवाह के शुभ प्रसंग पर युद्ध के लिए तत्पर पुत्र को रोको नहीं तो खो दोगे। महामना श्रीकृष्ण तुम्हारे अबोध पुत्र को क्षमा कर भी दें परन्तु सात्यकि श्रीकृष्ण का अपमान नहीं सहेगा।''

बलराम ने भीष्मक को तो समझा दिया परन्तु निरंकुश रुक्मी ने सात्यकि पर आक्रमण कर दिया। श्रीकृष्ण ने ऐसी व्यूह-रचना की थी जिससे यादव सेना हावी रहे। रुक्मिणी को रेवती को सौंपकर उन्होंने रुक्मी से युद्ध किया। बलराम के आ जाने से रुक्मी शिकंजे में फँसने लगा।

रुक्मी ने श्रीकृष्ण का नाश करने की प्रतिज्ञा ली थी परन्तु अधीर प्रकृति के कारण श्रीकृष्ण किस तरह लड़ेंगे यह जानकारी प्राप्त किए बिना ही आक्रमण कर दिया था। उसका व्यवहार गले में फाँसी पहने प्राणी जैसा था।

''तेरे व्यवहार को देखकर तेरा वध कर देना चाहिए परन्तु मैं ऐसा नहीं करूँगा।'' श्रीकृष्ण ने उसे कैद कर लिया। सात्यकि ने उससे कहा, ''तू वन्दनीय देवी रुक्मिणी का भाई है इस कारण तुझे जीवनदान मिल रहा है। यह पराजय तुझे याद रहे इसलिए तेरी दाढ़ी-मूँछ तथा सिर के केशों का मुंडन करवा देता हूँ।''

युद्धविराम होते ही रुक्मिणी रथ से उतर आईं।

भाई का निस्तेज मुख देखकर उनका हृदय द्रवित हो गया।

''रुक्मी दुष्ट नहीं, मूर्ख है, उसे इस तरह कुरूप करने की आवश्यकता नहीं थी।'' बलराम ने रुक्मिणी के आँसू देखकर सात्यकि से कहा। श्रीकृष्ण के सामने भी बड़े भाई के अधिकार से देखा, ''मुंडन भी वीरपुरुषों के लिए वध के समान है।''

''हलायुद्ध चिन्तित नहीं हो, रुक्मी के केश फिर से उग आएँगे!'' : सात्यकि ने सेनापति की अदा से कहा और सेना को विश्राम करने के लिए नायकों को आज्ञा दी।

''इस सात्यकि और रुक्मी में अधिक अन्तर नहीं है।'' कहते हुए बलराम ने रेवती को एक कार्य सौंपा, ''अपने शिविर में भाई और बहिन को ले आओ। जब तक रुक्मिणी के आँसू नहीं सूख जाते, यहाँ से नहीं जाएँगे।''

बलराम गम्भीर प्रकृति के थे। यदि वे वाक्पटु होते तो किसी दूसरे ढंग से भाई-बहिन को हँसाया होता। अन्य कोई उपाय न सूझने पर उन्होंने आत्मज्ञान का उपदेश दिया : ''जिस तरह निद्राधीन मनुष्य स्वप्न में स्वयं को विषयों का भोक्ता और विषयों को भोग्य मानता है उसी तरह अज्ञानी मनुष्य मिथ्या संकल्पों द्वारा जन्म-मरणरूपी संसार को प्राप्त करता है। इसलिए हे पवित्र हृदयवाली रुक्मिणी और पराजय के अपयश से व्यथित रुक्मी, तुम अज्ञान से उत्पन्न शोक को छोड़कर स्वस्थ हो जाओ। अनेक सम्भावनाओंवाला उज्ज्वल भविष्य तुम्हारी प्रतीक्षा कर रहा है।''

रुक्मिणी के आँसू सूख गए और मुख पर प्रसन्नता आ गई।

रुक्मी नेत्र झुकाए बैठा रहा।

इस उपदेश का शीघ्र प्रभाव रेवती की विनोद वृत्ति पर हुआ।

''आप इतना दार्शनिक ज्ञान रखते हैं, यदि मैं आज नहीं सुनती तो विश्वास नहीं करती।''

''अंकपाद आश्रम में सीखा हुआ काम में आया। मेरी स्मरणशक्ति को जाग्रत करने के लिए मैं रुक्मी का आभारी हूँ।''

तृण हिलता है उतनी पतली स्मित रेखा रुक्मी के मुण्डित मुख पर दिखाई दी। रुक्मी को विदा करने का यह उचित अवसर बलराम को लगा। वह जड़वत् खड़ा रहा फिर मानो अनिर्णयपूर्ण स्थिति में चल दिया। बलराम के साथ श्रीकृष्ण भी खड़े थे। उन्होंने पूछा : ''विदर्भ के भावी राजा को अपनी अविवेकपूर्ण प्रतिज्ञा के कारण पश्चात्ताप हुआ होगा।''

''अभी तक नहीं हुआ है। मैं सोच रहा था कि मेरे सभी शस्त्र निष्फल क्यों हो गए थे? खैर, अब मैं वापस कुंडिनपुर नहीं जानेवाला। अपनी सेना के साथ यहीं बस जाऊँगा।''

''यह अच्छा निर्णय लिया है। क्योंकि यहाँ रहकर तुम जरासन्ध-शिशुपाल की छाया से मुक्त हो जाओगे।'' श्रीकृष्ण ने कहा।

सात्यकि को बुलाकर श्रीकृष्ण ने सेना के स्थापत्यविद् योद्धाओं को रुक्मी की सेवा में भेजने का आदेश दिया। रुक्मी कुछ नहीं बोला। पूजा विधि में रुक्मिणी सहायता करने के लिए तैयार थी। ''वह मेरा मुंडन देखकर किसी भी समय हँस पड़ेगी । भले ही अभी रोई हो। मैं उसे अच्छी तरह से पहचानता हूँ।'' रुक्मी ने अकेले ही भूमिपूजन किया। नए बसाए हुए नगर का नामकरण भी स्वयं ही किया : 'भोजकट'।

''यह शिविररूपी नगर समृद्ध बने,'' ऐसी शुभेच्छा देकर श्रीकृष्ण द्वारिकाभिमुख हुए। उनके रथ में रेवती भी बैठी थीं।

माहिष्मती नगरी आने पर श्रीकृष्ण ने रुक्मिणी की ओर देखा। उचित उत्तर नहीं मिला।

''राजकुमारी ने भाई के दुख में अपना उत्सव गौण बना दिया है।''

'मैं समझ सकती हूँ।' : रेवती ने कहा, ''तुम्हारी दृष्टि में रुक्मी जरासन्ध-शिशुपाल का समर्थक है। परन्तु रुक्मिणी के लिए तो केवल भाई है। उसने भाई की करुण पराजय देखी है। उसका वनवास...''

''यह वन कुछ मास बाद नगर बन जाएगा।''

''यह आश्वासन बहिन के लिए पर्याप्त नहीं है। यह एक सिद्ध तथ्य है कि उसके कारण उसके भाई को हमेशा के लिए घर छोड़ना पड़ा। रुक्मिणी की उदासीनता को मैं समझ सकती हूँ।'' रेवती ने कहा, ''परमात्मा की कृपा से यह उदासीनता भी दूर हो जाएगी। बहुत रमणीय है यह मार्ग! तापी, नर्मदा और विंध्य की वनराशि अद्भुत है।''

''भाभी, आप ऐसा समझ रही हैं कि इस कन्या ने पहली बार भवन से बाहर कदम रखा है। इसने तो हम सबसे अधिक यात्राएँ की हैं। विदर्भ इसका घर है तो भारतवर्ष प्रांगण। अपनी सेनाएँ मार्ग भूल जाएँ तो यह मार्ग बता सकती है।''

''फिर तो मैं जरा परीक्षा कर लेती हूँ'' : रेवती ने सुना था कि सात्यकि अवंति-आनर्त के मार्ग से द्वारिका पहुँचेगा जबकि वर-कन्या और भाई-भाभी लाट के भृगुकच्छ बन्दरगाह से सागर पार करके प्रभासतीर्थ के दर्शन करके द्वारिका जाएँगे। यह सूचना देकर रेवती ने पूछा : ''बताओ कौन-सा मार्ग संक्षिप्त है?''

''संक्षिप्त मार्ग तो अपना ही है परन्तु पहले सात्यकि पहुँचेंगे। सेना बाद में बरातियों में बदल जाएगी। प्रभु का स्वागत होगा।'' रुक्मिणी ने उत्तर दिया।

''यह तो सबकुछ जानती है।'' रेवती ने रुक्मिणी के चिबुक का स्पर्श किया। मानो दिव्य चेतना ही सुन्दरता के रूप में अवतरित हुई हो।

''भाभी! वह जानती है, इतना ही नहीं, यह पूरा आयोजन ही उसी का है न!'' श्रीकृष्ण ने कहा।

रुक्मिणी के मुख पर त्रिभुवनसुन्दरी का स्मित था।

द्वारिका

द्वारिका के नागरिक वर-वधू के स्वागत के लिए प्रवेश-द्वार पर एकत्र होने लगे। वहीं सात्यकि और उद्धव सज-धजकर आ पहुँचे। मनुष्य के मनोभावों को समझने में कुशल और वाक्चतुर ये यादववीर एकत्रित जनसमूह से कहने लगे : "हम यहाँ खड़े रहकर प्रतीक्षा नहीं करेंगे, स्वागत के लिए आगे जाएँगे। रुक्मिणीजी को हम पहचानते हैं, कहीं वे प्रभासतीर्थ में पूजा करने बैठ गईं तो एक प्रहर निकल जाएगा। भगवान सोमनाथ के प्रति यदुनन्दन की भावना से तो आप परिचित ही हैं। उन्हें रुकने में आनन्द आएगा परन्तु उनसे अलग रहने की हमारी आदत नहीं है। यहाँ खड़े-खड़े तुम प्रतीक्षा कर सकते हो, हम तो चले।" सैनिकों ने अश्वों को तैयार रखा था। सात्यकि और उद्धव उस पर आरूढ़ हो गए।

नागरिकों के मन अश्व बन गए।

ज्योतिर्लिंग के दर्शन करने के बाद ही वर-वधू द्वारिका आएँगे यह जानने के बाद उपवन के पुष्प मनुष्यों की अँगुली पकड़कर आगे चलने लगे। मनुष्य समूह की तीव्रतर होती जा रही गति और ज्वार के समय सागर की तरल छवि में समानता थी। जब दोनों कृष्ण-सखा विश्राम के लिए पल-भर भी नहीं रुके फिर हम क्यों यहाँ खड़े रहें? स्वागत करने की स्पर्धा प्रारम्भ हो गई।

सात्यकि के सेनानायक आनर्त और उज्जयंत गिरि की उपत्यका में बसी हुई प्रजा को दान देते हुए, विवाह गीतों को गाकर विनोद करते हुए, अपने अश्वों को सबसे आगे निकल जाने की छूट देते हुए द्वारिका पहुँचे थे। प्रजाजनों को विदर्भ की राजकुमारी के अपहरण की घटना रोमांचक लगी थी। यादववीरों की अनुज्ञा है तो हम भी स्वागत करेंगे। असंख्य श्रद्धालु इस अद्वितीय युगल के स्वागत के बहाने दर्शन करने के लिए आ खड़े हुए हैं। आँखों में कौतूहल का आकाश है और हृदय में है भक्ति की मन्दाकिनी।

मिलन हुआ पुरेःवेलाकुल के नाम से प्रसिद्ध पोरबन्दर और प्रभासतीर्थ के बीच के सागर तीर पर। विशाल धवलोज्ज्वल सागर किनारे को देखकर रुक्मिणी का हृदय

प्रफुल्लित हो गया, वहीं मानव हृदय का स्नेहोज्ज्वल हर्षनाद कानों में पड़ा। कुंडिनपुर के प्रासाद का ऊष्मापूर्ण प्रांगण इन सबकी आँखों में था। आत्मीयता की यह झाँकी अभूतपूर्व थी।

''यहीं विवाहविधि पूर्ण करके हमें कृतार्थ करें।'' मानव समूह के प्रतिनिधि यह प्रस्ताव लेकर वर-वधू के पास पहुँचे। जो विवाह के लिए अधीर थीं, उन रुक्मिणी ने सुन्दर वर की ओर संयम और धैर्य से देखा। श्रीकृष्ण ने प्रश्नसूचक नेत्रों से रेवती भाभी और बड़े भाई की ओर देखा। महादेव शम्भु के समान ही आशुतोष बलराम ने अनुमति दे दी। विवाहमंडप की सजावट प्रारम्भ हो गई। उसी के साथ अन्य लोग बारातियों के रूप में सागर किनारे झूमने लगे।

स्थानीय लोग उद्धव को घेरकर श्रीकृष्णचरित सुनने लगे। अन्त में इस स्थान का नाम उद्धव के प्रिय सखा माधव के नाम पर माधवपुर रखा गया। विवाह-गीतों में एक कम पड़नेवाला नाम मिल गया। पवनदेव भी मानो यहाँ वनों में इसी नाम को खोज रहे थे।

महासागर का हृदय आज संगीत के स्वर निकाल रहा है। उसमें आत्मालाप कम, सम्बोधन अधिक है। उसकी उछलती लहरें अनेक अविवाहित युगलों को भिगो रही हैं। आज सकल तत्त्व आर्द्र हैं, स्नेहाधीन हैं। केतकी की सुगन्ध से वन महक रहा है।

उत्तर-दक्षिण जहाँ भी देखो, वहाँ नारियल के वृक्षों की वीथिकाएँ सुशोभित हैं। प्रकृति-प्रेमी राजकुमारी इस भूमि की रमणीयता देखते नहीं थकतीं। यादव कुलों के अग्रणियों से प्राप्त हो रही भेंट-सौगात को स्वीकारते हुए, वे प्रजा को उपहार भी देती जाती हैं। सब प्रसाद मानकर उसे स्वीकार करते हैं। उन्हें लक्ष्मी कहकर आदर देते हैं। कितने जन्मों की इच्छा आज परिपूर्ण हुई है।

ऐसे विवाहोत्सवों की सुन्दरता का वर्णन तो कवियों ने किया है परन्तु ऐसी भव्यता का पहले अस्तित्व ही कहाँ था? असंख्य मनुष्यों ने आज इस पर्व को निहारा है। भूमि से छूकर रमक ले रहा सागर विराट का झूला बना है। नवदम्पति का रथ उत्तर दिशा में आगे बढ़ा। पश्चिम दिशा से आनेवाला शीतल पवन रथ के पहियों तक तो पहुँच जाता है परन्तु अश्वों के खुरों का स्पर्श नहीं कर पाता। इस कारण उसने व्यूहरचना बदल डाली है, अब उसने द्वारावती की दिशा को चुना है।

द्वारिका पश्चिम जगत के लिए भारतवर्ष में प्रवेश करने का मुख्य द्वार है। प्रभासतीर्थ स्वयं भी सागर यात्रियों का एक प्रवेश-द्वार है। दूसरे अनेक बन्दरगाह हैं परन्तु प्राचीन कुशस्थली का यह सागर किनारा अनेक जहाजों के रुकने और व्यावसायिक सामग्री के आयात-निर्यात के लिए विशेष सुविधापूर्ण है। सिन्धुदेश, पंचनद, विराट, मत्स्य, शूरसेन, मालव, अवंति, दशार्ण आदि राज्यों के व्यापारी श्रीकृष्ण के परम प्रशंसक बन गए हैं। क्योंकि उन्होंने द्वारिका को एक सुरक्षित नगरी के रूप में ही नहीं, एक सुविधापूर्ण बन्दरगाह के रूप में भी विकसित किया है। प्रजाजन कहते हैं कि इस कल्याणकारी कार्य में सहयोग देने के लिए श्रीकृष्ण के निवेदन करने से ही सागर ने बारह योजन भूमि छोड़ दी है। हरे पत्तों के बीच से जिस तरह प्रफुल्ल पद्म खिल उठता है उसी तरह पहले की जलमग्न भूमि

पर स्वर्ण द्वारिका अस्तित्व में आई। स्वयं विश्वकर्मा इस बात को स्वीकारता है कि यह उसके उत्तम सर्जनों में से एक है।

सात्यकि और उद्धव के अश्व आगे हैं। रानी रुक्मिणी पूर्व दिशा की ओर निहार रही हैं, पुरद्वार के भूषण समान रैवतगिरि को। वे जानती हैं कि कोई-कोई इसे ककुद्दमी भी कहता है। दोनों नाम रेवतीजी के पिताश्री के हैं। क्योंकि उनके शासनकाल में यह छोटा पर्वत जीवन्त और सुन्दर लगता था। वृक्ष बोए गए, विश्रामस्थल बनवाए गए। सागर और नभ के संधिस्थल पर शयन करते सूर्यदेव की एक-एक मुद्रा निहारने की सुविधा हो गई। कन्याओं के व्रत के लिए छोटी-छोटी देवकुलिकाएँ निर्मित हुईं। रैवतगिरि प्रसिद्ध हो गया। कुशस्थली पर असुरों का अधिकार हो गया था, उस समय भी रैवत की शोभा खंडित नहीं हुई थी। उसे मुग्ध होकर निहार रहीं रानी रुक्मिणी से रेवतीजी ने कहा : ''इस क्षेत्र में ऐसे तीन और पर्वत दिखाई देंगे। दक्षिण में पंचवर्ण, पश्चिम में क्षय और उत्तर में वेणुभान। तुम्हारे स्वामी ने इस भूमि की नवरचना करवाकर मुझे अभिभूत कर दिया है। पहले जहाँ वर्षा ऋतु में पतली जलधारा बहती थी आज वहाँ नदियाँ बहती हैं। देखो यह गोमती, चन्द्रभागा तथा वह कुशावती और—एकाध का नाम तुम्हारे साथ भी जुड़ सकता है।'' रेवती हँस पड़ीं।

''मेरे साथ जिनका नाम जुड़ गया है उनका हृदय महासागर से भी विशाल है। मैं तो एक बेनाम नदी की तरह ही उसमें समर्पित हो जाना चाहती हूँ।'' रुक्मिणी ने कहा। रेवतीजी ने अनुभव किया कि इस कथन में राजदुहिता का वाक्चातुर्य ही नहीं, हृदय की सच्ची भावना भी प्रकट हुई है।

''अब तुम देखोगी कि तीन राजमार्ग और चौथे प्रदक्षिणा पथ के बीच द्वारिका का आन्तरिक क्षेत्र निर्मित करवाया गया है। शनिवार को जिस किले की नींव रखी गई है उसके चारों ओर एक विशाल राजमार्ग का निर्माण हो रहा है। तुम जिसमें प्रवेश करोगी वह राजप्रासाद और देवमन्दिर सर्वप्रथम निर्मित हुए थे। विविध वर्गों के प्रजाजनों की रुचि के अनुसार उनके निवास बनवाए गए हैं, उनके स्थापत्य की प्रशंसा हुई है। दुर्ग के चार प्रवेश-द्वारों को शुद्धाक्ष, ऐन्द्र, भल्लाह और पुष्पदन्त नाम दिए गए हैं।''

''द्वारावती का समग्र क्षेत्र...''

''बारह योजन चौड़ा और आठ योजन लम्बा है। यह सामनेवाला अविजेय उन्नत दुर्ग तीन योजन लम्बा है, इसे निहारने के लिए तुम्हें ग्रीवा उठानी पड़ेगी। एक-एक योजन के बीच सैनिकों की तीन चौकियाँ हैं। यहाँ मूल कुशस्थली का कितना भाग वैसा ही रखा गया है और कितनी नवरचना की है यह तुम जान जाओगी। यदि दुविधा हो तो मुझसे पूछ लेना, मेरा बचपन यहीं बीता है। ससुराल का पीहर के रूप में परिचय देते हुए रेवतीजी को हमेशा आनन्द होता है।

''विश्वकर्मा ने इस नगरी की परिकल्पना एक विशाल जहाज के रूप में की है।'' अब तक इस वार्तालाप में मौन रहे श्रीकृष्ण बोले : ''यह दुर्ग प्राकृतिक रूप से सुरक्षित है, शत्रुओं के लिए दुर्गम है। फिर भी पूर्व दिशा में खाई खुदवाई गई है और इस तरह मथुरा की स्मृति को ताजा रखा गया है।''

स्वामी की वाणी सुनकर धन्यता का अनुभव करनेवाली रुक्मिणी इस वैभव, सौन्दर्य और संस्कार के समन्वय को देखती रहीं। अब उनके आगमन से सकल रचनात्मक तत्त्व संवर्धित होंगे।

महाराज उग्रसेन को द्वारिका का वरिष्ठ राजपद भी स्वीकारना पड़ा। श्रीकृष्ण मानते हैं कि उनके शासन काल में दृढ़ होनेवाली संघशक्ति अधिक से अधिक कल्याणकारी सिद्ध होगी। इस उत्तम भावना के संवर्धन में अन्य यादव अग्रणियों का भी योगदान है। सांदीपनि मुनि से पुरोहित पद स्वीकारने के लिए प्रार्थना की गई थी। उन्होंने सहमति प्रकट की है। सेनापति के पद पर अनाधृष्टि और महामात्य के रूप में विकद्रु नियुक्त हुए हैं।

यादव कुल की रक्षा का दायित्व सँभालने के कारण कुलकर कहे जानेवाले दस यादवों में श्रीकृष्ण, बलभद्र, उद्धव, कंक, विपृथु, अक्रूर, चित्रक, गद, सत्यक और पृथु का समावेश किया गया है। दारुक ने पूर्ववत् श्रीकृष्ण के सारथि बनने की अभिलाषा व्यक्त की है। अन्याय का प्रतिकार करने के लिए सदैव तत्पर सात्यकि ने यादवों के प्रमुख योद्धा का सम्मान पाया है।

माता देवकी ने श्रीकृष्ण-रुक्मिणी विवाह के सन्दर्भ में गोकुल-मथुरा में बसने वाले श्रीकृष्ण के बालसखाओं के लिए विपुल भेंट-सौगात भेजी। रुक्मिणी ने राधिका के लिए एक मोतियों की माला भेजी थी। वस्त्रालंकार से सुसज्जित सुबल को ढोल पर थाप देते हुए एक सुन्दर विचार आया : वर्षा ऋतु के प्रारम्भ में यहाँ के वृक्ष, लता और फूलों की पौध लेकर गोपवृन्द द्वारिका जाएँ। जिससे बलराम-श्रीकृष्ण दोनों प्रसन्न हो जाएँगे। इस प्रस्ताव का सबने स्वागत किया।

गोपमित्र एक छोटा-मोटा वृन्दावन लेकर द्वारिका आ पहुँचे। वृक्ष, लता और फूलों की पौध के अतिरिक्त उतनी ही मूल्यवान एक और वस्तु थी। तरंगदा द्वारा निर्मित नई वंशी को राधिका ने मोरपंखों से स्पर्धा कर सकने में समर्थ रंगोंवाले एक फुँदने से सजा दिया था।

''उसके स्नेह में एक भी रंग की कमी कैसे हो सकती है!'' कहते हुए रुक्मिणी ने उस वंशी और पौध के प्रति भक्तिभावना प्रकट की। वह जानती हैं कि घुड़साल और भंडार में सुशोभित स्वर्ण कलशों और पद्मराग मणि से सज्जित शिखरों की अपेक्षा तमाल और कदम्ब की सूर्योन्मुखी शाखाएँ श्रीकृष्ण को अधिक आनन्द देती हैं।

सत्राजित और कृतवर्मा को कुलकर सभा के दस सदस्यों में स्थान नहीं मिला इसलिए कभी-कभी उनके मुख से व्यंग्य बाण निकल जाते हैं। वे उग्रसेन को सिर्फ 'राजमुद्रा' धारण करनेवाले और श्रीकृष्ण को वास्तविक 'द्वारिकाधीश' कहते हैं। कभी-कभी बलराम आवेश में आकर निर्णय लेते हैं, योग्य सोच-विचार नहीं करते इसलिए उन्हें 'मल्लराज' कहते हैं परन्तु केवल कुछ मित्रों के सामने ही। एक बार कृतवर्मा सात्यकि के सामने बलराम का उपहास करने लगा। उसी समय सात्यकि का हाथ उठा और कृतवर्मा स्वयं को बचाए उससे

पहले ही मुष्टिप्रहार कर दिया। उसकी नाक से खून निकलने लगा। इसके बाद 'राजमुद्रा' और 'मल्लराज' नाम तो भुला दिए गए परन्तु श्रीकृष्ण की उदारता के कारण अपने मूल रूप में व्यंग्य में कहा जानेवाला उनके लिए 'द्वारिकाधीश' शब्द प्रचलित हो गया और रुक्मिणी के प्रासाद से उनके अन्तःकरण तक पहुँच गया। पहले का व्यंग्यभाव लुप्त हो गया, उसका स्थान भक्ति ने ले लिया।

श्रीकृष्ण की गोष्ठियों के लिए अलौकिक शोभावाले सभागृह का निर्माण हो चुका था। परन्तु वहाँ कौन-सा वृक्ष लगाया जाए, यह निश्चित नहीं हो पा रहा था। रुक्मिणीजी ने स्वर्गीय सुगन्ध धारण करनेवाले पारिजात को चुना। बलराम ने पारिजात के उपयुक्त भूमि तैयार करवाई और द्वारिका में उसका अवतरण हुआ। यहाँ आने वाले प्रवासी राजप्रासाद के साथ पारिजात को भी देखते हैं। इसके श्वेत पुष्पों से रत्नजड़ित स्वर्णालंकारों की शोभा कुछ यादवों को अधिक आकर्षित करती होगी परन्तु ऐसी सुगन्ध कहीं नहीं हो सकती। पारिजात को रुक्मिणी का नैकट्य मिला इससे कदम्ब या तमाल को कोई आपत्ति नहीं है। पुष्प परस्पर ईर्ष्या नहीं करते। उन्हें यहाँ एक ही दुख है : द्वारिका के विशाल सागर किनारे पर विकसित नहीं हो पा रहे। जहाँ कभी-कभी श्रीकृष्ण जैसे यादववीरों के कदम पड़ते हैं वहाँ कोई उन्हें तोड़कर ले जाए तो वे पहुँच तो सकते हैं परन्तु उग आने का आनन्द तो कुछ और ही होता है।

हिमगिरि के धवलोज्ज्वल शिखरों से साक्षात्कार कर आनेवाले श्रीकृष्ण और उद्धव कभी-कभी एकान्त में गोष्ठी करने के लिए सागर किनारे आ जाते हैं। उनकी दार्शनिक चर्चा में समुद्र देवता को रुचि नहीं है परन्तु उनके पैरों को पखारना उन्हें अच्छा लगता है। सूर्योदय और सूर्यास्त के समय स्वर्णिम द्वारिका और रत्नाकर सागर के बीच परावर्तित होनेवाली प्रभा श्रीकृष्ण के तेज के समान सुशोभित है।

अपने प्रासाद के गवाक्ष से श्रीकृष्ण और उद्धव के क्रियाकलापों को निहारते हुए आर्य वसुदेव विचारमग्न हो गए। उन्होंने अपने हृदय की बात देवकी को बताई। देवकी ने सहमति प्रकट की। दूसरे दिन प्रातःकाल बलराम, श्रीकृष्ण, गद और सुभद्रा उन्हें प्रणाम करने आते हैं और अपने-अपने कार्यों में क्रियाशील होने की आज्ञा माँगते हैं। वसुदेव बलराम-कृष्ण की ओर अर्थपूर्ण दृष्टि से देखते हैं और रोक लेते हैं। सार्थकता के भाव के साथ कहते हैं : "मेरे जीवन का सारा सन्ताप शमित हो चुका है। आज तक मैं तुम्हारे पराक्रमों को देखता आया हूँ। विजयगाथाएँ सुनता आया हूँ। तुम्हारी विकासशील धर्मबुद्धि समग्र आर्यावर्त के लिए कल्याणकारी सिद्ध हुई है। मैं और तुम्हारी माता जिस मंगल घड़ी की प्रतीक्षा कर रहे थे वह भी तुम्हारे जीवन में आ चुकी है। तुम्हारी शक्ति और औदार्य को देखकर हमें गद और सुभद्रा की चिन्ता नहीं रही। तुम दोनों के सुखी दाम्पत्य जीवन को देखकर अब हमारी कोई सांसारिक आकांक्षा अपूर्ण नहीं रही। इसलिए यदि तुम अनुमति दो तो मैं संन्यास ग्रहण करके हिमालयवासी होना चाहता हूँ।"

"मैं भी साथ चलूँगी।" देवकी ने कहा।

बलराम के मुख पर ग्लानि की रेखा झलक आई। उन्होंने देवकी की ओर देखा। वे भी संन्यास के लिए तत्पर लगीं। इस कारण बलराम उद्विग्न हो गए। उन्होंने श्रीकृष्ण की ओर देखा। वे पहले की तरह ही प्रसन्न थे।

''यह सुनकर तुम्हें दुख नहीं हुआ?'

''आनन्द हुआ।'' श्रीकृष्ण वंशी के फुँदने से खेलते हुए बोले : ''जो आनन्द युद्ध में प्राप्त विजय से भी नहीं होता, यह सुनकर हुआ है क्योंकि फिर इससे प्रतीति हुई कि पिताजी की अन्तःयात्रा अभी भी चल रही है। उसे सुख बाँध नहीं सका है। मथुरा के कारागार में दुख का स्वाभाविक रूप से स्वीकार करके, बाह्य अन्धकार में आन्तरिक प्रकाश की अभीप्सा रखकर हमारे माता-पिता ने यादवकुलों को सच्चे आर्यधर्म का परिचय कराया है। अपने यादववीर दुख सहन नहीं कर सकते और सुख से निर्लिप्त नहीं रह पाते। उनके लिए अपने इन अग्रणियों का सामीप्य उत्साह और कर्तव्य-प्रेरित बन सकता है।''

''परन्तु पिताजी तो हिमालय जाने का विचार कर रहे हैं।'' बलराम बोले।

''ध्रुव की भी वही दिशा है!'' सुभद्रा के मुख से अनायास निकल पड़ा। हमेशा वात्सल्यपूर्ण दृष्टि से देखनेवाले बलराम ने जब आज उसकी ओर देखा तो उसकी समझ में आया कि उसे यहाँ परामर्श के लिए नहीं बैठाया गया था। वह चाहे स्वयं को कितनी बुद्धिमान मानती तो परन्तु उसे बोलना नहीं है। यदि बोलना ही पड़े तो रेवती और रुक्मिणी के पास जा सकती है। दोनों उत्तम श्रोता हैं। अन्य यादव सन्नारियाँ जब तीसरे प्रहर में विश्राम करती हैं, उस समय इनकी गोष्ठी चलती है। यह तो ठीक है परन्तु एक दिन लक्ष्यबेध हो रहा था। वृक्ष की एक डाली बीच में आ रही थी। शर्त रखी गई कि उसे छुए बिना बाण उस पार जाकर शीर्षासन करते हुए भूमि में धँस जाए। रुक्मिणी ने यह शर्त रखी थी। रेवती को इसमें सफलता मिली। ''भाभी, यह सब किसने सिखाया?'' ''तुम्हारे भाई ने।'' रेवती ने कह दिया। ''मुझे सीखना हो तो मैं क्या करूँ?'' सुभद्रा ने मुग्धतावश पूछा। ''ऐसा कोई धनुर्धर खोज लेना।'' ''मेरे भाइयों के समान कोई धनुर्धर हो सकता है?'' ''कुछ बड़ी हो जाओगी तब दिख जाएगा।''—यह उत्तर रुक्मिणी का था। संवाद चलता रहता। इस तरह का हास्य-विनोद होता रहता। माता के सामने भी कोई संकोच नहीं होता था। परन्तु बड़े भाई बलराम की भृकुटि खिंचने लगे तो लगता है मानो भोलेनाथ शम्भु के कपाल पर शेषनाग का फन हो। सुभद्रा खड़ी होकर देवकी के पीछे बैठ गई।

जो कुछ घटित हुआ उससे श्रीकृष्ण प्रसन्न हुए। बलराम यह समझे कि पिता जी और श्रीकृष्ण के बीच इस सन्दर्भ में पहले बात हो चुकी है। उसकी सहमति से यह निर्णय लिया गया होने के कारण वह इस समय प्रसन्न लग रहा है। अब एक ही उपाय है। माँ से कहकर...।

''माँ, तुम?''

''कह तो दिया, मैं तुम्हारे पिताश्री के साथ जाऊँगी।'' देवकी के गले में डाला हुआ सुभद्रा का हाथ इस सन्दर्भ में कोई प्रभाव नहीं डाल सका।

''नहीं, ऐसा नहीं होगा।'' बलराम रूठकर खड़े हो गए।

''एक उपाय है बड़े भैया, आप हिमालय को यहीं ले आएँ!'' श्रीकृष्ण ने कहा।

सब हँस पड़े। सबका हास्य बलराम के हास्य में दब गया। इस प्रस्ताव ने सचमुच उन्हें प्रभावित किया हो इस प्रकार वे बोले : ''क्या यह असम्भव है?''

''नहीं, जो पराक्रमी पुरुष यमुना के प्रवाह को बदल सकता है वह हिमालय का स्थानान्तर भी कर सकता है।'' छोटे भाई गद को बलराम की शक्ति पर अपार श्रद्धा थी। उसने बलराम के विनोद वचन का गम्भीरतापूर्वक उत्तर दिया।

''यमुना और हिमालय का अन्तर मैं समझता हूँ। गतिशील को मोड़ा जा सकता है, स्थिर को नहीं। तुम सब मेरा निर्णय सुन लो। जीवन के इस सोपान पर मैं पिता जी और माता को यहाँ से नहीं जाने दूँगा। जीवन में जब सुखपूर्ण समय आया है उस समय...''– बलराम कक्ष के द्वार के पास खड़े थे।

''आर्यधर्म द्वारा बनाई गई आश्रम व्यवस्था के अनुसार...'' वसुदेव कहने लगे।

''उसके अनुसार तो अभी वानप्रस्थ चल रहा होगा। संन्यास का विचार कैसे आया? क्या हमारे कोलाहल से आप ऊब गए हैं?' कहते हुए बलराम उनके आसन के पास आये। सुभद्रा से कहा : ''अपनी भाभी को बुला ला। मैं इस निर्णय में सहभागी होने के लिए तैयार नहीं हूँ।'' यहाँ बैठकर विचार-विमर्श करने में बलराम की रुचि नहीं थी। अतः पिता से आज्ञा लेकर चल दिए। उन्हें नगर से बाहर जाता समझकर दो सेवक हल उठा लाए। बलराम ने एक हाथ से हल उठाकर कन्धे पर रखा और इस तरह कदम बढ़ाया मानो शस्त्र नहीं आभूषण धारण किया हो!

रुक्मिणीजी बड़ों के सामने पति से बात करना पसन्द नहीं करती थीं। रेवती जी में ऐसी जागरूकता नहीं थी। उन्होंने चर्चा को आकस्मिक मोड़ दे दिया।

''आध्यात्मिक साधन के लिए आजकल हिमालय को कुछ अधिक ही महत्त्व दिया जा रहा है। साधकों का तीर्थ और सिद्धों की मातृभूमि समान उज्जयन्त अपने समीप है फिर भी हिमालय का विचार क्यों आता है? ऋषिमुनि कहते हैं कि पृथ्वी का सबसे प्राचीन पर्वत उज्ज्यन्त है। गुरुवर सांदीपनि भी कहते थे कि जितनी मुक्तात्माएँ उज्जयन्त पर निवास करती हैं, उतनी अन्यत्र नहीं करतीं। मेरे पिताजी द्वारा निर्मित विश्रामगृहों को आप पवित्र करें। हिमालय के स्थान पर यदि आप वहाँ जाएँ तो व्रत आदि के अवसर पर हम आपके दर्शन करके आशीर्वाद प्राप्त कर सकेंगे।''

अब ककुद्मी उज्जयन्त पर ही निवास करते थे। उन्होंने विधिपूर्वक संन्यास ग्रहण नहीं किया था परन्तु तपस्वी जीवन व्यतीत करने लगे थे। बलराम जैसे जामाता मिलने के बाद उन्हें प्रजा की चिन्ता नहीं रही। मथुरा से स्थानान्तर होने के बाद बलराम और रेवती ने पहले के कुशस्थली राज्य को यादव गणराज्य की एक इकाई बना दिया था। उसकी व्यवस्था की अपेक्षा कृषि और वृक्ष उगाने में हलायुद्ध बलराम को विशेष रुचि है। राजप्रासाद की अट्टालिका की अपेक्षा रैवतक के शिखर पर खड़े होकर आकाश और सागर की ओर देखना उन्हें अधिक रुचिकर लगता है।

''मुझे हिमालय देखना है।'' सुभद्रा ने कहा : ''भाभी, तुम मुझे ले जाओगी?''

''तूने मेरी यह धारणा गलत साबित कर दी कि भाभी हिमालय के महत्त्व को घटाने में सफल हो गई हैं।''

''एक शर्त पर दिखा सकती हूँ।'' रेवती ने कहा : ''तुम हठपूर्वक पिताजी को यहाँ रोक लो। वचनबद्ध कर लो। लड़की को कुँवारी छोड़कर कोई संन्यास ग्रहण करता है? यह पूछो।'' वातावरण फिर से हलका हो गया।

हिमालय की भव्यता में दिव्यता व्याप्त है। उसकी अनन्तता में रहस्यात्मकता निहित है। यह स्वाभाविक था कि पिताजी वहाँ जाने के लिए उत्सुक हों। कुछ स्थल साधना-उपासना के लिए विशेष सुविधाजनक होते हैं। जहाँ प्रजाजनों ने स्नेह और आदरवश विवाह मण्डप बनाया था वह सागर किनारा भी तपस्वियों के लिए उपयुक्त स्थल है। इस नगरी की स्थापना करते समय मुझे दुर्ग निर्माण का ही विचार आया परन्तु गुरुकुल, तपोवन निर्माण का विचार क्यों नहीं आया? यदि गुरुकुल और तपोवन यहाँ नहीं होंगे तो मात्र दुर्ग से सुन्दर भविष्य की कल्पना की जा सकती है? क्या ऐसा नहीं हो सकता कि जो हिमालय जाने की आकांक्षा रखते हैं उन्हें यहाँ आने की प्रेरणा मिले...

रेवती के द्वारा बलराम माता-पिता को रोकने में सफल हुए थे। श्रीकृष्ण समझना चाहते थे कि पिताजी का वैराग्य कर्तव्यप्रेरित है या स्वतःस्फूर्त है। वे सन्तानों की ममता को छोड़ सकेंगे?

एक शाम रैवतगिरि से गौरीव्रत के लिए तैयार किए गए छोटे देव मन्दिर को देखकर पिता-पुत्र वापस लौट रहे थे। कृष्ण ने पूछा : ''हिमालय पहुँचने पर आपको यहाँ के स्वर्ण शिखर, महासागर की गर्जना और आप्तजनों के हर्षोल्लास की याद नहीं आएगी? इस समय जिस प्रकार हिमालय के लिए तृषा है, वहाँ पहुँचकर इस भूमि के लिए ऐसी तृषा नहीं होगी?''

''क्यों नहीं होगी? परन्तु मैं उसके कारण वापस नहीं आऊँगा। मुझे अपने पर विश्वास है।''

''मैं भी यही मानता हूँ।'' श्रीकृष्ण ने कहा : 'इसलिए आपके बारे में धारणा बना सकता हूँ कि आप द्वारिका में रहकर भी आध्यात्मिक साधना कर सकते हैं। जो बात अधिकतर यादवों के लिए असम्भव है, वह आपके लिए सम्भव है। वैभव में आप खो नहीं सकते। मैं चाहता हूँ कि आप इसी भूमि पर वानप्रस्थ और संन्यासी जीवन व्यतीत करें जिससे यह भूमि भी तपस्विनी बन जाए। यादवों की राजधानियाँ तो अनेक हैं परन्तु उनके द्वारा सर्जित तीर्थ नहीं हैं। आपके दीर्घ निवास से मैं यहाँ इसकी कल्पना कर सकता हूँ। मैंने गुरुदेव से तपोवन के लिए भूमि का चुनाव करने के लिए प्रार्थना की है।''

''सांदीपनि कहेंगे तो रुक जाऊँगा।'' वसुदेव ने उत्तर दिया।

सात्यकि का दूत सामने आ रहा था। उसकी मुखमुद्रा से किसी दुर्घटना का संकेत मिलता था।

''जलदस्युओं ने सत्राजित का जहाज लूट लिया है। प्रसेनजित रक्षा करता हुआ घायल हो गया है। दस्यु पहले की तरह संगठित हो गए हैं। उन्होंने कहा है कि यदि सत्राजित ने बदला लेने का प्रयत्न किया तो वे उसकी पुत्री का अपहरण कर लेंगे।''

श्रीकृष्ण पिताजी से आज्ञा लेकर सात्यकि के दूत के साथ चल दिए।

2

जलदस्यु पंचजन्य असुरों के आतंक को हमेशा के लिए खत्म करने के लिए सेनापति अनाधृष्टि और यादवों के प्रमुख योद्धा सात्यकि ने महाराज उग्रसेन की सूचना से वृष्णिश्रेष्ठ श्रीकृष्ण का मार्गदर्शन माँगा। श्रीकृष्ण ने बलराम को निमन्त्रण भेजा। कृषि कार्य में निमग्न हलायुद्ध ने कहा : ''मैं जलदस्युओं से लड़ चुका हूँ। वे अच्छे योद्धा नहीं होते। जो शूरवीर होते हैं वे कदापि लुटेरे नहीं बन सकते। यह कार्य तो कायरों का है। ऐसे कायरों से लड़ने की मेरी इच्छा नहीं है। पहले जब मैंने कुशस्थली को दस्युओं के आतंक से मुक्त किया था उस समय मुझे रेवती से मार्गदर्शन मिला था। वह असुरों की प्रकृति और बल को जानती है। जलयुद्ध में निपुण है।''

इस उत्तर में सेनापति अनाधृष्टि को विनोद का अधिक पुट लगा। सात्यकि की दृष्टि श्रीकृष्ण के मुख पर लगी थी। वे जो बोले, वह समझा नहीं जा सका।

परिचारिका रेवतीजी को बुलाने गई। रुक्मिणीजी भी थीं। युद्धमन्त्रणा के लिए सेनापति पधारे हैं यह जानकर वे कक्ष से वापस जाने लगीं परन्तु सात्यकि ने आदरपूर्वक उन्हें रोक लिया। सत्राजित का जहाज लुट गया और प्रसेनजित के घायल होने के समाचार द्वारिकावासियों के लिए पुराने हो गए थे। असुरों की धमकी की किसी को चिन्ता नहीं थी। क्योंकि नगरदुर्ग की रचना ही इस प्रकार थी कि उसमें सुरक्षित रहकर स्त्रियाँ भी युद्ध कर सकती थीं। सत्राजित की कन्या का अपहरण करना असुरों के लिए मुश्किल था। सत्यभामा मानो शत्रुओं को चुनौती दे रही हो इस तरह व्रत और उत्सव के अवसर पर द्वारिका के क्षेत्र में विहार करती थी। उसे पता चला कि रेवतीजी के नेतृत्व में जलदस्युओं का प्रतिकार किया जाएगा तो वह भी युद्ध कार्य के लिए तत्पर हो उठी। समस्या यह थी कि पिताजी से अनुमति किस प्रकार प्राप्त हो। यह दायित्व रेवतीजी ने उठा लिया। मात्र सत्यभामा ही नहीं रेवतीजी का अनुरोध था, कि प्रत्येक यादव वीरांगना इस युद्ध के लिए तैयार हो। सबसे सुकोमल दिखाई देतीं रुक्मिणीजी भी प्रथम पंक्ति में रहेंगी यह सुनकर शस्त्रास्त्र की शिक्षा न लेनेवाली रमणियों का अफसोस होने लगा। एक ऐसी मान्यता चल पड़ी थी कि रुक्मिणीजी जिससे स्मितपूर्वक बात करती हैं, वह सुखी हो जाता है।

इस तरह का आयोजन किया गया कि जलदस्युओं पर आक्रमण करके उन्हें भगाने का कार्य रेवतीजी की शक्ति सेना करे। यदि दस्यु अधिक संख्या में हों और आक्रमण करने लगें तो सुरक्षा का दायित्व सँभालनेवाले श्रीकृष्ण और सात्यकि उन्हें उचित सबक सिखाएँ।

रेवतीजी को सागर क्षेत्र का परिचय था और युद्ध का भी अनुभव था। रुक्मिणी धनुर्विद्या जानती हैं ऐसा सबका अनुमान था। परन्तु उन्होंने स्वतन्त्र जहाज माँगा, यह देखकर स्वयं श्रीकृष्ण को भी आश्चर्य हुआ। रुक्मी का स्मरण हो आया। वह महान योद्धा है यह निर्विवाद है परन्तु उसके आत्मविश्वास में अतिरेक है। क्या यही लक्षण बहिन में भी है? लगता तो नहीं है। यहाँ तो अहंकार का अंश भी नहीं दिखाई देता बल्कि विनम्रता दिखाई देती है। स्वतन्त्र जहाज लेने के पीछे निश्चित विचार और दृष्टि होगी। शत्रुओं पर विविध दिशा और दूरी से बाण-वर्षा करने में सुविधा रहेगी।

रुक्मिणी इस अनुमान से भी आगे निकल गईं। रेवती के द्वारा बताए गए क्षेत्र को पार करते ही उनके जहाज की गति बढ़ गई। यादव वीरांगनाओं का साथ छोड़कर उन्होंने तीव्र गति से जलदस्युओं पर आक्रमण कर दिया, जिसके लिए वे तैयार नहीं थे। उन्हें भय था रक्षा-पंक्ति के दोनों सिरों पर आसीन श्रीकृष्ण और सात्यकि का और कुछ-कुछ केन्द्र स्थान पर स्थित रेवती का। विदर्भकुमारी के बाण आकस्मिक थे। रेवती ने इस समय अधिक सोचे बिना अपनी व्यूह-रचना छोड़कर रुक्मिणी के आक्रमण का अनुसरण किया। शक्ति द्विगुणित हो गई। सत्यभामा ने भी अप्रतिम युद्ध-कौशल दिखाया। यादव रमणियों की रक्षा के लिए साथ रहे श्रीकृष्ण और सात्यकि ने इस विरल युद्ध को निहारा। जिन पंचजन्य असुरों ने कन्याओं के अपहरण की धमकी दी थी वे सब अपने अंगों पर यादवकन्याओं की विजय की रक्त-रंगी मुद्राएँ धारण करके सागर की लहरों में अदृश्य हो गए। सत्राजित के लुटे जहाज की सामग्री वहीं रह गई। पिछली पंक्ति के सैनिकों ने आकर उसे हस्तगत कर लिया।

श्रीकृष्ण और सात्यकि वीरांगनाओं को अभिनन्दन देने गए उस समय सत्यभामा रुक्मिणी के जहाज में थी। उसका बायाँ हाथ घायल हो गया था। अपने घाव की परवाह किए बिना सत्यभामा अपने धनुष की प्रत्यंचा निरन्तर खींचती रही थी। इससे प्रसन्न होकर रुक्मिणी स्वयं उसके घाव का उपचार कर रही थीं इसलिए प्राणप्रिय श्रीकृष्ण के आगमन पर तटस्थ रहने का प्रयास किया। रेवतीजी ने अपने जहाज से ही देवरजी से कहा : ''इस विद्युतवेगी विजय के केन्द्र में युद्ध के अनुभव का अभाव था।''

''अनुभव का अभाव होगा परन्तु योग्यता और आत्मविश्वास का नहीं।'' सात्यकि ने कहा : ''सत्यभामा का क्या अभिप्राय है?''

''मैं तो रुक्मिणी देवी का अनुसरण कर रही थी।''—कहते हुए सत्यभामा रुक्मिणी की दूसरी दिशा में हो गई जिससे वह बीच में नहीं आए। श्रीकृष्ण की उपस्थिति से वह सजग हो गई थी। रुक्मिणी का आधार मिलने पर भी कोई फर्क नहीं पड़ा।

अब तक रेवतीजी भी आ पहुँची थीं। उन्होंने दोनों वीरांगनाओं को आलिंगन में लेकर अभिनन्दन और शुभाशीष दीं। लम्बाई और शक्तिसेना का नेतृत्व करके विजय प्राप्त करने के कारण गोष्ठी में मुख्य स्थान प्राप्त किया। गोष्ठी को सुनने के लिए मानो सागर भी स्थिर हो गया था।

सात्यकि बोला : ''आर्यकन्याएँ यदि ऐसे शौर्य का प्रदर्शन करने लगें तो उनके अपहरण की आसुरी चेष्टाएँ रुक जाएँगी। नारी को अबला मानने की भ्रान्ति खत्म होगी। क्षत्राणियाँ और गोपांगनाएँ शारीरिक शक्ति में पुरुषों के समान ही नहीं, पुरुषों को जीत भी सकती हैं यह आज के युद्ध ने सिद्ध कर दिया है।''

''हाँ, परन्तु साथ में परम पुरुष हों तभी।'' कहते हुए रुक्मिणी ने श्रीकृष्ण की ओर देखा। दृष्टि के द्वारा विजय समर्पित की। कुछ क्षण बाद बोलीं : ''हमने तो सत्यभामा के अपहरण की धमकी का उत्तर दिया है परन्तु पहले जिन कन्याओं का अपहरण हुआ है उनके लिए क्या किया गया है?''

''आप किनका उल्लेख कर रही हैं?'' सात्यकि ने पूछा।

"नाम तो नहीं जानती परन्तु अनेकों होंगी। क्योंकि अनेक गुणों के भंडार जैसे आर्यावर्त में स्त्री का बलपूर्वक अपहरण करना पुरुष का शौर्य माना जाता है। आर्य और असुर अनेक कार्यों में एक-दूसरे के विरोधी लगते हैं परन्तु दोनों समानरूप से स्त्री को तो सम्पत्ति ही मानते हैं। मेरा वीर भाई रुक्मी जब अपने समर्थकों की प्रशंसा करने लगता था तब इस सन्दर्भ में मेरी जानकारी अधिक बढ़ी थी। एक है सम्राट जरासंध। वह एक कदम आगे जाकर छोटे राज्यों के राजकुमारों को पकड़कर अपने कारागृह में डालता है। सुना है कि वह नरमेध यज्ञ करनेवाला है जिसके द्वारा अभूतपूर्व और विशिष्ट सिद्धियों को प्राप्त करेगा। सम्राट जरासंध की सिद्धियों को भी फीका करने के लिए पूर्वांचल का अधिपति भौमासुर तत्पर हुआ है। उसे राजकुमारों के बलिदान में रुचि नहीं है। वह राजकुमारियों को एकत्र कर रहा है। वह उनकी हत्या नहीं करेगा। राजकोष में जिस तरह रत्न और मणियाँ सुरक्षित रखी जाती हैं उसी तरह वह कन्याओं से अपने प्रासाद को सुशोभित करेगा। कहते हैं कि सोलह हजार जितनी आर्यकन्याएँ प्रागज्योतिषपुर के कारागृह में पहुँच चुकी हैं। बाह्य रूप से वे वैभवपूर्ण जीवन जी रही हैं परन्तु वास्तव में वे बन्दिनी की भाँति जीवन व्यतीत करने के लिए विवश हैं।"

रुक्मिणी ने जो कहा वह श्रीकृष्ण जानते थे। उनकी धारणा तो थी ही कि स्वधर्म के रूप में जिन कार्यों को उन्हें करना है, उसके अनुसार उन्हें उचित अवसर पर प्रागज्योतिषपुर जाना पड़ेगा। किसी दूसरे लोकनायक द्वारा यह कार्य सम्पन्न होता तो उन्हें हर्ष होता परन्तु अब यह निश्चित हो गया कि यह उन्हीं का कर्तव्य बन गया है। रुक्मिणी बिना कारण ऐसा नहीं बोल सकतीं। उनके कथन में व्यंग्य तो है ही परन्तु विशेष रूप से व्यथा छिपी हुई है। विजय के आनन्द में सामान्य व्यक्ति निमग्न हो जाता है जबकि रुक्मिणी ने अपने सुख को दूसरों के दुख का निवारण चाहने तक फैलाया है। ऐसी सहधर्मिणी पाकर श्रीकृष्ण धन्य हो गए।

सात्यकि की आँखों में अतुलित आदर झलक रहा है। रेवतीजी को अतीत का स्मरण हो आया : "देवरजी, तुम और तुम्हारे बड़े भाई गुरुपुत्र की खोज में यहाँ आए और तुम दोनों भाइयों ने हमारा आतिथ्य स्वीकार किया। अपना परिचय आत्मीय सम्बन्ध में परिणत हुआ। आपने गुरुपुत्र को मुक्त कराने के लिए पंचजन्य का वध किया। सम्भवतः उसी का बदला लेने के लिए असुरों ने कुशस्थली पर अधिकार कर लिया था। वहीं तुमने अपने बड़े भाई को सत्या के पिता के साथ भेजा। विजय के साथ मुझे कुलवधू पद की प्राप्ति हुई। मनुष्य के जीवन को इससे अधिक क्या चाहिए? स्मरण करके असीम आनन्द होता है तो कभी ऐसा विचार आता है कि कहीं वृष्णिवीर सहायता के लिए नहीं आए होते, श्रीकृष्ण ने मुझे भाभी बनाने की कल्पना नहीं की होती तो मैं इस समय कहाँ होती?"

"जहाँ हैं वहीं। आपने जो कुछ प्राप्त किया है उसकी आप अधिकारी हैं। आपकी योग्यता से ही बड़े भैया प्रभावित हुए थे।"

"हो सकता है, परन्तु उन्हें इसका आभास नहीं था। उन्होंने ही मुझसे कहा था : मैं तुझे चाहता हूँ इसका मुझे पता चले उससे पहले ही कृष्ण ने अनुमान कर लिया था, इसीलिए मुझे कुशस्थली आने के लिए विवश किया था।"

“वे यहाँ नहीं आए होते तो भाभी, आप उन्हें प्राप्त करने के लिए मथुरा पर आक्रमण करतीं।” सात्यकि ने कहा।

“अपनी प्रशंसा मुझे अच्छी लगती है परन्तु मैं जानती हूँ कि इसमें अतिशयोक्ति है। मथुरा में कंसराज का शासन होता तो हम आनर्त की यादव कन्याएँ अब तक असुरों की बन्दिनी बन चुकी होतीं।” रेवती बोलीं।

“नहीं, आपने बन्दिनी के स्थान पर स्वतन्त्र रहने के लिए मृत्यु का वरण किया होता।” रुक्मिणी ने कहा।

“यह भी अतिशयोक्तिपूर्ण ही है। उन सोलह हजार में एक में भी क्या ऐसा आत्मबल नहीं होगा? सच तो यह है कि सब अपने हाथ में नहीं होता। किसी सहायक या उद्धारक की कृपा की आवश्यकता होती है। उसके बिना मुक्ति...”

भाभी कुछ अधिक ही प्रशंसा कर रही हैं। इस विजय ने उन्हें कुछ अधिक विनयी बना दिया है, यह अच्छा नहीं है। श्रीकृष्ण ने जहाज चालक को किनारे की ओर चलने का संकेत किया। वहाँ विजेताओं के स्वागत का भव्य आयोजन हो रहा था। सुभद्रा के मस्तक पर स्वर्ण कलश था। उसे स्थिर खड़ा रहना चाहिए था परन्तु उसके नूपुर रह-रहकर बजने लगते थे।

इस विजय के कुछ दिनों बाद सत्राजित और सात्यकि सोमतीर्थ गए थे। सत्राजित ने वापस मिली सम्पत्ति में से सिर्फ अपने सेवकों को ही दान दिया था। नवस्थापित गुरुकुल का भी उसे स्मरण नहीं आया। सात्यकि ने युद्ध का उल्लेख किया तो सत्राजित ने विजय का यश अपनी भाग्यशाली पुत्री को ही दिया। सात्यकि ने रुक्मिणी और रेवती के शौर्य का उल्लेख किया। इस पर सत्राजित बोले : “क्या मैं जानता नहीं हूँ कि लूटी हुई सम्पत्ति को वापस प्राप्त करने के लिए रेवती और रुक्मिणी सत्या के साथ गई थीं, परन्तु सबने इस बात को कितनी बार दुहराया है। तू ही बता सात्यकि, यदि वह सम्पत्ति वापस नहीं मिलती तो मैं दरिद्र बन जाता? जब तक मेरे पास स्यमंतक मणि है तब तक मैं सबसे धनवान यादव बना रहूँगा।”

“केवल धनवान? शूरवीर नहीं? सत्राजित मेरी बात मानो, कहीं से ऐसी मणि भी खोज लाओ जो तुम्हें सबसे बड़ा शूरवीर बना दे।” सात्यकि चुप नहीं रह सका।

“तुझसे स्नेह करने के कारण तेरे बचपने को सह लेता हूँ। इसलिए तेरा साहस बढ़ गया है और तू मुझे कायर कहने को प्रेरित हुआ है।” सत्राजित विचलित हो गया।

“कायर नहीं तो कृतघ्न अवश्य कहूँगा। तुम्हारे स्थान पर और कोई होता तो वह श्रीकृष्ण-रुक्मिणी के भवन पर जाकर कृतज्ञता अवश्य प्रकट करता।”

“अनेक कार्यों में व्यस्त रहता हूँ इसलिए भूल गया। प्रसेन के आहत को जाने से मेरा दायित्व बढ़ गया है। इस यात्रा के लिए मैं बहुत मुश्किल से निकल पाया हूँ।”

“क्या महादेव शम्भु से डर कर?”

“महादेव का भय होगा, तुझसे नहीं है। यदि तू स्वयं को मुझसे श्रेष्ठ योद्धा समझता हो तो देवमन्दिर में दर्शन करने के बाद मैं तुझे द्वन्द्व युद्ध के लिए आह्वान देता हूँ।”

"मैं अपने समकक्ष योद्धा से ही लड़ता हूँ।" कहते हुए सात्यकि हँस पड़ा और उसने स्नेहादर से सत्राजित की ओर देखा। वह इस श्रीमन्त यादव के अहंकार की आलोचना करता था परन्तु न जाने क्यों उसके प्रति आदर भी रखता था।

इस विवाद और उसके मधुर अन्त का वृत्तान्त सुनकर श्रीकृष्ण प्रसन्न हुए। सात्यकि बोला, स्वगत की तरह : "मेरी समझ में यह नहीं आता कि ऐसे मिथ्याभिमानी पुरुष के यहाँ सत्यभामा जैसी गुणवान लड़की कैसे पैदा हुई?"

"सभी कार्य-कारण स्पष्ट या प्रकट नहीं होते। सम्भव है कि इस यादव श्रेष्ठ के कुछ गुणों से हम अवगत न हों। उनका कुलकर सभा में समावेश नहीं हो पाया इस कारण भी उनके वचनों में कड़वाहट आई होगी। महाराज उग्रसेन ने गद को स्थान दिया उसके स्थान पर सत्राजित को भी दिया जा सकता था। भविष्य में सभा की नवरचना के समय उसमें व्यापक प्रतिनिधित्व के लिए ध्यान देना आवश्यक है। तू उद्धव से कहना कि महाराज की अनुमति लेकर वह कुलकर सभा की बैठक बुलाए और उसमें मुख्य अतिथि के रूप में सत्राजित को आमन्त्रित करे।"

सात्यकि को आश्चर्य हुआ। जो व्यक्ति उपकार भूलकर टीका करता है, श्रीकृष्ण उसमें भी गुण खोजते हैं! सचमुच सत्राजित में नीर-क्षीर में परख करने की क्षमता नहीं है। नहीं तो महाराज उसका चुनाव न करने की भूल नहीं करते। उसने उद्धव को यह सब बताते हुए श्रीकृष्ण की अनावश्यक उदारता पर विशेष बल दिया। उद्धव को इसमें कुछ भी अनावश्यक नहीं लगा। श्रीकृष्ण के निर्णयों का रहस्य हमारी समझ में तुरन्त नहीं आ पाता। श्रद्धा रखें तो यथासमय समझ में आ सकता है। "चल, हम दोनों उस यादव श्रेष्ठ सामन्त को आमन्त्रण दे आएँ।" सात्यकि ने कल्पना भी नहीं की थी कि सत्राजित को सम्मान देने के लिए इस तरह जाना होगा। जिसके विरुद्ध अभियोग लेकर गया उसी का बारात में जाने का अवसर आया।

दोनों पहुँचे उस समय कृतवर्मा वहाँ उपस्थित था। महाराज ने इस पर मथुरा के शासन-संचालन का दायित्व सौंपकर इसका कितना गौरव बढ़ाया है फिर भी इससे द्वारिका नहीं छूटती! निश्चित ही यह सत्यभामा के प्रति आकर्षित होगा। विवाहित व्यक्तियों की ऐसी लालसा के बारे में क्या कहा जाए! इस बारे में कभी उद्धव के साथ चैन से बात करेगा। इस समय तो कृतवर्मा की उपेक्षा करने में ही औचित्य है। औपचारिकतापूर्ण बातें करके सत्राजित को प्रसन्न और कृतवर्मा को उदास करके दोनों वापस लौटने लगे। उन्हें तुरन्त वापस जाता देखकर सत्यभामा अपने भवन की सीढ़ियों तक आ पहुँची।

"अतिथि स्वागत का अवसर दिए बिना ही वापस जाने लगे?"

"स्वागत की अपेक्षा लिए कोई और बैठा है, जाकर देखो।" सात्यकि ने सत्यभामा की ओर वक्र दृष्टि से देख लिया और चल दिया।

"सुशिक्षित और वाक्पटु कन्या के साथ बातचीत करने की तेरी यह रीति मुझे अच्छी नहीं लगी, बन्धु!" उद्धव ने कहा : "यादवों का प्रमुख योद्धा होने का अर्थ क्या यह है कि तुम कन्याओं के साथ भी लड़ो?"

"सत्यभामा को मैं बहुत पहले से पहचानता हूँ। मेरे ऐसे उत्तरों की उसे आदत हो गई है।" सात्यकि ने लापरवाही से कहा।

"मुझे आश्चर्य इस बात से है कि तुझे भी ऐसे उत्तर देने की आदत हो गई है। श्रीकृष्ण के साहचर्य से हमारी वृत्तियों में भी परिवर्तन होना चाहिए या नहीं?"

"महाज्ञानी उद्धव में परिवर्तन नहीं आया होगा, मुझमें तो आया है। मैं पहले से ही निर्भय था, अब सम्पूर्ण सत्यनिष्ठ बन गया हूँ।"

"सम्पूर्ण सत्यनिष्ठ से क्या तात्पर्य है? सात्यकि क्या सत्य को तूने जान लिया है? और वह भी सम्पूर्ण? ऐसा दावा तो स्वयं श्रीकृष्ण भी नहीं करेंगे। वे कहेंगे कि सत्य जानने के लिए हमें अपनी विवेक-बुद्धि को पूर्वग्रह मुक्त रखना चाहिए। सत्य किसी एक स्वरूप में प्रकट नहीं होता। वह कभी पर्वत शिखर पर ध्वज फहराता है तो कभी समुद्र की गहराई से मन्द-मन्द स्मित करता है। कभी-कभी वह सूर्य की धूप की तरह अपनी पलकों का स्पर्श कर जाता है तो कभी खिलनेवाली कली की सुगन्ध बनकर आता है।"

सात्यकि मन्त्रमुग्ध होकर उद्धव की वाणी को सुन रहा था। उनका रथ राजप्रासाद के प्रवेश-द्वार पर आ पहुँचा था। सत्राजित उमंगपूर्वक कुलकर सभा में पधारा। अन्य बहुमूल्य आभूषणों के अतिरिक्त उसने स्यमन्तक मणि को भी धारण किया था। जलदस्युओं से संघर्ष करके उसने ही सागर विजय प्राप्त की हो और यह सभा उसका ही सम्मान करने के लिए आयोजित हुई है, ऐसी मुखमुद्रा के साथ उसने आसन ग्रहण किया।

क्रमबद्ध कार्यों के बारे में चर्चा होने के बाद यादव सन्नारियों के पराक्रम के बदले में उनका अभिवादन करने का प्रस्ताव रखा गया। सात्यकि और श्रीकृष्ण इस विजय के साक्षी थे। श्रीकृष्ण का संकेत पाकर सात्यकि खड़ा हुआ। उसने पूरा वृत्तान्त विस्तारपूर्वक सुनाया।

वृद्ध यादवों ने रेवती, रुक्मिणी आदि कुलवधुओं और सत्यभामा आदि कन्याओं के शौर्य की प्रशंसा करते हुए उन्हें शुभाशीष दी। श्रीकृष्ण के परम सखा उद्धव ने सत्राजित की ओर देखा। इसका अर्थ था कि तुम पर भी कोई उपकार हुआ है?

"मेरा कर्तव्य गुरुजन बताएँ। मुझे उनकी आज्ञा शिरोधार्य है।" आज सत्राजित कुछ भी करने के लिए तैयार था। उसके पास सम्पत्ति और सैन्य-बल था, आर्यावर्त में किसी के पास नहीं है ऐसी स्यमन्तक मणि थी। श्री और सरस्वती के अवतार समान सुपुत्री सत्यभामा थी परन्तु कुलकर सभा में निमन्त्रित होने का सौभाग्य पहली बार मिला था। आशुतोष माने जाते महादेव शम्भु के उपासक को शोभा दे ऐसा व्यवहार इस समय सत्राजित करते हुए प्रसन्न हो रहे थे।

सत्राजित की यह प्रसन्नता लेशमात्र भी कम नहीं हो इस आशय से अन्य अग्रणी मौन रहे। अतः महाराज उग्रसेन का कर्तव्य बढ़ गया। वे सत्राजित के विलक्षण स्वभाव से परिचित थे। उसे क्या अच्छा लगेगा और क्या नहीं यह अनुमान करना कठिन था। इसलिए यह विकट कार्य उन्होंने श्रीकृष्ण को सौंप दिया। सत्राजित को विशेष अतिथि के रूप में आमन्त्रित करने का सुझाव भी इन्हीं का था। उन्होंने अवश्य कुछ सोचा होगा।

श्रीकृष्ण एकदम खड़े हो गए परन्तु वह उतने गम्भीर नहीं थे। "सत्राजित ने बुजुर्गों से अपने कर्तव्य को जानने की इच्छा व्यक्त की है। इस सभा में मैं गद के अतिरिक्त किसी

से भी बड़ा नहीं हूँ। मेरे परम मित्र उद्धव भी उम्र में मुझसे बड़े हैं। सत्राजित को एक वरिष्ठ सामन्त श्रेष्ठी के रूप में वर्षों से देखता आ रहा हूँ। वे आर्यावर्त के एक कुशल व्यापारी हैं। जलमार्ग के व्यापार में अनेक अवरोध आने पर भी सिद्धियों के सोपान हथियाने में उनका नाम प्रसिद्ध है। इस सभा में उनके सामने उनकी प्रशंसा करके मैं उन्हें लज्जित नहीं करना चाहता। मैं इतना ही कहना चाहता हूँ कि कुलकर सभा के निर्णय के अनुसार द्वारिका का सागर किनारा जलदस्युओं के भय से आज मुक्त हो गया है। सात्यकि या कृतवर्मा जैसे शक्तिशाली योद्धाओं या महाबलि बलराम के भय से जलदस्यु भाग जाएँ इसमें आश्चर्य की कोई बात नहीं है परन्तु इस बार तो यादव रमणियों ने उन्हें पराजित किया है। कुलकर सभा उनका अभिवादन करे तो इसमें औचित्य है। परन्तु प्रश्न यह उठता है कि अभिवादन किया किससे जाए। पुष्पों से, या फिर रत्न या मणिमाला से? मेरे दृष्टिकोण से भावना महत्त्वपूर्ण है वस्तु नहीं। इसलिए सभा की अनुमति से मैं आर्य सत्राजित से निवेदन करता हूँ कि वे जिसे अपनी सर्वोत्तम वस्तु समझते हों वह सभा को समर्पित करें, सभा उससे विजेता रमणियों का अभिवादन करेगी।''

संयोगावशात् उसी समय श्रीकृष्ण की दृष्टि स्यमन्तक मणि पर पड़ी। दो प्रकाशों के मिलने से सभी का ध्यान आकर्षित हुआ। सत्राजित इससे सजग हो गए। श्रीकृष्ण ने अपने कथन से जो अव्यक्त रखा था, सभाजनों के व्यवहार ने स्पष्ट कर दिया था। अब क्या किया जाए? सत्राजित असमंजस में पड़ गए। उनकी मान्यता थी कि वह वैभव स्यमन्तक मणि के आधीन है। मैं जिस क्षण इसको त्याग दूँगा उसी क्षण से अन्य यादवों के समान हो जाऊँगा। नहीं, मुझे ऐसा बनने के लिए अपनी सर्वोत्तम वस्तु का त्याग नहीं करना। वह विकट परीक्षा में फँस गया। उससे निकलने का मार्ग नहीं मिलने पर वह व्याकुल होकर अधीरता से बोला : ''नहीं, मैं यह स्यमन्तक मणि नहीं दूँगा। इस कुलकर सभा को तो नहीं दूँगा। परमात्मा को भी नहीं दूँगा। मेरी सम्पत्ति, कीर्ति, मेरा भाग्य इस बहुमूल्य मणि पर निर्भर है। यह देकर मैं अपना सर्वनाश नहीं करूँगा।''

सभा स्तब्ध रह गई। सत्राजित किसी अन्य युक्ति से मणि देना टाल सकता था। फिर ऐसी लाचारी क्यों प्रकट की? उसके आत्मगौरव की रक्षा हो इस हेतु से श्रीकृष्ण बोले : ''आप स्यमन्तक मणि दें या नहीं यह महत्त्वपूर्ण नहीं है। महत्त्वपूर्ण है त्याग की भावना। यज्ञ में अपनी सबसे प्रिय वस्तु अर्पण की जाए, ऐसा आशय रहा है, परन्तु मनुष्य केवल कर्मकाण्ड करके इतिश्री मान लेते हैं। इसलिए ही मैं अधिकतर यज्ञों के पक्ष में नहीं हूँ। आशा करता हूँ कि आगामी जीवन में उत्तम यज्ञों को देखने का अवसर मिलेगा। सोचा था आपके द्वारा यह प्रारम्भ होगा परन्तु बड़ा विचित्र अनुभव हुआ है। क्या सचमुच आपकी सम्पत्ति और कीर्ति, सारी रिद्धि-सिद्धि स्यमन्तक मणि के कारण ही है? यदि यह सत्य होता तो सारे महारथी और श्रेष्ठी अपने-अपने कार्यों को छोड़कर मणि की खोज में निकल पड़े होते। कुछ स्यमन्तक मणियों के मिलने से सारे संसार का कल्याण हो जाता है। इस बारे में सोचना चाहिए। फिर कोई समर्थ व्यक्ति पुरुषार्थ ही क्यों करेगा?''

सत्राजित श्रीकृष्ण के कथन का तात्पर्य समझने का प्रयास कर रहा था। परन्तु उसे उसमें उपलाम्भ दिखाई दिया। कुछ समय पहले अपनी सर्वोत्तम वस्तु के अर्पण का सुझाव

सुनकर अनुमान कर लिया था कि मैं कुलकर सभा को स्यमन्तक मणि अर्पण करूँगा, उसी के साथ उग्रसेन घोषणा कर देंगे और वह रुक्मिणी के गले की शोभा बढ़ाने लगेगी। सत्या कह रही थी कि इस विजय में रेवती के नेतृत्व की अपेक्षा रुक्मिणी के शौर्य का विशेष योगदान है। रेवती भी यही कहेगी। सात्यकि को तो श्रीकृष्ण-रुक्मिणी के अतिरिक्त और कुछ दिखाई ही नहीं देता। मेरे हाथ से निकली हुई स्यमन्तक मणि अपने आप श्रीकृष्ण के चरणों में पहुँच जाएगी। कितनी अद्भुत युक्ति सोची थी! अब मेरी समझ में बात आ रही है।

''यह स्वयं प्रकाशित मणि अतिशय स्पृहणीय होगी इसमें शंका नहीं है। ऐसा दैदीप्यमान अलंकार किसी भी रमणी को अच्छा लग सकता है। इसका मूल्य मैं तनिक भी कम नहीं आँक रहा। फिर भी आर्य सत्राजित, आपकी इस मणि से किसी भी मनुष्य का मूल्य अधिक है।'' श्रीकृष्ण सभा को छोड़ते हुए बोले : ''जब तक आप इस मणि के मोह से मुक्त नहीं होंगे तब तक आत्मविकास नहीं कर सकते।''

''मुझे इसकी शीघ्रता नहीं है। तुम और उद्धव आत्मविकास कर रहे हो यही पर्याप्त है।''

गद सत्राजित को उत्तर देनेवाला था परन्तु महाराज उग्रसेन ने रोक लिया। आज पहली बार उन्होंने विनोद वचन का आश्रय लिया : ''आज इस सभा में संकर्षण उपस्थित नहीं थे यह अच्छा हुआ। नहीं तो मेरे मित्र सत्राजित को अपने शारीरिक विकास की सीमा का अहसास हो जाता।''

सभाजनों का हास्य शान्त होने पर उग्रसेन ने अपना निर्णय सुनाया : ''इस सभा में श्रीकृष्ण का कथन कदापि व्यर्थ नहीं जाता परन्तु सत्राजित उससे लाभ नहीं उठा सके। अब मुझे अपना अभिप्राय प्रकट करना होगा।''

''आपका अभिप्राय मेरे लिए आदेश होगा।'' श्रीकृष्ण के प्रस्थान के बाद उनके प्रभामंडल से मुक्त हुए सत्राजित ने कहा।

महाराज उग्रसेन ने कहा कि जलयुद्ध में वापस मिली सम्पत्ति को सत्राजित राजकोष में जमा कराएँ। इस निर्णय के पीछे निहित कारण के बारे में भी बता दूँ। राजकोष को इसकी आवश्यकता है इसलिए नहीं, परन्तु श्रीकृष्ण चाहते हैं वह भावना पल्लवित हो इसलिए मैं सत्राजित को उनकी अनिच्छा से ही त्याग की दिशा में अग्रसर कर रहा हूँ। सम्पत्ति का अतिरेक व्यक्तिवाद को पुष्ट करता है और गणभावना से विमुख करता है। मुझे आशा है कि मेरा यह निर्णय राज्य और सत्राजित के लिए हितकारक होगा।

महाराज के आदेशानुसार वापस मिला द्रव्य सत्राजित ने तुरन्त राजकोष में जमा करा दिया। उसे स्यमन्तक मणि बचा लेने का बहुत सन्तोष था। उसने निश्चय किया कि अब कभी भी यह मणि पहनकर बाहर नहीं निकलेंगे।

3

वार्ष्णेय सोच रहे हैं कि पांचाल देश जाना चाहिए या नहीं। स्वयंवर में समग्र आर्यावर्त के राजे-महाराजे आएँगे। सम्भव है कि अर्जुन भी आए। लाक्षागृह की अग्नि में जलकर पांडव

मर चुके हैं ऐसा माना जा रहा है। परन्तु श्रीकृष्ण, सात्यकि, उद्धव और बलराम जानते हैं कि वे कुन्ती बुआ के साथ कुशल से हैं। आग की दुर्घटना से पूर्व प्रजाजन नहीं जानते थे कि वे महल आयोजनपूर्वक लाख का बनवाया गया था। अधिकतर तो यही समझते हैं कि उस आकस्मिक आग में दुर्भाग्यवश पांडव जल मरे हैं। यह एक प्रकार की सहानुभूति थी परन्तु जब वास्तविकता का पता चला तो यह द्विगुणित हो गई। उसे कम करने के लिए दुर्योधन ने राज्य की ओर से शोक मनाने का निर्णय किया। उसने कभी भी उन्हें सगा भाई नहीं माना था, फिर भी उसने प्रचार किया कि राजधर्म के कारण वह उनकी सद्गति के लिए अनुष्ठान करवाएगा। वह कर्तव्यनिष्ठ और धर्मनिष्ठ राजा है, ऐसा प्रभाव डालने के लिए उसने अनेक प्रयत्न किए इसलिए वास्तविकता से कुछ समय तक अनभिज्ञ रहने के कारण बलराम उससे प्रभावित हो गए। एक यात्रा में उसे शिष्य बना बैठे। उन्होंने उसे गदायुद्ध के ऐसे कई दाँव सिखा दिए जो भैरवदा उसे कभी नहीं सिखाते।

समुद्र विजय के बाद के शान्तिपूर्ण दिनों में, द्वारिका से गिरिनगर के पश्चिम में तपोवन के सामने बलराम द्वारा निर्मित नन्दवन नामक विशाल उद्यान में सुभद्रा के गौरीव्रत के उद्यापन के उपलक्ष्य में रेवती और रुक्मिणी भी आई हैं। चौथे प्रहर का सूर्य सागर के जल को झिलमिला रहा है और आकाश रैवतगिरि को सुशोभित कर रहा है। उसके शिखर के पास बने छोटे देवमन्दिर के पास बैठे श्रीकृष्ण और बलराम याज्ञसेनी के भविष्य के बारे में विचार कर रहे हैं। स्वयंवर में पधारने के लिए द्रुपद-नरेश ने आग्रहपूर्वक आमन्त्रण भेजा है।

पिताजी के साथ मानस की यात्रा करके लौटते समय द्रुपद का आतिथ्य स्वीकार किया था। धृष्टद्युम्न और द्रौपदी का उस समय निकट परिचय मिला था। ''यदुवीर, मुझे राजकुमारी नहीं कृष्णा कहकर सम्बोधित करें।'' द्रौपदी ने आत्मीयतापूर्वक याचना की थी। उसमें न तो तनिक भी दीनता थी और न लालसा का अंश था। हाँ, आत्मगौरव अवश्य था। यदि आर्यावर्त में एक कृष्ण है तो एक कृष्णा भी है जो सत्य के विकल्प में कभी सुख नहीं चाहेगी।

द्रौपदी यज्ञ की फलश्रुति के समान दैदीप्यमान थी। वेद की श्रुति के समान निर्मल और हृदयस्पर्शी थी, मन्दारवृक्ष की छाया के समान सुखदायी थी। गोष्ठी के बिना भी उसका सान्निध्य अच्छा लगता था। उसने राधा और रुक्मिणी के भाग्य की प्रशंसा की परन्तु किसी के प्रति ईर्ष्या भाव नहीं था। आर्यावर्त में नरोत्तम कौन है यह उसने गुप्त नहीं रहने दिया परन्तु अपना चुनाव बताया नहीं। पिताजी अपना प्रतिशोध छोड़ेंगे नहीं। उनका यह आग्रह होगा कि द्रोणाचार्य को जीतनेवाले नरपुंगव से ही पुत्री का विवाह करूँगा। सम्भव है कि स्वयंवर रचा जाए।

धृष्टद्युम्न और द्रौपदी समझ गये थे कि प्रतिशोध की भावना से किए गए आयोजन में श्रीकृष्ण भाग नहीं लेंगे। श्रीकृष्ण को पतिरूप में प्राप्त करने की अभिलाषा का कोई अर्थ नहीं था। जो सम्भव नहीं है उसका स्वप्न भी क्यों देखा जाए? फिर भी स्वयंवर को विधिवत् निमन्त्रण भेजा गया तो उसमें भाई-बहिन ने यदुनन्दन को प्रणाम लिखवाया और पुनः दर्शन करने की अभिलाषा व्यक्त की।

राजा उग्रसेन ने गणसभा के प्रतिनिधि के रूप में पांचाल नरेश का आमन्त्रण स्वीकार लिया है और उत्तर भेजा है : ''याज्ञसेनी के इस भव्य स्वयंवर में यादव श्रेष्ठ वीर अवश्य आएँगे। श्रीकृष्ण आदि से मैं अनुरोध करूँगा।''

यादववीर जानना चाहते हैं कि कृष्ण-बलराम जाना चाहते हैं या नहीं। यदि वे नहीं जा रहे तो कौतूहलवश भी जाने की इच्छा नहीं है। जिन्हें उत्सव और युद्ध में कोई अन्तर नहीं लगता हो उन्हें जाना हो तो जाएँ। क्या करना चाहिए? श्रीकृष्ण-बलराम विचार-विमर्श कर रहे हैं।

रैवतक की ऊँचाई पर सांध्य बेला में रंगकर विचार भाव बनने लगे हैं। नहीं जाने का निर्णय नहीं ले पाए और स्वयंवर में भाग लेने का प्रयोजन समझ में नहीं आ रहा था।

नन्दवन में रेवती, रुक्मिणी और सुभद्रा प्रार्थना कर रही हैं। उनका दूत आ पहुँचा। श्रीकृष्ण और बलराम नन्दवन की दिशा में चलने लगे। उन्हें सोपानश्रेणी की आवश्यकता नहीं थी। सन्नारियाँ उद्यान की मुख्य कुटीर में प्रतीक्षा कर रही थीं। उन्हें नगर पहुँचने की जल्दी थी परन्तु द्रौपदी-स्वयंवर की बात जानते ही वह जिज्ञासा में परिणत हो गई।

आसन ग्रहण करते हुए बलराम बोले : ''मान लो कि आर्यावर्त का कोई धनुर्धारी मत्स्यवेध कर ही नहीं पाए तो क्या होगा?''

श्रीकृष्ण कुटीर के पर्णस्तर में गुँथे हुए मोरपंख को देख रहे थे। रुक्मिणी सुभद्रा के कान में कुछ कहने लगीं। सुभद्रा को यह बात सबको कहनी थी परन्तु संकोचवश उसके होंठ नहीं खुल पा रहे थे। अब वह समझने लगी थी कि स्वयंवर की शर्तें कन्या की योग्यतानुसार निश्चित की जाती हैं। इन पर ही उसका सम्पूर्ण जीवन निर्भर रहता है।

ननद का असमंजस और देवरानी की इच्छा समझकर रेवती बोलीं : ''रुक्मिणी की ऐसी अभिलाषा है कि उसके पति मत्स्यवेध का यश प्राप्त करें।''

''प्रश्न यश प्राप्त करने का नहीं है। केवल धनुर्विद्या का कौशल ही दिखाना होता तो कल प्रातःकाल सागर किनारे दिखा सकता हूँ। प्रश्न है द्रौपदी के भविष्य का। इस सन्दर्भ में मेरा कर्तव्य क्या है इस बारे में मैं बड़े भैया के साथ कब से विचार-विमर्श कर रहा हूँ। कृष्णा को मैंने एकाधिक बार देखा है। वह परम तेजस्वी युवती है। उसका याज्ञसेनी नाम उचित ही है क्योंकि वह यज्ञ की ज्वाला के समान दीप्तिवान है। उसके प्रति मेरे मन में सख्य प्रेम है।'' श्रीकृष्ण के आसन ग्रहण किया।

''परन्तु वह श्रीकृष्ण को किस दृष्टि से देखती है?'' रेवती ने पूछा।

''दृष्टि अनुचित नहीं होगी। उसकी विवेक-बुद्धि उसके सौन्दर्य के समान ही असाधारण है। वह वृथा, लोभ नहीं करेगी। और मानिनी है इसलिए याचना भी नहीं करेगी।''

''तो क्या भाभी ने आपसे याचना की इसलिए वे छोटी हो गईं?'' सुभद्रा मधुर रोष में बोली।

''जिसके पास स्वाभाविक स्नेह की पूँजी है वह किसी से छोटा नहीं है। परन्तु जो स्नेह की भी याचना नहीं करता उसका महत्त्व मेरे लिए कम नहीं है। यह दोनों बिल्कुल विपरीत मार्ग अपने-अपने ढंग से इष्ट हो सकते हैं। मेरा द्रौपदी के साथ लौकिक सम्बन्ध नहीं हो लेकिन आन्तरिक सम्बन्ध तो हो सकता है। मैं इस स्वयंवर में प्रतिस्पर्धी के रूप में नहीं

जाऊँगा।'' कहते हुए श्रीकृष्ण ने रुक्मिणी की ओर देखा। जो अव्यक्त था वह भी ज्ञात हो गया।

''क्या कोई यादववीर द्रौपदी को जीतने में समर्थ हैं?''—रेवती ने पूछा।

''सम्भव है कि सात्यकि मत्स्यवेध करने में सफल हो जाए परन्तु सभा में बड़े भैया और मुझे उपस्थित देखकर वह स्पर्धा के लिए खड़ा नहीं होगा। यदि हम दोनों पांचाल देश नहीं जाएँ, अकेले उसे ही भेजें तो विजय के बाद अन्य राजाओं के साथ सम्भावित संघर्ष में यादवपक्ष की बहुत हानि होगी। सत्राजित और कृतवर्मा संकट के समय में सात्यकि की कितनी सहायता करेंगे यह कहना कठिन है।''

''सात्यकि के प्रति कृतवर्मा का ईर्ष्या-द्वेष मेरी समझ में नहीं आता।'' रेवती जी बोलीं।

''सात्यकि को हमारा स्नेह मिलता है वह कृतवर्मा जैसे महत्त्वाकांक्षी के मन में ईर्ष्या जगा सकता है। और इन बातों का कोई स्थायी हल नहीं है। हर अवसर पर सावधान रहना होता है। इस समय तो मेरे अनुसार प्रत्येक यादव महारथी को तटस्थ रूप में द्रुपद राजा के शुभचिन्तक के रूप में स्वयंवर में जाना उचित होगा। मत्स्यवेध के बाद शान्तिपूर्वक द्रौपदी का विवाह सम्पन्न हो इसमें सहभागी बनें। बड़े भैया, हम भागीरथी और कालिन्दी के उस समृद्ध प्रदेश की यात्रा के बाद वृन्दावन में रुकेंगे।''

बलराम ने श्रीकृष्ण के प्रस्ताव का अनुमोदन किया : ''उग्रसेन को भी इसमें ही औचित्य लगेगा।''

रेवती को विनोद सूझा : ''आप लोगों की उपस्थिति में कुरुश्रेष्ठ दुर्योधन ने द्रौपदी को जीत लिया तो भी उसके विवाहोत्सव में शामिल होंगे?''

''क्यों नहीं? दुर्योधन बड़े भैया का योग्य शिष्य जो ठहरा!'' श्रीकृष्ण ने भी मुस्कराकर उत्तर दिया।

''उसकी स्वयं की आधारभूत योग्यता इतनी कम है कि मेरे विद्यादान से संवर्धित हुई शक्ति से वह शायद ही मत्स्यवेध कर सकेगा। हाँ, भीम को अवश्य जीत सकता है।''

''भीम को जीत लेगा? परन्तु सभी पांडव तो लाक्षागृह में जलकर मर चुके हैं। उनका स्मरण करके पिताजी की आँखें गीली हो जाती हैं।'' सुभद्रा एक ही साँस में कह गई।

श्रीकृष्ण ने बलराम की ओर देखा। धर्मसंकट खड़ा हो गया था। वह तो विनोद में भी असत्य नहीं बोल सकते। गुप्त बात को प्रकट करने के कारण बड़े भैया को जो उचित लगे वह करें।

बलराम अपनी असावधानी पर हँस पड़े। इन तीन देवियों को पता चलने पर बात तेंतीस करोड़ तक पहुँचे बिना नहीं रह सकती। दूसरी ओर पांडवों के बारे में किसी समाचार को जानकर दुर्योधन अवसर नहीं चूकेगा। उसे गदायुद्ध सीखना था। वह उदारतावश सिखा दिया परन्तु वह कूटनीति द्वारा इसका दुरुपयोग करे और पांडवों को हानि पहुँचाए, यह नहीं हो सकता।

''सुभद्रा, तुझे जो कुछ जानना हो वह अपनी भाभियों से पूछा कर। हमसे नहीं, समझी?'' बलराम ने कृत्रिम रोष में कहा परन्तु उनका उत्तर सुनकर रूठ गई सुभद्रा तक

वह नहीं पहुँचा। पांडव जीवित हैं यह रहस्य प्रकट हो चुका था। सुभद्रा बचपन से ही पांडवों के बारे में सुनती आ रही थी। उद्धव भी श्रीकृष्ण के परम स्नेही अर्जुन का सम्मान करते थे। जरासंध के समर्थक दुर्योधन के द्वारा किए गए अन्याय का प्रतिकार अर्जुन द्वारा किया जाए, उसके बालहृदय में ऐसी आकांक्षा उठी थी परन्तु फिर सुनने में आया कि लाक्षागृह की आग में वे देवपुरुष भस्म हो गये हैं। जो विधाता पिताजी जैसों को इतने-इतने कष्ट दे सकते हैं वह पांडवों को कैसे छोड़ता? जो भाग्य में लिखा हो क्या उसके सामने विद्रोह करनेवाला वीर पुरुष नहीं हो सकता? उसने श्रीकृष्ण से पूछा। उत्तर में अगम्य स्मित मिला। रुक्मिणी समझाती रहती थीं : "तुम्हारे भाई बहुत बड़े विद्रोही हैं। कुछ बड़े होने पर समझ जाओगी। अभी प्रद्युम्न को प्रेमपूर्वक खिलाओ, यही उचित है।"

पांडवों के जीवित होने की वास्तविकता को जानकर रुक्मिणी को स्मरण हो आया। यह उन्माद नहीं था, स्वप्न भी नहीं था। श्रीकृष्ण का ही स्वर था। जिसे वह निद्रावस्था कहती है उसमें भी आर्यपुत्र की चेतना जाग्रत रहती है। वे अर्जुन को सम्बोधित करके कोई सन्देश भेज रहे थे। स्वर गम्भीर था।

अर्जुन दूर सुदूर जहाँ भी हो, ऐसी प्रतीति हो रही थी कि वह सन्देश वहाँ तक पहुँच रहा है।

रुक्मिणी ने देखा कि आर्यपुत्र की आँखों में पांडवों की सुरक्षा की चिन्ता है। इस बारे में पूछना ठीक नहीं है। दोनों भाई भले ही गोष्ठी करते रहें, परन्तु हमें माता-पिता तथा अन्य के सांध्य भोजन अपने व्रतनियम तथा प्रद्युम्न की देखभाल में विलम्ब नहीं करना चाहिए। वे रेवती से विनती करके रथारूढ़ हुईं। व्याकुल आँखों वाली ननद को साथ लेकर उन्होंने प्रस्थान किया। बलराम ने हलकापन महसूस किया।

"तूने सुभद्रा को बहुत सिर पर चढ़ा लिया है, आज वह पिताजी के समक्ष मेरी शिकायत किए बिना नहीं मानेगी और पांडवों से सम्बन्धित रहस्य प्रकट कर देगी।" बलराम आसन छोड़कर कुटीर से बाहर आ गए। श्रीकृष्ण अपने लहराते उत्तरीय का एक सिरा पकड़े हुए बाहर आए।

"सुभद्रा की जिज्ञासा को दूसरी ओर मोड़ने के लिए ही उसकी भाभी को रथ लेकर चले जाने का विचार आया होगा। आप निश्चिन्त रहें। और मेरे विचार से पांडव अब अधिक समय तक गुप्तवास नहीं करेंगे। द्वारिका के स्थिर शासन और सुरक्षित जीवन के बारे में वे अवश्य जानते होंगे। उनकी विद्या और शक्ति में असाधारण वृद्धि हुई होगी। इस समय वे ब्राह्मण वेश में भ्रमण करते हैं। मेरे विचार से वे द्रौपदी स्वयंवर को देखने के लिए प्रेरित होंगे।"

"अगर वहाँ पहचान लिए गए तो? वहाँ उनके पास न तो शस्त्र होंगे और न सेना ही। दुर्योधन के द्वारा उनका वध कर दिया गया तो क्या होगा?"

"आप उन्हें इतना भोला समझते हैं? मेरे विचार से वे पाँचों भाई बलवान, बुद्धिशाली और सुशील हैं। उन्हें कौरवों से डरने की आवश्यकता नहीं है। लाक्षागृह की घटना के बाद मैंने ही सुझाव दिया था कि कुछ समय गुप्तवास करके तपसिद्ध शक्तिसम्पन्न बनकर प्रकट हो और दुर्योधन के लिए अविजेय बनो।"

''इन वर्षों में दुर्योधन की शक्ति भी बढ़ी होगी।''

''संख्या के रूप में, सत्वशीलता की दृष्टि से नहीं। हाँ, दुर्योधन का सबसे बड़ा सौभाग्य यह है कि उसके पक्ष में अंगराज कर्ण है। वह धर्मनिष्ठ और उदार है। उसके माध्यम से दोनों में समझौता कराया जा सकता है।''

''समझौता तो पहले भी करवाया गया था। अक्रूर काका, विदुरजी और तुम सबने मिलकर दुर्योधन और युधिष्ठिर दोनों के लिए लाभदायक व्यवस्था बनाई थी।'' बलराम ने तटस्थ स्वर में कहा है।

''एक और प्रयत्न करते हैं।''

''इससे विशेष फर्क नहीं पड़ेगा। यदि तुमने कर्ण के माध्यम से समझौते का प्रयत्न किया तो गांगेय भीष्म कुपित होंगे।''

''ऐसा नहीं है। पांडवों के हित को देखकर प्रसन्न होंगे। और फिर कर्ण से भीष्म पितामह को द्वेष नहीं है। प्रातःकाल में गंगा के किनारे उन दोनों में अनेक बार गोष्ठियाँ हुई हैं। उनमें मतभेद एक ही बारे में है। कर्ण व्यक्तिगत रूप से दुर्योधन के प्रति समर्पित है जबकि भीष्म कुरुराज्य के प्रति निष्ठावान हैं। कर्ण के द्वारा जाने-अनजाने में दुर्योधन का अहंकार पुष्ट होता है और यह पितामह को अच्छा नहीं लगता।''

''दुर्योधन मुझे कभी अहंकारी लगा ही नहीं। जब मुझसे वह गदागुद्ध सीख रहा था तो उसका विनय, विवेक, अनुशासन और ग्रहणशीलता मुझे असाधारण लगी थी। उस समय मुझे लगा था कि सर्वोत्तम शिष्य प्राप्त हो गया।''

''आप पर ऐसा प्रभाव डालने के पीछे दुर्योधन का स्वार्थ था। अधर्म और अनीति का सहारा लेनेवाले पुरुष अपने स्वार्थ के लिए तो परम धर्मनिष्ठ बन सकते हैं। खैर, हम चाहते हैं कि दुर्योधन में अपने स्वार्थ के कारण ही सुधार आए और वह पांडवों के साथ शान्ति और मैत्रीपूर्ण जीवन बिताए। हमें इस पर विचार करना है कि हम द्रुपदराज के शुभचिन्तक के रूप में स्वयंवर में भाग लें और यदि वहाँ पांडव प्रकट हुए तो उनके विषय में हमारा कर्तव्य क्या होगा?'

''आनन्दोत्सव। फिर चाहे स्वयंवर का उत्सव फीका पड़ जाए।''

''जब हम स्वयंवर की शोभा बढ़ाने जा रहे हैं फिर उसे फीका क्यों करेंगे? मेरे सामने द्विधा दूसरी है। मान लो कि द्रौपदी को वरने की आकांक्षा के साथ अन्य राजाओं के साथ दुर्योधन भी आया हो। वह अकेला नहीं होगा। दुःशासन होगा, महारथी कर्ण होगा। और गुप्तचर उसे सन्देश दे दें कि वे हैं तुम्हारे चिरशत्रु पांडव। फिर दुर्योधन को मत्स्यवेध में रुचि नहीं रहेगी वह बन्धुवध करने को उद्यत होगा।''

''वह पांडवों को अपना बन्धु मानता ही नहीं है। इसके बारे में उसके पास प्रमाण हैं।''

''प्रमाण हों तो भी हम जानते हैं कि दुर्योधन जिसकी शासन-व्यवस्था सँभाले हुए है वह कुरुराज्य पांडुराजा के प्रताप से विस्तृत हुआ है। जब धृतराष्ट्र, पांडु और विदुर तीनों का नियोग से जन्म हुआ हो और उन्हें वारिस माना गया हो फिर पांडवों के लिए यह मानदंड यकायक क्यों बदल गया? आपको दुर्योधन के तर्कजाल से सावधान रहना चाहिए।''

"वह मेरी उदारता का दुरुपयोग भले ही कर ले, मुझे छल नहीं सकता। फिर वह जानता है कि पांडव हमारे सम्बन्धी हैं।"

"यह महत्त्वपूर्ण नहीं है बड़े भैया। पांडव यदि अपने सम्बन्धी नहीं होते फिर भी मैं उनका कल्याण चाहता। क्योंकि वे समग्र आर्यावर्त का कल्याण चाहते हैं। कुन्ती बुआ ने न्याय, धर्म, प्रेम और करुणा का सिंचन करके उनका पालन-पोषण किया है। मनुष्य और पीड़ित प्रजा के उत्कर्ष के लिए उनकी शक्तियों का उपयोग किया जा सकता है। आप ही बताएँ, क्या पांडव कभी जरासंध और शिशुपाल के पक्षधर बन सकते हैं? जबकि दुर्योधन को इस विषय में कभी भी दुविधा नहीं हुई।"

"तुम सत्य कहते हो कृष्ण। मैं तुम्हारे साथ पांचाल देश चलूँगा। सात्यकि, कृतवर्मा आदि यादववीरों को भी साथ ले लूँगा। महाराज उग्रसेन को सम्भावित घटनाओं से अवगत कराएँगे। परन्तु पिताजी से तो अभी कुछ नहीं कहना है न?"

"महाराज के द्वारा भले ही उन्हें पता चले!"—श्रीकृष्ण कहते हुए हँस पड़े। "चलिए अब विलम्ब हो गया है तो तपोवन की सांध्य प्रार्थना में शामिल होते जाएँ। कोई ऋषि-मुनि पधारे हों तो उनके दर्शन का लाभ मिलेगा।"

तपोवन का क्षेत्र रैवतक और नन्दवन से पाँच गुना था। उसकी आवश्यकताओं का बलराम और सात्यकि ध्यान रखते थे। अतिथि ऋषि-मुनियों का स्वागत महाराज उग्रसेन या श्रीकृष्ण करते थे। कोई-कोई अतिथि तो तपोवन के स्थान पर राजप्रासाद में आतिथ्य ग्रहण करता। उस समय दासियों का कार्य रुक्मिणी स्वयं करती थीं। इस बारे में नागरिकों को तरह-तरह के वृत्तान्त सुनने को मिलते थे। कुछ भक्ति के उद्रेक के कारण तो कुछ कल्पनाशक्ति द्वारा इन वृत्तान्तों में शोधन-वर्धन करते रहते थे।

श्रीकृष्ण और बलराम तपोवन में पहुँचे। उस समय प्रवेश-द्वार की ओर से रथ की परिचित ध्वनि सुनाई दी। सारथि के स्थान पर रुक्मिणी बैठी थीं और रथ से कोई वृद्ध-ऋषि उतर रहे थे। कौन होंगे?

श्रीकृष्ण वन्दन करने के लिए उनके सामने पहुँचे। बलराम को क्रोध आया। यह साधू निश्चित ही आज्ञा करके रुक्मिणी को यहाँ लाया होगा। क्या द्वारिकाधीश के यहाँ सेवक नहीं हैं जो यह जंगली तापस इस प्रकार राजलक्ष्मी को कष्ट देते हैं? श्रीकृष्ण ने ही सिर पर चढ़ाया है। उस दुर्वासा ने तो अश्वों के स्थान पर यजमान को लगाया था। जिस रथ को चार अश्व खींचते थे उसे श्रीकृष्ण और रुक्मिणी खींचें। और उस पर विराजें क्रोध के पूर्णावतार महामुनि दुर्वासा! रेवती और मुझसे कोई मुनि इस प्रकार की सेवा करने के लिए कहे तो हम उसे उठाकर सागर में फेंक दें। परन्तु कृष्ण तो नम्रता का अवतार हैं! सुना था कि रुक्मिणी प्यासी थी फिर भी बिचारी रथ खींचती रही। मैंने कृष्ण से कहा तो उसने बात को हास्यविनोद में उड़ा दिया : "बड़े भैया भूल गये, आपने मुझे गोकुल-वृन्दावन में अपने कन्धों पर बैठाकर कितना घुमाया था। आप तो बलवान थे, और राधा ने मुझे कम गोद में नहीं घुमाया। उसके बदले यदि मुझे दुर्वासा मुनि को उठाना पड़े तो इसमें कोई औचित्य ही होगा। परन्तु मुनिवर्य इतने उदार थे कि वे रथ में बैठे, हमारे कन्धों पर नहीं। इस बारे में कुलपतिजी क्या कहते हैं, जानते हैं? किसी को बचपन में गोपियों की मटकियाँ तोड़ने

की इच्छा होती है तो किसी को बुढ़ापे में अपना शरीर दूसरों से उठवाने की। वैसे महामुनि दुर्वासा ने तप कर-करके अपने शरीर के बड़े भाग को आकाश और प्रकाश में मिला दिया है। उनकी इस क्रीड़ा के पीछे कोई महत् प्रयोजन हो सकता है जो शायद हमारी समझ में शीघ्र नहीं आ सके।''

बलराम अपने स्थान पर ही खड़े थे। उग्रता की लहर स्मरण का स्पर्श करके शान्त हो गई थी। उन्हें दिखाई दिया कि श्रीकृष्ण और रुक्मिणी घोर अंगिरस के पीछे आ रहे हैं।

''बड़े भैया! गुरुदेव ने हम पर कितना बड़ा अनुग्रह किया है! सीधे अपने निवास पर गए थे। पिताजी से मिले, बहिन सुभद्रा को आशीष दी। सागर को पुष्पांजलि अर्पण करने के बाद कुलपतिजी और छात्रों से मिलने की इच्छा व्यक्त की। ये तो चलकर आ रहे थे परन्तु रुक्मिणी रथ ले आईं।'' यदुनन्दन किशोर कृष्ण के उमंगपूर्ण स्वर में बोल रहे थे।

बलराम झुके। घोर अंगिरस के प्रति उनके मन में आदर था। उनकी चरणरज मस्तक पर चढ़ाकर बोले : ''सभी महर्षि दुर्वासा नहीं होते।''

''संकर्षण की बात सत्य है वत्सला।''—अंगिरस ने रुक्मिणी के सामने देखा—'परन्तु कुछ भिन्न अर्थ में। सभी महर्षि दुर्वासा नहीं हो सकते। अभूतपूर्व और अनन्य रहे हैं उनके त्याग और तपस्या।''

''आप उनके क्रोध का बचाव कर रहे हैं।'' बलराम मौन नहीं रह सके।

''वह क्रोध नहीं है राम, वह तपजन्य तेज है, तेज की धार है, शिव की विभूति है, सृष्टि के सन्तुलन का एक शस्त्र है। दुर्वासा के क्रोध से जो नहीं सीखते, वे अभागे हैं। जो सीख लेते हैं, वे संसार तैर जाते हैं। उन्होंने रुक्मिणी-श्रीकृष्ण को अपना वाहक बनाया उस समय मैं हिमालय में था। इस बारे में सुनकर सभी तपस्वियों ने कहा था कि श्रीकृष्ण के व्यक्तित्व में विष्णु की विशेषताओं का विकास हुआ है। भृगु-प्रसंग के बारे में तो जानते ही होगे?''

''क्या हुआ था?'' बलराम ने स्मृति पर जोर दिए बिना पूछ लिया।

''शिव या ब्रह्मा के द्वारा कार्य सिद्ध न होने पर व्याकुल भृगुऋषि विष्णु के पास गए, उस समय विष्णु सो रहे थे। स्वागत की अपेक्षा रखनेवाले भृगु ने सोए हुए विष्णु की छाती पर एक लात मार दी। विष्णु जग गए और दोनों हाथ जोड़कर पूछा : 'पूज्यपाद, आपके चरण में तो चोट नहीं लगी!'' रुक्मिणी बचपन में सुनी हुई कथा कह रही थीं। श्रीकृष्ण विनोदपूर्ण स्वर में बीच में बोले : ''विष्णु के स्थान पर बड़े भैया सो रहे होते और भृगुऋषि इनकी छाती पर लात मारते तो अवश्य उनके चरण में चोट लगती।''

सब हँस पड़े।

कुलपतिजी एवं गृहमाता स्वागत के लिए आ रहे थे। कुटीरों के गवाक्ष में जल रहे दीपकों का प्रकाश प्रांगण को आलोकित करते हुए तपोवन की शोभा में वृद्धि कर रहा था तथा स्वागत भावना का संकेत दे रहा था। शिष्यगणों ने प्रार्थना स्थल पर अपना-अपना स्थान ले लिया था। मन्त्रोच्चार प्रारम्भ हुआ। स्वर्णद्वारिका ने कान लगा लिए। आकाश झिलमिलाने लगा। धरिणी तपस्वियों के चरण सूँघ रही थी।

4

कांपिल्य नगर में आयोजित द्रौपदी-स्वयंवर महोत्सव का आज सोलहवाँ दिन है। श्रीकृष्ण तथा अन्य यादववीरों ने इसे महत्त्वाकांक्षा का विषय न बनाकर आर्यावर्त का क्षात्रधन समझने का अवसर बनाया। उद्धव सात्यकि तथा कृतवर्मा से कह रहे थे : "निःस्पृह रूप से भाग लेने के कारण हम सब कितने शान्त और प्रसन्न हैं! जबकि अन्य राजा भीतर से आतंकित हैं, व्यग्र हैं।"

"मेरी धारणा थी कि शिशुपाल और दुर्योधन जैसे राजा तो यहाँ आएँगे ही परन्तु वृद्ध सम्राट जरासंध भी पधारे हैं!" सात्यकि ने कृतवर्मा से कहा। दोनों ने गुप्तमन्त्रणा करके जरासंघ की मूँछें काट लेने की योजना बना ली। बलराम से अनुमति लेने गए। मद्यपान से तृप्त हुए बलराम ने यह सुनकर अट्टहास किया : "तुम ऐसा करके मुझे तो मनोरंजन दोगे परन्तु अपना गणमुख्य इसकी अनुमति देगा? वह गया कहाँ है?"

"धृष्टद्युम्न बुला ले गया है।" सात्यकि ने कहा।

"तुझे साथ नहीं ले गया?" बलराम ने चषक भरते हुए पूछा।

"वे वहाँ लड़ने नहीं गये हैं।"

"ज्ञान-चर्चा करने गया है? फिर उद्धव यहाँ क्यों है?" आज बलराम विनोद करने पर तुले हैं। उद्धव ने उनके हाथ में वारुणि का चषक देखा और उन्हें उत्तर मिल गया : "आप आशुतोष कहे जाते हैं, फिर भी सात्यकि और कृतवर्मा जैसे समर्थ मद्यपों को छोड़कर अकेले पी रहे हैं?"

बलराम को अनिच्छापूर्वक कृतवर्मा के लिए त्याग करना पड़ा : "तू मात्र ज्ञानी ही नहीं, दुष्ट भी है उद्धव! तूने आतिथ्य धर्म की याद दिलाकर मुझे दंड दिया है। यदि कभी तूने वारुणि का स्वाद चखा होता तो तू समझ पाता कि मेरा यह त्याग कितना बड़ा है।"

यादव-शिविर में इस तरह का हास्यविनोद चल रहा था उसी समय द्रुपदराज के मन्त्रणाकक्ष में श्रीकृष्ण के निर्णय को बदलवाने के लिए भरसक प्रयत्न किया जा रहा था। द्रुपदराज ने द्रौपदी-स्वयंवर के लिए मत्स्यवेध की शर्त चुनी थी, उस समय सोचा था कि द्रौपदी को वरनेवाला असाधारण धनुर्वीर होगा। ऐसे जामाता को प्राप्त करके मैं द्रोणाचार्य को अच्छी तरह सबक सिखाऊँगा। पांचाल देश का अहिच्छत्र के द्वारा शासित प्रदेश द्रोण से वापस ले लूँगा। द्रोण ने अपने शिष्य के माध्यम से जो हस्तगत कर लिया था उसे जामाता के द्वारा पुनः प्राप्त करना अनुचित नहीं होगा। प्रतिशोध लिये बिना मेरा हृदय शान्त नहीं होगा।

उन्होंने कल्पना की थी कि सांदीपनि के शिष्य श्रीकृष्ण के अतिरिक्त कोई भी मत्स्यवेध नहीं कर पाएगा। यह सही है कि श्रीकृष्ण निःस्पृह हैं परन्तु उन्हें मनाया जा सकता है। रुक्मिणी के पत्र से वे कुंडिनपुर पहुँच गए थे तो द्रौपदी का प्रणाम स्वीकारने के लिए कांपिल्य नहीं आएँगे?

यादवों के साथ श्रीकृष्ण-बलराम आये तो हैं परन्तु व्यवस्था और आयोजन में ही रुचि ले रहे हैं। मत्स्यवेध क्या है इस बारे में लेशमात्र भी रुचि नहीं ली है।

धृष्टद्युम्न भी द्रोण से बदला लेना चाहता है परन्तु वह विशेष चिन्तित नहीं है। श्रीकृष्ण की उपस्थिति से प्रसन्न होकर उसे विनोद सूझता है : "पिताजी! मान लीजिए द्रोणाचार्य का ही कोई पट्टशिष्ट मत्स्यवेध कर दे, फिर हम किस प्रकार प्रतिशोध लेंगे?"

"युवराज का अनुमान असम्भव नहीं है।" श्रीकृष्ण विनोद में कह रहे हैं या गम्भीरता से, यह समझने में असमर्थ द्रुपद मौन रहते हैं।

"मेरी, कृष्णा, पिताजी और माताजी सबकी हार्दिक अभिलाषा थी कि हम और आप पारिवारिक बन्धन में बँधें।" धृष्टद्युम्न पहले कही हुई बात को दूसरे ढंग से कहने जा रहा था। उसे रोकते हुए श्रीकृष्ण बोले : "हम स्नेह के बन्धन में पहले ही बँध चुके हैं। मैं कृष्णा को कब से दुर्गा और सुभद्रा के समान भगिनी मान चुका हूँ। इस सम्बन्ध के कारण मुझ पर जो दायित्व आनेवाला है वह तो आएगा ही परन्तु महाराज, मुझे यह अच्छा नहीं लगा कि आप याज्ञसेनी के माध्यम से अपने व्यक्तिगत अपमान का प्रतिशोध लेना चाहते हों। ऐसे तुच्छ हेतु की पूर्ति के बारे में ऐसे पवित्र प्रसंग पर विचार नहीं करना चाहिए। द्रोणाचार्य ने अर्जुन द्वारा आपको बन्धन में डालकर एक राजा के समकक्ष होने की आकांक्षा को सिद्ध किया। परन्तु कोई आचार्य राजा के समकक्ष हो जाए तो यह उसका उत्कर्ष नहीं माना जाएगा। द्रोण ने अर्जुन जैसे उत्तम शिष्यों के माध्यम से सत्ता प्राप्त करके अपनी अधोगति की परन्तु उसके बाद उन्होंने आपको कांपिल्यनगर वापस सौंप दिया। जब उनके हृदय से बैर का काँटा निकल गया है तब आप उस विषचक्र का भोग बनना चाहते हैं, आश्चर्य की बात है। सच्चा क्षत्रिय प्रतिशोध नहीं लेता, धर्मयुद्ध लड़ता है। जीवन में आनन्द लूटता है। इसी कारण वह ऐसी श्रद्धा रखता है कि भविष्य में जो कुछ होगा वह सर्वथा योग्य ही होगा।"

"हमें भविष्य की नहीं, आज की चिन्ता है।" धृष्टद्युम्न ने कहा।

"मुझे नहीं है, कृष्णा को भी नहीं होगी, मेरी शुभेच्छा उसके साथ है।"

वहीं पास के कक्ष से आवाज आने लगी। समलंकृता द्रौपदी ने प्रवेश करके श्रीकृष्ण को आदरपूर्वक वन्दन किया।

"यह सौन्दर्य आर्यावर्त का शील और शक्ति बने।" इन शब्दों के साथ, सौन्दर्य की आभा को अपने प्रभामंडल में मिलाकर श्रीकृष्ण ने प्रस्थान किया।

द्रौपदी को वरदान मिल गया। योग्य वर प्राप्त करेगी, इस विश्वास के साथ द्रुपदराज स्वयंवर सभा की व्यवस्था देखने चल दिए। धृष्टद्युम्न राजपुरोहित के साथ बातें करने लगा। राजमाता का सन्देश मिलते ही द्रौपदी उनके कक्ष में गई।

विशाल सभाक्षेत्र था। राजा अपनी-अपनी प्रजाओं की सम्पत्ति के स्वामी बनकर स्वयंवर में स्पर्धक के रूप में स्थान ग्रहण करने लगे। वे विभिन्न उम्र के हैं। उनकी योग्यता और अयोग्यता समान नहीं है परन्तु सबकी वृत्ति समान है।

द्रौपदी सभा में प्रविष्ट होती है। मानो सभा में विद्युत-संचार हुआ हो। उत्सुक राजाओं की आँखें उसके सौन्दर्य से चुँधिया गई हों, इस तरह वे किंकर्तव्यविमूढ़ हो गये। स्तब्ध सभा में द्रौपदी के नूपुरों की धीमी आवाज सबको सुनाई दे रही थी। वर्ण में कृष्ण यह राजकुमारी श्रीकृष्ण के समान ही दीप्तिवान है। इस समय ऐसी तुलना कर सकने जितनी विवेक-क्षमता

रखनेवाले उद्धव सात्यकि का ध्यान इस ओर आकर्षित करते हैं कि कृष्णा ने बहुत कम आभूषण धारण किए हैं।

कर्ण देखता है : राजकुमारी के प्रत्येक अंग के विरल सौष्ठव के अतिरिक्त समग्र व्यक्तित्व में कुछ विशिष्ट ही लावण्य है जो आदिकवि वाल्मीक की कविता के समान सुन्दर है। कर्ण नजर घुमा लेता है। श्रीकृष्ण देख लेते हैं। सभी राजा कन्दर्भबाणों से बिंध चुके हैं।

राजाओं का मंडप पूरा हो जाता है। उसके सामने ब्राह्मण पुरुष विराजमान हैं। उस पूरे समूह में से पाँच पुरुष विशिष्टदृष्टि से देखने के कारण अलग लगे। श्रीकृष्ण ने उन्हें पहचान लिया और संकेत द्वारा बलराम को बताया। भस्म में ढँके हुए अंगारों के समान पाँच पांडवों को देखकर बलराम प्रसन्न हुए। श्रीकृष्ण की दृष्टि पांडवों से अन्य राजाओं की ओर उठ गई है।

उद्धव सात्यकि के कान में कहते हैं : देख, सबकी दृष्टि परम सुन्दरी द्रौपदी पर है जबकि यदुनन्दन श्रीकृष्ण की दृष्टि अन्य सभी पर है। वे देखनेवालों को देख रहे हैं।

''दृश्य और द्रष्टाओं की तुलना कर रहे होंगे।''

''नहीं, वे दोनों को समान मानते हैं। उन्हें विशेष कौतूहल भी नहीं है। वे तटस्थभाव से केवल देख रहे हैं।''

''उद्धव, इस स्पर्धा में हमें भाग लेने की आज्ञा नहीं दी गई, यह उचित ही हुआ। चुँधिया देनेवाला ऐसा तेज मैंने इससे पूर्व कभी नहीं देखा।'' सात्यकि कहता है।

कृतवर्मा को इनकी बातों में रुचि नहीं थी। वह अनिमेष नेत्रों से राजकुमारी के रूप-सौन्दर्य को ताक रहा था। उद्घोषणा हुई। राजाओं ने आँखों द्वारा गुमाई हुई चेतना को श्रवण द्वारा वापस प्राप्त किया। मत्स्य की गति की ओर ध्यान गया।

जरासंध, शिशुपाल, दुर्योधन तथा शल्य के अतिरिक्त अनेक राजा लक्ष्य वेध करने में निष्फल हुए। फिर दुर्योधन के संकेत से अंगराज कर्ण खड़ा हुआ। जलस्थित स्तम्भ के साथ सम्बद्ध तराजू में पैर रखकर सन्तुलन बनाकर कर्ण ने जैसे ही धनुष हाथ में लिया, स्वयंवर सभा स्तब्ध हो गई। अन्य किसी राजा को इसमें सफलता नहीं मिली थी। जल से परावर्तित होनेवाला प्रकाश आँखों को चुँधिया देता था और धनुष उठाते ही सन्तुलन चला जाता था। इसी कारण दुर्योधन के वस्त्र भीग गए थे और शल्य का मुकुट पानी में गिर पड़ा था। द्रौपदी का मार्मिक स्मित दुर्योधन के हृदय को चीर गया था परन्तु अब दुर्योधन जोश में आ गया था। स्वामिभक्त कर्ण विजय पथ पर आगे बढ़ रहा था।

कर्ण की विजय को स्वयं की प्राप्ति मानने के लिए दुर्योधन अधीर हो उठा। वह दुःशासन के कन्धे पर हाथ रखकर हर्षातिरेक में कुछ बोला जिससे कुछ क्षण पहले व्यंग्य में हँसनेवाली द्रौपदी कुरुश्रेष्ठ को देखे और समझ जाए कि कर्ण की विजय का अर्थ क्या है।

द्रौपदी के होंठ पल-भर के लिए फड़के। वह क्या कहना चाहती है यह श्रीकृष्ण से छिपा नहीं रहा। उन्होंने प्रसन्न दृष्टि का संकेत करके उसकी दुविधा खत्म कर दी। उसके सौन्दर्य से व्याकुलता की छाया खत्म हो गई।

कर्ण अब प्रत्यंचा खींचेगा। धनुष पर उसका पूर्ण नियन्त्रण है। दोनों पैर स्थिर हैं। तराजू के पलड़े हवा में स्थिर हैं। कर्ण के विशाल स्कन्धों के स्नायुओं की छाया जल में प्रतिबिम्बित हुई है। उसके नेत्र की ज्योति सूर्य और भाल की प्रभा आकाश के साथ गहन सम्बन्ध का संकेत देती है। उसके व्यक्तित्व के अनेक असाधारण आयामों के साथ एक साधारण आयाम भी है। वह है दुर्योधन के प्रति उसका ममत्व। धनुष की प्रत्यंचा खींचते हुए पल-भर के लिए लक्ष्य के प्रति उदासीन होकर वह अपने परम मित्र की ओर देखता है। अब उसे किसी के प्रोत्साहन की आवश्यकता नहीं है, उसकी दृष्टि में ऐसा दर्प था।

''उद्धव, कर्ण में मत्स्यवेध की क्षमता है परन्तु वह द्रौपदी को नहीं जीत पाएगा क्योंकि उसकी आँखों में अहंकार की झलक है। वह अपनी आन्तरिक आवश्यकता के कारण नहीं बल्कि सबको दिखाने के लिए खड़ा हुआ है। इस कारण वह एकाग्र होकर अपनी समग्र शक्ति का उपयोग नहीं कर सकेगा।'' श्रीकृष्ण ने धीमे से कहा परन्तु दुर्योधन का ध्यान इस ओर आकर्षित हुए बिना नहीं रह सका। उत्तर दे रहा हो इस तरह वह दुःशासन को सम्बोधित करते हुए महारथी कर्ण की अतिशयोक्तिपूर्ण प्रशंसा करने लगा, उसने कर्ण की विजय का स्वागत करने के लिए सभा को सावधान किया। कर्ण यह सुनने के लिए ललचाया और जल में मत्स्य के प्रतिबिम्ब को ताकने में जल्दबाजी कर बैठा। कर्ण शब्दवेधी बाण चला सकता था। मत्स्य की गति और जल की चंचल लहरों के बीच लक्ष्य साधन उसके लिए कठिन नहीं था परन्तु दुर्योधन के वचन सुनकर उसने जल्दबाजी कर डाली। उसका तीर मत्स्य को नहीं वेध सका। एक अंगुल से भी कम अन्तर रह गया था। तीर आकाश की शून्यता में लोप हो गया।

यह देखकर दुर्योधन और दुःशासन झेंप गए परन्तु कर्ण स्वस्थ था। उसके पैर स्थिर थे। उसके मुख पर हल्का स्मित खेल गया। श्रीकृष्ण देखते हैं कि आत्मनिरीक्षण द्वारा वह अपनी भूल जान गया है। उसने दूसरा बाण निकालने के लिए हाथ उठाया।

वहीं याज्ञसेनी धृष्टद्युम्न को सम्बोधित करके बोल उठी : ''सभा से कह दो, एक बार लक्ष्यवेध में निष्फल गए सूतपुत्र के गले में मैं वरमाला नहीं डालूँगी।''

कर्ण के उठे हुए हाथ हवा में रुक गए। उसने वरिष्ठ राजाओं एवं द्रुपदराज के सामने देखा। सबका मौन सांकेतिक था। हाथ का पंजा अपमानित नागराज के फन की तरह झटके के साथ नीचे आ गया। वापस आकर वह दुःशासन के पास आसन पर बैठ गया। द्रौपदी के स्थान पर उसने श्रीकृष्ण को देखा। यदि मैं सूतपुत्र नहीं होता तो मुझे दूसरे प्रयास की अनुमति मिल जाती। उसकी दृष्टि में यह वेदना थी। परन्तु दूसरे किसी राजा को दूसरा प्रयास करने का अवसर देने का प्रश्न ही कहाँ उठता है, अधिकतर तो धनुष ही नहीं धारण कर पाए।

स्वयंवर सभा स्तब्ध है। राजा द्रुपद कातर दृष्टि से श्रीकृष्ण की ओर देखते हैं। श्रीकृष्ण ब्राह्मण युवकों की ओर दृष्टि किए बैठे हैं। इसका रहस्य अन्य सभी के लिए अगम्य होगा परन्तु राख में छिपे पाँच अंगारों में से एक को श्रीकृष्ण की दृष्टि खड़े होने का संकेत करती है। अर्जुन खड़ा हो जाता है।

उद्धव और सात्यकि सोच में पड़ गए। बलराम आलस छोड़कर सीधे बैठ गए। उन्होंने श्रीकृष्ण के मुख से अर्जुन की प्रशंसा सुनी थी। दूर वृक्ष पर बैठे पक्षी की आँख वेधने में अर्जुन कुशल है। द्रोणाचार्य के शिष्यों में सर्वश्रेष्ठ धनुर्धारी है अर्जुन। लाक्षागृह की घटना के बाद गुप्तवास के वर्षों में भी उसकी अविरत साधना चलती रही है। उसके मुख पर क्षत्रिय के दर्प के स्थान पर ब्रह्म तेज है। यह विशेषता उसे श्रीकृष्ण के समीप ले आई है।

द्रौपदी इस ब्राह्मण बटुक वेशधारी पुरुष की गति निहार रही है। उसके नयनों में परिचय प्राप्त करने की लालसा है परन्तु कोई कुछ नहीं बोलता। जरासंध और शिशुपाल उसे ब्राह्मण समझकर शल्य से विचार-विमर्श करने लगे हैं। स्वयंवर सभा में आश्चर्य फैल गया है। श्रीकृष्ण की दृष्टि में शुभेच्छा है। अर्जुन अन्य किसी की उपस्थिति के प्रति सजग नहीं है। वह लक्ष्य स्थल की ओर बढ़ रहा है। बलराम श्रीकृष्ण से कहते हैं : ''यह मनुष्य दूसरों की असफलता से भी कुछ न कुछ अवश्य सीखा है।''

''यह कोई साधारण पुरुष नहीं हैं।'' उद्धव सात्यकि से कहते हैं।

''यदि मेरा अनुमान सही हो तो...''

सभा निस्तब्ध है।

अर्जुन ने सन्तुलन बनाकर धनुष उठाया और उसने प्रत्यंचा खींचकर देखी। पहले प्रतिबिम्ब के द्वारा बिम्ब को देखा फिर बिम्ब को निहारकर प्रतिबिम्ब के साथ उसके सम्बन्ध को समझ लिया। प्रकाश और हवा का सूक्ष्म निरीक्षण किया। सकल तत्त्वों का अन्तःसम्बन्ध ग्रहण करके धनुर्धर अर्जुन ने धनुष पर बाण चढ़ाया। अब गतिशील मत्स्य के अतिरिक्त उसके लिए अन्य किसी का महत्त्व नहीं था, द्रौपदी का भी नहीं। श्रीकृष्ण की शुभेच्छा और उनकी प्रत्यक्ष उपस्थिति की ऊष्मा उसके रुधिर में व्याप्त थी।

और एक योग्य क्षण देखकर प्रतिबिम्ब के आधार पर अर्जुन ने मत्स्यवेध के लिए बाण छोड़ दिया।

मत्स्यवेध का क्षण बिजली की चमक के समान था। कृष्ण, कर्ण और सात्यकि के अतिरिक्त कोई उसे देख भी नहीं सका। कृतवर्मा देख सकता था परन्तु उसका ध्यान दुर्योधन-दुःशासन की बातों में था।

अर्जुन ने अपने स्थान खड़े होने से पहले श्रीकृष्ण, बलराम और युधिष्ठिर को अन्तःकरण से वन्दन किया।

समग्र ब्राह्मण समाज द्वारा किए गए जयजयकार की अपेक्षा अकेले सात्यकि के द्वारा किया गया कोलाहल अधिक तेज था। दुर्योधन की आशंका सच निकली। उसने कर्ण को संकेत किया परन्तु वह अविचल रहा। जरासंध और शिशुपाल इससे सहमत नहीं थे कि एक ब्राह्मण युवक द्रौपदी को वर ले जाए। श्रीकृष्ण और बलराम अपने स्थान पर ही खड़े थे। बलराम उद्धव को समीप बुला रहे थे। उस समय सभी यादववीर सुन सकें इस तरह श्रीकृष्ण बोले : ''जिस तरह मैं वासुदेव हूँ उसी तरह निश्चय यह ब्राह्मण-वेशधारी अर्जुन है। हम सब उसकी विजय का स्वागत करेंगे।''

इन शब्दों को सुनने का सौभाग्य प्राप्त करनेवाली द्रौपदी ने श्वेत पुष्पों की माला पहनाकर अर्जुन का वरण किया।

अर्जुन द्रौपदी को लेकर अपने शामियाने की ओर चल दिया। सहदेव और नकुल ने अंगरक्षकों की तरह उनका अनुसरण किया। भीम कुछ दूरी रखकर चल रहा था।

जरासंध, शिशुपाल, दुर्योधन, कर्ण, शल्य और दुःशासन आदि क्षत्रिय मन्त्रणा कर चुके थे। उन्होंने ब्राह्मण युवक के साथ पुत्री का विवाह करने के कारण द्रुपदराजा पर आक्रमण कर दिया। यह देखकर अर्जुन ने द्रौपदी को युधिष्ठिर की सुरक्षा में सौंपकर स्वयंवर वाला धनुष उठा लिया। भीम ने एक वृक्ष उखाड़कर गदा से प्रभावशाली विकल्प खोज लिया था।

श्रीकृष्ण-बलराम को प्रकट रूप से पांडवों का पक्ष लेना पड़े इससे पहले ही जरासंध-शिशुपाल उन्हें पहचान गए और ब्राह्मण पुत्र क्षत्रिय ही हैं, इस कारण उन्होंने अपना विरोध वापस ले लिया। इस बीच द्रुपदराज के सैनिकों का नेतृत्व सँभालकर धृष्टद्युम्न ने यादव योद्धा सात्यकि की सहायता से सुरक्षा की सम्पूर्ण व्यूहरचना कर ली थी।

दुर्योधन को अनिच्छापूर्वक उदार बनना पड़ा। जरासंध-शिशुपाल द्वारा समाधान कर लेने पर उसने अकेले कर्ण के आधार पर खतरा उठाने का साहस छोड़ दिया। संकट टल गया।

विवाहोत्सव में भाग लेने और कुन्ती बुआ को अभिनन्दन देने बलराम के नेतृत्व में यादववीर पांडवों के शामियाने में जाने के लिए तैयार थे वहीं व्यग्र धृष्टद्युम्न श्रीकृष्ण के सामने आ खड़ा हुआ : ''पिताजी और माताजी अत्यन्त व्यथित हैं। एक आकस्मिक धर्मसंकट खड़ा हो गया है। द्रौपदी अर्जुन के द्वारा जीती गई है। राजमाता कुन्ती यह कैसे कह सकती हैं कि वह पाँचों पांडवों के साथ विवाह करें?''

''नहीं करेगी। अर्जुन का ही वरण करेगी।'' सात्यकि बोल पड़ा।

कृतवर्मा हँस पड़ा। कुन्ती माता का निर्णय उसे हास्यास्पद लगा था।

''उद्धव, तू इन सबको शान्त रखना।'' कहकर बलराम श्रीकृष्ण को एकान्त में ले गए। धृष्टद्युम्न से वृत्तान्त सुन लिया। माता ने पाँचों भाइयों को साथ रखने के लिए उनसे प्रतिज्ञा करवाई थी। उन्होंने आज तक कभी भी माता की आज्ञा का उल्लंघन नहीं किया था। हठी माने जाते भीम ने भी हमेशा माता की आज्ञा का अक्षरशः पालन किया था। सहदेव जैसे ज्ञानी ने भी नया विश्लेषण करने के स्थान पर शब्दों का सीधा पालन किया था। प्रत्येक भाई को किसी न किसी सोपान पर कुछ न कुछ छोड़ना पड़ा था। ब्राह्मणवेश में एक भाई जो कुछ माँग लाए उसे सब ग्रहण कर लेते थे। द्रौपदी को भी प्रजा में से प्राप्त हुई वस्तु मानकर कुन्ती माता ने परम्परावश ऐसा कहा और सब भाइयों ने उसको ग्रहण कर लिया था। युधिष्ठिर तो तत्क्षण सजग हो गए थे : यह भिक्षा में प्राप्त हुई वस्तु नहीं है। आर्यावर्त की अनन्य सुन्दरी महामानिनी याज्ञसेनी है।

वे माता से निवेदन करनेवाले थे, वहीं उन्होंने द्रौपदी के प्रति भाइयों की भावना का अनुभव किया। जाने-अनजाने उनके मन में भी वैसे भाव जगने लगे। वैचारिक स्तर पर जो विवेक जन्मा था वह भावनाओं की संश्लिष्टता में डूब गया।

अर्जुन निर्द्वन्द्व था। माता की आज्ञा स्वीकार लेने के बाद उसके मन में कोई द्विधा नहीं रही। द्रौपदी ने प्रत्येक प्रश्न के उत्तर में अर्जुन की ओर देखा। कुन्ती माता ने आग्रहपूर्वक

पूछा, तभी वह बोली : ''महारथी कर्ण मुझे जीत लेता और मुझसे दुर्योधन की रानी बन जाने के लिए कहता तो मैं क्या कर सकती थी?''

''कर्ण तुझे जीतकर दुर्योधन जैसे को सौंप देता यह मैं नहीं मान सकती। बेटा, तू अपनी इच्छा बता।''

''अब मेरी इच्छा बाहुबली अर्जुन के आधीन मान लें या फिर आप सभी चाहें तो वासुदेव श्रीकृष्ण से पूछें।''

''बड़े भैया और श्रीकृष्ण ने मुझे संकेत किया तभी मैं मत्स्यवेध के लिए खड़ा हुआ था। माता की आज्ञा को वे जिस रूप में कहेंगे मैं स्वीकारने के लिए तैयार हूँ।'' अर्जुन ने कहा। युधिष्ठिर को एक उपाय सूझा : 'माता की आज्ञा के पालन के साथ द्रौपदी के स्वाभिमान की रक्षा भी हो सके इसका एक ही उपाय है। याज्ञसेनी शास्त्रानुसार भले ही पाँच भाइयों के साथ विवाह करे परन्तु जीवन-व्यवहार में वह मात्र अर्जुन की सहधर्मिणी रहे।''

यहाँ इस प्रकार का विचार-विमर्श हो रहा था, उस समय बलराम श्रीकृष्ण और धृष्टद्युम्न से कह थे : ''कुन्ती बुआ को अपनी आज्ञा वापस लेकर अर्जुन का द्रौपदी के साथ विवाह करवाना चाहिए। एकता का आदर्श तो अच्छा है परन्तु उसके कारण अनीतिपूर्ण कृत्य तो नहीं होना चाहिए।''

श्रीकृष्ण को कुन्ती बुआ का भी सन्देश मिला है। द्रुपदराज और कुन्ती दोनों उनका मार्गदर्शन चाहते हैं।

प्रश्न जटिल हो गया था। कुन्ती बुआ के कथन को पाँचों भाइयों ने एक बार सहमति दे दी थी। बाद में पुनर्विचार कर रहे थे। द्रौपदी का अर्जुन के साथ विवाह हुआ तो अन्य चारों भाइयों को कुछ खो देने की अनुभूति नहीं होगी?

फिर जिस द्रौपदी ने कर्ण से इंकार कर दिया वह अपने विचार युधिष्ठिर के समक्ष व्यक्त कर सकती थी। उसकी द्विधा सहमतिसूचक तो नहीं है?

उसने जिस समय अर्जुन को वरमाला पहनाई थी, उस समय उसके मुख पर प्रेम और धन्यता के भाव थे। उसके अनुसार तो वह अन्य किसी को स्वीकार ही नहीं सकती। भले ही युधिष्ठिर, भीम, नकुल और सहदेव अपने-अपने ढंग से स्पृहणीय हों। श्रीकृष्ण ने द्रुपदराज से इतना ही कहा : ''मैं व्यथित हूँ। मैंने आपसे विश्वास रखने के लिए कहा था, उस समय मुझे अर्जुन की विजय की सम्भावना दिखी थी। जीवन में पहली बार मेरा अनुमान अन्यथा सिद्ध हुआ है। मैं जानता हूँ कि मेरा सुझाव पाँचों भाई स्वीकार लेंगे, कृष्णा भी द्विधा मुक्त हो जाएगी। परन्तु वह निर्णय विवादास्पद तो रहेगा ही। केवल अर्जुन के पक्ष में निर्णय करने से बुआ की आज्ञा का उल्लंघन तथा भाइयों की एकता की भावना को ठेस लगने का भय रहेगा। दूसरी ओर पाँच पतियों के साथ विवाह करने की बात स्वाभाविक रूप से आर्य संस्कारों के प्रतिकूल है। हम जानते हैं कि अन्य राजाओं में एक स्त्री के एकाधिक पति होने की प्रथा है। एक राजा की अपहृत रानी दूसरे राजा के साथ जीवनयापन करने लगे इसमें नया कुछ नहीं है परन्तु द्रौपदी के बारे में ऐसा सोचते हुए भी मेरा हृदय व्यथित हो रहा है। आपने प्रतिशोध लेने के लिए उसके विवाह को केन्द्र बनाया

वहीं से गलत शुरुआत हो गई थी। अब तो किसी महर्षि की क्रान्तिकारी दृष्टि ही हमें इस विषम परिस्थिति से उबार सकती है।"

व्यास मुनि इसी क्षेत्र में थे। उनका मार्गदर्शन प्राप्त करना कैसा रहेगा? कौरव और पांडव उन्हीं की सन्तान हैं न! समाज और राष्ट्र की दृष्टि से क्या उचित रहेगा, व्यास मुनि बता सकते हैं।

द्रुपदराज, पांडव और श्रीकृष्ण-बलराम व्यासमुनि की शरण में गए। उन्होंने कहा कि स्त्री-पुरुष के वैवाहिक जीवन का आधार कोई एक वृत्ति नहीं है। धर्म, अर्थ, काम और मोक्ष इन चारों वृत्तियों से जीवन संचालित होता है इसीलिए इसे पुरुषार्थ कहा जाता है। इन चार में भी काम और मोक्ष प्रबल और प्रधान हैं। द्रौपदी का ऐसा असाधारण व्यक्तित्व है कि वह पाँच पुरुषों के धर्म, अर्थ, काम और मोक्ष में सहयोग दे सकेगी। राजा दशरथ प्रतापी थे परन्तु वे कौशल्य, सुमित्रा एवं कैकई का समवेत साथ नहीं दे सके। परन्तु द्रौपदी पाँचों पांडवों के अन्तःसम्बन्ध का केन्द्रबिन्दु बनकर सबको एकसूत्र में बाँध सकेगी। कुन्ती के कथन को आशीष समझकर द्रौपदी स्वीकार लेगी तो आर्यावर्त में धर्मराज्य की स्थापना में उसका योगदान अप्रतिम गिना जाएगा। वह साम्राज्ञी कही जाएगी।

"सती मानी जाएगी?" बलराम ने पूछा।

"हाँ, सम्राज्ञी एवं महासती कहलाएगी।"—व्यासमुनि के मुख पर द्विधा की एक भी रेखा नहीं थी। "द्रौपदी क्रमशः एक-एक पांडव के साथ दाम्पत्य जीवन व्यतीत करेगी। वर्ष के अन्त में चन्द्रायण व्रत करके दूसरे पति की सहधर्मिणी बनेगी। उसकी निष्ठा अखण्डित रहेगी।"

अर्जुन ने सतत धैर्य रखकर मौन द्वारा सहमति प्रकट की। द्रौपदी ने आँसू रोककर व्यासमुनि की आर्षदृष्टि और सास की आशीष को स्वीकार किया।

विवाहविधि के बाद उसने श्रीकृष्ण के चरणस्पर्श किए उस समय उसे उत्तम भेंट प्राप्त हुई : "आज आर्यावर्त तेरे व्यक्तित्व से अभिभूत है, कालदेवता तेरे व्यक्तित्व के सात्विक पहलुओं की कीर्ति गाएँगे। तेरी सहनशीलता स्त्रियों के आत्मगौरव का मापदंड बनेगी।"

इस घटना के विषय में सुनकर नारदमुनि साभिप्राय पधारे थे। उन्होंने त्याग-वैराग्य की महिमा बताकर पाँचों भाइयों से प्रतिज्ञा करवाई : "हममें से किसी एक के साथ द्रौपदी एकान्त में बैठी होगी उस समय मैं वहाँ नहीं जाऊँगा। यदि भूल से वहाँ पहुँच गया तो बारह वर्ष ब्रह्मचारी के रूप में वनवास करूँगा।"

इस प्रतिज्ञा को लेते समय अर्जुन के स्वर में विशेष दृढ़ता थी।

दुर्योधन को आशा थी कि पांडव कुन्ती माता की आज्ञा का उल्लंघन करेंगे और द्रौपदी के मोह में परस्पर लड़ मरेंगे। दक्षिण के बाली और सुग्रीव की कथा दुर्योधन को ज्ञात थी। दुःशासन भी इस बात से सहमत था। कर्ण भी इसे असम्भव नहीं मानता था परन्तु सारी परिस्थिति को श्रीकृष्ण सँभाल रहे हैं यह देखकर उसे लगा कि कुन्ती के वात्सल्य के समान ही श्रीकृष्ण असाधारण बन्धुत्व निभा रहे हैं।

दुर्योधन के शुभचिन्तक के रूप में कर्ण ने कहा : ''पांडवों को श्रीकृष्ण की खुली सहायता मिले उससे पहले ही उनका विनाश कर दो, नहीं तो वे अजेय हो जाएँगे।''

विदुर ने कर्ण के सुझाव का विरोध किया और पांडवों को सम्मानपूर्वक आमन्त्रित करके आधा राज्य देने के लिए समझाते हुए भारपूर्वक कहा : ''जहाँ श्रीकृष्ण हैं वहाँ सबकुछ है। वहीं विजय है। समग्र आर्यावर्त जानता है कि पांडव श्रीकृष्ण के परम स्नेही हैं।''

धृतराष्ट्र पांडवों को निर्मूल करने के लिए बेचैन थे। उन्होंने प्रकट रूप से विदुर का सुझाव स्वीकारते हुए परन्तु वास्तव में श्रीकृष्ण की भीति के कारण पांडवों को आधा राज्य देने का प्रस्ताव स्वीकार लिया। फिर भी, उसने छल तो किया ही। भीष्म को समझाकर युधिष्ठिर को खांडवप्रस्थ सौंप दिया। भीष्म के लिए खांडवप्रस्थ की विशेष महत्ता थी। इस समय भले ही वहाँ जंगल है और प्राचीन नगरी अपने अंगों को संकुचित करके एक ग्राम के रूप में रह गई है परन्तु भीष्म का विश्वास था कि प्रतापी राजा के शासन में वह अवश्य पुनःजीवन्त हो जाएगी। पुरुरवा, नहुष और ययाति ने जहाँ राज्य किया था वहाँ युधिष्ठिर चक्रवर्ती बनेंगे।

पांडवों की ओर से श्रीकृष्ण ने इस प्रस्ताव को स्वीकार कर लिया। बहुत विलक्षण ढंग से धृतराष्ट्र के कथन का विश्लेषण करके राज्य की आधी सम्पत्ति भी प्राप्त कर ली। धृतराष्ट्र ने मात्र भौगोलिक क्षेत्र ही देना चाहा था परन्तु उन्हीं के शब्दों के अनुसार विदुर और भीष्म की उपस्थिति में आधा हिस्सा ले लिया। कुछ क्षणों पूर्व पांडवों को एक प्रकार का वनवास देने में सफल हुए मानकर प्रसन्न हो रहे दुर्योधन और कर्ण एक-दूसरे का मुख देखते रह गए। उनकी अनिच्छा से हस्तिनापुर की राजलक्ष्मी का विभाजन हुआ। द्रौपदी पाँच पांडवों के बीच बँट गई है, यह कहकर उसके रूप और शील का उपहास उड़ानेवाले योद्धा राजलक्ष्मी के विभाजन के समय कड़वा घूँट पीकर रह गए।

अर्जुन को सतत साथ देकर श्रीकृष्ण ने खांडवप्रस्थ को हिंसक पशुओं के आतंक से मुक्त कर दिया। द्वारिका के निर्माता ने राष्ट्र के उत्तम स्थपतियों का मार्गदर्शन लेकर इन्द्रप्रस्थ का स्वप्न साकार कर दिखाया। द्वारिका के निर्माण में दो-तीन सावधानी रखनी थीं। प्राचीन कुशस्थली के भग्नावशेषों का उच्छेद किए बिना, जल के कारण सीमित भूमि में ही नवरचना करनी थी, जबकि इन्द्रप्रस्थ के निर्माण में कोई ऐसा अवरोध नहीं था। उसका निर्माण-कार्य देखकर दुर्योधन आदि ईर्ष्या से जल गए।

5

इन्द्रप्रस्थ में पांडवों का राज्य स्थापित कराने और प्रजावत्सल धर्मराज के रूप में युधिष्ठिर को प्रतिष्ठापित कराने में अतिशय ध्यान दे रहे श्रीकृष्ण को आघात पहुँचानेवाली एक घटना घटित हुई। द्वारिका से बलराम का सन्देश आया था : प्रद्युम्न की जन्मतिथि के उपलक्ष्य में आयोजित उत्सव में यादववीर मग्न थे, उस समय शम्बर नामक दस्यु राजा

अपने साथियों को लेकर द्वारिका में घुस आया और प्रद्युम्न को उठाकर ले गया है। मैं, उद्धव आदि के साथ द्वारिका पहुँचा, उससे पहले यह घटना घटित हो चुकी थी। खोज करने पर पता चला है कि शम्बरासुर प्रद्युम्न को समुद्र में फेंककर भाग गया है।

इस समाचार से इन्द्रप्रस्थ में शोक छा गया। सहदेव श्रीकृष्ण से प्रद्युम्न के जन्म का समय पूछकर ग्रह, नक्षत्र आदि का गणित करने में लग गया था।

''आप क्या मानते हैं वार्ष्णेय?'' सहदेव ने जन्मकुंडली के आधार पर भविष्यवाणी करने से पहले पूछा।

''मुझे प्रद्युम्न की नहीं, रुक्मिणी और सुभद्रा की चिन्ता है।''

''मेरा शास्त्र भी यही कहता है। ऐसे बालक की असमय मृत्यु असम्भव है। प्रद्युम्न की आयु साठ वर्ष से कम नहीं हो सकती। उसके ग्रह...''

''सहदेव, ग्रहों की गति के ऊपर भी एक नियति है, परम चैतन्य की। सम्भव-असम्भव उसी के आधीन है। यह बात मेरे परिवारवाले जानते हैं, फिर भी उन्हें सांत्वना देने के लिए मुझे तत्काल यहाँ से जाना पड़ेगा।''

पांडव श्रीकृष्ण को छोड़ने दूर तक साथ आए। द्रौपदी की आँखें सजल थीं। उसने कहा था कि प्रद्युम्न को खिलाने मैं आपके साथ द्वारिका आनेवाली हूँ। कितना सुन्दर होगा प्रद्युम्न! रुक्मिणी और श्रीकृष्ण का सौन्दर्य उसमें द्विगुणित हो गया होगा। श्रीकृष्ण इस तरह यकायक चले जाएँगे इस बात से भी द्रौपदी दुखी थी। इस समय वह दाम्पत्य जीवन युधिष्ठिर के साथ बिता रही थी परन्तु श्रीकृष्ण के कारण गोष्ठियों में अर्जुन भी उपस्थित रहता था। अब वह भी अलग-अलग रहेगा। उसने संकल्पपूर्वक यह व्यवस्था स्वीकार ली है परन्तु संकल्प अभी स्वाभाविक नहीं बन पाया। अपना अनुमान श्रीकृष्ण को बताना था। शायद कहे बिना ही उनके साहचर्य के कारण अर्जुन की अस्मिता...

श्रीकृष्ण के द्वारिका पहुँचने से पहले गर्गाचार्य और सांदीपनि मुनि जैसे महर्षियों ने भी रुक्मिणी को आश्वासन दिया था। सन्तानों को खोकर व्यथा के महासागर में आजीवन तैरते रहनेवाली देवकी का दृष्टान्त साधारण नहीं था। रेवतीजी गर्गाचार्य से पूछ आई थीं : अपहृत प्रद्युम्न यादवों के खोजने से शायद नहीं मिलेगा। उसकी कुंडली में माता-पिता से विक्षोह तो लिखा ही है, परन्तु शक्तिसम्पन्न होकर प्रद्युम्न एक दिन अवश्य वापस आएगा। पिता से भी सुन्दर बनकर वह सबको मोह लेगा। सांदीपनि मुनि ने कहा कि माता-पिता के स्नेह के स्थान पर कष्ट सहन करके वह अधिक बलवान बनेगा।

इस तरह की शुभेच्छा और आश्वासनों के बीच प्रद्युम्न के खाली पड़े पालने को देखकर रुक्मिणी का हृदय भर आता। पुत्र की जन्मतिथि को अपना उत्सव मानकर वह सखियों के साथ हास्यविनोद में मग्न रही और प्रद्युम्न को निद्राधीन देखकर धात्री उसे अपने कक्ष में ले गई। वहीं से उसका अपहरण हो गया था। नहीं तो किस असुर में इतना साहस था कि रुक्मिणी के आँचल में सोए पुत्र पर कुदृष्टि डाल सकता? प्रसूतिकाल में भी वह पुत्र की रक्षा कर सकने में समर्थ थी। व्यर्थ है यह प्रलाप। मैं अभी भी जीवित हूँ। आर्यपुत्र क्या कहेंगे? जिन्होंने स्नेह के अतिरिक्त अन्य कुछ दिया ही नहीं वह प्राणपति क्या कहेंगे? कहीं उनका उलाहना सुनने के लिए तो मैं जीवित नहीं हूँ?

उलाहने की तो बात ही नहीं है। मानो कुछ अमंगलपूर्ण घटना हुई ही नहीं हो, उनका व्यवहार ऐसा था। श्रीकृष्ण के चरणों में गिर पड़ी रुक्मिणी को सुभद्रा ने खड़ा किया। प्राणेश्वर की धैर्यपूर्ण गम्भीर आवाज सुनाई दी : ''यह आँसू वीरांगना को शोभा नहीं देते।''

''नहीं, मैं वीरांगना नहीं हूँ। मैं आपकी अनुपस्थिति में उसकी सुरक्षा नहीं कर सकी।''

''अब उसका दुख मत करो प्रिय। यदुकुल में नवजात शिशु के स्थानान्तर की घटना अब स्वाभाविक माननी चाहिए।'' अपने बचपन की स्मृति दिलाकर श्रीकृष्ण ने रुक्मिणी की ग्लानि दूर की। क्षण-भर बाद सांदीपनि मुनि के कथन का समर्थन किया। ''देवि, तुम्हारी गोद में रहकर बड़े हुए प्रद्युम्न से विपरीत परिस्थितियों में बड़ा हुआ प्रद्युम्न बलवान तो होगा ही, साथ ही श्रेष्ठ क्षत्रिय भी बनेगा।''

''आप इस तरह कह रहे हैं, जैसे पुत्र कहाँ है...''

''वह है इतना जानता हूँ, कहाँ है यह पता नहीं है।''

''आचार्य गर्ग कह रहे थे कि मेरे स्वामी ग्रह-नक्षत्रों की गति को बदलने की शक्ति रखते हैं। वे संकल्प कर लें तो निश्चित दिनों में प्रद्युम्न को वापस ला सकते हैं।'

''मैं उसे ले आऊँ, यह भी एक सम्भावना है। दूसरी सम्भावना यह है कि प्रद्युम्न स्वयं ही वापस आ जाए। वीरमाता कौन-सा विकल्प चुनेगी?''

रुक्मिणी पुत्र को प्राप्त करने के लिए अधीर थीं, फिर भी विचार करने लगीं, वहीं सुभद्रा बोल उठी : ''आप ही ले आइए। अपनी समग्र सेना ले जाइए।''

''पहले तो मुझे यह पता लगाना है कि वह है कहाँ।'' कहते हुए श्रीकृष्ण अपने एकान्त कक्ष में चले गए। एकाग्र मन करके ध्यान लगाया। अन्तःचक्षुओं के सामने से भौगोलिक अवरोध नहीं रहा। योगेश्वर कृष्ण कुछ ही क्षण बाद कक्ष से बाहर आए। उन्होंने रुक्मिणी और सुभद्रा से कहा : ''मेरी अनुपस्थिति का प्रचार नहीं करना। मैं कुछ दिनों में वापस आ जाऊँगा।''

श्रीकृष्ण को लगा कि पंचजन्य असुरों के साथ किए संघर्ष का यह परिणाम है। शम्बरासुर ने अपनी इन्द्रजाल विद्या द्वारा प्रद्युम्न का अपहरण किया था और इस विद्या की विशेषज्ञ सुन्दरी युवा दासी मायावती को आज्ञा दी थी कि वह बालक को समुद्र में डुबो दे।

प्रद्युम्न को देखकर मायावती ऐसा दुष्कृत्य नहीं कर सकी। उसने शम्बरासुर की आज्ञा का पालन करने के स्थान पर अपने हृदय की आज्ञा का पालन किया। अन्य दासियों की उपस्थिति में उसने प्रद्युम्न को समुद्र में फेंक दिया और बालहत्या के अपराध-बोध से पीड़ित होकर आत्महत्या कर रही हो इस तरह वह भी तत्क्षण समुद्र में कूद पड़ी और सबको भ्रम में डालकर प्रद्युम्न को बचाकर जल मार्ग से दूर चली गई।

नैसर्गिक रूप से सुरक्षित एक वन प्रदेश में उसने निवास की व्यवस्था की और विद्या के द्वारा साधन सम्पन्न बनकर दास-दासियों एवं सैनिकों को एकत्र करने लगी। श्रीकृष्ण जब मायावती के इस वन प्रदेश के उपवन समान छोटे से राज्य में पहुँचे, उस समय वह प्रद्युम्न को गोद में लेकर झूला झूल रही थी। अपनी विद्या का प्रभाव जिस पुरुष पर नहीं हुआ, उसे पहचानने में मायावती से भूल नहीं हुई। उनके आगमन का प्रयोजन समझकर प्रद्युम्न को छाती से लगाए झूले से उतरकर चरणरज ली और अश्रुवती नाम सार्थक लगे, इस तरह खड़ी हो गई। श्रीकृष्ण ने हाथ उठाया, मायावती काँप गई। विवशतावश उसने

प्रद्युम्न को सौंप दिया परन्तु जैसे ही श्रीकृष्ण ने चलने के लिए कदम उठाया, वह 'प्रभु' कहती हुई गिरकर मूर्च्छित हो गई।

यह देखकर बालक प्रद्युम्न बेचैन हो उठा। श्रीकृष्ण को इस बात की शंका नहीं रही कि इस स्त्री ने प्रद्युम्न को अपने प्राणों से लगाकर रखा होगा। इसे बचाने के लिए उसने शम्बर जैसे दैत्य से छल करके गुप्तवास स्वीकार किया है। चेतना आते ही वह बोल उठी : "योगेश्वर, आपसे कुछ छिपा नहीं है। यह बालक माता रुक्मिणी देवी के लिए सन्तान है, मेरा जीवन सर्वस्व है। इसके बिना मैं जीवित नहीं रह सकती। आपको रोकने की मुझमें शक्ति नहीं है परन्तु यदि माता रुक्मिणी यहाँ होतीं तो उनके सामने मैं अपना आँचल फैला देती।"

"तेरा लगाव मुझसे छिपा नहीं है मायावती! परन्तु क्या तू प्रद्युम्न में आर्य संस्कारों का सिंचन कर सकेगी? उसे शास्त्र और शस्त्र की दीक्षा दे पाएगी?"

"यह विद्या इसे प्राप्त होंगी, यह मैं जानती हूँ। आर्य ऋषिमुनि मेरी बात पर विश्वास नहीं करेंगे और असुर आचार्य शम्बर को सूचना दे देंगे। मेरी परीक्षा न लें प्रभु, प्रद्युम्न के लिए मैं यथाशक्ति सबकुछ करूँगी। और जिस उम्र में आप वृन्दावन से मथुरा पधारे थे उसी उम्र में प्रद्युम्न को मैं द्वारिका ले आऊँगी।"

"अच्छा, मैं प्रद्युम्न को बीच में खड़ा रखता हूँ, यदि वह तेरी ओर आए तो तू रखना।"

मायावती ऐसी परीक्षा नहीं देना चाहती थी। इसलिए श्रीकृष्ण ने जैसे ही प्रद्युम्न को नीचे उतारा वैसे ही पंख फड़फड़ाती टिटहरी की तरह वह उस पर झुक गई। उठाकर हृदय से लगाकर गोल घूम गई। एक हाथ से श्रीकृष्ण की चरणरज लेकर किसी प्रकार की औपचारिकता की परवाह किए बिना अपने निवास की ओर दौड़ गई। मानव-सम्बन्धों की संश्लिष्टता समझनेवाले श्रीकृष्ण प्रसन्नचित्त वापस लौट आए।

द्वारिका आकर उन्होंने रुक्मिणी को प्रद्युम्न के प्रति मायावती के इस असाधारण प्रेम के बारे में बताया। रुक्मिणी पुत्र के बारे में पूछनेवाली थीं, वहीं दौड़ती हुई सुभद्रा आई। वह सत्राजित पर बहुत क्रोधित हो रही थी : "उसका स्यमन्तक मणि चोरी हो गया है, इसका आक्षेप वह हम पर कैसे लगा सकता है?"

श्रीकृष्ण की अनुपस्थिति के कारण सत्राजित के मन में शंका जन्मी थी। पहले कुलकर सभा में हुई चर्चा का स्मरण करके सत्राजित ने कहना प्रारम्भ कर दिया : "शम्बर को खोजने के बहाने श्रीकृष्ण मेरी मणि लेकर भाग गया है। सब उसे वैसे ही कपटी नहीं कहते। अब मैं उस पर कभी विश्वास नहीं करूँगा।"

सात्यकि ने देखा कि सत्यभामा पिता को रोक रही है परन्तु धनासक्त सत्राजित उसका एक शब्द भी नहीं सुन रहा है : "पिताजी, आप जानते नहीं हैं, श्रीकृष्ण कोई साधारण पुरुष नहीं हैं। उनकी इच्छा हो तो वे स्यमन्तक मणि जैसी सैकड़ों मणियों को प्राप्त कर सकते हैं।"

"एक को भी वह प्राप्त नहीं कर पाया, इसलिए चुरा ले गया।"

"पिता जी..."

"सत्या, तू अपने लोभी पिता को प्रलाप करने दे। मैं उद्धव और बलराम को भेज रहा हूँ।"

सात्यकि ने जल्दबाजी कर दी। श्रीकृष्ण पर आक्षेप की बात सुनते ही बलराम हल लेकर चल पड़े। उद्धव ने तत्क्षण वसुदेव प्रासाद में दौड़ते हुए जाकर वरिष्ठ यादवों को नहीं बताया होता तो बलराम के हाथों सत्राजित का उन्मूलन हो जाता।

प्रद्युम्न के प्रति मायावती के प्रेम को देखकर आश्चर्य हुआ था वहीं श्रीकृष्ण को सत्राजित के आक्षेप को सुनकर ग्लानि हुई। फिर भी मुख पर प्रसन्नतासूचक मुस्कान खेलती रही। उन्होंने रुक्मिणी से कहा : ''सत्राजित को भय द्वारा चुप कराने की आवश्यकता नहीं थी। उन्हें आश्वासन देकर शान्त किया जा सकता था। मुझ पर शंका करना उनके लिए स्वाभाविक है। जिसने बचपन में गोकुलवासियों का माखन चुराया हो वह द्वारिका के सम्पन्न यादवों की मणि चुराए उसमें आश्चर्य की बात नहीं है।''

अब सुभद्रा सत्राजित के बारे में अनुकम्पापूर्वक सोचने लगी। मेरे भाइयों की कीर्ति उनके पराक्रमों के कारण फैली जबकि सत्राजित की ख्याति उसकी स्यमन्तक मणि के कारण थी। अनेक यादव मणि के तेज से अभिभूत हो गए हैं। नगर में इस प्रकार की बातें प्रचलित हैं कि स्वयं सूर्यदेव ने तप से प्रसन्न होकर सत्राजित को मणि प्रदान की थी। सुना है कि गले में मणि धारण करके सत्राजित ने जब प्रथम बार नगर में प्रवेश किया था, उस समय नगरवासी उसे पहचान नहीं पाए थे। 'सूर्यदेव पधार रहे हैं।' यह कथन चौपड़ खेल रहे मद्यपों को सत्य प्रतीत हुआ था।

सात्यकि आता है। श्रीकृष्ण के प्रभाव के कारण इस बार वह सत्राजित की टीका करने के स्थान पर तटस्थ होकर सोचता है। वास्तव में सत्राजित को मणि प्राणों से भी प्रिय थी। सागर यात्राओं द्वारा विकसित व्यापार से एकत्र हुई सम्पत्ति का कारण भी वह स्यमन्तक को ही मानता है। इसीलिए उसने अपने सगे भाई प्रसेनजित को भी मणि से दूर रखा है और मणि को भगवान मानकर उसकी पूजा करता है।

''प्रसेनजित को बुलाओ।'' श्रीकृष्ण कहते हैं।

''वह कई दिनों से अदृश्य है।'' सात्यकि के कथन में किसी प्रकार की शंका का पुट नहीं था।

सैनिकों के द्वारा प्रसेनजित की खोज कराई गई परन्तु कुछ पता नहीं चल सका।

सत्राजित ने सात्यकि से कहा : ''मेरा भाई मेरी आज्ञा का उल्लंघन कर ही नहीं सकता। सात्यकि, तू मुझ पर कुपित मत हो। मेरी बात पर विचार कर। श्रीकृष्ण के अतिरिक्त अन्य कोई देवता मेरी मणि लेने का साहस कर सकता है?''

रुक्मिणी को सत्यभामा से पता चला कि प्रसेनजित अपने बड़े भाई के मणि के प्रति मोह के कारण व्याकुल था। इतने संकेत पर्याप्त थे। रुक्मिणी से कहकर श्रीकृष्ण ने वन की ओर प्रस्थान किया। प्रसेनजित ने बड़े भाई के मणि-मोह को कम करने के लिए, माँ का दूध पीते बालक को उसकी आदत छुड़ाने की तरह कुछ भी बताए बिना महातेजस्वी मणि धारण करके वन में मृगया के लिए जाने का निश्चय किया। दूर तक चिह्न मिलते थे। किसी भी साथी के बिना मृगया के लिए निकला प्रसेनजित अपने घोड़े के साथ सिंह का शिकार हो गया था। रीछराज जांबवान को वह मणि मिली परन्तु वे पहचान नहीं पाए। बालक का खिलौना हो जाएगा यह सोचकर वे उसे गुफा में ले आए।

जहाँ तक प्रसेनजित पहुँच सका था उससे आगे का मार्ग अधिक विकट था। मैदानी युद्ध में असाधारण शौर्य का प्रदर्शन करनेवाले योद्धा को भी यहाँ दुविधा होती परन्तु श्रीकृष्ण को सघन वन के लता-वृक्ष आगे बढ़ने के लिए प्रेरित कर रहे थे। लता-कुंज और वृक्षों के समवेत सौरभ के कारण श्रीकृष्ण को किशोरावस्था और युवावस्था के संधिकाल का स्मरण हो आया। यौवन के उदयकाल में राधिका से प्राप्त हुई ऊष्मा का इस सुगन्ध के साथ पुनः अनुभव हुआ। एक शिला पर बैठकर श्रीकृष्ण ने अपना सन्तुलन बनाया। ध्यान करते हुए राधिका का मुख दिखाई दिया। तपस्या के कारण वह दैदीप्यमान लगा। कहीं मेरी थकान और ग्लानि महारास की वह अधिष्ठात्री तो नहीं हर लेती?

श्रीकृष्ण की उपस्थिति से सावधान परन्तु उनकी ध्यानमग्न मुद्रा देखकर अभिभूत एक वनवासी उनके समीप आया। उनके चरणों के पास बैठकर उन्हें ताकता रहा।

वह जांबवान का ही नागरिक था। उसके अतिथि बनने पर बातों से पता लगा कि जांबवान धर्मनिष्ठ वीर राजा है। प्रगाढ़ वन क्षेत्र के इस छोटे राज्य से वह सन्तुष्ट है। इस नैसर्गिक सौन्दर्य को छोड़कर उसे आगे बढ़ाने की आकांक्षा नहीं है। इसी कारण अन्य राज्यों के साथ उसके सम्पर्क सीमित हैं। सूर्यवंशी राजा रामचन्द्र ने लंकापति रावण से धर्मयुद्ध किया था, उस समय इनके ही एक पूर्वज ने वरिष्ठ सेनानायक के रूप में महत्त्वपूर्ण दायित्व उठाया था, इन्हें इस बात का गौरव है। रामचन्द्र के समान ही प्रतापी लोकनायक श्रीकृष्ण की कीर्ति भी उन्होंने सुनी थी। वही महापुरुष आज उनका अतिथि बनकर आया है यह जानकर उनके हर्ष की सीमा नहीं रही। उन्होंने उस नागरिक को पुरस्कार दिया। धूमधाम से श्रीकृष्ण का स्वागत किया और आगमन का प्रयोजन पूछा।

हमारा प्रयोजन अति सीमित है। और इसी कारण आपकी पूर्व अनुमति लिए बिना ही हमने इस हृदयंगम वनश्री में प्रवेश किया है। हमारे एक यादव श्रेष्ठि की स्यमन्तक मणि उसके छोटे भाई के दुःसाहस और मृत्यु के कारण खो गई है।''

''अरे, वही चमकीला पत्थर!!'' जांबवान की कन्या सुगन्ध की लहर के समान दौड़ गई और हाथ में स्यमन्तक लेकर वापस आ गई। उसकी गति ऐसी थी मानो मणि के साथ वह स्वयं को भी देना चाहती हो। पिता ने उसे रोककर धैर्य रखने के लिए कहा। जांबवती ने अपने उद्वेग को शान्त किया। मणि और कन्या एक-दूसरे से सुशोभित हो रहे थे परन्तु कौन किसके द्वारा अधिक सुशोभित हो रहा है यह निश्चित करने के लिए फिर से दृष्टिपात करना पड़ेगा और ऐसा करना विवेकपूर्ण नहीं होगा।

रीछराज द्वारा पुत्री को रोकने के पीछे कोई प्रयोजन है या फिर मुझे ही मणि की माँग उचित ढंग से करनी चाहिए, यह सोचकर श्रीकृष्ण बोले : ''हमारे एक बन्धु सत्राजित अपने सगे भाई की मृत्यु से अधिक जिसके खो जाने के कारण दुखी हैं, वही है यह स्यमन्तक नामक प्रसिद्ध मणि।''

''हमारे लिए भी उसका मूल्य एक खिलौने के समान तो है ही। इस कारण हम अपनी पुत्री का खिलौना यूँ ही नहीं देंगे। यदि ऐसा किया तो आपका भद्र-समाज हमें मूर्ख समझेगा। कहेगा कि जंगली तो जंगली ही होते हैं। वह पत्थर और मणि का भेद क्या जानें।''

''आप भले ही पत्थर और मणि का भेद नहीं समझते परन्तु धर्म-अधर्म का भेद तो समझते हैं और हृदय से निःस्पृह हैं, यह देखकर हमें अत्यन्त प्रसन्नता हुई है। यह मणि हमें देने के बदले में हम आपकी क्या सेवा कर सकते हैं, बताइए।''

''हमारे प्रजाजन मल्लयुद्ध में अतिशय रुचि रखते हैं। वे परस्पर तो स्पर्धाएँ करते हैं परन्तु मर्यादा के कारण राजा को उनसे वंचित रखते हैं। वर्षों से हमने मल्लयुद्ध की स्पर्धा में भाग नहीं लिया। मथुरा में आपने चाणूर और कंस को पटक दिया था। उससे हमें विश्वास हो गया कि आप जांबुद्वीप के सर्वश्रेष्ठ मल्ल हैं। क्या आपका स्पर्धक बनने का यश हमें प्राप्त हो सकता है? यदि निश्चित समय में मुझे जीत लेंगे तो मणि के अतिरिक्त आपको जो इष्ट हो वह ले जा सकते हैं। और यदि हमने आपको जीत लिया तो?''

''इसका निर्णय जीतने के बाद करना पिताजी!'' जांबवती की इस चतुराईपूर्ण युक्ति से रीछराज और श्रीकृष्ण दोनों हँस पड़े।

प्रतिदिन प्रातःकाल को मल्लयुद्ध प्रारम्भ होता है। प्रजाजन आदरपूर्वक देखते हैं। युद्ध के नियमों का किस तरह पालन करना चाहिए मानो प्रेक्षकों को इसकी तालीम दी जा रही है।

अन्त में उम्र के कारण थकान का अनुभव करके रीछराज ने श्रीकृष्ण की विजय मान ली। विजयमाला पहना सिंहासन पर बैठाकर उनका पूजन किया।

वन प्रदेश में प्राप्त हुआ यह सौहार्द्र आकस्मिक था। जीवन की एक चिर मधुर स्मृति के साथ श्रीकृष्ण द्वारिका वापस आए। सत्राजित को मणि देने से पहले उन्होंने रुक्मिणी से कहा : ''यह मणि सचमुच ही शुभ फलदायक होगी। सत्राजित को इसके प्रभाव से कितना द्रव्य मिला होगा वह तो मैं नहीं जानता परन्तु मुझे जो स्नेह मिला है उसका मूल्य केवल तुम्हीं आँक सकती हो।'

श्रीकृष्ण की अनुपस्थिति में द्वारिका में वृन्दावन से 'बालकृष्ण' आए थे। मधुमंगल की नाट्यमंडली ने उत्सवप्रेमी प्रजाजनों का हृदय जीत लिया था। नृत्य और संवाद चाहे कुछ समय के लिए देखने-सुनने को मिले परन्तु संगीत तो अहर्निश सुनाई देता है। मधुमंगल कहता है कि जिसकी संवेदना विकसित हो जाएगी वह हमेशा के लिए वृन्दावन का निवासी बन जाएगा।

एक दिन बालकृष्ण मिट्टी खाते हुए पकड़ लिए गए। ललिता का पुत्र आनन्द बहुत नटखट है। बिलकुल कन्हैया-जैसा ही। सबकी आँख बचाकर मुँह में मिट्टी रख लेता था। परन्तु चतुर साथी ने देख लिया और वह यशोदा मैया को बुला लाया : ''कन्हैया ने मिट्टी खाई, यशोदा मैया! कन्हैया ने मिट्टी खा ली।''

सब नाच-गा रहे हैं। कन्हैया ने मुख में मिट्टी तो रख ली परन्तु खाने या थूकने का प्रयत्न करेगा तो पकड़ लिया जाएगा। बहुत होशियारी से वह अमरमूर मुख में छिपाकर नाचने लगा है। माँ पूछती है तो मना कर देता है और अवसर पाकर कंकड़ी को थूक देता है। एक साथी देख रहा था। वह यशोदाजी को प्रमाण देता है। यशोदा जी लकड़ी लेकर आती हैं। माखन खाने के लिए कौन मना करता है? चाहे कितनी ही तोड़-ताड़ की हो फिर

भी कुछ नहीं कहा परन्तु ब्रज के पन्द्रह-पन्द्रह गाँव के नायक का पुत्र इस तरह मिट्टी खाए? यह शोभा नहीं देता। आज दंड देना ही पड़ेगा। लकड़ी हाथ में पकड़कर मुख खोलने को कहती हैं। माँ के डर से कन्हैया आज्ञा का अनुसरण करता है। स्मित करता हुआ आँखें नचाकर नाचता हुआ वह मुख खोलता है। अरे यह क्या? यशोदाजी स्तब्ध रह जाती हैं। कालिन्दी तट की वनराशि। ऊपर आकाशगंगा! उसमें तैरते तारागण! कभी न कुम्हलानेवाले फूलों की सुगन्ध। शिशु को दूध पिलाते समय कभी-कभी ध्यानावस्था में जो कुछ दिखाई देता था वह सब आज इस छोटे-से मुख में! त्रिलोक के दर्शन हो गए इन छोटी-छोटी दो दन्त-पंक्ति के बीच में!

यशोदाजी को विचारमग्न देखकर कन्हैया का साथी उनके पास आकर खड़ा हो गया। कुछ समझ में नहीं आया। मैया से पूछा, उन्होंने अपना अनुभव बताया। इसके बाद तो सभी साथियों को भी त्रिलोक के दर्शन उस बाल-मुख में हुए। सब चौंक पड़े।

कवि पूछता है—कौन है यह बाल कन्हैया?

उत्तर देता है—पूर्ण ब्रह्म अविनाशी।

मधुमंगल ने अपने जैसा एक हँसमुख ग्वाला अपनी मंडली में रखा है। कन्हैया पूर्ण ब्रह्म अविनाशी है तो हम कौन हैं? वह गाता है : ''हम सब हैं कुल-नाशी, यशोदा मैया! कन्हैया ने माटी खाई।''

इस नाटिका को देवकीजी के साथ रुक्मिणी ने भी देखा। देवकी का कुँवर यशोदा के आँगन में पला था उसी तरह रुक्मिणी का कुँवर मायावती के आँगन में पल रहा था। मधुमंगल के नृत्य और संगीत ने विभाजन-रेखा तोड़ दी और सभी को अपूर्व आनन्द का अनुभव कराया। सकल माताओं में मातृत्व का गुण समान होता है।

महाराज उग्रसेन ने मधुमंगल का राजकीय सम्मान किया। उस समय उसने एक श्लोक में अपनी बात कही : मैं न तो इस स्वर्ण-द्वारिका से आकर्षित होकर आया हूँ और न रत्नाकर की लहरें निहारने आया हूँ; मैं आया हूँ सकल तत्त्वों के बीच आन्तरिक सम्बन्ध के ज्ञाता श्रीकृष्ण का सामीप्य प्राप्त करने।

मधुमंगल की नृत्यनाटिका में यमुनातट के गोकुलों के निवासियों के कंठ की छटा थी। श्रीकृष्ण को इसे सुनने से विशेष आनन्द मिला था। उन्होंने पूरी मंडली को अपने प्रासाद में आमन्त्रित किया था। वे जानते थे कि मधुमंगल की प्रकृति अवधूत के समान है। वह व्यक्त मध्य की लीला का गान करता था लोकश्रद्धा जगाने, पुष्ट करने, नवजीवन की प्रेरणा देने के हेतु।

''राधिकाजी का अस्वस्थता के बारे में तो आप जानते ही होंगे।'' मधुमंगल ने झुककर पारिजात पुष्प को हाथ में लेते हुए कहा। श्रीकृष्ण कुछ बोलें उससे पहले ही वह आगे बोला : ''पहले उनके शरीर में असह्य दाह हुआ था, उस समय आकस्मिक रूप से आपका आगमन हुआ और दाह शमित हो गया था। इस बार का दाह असह्य हो उठा था। सखियाँ उन्हें यमुना के प्रवाह में ले जातीं। उनके अंगों पर भींगे हुए वस्त्र रखतीं। कभी-कभी इष्टदेव की प्रतिमा के समक्ष वे भूमि पर लोटने लगतीं। यह सुनते ही मैंने गुरुदेव से उपचार के लिए पूछा। उन्होंने कुछ सोचकर, ग्रन्थों को देखकर सुगन्धित फूलों की माला तैयार

करवाई और शरीर पर चन्दन का लेप करने के लिए कहा। उससे सुधार तो हुआ ही होगा। वैसे ललिता के कथनानुसार राधिका जी नाम-स्मरण से स्वस्थ हुई थीं।''

मधुमंगल के मुख से सुने वृत्तान्त पर विचार करके श्रीकृष्ण ने उद्धव को वृन्दावन भेजा। बड़ों, सखाओं और सखियों के लिए कुछ-न-कुछ भेंट भेजी। राधिकाजी को पत्र लिखा। उसमें सारी मित्रमंडली के साथ द्वारिका आने के लिए आमन्त्रण दिया।

उद्धव वृन्दावन में एक सप्ताह रुके थे। गोप-गोपियों का विशाल समूह गाड़ियाँ सजाकर निकलने के लिए तैयार था। सबको आशा थी कि राधिकाजी आगे चलेंगी और उद्धवजी के रथ में विराजेंगी परन्तु मुहूर्त के समय सबको पता चला कि इस बारे में उन्होंने कोई विचार नहीं किया है। उद्धव का आग्रह देखकर उन्होंने पूछा : ''आप यहाँ एक सप्ताह रुके। कभी इसका आभास भी हुआ कि नटवर यहाँ नहीं है? कुछ मास पहले मुझे ऐसा लगा था। उसके साथ ही शरीर में असह्य दाह प्रारम्भ हो गया था जो गुरुकृपा और नाम-स्मरण से शमित हो गया। मैं द्वारिका आऊँ, यदुनन्दन को वहाँ प्रत्यक्ष देखूँ। इससे कहीं हृदय में यही मान्यता दृढ़ होगी कि वे तो सागरतट पर बसते हैं, वृन्दावन में यमुनातट पर नहीं। तो क्या होगा? मुझे द्विधा में नहीं पड़ना। वे यहीं रहते हैं हमेशा।''

उद्धव राधिका को जानते थे, आग्रह नहीं किया। अन्य गोप-गोपियों ने प्रस्थान किया। पिंडारक तीर्थ के महात्म्य से सब परिचित थे, वहाँ विश्राम किया। शंखोद्धार द्वीप और द्वारिका के बीच नागेश्वर महादेव के क्षेत्र में एक सरोवर के किनारे सभी को रुकने का कहकर उद्धव का रथ द्वारिका की ओर चल दिया। स्वजनों के आगमन का समाचार जानकर श्रीकृष्ण स्वागत करने आए। उस क्षण सभी ब्रजवासी सरोवर में स्नान कर रहे थे। गोपियाँ इस तट पर स्नान कर रही थीं, गोप दूसरे तट पर। श्रीकृष्ण के आते ही सब भेद-भाव भूल गए और सबने समीप आकर साथ में स्नान करने की प्रार्थना की। द्वारिकाधीश ने अपने वस्त्राभूषण किनारे उतारकर जल में प्रवेश किया। शैशव की जलक्रीड़ाओं का स्मरण हो आया। सबने एक प्रहर तक आनन्द किया। उस दिन से इस सरोवर के साथ गोपियों का नाम जुड़ गया। रुक्मिणी और सुभद्रा नागेश्वर के ज्योतिर्लिंग के दर्शन करने आती हैं, उस समय गोपी सरोवर तक आना नहीं भूलतीं। वे किनारे के उपवन, वृक्षों की देख-रेख के बारे में निर्देश देती हैं और आसपास के कृषकों और श्रमिक कन्याओं को दान देती हैं।

6

श्रीकृष्ण का रथ सजाते हुए दारुक ने पूछा : ''यदुनन्दन, आपके जीवन में विश्रान्ति के क्षण कितने हैं?''

''दो कर्मों के बीच की यात्रा ही विश्रान्ति है, बन्धु!''

''बड़े भैया तो इस यात्रा की अवधि जानकर ही जम्हाई लेने लगे। कहाँ द्वारिका और कहाँ प्राग्ज्योतिषपुर। पश्चिमी किनारे से सम्पूर्ण आर्यावर्त पार करते हुए मगध और

अंगदेश के भी उस पार कामरूप देश में लौहित्य नदी के किनारे पहुँचना है।'' कुछ क्षण चुप रहकर फिर बोले : ''दारुक, तू जरा उसे समझा, छह दिन भले ही दूसरों के लिए जिए, कम-से-कम एक दिन तो अपने लिए जिए! यकायक प्रागृज्योतिषपुर जाने के पीछे कौन-सा कर्तव्य प्रेरित कर रहा है?''

''लगता है कि उद्धव ने उन्हें बताया नहीं है।''

''क्या?'' दारुक ने भी यात्रा का कारण कहाँ पूछा था। श्रीकृष्ण की प्रत्येक लम्बी और महत्त्वपूर्ण यात्रा में दारुक साथ होता, महारथी सारथी के रूप में।

''वृन्दावन से सन्देश आया था। भौमासुर ने परपीड़न नहीं छोड़ा तो उसे दण्ड देने का मैंने संकल्प किया ही था। रुक्मिणी और रेवती भाभी ने भी संकेत किया था; परन्तु इस तरह यकायक जाने का कारण वृन्दावन से आया राधिका का सन्देश है। उसने सुबल और उत्तम के द्वारा सन्देश भिजवाया है—ललिता और वृन्दा की छोटी बहिनों का अपहरण हुआ है। पहले कंस के मागधी सैनिक गोपांगनाओं को त्राश देते थे। हमारे गोकुल-वृन्दावन के निवास काल में यह संकट अधिकांश दूर हो गया था। गोपालक अपनी रक्षा करने में समर्थ बने और सावधान रहने लगे। सम्भव है कि बाद में निश्चिन्त हो गए हों। दारुक, कोई भी समस्या हमेशा के लिए हल नहीं हो जाती। अपनी कुलकर सभा ने कृतवर्मा के वापस आने के बाद मथुरा में कोई सामर्थ्यवान शासक नहीं भेजा। इस भूल का परिणाम अब मुझे भोगना पड़ रहा है। भौमासुर वृन्दावन तक पहुँच गया।''

''उसने सोलह हजार कन्याएँ एकत्र कर ली हैं, यह बात सत्य है? उन सबका अपहरण किया होगा?''

''अधिकतर अपहरण ही किया है, कुछ खरीदी भी होंगी। कुछ कन्याएँ उसके सैनिकों के द्वारा भ्रष्ट होने के बाद, समाज द्वारा बहिष्कृत होकर असहाय होकर उसके आश्रम में गई होंगी। यह भी उसकी युक्ति हो सकती है। सोलह हजार कन्याओं और युवतियों के भविष्य को अन्धकारमय बनानेवाला भौमासुर स्वयं को यशस्वी मानता है! पाप को पराक्रम समझता है और कलंक को कीर्ति। आर्य देवताओं को तुच्छ समझकर उनके मन्दिर लूट लेता है। उसने वरुण का छत्र और अदिति का कर्णफूल भी छीन लिया है।''

''उसे देवताओं का डर नहीं है?''

''जो अमानवीय बन गया हो उसे किस बात का डर? अपने मनुषत्व के संवर्धन के लिए ही धर्म और नीति का पालन किया जाता है। अन्य असुर की तरह भौमासुर भी हमारे आचार-विचारों का उपहास करता है। सत्ता और सम्पत्ति को ही वह शक्ति मानता है।''

''सुना है कि उसका दुर्ग अभेद्य और सैनिक अविजेय हैं? हम अन्य आर्य राजाओं का सहयोग लेकर युद्ध करें तो क्या शीघ्रता से विजय प्राप्त नहीं हो सकती?''

''हो सकती है। परन्तु मुझे कम सेना को लेकर लड़ने की आदत है। कई महत्त्वपूर्ण विजय मैंने और बड़े भैया ने सेना के बिना ही प्राप्त की हैं। सेना की विशालता ने सम्राट जरासन्ध की विजय में अनेक बार अवरोध डाला है। प्रागृज्योतिषपुर जैसे सुदूर प्राच्य नगर तक तो अपनी नारायणी सेना को भी नहीं ले जाना है।'

''और सात्यकि?''

"वह आएगा अपनी सेना के साथ। मैं उसे मना करूँगा तो भी आएगा। यहाँ रहकर किसी के साथ लड़ पड़े उससे अच्छा है कि अपने पीछे आए। वह मेरी रक्षा करने में समर्थ है, इस बारे में उसे शंका नहीं है।' कहते हुए श्रीकृष्ण हँस पड़े। सात्यकि उपस्थित होता तो वह भी हँस पड़ा होता। वह मानता है कि श्रीकृष्ण के साथ ज्ञान-गोष्ठी में जो स्थान उद्धव का है युद्धभूमि में वैसा ही स्थान उसका है।

महाराज उग्रसेन शुभेच्छा देने के लिए पधारे, उस समय सात्यकि अपने चुने हुए सैनिकों के साथ तैयार खड़ा था। वह कुछ दूरी रखकर श्रीकृष्ण का अनुसरण करेगा। उद्धव और सुबल भोजन और शिविरों के प्रबन्धक के रूप में जाएँगे।

प्रागूज्योतिषपुर के चारों ओर पर्वतश्रेणी का नैसर्गिक किला था। जहाँ पर्वतों ने स्थान छोड़ दिया था, वहाँ शस्त्र-सज्ज दुर्ग बनवाया गया था।

श्रीकृष्ण ने यहाँ अपने सभी शस्त्रों का उपयोग किया। गदा के प्रहारों से शस्त्रखचित दुर्ग तोड़ डाला और बाण वृष्टि से उसका उच्छेद कर दिया। सुदर्शन चक्र द्वारा अग्नि, जल और वायु की कुण्डली तोड़ डाली। स्वयं को अजेय मानने वाला भौमासुर आलस त्यागकर खड़ा हो उससे पहले प्रलयकाल के वज्रपात के समान पांचजन्य शंख के घोष के साथ सशस्त्र यादव योद्धाओं को असुर की राजधानी में घुस जाने का निर्देश किया।

प्रमाद के कारण अभी भी भौमासुर को पश्चात्ताप नहीं हो रहा था। असावधानी के कारण वह स्वयं अपनी सेना का काल बन गया। फिर हाथी पर विराजमान होकर त्रिशूल लेकर श्रीकृष्ण को मारने के लिए दौड़ पड़ा। त्रिशूल छूटे उससे पहले श्रीकृष्ण के तीक्ष्ण धारवाले चक्र ने उसका मस्तक उड़ा दिया।

भौमासुर को उसके कुकर्मों के कारण नरकासुर कहनेवाले, उसके शासनकाल में त्रस्त और पीड़ित ऋषियों ने योगेश्वर श्रीकृष्ण का स्वागत करने में पहल की। प्रजा के सामने उन्होंने द्वारिकाधीश के इस अलौकिक पराक्रम का यशोगान किया। उन्हें कार्य और कारण की आत्मा कहकर सभी के समक्ष उन्हें वन्दन किया।

भगदत्त के राज्याभिषेक करवाने और प्रागूज्योतिषपुर के शासन की पुनर्व्यवस्था का कार्य पूरा करने के बाद श्रीकृष्ण को एक विकट समस्या का सामना करना पड़ा। रत्न और मुहरों के संचय के लिए असुर के सभी प्रजाजन तैयार थे परन्तु उसने सोलह सहस्र सुन्दरियों से राजकोष समृद्ध किया था, उनका दायित्व सँभालने के लिए कोई तैयार नहीं था। वे कन्याएँ राजवंशी हों, श्रमजीवी हों या कुलगोत्रहीन हों; परन्तु प्रागूज्योतिषपुर में तो वे नरकासुर की बन्दिनी ही थीं। आज वे मुक्त तो हुईं परन्तु उनके जीवन की कोई दिशा नहीं थी।

उद्धव और सात्यकि के समक्ष श्रीकृष्ण ने इस समस्या को प्रस्तुत किया। सुबल भी उपस्थित था। उसने वातावरण को हल्का बनाने के लिए कहा : "मैं श्रमजीवी गोपालक, अपनी सालियों के अतिरिक्त अन्य किसी को ले जाऊँगा तो उपहास का विषय बनूँगा।" उसकी बात पर ध्यान न देकर सात्यकि बोला : "प्रत्येक कन्या पितृगृह जाने के लिए उत्सुक होगी।"

"अवश्य होगी। परन्तु इतने दिनों में मैंने जो सूचनाएँ प्राप्त की हैं उनके आधार पर कोई भी पितृगृह अपनी अपहृत कन्या को पूर्ववत् स्वीकारने के लिए तैयार नहीं है। इनका

दुर्भाग्य ही मानो इन बिचारियों का अपराध हो! अब उन पर बिना अपराध के लगा हुआ कलंक आजीवन रहनेवाला है।''

सात्यकि ने श्रीकृष्ण की ओर देखा। वही अगम्य मौन, और चिन्ता की छाया थी मुख पर।

''हमने इन्हें मुक्त करा दिया इससे समस्या हल नहीं हो गई है।'' उद्धव ने कहा। ''हर कार्य में कोई-न-कोई कभी देखनेवाला यह भी कह सकता है कि आपने इन सोलह सहस्र युवतियों को एक छोटे नरक से मुक्त करके समाज के विशाल नरक में धकेलने का कार्य किया है।''

''जरासन्ध, शिशुपाल एवं दुर्योधन तो यही कहेंगे।'' सात्यकि बोला : ''कहते रहें। परन्तु संसार जानता है कि आपका प्रयोजन उदात्त है।''

''मुझे एक विचार आया है। आप उन्हें दर्शन दें और पूछें कि वे क्या चाहती हैं।' उद्धव का सुझाव श्रीकृष्ण को उचित लगा। सुबल आदि ने समर्थन किया।

अनेक युवतियों ने जिसे भौमासुर का अन्तःपुर समझा था, वास्तव में वह कारागृह था, इसकी प्रतीति उन्हें इस क्षण हुई। श्रीकृष्ण ने वहाँ प्रवेश किया, उसी के साथ उनके जीवन में परिवर्तन आया। युवावस्था के आरम्भ में उत्तम पुरुष की जो कल्पना मन में होती है, पुरुषोत्तम के दर्शन से वह साकार हो गई। सोलह सहस्र नारियाँ धन्यता का अनुभव करते हुए श्रीकृष्ण को वन्दन कर रही थीं। उनसे कुछ भी पूछा जाए उससे पहले उनका आर्त स्वर सुनाई दिया : ''हमारा स्वीकार करें प्रभु!''

उस युग में राजा को भी प्रभु कहने की परम्परा थी। परन्तु इन नारियों को श्रीकृष्ण समस्त लौकिक मर्यादाओं से परे प्रतीत हुए थे। अन्यथा इनके अतिरिक्त दूसरा कौन उनका उद्धार कर सकता था। जिसने उद्धार किया है वह पालन-पोषण भी अवश्य करेगा, इस श्रद्धा से वे यदुनन्दन की विरल मुखाकृति निहार रही थीं।

श्रीकृष्ण ने लेशमात्र भी द्विधा के बिना, सम्मानपूर्वक उन्हें द्वारिका भेज दिया। उनका दासत्व खत्म करके उन्हें गृहिणी का सम्मान दिया। प्राग्ज्योतिषपुर के राजकोष का द्रव्य उनके निर्वाह के लिए पर्याप्त था। सात्यकि के नेतृत्व में यादव योद्धा इस विपुल धनराशि के साथ उनकी सुरक्षा करते हुए द्वारिका की ओर चल दिए। दूसरी ओर दारुक का रथ ब्रह्मपुत्र नदी के किनारे खड़ा था। सामने नीलांचल की उपत्यकाओं पर कामाख्या देवी का मन्दिर था। सबने वहाँ कुछ क्षण बिताए।

श्रीकृष्ण, दारुक और उद्धव कुछ दिन नगर में रुकेंगे। राज्य की नवीन शासन व्यवस्था स्थिर हो जाने के बाद हिमालय में तप करनेवाले ऋषि-मुनियों के साथ दार्शनिक चर्चा करते हुए दोनों मित्र वैशाली, मिथिला, श्रावस्ती, अहिच्छत्र आदि नगरों से होते हुए इन्द्रप्रस्थ पहुँचेंगे। वहाँ पांडव बन्धुओं के साथ कुछ समय रुकेंगे।

नैमिषारण्य में जैमिनी ऋषि के आश्रम में विश्रान्ति के लिए रुके, तब उद्धव और दारुक को प्रतीत हुआ कि श्रीकृष्ण के लिए सत्संग का कितना अधिक महत्त्व है। उनकी चैतसिक अवस्था देखकर जैमिनी ऋषि ने उन्हें देवाधिदेव इन्द्र से अधिक उन्नत आत्मावस्था में देखा। विदा के क्षण श्रीकृष्ण ने आशीर्वाद माँगा तो ऋषि ने वन्दन किया।

गंगा के किनारे-किनारे आगे बढ़ते हुए श्रीकृष्ण ने उद्धव से कहा : ''इस समय कैलास मार्ग में बहुत कम यात्री होंगे। शिखर पर परम शान्ति होगी। दारुक की अनुमति हो तो हम ऋषिकेश के पास रथ छोड़कर कुछ दिनों के लिए महादेव शम्भु के उस प्रगट स्वरूप का सान्निध्य प्राप्त करें। मैं नन्दादेवी की ओर से कैलास गया हूँ। उद्धव, मानसरोवर के तीर पर बैठना समाधिस्थ होने का अनुभव कराता है।''

''द्वारिका से कब तक दूर रह पाओगे?''

''जब तक वहाँ कोई चिन्ताजनक स्थिति नहीं हो।''

''इस समय वहाँ...''

''शान्ति और आनन्द है।''

''किस तरह जाना?'' पूछने के बाद उद्धव को लगा कि प्रश्न अप्रस्तुत था। अनेक बार योगी की शक्ति के बारे में चर्चा हो चुकी है। क्रियायोग के द्वारा कार्यकारण के प्रकट सन्तुलन के नियमों के बन्धनों से मुक्त होकर श्रीकृष्ण दूर सुदूर देख सकते हैं, अप्रकट को जान सकते हैं। दृष्टि को भ्रुकुटी के बीच स्थिर करके नासिका और फेफड़ों में विचरती 'प्राण' एवं 'अपानवायु' को समानुपात में करके उन्होंने बाह्य विषय-विकारों का त्याग करने की सामर्थ्य प्राप्त कर ली है। इन्द्रियों, मन और बुद्धि को जीतकर वह इच्छा, भय और क्रोध से मुक्त हो गए हैं। इसलिए ही जैमिनी ऋषि ने आशीष देने के स्थान पर वन्दन किया।

''अब उत्तर की अपेक्षा तो नहीं है?'' श्रीकृष्ण इस तरह बोले मानो उद्धव के मन की गति जानते हों।

''नहीं, मुझे अन्तःकरण से उत्तर मिल गया। जिसकी प्राप्ति के लिए ऋषिमुनि संसार छोड़कर निर्जन अरण्य में तपस्या करते हैं, वह जागृति आपको क्रिया योग द्वारा प्राप्त हो चुकी है।''

''योग की शब्दावली का उपयोग किए बिना मैं कहता हूँ कि अनपेक्ष भाव से सकल को चाहने से सारा अन्तर खत्म हो जाता है। वृन्दावन, द्वारिका, कुंडिनपुर, प्रागृज्योतिष, नैमिषारण्य—सब आत्मीय लगता है। एक समय मैं माता यशोदा के प्रांगण में घुटनों चलता था, आज यह पुण्य भूमि मेरा प्रांगण है। मैं उस समय भी खेलता था, अब भी खेल रहा हूँ। उद्धव, तुम कभी-कभी मुझे उद्धारक मानने की भूल कर बैठते हो। वास्तव में मैं तो चाहक हूँ।''

''जैमिनी ऋषि ने आपके ऐश्वर्य को स्वीकार किया है।''

''शब्दों के जाल में मत फँसो बन्धु! मैं ऋषि की सरलता में ऐश्वर्य देखता था। उनके लिए तत्त्वज्ञान मात्र वाणी का विषय नहीं रहा, उन्होंने उसे जीवन में उतारा है इसीलिए उन्हें शिशु-सहज मनःस्थति प्राप्त हुई है। इसी कारण उन्होंने मिलन का आनन्द उमंगपूर्वक व्यक्त कर दिया। दूसरी ओर बड़े-बड़े राजा और कर्मकांडी विद्वान मुझे दूसरे दृष्टिकोण से देखते हैं। उनका दृष्टिकोण पूर्वग्रहयुक्त और स्वार्थ प्रेरित होता है। मुझसे मिलकर उन्हें आनन्द नहीं होता। कुछ तो मुझे गँवार-ग्वाला ही कहकर सम्बोधित करते हैं। मैं सचमुच गँवार होता तो उसका सुख भी कम नहीं होता। सब आद्यान्त जानना भी एक उपाधि ही है। क्रियायोग द्वारा मैं इस भार से मुक्त रहता हूँ और जैमिनी ऋषि जैसे महानुभावों का

अनहद और निःस्वार्थ प्रेम आकस्मिक रूप से ऐसी यात्राओं में प्राप्त करता हूँ। माता यशोदा के वात्सल्य और राधिका के स्नेह के साथ ही जिसका स्मरण किया जा सके ऐसा ज्ञान रखते हैं ये ऋषि। अपने सुदामा को इनके सान्निध्य में कुछ समय अवश्य रहना चाहिए।''

''वर्षों हो गए सुदामा से मिले हुए। क्या करता है वह आजकल?''

''अयाचकव्रत का पालन करता है।'' श्रीकृष्ण हँस पड़े।

''तब तो दुखी होगा।'' उद्धव चिन्तित हो गए।

''दुखी? जिसे तुम दुख कह रहे हो, सुदामा को उस दुख का पता नहीं है।''

''गुरुदेव सान्दीपनि कह रहे थे कि सुदामा को सुशील और विदुषी पत्नी मिली है। घर चलाती है और हमारे मित्र की अकर्मण्यता को निभा लेती है।''

''मैं सुदामा को अकर्मण्य नहीं कहूँगा। ज्ञान की उपासना के साथ वह आसपास के क्षेत्र के बटुकों के लिए पाठशाला भी चलाता है। उसे किसी प्रकार का लोभ नहीं है। मेरे, तुम्हारे या बड़े भैया के पास वह कभी अपने किसी कार्य को करवाने नहीं आया। अपने सम्बन्ध को वह उसके मूल स्वरूप में ही बनाए हुए है। सुदामा की यह सच्चाई सबका पथ-प्रदर्शन कर सकती है।''

कपूरमण्डित कैलास की परिक्रमा के सुन्दर मार्ग पर समान रूप-गुण धारण करनेवाले दो यादववीरों को विचरता देखकर अन्य यात्री विस्मयपूर्वक ताकने लगे हैं। उद्धव के मुख पर ठंडी हवा के प्रहारों का प्रभाव दृष्टिगोचर हो रहा है। श्रीकृष्ण की स्फूर्ति पूर्ववत् है।

गौरीकुंड का रमणीय स्थल विश्राम के लिए प्रेरित करता है। यह छोटा-सा शीतल तालाब है। भाविक कहते हैं कि इस कुंड में शिव-पार्वती स्नान करते थे।

कालीगंगा का किनारा भी रमणीय था। चम्पावन और धारचुम्बा क्षेत्र के देवदार तथा अखरोट के वृक्ष पीछे रह गए हैं। कई बेनाम वनस्पतियाँ श्रीकृष्ण को रोकती हैं। कालीगंगा के उद्गम स्थान कालायनी क्षेत्र में एक गगनचुम्बी देवदार को देखकर उद्धव को गंगोत्री क्षेत्र के देवदार का स्मरण हो आया। श्रीकृष्ण एक छोटे वृक्ष की उखड़ी हुई छाल को देखकर स्तब्ध हो गए थे। नहीं, किसी यात्री ने यह छाल नहीं उखाड़ी है। किसी जंगली पशु का ही यह कार्य है। उद्धव समीप आते हैं।

''जानते हो बन्धु, एक ऐसी जनश्रुति प्रचलित है कि स्कन्द की माता गौरी ने हेमकुम्भ जैसे स्तन से झरनेवाले दूध से एक बाल देवदार को बड़ा किया था। उसकी छाल जंगली हाथियों से छिली हुई देखकर उस माता ने वैसी ही वेदना का अनुभव किया था जैसा उसके पुत्र को किसी राक्षस ने नाखून लगा दिए हों।''

''इस वृक्ष को शिव-पार्वती का अपार वात्सल्य मिला है, इसी कारण वह भी उदार बन गया है।''

''उदार और भव्य। नैसर्गिक मन्दिर के समान कैलास पर सूर्य की किरणें पड़ती हैं, उस समय तो यह महावृक्ष दिव्य बन जाता है। इसकी सुगन्ध दूर-सुदूर तक फैल जाती है और महर्षि नारद के वीणावादन के सुरों की संगत करती है।''

''आपने वेदव्यासजी की गुफा दिखाई, उस समय मेरा अनुमान था कि महाकवि अवश्य अन्दर विराजमान होंगे परन्तु उनके दर्शन नहीं हुए।''

''यहीं कहीं होना चाहिए। इस पगडंडी के अन्तिम सिरे की ओर देखो। देवदार की वेदी पर व्याघ्रचर्म बिछा हुआ है।''

''कहाँ?' उद्धव वृक्ष के स्थान पर शंकु आकारवाला पर्वत शिखर देख रहे थे। उनकी समझ में नहीं आ रहा था कि यह शिखर किस तरह इस स्थिति में आया। एक पैर पर खड़े तपस्वी के बारे में सुना था परन्तु यह तो...''

''वह देवदार है। उसके नीचे बिछाए हुए व्याघ्रचर्म पर जिन्होंने नदियों को विश्व की माताएँ कहा है वे व्यासमुनि विराजमान हैं।''

''वह जो छायामय लघु आकृति है...''

''वह छायामय नहीं है, प्रकाश की वाहक है। उनकी आकृति देखते समय अपनी दृष्टि छोटी नहीं पड़े तो हम भाग्यशाली होंगे। देखो, उनके चरणों के पास सिंह बैठा है। चलो, उसके शिखर पर उड्डयन कर रहा पक्षिराज गरुड़ हमें निमन्त्रण दे रहा है।''

उद्धव मार्ग में खड़े रह गए। यह क्या? एक ही वृक्ष पर दो प्रकार के फूल। स्मरण आने पर विस्मय जाता रहा। फल भी दो आकार के होते हैं। देवदार स्वयं एक सृष्टि है। विरल है यह वृक्ष। कदम्ब और तमाल के बालसखा को देवदार के प्रति आकर्षण भी कम नहीं है।

सिंह सामने आकर स्वागत-धर्म पूरा करके पास की शिला के पीछे अदृश्य हो गए। व्यासमुनि समाधि में लगते हैं। श्रीकृष्ण-उद्धव उनके चरणों के पास बैठ जाते हैं। मुनि के भाल पर एक रेखा खिंच गई है। समाधि में ऐसा भाव सम्भव नहीं है। शायद...

उद्धव महादेव शम्भु के बारे में पूछते हैं : ''यह उनका क्षेत्र है, क्यों?''

''उनका क्षेत्र तो पूरा ब्रह्माण्ड है। परन्तु यात्रियों को यहाँ उनकी अनुभूति होती है। योगी और महायोगी अपनी मुक्तावस्था में यहाँ बसते हैं।''

व्यासमुनि के भाल की रेखा विलीन हो गई। बन्द पलकों पर प्रसन्नता झर रही है। उद्धव की आँखें बन्द हो जाती हैं। जहाँ महामुनि विराजमान थे, वहाँ शिव दिखाई देते हैं, परन्तु मनुष्यरूप में नहीं, शिखर स्वरूप में। साक्षात् कैलास शिखर का मानवीय आकार।

महादेव के नेत्र खुलते हैं। वहाँ प्रकाश है, आतप नहीं। पल-भर में नेत्र की धवलता में मानसरोवर की शीतलता लहराने लगती है। उद्धव भूल जाते हैं कि यह शिव के नेत्र हैं। वे मानसरोवर के सान्निध्य का अनुभव कर रहे हैं। निर्मल शीतल जल स्फटिक समान सुशोभित है। मन्दाकिनी के विशाल पट में बहते हुए आकाश का प्रतिबिम्ब उन्होंने देखा था। यहाँ आकाश स्वयं सरोवर है। कहते हैं इस सरोवर में अवतरित होकर गंगा, यमुना और सरस्वती के समान महिमा प्राप्त करने के लिए ब्रह्मपुत्रा ने कैलास पति का तप किया था। यमुना सूर्य की पुत्री है तो यह हिमकन्या उसकी बहिन है। यह अकेली ऐसी नदी है जो चारों दिशाओं में बहती है। विविध प्रदेशों के आकाश-धरती को जोड़ती है।

उद्धव की दृष्टि नीचे जाती है। गौरीकुंड के पास श्रीकृष्ण बाल देवदार के छिले हुए तने पर हथेली रखकर खड़े हैं। उनकी छाया में खड़ा हुआ सिंह अनुचर के रूप में उनकी ओर ताक रहा है। भाविक यात्रियों का आवागमन चल रहा है। उनमें से किसी की ही दृष्टि श्रीकृष्ण या सदाशिव की ओर मुड़ती है। उन्हें जल्दी है, अगले पड़ाव पर पहुँचने की।

''चलो बन्धु! ऋषि हमें अपनी गुफा में आने का निमन्त्रण दे गए हैं। फलाहार करके हमें शीघ्र इन्द्रप्रस्थ के लिए प्रस्थान करना है।''

7

अर्जुन इन्द्रप्रस्थ में नहीं है। प्रतिज्ञा का पालन करने के लिए उसने बारह वर्ष का वनवास लिया है। उद्धव हस्तिनापुर में विदुरजी के निवास स्थान पर गए हैं। श्रीकृष्ण सीधे कुन्ती बुआ को प्रणाम करने आए हैं। राजप्रासाद के प्रवेश-द्वार पर स्वागत हुआ, उसी समय पता चल गया था कि अर्जुन यहाँ नहीं है।

द्रौपदी राजरानी के गौरव की परवाह किए बिना दौड़ आती हैं। पहले सास जी को प्रणाम करने की परम्परा भूलकर श्रीकृष्ण के चरणों के पास बैठती हैं। उनकी आँखों में आँसू नहीं, अकथ्य वेदना है जो वाणी से व्यक्त नहीं हो सकती।

वास्तव में प्रतिज्ञा का पालन करने के स्थान पर अर्जुन ने हठपूर्वक वनवास स्वीकार किया है। एक अल्पकालीन व्यवहारलक्षी नीति-नियम का उसने सैद्धान्तिक दृढ़ता से पालन किया। ब्राह्मणों की गायों की चोरी करके ले जानेवाले लुटेरों से लड़ने के लिए शस्त्र लेने गया, उस समय युधिष्ठिर और द्रौपदी उस खंड में बैठे थे। अर्जुन ने गायों की रक्षा की और शस्त्रों को वापस रखकर बड़े भाई से विदा माँगी।

युधिष्ठिर ने अनुमति नहीं दी। उन्होंने कहा कि प्रतिज्ञा का वास्तविक रूप में भंग नहीं हुआ है। ब्राह्मणों की गायों की रक्षा करके तुमने राजधर्म का पालन किया है।

अर्जुन दृढ़ था। उसने कहा कि प्रतिज्ञा ली थी उस समय ऐसे किसी अपवाद के बारे में कोई विचार नहीं किया था।

''परन्तु बड़ा भाई पत्नी के साथ बैठा हो उस समय छोटे भाई के कक्ष में प्रवेश करने से मर्यादा भंग नहीं होती। मेरी बात पर तुझे विश्वास करना चाहिए।'' युधिष्ठिर आदेशात्मक स्वर में नहीं बल्कि ऐसे बोल रहे थे जैसे विनती कर रहे हों। अर्जुन ने इस बात का दृढ़तापूर्वक प्रतिवाद किया : ''आपने ही कहा था कि धर्म पालन में लेशमात्र भी छलना को अवकाश नहीं है। मैं अन्तिम साँस तक धर्म से नहीं हटूँगा। सत्य के द्वारा, सत्य के लिए मैंने आयुध धारण किया है।''

भीमसेन भी युधिष्ठिर से सहमत थे। उन्होंने वात्सल्यपूर्वक अर्जुन को मनाने का प्रयास किया परन्तु दोनों भाइयों की आज्ञा की अवहेलना करके द्रौपदी से कोई बातचीत किए बिना, माता कुन्ती से आशीष प्राप्त करके महाबाहु अर्जुन बारह वर्ष के वनवास के लिए निकल पड़े।

द्रौपदी का विजेता उसके साथ दाम्पत्य के क्षणों को बिताए उससे पहले ही वनवासी हो गया। विधि की कैसी विडम्बना है! उद्धव और विदुर भी इसी घटना के बारे में बात कर रहे थे।

श्रीकृष्ण ने कहा कि वे इन्द्रप्रस्थ में रुकने नहीं आए हैं। आप सब आग्रह कर रहे हैं पर वर्तमान परिस्थितियों में वह सम्भव नहीं है।

उनका अर्जुन के प्रति असाधारण प्रेम सुविदित था। वास्तव में, अभी सबसे अधिक आश्वासन की आवश्यकता द्रौपदी को थी परन्तु पाँच पांडवों की धर्मपत्नी के रूप में उसे अर्जुन के प्रति अपने मन की भावनाओं को शमित करके जीना था। अर्जुन की अनुपस्थिति उसके व्यवहार में नहीं प्रकट होनी चाहिए। एकमात्र श्रीकृष्ण ही द्रौपदी की इस व्यथा को समझ सकते हैं। अन्य तो कोई जान भी नहीं सकता और यही उत्तम है। इसके लिए यहाँ अधिक रुकना हितकर नहीं है।

विदा के क्षण भीमसेन से नहीं रहा गया : ''यदि अर्जुन यहाँ होता तो आपको द्वारिका इतनी शीघ्र याद आती?''

''आपकी बात सत्य है। सम्भव है कि अर्जुन के कारण एकाध दिन अधिक रुक जाता। सृष्टि के रहस्य और मनुष्य के कर्म के बारे में हमारी गोष्ठी इतना समय तो अवश्य लेती। मुझे उसके साहचर्य की आदत है। परन्तु इस समय दुख उसकी अनुपस्थिति का नहीं है। दुख इस बात का है कि जब यह घटना घटित हुई उस समय मैं उपस्थित नहीं था। मैं उसे वनवास लेने से रोक सकता था।''

द्रौपदी की आँखों में चमक आई। उनमें प्रश्न है—जो मेरी विवशता से नहीं हो पाया वह आपकी आज्ञा से सम्भव हो जाता?

श्रीकृष्ण को कोई उत्तर नहीं देना था।

''आप सबको अर्जुन के दुख का दुख होगा परन्तु आप विश्वास कीजिए कि वह कष्ट सहन करने को दुख नहीं मानता है। मैं उसके इस वनवास-काल में सम्भव होगा तब उससे बीच-बीच में मिलता रहूँगा।''

उसकी मनःस्थिति समझने का भी प्रयत्न करें। उसने विचारपूर्वक तो कहीं मेरा त्याग नहीं किया है? द्रौपदी का यह मनोभाव भी श्रीकृष्ण तक पहुँच जाता है।

द्वारिका के मार्ग में उद्धव के साथ बहुपत्नी विवाह और बहुपति विवाह के बारे में चर्चा-विचारणा चलती है। स्त्री सन्तति धारण करती है इसलिए पुरुष प्रधान विवाह व्यवस्था में उसे प्रतिव्रता का आदर्श प्राप्त हुआ है। उस देवदार वृक्ष की तरह प्रत्येक व्यक्ति में पुरुष और स्त्री के कण होते तो मानव समाज की व्यवस्था कुछ और ही होती। सन्तति का सन्दर्भ एक ओर रखकर आध्यात्मिक उत्कर्ष की दृष्टि से विचारें तो महत्त्वपूर्ण है शील और संयम। द्रौपदी का भले ही पाँच पतियों से विवाह हुआ हो, कोई उसे विलासिनी नहीं कह सकता। स्वयंवर में योग्य पति नहीं मिलता तो वह आजीवन कुँवारी रहनेवाली थी। विरल संयम के कारण ही क्रमानुसार पाँच पतियों की अंकशायिनी बनने पर भी उसका सतीत्व गौरवशाली माना जाएगा।

दूसरी ओर गांडीवधारी के बारह वर्ष के वनवास से प्रकारान्तर में द्रौपदी को ही दण्ड मिला है। इन्द्रप्रस्थ से बाहर रहने के कारणों में द्रौपदी से दूर रहने का भी एक कारण होगा।

कुन्ती बुआ, सभी भाई, वेद-व्यास और महर्षि नारद ने जो व्यवस्था की थी, अर्जुन का उसके प्रति यह सूक्ष्म विद्रोह है। उसने प्रत्येक सम्बन्धी के प्रेम की कसौटी की है।

''यदि अर्जुन ने अहंकारवश यह कदम उठाया होगा तो क्या विधि उसे दण्ड नहीं देगी?''

''देगी, परन्तु न्यायपूर्वक। उसके ब्रह्मचर्य का अभिमान टिक नहीं पाएगा, परन्तु संसार जान लेगा कि वह परम स्नेहास्पद पुरुष है।''

उद्धव श्रीकृष्ण की भविष्यवाणियों पर अधिकतर विश्वास कर लेते हैं लेकिन आज प्रश्न कर बैठे : ''परन्तु अर्जुन को द्रौपदी का स्नेह तो नहीं मिलेगा?''

''किस आधार पर कहते हो कि नहीं मिलेगा? स्नेह विरह से प्रदीप्त होता है। द्रौपदी का दुर्भाग्य दूसरा है। वह अर्जुन के प्रति प्रेम भाव को प्रकट नहीं कर सकेगी। वेदव्यास और नारदमुनि द्वारा की गई व्यवस्था मात्र समाधान है, हल नहीं। देखो, इसी कारण, विजेता को सहना पड़ा, सबसे सामर्थ्यवान पांडव को सहन करना पड़ा!''

अर्जुन ने भले ही एकान्तिक वनवास स्वीकार किया हो परन्तु वह अप्रकट नहीं रह सकता। वह तपस्या के लिए नहीं निकला। वह कहाँ है, क्या करता है, इसकी सूचनाएँ निरन्तर द्वारिका पहुँचती रहती है।

अर्जुन जब चित्रांगदा और उलूपी के संसर्ग में आया उस समय ब्रह्मचर्य की प्रतिज्ञा के कारण मन में द्वन्द्व उठा था। वनवास के बारे में युधिष्ठिर के उदार मत का अस्वीकार करनेवाले अर्जुन ने अपने मन को समझा लिया कि ब्रह्मचर्य की प्रतिज्ञा तो द्रौपदी के सन्दर्भ में थी।

श्रीकृष्ण के मन में विचार उठता है : इस वीर पुरुष का अतृप्त प्रेम कहीं विलास की ओर तो नहीं मुड़ जाएगा?

कुछ समय द्वारिका बिताने का सन्देश भेजा।

सुभद्रा मानो अर्जुन की ही प्रतीक्षा कर रही थी। प्रथम दर्शन में ही मुख लज्जा से रक्तिम हो उठा। रुक्मिणी ने परिचय कराया, उस समय वह रत्नजड़ित स्तम्भ की आड़ में हो गई। यज्ञज्वाला समान द्रौपदी को जीतनेवाले को चन्द्रिका की विशेषता का अनुभव हुआ।

भाई और भाभी के बिना सुभद्रा को अच्छा नहीं लगता था, इस कारण अर्जुन से कब तक संकोच करती? दूर रहती? परिचय बढ़ा, विश्वास जागा। रुक्मिणी को उनके सम्बन्ध की प्रगाढ़ता का पता था। रेवती भाभी से पता चला कि बलराम को अर्जुन पसन्द नहीं है। युधिष्ठिर की अनिच्छा होने पर भी उसने क्यों वनवास स्वीकारा? और फिर चित्रांगदा और उलूपी के प्रति आकर्षित हुआ और अब सुभद्रा के साथ साहित्य-संगीत-कला की चर्चा करते हुए हास्य-विनोद करता है!

बलराम से पूछा जाता तो वे अर्जुन के साथ सुभद्रा की सगाई करने के लिए स्पष्ट इनकार कर देते। इस कारण श्रीकृष्ण और रुक्मिणी ने एक विशिष्ट परिस्थिति को निर्मित होने दिया। बलराम के नन्दवन के समीप ही अर्जुन ने सुभद्रा का अपहरण कर लिया!

सुभद्रा रैवतक गिरि की पूजा करने गई थी। पूजा की थाली अर्जुन के प्रति उठाई गई थी! रुक्मिणी दासी से पूछ रही थीं : ''आर्यपुत्र का रथ यहीं है न?'' अर्जुन ने सोचा कि यह विदा के लिए शुभेच्छा है। सुभद्रा रैवतक की प्रदक्षिणा करके द्वारिका की ओर मुड़े, उससे पहले ही अर्जुन ने उसका अपहरण कर लिया और उज्जैन की ओर चल दिया।

उस समय द्वारिका की राजसभा चल रही थी। यह समाचार मिलते ही यादववीर अर्जुन से लड़ने के लिए उठ खड़े हुए। कृतवर्मा ने कहा कि वह अकेला ही अर्जुन से सुभद्रा को छुड़ा लाएगा। सात्यकि ने उसके कान में कहा : ''अवश्य जाओ, परन्तु उससे पहले सभा से कहते जाओ कि तुम्हें छुड़ाने के लिए कौन आए?'

जब वासुदेव बन्धुओं के परम आत्मीय सात्यकि को चिन्ता नहीं है तो वह क्यों चिन्तित हो यह सोचकर कृतवर्मा शान्त हो गया।

बलराम छोटे भाई के मौन को समझ गए थे। वे अन्दर से अपमानित अनुभव कर रहे थे। शेषनाग किसी की लात सहन कर सकता है? यह सही है कि उन्हें अर्जुन का स्वैरविहार पसन्द नहीं था परन्तु यदि उसने विनय-विवेकपूर्ण सुभद्रा का हाथ माँगा होता और पिताजी को यह स्वीकार होता तो वे अनिच्छापूर्वक भी सहमत हो जाते। सचमुच अर्जुन ने यादववीरों का अपमान किया है।

कुछ तो अभी भी अर्जुन का पीछा करने की योजना बना रहे थे और मार्गदर्शन के लिए बलराम की ओर ताकते थे। श्रीकृष्ण ने उनका कोलाहल सुना, फिर अर्जुन-सुभद्रा के निर्णय को उचित बताकर आगे बोले : ''जिसे अपने शौर्य की परीक्षा करनी हो, वह जाए। मेरे रथ के अश्वों का पीछा कर देखे।''

बलराम छोटे भाई का तात्पर्य समझ गए। इन्हें अच्छा नहीं लगा परन्तु विरोध करने के लिए यह उचित स्थान नहीं था, चुप रहे। माता-पिता की उपस्थिति में ही उसे अच्छी तरह सुनाना है। उन्होंने महल में जाकर रेवती से बात की। देवरजी को सचमुच उलाहना दिया जा सके तो यह जीवन का अमूल्य क्षण होगा। कौतूहल से भरी हुईं वे पति के साथ वसुदेव-भवन में गईं।

''बुलाओ, अपने लाड़ले को। एक तो उसने कुल की मर्यादा तोड़ने में सहायता की और ऊपर से राजसभा में यादवों के शौर्य का उपहास किया!''

श्रीकृष्ण कुलपति के आश्रम में गए थे अतः उनके प्रतिनिधि के रूप में रुक्मिणी उपस्थित होती हैं। कहती हैं : ''सही अपराधी तो मैं हूँ। मेरी मूक सहमति नहीं होती तो कौन्तेय ने यह साहस नहीं किया होता।''

कौन्तेय शब्द सुनकर बलराम का क्रोध शान्त हो गया। क्रोध में वे यही भूल गए कि अर्जुन बुआ का पुत्र है। इस कारण उसे सम्बन्ध स्थापित करने का दुहरा अधिकार था।

''आपके विरोध का कारण क्या है?'' रेवती ने पूछा। बलराम को लगा कि वे अपना अन्तिम समर्थक भी गँवा रहे हैं। जब दुर्योधन ने सुभद्रा का हाथ माँगा था, उस समय रेवती से परामर्श करने पर उसे उचित वचन नहीं दिया जा सका था, इस कारण दुर्योधन को आघात लगा था।

''मान लें यदि हमने सुभद्रा के स्वयंवर का आयोजन किया होता और उसमें वह अर्जुन को वरमाला पहना देती तो?''—गद विनम्रतापूर्वक पूछ रहा था।

''हम स्वयंवर में अर्जुन को बुलाते ही क्यों? बड़े-बड़े राजा-महाराजा आए होते...'' बड़े अर्थात दुर्योधन जैसे ऐसा भाव बलराम के मन में था परन्तु उन्होंने नाम नहीं लिया। यह अच्छा ही हुआ। ''कैसे? जरासन्ध जैसे?''—पीछे आकर खड़े हो गए उद्धव पूछ बैठते हैं। बलराम के पास का आसन ग्रहण करते हैं और कहते हैं : ''संकर्षण, अर्जुन के प्रति आपके मन में घृणा उत्पन्न करनेवाली घटनाओं पर पुनर्विचार करना चाहिए। महाराज उग्रसेन भी मानते हैं कि अर्जुन का चुनाव करके सुभद्रा ने यादव कन्याओं का गौरव बढ़ाया है।''

''सुभद्रा ने वरण कहाँ किया है? उसका तो अपहरण हुआ है और मुझे यही अच्छा नहीं लगा। तीन-तीन विवाह करनेवाला पुरुष?''

''चित्रांगदा और उलूपी के साथ का मिलन तो आकस्मिक था। उसमें दाम्पत्य सुख कितना था? हाँ, उसका द्रौपदी के साथ हुआ विवाह वास्तविक था। परन्तु एक दिन का भी दाम्पत्य सुख सम्भव हो उससे पूर्व ही प्रतिज्ञा के कारण उसको वनवास करना पड़ा।'' उद्धव ने कहा।

''उसने वनवास अच्छी तरह पूरा नहीं किया।'' बलराम ने अपना मूल तर्क दुहराया।

''सुभद्रा को ऐसा नहीं लगा होगा। उसने देखा कि अर्जुन निःस्पृह है। द्रौपदी को जीतनेवाला यह धनुर्धर प्रजा के प्रति कर्तव्य निभाने पर नियम भंग होने के कारण बारह-बारह वर्ष की यातनाएँ सहन करने के लिए तैयार हो जाता है। बड़े भैया, सुभद्रा को सव्यसाची अर्जुन के प्रति आकर्षण इन सब घटनाओं से पहले से ही था। फिर तो भावनाएँ अन्दर-ही-अन्दर घुटती गईं। यदि आप बहिन की दृष्टि से समग्र घटना को देखें तो हृदय से प्रसन्न होंगे। भाभी जानती हैं। राजसभा में कुपित होने से पहले आपको उनसे पूछना चाहिए था!'' रुक्मिणी के ऐसे विलक्षण वक्तव्य से मात्र बलराम ही नहीं, देवकी, वसुदेव, गद, उद्धव, रेवती सब प्रसन्न हुए। उन्हें लगा कि यह अच्छा हुआ कि इस गोष्ठी में श्रीकृष्ण उपस्थित नहीं थे। नहीं तो उन पर सीधा आक्षेप किया जाता : ''तुझे अर्जुन के प्रति पक्षपात है।'' श्रीकृष्ण बचाव करने के स्थान पर कह देते : ''मैं अपना पक्षपात छिपाता नहीं हूँ।'' ऐसा उत्तर सुनकर बलराम के मन की उद्विग्नता शान्त नहीं होती, विवाद होता। जबकि यह तो कुछ क्षण में ही समाधान हो गया। रुक्मिणी ने बड़े भैया को प्रसन्न कर लिया। अब वे खोज कराएँगे कि सुभद्रा-अर्जुन कुशलतापूर्वक इन्द्रप्रस्थ पहुँच गए हैं या नहीं।

चिरविजयी को अन्य की विजय स्वीकारने की विनम्रता धारण करनी चाहिए। यह मर्म बलराम तक पहुँच गया था। परिणामस्वरूप अक्रूर के नेतृत्व में सुभद्रा को भेंट-सौगात भेजने का प्रस्ताव उन्होंने ही रखा था। श्रीकृष्ण, उद्धव और सात्यकि तो इसके लिए उत्सुक थे ही।

आनर्त से गुजरते हुए जरासन्ध की 'शौर्यगाथा' सुनने को मिली। उसके कारागृह में छियासीवाँ राजकुमार आ गया था। अब सिर्फ चौदह बत्तीसलक्षणा राजकुमारों की कमी रह गई थी। सौ संख्या हो जाने पर सम्राट नरमेध यज्ञ करेगा। अपूर्व और अनन्य सिद्धि प्राप्त करेगा।

श्रीकृष्ण के आग्रह के कारण हलायुध ने दो बार जरासन्ध को जीवनदान दिया था। इससे जरासन्ध के कार्यों में परिवर्तन आया? क्या कुंजबिहारी की उदारता अतिरेकपूर्ण नहीं थी? सोलह सहस्र नारियों को बन्दिनी बनानेवाले भौमासुर को असुर मानकर संहार किया फिर जरासन्ध को किस आधार पर आर्य गिना जाए? सात्यकि बलराम के हृदय के भाव व्यक्त करता है। अक्रूर सुन लेते हैं फिर धीमे से कहते हैं : ''उस समय यदि यदुनन्दन ने जरासन्ध का वध होने दिया होता तो मगध साम्राज्य के समर्थकों के साथ यादवों को आजीवन संघर्ष करना पड़ता। उस समय हम संगठित तो थे परन्तु सम्पन्न नहीं थे। आज सम्पन्न भी हैं और हमारे कार्यों पर सब विश्वास भी करते हैं। उत्तरापथ में पांडवों ने अपने शासन को सुदृढ़ बनाया है। मेरे अनुमान से श्रीकृष्ण जरासन्ध को नरमेध नहीं करने देंगे। जब अर्जुन द्वारिका के अतिथि थे, उस समय उन्होंने जरासन्ध से लड़ने की आकांक्षा व्यक्त की थी। उचित कारण मिलते ही वह अवश्य सम्राट को युद्ध के लिए आह्वान करेंगे। उस समय अपने ऊपर आए दायित्व को हम निभाएँगे।

युधिष्ठिर ने अक्रूर-बलराम का स्वागत किया और सहदेव और नकुल ने श्रीकृष्ण का। भीमसेन उद्धव और सात्यकि के पास खड़े-खड़े सब देखते रहे। अर्जुन की अनुपस्थिति में दुःशासन और दुर्योधन ने चारों भाइयों में फूट डालने के लिए कैसे-कैसे षड्यन्त्र रचे, उनके बारे में बताया तथा उन्होंने इसके बदले उन दुष्टों को कैसी युक्तियों द्वारा डराया उसका सुरुचिपूर्ण वर्णन करके और मुक्त हास्य द्वारा भीमसेन ने वृष्णिवीरों का मनोरंजन किया। द्वारिका से सन्देश मिलते ही नन्दराय ने सुबल, उत्तम आदि ग्वालों को विविध विवाह की भेंट-सौगात लेकर भेजा था। उन्हें भी भीमसेन ने आकर्षित किया। बलराम ने भी कौतूहलवश इनकी गोष्ठी में हस्तक्षेप किया। बलराम की इच्छा थी कि सुबल अपनी युवावस्था में उत्तम मल्ल था, अतः उसे भीमसेन से स्पर्धा में उतरवाकर सबका मनोरंजन करना चाहिए।

''मैंने आपके शिष्य को हरा दिया तो आपकी अपकीर्ति होगी।'' सुबल ने वाक्चातुर्य का प्रदर्शन किया। भीमसेन ने अवसर का लाभ उठाया और सुबल को पैर के पंजे की सहायता से आसन समेत उछाल दिया। मंडप की ऊँचाई को पार करते हुए सुबल ने नीचे आने से पहले शून्य में ही आसन को सिर पर रख लिया और भीमसेन के कन्धों पर अपने पैर टिका लिए। सुबल की यह सावधानी और चपलता देखकर बलराम अत्यन्त प्रसन्न हुए और बालसखा को बाँहों में भर लिया। भीमसेन ने भी स्वीकार किया कि मेरे बल का उत्तर उसने विद्या-निपुणता के प्रदर्शन द्वारा दिया है।

आनन्द-विनोद के ऐसे प्रसंगों के साथ, पांडवों का आतिथ्य पाकर बलराम के साथ अन्य यादव द्वारिका चल दिए। श्रीकृष्ण यमुना किनारे इन्द्रप्रस्थ में रुकनेवाले थे। अक्रूर भी युधिष्ठिर की विनती के कारण रुके हैं।

पांडव श्रेष्ठ को प्रजावत्सल राजा के रूप में ख्याति मिली। दुर्योधन आदि के साथ वे सतत उदार रहे। हस्तिनापुर में भी अजातशत्रु का सम्मान उन्हें मिला था। सत्कर्मों को व्यापक

मान्यता प्राप्त हो इस दृष्टि से महर्षि नारद ने उन्हें राजसूय यज्ञ का स्वप्न दिया था। सभी भाइयों और याज्ञसेनी की उपस्थिति में युधिष्ठिर ने श्रीकृष्ण और अक्रूर के समक्ष यज्ञ का प्रस्ताव रखकर यथेष्ट परामर्श माँगा। अक्रूर ने नारद जी की इच्छा में लोक-संगठन की भावना देखी।

श्रीकृष्ण भी इससे सहमत हुए। उन्होंने धर्मराज से कहा : "आप राजसूय यज्ञ करने के लिए सर्वथा योग्य हैं परन्तु जब तक जरासन्ध जीवित है, तब तक आप नियमपूर्वक राजसूय नहीं कर सकते और न सम्राट बन सकते हैं। इस कारण यज्ञ से पहले आपका एक कर्तव्य और है। नरमेध यज्ञ की इच्छा रखनेवाले सम्राट जरासन्ध ने छियासी राजाओं को गिरिव्रज में बन्दी बनाकर रखा है। जानते हो किस तरह रखा है? पुरुषों को बन्द करने के कटघरे बनाकर। उन्हें मुक्त करना बिना कारण भी आपको अच्छा लगेगा। फिर राजसूय यज्ञ के सन्दर्भ में यह कार्य अनिवार्य बन जाता है।"

"आपके समान संशय का निवारण करनेवाला संसार में दूसरा कोई है ही नहीं।" युधिष्ठिर बोले। भीमसेन ने गम्भीरतापूर्वक बड़े भाई का समर्थन करते हुए कहा : "श्रीकृष्ण न्यायविद् राजनीतिज्ञ हैं, मुझमें बल है और धनंजय जयशाली है। हम मिलकर यज्ञ की तीन अग्नि बन जाएँगे और जरासन्ध को जीत लेंगे।"

इस भूमिका के साथ समग्र प्रस्ताव इन्द्रप्रस्थ की सभा में रखा गया। श्रीकृष्ण ने समग्र आर्यावर्त को केन्द्र में रखकर सम्बोधन किया–

"हे भरतर्षभ! धर्म, अर्थ और राजनीति से आपके द्वारा अब जरासन्ध को झुकाने का समय आ पहुँचा है। शताधिक कुल के धर्मनिष्ठ राजा मिलकर भी उसका प्रतिकार नहीं कर सकते इस कारण वह बलात् साम्राज्य भोग रहा है। अब अन्य चौदह राजा मिलते ही वह पुरुषमेध का जघन्य क्रूर कार्य करेगा। उसके इस जघन्य कार्य में विघ्न बननेवाला कीर्ति प्राप्त करेगा, इसमें मुझे बिलकुल शंका नहीं है। जरासन्ध दूसरों की स्वतन्त्रता छीनकर सम्राट बना था। आप बन्दीगृह में पड़े राजाओं को मुक्त करके सम्राट बनें।"

राजसभा ने पुरुषोत्तम की वाणी में एक नई जीवन-दृष्टि देखी। युधिष्ठिर ने यह अनुग्रह स्वीकारते हुए कहा : "यदुनन्दन! भीम-अर्जुन मेरे दो नेत्र हैं और आप मेरा हृदय हैं। जरासन्ध की विराट सेना के सामने आपको रखने का साहस करने से पहले मुझे सोचना पड़ेगा।"

यहाँ अर्जुन ने मन्त्रणा में भाग लिया : "जरासन्ध के साथ किस प्रकार का युद्ध करना है यह बाद का प्रश्न है। श्रीकृष्ण के सुझाव के अनुसार यज्ञ के सन्दर्भ में देश के छोटे-छोटे धर्मनिष्ठ राजाओं को छुड़ा सकें तो हमारा प्रयोजन प्रजा के सामने स्पष्ट हो जाएगा कि महाराज युधिष्ठिर व्यक्तिगत आकांक्षावश नहीं, जनकल्याण के लिए साम्राज्य चाहते हैं। अब रही युद्ध पद्धति की बात तो यदि जरासन्ध को किसी स्पर्धा में हराया जा सके तो दोनों पक्ष सैनिक-हानि से बच जाएँगे।"

अर्जुन ने उनके दृष्टिकोण का अनुसरण किया है इससे प्रसन्न होकर श्रीकृष्ण ने कहा : "मृत्यु रात या दिन में किस समय आती है, उसका समय मनुष्य नहीं जानता है। और फिर, युद्ध न करने से मृत्यु नहीं आती ऐसा भी हमने नहीं सुना है। तो फिर आत्मा

प्रेरित कर्तव्य से क्यों वंचित रहा जाए?'' वे युधिष्ठिर को सम्बोधित करते हुए बोले : ''हम राजनीति के अनुसार शत्रु के समक्ष जाएँगे, अपनी क्षतियों से बचेंगे और शत्रु की क्षतियों पर आक्रमण करेंगे। आप निश्चिन्त रहें। हम जरासन्ध से एकान्त में मिलेंगे। हमारा आह्वान सुनकर वह हममें से किसी एक के साथ लड़ने को तैयार हो जाएगा। आपको मुझ पर विश्वास हो तो अपने इन दोनों भाइयों को अमानत के रूप में मुझे सौंप दें। अन्यथा मैं अकेला जाऊँगा। मैंने जरासन्ध से नरमेध बन्द करने के लिए पहले भी कहा था। क्योंकि धर्म की रक्षा करने में समर्थ हम जैसे जीवित हों फिर भी वह ऐसा पाप करे तो उस पाप का दोष हम पर भी आएगा।''

यह अनुरोध सबका निर्णय बन गया। इस पर युधिष्ठिर की राजमुद्रा लग गई। गुरुजनों का आशीर्वाद लेकर भीम, अर्जुन और श्रीकृष्ण जरासन्ध की राजधानी गिरिव्रज पहुँचे। पाँच पर्वतों द्वारा नैसर्गिक रूप से रक्षित इस नगर के बारे में गुप्त जानकारी रखनेवाले श्रीकृष्ण ने पांडववीरों को सरलता से नगर में प्रविष्ट करा दिया।

जरासन्ध अपनी मान्यता के अनुसार कार्य करता था। निश्चित किए नीति-नियम का दृढ़ता से पालन करता था। यदि उसकी महत्त्वाकांक्षाएँ मानवहित विरोधी नहीं बन गई होतीं तो उसके प्रति उदार रवैया पूर्ववत बना रहता। यह बात जानकर भीम और अर्जुन व्यक्तिगत द्वेष या बैर के बिना जरासन्ध को पराभव देने के क्षण की प्रतीक्षा करने लगे। उचित अवसर आया जानकर श्रीकृष्ण ने उन्हें सावधान किया। जरासन्ध हाथी पर बैठा है। उसका अर्चन करके पुरोहित ने यज्ञबलि के सामने कुश की मशाल लेकर प्रदक्षिणा की और आरती उतारी। यह कार्य चल रहा हो उस समय प्रवेश करने पर जरासन्ध को उनकी योग्य माँगों को स्वीकारना पड़ेगा।

अतिथियों के आगमन की सूचना पाते ही जरासन्ध ने सुखासन त्यागकर उनका स्वागत किया और आगमन का प्रयोजन पूछा। उत्तर दिया योगेश्वर ने—''हम धर्म की रक्षा करने के लिए जीते हैं। यज्ञबलि के लिए इतने पुरुषों को बन्दी बनाया हो ऐसा पहले कभी नहीं सुना। फिर आप क्यों मनुष्य होम के कृत्य में प्रवृत्त हुए हैं? राजन्! आपका यह दर्प मिथ्या है। हम उन्हें आपके बन्धन से मुक्त कराए बिना नहीं जानेवाले। यदि आप उन्हें मुक्त नहीं करना चाहते तो हमारे साथ युद्ध करने के लिए तैयार हो जाएँ। हम तीनों में से जिससे चाहें उससे स्पर्धा कर सकते हैं।''

दो पांडव और श्रीकृष्ण विजय का यश दिलाने के लिए चलकर आए हैं ऐसा समझकर जरासन्ध ने हर्ष का अनुभव किया। फिर युद्ध की शर्त भी सरल थी। किसी एक के साथ ही स्पर्धा करनी है। उसे श्रीकृष्ण हमेशा रहस्यमय लगे हैं। अर्जुन द्वारा प्राप्त की गई सिद्धियों से वह अवगत है। भीमसेन द्वारा प्राप्त की गई प्रमुख विद्याओं में वह स्वयं भी पारंगत है। उसे सरलतापूर्वक हराया जा सकता है, यह समझकर जरासन्ध ने अपना निर्णय प्रकट कर दिया।

दोनों के बीच मल्लयुद्ध प्रारम्भ हुआ। एक के बाद दूसरा दिन व्यतीत हो रहा है। भीमसेन अधिक बलवान लगता है परन्तु वृद्धावस्था से मुक्त लगता जरासन्ध अपराजेय रहता है। चौदहवें दिन श्रीकृष्ण बोले बिना नहीं रह सके : ''हे कौन्तेय, श्रमित शत्रु को युद्ध

में त्रस्त बनाए रखने पर वह आत्मघाती हो जाएगा। परिणामस्वरूप वह स्वर्ग से वंचित होगा और तुम्हें विजय का यश नहीं मिलेगा। इसलिए ऐसा करने के स्थान पर दोनों हाथों से अपनी शक्ति और सामर्थ्य का प्रदर्शन कर।''

भीमसेन ने तत्क्षण मातरिश्वा बल का प्रयोग करके जरासन्ध की पीठ तोड़ डाली और उसे पीस डाला।

इस तरह जरासन्ध का वध कर, इन तीनों वीरों ने विजय रथ पर आरूढ़ होकर कारागार में पड़े स्वाभिमान क्षत्रियों को मुक्त करके उनका सम्मान किया। इहलोक के भय से मुक्त करानेवाले श्रीकृष्ण से वे राजा श्रद्धाभाव से मिले। जरासन्ध रूपी दाह के दुख रूपी कीचड़ से मुक्त करने के कारण उन्होंने श्रीकृष्ण, भीम और अर्जुन को कृतज्ञतापूर्वक प्रणाम किया और वे उनके किस काम आ सकते हैं यह जानना चाहा।

''युधिष्ठिर के धर्मनिष्ठ कार्य में सहभागी बनो, उनके राजसूय यज्ञ में सहायक बनो।''

नरोत्तम के नेत्र की निर्मल प्रभा उन राजाओं को संजीवनी के समान लगी।

गिरिव्रज में निर्मित नवीन परिवेश में जरासन्ध का पुत्र सहदेव हाथ में रत्नों का थाल लेकर अमात्यों और वरिष्ठ प्रजाजनों के साथ आकर खड़ा हो गया। उसका स्वीकार करके श्रीकृष्ण ने भयार्त राजकुमार को निर्भय बनाया। और उसका राज्याभिषेक किया। रक्षित धर्म धर्मनिष्ठ की रक्षा करता है यह भावना सभी स्वतन्त्र हुए राजाओं के हृदय में दृढ़ हो गई।

8

राजसूय यज्ञ प्रारम्भ हुआ। अर्जुन ने उत्तर, भीमसेन ने पूर्व, नकुल ने पश्चिम और सहदेव ने दक्षिण दिग्विजय किया। राजकोष समृद्ध हुआ। प्रजा अपने-अपने कार्य में लग गई। गोपालन, कृषि, वाणिज्य आदि व्यवसायों में प्रगति हुई। चोर और ठग कम हो गए। अब विनोद में भी मिथ्या बोलने पर प्रजाजनों को संकोच होता था।

श्रीकृष्ण की उपस्थिति से इन्द्रप्रस्थ आनन्दित है। द्वारिका में श्रीकृष्ण के दूसरे स्वरूप के समान प्रद्युम्न का आगमन हुआ है। उसका अपहरण करके ले जानेवाले और उसे समुद्र में फेंकने की आज्ञा देनेवाले शम्बरासुर का वध करके उसने मायावती के साथ नगर में प्रवेश किया। उसका भव्य स्वागत किया गया। महाराज के वैतालिकों ने उसे साक्षात कामदेव का अवतार कहकर उसकी प्रशस्ति गाई। पिता वसुदेव का सन्देश आया है—नगर की रक्षा में मुझे प्रद्युम्न की सहायता मिलेगी इसलिए तुम इन्द्रप्रस्थ को आर्यावर्त की सत्ता का धर्मकेन्द्र बनाने का संकल्प पूरा करके ही आना। प्रद्युम्न के बारे में सहदेव की भविष्यवाणी सत्य निकली, इस कारण सुभद्रा ने देवरजी को पुरस्कार दिया। नवजात अभिमन्यु कुन्ती माता का घूमता-फिरता तीर्थस्थान है। द्रौपदी और सुभद्रा—दोनों की गोद समान रूप से ऊष्मादायक है। उन्हें देखने के लिए द्वारिका के नर-नारी उसी तरह उत्सुक हैं जिस प्रकार प्रद्युम्न को देखने के लिए इन्द्रप्रस्थ आतुर है।

अब यज्ञ सबसे महत्त्वपूर्ण सोपान पर पहुँच गया है। युधिष्ठिर कहते हैं : ''हे गोविन्द! आप ही यज्ञ दीक्षा लें। आपके कार्य से ही मैं निष्पाप हो पाऊँगा, आपकी आज्ञानुसार मैं ही यज्ञ करूँगा।''

श्रीकृष्ण ने विनम्रतापूर्वक कहा : ''सबका कल्याण चाहना मेरा अहर्निश चलने वाला यज्ञ है। आप ही यह अभीप्सित कार्य करें और यज्ञ के किसी कार्य के लिए मुझे आदेश दें। मैं उसका पालन करूँगा।''

सहदेव को प्रबन्ध सौंपा गया। विधि का प्रारम्भ हुआ। वेदव्यास ब्रह्मा के आसन पर विराजे। ऋषि सुसामा सामगान के उद्‍गाता बने। वृहदारण्यक के कर्ता याज्ञवल्क्य अध्वर्यु बने। पैल और धौम्य होता बने। इन सभी ऋषियों के शिष्यों और पुत्रों ने होत्रगो का दायित्व उठाया। चारों वर्णों को आमन्त्रित किया गया। नब्बे वर्ष से अधिक उम्र के माननीय माने जाते शूद्र भी सभा में उपस्थित थे। नकुल को हस्तिनापुर भेज कर भीष्म पितामह, द्रोणाचार्य, धृतराष्ट्र, विदुर, कृपाचार्य और कौरवों को निमन्त्रित किया गया। सबने अपना-अपना दायित्व सँभाल लिया। भेंट स्वीकारने के लिए दुर्योधन, व्यय करने के लिए विदुरजी और दक्षिणा देने के लिए कृपाचार्य की नियुक्ति हुई।

यज्ञ की रक्षा का दायित्व श्रीकृष्ण को सौंपा गया। यज्ञ-मंडप से पुरोहितों ने पुछवाया : ''यज्ञ में सर्वप्रथम अर्घ्य किसको दिया जाए?'' पांडव श्रेष्ठ ने भीष्म पितामह से सुझाव माँगा। उन्होंने श्रीकृष्ण के गुणगान करके उन्हें ही इसके लिए सर्वथा योग्य बताया और कहा : ''उनकी उपस्थिति से ही अपनी यह सभा आनन्दित है, प्रकाशित है।''

जरासन्ध का परम मित्र और उसका एक समय का सेनापति चेदिराज शिशुपाल यह सुनते ही विक्षुब्ध हो उठा। सभा में अनुशासन का पालन न करते हुए अविवेकपूर्ण उसने पांडवों को मूर्ख कहा तथा भीष्म को संकुचित दृष्टिवाला बताया। कृष्ण इस सम्मान के योग्य नहीं है यह बात मनवाने के लिए उसने अनेक तर्क दिए–''जब पांचाल नरेश द्रुपद और ऋत्विज दैपायन जैसे अनेक महानुभाव यहाँ उपस्थित हैं तब जो राजा भी नहीं है और ऋत्विज भी नहीं है ऐसे कृष्ण का अर्चन करने के पीछे उसे प्रसन्न रखने के सिवा अन्य कोई प्रयोजन दिखाई नहीं देता। यदि तुम्हें यही करना था तो हम सब राजाओं को क्यों आमन्त्रित किया?'' शिशुपाल की आवाज उत्तरोत्तर उद्धत होती गई। उसने अब यह भी कह दिया कि कृष्ण की पूजा करने से युधिष्ठिर के धर्मात्मा होने की ख्याति का लोप हो गया है। इतना कहने के बाद वह अपशब्द बोलने लगा। उसने कृष्ण को हवन सामग्री का टुकड़ा प्राप्त करके प्रसन्न होनेवाले कुत्ते की उपमा दी। 'नपुंसक का विवाह करवाना और अन्धे को रूप का दर्शन करवाना, उसी प्रकार जो राजा नहीं है ऐसे तुझे पूजने में योग्य और अयोग्य दोनों का अपमान है।'' ऐसा कहते हुए शिशुपाल सभास्थल छोड़कर चल दिया। उदार युधिष्ठिर मनाने के लिए उसके पीछे-पीछे गए : ''हे चेदिपति धर्म क्या है, वह भीष्म पितामह जानते हैं। वे श्रीकृष्ण को तत्त्वतः जानते हैं। आप उनका अनादर मत करें।'' युधिष्ठिर की यह अनुनयपूर्ण वाणी भीष्म को अनावश्यक लगी। उन्होंने कठोर स्वर में कहा : ''राजाओं की इस सभा में मैं ऐसा एक भी राजा नहीं देख रहा जो श्रीकृष्ण के तेज से विजित न हो। मैं जन्म से लेकर आज तक के उनके सकल कर्मों को जानता हूँ। समग्र

आर्यावर्त की सत्ता की बागडोर द्वारिका में रहकर वे स्वयं सँभाल सकते हैं फिर भी सर्वोच्च त्याग भावना के कारण युधिष्ठिर को राजसूय यज्ञ का यश दिला रहे हैं। इसके रहस्य से मैं अवगत हूँ। इसी कारण इनके यश, शौर्य और औदार्य को वन्दन करता हूँ। द्विजों में वृद्ध ज्ञानी और क्षत्रियों में अधिक बलशाली पूज्य माना जाता है। गोविन्द में ये दोनों विशेषताएँ हैं। ऐसे सर्वज्ञानी को शिशुपाल पूज्यनीय नहीं मानता तो उसे जो योग्य लगे, करे।''

पितामह की इस घोषणा के बाद युधिष्ठिर के पास कहने को कुछ बाकी नहीं रहा था परन्तु यज्ञ के मुख्य प्रबन्धक के रूप में सहदेव ने खड़े होकर कर्तव्य निभाते हुए आह्वान किया : ''जो राजा श्रीकृष्ण का यह पूजन सहन नहीं कर सकते उनके मस्तक पर मैं अपना पैर रखता हूँ।''

किसी का विरोध प्रकट न करने को सहमति मानकर पूजन पूर्ण किया गया। इस बीच शिशुपाल के नेतृत्व में श्रीकृष्ण के विरोधी राजाओं की यज्ञ में विघ्न डालने के लिए मन्त्रणा हुई। इसका संकेत मिलते ही युधिष्ठिर ने पितामह की सलाह ली। महाबली भीष्म ने कहा : ''सिंह समान श्रीकृष्ण जब तक शान्त हैं तब तक ही ये श्वान भौंक पाएँगे।''

ये उद्‌गार सुनकर शिशुपाल क्रोध से जल उठे। उसने पितामह को 'हिजड़ा' कहकर सम्बोधित किया। श्रीकृष्ण के सारे पराक्रमों को तुच्छ बताया। उन्हें दम्भी और वंचक कहा। भीमसेन उठ खड़ा हुआ। पितामह ने उसे रोका। फिर भी शिशुपाल लेशमात्र भी शान्त नहीं हुआ। उसने श्रीकृष्ण को युद्ध के लिए चुनौती दी : ''हे जनार्दन, आज मैं तुझे पांडवों के साथ खत्म कर दूँगा। तुझ जैसे दास, अराजा और अपूज्य को पूजनेवाले भी वध योग्य हैं।'' शिशुपाल जोर-शोर से गर्जना करता जा रहा था। उसकी उपेक्षा करके यज्ञ के संरक्षक श्रीकृष्ण ने धीरगम्भीर मृदु परन्तु दृढ़ स्वर में कहा : ''हे राजाओ! यह शिशुपाल बिना कारण मुझसे शत्रुता रखता है। प्राग्ज्योतिषपुर गए थे, उस समय यादवों का भानजा होने पर भी यह शिशुपाल द्वारिका में आग लगा आया था। रैवतकगिरि पर क्रीड़ा मग्न यादवों को इसने त्रस्त किया। मेरे पिता के अश्वमेध यज्ञ में विघ्न डालने के लिए यह अश्व को हर ले गया था। इसने महामना अक्रूर की पत्नी का बलपूर्वक अपहरण किया था। ये सारे अपराध मैंने क्षमा किए हैं। परन्तु आज सभी राजाओं के बीच में इसकी धृष्टता सहन नहीं करूँगा। इस पापात्मा को रुक्मिणी की तृष्णा थी परन्तु जिस प्रकार अधर्मी को वेदश्रुति नहीं मिलती उसी प्रकार वह इसे नहीं मिली।''

कुछ कहने के लिए आधार मिल गया हो इस तरह शिशुपाल फिर गरजने लगा : ''कृष्ण! इस राजसभा में रुक्मिणी की बात छेड़ते हुए तुझे लज्जा नहीं आती? तेरे सिवा अन्य कोई पुरुष अपनी पत्नी के बारे में इस प्रकार बात कर सकता है? आज चाहे तू मुझ पर क्रोधित हो या प्रसन्न। मैं यह अधर्म यज्ञ अवश्य तोड़ूँगा।'' ऐसा कहते हुए शिशुपाल अपने समर्थकों के साथ आगे बढ़ने लगा। तभी श्रीकृष्ण की अँगुली से सुदर्शन चक्र छूटा। शिशुपाल का शिरच्छेद हो गया। विद्युत से विदीर्ण हो गए पर्वत के समान चेदिराज गिर पड़ा। राजसभा स्तब्ध रह गई।

शिशुपाल के कई समर्थकों ने सहदेव की व्यवस्था को स्वीकार कर लिया। स्वयं को जरासंध और शिशुपाल का मित्र माननेवाला शाल्व वहाँ से खिसक गया। युधिष्ठिर ने

आदरपूर्वक शिशुपाल का अन्तिम संस्कार करवाया। यज्ञकार्य आगे बढ़ा। श्रीकृष्ण द्वारा रक्षित राजसूय यज्ञ पूर्ण हुआ और अवभृथ स्नान द्वारा विशेष सुशोभित युधिष्ठिर को समस्त राजाओं ने सम्राट के रूप में स्वीकार किया।

द्वारिका से निकले दो वर्ष हो चुके थे! कुन्ती बुआ, सुभद्रा और द्रौपदी से विदा लेकर जनार्दन द्वारिका चलने को तैयार हुए। दारुक ने 'मेघवर' नामक रथ सजाया। पाँचों पांडवों ने दूर तक चलकर उन्हें विदा किया। रथ रोककर श्रीकृष्ण ने राजसूय यज्ञ के मर्म का संक्षेप में पुनरुच्चारण किया : ''अप्रमत्त रहकर सदा प्रजा का पालन करो।''

वृन्दावन में आत्मीयजनों से मिलते हुए जाने की इच्छा पूर्ण नहीं हो सकी। शिशुपाल का वध देखकर इन्द्रप्रस्थ से खिसक गए शाल्व ने श्रीकृष्ण की अनुपस्थिति का लाभ उठाकर द्वारिका पर आक्रमण कर दिया। उसका राज्य मार्तिकावत के नाम से जाना जाता है। मत्स्य राज्य के पश्चिमोत्तर और कुरु के पश्चिम में सौभनगर उसकी राजधानी है। बड़े शासकों के साथ सुलह रखकर तथा छोटे राजाओं और सम्पन्न प्रजा को लूटकर उसने अस्त्र-शस्त्र की विपुल सामग्री एकत्र कर ली थी। उसे अपने आयुधों पर असाधारण विश्वास है। तान्त्रिक दानवों की सहायता से उसने सौभ नामक विमान प्राप्त किया था। सामान्य रथ से यह बहुत ऊँचा और सुरक्षित था। उसके चतुर सचिवों ने ऐसी जनश्रुति प्रचलित करवा दी थी कि महाराज शाल्व ने महादेव शम्भु की आराधना की थी और एक वर्ष तक प्रतिदिन मुट्ठी भर धूल का आहार लेकर यह वरदान प्राप्त किया था। इस कारण उसके नाम का आतंक था।

द्वारिका में कोई शक्तिशाली योद्धा नहीं होगा ऐसा अनुमान करके शाल्व चढ़ आया था। कच्छ की ओर से उसने आक्रमण किया था। वह नगर को भस्मीभूत करने के लिए आगे बढ़े उससे पहले मानो साक्षात् श्रीकृष्ण ही हों ऐसा एक नवयुवक प्रतिकार के लिए सामने आ गया। क्षण-भर भ्रम हुआ फिर युवक के पास वृद्ध वसुदेव को देखकर स्पष्ट हो गया कि ये श्रीकृष्ण तो नहीं हैं। अड़तालीस वर्ष के श्रीकृष्ण और अठारह वर्ष के प्रद्युम्न के बीच का भेद आँख और होंठ से स्पष्ट हुआ। श्रीकृष्ण की आँखें प्रभावपूर्ण हैं जबकि प्रद्युम्न की मोहक। श्रीकृष्ण के होंठों पर एक अगम्य स्मित रहता था, और प्रद्युम्न के होंठों पर दर्प की रेखा थी। उसे कन्दर्प कहनेवालों ने कोई अतिशयोक्ति नहीं की थी।

वसुदेव देखते हैं कि प्रद्युम्न के मुख से ताजे नीलकमल की सुकुमारता के स्थान पर विजय की आकांक्षा प्रकट हो रही है। उसे यह मोर्चा सौंपकर उन्होंने दुर्ग के भीतर रहकर नगर की रक्षा करने का प्रस्ताव स्वीकार किया। युद्ध विद्या में रुक्मिणी और रेवती से भी प्रद्युम्न की पत्नी मायावती अधिक विशेषज्ञ थी। अनेक युक्ति-प्रयुक्तियों द्वारा शत्रु को भयभीत कर देने की कला भी वह जानती थी। शम्बरासुर के वध के बाद वह प्रद्युम्न को लेकर जब द्वारिका आई तब उम्र में कितनी बड़ी है यह अकेली रुक्मिणी ही जानती थीं। उसे पुत्रवधू के रूप में स्वीकारने के लिए विधिवत् विवाह का आयोजन किया और उसे इस प्रकार सजाया कि उसकी उम्र सबके लिए अगम्य बन गई।

अक्रूर और अनाधृति ने प्रद्युम्न-मायावती के विवाहोत्सव की सम्पूर्ण व्यवस्था सँभाली थी। महाराज उग्रसेन की सूचनानुसार यादव-परम्पराओं का ज्ञान कराया। उन्हें तो प्रद्युम्न का साहचर्य अच्छा ही लगता था। वे नगर यात्रा को निकलते, उस समय सबकी आँखों में स्नेह झलकता था। एक ही व्यक्ति के प्रेम में बड़े हुए प्रद्युम्न के लिए यह अभूतपूर्व अनुभव था। वह इस धन्यता का वर्णन करते हुए मायावती की ओर स्नेहादर से देखता जाता। शाल्व के आक्रमण का समाचार सुनते ही उसने कहा : "देवी, द्वारिका की प्रजा के प्रेम के ऋण को चुकाने का अवसर इतना शीघ्र आ पहुँचा, यह देखकर मैं स्वयं को भाग्यशाली मानता हूँ।"

प्रद्युम्न नगर दुर्ग की सुरक्षा को छोड़कर शाल्व से लड़ने के लिए आगे गया, इसके पीछे एक दूसरा कारण भी था : शत्रु जनपदों को जलाने लगा था। श्रमिक प्रजा को नाना प्रकार के कष्ट देने लगा था। इसी कारण प्रद्युम्न आगे बढ़कर वीरतापूर्वक लड़ा। प्रजा की रक्षा करने में तो वह सफल हो गया परन्तु उसकी बाणवर्षा से सौभविमान नहीं टूटा बल्कि शाल्व की कुटिलता का शिकार होकर वह स्वयं घायल हो गया। उसे मूर्च्छित होता देखकर सारथि उसके रथ को रणभूमि से हाँक ले गया।

होश में आते ही प्रद्युम्न ने आहत स्वर में सारथि से कहा : "किसी भी यादववीर को रण छोड़कर जाते हुए तूने देखा है? पिताजी और ताऊजी मेरे बारे में क्या सोचेंगे? यादव रमणियाँ कायर कहकर मेरा उपहास करेंगी।"

"नहीं, आपकी सेना जानती है कि शत्रु ने कुटिलतापूर्वक आप पर गदा का प्रहार किया था। मैंने अपना धर्म निभाया है। आप जल का आचमन कर नवीन शिरस्त्राण धारण करें। मैं रथ को फिर से रणभूमि में ले चलता हूँ।"

प्रद्युम्न ने फिर से युद्ध-भूमि में प्रवेश किया है, यह सुनकर यादव सेना में नवचेतना फैल गई। गद, सात्यकि एवं अन्य योद्धा आ पहुँचे थे। सौभविमान से लड़ने वाले शाल्व के सैनिक अपंग होकर समुद्र में गिरने लगे थे। यादव पक्ष अधिक शक्तिशाली हो गया था। शाल्व के सभी सेनानायक प्रद्युम्न और सात्यकि के हाथों मारे गए।

इस स्थिति में भी शाल्व का आक्रमण जारी रहा। बलराम की अनुपस्थिति उसके लिए सुविधाजनक थी। उसने ग्रामीण क्षेत्रों को कष्ट पहुँचाने में अभीष्ट सफलता प्राप्त की थी। वह द्वारिका को भस्मीभूत करने के लिए व्यग्र था।

शाल्व बड़े घमंड के साथ यादव सेना पर टूट पड़ा। प्रद्युम्न को निशाना बनाते समय उसके आश्चर्य की सीमा नहीं रही। एक के स्थान पर दो प्रद्युम्न!

श्रीकृष्ण आ पहुँचे हैं।

मैं इसी क्षण की प्रतीक्षा कर रहा था, यह कहता हुआ मार्तिकावत का अधिपति यदुनन्दन पर आक्रमण करता है। शार्ङ्ग धनुष के साथ श्रीकृष्ण का बायाँ हाथ घायल हो जाता है। शाल्व अट्टहास करता हुआ कहता है : "मेरे मित्र शिशुपाल को प्रमादावस्था में तूने सभा के मध्य मारा है। स्वयं को अविजेय माननेवाले, मैं तुझे इसी क्षण तीक्ष्ण बाणों से बेध डालूँगा।"

"वीर योद्धा पुरुषार्थ दिखाते हैं, तेरी तरह बड़बड़ नहीं करते।" इन शब्दों के साथ जनार्दन ने भयानक वेगवाली गदा शाल्व की पसलियों पर मारी और वह खून उगलता हुआ भाग गया।

यादव सेना में हर्षोल्लास व्याप्त हो गया। परन्तु श्रीकृष्ण ने अपना स्थान नहीं छोड़ा। बलराम ने नगर की सुरक्षा का दायित्व सँभाल लिया है। वहाँ अब भय नहीं है। अभी इसी मोर्चे पर सजग रहना है। उन्होंने सात्यकि और प्रद्युम्न को सावधान रहने की चेतावनी दी।

शाल्व चतुराईपूर्वक पीछे हटा था। यादवसेना को भ्रम में डालने के लिए उसने अफवाह फैलाई कि वसुदेव पकड़ लिए गए हैं। श्रीकृष्ण ने इस अफवाह का खंडन किया। वहाँ बलराम उपस्थित है, यह कहकर सबको चिन्तामुक्त किया। फिर श्रीकृष्ण ने शाल्व का पीछा किया। आनर्त भूमि पीछे छूट गई थी। शाल्व नई तैयारी के साथ, यादवों को हतप्रभ समझकर चढ़ा आ रहा था, वहीं श्रीकृष्ण ने सौभविमान के विनाश की योजना बना डाली। गदा प्रहार से खण्डित हुआ विमान अग्नि बाण की वर्षा से सुलग उठा था।

शाल्व अब श्रीकृष्ण के सामने था। उसका गदाधारी हाथ उठे उससे पहले ही श्रीकृष्ण ने भाले से उसे काट डाला और प्रलयकाल के सूर्य के समान सुदर्शन धारण किया। मायावी शाल्व का मुकुट और कुंडलधारी मस्तक पल-भर में कट गिरा। फिर भी युद्ध पूरा नहीं हुआ। परम मित्र मारा गया है यह समाचार सुनकर दंतवत्रक और विदूरथ सेना लेकर आ पहुँचे। दंतवत्रक की छाती श्रीकृष्ण की कौमुदी गदा से चिर गई और विदूरथ का मस्तक सुदर्शन ने उसके धड़ से अलग कर दिया। विजयचक्र पूरा हो गया। यादवसेना ने श्रीकृष्ण की जयजयकार की।

"विजय का श्रेय प्रद्युम्न और सात्यकि को जाता है।"

"मैं भी बाद में आया था। यदि प्रारम्भ से ही प्रद्युम्न ने अपनी सेना का कुशल संचालन नहीं किया होता तो आर्य वसुदेव को शस्त्र ग्रहण करना पड़ता।" सात्यकि ने कहा और गद ने समर्थन किया।

द्वारिका ने नागरिकों ने विजेता योद्धाओं का असाधारण उमंग से स्वागत किया। श्रीकृष्ण ने प्रद्युम्न को आगे खड़ा किया था। यादवों की नई पीढ़ी शस्त्रों की तालीम ले रही थी परन्तु उसमें ऐसा शौर्य और साहस नहीं था। यह उनके हित में ही था कि वे प्रद्युम्न को देखकर प्रेरणा प्राप्त करें।

यह यश स्वीकारते हुए प्रद्युम्न को संकोच हो रहा था। वह एक बार मूर्च्छित हो गया था और सारथि उसके रथ को रणभूमि से बाहर ले गया था। इस घटना को वह पराजय समझता था। इस बारे में ग्लानि व्यक्त किए बिना वह रह नहीं सका। रुक्मिणी ने उसे वात्सल्यपूर्वक आश्वासन देते हुए कहा कि सच्चे क्षत्रिय को छोटी-छोटी लड़ाइयाँ हारकर भी अन्तिम युद्ध में विजय प्राप्त करनी होती है।

"यदि पिताजी नहीं आ पहुँचते तो..."

"क्यों नहीं आ पहुँचते?" रुक्मिणी ने पुत्र को आगे नहीं बोलने दिया। रुक्मिणी के कथन का मर्म मायावती भी नहीं समझ सकी।

ग्लानि कम नहीं हो रही है, यह जानकर बलराम और श्रीकृष्ण प्रद्युम्न के कक्ष में पहुँचे और अभिनन्दन दिया। "खण्डित विजय विजय नहीं होती।" प्रद्युम्न ने दृढ़तापूर्वक कहा : "मेरा रथ युद्ध स्थल से हटे उसके स्थान पर मैं मृत्यु का वरण करना अधिक पसन्द करता हूँ।"

"नहीं वत्स! जीतने से जीवित रहना अधिक महत्त्वपूर्ण है। युद्ध युद्ध के लिए नहीं धर्म के लिए होता है। और जीवन रक्षा सबसे बड़ा धर्म है।" कहकर मथुरा छोड़ने का निर्णय लेने पर पराजय का अपयश स्वीकारने के लिए उन्होंने यादववीरों को किस प्रकार सहमत किया था, कालयवन के विनाश के लिए पीछे हटने की कैसी युक्ति का उपयोग किया था, इन प्रसंगों का वर्णन करके प्रद्युम्न की ग्लानि का उन्मूलन किया।

"तुझे द्वारिका आए अभी एक वर्ष भी नहीं हुआ है। वहाँ तूने इतना बड़ा दायित्व उठाया, इससे मैं प्रसन्न हूँ वत्स!" कहकर बलराम ने उसे गदायुद्ध सिखाने का वचन दिया।

"यह ऐसा पुरस्कार है जो तुझे मायावती से प्राप्त नहीं हो सकता था।" श्रीकृष्ण बोले।

"मायावती ने प्रद्युम्न को अनेक विद्याएँ सिखाईं। परन्तु यदि युद्ध में आत्मरक्षा के लिए स्थानान्तरण करने की विद्या सिखाई होती तो उसे इस तरह ग्लानि नहीं होती।"

"यह विद्या मैंने सारथि को सिखाई थी।"

पुत्रवधू के इस वाक्चातुर्य से सभी प्रसन्न हुए। मायावती भी उससे सहमत है यह देखकर प्रद्युम्न को सन्तोष हुआ। सबको विदा करते हुए उसने कहा : "मुझे बचाने की चिन्ता करनेवाले सारथि को अब मैं नहीं रखूँगा।"

यह उद्गार श्रीकृष्ण को अच्छा नहीं लगा क्योंकि इसमें अहंकार की ध्वनि थी। इस बारे में किसी उचित अवसर पर बात करेंगे, ऐसा सोचकर श्रीकृष्ण ने पुत्र को आशीष देकर गुरुकुल की ओर प्रयाण किया।

शाल्व के आक्रमण से दुखी प्रजाजनों को सुख-शान्ति मिले इस हेतु श्रीकृष्ण और बलराम ने कई दिनों तक अपने निरीक्षण में कार्य करवाया। शाल्व ने राजधानी के समीप सागर किनारे के गाँव जला डाले थे। शस्त्रहीन नागरिकों को घायल किया था। आबालवृद्ध पर दया नहीं की। वह चाहता था कि द्वारिका के आसपास के क्षेत्र को श्मशान में बदलकर यादवों की राजधानी को उनकी सामूहिक चिता बनाकर वह श्रीकृष्ण को सन्देश भेजेगा। तब तक भले ही वह पांडवों और द्रौपदी के साथ विनोदवार्ता करें या अभिमन्यु को खिलाएँ।

शाल्व की योजना सफल नहीं हुई फिर भी उसने यादव राज्य को बहुत क्षति पहुँचाई थी। सब सुचारु रूप से होते-होते पन्द्रह दिन गुजर गए। विश्रान्ति के क्षणों में श्रीकृष्ण, सुभद्रा और अभिमन्यु तथा द्रौपदी की बात कर रहे थे वहीं सात्यकि के दूत ने आकर हस्तिनापुर में चल रहे षड्यन्त्र का वृत्तान्त कहा। शकुनि सफल हो गया तो पांडव सर्वस्व गँवा देंगे, आप कुछ उपाय करें।

श्रीकृष्ण ने पलकें बन्द कर लीं। उनका शरीर मानो निश्चल हो गया। रुक्मिणी सोच में पड़ गईं—कि स्वामी मानो यहाँ अनुपस्थित हों, ऐसा आभास क्यों हो रहा है?

बात करते-करते यकायक उन्होंने योग समाधि क्यों लगा ली? निजानन्द के लिए तो ऐसा नहीं किया है।

नहीं, वे विक्षेप नहीं डालेंगी। वार्तालाप का लोभ रोक रखेंगी। एक क्षण, दूसरा क्षण...स्तब्धता सघन होती गई। श्रीकृष्ण के भाल की त्वचा चमक रही थी। किसी भयंकर घटना का प्रतिकार किया जा रहा है। रुक्मिणी धैर्यपूर्वक बैठी रहीं। कक्ष का वातावरण परिवर्तित हो गया। पारिजात की सुगन्ध आई। उपवन में पक्षिराज पंख फड़फड़ाने लगे। यादव किशोरों की किलकारी सुनाई दी।

"क्या हुआ प्रभु?" श्रीकृष्ण के पलक खोलते ही रुक्मिणी ने पूछा।

"बहुत अनिष्ट हो गया। मुझे बहुत देर हो गई परन्तु एक नारी की लाज बच गई। आर्यावर्त तत्काल तो विनाश की ज्वालाओं से बच गया है।"

योगेश्वर ने हस्तिनापुर की राजसभा का दृश्य देख लिया था। अतः चेतना द्वारा प्राप्त किए हुए दृश्य का वर्णन करते हुए उन्हें संकोच हो रहा था।

कुछ ही समय में कई घटनाएँ घटित हो गई थीं। यहाँ शाल्व के साथ युद्ध चल रहा था, उस समय युधिष्ठिर द्यूत के आमन्त्रण को स्वीकार कर बैठे थे। फिर तो वे हारते ही गए। अन्त में विवेक भी हार गए। गांधारी की शरण में जाने के लिए दौड़ती रजस्वला द्रौपदी को दुःशासन केश पकड़कर राजसभा में खींच लाया।

श्रीकृष्ण की आँखों में फिर से अग्निशिखा प्रज्वलित हुई। उसी क्षण हस्तिनापुर में भीमसेन ने प्रतिज्ञा ली कि मैं अधर्म पूर्ण आचरण करनेवाले की छाती को तोड़ूँगा।

9

पांडवों ने श्रीकृष्ण के सुझाव को शुभेच्छा मानकर शासन का संचालन किया था। उत्तरापथ का महानगर माना जानेवाला हस्तिनापुर धूमिल होता गया और इन्द्रप्रस्थ आर्यावर्त की शक्ति का केन्द्र ही नहीं, श्रीकृष्ण के प्रत्यक्ष-परोक्ष सम्बन्ध के कारण धर्मकेन्द्र भी बनता गया।

यह अभ्योदय प्रजा के लिए कल्याणकारी था। कर्ण जानता था कि इसके केन्द्र में कौन-कौन से तत्त्व सक्रिय हैं। इसलिए वह स्वभाव से अर्जुन का प्रतिस्पर्धी होने पर भी बुद्धि से तटस्थ रहने का प्रयत्न करता था परन्तु दुर्योधन और दुःशासन पांडवों के उत्कर्ष से प्रसन्न नहीं थे। पहले भीम को जहर देकर और बाद में लाक्षागृह द्वारा जो षड्यन्त्र उन्होंने रचे थे, उस ओर उनका मस्तिष्क अभी भी क्रियाशील था। मामा शकुनि की कूटनीति की उन्हें सहायता मिली थी। उनके पक्ष में बल और बुद्धि है, फिर पांडवों को क्यों नहीं पछाड़ा जा सकता?

विदुरजी अमात्य के रूप में दुर्योधन के सच्चे शुभचिन्तक हैं। वे उसे समझाते हैं कि पांडवों के कारण ही तेरी कीर्ति है परन्तु यह बात उसके गले नहीं उतरती है। गान्धारी, भीष्म पितामह और द्रोणाचार्य भी पांडवों के साथ संवादिता चाहते हैं। इस कारण शकुनि की कूटनीति में दुर्योधन फँस नहीं जाए, इस बारे में सजग रहते हैं। फिर भी उनका लेशमात्र भी प्रभाव नहीं दिखाई देता। शकुनि के कार्यों के प्रति जब दुर्योधन के मन में सन्देह होता

है तो वह कर्ण की सलाह लेता है। कर्ण पांडवों का छलपूर्वक विनाश नहीं चाहता परंतु किसी उद्दीपन के मिलते ही स्पर्धात्मक भाव उसके मन में अवश्य जगता है। अर्जुन को हराने की उसकी स्पृहा अदम्य है। स्वयंवर में द्रौपदी ने उसे सूतपुत्र कहा इसका भी उसे बार-बार स्मरण हो आता है। फिर भी इस समय उसे कौरव-पांडव के बीच संघर्ष के लिए भी कोई कारण दिखाई नहीं देता है। इतना ही नहीं, राजसूय यज्ञ में भेंट स्वीकार करने के लिए ज्येष्ठ कुरु के रूप में दुर्योधन को स्थापित करके युधिष्ठिर ने उसे यथासम्भव सम्मान दिया था। इसके लिए अनुग्रह व्यक्त करने के स्थान पर पांडवों के राजमहल में जल और स्थल की भ्रान्ति में पड़ जाने का उसे दुख था। ऐसा होने पर देखनेवाला हँस नहीं पड़े तो आश्चर्य होता परन्तु दुर्योधन शकुनि से कहता है : "मामा भीम और द्रौपदी ने अन्य राजाओं की उपस्थिति में मेरा उपहास किया था। इसमें तुम्हें कुछ भी अनुचित नहीं लगता?"

कर्ण दुर्योधन को रोकता नहीं है। शकुनि आश्वासन के रूप में प्रोत्साहन देता है। इससे बदला लेने की भावना दृढ़ बनती जाती है।

शकुनि द्यूत का विशेषज्ञ था। पाँसे की रचना से लेकर इच्छित परिणाम लाने की विद्या वह जानता था। भानजे के हित के लिए इसका उपयोग करेगा। उसकी योजना सफल हो जाएगी क्योंकि युधिष्ठिर को द्यूत खेलने का शौक है। उन्होंने इस विद्या में पारंगत होने की ओर कभी ध्यान नहीं दिया परन्तु खेल के प्रति उनकी रुचि विकसित हुई है। यदि वे आमन्त्रण स्वीकार कर लें तो उन्हें सरलता से हराया जा सकता है।

मामा-भानजे ने गुप्त रूप से पूरी योजना बनाकर उसे सौम्य रूप दिया और धृतराष्ट्र की अनुमति प्राप्त कर ली। सुनते ही विदुरजी रहस्य जान गए। उन्होंने अपना विरोध प्रकट किया। यह बात प्रकट नहीं हो जाए इसलिए योजना को कुछ समय के लिए दबा दिया गया। उचित अवसर देखकर दुर्योधन धृतराष्ट्र से एकान्त में मिला। वह पांडवों द्वारा किस प्रकार अपमानित हुआ था इसका वर्णन करते हुए उसने अतिशयोक्ति का सहारा लिया। जब पांडव इस तरह अपमानित करना चाहते हों तो फिर हम उन्हें क्यों नहीं नीचा दिखाएँ?

पिताजी की दुर्बलता से दुर्योधन परिचित था। इस कारण वह उन्हें वश में करने में सफल हो गया। धृतराष्ट्र स्वयं आमन्त्रण भेजें तो युधिष्ठिर उसको अस्वीकार नहीं कर सकते। खतरा जानकर भी उसे द्यूत खेलने आना पड़ेगा। बस एक बार आकर वह मामा के साथ खेलना प्रारम्भ कर दे। बाद की घटना के बारे में वह निश्चिन्त है। वर्षों के परिश्रम से पांडवों द्वारा रचे गए राज्य को तो हस्तगत कर ही लेगा, सम्भव हुआ तो उनकी पट्टरानी को भी जीत लेगा।

पांडवों की रक्षा करने में समर्थ श्रीकृष्ण इस समय द्वारिका में हैं। कौरवों का हितचिन्तक शकुनि अहर्निश हस्तिनापुर में रहता है। श्रीकृष्ण के लिए धर्म महत्त्वपूर्ण है, शकुनि बुद्धिचातुर्य से प्रयोजन सिद्ध करता है। वह मानता है कि बौद्धिक आयोजन के बिना धर्म की सत्ता नहीं चल सकती। और कृष्ण भी धर्म के नाम पर कहाँ कूटनीति का आश्रय नहीं लेते? श्रीकृष्णविहीन पांडवों को वह दास बना सकता है, इसमें शकुनि को

शंका नहीं है। इसलिए कृष्ण को पता चले उससे पहले ही हमें फल प्राप्त कर लेना चाहिए। हुआ भी ऐसा ही।

श्रीकृष्ण रुक्मिणी के पास बैठे थे वहीं उन्हें अन्तःचेतना में द्रौपदी की साड़ी को पकड़ते हुए दुःशासन की छवि दिखाई दी। द्रौपदी ने आर्तनाद किया था।

हस्तिनापुर से कुन्ती बुआ और बहिन सुभद्रा ने व्यथित हृदय से सन्देश भेजा है। राजसूय यज्ञ की समस्त सिद्धियों को शकुनि द्वारा दुर्योधन ने हस्तगत कर लिया है। द्यूत सभा में युधिष्ठिर सबकुछ हार गए। उसके बाद शकुनि के छल-प्रपंच में फँसकर उन्होंने द्रौपदी को भी दाँव पर लगा दिया। एक के बाद दूसरी बड़ी हार खाकर उनकी विवेक-बुद्धि कुंठित हो गई। उन्होंने दुष्ट प्रतिस्पर्धी की चाल को समझने का प्रयत्न नहीं किया। परिणाम निश्चित था। भीमसेन से यह देखा नहीं गया। बड़े भाई के प्रति आदर को त्यागकर उन्होंने गर्जना की : ''सहदेव, अग्नि लाओ, जिन हाथों ने द्रौपदी को दाँव पर लगाया उन्हें मैं जला डालूँ। भले ही वे बड़े भाई के हों। स्वयं को हार जानेवाला दूसरे को दाँव पर लगाए इससे मैं सहमत नहीं हूँ। सहदेव, अग्नि लाओ, मैं इस पूरी द्यूतसभा को जला दूँगा। इस सिंहासन पर स्थिर अन्धेपन को प्रकाश में पलट दूँ। पांचाली के प्रश्न का उत्तर किसी के पास नहीं है। यहाँ आश्रित धर्म अन्धेपन के पक्ष में चला गया है। शान्ति के नाम पर मैं, दास नहीं बनूँगा। मैं अधर्म की छाती तोड़ूँगा।''

श्रीकृष्ण के लिए भीम की उक्ति अनजानी नहीं थी परन्तु रुक्मिणी समग्र घटना को सुनते हुए व्यथित होती गईं। जहाँ आर्यावर्त के ज्येष्ठ शूरवीर और ज्ञानी विराजमान हों, वहाँ दुःशासन किस साहस से रजस्वला द्रौपदी के केश पकड़कर ला सकता है? समग्र आर्यावर्त के ब्राह्मणों ने जिस वेणी पर अवभृथ जल छिड़का था उसके सुदीर्घ केश निर्लज्जता से खींचे गए। कर्ण ने विवेक भूलकर उसे वेश्या कहा।

यह सब सहन करती हुई याज्ञसेनी ने सभासदों से एक प्रश्न पूछा था : ''युधिष्ठिर ने मुझे दाँव पर लगाया, वह स्वयं को हारने से पहले या बाद में?''

इस प्रश्न की उपेक्षा करके दुःशासन ने द्रौपदी का चीर खींचा। आत्मरक्षा करते हुए उसकी मुट्ठी कस गई और होंठ फड़कने लगे। पूरी सभा सुन सके इस तरह उसने श्रीकृष्ण का स्मरण किया। उसके स्वर में दृढ़ता आई। आँखों का अश्रुसिक्त रोष और श्रीकृष्ण के नाम का ज्वलन्त उच्चारण दुःशासन के लिए असह्य बन गया। उसकी आँख के आगे धुँधलका छा गया। सभी रंग अँधेरे में छिप गए। उसके हाथ से द्रौपदी का चीर खिसक गया। वह पछाड़ खाकर गिर पड़ा। दुर्योधन का प्रोत्साहन पाकर वह दोबारा उठे उससे पहले छोटा भाई विकर्ण बोला : ''द्रौपदी के प्रश्न का उत्तर किसी ने नहीं दिया है परन्तु मैं देख रहा हूँ कि उनके पक्ष में सत्य है। वे जीती गई हों, तो भी कपट द्वारा जीती गई हैं। मैं चाहता हूँ कि मेरे बड़े भाई दुर्योधन और मामा शकुनि द्रौपदी और युधिष्ठिर से क्षमा माँगें और कपटपूर्वक जीता हुआ सबकुछ वापस कर दें।''

दुर्योधन की प्रेरणा और द्रौपदी के प्रति व्यक्तिगत प्रतिशोध की भावना के कारण दानवीर कर्ण ने विकर्ण को अबोध और मूर्ख कहकर बैठा दिया। इसके साथ ही दुर्योधन द्रौपदी के सामने जाँघ खोलकर निर्लज्ज होकर कहने लगा : ''आ द्रौपदी, यहाँ बैठ।''

सभी सभासद नीचे देखने लगे। पांचाली का प्रश्न सही था परन्तु कोई भी सत्य के पक्ष में नहीं खड़ा हुआ। पहले कौरवों को चेतावनी देनेवाले विदुरजी भी मौन रहे।

भीम फिर से उद्विग्न होकर बोल पड़ा : "द्रौपदी की वेणी खींचनेवाले दुःशासन के रक्त से मैं उसके केश रँगूँगा और निर्लज्ज दुर्योधन की जाँघ गदा से चूर-चूर करूँगा।"

एक अधर्मपूर्ण घटना अपने तार्किक परिणाम तक पहुँच गई थी। विदुर और गान्धारी ने धृतराष्ट्र को चेतावनी दी।

भीम की प्रतिज्ञा से भयभीत हुए अन्धे राजा ने पुत्र के हित की चिन्ता करते हुए द्रौपदी के प्रति वात्सल्य प्रदर्शित किया और उसे दो वरदान दिए। परिणामस्वरूप युधिष्ठिर स्वतन्त्र हुए और उन्हें अपना राज्य वापस मिल गया।

इसके बाद भी दुर्योधन और शकुनि अपनी वृत्ति पर संयम नहीं रख पाए। महत्त्वाकांक्षा फिर से सुगबुगाने लगी और धृतराष्ट्र के माध्यम से उन्होंने फिर से युधिष्ठिर को द्यूत खेलने के लिए आमन्त्रित किया। जो पक्ष हारे वह बारह वर्ष तक वनवास भोगे और तेरहवें वर्ष अज्ञातवास काटे। इस वर्ष पहचान लिया जाए तो फिर से बारह वर्ष का वनवास काटना पड़ेगा। शकुनि को विश्वास था कि दुर्योधन के साम्राज्य को दृढ़ बनाने के लिए इतना समय पर्याप्त है। इसके बाद पांडव राजधानी में कदम नहीं रख पाएँगे। अधिकांशतः जीवित वापस नहीं लौटेंगे। फिर राजप्रासाद में रहनेवाले वनवासी का भविष्य सरलतापूर्वक निश्चित कर सकते हैं।

पांडव और द्रौपदी को वल्कल पहनाने का पराक्रम दुर्योधन को राजसूय यज्ञ से भी श्रेष्ठ लगता है।

रुक्मिणी के सजल नेत्रों के सामने देखकर श्रीकृष्ण कहते हैं : "दुर्योधन और शकुनि ऐसा हीन कृत्य करेंगे इसकी मुझे कल्पना नहीं थी। मनुष्य अपने लम्बे समय के बाद प्राप्त होनेवाले लाभ के बारे में क्यों नहीं समझता? आर्यावर्त में सुराज्य की स्थापना के प्रयत्न कब तक अधूरे रहेंगे?"

"अब क्या हो सकता है?"

"इतना ही कि पांडव अपने दुख को पुण्य में परिवर्तित कर दें। वनवास काल में वे अधिक शक्ति-सम्पन्न बनें। तब तक जहाँ भी रहें प्रजा के हित करते हुए तप-साधना करें।"

"आपने भी शकुनि के निर्णय को स्वीकार लिया?"

"युधिष्ठिर ने तो स्वीकार ही लिया है, फिर भी हम पूछेंगे। पहले हम कुन्ती बुआ और सुभद्रा से मिलेंगे, बाद में पांडवों से।"

कुरुक्षेत्र में आर्य वसुदेव का यज्ञ महोत्सव चल रहा था। उसे पूरा कर नन्दराय एवं अन्य गोपों को अत्यन्त आदरपूर्वक भेंट देकर श्रीकृष्ण पांडवों से मिलने वन में गए। सर्वप्रथम वे द्रौपदी से मिले। उसे अपने शील की रक्षा के लिए विरल प्रतिकार करने के उपलक्ष्य में अभिनन्दन दिया और कहा : "दुर्योधन, दुःशासन, कर्ण और शकुनि ने तेरा अपमान करके

अपनी असमय मृत्यु को निमन्त्रण दिया है। मैंने सुना है कि उस दिन हस्तिनापुर और इन्द्रप्रस्थ की समग्र स्त्रियों ने गान्धारी के सामने रुदन किया था। तपस्वी ब्राह्मण कुपित हुए थे। शाम को उन्होंने अग्निहोत्र में होम नहीं किया। भारतवर्ष पर कालरात्रि छा गई थी।''

इन शब्दों से द्रौपदी को आश्वासन नहीं मिला, उसका प्रश्न था : ''ऐसा मेरा कौन-सा अपराध था जिसकी मुझे ऐसी सजा भोगनी पड़ी? और वह भी भीष्म, द्रोण जैसे गुरुजनों की उपस्थिति में? श्रीकृष्ण, मैं तुम्हारी सखी और पाँच इन्द्र के समान पाँच पांडवों की पत्नी हूँ। उन गुरुजनों की उपस्थिति में दुःशासन ने मेरे केश खींचे और कर्ण ने मेरी हँसी उड़ाई, उसकी वेदना अभी शमित नहीं हुई है।''

युधिष्ठिर, भीम, अर्जुन, नकुल और सहदेव तो श्रीकृष्ण को देखते ही वनवास का दुख भूल गए थे परन्तु द्रौपदी को अभी शान्ति नहीं मिल पाई थी। वह आर्त, कुपित और मौन है। गोविन्द उसे समझाते हैं। उसका अपमान करनेवालों की परिणति की ओर संकेत करते हैं परन्तु मानो कृष्णा बार-बार उसी घटना का अनुभव कर रही है। सामने बैठे प्रत्येक पर दृष्टिपात करती हुई वह कहती है : ''दुःशासन मुझे किस अवस्था में किस तरह खींच ले गया था, जानते हैं?'' अश्रुसिक्त स्वर पर नियन्त्रण न रख पाने में असमर्थ वह आगे बोली : ''न कोई मेरा पति है न पुत्र, न कोई भाई है और न पिता, अरे मधुसूदन आप भी मेरे नहीं हो।''

''द्रौपदी, बहिन, मैं तेरा यह रोषपूर्ण रुदन समझ रहा हूँ। तेरी ऐसी दशा करने वालों की पत्नियाँ भी एक दिन तेरी तरह ही रुदन करती होंगी। यह मैं नहीं कह रहा, जगत का सत्य कहता है। मेरा अनुभव है कि जो सत्य-धर्म का सन्तुलन तोड़ता है वही उसका सर्वप्रथम शिकार बनता है।''

श्रीकृष्ण की ऐसी श्रद्धेय भविष्यवाणी से भी द्रौपदी की वेदना शमित नहीं हुई। पांडव भी व्यग्र हैं। दुर्योधन-दुःशासन-शकुनि के कपट का बदला लेने के बारे में उनमें आपस में मतभेद हैं। युधिष्ठिर बारह वर्ष का वनवास करने के पक्ष में हैं। अन्य भाइयों के विचार और आवेगों में ज्वार-भाटे जैसी स्थिति है। परन्तु बड़े भाई की आज्ञा उन्हें एक सूत्र में बाँधे है। फिर भी कभी-कभी द्रौपदी का आर्त स्वर सबको विचलित और व्यग्र बना देता है। कभी वह भीमसेन के बल और अर्जुन की धनुर्धरता को धिक्कारती हुई कहती है : ''कम शक्तिवाला पति भी भार्या की रक्षा करता है जबकि तुम तो सामर्थ्यवान थे, अधर्मपूर्वक भरी सभा में खींचकर लाई गई मुझे बचाने के लिए तुमने क्या किया? शरणागत का त्याग न करनेवालों के रूप में तुम्हारी कीर्ति फैली है और अपनी जीवनसंगिनी को पशु के हाथों पड़ जाने दिया।''

ऐसे प्रसंग में भी युधिष्ठिर की द्यूत-वृत्ति विचलित नहीं हुई। श्रीकृष्ण के वचन याद करते हुए युधिष्ठिर कहते : ''राजसूय यज्ञ के बाद वे इन्द्रप्रस्थ से चले गए। शाल्व के साथ युद्ध में व्यस्त रहे। उनकी छत्रछाया चली जाने पर मैं असावधान हो गया। उनका उपदेश भूल गया—वासना, द्यूत, मृगया और मद्यपान ये काम-प्रेरित व्यसन हैं। इन चार में जिसे मैं सबसे अधिक निर्दोष मानता था उसी द्यूत में छला गया। निरन्तर हारते हुए भी मैंने

परिणाम के बारे में विचार नहीं किया। भाइयों को दाँव पर लगाया, स्वयं को हारा और विवेक-बुद्धि जब निःशेष हो गई तब कृष्णा को भी दाँव पर लगा दिया! कैसी दुर्बुद्धि थी! तुम चारों भाई और द्रौपदी मुझे निविड़ वन में अकेला छोड़कर चले क्यों नहीं जाते? द्यूत का खेल कोई धर्म नहीं है परन्तु सभा के बीच निश्चित की गई शर्तों का पालन करना राजनीतिसम्मत है। मैं जिनका आज तक पालन करता आया हूँ ऐसे नियमों को किस प्रकार तोड़ डालूँ? मैं तुम्हारा क्रोध समझ सकता हूँ परन्तु अपनी पुरानी भूल भूलकर नई करने के लिए नहीं ललचाना चाहता। मैं दुखों से डरकर राजनीतिशास्त्र के नियमों का त्याग नहीं कर सकता। तुम मेरा त्याग कर सकते हो।''

युधिष्ठिर को छोड़कर राज्य के लिए संघर्ष करने के लिए एक भी पांडव तैयार नहीं था। हाँ, यदि युधिष्ठिर सहमत हो तो आज भी दुर्योधन को चुनौती दी जा सकती है। भविष्यकाल में वह उदार होकर न्यायपूर्ण व्यवहार करेगा ऐसी आशा रखना व्यर्थ है। हस्तिनापुर में उसका एक सूत्र प्रसिद्ध है : ''असन्तोष ही सारी उपलब्धियों का स्रोत है इसलिए मैं असन्तोष की कामना करता हूँ।'' इसलिए उसे अभी भी सन्तोष नहीं हुआ होगा। वह दूसरों के हितवर्धन के लिए नहीं जीनेवाला बल्कि अपने स्वार्थ की खातिर युद्ध मोल लेगा। इसलिए यदि भविष्य में उससे युद्ध करना ही हो तो अभी क्यों नहीं किया जाए? युधिष्ठिर कहते हैं कि सभा में स्वीकार किए हुए नीति-नियमों का पालन करना धर्म बन गया है। मैं बारह वर्ष का वनवास और एक वर्ष का अज्ञातवास अवश्य पूर्ण करूँगा।

''इसी कारण युधिष्ठिर के प्रति मेरे हृदय में सम्मान है।'' श्रीकृष्ण कहते हैं।

काम्यकवन की यह गोष्ठी पूरी होनेवाली थी कि द्रौपदी का भाई धृष्टद्युम्न आ पहुँचा। नकुल का साला धृष्टकेतु भी आता दिखाई दिया। अन्य क्षत्रियों को लेकर सात्यकि भी आ पहुँचेगा इस बारे में अर्जुन को आशंका नहीं थी। जब सब कुछ खो दिया तब श्रीकृष्ण का एक अनन्य वचन प्राप्त हुआ : ''पार्थ! तू मुझसे भिन्न नहीं है और मैं तुझसे भिन्न नहीं हूँ। हमारे बीच का अन्तर अन्य की समझ से परे है।''

श्रीकृष्ण के बारे में ऋषि-मुनियों के उद्‌गारों का उसे स्मरण हो आता है।

असित देवल ने उन्हें सर्जक कहा है।

जामदग्न्य ने उन्हें यज्ञ, यज्ञकर्ता और यजन करने योग्य बताया है।

कश्यप मानते हैं कि जनार्दन सत्य में से उद्‌भूत यज्ञ हैं।

नारद कहते हैं कि श्रीकृष्ण लोकभावन हैं, साध्यदेवों तथा वसुओं के नियन्ता हैं, सनातन पुरुष हैं, ऋषिसत्तम हैं।

ऐसे श्रीकृष्ण भी युधिष्ठिर की राजनीति का स्वीकार करते हैं और कहते हैं—इसी कारण उनके प्रति मेरे हृदय में सम्मान है।

अर्जुन का चित्त निर्मल हो जाता है। वनवासकाल में कौन-सा कर्तव्य इष्ट होगा यह समझ में आने लगता है।

परन्तु द्रौपदी को अन्य स्वजनों की उपस्थिति में हुए अपने अपमान का पुनः-पुनः स्मरण हो आता है। उसे और पांडवों को सम्बोधित करते हुए श्रीकृष्ण कहते हैं : ''यदि मैं उस द्यूत सभा में पहुँच गया होता तो दुर्योधन जीवित नहीं बचता।''

अतिथि क्षत्रिय श्रीकृष्ण के मुख पर सदा-सर्वदा बनी रहती प्रसन्नता के स्थान पर पहली बार पुण्यप्रकोप देख रहे थे।

तभी रुक्मिणी सुभद्रा और अभिमन्यु को लेकर उपस्थित हुईं। विदा का क्षण आ पहुँचा। युधिष्ठिर को सम्बोधित करके यदुनन्दन ने कहा : "राजसूय यज्ञ के पर्व पर मैंने इन्द्रप्रस्थ में आपकी जो समृद्धि देखी थी वह भारतवर्ष के किसी भी राजा के लिए दुर्लभ थी। आर्यावर्त के प्रत्येक भूभाग से आए राजपुरुष आपके धर्मकार्य का अनुमोदन करते हों इस रूप में भाविकजनों को भोजन परोस रहे थे। आपकी उस धर्मलक्ष्मी का हरण करनेवालों को मैं क्षमा नहीं करूँगा। बलराम, भीम, अर्जुन, नकुल, सहदेव, अक्रूर, गद, साम्ब, प्रद्युम्न, आहुक, धृष्टद्युम्न और धृष्टकेतु को साथ लेकर मैं दुर्योधन, कर्ण, दुःशासन, शकुनि तथा उनके समर्थकों को रणभूमि में सुला दूँगा। इसके बाद आप केवल इन्द्रप्रस्थ में नहीं, हस्तिनापुर में भी शासन करोगे।"

श्रद्धेय पुरुष के इन शब्दों को सुनकर युधिष्ठिर अनुगृहीत हुए। अन्य सम्बन्धियों के आगमन को ध्यान में रखकर उन्होंने अपने विचारों की पुनरुक्ति की :

"जनार्दन! आपकी वाणी से उच्चतर मेरे लिए कोई सत्य नहीं है। हमारे शत्रुओं का आप वध करें परन्तु अभी नहीं, तेरह वर्ष के बाद। मैंने अन्य राजाओं की उपस्थिति में वनवास की प्रतिज्ञा ली है। जब मैं स्वर्ग के लिए भी प्रतिज्ञा नहीं तोड़ सकता फिर राज्य के लिए क्यों तोड़ूँगा! मेरे भाइयों और पांचाली ने लम्बे काल की दुविधा और व्यथा के बाद आपकी उपस्थिति में मेरे निर्णय को स्वीकार लिया है इससे मैं निश्चिन्त हो गया हूँ। वनवास की विपत्तियों के बारे में आप चिन्ता नहीं करें। हम सभी भाई और याज्ञसेनी साथ होते हैं, उस समय हमें किसी प्रकार के दुख का अनुभव नहीं होता। आप, धृष्टद्युम्न तथा धृष्टकेतु हमारे अन्य सम्बन्धियों की रक्षा करके उनमें आर्य संस्कारों का सिंचन करेंगे, इसलिए इस विषय में भी हमारा क्लेश समाप्त हो गया है।"

यह विदा हृदयद्रावक थी।

द्रौपदी और रुक्मिणी इस तरह भेट पड़ीं कि एक के आँसू दूसरी के कपोलों से बहने लगे।

सात्यकि और धृष्टद्युम्न के अन्तर्द्वन्द्व का समाधान नहीं हो पा रहा था।

"पहले आप नियमनिष्ठा और सत्यनिष्ठा के बीच में भेद करते थे।" सात्यकि उपालम्भपूर्ण स्वर में बोला।

"सही है, मैं सत्य के लिए नियमों को तोड़ता आया हूँ परन्तु युधिष्ठिर शासक के रूप में स्वीकृत नियमों का उल्लंघन करें तो शासन की मर्यादा नष्ट हो जाएगी।"—कहते हुए गोविन्द की दृष्टि शून्याकाश की ओर उठ गई।

सात्यकि और धृष्टद्युम्न निरुत्तर हो गए परन्तु उनका रोष शमित नहीं हुआ।

श्रीकृष्ण ने पांडवों से कहा था कि इस वनवासकाल में वे अधिक-से-अधिक शक्ति- सम्पन्न बनें इसके लिए ऊर्ध्वतर भूमिका पर पहुँचकर साधना करें।

बदरिकाश्रम की यात्रा करके लौटे उद्धव ने कहा कि अर्जुन और द्रौपदी ने आपको प्रणाम करते हुए सन्देश भेजा है। शुक्ल पक्ष में अर्जुन धनुर्विद्या की विशिष्ट साधना के लिए इन्द्रलोक की ओर प्रस्थान करेगा। आपकी शुभाशीष माँगी है।

रुक्मिणी ने कहा कि हम गन्धमादन जाकर उनसे मिलें और उन्हें शुभेच्छा दें। गौरीव्रत के उपलक्ष्य में रुक्मिणी ने मुग्धावस्था में गंगोत्री, यमनोत्री, केदारनाथ, बद्रीनाथ और पार्वती के तपोवन की यात्रा की थी।

वर्षाऋतु गढ़वाल क्षेत्र की प्रकृति में नवचेतना जगाकर विदा हो चुकी थी। उन्हीं दिनों आर्यावर्त का अनन्य युगल वहाँ आ पहुँचा।

ऐसी किंवदन्ती है कि इस गन्धमादन पर रूपसी उर्वशी कायाकल्प करके प्रियंगुलता बन गई थी। बदरिकाश्रम जानेवाले मार्ग की सकल वनराजि ने प्रियंगु का रूप-सौन्दर्य पा लिया था। यह देखकर रुक्मिणी को वृन्दावन की शोभा का स्मरण हो आया। उन्होंने मन-ही-मन में इस उत्तराखंड और ब्रजमंडल की तुलना की।

द्रौपदी रुक्मिणी से मिलकर स्नेही और सम्बन्धियों की क्षेमकुशल पूछ रही हैं। अर्जुन और श्रीकृष्ण नर-नारायण आश्रम में दो देवदार के समान खड़े हुए मानो संध्याकालीन आकाश को सुशोभित करते हुए आत्मतेज से दीपित हो रहे हैं।

सूर्यास्त होने पर कुटीर में दीपक जलाया गया। उसके चारों ओर चार कुशासन बिछाए गए हैं। रुक्मिणी, श्रीकृष्ण, द्रौपदी, अर्जुन वृत्ताकार में बैठे हैं इस कारण अर्जुन-रुक्मिणी और श्रीकृष्ण-द्रौपदी भी परस्पर उतने ही समीप लग रहे हैं। विजातीय भेद की सजगता चली गई है केवल आत्मीय निकटता की प्रतीति हो रही है।

रुक्मिणी को विनोद सूझता है :

"पांचाली, मालूम है आज तुम कैसी लग रही हो? मानो आज सुबह ही आयोजित स्वयंवर से धनंजय तुम्हें जीतकर ले आए हों। कुछ क्षणों पहले ही जिसने यौवन में प्रवेश किया हो उस मुग्धा के समान!!"

अर्जुन ने सहमतिसूचक स्मित किया परन्तु द्रौपदी हँस पड़ी : "मैं पाँच पुत्रों की जननी हूँ। यह भूलकर मुझे स्वयं को नवयौवना नहीं कहलाना।"—कहते हुए उसने ब्रजनन्दन की ओर देखा।

ब्रजनन्दन ने समीप के बदरि वृक्ष की ओर निर्देश करते हुए कहा : "जिस वनवासी ने इसकी शाखाएँ काटी होंगी उसको कल्पना भी नहीं होगी कि प्रत्येक शाखा से पाँच-पाँच फुनगियाँ फूटेंगी। और आसपास के नीरव क्षेत्र को भर देंगी। कल प्रातःकाल में इसके मुकुलित अंकुरों को ध्यान से देखना। तुम्हें उत्तर मिल जाएगा, कि कटी हुई शाखाओं से वृक्ष का जीवन-सत्व द्विगुणित होकर फूट पड़ता है। राजप्रासाद से निष्कासित तुम लोगों को ऋतुपति का आशीर्वाद मिला है। तुम्हारे सुख पर यौवन की जो दीप्ति है वह तुम्हारे द्वारा अर्जित की हुई है। दुर्योधन और शकुनि मानते रहे कि पांचाली और पांडवों को उन्होंने वन में भटकने के लिए छोड़ दिया है, इस कारण उनकी शक्ति क्षीण हो जाएगी और वे प्रतिकार नहीं कर सकेंगे। परन्तु मैं देख रहा हूँ कि तुम सबके सत्व में अभिवृद्धि हो रही है। इन्द्रलोक से अनन्य शस्त्रों का संचालन सीखकर आनेवाला सव्यसाची अर्जुन अविजेय बनेगा।"

द्रौपदी की आँखों में विरह की भीति नहीं थी, अर्जुन के भावी प्रस्थान के बारे में उमंग थी। वह उठकर श्रीकृष्ण की चरणरज लेने गई परन्तु जैसे सहज रूप से बहनेवाली सुगन्ध चक्रवात में फँस जाए उस तरह पैरों पर गिर पड़ी। जिन्हें हमेशा श्रद्धेय माना है ऐसे नरोत्तम के घुटनों पर मस्तक रखकर हृदय की वेदना को बहाती रही।

श्रीकृष्ण ने उसके आँसू पोंछे। दोनों हाथों से पकड़कर खड़ा किया। पास बैठाकर सखीवत् स्नेह प्रकट किया।

द्रौपदी देखती है कि रुक्मिणी के कपोल पर अश्रुधारा है परन्तु आँखों में निरी प्रसन्नता है। कैसी संवेदनशीलता है! कैसी अद्वैत अनुभूति है!

आज की यह घटना अतीत की व्यथाओं और विरोधियों द्वारा किए गए अनीतिपूर्ण कार्यों को भुलाने में सहायक होगी। द्रौपदी, आर्यावर्त के प्रमुख राजनगर में तुम्हारे प्रति दुःशासन द्वारा किया गया व्यवहार समग्र मनुष्य जाति के लिए कलंक है। समयपट से उसको मिटाया नहीं जा सकता परन्तु मैं आज देख रहा हूँ कि मेरे जैसे कर्मयोगी के प्रति तुम्हारा निर्हेतु प्रेम तुम्हारी मनःस्थिति को उन्नत बनाएगा। अब तुम रागद्वेष से पीड़ित नहीं होगी, न्याय, सत्य और धर्म की रक्षा के लिए तत्पर तुम्हारा हृदय आगामी वर्षों की तपस्या में आनन्द प्राप्त करेगा, विरल आनन्द और तुम्हारे सख्यभाव का स्मरण करके अर्जुन प्रलोभनों के सामने अविचल रहेगा। मेरी यह शुभकामना स्वीकार करो।''

10

द्वारिका के समुद्र में आजकल तेज ज्वार आता है। ब्राह्मण कहते हैं कि इस तरह रत्नाकर इस लक्ष्मी निकेतन नगरी की वन्दना करता है। पिछले दसक में शाल्व आदि आक्रमणकारियों ने सागर किनारे की जिस भूमि को उजाड़ दिया था वह श्रीकृष्ण-बलराम के प्रयत्नों से फिर से हरियाली हो गई है। इसे देखते-देखते चले आनेवाले एक यात्री को थकान नहीं लग रही।

वह यात्री है सुदामा। उसका पोरबन्दर गाँव उस समय पुरैःवेलाकुल नाम से जाना जाता था। कृष्ण के इस बाल-सखा ने वहाँ एक छोटी-सी पाठशाला खोली है। बटुकों को पढ़ाता है और अयाचक व्रत का पालन करता है। उसका शेष समय शास्त्रों के अध्ययन में व्यतीत होता है।

सुदामा ने सुना था कि गिरिनगर से द्वारिका तक के प्रदेश में पहले जहाँ दुर्गम पर्वत था वहाँ बलराम ने एक विशाल वनोद्यान बना दिया है। पैदल द्वारिका की यात्रा करनेवालों के सिर पर छाया करनेवाले वृक्षों को मार्ग के दोनों ओर उगवाया है। छोटे-छोटे जनपद कृषि उत्पादन द्वारा समृद्ध हो गए हैं। ऊसर भूमि उर्वरा हो गई है। गोपाक कृषक बन गए हैं और कृषक कृषि के अतिरिक्त पशुपालन भी करने लगे हैं।

सुदामा को लगा—वह बहुत देर से जा रहा है। शाल्व के आक्रमण से पहले आ सका होता तो प्रथम सर्जन की झाँकी देखने को मिलती। खैर, विनाश के चिह्नों के बीच अब वह नवसर्जन देख रहा है। प्रजा की मनोदशा भी मानो परिवर्तित हो गई है। उस जैसे अतिथि

का स्वागत करने के प्रति ग्रामजन कुछ उदासीन लगते हैं। द्वारिकाधीश की छत्रछाया में उन्होंने स्वर्गीय सुख प्राप्त करने की कल्पना की होगी। अपने जीवन में से उन्होंने दुख की सम्भावनाओं को निकाल फेंका होगा। लगता है उन्होंने सारा दायित्व श्रीकृष्ण-बलराम को सौंप दिया है। यह उचित नहीं हुआ। मनुष्य को अपने हित के लिए भी कुछ सहनशक्ति जुटानी चाहिए। मेरे समान नहीं तो सुमित्रा के समान ही सही।

पत्नी का स्मरण करते समय हवा का स्पर्श शीतल लगा।

सुदामा ने पुराने खेस के किनारे बँधी तन्दुल की गाँठ टटोलकर देख ली। बावन वर्ष के सुदामा को हँसी आ गई। उसने तन्दुल का मूल्य कुछ अधिक ही आँक लिया है क्योंकि वे श्रीकृष्ण के लिए हैं। द्वारिकाधीश के अतुलित ऐश्वर्य में इन दानों की ही कमी थी! सुमित्रा पोटरी बाँधते समय गम्भीर थी। मुझे उसे निराश नहीं करना था। श्रीकृष्ण के प्रासाद में तो बत्तीस प्रकार के व्यंजन बनते होंगे। उसने बिलकुल सोच-विचार नहीं किया। उसके प्रभाव में मैंने भी मान लिया कि यदुनन्दन मेरे तन्दुलों को खाएँगे। मेरे? मेरे भी नहीं, पड़ोसी के। किस पड़ोसी के हैं यह तो मुझे भी नहीं पता। सुमित्रा जाकर तुरन्त माँग लाई। नन्दलाल के लिए कौन इनकार करेगा? तन्दुल भले दूसरों के हों, भावना तो उसकी है। पहले तो उसने परिवार की चिन्ता लेकर द्वारिका मित्र से मिलने के लिए कहा था परन्तु बाद में यह बात भूल गई। सब कुछ अर्पित कर आने की भावना के साथ मुझे विदा किया। बहुत अच्छा लग रहा है यह चलना। सागर उत्तेजन दे रहा है। इसकी लहरें साथ दे रही हैं। बहुत आनन्द आएगा। मुझे देखते ही यशोदानन्दन दौड़ते आएँगे और गले मिलेंगे।

सुदामा ने अपने वेश की ओर देखा। द्वारिकावासियों ने क्या ऐसा दरिद्र ब्राह्मण कभी देखा होगा? परन्तु मैं आज तक अपनी दरिद्रता के प्रति सजग ही नहीं था, मुझे सुमित्रा ने किया। उलाहना दिया कि इतने पास रहते हो फिर भी मित्र से मिलते नहीं हो। अब इन पोथियों से सिर बाहर निकालो और पुराने संबंध को ताजा करो। जरा याद तो करो कि तुम कौन हो।

इस पर सोचते हुए एक प्रश्न उठा खड़ा हुआ : इतने वर्षों से ज्ञान की उपासना से हुई उपलब्धि श्रेष्ठतर है या बचपन में कृष्ण के साहचर्य में प्राप्त किया हुआ स्नेह? वह स्नेह भूलकर मैं शुष्क हो गया। शुष्क पोथीपंडित बन गया। कैसी गाढ़ थी वह मैत्री। मेरे आँसुओं ने उसे गोवध बन्द करवाने के लिए प्रेरित किया था। कृष्ण की यही तो विशेषता है कि उसे तत्क्षण उपाय मिल जाता है। उसने मेरे लिए भी एक दिशा खोल दी। मैं एक साधारण कर्म-कांडी ब्राह्मण बन गया होता, उसके स्थान पर अंकपाद आश्रम का अध्येता बना। सांदीपनि जैसे गुरु मिले। दीक्षा लेकर कृष्ण-बलराम प्रजा के अधिनायक बने। मैं आश्रम में विद्योपासना करता रहा और यथेष्ट समय पर सुमित्रा से विवाह करके मातृभूमि में लौट आया। मेरी छोटी-सी पाठशाला और मेरे ग्रन्थों पर गुरुदेव की कृपादृष्टि है। ऐसों को ही सद्गुरु कहते हैं। द्रोणाचार्य को अर्जुन के प्रति अतिशय प्रेम है। अर्जुन ने ही अहिच्छत्र जीतकर उन्हें द्रुपदराज के समकक्ष स्थापित किया था फिर भी वह रहते हैं कौरवों के आश्रित बनकर! सुमित्रा बता रही थी कि द्रौपदी की लाज लूटी जा रही थी उस समय इन वृद्ध ज्ञानियों में से भी कोई नहीं बोला और तुम्हारे मित्र ने सूक्ष्मरूप में उपस्थित होकर

चीर बढ़ाया। मैं दूसरों का दोष नहीं देखता परन्तु ब्राह्मण होकर भी द्रोणाचार्य मौन रहे। विद्या बेचनेवाले की यही हालत होती है। मैंने उससे कहा था : सुमित्रा द्रोणाचार्य का प्रारम्भ की असद हुआ। प्रतिशोध की भावना से प्रेरित होकर जो आचार्य बने, विद्या को दाँव पर लगाए उसे मैं विद्वान ब्राह्मण नहीं, कुशल व्यापारी कहूँगा। ऐसे लोग एकलव्य का अँगूठा काट लेने की अनधिकार चेष्टा करते हैं, उचित समय पर अपनी राय स्पष्ट व्यक्त नहीं करते और अदृश्य दासत्व झेलते हैं। ऐसे आचार्य और पुरोहितों को श्रीकृष्ण ने कभी आदर नहीं दिया। उसे सांदीपनि, नारद और व्यास में श्रद्धा है। जो स्वयं के लिए कुछ भी संचित नहीं करते, विश्व से एक रूप रहते हैं...

जो विद्वान साधन-सम्पन्न होने की चेष्टा करता है वह साधना-सम्पन्न नहीं रह सकता। इस समझदारी के कारण उसने साधन से साधना को अधिक महत्त्व दिया है। सुमित्रा मेरा अभिगम जानती है फिर भी कभी कष्ट सहन करते-करते कह डालती है : जो ज्ञान तुम्हारे इस छोटे-से परिवार का पालन-पोषण नहीं कर पाता उसका क्या अर्थ है? तुम वैचारिक स्वतन्त्रता की बातें करते हो और आर्थिक पराधीनता में जीवन व्यतीत करते हो। क्या आर्थिक आत्मनिर्भरताविहीन स्वतन्त्रता बाधारहित हो सकती है?

कभी बड़ा अटपटा प्रश्न कर बैठती है सुमित्रा...पूछता हूँ : 'यह सब तू कहाँ से सीखी? कहती है : 'दुख से।' फिर स्मित करते हुए देखने लगती है। और बालकों के कार्यों में व्यस्त हो जाती है। पास-पड़ोस में कोई अस्वस्थ हो तो उसकी सेवा करती है। कभी गोविन्द की स्तुति भी गाती है...

सुदामा वृक्ष को पहचानने के लिए उसकी छाया में खड़े हो गए। परन्तु वहाँ एक नया ही प्रश्न दिमाग में उद्भूत हुआ। श्रीकृष्ण के प्रभाव का रहस्य क्या है? वह न तो राजा है और न श्रेष्ठि। फिर जनसाधारण के लिए वह इतना महत्त्वपूर्ण क्यों बन गया है? बचपन में वह अच्छा मल्ल था, कुशल वंशीवादक था, अतिशय सुन्दर था, महारथी तो बाद में बना। वह चाहता तो सम्राट बन सकता था। परन्तु राजसूय यज्ञ का यश पाण्डवों को दिलवाया। चाणूर जैसे मल्ल को परास्त करनेवाला कृष्ण जरासन्ध को प्रथम दिन ही मार सकता था। परन्तु इसका यश उसने भीमसेन को दिलवाया। इन सब घटनाओं में वह अत्यन्त सक्रिय रहा था। वास्तव में व्यक्ति कृष्ण समष्टि के रूप में कार्य करता है। कहते हैं कि वह दूरगामी और दूरद्रष्टा है। भविष्य की घटनाओं को वह अपनी अन्तःदृष्टि से जान लेता है। अवश्य ही यह उसकी योगसाधना का परिणाम होगा। लोग जिसे चमत्कार कहते हैं वैसी कोई सिद्धि प्राप्त करने के लिए उसने योग-उपासना नहीं की है। इस कार्य का प्रारम्भ उसने इन्द्रियों को जीतने के लिए किया था फिर उसने अनुभव किया कि योग से कार्यक्षमता बढ़ती है। उसे कर्म अच्छा लगता है, वैराग्य इष्ट नहीं है। उसे इष्ट है निःस्पृह कर्म। कृष्ण की अध्यात्म-साधना उसके व्यक्तित्व को समष्टि के साथ जोड़ती है। स्वपुरुषार्थ द्वारा इह जीवन में दिव्यता प्राप्त कर रहा यह बालसखा दर्शनीय और वन्दनीय है।

सुदामा चल रहा है, थकान नहीं। हृदय स्नेह और आदर के छलका जा रहा है। यह स्नेहादर किसके प्रति है? कृष्ण के प्रति या समग्र विश्व के प्रति? कृष्ण विश्वरूपी लगता

है और विश्व कृष्णरूपी। इस अनुभूति से पैरों में आकस्मिक शक्ति का संचार हो गया है। वह पत्नी के सुझाव से अपनी दरिद्रता दूर करने निकला था यह बात कब की भुला दी गई है। इसी कारण दरिद्रता दूर हो गई है। अब मन में मात्र एक ही भाव है, वह है मिलन का। कैसा होगा वह मिलन?

वह रहा रैवतक पर्वत। देखो, सूर्य की किरणें नगर के स्वर्णद्वार से परावर्तित हो रही हैं।

द्वार से सुदामा ने प्रवेश किया। उस जैसा अकिंचन ब्राह्मण इससे पूर्व द्वारिका में प्रविष्ट नहीं हुआ था। यहाँ भिक्षावृत्ति के लिए आनेवाले भी साधन-सम्पन्न लगते थे।

कुछ क्षणों पहले सुदामा को संकोच हो रहा था, अब नहीं है। इतने लोगों ने उसकी ओर देखा है परन्तु किसी की उपहासात्मक दृष्टि नहीं थी। उसने किसी के सामने हाथ नहीं फैलाया था। एक नागरिक ने पूछा : ''हे अतिथि, मैं आपकी क्या सेवा कर सकता हूँ? द्रव्य की इच्छा हो तो दूँ।''

''मुझे कुछ नहीं चाहिए। मुझे केवल मिलना है।'' सुदामा कृतज्ञतापूर्ण दृष्टि से देखता है।

''किससे मिलना है?''

''अन्य किससे मिलना होगा?''—सुदामा ने छोटे बच्चे के समान प्रतिप्रश्न किया और श्रीकृष्ण के भवन की ओर प्रयाण किया।

द्वारपाल ने विनम्रतापूर्वक कहा : ''यदि आप द्वारिकाधीश के दर्शन करने पधारे हैं तो उनका रथ कुछ क्षणों में ही बाहर निकलेगा। अनेक प्रवासी दर्शनार्थी के रूप में यहाँ खड़े रहते हैं। आज तो रथ में महारानी रुक्मिणी देवी भी होंगी। आप बहुत दूर से आए लगते हैं। थके होंगे, आसन ग्रहण कीजिए।''

''दूर से आया हूँ परन्तु थका नहीं हूँ। इस यात्रा में थकान नहीं हो सकती बन्धु। और तुम्हारी इस प्रसन्नकारी नगरी में थकान रह भी कैसे सकती है? मैं कृष्ण के दर्शन करके धन्यता का अनुभव करूँगा परन्तु यदि तुम मुझ पर उपकार करने के लिए उत्सुक हो तो कहता हूँ—मुझे उनसे मिलना है, आराम से गोष्ठी करनी है।''

द्वारपाल इस कृशकाय अतिथि के आत्मविश्वास को देखकर आश्चर्यचकित हो गए। गोष्ठी करनी है वह भी आराम से? प्रभु को इन दिनों पल-भर भी आराम नहीं मिलता परन्तु इस बारे में निर्णय करनेवाले हम कौन होते हैं? समाचार पहुँचाए जाएँ। जैसा आदेश आएगा उसके अनुसार कर्तव्य निभाएँगे।

''कुछ क्षण रुकें ब्राह्मदेव! महारानी रुक्मिणी की अनुमति के लिए...''

''मैं रुक्मिणीजी को अच्छी तरह पहचानता नहीं हूँ। उन्हें एक बार अंकपाद आश्रम में कन्या के रूप में देखा था परन्तु उनकी विशेष छवि विस्मृत हो गई है। उनका नाम सुनकर भी मुझे राधिका का ही स्मरण होता है। यदि तुम मुझ पर उपकार करना ही चाहते हो तो मेरे बालसखा को ही सूचना भिजवाओ। कहना कि सुदामा आया है। गोकुल-वृन्दावन में तुमने जिसके आँसू पोंछे थे और अंकपाद आश्रम में जिसे स्वयं से भी बड़ा माना था वही सुदामा। बस, इतने शब्दों में ही मेरे जीवन का सम्पूर्ण इतिहास आ गया।''

द्वारपाल ने रुक्मिणी के भवन में जाकर अन्तःपुर के मुख्य राजसेवक को समाचार दिए, उसने मुख्य दासी को भेजा। उस समय श्रीकृष्ण रुक्मिणी के विश्रामकक्ष में बैठकर अभिमन्यु की शरारतें सुनकर मनोरंजन कर रहे थे।

सुदामा का नाम सुनते ही श्रीकृष्ण तत्क्षण खड़े हो गए।

''क्या कहती है? सुदामा आया है? मेरा मित्र सुदामा? उसे किसी ने रोका तो नहीं?''—वस्त्राभूषण की ओर लेशमात्र भी ध्यान दिए बिना द्वारिकाधीश कक्ष से बाहर की ओर दौड़े। ''क्या सचमुच सुदामा आया है? कहाँ है? द्वार पर?''—कहते हुए व्याकुल श्रीकृष्ण दौड़े। राजप्रासाद में किसी ने उन्हें इस तरह दौड़ते हुए कभी नहीं देखा था। सब किंकर्तव्यविमूढ़ होकर ताकते रह गए।

''सुदामा!!''—बोलते हुए ही वे बालगोपाल बन सखा से लिपट गए। उठा लिया बावन वर्ष के क्षीणकाय ब्राह्मण को। दो-दो चक्कर लगा लिए। ''सुदामा!! कितने वर्षों के बाद! तुमसे भेंट कर आज तक की मेरी थकान जाती रही। क्यों इतने दिनों तक इस ओर आए नहीं? ज्ञान की उपासना में मित्र के लिए दो क्षण भी नहीं निकाल सकते थे? मैंने उद्धव से पूछा था। वह तुम्हारे ज्ञान का बड़ा समर्थक है फिर भी उसने कहा था जो व्यक्ति मैत्री भूल जाता है मैं उसकी साधना का आदर नहीं करता। वैसे भूल हमारी भी है। मैं और उद्धव आ सकते थे। कुछ ही दिनों की तो आवश्यकता थी।''

श्रीकृष्ण सुदामा को उठाए हुए चल रहे हैं। नीचे उतरना है परन्तु विक्षेप डालना पड़ता। और डेढ़ पसुलियोंवाले में ऐसी शक्ति कहाँ थी कि कालीय का दमन करने वाले के आलिंगन से छूट सके।

श्रीकृष्ण के रत्नजड़ित बाजूबन्ध पर सुदामा का जीर्ण खेस लहरा रहा है। यह दृश्य देखकर रुक्मिणीजी हर्षित होकर ताली बजाती हैं। हास्य-विनोद और उल्लास से भवन गूँज उठा।

''इस प्रकार प्रभु ने मुझे भी एक ही बार उठाया है। कुंडिनपुर में अपहरण करते समय। वह भी पल-भर के लिए।''—कहते-कहते रुक्मिणी सोने की चौकी ले आईं। सुदामा को बिठाया, जल दिया। पति-पत्नी दोनों ने अतिथि मित्र के चरण धोए। उसमें से एक-एक बूँद जल लेकर मस्तक पर चढ़ाया। फिर गन्ध, चन्दन और अगर से सुदामा के शरीर पर लेप किया। धूप और दीपक से आरती उतारी।

समाचार सुनकर रेवतीजी भी आ पहुँचीं। बताया कि उनके पतिदेव बाहर गए हैं। दूसरा चामर लेकर रुक्मिणी के सामने की ओर खड़े होकर उन्हें साथ देने लगीं।

''बस देवीजी, आपके आतिथ्य से मैं धन्य हो गया। मेरे पुण्य पूरे हों तब तक...''

''आपके पुण्य कभी समाप्त हो ही नहीं सकते और हमारे पुण्यों में अभिवृद्धि हो इसमें आप जैसे ज्येष्ठ मित्रों की सहमति होगी ही।''—रुक्मिणीजी बोलीं। सेवा चलती रही। वहीं सुदामा को स्मरण हो आया। सुमित्रा द्वारा भेजी हुई भेंट तो उसने दी ही नहीं!

''अरे मित्र! मेरी विस्मृति को क्षमा करो! मेरा खेस कहाँ गया। उसके किनारे पर तुम्हारी भाभी ने चावल बाँध दिए थे, मुख्य रूप से तुम्हारे लिए!''

सुदामा के लिए नए वस्त्र आए और पुराने वस्त्र चौकी पर रखे थे। श्रीकृष्ण ने खेस निकालकर दिया।

सुमित्रा ने अच्छी तरह कसकर गाँठ मारी थी। सुदामा से वह नहीं खुली। श्रीकृष्ण ने खेस ले लिया। कोई महानिधि प्राप्त हो गई हो ऐसी प्रसन्नता से खेस को गोद में लेकर गाँठ खोली। जन्मों के भूखे हों ऐसी व्यग्रता से मुट्ठी भरकर चावल मुँह में रखे। मानो अमृतकणों का आस्वाद कर रहे हों।

रुक्मिणी ने रेवतीजी की ओर देखा। किसी से द्वारिकाधीश को इस अधीरता से खाते नहीं देखा था। अवश्य ही यह कोई असाधारण पदार्थ होगा ऐसा अनुमान करके उन्होंने हथेली पसारी। फिर तो सुदामा के तन्दुलों का प्रसाद ब्रह्म-अन्न के रूप में पूरे महल में बँटा। बलराम भी इससे वंचित नहीं रहे।

भोजन के समय भी फिर से रुक्मिणी चामर झुलाने लगीं। सुदामा को संकोच हुआ परन्तु उन पर दया नहीं की गई। अतिथि सेवा पूर्ववत् चलती रही।

बलराम पधारे, सुदामा ने उठकर वन्दन किया। प्रतिवन्दन करके बलराम ने सुदामा की पीठ पर स्नेह से थप्पड़ मारने के लिए हाथ उठाया परन्तु सावधान हो गए और हाथ रोक लिया। यदि वह हाथ बल और गति के साथ ब्राह्मण की पीठ पर पड़ा होता तो कम-से-कम तीन पसुलियाँ तो टूट गई होतीं। स्वयं ने अपने आवेग पर इस तरह नियन्त्रण रखकर सुदामा पर कितना बड़ा उपकार किया है यह बताकर हँसते हुए बलराम ने आगे कहा :

"बन्धु, बचपन में तो तू इतना कृशकाय नहीं था। सशक्त था। सुना है कि तू बड़ा ज्ञानी हो गया है। अरे भाई, वह ज्ञान किस काम का जो शरीर को सुखा दे?"

"दोष ज्ञानी का नहीं हलायुद्ध, शरीर के प्रति मेरी उदासीनता की है।"

"फिर तेरी पत्नी कैसी है..."

"बहुत सुशील है, विदुषी है।"

"तेरे साथ बहुत तर्क करती होगी।"

"नहीं, ध्यान रखती है।"—सुदामा को बात बदलनी थी। असत्य नहीं बोलना था और दीनता भी प्रकट नहीं होने देनी थी। इसलिए मौन रहे। बलराम ने अनुमान किया :

"क्या तेरी नगरी के श्रेष्ठि कृपण हैं? कृषक अन्न का संचय करते हैं? यदि ऐसा नहीं होता तो तेरे जैसे विद्वान ब्राह्मण की पसुलियाँ अलंकार की तरह उठ नहीं आतीं।"

यहाँ श्रीकृष्ण ने हस्तक्षेप करना आवश्यक समझा। उन्होंने देखा कि यह वार्तालाप सुदामा के स्वाभिमान के लिए घातक सिद्ध हो सकता है। अतः उन्होंने कहा :

"बड़े भैया, तुम सुदामा की कृष काया के कारण ऐसा कह रहे हो क्योंकि आप नहीं जानते कि पुरैःवेलाकुल से द्वारिका तक का मार्ग उन्होंने पैदल काटा है।"

"गोकुल-वृन्दावन के माखन-मिसरी अभी शरीर में से सूखे नहीं हैं और न तुम्हारा साहचर्य और स्नेह ही।"—सुदामा ने गौरव और धन्यता का अनुभव करते हुए कहा।

"परन्तु बचपन की पूँजी कब तक रह सकती है? क्या तेरी विदुषी ब्राह्मणी एक-दो गायों की देखभाल नहीं कर सकती?"

"क्यों नहीं कर सकती, परन्तु गायों को खरीदने का प्रसंग ही नहीं आया।"

"तुझ जैसे विद्वान ब्राह्मण को खरीदने की क्या आवश्यकता है? तुझे तो एक के स्थान पर सात गायों का दान मिल सकता है।"

सुदामा की दृष्टि नीचे झुक गई। श्रीकृष्ण उसकी वाणी बने।

"यह अयाचक व्रत का पालन करता है।"

"अच्छा है। स्वाभिमानी यही करते हैं।"—बलराम ने क्यों सुदामा की प्रशंसा की यह श्रीकृष्ण समझ गए। इसके बाद के वाक्य सुनने जैसे होंगे। "तुझ जैसे स्वाभिमानी ज्ञानी को उत्पादक श्रम करना चाहिए। तू अपनी तालीम कैसे भूल गया? हम लोग गुरु के आश्रम में साथ मिलकर कितना श्रम करते थे?"

"गृहमाता लकड़ी लाने के लिए आज्ञा करतीं तो हमारे बीच स्पर्धा होती थी।"—सुदामा ने कहा।

श्रीकृष्ण स्मृति में खो गए। स्वयं से ही बात कर रहे हों इतने धीमे बोले : "एक बार हम सूखी लकड़ियों की खोज में बहुत दूर निकल गए। एक तो निबिड़ जंगल, ऊपर से घटाटोप काले बादल। वर्षा ऋतु का समय नहीं था इस कारण हम निश्चिन्त थे। कब सूर्यास्त हो गया यह पता नहीं चला। लकड़ी एकत्र करने का कार्य चल रहा था इतने में तेज पवन के साथ मूसलाधार वर्षा हो उठी। मेघगर्जना बन्द नहीं हो रही थी। बिजली की चमक में ही जल-थल का भेद मालूम पड़ता था। ऐसी स्थिति में भी हम सिर पर लकड़ी का गट्ठर लेकर एक-दूसरे का हाथ लेकर चल रहे थे। परन्तु इस तरह चलते हुए गुरुगृह पहुँचनेवाले नहीं थे क्योंकि दिशा-ज्ञान नहीं रहा था। हमें खोजते-खोजते प्रातःकाल गुरुदेव आ पहुँचे। उस समय अपने कष्ट से व्यथित होते हुए भी सिर पर गट्ठर देखकर वे हँस पड़े थे। उन्होंने आशीष दी थी—मुझसे प्राप्त किया हुआ वेदज्ञान कभी निष्फल नहीं जाएगा।"

"गुरुदेव का आशीर्वाद सबसे अधिक सुदामा को फला है।"—बलराम की इस सहजोक्ति में व्यंग्य तो नहीं है? सुदामा के मन में प्रश्न उठा। श्रीकृष्ण के मुख पर स्मित था।

बलराम ने चलते-चलते कहा : "गुरुबन्धु के आगमन के बारे में उद्धव को पता नहीं होगा, मैं समाचार देता हूँ। दो ज्ञानियों की गोष्ठी में यादव सन्नारियों एवं बालकों को भी उपस्थित रखना। उन्हें बहुत कुछ सीखने को मिलेगा।"

सुदामा को लगा कि सचमुच यह सम्मान की भावना से कहा गया है। सम्भव है कि उन्हें वेदविज्ञान में रुचि नहीं रही हो। वे यात्रा और युद्ध के शौकीन हैं यह तो सुविदित था, फिर भी पूछा : "बड़े भाई की रुचि के विषय कौन-कौन से हैं?"

"युद्ध, खेती और मद्यपान। अवकाश के समय में यात्रा। उन्होंने आनर्त और सुराष्ट्र में वनराजि विकसित की है। इस कारण साधारण मनुष्य सम्पन्न बन गया है। इसके प्रमाण प्रभासक्षेत्र में जाने पर मिल जाते हैं। धर्मनिष्ठ कृषिकार आय का छठवाँ भाग वहाँ अर्पण करते हैं। बड़े भैया को इतने से सन्तोष नहीं है। वे कहते हैं कि यहाँ भी गोकुल-वृन्दावन की तरह की व्यवस्था करो। उत्पादन को समान रूप से बाँटो। बड़े भैया की बातें श्रेष्ठियों और बड़े कृषिकारों की समझ में नहीं आती। वे कहते हैं कि हम दान तो देते हैं, फिर क्या बात है? बड़े भैया कहते हैं कि दान तो दरिद्र श्रमिक भी करता है। तुम न्यायपूर्ण वितरण करो। यह अतुलित अन्न तुम अपने मस्तिष्क में नहीं उगाते, धरती

में उगाते हो। और धरती सबकी माता है। जहाँ उत्पादन का न्यायपूर्ण वितरण नहीं होता वहाँ युद्ध अवश्यंभावी है।

"न्यायपूर्ण वितरण का प्रश्न बड़ा जटिल है। आप जानते हैं कि स्वेच्छापूर्वक अकिंचन रहनेवाले इस देश में कम नहीं हैं।"—सुदामा को उनकी पत्नी ने दरिद्रता दूर करने भेजा था, जबकि वे यहाँ दरिद्रता की वकालत करने लगे! परन्तु इसमें किसी को विरोधाभास नहीं लगा। श्रीकृष्ण ने कहा :

"अपरिग्रह की बात अलग है। वह अध्यात्म-साधना की नींव है। तुम सम्पन्न होकर अपरिग्रही रह सको तो यह उससे उन्नत अवस्था होगी। यह हुआ व्यक्ति के लिए मापदंड। लेकिन प्रश्न समष्टि का है, मानव समूह का है। जहाँ निरा अभाव प्रवर्तित हो वहाँ वास्तव में उसका कारण किसी के द्वारा किया गया अन्याय होता है, सन्तुलन को तोड़ा जाता है। सुदामा, हमें अलग हुए तीस वर्ष हो गए होंगे। आर्यावर्त में समानता के आधार पर धर्मराज्य की स्थापना करने, अन्यायी और अधर्मी शासकों की संगठित शक्ति का विध्वंस करने और नए मानवीय सन्तुलन का सर्जन करने के लिए मैं यादववीरों और पांडवों के सहयोग से सतत क्रियाशील रहा हूँ। कुछ वर्ष पहले, शाल्व और उसके समर्थकों के आक्रमण के दुष्परिणाम से भूमि को मुक्त करने के बाद लगा था कि अब शान्तिपूर्वक साँस लेने का समय आया है। पूर्व में मगध और प्राग्ज्योतिषपुर में भी सुचारु शासन-व्यवस्था है। राजसूय यज्ञ के पूरे होते ही आर्यावर्त को एक आदर्श शासक मिल गया है। जिसे सम्राट कहते हुए तपस्वी भी आनन्द का अनुभव करें, युधिष्ठिर ऐसे ही हैं। भाइयों की सहायता से जब वह न्यायपूर्ण वितरण व्यवस्था के आयोजन में प्रयत्नशील था वहीं शकुनि के कुटिल सहयोग द्वारा दुर्योधन ने द्यूतसभा का आयोजन किया और पांडवों के पुरुषार्थ के फल को कपट से छीन लिया। अब मेरे सामने समस्या यह है—क्या मैं वनवास का स्वीकार कर चुके पांडवों से सदासर्वदा के लिए अकिंचन रहने के लिए कहूँ? इन तेरह वर्षों में क्या कौरव अधिक शक्ति-संगठन नहीं करेंगे? कंस-जरासंध- शिशुपाल-भौमासुर-शाल्व आज नहीं हैं परन्तु उनका पुनर्जन्म असम्भावित नहीं है। सुदामा, विडम्बना तो यह है कि कौरवों के पक्ष में केवल शकुनि ही नहीं आदरणीय भीष्म, कर्ण और द्रोणाचार्य भी हैं।"

"मेरे लिए तो तुम कहाँ हो यही महत्त्वपूर्ण है।" कहते हुए सुदामा ने बातचीत के विस्तरित हो गए फलक को दो मित्रों की गोष्ठी तक सीमित करने का प्रयत्न किया। परिवार की बात की। व्यक्तिगत रुचि के बारे में पूछा। श्रीकृष्ण ने इन सबका उत्तर देने के बाद कहा :

"मैं स्वयं को बाह्य जगत से भिन्न नहीं देख पाता। मेरा व्यक्तिगत स्नेह भी विश्व की सत्ता का एक सूक्ष्म अंश है।"

"परन्तु विश्व तो अराजकता से भरा है।"

"यह आभास है। अराजकता भ्रान्ति है।"

"अब समझ में आया कि तुम कभी निराश क्यों नहीं होते।"

"निराश नहीं होता ऐसा दावा तो नहीं करता। परन्तु तुम सुज्ञ हो इसलिए कह रहा हूँ कि मैं निराशा पर नियन्त्रण रख सकता हूँ। इसका कारण जानना चाहते हो? कार्य

के फल के प्रति मैं अनाग्रही हूँ, किसी प्रकार की व्यक्तिगत स्पृहा नहीं रखता। फल का अनादर नहीं, परन्तु उसे प्राप्त करने की अधीरता या लालच नहीं रखता। बचपन से देखता आया हूँ कि फल की स्पृहा बढ़ जाए तो अपने कार्य का क्षेत्र सीमित हो जाता है और वह फल पर भी नकारात्मक प्रभाव डालता है। क्या वृक्ष उगानेवाला कृषक उसके आकार को मन में बाँध लेता है? हाँ, उसके पास एक कल्पना होती है। उसका वह कल्पवृक्ष भावी पीढ़ी के लिए शुभदायी होता है। हम भी फल को वृक्ष के समान मानकर सामयिक स्पृहा से बच सकते तो...'' प्रिय मित्र को आता हुआ देखकर जनार्दन ने वाक्य को दूसरे ढंग से पूर्ण किया : ''उद्धव के समान बन सकते।''

उद्धव के आगमन से गोष्ठी का रंग बदल गया। ज्ञान और दर्शन के अतिरिक्त तीर्थ और ऋषिमुनियों के आश्रम के सन्दर्भ जुड़े। उत्तरापथ उद्धव का प्रिय प्रदेश था। सुदामा अभी ऋषिकेश से आगे के क्षेत्र में नहीं जा सका था। यह जानकर उद्धव ने कहा : ''मैं तुम्हें वापस जाने नहीं दूँगा। सीधे पिंडतारक की ओर रथ ले चलेंगे।''

रुक्मिणीजी ने इस प्रस्ताव का समर्थन करते हुए एक शर्त रखी : ''पहले सुमित्रा भाभी और बालकों को बुला लीजिए।''

''अच्छा तो आप सुदामा को माया-मोह से मुक्त होने देना नहीं चाहतीं?''—उद्धव ने विनोदपूर्ण स्वर में कहा। श्रीकृष्ण गम्भीर स्वर में बोले :

''माया और सम्बन्धों के प्रति निष्ठा रखना यह दोनों एक ही बात नहीं है। यदि सुमित्रा भाभी माया का रूप होतीं तो वे इन्हें...मित्र को हमारे पास न भेजकर किसी श्रेष्ठि के पास भेजतीं। परन्तु उन्होंने मित्रता को महत्त्व दिया इसलिए तन्दुल भेजे।''

रुक्मिणी ने स्वर्णपात्र में रखा हुआ वह प्रसाद उद्धव के सामने रखा। तन्दुल इतने स्वादिष्ट होते हैं उद्धव को आज पता चला। उन्होंने बहुत प्रशंसा की।

''चावल तो उधार आए थे, हाँ भावना सुमित्रा की है।''—सुदामा सत्य की रक्षा के लिए बोल पड़ता है।

''मैं भी यही कहना चाहता हूँ। सबके चावल उधार लिए हुए होते हैं सुदामा, किसी को देने की भावना अपनी हो यही पर्याप्त है।''

रथ आता देखकर श्रीकृष्ण ने सारथि से कहा : ''आज बागडोर मैं सँभालूँगा।'' सुदामा की इच्छा जान ली। नन्द-यशोदा के ऋणी सुदामा को वसुदेव-देवकी के दर्शन करने की अभिलाषा थी।

प्रद्युम्न पितामह के भवन पर उपस्थित था। उसने पिताजी के मित्र की चरणरज ली। सुदामा को लगा कि रथ से उतरकर गोविन्द ही यहाँ उसका स्वागत कर रहे हैं। विनोद करने के लिए चरणरज ले रहे हैं।

''अरे कृष्ण, वहाँ सारे सेवकों के सामने मुझे उठा लिया था और यहाँ वन्दन कर रहे हैं!''

उद्धव हँस पड़े।

''अरे वेदविद् बन्धु! यह तो प्रद्युम्न है। तुम्हारे मित्र तो अश्वों को खोल रहे हैं।''

श्रीकृष्ण को आने में देर नहीं लगी। उनको देखकर विश्वास हो गया कि उद्धव उपहास नहीं कर रहे। दोनों के स्वरूप में कितना साम्य है! अनजान मनुष्य तो अन्तर ही नहीं कर सकता।

वसुदेव-देवकी को वन्दन करके आशीष प्राप्त करके वापस लौटते हुए एक बार फिर सुदामा ने पिता-पुत्र में तुलना की। अन्तर तो है। कुछ अन्तर होंठ में है, उससे अधिक दृष्टिपात में है। अलबत्ता, वाणी तो भिन्न ही है। जो श्रीकृष्ण की दृष्टि और वाणी में अवगाहन कर सकता है उसे द्विधा नहीं हो सकती...

श्रीकृष्ण रथ चला रहे हैं। सुदामा दृश्यों को देखने में तन्मय हैं। उद्धव बीच-बीच में परिचय देते जा रहे हैं।

स्वर्णद्वारिका के महलों आदि के दर्शन भी आनन्द देनेवाले हैं। समृद्धि की उपेक्षा क्यों की जाए? उसके प्रति निःस्पृहता रखना आनन्ददायक हो सकता है।

विशाल सागर की जलराशि सुदामा के लिए अपरिचित नहीं है। मातृभूमि का सागर किनारा वर्षा में भीगी हुई कदम्ब की सुगन्ध का स्मरण करानेवाला है। उद्धव पूछते हैं: ''उस वृक्ष को पहचानते हो? यह बलराम का चमत्कार है। अनुकूल मिट्टी, पर्याप्त देखभाल और जल का ध्यान रखकर वृन्दावन के प्रतिनिधियों को यहाँ अवतरित किया है। स्वर्गीय वृक्ष पारिजात ने द्वारिकाधीश के अन्तःपुर में आश्रय प्राप्त किया है।''

उछलती लहरों पर रजतरश्मि की लयताल युक्तगति...मानो राधामाधव का रास...

पत्नी ने बहुत छोटी वस्तु प्राप्त करने के लिए प्रेरित किया था परन्तु यहाँ आकर प्राप्त हुआ महत् और अर्जित...

उद्धव के पास एक प्रस्ताव है। वे एकान्त में श्रीकृष्ण से कहते हैं: ''मित्र से मिलन का आनन्द अनन्य है परन्तु उसकी दरिद्रता जानकर उत्पन्न हुआ दुख शमित नहीं हो रहा।''

''सुदामा स्वयं को दरिद्र नहीं मानता हो फिर भी हम उसे इसका स्मरण दिलाते रहें?''

''मेरे कहने का तात्पर्य यह नहीं है। मुझे यह समझना है कि सुदामा को किसी प्रकार का अभाव क्यों है? हमने प्रबन्ध और शासन का क्षेत्र पसन्द किया, सम्पन्न हुए जबकि सुदामा ने...''

सुदामा ने विद्या की उपासना की इसलिए उसे विद्वत्ता प्राप्त हुई। वह अपने चयन और उन्नति के बारे में पिछड़ा नहीं है। उसने धनसम्पत्ति के अर्जन के लिए परिश्रम नहीं किया है। उसे इसकी अपेक्षा नहीं थी। सुदामा विद्वान है, दरिद्र नहीं। मनुष्य दरिद्र तो तब बनता है जब वह भौतिक सम्पत्ति की आकांक्षा करे और उससे वंचित रह जाए। ऐसी स्थिति में वह मन से भी दरिद्र बन जाता है। यदि ऐसी कोई ग्रन्थि मन में बँधी होती तो सुदामा को यहाँ आते हुए संकोच होता। तुम्हीं उससे पूछ देखो। उसकी पूजा पूरी होनेवाली है।''

अब उद्धव को संकोच होने लगा। यदि सुदामा को कोई कमी खलती नहीं हो तो उसके प्रति हमारी सहानुभूति आश्वासनदायक न बनकर आक्षेपात्मक सिद्ध होगी। परन्तु अब मौन रहना भी ठीक नहीं है। श्रीकृष्ण का आदेश है, पूछना ही पड़ेगा :

"मित्र, तुम्हें अपनी स्थिति से सन्तोष है?"

सुदामा उद्धव की ओर ताकने लगे। प्रश्न समझना चाहते थे। कहा : "जहाँ तक तुम्हारे प्रश्न का मर्म समझ पाया हूँ उसके अनुसार, यहाँ आने के लिए निकला था उस समय तक मुझे अपनी स्थिति पर सन्तोष नहीं था परन्तु इस क्षण पूर्ण सन्तोष है। श्रीकृष्ण के सत्संग से एक प्रतीति हुई है। यदि हम अपने कार्य को साधन न मानकर साध्य मानें तो अपनी अधिकतर मानसिक समस्याएँ सुलझ जाएँगी।"—कहते हुए उन्होंने गवाक्ष से बाहर देखा। अनन्त जलराशि के सुनील वैभव से सुदामा का हृदय भर गया। एक ओर योगेश्वर हैं, दूसरी ओर रत्नाकर...

उद्धव को लगा कि मित्र को द्वारिका की जहाज-व्यवस्था की जानकारी देनी चाहिए। यह है पश्चिम जगत का प्रवेशद्वार...

उद्धव नगर के पार्थिव प्रवेशद्वार की बात कर रहे हैं या श्रीकृष्ण की विभूति की ओर इंगित कर रहे हैं? सुदामा ने पुनः दृष्टिपात किया। योगेश्वर को देखकर रत्नाकर की ओर देखा। दृष्टि वापस लौटी सखा के स्वरूप में...

"उस अनन्त की सीमा नहीं है, जबकि यहाँ तो प्रत्यक्ष है...केवल प्रेम..."

गुरुदेव सान्दीपनि आश्रम में पधारे, उनके दर्शन करके सुदामा ने भवन में वापस आकर अपने पुराने वस्त्र पहन लिए। लाठी तथा अन्य सामग्री ले ली।

न किसी ने कुछ माँगा और न किसी ने कुछ दिया।

आदान-प्रदान हुआ स्नेह का।

धन्यता का अनुभव करते हुए सुदामा स्वगत बोला : अच्छा हुआ कि श्रीकृष्ण ने मुझे द्रव्य की माया में नहीं बाँधा। स्थूल रूप में कुछ न देकर भीतर से उन्नत माना। आज मैं भीतर खाली नहीं हूँ। सुमित्रा मेरी आँखों में झाँककर देखेगी तो उसे प्रतीति हो जाएगी—यह कुछ भी कम नहीं पड़ता। जहाँ प्रेम है वहाँ किसी प्रकार का अभाव नहीं है। यदि ज्ञान की उपासना और विद्यादानरूपी कर्म से मेरे परिवार की आजीविका नहीं चलेगी तो मैं उत्पादक श्रम करूँगा। अयाचक व्रत नहीं छोड़ूँगा। श्रीकृष्ण ने भी उसका समर्थन किया। उधार लाए हुए चावलों को स्वीकार कर उन्होंने मुझे दाता बना दिया है। भला अब मेरे लिए माँगने के लिए बचा क्या?

सुदामा उमंगपूर्वक कदम उठाता है। महाराजा का रथ उसी दिशा में जा रहा है, पास खड़ा रहता है। सैनिक पूछते हैं : "विप्रदेव, आप अन्दर विराजमान होंगे?"

"नहीं, मैं चलूँगा।"—सुदामा इस अनुग्रह के बदले में आशीष देते हैं। और कुछ पूछते नहीं हैं। शासन के बारे में उन्हें कोई जिज्ञासा नहीं है।

कुलकर सभा ने निर्णय लिया था : जनपदों में जहाँ-जहाँ विद्वान ब्राह्मण पाठशाला चलाते हों वहाँ साधन सामग्री की कमी नहीं होनी चाहिए। सभी धनों में विद्याधन प्रधान

है। कुलपति सान्दीपनि के आश्रम को आदर्श मानकर यथाशीघ्र समस्त प्रबन्ध होना चाहिए।

सुमित्रा पूछेगी कि क्या लाए तो कहूँगा : ''श्रीकृष्ण का वचन—भाभी से कहना कि मैं आऊँगा।''

11

सुदामापुरी के गुरुकुल में जब श्रीकृष्ण अतिथि के रूप में गए थे उस समय उनका पुत्र साम्ब हस्तिनापुर पहुँच गया था और दुर्योधन की पुत्री लक्ष्मणा का अपहरण करके कौरव योद्धाओं से संघर्ष करने के लिए रुक गया था। साम्ब को अपनी शक्ति पर विश्वास था और अपने पराक्रमों पर अतिविश्वास था। बड़े भाई प्रद्युम्न को यादव अग्रणी इतना सम्मान देते हैं और मुझे पूछते भी नहीं हैं इसलिए उसने अपनी योग्यता को प्रमाणित करने के लिए ऐसा दुस्साहस किया था। उसके मन में दुर्योधन के प्रति सम्मान नहीं था और उसकी पुत्री लक्ष्मणा को तो उसने देखा भी नहीं था इसलिए प्रेमासक्ति का प्रश्न ही नहीं उठता था। उसे अपना पराक्रम सिद्ध करना था अतः उसने किसी से परामर्श किए बिना प्रस्थान कर दिया। स्वयंवर में उसे प्रवेश वंचित करने का सवाल ही नहीं उठता था। किसी ने रोका होता तो वह कहता—युवराज दुर्योधन ने भी मेरी बुआ सुभद्रा का हाथ माँगा था।

लक्ष्मणा सज-धजकर जब स्वयंवर सभा में प्रविष्ट हुई, साम्ब ने अपना परिचय दिया और कहा कि इन प्रौढ़ों और वृद्धों के मुख देखने के स्थान पर तू मेरे साथ चल। ऐसा कहकर उसका अपहरण कर लिया। ऐसे शूरवीर और अविवाहित युवक के साथ तर्क-वितर्क किए बिना लक्ष्मणा ने उसे सहयोग दिया।

कौरव कुपित हुए :

''यह लड़का उद्धत है। इसने हमारी उपस्थिति की अवगणना करके राजकुमारी का बलात अपहरण किया है, इसे बन्दी बना लिया जाए। यादव उसे छुड़ाने आएँगे। प्राणायाम से जिस प्रकार इन्द्रियाँ वश में हो जाती हैं उसी प्रकार वे गर्व त्यागकर विनती करेंगे तब उसे छोड़ेंगे।''

कर्ण, शल, भूरि, यज्ञकेतु और दुर्योधन साम्ब को कैद करने के लिए गए। पराक्रम दिखाने के लिए उत्सुक साम्ब द्वारिका की ओर रथ को दौड़ाने के स्थान पर रथ रोककर उनका सामना करने लगा, स्वयं को सिंह मानकर कौरव रूपी हाथियों के समूह पर टूट पड़ा। कुछ समय में उसने कर्ण, शल, भूरि, यज्ञकेतु और दुर्योधन को घायल कर दिया। यह देखकर लक्ष्मणा साम्ब पर मोहित हो गई। घायल महारथी उसकी प्रशंसा करने लगे परन्तु उसे जाने देने के लिए वे तैयार नहीं थे। सबने मिलकर आक्रमण कर दिया और उसके रथ के अश्वों को मारकर रथविहीन बना दिया। यह देखकर लक्ष्मणा को साम्ब की चिन्ता हुई और उसने उसकी रक्षा करने का संकल्प लिया। कर्ण ने उसे निश्चिन्त किया। श्रीकृष्ण के पुत्र की हत्या करने का दुस्साहस कोई नहीं करेगा परन्तु उसे कारागृह में डाला जाएगा।

लक्ष्मणा ने उसके साथ रहने की माँग की परन्तु दुर्योधन ने इसका अस्वीकार कर दिया। इससे कुपित होकर लक्ष्मणा ने विदुरजी की सहायता से द्वारिका सन्देश भिजवाया।

सात्यकि आदि यादववीर कौरवों पर आक्रमण करने के लिए बेचैन हो उठे परन्तु महाराज उग्रसेन ने उन्हें शान्त किया। दुर्योधन बलराम का शिष्य होने के कारण साम्ब को छोड़ देगा और उसके साथ लक्ष्मणा को भी ससुराल भेज देगा इस बारे में उन्हें कोई आशंका नहीं थी।

बलराम ने महाराज का प्रस्ताव स्वीकार कर लिया। उन्होंने उद्धव के साथ पूर्वोत्तर दिशा में प्रयाण किया। उपवन में रथ छोड़कर उन्होंने उद्धव को धृतराष्ट्र के पास भेजा और सन्देश भिजवाया : ''बलराम आए हैं।''

कौरव बलराम का आदर करते थे। वे भेंट-सौगात लेकर बलराम का स्वागत करने आए, कुशलक्षेम पूछी। विनयपूर्वक उत्तर देकर बलराम ने निर्भयता से कहा : ''महाराज उग्रसेन ने आज्ञा दी है कि तुम अनेक महारथियों ने मिलकर कुमार साम्ब को अधर्मपूर्ण ढंग से कैद किया है। हमने अपने सम्बन्धों के कारण यह अपराध सहन कर लिया है इसलिए अब साम्ब को मुक्त करने में विलम्ब मत करो।''

इस प्रस्ताव को स्वीकार किया जाए या नहीं इस बारे में कौरवों ने विचार-विमर्श किया। दुःशासन आदि का मानना था कि जिस प्रकार जूता मुकुट से सुशोभित मस्तक पर चढ़ना चाहता है उसी प्रकार यह यादव कुन्ती के विवाह के कारण स्वयं को हमारे समकक्ष मानते हैं। परन्तु वास्तव में उन्हें प्राप्त हुई समानता हमारी कृपा है। यह भूलकर वे सर्प को पिलाए गए अमृत की तरह अपने साथ कृतघ्नतापूर्ण व्यवहार करने को तैयार हैं। अपनी कृपा को भूलकर आज्ञा कर रहे हैं। यह आवश्यक है कि उन्हें एक बार कुरुवंश की महत्ता का पता चल जाए।

कौरवों का प्रतिभाव जानकर बलराम विचार में पड़ गए। उन्होंने दुर्योधन को गदायुद्ध सिखाया था। दुर्योधन ने सुभद्रा का हाथ माँगा उस समय उन्होंने पिताजी से सिफारिश करने के लिए सोचा था। युधिष्ठिर द्यूतसभा में हारे उस समय द्रौपदी के प्रति दुःशासन कर अक्षम्य व्यवहार होने पर भी उन्होंने सभी यादववीरों को पांडव पक्ष का समर्थन करने से यह कहकर रोका था कि द्यूत के खेल में कच्चे युधिष्ठिर को कुशल खिलाड़ी शकुनि के साथ खेलने से पहले सोचना चाहिए था। इतने उपकारों के बावजूद इन्होंने मेरी माँग को ठुकरा दिया? ऊपर से कहते हैं कि यादव तो कौरवों द्वारा दी गई भूमि पर रहते हैं।

बलराम ने हाथ में हल धारण किया और कौरवों को युद्ध के लिए आह्वान किया : ''तुम्हारे हस्तिनापुर को उखाड़कर गंगा में फेंक दूँगा।''

भीष्म पितामह ने दुर्योधन को सावधान किया। धृतराष्ट्र दुःशासन पर कुपित हुए। विदुरजी ने बलराम के पराक्रमों का वर्णन किया और गाधारी ने साम्ब-लक्ष्मणा के सम्बन्ध को कल्याणकारी बताया। परिणामस्वरूप कौरवों ने बलराम का प्रतिकार करने का विचार त्यागकर स्वर्ण, अश्व और हाथियों की सौगात देकर लक्ष्मणा को साम्ब के साथ विदा किया। दुर्योधन ने बलराम का बहुत आदर-सत्कार किया और बलराम के मन में यह विचार दृढ़ करने की कोशिश की कि उनके कारण ऐसा किया गया है।

उत्सवप्रिय द्वारिकावासियों ने बलराम की विजय और लक्ष्मणा को जीतकर लाने वाले साम्ब का स्वागत-सत्कार किया।

कुछ समय में ही साम्ब यादव युवकों का आदर्श बन गया। श्रीकृष्ण-बलराम के संरक्षण में यह पीढ़ी अब निर्भय होकर साहसपूर्ण कार्य करने लगी। धीरे-धीरे साहस दुस्साहस में परिणत होने लगा। अतिशय वात्सल्य के कारण महाराज उग्रसेन उन्हें रोकते नहीं थे। एक यादव का शौर्य अनेकों के लिए द्यूत और मद्यपान का कारण बनने लगा।

कभी-कभी श्रीकृष्ण के मन में एक प्रश्न उठ खड़ा होता : प्रजा की श्रद्धा के कारण यहाँ एकत्र हुआ स्वर्ण भावी पीढ़ी के लिए समस्या खड़ी करनेवाला तो नहीं बनेगा।

इसके दूसरी ओर एक रचनात्मक स्मृति चित्र उभरता है : पालने में लेटे हुए अँगूठा चूसते अनिरुद्ध का। शम्बरासुर बालक प्रद्युम्न को उठा ले गया था इस कारण रुक्मिणी के वात्सल्य को आघात लगा था, कमी रह गई होगी। इतने वर्षों के बाद उसकी पूर्ति हो रही है। पौत्र में परमेश्वर का स्वरूप दिखाई दिया है।

पांडवों के कष्टों की चर्चा करनेवाले वरिष्ठ यादवों के बीच से रुक्मिणी स्वामी को बुला ले जाती हैं।

"देखो, अनिरुद्ध खड़ा है! अभी तो वह ग्यारह मास का भी नहीं हुआ और पालने के पास खड़ा है। वहाँ से उसे समुद्र तो नहीं दिख रहा होगा।"

"सागर की लहरों का संगीत सुन रहा है।"—श्रीकृष्ण समीप जाते हैं। हाथ बढ़ाकर गोद में लेते हैं। अनिरुद्ध को पितामह के कुंडल विशेष अच्छे लगते हैं। उसकी कोमल अँगुलियाँ सक्रिय हो जाती हैं।

श्रीकृष्ण अतिथि कक्ष की ओर चलने लगते हैं।

"इसे लेकर कहाँ चल दिए? लाओ मुझे दो। आज इसे मातामही के भवन में ले जाना है।"—रुक्मिणी के पास ऐसा कारण है कि श्रीकृष्ण को अनिरुद्ध देना पड़ता है।

जाते हुए पीछे नजर करते हैं तो देखते हैं कि रुक्मिणी अनिरुद्ध को दोनों हाथों से पकड़कर चलना सिखा रही हैं। आज ही चलना सिखा देंगी!

उनके पूजा खंड में एक स्वर्ण प्रतिमा है। बालगोपाल के एक हाथ में नवनीत है और वे घुटनों चल रहे हैं। स्थिर हैं परन्तु चलने के लिए।

स्मरण हो आता है मधुमंगल के बाल नटों की लीला का। पुत्र पूछता है : "माँ, मेरी चोटी कब बड़ी होगी? मैं तो कब से दूध पीता हूँ परन्तु यह तो छोटी की छोटी ही है। तू बलराम की चुटिया का बखान करती हुई थकती नहीं है परन्तु तू मुझे कच्चा दूध पिलाया करती है। माखन-रोटी क्यों नहीं देती? एक बार अच्छी तरह से माखन खिला फिर देख मेरी चोटी का चमत्कार।"

"सब झूठ है।"—मधुमंगल तो बहुत गप्पें हाँकता है। नन्दभवन में माखन की कहाँ कमी थी कि मुझे इस तरह माँगना पड़ता। परन्तु सबको इस नाटिका में सवाया सत्य लगा। और माखन चोरी के दृश्य पर तो सब निहाल हो गए थे! मुझे चोर साबित करते हुए उन्हें बहुत आनन्द आता है।

अनिरुद्ध को खिलाते हुए शैशव की स्मृतियाँ ताजा हो जाती हैं। आनन्द द्विगुणित हो जाता है। देखते-देखते अनिरुद्ध बड़ा हो जाता है। वही मोहिनी है, वही तेज...

प्रभास क्षेत्र से सन्देश आया है : युधिष्ठिर ने कठोर तप प्रारम्भ कर दिया है।

अर्जुन अलौकिक शस्त्रों को प्राप्त करने के लिए शक्रलोक गया था और उसकी अनुपस्थिति सबके लिए असह्य बन गई। अन्य कोई प्रवृत्ति तो थी नहीं। इस प्रकार के अरण्यवास से उत्पन्न ऊब को दूर करने के लिए चारों पांडव और द्रौपदी लोमश ऋषि के साथ तीर्थ यात्रा के लिए चल दिए। संयम-निग्रह द्वारा निर्मल हुई बुद्धिवाले ये यात्री भारतवर्ष की यात्रा करते-करते प्रभास आए। युधिष्ठिर ने उपवास करते हुए अग्नि के बीच बैठने की तपस्या की। मन्दिर के मुख्य आचार्य ने द्वारिका सन्देश भिजवाया था।

मित्रों के साथ श्रीकृष्ण-बलराम आ पहुँचे। पांडवों का कृश शरीर देखकर सबकी पलकें भींग गई। दुर्योधन के प्रति सद्भाव रखनेवाले बलराम भी विचलित हो गए।

"कृष्ण, देखो। धर्माचरण करके युधिष्ठिर वनवास के कष्ट उठा रहे हैं और दुर्योधन सुखपूर्वक राज्य कर रहा है। अन्यायी और अविवेकी कौरवों को धरती निगल नहीं जाती। यह देखकर साधारण मनुष्य यह मानने के लिए प्रेरित होंगे कि धर्माचरण से अधर्माचरण करना अधिक अच्छा है!"

श्रीकृष्ण युधिष्ठिर को आदर, आत्मीयतापूर्वक निहार रहे थे। उनका मौन तोड़ने के लिए ही सात्यकि बोला :

"हमें समय बिगाड़ने के स्थान पर इसी समय लड़ लेना चाहिए।"

"दूसरों का जीता हुआ राज्य युधिष्ठिर स्वीकार नहीं करेंगे।"—कहकर जनार्दन ने उसे शान्त किया।

युधिष्ठिर के क्लान्त मुख पर कान्ति झिलमिलाने लगी। भाई और द्रौपदी की ओर दृष्टिपात करते हुए वे बोले :

"श्रीकृष्ण मुझे वास्तविक रूप से जानते हैं और मैं उन्हें। मैं राज्य से सत्य को प्रथम स्थान देता हूँ।

बलराम को युधिष्ठिर के कथन में गर्वोक्ति लगी। क्या यह अकेला ही सत्य को अग्रता देता है? द्यूत में भाई और पत्नी को दाँव पर लगा देना भी क्या सत्य की पूजा थी? दूसरों की सहायता स्वीकारते हुए इसे संकोच क्यों होता है? यदि यह पूरा दायित्व मुझ पर और कृष्ण पर डाल दे तो दुर्योधन पर दबाव डालकर इसे आधा राज्य दिलवा देंगे। परन्तु यह तो हठाग्रही बनकर वनवास के कष्ट सहेगा। उतने समय में तो दुर्योधन शकुनि और कर्ण की सहायता से पांडवों के शुभचिन्तकों को अपना समर्थक बनाने की कूटनीति रच डालेगा।

बलराम स्पष्ट बात करना चाहते थे परन्तु किसी ने उनकी ओर देखा ही नहीं। सात्यकि सहदेव के साथ बातों में मशगूल था। कृतवर्मा नकुल को लेकर सागर किनारे चला गया था। उद्धव युधिष्ठिर के साथ धर्मचर्या करने लगे। द्रौपदी के सुदीर्घ खुले केशों पर

उनके टपकते आँसुओं को रोकने के लिए श्रीकृष्ण आश्वासन दे रहे थे। इन सबमें अकेले रह गए बलराम महादेव शम्भु के ज्योतिर्लिंग के सामने विराजमान हुए। उनकी दृष्टि शेषनाग के फन के समान थी।

प्रभासक्षेत्र में देश-विदेश से भी यात्री आते थे। यादवों की सम्पत्ति और वैभव विलास के बारे में जानकर ईरान-इराक के भी उस पार से एक जहाज आया है। कृतवर्मा सात्यकि को बुला ले जाता है। अलंकार, प्रसाधन, विविध मद्य और अन्य कई लुभावनी वस्तुएँ हैं। यादववीरों को मद्य के अतिरिक्त अन्य वस्तुओं में रुचि नहीं थी। उन्होंने सुझाव दिया— द्वारिका आना। हमारे व्यापारी यह सब खरीद लेंगे। तुम्हें पता नहीं, आर्यावर्त का सबसे बड़ा प्रवेशद्वार द्वारिका है?

विदेशी व्यापारी पहले द्वारिका के पश्चिमोत्तर क्षेत्र के सागर-किनारे पर सिन्धु नदी के संगमस्थल पर पाताल नामक प्रसिद्ध नगर तक आते थे। यह नगर अपने ऊँचे महलों, स्वरूपवान कन्याओं और वैभव-विलासपूर्ण साधनों के व्यापार के कारण प्रसिद्ध था।

उस समय सीरिया में बेनीपाल नामक राजा राज्य करता था। सत्राजित के नाविक दूत बेनीपाल को बाणासुर कहते थे। अब पंचजन्य आदि जातियों के असुर जलदस्यु के विपत्तिकारक कार्य को छोड़कर व्यापार करने लगे थे। इस कारण सत्राजित आदि यादवों से उन्हें अब भय नहीं था। बाणासुर के प्रजाजनों के मन में यादव राज्य और द्वारिकाधीश के प्रति बहुत कौतूहल था। बाणासुर की मुख्य दासी चित्रलेखा अनेक विद्याओं में पारंगत थी और प्रवास की बहुत शौकीन थी। वह महाराज की अनुमति से द्वारिका और प्रभास का प्रवास कर गई थी। उसने यदुनन्दन श्रीकृष्ण से लेकर प्रद्युम्न के पुत्र अनिरुद्ध समेत सभी यादव अग्रणियों को देखा था और उनके रूप-गुण से प्रभावित हुई थी। दूसरी ओर उसकी बातें सुनकर यादव कुमार पाताल नगरी के समान पश्चिम के समृद्ध नगरों को देखने के लिए प्रेरित हुए थे।

चित्रलेखा कुशल चित्रकार थी। उसने प्रवास के अनेक चित्र बनाए थे। उसमें श्रीकृष्ण, प्रद्युम्न और अनिरुद्ध के चित्रों का भी समावेश होता था। राजकुमारी उषा का प्रवास के अन्य चित्रों की अपेक्षा इन मानव-आकृतियों में विशेष आकर्षण लगा। अन्य भेंट-सौगात के प्रति उदासीन बेनीपाल की इस पुत्री का हृदय इन चित्रांकनों में रम गया था।

एक सप्ताह भी नहीं हुआ था कि चित्रलेखा के समक्ष समस्या प्रस्तुत की गई। राजकुमारी सतत विह्वल और व्यग्र रहती हैं। स्वप्न में देखे हुए कुमार से मिलने को आतुर हैं। अल्पमति दासियाँ क्या करें? उन्होंने चित्रलेखा को बताया। राजप्रासाद की यह दासी मानव-मन के रहस्य की ज्ञाता थी। उसने अपने प्रवास के चित्र विशेष जागरूकता से बनाए और राजकुमारी से पूछा : ''कैसा था वह पुरुष?''

''श्याम वर्ण, कमल समान नेत्रवाला, पीताम्बरधारी, लम्बी भुजाओंवाला और युवतियों के हृदय में बस जाए ऐसा था। मुझमें अधरामृत की तृष्णा जगाकर वह तुरन्त अदृश्य हो

गया है। चित्रलेखा, मैं मानो दुखरूपी सागर में डूब रही हूँ। उसमें से अकेली नहीं उबर पाऊँगी, तू सहायता कर!''

इतने वर्णन से उषा के हृदय को जीतनेवाले पुरुष का पहचानना सरल नहीं था परन्तु उन चित्रों से कार्य सरल हो गया। श्रीकृष्ण का चित्र देखकर उसके हृदय में भक्ति जगी। प्रद्युम्न का चित्र देखकर समादर परन्तु अनिरुद्ध का चित्र देखते ही वह लज्जावत होकर मन्द-मन्द हँसती हुई बोल पड़ी : ''बस, यही है, यही है वह!''

अब इस पुरुष को प्राप्त किस प्रकार किया जाए? पिता को सदाशिव के उपासक यादवों से कोई विद्वेष नहीं था परन्तु वह सामने से पुत्री को स्वीकारने की याचना नहीं कर सकता। यादववीर राजकुमारियों का अपहरण करने में निपुण हैं यह चित्रलेखा जानती थी। परन्तु अनिरुद्ध को इसके लिए किस प्रकार प्रेरित किया जाए? और अभी तो उसके मुख पर मूँछ के बाल फूट रहे हैं। उषा के लिए उसके हृदय में उचित आकर्षण न जगा तो क्या होगा?

एक मात्र उपाय अनिरुद्ध का अपहरण था।

सत्राजित के जहाज के साथ वह पातालनगरी तक आने के लिए ललचाए ऐसा प्रबन्ध करना चाहिए। वहाँ से यहाँ लाना दुष्कर नहीं है।

राजकुमारी को धैर्य बँधाते हुए चित्रलेखा ने कहा : ''तू निश्चिन्त होकर सदाशिव की पूजा कर। मेरा वश चला तो मैं अनिरुद्ध को द्वारिका से ही उठा लाऊँगी।''

महादेव शम्भु की भक्ति में लगा हुआ उषा का हृदय विरह-वेदना सहने में समर्थ बना। और एक रमणीय सन्ध्या को चित्रलेखा ने उसके समक्ष द्वारिकाधीश के पौत्र को उपस्थित कर दिया।

राजकुमारी के अनन्य सौन्दर्य और अप्रतिम स्नेह का अनुभव करके अनिरुद्ध ने चित्रलेखा के छल-कपटपूर्ण व्यवहार को क्षमा कर दिया। इतना ही नहीं, उषा के साथ गान्धर्व विवाह कराने में सहायक बनने के कारण उसका उपकार माना।

इस घटना की प्रथम सूचना महाराज बेनीपाल को देनी आवश्यक नहीं थी। चित्रलेखा को प्रथम सन्देश द्वारिका भेजना औचित्यपूर्ण लगा। उसकी धारणा सत्य प्रमाणित हुई।

बेनीपाल के चतुर रक्षक को राजकुमारी के महल में अनिरुद्ध की गुप्त उपस्थिति की भनक मिल गई। उन्होंने अपना कर्तव्य बजाया। जानकर बेनीपाल को आघात लगा। उस जैसे धर्मनिष्ठ शासक की पुत्री विधिवत् विवाह किए बिना एक पुरुष के साथ रहने लगी? उसने आवेश में आकर सैनिकों को राजकुमारी को महल को घेर लेने की आज्ञा दी और शस्त्रसज्ज होकर स्वयं पुत्री के अन्तःपुर में गया।

अनिरुद्ध को उषा के साथ चौपड़ खेलते हुए और उनके बीच युगल भावना को देखकर वह स्तब्ध रह गया। यह विलास नहीं, स्नेह है। वह जल्दबाजी में अधर्म कर बैठता परन्तु कुलमर्यादा का लोप अक्षम्य है।

अनिरुद्ध बाणासुर के नागपाश में बँध चुका था। उषा के नेत्र बहने लगे। पिता ने पुत्री की एक भी नहीं सुनी। उन्होंने चित्रलेखा को बुलाया। सूचना सुनी और उसे यह भी पता लगा कि श्रीकृष्ण आदि यादववीर इस दिशा में आ रहे हैं। प्रयोजन स्पष्ट था।

शिवभक्त बाणासुर के साथ श्रीकृष्ण संघर्ष नहीं करना चाहते थे। उन्होंने मैत्रीपूर्ण सन्देश भेजा। इससे भयमुक्त होकर बाणासुर ने आकर उन्हें प्रणाम किया और उषा सहित अनिरुद्ध को उपस्थित किया।

एक अक्षौहिणी सेना अनिरुद्ध की बारात के रूप में परिवर्तित हो गई। ध्वजाओं और तोरणों से सुशोभित और सुगन्धित जल के छिड़कावावाले राजमार्गों और बाजारों वाली द्वारिका में विविध वाद्य बज रहे थे। उस समय श्रीकृष्ण ने आशीष देकर पश्चिम देश की विरल कन्या उषा को आगे किया और राजमाता रुक्मिणी ने यादवलक्ष्मी कहकर उसका स्वागत किया।

द्रौपदी के कुमारों के विकास और शिक्षा से सम्बन्धित शुभ समाचार देने के लिए श्रीकृष्ण वन में पांडवों से मिलने जाने के लिए सोच रहे थे। रुक्मिणी साथ आने को तैयार हो गईं। सोचा इस समय उन्हें स्वजनों के सामीप्य और स्नेह की विशेष आवश्यकता होगी।

वनवास की अवधि पूर्ण होने को है।

युधिष्ठिर ने साम्राज्य और सम्पत्ति की अपेक्षा सत्य और क्षमा के प्रति गहरा प्रेम प्रदर्शित किया है। इस भावना में चारों भाई और द्रौपदी सहभागी बने हैं। भीमसेन के स्वभाव में भी बहुत परिवर्तन आया है। एक मात्र सहदेव कुछ निष्ठुर बन गया है। कहता है : ''दंडशक्ति नहीं होगी तो मनुष्य प्रेम का अधिकारी नहीं रहेगा।''

श्रीकृष्ण उसके कथन का विरोध नहीं करते और न उत्तर ही देते हैं। आर्यावर्त के किसी योद्धा के पास नहीं हैं, ऐसे अलौकिक शस्त्र प्राप्त करके अपराजेय बने अर्जुन को वे अभिनन्दन देते हैं। फिर युधिष्ठिर को सम्बोधित कर कहते हैं : ''पांडवो, जिसे तुमने राज्य से श्रेष्ठ माना उस धर्म के लिए तप करके सत्य और विनम्रता से तुमने इहलोक और परलोक दोनों जीते हैं। तुमने साम्राज्य, सम्पत्ति और ऐश्वर्य प्राप्त करने के बाद भी दान, सत्य, तप, धृति और क्षमा से निरन्तर प्रीति की है। इस कारण अब तुम निकट भविष्य में सम्यक् रूप से प्रजा पालन करोगे।''

समीप बैठी रुक्मिणी ने द्रौपदी से कहा कि सत्यव्रत स्वभाव के कारण तुम्हारे पुत्र अपने द्वारिका निवास में सबके प्रिय बन गए हैं। उन्हें और अभिमन्यु को प्रद्युम्न द्वारा सिखाई गई शस्त्रविद्या के बारे में बताकर उन्होंने द्रौपदी की प्रसन्नता में अभिवृद्धि की।

श्रीकृष्ण दोनों देवियों के समीप आए। एकान्त गोष्ठी में विक्षेप डालने के कारण क्षमा माँगी और कहा :

''पुत्रों की प्रशंसा सुनने में माता को पुनरुक्ति दोष नहीं लगता हो तो मुझे बहुत कुछ कहना है। याज्ञसेनी, तुम्हारे पुत्र जिज्ञासु और सूक्ष्म बुद्धिवाले हैं। कभी अविवेकपूर्ण कार्य नहीं करते और न विषम परिस्थिति में दीनता प्रकट करते हैं। वे सत्पुरुषों जैसा आचरण करते हैं। एकाग्रता से धनुर्वेद सीखते हैं। अभिमन्यु से मिलने कांपिल्यनगर से आनर्तपुर आने के बाद वे हम सबके हृदय को आनन्द देने के लिए रुक गए हैं। जिस तरह तुम और

कुन्ती बुआ उनकी देखभाल करती हैं उसी तरह सुभद्रा ने उन्हें बड़ा किया है। प्रद्युम्न ने उन्हें जो-जो विद्याएँ सिखाईं उसका सुपरिणाम हमने देखा है। उनके पराक्रम से हम सन्तुष्ट हैं। वे सब जब अपना-अपना रथ लेकर विहार करने निकलते हैं तब प्रजाजन उन्हें याज्ञसेनी के तेजस्वी पुत्र कहकर तुम्हारी कोख का सम्मान करते हैं। तुम्हारे वनवास और गुप्तवास की अवधि पूरी होते ही अनिरुद्ध के नेतृत्व में वे सब पांडवपुत्र अधिकारपूर्वक हस्तिनापुर में प्रवेश करेंगे।''

अर्जुन के शस्त्र प्राप्त करके शक्रलोक से वापस आने के बाद पाँचों भाई द्रौपदी के साथ गन्धमादन पर्वत पर रहे। इसके बाद एक वर्ष तीर्थाटन में बिताकर बारहवें वर्ष की शरद ऋतु की पूर्णिमा को काम्यकवन आ गए हैं। यह स्थल यहाँ उपस्थित सबको प्रिय है। ऋषिमुनियों भी इसका समर्थन करते लगते हैं। पुरोहित धौम्यऋषि तो श्रीकृष्ण-रुक्मिणी आए उसके पहले से पांडवों के साथ थे। वहीं सुदीर्घ आयुष्य वाले महामुनि मार्कंडेय पधारे। उनका विधिवत् अतिथि-सत्कार किया गया और पावनकारी पुराणकथाएँ सुनाने के लिए प्रार्थना की गई, वहीं देवर्षि नारद का आगमन हुआ। उन्होंने भी मार्कंडेय ऋषि के मुख से सनातन सदाचार सुनने की इच्छा व्यक्त की।

कर्म, कर्म का कर्ता, कर्म विपाक और उसके फल के बारे में लम्बी गोष्ठी का आरम्भ हुआ। पुरुष वर्ग को उसमें तल्लीन देख रुक्मिणी और द्रौपदी ने वहाँ से हट जाने का अवसर प्राप्त कर लिया और समीप के एक सघन कुंज में बैठकर अपने-अपने दाम्पत्य जीवन के अनुभवों का चिट्ठा खोला।

''पाँचों पांडवों पर तुम्हारे वशीकरण का रहस्य क्या है?''

''यह तो पांडव जानें। मुझसे पूछो तो जिस पर मैं वशीकरण चलाना चाहती थी उसने बड़ी चतुरता से मुझे टाल दिया।''

रुक्मिणी विचार करने लगी : ''आर्यावर्त का ऐसा कौन-सा पुरुष हो सकता है जो द्रौपदी के चयन को टाल दे।''

''हो सकता है नहीं, है और यहीं है। मेरा समग्र परिवार चाहता था कि यदुनन्दन मुझे स्वीकार करें परन्तु उन्होंने तो मानो अपना सर्वस्व राधा-रुक्मिणी के बीच ही लुटा दिया था। इस कारण मेरी प्रशंसा करके आभार प्रदर्शित किया। इतना ही नहीं, मेरे हृदय में जागे आकर्षण को भगिनी स्नेह में परिवर्तित कर दिया। बचपन में जो स्नेह दुर्गा को मिला होगा और फिर जो पक्षपात सुभद्रा के लिए उन्हें था, ऐसा ही भाव उन्होंने मेरे लिए अपने हृदय में सुरक्षित रखा है। मैं जानती हूँ कि उनके लिए मैं बार-बार समस्याएँ खड़ी करती हूँ परन्तु वे मेरा अधिकार स्वीकार करके सहायता करते ही रहते हैं, मानो मेरे अन्तर्यामी ही न हों! बहिन, बारह-बारह वर्ष बीत गए परन्तु दुष्ट दुःशासन का पाशवी अत्याचार मैं भूल नहीं पाई। मैं माता गान्धारी की शरण के लिए दौड़ी उस समय उस पापी ने मुझे केश पकड़कर खींचा था। एक वस्त्रधारी रजस्वला को जो इस तरह खींच ला सकता है वह अनार्य साड़ी का पालव पकड़ने के बाद नग्न किए बिना नहीं छोड़ेगा ऐसी भीति मन में जगी थी। पहले तो मैंने बलपूर्वक प्रतिकार करने का निर्णय लिया परन्तु मुझे लगा कि मैं अपनी रक्षा करने में समर्थ नहीं हूँ। मेरा परम आत्मीय सखा जहाँ होगा वहाँ मेरा

आर्तनाद सुन लेगा। मैं मन-ही-मन करनेवाली स्तुति को पूरी आत्मशक्ति से उच्चारित करने लगी। मेरी आँखों की ज्वाला का जिस पर प्रभाव नहीं पड़ा उस पर ''गिरधर, गोविन्द, गोपाल, मुरलीमनोहर नन्दलाल'' के नामोच्चार का प्रभाव पड़ा। यह शब्द ही उसके लिए श्रीकृष्ण का स्वरूप बन गए और वह थक गया। मेरे वस्त्र का सिरा खींचने के स्थान पर वह स्वयं गिर पड़ा। जनार्दन की योगशक्ति ने मुझे बचा लिया। उस क्षण मुझे पता चला कि श्रीकृष्ण ने मेरा स्वीकार कर ही लिया है। इसी कारण योजनों दूर होते हुए भी मेरे साथ हैं...मेरा श्रीकृष्ण के साथ का यह सम्बन्ध उच्चतर है यह पांडव भी जानते हैं। यह सब कहकर मैं तुम्हारे प्रश्न को टालना नहीं चाहती। तुमने वशीकरण के बारे में पूछा था तो ऐसी कोई विद्या मैंने नहीं सीखी है। विवाह के कुछ दिनों बाद ही जब मेरे और युधिष्ठिर के एकान्त कक्ष में अर्जुन ने अनजाने में प्रवेश किया था और इसके लिए हठपूर्वक वनवास स्वीकारा था उस समय मुझे लगा था कि मेरी उपेक्षा करने के लिए उसने ऐसा कदम उठाया है। वास्तव में था भी यही परन्तु मैंने कभी अर्जुन की उपेक्षा नहीं की। मेरे लिए यह सम्भव भी नहीं है। इस वनवास में मैंने पाँचों पांडवों को पत्नी की सेवाभावना और माता जैसी जागरूकता से सँभाला है। प्रातःकाल मैं सबसे पहले जागती हूँ और रात में सबसे देर में सोती हूँ। सेवापरायण सच्चे सम्बन्ध के अतिरिक्त दूसरा कोई वशीकरण हो तो मेरे लिए बेकार है। अब तुम अपने अनुभव बताओ।''

''वह तुम्हारे उत्तर में ही आ गया।''—कहते हुए रुक्मिणी हँस पड़ीं। यह हास्य सुनने के लिए कुछ दूरी पर चल रही मार्कंडेय ऋषि की कथा क्षणार्ध के लिए अटक गई और जिस प्रकार स्नेह के सिंचन से दीपक की ज्योति अधिक प्रकाशित होती है उस प्रकार रुक्मिणी के हास्य के संजीवनी स्पर्श से ऋषिवाणी अधिक हृदयस्पर्शी बन गई।

यहाँ द्रौपदी और रुक्मिणी स्वयं को भूलकर सन्तानों की बातों में मग्न थीं। साम्ब ने दुर्योधन की पुत्री को जिस प्रकार हरण किया और अनिरुद्ध को जिस प्रकार उठा ले गई, इन दोनों प्रसंगों ने द्रौपदी का भरपूर मनोरंजन किया।

दूसरी ओर मार्कंडेय ऋषि कह रहे थे :

''बारह वर्ष तक सतत जलवर्षा होने के कारण समुद्र अमर्यादित हो गया। चहुदिश प्रलय-तांडव होने लगा। सारे देव, असुर, मनुष्य और प्राणियों की जलसमाधि लग गई है। यह दृश्य देखने के लिए बचे मार्कंडेय ऋषि अकेले तैर रहे हैं। बुरी तरह थक चुके हैं फिर भी तैर रहे हैं। वहीं विशाल बरगद की डाल पर एक पत्ते रूपी शैया पर बालमुकुन्द के दर्शन हुए। उस पद्मलोचन बालक की छाती पर श्रीवत्स का लक्षण था।''—कहते हुए ऋषि ने श्रीकृष्ण की ओर देखा। पांडवों के हृदय में श्रद्धा का उदय हुआ, जिसकी छवि आँखों में झलकी।

गुप्तवास का वर्ष पांडवों ने मत्स्य देश के राजा विराट के यहाँ व्यतीत किया। कौरवों को दो कटु अनुभव हो चुके थे। जयद्रथ को द्रौपदी के अपहरण करने में निष्फलता मिली थी और दंड प्राप्त करके उसने अपनी कीर्ति पर धब्बा लगवा लिया था। दुर्योधन ने अपना

वैभव दिखाकर पांडवों को नीचा दिखाने के लिए द्वैतवन की यात्रा की थी, इसमें चित्रसेन नामक गन्धर्व के साथ संघर्ष होने पर प्रमुख कौरवों के साथ वह भी कैद कर लिया गया था और पांडवों ने उसे मुक्त करवाया था। इन अनुभवों को भूलकर दुर्योधन ने गोधन का हरण करने के लिए विराट पर आक्रमण कर दिया। विराट का पुत्र उत्तर वृहन्नला वेशधारी अर्जुन को सारथि के रूप में ले गया और मार्ग में वास्तविक परिचय जानकर निर्भय हो गया। उसने अप्रतिम शौर्य का प्रदर्शन किया। द्रोणाचार्य और कृपाचार्य ने कौरवों और कर्ण को समझाया कि किससे लड़ना पड़ेगा। फिर भी इस अकारण संघर्ष को अन्तिम परिणति तक ले जाए बिना वे नहीं माने, पराजित हुए। इससे कौरव पक्ष को अर्जुन की वास्तविक शक्ति का परिचय मिल गया। पांडवों को सत्ता से दूर रखने के लिए कितने बड़े संगठन की आवश्यकता होगी इसकी प्रतीति हुई। दूर-सुदूर के राजाओं को अपने पक्ष में लेने के लिए तैयारियाँ प्रारम्भ कर दीं। दूसरी ओर ऐसा प्रचार किया कि हमने तेरहवें वर्ष में पांडवों को पहचान लिया है इसलिए शर्त के अनुसार उन्हें फिर से बारह वर्ष का वनवास करना होगा।

उसके यहाँ पांडव गुप्त रूप से रहे और उन्होंने उसकी सेवा की। इसके इस ऋण को चुकाने के लिए राजा विराट ने अपना राज्य पांडवों को अर्पण किया और अपनी पुत्री उत्तरा का अर्जुन के साथ विवाह करने का प्रस्ताव रखा। अर्जुन ने उत्तरा को पुत्री समान मानकर चक्रपाणि श्रीकृष्ण के लाड़ले अभिमन्यु की वधू के रूप में स्वीकारने की इच्छा व्यक्त की। उत्तरा-अभिमन्यु का विवाह निश्चित हुआ।

पांडव विराटनगर के पास उपप्लव्य जनपद में रहने गए। द्वारिका दूत द्वारा सन्देश भेजा। श्रीकृष्ण ने भात-पक्ष भेजा। अतुलित धन-सम्पत्ति युधिष्ठिर को दान में दी जिससे दोनों पक्षों की प्रतिष्ठा में वृद्धि हुई। विवाहोत्सव पूरा होने के बाद दूसरे दिन वरपक्ष के राजा मत्स्यराज विराट की सभा में गए। द्रुपद, बलराम, सात्यकि, पांडव, प्रद्युम्न, साम्ब और अभिमन्यु के सामने तेरह वर्ष के वनवास के बाद अभ्युदय के लिए क्या करना चाहिए, इस बारे में विस्तारपूर्वक कहा :

''धर्मराज युधिष्ठिर और राजनीतिज्ञ दुर्योधन दोनों का कल्याण हो, ऐसा हम चाहते हैं, दोनों पक्षों को श्रेयस्कर और यश दिलानेवाले परिणाम तक पहुँचने में हमें सहायक होना है। आप सब जानते हैं कि कौरवों ने अपने तेज और शक्ति से पांडवों को नहीं जीता था। फिर भी उन्होंने तेरह वर्षों तक शर्तों का पालन किया है परन्तु दूसरी ओर दुर्योधन क्या चाहता है यह हमें ज्ञात नहीं है। इसलिए युधिष्ठिर को आधा राज्य देने के लिए समझाने के लिए यहाँ से किसी धर्मशील अप्रमत्त और सामर्थ्यवान पुरुष को हस्तिनापुर भेजना चाहिए।''

बलराम ने दूत भेजने के प्रस्ताव का समर्थन किया। गड़े मुर्दे उखाड़े बिना व्यवहार बुद्धि से कार्य निबटाने पर भार दिया। दूत को कैसे तर्क देकर किस भाषा में चर्चा करनी चाहिए इस बारे में मार्गदर्शन देते हुए कहा : ''युधिष्ठिर को अच्छी तरह द्यूत खेलना नहीं आता था तो शकुनि के साथ नहीं खेलना चाहिए था। अपने दूत को कहना चाहिए कि युधिष्ठिर शकुनि के साथ द्यूत खेले और राज्य हार गए इसमें शकुनि का कोई दोष

नहीं है परन्तु वर्तमान परिस्थिति पर विचार करके पांडवों को उनका हिस्सा दे देना चाहिए।''

बलराम के उद्‌गार सुनकर सात्यकि व्याकुल हो उठा। उसे कई बार लगा कि अन्यायी दुर्योधन के प्रति बलराम निर्मम होने के स्थान पर पक्षपातपूर्ण व्यवहार करते हैं। आज इस सभा में उनकी यह भूल समझा देनी होगी। अपने आवेश पर संयम रखे बिना ही सात्यकि ने कहा : ''यह बोलनेवाले संकर्षण से नहीं बल्कि यह सुनने वालों से मैं कह रहा हूँ। राजाओं की इस परिषद में युधिष्ठिर के अल्प दोष की इस तरह भारपूर्वक टीका करने का साहस कैसे किया गया? कौरव अपनी भलाई समझेंगे तो आधा राज्य देकर जीवित रहेंगे नहीं तो रण में धराशायी हो जाएँगे।''

द्रुपद ने सात्यकि का समर्थन किया। श्रीकृष्ण की भी यही भावना थी परन्तु स्वयं बोलकर विवाद बढ़ाएँगे तो समाज को लगेगा कि बलराम युधिष्ठिर का विरोध
क र त े
हैं। ऐसे प्रभाव से दुर्योधन का हित होगा। ऐसा न हो इसलिए उन्होंने बड़े भैया को स्नेहादर से जीतने के लिए उनके तर्क और तथ्यों को स्वीकारते हुए अपने विचार प्रकट किए :

''युधिष्ठिर ने द्यूत के कुशल खिलाड़ी के साथ खेलने की भूल की थी, यह सच है परन्तु दुर्योधन के दबाव में आकर सम्पूर्ण कौरव सभा ने जो पाप किया वैसा तो कुछ नहीं किया? कुछ वर्ष पहले प्रभास में आपने ही कहा था कि युधिष्ठिर को द्यूत में हराकर पत्नी और बन्धुओं सहित वनवास देने के बाद भी दुर्योधन दिन-प्रतिदिन उन्नति करता जा रहा है तो यह पृथ्वी-पर्वत फटते क्यों नहीं? सात्यकि ने आपका तात्पर्य समझने में जल्दबाजी की है। हम सब इस बारे में सहमत हैं कि पांडवों को उनका हिस्सा मिले और युद्ध टल जाए इसलिए हमें यथासम्भव प्रयत्न करना है।''

बलराम ने मौन रहकर सहमति दी परन्तु वे सात्यकि के आवेश और आक्षेप को क्षमा नहीं कर सके। उनके अनुसार सात्यकि को पता नहीं है कि इन वर्षों में दुर्योधन ने कितनी बड़ी-बड़ी सत्ताओं की सहानुभूति प्राप्त कर ली है। भीष्म, द्रोण, विदुर और दानवीर कर्ण को कौरवों के पक्ष में देखकर सद्‌वृत्तिवाले चतुर राजा भी परिणाम के बारे में विचार करेंगे। उन्हें दुर्योधन का पलड़ा भारी लगेगा। हम यदि अभी से तटस्थ के स्थान पक्षधर बन जाएँगे तो दुर्योधन हमारी बात मानेगा? युद्ध अनिवार्य हो जाएगा, आर्यावर्त में पहले कभी नहीं हुआ ऐसा नरसंहार होगा, लाखों निर्दोष मरेंगे, करोड़ों घर बरबाद हो जाएँगे। युद्ध की विभीषिका से वन-उपवन भी नहीं बचेंगे। सात्यकि प्रौढ़ हो गया परन्तु उसका युद्ध करने का उत्साह कम नहीं हुआ। तो अकेला ही जाकर पांडवों को विजय दिलवाए...

पहले श्रीकृष्ण राजा नहीं बने, उग्रसेन को इस पद पर आसीन किया, उस समय भी बलराम की भावनाओं को चोट लगी थी। आज सात्यकि के कथन से आघात लगा। इससे पांडवों के पक्ष में रहकर उन्हें न्याय दिलवाने की भावना में ओट आई। श्रीकृष्ण ने सम्पूर्ण नियन्त्रण अपने हाथ में न रखकर भूल की है...

12

पांडव समाधान के लिए तैयार थे। सभी प्रमुख यादव योद्धा चाहते थे कि पांडु और धृतराष्ट्र के वंशज आपस में लड़-मरने के स्थान पर एक होकर आर्यावर्त का नेतृत्व सँभालें। पिछले दशक में कुरुओं और यादवों के बीच अनेक वैवाहिक सम्बन्ध हुए थे। यदि युद्ध अनिवार्य हो गया तो यादवसेनानियों को दोनों ओर बँट जाना पड़ेगा। गंगा-यमुना के तटवासियों के कुल-नाश का प्रभाव सागर किनारे भी पहुँचेगा।

दुर्योधन के पक्ष ने युद्ध की गुप्त तैयारियाँ भीमसेन की प्रतिज्ञा के साथ ही प्रारम्भ कर दी थीं। अब उसे अपनी संगठित शक्ति का प्रभाव दिखलाना था। प्रचार प्रारम्भ हो चुका था।

परिस्थिति ही ऐसी थी कि अपने पक्ष को संगठित करने में पांडवों को विलम्ब होता। तेरहवें वर्ष के गुप्तवासकाल में वे इस तरह की कोई प्रवृत्ति नहीं कर सकते। यह शर्त इसीलिए रखी गई थी परन्तु अब विलम्ब घातक हो सकता है। मत्स्यराज विराट और पांचाल नरेश द्रुपद ने पांडवों की सेना को सुसज्जित करना प्रारम्भ कर दिया, जिससे उचित समय पर अपनी शक्ति का प्रदर्शन किया जा सके। वैसे, युद्ध अनिवार्य नहीं बने इसके लिए श्रीकृष्ण द्वारा दी गई पूरी तरह सजग रहने की सीख उन्होंने मान ली थी। इसीलिए वयोवृद्ध राजा द्रुपद ने अपने पुरोहित को सन्धि के लिए हस्तिनापुर भेजा। पुरोहित विलक्षण था। उसके प्रयत्नों से कौरवों के अमात्यों और समर्थकों में मतभेद हो जाए जिससे इस पक्ष को सुसज्ज करने के लिए पर्याप्त समय मिल जाए।

दुर्योधन के गुप्तचर इस बात को जाए गए थे। वह यह समझा कि जब वह सन्धि के प्रस्ताव में उलझा होगा उस समय अर्जुन श्रीकृष्ण-बलराम की सहायता प्राप्त करने के लिए द्वारिका पहुँच चुका होगा। उसने एक क्षण का भी विलम्ब किए बिना वायुवेगी अश्ववाला अपना रथ आनर्त की ओर मोड़ दिया।

उस समय ऐसी परम्परा थी कि सहायता के लिए प्रथम माँग करनेवाले को टाला नहीं जा सकता था। दुर्योधन की योजना यहाँ भी सफल हुई। द्वारिका में समाचार फैल गया कि हस्तिनापुर के युवराज दुर्योधन और उपप्लव्य से अर्जुन एक ही समय श्रीकृष्ण से सहायता माँगने आ पहुँचे हैं। वृष्णि योद्धा दुविधा में पड़ गए—हमें कौरवों के पक्ष से लड़ना पड़ेगा या पांडवों के। द्वारिकावासी जानते थे कि द्रौपदी के चीरहरण का वृत्तान्त सुनकर बलराम कौरवों पर कुपित हुए थे परन्तु द्यूत में अकुशल युधिष्ठिर का बचाव नहीं करते हैं।

अभिमन्यु के विवाह से वापस आते हुए उन्होंने श्रीकृष्ण से कहा था : "कोई ऐसा उपाय करो जिससे युद्ध टल जाए।"

सुदामा के आगमन का समाचार सुनकर अपने वस्त्राभूषण भी ठीक किए बिना प्रवेशद्वार पर दौड़कर आनेवाले श्रीकृष्ण इस समय सो रहे हैं, यह जानकर हस्तिनापुर के युवराज दुर्योधन को आश्चर्य हुआ, उसके मन में आशंकाओं के बादल उमड़ने लगे। पहले पहुँचने की स्पर्धा में वह विजयी होने की आशा रखता था। अर्जुन भी उसी क्षण द्वारिका

पहुँचेगा ऐसा अनुमान उसने नहीं किया था। परन्तु अब? स्फूर्ति के बारे में प्रसिद्ध दुर्योधन प्रतीक्षा करने के स्थान पर शीघ्रता से श्रीकृष्ण के शयनखंड में घुस गया और अग्रताक्रम का संकेत देने के लिए पलंग के तकिए के पास रत्नजड़ित आसन पर बैठ गया। हस्तिनापुर का युवराज इस तरह आकुल-व्याकुल होकर स्वामी के शयनखंड में गया है यह जानकर सदा आभिजात्य रीति-रिवाजों को महत्त्व देनेवाली रुक्मिणी को आश्चर्य हुआ। दासियों को आतिथ्य की तैयारी करने का निर्देश देकर वे कक्ष में प्रविष्ट हुईं। उन्होंने देखा कि महाबाहु अर्जुन श्रीकृष्ण के चरणों में दृष्टि स्थिर करके खड़े हैं। वे स्वागतवचन बोलीं उसके साथ ही श्रीकृष्ण ने पलकें झपकाईं, "अरे पार्थ! कब आए! देवी, स्वागत के लिए पूजा की सामग्री लाओ।"

"वासुदेव, मैं प्रथम आया हूँ।"—दुर्योधन ने खड़े होते हुए कहा।

"आपका भी स्वागत है, युवराज। मैं विश्राम कर रहा था इसलिए प्रवेश-द्वार पर आपका स्वागत करने के लिए नहीं आ पाया। आओ, अर्जुन के साथ आसन ग्रहण कीजिए।"

रुक्मिणी स्वागत के कार्य में व्यस्त थीं वहीं दुर्योधन की पुत्री और साम्ब की पत्नी लक्ष्मणा आ पहुँची। दुर्योधन ने पुत्री को सताया था इस कारण उसने सोचा भी नहीं था कि वह तत्क्षण आ पहुँचेगी। वह नहीं आती तो भी इस सम्बन्ध के आधार पर वह श्रीकृष्ण को समधी की सहायता के धर्म को निबाहने के लिए दबाव डालता। परन्तु अब लक्ष्मणा को देखकर उन्हें कुछ याद नहीं दिलवाना पड़ेगा। इसलिए सीधी ही बात करूँ :

"जनार्दन, आप सज्जनों में भी श्रेष्ठतम हैं और धर्माचरण के लिए भी प्रसिद्ध हैं। मैं सहायता माँगने के लिए आपके भवन में प्रथम प्रविष्ट हुआ हूँ, इसलिए परम्परा के अनुसार..."

"अरे भाई, मैं परम्परा के अनुसरण के लिए नहीं परन्तु उसे तोड़ने के लिए प्रसिद्ध हूँ। फिर भी आप मेरे अतिथि हैं और सत्कर्म में मेरी सहायता प्राप्त करने के अधिकारी हैं। परन्तु यदि आप युद्ध की बात लेकर आए हैं तो मुझे कहना चाहिए कि महाराज द्रुपद और मत्स्यराज विराट युद्ध टालने के लिए यथाशक्ति प्रयत्न करेंगे। आप भाई-भाइयों के बीच का युद्ध रुक सकेगा तो हम यादवों को सन्तोष और आनन्द होगा।"

"युद्ध हमें इष्ट नहीं है परन्तु यदि वह अनिवार्य हो जाए तो आप सेना के साथ हमारे पक्ष से लड़ें, यह हमारी माँग है।"

"इस माँग का स्वीकार करना मेरे लिए सरल नहीं है, इसे आप भी जानते हैं। आपके साथ सम्बन्ध बँधा उससे पूर्व कुन्ती बुआ और सुभद्रा के कारण हम पांडवों के सम्बन्धी बन चुके थे। अब रही प्रथम प्रवेश की बात। आप दोनों द्वारिका में एकसाथ प्रविष्ट हुए हैं परन्तु अर्जुन ने विवेकपूर्ण बड़े होने के कारण आपको मार्ग दिया होगा। देवी के उद्गार द्वारा मैंने प्रथम अर्जुन का नाम सुना और पलकें खोलने पर महाबाहु अर्जुन को सामने देखा। आपके प्रथम प्रवेश से मैं और अर्जुन दोनों सहमत भी हों तो भी मुझे जिसका प्रथम दर्शन हुआ है उसकी उपेक्षा किस प्रकार कर सकता हूँ? इसके अतिरिक्त, अर्जुन और पांडवों से मेरी

मित्रता के बारे में आप अच्छी तरह जानते हैं इसलिए मैं दोनों की सहायता करने का प्रयत्न करूँगा। मेरा पहला प्रयास युद्ध-निवारण होगा। इसमें सफल नहीं हुआ तो एक पक्ष में शस्त्रहीन स्वयं को और दूसरे पक्ष में अपनी सेना को देने का विकल्प रखूँगा।''

दुर्योधन को आशंका थी कि कोई बहाना करके श्रीकृष्ण टाल देंगे परन्तु अब उन्होंने न्यायपूर्ण दृष्टिकोण बना लिया है। अर्जुन को श्रीकृष्ण के साथ गोष्ठी करने का शौक है इसलिए वह सेना के स्थान पर निःशस्त्र मित्र को ही चुनेगा। इसलिए भले ही वह प्रथम माँगे।

दुर्योधन की मुखमुद्रा से उसकी इच्छा जानकर अर्जुन ने कहा :

''संग्राम में शस्त्र न उठानेवाले केशव को मैं चुनता हूँ।''

धारणा सत्य होने पर दुर्योधन के हर्ष की सीमा नहीं रही। उसने कितनी चतुरता से कृष्ण को बना दिया! निःशस्त्र कृष्ण के पास बुद्धि के अतिरिक्त क्या रहा? इस बारे में तो मामा शकुनि भी कम नहीं हैं। मेरी विजय निश्चित हो गई।

सेना देने के लिए कृतार्थता प्रकट करके दुर्योधन ने विदा ली। वहाँ से बलराम के भवन पर गया। गुरुदेव को वन्दन करके श्रीकृष्ण ने सेना देकर कितना बड़ा उपकार किया है यह बताकर दोनों भाइयों के शौर्य और औदार्य की प्रशंसा करके सहयोग देने के लिए विनम्रतापूर्वक माँग की। बलराम ने विराट के यहाँ हुई चर्चा-विचारण का सन्दर्भ देकर अपना दृष्टिकोण समझाया। अन्तःसंघर्ष के निवारण की इच्छा व्यक्त की तथा जिस पक्ष में श्रीकृष्ण हों उसके सामने वह एक पल भी रह सकने की कल्पना नहीं कर सकते यह कहकर तटस्थ रहने का अपना निर्णय सुना दिया।

दुर्योधन ने इतने से हार नहीं मानी। उसने किस प्रसंग पर, किस तरह बलराम का गौरव बढ़ाया था और पांडवों ने श्रीकृष्ण-सात्यकि के अतिरिक्त कभी किसी की ओर देखा नहीं है ऐसा कहकर संकर्षण की सहानुभूति प्राप्त करने का बहुत प्रयत्न किया परन्तु बलराम अविचलित रहे।

''अर्जुन ने आपकी इच्छा के विरुद्ध सुभद्रा का अपहरण करके...''

दुर्योधन को यह वाक्य रेवतीजी ने पूरा नहीं करने दिया।

''कुरुराज, यह मत भूलें कि अभिमन्यु यहाँ रहकर बड़ा हुआ है। आपके गुरु अर्जुन का दोष देखेंगे या अभिमन्यु का कल्याण? क्या आप ऐसा मानते हैं कि मेरे देवरजी ने क्षण के उन्माद में आकर आपको सेना दे दी होगी? वृष्णिवीर गणभावना में विश्वास करते हैं। महाराज उग्रसेनसहित अधिकतर अग्रणी चाहते हैं कि आपने जिसकी तैयारी बहुत पहले से कर ली है वह युद्ध टल जाए। श्रीकृष्ण का स्वयं और सेना को अलग-अलग करना किसका संकेत देता है इस पर विचार करें।''

दुर्योधन को रेवती के कथन में लेशमात्र आकर्षण नहीं लगा परन्तु वह तर्क-वितर्क करके बलराम को दुखी नहीं करना चाहता था। अतः स्तुति द्वारा सद्भाव प्राप्त करने के लिए उसने कहा :

''श्रीकृष्ण पांडवों के पक्ष में होंगे, परन्तु शस्त्र धारण नहीं करेंगे। यदि यादव श्रेष्ठ बलराम हमारे पक्ष में खड़े रहें तो युधिष्ठिर तो क्या महाबलि भीम भी युद्ध का विचार त्याग

दे। आप निश्चित मानें मुझे या मेरे भाइयों को बिना कारण संहार करना अच्छा नहीं लगता। परन्तु जो न्यायपूर्ण और नीतियुक्त नहीं है ऐसा कुछ भी हम भयभीत होकर पांडवों को नहीं देंगे। मेरे गुप्तचर बता रहे थे कि उपप्लव्य की छावनियों में तो प्रतिदिन विचित्र गर्जनाएँ होती रहती हैं। और हमारे विनाश के लिए पुरानी प्रतिज्ञाओं को ताजा किया जाता है। यदि पांडवों को युद्ध को बीच में नहीं लाना था तो विराट की सभा में आर्यावर्त के सर्वश्रेष्ठ गदाधारी के सुझाव की उपेक्षा क्यों की गई? आप जानते हैं कि सात्यकि ने वहाँ क्या कहा था?''

यह सुनकर बलराम हँस पड़े।

''दुर्योधन, मैं तुझे कुशल राजनीतिज्ञ मानता था। परन्तु वत्स! तू बहुत भोला है। सात्यकि रेवती का प्रिय देवर है और मेरा प्रिय बन्धु है। मुझे जितना प्रिय गद है उससे अधिक सात्यकि। अधीरता के अतिरिक्त उसमें अन्य कोई अवगुण नहीं है। इसलिए उसके विरोध में तेरा यह भाषण अप्रासंगिक है। यदि तू क्षत्रियधर्म अनुसार युद्ध करेगा तो मेरी शुभेच्छा तेरे साथ है। और यदि तू विवेकपूर्ण युद्ध टालेगा तो मेरा तुझे आशीर्वाद है।''

दुर्योधन वहाँ से सीधा कृतवर्मा के प्रासाद में गया। वह जानता था कि जहाँ सात्यकि होगा वहाँ कृतवर्मा नहीं होगा। श्रीकृष्ण और बलराम ने अपनी तटस्थता घोषित कर दी है। अब अन्य यादव महारथियों को निर्णय करना है कि वे तटस्थ रहेंगे या किसी एक पक्ष के साथ रहेंगे।

कृतवर्मा ने अपनी एक अक्षौहिणी सेना के साथ खुले रूप से दुर्योधन का पक्ष लिया। दुर्योधन को विजयी बनाकर वह यादवों में यशस्वी बनेगा और सात्यकि को अपनी शक्ति का अहसास कराएगा।

जिस युक्ति से दुर्योधन ने कृतवर्मा को जीत लिया था वह सत्राजित के बारे में व्यर्थ गई। स्पष्ट उत्तर मिला : ''मेरी सेना व्यापार की रक्षा करने के लिए है। मैं उसे ऐसे महायुद्ध में क्यों झोंक दूँ? और फिर जब श्रीकृष्ण-बलराम तटस्थ रह रहे हैं उस समय मैं पक्षधर बनकर अपयश क्यों प्राप्त करूँ?''

द्वारिका में अब अधिक समय रुककर यादव अग्रणियों से मिलने का कोई अर्थ नहीं है यह समझकर दुर्योधन ने प्रस्थान किया। इसका पता चलते ही श्रीकृष्ण उसे विदा करने गए और उसके कल्याण की कामना की।

अर्जुन द्वारिका में ही था। सात्यकि के रथ में बैठकर वह कुलपतिश्री के दर्शन के लिए गया। श्रीकृष्ण नन्दवन से आश्रम तक चलते हुए गए।

''सेनाविहीन मैं स्वयं को पुनः वृन्दावन का गोपालक की तरह अनुभव करता हूँ। कितना अनोखा था वह शैशव का सुख!''

सेना प्राप्त करके दुर्योधन सचमुच प्रसन्न था। द्वारिका में उसे अपनी धारणा से अधिक मिला था। पांडवों की तुलना में उसके पास बहुत विशाल सेना है यह बताने में वह सफल होगा।—जनार्दन ऐसा सोचते हुए चल रहे हैं। सामने से आते अर्जुन से उन्होंने पूछा :

''धनंजय! सेना के स्थान पर तुम मुझे चुनोगे यह तो हम जानते थे। इसलिए बताओ शस्त्रहीन मुझसे तुम क्या आशा रखते हो?''

''आप मुझे निर्देश दें।''

''अच्छा! तो तुम कम महत्त्वाकांक्षी नहीं हो! तुम मुझे सारथि बनाओगे? चलो कोई बात नहीं। मैं यह कार्य पूर्ण एकाग्रता से करूँगा।''

अर्जुन की प्रसन्नता की सीमा नहीं रही। जिसके सारथि के रूप में महारथी दारुक स्वेच्छा से सेवाएँ प्रदान करते हों वे श्रीकृष्ण मेरे सारथी हों फिर मुझे लक्ष्यवेध के बारे में चिन्ता ही नहीं है! सेना प्राप्त करके दुर्योधन प्रसन्न हो गया है, अर्जुन से यह छिपा नहीं था। जब उसने शस्त्रहीन श्रीकृष्ण को चुना उस समय सारथी बनाने का कोई इरादा नहीं था। उस समय ऐसी मनोदशा थी कि श्रीकृष्ण के बिना मैं एक क्षण नहीं रह सकता, दुर्योधन भले ही सैन्य-शक्ति को युद्ध की मुख्य पूँजी मानता हो। सात्यकि के सामने देखकर अर्जुन ने यदुनन्दन से कहा :

''आपके चरित्र को आज तक जितना समझ पाया हूँ उस आधार पर कहता हूँ कि वास्तविक सैन्य-शक्ति संख्या पर आधारित नहीं होती, उसके कुशल संचालन में होती है। और शुभ हेतु के लिए सैनिक के हृदय में समर्पण-भावना को विकसित करने में होती है। फिर, मैं जानता हूँ कि आप अकेले शत्रुओं का विनाश करने में समर्थ हैं। सात्यकि कहता है उसके अनुसार मैं अकेला भी आपके मार्गदर्शन में अधर्मियों का नाश करने की शक्ति रखता हूँ। परन्तु आपका चुनाव करने के पीछे यही एक मात्र कारण नहीं है। मैं आपकी प्रभुता नहीं समझता होता और केवल राजनीति जानता होता तो भी आपको माँगता। क्योंकि यदि मैंने सेना माँगी होती तो आप दुर्योधन के पक्ष में रहते। इससे उसे अकल्पित लाभ यह होता कि बलराम और सात्यकि भी आपके साथ रहते। परिणामस्वरूप विशाल सेना होते हुए भी मैं अकेला रह जाता।''

''सव्यसाची अकेला रह जाए यह जनार्दन कदापि नहीं चाहेंगे।''—सात्यकि ने कहा।

अर्जुन को तपोवन के परिवेश में प्रतीति हुई कि दुर्योधन के पक्ष में इन्द्रियों की शक्ति है परन्तु मेरे पक्ष में आत्मशक्ति है।

दुर्योधन सेना-सहायता का कार्य पूर्ण करके उत्साह से भरा हुआ हस्तिनापुर पहुँचा। उसने जाते समय कर्ण से कहा था—वह वापस आए तब तक उसका यह दायित्व है कि महाराज धृतराष्ट्र द्वारा पांडवों के हित में कोई महत्त्वपूर्ण आदेश करवाने में भीष्म, द्रोण और विदुर सफल नहीं हो जाएँ। दुर्योधन के लिए आर्यावर्त पर दिग्विजय करनेवाले कर्ण के लिए उसकी मित्रता सबसे बड़ा मूल्य था। धर्म को भी उसने मैत्री का अनुचर बना दिया था। इसीलिए पितामह भीष्म ने पांडवों के दूत का स्वागत करके मन्त्रणा प्रारम्भ की, उसी समय दुर्योधन के वचन का स्मरण करके उसने दूत के प्रस्ताव का विरोध किया। इतना ही नहीं, दुर्योधन की ओर से पांडवों को युद्ध के लिए आह्वान दिया। इससे भीष्म बहुत कुपित हुए :

"विराटनगर में तुझ सहित छह महारथियों को अर्जुन ने किस प्रकार पराजित किया था उसका स्मरण कर।"—ऐसा कहकर कर्ण का अपमान किया और दूत से कहा : "इस सन्दर्भ में अच्छी तरह विचार करके मैं संजय को पांडवों के पास भेजूँगा।"

दुर्योधन क्या चाहता है इस बारे में किसी को भ्रम नहीं था। फिर भी पितामह भीष्म की आज्ञा से धृतराष्ट्र द्वारा दूत रूप में भेजे गए संजय और उसके कर्तव्य की कोई उपेक्षा नहीं कर सकता था। सारथि के रूप में संजय धृतराष्ट्र की आँख के समान था। उसने पांडवों के पास पहुँचकर सर्वप्रथम उनके सदाचार की स्तुति की। उनकी सैनिक शक्ति की प्रशंसा की। अर्जुन और श्रीकृष्ण को अपराजेय बताने के बाद कहा : "दुर्योधन के पास भीष्म, विदुर और द्रोण जैसे प्राज्ञवृद्ध सलाहकार हैं तो कर्ण, शकुनि और दुःशासन जैसे कूटनीतिज्ञ भी हैं। परन्तु तुम पांडव ऐहिक सुखों के लिए धर्म-पथ का त्याग नहीं करोगे इस आशा से मैं सन्धि का प्रस्ताव लेकर आया हूँ।"

युधिष्ठिर ने सन्धि के लिए सहमति व्यक्त की। श्रीकृष्ण की उपस्थिति में सभा हुई।

अब संजय ने धर्म और दर्शन का आधार लेकर कहा कि कौरव युद्ध के बिना तुम्हें अपना हिस्सा नहीं दें तो भी तुम मानवसंहार नहीं करोगे, युद्ध नहीं करोगे। यदि तुम्हें युद्ध ही करना होता तो द्यूतसभा के बाद तेरह वर्ष वनवास जाने के स्थान पर ऐसा किया होता। सब जानते हैं कि उस समय तुम्हारी सेना के अतिरिक्त पांचाल, श्रीकृष्ण-बलराम और सात्यकि आदि यादव भी तुम्हारे पक्ष में होते। परन्तु तुमने ऐसा नहीं किया और संसार के सामने सदाचार का उदाहरण रखा था। अब यदि तुम इसके लिए युद्ध करोगे तो विवेकशील पुरुष तुम्हें दोषित नहीं मानेंगे परन्तु इसमें पितामह आदि सम्बन्धियों का तुम्हें संहार करना पड़ेगा। ऐसा करके तुम्हें विजय तो मिलेगी परन्तु आनन्द नहीं मिलेगा। इसलिए हमारी इच्छा है कि तुम गोत्र का विध्वंश करने का पाप मत करो और सत्य, क्षमा और निर्लोभ के पथ पर अग्रसर रहो।

संजय के कथन में धर्म के तत्त्व का स्वीकार करते हुए युधिष्ठिर ने अपने दृष्टिकोण से धर्म-अधर्म का भेद स्पष्ट किया : "जब अधर्म ही धर्म का रूप ले ले उस समय क्या किया जाए? संजय, तू जानता है कि श्रीकृष्ण हमारे अनुशासक हैं। वे धर्म का रहस्य जानते हैं। इनके आश्रय में रहनेवाले हम पांडव उन्हें ही अपने कर्म का निर्णयकर्ता मानते हैं।"

यहाँ श्रीकृष्ण ने कहा : "ऐसी विषम स्थिति में कर्म ही धर्म है। पाप के भय से कर्म का त्याग करना धर्म से पलायन है। पांडव स्वराज्य प्राप्त करने के लिए अतन्द्र मनःस्थिति से कर्म करेंगे। उन्हें अहिंसक मार्ग स्वीकार्य है, इसमें भीमसेन की भी सहमति है। संजय, तू जानता है कि छिपकर धन की चोरी कर ले जानेवाले और बलपूर्वक प्रत्यक्ष लूट करनेवाले दोनों चोर निन्दनीय होते हैं। फिर तू दुर्योधन के लिए अलग कसौटी क्यों रखता है? दूसरों के राज्य को पचा जाने के लोभ को दुर्योधन धर्म मानता है। पांडवों का जो न्यायपूर्ण हिस्सा था, वे उसे लेकर ही मानेंगे। अभी तूने भीष्म पितामह आदि की प्रशंसा की थी। भरी सभा में दुःशासन द्वारा द्रौपदी का अपमान हुआ था उस समय वे कहाँ गए थे? इस बारे में मैंने

बहुत सोच-विचार किया है और इस निर्णय पर पहुँचा हूँ कि द्रौपदी के प्रश्न का उत्तर वे धर्मबद्ध बुद्धि के कारण नहीं, परन्तु पामरता के कारण नहीं दे सके थे। यदि अभी वे अपनी यह पामरता त्यागकर धृतराष्ट्र से कोई योग्य निर्णय करवा सकें तो सबसे अधिक प्रसन्नता मुझे होगी। मैंने अपनी सेना दुर्योधन को देने का वचन दिया है और स्वयं निःशस्त्र अर्जुन के रथ का संचालन करनेवाला हूँ। इस निर्णय में मेरी तटस्थता के साथ मेरी इच्छा भी निहित है। इस भूमिका के साथ पांडवों की लघुतम माँग के लिए मैं हस्तिनापुर आऊँगा। इस पक्ष को हानि न पहुँचे इस तरह कौरवों को शान्त रख सका तो पुण्य कार्य होगा। उन्हें महाकाल के शिकंजे से बचाया जा सकेगा। हे संजय, मैं आऊँ उससे पूर्व तू कुरुसभा को इतना अवश्य समझा देना कि धृतराष्ट्र और उनके पुत्रों के वन में पांडव सिंह के समान हैं। सिंहविहीन जंगल को लोग काट डालेंगे। तू बताना कि पांडव स्वहित के लिए नहीं, कौरवों के हित के लिए भी शान्ति चाहते हैं।''

श्रीकृष्ण के वचन सुनकर धन्यता का अनुभव करनेवाले संजय ने धृतराष्ट्र की सभा में सम्पूर्ण वृत्तान्त कह सुनाया। श्रीकृष्ण द्वारा समर्थन प्राप्त पांडव पक्ष की महिमा को बताया और स्पष्ट किया कि उनसे युद्ध करने में कौरवों की हस्ती नहीं रहनेवाली। यह सब अच्छी तरह समझनेवाले पितामह, विदुरजी और द्रोण आदि बुजुर्गों का मार्गदर्शन लेकर कौरव दीर्घायु हों ऐसी सव्यसाची अर्जुन की आकांक्षा है।

भीष्म पितामह ने अर्जुन और श्रीकृष्ण की जोड़ी को नर-नारायण की उपमा दी। उनके पराक्रमों का वर्णन किया। सन्धि की सलाह देकर दुर्योधन को चेतावनी दी : ''यदि तू नहीं समझा तो प्रतिदिन तुझे अनेक कौरवों की मृत्यु के समाचार सुनने पड़ेंगे।''

द्रोणाचार्य ने भीष्म के मत का अनुमोदन किया।

सम्पूर्ण वृत्तान्त और आदरणीय अग्रणियों का मत जानकर धृतराष्ट्र व्यग्र हो गए। उन्होंने भयातुर होकर शान्ति की प्रार्थना की। संजय ने उनसे विनम्रतापूर्वक कहा : ''महाराज, आप दीर्घकाल तक शान्तिपूर्ण स्थिति नहीं रख सकते। पांडवों को छलने की आपको आदत पड़ गई है। द्यूत के खेल के समय पांडवों की हार सुनकर 'यह जीता, वह प्राप्त किया'—कहकर आप बालक की तरह प्रसन्न हो रहे थे।''

संजय के कथन की उपेक्षा करके दुर्योधन ने पिता को आश्वासन दिया। उसके पास कितनी बड़ी सेना है इसके प्रमाण दिए। युद्ध समय में भीष्म पितामह और द्रोणाचार्य अपने पक्ष में रहनेवाले हैं इसका स्मरण दिलाया। आत्मश्लाघा के साथ विजय की भविष्यवाणी की। कर्ण ने इससे एक कदम आगे बढ़कर कहा कि भीष्म, द्रोण तथा अन्य राजा चाहें तो यहाँ आपके साथ बैठे रहें, मैं अकेला आपकी सेना लेकर युद्धभूमि में पांडवों को धराशायी कर दूँगा।

भीष्म ने देखा कि कर्ण सन्धि में हमेशा अवरोधक बना है। उन्होंने उग्रतापूर्ण स्वर में उससे कटु वचन कहे। उसके महारथी ज्ञान पर, उसकी विवेकबुद्धि कर प्रहार किए। इससे अत्यन्त अपमानित हुए कर्ण ने प्रतिज्ञा ली कि जब तक पितामह जीवित रहेंगे तब तक वह उनके साथ युद्ध में भाग नहीं लेगा और न मन्त्रणा में उपस्थित रहेगा। इतना कहकर कर्ण मन्त्रणा खंड से निकल गया।

दुर्योधन के लिए यह आकस्मिक था। अब तो भीष्म पितामह मनाएँगे तभी कर्ण मन्त्रणा खंड में वापस आएगा। क्या करना चाहिए? उसने सहायता की आशा से विदुरजी की ओर देखा। कर्ण को मनाने के लिए जाना उन्हें आवश्यक नहीं लगा परन्तु राज्य के सचिव का दायित्व निभाते हुए उन्होंने परिस्थिति का तटस्थ विश्लेषण करते हुए धृतराष्ट्र को उसका सारांश बताया : "युद्ध में हारे हुए का विनाश होता है परन्तु विजयी भी दुखी होता है। इसलिए महाराज, युधिष्ठिर को उसका अधिकार वात्सल्यपूर्वक वापस कर दो।" एक होकर जाल के साथ पक्षी उड़ गए परन्तु आपस में लड़ने पर गिर पड़े और शिकारी के हाथों में आ गए, इसका दृष्टान्त दिया और अपनी जीवनदृष्टि स्पष्ट करते हुए कहा :

"जीवन में श्रेयस्कर है सिर्फ धर्म, शान्ति का सर्वोत्तम उपाय है क्षमा, विद्या परम दृष्टि है और अहिंसा परम सुख है। जो दूसरों के धन, रूप, पराक्रम, कुलीनता, सुख, सौभाग्य या सत्कार को देखकर ईर्ष्या करता है वह अस्वस्थ रहता है। इसका कोई उपाय नहीं है। महाराज, आपके पास कैसे-कैसे मार्गदर्शक हैं परन्तु उनकी बुद्धि का क्या उपयोग कर सके हैं? जिसमें वृद्ध नहीं हो वह सभा नहीं कहलाती, जो निर्भयतापूर्वक धर्मनिष्ठ वचन नहीं कह सकते वे वृद्ध नहीं, जिसमें सत्य की प्रतिष्ठा नहीं हो वह धर्म नहीं है और जिसमें छलना हो वह सत्य नहीं है। आप सत्य के लिए त्याग करने का साहस दिखाएँ। कुल के लिए व्यक्ति का, गाँव के लिए कुल का, देश के लिए गाँव का और आत्मकल्याण के लिए समग्र पृथ्वी का त्याग करने के लिए तत्पर रहना चाहिए।"

धृतराष्ट्र विदुर की वाणी से प्रभावित हुए, डगमगित हुए और कर्ण-दुर्योधन के मत के विरुद्ध निर्णय लेने के लिए प्रेरित हुए। फिर भी बाह्य रूप से दुर्योधन के विरुद्ध दिखाई न दें इस तरह प्रश्न पूछने लगे।

पांडवों की सैन्य-शक्ति और विजय की सम्भावना के प्रश्न का उत्तर देते हुए संजय ने विनम्रतापूर्वक परन्तु दृढ़ता से कहा : "मैं आपको सत्य कहूँ, उस समय कृष्ण द्वैपायन और राजमाता गान्धारी उपस्थित हों ऐसी मेरी प्रार्थना है।"

उन दोनों के आगमन पर संजय ने श्रीकृष्ण को युगप्रवर्तक कहा।

व्यास ने संजय के कथन का अनुमोदन किया और धृतराष्ट्र से कहा :

"कामनाओं की मूढ़ता के कारण जाग्रत अन्धत्व त्यागकर तू संजय की वाणी के मर्म को समझने का प्रयत्न कर। उसकी बात सत्य है कि जितेन्द्रिय होकर ज्ञान-कर्म में श्रद्धा रखे बिना श्रीकृष्ण के सुझाव को समझा नहीं जा सकता।"

एक पल के लिए धृतराष्ट्र को अपना अन्धत्व भार रूप लगा। श्रीकृष्ण का दर्शन करने की अभिलाषा से उनके रूप का वर्णन करने के लिए कहा।

एक सम्भावना बनी।

श्रीकृष्ण के आगमन पर मोहान्ध पक्षधरों को सत्य और धर्म के दर्शन होंगे। वे अहंकार छोड़कर श्रीकृष्ण को अपनी समस्याएँ सौंप देंगे। व्यास और विदुर ने इसमें श्रद्धा का उदय देखा। इस कुल-विनाश को जनार्दन रोक सकते हैं...

दुर्योधन सावधान हो गया। श्रीकृष्ण ने स्वयं को अलग रखकर मुझे सेना दी है। इस सेना के द्वारा ही मैं परिणाम प्राप्त करूँगा। जो सर्वशक्तिवान हो वह अहंकार क्यों

त्यागे? मैं कर्ण को मना लूँगा। उसे अपनी मैत्री का वास्ता दूँगा। उसे पुराने वचनों का स्मरण दिलाऊँगा। श्रीकृष्ण यहाँ आएँ उससे पहले मामा शकुनि से मिलकर व्यूहरचना कर लूँगा। उन्होंने मुझे जितना दिया है उतने से ही मुझे यह महायुद्ध जीतकर दिखाना है।

13

श्रीकृष्ण दूत बनकर हस्तिनापुर जाने के लिए तैयार हैं। पांडवों ने उन्हें समस्त अधिकार दे दिए हैं। भावी विनाश की कल्पना से व्यग्र होकर भीमसेन ने केवल दया के कारण क्लेश सहन करने का निर्णय किया है। पांडवों के द्वारा भरतवंशियों का विनाश हो यह महाबली के लिए असह्य है। भीमसेन की इस संवेदनशीलता पर श्रीकृष्ण और कुन्ती माता प्रसन्न हैं।

सहदेव और सात्यकि उग्रतापूर्वक युद्ध की माँग कर रहे हैं। उन्हें आदरपूर्वक देखकर द्रौपदी ने तेरह वर्ष पूर्व की पाशवी घटना का स्मरण दिलाते हुए जनार्दन से कहा :

''हे परम सखा, सन्धि के समय दुःशासन द्वारा खींचे गए इन केशों को भूलना मत।''

सात्यकि साथ आएगा। वार्ष्णेय उसे रोकते नहीं हैं। रथ चलता है। समग्र प्रजा स्थान-स्थान पर उनका भव्य स्वागत कर रही है। अनेक दुष्टों का दमन करनेवाले, धर्म की स्थापना के लिए अविरत पुरुषार्थ करनेवाले युगपुरुष के रूप में प्रजा उनका सत्कार कर रही है। साधु-सन्त उन्हें पुरुषोत्तम कहकर वन्दन करते हैं।

उन्हें इस बात का अनुमान है कि दुर्योधन पांडवों के दूत को कितना महत्त्व देगा। वे सर्वप्रथम कुन्ती से मिलते हैं। उन्होंने सांकेतिक रूप में कहा :

''मेरी पुत्रवधू सनाथ होने पर भी कुरुसभा में उसकी रक्षा करनेवाला समर्थ नाथ नहीं पा सकी।''–द्रौपदी के प्रति अपनी भावना व्यथित होकर व्यक्त करने के बाद अपनी स्थिति के बारे में बोलीं : ''वैधव्य, सम्पत्ति का नाश और बैर के कारण मुझे उतना शोक नहीं होता जितना पुत्रों के साथ न रहने से होता है। ऐसी स्थिति में हम सब जीवित होने पर भी मानो एक-दूसरे के लिए मृतक के समान हैं।''

बुआ को आश्वासन देकर श्रीकृष्ण और सात्यकि विदुर का आतिथ्य स्वीकारते हैं। दुर्योधन के निवास पर नहीं जाते। इसके तात्पर्य के विषय में बात होती है। श्रीकृष्ण मौन का पालन करते हैं। राजपुरुषों की परिषद में यह दायित्व अपने सिर पर क्यों लिया, इसका उद्देश्य बताते हुए प्रतीति कराते हैं कि वे यहाँ आर्यावर्त की शान्ति की रक्षा करने आए हैं। धृतराष्ट्र से कहते हैं : ''हे राजन्, तुम स्वस्थ मानसिकता रखकर ही सबको बचा सकते हो, अधर्म द्वारा वधित धर्म आपको उबार नहीं पाएगा।'' दृष्टान्त देकर वे दुर्योधन को सावधान करते हैं–''अधर्म की ओर खींच ले जानेवाली यह वृत्ति अन्त में आत्मघातक सिद्ध होगी। इसलिए हे वीर पुरुष, तू सन्धि का प्रस्ताव स्वीकार कर ले।''

दुर्योधन ने किसी की सलाह या सुझाव स्वीकारने के लिए अपना हृदय खुला नहीं रखा है। उसने पहले जो निश्चित कर लिया था उसी की पुनरुक्ति करता है–

"सुई की नोंक से छेदी जा सके उतनी भूमि भी पांडवों को नहीं दूँगा।"

दुर्योधन जानता था कि आर्यावर्त की किसी भी सभा में श्रीकृष्ण के प्रस्ताव की अवहेलना नहीं की जा सकती। केवल तर्कों द्वारा वह हस्तिनापुर की राजसभा में अपना मत किसी के मस्तिष्क में नहीं घुसा पाएगा। शकुनि ने सम्भावनाओं का संकेत करते हुए भीष्म पितामह के दृष्टिकोण के बारे में उसे चेतावनी दी थी। और यह असम्भव नहीं था कि दुर्योधन के युद्धखोर समर्थकों को मौन कर देने के लिए भीष्म कठोर बनेंगे। उसे कैद करवाकर युवराज के पद से च्युत करवाएँ। ऐसा हुआ तो पिछले तेरह वर्ष की तैयारियों पर पानी फिर जाएगा। इसके प्रतिकारस्वरूप दुर्योधन ने ऐसी युक्ति सोची थी कि यदि श्रीकृष्ण का प्रभाव निर्मूल नहीं किया जा सके तो अन्त में उन्हें कैद कर लिया जाए और फिर बिना कृष्ण के पांडवों का विनाश कर दिया जाए। भीष्म के कटु वचनों से रूठे हुए महारथी कर्ण की अनुपस्थिति में शकुनि और दुःशासन का सुझाव मान लिया गया। उसने राजसभा को स्तब्ध करनेवाली घोषणा की :

"पांडवों के सुख और रक्षा के आधारस्तम्भ कृष्ण को ही मैं कैद कर लूँगा। उसके साथ ही समग्र पृथ्वी मेरे अधीन हो जाएगी।"

श्रीकृष्ण के मुख पर स्मित था। भीष्म दुर्योधन पर क्रोधित हुए। सात्यकि ने खड्ग की मूठ पर हाथ रख लिया।

धृतराष्ट्र ने पुत्र से अपशब्द कहे : "श्रीकृष्ण तेरे हित की बात कर रहे हैं जबकि तू उनका तिरस्कार करके अपना पराभव निश्चित कर रहा है।"

गान्धारी जानती थी कि महायुद्ध के निवारण की क्षमता एकमात्र श्रीकृष्ण में ही है। दुर्योधन उनकी सलाह मानने के लिए किसी भी तरह तैयार नहीं है यह देखकर पुत्र के क्रोध और अभिमान को अनुलक्षित करके उसे जितेन्द्रिय बनने के लिए कहा। भीष्म-द्रोणाचार्य कृष्णार्जुन को अजेय मानते हैं, उसका कारणपूर्वक समर्थन करते हुए कहा : "तात, युद्ध से कदापि किसी का कल्याण नहीं होता।"

माता के वचनों पर कान दिए बिना दुर्योधन फिर से सभास्थान छोड़ गया और श्रीकृष्ण को कैद करने की सरगर्मी तेज कर दी। सात्यकि पता लगाने गया।

कुरुसभा दुर्योधन के उद्धत व्यवहार से दुखी तो थी ही, ऊपर से वापस आए सात्यकि ने और आघातजनक समाचार दिए। उस समय उसके मुख का स्मित दुर्योधन को दयनीय सिद्ध कर रहा था। श्रीकृष्ण के स्व-नियुक्त अंगरक्षक के रूप में उसने कहा :

"युवराज दुर्योधन और उनके साथी अब द्वारिकाधीश श्रीकृष्ण को कैद करेंगे। आप सबकी उपस्थिति में महायुद्ध टालने के लिए आए पांडवों के दूत कैद होंगे! आर्यावर्त की किसी राज्यसभा में नहीं हुआ वह आज हस्तिनापुर में घटित होगा। प्रज्वलित अग्नि को वस्त्र में बाँध लेने की इच्छा रखनेवाले पागल व्यक्ति की तरह दुर्योधन इतना अल्पबुद्धि होगा यह मुझे आज पता चला। वह दुःसाहस करके देख ले। यह सभा भी देखेगी कि इस सात्यकि की उपस्थिति में श्रीकृष्ण वासुदेव का अपमान करनेवाले की कैसी दुर्गति होती है।"

विदुर ने धृतराष्ट्र को सावधान किया परन्तु वे मूढ़ की तरह बैठे रहे।

भीष्म और द्रोण अनिष्ट की आशंका से एक-दूसरे की ओर देखने लगे।

श्रीकृष्ण ने उन सबको सम्बोधित करके कहा : "दुर्योधन को जो करना हो, वह कर सकता है। इससे पहले यह सभा सुन ले कि उसे कैद करके पांडवों को सौंप देना मेरे लिए कठिन नहीं है परन्तु मैं ऐसा नहीं करूँगा और राजदूत की परम्परा को निभाऊँगा। देखूँगा कि वह क्या करता है? सात्यकि, तुम शस्त्र नहीं उठाना। दुर्योधन और उसके साथियों की कुशलता का निरीक्षण करो।"

श्रीकृष्ण मंगलमय मुखमुद्रा धारण करके जहाँ थे वहीं खड़े रहे।

दुःशासन आदि को सावधान करके दुर्योधन आगे बढ़ा।

श्रीकृष्ण की ऐसी निडरता और संशयहीनता देखकर भीष्म ने हाथ जोड़े। एक अभूतपूर्व दीप्ति उनके भाल पर दीपित थी।

अलौकिक है यह अभयपूर्ण प्रसन्नता!—विदुरजी मन-ही-मन बोलते हैं।

इस सभा ने तेरह वर्ष पूर्व द्रौपदी के चीरहरण के समय उसके आर्तस्वर में श्रीकृष्ण की परोक्ष उपस्थिति का अनुभव किया था। एक सच्ची प्रार्थना ने परमेश्वर के सूक्ष्म अस्तित्व की अनुभूति कराई थी। आज सबके सामने योगेश्वर खड़े हैं। गोकुल-वृन्दावन से जिसने गोपनायक के रूप में दुष्टों का दमन करने के पुरुषार्थ का प्रारम्भ किया था, उस बाल गोपाल ने कंस, कालयवन, जरासन्ध, शिशुपाल, शाल्व और नरकासुर जैसे शासकों की दुष्टता को चुनौती दी थी। एक योद्धा के रूप में में निरन्तर प्राप्त की हुई सुसज्जता और आत्मज्ञानी के रूप में प्राप्त अभिज्ञता ने उन्हें पुरुषोत्तम और योगेश्वर के रूप में सर्वत्र प्रतिष्ठित किया था। सूक्ष्म सत्ताओं पर भी उनकी चेतना का अधिकार चलता था। वे पांडवों के मित्र थे परन्तु किसी के एकांगी पक्षधर नहीं थे। ऐसी उच्चतर चैतसिक अवस्था में दुर्योधन ने उनकी कभी कल्पना नहीं की थी। आज उसने उन्हें मात्र पांडवों का पक्षधर मानकर हाथ बढ़ाया और कृतघ्नता प्रदर्शित करके हास्यास्पद बना।

सात्यकि के अट्टहास से सभा काँप उठी। दुर्योधन झेंप गया। उसने श्रीकृष्ण को समीप खड़ा देखा। "अच्छी तो तू यहाँ है।"—कहते हुए वह उन पर झपटा। जनार्दन को एक ही प्रयास में बाँध लेने के कार्य में अपनी बाँहों में शून्यता समेटे हुए वह सभाजनों के मनोरंजन का साधन बना। जहाँ हस्तिनापुर का युवराज अत्यन्त गर्वपूर्ण कदम रखता था वहीं आज वह पागलों की तरह साधारण सैनिक की तरह इधर-से-इधर दौड़ रहा था। पल में उसे श्रीकृष्ण विराट लगते तो पल बाद अत्यन्त सूक्ष्म। योगशक्ति के कारण सर्वव्यापी बन गए। श्रीकृष्ण को दुर्योधन न तो पकड़ सका और न समझ सका।

यह वृत्तान्त सुनकर कर्ण को बहुत ग्लानि हुई। भीष्म के कठोर वचनों से क्रोधित होकर यदि उसने मन्त्रणा का त्याग नहीं किया होता तो वह इस दुष्कृत्य को करने से दुर्योधन को रोक सकता था। उसने बार-बार दुर्योधन को समझाया था कि श्रीकृष्ण साधारण मनुष्य नहीं हैं। हम अपनी स्वार्थपूर्ण दृष्टि से उनका मूल्यांकन करेंगे तो इसमें अपनी ही हानि होगी। दुर्योधन के स्थान पर यदि वह द्वारिका गया होता तो वह सेना प्राप्त करके प्रसन्न नहीं होता। श्रीकृष्ण साथ नहीं हों तो असंख्य सेना के बल का

कोई महत्त्व नहीं है। उन्होंने राज्यसिंहासन उग्रसेन को दिया है फिर भी प्रजाजन उन्हें द्वारिकाधीश कहते हैं। उन्हें राजा बनना होता तो हस्तिनापुर-इन्द्रप्रस्थ पर भी वे अधिकार कर सकने में समर्थ थे परन्तु संकल्पपूर्वक ऐसा न करके राजवंश के अधिकारों से वंचित रहकर राजसत्ता को अंकुशित करने का कार्य वे करते रहे हैं। वे मेरी कमियों को जानते हैं। वे अर्जुन के परम मित्र हैं और मैं अर्जुन का एकमात्र प्रतिस्पर्धी हूँ, यह जानते हुए भी उन्होंने कभी मेरा तिरस्कार नहीं किया। उनकी आँखों में मैंने अवहेलना के स्थान पर सदा आशीष देखी है। ऐसे श्रीकृष्ण का अपमान करके दुर्योधन ने भयंकर भूल की है। मुझे मित्र के बदले क्षमा माँगने जाना चाहिए। अन्य राजाओं के पीछे-पीछे वह भी नगरी की सीमा तक गया। सात्यकि ने कहा कि जर्नादन तुम्हारा सद्भाव देखकर प्रसन्न हैं और तुम्हें रथ में बैठने के लिए आमन्त्रण भेजा है।

दुर्योधन के मित्र को इतना बड़ा सम्मान! द्रोण और कृपाचार्य को भी आश्चर्य होता है, भीष्म और विदुर के हृदय में भी आशा का संचार होता है। सन्धिवार्ता निष्फल जाने पर भी श्रीकृष्ण दूत के दायित्व को छोड़ नहीं रहे। सम्भव है कि युद्ध रोकने का कोई मार्ग उन्हें मिल जाए।

आर्यावर्त की वर्तमान परिस्थितियों के बारे में कर्ण को अधिक बताने की आवश्यकता नहीं थी। मात्र कुछ संकेत करने के बाद श्रीकृष्ण ने कहा :

''धर्मनिष्ठ महारथी, इस युद्ध को मैं तो रोक नहीं पाया परन्तु यदि तू कुछ दृढ़ता दिखाए तो...''

कर्ण वाक्य का उत्तरार्ध समझ नहीं सका क्योंकि वह स्वयं तो दृढ़ ही था। जानता था कि जहाँ अर्जुन और श्रीकृष्ण होंगे वहाँ विजय होगी। वह किसी भ्रम में नहीं था परन्तु जीवन भर दुर्योधन की मैत्री को प्रथम स्थान दिया है। अब उस मित्रता की कठिन परीक्षा है इसलिए दृढ़ ही रहेगा।

श्रीकृष्ण ने एक नई बात कही :

''तू सूतपुत्र नहीं है कर्ण, कौन्तेय है। यह सत्य मैं तुझे तेरी माता और अपनी बुआ की सहमति से कह रहा हूँ।''

कर्ण के जीवन के और उससे भी अधिक कुन्ती के जीवन के इस दुर्भाग्यपूर्ण अध्याय को खोलते हुए श्रीकृष्ण को संकोच हो रहा था। उनका वश चलता तो इस बारे में सदा मौन रहते परन्तु यह कर्ण के व्यक्तिगत जीवन का ही प्रश्न नहीं था; भारतवंशियों के जीवन-मरण का प्रश्न था। उन्होंने पूरी बात धैर्य और सहिष्णुता से कही—फिर कर्ण का मौन तोड़ने के लिए प्रस्ताव रखा :

''मैंने यादवों की हित-रक्षा के लिए जरासंध-कालयवन से पराजय का अपयश सहन किया था, तू आर्यावर्त की हितरक्षा के लिए मित्र से विश्वासघात का अपयश सहन कर ले तो...''

''यह सम्भव नहीं है जनार्दन।''

''तूने प्रतिज्ञा ली है कि भीष्म के जीवित रहते तू न लड़ेगा और न मन्त्रणा में भाग लेगा।''

“इससे दुर्योधन का पक्ष छोड़ने का संकेत नहीं मिलता।”

“पक्ष छोड़कर तुम दुर्योधन का हित नहीं कर सकते?”

“मैं स्वयं को इतना सर्वशक्तिवान नहीं मानता। दुर्योधन भले ही स्वयं को ऐसा माने और उसका परिणाम भोगे। उसने मुझे सूतपुत्र से अंगराज बनाया था वह उपकार...”

“वह उपकार था? उसके पीछे दुर्योधन और धृतराष्ट्र का स्वार्थ नहीं छिपा था? तुझे उस स्पर्धा में दुःशासन से लड़ना होता तो वे तुझे अंगराज बनाते? अर्जुन के विरुद्ध योग्य प्रतिस्पर्धी के रूप में उन्हें तू मिल गया। और वह भी कौन, ज्येष्ठ कौन्तेय। विधि की वक्रता तो देखो! सत्य कहना कर्ण, तू जिस निष्ठा से मित्रता को निभाता है उतनी निष्ठा से दुर्योधन भी निभाएगा? मैं जानता हूँ कि तुझे इसकी अपेक्षा नहीं है परन्तु तेरी मैत्री के प्रति वह निष्ठावान रहेगा सही?”

“नहीं।”

“मुझे भी यही कहना है। दुर्योधन को भीष्म पितामह की आवश्यकता है उसी प्रकार तेरी भी आवश्यकता है। इसलिए वह तुझे सम्मान देता है परन्तु महायुद्ध जीतने के लिए किसी कारण तुम दोनों का त्याग करने की आवश्यकता पड़े तो दुर्योधन ऐसा भी कर सकता...”

“ऐसा करें तो भी मेरा क्या जाएगा? आपसे कहता हूँ कि दुर्योधन मेरा त्याग करेगा तो उसका आश्रय छोड़ दूँगा परन्तु उसकी मैत्री का त्याग नहीं करूँगा। उसके शत्रुओं से मिलकर उसके सामने शस्त्र नहीं उठा सकता।”

“सगे भाइयों के सामने उठा सकते हो, क्यों?

“किसने अनुभव किया है इस सम्बन्ध को जनार्दन? मैंने आपकी आँखों में आशीष देखी है परन्तु माता कुन्ती ने कभी मुझे वात्सल्यपूर्वक नहीं देखा। मैं इतना अबोध नहीं था कि उनके हृदय के भाव नहीं जान पाता। और अब वे मुझे पुत्र के रूप में स्वीकारने के लिए तैयार हुई हैं? आयुष्य के उत्तरार्ध में, बल्कि अन्तिम समय में...”

“कुँवारी माता की विवशता तू समझ नहीं पाएगा। यह जानता होता तो मैं तुझसे यह बात करता ही नहीं। बुआ ने मुझे आज ही एक प्रसंग बताया था। याद कर अंगराज, किशोरावस्था में जिस क्षण प्रथम बार अर्जुन और तुझे शस्त्र उठाने थे उस समय एक राजमहिषी मूर्च्छित हो गई थीं। यह आकस्मिक घटना नहीं थी। और वह अन्य कोई नहीं कर्ण की जननी थी। आज वे लज्जा त्यागकर अपयश सहने के लिए तैयार हैं। क्योंकि वे जानती हैं कि यह युद्ध युधिष्ठिर और दुर्योधन के बीच का है उससे अधिक तो अर्जुन और कर्ण के बीच है। वे जानती हैं कि राष्ट्र बचेगा तो परिवार भी बचेगा...”

“अब मैं इतना आशावादी नहीं रहा। मुझे कौन्तेय होने का गौरव नहीं चाहिए। पुरुषार्थ और अपने पराक्रम से संसार से मार्ग प्राप्त करते हुए जिया हूँ और विरासत में प्राप्त होनेवाली योग्यता के बिना ही शेष जीवन व्यतीत करूँगा...दुर्योधन सन्धि नहीं चाहता था और न मैं ही चाहता हूँ। मुझे लगता है कि अर्जुन से अन्तिम युद्ध लड़ने पर ही जगत को मेरा सही परिचय मिलेगा।”

''जगत को कर्ण का इससे भी उत्तम परिचय मिल सकता है। श्रेष्ठ पांडव के रूप में इन्द्रप्रस्थ के सिंहासन पर विराजित तुझ पर युधिष्ठिर और भीमसेन चँवर डुलाएँगे।''

''मनुष्य का मोह दूर करनेवाले गोविन्द मुझे मोह में मत फँसाइए! जरा सोचिए तो सही, आपकी आज्ञा शिरोधार्य करके दुर्योधन को दगा देकर मैं पांडव पक्ष में आ जाऊँ तो जिन्होंने मुझे पुत्र के रूप में पाला है वे सूत अधिरथ और माता राधा को कितना सूना-सूना लगेगा? और हे मधुसूदन, यदि मैं अर्जुन के साथ द्वैरथ युद्ध नहीं करूँगा तो हम दोनों की कीर्ति में धब्बा लग जाएगा। आप जानते हैं कि मैं अपकीर्ति के स्थान पर मृत्यु चुनूँगा। योगेश्वर आपके अनुग्रह के लिए ऋणी हूँ। आप जिनके नेता हों और धनंजय जिनका प्रमुख योद्धा है वह धर्मात्मा युधिष्ठिर अवश्य विजयी होगा। मैं अपने पालनहार माता-पिता और मित्र के साथ रहकर आगामी युद्ध में अपनी भूमिका निभाऊँगा।''

रथ खड़ा हो गया। समय रुक गया। कर्ण नीचे उतरा। श्रीकृष्ण के चरणों के पास हाथ रखकर उसने विनती की :

''आप धर्मराज युधिष्ठिर से नहीं कहना कि मैं कुन्ती का पहला पुत्र हूँ। क्योंकि यह जानकर वे राज्य का अधिकार छोड़ देंगे और मैं उनके भाग का समृद्ध राज्य दुर्योधन को अर्पण कर दूँगा। यदुनन्दन, दुर्योधन को प्रसन्न रखने के लिए मैंने बार-बार पांडवों से कठोर वचन कहे हैं। यह सुनकर माता कुंती को कितनी वेदना हुई होगी यह सोचकर मैं इस समय व्यग्र हो गया हूँ। परन्तु अब मेरी व्यथा संसार में अनजानी ही रहने दें। इस मन्त्रणा को गुप्त रखकर आप धनंजय को मेरे साथ लड़ने के लिए युद्धभूमि में ले आना।''

सात्यकि कर्ण को विदा करने के लिए रथ से नीचे उतर पड़ा। उसे आदरणीय मानकर उसकी चरणरज ली। कटु वचन कहने के लिए क्षमा माँगते हुए कहा :

''अंगराज, मेरी समझ में नहीं आ रहा था कि जनार्दन किसलिए यह युद्ध रुकवाना चाहते हैं। आज समझ में आया कि वे किसे बचाना चाहते थे। भीष्म पितामह और द्रोणाचार्य के लिए उनके मन में आदर होगा परन्तु आज अनुभव हुआ कि आपके लिए तो उनके हृदय में असीम स्नेह है।''

''यह सुनकर मैं धन्य हो गया सात्यकि, परन्तु श्रीकृष्ण के रथ से नीचे उतरने के बाद मेरे अन्तर में जैसी शून्यता व्याप्त हो गई है उसे व्यक्त करने के लिए मेरे पास शब्द नहीं हैं। श्रीकृष्ण का मित्र बनने का अवसर गँवा देने के कारण अपने मन की व्यथा को मैं ही अनुभव कर सकता हूँ। जीवन में इष्ट कार्य करके धर्ममय जीवन जीने के लिए बहुत कुछ किया, दान और शौर्य द्वारा आन्तरिक अभावों को दूर किया, सुख-वैभव और राज्य प्राप्त किया फिर भी मैं अर्जुन के समकक्ष नहीं बन सका। पांडव वन में थे उस समय भी मुझे उनके सुख को देखकर ईर्ष्या होती थीं क्योंकि उनसे मिलने के लिए श्रीकृष्ण तीन-तीन बार वन में गए थे। मुझसे मिलने एक बार भी हस्तिनापुर नहीं आए थे। मैंने जिसे मूल्य माना उसमें कोई भूल तो नहीं रह गई? मैंने जीवन भर जिसे इष्ट माना था वही आज अधूरा क्यों लग रहा है?''

"आपका यह अन्तःस्वरूप जानकर मुझे अपना प्रवास सफल हुआ लगता है। सन्धि-वार्ता भले निष्फल हो गई हो, परन्तु बहुत-सी भ्रान्तियाँ दूर हो गई हैं। आप राज्यसभा में उपस्थित होते तो योगेश्वर के सर्वव्यापी स्वरूप के दर्शन कर लेते। परन्तु इस बात पर दुखी होने की आवश्यकता नहीं है क्योंकि मैं मानता था उतनी दूर आप नहीं हैं। श्रीकृष्ण के हृदय में आपने अपने पुरुषार्थ और गुणों के द्वारा स्थान प्राप्त किया है। फिर आप जानते ही हैं कि उस सिंहासन से यह स्थान मूल्यवान है।"

कर्ण सात्यकि से स्नेहपूर्वक मिलकर विदा लेता है।

सात्यकि विचार करने लगता है : जनार्दन ने कर्ण के समक्ष कैसे-कैसे प्रस्ताव रखे थे! युद्ध टालने के साथ सम्भव है उनका एक दूसरा भी उद्देश्य हो। कर्ण को युधिष्ठिर का अग्रणी बनाकर एक विस्थापित शिशु की जीवन भर की व्यथा को शमित करने के बारे में सोचा होगा। उनका कोई कार्य एकदम सीधा-सादा नहीं होता।

कर्ण के मुख पर श्रीकृष्ण से बिछोह की वेदना थी।

"मैंने आज प्रत्यक्ष नहीं देखा होता तो मान ही नहीं सकता था कि कर्ण के लिए आपके मन में ऐसा असाधारण प्रेम है।"

"परिस्थिति की विषमता में फँसकर जो बन्धन नहीं स्वीकारते, लघुता के साथ समाधान नहीं करते और अन्याय के विरुद्ध संघर्ष करते हैं वे सब मुझे प्रिय लगते हैं। कुलाभिमानियों के तेज को फीका करके उसने पुरुषार्थ का गौरव बढ़ाया है।"

"परन्तु आज पुरुषार्थ का अभिमान विचलित हो गया था। आपके स्नेह के लिए दानवीर कर्ण की आँखों में कैसी तृष्णा थी इसे मैंने देखा है। जनार्दन, मुझे लगता है कि सन्धि-वार्ता बिल्कुल निष्फल नहीं गई।"

"मुझे भी कर्ण से मिलने पर सन्तोष हुआ। कुन्ती बुआ ने लोकनिन्दा की परवाह किए बिना अपना सम्बन्ध प्रकट किया यह भी इस यात्रा की उपलब्धि है। कर्ण को अपनी भूल का भले ही अनुभव नहीं हुआ परन्तु उसकी दृढ़ता तीर्थोत्तम मानी जाएगी।"

"ऐसा महान कर्ण द्रौपदी के चीरहरण के प्रसंग पर दुर्योधन और दुःशासन के पक्ष में रहा, इसका क्या कारण था?"

"अहंकार! प्रतिशोध की भावना। मत्स्यवेध के लिए कर्ण दूसरा बाण चढ़ा रहा था उस समय द्रौपदी ने क्या कहा था? याद करो। एक बार निष्फल गए सूतपुत्र का मैं वरण नहीं करूँगी। इस वचन को न भूलकर कर्ण ने हस्तिनापुर की राज्यसभा में उसे वेश्या कहकर बदला लिया! भीष्म और द्रोण को राज्याश्रय की सुविधाओं ने पामर बना दिया था। कर्ण को रोका उसके अहंकार ने। यदि उसमें अपकीर्ति सहने की विनम्र क्षमता होती तो वह सवाया अर्जुन होता...परन्तु सात्यकि ऐसा बिलकुल मत मानना कि ऐसा कहकर मैं उसकी आलोचना कर रहा हूँ। वह जो नहीं बन सका उसमें उस अकेले का दोष नहीं है।"

सात्यकि सोचता है—श्रीकृष्ण और कर्ण के शैशव की घटना में कितनी समानता है! जन्म के बाद दोनों को माता की गोद छोड़ देनी पड़ी। दूसरी जगह पालन-पोषण हुआ।

श्रीकृष्ण ने गोपनायक के रूप में महासत्ता के दमन के सामने सिर उठाया। कर्ण ने सूतपुत्र को सिद्ध पुरुष प्रमाणित किया। दोनों ने पुरुषार्थ की महिमा बढ़ाई...

दोनों के व्यक्तित्व में अन्तर भी कितना अधिक है! श्रीकृष्ण चिन्ता कर रहे हैं समग्र आर्यावर्त की, जबकि कर्ण? वह दुर्योधन की मैत्री की परिधि को प्राण जाने तक नहीं लाँघेगा। उसकी वीरता और दानवीरता कुछ कुंठित हो जाती है। क्या मात्र दुर्योधन की मैत्री के कारण ऐसा होता है? कदाचित उसे अर्जुन से भी ईर्ष्या है। उसके पास वह स्नेह नहीं है जो श्रीकृष्ण के पास है, सर्वव्यापी स्नेह...यह स्नेह यशोदा जी और राधिकाजी के कारण मिला है या फिर वे स्वयं महत् आत्मा हैं?

उद्धव कहते हैं : ''वासुदेव का मूल्यांकन करने में लौकिक मापदंड अधूरे सिद्ध होते हैं। सात्यकि, तू मैदानी प्रदेश का मनुष्य है। तुझे श्रीकृष्ण के साहचर्य का सही परिचय पाना हो तो उनके साथ हिमालय का आरोहण करना चाहिए, मानसरोवर की यात्रा करनी चाहिए...''

सात्यकि को उद्धव का सुझाव रुचिकर नहीं लगता। कहता है : ''मानसरोवर की शान्ति का तुम्हीं अनुभव करो उद्धव, मैं तो कुरुक्षेत्र में टकराऊँगा अपनी पूरी शक्ति से।''

वहीं चेकितान आता है। वह भी सात्यकि की तरह अपनी सेना के साथ पांडवों के पक्ष में है। कहता है कि कृतवर्मा से सात्यकि विनती करे तो वह दुर्योधन का पक्ष छोड़ देगा। श्रीकृष्ण की नारायणी सेना को दुर्योधन ने अच्छे स्थान पर ठहराया है!

सुनकर श्रीकृष्ण स्मित करते हुए उद्धव की ओर देखते हैं।

युद्ध अनिवार्य हो गया है। द्वारिका सन्देश भेजना है : ''उद्धव, युद्धकाल में द्वारिका में रहना। सबसे कहना कि हम दोनों पक्षों में विभाजित हो गए हैं। हम अपने ही सामने लड़ रहे हैं। यह हर्ष-शोक का विषय नहीं, आपद् धर्म है जिसे आवेशहीन होकर निभाना है।''

14

कुरुक्षेत्र, मार्गशीर्ष के शुक्ल पक्ष का एकादशी।

दुर्योधन की ओर ग्यारह अक्षौहिणी सेना खड़ी है और युधिष्ठिर के साथ सात अक्षौहिणी सेना है। यह चौअन लाख मनुष्य अनिश्चितपूर्ण भविष्य के हाथों स्वयं को छोड़ देंगे, एक आत्मघातक घटना में सहभागी बनकर वीरगति प्राप्त कर गौरवान्वित होंगे।

युद्ध निवारण के लिए जिसके अविरत प्रयास करने पर भी दुर्योधन सन्धि के लिए तैयार नहीं हुआ, वही श्रीकृष्ण पांडवों को अन्याय का प्रतिकार करने का परामर्श देकर अर्जुन का रथ हाँकते हुए कुरुक्षेत्र के केन्द्र में पहुँच चुके हैं।

अर्जुन दूसरे पक्ष में खड़े हुए योद्धाओं को देखता है और देखता रह जाता है। उन्हें पहचानकर उनके साथ व्यतीत किए जीवन की स्मृतियाँ ताजा हो जाती हैं।

पांडवों के सर्वश्रेष्ठ धनुर्धारी के अन्तर्द्वन्द्व उठ खड़ा होता है। वह जनार्दन से कहता है :

"मैं किससे लड़ने के लिए तैयार हूँ? विजय के लिए इन सारे आत्मीयजनों का संहार करूँ? विजय से क्या मिलेगा? नहीं चाहिए मुझे राज्य और सुख। इन सगे-सम्बन्धियों का वध मुझे शान्ति प्रदान करेगा? कुल का नाश करना भी एक प्रकार का अधर्म ही है। पितामह और गुरुदेव के विरुद्ध मुझे गांडीव उठाना पड़े इससे तो अच्छा है कि निःशस्त्र रूप में मेरा कौरव वध कर डालें।"

—इसके साथ ही अर्जुन ने शस्त्र रख दिया। वह निराश होकर बैठ गया। उसकी मुखमुद्रा परिवर्तित हो गई थी।

श्रीकृष्ण के लिए यह आकस्मिक घटना थी। वे मानते थे कि धनंजय के सामने कर्तव्य स्पष्ट ही है। सन्धिवार्ता से पूर्व वही सहायता के लिए दौड़कर द्वारिका आया था। युद्ध में उसे पता था कि कौन किसके विरुद्ध लड़ेगा। फिर ऐसी मनोदशा क्यों हुई?

श्रीकृष्ण सोचते हैं—जिस पक्ष में विशेष रूप से सत्य और धर्म हो उसकी जीत हो और शस्त्रहीन रहकर वे स्वयं इस धर्मयुद्ध के तटस्थ द्रष्टा रहें, इस सम्पूर्ण प्रक्रिया के केन्द्रीय स्थान पर स्थित अर्जुन इस तरह मोहजाल में फँस जाएगा तो दुर्योधन और शकुनि द्वारा निर्मित की हुई विषमता का निवारण कैसे होगा? वर्तमान और भविष्य के बीच किस प्रकार सन्तुलन स्थापित होगा? अर्जुन यकायक इस प्रकार अपना दायित्व भूल गया?

आज तक अर्जुन ने ऐसी दुविधापूर्ण स्थिति का अनुभव नहीं किया था। सन्देह उठा हो तो मेरे उत्तर से शमित हो गया था। उसने कभी संशय नहीं किया। एक बार युधिष्ठिर के आपत्ति उठाने पर नहीं माना होगा परन्तु मेरा कहना मानता रहा है। आज उसे क्या हुआ कि उत्तर सुनने का धैर्य न रखकर शस्त्र रख दिए। उसने अनुशासन भंग किया...

अर्जुन ने गांडीव त्यागकर सूक्ष्मरूप से जनार्दन की अवज्ञा की थी। फिर भी उनके मुख पर लेशमात्र रोष नहीं था। उन्होंने अर्जुन के इस व्यवहार में मानवीय ममता को देखा, हिंसा के प्रति उसकी अनिच्छा को देखा। ऐसे समय में भी वे गुणग्राही हो सकते हैं। जिस तरह कर्ण ने माता कुन्ती को खाली हाथ वापस न जाने देकर उनके चार पुत्रों का जीवनदान दिया था यह जानकर उन्हें प्रसन्नता हुई थी और उन्होंने कर्ण की महत्ता का अनुभव किया था। आज अर्जुन ने सगे-सम्बन्धियों पर शस्त्र न उठाकर उनके द्वारा प्राप्त पराजय या मृत्यु स्वीकार करने का निश्चय किया! कर्ण किसी भी कीमत पर अपयश प्राप्त करने के लिए तैयार नहीं। अर्जुन उससे एक कदम आगे निकल गया। उन्होंने स्नेहपूर्ण दृष्टि से उसकी ओर देखा। संवेदनशीलता की यह पराकाष्ठा है।

कुरुक्षेत्र की इस भूमि में विपक्ष में खड़े हैं वे सब स्वजन हैं।

कितना महान अनुभूति है! ज्ञानी, योगी और भक्त इस स्थिति तक पहुँचने के लिए जीवन-भर उपासना करते हैं। अर्जुन को एक क्षण में ही उसका अनुभव हो गया। आत्मचेतना का विस्तार हो गया, यह जाग्रत अवस्था का प्रारम्भ है।

"धनंजय!"—वही आत्मीयता श्रीकृष्ण की आँखों में थी। अर्जुन से दृष्टि मिली। स्नेह की द्युति का स्पर्श हुआ। अपने विगत जीवन का स्मरण हो आया। अर्जुन भी सतत संघर्षरत रहा है। दोनों ने कर्म का आनन्द लूटा है। दोनों ने असाधारण त्याग किया है। रूपसियाँ भी उन्हें विचलित नहीं कर पाईं। राजा विराट ने जब उत्तरा के विवाह का प्रस्ताव रखा तो अर्जुन ने पुत्र को आगे कर दिया। जब अस्सी-अस्सी वर्ष के राजा स्वयंवर में जाते हों, उनकी अपेक्षा अर्जुन तो उम्र में कम था। परन्तु उसने स्वयं को जितेन्द्रिय पुरुष प्रमाणित किया। श्रीकृष्ण जानते हैं कि स्वयं की तरह अर्जुन भी समग्र जीवन को एक साधना मानता है। फिर भी दोनों के बीच कुछ-न-कुछ अन्तर है। अर्जुन मुख्य रूप से कर्मयोगी रहा है, उसे ज्ञानयोगी भी बनना चाहिए था। कर्म को ज्ञानमार्गी बनानेवाला और ज्ञान को सक्रिय करनेवाले योग की साधना करने का उसे अवसर नहीं मिला था, आज मिलेगा। उसे क्रियायोग सिखाने का क्षण आ पहुँचा है।

सर्वप्रथम तो यह मनःस्थिति परिवर्तित करवानी होगी। जो प्रत्यक्ष हो उतना ही सत्य नहीं होता। व्यापक सत्य का परिचय होने पर सम्बन्ध और सम्बन्धी का स्वरूप बदल जाएगा। एक बड़ी हिंसा रोकने के लिए प्रत्यक्ष हिंसा करनी पड़ती है।...

केवल फल को, सीमित लक्ष्य को सामने रखकर कार्य करने पर ऐसा मोह होता है। फल की इच्छा त्यागकर निःस्पृहभाव से धर्म-बुद्धि से प्रेरित होकर अर्जुन को कर्मयोगी बनना है। सुदामा ने स्वीकार किया था कि फल की सीमित धारणा कर्म को भी अंकुशित कर देती है। अर्जुन क्यों यह मान बैठा कि वह अपने स्वार्थ के लिए इस युद्ध में प्रवृत्त हुआ है? अतः परिणाम के बारे में सोचने पर उसे सगे-सम्बन्धियों की मृत्यु से शोक हुआ। इस एकांगी दृष्टि का निवारण होना ही चाहिए।

"पार्थ! तू अपने सगे-सम्बन्धियों को देह मानता है? क्या वे आत्मस्वरूप नहीं हैं? और तू कहाँ नहीं जानता कि आत्मा किसी के मारने से मरता नहीं है। तुझे जिसका भय है वैसा होना सम्भव नहीं है। अतः पाप से निर्भय होकर, द्वन्द्वरहित होकर आत्मपरायण बन। हे अर्जुन, तू अपनी प्रज्ञा में स्थिर हो।"

"प्रज्ञा में स्थिर, वही भी इस युद्धभूमि के केन्द्र में खड़े होकर?"

"हाँ, आत्मा और आत्मा के बीच की अद्वैत स्थिति में अवरोधक शरीर की सत्ता को तू मत मान। ब्रह्ममय स्थिति में तू अपने मैं को विलय कर दे। कर्म ब्रह्म से उद्भवित हुआ है। अकर्मण्य रहने से कर्म करना श्रेयस्कर है।"

"कर्म के रूप में यह युद्ध? इतना संहार?"

"संहार कौन करेगा? तू! नहीं। इस युद्ध का कर्ता तू नहीं है। जिन तत्त्वों ने सृष्टि का सन्तुलन तोड़ा है उन्होंने इस युद्ध को अनिवार्य बना दिया है। तुझे अपनी समदर्शी दृष्टि से यह आह्वान स्वीकार लेना है। तेरे विपक्ष में युद्ध के लिए तत्पर खड़े मनुष्य केवल कर्म कर रहे हैं, तुझे ज्ञानपूर्वक कर्म करना है। अनाशक्त रूप से, समर्पित होकर तू अपना धर्म निभा। ज्ञानाग्नि द्वारा कर्म के बन्धन भस्म हो जाते हैं। संशय ज्ञान नहीं, भ्रान्ति और अज्ञान है। उसे ज्ञान की धार से भेदकर योग का आचरण कर। चल, खड़ा हो।"

‘‘योग का आचरण करूँ? कर्म त्यागकर? कर्म-त्याग और कर्मयोग में क्या अधिक श्रेयस्कर है?’’

‘‘कर्म के त्याग से कर्म का योग अधिक श्रेयस्कर है। तू जानता है कि मैंने राज्य प्राप्ति की कामना से कभी युद्ध नहीं किया, अनेक ब्रह्मज्ञानी ऋषिमुनियों का साहचर्य मुझे प्राप्त हुआ है फिर भी मैंने संन्यास नहीं लिया। कर्मफल से बँधे बिना मुक्तिमार्ग पर ले जानेवाले योग को मैंने अपनाया है। योगी जल में रहकर भी भींगने वाले कमल के समान होता है, जबकि अयोगी सारी लौकिक परिस्थितियों में आसक्त रहते हैं। तू जहाँ है वहाँ से स्वयं को हटाकर देख। आत्मज्ञ होकर, समदर्शी बुद्धि से समग्र को देख। इस स्थिति में किया गया कर्म आनन्ददायक होगा। वह तेरे अन्तःकरण को प्रकाशित कर देगा। अध्यात्म चेतना से परमतत्त्व में सर्वकर्मों को विलीन करके, आशा और ममत्व से मुक्त होकर तू अपने धर्म का पालन कर। इससे तू बँधा हुआ अनुभव नहीं करेगा। अहंकार से विमूढ़ जीव ही बँधते हैं। क्योंकि वे स्वयं को ही कर्ता मानते हैं। और कर्म और फल के बीच सम्बन्ध रखकर जीते हैं। प्रकृति के तीन गुणों के बारे में अज्ञान रहकर जीनेवाले माया में बँध जाते हैं। इसलिए हे अर्जुन, गुणातीत होकर, फल का त्याग करके तू गांडीव उठा। त्याग से ही आन्तरिक शान्ति मिलती है। क्योंकि फल का त्याग ध्यान से श्रेष्ठ है, ध्यान ज्ञान से श्रेष्ठ है, ज्ञान अभ्यास से श्रेष्ठ है। हे कल्याणकामी, तुझे यह कर्म दोषयुक्त लगता है इसमें तेरा दोष नहीं है। जिस तरह अग्नि धुएँ से आवृत्त होती है वैसे ही सारे कर्म दोष से आवृत्त होते हैं। इस दोष से मुक्त रहने के उपाय के रूप में मैंने तुझे कर्मफल को त्याग करने की बात कही है।’’

यह वाणी अर्जुन को अच्छी लग रही है परन्तु प्रत्येक शब्द का मर्म हृदय तक नहीं पहुँचता है। तो क्या किया जाए?

उसे स्मृति दिलाई जाए।

मन से वह ‘ओऽम्’ का ध्यान करे। ध्यान में विश्वध्वनि सुने। शब्दब्रह्म का अनुभव करे। ऊर्ध्वलोक के साथ उसका अन्तःसम्पर्क स्थापित हो।

श्रीकृष्ण ने सव्यसाची की विशाल भुजा को स्पर्श करके अपनी चैतसिक शक्ति केन्द्रित की और क्षणार्ध में उसे क्रियायोग की दीक्षा दी।

अर्जुन ने चेतन होकर, जिज्ञासापूर्वक जनार्दन की ओर देखा। उसने सुना :

‘‘युद्ध का प्रारम्भ होता है अपनी इन्द्रियों के साथ। इस युद्ध में आत्मा साध्य है और साधन भी आत्मा ही है। इसकी प्रतीति जितेन्द्रिय ही हो सकती है। मैं जितेन्द्रिय बनने की तेरी उपासना का द्रष्टा हूँ। फिर भी अभी तू स्व-पर का भेद करता है इसलिए इस तरह द्विधा का अनुभव कर रहा है। स्वयं में सकल को और सकल में स्वयं को देख। यह अभेद्यदृष्टि तेरे सामने मेरे योग का रहस्य खोल देगी। युद्ध से होनेवाले विनाश की क्षणिक भ्रान्ति को त्यागकर तू अविनाशी ब्रह्म को समर्पित हो जा। तूने सेना की माया के विकल्प में मेरा चुनाव किया था इसका स्मरण कर। तेरा रथ मैं हाँक रहा हूँ, यह क्यों भूल रहा है? निश्चिन्त होकर खड़ा हो और कर्म कर। अन्तःदृष्टि से व्यापक सत्य को निहार।’’

—कुछ शब्दों का आदान-प्रदान हुआ, वहाँ तो एक तीव्र चैतसिक प्रक्रिया का आरम्भ हो गया।

लौकिक बन्धन टूट गए।

योगेश्वर श्रीकृष्ण ने अर्जुन को अखिलदर्शी दृष्टि दी। समग्र ब्रह्माण्ड के साथ अभेद्य सम्बन्ध दिखाकर निःस्पृह कर्म की अनिवार्यता की प्रतीति कराई।

अर्जुन को सर्वव्यापी आकाश की तरह अपने सामने का शून्य अवकाश अभूतपूर्व और अनन्य तेज से प्रकाशित लगा।

अर्जुन का रथ हाँकनेवाले ने उसे अपने पराए को सम्बद्ध करनेवाले विश्वरूप का दर्शन करवाया। जहाँ-जहाँ अपने गुरु की चेतना का अनुभव किया, वहाँ-वहाँ स्वयं के होने की सम्भावना देखी।

गुणातीत सृष्टि के अवबोध के साथ धनंजय खड़ा हुआ।

वह कहाँ खड़ा है? श्रीकृष्ण के पार्श्व में, उनके समीप।

वह माया और भ्रान्ति से परे है। निरहंकार और निर्विकार सत्व जग चुका है।

अन्तःसंवाद पूर्ण होते ही अर्जुन परम चैतन्य का उत्तराधिकारी बनकर धन्यता का अनुभव करते हुए श्रीकृष्ण को वन्दन करता है; उसे सुनाई देता है :

''मैंने तुझे कर्मयोग और आत्मज्ञान का रहस्य बताया। अब तू अपने विवेक से निर्णय कर।''

अर्जुन ने कहा : ''हे योगेश्वर, आपके अनुग्रह से मेरा लौकिक मोह दूर हो गया है और आत्मबोध प्राप्त हो गया है, इससे मैं निःसंशय हो गया हूँ। अब आपकी आज्ञा के अनुसार युद्ध के इस कार्य में प्रवृत्त होऊँगा।''

श्रीकृष्ण ने चित् शक्ति से अर्जुन को जाग्रत किया। इसके समानान्तर युद्धभूमि में अनेक छोटी-छोटी घटनाएँ घटित हो चुकी थीं। परन्तु एक घटना ने तत्क्षण दोनों पक्षों का ध्यान आकर्षित किया।

युधिष्ठिर रथ से नीचे उतरे, उन्होंने कवच उतार दिया था और आयुध रथ में ही छोड़ दिए थे।

वे भीष्म, द्रोण, कृपाचार्य और शल्य की अनुमति लेने जा रहे हैं, यह समझने में बहुतों को देर लगी। क्योंकि राजनीति के ज्ञान में वे युधिष्ठिर से बहुत पीछे थे। दुर्योधन की सेना में तो यह अफवाह फैल गई कि युधिष्ठिर शरण में आ रहे हैं। वास्तव में वे गुरुजनों का आशीर्वाद प्राप्त करने गए थे। यह जानकर कौरव शर्मिंदा हुए।

युधिष्ठिर ने कौरव सेना को सम्बोधित करते हुए घोषणा की : ''कोई हमारे पक्ष में आना चाहे तो आमन्त्रित है।''

धृतराष्ट्र का दासी पुत्र युयुत्सु अपनी इच्छा प्रकट करता हुआ आगे आया। युधिष्ठिर ने उसे स्वीकार कर लिया।

इस घटना को पांडव पक्ष ने शुभ संकेत माना।

युधिष्ठिर जब अपने रथ में बैठ रहे थे उस समय श्रीकृष्ण ने एक टिटहरी का चीत्कार सुना।

उन्होंने देखा कि टिटहरी युद्ध में अपने बच्चे कुचल जाने के भय से चीत्कार रह रही है। "अर्जुन, मैं इस आर्त पंक्षिणी के बच्चों पर रक्षाछत्र जैसा कुछ रख आता हूँ।"—कहकर उन्होंने हयदल से एक घंटा मँगाया। उचित स्थान देखकर रख दिया।

कुछ क्षण पहले जिनके विराट रूप का अनुभव किया था ऐसे श्रद्धेय गुरु का ऋजु रूप देखकर अर्जुन धन्य हो गया।

गांडीव की प्रत्यंचा खिंची।

प्रथम दिन का युद्ध पूर्ण हो गया।

उसे घंटे के नीचे से टिटहरी के भयभीत बच्चों को सुरक्षित स्थान पर रखकर कृष्ण और अर्जुन मुक्त हुए।

विश्राम करने के बाद पाँचों पांडव श्रीकृष्ण के शिविर में आए। उन्हें अश्वों की देखभाल करते हुए देखकर आश्चर्यचकित हो गए।

अर्जुन ने चारों भाइयों को उस अलौकिक घटना के बारे में बताया था। कुछ क्षणों तक हुए उस संवाद और अन्तःसंवाद के रहस्य को समझाते हुए वह थकता नहीं था।

"ऐसे अनुपम उपदेश के लिए हम सब भाई आपके ऋणी हैं।—" युधिष्ठिर ने कहा।

"वह उपदेश नहीं, मेरे जीवन का मर्म था। समय-समय पर मैंने आपद्धर्म निभाया है। कर्तव्य के सामने मोह को नहीं आने दिया। रागद्वेषविहीन मानवधर्म प्रचलित करने में आप समर्थ हैं यह कहने और हिंसारूपी अधर्म के बारे में कौरवों को सजग करने मैं हस्तिनापुर गया था। वहाँ सफलता नहीं मिली परन्तु उसका मुझे शोक नहीं है। व्यक्ति के रूप में प्राप्त शक्तियों का उपयोग यदि हम समष्टि के लिए करें तो कर्तव्य का भार नहीं रहता और न अपयश की भीति रहती है। निष्काम कर्म की भावना से कार्य करनेवाला मनुष्य जीवन का आनन्द लूट सकता है और क्रियायोग के द्वारा मनुष्य आध्यात्मिक विकास कर सकता है। वह पिण्ड और ब्रह्माण्ड के बीच सन्धि सूत्र स्थापित कर सकता है। सुबह इन दोनों बातों का मैंने अर्जुन को बोध कराया था। हमारा यह चैतसिक उपनिषद था। अर्जुन के मन में उस क्षण उद्भवित द्विधा का शमन करने के लिए मैंने उसके सामने अपने विगत जीवन का उपसंहार प्रस्तुत किया था। इसे आप चमत्कार न समझें। मेरी तरह आप भी अनासक्ति की धुरी पर खड़े होकर विवेकपूर्वक समर्पित होकर कर्म करेंगे तो अपने किसी अनुज की द्विधा दूर कर सकेंगे। आज शुभ प्रारम्भ हो चुका है। परिणाम को किसी सीमित अवस्था में नहीं बाँधना। समर्पित ज्ञानी का कर्म मुक्ति की दिशा में पहला चरण होता है।"

युद्ध के बाद का दिन विश्रान्ति का होता है। ऐसे नौ-नौ दिन तक भीष्म पांडव की सेना को त्रसित करते रहे हैं।

युधिष्ठिर को लगता है कि पितामह से इस बारे में सलाह लेनी चाहिए कि उन्हें किस प्रकार जीता जा सकता है। ''मधुसूदन! हम पिताविहीनों को उन्होंने बड़ा किया है। उन्होंने मुझसे कहा था : 'मैं लड़ूँगा दुर्योधन के पक्ष से परन्तु तुझे हमेशा सही सलाह देता रहूँगा।' आज मैं उनकी सलाह लेकर उन्हें ही मारना चाहता हूँ। धिक्कार है इस क्षत्रिय जीवन को!''

यहाँ फिर से श्रीकृष्ण आश्वासन देते हैं। सब भीष्म के शिविर में जाते हैं। भीष्म स्वागत कर आशीष देकर कहते हैं : ''मैं अपराजेय हूँ परन्तु शिखंडी जैसे किसी को सामने करके अर्जुन मुझसे युद्ध करेगा तो ही मुझे जीत पाएगा।''

वापस लौटते समय अर्जुन ने संतप्त स्वर में कहा : ''वासुदेव, शैशव में धूलधूसरित गात्रों से इस महापुरुष की गोद में खेल-खेलकर मैंने उनके वस्त्रों को मलिन किया था। मैं उन्हें पिता कहता तो प्यार से वे कहते—मैं तेरा पिता नहीं, पिता का भी पिता हूँ। ऐसे महानुभाव पर मैं किस प्रकार बाण चलाऊँगा?''

''केवल कर्तव्य भावना से प्रेरित होकर! मैं कितनी बार तेरा मोहभंग करूँ अर्जुन! अब तुझे भीष्म के साथ मृदुयुद्ध नहीं करना है। बिजली गिरने से जिस प्रकार वृक्ष गिर पड़ता है उसी प्रकार तुझे गांगेय को उन्मूलन करना है। यह यज्ञ तुझे ही करना है...''

श्रीकृष्ण के मार्गदर्शन के अनुसार दसवें दिन शिखंडी को महासेनापति बनाकर पांडव आक्रमण करते हैं। घनघोर युद्ध होता है। भीष्म समझ जाते हैं कि मेरे अंगों को चीर डालनेवाले यह बाण अर्जुन के गांडीव के ही हैं, शिखंडी के नहीं। गंगा-सागर के संगम की भँवरों के समान भीष्म टूट पड़ते हैं, रणभूमि खून से लथपथ हो जाती है।

सूर्य अभी अस्त नहीं हुआ था। वहाँ पूर्व दिशा की ओर मस्तक रखते हुए भीष्म का शरीर रथ से गिर पड़ता है, परन्तु बाणों से बिंधा होने के कारण धरती का स्पर्श नहीं करता। भीष्म के लिए शरशैया तैयार हो गई थी। उनके मन में दिव्य भावनाएँ उठती हैं। मानसरोवर के हंस रूपधारी ऋषियों की वाणी सुनाई देती है। उत्तरायण में मृत्यु हो तब तक वे प्राण नहीं छोड़ने का संकल्प करते हैं।

पांडव और कौरव उन्हें घेरकर खड़े हैं। भीष्म तकिया माँगते हैं। कोमल तकिया आता है। उसका स्वीकार नहीं करके उचित तकिया रखने के लिए अर्जुन को आज्ञा करते हैं। तीन तीक्ष्ण बाणों से अर्जुन पितामह के मस्तक को आधार देकर ऊँचा करते हैं।

जब सारे योद्धा अपने-अपने तम्बुओं में चले गए तब कर्ण आता है। शरशैया पर सोए हुए भीष्म से उसका संकोच छिपा नहीं रहा। चरणस्पर्श करके उसने अपने आने का प्रयोजन बताया।

पितामह ने कर्ण के जन्म की कथा को नारद, व्यास और श्रीकृष्ण से सुना था। उन्होंने सेवक को हटाकर कर्ण से उसके जन्म का वृत्तान्त कहा। पराक्रम में वह श्रीकृष्ण और

अर्जुन के समकक्ष है कहकर सहोदरों के साथ बैर भूलकर समाधान के लिए दुर्योधन को प्रेरित करने के लिए कहा। कर्ण बैर भूलने के लिए प्रयत्नशील था परन्तु दुर्योधन के लिए सर्वस्व अर्पण करने के लिए कृतसंकल्प है। "इसके लिए क्षमा करके आप मुझे युद्ध करने की अनुज्ञा प्रदान करें।"

—इस तरह श्रीकृष्ण का सन्देश भीष्म के द्वारा कर्ण तक भी पहुँच गया।

युद्ध का तेरहवाँ दिन।

दुर्योधन के व्यंग्य और विनती करने पर द्रोणाचार्य ने अभेद्य चक्रव्यूह की रचना की। दुर्योधन ने संशप्तकों को तैयार किया। वे अर्जुन को आह्वान देकर युद्धभूमि में दक्षिण दिशा में ले गए। यह चक्रव्यूह भेदने की कला अर्जुन, श्रीकृष्ण, प्रद्युम्न और अभिमन्यु के अतिरिक्त अन्य कोई नहीं जानता था। प्रद्युम्न द्वारिका में था। अर्जुन-श्रीकृष्ण संशप्तकों से संघर्ष कर रहे थे। इसलिए युवा अभिमन्यु पर यह दायित्व डाले बिना युधिष्ठिर के पास अन्य कोई उपाय नहीं था।

कर्णिकार वृक्ष से अंकित ध्वजावाला अभिमन्यु सारथि के परामर्श की परवाह किए बिना जिस तरह हाथी के समूह पर सिंह-शावक टूट पड़ता है उसी तरह चक्रव्यूह को तोड़कर उसमें प्रविष्ट हो गया। उसने कौरव सेना में आतंक फैला दिया। उसका पराक्रम देखकर द्रोणाचार्य प्रसन्न हो गए परन्तु दुर्योधन अभिमन्यु का वध करवाकर अर्जुन और श्रीकृष्ण को मार्मिक आघात देना चाहता था। वह उसकी ओर बढ़ चला।

अभिमन्यु ने दुर्योधन को हरा दिया, कर्ण को पराजित कर दिया। कौरव स्तब्ध रह गए।

जयद्रथ पांडवों को रोके हुए था। अकेले पड़ गए अभिमन्यु ने वसाति जनपद के राजा को मार गिराया, शत्रुपक्ष के सारे महारथियों को पीछे हटने के लिए मजबूर कर दिया और उसने दुर्योधन पुत्र लक्ष्मण का वध कर डाला।

अब दुर्योधन ने कपट से अभिमन्यु के वध करने का निश्चय कर लिया। उसके निर्देश पर द्रोण, कृप, कर्ण, अश्वत्थामा, बृहद्बल और कृतवर्मा यह छह महारथी एक साथ एकाकी अभिमन्यु पर टूट पड़े। इसमें भी बृहद्बल मारा गया। वहाँ शल्य ने उसका स्थान ले लिया। द्रोण के आदेश पर कर्ण ने पीठ के पीछे से अभिमन्यु पर आक्रमण किया और उसे सम्पूर्ण निःशस्त्र कर दिया।

अभिमन्यु रथ का चक्र लेकर द्रोण पर टूट पड़ा।

चक्र कट गया।

अभिमन्यु रणक्षेत्र में पड़ा हुआ गदा उठाकर प्रतिकार करता रहा। वहीं यकायक आगे आकर दुःशासन के पुत्र के गदा प्रहार से छह महारथियों से घिरा अभिमन्यु गिर पड़ा। जयद्रथ ने उसके मस्तक पर पैर रखा।

संशप्तकों का वध करके संध्योपासन करके कृष्णार्जुन शोकमग्न छावनी में प्रविष्ट हुए।

सुभद्रा, द्रौपदी और गोविन्द के लाड़ले अभिमन्यु का छह महारथियों द्वारा अन्यायपूर्वक वध का वृत्तान्त सुनकर अर्जुन ने प्रतिज्ञा की : "यदि कल जयद्रथ शरण में नहीं आ जाता या युद्धभूमि छोड़कर नहीं चला जाता तो मैं उसका वध कर दूँगा। और यदि सूर्यास्त से पहले सफल नहीं हुआ तो प्रज्वलित अग्नि में प्रविष्ट हो जाऊँगा।"

श्रीकृष्ण ने देखा कि दुर्योधन की कूटनीति सफल होती जा रही है। अभिमन्यु उसका भोग बन गया परन्तु अर्जुन को वे किसी भी हालत में नहीं मरने देंगे। अपनी समग्र योगशक्ति का प्रयोग करके भी पार्थ को बचा लेंगे।

जयद्रथ ने अर्जुन की प्रतिज्ञा सुनकर भयभीत होकर घर जाने के लिए दुर्योधन ने अनुमति माँगी। दुर्योधन ने द्रोणाचार्य से जयद्रथ की रक्षा की व्यवस्था करने के लिए प्रार्थना की। कर्ण, भूरिश्रवा, अश्वत्थामा, कर्णपुत्र वृषसेन, कृप और शल्य—ये महारथी जयद्रथ के आगे रहे। द्रोणाचार्य ने अर्धशटक और अर्धवध व्यूह की रचना की।

श्रीकृष्ण सावधानीपूर्वक अर्जुन का रथ हाँक रहे हैं परन्तु उन्हें रह-रहकर द्रौपदी, सुभद्रा और उत्तरा का विलाप सुनाई देता है। अभिमन्यु जैसा वीर युग में एकाध ही जन्म लेता है। उसका कितनी क्रूरता से कपटतापूर्वक वध कर डाला गया। युद्ध की विभीषिका अभी न जाने कैसे-कैसे करुण दृश्य दिखाएगी। उन्होंने सुभद्रा से कहा था : "तेरे पुत्र ने अकेले जैसा पराक्रम दिखाया है उतना हम सब मिलकर भी कर पाएँ तो बहुत है। ऐसा क्षत्रिय पुंगव वीरगति को प्राप्त हुआ है। तू शोक मत कर। द्रौपदी और उत्तरा को आश्वासन दे।"

उन्हें सभी को आश्वासन देना है परन्तु अपनी वेदना किसी से नहीं कहनी। रुक्मिणी जानती है कि अभिमन्यु मुझे कितना प्रिय था...

अर्जुन ने दुर्मर्षण और दुःशासन को भगा दिया है। द्रोण को आगे बढ़ता देखकर उनसे युद्ध करना टालने के लिए श्रीकृष्ण अपने अश्वों को आगे बढ़ने के लिए हाँकते हैं। द्रोण आ पहुँचते हैं, कृतवर्मा भी सामने से आता है। दोनों को मूर्च्छित करके अर्जुन कलिंग के राजा श्रुतायुध से टकराया। श्रुतायुध ने युद्ध के नियमों का भंग करके सारथी कृष्ण पर अमोघ गदा से प्रहार किया। जनार्दन के पुष्ट कन्धे पर लगकर परावर्तित गदा ने श्रुतायुध के प्राण हर लिए।

उसके बाद सामने सुदक्षिण आया। श्रुतायु और अच्युतायु आए। उनसे युद्ध करते हुए अर्जुन क्षण-भर को मूर्च्छित हो गया। परन्तु श्रीकृष्ण के कुशल संचालन ने उसकी रक्षा की। अर्जुन ने इन्द्रास्त्र द्वारा श्रुतायु और अच्युतायु को मार डाला। अब सारी शृंखलाएँ छिन्न-भिन्न हो चुकी थीं, यह देखकर दुर्योधन द्रोणाचार्य के पास पहुँचा :

"मैं नहीं जानता था कि आप मीठी छुरी के समान हैं।"

ऐसे कटु वचन सुनकर भी द्रोणाचार्य ने दुर्योधन की इच्छा पूर्ण नहीं की। आज वे युधिष्ठिर से ही लड़ेंगे, अपने इस संकल्प पर दृढ़ रहे। उन्होंने अभिमन्त्रित कवच पहनाकर दुर्योधन को लड़ने भेजा। उसने कृष्णार्जुन पर पीछे से आक्रमण किया। सामने से असंख्य रथ अवरोधक बनकर संघर्षरत हैं।

अवन्ति के विन्द और अनुविन्द अर्जुन पर आक्रमण करते हैं। श्रीकृष्ण के भाल पर गदा मारनेवाले अनुविन्द को उसके भाई के साथ मारकर अर्जुन ने जयद्रथ की दिशा में

दृष्टि की। अभी दूर तक जाना पड़ेगा, अश्व थक चुके हैं। उनके शरीर में असंख्य बाण घुस चुके हैं। क्या करना चाहिए? श्रीकृष्ण की सलाह से अर्जुन रथ से उतरकर शत्रुओं का नाश करता है। श्रीकृष्ण अश्वों के शरीर से बाण निकालकर लेप लगा पानी पिलाकर पुनः रथ में जोतते थे। रथ की इस गति को देखकर स्तब्ध रह गई कौरव सेना जयद्रथ के बचने की आशा छोड़ देती है। वहीं दुर्योधन सामने से आता है। वह कवच के कारण निर्भीक है। और रथ को रोकने में सफल होता है। अश्वत्थामा उसकी सहायता के लिए आ पहुँचा है। अर्जुन दुर्योधन के अश्व, रथ और आयुद्ध नष्ट कर देता है। वहीं कौरव सेना उसे घेर लेती है। परन्तु पांचजन्य शंख के नाद से कौरव सत्वहीन बन जाते हैं, मार्ग हो जाता है परन्तु जयद्रथ अभी एक कोस दूर है। भूरिश्रवा, उसके भाई शल, कर्ण, वृषसेन, कृप, शल्य और अश्वत्थामा से रक्षित जयद्रथ के साथ धनंजय को अब आखिरी युद्ध लड़ना है।

वहाँ द्रोणाचार्य से लड़ते हुए युधिष्ठिर सात्यकि को अर्जुन की सहायता को जाने के लिए कहते हैं। सात्यकि को युधिष्ठिर की रक्षा का दायित्व सौंपा गया था। "मैं चला जाऊँ और द्रोण आपको कैद कर लें तो? इससे जयद्रथ का भी वध नहीं होगा और अर्जुन प्रतिज्ञा के अनुसार अग्नि-प्रवेश करेंगे।"

युधिष्ठिर स्वयं को भीमसेन, घटोत्कच, धृष्टद्युम्न आदि से रक्षित मानते थे। उन्होंने बार-बार आग्रह करके सात्यकि को अर्जुन के पास भेजा। उस स्थान से जयद्रथ तीन योजन दूर था। उसकी मृत्यु से पहले पहुँचने का संकल्प करके सात्यकि पूर्ण सुसज्जित हो कैलावत मद्य का पान करके चल दिया। द्रोण और कृतवर्मा को हराकर वह आगे बढ़ा। दुःशासन को उसने भगा दिया।

भूरिश्रवा सात्यकि के सामने आता है। अर्जुन को लगता है कि बड़े भाई ने सात्यकि को यहाँ भेजकर भूल की है। वह थका हुआ लगता है। भूरिश्रवा के पास बड़ी सेना है।

भीषण युद्ध हो रहा है। श्रीकृष्ण अर्जुन का ध्यान आकर्षित करते हैं—रथ टूटने पर भी सात्यकि कैसा संग्राम कर रहा है! परन्तु वह विकट परिस्थिति में फँसता जा रहा है। ध्यान रखना तेरा यह शिष्य, असुरक्षित नहीं होने पाए।"

भूरिश्रवा ने सात्यकि को पटककर उसकी छाती पर लात लगाई, उसके केश पकड़कर खींचे। म्यान से खड्ग निकालकर उसका शिरच्छेद करने का प्रयत्न किया। सात्यकि बचने के लिए अपना मस्तक इधर-उधर मोड़ लेता था, परन्तु वह पूर्णतया भूरिश्रवा के नियन्त्रण में था। श्रीकृष्ण ने दुबारा अर्जुन का ध्यान आकृष्ट किया। जयद्रथ पर से दृष्टि हटाकर धनंजय ने भूरिश्रवा का बाजूबन्ध विभूषित खड्गधारी हाथ बाण से काट डाला।

अर्जुन ने यह क्षुद्र कर्म वासुदेव के निर्देश से किया है यह जानकर इसके विरोध में भूरिश्रुवा ने प्रायोपवेशन नामक आमरण उपवास प्रारम्भ किया और श्रीकृष्ण के बारे में कटुवचन कहे। अर्जुन ने प्रतिप्रश्न किया : "तू निहत्थे सात्यकि को शस्त्र से वध करने को तत्पर था। यह धर्मपूर्ण कार्य था? तेरे पक्ष के सभी महारथियों ने रथ और कवचविहीन निःशस्त्र अभिमन्यु को मार डाला, वह धर्मपूर्ण कार्य था?"

निरुत्तर होकर भूरिश्रवा की दृष्टि झुक गई। वहाँ सात्यकि उठ खड़ा हुआ। श्रीकृष्ण, अर्जुन और आ पहुँचनेवाले भीमसेन उसे रोकें उससे पहले उसने व्रतधारी भूरिश्रवा का मस्तक उसके ही खड्ग से काट डाला और उसे लात मारनेवाले की यह दशा करने की प्रतिज्ञा पूर्ण की। कुछ क्षण इसमें व्यतीत हो गए। श्रीकृष्ण को लगा कि सात्यकि ने अपने प्रकीर्तित जीवन पर आज कलंक लगा लिया है।

युधिष्ठिर ने अर्जुन की सहायता करने के लिए जो कदम उठाया उससे इन अतिमूल्यवान क्षणों को खो देना पड़ा।

सूर्य अस्त होने जा रहा है। श्रीकृष्ण ने अश्वों को जयद्रथ की ओर दौड़ाया। दुर्योधन ने कर्ण को आज्ञा दी : "तू पार्थ का प्रतिकार कर। और प्रतिज्ञा के अनुसार उसके अग्नि-प्रवेश में सहायक बन।"

भीमसेन ने कर्ण को थका दिया था परन्तु उसने मित्र की आज्ञा शिरोधार्य की। अपनी पूरी क्षमता से लड़ा परन्तु आज उसे अर्जुन के दूसरे ही रूप का अनुभव हुआ। रथ टूट जाने पर उसे अश्वत्थामा के रथ का आश्रय लेना पड़ा। अर्जुन ने अन्य महारथियों को भी पराजित कर दिया। सूर्य पर्वत के पीछे अस्ताचल में जाए उससे पहले श्रीकृष्ण रथ को लक्ष्य के समीप ले गए और निर्देश दिया : "दुष्ट जयद्रथ के मस्तक को वेध कर अलग कर दो।"

अर्जुन ने विद्युत स्पर्शी विरल शस्त्र छोड़ा। जयद्रथ का वध हुआ।

श्रीकृष्ण ने एकाग्र चित्त से विश्रान्ति के क्षण का अनुभव किया। जयद्रथ का वध होने से अर्जुन की प्रतिज्ञा पूर्ण हुई और निहत्थे अभिमन्यु को अन्यायपूर्वक घेरने वाले कौरव महारथियों को लज्जास्पद पराजय सहन करनी पड़ी। इस दिन का युद्ध-संचालन अविस्मरणीय रहा।

15

युद्ध की चौदहवीं रात में भयंकर संघर्ष हुआ। अपने सारे महारथियों की पराजय और जयद्रथ वध से दुर्योधन को भयानक आघात पहुँचा। उसने कर्ण के सामने द्रोणाचार्य की भी टीका की। और उसकी वीरता की प्रशंसा करते हुए कुछ करने के लिए विनती की।

कर्ण ने अर्जुन सहित सारे पाण्डवों को जीत लेने की घोषणा की।

कृपाचार्य से यह सहन नहीं हुआ। घोषणा किए बिना उन्होंने कर्ण को करके दिखाने की सलाह दी परन्तु कर्ण पर इसका प्रभाव न होता देख कहा : "क्षत्रिय बाहुबल में और ब्राह्मण वाणी में कुशल होते हैं। अर्जुन धनुष विद्या में कुशल है जबकि कर्ण मन के घोड़े दौड़ाने में कुशल है।"

यह सुनकर कर्ण शान्त होने के स्थान पर अधिक गर्जना करता है। कृष्ण और सात्यकि सहित सारे पाण्डवों का वध करके निष्कंटक पृथ्वी को दुर्योधन को सौंपने की बुलन्द घोषणा करता है। यह सुनकर कृपाचार्य उसकी शेखी का मजाक उड़ाते हैं। कर्ण

क्रोधित होकर कृपाचार्य का अपमान करता है। विवेक और शिष्टता भूल रहे कर्ण के विरुद्ध कृप का भानजा अश्वत्थामा उठ खड़ा होता है। दुर्योधन बीच में पड़कर सबको मनाता है।

आचार्य द्रोण सोचते हैं : इस पक्ष में श्रीकृष्ण नहीं है उसी का यह परिणाम है। युद्ध के मोर्चे में द्यूत विशेषज्ञ शकुनि की बुद्धि अधिक उपयोगी सिद्ध नहीं होती। दुर्योधन ने अनेक ज्योतिषियों की सलाह ली थी। विधि मेरे अनुकूल है, मेरे पास विशाल सेना है फिर मैं समझौता क्यों करूँ? परन्तु उसकी धारणा के विपरीत युद्ध काफी लम्बे समय तक चला था और पाण्डवों की अपेक्षा उसके पक्ष को अधिक हानि पहुँची थी।

दूसरी ओर पाण्डव पक्ष में श्रीकृष्ण प्रत्येक मोर्चे पर प्रत्यक्ष या परोक्ष रूप से मार्गदर्शन देते थे। भाई-भाई या अन्य योद्धाओं के बीच अन्तःक्लेश का शमन करते थे। कौन किसके साथ लड़ेगा इसका अन्तिम निर्णय वे ही करते थे।

उस रात्रि युद्ध में कर्ण के अति मानवीय पराक्रम को देखकर श्रीकृष्ण ने घटोत्कच को उससे लड़ने भेजा। रात्रि युद्ध में वह विशेष कुशल था। सात्यकि उसका पृष्ठरक्षक बना। घटोत्कच कौरव सेना पर टूट पड़ा। उसने अलायुध को मारकर उसका मस्तक दुर्योधन की ओर फेंका। कर्ण के रथ के अश्वों को उसने मार दिया। कौरव सेना चीत्कार कर उठी। कर्ण स्वयं भी भयभीत हो गया। उसके पास उल्का समान अमोघ शस्त्र था जिसे वह अर्जुन का वध करने के लिए बचाए हुए था। परन्तु इस समय उसके सामने विकट परिस्थिति थी। अर्जुन से बैर का बदला लिए बिना ही घटोत्कच के द्वारा मारा जाऊँ या इस शक्ति से घटोत्कच को मारकर कौरव सेना की रक्षा करूँ? उसने अनुमान किया था कि आज अर्जुन उससे लड़ने आएगा परन्तु उसकी गर्जनाओं पर कान न देकर श्रीकृष्ण ने घटोत्कच को भेजा। अन्त में मुझे भी श्रीकृष्ण की इच्छा के अनुसार कार्य करना पड़ा। तो ऐसा ही सही।

कर्ण ने अमोघ शक्ति का प्रयोग किया। घटोत्कच पर मानो उल्कापात हुआ। मानो पर्वत टूट पड़ा हो। आश्वासन पाने के लिए शोकाकुल अर्जुन ने श्रीकृष्ण की ओर देखा। उनके मुख पर शोक की कोई रेखा नहीं थी बल्कि वे हर्षातिरेक में खड़े हो गए। उन्हें हर्ष में देखकर उसने कारण पूछा। श्रीकृष्ण ने क्षण-भर पार्थ की ओर देखा फिर बोले : "आज तक मैं ऐसे प्रसंगों को टालता रहा हूँ जिनमें कर्ण उस शक्ति का तुझ पर प्रयोग कर सकता था। आज कर्ण उस शक्ति से विहीन हो गया। इतना ही नहीं, आर्यधर्म में विक्षेप डालनेवाले राक्षस इससे पहले घटोत्कच के हाथों मर चुके हैं। आज मैं तुझे पुनर्जीवित और दुर्योधन की पराजय देख रहा हूँ।"—इतना कहकर यदुनन्दन ने युद्धभूमि पर दृष्टिपात किया। पाण्डव श्रेष्ठ युधिष्ठिर ने घटोत्कच की मृत्यु का बदला लेने के लिए कर्ण पर आक्रमण कर दिया है। उनकी रक्षा के लिए इन्होंने उस दिशा में रथ दौड़ा दिया।

रात के तीसरे प्रहर तक चला यह युद्ध मृत्यु का तांडव साबित हुआ। अर्जुन ने देखा कि सैनिक मानो अन्धे होकर लड़ रहे हैं। उसने युद्धविराम की घोषणा कर दी।

पांचालों के साथ पुरानी दुश्मनी का हिसाब करने के लिए जनूनी बन गए आचार्य अन्तिम समय में अधर्म युद्ध करने को प्रेरित हुए। उन्होंने दूषित और विषैल शस्त्रों का प्रयोग प्रारम्भ कर दिया था। इस अधर्म से पाण्डवों की रक्षा करने के लिए श्रीकृष्ण ने एक सांयोगिक घटना का उपयोग किया। मालवपति इन्द्रवर्मा का अश्वत्थामा नामक हाथी भीमसेन की गदा से मारा गया था। उस बारे में काफी कोलाहल किया गया। पाण्डवों के हजारों सैनिकों का संहार करनेवाले द्रोण का उस ओर ध्यान आकर्षित हुआ।

"ब्रह्मदेव, अश्वत्थामा मारा गया।"

—भीमसेन के उत्तर से द्रोणाचार्य सन्तुष्ट नहीं हुए। उन्होंने युधिष्ठिर से पूछा। श्रीकृष्ण ने देखा कि अधर्मयुद्ध लड़नेवाले आचार्य ऐसे समय भी युधिष्ठिर से सत्य की अपेक्षा रखते हैं! तो क्या हम अपनी सत्यनिष्ठा के कारण दुष्टता पर बलि चढ़ जाएँ? नहीं, जीवन प्रथम है, शेष सबकुछ गौण है। उन्होंने ज्येष्ठ पाण्डव को सजग किया। युधिष्ठिर ने सत्य और जीवन में से जीवन को चुना। 'हाथी' धीमे बोले और "अश्वत्थामा मारा गया" जोर से बोले। कहकर उन्होंने ग्लानिवश नीची दृष्टि कर ली।

अश्वत्थामा की मृत्यु को सत्य मानकर मोहजाल में बँधे आचार्य निस्तेज हो गए। उनके पास केवल शस्त्रास्त्र का ज्ञान था। इसी कारण जिस प्रकार वे अधर्मयुद्ध करने को प्रेरित हुए उसी तरह पुत्र के शोक से शिथिल पड़ गए। उनके पास शस्त्र और शास्त्र के ज्ञान के साथ आत्मज्ञान भी होता, श्रीकृष्ण द्वारा अर्जुन को दिया हुआ क्रिया योग का ज्ञान होता तो वे इस तरह हताश नहीं हो जाते—ग्लानि का अनुभव करनेवाले युधिष्ठिर को श्रीकृष्ण समझा रहे थे : "तुमने संदिग्ध वाणी बोलकर असंख्य मनुष्यों का जीवन बचाया है। शोक मत करो।" दूसरों के जीवन की रक्षा के लिए बोला गया अर्धसत्य या असत्य किस प्रकार धर्मपूर्ण कार्य बन जाता है इस बारे में दृष्टान्त दिए।

यहाँ सात्यकि को विनोद सूझा : "गुरुपुत्र अश्वत्थामा और इन्द्रवर्मा के उस हाथी में आपको क्या अन्तर लगता है! मदान्ध होकर गुरुपुत्र हाथी की तरह व्यवहार करता है।"

हास्य विनोद से भी युधिष्ठिर की ग्लानि कम नहीं हुई। उनके मन में द्वन्द्व उठा : "मैं जीवन रक्षा के लिए अर्द्धसत्य बोला या अपनी विजय की आकांक्षा के कारण?" श्रीकृष्ण ने कहा :

"सत्य का कोई शाश्वत रूप नहीं होता, परिस्थितियों के अनुसार प्राप्त हुए धर्म के सन्दर्भ में उसे देखना चाहिए।" सहदेव श्रीकृष्ण की उक्ति की व्याख्या करता है और आचार्य पर बाणवर्षा करनेवाले धृष्टद्युम्न की प्रशंसा करता है।

द्रोण निराशापूर्ण मनःस्थिति में भी धृष्टद्युम्न को रथहीन बना देते हैं। विशाल सेना को छोड़कर अब वे द्रुपद पुत्र पर टूट पड़े हैं। धृष्टद्युम्न हाथ में खड्ग-ढाल लेकर टकराता है।

द्रोण बाण वर्षा करके उसके खड्ग-ढाल को नष्ट कर देते हैं। उसके वध के लिए लक्ष्य साधते हैं। सात्यकि उन बाणों को बीच में ही काट डालता है।

भीमसेन रथ लेकर आ पहुँचता है। धृष्टद्युम्न को सहायता मिल जाती है। अपने पिता के प्रति विद्वेषपूर्ण व्यवहार का बदला लेने और आज के अधर्मयुद्ध के लिए दण्ड देने को कृतसंकल्प धृष्टद्युम्न द्रोणाचार्य पर खड्ग लेकर टूट पड़ता है। ''उन्हें मारना नहीं।''–कहता हुआ अर्जुन पीछे से दौड़ता है परन्तु पचासी वर्ष के आचार्य का मस्तक काटकर धृष्टद्युम्न कौरवों पर फेंक देता है। भीम उसे गले से लगा लेता है। भीम को यह सौदेबाज आचार्य कभी सच्चा ब्राह्मण नहीं लगा था।

दूसरे पक्ष में अश्वत्थामा पाण्डवों का प्रलय काल बनने की घोषणा करता है।

अर्जुन संतप्त है। भीमसेन के तर्क से वह सन्तुष्ट नहीं होता। उसका समर्थन करके सात्यकि भी धृष्टद्युम्न को उपालम्भ देता है। विवाद बढ़ जाता है। श्रीकृष्ण और युधिष्ठिर उन्हें शान्त करते हैं। वह अश्वत्थामा की घोषणा सुनकर भी लड़ने के लिए तत्पर नहीं होता।

अश्वत्थामा दुर्योधन की प्रेरणा से पाण्डव सेना पर नारायणास्त्र का प्रयोग करता है।

अर्जुन निष्क्रिय है। श्रीकृष्ण न्यस्तशस्त्र हैं परन्तु अपने सैनिकों को इस तरह मरते कैसे देखा जा सकता है? वे शस्त्र धारण नहीं कर सकते परन्तु शस्त्र के भय से साथियों को बचाने का दायित्व वे अवश्य निभाएँगे। उपाय बताते हैं : ''प्रतिकार के स्थान पर पृथ्वी पर सो जाओ...''

अर्जुन की फिर से चेतना लौट आती है।

दुर्योधन की इच्छा थी कि अश्वत्थामा फिर से नारायणास्त्र का प्रयोग करे। यह सम्भव नहीं था। ''पाण्डवसेना ने बचने के लिए शस्त्र का त्याग किया है इसलिए वह पराजित मानी जाएगी और पराजित योद्धा मृतक समान होता है।''–इस उत्तर से दुर्योधन को सन्तोष नहीं हुआ। उसे तो पाण्डवों को वास्तविक रूप से मरा हुआ देखना था और वह भी शीघ्रातिशीघ्र। वह जानता था कि गुरुदेव ने अपने पुत्र को ऐसे अनेक दिव्य शस्त्र प्रदान किए थे जिनके लिए अन्य कोई उनकी दृष्टि में योग्य नहीं था। उसने युक्तिपूर्वक अश्वत्थामा को उकसाया। गुरुपुत्र ने आवेश में आकर अग्नियास्त्र फेंका। श्रीकृष्ण की आज्ञा से अर्जुन ने उसके प्रतिकार में ब्रह्मास्त्र का प्रयोग किया।

कौरव पक्ष ने अनुमान किया था कि अश्वत्थामा के अग्नियास्त्र से कृष्णार्जुन जलकर राख हो जाएँगे। परन्तु उन्होंने देखा कि दोनों शस्त्रसहित अपने रथ में सकुशल थे। और सूर्य-चन्द्र की तरह सुशोभित हो रहे थे।

इस निष्फलता को देखकर धनुष फेंक ''यह सब मिथ्या है'' कहते हुए अश्वत्थामा ने क्षणिक वैराग्य भावना के उद्वेग में रणांगन छोड़ दिया।

अर्जुन को आज एक अभूतपूर्व अनुभव हुआ। मानो उसके आगे-आगे अग्नि के समान तेजस्वी शूलधारी पुरुष चल रहा है।

द्रोणाचार्य का वध होने के बाद दुर्योधन ने कर्ण को सेनाधिपति नियुक्त किया। कर्ण ने सोचा कि अर्जुन की विजयों में श्रीकृष्ण का महत्त्वपूर्ण योगदान है। उसने दुर्योधन से कहा कि मद्रराज शल्य को मेरे सारथि के रूप में नियुक्त करने का प्रयत्न किया जाए। शल्य नकुल-सहदेव का मामा होने पर भी दुर्योधन की दूरदृष्टि और राजनीतिक कुशलता के कारण उसके पक्ष से लड़ रहा था। इतने वरिष्ठ योद्धा को सारथि के रूप में तैयार करने के लिए दुर्योधन को प्रशस्ति का सहारा लेना पड़ा। उसे इसमें सफलता मिली। प्रस्ताव सुनते ही कुपित होनेवाले शल्य को "तुम वासुदेव कृष्ण से श्रेष्ठ हो, तुम बल में तो श्रेष्ठ हो ही, तुम्हारा अश्वसंचालन भी श्रेष्ठ है।" –इन्हीं शब्दों ने प्रसन्न कर दिया। फिर भी स्वयं को श्रेष्ठ मनवाने के लिए शल्य ने शर्त रखी : "मैं जो कहूँ वह कर्ण को सुनना पड़ेगा।" शल्य जानते थे कि अर्जुन श्रीकृष्ण की बात सुनता है!

कुछ समय में ही कर्ण को पता चल गया कि शल्य को सहयोग देने की अपेक्षा सलाह देने में अधिक रुचि है।

कर्ण अपनी सेना का उत्साह बढ़ाने के लिए आत्मस्तुति करता है तो शल्य उस पर व्यंग्य बाण छोड़ता है। पहले शर्त रखकर प्राप्त की स्वतन्त्रता का वह पूरा उपयोग कर रहा है। बार-बार मतभेद होता है। कर्ण की शक्ति का ह्रास होता है। दोनों एक-दूसरे से असन्तुष्ट हो गए हैं। आक्षेप और प्रति आक्षेप करने लगते हैं। इसी स्थिति में दोनों सेनाएँ आमने-सामने आ जाती हैं। युद्ध आरम्भ होता है। शल्य कृष्णार्जुन की ओर रथ ले जाते हैं।

अर्जुन एकसाथ कई मोर्चों पर युद्ध कर रहा है।

युधिष्ठिर अश्वत्थामा से टकराते हैं, सामना नहीं कर पाते। अर्जुन अश्वत्थामा के सारे शस्त्र नष्ट करके उसे मूर्च्छित कर देता है। मूर्च्छा दूर होने पर वह धृष्टद्युम्न पर चढ़ आता है, अर्जुन वहाँ भी पहुँच जाता है।

सात्यकि-भीम की सुरक्षा में लड़ रहे युधिष्ठिर ने दुर्योधन को रोक रखा है। कर्ण कौरवों से कहता है : "युधिष्ठिर को मार डालो।"

युधिष्ठिर घायल होते जा रहे हैं। नकुल-सहदेव, शिखंडी-धृष्टद्युम्न आदि भी सहायता के लिए आ जाते हैं। इन सबके सामने ही कर्ण के बाणों से टूट पड़े युधिष्ठिर के रथ का ध्वज दिखाई नहीं देता।

कर्ण के बाणों से घायल हुए हाथी चिंघाड़ते हुए विपरीत दिशा में भागे जा रहे हैं।

भीम लड़ते-लड़ते कहता है : "कर्ण के बाणों से युधिष्ठिर बुरी तरह घायल हो गए हैं, उन्हें छावनी में ले जाया गया है। कदाचित वे जीवित ही नहीं बचें।"

श्रीकृष्ण और अर्जुन को छावनी में आया देखकर लेटे हुए युधिष्ठिर ने मान लिया कि कर्ण मारा गया है। उन्हें सम्बोधित करके वे बोलते चले गए। जब उन्हें पता चला कि कर्ण जीवित है और अपनी सेना को त्रस्त किए हुए है तो गम्भीर रूप से घायल युधिष्ठिर मानसिक सन्तुलन खो बैठे। उन्होंने अर्जुन को दुरात्मा कहकर गांडीव फेंक देने को कहा।

अर्जुन की प्रतिज्ञा थी कि गांडीव का अपमान करनेवाले की हत्या कर दूँगा। उसने खड्ग की मूठ पर हाथ रखा। श्रीकृष्ण उसका मनोभाव समझ गए। उसे तथ्य और सत्य का भेद समझाया। इससे अर्जुन ने युधिष्ठिर को मारने के स्थान पर जुआरी कहकर तिरस्कृत किया। फिर उसी क्षण पश्चात्ताप करने लगा। ''जब इस प्रकार कहने पर तुझे पश्चात्ताप हो रहा है तो बड़े भाई की हत्या करने के बाद तेरी क्या स्थिति होगी? धर्म का स्वरूप समझना सरल नहीं है। सत्यवादी व्यक्ति भी सदा सर्वदा के लिए सत्यवादी नहीं रह सकता। कभी मौन भी सत्य का कार्य करता है और बोला हुआ सत्य असत्य बन जाता है।''—इस तरह अर्जुन को श्रीकृष्ण ने समझाकर सुझाव दिया—''तू युधिष्ठिर से क्षमा माँगकर उनका प्रेम प्राप्त कर।''

ऐसा करने पर दोनों भाई गले मिले। फिर, बड़े भाई के वचन शिरोधार्य करके धनंजय ने प्रतिज्ञा ली : ''मैं आज युद्ध में कर्ण को मार गिराऊँगा जनार्दन, मैं सत्य और आपके अनुग्रह की सौगन्ध खाकर कहता हूँ कि आज मैं युद्ध में कर्ण का वध कर दूँगा या फिर कुरुक्षेत्र की भूमि में सदा के लिए सो जाऊँगा।''

युद्ध होते हुए सत्रह दिन बीत गए हैं। दोनों पक्षों की अगणित जनहानि हुई है। कर्ण ने भीम, युधिष्ठिर, नकुल, सहदेव इन चारों भाइयों को अपने शौर्य का परिचय कराकर छोड़ दिया था।

आज अर्जुन के साथ द्वैरथ युद्ध लड़ने की कर्ण की अभिलाषा पूर्ण होगी। श्रीकृष्ण और शल्य रथों को आमने-सामने ले आए हैं।

कर्ण ने कौरव सेना को आदेश दिया : ''चारों ओर से घेरकर अर्जुन को थका डालो।'' श्रीकृष्ण कुशलता से रथसंचालन करके कौरव सेनापतियों के घेरे को तोड़ डालते हैं। अर्जुन कौरवों को दयाजनक स्थिति में डाल देता है। अर्जुन को कुचलने की इच्छा रखनेवालों को कर्ण की सहायता लेनी पड़ी।

सात्यकि ने कर्ण के पुत्र सुषेण को मार डाला।

भीमसेन ने दुःशासन की छाती चीरकर उसके रक्त से अंजुली भर ली। द्रौपदी की लाज लूटने का प्रयत्न करनेवाले को मारकर प्रतिज्ञा पूर्ण की।

कर्णपुत्र वृषसेन अर्जुन के हाथों मारा गया।

शोकसंतप्त कर्ण कुपित हुआ। उसने अर्जुन को चुनौती दी।

दोनों ओर से शंखनाद हुआ।

अर्जुन को स्मरण हो आया : इसी कर्ण ने अभिमन्यु पर पीठ के पीछे से आक्रमण करके उसे रथ और शस्त्ररहित बना दिया था। इसी कर्ण ने भरी सभा में वेश्या कहकर द्रौपदी को तिरस्कृत किया था।

आज अभूतपूर्व पराक्रम दिखा रहा है अर्जुन। कर्ण की सहायता के लिए दुर्योधन, कृतवर्मा, शकुनि और कृपाचार्य हैं परन्तु अर्जुन अप्रतिम है आज।

अश्वत्थामा परिणाम को देखने की शक्ति रखता है। वह दुर्योधन से कहता है :

''राजन्, विग्रह छोड़ो। मैं अर्जुन को रोक दूँगा। और श्रीकृष्ण ने तो कभी युद्ध चाहा ही नहीं है। युधिष्ठिर के हृदय में तो प्रत्येक प्राणी के लिए प्रेम है। सन्धि सम्भव है सुयोधन, अभी भी विलम्ब नहीं हुआ है।''

अश्वत्थामा की इस आकस्मिक विनती को सुनकर दुर्योधन विचार में पड़ गया परन्तु तत्क्षण उसे दुःशासन के खून में रँगे हुए भीम के हाथ दिखाई दिए। नहीं, अब समझौता सम्भव नहीं है। उसने कहा कि अर्जुन थका हुआ लगता है। कर्ण उसे अवश्य परास्त कर देगा। उसने बचे हुए कौरव योद्धाओं को प्रोत्साहित करना प्रारम्भ कर दिया। अश्वत्थामा को लड़ने के लिए समझाया।

इस ओर भीमसेन अर्जुन को उसकी प्रतिज्ञा का स्मरण दिलाता है।

आर्यावर्त के दो महान योद्धाओं के बीच घनघोर युद्ध चल रहा है। कर्ण ने सर्पमुखी बाणों से अर्जुन का मुकुट तोड़ डाला है। बलाहक बाण छोड़ा है। श्रीकृष्ण का रथसंचालन ऐसा है कि कर्ण को आकांक्षित फल नहीं मिल पा रहा। जबकि अर्जुन की शरवर्षा ने कर्ण को अकेला बना दिया है। उसका मार्ग छिन्न-विच्छिन्न कर दिया है।

कर्ण के रथ का पहिया भूमि में धँस गया। उसके रथ के अश्वों की गति अवरुद्ध हो गई। अर्जुन के बाणों का प्रतिकार करते हुए कर्ण को रथ के पहिए को बाहर निकालना था। उसने गांडीव की प्रत्यंचा काट डाली और धँसे हुए पहिए को निकालने के लिए समय की माँग की। कहा कि ऐसा करना क्षत्रिय का धर्म है।

अर्जुन ने श्रीकृष्ण की ओर देखा।

"कर्ण! तू इस समय धर्म का स्मरण कराता है? जब रजस्वला द्रौपदी को दुःशासन निर्वस्त्र करने जा रहा था उस समय उसी सती का उपहास करते समय तूने धर्म के बारे में सोचा था? छह-छह महारथियों के साथ मिलकर बालक अभिमन्यु को घेरकर तूने जिस धर्म का पालन किया था वही तेरे लिए इष्ट है। ऐसा मत समझना कि तेरे रथ का पहिया आकस्मिक रूप से भूमि में घुस गया है। यह अर्जुन के पराक्रम का ही एक भाग है।"

कर्ण ने विवाद में न उलझकर ब्रह्मास्त्र छोड़ा। अर्जुन ने उसका निवारण करके अग्न्यास्त्र छोड़ा। उसका हस्तिमेखला के चिह्न से अंकित ध्वज तोड़ डाला और एक मर्मवेधी बाण से निशाना साधकर कर्ण का मस्तक काट डाला।

शल्य खाली रथ लेकर छावनी में पहुँचा।

कर्ण का तेजस्वी मुख कान्तिविहीन हो उससे पहले श्रीकृष्ण ने अपना उत्तरीय उतारकर समादरपूर्वक उस पर ढँक दिया। कर्ण के जीवन में कौन-कौन से उत्तम मानवीय तत्त्व प्रकट हुए थे उनका स्मरण करते हुए अंजलि दी।

कृपाचार्य ने दुर्योधन को सन्धि की सलाह दी।

"मृत्युशय्या पर पड़े हुए को जिस तरह औषधि नहीं अच्छी लगती उसी तरह मुझे सन्धि का प्रस्ताव अच्छा नहीं लगता।" कहते हुए उसने भावी सेनापति शल्य की ओर देखा।

शल्य ने तेज स्वर में आत्मस्तुति का प्रारम्भ कर दिया।

अश्वत्थामा की सहायता मिलने पर भी युधिष्ठिर ने शल्य का वध कर डाला। सदा मृदु और शान्त लगनेवाले युधिष्ठिर आज दारुण बन गए थे। उन्होंने सुन लिया था कि

शल्य ने कृपाचार्य के सन्धि प्रस्ताव को ठुकराकर कृष्णार्जुन को युद्धभूमि से उखाड़ फेंकने की शेखी मारी थी...

दुर्योधन और शकुनि भागती हुई कौरव सेना को हौसला दे रहे थे।

धृष्टद्युम्न ने दुर्योधन को पराजित किया। वह अश्व पर बैठकर भाग खड़ा हुआ।

सहदेव ने शकुनि और उसके पुत्र उलूक का वध किया।

युधिष्ठिर, श्रीकृष्ण और भीमसेन की आज्ञा से युयुत्सु कौरव रानियों को हस्तिनापुर छोड़ने के लिए गया। विदुर ने उसके कार्य की प्रशंसा की।

पाण्डवों के पक्ष से लड़ने पर भी युयुत्सु को विजय की प्रसन्नता नहीं है। युद्ध के भीषण अनुभव ने उसे विमूढ़ बना दिया है। युद्ध के आरम्भ में दिखाई देनेवाला सत्य-धर्म संदिग्ध बन गया था। विदुर कहते हैं : "प्रत्येक युद्ध अमानवीय होता है। तू श्रीकृष्ण की व्यथा का अनुमान कर।"

पाण्डवों ने सरोवर में छिपे दुर्योधन को खोज निकाला और उसे उसकी शर्तों पर द्वन्द्वयुद्ध के लिए तैयार किया। उसे पाँच में से किसी एक के साथ लड़ना था। युधिष्ठिर ने उससे कहा : "तू हममें से किसी एक का वध कर देगा तो राजा हो जाएगा और मर जाएगा तो वीरगति मिलेगी।"

श्रीकृष्ण जानते थे : युधिष्ठिर के इस उदारतापूर्ण प्रस्ताव के आधार पर दुर्योधन उनसे या नकुल-सहदेव के साथ युद्ध करने को तैयार हुआ तो क्या परिणाम आएगा? "आपको पता है कि दुर्योधन ने भीमसेन की लौहमूर्ति बनवाकर उसके साथ तेरह-तेरह वर्ष तक गदायुद्ध का अभ्यास किया है?"

दुर्योधन ने चुनौती स्वीकार करते हुए कहा : "तुममें से जो चाहे मुझसे युद्ध करके वीरगति प्राप्त करे।"

वहीं भीमसेन दुर्योधन से डेढ़ गुनी बड़ी वजनदार गदा लेकर दुर्योधन की जाँघ तोड़ने की प्रतिज्ञा का पुनरोच्चार करता हुआ आगे बढ़ा।

दुर्योधन सरोवर से बाहर निकला। स्वर्णजड़ित कवच और शिरस्त्राण से सज्जित हो गया।

वहीं बलराम पधारे। वे तीर्थयात्रा पर गए थे। इस महायुद्ध के सन्दर्भ में उन्होंने सुना था कि अपनी विराट सेना लेकर कुरुक्षेत्र तक स्वेच्छापूर्वक आकर और दोनों में से किसी भी पक्ष में जुड़े बिना अपनी अहंकारी शर्तों के कारण वापस दक्षिणापथ चले जानेवाला रुक्मी मानता था कि वह अर्जुन या कर्ण से श्रेष्ठ योद्धा है। उसे किसी एक पक्ष को नहीं बल्कि अपनी महत्ता का स्वीकार करनेवाले पक्ष को विजयी बनाने में रुचि थी परन्तु दोनों पक्ष उसे इसके लिए उपयुक्त नहीं लगे। जबकि उसका कथन सुनकर बलराम को हँसी आई। परन्तु सत्रहवें दिन की घटनाओं के बारे में सुनकर बलराम का लगा कि दोनों पक्षों ने स्वयं को युद्ध के लिए अनधिकारी प्रमाणित कर दिया है। दोनों पक्षों ने युद्धनीति में थोड़ी-बहुत छूटछाट ली है। परिणामस्वरूप सेना की इतनी क्षति हुई। उनकी समझ में नहीं

आ रहा था कि श्रीकृष्ण की उपस्थिति में कोई पक्ष अधर्मपूर्ण कृत्य किस प्रकार कर सका? जबकि कृष्ण के सामने ही युधिष्ठिर अर्धसत्य बोले थे...छह-छह महारथियों ने मिलकर नवयुवक निहत्थे अभिमन्यु को मार डाला था...

बलराम के आगमन से श्रीकृष्ण ने चैन की साँस ली। उन्हें अपने घाव दिखाएँगे और तीर्थों की बातें सुनकर थकान उतारेंगे। सबने वन्दन करके उनसे विनती की—दुर्योधन और भीम के गदायुद्ध के समय आप उपस्थित रहें। उनकी इच्छा जानकर यह युद्ध समंतपंचक तीर्थ में लड़ना निश्चित हुआ।

बलराम जानते थे कि भीम अधिक बलवान है। परन्तु दुर्योधन चपल है। इन दो योद्धाओं के युद्ध परिणाम के बारे में कुछ भी नहीं कहा जा सकता। देखते हैं कि कौन अधिक पराक्रम दिखाता है।

मदोत्कट हाथियों के समान दोनों महाबली योद्धाओं की गदाएँ उठीं। एक-दूसरे पर अंकुश रखने के लिए दोनों असाधारण प्रयत्न कर रहे थे। कुछ क्षण में ही इस घनघोर युद्ध ने परिणाम को अधिक अनिश्चित कर दिया।

दुर्योधन गदायुद्ध का अभ्यास निरन्तर करता रहा था इसलिए वह भीमसेन के प्रहार से स्वयं को सरलता से बचा लेता था। उसने कुशलतापूर्वक भीम पर नियन्त्रण पाने के लिए ऐसा आकस्मिक प्रहार किया जिससे भीम का कवच टूट गया। वह विह्वल होकर भूमि पर गिर पड़ा। असाधारण शारीरिक शक्ति के कारण ही वह बच पाया था। दुर्योधन दूसरा प्रहार करे उससे पहले वह गदा सँभालते हुए उठ खड़ा हुआ था।

अर्जुन श्रीकृष्ण से पूछते हैं : "किसमें कौन-सा गुण विशेष है?"

भीमसेन के बल के सामने दुर्योधन की युद्धकला ध्यान खींचती है। यह कहते हुए जनार्दन ने तेज स्वर में कहा : "लगता है कि भीम अपनी प्रतिज्ञा भूल गया है। अर्जुन, उसे सांकेतिक ढंग से स्मरण कराना चाहिए।"

दुर्योधन 'अवस्थान' नामक दाँव खेलने के लिए उछला उसके साथ ही अर्जुन का संकेत समझकर भीमसेन ने अपनी वज्रसमान गदा से दुर्योधन की जाँघ के संधिस्थान पर प्रहार किया। दुर्योधन धराशायी हो गया।

क्रोधित नेत्रों से भीमसेन ने गर्जना की : "दुष्ट, नराधम, राज्यसभा में द्रौपदी का उपहास करके उसे तू जाँघ पर बैठने की आज्ञा कर रहा था। ले उसका फल भोग।" दुर्योधन के मस्तक पर लात मारकर "हमने कपट, अग्नि या द्यूत आदि के द्वारा छल से बदला नहीं लिया, बाहुबल द्वारा लिया है।"—कहते हुए अट्टहास किया। दुर्योधन के मस्तक पर फिर से लात मारी।

बलराम के लिए अब तटस्थ बने रहना असह्य हो गया। भीम को धिक्कारते हुए वे उसे मारने दौड़े।

श्रीकृष्ण ने हलायुद्ध को बहुत मुश्किल से रोका।

"बड़े भैया, भीम की प्रतिज्ञा के बारे में आप कहाँ नहीं जानते? युधिष्ठिर ने प्रभास में तप किया था उस समय आपने ही दुर्योधन को दण्ड देने के लिए नहीं कहा था? सन्धि का एक भी प्रस्ताव न मानकर आपके इस शिष्य ने इस महायुद्ध को अनिवार्य बना दिया।

मेरी विनती की अवगणना करके कर्ण कौरवों के पक्ष में रहा और आप तीर्थयात्रा पर चले गए इससे मेरा कार्य कितना विकट बन गया था उसके बारे में विचार किए बिना आप मेरे ही सामने भीमसेन को मारने के लिए दौड़े? क्या आपको मेरी विवेक-बुद्धि पर विश्वास नहीं रहा?''

बलराम शान्त हो गए, परन्तु कुछ नहीं बोले।

''बल-बुद्धि द्वारा धर्म को वश में रखने के लिए दुर्योधन अति उत्साहित था। आपको गुरु कहकर भले ही उसने आपको सम्मान दिया हो परन्तु उसका आदर्श था शकुनि जो सहदेव द्वारा मारा गया।''

अब श्रीकृष्ण की बात सुन रहे हों इस तरह बलराम ने उसकी ओर देखा।

''दुर्योधन की मृत्यु, उसके द्वारा निर्मित पराजय का ही परिणाम मानी आएगी। मेरे कहने पर पाण्डवों ने जब-जब युद्ध के वर्तमान नियमों की अवज्ञा की है तब-तब लक्ष्य एक ही रहा है : धर्म जीते, शील और सत्व की महिमा बढ़े। आपकी तरह मुझे या पाण्डवों को दुर्योधन की अपमृत्यु से प्रसन्नता नहीं है।''

पाण्डवों को क्षमा देकर बलराम वहाँ से चले गए। उन्हें कुरुक्षेत्र के महाश्मशान में रुकने की इच्छा नहीं रही।

मरते दुर्योधन ने अश्वत्थामा को सेनापति नियुक्त किया था और पाण्डवों से कहा था :

''मैं तो स्वर्ग में जा रहा हूँ, तुम शोक-संतप्त जीवन व्यतीत करते रहना।''

दुर्योधन की भविष्यवाणी से भी गहन शोक दूसरे दिन झेलना पड़ा।

श्रीकृष्ण की दूरदर्शिता के कारण उनके साथ पाण्डवों और सात्यकि ने तो शिविर के बाहर ओघवती नदी के किनारे रात्रिवास किया था परन्तु सेना छावनी में ही थी।

अश्वत्थामा, कृप और कृतवर्मा दुर्योधन के पक्ष को जीवित रखने के लिए जंगल में चले गए थे। वहाँ अमर्ष के कारण अनिद्राग्रस्त अश्वत्थामा ने देखा कि एक उल्लू ने आकर वृक्ष पर सोए हुए कौओं को मार डाला। उससे प्रेरणा लेकर अश्वत्थामा खड़ा हो गया। सोते हुए पाण्डवों को मारने का निर्णय करके उसने कृपाचार्य और कृतवर्मा को आज्ञापूर्वक साथ लिया।

धृष्टद्युम्न और पाण्डव पुत्रों सहित सभी पाण्डव योद्धाओं का अश्वत्थामा ने संहार कर दिया।

यह जानते ही द्रौपदी करुण क्रन्दन कर उठी।

प्रतिज्ञाएँ तो पूर्ण हो चुकी थीं। भीमसेन ने दुःशासन के खून से द्रौपदी के केश सींचे, दुर्योधन की जाँघ को चूर-चूर कर दिया परन्तु सन्तोष का क्षण नहीं आया। युद्ध से पूर्व श्रीकृष्ण ने कहा था कि बैर भावना से ली गई प्रतिज्ञा जहाँ पूरी होती हैं वहीं पूर्ण नहीं हो जातीं। अन्त में सबको आश्वासन की आवश्यकता पड़ती है...मात्र गान्धारी को नहीं, कुन्ती को भी आश्वासन की आवश्यकता थी। कुरुकुल की सभी माताओं ने पुत्र खो दिए थे। उत्तरा जैसी नवोढ़ा ने संक्षिप्त वैवाहिक जीवन में ही पति गँवा दिया था, और वह भी कैसा पति!

अभिमन्यु की मृत्यु का आघात द्वारिका तक पहुँचा था।

यह विनाश अपूर्ण हो इस तरह श्रीकृष्ण को गान्धारी के कटुवचन सुनने पड़े। उन्होंने गान्धारी के रोष का स्वीकार किया जिसका भोग कदाचित पाण्डव बनते।

युद्ध के विध्वंस की छाया ने प्रत्येक को घेरा है। मानसिक स्वस्थता और मार्गदर्शन के लिए श्रीकृष्ण पाण्डवों को पितामह के समक्ष ले जाते हैं। सुदीर्घ जीवन का उपसंहार करते हुए उपदेश देकर पितामह विदा लेते हैं :

"हे कमलनयन, पुरुषोत्तम श्रीकृष्ण, मुझे जाने की आज्ञा दें।"

—कहते हुए वसन्तपंचमी के दिन भीष्म ने शरीर त्याग दिया।

पितामह के उपदेश के बाद भी युधिष्ठिर बार-बार व्यथित हो जाते हैं। सबको भय है कि कहीं वे स्मृति न गँवा बैठें।

अर्जुन श्रीकृष्ण के साहचर्य में भी शोकसंतप्त है।

"हम सबमें अर्जुन ने सबसे अधिक दुख भोगे हैं। वह इस तरह सतत सुख से वंचित कैसे रहा यह मेरी समझ में नहीं आ रहा।"—युधिष्ठिर पूछते हैं।

"यही तो उसकी विशेष योग्यता है।" श्रीकृष्ण एक प्रसंग कहते हैं : "युद्ध के दिनों में एक बार दुर्योधन गुरु द्रोण के पास गया और उनसे पूछा : अर्जुन और मुझमें विद्या में कौन श्रेष्ठ है, इस जिज्ञासा का तर्कसंगत उत्तर देने की कृपा करें। गुरु द्रोण ने उससे कहा था : आचार्यों ने तुम दोनों को विद्या और ज्ञान समान रूप से दिया है परन्तु अर्जुन दुःख सहन करके तुझसे श्रेष्ठ बन गया है।"

परन्तु अर्जुन का यह मानसिक आघात उन दुःखों से कहीं गहरा है। द्वारिका जाना है परन्तु श्रीकृष्ण इसी कारण अभी नहीं जा सके। ऐसा विकराल वर्तमान पहले किसी ने नहीं देखा। इस शून्यता से युद्ध के दिनों में हुए घाव अधिक सह्य थे।

इससे उबरने का क्या उपाय है?

यज्ञ।

समग्र जीवन को यज्ञ मानने का घोर अंगिरस का उपदेश याद आया।

"यज्ञ रूपी कर्म तुम्हारे विषाद को दूर करेंगे।"—इस सुझाव के साथ यदुनन्दन ने द्वारिका जाने की तैयारी आरम्भ की।

उनका रथ अदृश्य हुआ तब तक अर्जुन खड़ा रहा। जीवन मानो एक बिन्दु पर अटक गया था।

यमुना आते ही मन में आशंका हुई : इस महायुद्ध की ज्वालाएँ मेरे वृन्दावन तक तो नहीं पहुँचीं?

बहुत समय से शैशव के आत्मीयजनों से मिलन नहीं हुआ। सात्यकि और दारुक की अनुमति लेकर उन्हें द्वारिका की ओर विदा करके श्रीकृष्ण ने रथ को कच्चे मार्ग पर उतार लिया।

सामने से सूखी हवा के साथ जीर्ण पत्ते उड़ते हुए आए।

16

क्या यह वही वृन्दावन है जो अब तक मेरी स्मृति में जीवित है? मेरी चेतना में जिसका हरियाला रूप लहराता है?

रथ आगे बढ़ रहा है, मन पीछे देख रहा है।

पौत्रवधू उषा ने बहुत कौतूहलपूर्वक पूछा था। उसके प्रश्न का समर्थन करनेवाली दृष्टि से रुक्मिणी ने देखा था। उषा का कौतूहल तो वनराजि और महारास की झाँकी देखने से ही शमित हो गया था और रथ आ पहुँचने के कारण वह नित्य क्रम के अनुसार द्वारिका प्रदेश का पर्यटन करने चल दी थी परन्तु रुक्मिणी तो एक के बाद दूसरा प्रश्न करती ही गईं। वे तो वृन्दावन की स्वामिनी राधा के शैशव की समग्र सम्पत्ति श्रुति द्वारा अपनी बना लेना चाहती थीं। संगीत का आस्वाद कर रहे सहृदय को जिस प्रकार देशकाल का ध्यान नहीं रहता उसी तरह इस समय रुक्मिणी द्वारिका की महारानी नहीं रही थीं। उनका मन वृन्दावनमय हो गया था।

जहाँ शैशव की विविध क्रीड़ाएँ हुईं वह जमुनातट उसके जल पर पड़नेवाली सघन कुंज की छाया और किनारों के बन्धन तोड़कर आती सुगन्ध, सखा-सखियों के कन्धे पर हाथ रखकर किया गया विहार और राधिका के विशाल लोचनों में देखा हुआ यौवन का प्रथम उदय, प्रफुल्लित कदम्ब पुष्प का सौरभ और तमाल की भव्य श्यामलता...हे रुक्मिणी, कुछ क्षणों के मिलन से ही जिसने तुम्हारा हृदय जीत लिया है उस राधिका ने सात वर्ष के मुझको सतत नौ वर्षों तक स्नेहरूपी अमृत का नित्यनूतन पान कराया है। इसीलिए तुम्हारे साहचर्य में सुख निधान स्वरूप इस स्वर्ण द्वारिका में पुत्र और परिवार की उपस्थिति में भी मेरा हृदय गोकुल-वृन्दावन के स्मरण के लिए सदा पर्युत्सुक हो जाता है...

युद्ध से पूर्व रुक्मिणी ने एक प्रस्ताव रखा था : "आप कुरुक्षेत्र जाइएगा मैं वृन्दावन में रहूँगी। आप युद्ध से ऊब जाएँ तो विश्रान्ति के दिन वृन्दावन आ जाना। मैं राधिका के साथ खड़ी होकर आपका स्वागत करूँगी। सेवाकुंज सार्थक हो जाएगा। मैं सोचती हूँ कि कुरुक्षेत्र और वृन्दावन के बीच इतना अधिक अन्तर नहीं है..."

कभी-कभी रुक्मिणी के कथन से सूक्ष्म ध्वनि निकलती है। प्रेम और संघर्ष कितने निकट हैं। मनुष्य के एक हृदय में ही दोनों की उपस्थिति है। युधिष्ठिर ने अपनी विक्षिप्त मनःस्थिति में अर्जुन के गांडीव की टीका की और उसने खड्ग की मूठ पर हाथ रखा। जीवन-भर जिसके वचन का पालन किया था, जिसके सत्य और धर्म की रक्षा के लिए केवल सहन ही किया था ऐसे बड़े भाई के सामने शस्त्र उठाने का क्षण आ पहुँचा? प्रतिज्ञा का मानवीय विश्लेषण करनेवाला श्रद्धेय व्यक्ति ऐसे समय में उपस्थित न होता तो क्या होता?

रुक्मिणी द्वारिका रहीं यह अच्छा ही हुआ। अठारहवें दिन की घटना के बारे में सुनकर वे कुरुक्षेत्र दौड़ आतीं। द्रौपदी का करुण विलाप उनसे देखा नहीं जाता...विजय की व्यर्थता द्रौपदी की आँख से अभी तक सूख नहीं पाई।

रथ धीमे चल रहा है।

अभी वह भूमि नहीं आई है जहाँ उन्होंने दिन-भर गायें चराई थीं और शाम को माँ यशोदा की गोद में सिर छिपाकर नन्दबाबा का प्रेम प्राप्त किया था। कभी-कभी तो भूख लगी होने पर भी भोजन करने से पहले स्वयं को मनवाया था।

वे लतागुच्छ, पुष्प पराग और वे भ्रमर पंक्तियाँ! इससे भी कर्णप्रिय गोप-गोपियों का गुंजारव, बड़ों की स्नेह दृष्टि और बालकों का स्नेहादर...

श्रीकृष्ण को लगा कि वृन्दावन में प्रवेश करने से पहले वेणुवादन द्वारा सम्बन्ध पुनःस्थापित करना चाहिए। नहीं तो कुरुक्षेत्र की छाया यहाँ भी घुस जाएगी। तरंगदा की कुटियावाला मार्ग चुनना चाहिए। उनसे मिलना हो जाएगा और एकाध वंशी भी माँग लूँगा। सम्भव है कि उनकी सन्तानों में से कोई संगीतकार बन गया हो। पिछली बार सुबल ने बताया, उस समय उनकी गोचर भूमि में विकसित वृक्ष वीथिका देखने का मन हो गया था। उनके यहाँ ताजा दही से स्वागत होगा।

रथ रोककर आसपास दृष्टि फेरी।

क्या मार्ग सही नहीं है। श्रीकृष्ण ने पलकें झपकाईं। फिर से देखा। प्रश्न उठा : स्थल भूल गया क्या? उद्धव और सुदामा मेरी स्मृति का बखान करते थे। मार्ग तो नहीं भूल सकता।

फिर?

नहीं, यहीं थी वह कुटिया। तरंगदा ने निवासस्थान बदल दिया होगा। ब्रजवासी कुछ वर्षों से ही स्थिर हुए हैं। तरंगदा इतने में ही कहीं होंगे।

क्या मैं स्वयं एक वंशी नहीं बना सकता?

महायुद्ध में प्रयुक्त नहीं हुए मेरे शस्त्रों का सदुपयोग होगा।

रथ रोककर, हरा बाँस काटकर श्रीकृष्ण बाँसुरी बनाने लगे। मानो फिर से शुरुआत करनी हो। सुना था कि राधिका तो बाँसुरी का सर्जन करने में कुशल हो गई हैं। इसमें कुछ कमी रह जाएगी तो वह सुधार देंगी। तरगंदा ने भले ही निवासस्थान बदल दिया होगा, राधिकाजी तो सेवाकुंज में ही होंगी।

पचास वर्ष पहले की साँस भरकर श्रीकृष्ण ने वंशी में फूँक मारी।

नाद तो हुआ परन्तु वह माधुर्य प्रकट नहीं हुआ जिसके सुरताल पर यमुना की लहरें, कदम्ब और तमाल के पत्तों के साथ सदा ताल मिलाती थी...आज के वेणुनाद में गम्भीरता थी। रथ के पहिए की गति के साथ उसकी संवादिता थी, राधिका के नूपुर की ध्वनि आ-आकर दूर रह जाती थी।

कुछ क्षणों के बाद एक चिरपरिचित नाद हुआ।

दूर-दूर कार्य कर रहे गोपजन एक-दूसरे के समीप आकर इस नाद के बारे में पृच्छा करने लगे।

रथ आगे बढ़ रहा है, वृन्दावन के हार्द की ओर।

तमाल का एक वृक्ष कटकर तिरछा पड़ा था। मार्ग अवरुद्ध था।

रथ सावधानीपूर्वक एक ओर करके पगडंडी पकड़ी। कटे हुए वृक्ष को फिर से खड़ा नहीं किया जा सकता। उसे भूलकर आगे बढ़ना पड़ता है।

एक प्रौढ़ गोप सामने से आ रहा है। उसके श्वेत केश अपरिचित लगे हैं। एक दूसरा गोप उसके साथ है। हाँ, उसके सिर पर कोई वस्त्र नहीं है। उसकी चाल परिचित है।

वे हैं सुबल और उत्तम।

वेणुनाद सुनते ही उनके हृदय में आशा का संचार हो गया है।

श्रीकृष्ण को पहचानते ही वे दौड़ने लगे, उनके चेहरे पर जवानी छा गई। उनकी आँखों में बचपन की ताजगी झलकने लगी। उनकी किलकारी ने सबकुछ प्रकट कर दिया।

श्रीकृष्ण नीचे उतरे। भेंट पड़े। बोलने की आवश्यकता नहीं है। भेंट पड़े।

बलराम द्वारा प्रारम्भ की हुई खेती को उत्तम ने यथावत रखा है। पहले के प्राकृतिक सौन्दर्य की झाँकी उसके खेतों में हो सकती है। वृन्दावन के इस ओर का भाग वीरान लगता है।

सेवाकुंज तो अच्छी स्थिति में होगा?

सुबल ने कहा कि युद्ध में भाग लेने जानेवाले सैनिकों ने अपने अनेक वृक्षों को हानि पहुँचाई। हम संगठित होकर प्रतिकार करें तब तक वे यहाँ के अनेक कुंज-निकुंज को तहस-नहस करके आगे बढ़ गए थे। एक बार कुरुक्षेत्र की दिशा से आग लगी थी। यदि हम उसे बुझा नहीं पाते तो इस समय यहाँ मरुभूमि होती...

''नहीं, यहाँ मरुभूमि होना असम्भव है सुबल! यह तो आनन्द और सम्भावना का प्रदेश है। देखो, उस कटे हुए तने के नीचे के भाग से फूटे हुए नवांकुर सूर्य के सामने ताक रहे हैं।''

सुबल और उत्तम जानते थे कि हार स्वीकार न करना वृक्ष का स्वभाव होता है फिर भी आज श्रीकृष्ण के मुख से नई बात सुन रहे हों इस तरह उस तने की जड़ों से अंकुरित हरियाली सम्भावना को निहारने लगे।

उन्होंने तरंगदा के बारे में पूछा : ''क्या उन्होंने निवासस्थान बदल लिया है?''

''नहीं, कौरव पक्ष के सैनिक उन्हें पकड़ ले गए थे। वाद्य और इस तरह के यंत्र बनाने में उनकी ख्याति थी। सैनिक उनसे शस्त्र निर्मित करवाना चाहते थे। तरंगदा की अनिच्छा की परवाह किए बिना उन्हें परिवारसहित उठा ले गए। जिन्होंने यह देखा वे स्तब्ध रह गए थे, कुछ बोल ही नहीं पाए। हम सुनकर संगठित होकर प्रतिकार करने गए तब तक तो वे अदृश्य हो गए थे।''

''तुममें से किसी को युद्ध में जुड़ने की इच्छा नहीं हुई?''

''नहीं, हमें पता लग गया था कि आप युद्ध को रोकने के लिए प्रयत्नशील हैं। और यह भी सुना था कि युद्ध में शस्त्र नहीं उठाएँगे। मात्र अर्जुन का रथ हाँकेंगे। बलराम तीर्थ यात्रा पर निकल चुके थे। यह सब सुनकर हमें लड़ने की इच्छा नहीं हुई....हे गोविन्द, हमें समझाइए कि इस महायुद्ध में हम ब्रज गोपालक तटस्थ रहे फिर भी हमें उसका भोग क्यों बनना पड़ा? ऋषिमुनि जिस भूमि के बखान करते हुए नहीं थकते वह भूमि भी आहत हो गई। ऐसा क्यों हुआ?''

"युद्ध के निवारण के लिए सबको मानसिक रूप से तैयार होना पड़ता है। प्रजा की समस्त चेतना को उसके विरुद्ध जाग्रत होना पड़ता है। परन्तु ऐसा न होकर प्रजा दो भागों में विभाजित हो गई। जिन्होंने दुर्योधन की विकसित सत्ता की ओर देखा उन्होंने मान लिया कि वह जीतेगा। उसके पक्ष में रहने में लाभ है। अकिंचन पांडव इतनी कम सेना से कैसे जीत पाएँगे? फिर वहाँ अर्जुन है तो यहाँ भीष्म, कर्ण और द्रोण हैं। इस गणित से अन्य ही नहीं दुर्योधन भी भ्रमित रहा। जिसे विजयी होने का पूर्ण विश्वास हो उसे युद्ध की भयंकरता का अनुमान नहीं होता। युद्ध के अन्त में युधिष्ठिर ने भी कहा था कि क्या यह महाविनाश देखने के लिए मैंने युद्ध चाहा था? सहदेव को शकुनि को मौत के घाट उतारने का सन्तोष था परन्तु उसने देखा : युद्ध की घटनाएँ भविष्य का सन्तुलन नष्ट कर देती हैं। हिंसा का परोक्ष प्रभाव भी विघातक होता है। विजेता संवेदनशील हो तो उसे अकल्पनीय व्यथाओं को झेलना पड़ता है। मित्रो, मुझे भी गान्धारी के कटुवचन सुनने पड़े थे। उन्हें लगा कि मैंने युद्ध को नहीं रोका। मेरे प्रयासों को भूलकर उन्होंने मुझसे कटुवचन कहे : तुमने अपनी क्षमता का पर्याप्त उपयोग नहीं किया और युद्ध होने दिया इसलिए यादव कुल भी ऐसे ही नष्ट होगा—ऐसी भविष्यवाणी की। क्या करता? उस देवी के मातृत्व के प्रति आदर रखते हुए सुनता रहा।"

बालपन के मित्रों ने आश्वासन दिया। यह सुनकर श्रीकृष्ण ने आन्तरिक शान्ति का अनुभव किया। यदि ऐसा स्नेह मिले तो जीवन की संध्या में वीरान वन का अकेलापन भी सहन हो सकता है...

श्रीकृष्ण ने आसपास दृष्टि की।

ब्रज के वीरान भाग को हरा-भरा करने के लिए क्या वे यहाँ नहीं रुक सकते? जिस स्थल को इन्द्रप्रस्थ और द्वारिका के बीच का विश्राम स्थल माना था उसी वृन्दावन को आज किसी के आश्रय की आवश्यकता थी। यहाँ रुक्मिणी-कल्पित आनन्द अनुपस्थित है। इस समय यहाँ है कर्म का नया आह्वान। देखें, राधिकाजी क्या कहती हैं।

माता यशोदा और नन्दबाबा से मिल लूँ। उनके उलाहने सुनूँ।

वरुरथ तथा अन्य ग्वाले आ पहुँचे हैं।

उत्तम आगे निकल गया है। कहता हुआ गया है कि नन्दभवन में स्वागत की पूर्ण तैयारी हो जानी चाहिए।

सुबल ने चलते-चलते एक आश्चर्यजनक समाचार दिया : "द्वारिका से एक परी आई थी। उसका नाम था उषा। युद्ध प्रारम्भ हुआ उसके पहले तीन दिन रुकी थी। राधा को साथ लेकर सब स्थानों पर घूमती थी। मधुमंगल के काव्यों को सुनकर उसने प्रत्येक स्थलों के चित्र बनाए थे। यशोदा माँ तो उन चित्रों को देखकर धन्य हो गई थीं। हर्ष के आँसू पोंछती जातीं और चित्र देखती जातीं। कहने लगीं : मैं जिसे पहचान नहीं पाई उसे तू, इतनी छोटी-सी तूने मेरे सामने सत्य स्वरूप में प्रस्तुत किया है! उसे लेने के लिए अनिरुद्ध आया तब सबको पता चला कि वह तो आपके प्रतापी पौत्र की पत्नी है। हमने पूछा : तुमने परिचय क्यों छुपाया। तो कहने लगी कि द्वारिकाधीश की पौत्रवधू के रूप में जानकर आप मुझे धरती पर पैर भी रखने देते? एकमात्र राधिकाजी मुझे आते ही पहचान गई थीं

इसीलिए उन्होंने मुझे प्रभु के प्रत्येक स्थलों का परिचय कराया। कहने लगीं : उषा, तू मेरी वास्तविक प्रतिस्पर्धी है। तेरी अहेतुक भक्ति से लगता है कि यमुना के आनन्द को सागरसंगम तक ले जाने का तुझे अधिकार है।''

''उसने मात्र चित्र ही बनाए या आपसे कुछ सीखी भी?''

''राजरानी को क्या सीखना शेष होगा?''—सुबल ने आश्चर्य प्रकट किया।

''बहुत कुछ। क्योंकि राजप्रासाद में रहनेवाले मानवश्रम की सर्जकता भूल जाते हैं। उषा बड़ी कलाविद् है, यह मैं जानता हूँ परन्तु वह विदेशी है। मात्र कौतूहल के सन्तोष के लिए वह इन कलाओं को सीखे इतना पर्याप्त नहीं है। उसे गोपालक और कृषकों के छह-छह पहर की सक्रियता को समझना चाहिए।''

''इससे उसे क्या लाभ होगा?''

''आर्यावर्त की पहचान हो और उसके पति के द्वारा किसी को अन्याय नहीं हो पाए। जिसे शासन करना हो उसे पहले दूसरों के हितों के बारे में जान लेना चाहिए। उसे सच्चा कलाविद् बनना हो तो उसे आनन्द का एकाकी रूप नहीं अपनाना चाहिए। केवल मेरे पूर्व जीवन के चित्र बनाने से क्या होगा?''

''ऐसे तो वह रास भी खेलीं। राधिकाजी ने उषा-अनिरुद्ध को ऐसा सिखाया था कि उनके रास में नन्दबाबा को आपके महारास के दर्शन हुए।''

श्रीकृष्ण विचार करने लगे।

उषा के बारे में आज तक उन्होंने कुछ नहीं सोचा? उसने द्वारिका में सबका हृदय जीत लिया है इसका रहस्य रुक्मिणी अवश्य जानती होंगी। वह जाग्रत आत्मा हो तभी रुक्मिणी-राधिका का समान स्नेह पा सकती है...

श्रीकृष्ण रुक गए। हाँ, इसी स्थान पर एक दिन उन्होंने सुदामा के आँसू पोंछे थे।

''सुबल, सुदामा के बारे में जानते हो? वह बहुत बड़ा शास्त्रविद् हो गया है। पहले छोटी-सी पाठशाला चलाता था। अब द्वारिका के शासन ने उस जैसे ब्राह्मणों के लिए गुरुकुल प्रारम्भ कर दिए हैं। मैंने सोच लिया है कि समय मिलेगा तब उसके गुरुकुल में जाऊँगा और छात्रों के साथ संगीत और दर्शन के बारे में गोष्ठी करूँगा।''

वहीं पनघट जाती हुई ललिता को पति एवं प्राणेश्वर के दर्शन हुए। गागर टीले पर रखकर वह इस ओर मुड़ी। सुबल के देखते-देखते ललिता बदल गई। सबको लगा कि वह पहुँचते ही बालपन के सखा से भेंट पड़ेगी। कहाँ चली गई उसकी प्रौढ़ावस्था? सांसारिक मान-मर्यादा? अन्तर खत्म होने पर वह झुकी। साष्टांग वन्दन के साथ अश्रुओं से अतिथि का पाद-प्रक्षालन किया। महायुद्ध के बचे-खुचे घाव का प्रभाव भी धुल गया। हृदय की यह समृद्धि यहाँ आए बिना मिल सकती थी?

''हमने ऐसा तो कौन-सा गम्भीर अपराध किया था कि इस तरह वर्षों तक दर्शन दुर्लभ रहे?''—ललिता शिकायत करती है।

''अपराध तो मैंने किया होगा। कोई बड़ा अपराध। नहीं तो आप जैसे आप्तजनों से इस तरह बिछुड़ना नहीं पड़ता।''—श्रीकृष्ण की वाणी अन्तःकरण के भाव प्रकट करनेवाली थी।

गोपियों ने ललिता को घेर लिया है। विशाखा उसके पति और सुबल के श्वेत केशों से श्रीकृष्ण के घुँघराले श्याम केशों की तुलना करती है। नंदिनी कहती है : "ललिता, तूने देखा? ब्रजनन्दन आज भी दर्शनीय एवं स्पृहणीय हैं। उनके होंठों का स्मित भी मानो यौवन के सन्धिकाल के समय का लगता है।"

उषा ने ललिता से अपनी सास से सुना हुआ प्रसंग कहा था। सुदामा जैसे ज्ञानी को भी वसुदेव-देवकी के पास प्रद्युम्न को खड़ा देखकर श्रीकृष्ण का आभास हुआ था!

गोपियों के संकोच में ध्वनित हो रहे प्रश्न को समझकर सुबल ने पूछा :

"आपके इस नित्य प्रफुल्ल यौवन का रहस्य हमें बताया जा सकता है?"

"संयम और सर्वात्मदृष्टि से मुक्त क्रियायोग।"—उत्तर देते हुए ही श्रीकृष्ण की दृष्टि यमुना के प्रवाह की ओर मुड़ गई।

विद्युत्लता समान मानव आकृति ने उनका ध्यान आकर्षित किया। कुछ चमत्कार हुआ तो इस तरह सब कालिन्दी के प्रवाह की ओर देखने लगे।

कुछ क्षण पूर्व धीर गम्भीर तपस्विनी की मुद्रा में दूसरे किनारे पर बैठी हुई राधिकाजी बालसखा को देखते ही खड़ी हो गईं। आज व्रत होने के कारण वे पुराने गोकुल में नौका लेकर गई थीं। प्रिय के दर्शन के बाद अब कौन चप्पू चलाने के लिए रुके? सीधी पानी में कूद पड़ीं।

मुकुट और उत्तरीय ललिता को पकड़ाकर श्रीकृष्ण किनारे पर पहुँच गए। कब प्रवाह में पैर रखा और कब घनश्याम के साथ विद्युत्लता का मिलन हुआ, कोई नहीं जान पाया।

क्या जल रुक गया है?

श्रीकृष्ण प्रवाह के बीच खड़े हैं।

उनके विशाल स्कंध आकाशवर्णी हैं और प्रकाश से पहचाने जाते हैं। दाहिनी ओर शतदल पद्म खिला है। उसके झुकने के कारण स्कंध यथायोग्य सुशोभित है। जनेऊ के स्थान पर उज्ज्वल मणिमाला है। वह राधिका के हाथ होंगे इस बारे में किसी को शंका नहीं है।

"विशाखा, हम जिस श्रीकृष्ण को चाहते हैं, वे यही हैं, राधास्वामी। परस्पर अलंकार रूप बन जाए ऐसा यह मिलन आज देखने को मिला। उस बिचारी उषा ने अनेक चित्र बनाए परन्तु उनमें यह बाकी रह गया था। इसमें उसकी चूक नहीं है। यह चित्र का नहीं, अनुभव का विषय है।"

"यह अद्वैत हमारी सृष्टि का गुणातीत ऐश्वर्य है।"—कहीं से पीछे आकर खड़े हो गए केवलदा स्वगत बोलते हैं। सुबल सुन लेता है। ललिता-विशाखा तन्मय हैं। उन्हें कोई दार्शनिक चर्चा सुनाई नहीं देगी। केवलदा कुछ जोर से बोलते हैं :

"यमुना, तू धन्य है। इस मिलन के लिए तू निमित्त बनी। हम पर बड़ा अनुग्रह हुआ। दो मनुष्य देह के आश्लेष में ऐसा अलौकिक सौन्दर्य कहीं और भी प्रकट हुआ होगा? यह छवि देखकर युगों तक तेरे तट पर चलते ही रहें, चलते ही रहें... उसमें से किसी क्षण अन्तःयात्रा आरम्भ हो..."

सुबल ने कुछ समय बाद देखा तो केवलदा नहीं थे। शायद नन्दभवन की ओर गए होंगे। वे यहाँ आते हैं तब नन्दबाबा के साथ रहते हैं। अब उनकी ऐसी मान्यता है कि अनेक शास्त्रों से कृष्ण कथा की एक घटना श्रेष्ठतर है। महर्षि वेदव्यास के ग्रन्थ की प्रति तैयार करने का कार्य वह उमंगपूर्वक कर रहे हैं क्योंकि उसमें योगेश्वर श्रीकृष्ण के पुरुषोत्तम चरित्र का निरूपण हुआ है।

"चलो, नन्दभवन चलो। हम स्वागत करने आगे जाएँगे।"—वरुरथ सबको ले जाता है।

तपस्विनी राधा की दीप्ति में आज नवोढ़ा का लालित्य छलकता है। उसने नन्दभवन के कार्य का दायित्व उठा लिया है। यहाँ उसके लिए कुछ भी पराया नहीं है।

यशोदाजी के मुख की झुर्रियों से बहने लगी प्रसन्नता ने उनके बीते बरसों को सौरभ की तरह लीलामय लहराता बना दिया है।

नन्दराय उत्तम से पूछते हैं :

"केवल मुझे जो कृष्णकथा सुनाते हैं उसका यह नया अध्याय मैं सुनता हूँ फिर भी लगता है कि प्रत्यक्ष देख रहा हूँ। यह चमत्कार ही है न? या फिर मधुमंगल का गीतिनाट्य है?"

"साक्षात् श्रीकृष्ण हैं। सत्य और धर्म के अनुयायी पांडवों को विजय दिलाकर आपको वन्दन करने पधारे हैं।"

"तो चलो, मुझे सहारा दो। हम उसका स्वागत करने चलते हैं।"

माँ स्वागत करने गई थीं। श्रीकृष्ण ने उनकी चरणरज ली।

नन्दराय गठिया के कारण खड़े नहीं हो सकते थे, मानवसमूह के बीच श्रीकृष्ण को नहीं देख सकते थे। वे प्रतीक्षा के क्षणों में विह्वल हो गए। उन्हें आज अपनी गठिया बहुत दुखदायी लगी।

श्रीकृष्ण आ पहुँचे। नन्दबाबा की चरणरज ली। अँगूठे में गठिया का प्रभाव देखा। स्पर्श किया। अँगूठे से घुटने तक के स्नायु दबाए।

बालक बहुत कोलाहल कर रहे थे।

राधा और ललिता ने उन्हें मिसरी देकर विदा करने का प्रयत्न किया। शान्ति हो तो आराम से बातें करनी थीं परन्तु इसमें वे बालक सहयोग देने के लिए तैयार नहीं थे। उन्हें धमकाकर तो यशोदा माँ के आँगन से निकला नहीं जा सकता। तो क्या करना चाहिए? हाँ, एक ही उपाय है। उन्हें रास खेलने के लिए श्रेणी में खड़ा कर दिया।

सुबल ने ढोल ले लिया।

श्रीकृष्ण द्वारा आज बनाई गई बाँसुरी देखकर नन्दराय हँस पड़े। घर में जाकर पहलेवाली सुशोभित बाँसुरी ले आए। अदला-बदली की।

उत्तम ने यशोदा माँ का इस ओर ध्यान दिलवाया : "देखा, बाबा बिना आधार के घर में जाकर आ गए!"

"देखते जाओ, अभी और क्या-क्या करते हैं।"

बाल-गोपालों का रास जमा। श्रीकृष्ण की बाँसुरी के स्वर से वातावरण आन्दोलित हुआ। यशोदाजी की भविष्यवाणी सत्य सिद्ध हुई। नन्दबाबा की अंगुलियाँ ताल देने लगी थीं। एक क्षण तो उन्हें ध्यान ही नहीं रहा और श्रीकृष्ण द्वारा निर्मित उस बाँसुरी में फूँक मार बैठे।

राधा नाच उठी।

ब्रजमंडल में आनन्दलोक अवतरित हुआ है। वर्षों से सुदर्शनचक्र ने जिस स्थान पर अधिकार पा लिया था वह फिर से वंशी को मिल गया है। सुदर्शन पर्याप्त नहीं था। द्रौपदी ने यदि कुछ समय वृन्दावन में राधिका के साथ बिताया होता तो उसकी दृष्टि बदल जाती।

परन्तु दुर्योधन और शकुनि?

उनका प्रतिकार करना आवश्यक था। धर्मयुद्ध नहीं हो तो सत्य का दमन ही होता रहे। यह अधिक बड़ी हिंसा साबित होती। उससे युद्ध की छोटी हिंसा की हानि स्वीकार करना श्रेयस्कर है...

नन्दभवन के प्रांगण में हुई इस अनुभूति के बारे में उद्धव से कहूँगा, सुदामा से भी कहूँगा। परन्तु इससे पहले राधिका से पूछूँ कि वह क्या कहती है? उनके अनुभव के साथ तारतम्य रखना चाहिए। यहाँ के मनुष्य, प्राणी और प्रकृति देखकर यही लगता है कि इन सबकी चेतना की धुरी राधिकाजी हैं।

सगे-सम्बन्धी युद्ध की घटनाओं के बारे में पूछते हैं। बहुत जिज्ञासा से जनार्दन के उत्तर सुनते हैं। किसी-किसी गोष्ठी के अन्त में श्रीकृष्ण कुरुक्षेत्र और वृन्दावन की तुलना करते हैं। उषा को महारास की झाँकी देखनी है, अनिरुद्ध जानना चाहता है कि पितामह ने कुरुक्षेत्र को धर्मक्षेत्र में किस तरह बदल दिया...

आचार्य गर्ग और कुलपति सांदीपनि जब भवन में पधारते हैं उस समय उनकी चारों पीढ़ियाँ स्वागत-वन्दन करने को तत्पर रहती हैं। देवकी-वसुदेव, रुक्मिणी-श्रीकृष्ण, मायावती-प्रद्युम्न और उषा-अनिरुद्ध। कभी-कभी रेवती-बलराम भी उपस्थित होते हैं। प्रसन्नता का साकार स्वरूप बन उठता है समस्त परिवार!

''इस भवन की विशेषता ही यह है कि यहाँ पुजारी पूज्य हो जाता है।''—गर्गाचार्य कहते हैं। कुलपति पूर्ति करते हैं : ''यहाँ दर्शक दर्शनीय हो जाता है।'' श्रीकृष्ण की प्रभुता की महिमा गाने की यह एक रीति है परन्तु इस भवन में अतिथि सदा उच्चासन पर विराजमान होता है और ऋषि हृदय में। पारिवारिक सदस्य जानते हैं कि इसका कारण श्रीकृष्ण के प्रति ऋषियों का स्नेहादर है। अनासक्त कर्म ही तप है।

कंसराय के राज्य में मल्लों का वर्चस्व था।

जरासंध और शिशुपाल सैनिक शक्ति पर निर्भर थे।

दुर्योधन ने कूटनीति और स्वार्थ के संगठन पर विशेष बल दिया।

—इन सबने तपोवन की फलश्रुति समान ऋषिवाणी को किसी-न-किसी रूप में उपेक्षा की थी। अतः इनकी समृद्धि संस्कृति में परिवर्तित नहीं हुई। बल से वैभव, वैभव से विलास और विलास से अवनति की ओर जाना पड़ता है। त्याग और संयम द्वारा अंकुशित समृद्धि उन्नतिदायी होती है।

श्रीकृष्ण यादवों को अनुभवजनित ज्ञान बतलाते हैं।

तुम्हें कुरुक्षेत्र और वृन्दावन के बीच चुनाव करना है। किसी समय सुदर्शन अनिवार्य होता है परन्तु मैं उपासक हूँ वेणुनाद का...

17

बलराम अब नन्दवन में ही रहते हैं। द्वारिका की कुलकर सभा में भी भाग नहीं लेते। श्रीकृष्ण की अनुपस्थिति में यादव युवक द्यूत और मद्यपान में डूबे रहते हैं। बलराम किसी से कुछ नहीं कहते। वे भले और उनका नन्दवन भला। रेवतीजी बुलाएँ तो नगर में आते हैं परन्तु अधिकतर वे स्वयं परिवार के साथ पति के पास नन्दवन पहुँच जाती हैं। यादवों की यह राजधानी पश्चिमी देशों के साथ व्यापारिक केन्द्र के रूप में विकसित हो रही है। द्रव्य बढ़ रहा है उसके साथ-साथ विलास भी। श्रीकृष्ण होते हैं तो उनके प्रभाव के कारण सब सन्तुलित लगता है।

रेवतीजी ने पति से कहा, ''आप अश्वमेध यज्ञ में भाग लेने के लिए हस्तिनापुर नहीं जाएँगे?''

''नहीं, अब मुझे किसी में भाग नहीं लेना। कृष्ण भले इधर से उधर दौड़ता रहे। उसे द्वारिका की तो कुछ चिन्ता ही नहीं है।''

''आपको है?''

''मुझे कौन पूछता है?''

''आप चाहते हैं कि कोई नहीं पूछे। आप एकान्तप्रिय बनते जा रहे हैं। यादव गणराज्य के स्तम्भ होने पर भी कुलकर सभा में भाग नहीं लेते। एक वारुणी के अतिरिक्त अन्य किसी बात में रुचि नहीं हो इस तरह का व्यवहार करते हैं। लगता है कि यह भी भूल गए हैं कि मेरे पिता की कुशस्थली आपने ही असुरों से वापस प्राप्त की थी। वह यादव गणराज्य को सौंप देने से पहले आप ही उसके राजा थे।''

''रेवती सच कहना, यदि हमने गणराज्य के आदर्श को छोड़कर कुशस्थली का शासन स्वयं ही सँभाला होता तो आज स्वतन्त्रता के नाम पर जो स्वछंदता दृष्टिगोचर होती है वह तो नहीं दिखती? तू जानती है कि युद्ध से वापस आने के बाद सात्यकि और कृतवर्मा के कुल एक-दूसरे के कटु शत्रु बन गए हैं? महाराज उग्रसेन के सम्मान का ध्यान भी नहीं रखा जाता। और कृष्ण तो कब आता है और कब चला जाता है इसका पता बहुत कम लोगों

को होता है। अब मुझे यही सत्य लगता है कि श्रीकृष्ण को मथुरा या द्वारिका को आर्यावर्त की राजधानी के रूप में विकास करके सम्राट के पद पर आसीन हो शासनसूत्र अपने हाथ में ले लेना चाहिए था। पांडवों को धर्म-विजय दिलाने में इतना सारा समय गया, अभी तो अश्वमेध करवाने के लिए उत्तरापथ जाएगा! योग्य पुरुष खोजकर उसे राजा बनाने से स्वयं योग्य राजा बनना सरल था।''

''परन्तु मेरे देवरजी सरल कार्य करना पसन्द ही नहीं करते। वे मानते हैं कि राज्य-संचालन के कार्य में प्रजा के समस्त वर्गों का प्रतिनिधित्व होना चहिए। अकेले क्षत्रियों पर छोड़ दिया जाए ऐसा यह क्षेत्र है ही नहीं। अरे, यह क्या, यह तो उनका ही रथ आ रहा लगता है।''

माता-पिता, महाराज तथा अन्य गुरुजनों को वन्दन करने के बाद श्रीकृष्ण, सात्यकि और प्रद्युम्न नन्दवन आए थे। यात्रा से पूर्व उनका आशीर्वाद लेंगे और द्वारिका की रक्षा का दायित्व स्वीकार करने की विनती करेंगे।

पल-भर में ही बलराम बदल गए। श्रीकृष्ण के वन्दन और स्मित के बाद कुछ कहने के लिए बाकी नहीं रहा। सात्यकि कुछ संकोच के साथ खड़ा था। उसे पास बुलाकर हलायुध ने उसके सम्बन्धियों के बारे में पूछा।

फिर तो मानो किसी को यहाँ से जाने की जल्दी ही नहीं थी इस तरह गोष्ठी जमी। बलराम ने सुना था कि श्रीकृष्ण के सूचना के अनुसार पांडव उत्तर दिशा से द्रव्य ले आएँगे जो पहले कभी मरुत राजा ने यज्ञ में छोड़ रखा था—फिर भी वे सहायता करने के लिए तैयार थे। ''युधिष्ठिर भले ही अधिक बुद्धिशाली न है, भला है। इसीलिए उसने प्रजाओं से कर या दण्ड के रूप में द्रव्य नहीं लिया।''

''पृथ्वी से वीर पुरुष कम हुए और वह क्षीणरत्ना भी बनी है। सर्वत्र निराशा और विफलता है। हो सकता है कि अश्वमेध के द्वारा प्रजाजीवन में उमंग जागे।''—कहते हुए श्रीकृष्ण ने भाई-भाभी से विदा ली। वहाँ निशठ और उल्मुक आ पहुँचे। पुत्र हस्तिनापुर जाएँ ऐसी रेवती की भी इच्छा थी। श्रीकृष्ण ने गद की सहायता से कृतवर्मा को साथ ले चलने में सफलता प्राप्त की थी।

हस्तिनापुर का शोक श्रीकृष्ण के आगमन से शमित हो गया। सब नित्यकर्म कर रहे थे। साथ-साथ यज्ञ की तैयारियाँ चल रही थीं। पाठशाला और संगीतशालाएँ पुनः प्रारम्भ हो गई थीं। युद्ध में पति गुमानेवाली स्त्रियों के लिए श्रीकृष्ण का सन्देश था : तुम अपना वैधव्य भूलकर अपने मातृत्व के लिए सोचो। शिशु ही अपना भविष्य है। महर्षि वेदव्यास ने उत्तरा को सतत उपवास करने से रोका था। क्योंकि उसकी कृशता गर्भ को हानि करने लगी थी। तेरी कोख से तेजस्वी पुत्र अवतरित होगा, ऐसा आशीष देकर उसे जीवन के प्रति आशान्वित किया था। वहाँ तो मंत्रदीप को बुझा दे ऐसी घटना राजप्रासाद में घटित हुई।

उत्तरा ने निश्चेष्ट पुत्र को जन्म दिया।

पुत्र जन्म का हर्ष शोक में परिणत हो गया। युद्ध के उन्नीसवें दिन का प्रभात अन्तःपुर में कहीं छिपा हुआ था। उसने पुत्र को कस लिया।

श्रीकृष्ण और सात्यकि यह समाचार सुनते ही उत्तरा के भवन पर पहुँच गए। कुन्ती श्रीकृष्ण को पुकार रही थीं। द्रौपदी, सुभद्रा तथा अन्य रानियाँ मानो जीवन की आखिरी आशा को खो बैठी हों इस तरह क्रन्दन कर रही थीं। ऐसा लगता था कि वे होश गुमा बैठेंगी। दुख के समय अनुभवों के कारण सन्तुलित रहनेवाली कुन्ती की वेदना अपार थी परन्तु वे निरुपाय नहीं दिखती थीं। इसीलिए वे श्रीकृष्ण से प्रार्थना कर रही थीं। भावना में बहते हुए याद आई बातें कहती जा रही थीं : ''अभिमन्यु ने उत्तरा से कहा था : भद्रे, तेरा पुत्र मेरी ननिहाल में रहकर धनुर्वेद आदि शस्त्रों और नीतिशास्त्र का अध्ययन करेगा। आचार्य गर्ग और कुलपति सांदीपनि का उसे आशीर्वाद प्राप्त होगा।''—इन शब्दों के साथ कुन्ती के जीवन-भर का धैर्य समाप्त हो गया और वे मूर्च्छित हो गईं। श्रीकृष्ण ने उन्हें सहारा दिया और सान्त्वना देने लगे। वहीं सुभद्रा पागल की तरह नवजात शिशु को ले आई और उसे सचेतन करने के लिए विनती करने लगी।

द्रौपदी श्रीकृष्ण को देखकर कुछ सन्तुलित बनी। वह उत्तरा के पास जा बैठी, उसकी शून्यता के निवारण का प्रयत्न करने लगी। उसे ऐसी स्थिति में भी श्रीकृष्ण के दर्शन करने के लिए प्रेरित किया। खड़ी होकर पास आने का प्रयत्न करनेवाली उत्तरा श्रीकृष्ण के पैरों पर लुढ़क पड़ी।

श्रीकृष्ण ने अश्वत्थामा के युद्ध से लेकर आज तक की स्थिति पर विचार किया। बालक का अचेतन शरीर देखा। पलक बन्द करके गहरी साँस लेकर सारी माताओं की ओर देखकर धीमे किन्तु दृढ़ स्वर में कहा :

''यदि पहले कभी हास्यविनोद के निमित्त भी मैंने मिथ्यावचन नहीं बोले हों और युद्ध में कभी विचलित हुआ न होऊँ तो उस धर्मसत्य के प्रभाव से यह शिशु सचेतन हो।''

शिशु के अंगों में चेतना आने लगी। उसके हाथों की बन्द मुट्ठी पद्मकली के समान शोभायमान होने लगीं।

युगपुरुष का जीवन सत्य उद्‌गार के रूप में नवजात शिशु को स्पर्श कर गया और उसकी मूर्च्छित चेतना लौट आई। माताओं ने देखा कि योगेश्वर श्रीकृष्ण की वाणी यहाँ संजीवनी हो गई थी।

उत्तरा ने उठकर पुत्र सहित प्रणाम किया।

श्रीकृष्ण, सात्यकि तथा अन्य यादवों ने उत्तरा को अनेक रत्न भेंट दिए। नामकरण किया : 'परीक्षित' अर्थात् वंशवृद्धि करनेवाला।

इस घटना के बाद आर्यावर्त के नगर-नगर में श्रीकृष्ण की आत्मशक्ति, सर्वात्मदृष्टि और सत्यनिष्ठा की ख्याति बढ़ गई। उन्हें जादूगर कहकर उपहास करने वाले नहीं रहे। विनोद में उनकी टीका करनेवाले भी अन्तर्मुख हो गए।

पाण्डवों की उनके प्रति श्रद्धा और गाढ़ बनी।

युधिष्ठिर की बहुत इच्छा थी कि श्रीकृष्ण अश्वमेध यज्ञ की दीक्षा ग्रहण करें परन्तु इस बार उनकी विनती स्वीकृत नहीं हुई। राजसूय यज्ञ के समय भी जनार्दन ने चाहा था कि सारा यश पांडवों को ही मिले। उसका स्मरण कराते हुए अपनी जीवनदृष्टि समझाकर

सम्राट पद को अस्वीकार कर दिया। युधिष्ठिर को ही यज्ञदीक्षा देने के लिए वेदव्यास से विनती की।

यज्ञ के अश्व की रक्षा के लिए अर्जुन को नियुक्त किया गया। श्रीकृष्ण के सुझाव से युधिष्ठिर ने उससे कहा : "आक्रमणकारी राजाओं से भी सम्भवित हो वहाँ तक युद्ध को टालना और अपने पाप विमोचन के लिए किए जा रहे यज्ञ का सन्देश देकर इसमें यथासमय उपस्थित रहने के लिए निमन्त्रित करना।"

अर्जुन ने मृदुयुद्ध की नीति से सबको जीतकर आर्यावर्त में अहिंसक एकता स्थापित की। प्रजाजनों ने विजेता अर्जुन का अभूतपूर्व स्वागत किया।

राजसूय यज्ञ के समय शिशुपाल आदि को ईर्ष्या हुई थी। इस महोत्सव में श्रीकृष्ण ने सबको सावधान कर दिया था कि इस बार वैसा कुछ न हो। इसलिए यज्ञ आद्यंत निष्कंटक और क्षतिरहित पूर्ण हुआ। अन्त में अवभृथ-स्नान करके निष्पाप हुए युधिष्ठिर भाइयों का सम्मान प्राप्त करके शोभायमान हुए। विविध प्रकार की भेंट देकर अतिथि राजाओं को विदा किया।

महायुद्ध के बाद तीसरे चैत्र मास को यज्ञ पूर्ण हुआ। पांडवों को पूर्ण प्रसन्न देखकर जनार्दन द्वारिका चले गए। उनका निःस्पृह कर्मयोग यज्ञ के बारे में भी क्रियाशील रहा था। अपने लिए राजसिंहासन की इच्छा न रखनेवाले को सबके हृदय का सिंहासन मिला था।

उत्सव का वातावरण चहुदिश फैल गया था।

रुक्मिणी ने पति के उदात्त कार्य और सम्राटपद के त्याग के कारण स्तुति की। उन्हें उत्तर मिला : "मेरा त्याग अभी राधिका की ऊँचाई तक नहीं पहुँचा।" रुक्मिणी विचार में पड़ गईं। प्राणेश्वर जीवनपर्यन्त त्यागशील रहे, सत्ता और सम्पत्ति से निःस्पृह रहे। सत्य और शील उनकी वास्तविक सत्ता है। फिर भी राधिकाजी के त्याग को श्रेष्ठतर कहते हैं, इसलिए उनके कथन का अवश्य गूढ़ अर्थ होगा। इन वचनों का रहस्य पूछा।

अश्वमेध यज्ञ पूरा होने के बाद का प्रसंग कहते हुए यदुनन्दन ने अपनी बात समझाई। उन्होंने पांडवों को यज्ञ का सुझाव इसलिए दिया था जिससे वे सर्वस्व का त्याग कर सकें, उनको पीड़ा दे रहे पाप-बोध से मुक्त हो सकें। युधिष्ठिर ने पूर्ण दायित्व के साथ यज्ञ किया था, उन्हें त्याग का यश मिला। वहीं एक अतिथि ने आकर कहा : हे सम्राट युधिष्ठिर, आपका यह यज्ञ कपोतवृत्ति से जीवन निर्वाह करने वाले—किसी से द्रोह किए बिना अनायास प्राप्त अन्न पर जीवित रहनेवाले—के समान है। यह किसी मनुष्य द्वारा एक समय के भोजन के दान के समकक्ष भी नहीं आ सकता। क्यों? तो सुनो, उस अतिथि ने कहा—कुरुक्षेत्र में एक ब्राह्मण परिवार रहता था। वह हर तीसरे दिन एक समय भोजन करता। निश्चित समय भोजन न मिले तो फिर तीसरे दिन ही भोजन लेता। ऐसे में अकाल पड़ा। ब्राह्मण परिवार का तीसरा दिन बार-बार निकल जाता। सब पानी पीकर जीवित थे। ऐसे समय में उन्हें दो सेर जौ मिले। उसे पकाकर चार भाग करके खाने की तैयारी कर रहे थे वहाँ मेरे जैसा एक अतिथि आ पहुँचा। वह भूखा परिवार अतिथि को देखकर बहुत प्रसन्न हुआ। चारों सदस्यों ने अपना-अपना हिस्सा देकर अतिथि को भोजन

कराया। और दान का सन्तोष प्राप्त किया। अतिथि ने उन्हें आशीष देते हुए कहा : बड़े से बड़ा राजसूय या अश्वमेध यज्ञ भी तुम्हारे इस दान के समक्ष नहीं हो सकता। तुमने एक बार के भोजन के दान से, अनन्य त्याग द्वारा अपना मोक्ष निश्चित कर लिया है।

अतिथि के यह शब्द युधिष्ठिर के लिए प्रत्यक्ष धर्म की वाणी समान थे। उन्होंने स्वीकार किया कि उस ब्राह्मण-परिवार का त्याग मेरे त्याग से श्रेष्ठतर है।

—इस प्रसंग का स्मरण हो आने पर मेरे मन में प्रश्न उठा। देवी, तुम जानती हो कि राधा का मुझ पर सम्पूर्ण अधिकार था। उसने मुझसे कुछ लिया नहीं, केवल दिया। तप भी मुझे समर्पित किया...राधा की त्यागमयी सेवा का चमत्कार मैंने इस प्रवास में देखा। महायुद्ध के कारण खण्डित हो गए वृन्दावन को उन्होंने पुनः हरा-भरा बना दिया है। इन दो वर्षों में तो उसने गोप समाज को प्रेरित करके निसर्गश्री की पुनः स्थापना कर दी है। अनेक बाल-गोपालों को होंठ पर वेणु धारण करनेवाला बना दिया है। किस कर्मफल की अपेक्षा से ऐसा किया? अपेक्षा की बात तो बाद में, उस फल की आवश्यकता ही कहाँ है? कर्म स्वयं उसके लिए आनन्द का पर्याय है।''

''मुझे उस तपस्विनी के पास ले चलें।'' रुक्मिणी ने प्रार्थना के कातर स्वर में कहा : ''कुछ दिन उनके सामीप्य में बिताने की इच्छा बलवती हुई है...उद्धव कहते थे कि राधिकाजी स्वयं कृष्ण बन गयी हैं।''

श्रीकृष्ण उत्तर दें उससे पहले प्रद्युम्न की पगध्वनि सुनाई दी। उसके मुख पर ग्लानि थी :

''पिताजी, कुछ यादव कुमारों ने गुरुकुल में जाकर कुलपति के अतिथि ऋषिमुनि का उपहास किया है। महाराज उग्रसेन इस वृत्तान्त को सुनकर व्यथित हुए परन्तु कुछ बोले नहीं। उन्होंने यह सोचकर मौन रखा होगा कि यादव महारथियों और श्रेष्ठियों के पुत्रों को दण्डित करना दुस्साहस होगा। आपको नहीं लगता कि कुलकर सभा बुलाकर ब्रह्मर्षियों का उपहास करनेवालों को दण्डित किया जाए?''

श्रीकृष्ण-रुक्मिणी यह सुनकर सन्तप्त हो गए।

द्वारिका में ऋषियों का उपहास? यह तो अकल्पनीय था। माता-पिता की स्तब्धता की गम्भीरता समझकर प्रद्युम्न आगे बोला :

''पिताजी, पिछले कई वर्षों से आपकी बार-बार अनुपस्थिति के कारण द्वारिका के यादव कुमारों और युवकों में मद्यपान और भोग-विलास बढ़ गया है। यह सम्पत्ति उन्होंने अपने पुरुषार्थ से प्राप्त नहीं की इसलिए उसका भोग-विलासपूर्ण कार्यों में व्यय करते हुए उन्हें संकोच नहीं होता। जो त्याग और संयम द्वारिका के स्थापक के जीवन में देखने को मिलता है उसका लेशमात्र अंश भी इस नयी पीढ़ी के व्यवहार में नहीं है। पिताजी, क्या यह सम्भव नहीं कि आप शासन की बागडोर सँभाल लें?'

''नहीं वत्स, मैं राजा नहीं हूँ और न कभी बनूँगा। मैं राज्य से धर्म को बड़ी सत्ता मानता हूँ। मैं यह नहीं मानता कि मात्र राजा से समाज चलता है। समस्त समाज के बीच आन्तर सम्बन्ध महत्त्वपूर्ण हैं। उसमें रहनेवाले मनुष्य की जागरूकता महत्त्वपूर्ण है। इस दृष्टिकोण के कारण यादवों की गणभावना को विकासशील रखने का मेरा संकल्प था। इसी

कारण महाराज उग्रसेन भी कुलकर सभा के आधीन हैं। जरासंध जैसा सम्राट कदापि हमारा आदर्श नहीं हो सकता। अपनी शासन-व्यवस्था में कमियाँ होंगी परन्तु इससे उत्तम पद्धति का मुझे पता नहीं है। तू अपने पितामह से इस सम्बन्ध में विचार-विमर्श करना। मैं इसी क्षण गुरुकुल जाकर कुलपतिजी से मिलता हूँ। उद्धत कुमारों को उचित दण्ड देने का उन्हें तो अधिकार ही था। उन्होंने यह कार्य महाराज पर क्यों छोड़ दिया? महाराज क्यों मौन रहे? यह सारे प्रश्न मुझे परेशान कर रहे हैं। सब जानते हैं कि अपनी गणभावना कुलधर्म को नहीं सत्य-धर्म को महत्त्व देती है। हम मानते हैं कि बड़े से बड़ा राजा तपोवन में विनीत होकर ही प्रवेश करे, ब्रह्म और ब्राह्मण के महत्त्व को स्वीकारे, उन्हें आदर सम्मान दे। फिर ऐसा हुआ कैसे?''

श्रीकृष्ण के साथ रुक्मिणी भी गुरुकुल गयीं। अध्यापन चल रहा था। श्रीकृष्ण गोशाला में गायों की सेवा-सुश्रूषा करने लगे। रुक्मिणी गृहमाता के पास गयीं। उनके मना करने पर भी प्रांगण साफ करने का कार्य आरम्भ कर दिया। ऐसा करके उनका मन धन्यता का अनुभव कर रहा था।

अनध्याय के समय में छात्रों ने श्रीकृष्ण की खोज की। वे संगीतशाला या ग्रंथालन में नहीं गोशाला में हैं, यह जानकर नए छात्रों को आश्चर्य हुआ। वे गुरुकुल में आते हैं तब शिष्यवृंद उन्हें घेर लेते हैं। सांख्य और योग का विशेष अध्ययन करनेवालों को स्वयं कुलपतिजी ने सलाह दी है कि इसके बारे में श्रीकृष्ण के साथ चर्चा की जाए। वेणुवादन सीखनेवाले बटुकों के प्रति भी द्वारिकाधीश अनहद प्रेम प्रकट करते हैं। इस नगर में निवास के दौरान उन्हें सविशेष विश्रान्ति दो स्थलों पर मिलती है : ज्वार के समय के सागर किनारे और दूसरा गुरुकुल की प्रार्थना सभा में। एक बार सभा के अन्त में प्रश्नोत्तरी के समय उत्तर देते समय श्रीकृष्ण ने सांदीपनि से कहा था : गुरुदेव, यदि मैं कुछ दर्शन का ज्ञान सीख पाया हूँ तो सच मानिए, उसके मूल में भी संगीत है, केवल आपकी शुभाशीष नहीं।

गुरुदेव हँस पड़े थे। श्रीकृष्ण ने आशीष का स्वीकार करते हुए संगीत की महिमा की ओर संकेत किया था। वह परम और चरम सन्तुलन की विद्या है। श्रीकृष्ण का दर्शन भी सन्तुलन को महत्त्व देता है। सृष्टि का सन्तुलन टूटने पर परम चैतन्य नए समीकरण बनाता है, जाग्रत मनुष्य इनके आविष्कार में निमित्त बनता है।

पूछा : ''यादवकुमारों को दण्ड क्यों नहीं दिया?''

''सर्वशक्तिमान के आश्रितों को कौन दण्ड दे सकता हैं?'' एक अध्यापक ने कहा।

इससे बिल्कुल विपरीत गान्धारी ने कटुवचन कहे थे : सर्वशक्तिवान होने पर भी तुमने युद्ध निवारण नहीं किया। इसलिए तुम्हारे कुल का भी इसी तरह विनाश होगा।

मेरी मानवीय प्रकृति का तो कोई स्वीकार ही नहीं करता। मानो मुझे किसी की सहानुभूति की आवश्यकता ही नहीं पड़ती!

उद्धव के साथ वृन्दावन-यात्रा करते हुए उषा ने गोलोकधाम की चित्रमाला बनाई है। महर्षि नारद और शांडिल्य द्वारिका पधारे उस समय उषा-अनिरुद्ध की भक्ति-भावना पर प्रसन्न होकर उस चित्रमाला को देखने गए थे।

उषा का तो भाग्य ही खुल गया। महर्षि नारद ने उसे गोलोकधाम का रहस्य समझाया :

वृन्दावन का विभूति स्वरूप ही गोलोक है। वृन्दावन का अप्रकट प्रकाशमय वैभव गोलोक है।

गोकुल का तात्पर्य जानती हो? महावृन्दावन के मध्य वह कमल आकार में लक्षित होता है। कमल की कर्णिका ही श्रीकृष्ण का निजधाम है। इस गोकुल से तू उस गोलोक की कल्पना कर। वहाँ वृक्षों में मात्र कल्पतरु है, वहाँ की समग्र भूमि चिन्तामणि है, जल अमृत है, ऋतुओं में केवल वसन्त है, भक्त वहाँ स्निग्ध ज्योति का रस के रूप में आस्वाद करते हैं।

उषा ने एक महाप्रांगण में नन्दराय, यशोदाजी, रोहिणीजी तथा अतिथियों के लिए कक्ष का चित्र बनाया था। परन्तु बलराम की लीलाभूमि रामघाट का चित्र नहीं था। महर्षि ने इस ओर ध्यान दिलाया और उलाहना दिया।

केलिवन की संख्या और तात्पर्य समझकर उषा भाव-विभोर हो गई। विहंगों के कलनाद से मुखरित भूमि पर मंद-मंद समीर लहराता है और यहाँ-वहाँ पद्मरेणु बिखरी रहती है।—महर्षि की वाणी सुनकर उसे ऐसी सूक्ष्म अनुभूति हुई।

"तूने राधा-गोविंद के लीलाकुंज की रचना क्यों नहीं की?"—महर्षि शांडिल्य ने कहा।

"श्यामकुंड और राधाकुंड भले ही अलग दिखाई दें, परन्तु उनके बीच सम्बन्ध सूत्र अवश्य है। जहाँ से जल संचार होता है—कदंबकुंज, आम्रकुंज, चंपककुंज और गोलोककुंज के साथ तुझे अनेक माधवीकुंजों का आलेखन करना चाहिए।

"तू गोकुल का ऐसा चित्र बना जो सहृदयों को गोलोक की झाँकी करा सके!"

महर्षि नारद ने उषा की संवेदनशीलता और समर्पण को देखकर उसे ब्रह्म, परमात्मा और भगवद्तत्त्व के रूपगत भेद को समझाया। ब्रह्म की अनुभूति अचिंत्य है, वह संवित शक्ति का प्रकाश है। वृत्तिनिरोध होने पर यह अनुभूति होती है, यह सुषुप्तिवत् है। परमात्मा की अनुभूति हृदय में होती है। देह के रहने का भान नहीं रहता। वृत्ति की एकाग्रता सिद्ध होने पर यह स्वप्नवत् अनुभूति होती है जबकि भगवद्तत्त्व की अनुभूति जागृतिवत् है। उसमें जिस अनन्त वैविध्य का अनुभव होता है वह एकत्व का अविरोध है।

तेरी उपासना वहाँ तक पहुँचे इसके लिए मेरा आशीष है।

पश्चिम भारत में रहनेवाले यादवों को पुरुषार्थ के साथ संयम-निग्रह का बोध मिले ऐसे उत्सवों और अनुष्ठानों का आयोजन करके सात्यकि और प्रद्युम्न श्रीकृष्ण प्रेरित आर्य जीवनदृष्टि का प्रचार कर रहे थे। मध्यदेश और दक्षिणापथ के यादवकुल भी इस

जीवनदृष्टि का अनुसरण करके उल्लसित और सदाचरणपूर्ण जीवन जीने के लिए प्रेरित हुए। एक बार यादवकुमारों ने ऋषि-मुनियों का उपहास किया था, इसके बाद ऐसी घटनाएँ दुबारा घटित न हों इसके लिए क्षत्रिय शासक सावधान थे। ज्ञान और कर्म के गौरव में वृद्धि करनेवाले यादवकुलों का वृत्तान्त सुनकर द्वारिका में उग्रसेन-वसुदेव प्रसन्न हैं। उतने ही प्रसन्न हैं पांडव बन्धु। एक उद्यमी जाति का नवीन संस्करण करके आर्य सभ्यता के विशाल प्रवाह में उसे समरस बनाने में श्रीकृष्ण ने प्रत्यक्ष और परोक्ष रूप से अनेक प्रयत्न किए हैं। देश के सभी ऋषि-मुनि उनके इस कार्य की सराहना करते हैं।

श्रीकृष्ण मानते हैं कि किसी भी वर्ण में जन्मे व्यक्ति में सर्वोच्च आध्यात्मिक विकास की सम्भावना होती है। उद्धव यादव हैं परन्तु उसकी ज्ञानोपासना किसी ब्राह्मण से कम नहीं है। उन्होंने स्वयं जीवन-भर क्षत्रिय का कर्तव्य निभाया था। महाभारत के युद्ध को टालने के लिए स्वयं को दो भागों में बाँटकर शस्त्र संन्यास लिया। उसे अब स्वभाव बनाकर ब्रह्मज्ञान की उपासना में रत रहना है। फिर भी शस्त्र संन्यास की प्रतिज्ञा नहीं ली। इसका कारण बताते हुए वे कहते हैं : ''हमें भविष्य को बाँधना नहीं चाहिए। अपने सीमित आग्रहों में उसे न बाँधकर सत्य के प्रवर्तन में सहभागी बनना चाहिए। मनुष्य मात्र देह नहीं, देही है। उसे आत्मा के आन्तरिक प्रकाश द्वारा अहंकार और रागद्वेष से मुक्त होकर विश्व के सन्तुलन रूपी परम चैतन्य के साथ अद्वैत सम्बन्ध स्थापित करना होता है। यह सम्भव है, जन्म और मृत्यु के बीच की अवधि में यह सम्बन्ध स्थापित करना सम्भव है।'' यह बात अब उद्धव, अर्जुन और सुदामा अनुभव के द्वारा कहते हैं।

कुलपति सांदीपनि और शास्त्रकार गर्गाचार्य कहते हैं कि उस तीसरे दिन एक समय भोजन करनेवाले ब्राह्मण के त्याग को सम्राट युधिष्ठिर ने अपने त्याग से श्रेष्ठतर कहा उसी क्षण से आर्यावर्त से धर्मयुग की स्थापना करने के श्रीकृष्ण के प्रयासों का वृत्त पूर्ण हो गया। नए युग का उदय हुआ है।

युधिष्ठिर और अर्जुन जितना सम्मान और आदर माता कुन्ती का करते हैं उतना ही धृतराष्ट्र, गान्धारी और विदुर का करते हैं। उनकी अध्यात्म साधना में पूर्ण सहायता करते हैं।

युद्ध की स्मृति का आघातजनक प्रभाव कम हो गया है। विदुर जी मानते हैं कि युधिष्ठिर द्वारा प्राप्त आदर और सम्मान के कारण धृतराष्ट्र का हृदय जगत को रचनात्मक दृष्टि से देखने लगा है। उत्कट वैराग्य भावना के जागने के बावजूद श्रीकृष्ण के आग्रह के कारण वे हस्तिनापुर में ही रुके।

उद्धव, सुदामा और विदुरजी बार-बार मिल नहीं सकते परन्तु श्रीकृष्ण रूपी संकलन सूत्र से वे सम्बद्ध हैं। द्रौपदी और सुभद्रा सभी बुजुर्गों की सेवा में तत्पर रहती हैं। युद्ध में सर्वस्व गुमानेवाले का आश्रय बनकर इन सन्नारियों ने अपने दुख को निकाल फेंकने का प्रयास किया है। अभी उससे निजात नहीं मिली परन्तु धर्म के अभ्युदय से आश्वासन मिला है।

युद्ध को पन्द्रह वर्ष बीत चुके हैं।

धृतराष्ट्र वैराग्य लेने के लिए तैयार हैं। उनके साथ गान्धारी जाएँगी। राजमाता कुन्ती ने भी निर्णय कर लिया है। युधिष्ठिर उन्हें रोक नहीं पाए। शायद श्रीकृष्ण रोक पाते। वे इन दिनों उद्धव के साथ सुदामा के सुरधुनी नामक गुरुकुल में निवास करनेवाले थे। वहाँ आयोजित वेदान्तगोष्ठी में जगह-जगह से विद्वान और मुमुक्षु आए थे। केवलदा और भैरवदा वर्षों बाद यहाँ मिले हैं। श्रीकृष्ण आत्मज्ञानविषयक गोष्ठी के अध्यक्ष हैं। तपोवनवासियों जैसे वस्त्र उन्होंने धारण किए हैं। न सिर पर मुकुट है, न हाथ में बाजूबन्ध है और न कन्धे पर खेस है। यौगिक दीप्ति के कारण उन्हें पहचाना जा सकता है। सुदामा ने अपने बालसखा के जीवन कार्य के बारे में अपने शिष्यों को बार-बार बतलाया है। मगध से आए एक छात्र ने पूछा :

''यज्ञ के बारे में योगेश्वर का क्या अभिप्राय है?''

सुदामा ने शास्त्रोचित उत्तर देने से पहले गोविन्द के जीवन से उत्तर खोजने का प्रयत्न किया। इन्द्रयाग बन्द करवाकर, गोवंश का वध रोककर हिंसक यज्ञों की रूढ़ि को छुड़वाकर गोवर्धन की पूजा करवाने के प्रसंग के स्वयं साक्षी थे। उसके बाद जरासंध के नरमेध यज्ञ के बारे में सुनने को मिला। सिद्धि प्राप्त करने के लोभ में सम्राट नरमेध का निर्णय नहीं बदल रहा, यह देखकर जनार्दन ने भीमार्जुन के साथ गिरिव्रज जाकर उसे द्वन्द्व युद्ध के लिए आह्वान किया। जरासंध के वध के साथ ही आर्यावर्त से नरमेध यज्ञ बन्द हो गए।

परन्तु अश्वमेध में अश्व तथा अन्य प्राणियों की हिंसा होती है, इसका क्या किया जाए? सुदामा को मित्र से पूछना पड़ा।

''गोपमित्रों की प्रेरणा से मैंने गोवध रोका। यह तो सहज प्रेरणा थी। उस समय धर्मशास्त्रों के बारे में मैं विशेष नहीं जानता था, मात्र प्रश्न उठते थे। अनुभव से मैंने देखा कि प्रत्येक गोकुलवासी के लिए गाय दूसरी माता है। इससे इन्द्रयाग रोकने की प्रेरणा मिली। इसके बाद अन्य प्राणियों की हिंसा रोकने के प्रयत्न मैंने किए हैं परन्तु मैं इसका स्वीकार करता हूँ कि अभी मुझे सम्पूर्ण हिंसा का विरोध करनेवाली जीवन पद्धति नहीं मिल पाई। यह मात्र एक सम्भावना है। महत्त्वपूर्ण है सत्य। अहिंसक रूप से प्राप्त सत्य निष्कलंक और निष्पाप होता है। पाप मात्र पुण्य का विपरीत शब्द नहीं है, वह सत्य के भी प्रतिकूल है। मैंने देखा है कि हिंसा की सहायता से प्राप्त किया सत्य खण्डित होता है। व्यास मुनि के कहने के अनुसार इस सृष्टि में मनुष्य से श्रेष्ठ दूसरा कोई नहीं है। मैं कहता हूँ कि जो सर्वोच्च है वही सत्य का प्रमाण बन सकता है। मनुष्य और सत्य को समीप लाने के लिए धर्म की खोज हुई है। धर्म जब मनुष्य और सत्य को अपनी सार्थकता का आधार बनाता है तब वह अध्यात्मलक्षी बनकर ब्रह्मयोग तक विकसित हो सकता है। जब तक ब्रह्मयोग सिद्ध नहीं हो जाता तब तक मनुष्य अधूरा रहता है। वासना अधूरेपन की निशानी है। हिंसा सबसे उग्र वासना है। हिंसा त्यागकर वासनारहित होने पर ही पूर्ण सत्य का मार्ग ग्रहण किया जा सकता है। वह मार्ग और मार्गी एक होने पर ब्रह्मयोग का लक्ष्य सिद्ध हो सकता है।''

शास्त्र के अनुसार कार्य करनेवाले विद्वान सुदामा को श्रीकृष्ण की वाणी सुनकर ताजगी का अनुभव हुआ।

छात्र मन्त्रमुग्ध होकर सुन रहे थे। अर्थ समझने से पहले वे ध्वनि के नाद से आनन्दित थे।

श्रीकृष्ण की वाणी सुनने के लिए मानो प्रश्न पूछा गया :

"आप स्वयं राजसूय और अश्वमेध यज्ञ करने की सामर्थ्य रखते थे फिर भी आपने यह यज्ञ पांडव करें इसके लिए प्रयत्न किए। आपने स्वयं क्यों नहीं किए?"

"मैंने दूसरे प्रकार के यज्ञ कराए हैं। पिताजी की धार्मिक श्रद्धा का आज्ञा मानकर पालन किया है। राजसूय यज्ञ या अश्वमेध यज्ञ कराने का मेरे लिए प्रश्न ही नहीं था। मैं गणभावना को मानता हूँ।"

"आपने अपनी इच्छा से कोई यज्ञ नहीं कराया?"

"नहीं, क्योंकि मेरा लक्ष्य ब्रह्मयोग है, कर्मकांड या अनुष्ठान नहीं। मैं युवावस्था के प्रारम्भकाल में तो यज्ञ-कार्य का विरोधी था। इन्द्र की सत्ता को चुनौती देने के कार्य में सुदामा आप भी तो सम्मिलित थे? इसके बाद मेरे दृष्टिकोण में बदलाव आया। अंकपाद आश्रम की शिक्षा ने शास्त्रीय दृष्टि का महत्त्व समझाया। मैंने किसी भी कर्मकांड, पद्धति या अनुष्ठान का विरोध करने से पहले उसे समझने का प्रयत्न किया है। जिसके परिणामस्वरूप मेरा विरोध निःस्पृहणीय बना। कोई राजा या श्रेष्ठि यज्ञ करता है तो मैं उसमें उसे अपनी सर्वाधिक प्रिय वस्तु का अर्पण करते देखता हूँ। सर्वोच्च त्याग की नियमपूर्वक घोषणा यज्ञ है, ऐसा भी एक अर्थ निकल सकता है। इस त्याग द्वारा प्राप्त यश मनुष्य को आनन्द देता है। मुझे इसकी इच्छा नहीं है। इसलिए मैंने अपने लिए यज्ञ नहीं किया। परन्तु यदि आप यहाँ यज्ञ करना चाहते हैं तो मैं उसमें सफाई का कार्य करूँगा। गोशाला और यज्ञ भूमि दोनों स्वच्छ होनी चाहिए।"

सुदामा स्मरण करते हैं, समझते हैं...

श्रीकृष्ण की गायें हमेशा स्वच्छ होती हैं, उनकी इन्द्रियों की तरह...

दर्शन और उत्पादकश्रम में श्रीकृष्ण की समान रुचि देखकर आर्यावर्त की विद्वत् सभा को एक नया जीवन दर्शन मिलता है। माखनचोर, बालगोपाल, गायों के रक्षक गोविन्द, लोभी गोपियों की मटकी फोड़नेवाले नटखट नंदकिशोर, कालीय का दमन करनेवाले निर्भय कुंजबिहारी, मुरली मनोहर आत्मजयी राधास्वामी, कंस-चाणूर का मर्दन करनेवाले श्रीकृष्ण वासुदेव, यादवकुलों के उद्धारक द्वारिकाधीश, उद्धव, सुदामा और विदुर के सत्यसंगी, यशोदा, देवकी, दुर्गा, सुभद्रा, द्रौपदी और कुन्ती के वात्सल्य और स्नेह के विविध रूपों के पुरस्कर्ता, सोलह सहस्र नारियों को सामाजिक प्रतिष्ठा देनेवाले युगपुरुष, महारथियों के भी महारथी—ऐसे अपराजेय योद्धा होने पर भी अर्जुन के सारथी बननेवाले सखा, और सर्वत्र स्वच्छता और सुन्दरता की उपासना करनेवाले सदैव सत्यान्वेषी छात्र...महान से महान और साधारण से साधारण बनकर सर्वात्मदृष्टि से सकल जगत को देखनेवाले पुरुषोत्तम, प्रत्यक्ष-परोक्ष को जोड़नेवाले और स्थूल-सूक्ष्म का रूपान्तर करनेवाले योगेश्वर...जिसके सान्निध्य से ही चैतसिक क्रिया आरम्भ होने लगे

ऐसे ब्रह्मयोगी...सुदामा सोचते हैं : मैं इन्हें अपना सखा मानता हूँ इसमें मेरी भूल नहीं है परन्तु मैं इन्हें पहचानता भी हूँ।

अर्जुन श्रीकृष्ण की ओर अदम्य आकर्षण का अनुभव करते हैं। निमित्त मिलते ही योजनों का अन्तर काटकर मिलने पहुँच जाते हैं। द्रौपदी साथ हो ऐसे समय में रुक्मिणीजी पुत्रवधू एवं पौत्रवधू को राजप्रासाद सौंपकर उनके साथ हो जाती हैं। द्रौपदी के पास अनेक शिकायतें होती हैं, अर्जुन के बारे में, श्रीकृष्ण के बारे में भी। वे संकोच छोड़कर कह देती हैं : "श्रीकृष्ण जैसा पति पाने के कारण मुझे तुमसे ईर्ष्या होती है।"

रुक्मिणी कृष्णा से कहती हैं : "महारानी द्रौपदी, ईर्ष्या तो देवी राधिकाजी से करने जैसी है। यदुनन्दन के साथ यदि अनायास किसी का अद्वैत हो तो उनका ही। आप मुझसे ईर्ष्या करती हैं। मैं उन्हें प्राणों से अधिक चाहती हूँ। परन्तु उद्धव जी कहते हैं कि वे ब्रजदेवी तो स्वयं कुंजबिहारी बन गई हैं।"

रेवती भाभी समर्थन करती हैं।

नन्दराय और यशोदाजी की कुछ क्षणों के अन्तर में ही मृत्यु हुई। इस घटना को मुक्ति का नाम देकर श्रीकृष्ण ने मन्त्रोच्चार किया था। तमाल पुष्प की सहजता के समान उनकी आँखों की कोर भींग गई। इसमें शोक नहीं था, मज्जागत सम्बन्ध था।

ललिता ने कहा था : "प्रभु आपके माता-पिता अन्तिम दिनों में राधा-भक्त हो गए थे। आपको भी राधास्वामी का राधावल्लभ कहकर याद करते थे। हम सब सखियों ने निश्चित किया है कि अब आपको यशोदानन्दन, नन्दलाल या राधास्वामी कहकर ही पुकारेंगे।"

"मैं तो माखनचोर ही कहूँगी।"—नंदिनी बोलती है। सब हँस पड़ते हैं।

"तुम्हें जो कहना हो वह कहना परन्तु उनसे तो पूछो कि क्या कहकर पुकारना उन्हें अधिक अच्छा लगेगा?"—सुबल गम्भीर होकर कहता है।

"गोपाल।"—श्रीकृष्ण सहजरूप से कहते हैं।

"राधास्वामी भी नहीं?" राधा सुन ले ऐसे ऊँचे स्वर में विशाखा पूछती है।

"मुझे मात्र राधा कह सकते हो, स्वामी नहीं। मैं जिसके लिए अकर्मण्य रहा हूँ उसका स्वामी किस तरह कहा जाऊँ? हाँ सखा, मित्र, प्रिय कह सकती हो..."

"हम आपकी बात नहीं माननेवाले! हमें तो यह वृन्दावन, राधा और उसके प्राणेश्वर सदा एकरूप लगते हैं। हम आपको 'राधास्वामी' ही कहेंगे। हमें पता है कि ऋषि-मुनि आपको पुरुषोत्तम और योगेश्वर कहते हैं; यह शब्द हम सहजता से नहीं बोल सकते जबकि 'राधास्वामी' हम सबको बोलना आ गया है।"

मुखिया उत्तम कहता है : "यह एक ऐसा समास है जो हमारे लिए मंत्र-समान है—राधास्वामी!"

हरिद्वार आश्रम निवासी कलावती और वृषभानु आए हैं। दुर्गा और उद्धव आए हैं। स्वजनों का मेला लगा है। उत्सव बढ़ता जा रहा है।

एक बार स्त्री-पुरुष की मित्रता के बारे में गम्भीर चर्चा प्रारम्भ हुई। कोई देहधारी स्वयं सम्पूर्ण नहीं है। अपूर्णताओं से मुक्त है केवल आत्मा। इसलिए नर या नारी को देही मिटकर आत्मरूप में परिवर्तित होने का प्रयास करना चाहिए।

चर्चा मोड़ लेकर अनुभवों पर आती है। श्रीकृष्ण विनोदपूर्ण ढंग से कहते हैं : "धनंजय, मेरे अधूरेपन को राधा और रुक्मिणी ने पूरा किया। तुम्हें सुभद्रा से पहले द्रौपदी का उस रूप में साथ मिला होता तो शायद इतना भटकना नहीं पड़ता।"

अर्जुन के पास असहमत होने के लिए कोई कारण नहीं है परन्तु वह आकस्मिक ढंग से एक प्रश्न पूछ बैठते हैं :

"द्रौपदी के अधूरेपन के बारे में आपने कभी विचार किया है।"

श्रीकृष्ण मौन रहे।

"जानते हो कि मैंने स्वयंवर से पूर्व कैसे पुरुष की कल्पना की थी?"—द्रौपदी आत्मानुशासन तोड़कर बोल पड़ी।

"सुविदित है।"—कहकर श्रीकृष्ण ने अपनी प्रभामय दृष्टि के स्पर्श से द्रौपदी के उद्‌गार में निहित धार को सहनीय बना दिया। पलभर के मौन के बाद वे फिर बोले :

"सबकुछ स्पष्ट करने पर ही समझ में आता है ऐसा नहीं होता कृष्णा! मेरे हृदय में तुम्हारे लिए दुर्गा और सुभद्रा से भी विशेष स्नेह है। क्योंकि स्नेह के अतिरिक्त हमारे सम्बन्ध में एक प्रकार की समझदारी भी है। एक विद्रोही व्यक्ति दूसरे व्यक्ति के विद्रोह को वास्तविक रूप में समझ सकता है। और इस कारण भी सम्बन्धों में गहराई आती है। अब प्रश्न यह है कि यह सम्बन्ध कैसा होना चाहिए? मात्र पति-पत्नी जैसा? नहीं। यह सम्बन्ध दो भाइयों के बीच भी हो सकता है, भाई-बहिन के बीच और पति-पत्नी के बीच का भी हो सकता है या दो मित्रों के बीच का भी। इसमें तात्त्विक अन्तर नहीं है। प्रसन्नता की बात यह है कि संसार में मैंने कहे उससे भी अधिक प्रकार के सम्बन्ध सम्भव हैं और एक व्यक्ति एकसाथ अपने जीवन में उनका अनुभव कर सकता है। इसीलिए मैं कह सकता हूँ कि अर्जुन के साथ मेरा जितना गाढ़ सम्बन्ध है उतना ही गाढ़ सम्बन्ध तुम्हारे साथ है कृष्णा! दुष्ट दुःशासन भी इतना तो जानता था—और इसीलिए तुम्हारा वस्त्र खींचते-खींचते उसे मेरे पीताम्बर का आभास हुआ। अपनी मित्रता का यह कितना बड़ा प्रमाण है कि उस दुष्ट ने भरी सभा में इसका स्वीकार किया और यह सूचित किया कि युधिष्ठिर, भीम, अर्जुन, नकुल और सहदेव से भी तुम्हारे निकट कोई व्यक्ति है जिसकी प्रत्यक्ष उपस्थिति के बिना भी वहाँ उसका आभास हुआ था।"

द्रौपदी धन्य हो गई। उसकी ढली हुई पलकों पर आन्तरिक समाधान के भाव थे।

उषा के प्रासाद में आज उत्सव है।

जो यादवकुमार अनिरुद्ध को उषा का दास कहकर उपहास करते थे वे भी शुभकामना देने आए हैं। हस्तिनापुर से सुभद्रा आई हैं, उनके साथ परीक्षित भी है।

उषा-अनिरुद्ध के पुत्र का आज नामकरण करना है।

बज्रनाभ—सुभद्रा के सुझाव का सब स्वागत करते हैं।

प्रौढ़ यादव बज्रनाभ को आशीष देते हैं।

वसुदेव-देवकी ने पाँचवीं पीढ़ी का मुख देखकर धन्यता का अनुभव किया।

सुभद्रा ने द्वारिका पहुँचने से पूर्व ही परीक्षित को पिंडारक की यात्रा करवाई थी। रेवती उसे रैवतकगिरि भी ले गई थीं। वहाँ उसे गोद में बैठाकर पूछा : "तुम्हें क्या अच्छा लगता है। यह शैल या सागर?"

"शैल-सागर दोनों! और उससे भी अधिक अच्छा लगता है आपका यह आनन्द-उल्लास!"

अनिरुद्ध उसे शंखोद्धार टापू के प्रवास पर ले जाता है। श्रीकृष्ण सुरधुनी आश्रम दिखाकर उसे प्रभास तीर्थ के दर्शन कराते हैं और कैलास और प्रभास का सम्बन्ध समझाते हैं।

हस्तिनापुर से दूत आया है। उत्तरा को परीक्षित के बिना अच्छा नहीं लगता। जल्दी भेजो।

प्रत्येक यादवश्रेष्ठि और सामन्त ने परीक्षित को भेंट सौगात दी। उषा कहती है कि मैं वृन्दावन तक उसे साथ दूँगी। तीन माह के बज्रनाभ को लेकर इतनी लम्बी यात्रा करने का उसका निर्णय किसी की समझ में नहीं आया परन्तु विरोध कौन करे? उसने अनिरुद्ध की अनुमति प्राप्त कर ली थी। प्रयोजन था : शिशु बज्रनाभ को राधिकाजी आशीष देंगी। वह स्वयं अन्तर्यामी की स्तुति गाएँगी।

18

वर्षा ऋतु में श्रीकृष्ण द्वारिका में रहते हैं। देश के विविध गुरुकुलों, तपोवनों और हिमालय के तीर्थस्थानों में वर्ष का अधिकतर समय व्यतीत करते हैं। जहाँ रहते हैं वहाँ नित्य ध्यान करते हैं। यादव अग्रणियों के पूछने पर कहते हैं : प्रत्यक्ष कर्मों द्वारा प्रजा में जागरूकता और एकता लाने के लिए मैंने यथाशक्ति प्रयत्न किया। अब ब्रह्मविद्या की उपासना द्वारा परोक्ष रूप से लोककल्याण के कार्य में प्रवृत्त रहने का मैंने संकल्प किया है। इसे विरक्ति मानने की भूल न करें। सुख-दुख में उद्विग्न न बनो। सभी के प्रति संवेदनशील बनो। मेरा शेष जीवन...

शेष जीवन?

हाँ, शेष जीवन। एक दिन कृष्ण भी इस पृथ्वी पर नहीं होंगे। उनके पदचिह्न पहचानने को खड़े हो जाते छात्रों के लिए इस आश्रम की धरती पर देखने के लिए फिर क्या रहेगा? सुदामा व्यथित हैं।

उनकी व्यथा को सौ गुनी बढ़ाने का समाचार लेकर उद्धव आते हैं :

''आपके द्वारा स्थापित द्वारिका का गुरुकुल बन्द हो गया है। अधिकतर यादव कुमारों को विद्याभ्यास में रुचि लेने के स्थान पर आचार्यों और अतिथि ऋषिमुनियों का अपमान करने और अन्य छात्रों के अभ्यास में विक्षेप डालने में आनन्द आता था। उनकी कुचेष्टाएँ अमर्यादित बन जाने पर ऋषिवाणी की आशीष क्षीण हो गई और शाप...''

''जानता हूँ। इसे शाप कहो, ब्रह्मकोप कहो या फिर सन्तुलन तोड़ने का फल कहो, एक ही बात है।''

''शाप के निवारण का उपाय खोजने मुझे आपके पास भेजा है।''

''उद्धव! तुम तो मुझे पहचानते थे। यकायक क्यों ऐसे बदल गए? ऋषिवाणी का मैं प्रतिकार कर सकता हूँ? जिसे आजीवन शिरोधार्य किया है उसका प्रतिकार? मेरे व्यक्तित्व के विकास में जिनका योगदान रहा है उनकी आशीष हो या शाप—मेरे लिए वह शिरोधार्य होगी।''—धीर गम्भीर स्वर सुनाई देता है।

''आपकी योगशक्ति...''

''वह मनुष्य के कल्याण कार्य के लिए है, द्यूत विलास में मग्न ब्रह्मविद्या की अवहेलना और अपमान करनेवाले उद्धत यादवों के लिए नहीं है। शरीर से सम्बन्ध रखनेवालों के लिए मेरा योग नहीं है। इसीलिए तो अर्जुन को धर्मयुद्ध के लिए प्रेरित कर सका।''

—श्रीकृष्ण को समझने में उद्धव ने भी भूल की! सुदामा विचारमग्न हो जाते हैं। उद्धव के मुख से व्यग्रता दूर होने लगी है। मोहवश यहाँ दौड़े आए थे, इसमें उन्हें अब आशंका नहीं रही।

कुछ क्षणों के बाद जनार्दन कहते हैं :

''सुदामा, कुछ वर्षों पहले तुम मुझसे मिलने द्वारिका आए, उस समय द्वारिका की सम्पत्ति से अभिभूत को गए थे और स्वयं को दरिद्र मानते थे। आज यादवश्रेष्ठ उद्धव को तुम्हारे इस दारिद्र्य पर ईर्ष्या होती होगी...ऐसा नहीं समझना कि मैं दरिद्रता की प्रशंसा कर रहा हूँ परन्तु विलास प्रेरक सम्पत्ति से उसका अभाव कम हानिकारक होता है...अपनी पीढ़ी ने सतत पुरुषार्थ किया। यादवकुल सम्पन्न होकर स्थिर हुए। आगे की पीढ़ी के एक भाग ने अपना अनुसरण किया परन्तु उसके बाद की पीढ़ी तक को मानवश्रम और सम्पत्ति की सर्जनशीलता लुप्त हो गई। भुला दिया गया कि यह सम्पत्ति साधन ही है। नई पीढ़ी को विरासत में मिली पूँजी उसके पुरुषार्थ का परिणाम नहीं थी। शायद इसीलिए वह फल की आसक्ति में डूब रही है। एकाध अशिष्ट वर्तन से ऋषिमुनि शाप नहीं दे सकते। उन्होंने देखा होगा कि यह यादव युवक कर्तव्य विमुख होकर पूर्ण विलासी हो गए हैं, वे इन्द्रियों के दास ही नहीं रहे परपीड़क को चुके हैं।...जिस विवेक की हम अपेक्षा रखते हैं वह विद्या के बिना नहीं आता। याद है? अंकपाद आश्रम में हम एक बार ईंधन लेने गए थे और रात में मूसलाधार वर्षा के कारण मार्ग भूल गए थे परन्तु गुरुदेव स्वयं हमें खोजने के लिए निकल पड़े थे। इन यादव युवकों को सही मार्ग पर

लाने के लिए मैंने भी कई बार प्रयत्न किया है। और अभी भी ऐसा करने के लिए तैयार हूँ। लेकिन, देख रहा हूँ कि अत्यधिक मद्यपान के कारण भ्रान्तिपूर्ण स्थिति में दिशाशून्य होकर वे आगे बढ़े जा रहे हैं।''

''वयोवृद्ध राजा उग्रसेन ने द्वारिका में मद्यपान निषेध किया है।''

''तो वे द्वारिका से बाहर जाकर पिएँगे। ऊपर से लादा गया निषेध भय के आवरण के हट जाने पर लालसा को अधिक तीव्र कर देता है। मुझे निषेधों के रूप में उपचार में कभी विश्वास नहीं रहा। विद्याजनित विवेक और सद्गुरु के साहचर्य से पैदा हुए स्वकीय अनुशासन ही उपकारक हो सकता है। यह मेरे अकेले का नहीं, हम तीनों का अनुभव होगा।''

''समग्र आर्यावर्त का।''—सुदामा धीमे स्वर में बोले।

उद्धव सुदामापुरी में रुक गए हैं। इसलिए महाराज का सन्देश लेकर सात्यकि आता है।

''कुलकर सभा मानती है कि आप चाहें तो शाप का निवारण असम्भव नहीं है।''

''सात्यकि, हम तीन दिन से इसी चिन्ता और चिन्तन में मग्न हैं। मैं कुलकर सभा का ऋणी हूँ। उसके द्वारा सौंपे गए कार्य मैंने पहले भी किए हैं और करूँगा भी; परन्तु यहाँ बात दूसरी है। क्या यह सृष्टि केवल शाप या वरदान से चल रही है? यदि ऐसा ही होता तो सत्य-धर्म की रक्षा के लिए पुरुषार्थ कौन करता? निष्काम कर्म निरर्थक बन जाता...शाप तो मात्र एक संकेत है : मुझे श्रद्धा है कि कुलकर सभा मेरी भावना को समझ जाएगी। बड़े भाई क्या करते रहते हैं?''

''द्वारिका से बाहर पिंडारक की दिशा में जाकर मद्यमान करते हैं और कहते हैं—मैं महाराज उग्रसेन द्वारा लगाए गए निषेध का पालन करता हूँ!''

श्रीकृष्ण के होंठों पर स्मित फैला, उसका लालित्य धीरे-धीरे घट गया। वे बोले :

''बड़े भैया की विलक्षणताएँ सबकी समझ में आ जाएँ ऐसी नहीं होतीं। पहले उनकी आदत थी कि नशीली से नशीली मदिरा के सर्वाधिक पान करनेवाले को वे पुरस्कार देते थे। उनके इस कार्य के बारे में कभी-कभी मैं और रेवती भाभी चर्चा करते थे परन्तु उन्हें सुझाव या उपदेश के रूप में तो कहाँ कुछ कहा जा सकता है? उनका जीवन सूत्र कुछ-कुछ इस प्रकार है : ''सामर्थ्यवान का कोई दोष नहीं हो सकता।' जो अकेले ही यमुना का प्रवाह बदल सकते हों या हस्तिनापुर का स्थलान्तर करने की घोषणा कर सकते हों उनके लिए सुझाव यूँ ही हवा हो जाएँगे। बड़े भैया आजकल क्या करते हैं?''

''बस, नन्दवन में रहते हैं। कह रहे थे : द्वारिका को मैं बाह्य संकट से बचाऊँगा। वह आन्तरिक रूप में निर्भय नहीं रह सकती हो तो मैं समझता हूँ कि यह बचाने योग्य ही नहीं है...आपको स्मरण कर रहे थे। श्रीकृष्ण के बिना द्वारिका सूनी लगती है, ऐसा कहकर आपके लिए सन्देश भेजा है : आत्मजयी आर्य संस्कृति का स्वप्न सिद्ध करने के लिए वह तपोवनों की यात्राएँ भले करता रहे परन्तु बीच-बीच में द्वारिका अवश्य आता रहे। एक बार निकल जानेवाली वर्षा जल्दी वापस नहीं आती।''

रुक्मिणी के प्रासाद में जन्माष्टमी से राधाष्टमी तक के पन्द्रह दिन महोत्सव चल रहा है। श्रीकृष्ण की उपस्थिति प्रजाजनों के आकर्षण का मुख्य कारण है।

इसके कुछ दिनों बाद शरद ऋतु की शान्ति का अनुभव किया जाता है।

आज रुक्मिणी के प्रासाद के बाहर कोलाहल हो रहा है। वे द्वारपाल को उसे शान्त करने की आज्ञा देकर गोष्ठी खण्ड में आती हैं। उद्धव उनकी जिज्ञासा को शान्त करते हैं :

''जैमिनी ने वेदों को कर्मपरायण कहा तो उपनिषदों को क्यों नहीं कहा जा सकता?''

''अवश्य कहा जा सकता है; परन्तु उपनिषद् कथित कर्म मनुष्य को बाँधता नहीं है। अपेक्षा इतनी ही है कि वह व्यक्ति आत्मज्ञानी हो। उपनिषद् मुख्यतः आत्मज्ञान को महत्त्व देते हैं।''—श्रीकृष्ण कहते हैं। देखते हैं कि रुक्मिणी की आँखों में प्रश्न की झलक है :

''प्रभु, उस दिन आपने कहा था कि मुक्ति के लिए आवश्यक पूर्वावस्था लय है।'

''हाँ, लय कोई नकारात्मक स्थिति नहीं है। लय अर्थात् निःशेष समर्पण। उसी तरह जैसे मधु में समस्त पुष्पों का रस विलय हो जाता है। यदि किसी पुष्प का रस अपनी अलग पहचान बनाए रखे तो वह मधुपर्क नहीं बन सकता। नदी समुद्र में विलीन होकर अपने अलग अस्तित्व को त्यागकर मुक्ति पा लेती है। उसी तरह जीव अपने शरीर से मुक्त होकर परमात्मा में विलीन होकर आत्मस्वरूप बन सकता है।''

''आत्मस्वरूप ही बने रहना चाहिए या परमात्मा तक पहुँचना चाहिए?''

''इन दो स्थितियों में केवल मात्रा का ही अन्तर है। जो व्यक्ति आत्मस्वरूप हो जाता है वह परमात्मा के स्वरूप को सहजतया पा लेता है।''

''आत्मस्वरूप बनने का उपाय...''

''मैं खोज रहा हूँ। जहाँ तक मैं समझा हूँ, जीव को अपने पुरुषार्थ से वासना रहित बनाने में दर्शन की शिक्षा सहायक हो सकती है। प्रश्न यह है कि इसके लिए सर्वग्राही, सर्वसुलभ पद्धति, प्राप्त हो सकेगी या नहीं?''

''दर्शनशास्त्र के ज्ञान का कोई विकल्प नहीं है?' रुक्मिणी पूछती हैं। उत्तर भी स्वयं ही देती हैं—''आपकी एकनिष्ठ भक्ति पर्याप्त नहीं है?''

''आपके लिए है क्योंकि मैं भी आपका एकनिष्ठ भक्त हूँ।''—कहते हुए श्रीकृष्ण हँस पड़ते हैं। उसमें रुक्मिणी और उद्धव भी सहभागी बन जाते हैं।

वहीं प्रवेश की अनुमति लिए बिना उषा आ पहुँचती है। उसने सात्यकि द्वारा सुने प्रसंग का चित्र बनाया है।

युद्ध के अन्त में श्रीकृष्ण अर्जुन को रथ से उतारकर बाद में उतरते हैं। उसके साथ ही रथ जलने लगता है। चित्र में जलते रथ और ज्वालाओं का सुन्दर अंकन है।

उषा उद्धव से कहती है : ''दादाजी, आप मेरे चित्र को अर्थ दें।'

''श्रीकृष्ण द्वारा छोड़ा गया रथ जल जाता है। कुरुक्षेत्र की घटना का चित्र द्वारिका में बने यह एक गूढ़ संकेत है।''

"तो प्रभु से कहें कि हमारा रथ त्याग नहीं दें।"—कहते हुए उषा वहाँ से खिसक गई।

रुक्मिणी का हृदय कहता है इसी एक व्यक्ति का शापमोचन तो अवश्य हो जाएगा। द्वारिका के यादवों से भी अधिक सम्पन्न और समृद्ध वातावरण में पली हुई उषा प्रजा के जीवन से जुड़ी हुई है। उसे कुछ भेंट देने के लिए रुक्मिणी उठती हैं।

उद्धव कहते हैं : "गोविन्द, जानते हैं? उषा जैसे अनेक व्यक्ति आपको परब्रह्म का अवतार मानते हैं?"

"कोई मुझे क्या मानता है उससे अधिक मेरे लिए यह महत्त्वपूर्ण है कि वह मुझसे कैसा सम्बन्ध रखता है। यदि ऐसी मान्यता की तटस्थ चर्चा की जाए तो एक रूप से प्रत्येक मनुष्य परमब्रह्म का अवतार है। तुम, सुदामा, अर्जुन प्रत्येक इस उपाधि से विभूषित हो सकते हो। जीव निष्काम कर्म द्वारा मायामुक्त होकर आत्मस्वरूप बन जाए, फिर उसके और परमात्मा के बीच का अन्तर अप्रस्तुत हो जाता है। कई ऋषिमुनि ईश्वर, ब्रह्म और परमब्रह्म आदि तीन स्तर मानते हैं, मैं कहूँगा कि स्थूल कार्य और सूक्ष्म कारण समग्र रूप से ब्रह्म ही हैं।"

"इसकी प्रतीति व्यापक क्यों नहीं होती? समाज में जिनकी अनेक प्रकार से महिमा गाई जाती है ऐसे व्यक्ति भी ब्रह्म को नहीं जान सकते, क्या यह विरोधाभास नहीं है?"

"ऐसी तो अनेक भ्रान्तियाँ हो सकती हैं परन्तु इससे ब्रह्मसत्ता पर सन्देह नहीं किया जा सकता। सूर्य प्रकाश स्वयंसिद्ध है। उसका अस्तित्व है ही परन्तु जिनके नेत्र निर्मल नहीं हैं उन्हें यथातथ दिखाई नहीं देता। सब उसे किस प्रकार देखें इसका मार्ग तपोवनों को खोजना है। जीव से आत्मा बनना, नेत्र को निर्मल करनेवाली प्रक्रिया है।"

"जो लोग यह जानते हैं वे भी..."

"हाँ उद्धव, जानना पर्याप्त नहीं है। अनुभूति आवश्यक है। तभी ज्ञान से विज्ञान तक पहुँचा जा सकता है। वेद उपनिषद के तात्पर्य को जानना ज्ञान है और इससे आगे बढ़कर उसके अर्थ का अनुभव करना विज्ञान है। उद्धव, तुम इस ज्ञान-विज्ञान से युक्त हो। सकल तत्त्वों के साथ आत्मरूप होकर आत्मानुभव से सन्तुष्ट रहो ऐसी मेरी शुभेच्छा है। तुम वाणी, मन, प्राण, इन्द्रियों को सत्वगुणयुक्त बुद्धि से वश में करके जन्म-मरण के आवर्तन से मुक्त हो जाओगे इसका मुझे विश्वास है। यादवकुमारों को दिए गए शाप से तुम लेशमात्र ही व्यथित नहीं हो। तुम जानते होगे कि शाप देनेवाला भी अपने तप को क्षीण करता है। इसलिए शाप का भोग बननेवाले को जितनी चिन्ता होती है उतनी ही चिन्ता शाप देनेवाले की भी होनी चाहिए। फिर, शाप देनेवाला स्वयं को भविष्य का निर्णायक मानकर अपने अहंकार को पुष्ट करता है। इससे वह एक सीढ़ी नीचे उतरता है। जो विद्वान वाणी और मन को सत्यशील बुद्धि द्वारा वश में नहीं करता उसके व्रत, तप और दान जिस प्रकार कच्ची मिट्टी के घड़े में से पानी रिस जाता है उसी प्रकार व्यर्थ जाते हैं। मित्र, तुम बिलकुल हर्ष-शोक किए बिना बदरिकाश्रम जाओ और ज्ञान मार्ग का आश्रय लेकर मुक्ति पाओ।"

युवराज परीक्षित ने सुदामा के विख्यात हो चुके सुरधुनी आश्रम में शिक्षा ग्रहण की थी इसलिए प्रत्येक गुरुपूर्णिमा को वह दर्शन करने आता है। अर्घ्य के पुष्प-पत्रों के साथ का द्रव्य आश्रम के निर्वाह में उपयोगी होता है।

परीक्षित के यहाँ मंगल प्रसंग होने के कारण आश्रम के लिए बड़ा दान दिया गया है। सात्यकि से अर्जुन को पता लगा था कि अमावस्या तक जनार्दन सुरधुनी में रुकनेवाले हैं और पूर्वांचल से आए तान्त्रिकों के साथ दार्शनिक चर्चा करनेवाले हैं। इसलिए वास्तव में श्रीकृष्ण से मिलने के लोभवश और प्रकट रूप में दान के द्रव्य की रक्षा हेतु अर्जुन परीक्षित के साथ आए।

धनंजय पौत्र के साथ प्रथम बार आश्रम में आ रहे थे इसलिए शिष्य-वृंद अति प्रसन्न थे। कुलपति सुदामा के साथ श्रीकृष्ण भी अतिथियों का सत्कार करने गए।

परीक्षित के लिए परीक्षा की घड़ी थी।

प्रथम वन्दन किसे करें?

श्रीकृष्ण परीक्षित की दुविधा समझ गए। परन्तु क्या करें? स्वयं सलाह दें और इससे युवराज सुदामा को वन्दन करें, इससे तो उसकी विवेक बुद्धि की अपरिपक्वता प्रकट होगी। उन्होंने अर्जुन से कहा :

''तुम मुझे सदा प्रथम वन्दन करते रहे हो, मेरे प्रति अप्रतिम स्नेह प्रकट करते रहे हो; परन्तु, हे धनंजय, यह द्वारिका या हस्तिनापुर नहीं, सुरधुनी आश्रम है। इसके कुलपति सुदामा परीक्षित के गुरु होने के साथ मेरे ज्येष्ठ गुरु भाई हैं। यदि वे उम्र में छोटे भी हों तो भी आश्रम के कुलपति के रूप में वे प्रथम वन्दनीय हैं। इसलिए तुम और युवराज दोनों प्रथम यहाँ के प्रमुख गुरु को प्रणाम करो।''

परीक्षित की आँखों में धन्यता के आँसू हैं। वह श्रीकृष्ण को अपना जीवनदाता मानता है। परमेश्वर का स्वरूप इससे अधिक सुन्दर और कल्याणकारी हो तो भी वह श्रीकृष्ण के विकल्प के बारे में नहीं सोच सकता। माता उत्तरा प्रतिदिन प्रातःकाल की पूजा करती हैं, उस समय ध्यान करने से पूर्व 'श्रीकृष्ण गोविन्द हरे मुरारे, हे नाथ नारायण वासुदेव!' या 'गिरिधर गोविन्द गोपाला, हरि मुरली मनोहर मतवाला' जैसी पंक्तियाँ गाती हैं। उन्होंने ध्यान के लिए किसी गुरु से मंत्र वगैरह नहीं लिया। श्रीकृष्ण के विविध नाम वह मन्त्र के रूप में बोलती हैं। कुशल संगीतकारों के द्वारा राजप्रासाद वेणुनाद से गूँज उठता है और उत्तरा के मुख पर उषा की दीप्ति छा जाती है। पुत्र के पुत्र अवतरित हुआ इसे भी श्रीकृष्ण वासुदेव का अनुग्रह मानती है...माता आज साथ होती तो इन बुजुर्गों के दर्शन करके उसे कितना आनन्द मिलता!

मौलश्री के वृक्ष के नीचे व्यासपीठ पर श्रीकृष्ण और अर्जुन मानो एक रथ पर बैठे हों इतने निकट बैठकर गोष्ठी में मग्न हैं...

अनध्याय का समय होता है।

सुदामा आते हैं। छात्र छुट्टी का आनन्द लेने के स्थान पर इधर खिंच आए हैं। सामने बैठ गए हैं। आश्रम में प्रवेश करते ही अपना युवराज रूप भूल जानेवाला परीक्षित भी दूसरे छात्रों के साथ बैठ गया है। और अवसर मिलने पर जिज्ञासावश पूछता है :

''प्रातःस्मरणीय पुरुषों में ऋषि-मुनियों को अग्रस्थान दिया गया है। हम उन्हें मनसा वन्दन करते हैं। क्षत्रियों में आप...''

''क्षत्रिय?''—सुदामा आश्चर्यचकित होकर बोलते हैं : ''श्रीकृष्ण को क्षत्रिय में समाया जा सकता है? गिना जाए तो उन्होंने चारों वर्णों के कर्तव्य निभाए हैं, समझने का प्रयत्न करो तो निष्काम कर्मयोग द्वारा वे त्रिगुणातीत हैं। इन्हें क्षत्रिय कहने से मुझे सन्तोष नहीं होता।''

—इससे अधिक प्रशंसा करते हुए सुदामा को संकोच हुआ। वह जो-जो शास्त्र पढ़ाते हैं उन सब पर पुनर्विचार करना पड़े ऐसा जीवन जनार्दन ने जिया है। सम्भव है कि भविष्य में इन शास्त्रों से उनका जीवन अधिक प्रामाणिक माना जाए।—यह सब उनकी उपस्थिति में कहना ठीक नहीं है। परीक्षित के प्रश्न का उत्तर उन्हीं के मुख से सुनना चाहिए।

''युवराज, मैं तुमसे सहमत हूँ। क्षत्रिय भी प्रातःस्मरणीय हो सकते हैं। यहाँ उपस्थित तुम्हारे पितामह अर्जुन और उनके बन्धु तुम्हारे लिए वन्दनीय हैं ही। प्रचंड ऊर्जावान यादवश्रेष्ठ बलराम और अप्रमत्त वीर पुरुष सात्यकि से तुम भलीभाँति परिचित हो; परन्तु तुम्हारे लिए जानने योग्य एक जीवन दानवीर कर्ण का भी है। परिस्थितियों ने उसे कौरवों का आश्रित बनाया। बस यही उसका दुर्भाग्य था! मनुष्य शक्ति का कितना करुण दुर्व्यय हुआ! हस्तिनापुर की राज्यसभा में विदुर, भीष्म और द्रोण जैसे महानुभाव विराजते थे। मैं वहाँ जाऊँ और विदुरजी से नहीं मिलूँ ऐसा नहीं हुआ परन्तु जब भी कौरवों के बारे में सोचा तब मैत्री के एकपक्षीय समर्पण के कारण दुर्योधन की कूटनीति का भोग बने कर्ण का स्मरण हुआ है। वह वीरगति पाया। उसके बाद उसका तुम्हारे गोत्र के साथ का सम्बन्ध प्रकट हो सका। परन्तु कर्ण के प्रति युधिष्ठिर का रोष उसके पैरों को देखकर शमित हो जाता था, क्योंकि इससे उन्हें माता कुन्ती के चरणों का स्मरण हो आता! कौन-सी शक्ति कैसा कार्य करती है, पता नहीं चलता! पितामह भीष्म बाणशैया पर थे। उस समय मैं तुम्हारे गुरुजनों को उनके पास ले गया था। समग्र जीवन के बारे में उनका उपदेश अविस्मरणीय है। अध्यात्म के बारे में बोलते हुए उन्होंने प्रकृति, पुरुष, मह-तत्त्व, अहंकार, पाँच तन्मात्राएँ, ग्यारह इन्द्रियों, पाँच महाभूतों और तीन गुणों को मिलाकर कुल अट्ठाईस तत्त्वों के बारे में सूक्ष्म और विस्तृत रूप से समझाया था। मुझे लगा कि मैं आर्यावर्त के सर्वश्रेष्ठ तपोवन में बैठा हूँ। महामना भीष्म ने कहा था : इन अट्ठाईस तत्त्वों में व्याप्त जो परम तत्त्व है वही मेरा आराध्य है। कार्यकारणात्मक यह प्रत्यक्ष जगत भी मेरे लिए तो परमात्मा समान है। इसलिए मैंने इसे छोड़ने के बारे में कभी नहीं सोचा। मैंने संसार और कर्म के बाहर का वैराग्य धारण नहीं किया।...ऐसे भीष्म को तुम केवल क्षत्रिय कहोगे? उनके ब्रह्मचर्य और त्याग को साधारण मानोगे? नहीं वत्स, पितामह भीष्म कभी भले ही पामर लगे हों परन्तु बाणशैया पर लेटे हुए उन्होंने जो बोध कराया, उसे देखकर मुझे लगा कि उन्होंने ज्ञान-विज्ञान दोनों सिद्ध कर लिए थे। वे ब्रह्म के अतिरिक्त और कुछ नहीं देखते थे। उन्हें प्रातःस्मरणीय मानना। इससे तुम्हें प्रेरणा मिलेगी।'

"जनार्दन, ऐसे पुरुषों को काल ग्रस लेता है तब मन में प्रश्न उठता है : क्या काल भी परमतत्त्व की ही अवस्था है?"—अर्जुन ने पूछा।

इस प्रश्न से अर्जुन के मानसिक विकास पर प्रकाश पड़ता है। पहले उल्लेख होने पर वे भीष्म और कर्ण की मृत्यु पर परिताप करते थे। आज उस घटना से स्वयं को अलग रखकर काल के बारे में पूछा। श्रीकृष्ण ने इसका उत्तर देने के लिए सुदामा से कहा।

"परमतत्त्व की दो अवस्थाएँ हैं : पुरुष और काल। उसकी शक्ति है प्रकृति। इस क्रियाशील जगत का उपादान कारण प्रकृति है, प्रकृति का अधिष्ठाता पुरुष है और गुणविकार के द्वारा कार्यों को प्रकट करता निरन्तर परिबल है काल।"

—सुदामा का उत्तर शिष्यों को दुर्बोध लगा होगा परन्तु अर्जुन और परीक्षित उसने सुनकर सन्तुष्ट हो गए। परीक्षित ने पूछा :

"काल को जीता नहीं जा सकता?"

सुदामा ने श्रीकृष्ण की ओर देखा। अब आप ही उत्तर दें।

"क्या जीतना लक्ष्य हो सकता है? अर्जुन जीतने के लिए महायुद्ध लड़े थे? नहीं। अनायास प्राप्त निजधर्म का पालन करने के लिए इन्होंने युद्ध लड़ा था। इनका लक्ष्य विजय नहीं, मुक्ति है। अहं का संवर्धन नहीं, विसर्जन, विलय आवश्यक है। परन्तु कुंडल का सुन्दर आकार मूल वस्तु तक पहुँचने में अन्तराय है। आकार से भ्रमित मनुष्य यह भूल जाता है कि कुंडल की उत्पत्ति से पहले भी वह स्वर्ण था, वही उसके नाश के समय भी रहेगा। वह अनादि और अनन्त स्वर्ण व्यक्त मध्य में कुंडल के रूप में सुशोभित रहा। हे आत्मीयजनो, तुम सब अनपेक्ष रूप से इस कुंडल की शोभा देखो और अपने जीवन को आनन्दित करो। जो अद्वितीय तत्त्व सबका प्रकाशक और कारण है उसकी प्राप्ति के लिए अपने जीवन को एक उत्सव, एक यज्ञ बनाओ। मैंने जिसकी संगीत के रूप में आराधना की है वह तुम्हें प्रकाश रूप में प्राप्त हो, ऐसी शुभकामना है।"

महाभारत युद्ध के बाद का छत्तीसवाँ वर्ष।

स्वर्ण द्वारिका की सुधर्मासभा में श्रीकृष्ण और बलराम की अन्तिम उपस्थिति।

राहु ने चन्द्र को ग्रसकर चौदस को अमावस्या बना दिया था। कहाँ है पूर्णिमा? अशुभ दिन की छाया से बचने के लिए प्रभास जाने का प्रस्ताव था। उसे सबका समर्थन मिला।

रुक्मिणी कहती हैं कि ब्रजनाभ का मुख देखने के लिए महाराज बेनीपाल आतुर थे, इसलिए पीयर गई उषा को लेने के लिए अनिरुद्ध गया है। वह अभी तक क्यों वापस नहीं आया? वे दोनों बहुत उत्सव प्रिय हैं। इस यात्रा से वंचित रह जाएँगे।

श्रीकृष्ण मौन रहते हैं। सीरिया जाने से पहले उषा और अनिरुद्ध ने एक शुभ कार्य किया था। द्वारिका में गुरुकुल की पुनः प्रतिष्ठा की थी। इससे कुलपति प्रसन्न हैं।

तीर्थयात्रा के निमित्त सभी यादव प्रभासतीर्थ जाने की तैयारी में लगे हुए हैं। कुलदेवता महादेव शम्भु की उपासना तो एक बहाना है। श्रीकृष्ण-बलराम जानते हैं : महाराज उग्रसेन के मद्यमान निषेध का आदेश केवल द्वारिका में है, प्रभास में नहीं। महारथी भी इस लालच के कारण यात्रा में चल दिए हैं।

बलराम मार्ग में कहते हैं : ''भाई, इस उत्सव में मेरा मन नहीं लगता। इसके केन्द्र में शिवभक्ति नहीं, विलास है। इसमें निहित दुहरा असद् मुझे व्याकुल कर रहा है।''

श्रीकृष्ण कुछ बोलते नहीं हैं। उनके एक हाथ में चक्र है, दूसरे में वंशी। रथ दक्षिण दिशा में आगे बढ़ रहा है।

यादवों के उन्माद के बारे में बलराम की व्यग्रता धीरे-धीरे घट जाती है। श्रीकृष्ण के साथ वे शिवमन्दिर जाते हैं। समुद्र किनारे खड़े रहते हैं। उत्सवप्रिय यादव भोजन की तैयारी कर रहे हैं। बलराम मद्य-मांस की गंध की सीमा से आगे निकल जाते हैं।

समग्र कोलाहल के बीच श्रीकृष्ण शान्त हैं, रुचि-अरुचि से परे हैं, निर्लिप्त होकर दृश्य निहार रहे हैं।

मद्यपान प्रारम्भ हो गया है। द्वारिका का निषेध मानो यहाँ धर्म बन गया है। तीर्थस्थान पर जिस विवेकपूर्ण व्यवहार की अपेक्षा होती है उसकी उनमें से किसी को चिन्ता नहीं है। दारुक पास आकर खड़ा हो जाता है। उसकी आँखों में व्यथा है।

वहीं कृतवर्मा चषक भरकर सात्यकि के पास आता है। महाभारत के बाद दोनों एक-दूसरे के कट्टर आलोचक बन गए थे। आज आग्रहपूर्वक मद्य पिला रहे हैं और मित्र की तरह व्यवहार कर रहे हैं। दारुक सोचता है : यह देखकर प्रसन्न होऊँ या हँसूँ?

''प्रभु, यदि यह स्थिति यथार्थ हो तो...''

''दारुक, यह स्थिति यथार्थ हो तो भी मात्र यही यथार्थ नहीं है। देखो, इस ओर सागर का अनन्त विस्तार और उसकी नभस्पर्शी नीलिमा है। उत्तर में सुदामा का सुरधुनी आश्रम और दक्षिण में पूर्वाभिमुख सरस्वती तट पर एकान्त तीर्थ प्राची। धीरे-धीरे समग्र आर्यावर्त पर दृष्टिपात करते जाओ। ऊपर देखो, हिमालय की ओर अपना मित्र उद्धव बदरिकाश्रम पहुँच गया है। यदि सात्यकि मायाबद्ध है तो उद्धव मुक्ति की भूमिका पर खड़ा है।

दारुक समीप के दृश्य के प्रति तटस्थ होने का प्रयत्न करते हैं। वाणी का संयम खोते जा रहे यादव फिर उनका ध्यान आकर्षित करते हैं।

विनोद व्यक्तिगत उपहास में परिणत हो गया है।

क्रूर व्यंग्यप्रहार प्रारम्भ हो गया है...

यह तो निरी असहिष्णुता कही जाएगी! ऐसे उपालम्भ यहाँ अनावश्यक थे। अश्वत्थामा ने निद्राधीन पांडवपुत्रों को मार डाला था इसमें कृतवर्मा ने सहयोग दिया था। छत्तीस वर्ष पुराने उस प्रसंग को याद करके सात्यकि ने कृतवर्मा को धिक्कारा और अधर्मी कहा।

इससे कृतवर्मा लेशमात्र लज्जित नहीं हुआ। उसने इसका करारा उत्तर दिया : ''युद्धभूमि में प्रायोपवेशन कर रहे भूरिश्रवा की हत्या करनेवाले नीच, तू मुझे अधर्मी कहता है?''

पलभर में दो पक्ष हो गए।

संघर्ष प्रारम्भ हो गया।

जिनके पास शस्त्र नहीं थे वे धारदार घास से लड़े। नशे में विवेकहीन हो गए यादववीर और महारथी स्वजनों का संहार करते-करते आत्मघाती बन गए।

सात्यकि श्रीकृष्ण की आँखों के सामने मारा गया था। दूसरा पक्ष अभद्रपूर्ण ढंग से टूट पड़ा है।

सुदर्शन ने अपना कार्य किया।

आत्यंतिक प्रलय हो गई। दारुक विचलित हो गया। आँखों के आगे के यथार्थ से दृष्टि उठाकर वह उद्धव के मार्ग पर हिमगिरि के धवलोज्ज्वल शिखरों को नहीं देख सका; परन्तु श्रीकृष्ण की ओर देखकर उसे लगा कि वे क्रोधित नहीं हुए, न उन्होंने काल गति को रोका। वे शान्त हैं।

बलराम कहाँ गए?

एक बरगद के वृक्ष के नीचे किंकर्तव्यविमूढ़ बैठे हैं। दारुक सुधि लेता है।

"तुम हस्तिनापुर जाओ दारुक, अर्जुन को इस महाग्रहण के बारे में बताना। मैं द्वारिका जाकर पिताजी को समाचार देता हूँ।"

श्रीकृष्ण द्वारिका में अधिक नहीं रुके। संगे-सम्बन्धियों को वास्तव में स्थिति के बारे में बताया। नगरीय शून्यता के स्थान पर वे वन का एकान्त पसन्द करेंगे। जीवन का शेष भाग वे बलराम के साथ तपस्या में व्यतीत करेंगे। यहाँ अर्जुन आकर योग्य व्यवस्था कर लेंगे। वहाँ तक बज्रनाभ के साथ उषा-अनिरुद्ध भी आ चुके होंगे।

बलराम के पास पहुँचकर श्रीकृष्ण ने देखा कि एक सर्पाकार चैतन्य उनके शरीर का त्याग कर रहा है।

शरीर धरती ने सँभाला, चैतन्य महासागर की लहरों ने अंजलि में ले लिया।

बड़े भाई की इस सहज मुक्ति से आश्वस्त होकर श्रीकृष्ण उस वीरान वन में विहार कर रहे थे। उन्हें वृन्दावन का स्मरण हो आया। कालिन्दी के शीतल स्पर्श और राधिका की निर्हेतुक प्रीति की स्मृति आई।

वे एक अश्वत्थ वृक्ष के नीचे बैठ गए। शरीर की विशिष्ट मुद्रा है।

उनके अंगों के आभूषण वनमाला से ढँक गए हैं। एक हल्की सुगन्ध सब ओर फैल गई है। उसे वेणुनाद का साहचर्य प्राप्त है।

अश्वत्थ से सटकर बैठे श्रीकृष्ण का मौन उनकी ध्यानावस्था की ओर संकेत करता है।

समुद्र की तरंगें अब स्वर्ण द्वारिका के समीप हैं। समग्र स्थल अब जल के आश्लेष में है। मात्र निज मन्दिर की ऊँचाई को वह लाँघ नहीं सकता।

योगेश्वर के सीधे पैर के ऊपर रखे हुए बाएँ पैर की लालिमा मृगशावक के समान सुशोभित है। उससे आकर्षित होकर जरा नामक शिकारी ने तीर छोड़ा।

प्रतिशब्द के रूप में उसे संगीत सुनाई दिया। इस संगीत में कदम्ब और तमाल के वृक्षों का मर्मर था और द्वारिका के सागर तट का नाद था...रुक्मिणीभावन की चरण-वन्दना करके मानो जल यथास्थिति में लौट रहा है।

स्वयं से दूर बहनेवाले संगीत को प्राप्त करने पश्चिमी महासागर आज विह्वल हैं। उनसे तट-सीमा तोड़नी प्रारम्भ कर दी है।

प्रायश्चित करके क्षमा माँगनेवाले पारधी को श्रीकृष्ण ने वंशी भेंट दी।...बाण चलाने के अतिरिक्त कुछ न जाननेवाले उस वनवासी को वंशी के स्पर्श से अप्रकट संगीत सुनाई देता है। वह हाथ जोड़ता है। किसका निशाना लगाया था और क्या मिला।

दारुक रुक का रथ बड़े वेग से आ रहा है। वह देखता है : अश्वत्थ वृक्ष के नीचे शान्त गोष्ठी चल रही है। उसमें हिस्सा लेने की अधीरता बढ़ गई है। नैसर्गिक सौन्दर्य दारुक के साथ है।

वन प्रकाशित है, प्रकाश गा रहा है।

●●●